COLECTÂNEA DE LEGISLAÇÃO MILITAR

OBRAS DO AUTOR

- **Contrabando e Descaminho** (Almedina);
- **As Águas no Código Civil** (Almedina);
- **Manual de Direito Administrativo de Macau** (Centro de Formação de Magistrados de Macau);
- **Breve Ensaio sobre a Competência Hierárquica** (Almedina);
- **Estatuto da Aposentação – anotado – comentado** (Almedina);

EM CO-AUTORIA

- **Código de Procedimento Administrativo – anotado e comentado** (Almedina);
- **Código de Procedimento Administrativo de Macau – anotado e comentado** (Fundação Macau e SAFP).

JOSÉ CÂNDIDO DE PINHO

JUIZ CONSELHEIRO DO SUPREMO TRIBUNAL ADMINISTRATIVO

COLECTÂNEA DE LEGISLAÇÃO MILITAR

- CÓDIGO DE JUSTIÇA MILITAR
- DISCIPLINA MILITAR
- LEIS DE DEFESA NACIONAL
- PROGRAMAÇÃO MILITAR
- SERVIÇO MILITAR
- ESTATUTO DOS MILITARES
- DIREITOS ESPECIAIS DOS MILITARES
- MISSÕES HUMANITÁRIAS E DE PAZ
- COMBATENTES DO EX-ULTRAMAR
- LEIS ORGÂNICAS
- OBJECÇÃO DE CONSCIÊNCIA
- PROTECÇÃO CIVIL
- INVALIDEZ – REFORMA – PENSÕES
- POLICIA JUDICIÁRIA MILITAR
- GUARDA NACIONAL REPUBLICANA

ALMEDINA

COLECTÂNEA DE LEGISLAÇÃO MILITAR

AUTOR
JOSÉ CÂNDIDO DE PINHO

EDITOR
EDIÇÕES ALMEDINA, SA
Rua da Estrela, n.º 6
3000-161 Coimbra
Tel.: 239 851 904
Fax: 239 851 901
www.almedina.net
editora@almedina.net

EXECUÇÃO GRÁFICA
G.C. – GRÁFICA DE COIMBRA, LDA.
Palheira – Assafarge
3001-453 Coimbra
producao@graficadecoimbra.pt

Abril, 2005

DEPÓSITO LEGAL
225797/05

PREFÁCIO

É bem difícil, por vezes, a pesquisa normativa em campos de produção legislativa tão fértil e abundante como este, relativo que é aos assuntos militares.

Justificar-se-ia, assim, pela sua importância e diversidade, a reunião em compêndio de um vasto conjunto de diplomas concernentes a esta matéria.

Com a consciência de não ter esgotado todas as vertentes, compilei os textos legais que mais necessidade tive de aplicar no exercício da minha actividade profissional e os que se me afiguraram mais úteis aos prováveis utilizadores da colectânea.

O autor,

DEFESA NACIONAL

- **LEI N.º 29/82, DE 11/02:**
  – *Lei de Defesa Nacional e das Forças Armadas;*

- **LEI N.º 111/91, DE 29/08:**
  – *Lei Orgânica de Bases de Organização das Forças Armadas;*

- **LEI N.º 20/95, DE 13/07:**
  – *Regula a Mobilização e Requisição no Interesse da Defesa Nacional;*

- **RESOLUÇÃO DO CONSELHO DE MINISTROS N.º 6/2003, DE 20/12/2002:**
  – *Conceito Estratégico de Defesa Nacional*

LEI N.º 29/82, DE 11 DE DEZEMBRO

LEI DE DEFESA NACIONAL E DAS FORÇAS ARMADAS

***Nota*:** *Alterado pelas Leis n.os 41/83, de 21/12; 111/91, de 29/08; 113/91, de 29/08;18/95, de 13/07; 3/99, de 18/09, e 4/2001, de 30/08.*
As alterações vão inseridas no lugar próprio.

CAPÍTULO I
Princípios gerais

ARTIGO 1.º (*)
(Defesa nacional)

A defesa nacional é a actividade desenvolvida pelo Estado e pelos cidadãos no sentido de garantir, no respeito da ordem constitucional, das instituições democrática e das convenções internacionais, a independência nacional, a integridade do território e a liberdade e a segurança das populações contra qualquer agressão ou ameaça externas.

(*) *Redacção do artigo único da Lei Orgânica n.º 3/99, de 18/09.*

ARTIGO 2.º
(Direito de legítima defesa)

1 – O Estado Português preconiza a solução dos problemas e conflitos internacionais pela via da negociação e da arbitragem, considerando seu dever contribuir para a preservação da paz e da segurança internacionais, nos termos da Constituição.

2 – De acordo com as normas de direito internacional, Portugal actua pelos meios legítimos adequados para defesa dos interesses nacionais, dentro ou fora do seu território, da zona económica exclusiva ou dos fundos marinhos contíguos e ainda do espaço aéreo sob responsabilidade nacional.

3 – No exercício do direito de legítima defesa reconhecido na Carta das Nações Unidas, Portugal reserva o recurso à guerra para os casos de agressão militar efectiva ou iminente.

ARTIGO 3.º
(Defesa nacional e compromissos internacionais)

A defesa nacional é igualmente exercida no quadro dos compromissos internacionais assumidos pelo País.

CAPÍTULO II
Política de defesa nacional

ARTIGO 4.º
(Política de defesa nacional)

1 – A política de defesa nacional consiste no conjunto coerente de princípios, objectivos, orientações e medidas adoptados para assegurar a defesa nacional, tal como é definida no artigo 1.º.

2 – Os princípios fundamentais e os objectivos permanentes da política de defesa nacional decorrem da Constituição e da presente lei, sem prejuízo das competências próprias da Assembleia da República e do Governo.

3 – As principais orientações e medidas da política de defesa nacional constarão necessariamente do programa do Governo aprovado em Conselho de Ministros e apresentado à Assembleia da República.

ARTIGO 5.º
(Carácter nacional e objectivos permanentes da política de defesa)

O carácter nacional da política de defesa perante qualquer agressão ou ameaça externas decorre dos seguintes objectivos permanentes:

a) Garantir a independência nacional;

b) Assegurar a integridade do território;
c) Salvaguardar a liberdade e a segurança das populações, bem como a protecção dos seus bens, e do património nacional;
d) Garantir a liberdade de acção dos órgãos de soberania, o regular funcionamento das instituições democráticas e a possibilidade de realização das tarefas fundamentais do Estado;
e) Contribuir para o desenvolvimento das capacidades morais e materiais da comunidade nacional, de modo a que possa prevenir ou reagir pelos meios adequados a qualquer agressão ou ameaça externas;
f) Assegurar a manutenção ou o restabelecimento da paz em condições que correspondam aos interesses nacionais.

ARTIGO 6.º
(Caracterização e divulgação da política de defesa nacional)

1 – A política de defesa nacional tem carácter permanente, exercendo-se a todo o tempo e em qualquer lugar.

2 – A política de defesa nacional tem natureza global, abrangendo uma componente militar e componentes não militares.

3 – A política de defesa nacional tem âmbito interministerial, cabendo a todos os órgãos e departamentos do Estado promover as condições indispensáveis à respectiva execução.

4 – A necessidade da defesa nacional, os deveres dela decorrentes e as linhas gerais da política de defesa nacional serão objecto de informação pública, constante e actualizada.

ARTIGO 7.º
(Definição e execução da política de defesa nacional)

1 – A Assembleia da República aprecia o Programa do Governo e contribui, pelo exercício da sua competência política, legislativa e financeira, para enquadrar a política de defesa nacional e para fiscalizar a sua execução.

2 – A condução da política de defesa nacional compete ao Governo.

3 – Incumbe ao Conselho de Ministros definir as linhas gerais da política governamental em matéria de defesa nacional, bem como as da sua execução.

4 – Nos assuntos respeitantes à política de defesa nacional, os partidos da oposição serão consultados pelo Governo nos termos do estatuto do direito de oposição.

ARTIGO 8.º
(Conceito estratégico de defesa nacional)

1 – No contexto da política de defesa nacional prosseguida será aprovado pelo Governo o conceito estratégico de defesa nacional.

2 – Para os efeitos do presente diploma, entende-se por conceito estratégico de defesa nacional a definição dos aspectos fundamentais da estratégia global do Estado adoptada para a consecução dos objectivos da política de defesa nacional.

3 – A competência referida no n.º 1 será exercida pelo Conselho de Ministros, mediante proposta conjunta do Primeiro-Ministro e do Ministro da Defesa Nacional, ouvido o Conselho de Chefes de Estado-Maior e precedendo apreciação do Conselho Superior de Defesa Nacional.

4 – As grandes opções do conceito estratégico de defesa nacional serão objecto de debate na Assembleia da República, por iniciativa do Governo ou de um grupo parlamentar, previamente à sua adopção pelos órgãos previstos na presente lei.

CAPÍTULO III
Responsabilidade pela defesa nacional e deveres dela decorrentes

ARTIGO 9.º
(Princípios gerais)

1 – A defesa da Pátria é direito e dever fundamental de todos os Portugueses. (*)

2 – A actividade de defesa nacional cabe à comunidade nacional em geral e a cada cidadão em particular, deve ser assegurada pelo Estado e constitui especial responsabilidade dos órgãos de soberania.

3 – Às Forças Armadas incumbe a defesa militar da República.

4 – Incumbe às Forças Armadas, nos termos da lei, satisfazer os compromissos internacionais do Estado Português no âmbito militar e participar em missões humanitárias e de paz assumidas pelas organizações internacionais de que Portugal faça parte.(*)

5 – As Forças Armadas podem ser incumbidas, nos termos da lei, de colaborar em missões de protecção civil, em tarefas relacionadas com a satisfação de necessidades básicas e a melhoria da qualidade de vida das populações e em acções de cooperação técnico-militar no âmbito da política nacional de cooperação.(*)

6 – É direito e dever de cada português a passagem à resistência, activa e passiva, nas áreas do território nacional ocupadas por forças estrangeiras. (*)

7 – Os titulares dos órgãos de soberania que estejam impedidos de funcionar livremente têm o direito e o dever de agir no sentido de criar condições para recuperar a respectiva liberdade de acção e para orientar a resistência, em ordem à salvaguarda ou ao restabelecimento da independência nacional e da soberania. (*)

(*) *Redacção do artigo único da Lei Orgânica n.º 3/99, de 18/09.*

ARTIGO 10.º

(Serviço militar obrigatório)

1 – O serviço militar é regulado por lei, que fixa as normas, a natureza voluntária ou obrigatória, a duração e o conteúdo da respectiva prestação, baseando-se, em tempo de paz, no voluntariado. (*)

2 – Os cidadãos sujeitos por lei à prestação do serviço militar e que forem considerados inaptos para o serviço militar armado prestarão serviço militar não armado ou serviço cívico adequado à sua situação. (*)

3 – O serviço cívico pode ser estabelecido em substituição ou complemento do serviço militar e tornado obrigatório por lei para os cidadãos não sujeitos a deveres militares.

4 – Nenhum cidadão poderá conservar nem obter emprego do Estado ou de outra entidade pública se deixar de cumprir os seus deveres militares ou de serviço cívico, quando obrigatório.

5 – Nenhum cidadão pode ser prejudicado na sua colocação, nos seus benefícios sociais ou no seu emprego permanente por virtude do cumprimento do serviço militar oudo serviço cívico obrigatório.

(*) *Redacção do art. único da Lei Orgânica n.º 3/99, de 18/09.*

ARTIGO 11.º (*)
(Objectores de consciência)

1 – Consideram-se objectores de consciência ao serviço militar os cidadãos convictos de que, por motivos de ordem religiosa, moral ou filosófica, lhes não é legítimo usar de meios violentos de qualquer natureza contra o seu semelhante, ainda que para fins de defesa nacional, de defesa colectiva ou de defesa pessoal, e aos quais tenha sido atribuída essa qualidade nos termos da lei que definir o estatuto do objector de consciência.

2 – Os objectores de consciência ao serviço militar a que legalmente estejam sujeitos prestarão serviço cívico de duração e penosidade equivalentes às do serviço militar armado.

3 – O objector de consciência sofrerá as inabilidades correspondentes à sua repulsa pelo uso de meios violentos conforme a lei estabelecer, sem prejuízo do disposto no n.º 5 do artigo anterior.

(*) *Redacção do art. único da Lei Orgânica n.º 3/99, de 18/09.*

ARTIGO 12.º (*)
(Convocação)

1 – Os cidadãos sujeitos por lei à prestação do serviço militar podem, excepcionalmente, em tempo de paz, ser convocados para as Forças Armadas de acordo com a Lei do Serviço Militar. (*)

2 – A mesma lei regulará as condições em que os cidadãos sujeitos a convocação podem ser dela dispensados.

(*) *Redacção da Lei Orgânica n.º 3/99, de 18/09.*

ARTIGO 13.º
(Mobilização e requisição)

1 – Os recursos humanos e materiais indispensáveis à defesa nacional podem ser utilizados pelo Estado, mediante mobilização ou requisição, nos termos do presente diploma e legislação complementar.

2 – A mobilização abrange os indivíduos; a requisição tem por objecto coisas, serviços, empresas ou direitos.

3 – Os ministérios e os serviços e organismos deles dependentes, os institutos públicos e empresas públicas, as regiões autónomas, as autarquias locais e as empresas privadas de interesse colectivo deverão elaborar e manter actualizados, nos termos da lei, os cadastros do seu pessoal, material e infra-estruturas, para efeitos de eventual mobilização ou requisição.

4 – A lei indicará também os cargos públicos cujos titulares são dispensados das obrigações decorrentes de mobilização, enquanto no exercício das suas funções.

Artigo 14.º
(Mobilização)

1 – Para os efeitos do artigo anterior, a mobilização é militar ou civil, consoante os indivíduos por ela abrangidos se destinem a ser colocados na dependência das Forças Armadas ou das autoridades civis.

2 – A mobilização é geral ou parcial, conforme abrange todos os cidadãos a ela sujeitos ou parte deles.

3 – A mobilização pode ser imposta por períodos de tempo, por zonas do território nacional ou por sectores de actividade.

4 – A mobilização é determinada pelo Governo em Conselho de Ministros, sob a forma de decreto-lei, o qual será referendado pelo Primeiro-Ministro e também pelo Ministro da Defesa Nacional, se se tratar de mobilização militar, ou pelos outros ministros competentes, em caso de mobilização civil.

Artigo 15.º
(Requisição)

1 – Podem ser requisitados pelo Governo, mediante justa indemnização, bens móveis e imóveis, sempre que sejam indispensáveis à defesa nacional e não seja possível ou conveniente obtê-los pelas formas normais do mercado.

2 – A requisição pode ter por objecto estabelecimentos industriais, a fim de laborarem para a defesa nacional.

3 – Podem igualmente ser requisitados serviços de transportes, de comunicações ou quaisquer outros essenciais à defesa nacional, com o respectivo pessoal, material e infra-estruturas.

4 – Pode ser requisitado, pelo tempo necessário à defesa nacional, o exercício exclusivo de direitos de propriedade industrial.

ARTIGO 16.º
(Regime geral da mobilização e da requisição)

1 – O regime jurídico da mobilização e da requisição previstas nos artigos anteriores será regulado em lei especial.

2 – As pessoas mobilizadas ou abrangidas pelas obrigações decorrentes de uma requisição de bens, serviços, empresas ou direitos podem ser sujeitas às disposições do Regulamento de Disciplina Militar e do Código de Justiça Militar, nas condições que forem fixadas no diploma de mobilização ou requisição.

CAPÍTULO IV

Organização, funcionamento e disciplina das Forças Armadas

ARTIGO 17.º
(Defesa nacional e Forças Armadas)

As Forças Armadas asseguram, de acordo com a Constituição e as leis em vigor, a execução da componente militar da defesa nacional.

ARTIGO 18.º
(Princípio de exclusividade)

1 – A componente militar da defesa nacional é exclusivamente assegurada pelas Forças Armadas, salvo o disposto no n.º 6 do artigo 9.º e no número seguinte. (*)

2 – As forças de segurança colaboram na execução da política de defesa nacional, nos termos da lei.

3 – Não são consentidas associações armadas nem associações de tipo militar, militarizadas ou paramilitares.

(*) *Redacção da Lei Orgânica n.º 3/99, de 18/09.*

ARTIGO 19.º
(Obediência aos órgãos de soberania)

As Forças Armadas obedecem aos órgãos de soberania competentes, nos termos da Constituição e da lei.

ARTIGO 20.º
(Composição e organização)

1 – As Forças Armadas compõem-se exclusivamente de cidadãos portugueses.

2 – A organização das Forças Armadas baseia-se, em tempo de paz, no serviço militar voluntário e é única para todo o território nacional. (*)

(*) *Redacção do art. único da Lei Orgânica n.º 3/99, de 18/09.*

ARTIGO 21.º (*)
(Estrutura das Forças Armadas)

1 – A estrutura das Forças Armadas compreende os órgãos militares de comando e os 3 ramos das Forças Armadas – Marinha, Exército e Força Aérea.

2 – Os órgãos militares de comando das Forças Armadas são o Chefe do Estado-Maior-General das Forças Armadas e os Chefes de Estado-Maior dos ramos cujos modos de designação e competência são definidos no presente diploma.

3 – As bases gerais da organização dos ramos das Forças Armadas serão aprovadas por lei da Assembleia da República e desenvolvidas e regulamentadas por decreto-lei e por decreto regulamentar do Governo, respectivamente.

(*) *Revogado pelo art. 14.º da Lei n.º 111/91, de 29/08.*

ARTIGO 22.º
(Funcionamento das Forças Armadas)

1 – Será assegurada de forma permanente a preparação do País, designadamente das Forças Armadas, para a defesa da Pátria.

2 – O funcionamento das Forças Armadas em tempo de paz deve ter principalmente em vista prepará-las para fazer face a qualquer tipo de agressão ou ameaça externas.

3 – A actuação das Forças Armadas desenvolve-se no respeito pela Constituição e pelas leis em vigor, em execução da política de defesa nacional definida e do conceito estratégico de defesa nacional aprovado, e por forma a corresponder às normas e orientações estabelecidas nos níveis seguintes:

a) Conceito estratégico militar;

b) Missões das Forças Armadas;
c) Sistemas de forças;
d) Dispositivo.

ARTIGO 23.º

(Conceito estratégico militar)

De acordo com o conceito estratégico de defesa nacional definido, compete ao Conselho de Chefes de Estado-Maior elaborar o conceito estratégico militar, que será aprovado pelo Ministro da Defesa Nacional e confirmado pelo Conselho Superior de Defesa Nacional.

ARTIGO 24.º (*)

(Missões das Forças Armadas)

1 – A missão genérica das Forças Armadas consiste em assegurar a defesa militar contra qualquer agressão ou ameaça externas.

2 – Dentro da missão genérica referida no número anterior, serão definidas pelo Conselho Superior de Defesa Nacional as missões específicas das Forças Armadas, mediante proposta do Ministro da Defesa Nacional elaborada sobre projecto do Conselho de Chefes de Estado-Maior.

3 – A lei regula os termos em que as Forças Armadas podem desempenhar outras missões de interesse geral a cargo do Estado ou colaborar em tarefas relacionadas com a satisfação das necessidades básicas e a melhoria da qualidade de vida das populações, sem prejuízo da missão genérica referida no n.º 1.

(*) *Revogado pelo art. 14.º da Lei n.º 111/91, de 29/08.*

ARTIGO 25.º

(Sistemas de forças e dispositivo)

1 – A definição dos sistemas de forças necessárias ao cumprimento das missões das Forças Armadas compete ao Conselho Superior de Defesa Nacional, mediante proposta do Ministro da Defesa Nacional elaborada sobre projecto do Conselho de Chefes de Estado-Maior.

2 – O dispositivo dos sistemas de forças é aprovado pelo Ministro da Defesa Nacional, sob proposta do Conselho de Chefes de Estado-Maior.

ARTIGO 26.º
(Planeamento e gestão)

1 – A previsão das despesas militares a efectuar pelo Estado no reequipamento das Forças Armadas e nas infra-estruturas de defesa deve ser objecto de planeamento a médio prazo, nos termos a definir em lei especial.

2 – Os planos de investimento público referidos no número anterior serão aprovados pela Assembleia da República mediante leis de programação militar.

3 – A proposta de orçamento anual do Ministério da Defesa Nacional, na parte relativa ao reequipamento das Forças Armadas e às infra-estruturas de defesa, incluirá obrigatoriamente o estabelecido para o ano em causa na lei de programação militar em vigor.

4 – A elaboração dos projectos de proposta de lei de programação militar e de orçamento anual das Forças Armadas é da competência do Conselho Superior Militar, de acordo com a orientação do Governo; o projecto de orçamento anual do Ministério da Defesa Nacional, incluindo o das Forças Armadas, será integrado na proposta de Orçamento do Estado, que, nos termos gerais, será aprovada em Conselho de Ministros e enviada à Assembleia da República.

5 – Sem prejuízo da competência da Assembleia da República, o Governo orientará e fiscalizará a execução das leis de programação militar e dos orçamentos anuais das Forças Armadas, bem como a respectiva gestão patrimonial, superintendendo no exercício das competências próprias e delegadas dos Chefes de Estado-Maior em matéria de administração financeira.

ARTIGO 27.º
(Condição militar)

1 – A definição das bases gerais do estatuto da condição militar, incluindo nomeadamente os direitos e deveres dos militares e os princípios orientadores das respectivas carreiras, compete à Assembleia da República.

2 – A legislação referente aos oficiais, sargentos e praças das Forças Armadas, no quadro definido pelo estatuto da condição militar, será aprovada mediante decreto-lei.

ARTIGO 28.º (*)
(Promoções)

1 – As promoções até ao posto de coronel ou capitão-de-mar-e-guerra efectuam-se exclusivamente no âmbito da instituição militar, ouvidos os conselhos das armas, serviços, classes ou especialidades, de que farão parte necessariamente elementos eleitos.

2 – As promoções a oficial general e de oficiais generais de qualquer dos ramos das Forças Armadas efectuam-se, por proposta do respectivo Chefe de Estado-Maior, ouvido o Conselho Superior do ramo, mediante deliberação do Conselho de Chefes de Estado-Maior.

3 – As promoções referidas no número anterior devem ser confirmadas pelo Conselho Superior de Defesa Nacional, sem o que não produzem quaisquer efeitos.

4 – Nenhum militar pode ser prejudicado ou beneficiado na sua carreira em razão da ascendência, sexo, raça, território de origem, religião, convicções políticas ou ideológicas, situação económica ou condição social.

5 – Dos actos definitivos e executórios que decidam da não promoção de um militar a qualquer posto cabe sempre recurso para o tribunal competente, tendo o recorrente direito à consulta do respectivo processo individual.

(*) *Redacção do art. 1.º da Lei n.º 18/95, de 13/07.*

ARTIGO 29.º (*)
(Nomeações)

1 – As nomeações de oficiais para cargos de comando nas Forças Armadas, bem como as correspondentes exonerações, efectuam-se por decisão do Chefe de Estado-Maior respectivo, sem prejuízo do disposto nos números seguintes.

2 – Compete ao Presidente da República, sob proposta do Governo, formulada após iniciativa do Chefe do Estado-Maior-General das Forças Armadas e aprovada pelo Conselho Superior de Defesa Nacional, nomear e exonerar:

a) O do Presidente do Supremo Tribunal Militar;
b) Os comandantes-chefes;
c) Os comandantes ou representantes militares junto da organização de qualquer aliança de que Portugal seja membro, bem como os comandantes de força naval, brigada ou divisão destinada ao cumprimento de missões naquele quadro.

3 – Competem ao Ministro da Defesa Nacional, sob proposta do Chefe de Estado-Maior General das Forças Armadas ou do Chefe de Estado Maior respectivo, conforme os casos, nomear e exonerar os titulares dos cargos seguintes:

a) Vice-Chefes de Estado-Maior dos ramos;

b) Comandante naval;

c) Comandante do Comando Operacional das Forças Terrestres;

d) Comandante do Comando Operacional da Força Aérea;

e) Comandantes dos comandos operacionais dependentes directamente do Chefe do Estado-Maior-General das Forças Armadas;

f) Comandantes do Governo Militar de Lisboa, das Regiões Militares do Norte e do SUL e das Zonas Militares dos Açores e da Madeira;

g) Directores do Instituto Superior Naval de Guerra, do Instituto de Altos Estudos Militares e do Instituto de Altos Estudos da Força Aérea;

h) Comandantes da Academia Militar da Escola Naval e da Academia da Força Aérea.

4 – As nomeações referidas nas alíneas a) a d) do número anterior devem ser confirmadas pelo Conselho Superior de Defesa Nacional, sem o que não produzem quaisquer efeitos.

5 – As nomeações pelo Presidente da República para os cargos referidos na alínea e) do n.º 4 do artigo 38.º, bem como as nomeações para os cargos referidos nos n.os 2 e 3, só podem incidir sobre almirantes, vice-almirantes ou generais, quando outro posto não resultar da lei, na situação de activo.

6 – Aos militares propostos para os cargos de Chefe do Estado-Maior-General das Forças Armadas, Chefes de Estado-Maior dos ramos, Presidente do Supremo Tribunal Militar, bem como para os cargos militares em organizações internacionais de que Portugal faça parte e a que corresponda o posto de almirante ou general de quatro estrelas, é, desde a data da proposta do Governo, suspenso o limite de idade de passagem à reserva, prolongando-se a suspensão, relativamente ao nomeado, até ao termo do respectivo mandato.

(*) *Redacção do art. 1.º da Lei n.º 18/95, de 13/07.*

ARTIGO 30.º

(Isenção política)

1 – As Forças Armadas estão ao serviço do povo português e são rigorosamente apartidárias.

2 – Os elementos das Forças Armadas não podem aproveitar-se da sua arma, do seu posto ou da sua função para qualquer intervenção política.

ARTIGO 31.º (*)
(Exercício de direitos fundamentais)

1 – Os militares em efectividade de serviço dos quadros permanentes e em regime de voluntariado e de contrato gozam dos direitos, liberdades e garantias constitucionalmente estabelecidos, mas o exercício dos direitos de expressão, reunião, manifestação, associação e petição colectiva e a capacidade eleitoral passiva ficam sujeitos ao regime previsto nos artigos 31.º-A a 31.º-F da presente lei, nos termos da Constituição.

2 – Os militares em efectividade de serviço são rigorosamente apartidários e não podem aproveitar-se da sua arma, do seu posto ou da sua função para qualquer intervenção política, partidária ou sindical, nisto consistindo o seu dever de isenção.

3 – Aos cidadãos mencionados no n.º 1 não são aplicáveis as normas constitucionais referentes aos direitos dos trabalhadores cujo exercício tenha como pressuposto os direitos restringidos nos artigos seguintes, designadamente a liberdade sindical, nas suas diferentes manifestações e desenvolvimentos, o direito à criação de comissões de trabalhadores, também com os respectivos desenvolvimentos, e o direito à greve.

4 – No exercício dos respectivos direitos os militares estão sujeitos às obrogações decorrentes do estatuto da condição militar e devem observar uma conduta conforme a ética militar e respeitar a coesão e a disciplina das Forças Armadas.

....

12 – Os cidadãos nacionais que se encontrem a prestar serviço militar obrigatório ficam sujeitos ao dever de isenção política, partidária e sindical. (**)

(*) *Redacção do art. 1.º da Lei Orgânica n.º 4/2001, de 30/08.*

(**) *Apesar do artigo passar a constituir apenas quatro números a partir da Lei Orgânica n.º 4/2001, a verdade é que o conteúdo do n.º12 da redacção inicial foi mantido em vigor através do art. 4.º da mesma Lei Orgânica.*

ARTIGO 31.º-A (*)
(Liberdade de expressão)

1 – Os cidadãos referidos no artigo 31.º têm o direito de proferir declarações públicas sobre qualquer assunto, com a reserva própria do estatuto da condição militar, desde que as mesmas não incidam sobre a condução da política de defesa nacional, não ponham em risco a coesão e a disciplina das

Forças Armadas nem desrespeitem o dever de isenção política e sindical ou o apartidarismo dos seus elementos.

2 – Os cidadãos referidos no artigo 31.º estão sujeitos a dever de sigilo relativamente às matérias cobertas pelo segredo de justiça ou pelo segredo de Estado e, ainda, por quaisquer outros sistemas de classificação de matérias, e, ainda, quanto aos factos de que se tenha conhecimento, em virtude do exercício da função, nomeadamente os referentes ao dispositivo, à capacidade militar, ao equipamento e à actividade operacional das Forças Armadas, bem como os elementos constantes de centros de dados e demais registos sobre o pessoal que não devam ser do conhecimento público.

(*) *Aditado pelo art. 2.º da Lei Orgânica n.º 4/2001, de 30/08.*

ARTIGO 31.º-B (*)
(Direito de reunião)

1 – Os cidadãos referidos no artigo 31.º podem, desde que trajem civilmente e sem ostentação de qualquer símbolo das Forças Armadas, convocar ou participar em qualquer reunião legalmente convocada que não tenha natureza político-partidária ou sindical.

2 – Os cidadãos referidos no artigo 31.º podem, contudo, assistir a reuniões, legalmente convocadas, com esta última natureza se não usarem da palavra nem exercerem qualquer função no âmbito da preparação, organização, direcção ou condução dos trabalhos ou na execução das deliberações tomadas.

3 – O exercício do direito de reunião não pode prejudicar o serviço normalmente atribuído ao militar, nem a permanente disponibilidade deste para o mesmo, nem ser exercido dentro das unidades, estabelecimentos e órgãos militares.

(*) *Aditado pelo art. 2.º da Lei Orgânica n.º 4/2001, de 30/08.*

ARTIGO 31.º-C (*)
(Direito de manifestação)

Os cidadãos referidos no artigo 31.º, desde que estejam desarmados e trajem civilmente sem ostentação de qualquer símbolo nacional ou das Forças Armadas, têm o direito de participar em qualquer manifestação legalmente convocada que não tenha natureza político-partidária ou sindical, desde que não sejam postas em risco a coesão e a disciplina das Forças Armadas.

(*) *Aditado pelo art. 2.º da Lei Orgânica n.º 4/2001, de 30/08.*

ARTIGO 31.º-D (*)

(Liberdade de associação)

1 – Os cidadãos referidos no artigo 31.º têm o direito de constituir qualquer associação, nomeadamente associações profissionais, excepto se as mesmas tiverem natureza política, partidária ou sindical.

2 – O exercício do direito de associação profissional é regulado em lei própria.

(*) *Aditado pelo art. 2.º da Lei Orgânica n.º 4/2001, de 30/08.*

ARTIGO 31.º-E (*)

(Direito de petição colectiva)

Os cidadãos referidos no artigo 31.º têm o direito de promover ou apresentar petições colectivas dirigidas aos órgãos de soberania ou a quaisquer outras autoridades, desde que as mesmas não incidam sobre a condução da política de defesa nacional, não ponham em risco a coesão e a disciplina das Forças Armadas nem desrespeitem o dever de isenção política e sindical ou o apartidarismo dos seus elementos.

(*) *Aditado pelo art. 2.º da Lei Orgânica n.º 4/2001, de 30/08.*

ARTIGO 31.º-F (*)

(Capacidade eleitoral passiva)

1 – Os cidadãos referidos no artigo 31.º que, em tempo de paz, pretendam concorrer a eleições para os órgãos de soberania, de governo próprio das Regiões Autónomas e do poder local, bem como para deputado ao Parlamento Europeu, devem, previamente à apresentação da candidatura, requerer a concessão de uma licença especial, declarando a sua vontade de ser candidato não inscrito em qualquer partido político.

2 – O requerimento é dirigido ao chefe de estado-maior do ramo a que o requerente pertencer, sendo necessariamente deferido, no prazo de 10 ou

25 dias úteis, consoante o requerente preste serviço em território nacional ou no estrangeiro, com efeitos a partir da publicação da data do acto eleitoral respectivo.

3 – O tempo de exercício dos mandatos electivos referidos no n.º 1 conta como tempo de permanência no posto e como tempo de serviço efectivo para efeitos de antiguidade, devendo os ramos das Forças Armadas facultar aos militares as condições especiais de promoção quando cessem a respectiva licença especial, sendo os demais efeitos desta regulados por decreto-lei.

4 – A licença especial cessa, determinando o regresso à efectividade de serviço, quando do apuramento definitivo dos resultados eleitorais resultar que o candidato não foi eleito.

5 – No caso de eleição, a licença especial cessa, determinando o regresso à efectividade de serviço, nos seguintes casos:

a) Renúncia ao exercício do mandato;

b) Suspensão por período superior a 90 dias;

c) Após a entrada em vigor da declaração de guerra, do estado de sítio ou do estado de emergência, salvo quanto aos órgãos de soberania e ao Parlamento Europeu;

d) Termo do mandato.

6 – Nas situações em que o militar eleito exerça o mandato em regime de permanência e a tempo inteiro, pode requerer, no prazo de 30 dias, a transição voluntária para a situação de reserva, a qual é obrigatoriamente deferida com efeitos a partir da data do início daquelas funções.

7 – No caso de exercício da opção referida no número anterior, e não estando preenchidas as condições de passagem à reserva, o militar fica obrigado a indemnizar o Estado, nos termos do Estatuto dos Militares das Forças Armadas.

8 – Determina a transição para a situação de reserva a eleição de um militar para um segundo mandato, com efeitos a partir da data de início do respectivo exercício.

9 – Salvo o caso previsto na alínea c) no n.º 5, os militares que se encontrem na reserva fora da efectividade de serviço e que exerçam algum dos mandatos electivos referidos no n.º 1 não podem, enquanto durar o exercício do mandato, ser chamados à prestação de serviço efectivo.

10 – Transita para a reserva o militar eleito Presidente da República, salvo se, no momento da eleição, já se encontrasse nessa situação ou na reforma.

(*) *Aditado pelo art. 2.º da Lei Orgânica n.º 4/2001, de 30/08.*

ARTIGO 32.º
(Justiça e disciplina)

1 – As exigências específicas do ordenamento aplicável às Forças Armadas em matéria de justiça e de disciplina serão reguladas, respectivamente, no Código de Justiça Militar e no Regulamento de Disciplina Militar.

2 – As bases gerais da disciplina das Forças Armadas serão aprovadas por lei da Assembleia da República.

3 – O Código de Justiça Militar e o Regulamento de Disciplina Militar serão aprovados por lei da Assembleia da República ou, mediante autorização legislativa, por decreto-lei do Governo.

ARTIGO 33.º
(Provedor de Justiça)

1 – Os cidadãos podem, nos termos gerais, apresentar queixas ao Provedor de Justiça por acções ou omissões dos poderes públicos responsáveis pelas Forças Armadas de que tenha resultado violação dos seus direitos, liberdades e garantias ou prejuízo que os afecte.

2 – Os elementos das Forças Armadas, uma vez esgotadas as vias hierárquicas estabelecidas na lei, têm o direito de apresentar queixas ao Provedor de Justiça por acções ou omissões dos poderes públicos responsáveis pelas Forças Armadas de que resulte violação dos seus direitos, liberdades e garantias ou prejuízo que os afecte, excepto em matéria operacional ou classificada.

3 – Os termos em que o direito referido no número anterior pode ser exercido, bem como a forma de actuação do Provedor de Justiça nesse caso, serão regulados por lei da Assembleia da República.

CAPÍTULO V

Ministério da Defesa Nacional

ARTIGO 34.º
(Atribuições)

O Ministério da Defesa Nacional é o departamento governativo da administração central ao qual incumbe preparar e executar a política de defesa nacional, no âmbito das competências que lhe são conferidas pelo presente diploma, bem como assegurar e fiscalizar a administração das Forças Armadas e dos demais órgãos, serviços e organismos nele integrados.

Artigo 35.º
(Integração das Forças Armadas no Estado)

1 – As Forças Armadas inserem-se na administração directa do Estado através do Ministério da Defesa Nacional.

2 – Dependem do Ministro da Defesa Nacional:

a) O Chefe do Estado-Maior-General das Forças Armadas;

b) Os Chefes de Estado-Maior da Armada, do Exército e da Força Aérea;

c) O director do Instituto de Defesa Nacional;

d) O director nacional de Armamento;

e) A autoridade nacional de segurança;

f) Os responsáveis dos demais órgãos, serviços e organismos de carácter militar colocados na sua dependência.

3 – Fazem também parte do Ministério da Defesa Nacional o Conselho Superior Militar e o Conselho de Chefes de Estado-Maior.

Artigo 36.º
(Estrutura orgânica)

1 – A estrutura orgânica do Ministério da Defesa Nacional será aprovada por decreto-lei.

2 – O Ministério da Defesa Nacional prestará o apoio técnico e administrativo necessário ao Conselho Superior de Defesa Nacional e às funções próprias do Primeiro-Ministro em matéria de defesa nacional e Forças Armadas.

3 – Estão sujeitas à tutela administrativa ou à fiscalização do Ministério da Defesa Nacional a INDEP – Indústrias Nacionais de Defesa, E. P., e as restantes empresas do mesmo sector que a lei ou os estatutos submetam à respectiva jurisdição.

CAPÍTULO VI

Estrutura superior da defesa nacional e das Forças Armadas

ARTIGO 37.º

(Enunciado)

1 – Os órgãos do Estado directamente responsáveis pela defesa nacional e pelas Forças Armadas são os seguintes:

a) Presidente da República;
b) Assembleia da República;
c) Governo;
d) Conselho Superior de Defesa Nacional;
e) Conselho Superior Militar.

2 – Além dos referidos no número anterior, os órgãos do Estado directamente responsáveis pelas Forças Armadas e pela componente militar da defesa nacional são os seguintes:

a) Conselho de Chefes de Estado-Maior;
b) Chefe do Estado-Maior-General das Forças Armadas;
c) Chefes de Estado-Maior da Armada, do Exército e da Força Aérea.

ARTIGO 38.º

(Presidente da República)

1 – O Presidente da República representa a República Portuguesa, garante a independência nacional, a unidade do Estado e o regular funcionamento das instituições democráticas e é, por inerência, Comandante Supremo das Forças Armadas.

2 – Durante o impedimento temporário do Presidente da República, bem como durante a vagatura do cargo até tomar posse o novo presidente eleito, assumirá as funções o Presidente da Assembleia da República ou, no impedimento deste, o seu substituto.

3 – Quando, em caso de agressão efectiva ou iminente por forças estrangeiras e para salvaguarda do livre exercício da soberania portuguesa em face do inimigo, o Presidente da República tiver de se ausentar da capital ou do País, permanece no pleno exercício das suas funções, devendo, logo que lhe seja possível, regressar à capital ou estabelecer-se de novo em qualquer ponto do território nacional.

4 – No âmbito da matéria do presente diploma, o Presidente da República tem as competências fixadas na Constituição e designadamente:

a) Exercer as funções de Comandante Supremo das Forças Armadas;
b) Presidir ao Conselho Superior de Defesa Nacional;
c) Promulgar e mandar publicar as leis, os decretos-leis e os decretos regulamentares, bem como assinar os restantes decretos do Governo;
d) Declarar a guerra, em caso de agressão efectiva ou iminente, e fazer a paz, sob proposta do Governo, ouvido o Conselho de Estado e mediante autorização da Assembleia da República ou, quando esta não estiver reunida nem for possível a sua reunião imediata, da sua comissão permanente;
e) Nomear e exonerar, sob proposta do Governo, o Chefe do Estado-Maior-General das Forças Armadas, o Vice-Chefe do Estado-Maior-General das Forças Armadas, quando exista, e os Chefes de Estado-Maior dos 3 ramos das Forças Armadas, ouvido, nestes 2 últimos casos, o Chefe do Estado-Maior-General das Forças Armadas;
f) Declarar o estado de sítio ou o estado de emergência, nos casos previstos na Constituição;
g) Ratificar os tratados internacionais, depois de devidamente aprovados;
h) Declarada a guerra, assumir a sua direcção superior em conjunto com o Governo, nos termos do artigo 63.º.

ARTIGO 39.º
(Comandante supremo das Forças Armadas)

As funções de comandante supremo das Forças Armadas, atribuídas constitucionalmente por inerência ao Presidente da República, compreendem os direitos e deveres seguintes:

a) Dever de contribuir, no âmbito das suas competências constitucionais, para assegurar a fidelidade das Forças Armadas à Constituição e às instituições democráticas e de exprimir publicamente, em nome das Forças Armadas, essa fidelidade;
b) Direito de ser informado pelo Governo acerca da situação das Forças Armadas e dos seus elementos;
c) Dever de aconselhar em privado o Governo acerca da condução da política de defesa nacional;
d) Direito de consultar o Chefe do Estado-Maior-General das Forças Armadas e os Chefes de Estado-Maior dos ramos;

e) Em caso de guerra, direito de assumir a sua direcção superior em conjunto com o Governo e dever de contribuir para a manutenção do espírito de defesa e da prontidão das Forças Armadas para o combate;
f) Direito de conferir, por iniciativa própria, condecorações militares;
g) Direito de ocupar o primeiro lugar na hierarquia das Forças Armadas.

ARTIGO 40.º
(Assembleia da República)

1 – A Assembleia da República é a assembleia representativa de todos os cidadãos portugueses, cabendo-lhe nessa qualidade legislar e fiscalizar a acção governativa em matéria de defesa nacional e Forças Armadas.

2 – No âmbito da matéria do presente diploma, compete em especial à Assembleia da República:

a) Vigiar pelo cumprimento da Constituição e das leis e apreciar os actos do Governo e da Administração em matéria de defesa nacional e de organização, funcionamento e disciplina das Forças Armadas;
b) Aprovar os tratados que versem matéria da sua competência legislativa reservada, os tratados de participação de Portugal em organizações internacionais, os tratados de amizade, de paz, de defesa e de rectificação de fronteiras, os respeitantes a assuntos militares e ainda quaisquer outros que o Governo entenda submeter-lhe;
c) Acompanhar, nos termos da lei e do Regulamento, o envolvimento de contingentes militares portugueses no estrangeiro; (*)
d) Legislar sobre a organização da defesa nacional e definição dos deveres dela decorrentes; (*)
e) Legislar sobre as bases gerais da organização, do funcionamento, do reequipamento e da disciplina das Forças Armadas; (*)
f) Legislar sobre restrições ao exercício de direitos por militares e agentes militarizados em serviço efectivo; (*)
g) Legislar sobre as bases gerais do estatuto da condição militar;
h) Legislar sobre organização, funcionamento, competência e processo dos tribunais militares, bem como sobre o estatuto dos respectivos juízes;
i) Legislar sobre a definição de crimes de natureza estritamente militar, respectivas penas e pressupostos; (*)
j) Legislar sobre o contencioso administrativo-militar;
l) Legislar sobre o regime da mobilização e da requisição;

m) Legislar sobre servidões militares e outras restrições ao direito de propriedade por motivos de defesa nacional;
n) Autorizar o Presidente da República a declarar a guerra e a fazer a paz;
o) Definir os limites das águas territoriais, da zona económica exclusiva e dos direitos de Portugal aos fundos marinhos contíguos;
p) Aprovar as leis de programação militar;
q) Aprovar o Orçamento do Estado;
r) Autorizar o Presidente da República a ausentar-se para o estrangeiro;
s) Eleger, por maioria de dois terços dos deputados presentes, desde que superior à maioria absoluta dos deputados em efectividade de funções, 2 Deputados para membros do Conselho Superior de Defesa Nacional;
t) Exercer as demais competências políticas, legislativas e de fiscalização e ainda as atribuídas às comissões referidas no artigo 181.º da Constituição.

(*) *Redacção do art. único da Lei Orgânica n.º 3/99, de 18/09.*

ARTIGO 41.º
(Governo)

1 – O Governo é o órgão de condução da política de defesa nacional e o órgão superior da administração das Forças Armadas.

2 – O Governo inscreverá no seu programa as principais orientações e medidas a adoptar ou a propor no domínio da defesa nacional e fará reflectir a política aí definida nas propostas de lei de programação militar e do Orçamento do Estado.

3 – O Governo tomará as providências necessárias para assegurar o livre exercício da soberania e o funcionamento dos respectivos órgãos em caso de guerra ou em situações de crise, devendo prever, nomeadamente, a possibilidade de mudança de capital do País para qualquer outro ponto do território nacional.

ARTIGO 42.º
(Competência do Governo)

1 – No âmbito da matéria do presente diploma, compete em especial ao Governo:

a) Referendar os actos do Presidente da República, nos casos previstos na Constituição;
b) Negociar e ajustar convenções internacionais;
c) Aprovar, sob a forma de decreto, acordos internacionais, bem como os tratados cuja aprovação não seja da competência da Assembleia da República ou que a esta não tenham sido submetidos;
d) Apresentar propostas de lei ou de resolução à Assembleia da República;
e) Propor ao Presidente da República a declaração da guerra ou a feitura da paz;
f) Fazer decretos-leis;
g) Elaborar e fazer executar as leis de programação militar e o Orçamento do Estado;
h) Fazer os regulamentos necessários à boa execução das leis em matéria de defesa nacional e Forças Armadas;
i) Dirigir os serviços e a actividade da administração directa do Estado, civil e militar, e superintender na administração indirecta;
j) Determinar a mobilização civil ou militar;
l) Definir as regras e mecanismos próprios do sistema de alerta nacional e determinar a entrada em vigor das medidas correspondentes às suas diferentes fases;
m) Propor ao Presidente da República a nomeação e a exoneração do Chefe do Estado-Maior-General das Forças Armadas, do Vice-Chefe do Estado-Maior-General das Forças Armadas, quando for caso disso, e dos Chefes de Estado-Maior dos ramos;
n) Definir o conceito estratégico de defesa nacional;
o) Praticar os demais actos que lhe sejam cometidos pela Constituição ou pela lei.

2 – Dentro da competência genericamente conferida ao Governo, compete em especial ao Conselho de Ministros:

a) Definir as linhas gerais da política governamental em matéria de defesa nacional, bem como as da sua execução;
b) Deliberar sobre as matérias referidas nas alíneas c) a f) e j) a n) do número anterior;
c) Deliberar sobre outros assuntos da competência do Governo relativos à defesa nacional ou às Forças Armadas que lhe sejam atribuídos por lei ou apresentados pelo Primeiro-Ministro ou pelo Ministro da Defesa Nacional.

ARTIGO 43.º
(Competência do Primeiro-Ministro)

1 – O Primeiro-Ministro é politicamente responsável pela direcção da política de defesa nacional, competindo-lhe, nomeadamente:

a) Coordenar e orientar a acção de todos os ministros nos assuntos relacionados com a defesa nacional;
b) Participar no Conselho Superior de Defesa Nacional;
c) Propor ao Conselho de Ministros, conjuntamente com o Ministro da Defesa Nacional, a definição do conceito estratégico de defesa nacional;
d) Propor ao Conselho de Ministros, conjuntamente com o Ministro da Defesa Nacional, a nomeação e a exoneração do Chefe do Estado-Maior-General das Forças Armadas, do Vice-Chefe do Estado-Maior-General das Forças Armadas, quando for caso disso, e dos Chefes de Estado-Maior dos ramos;
e) Dirigir a actividade interministerial tendente à execução da política de defesa nacional;
f) Informar o Presidente da República acerca dos assuntos respeitantes à condução da política de defesa nacional;
g) Em caso de guerra, assumir a sua direcção superior em conjunto com o Presidente da República, nos termos do artigo 63.º.

2 – O Primeiro-Ministro pode delegar, no todo ou em parte, a competência referida na alínea e) do n.º 1 no Ministro da Defesa Nacional.

ARTIGO 44.º
(Competência do Ministro da Defesa Nacional)

1 – O Ministro da Defesa Nacional é politicamente responsável pela elaboração e execução da componente militar da política de defesa nacional, pela administração das Forças Armadas e pela preparação dos meios militares e resultados do seu emprego, bem como pela administração dos órgãos, serviços e organismos dele dependentes.

2 – Compete em especial ao Ministro da Defesa Nacional:

a) Apresentar ao Conselho de Ministros todas as propostas relativas à matéria da competência deste no domínio da componente militar da política de defesa nacional;
b) Participar no Conselho Superior de Defesa Nacional e presidir ao Conselho Superior Militar;

c) Estabelecer as relações de carácter geral entre o Ministério da Defesa Nacional e os demais departamentos oficiais;
d) Coordenar e orientar as acções relativas à satisfação de compromissos militares decorrentes de acordos internacionais e, bem assim, as relações com ministérios congéneres e com organismos internacionais de carácter militar, sem prejuízo da competência do Ministro dos Negócios Estrangeiros;
e) Aprovar e fazer publicar os regulamentos e instruções necessárias à boa execução das leis militares que não pertençam à competência própria do Conselho de Ministros ou de outros órgãos;
f) Orientar a elaboração do orçamento do Ministério da Defesa Nacional, bem como a elaboração das propostas de lei de programação militar, e orientar e fiscalizar a respectiva execução, bem como a gestão patrimonial, sem prejuízo da competência do Ministro das Finanças e do Plano;
g) Elaborar e dirigir a execução da política nacional de armamento e de equipamentos de defesa nacional;
h) Dirigir a actividade dos demais órgãos e serviços dele dependentes;
i) Propor ao Conselho de Ministros, em conjunto com o Primeiro-Ministro, a definição do conceito estratégico de defesa nacional e velar pela respectiva execução;
j) Propor ao Conselho Superior de Defesa Nacional a confirmação do conceito estratégico militar e a definição, com base em projectos do mesmo órgão, das missões das Forças Armadas e dos sistemas de forças necessárias ao seu cumprimento;
l) Aprovar o dispositivo dos sistemas de forças definido pelo conselho de chefes de estado-maior;
m) Autorizar a realização de manobras e exercícios;
n) Licenciar obras em áreas sujeitas a servidão militar, ouvido o chefe do estado-maior do ramo competente;
o) Nomear e exonerar os responsáveis pelos cargos e organismos dele directamente dependentes cuja designação não esteja atribuída a outros órgãos do Estado.

3 – Compete ainda ao Ministro da Defesa Nacional controlar a correcta administração dos meios humanos, materiais e financeiros postos à disposição das Forças Armadas e dos órgãos, serviços e organismos dele dependentes, bem como a correcta execução da legislação aplicável a umas e outros, podendo para o efeito criar na sua dependência uma inspecção-geral das Forças Armadas.

ARTIGO 45.º
(Competência dos outros ministros)

1 – Para além do Ministro da Defesa Nacional, todos os outros ministros são responsáveis politicamente pela execução das componentes não militares da política de defesa nacional, na parte que deles dependa.

2 – No âmbito da matéria do presente diploma, compete em especial a cada ministro:

a) Contribuir, dentro das atribuições do seu ministério, para a elaboração do conceito estratégico de defesa nacional;
b) Dirigir as actividades do seu ministério que de algum modo concorram para a execução da política de defesa nacional;
c) Estudar e preparar a adaptação dos seus serviços ao estado de guerra ou a situações de crise;
d) Dirigir a participação dos seus serviços e respectivo pessoal na mobilização e na protecção civil;
e) Responder pela preparação e emprego dos meios que de si dependam nas tarefas de defesa nacional que lhe venham a ser cometidas.

3 – O disposto neste artigo não prejudica a competência atribuída aos governos regionais pela Constituição ou pela lei.

ARTIGO 46.º
(Conselho Superior de Defesa Nacional)

1 – O Conselho Superior de Defesa Nacional é o órgão específico de consulta para os assuntos relativos à defesa nacional e à organização, funcionamento e disciplina das Forças Armadas, dispondo além disso da competência administrativa referida no artigo seguinte.

2 – O Conselho Superior de Defesa Nacional é presidido pelo Presidente da República, que goza de voto de qualidade.

3 – O Conselho Superior de Defesa Nacional, enquanto órgão consultivo, tem a seguinte composição:

a) Primeiro-Ministro;
b) Vice-Primeiros-Ministros, se os houver;
c) Ministros responsáveis pelos sectores da defesa nacional, dos negócios estrangeiros, da segurança interna, das finanças, do plano, da indústria e energia e dos transportes e comunicações;
d) 2 deputados à Assembleia da República, por esta eleitos nos termos da presente lei;

e) Chefe do Estado-Maior-General das Forças Armadas e Chefes de Estado-Maior dos ramos;
f) Ministros da República e Presidentes dos Governos Regionais dos Açores e da Madeira.

4 – A composição do Conselho Superior de Defesa Nacional, enquanto órgão administrativo, abrange os membros referidos nas alíneas a), b), c) e e) do número anterior.

5 – O Presidente da República, por sua iniciativa ou a pedido do Primeiro-Ministro, pode convidar quaisquer entidades a participar, sem direito de voto, em determinadas reuniões do Conselho.

6 – O Conselho reúne ordinariamente de 2 em 2 meses e extraordinariamente sempre que para tal for convocado pelo Presidente da República, por sua iniciativa ou a pedido do Primeiro-Ministro.

7 – O Conselho Superior de Defesa Nacional será secretariado por 1 oficial general ou por 1 funcionário público de categoria equivalente ou superior a director-geral, que será nomeado e exonerado pelo Presidente da República, sob proposta do Governo.

Artigo 47.º
(Competência do Conselho Superior de Defesa Nacional)

1 – No exercício das suas funções consultivas, compete ao Conselho Superior de Defesa Nacional emitir parecer sobre os assuntos seguintes:
a) Política de defesa nacional;
b) Grandes opções do conceito estratégico de defesa nacional;
c) Legislação relativa à organização da defesa nacional e definição dos deveres dela decorrentes e bases gerais da organização, funcionamento e disciplina das Forças Armadas e às condições de emprego das Forças Armadas no estado de sítio e no estado de emergência;
d) Aprovação de convenções internacionais de carácter militar;
e) Organização da protecção civil, da assistência às populações e da salvaguarda dos bens públicos e particulares, em caso de guerra;
f) Leis de programação militar;
g) Infra-estruturas fundamentais de defesa;
h) Declaração da guerra e feitura da paz;
i) Outros assuntos relativos à defesa nacional ou às Forças Armadas que lhe sejam apresentados pelo Presidente da República ou por qualquer dos seus membros.

2 – No exercício das suas funções administrativas, compete ao Conselho Superior de Defesa Nacional:

a) Pronunciar-se sobre o conceito estratégico de defesa nacional;
b) Confirmar o conceito estratégico militar e definir as missões das Forças Armadas e os sistemas de forças necessárias ao seu cumprimento, sob proposta do Ministro da Defesa Nacional;
c) Definir as medidas a tomar em caso de alerta, de mobilização e de guerra;
d) Orientar a execução da mobilização, geral ou parcial;
e) Confirmar as promoções a oficial general e de oficiais generais, decididas pelo Conselho de Chefes de Estado-Maior;
f) Aprovar as propostas de nomeação e exoneração de oficiais generais para os cargos referidos no artigo 29.º, n.º 2, a submeter ao Presidente da República;
g) Confirmar a nomeação e a exoneração de oficiais para os cargos referidos no artigo 29.º, n.º 3;
h) Exercer, em tempo de guerra, as funções previstas no artigo 64.º.

3 – Os pareceres do Conselho Superior de Defesa Nacional não são publicados, salvo quando o próprio Conselho excepcionalmente o determinar; os actos praticados pelo Conselho nos termos do n.º 2 deste artigo só são publicados nos casos das alíneas e), f) e g) e revestem a forma de resolução.

Artigo 48.º
(Conselho Superior Militar)

1 – O Conselho Superior Militar é o principal órgão consultivo militar do Ministro da Defesa Nacional.

2 – O Conselho Superior Militar é presidido pelo Ministro da Defesa Nacional e tem a composição seguinte:

a) Chefe do Estado-Maior-General das Forças Armadas;
b) Chefe do Estado-Maior da Armada;
c) Chefe do Estado-Maior do Exército;
d) Chefe do Estado-Maior da Força Aérea.

3 – Participam no Conselho Superior Militar, salvo decisão em contrário do Ministro, os Secretários de Estado que existirem junto do Ministro da Defesa Nacional.

4 – O Ministro da Defesa Nacional, por sua iniciativa ou a pedido de qualquer dos membros do Conselho, pode convidar quaisquer entidades a participar nas reuniões do Conselho em que sejam tratados assuntos da sua especialidade.

5 – O Conselho reúne ordinariamente uma vez por mês e extraordinariamente sempre que para tal for convocado pelo Ministro da Defesa Nacional.

Artigo 49.º
(Competência do Conselho Superior Militar)

1 – Compete ao Conselho Superior Militar dar parecer sobre os assuntos seguintes, sempre que para o efeito for solicitado:

a) Matérias da competência do Conselho de Ministros relacionadas com a defesa nacional ou com as Forças Armadas;
b) Matérias da competência do Conselho Superior de Defesa Nacional;
c) Matérias da competência do Ministro da Defesa Nacional, nomeadamente as referidas no artigo 44.º, n.º 2, alíneas e) a g), i) e j), e n.º 3.

2 – Compete ao Conselho Superior Militar, de acordo com a orientação do Governo, elaborar os projectos de proposta de lei de programação militar e de orçamento anual das Forças Armadas.

3 – Compete ainda ao Conselho Superior Militar pronunciar-se acerca dos assuntos sobre que for ouvido pelo Ministro da Defesa Nacional, em matéria da competência do Governo relacionada com a defesa nacional ou com as Forças Armadas, ou sobre que entender conveniente transmitir ao Ministro a sua posição.

Artigo 50.º (*)
(Conselho de Chefes de Estado-Maior)

1 – *O Conselho de Chefes de Estado-Maior é o principal órgão militar de carácter coordenador e tem a competência administrativa conferida pela presente lei.*

2 – *O Conselho de Chefes de Estado-Maior é presidido pelo Chefe de Estado-Maior-General das Forças Armadas e composto pelos Chefes de Estado-Maior da Armada, do Exército e da Força Aérea.*

3 – *O Chefe do Estado-Maior-General das Forças Armadas pode convidar outras entidades das Forças Armadas a participar, sem direito de voto, nas reuniões do Conselho em que sejam tratados assuntos da sua especialidade.*

4 – *O Conselho reúne ordinariamente uma vez por semana e extraordinariamente sempre que para tal for convocado pelo Chefe do Estado-Maior-General das Forças Armadas, por sua iniciativa ou por proposta de qualquer dos restantes membros.*

5 – *A execução e a eventual difusão das deliberações do Conselho competem ao Chefe do Estado-Maior-General das Forças Armadas.*

(*) *Revogado pelo art. 14.º da Lei n.º 111/91, de 29/08.*

ARTIGO 51.º (*)

(Competência do Conselho de Chefes de Estado-Maior)

1 – *Compete ao Conselho de Chefes de Estado-Maior deliberar sobre:*

a) A elaboração do conceito estratégico militar;

b) Os projectos de definição das missões das Forças Armadas, dos sistemas de forças e do dispositivo;

c) Os projectos de proposta de lei de programação militar e de orçamento anual das Forças Armadas;

d) O planeamento do emprego operacional conjunto ou combinado dos sistemas de forças;

e) A coordenação das doutrinas de emprego dos ramos;

f) A promoção a oficial general e de oficiais generais, sujeita a confirmação do Conselho Superior de Defesa Nacional;

g) A definição dos quantitativos de pessoal dos contingentes anuais a incorporar nos ramos, de acordo com as dotações orçamentais fixadas;

h) O recrutamento;

i) A coordenação entre os ramos em matéria de remunerações e medidas de carácter social relativas aos militares e suas famílias;

j) A direcção do ensino superior interforças;

l) A coordenação de actividades de interesse comum dos ramos e a normalização das actividades similares dos ramos;

m) A aprovação dos planos conjuntos elaborados pelo Chefe do Estado-Maior-General das Forças Armadas com base em proposta dos ramos;

n) As informações, documentos, materiais e instalações cujo conhecimento por pessoas não autorizadas envolva risco e que, como tal, devam ser consideradas matérias classificadas e objecto de medidas especiais de salvaguarda e defesa, a definir pelo Governo nos termos da lei;

o) Outros assuntos que lhe sejam submetidos pelo Governo.

2 – *As deliberações previstas nas alíneas b), c) e i) do n.º 1 carecem de aprovação do Ministro da Defesa Nacional.*

3 – *Compete ao Conselho de Chefes de Estado-Maior dar parecer sobre:*

a) A nomeação e a exoneração dos comandantes-chefes;

b) Os programas gerais de armamento e equipamento dos ramos das Forças Armadas;

c) A uniformização e a normalização de armamento e equipamento das Forças Armadas;

d) A investigação e o ensino relativos à defesa nacional e às Forças Armadas;

e) A coordenação das actividades relativas a infra-estruturas comuns;

f) A orientação e coordenação da preparação e execução da mobilização militar;

g) Os assuntos relacionados com a satisfação de compromissos militares decorrentes de acordos internacionais e as relações com organismos militares de outros países e internacionais;

h) Os assuntos relativos a pessoal, a instrução, a logística, a finanças e a outros aspectos das Forças Armadas que o Chefe do Estado-Maior-General ou os Chefes de Estado-Maior dos ramos entendam submeter-lhe;

i) As actividades de colaboração das Forças Armadas em tarefas relacionadas com a satisfação das necessidades básicas e a melhoria da qualidade de vida das populações.

4 – *Os Chefes de Estado-Maior apresentarão ao Conselho os assuntos, em matéria da sua competência relacionada com a defesa nacional ou com as Forças Armadas, sobre que entendam conveniente transmitir ao Governo a sua posição.*

(*) *Revogado pelo art. 14.º da Lei n.º 111/91, de 29/08.*

ARTIGO 52.º (*)

(Chefe do Estado-Maior-General das Forças Armadas)

1 – O Chefe do Estado-Maior-General das Forças Armadas é o principal conselheiro militar do Ministro da Defesa Nacional e o chefe militar de mais elevada autoridade na hierarquia das Forças Armadas, exercendo as competências previstas na lei.

2 – O Chefe do Estado-Maior-General das Forças Armadas é nomeado e exonerado pelo Presidente da República, nos termos da alínea e) do n.º 4 do artigo 38.º, devendo a proposta do Governo ser precedida da audição, através do Ministro da Defesa Nacional, do Conselho de Chefes de Estado Maior.

3 – Sempre que possível, deve o Governo iniciar o processo de nomeação do Chefe do Estado-Maior-General das Forças Armadas pelo menos um mês antes da vacatura do cargo, por forma a permitir neste momento a substituição imediata do respectivo titular.

4 – Se o Presidente da República discordar do nome proposto,o Governo apresentar-lhe-á nova proposta.

5 – O Chefe do Estado-Maior-General das Forças Armadas é substituído, em caso de ausência ou impedimento, pelo Chefe de Estado-Maior do ramo em funções há mais tempo.

(*) *Redacção do art. 1.º da Lei n.º18/95, de 13/07.*

ARTIGO 53.º (*)

(Competência do Chefe do Estado-Maior-General das Forças Armadas)

1 – *O Chefe do Estado-Maior-General das Forças Armadas superintende, no âmbito da sua competência, na execução das deliberações tomadas em matéria de defesa nacional e Forças Armadas pelo Governo e é responsável perante este pela preparação, disciplina e emprego das Forças Armadas, bem como pela coordenação dos respectivos ramos.*

2 – *Em tempo de guerra, o Chefe do Estado-Maior-General das Forças Armadas, sob a autoridade do Presidente da República e do Governo, exerce o comando completo das Forças Armadas, através dos Chefes de Estado-Maior dos ramos e dos comandantes-chefes.*

3 – *Em tempo de paz, o Chefe do Estado-Maior-General das Forças Armadas exerce o comando operacional das Forças Armadas através dos Chefes de Estado-Maior dos ramos e dos comandantes-chefes.*

4 – *Compete ao Chefe do Estado-Maior-General das Forças Armadas:*

a) Presidir ao Conselho de Chefes de Estado-Maior;

b) Participar no Conselho Superior de Defesa Nacional e no Conselho Superior Militar;

c) Apresentar ao Conselho Superior de Defesa Nacional as decisões tomadas pelo Conselho de Chefes de Estado-Maior que careçam de confirmação daquele;

d) Dirigir a execução da estratégia de defesa militar;

e) Planear e dirigir o emprego operacional conjunto ou combinado dos sistemas de forças e os exercícios conjuntos;

f) *Orientar e coordenar os sistemas de comando, controle e comunicações;*

g) *Orientar e coordenar, nos aspectos comuns aos ramos, as actividades relativas a pessoal, instrução, logística e finanças;*

h) *Exercer o comando das forças de segurança, por intermédio dos respectivos comandantes-gerais, em caso de guerra ou em situações de crise, quando aquelas sejam colocadas nos termos da lei na sua dependência para efeitos operacionais;*

i) *Planear, dirigir e controlar as actividades dos organismos colocados na sua dependência directa;*

j) *Praticar todos os actos respeitantes à nomeação, transferência, promoção, reforma, aposentação, exoneração, demissão ou reintegração dos servidores do Estado que lhe estejam directamente subordinados.*

5 – *Compete ao Chefe do Estado-Maior-General das Forças Armadas, ouvido o Conselho de Chefes de Estado-Maior:*

a) *Propor a nomeação e a exoneração dos comandantes-chefes nos termos da presente lei;*

b) *Aprovar os critérios de ordem geral relativos ao pessoal das Forças Armadas, bem como à distribuição do contingente de pessoal destinado ao cumprimento do serviço militar;*

c) *Orientar e coordenar a preparação e a execução da mobilização militar;*

d) *Coordenar a elaboração dos projectos orçamentais das Forças Armadas, sob a orientação do Ministro da Defesa Nacional;*

e) *Coordenar as actividades de interesse comum das Forças Armadas;*

f) *Coordenar, sob a orientação do Ministro da Defesa Nacional, a participação dos ramos na satisfação dos compromissos militares decorrentes de acordos internacionais e nas relações com organismos militares de outros países e internacionais;*

g) *Propor o estabelecimento de restrições ao exercício do direito de propriedade, por motivos de defesa nacional ou segurança militar;*

h) *Orientar e coordenar as actividades de colaboração das Forças Armadas em tarefas relacionadas com a satisfação das necessidades básicas e a melhoria da qualidade de vida das populações.*

6 – *O Chefe do Estado-Maior-General das Forças Armadas é apoiado, no exercício da sua competência, por um estado-maior coordenador, denominado Estado-Maior-General das Forças Armadas.*

(*) *Revogado pelo art. 14.º da Lei n.º 111/91, de 29/08.*

Artigo 54.º

(Vice-Chefe de Estado-Maior-General das Forças Armadas)

1 – O Vice-Chefe do Estado-Maior-General das Forças Armadas, quando exista, é o colaborador imediato do Chefe do Estado-Maior-General das Forças Armadas em tudo quanto respeite à direcção dos serviços do Estado-Maior-General das Forças Armadas.

2 – O Vice-Chefe do Estado-Maior-General das Forças Armadas é nomeado e exonerado pelo Presidente da República, sob proposta do Governo.

3 – Em caso de exoneração ou vagatura do cargo e se for considerado necessário o seu preenchimento, o Chefe do Estado-Maior-General das Forças Armadas submeterá ao Ministro da Defesa Nacional a proposta de um nome que preencha as condições legais para a nomeação e que ele considere o mais adequado para o desempenho do cargo a prover.

4 – O Primeiro-Ministro e o Ministro da Defesa Nacional apresentarão o nome indicado ao Conselho de Ministros, em proposta conjunta, ou solicitarão a indicação de novo nome.

5 – O nome aprovado pelo Conselho de Ministros será proposto pelo Primeiro-Ministro ao Presidente da República.

6 – Se o Presidente da República discordar do nome proposto poderão o Primeiro-Ministro e o Ministro da Defesa Nacional solicitar ao Chefe do Estado-Maior-General das Forças Armadas nova indicação, seguindo-se depois os mesmos trâmites.

Artigo 55.º

(Competência do Vice-Chefe do Estado-Maior-General das Forças Armadas)

Compete ao Vice-Chefe do Estado-Maior-General das Forças Armadas:

a) Coadjuvar o Chefe do Estado-Maior-General das Forças Armadas no desempenho das suas funções;
b) Exercer os poderes que lhe forem delegados pelo Chefe do Estado-Maior-General das Forças Armadas.

Artigo 56.º (*)

(Chefes de Estado-Maior dos ramos)

1 – Os Chefes de Estado-Maior da Armada, do Exército e da Força Aérea comandam os respectivos ramos e são os chefes militares de mais elevada autoridade na sua hierarquia, sendo, nos termos da lei, os principais colaboradores do Ministro da Defesa Nacional e do Chefe do Estado-Maior-General das Forças Armadas em todos os assuntos específicos do respectivo ramo.

2 – Os Chefes de Estado-Maior dos ramos são nomeados e exonerados pelo Presidente da República, nos termos da alínea e) do n.º 4 do artigo 38.º, devendo a proposta do Governo ser precedid da audição, através do Ministro da Defesa Nacional, do Chefe do Estado-Maior-General das Forças Armadas.

3 – O Chefe do Estado-Maior-General das Forças Armadas pronuncia-se, nos termos do número anterior, após audição do Conselho Superior do respectivo ramo.

4 – Ao processo de nomeação dos Chefes de Estado-Maior dos ramos aplica-se o disposto nos n.os 3 e 4 do artigo 52.º.

(*) *Redacção do ar. 1.º da Lei n.º18/95, de 13/07.*

ARTIGO 57.º (*)

(Competência dos Chefes de Estado-Maior dos ramos)

1 – *Os Chefes de Estado-Maior dos ramos respondem perante o Ministro da Defesa Nacional e perante o Chefe do Estado-Maior-General das Forças Armadas pela preparação, disciplina e emprego dos meios do respectivo ramo.*

2 – *Compete ao Chefe de Estado-Maior de cada ramo:*

a) Dirigir, coordenar e administrar o respectivo ramo;

b) Elaborar, sob a orientação do Ministro da Defesa Nacional, através do Chefe do Estado-Maior-General das Forças Armadas, os projectos de proposta de lei de programação militar e de orçamento anual do respectivo ramo e dirigir a correspondente execução;

c) Definir a doutrina de emprego e a organização, apetrechamento e instrução do seu ramo;

d) Elaborar os programas gerais de armamento e equipamento do respectivo ramo e submetê-los ao Conselho de Chefes de Estado-Maior;

e) Elaborar as bases gerais da administração do pessoal do ramo e submetê-las ao Conselho de Chefes de Estado-Maior;

f) Decidir e assinar as promoções dos oficiais do respectivo ramo até coronel ou capitão-de-mar-e-guerra, nos termos da presente lei e demais legislação aplicável;

g) Propor ao Conselho de Chefes de Estado-Maior, nos termos da lei, a promoção a oficial general e de oficiais generais do seu ramo;

h) Nomear e exonerar os oficiais em funções de comando no âmbito do respectivo ramo, sem prejuízo do disposto no artigo 29.º;

i) Apresentar ao Chefe do Estado-Maior-General das Forças Armadas as necessidades do respectivo ramo em pessoal dos contingentes anuais;

j) Propor ao Chefe do Estado-Maior-General das Forças Armadas os planos e normas das operações de recrutamento, bem como da mobilização militar;

l) Adoptar medidas de carácter social relativas a remunerações dos militares, coordenando-as com as adoptadas pelos outros ramos, através do Chefe do Estado-Maior-General das Forças Armadas;

m) Apresentar ao Chefe do Estado-Maior-General das Forças Armadas as necessidades do respectivo ramo no respeitante ao apoio dos serviços conjuntos;

n) Administrar a justiça e a disciplina no respectivo ramo, nos termos da lei;

o) Definir as necessidades do respectivo ramo em infra-estruturas militares;

p) Pronunciar-se sobre propostas de constituição de servidões militares.

3 – *O Chefe do Estado-Maior de cada ramo é apoiado, no exercício das suas competências, por um estado-maior.*

(*) *Revogado pelo art. 14.º da Lei n.º 111/91, de 29/08.*

Artigo 58.º

(Conselhos superiores dos ramos e órgãos semelhantes)

1 – Em cada um dos ramos das Forças Armadas existe um conselho superior do ramo, presidido pelo respectivo Chefe de Estado-Maior.

2 – Haverá ainda conselhos de classes na Armada, conselhos de armas e de serviços no Exército e conselhos de especialidades na Força Aérea.

3 – Os conselhos referidos no número anterior integrarão sempre membros eleitos, os quais nunca serão em número inferior a 50%; a sua composição, competência e modo de funcionamento serão definidos em lei especial.

ARTIGO 59.º
(Regras comuns quanto aos Chefes de Estado-Maior)

1 – O Chefe do Estado-Maior-General das Forças Armadas, os Chefes de Estado-Maior da Armada, do Exército e da Força Aérea e, quanto exista, o Vice-Chefe do Estado-Maior-General das Forças Armadas são nomeados por um período de 3 anos, prorrogável por 2 anos, sem prejuízo da faculdade de exoneração a todo o tempo e da exoneração por limite de idade.

2 – O Chefe do Estado-Maior-General das Forças Armadas, o Vice--Chefe do Estado-Maior-General das Forças Armadas e os Chefes de Estado--Maior dos ramos dispõem do poder de praticar actos administrativos definitivos e executórios com eficácia externa e de celebrar contratos em nome do Estado, nos termos da presente lei e do que vier a ser definido sobre a matéria pelo Governo, mediante decreto-lei.

3 – Os actos dos Chefes de Estado-Maior revestem a forma de portaria ou de despacho, conforme os casos.

4 – Dos actos definitivos e executórios praticados pelos Chefes de Estado-Maior cabe recurso contencioso directo para o Supremo Tribunal Administrativo, salvo quanto aos actos praticados em matéria disciplinar ou noutra que, nos termos da lei, sejam da competência do Supremo Tribunal Militar.

CAPÍTULO VII
Estado de guerra

ARTIGO 60.º
(Estado de guerra)

O estado de guerra decorre desde a declaração da guerra até à feitura da paz, nos termos constitucionais, pelo Presidente da República.

ARTIGO 61.º
(Organização do País em tempo de guerra)

A organização do País em tempo de guerra deve assentar nos princípios seguintes:

a) Empenhamento total na prossecução das finalidades da guerra;

b) Ajustamento da economia nacional ao esforço de guerra;
c) Mobilização e requisição dos recursos necessários à defesa nacional, considerando quer as Forças Armadas e as forças de segurança, quer a sua articulação com uma estrutura de resistência, activa e passiva;
d) Urgência na satisfação das necessidades decorrentes da prioridade da componente militar.

ARTIGO 62.º
(Medidas a adoptar em estado de guerra)

Em estado de guerra serão adoptadas pelos órgãos competentes, de acordo com a Constituição e com as leis em vigor, todas as medidas de natureza política, legislativa e financeira que forem adequadas à condução da guerra e ao restabelecimento da paz.

ARTIGO 63.º
(Competência para a condução da guerra)

1 – A direcção superior da guerra cabe ao Presidente da República e ao Governo, dentro das competências constitucionais e legais de cada um.

2 – A condução militar da guerra incumbe ao Chefe do Estado-Maior-General das Forças Armadas, assistido pelos Chefes de Estado-Maior dos ramos, e aos comandantes-chefes, de harmonia com as opções tomadas e com as directivas aprovadas pelos órgãos de soberania competentes.

ARTIGO 64.º
(Conselho Superior de Defesa Nacional durante o estado de guerra)

1 – Declarada a guerra, o Conselho Superior de Defesa Nacional passa a funcionar em sessão permanente, para o efeito de assistir o Presidente da República, o Primeiro-Ministro e o Ministro da Defesa Nacional em tudo o que respeite à direcção superior da guerra.

2 – Em estado de guerra, compete ao Conselho Superior de Defesa Nacional:

a) Definir e activar os teatros e zonas de operações;

b) *Propor ao Presidente da República a nomeação e a exoneração dos comandantes-chefes, por iniciativa do Chefe do Estado-Maior-General das Forças Armadas;* (*)
c) Aprovar as cartas de comando destinadas aos comandantes-chefes;
d) Aprovar a orientação geral das operações militares;
e) Aprovar os planos de guerra;
f) Estudar e adoptar ou propor as medidas adequadas à satisfação das necessidades das Forças Armadas e da vida colectiva.

3 – O Ministro da Defesa Nacional manterá o Conselho Superior de Defesa Nacional permanentemente informado sobre a situação de todos os meios afectos à defesa nacional.

4 – As cartas de comando são assinadas pelo Presidente da República, pelo Primeiro-Ministro, pelo Ministro da Defesa Nacional e pelo Chefe do Estado-Maior-General das Forças Armadas e delas constará necessariamente a indicação clara e precisa dos elementos seguintes:
a) Missão;
b) Dependência e grau de autoridade;
c) Área onde a autoridade se exerce e entidades por ela abrangidas;
d) Meios atribuídos;
e) Outros aspectos relevantes.

5 – Em estado de guerra e com vista à execução de operações militares, pode o Conselho de Ministros delegar em autoridades militares competências e meios normalmente atribuídos aos departamentos ministeriais, mediante proposta do Conselho Superior de Defesa Nacional.

(*) *Esta alínea b) foi revogada pelo art. 3.º da Lei n.º 18/95, de 13/07.*

Artigo 65.º
(Forças Armadas)

1 – Em estado de guerra, as Forças Armadas têm uma função predominante na defesa nacional e o País empenha todos os recursos necessários no apoio às acções militares e sua execução.

2 – Declarada a guerra, o Chefe do Estado-Maior-General das Forças Armadas assume o comando completo das Forças Armadas, é responsável perante o Presidente da República e o Governo pela preparação e condução das operações e tem como comandantes-adjuntos os Chefes de Estado-Maior dos ramos.

3 – Os Chefes de Estado-Maior dos ramos respondem perante o Chefe do Estado-Maior-General das Forças Armadas pela execução das directivas superiores e garantem a actuação das respectivas forças.

4 – O Conselho de Chefes de Estado-Maior assiste, em permanência, o Chefe do Estado-Maior-General das Forças Armadas na condução das operações militares e na elaboração das propostas de nomeação dos comandantes dos teatros e zonas de operações.

5 – Compete ao Chefe do Estado-Maior-General das Forças Armadas apresentar ao Ministro da Defesa Nacional, para decisão do Conselho Superior de Defesa Nacional, os projectos de definição dos teatros e zonas de operações, bem como as propostas de nomeação ou exoneração dos respectivos comandantes e das suas cartas de comando.

ARTIGO 66.º
(Prejuízos e indemnizações)

1 – O Estado não se obriga a pagar indemnizações por prejuízos resultantes, directa ou indirectamente, de acções de guerra.

2 – Os prejuízos resultantes da guerra são da responsabilidade do agressor e, em consequência, será reivindicada a respectiva indemnização no tratado de paz ou na convenção de armistício.

CAPÍTULO VIII
Disposições finais e transitórias

ARTIGO 67.º
(Informações militares)

1 – Os serviços de informações das Forças Armadas ocupar-se-ão exclusivamente de informações militares, no âmbito das missões que lhes são atribuídas pela Constituição e pela presente lei.

2 – A coordenação dos serviços de informações militares existentes no âmbito das Forças Armadas compete ao Conselho de Chefes de Estado-Maior.

3 – A fiscalização normal dos serviços de informações militares compete ao Chefe do Estado-Maior-General das Forças Armadas e aos chefes do estado-maior dos ramos, sem prejuízo das competências do Ministro da Defesa Nacional e dos regimes de fiscalização genérica que a lei estabelecer.

4 – As modalidades de coordenação entre os serviços de informações militares e os demais serviços de informações existentes ou a criar, nomeadamente nas restantes áreas da defesa nacional, serão reguladas por decreto-lei.

ARTIGO 68.º
(Emprego das Forças Armadas no estado de sítio e no estado de emergência)

As leis que regulam os regimes do estado de sítio e do estado de emergência fixam as condições do emprego das Forças Armadas quando se verifiquem aquelas situações.

ARTIGO 69.º
(Guarda Nacional Republicana, Guarda Fiscal e Polícia de Segurança Pública)

1 – O disposto nos artigos 31.º, 32.º e 33.º do presente diploma é aplicável aos militares e agentes militarizados dos quadros permanentes e dos contratados em serviço efectivo na Guarda Nacional Republicana e na Guarda Fiscal.

2 – O disposto nos artigos 31.º, 32.º e 33.º do presente diploma é transitoriamente aplicável à Polícia de Segurança Pública, até à publicação de nova legislação, devendo o Governo apresentar à Assembleia da República a correspondente proposta de lei até 15 de Junho de 1984(*)

3 – As referências constantes da legislação em vigor à dependência da Guarda Nacional Republicana e da Guarda Fiscal em relação ao Ministro do Exército para efeitos de armamento e equipamento, bem como em caso de guerra ou em estado de sítio ou de emergência, entendem-se feitas ao Ministro da Defesa Nacional.

4 – O tipo e as características do armamento usado pela Polícia de Segurança Pública serão definidos em conjunto pelos Ministros da Defesa Nacional e da Administração Interna.

(*) *Redacção da Lei n.º 41/83, de 21/12.*

ARTIGO 70.º (*)
(Serviço Nacional de Protecção Civil)

1 – *O Serviço Nacional de Protecção Civil depende do Primeiro-Ministro.*

2 – O Primeiro-Ministro pode delegar as competências decorrentes do disposto no n.º 1 no Ministro da Administração Interna, em tempo de paz, e no Ministro da Defesa Nacional, em tempo de guerra.

3 – Nas regiões autónomas dos Açores e da Madeira, os Serviços Regionais de Protecção Civil dependem dos respectivos órgãos de governo próprio, sem prejuízo da necessária articulação de meios em todo o território nacional.

(*) *Expressamente revogado pelo art. 26.º da Lei n.º 113/91, de 29/08.*

ARTIGO 71.º

(Actuais Chefes de Estado-Maior)

1 – No prazo de 5 dias, a contar da entrada em vigor da presente lei, o Governo proporá ao Presidente da República a recondução ou a exoneração dos actuais Chefes de Estado-Maior.

2 – Em caso de recondução, os actuais Chefe do Estado-Maior-General das Forças Armadas e Chefes de Estado-Maior dos ramos iniciam o período de 3 anos referido no artigo 59.º, n.º 1, independentemente do tempo que já tenham servido no respectivo cargo.

ARTIGO 72.º

(Dúvidas de aplicação)

1 – As dúvidas que surgirem na aplicação desta lei serão esclarecidas por despacho do Ministro da Defesa Nacional ou, no caso de envolverem matéria das atribuições de outros ministérios, por despacho conjunto do Ministro da Defesa Nacional e do Ministro ou Ministros competentes.

2 – Os despachos referidos no número anterior têm apenas eficácia interna.

3 – Se as dúvidas surgidas incidirem sobre questões pertinentes à organização, ao funcionamento ou à disciplina das Forças Armadas, será sempre previamente ouvido o Chefe do Estado-Maior-General das Forças Armadas ou o Conselho Superior Militar, conforme for o caso.

ARTIGO 73.º

(Actualização de legislação)

1 – No prazo de 1 ano a contar da entrada em vigor da presente lei, serão aprovados ou revistos, por lei da Assembleia da República ou por decreto-lei do Governo, conforme for o caso, os diplomas seguintes ou que versem as matérias abaixo indicadas:

a) Código de Justiça Militar e Regulamento de Disciplina Militar;
b) Lei do Serviço Militar, Estatuto do Objector de Consciência e Lei do Serviço Cívico;
c) Regulamento de Continências e Honras Militares;
d) Estatuto da condição militar e demais legislação referente a oficiais, sargentos e praças;
e) Regime das leis de programação militar;
f) Direcção Nacional de Armamento;
g) Regime da mobilização e da requisição.

2 – Serão igualmente aprovados ou revistos, dentro de 18 meses a contar da entrada em vigor desta lei, diplomas referentes às matérias seguintes:

a) Competência e organização dos tribunais militares;
b) Regime jurídico do recurso ao Provedor de Justiça em matéria de defesa nacional e Forças Armadas;
c) Instituto de Defesa Nacional;
d) Autoridade Nacional de Segurança;
e) Estabelecimentos fabris das Forças Armadas e respectivo pessoal civil;
f) Estatuto do pessoal civil das Forças Armadas;
g) Domínio público marítimo, serviço geral de capitanias e uso do espaço aéreo, tendo em atenção as necessidades da defesa nacional.

ARTIGO 74.º
(Revogação)

1 – Ficam revogados todos os preceitos legais contrários ao disposto neste diploma, nomeadamente os seguintes:

a) Lei n.º 2051, de 15 de Janeiro de 1952;
b) Lei n.º 2084, de 16 de Agosto de 1956;
c) Lei n.º 3/74, de 14 de Maio (artigos 19.º a 22.º);
d) Decreto-Lei n.º 400/74, de 29 de Agosto;
e) Lei n.º 17/75, de 26 de Dezembro;
f) Decreto-Lei n.º 20/82, de 28 de Janeiro.

2 – Mantêm-se transitoriamente em vigor os preceitos do Decreto-Lei n.º 20/82, de 28 de Janeiro, relativos à organização e funcionamento dos serviços do Estado-Maior-General das Forças Armadas.

3 – Ficam revogados os diplomas legais relativos à competência dos Chefes de Estado-Maior para autorização de despesas, aplicando-se ao Ministério da Defesa Nacional o disposto sobre a matéria no Decreto-Lei n.º 211/79, de 12 de Julho.

Aprovada em 29 de Outubro de 1982.

O Presidente da Assembleia da República, *Francisco Manuel Lopes Vieira de Oliveira Dias.*

Promulgada em 27 de Novembro de 1982.

Publique-se.

O Presidente da República, ANTÓNIO RAMALHO EANES. – O Primeiro--Ministro, *Francisco José Pereira Pinto Balsemão.*

LEI N.º 111/91 DE 29 DE AGOSTO

LEI ORGÂNICA DE BASES DA ORGANIZAÇÃO DAS FORÇAS ARMADAS

A Assembleia da República decreta, nos termos dos artigos 164.º, alínea d), 167.º, alínea d), e 169.º, n.º 2, da Constituição, o seguinte:

Artigo 1.º
Integração das Forças Armadas na administração do Estado

1 – As Forças Armadas obedecem aos órgãos de soberania competentes, nos termos da Constituição e da lei, e inserem-se na administração directa do Estado, através do Ministério da Defesa Nacional.

2 – Os órgãos do Estado directamente responsáveis pela defesa nacional e pelas Forças Armadas são os seguintes:

a) Presidente da República;
b) Assembleia da República;
c) Governo;
d) Conselho Superior de Defesa Nacional;
e) Conselho Superior Militar.

3 – O Ministro da Defesa Nacional é politicamente responsável pela elaboração e execução da componente militar da política de defesa nacional, pela administração das Forças Armadas e pela preparação dos meios militares e resultados do seu emprego.

ARTIGO 2.º
Missões das Forças Armadas

1 – A missão genérica das Forças Armadas é a de assegurar a defesa militar contra qualquer agressão ou ameaça externas.

2 – Além da missão genérica a que se refere o número anterior, as Forças Armadas podem satisfazer, no âmbito militar, os compromissos internacionais assumidos.

3 – As Forças Armadas podem colaborar, nos termos da lei, em tarefas relacionadas com a satisfação das necessidades básicas e a melhoria da qualidade de vida das populações, inclusivamente em situações de calamidade pública que não justifiquem a suspensão do exercício de direitos.

4 – As missões específicas das Forças Armadas decorrentes das missões enunciadas nos números antecedentes são definidas pelo Conselho Superior de Defesa Nacional, mediante proposta do Ministro da Defesa Nacional, sob projecto do Conselho de Chefes de Estado-Maior.

5 – As condições de emprego das Forças Armadas quando se verifique o estado de sítio ou o estado de emergência são fixadas de acordo com as leis que regulam aquelas situações.

ARTIGO 3.º
Sistema de forças nacional e dispositivo

1 – O sistema de forças nacional é constituído por:

a) Uma componente operacional, englobando o conjunto de forças e meios relacionados entre si numa perspectiva de emprego operacional integrado;

b) Uma componente fixa ou territorial, englobando o conjunto de órgãos e serviços essenciais à organização e apoio geral das Forças Armadas e dos seus ramos.

2 – Os tipos e quantitativos de forças e meios que devem existir em permanência e em tempo de guerra para cumprimento das missões das Forças Armadas são definidos tendo em conta as suas capacidades específicas e a adequada complementaridade operacional dos meios.

3 – O sistema de forças permanente deve dispor de capacidade para crescer dentro dos prazos admitidos nos planos gerais de defesa ou nos planos de contingência para os níveis de forças ou meios neles considerados.

4 – A definição do sistema de forças e do dispositivo é feita nos termos do artigo 25.º da Lei n.º 29/82, de 11 de Dezembro.

ARTIGO 4.º
Princípios gerais de organização

1 – A organização das Forças Armadas tem como objectivos essenciais o aprontamento eficiente e o emprego operacional eficaz das forças no cumprimento das missões atribuídas.

2 – A organização das Forças Armadas rege-se por princípios de eficácia e racionalização, devendo, designadamente, garantir:

a) A melhoria da relação entre a componente operacional do sistema de forças e a sua componente fixa ou territorial;
b) A redução do número de escalões e órgãos de comando, direcção ou chefia;
c) A articulação e complementaridade entre os ramos, evitando duplicações desnecessárias e criando órgãos de apoio a mais de um ramo sempre que razões objectivas o aconselhem;
d) A correcta utilização do potencial humano, militar ou civil, promovendo o pleno e adequado aproveitamento dos quadros permanentes e assegurando uma correcta proporção e articulação entre as diversas formas de prestação de serviço efectivo.

3 – No respeito pela sua missão genérica, a organização permanente das Forças Armadas, ou de tempo de paz, deve permitir que a transição para estados de guerra se processe com o mínimo de alterações possível.

ARTIGO 5.º
Estrutura das Forças Armadas

1 – A estrutura das Forças Armadas compreende:

a) O Estado-Maior-General das Forças Armadas;
b) Os três ramos das Forças Armadas – Marinha, Exército e Força Aérea;
c) Os órgãos militares de comando das Forças Armadas.

2 – Os órgãos militares de comando das Forças Armadas são o Chefe do Estado-Maior-General das Forças Armadas e os chefes de estado-maior dos ramos, cujos modos de designação e competências são definidos na Lei n.º 29/82, de 11 de Dezembro, e na presente lei.

Artigo 6.º
Chefe do Estado-Maior-General das Forças Armadas

1 – O Chefe do Estado-Maior-General das Forças Armadas é o principal conselheiro militar do Ministro da Defesa Nacional e o chefe militar de mais elevada autoridade na hierarquia das Forças Armadas.

2 – O Chefe do Estado-Maior-General das Forças Armadas responde em permanência perante o Governo, através do Ministro da Defesa Nacional, pela prontidão, disponibilidade, sustentação e emprego das forças e meios que constituem a componente operacional do sistema de forças.

3 – Em tempo de paz, o Chefe do Estado-Maior-General das Forças Armadas exerce o comando operacional das Forças Armadas, tendo como comandantes subordinados para esse efeito os chefes de estado-maior dos ramos e os comandantes dos comandos operacionais que se constituam na sua dependência.

4 – Em estado de guerra, o Chefe do Estado-Maior-General das Forças Armadas exerce, sob a autoridade do Presidente da República e do Governo, o comando completo das Forças Armadas:

a) Directamente ou através dos comandantes-chefes para o comando operacional, tendo como comandantes-adjuntos os chefes de estado-maior dos ramos;
b) Através dos chefes de estado-maior dos ramos para os aspectos administrativo-logísticos.

5 – Compete ao Chefe do Estado-Maior-General das Forças Armadas:

a) Presidir ao Conselho de Chefes de Estado-Maior, dispondo de voto de qualidade;
b) Planear, dirigir e controlar a execução da estratégia da defesa militar, superiormente aprovada, nomeadamente o emprego operacional do sistema de forças;
c) Elaborar e apresentar ao Conselho de Chefes de Estado-Maior a proposta de doutrina militar conjunta;
d) Avaliar o estado de prontidão, a disponibilidade, a eficácia e a capacidade de sustentação de combate das forças, bem como promover a adopção das medidas correctivas tidas por necessárias;
e) Planear e dirigir o treino operacional conjunto e formular a orientação de treino a seguir nos exercícios combinados;
f) Estudar e planear a preparação da passagem das Forças Armadas da situação de tempo de paz para estado de guerra, nomeadamente quanto à mobilização e requisição militares e à forma de participação das componentes não militares da defesa nacional no apoio

às operações militares, sem prejuízo e em articulação com os demais serviços competentes do Ministério da Defesa Nacional;

g) Dirigir as operações abrangidas pela alínea anterior em estado de guerra, nos casos e nos termos da legislação aplicável;

h) Garantir a integração dos sistemas de comando, controlo e comunicações de âmbito operacional e coordenar os de âmbito territorial;

i) Elaborar, sob a directiva de planeamento do Ministro da Defesa Nacional, os anteprojectos de leis de programação militar respeitantes ao Estado Maior-General das Forças Armadas, submetê-los ao Conselho de Chefes de Estado-Maior e dirigir a correspondente execução, após aprovada a lei, sem prejuízo das competências específicas dos órgãos e serviços do Ministério da Defesa Nacional;

j) Propor o estabelecimento de restrições ao exercício do direito de propriedade, relativamente a zonas confinantes com organizações ou instalações militares ou de interesse para a defesa nacional;

l) Dirigir os órgãos colocados na sua dependência orgânica, designadamente praticar os actos de gestão relativamente ao pessoal militar e civil que integra aqueles órgãos, sem prejuízo da competência dos chefes de estado-maior dos ramos a que o pessoal militar pertence;

m) Exercer as atribuições que lhe cabem no âmbito da justiça militar e administrar a disciplina nos órgãos de si dependentes;

n) Exercer, em estado de guerra ou de excepção, o comando operacional das forças de segurança, por intermérido dos respectivos comandantes gerais, quando, nos termos da lei, aquelas sejam colocadas na sua dependência;

o) Submeter ao Ministro da Defesa Nacional os assuntos de carácter geral específicos dos órgãos colocados na sua dependência orgânica.

6 – Compete ao Chefe do Estado-Maior-General das Forças Armadas, ouvido o Conselho de Chefes de Estado-Maior:

a) Elaborar e submeter à aprovação do Ministro da Defesa Nacional os planos de defesa militar e os planos de contingência;

b) Propor a constituição de comandos-chefes e comandos operacionais a ele subordinados;

c) Propor ao Ministro da Defesa Nacional a nomeação e a exoneração dos comandantes dos comandos operacionais colocados na sua dependência directa; (*)

d) Solicitar ao Governo, através do Ministro da Defesa Nacional, a proposta de nomeação e exoneração dos militares para os cargos referidos no n.º 2 do artigo 29.º da Lei n.º 29/82, de 11 de Dezembro; (*)

e) Dar parecer sobre os projectos de orçamento anual das Forças Armadas nos aspectos que tenham incidência sobre a capacidade operacional das forças;
f) Coordenar, no âmbito das competências que lhe são próprias e sob a orientação do Ministro da Defesa Nacional, a participação das Forças Armadas na satisfação de compromissos militares decorrentes de acordos internacionais, nas relações com organismos militares de outros países e internacionais, bem como em representações diplomáticas no estrangeiro;
g) Propor ao Ministro da Defesa Nacional os níveis de prontidão, disponibilidade e sustentação de combate das forças;
h) Definir as condições do emprego de forças e meios afectos à componente operacional do sistema de forças no cumprimento das missões e tarefas referidas no artigo 2.º, n.º 3, da presente lei.

(*) *Redacção do art. 4.º da Lei nº 18/95, de 13/07.*

ARTIGO 7.º

Conselho de Chefes de Estado-Maior

1 – O Conselho de Chefes de Estado-Maior é o principal órgão militar de carácter coordenador e tem as competências administrativas estabelecidas na lei.

2 – São membros do Conselho de Chefes de Estado-Maior o Chefe do Estado-Maior-General das Forças Armadas, que preside, e os chefes de estado-maior dos três ramos das Forças Armadas, sem prejuízo de outras entidades militares poderem ser convidadas a participar nas suas reuniões, sem direito a voto.

3 – Compete ao Conselho de Chefes de Estado-Maior deliberar sobre:
a) A elaboração do conceito estratégico militar;
b) A elaboração da doutrina militar conjunta a submeter à confirmação do Ministro da Defesa Nacional;
c) A elaboração dos projectos de definição das missões específicas das Forças Armadas, dos sistemas de forças e do dispositivo militar;
d) A promoção a oficial general e de oficiais generais, sujeita a confirmação do Conselho Superior de Defesa Nacional;
e) A harmonização dos anteprojectos de proposta de lei de programação militar;
f) O seu regimento.

4 – Compete ao Conselho de Chefes de Estado-Maior dar parecer sobre:

a) As propostas de definição do conceito estratégico de defesa nacional;
b) O projecto de orçamento anual das Forças Armadas;
c) Os actos da competência do Chefe do Estado-Maior-General das Forças Armadas que careçam do seu parecer prévio;
d) Quaisquer assuntos que sejam submetidos à sua apreciação pelo Ministro da Defesa Nacional, bem como sobre outros que o Chefe do Estado-Maior-General das Forças Armadas entenda submeter-lhe, por iniciativa própria ou a solicitação dos chefes de estado-maior dos ramos.

5 – A execução e a eventual difusão das deliberações do Conselho de Chefes de Estado-Maior competem ao Chefe do Estado-Maior-General das Forças Armadas.

ARTIGO 8.º

Chefes de estado-maior dos ramos

1 – Os chefes do Estado-Maior da Armada, do Exército e da Força Aérea comandam os respectivos ramos e são os chefes militares de mais elevada autoridade na sua hierarquia.

2 – No quadro das missões cometidas às Forças Armadas, os chefes de estado-maior dos ramos dependem:

a) Em tempo de paz, do Ministro da Defesa Nacional nos aspectos de natureza administrativo-logística e do Chefe do Estado-Maior-General das Forças Armadas nos aspectos relacionados com a actividade operacional;
b) Em estado de guerra, do Chefe do Estado-Maior-General das Forças Armadas em todos os aspectos.

3 – Os chefes de estado-maior dos ramos são os principais colaboradores do Ministro da Defesa Nacional e do Chefe do Estado-Maior-General das Forcas Armadas em todos os assuntos específicos do seu ramo, de acordo com as áreas de responsabilidade definidas no número anterior.

4 – Compete ao chefe do estado-maior de cada ramo, sem prejuízo do disposto nos n.os 5 e 6 do artigo 6.º:

a) Dirigir, coordenar e administrar o respectivo ramo;
b) Assegurar a preparação e o aprontamento das forças do respectivo ramo;

c) Exercer o comando das forças que integram a componente operacional do sistema de forças nacional pertencentes ao seu ramo, com exclusão das que reverterem para comandos operacionais que dependam do Chefe do Estado-Maior-General das Forças Armadas e enquanto se mantiverem nessa situação;

d) Definir a doutrina operacional específica do ramo adequada à doutrina militar conjunta;

e) Nomear os oficiais para funções de comando no âmbito do respectivo ramo e exonerá-los, sem prejuízo do disposto na Lei n.º 29/82, de 11 de Dezembro.

5 – Compete ainda ao chefe do estado-maior de cada ramo:

a) Decidir e assinar as promoções dos oficiais do respectivo ramo até ao posto de coronel ou capitão-de-mar-e-guerra;

b) Propor ao Conselho de Chefes de Estado-Maior, nos termos da lei, a promoção a oficial general e de oficiais generais do seu ramo;

c) Exercer as atribuições que lhe cabem no âmbito da justiça militar e administrar a disciplina no respectivo ramo;

d) Apresentar ao Chefe do Estado-Maior-General das Forças Armadas a posição do respectivo ramo relativamente aos assuntos da competência daquele órgão de comando, nomeadamente quanto aos níveis de prontidão, disponibilidade e capacidade de sustentação tidos por adequados para as forças e meios que constituem a componente operacional do sistema de forças;

e) Elaborar, sob a directiva de planeamento do Ministro da Defesa Nacional, os anteprojectos de leis de programação militar, submetê-los ao Conselho de Chefes de Estado-Maior e dirigir a correspondente execução após aprovada a lei, sem prejuízo das competências específicas dos demais órgãos e serviços do Ministério da Defesa Nacional;

f) Propor o estabelecimento de restrições ao exercício do direito de propriedade, relativamente a zonas confinantes com organizações ou instalações do respectivo ramo ou de interesse para a defesa nacional;

g) Submeter ao Ministro da Defesa Nacional os assuntos de carácter geral específicos do ramo não relacionados com as competências próprias do Chefe do Estado-Maior-General das Forças Armadas.

Artigo 9.º
Serviço de Informações Militares

As entidades e órgãos a que se referem os artigos 6.º, 7.º e 8.º desta lei exercem as suas competências, quanto ao Serviço de Informações Militares, nos termos previstos na respectiva legislação.

Artigo 10.º
Comandos operacionais e comandos-chefes

1 – Podem ser constituídos comandos operacionais na dependência do Chefe do Estado-Maior-General das Forças Armadas ou dos chefes de estado-maior dos ramos com o objectivo de efectuarem o planeamento e treino e o emprego operacional das forças e meios que lhe forem atribuídos.

2 – Os comandos operacionais constituídos na dependência do Chefe do Estado-Maior-General das Forças Armadas são criados por decreto-lei, sob proposta deste, ouvido o Conselho de Chefes de Estado-Maior.

3 – Os comandos operacionais criados na dependência dos chefes de estado-maior dos ramos constam da respectiva lei orgânica.

4 – Em estado de guerra, e nos termos da lei, podem ser constituídos na dependência do Chefe do Estado-Maior-General das Forças Armadas comandos-chefes com o objectivo de permitir a conduta de operações militares, dispondo os respectivos comandantes das competências, forças e meios que lhes forem outorgados por carta de comando.

Artigo 11.º
Organização do Estado-Maior-General das Forças Armadas

1 – O Estado-Maior-General das Forças Armadas compreende:

a) O Chefe do Estado-Maior-General das Forças Armadas;
b) O Estado-Maior Coordenador Conjunto;
c) O Centro de Operações das Forças Armadas;
d) Os comandos operacionais e os comandos-chefes que eventualmente se constituam.

2 – O Chefe do Estado-Maior-General das Forças Armadas, no exercício do comando, é coadjuvado pelos chefes de estado-maior dos ramos, como comandantes subordinados ou adjuntos, consoante os casos.

3 – O Estado-Maior Coordenador Conjunto constitui o órgão de planeamento e apoio à decisão do Chefe do Estado-Maior-General das Forças Armadas e compreende:

a) Divisões de estado-maior;

b) Órgãos de apoio geral.

3 – O Centro de Operações das Forças Armadas tem uma organização flexível e ligeira em tempo de paz e destina-se ao exercício do comando operacional pelo Chefe do Estado-Maior-General das Forças Armadas e é susceptível de, em estados de guerra, se constituir em quartel-general conjunto com a composição e estrutura adquadas ao exercício do comando completo.

ARTIGO 12.º

Organização dos ramos das Forças Armadas

1 – Para cumprimento das respectivas missões, os ramos compreendem:

a) O Chefe do Estado-Maior;

b) O estado-maior do ramo;

c) Os órgãos centrais de administração e direcção;

d) Os órgãos de conselho;

e) Os órgãos de inspecção;

f) Os órgãos de implantação territorial;

g) Os elementos da componente operacional do sistema de forças nacional.

2 – Os estados-maiores constituem os órgãos de planeamento e apoio à decisão dos respectivos chefes de estado-maior e podem apenas assumir funções de direcção, controlo, conselho e inspecção quando não existam órgãos com essas competências.

3 – Os órgãos centrais de administração e direcção têm carácter funcional e visam assegurar a superintendência e execução de áreas ou actividades específicas essenciais, de acordo com as orientações superiormente definidas.

4 – Os órgãos de conselho destinam-se a apoiar as decisões do Chefe do Estado-Maior em assuntos especiais e importantes na preparação, disciplina e administração do ramo.

5 – Os órgãos de inspecção destinam-se a apoiar o exercício da função de controlo e avaliação pelo chefe de estado-maior.

6 – São órgãos de implantação territorial os que visam a organização e apoio geral do ramo.

7 – Os elementos da componente operacional do sistema de forças são as forças e meios do ramo destinados ao cumprimento das missões de natureza operacional.

8 – A Marinha dispõe ainda de outros órgãos integrando o sistema de autoridade marítima, regulado por legislação própria.

ARTIGO 13.º
Desenvolvimento

As bases gerais da presente lei, nomeadamente no que respeita à organização do Estado-Maior-Geral das Forças Armadas e dos ramos, serão desenvolvidas mediante decretos-leis.

ARTIGO 14.º
Entrada em vigor

A presente lei entra em vigor com os diplomas a que se refere o artigo anterior, ficando revogada a partir dessa data toda a legislação em contrário, nomeadamente os artigos 21.º, 24.º, 50.º, 51.º, 53.º e 57.º da Lei n.º 29/82, de 11 de Dezembro, bem como as disposições do Decreto-Lei n.º 20/82, de 28 de Janeiro, mencionadas no artigo 74.º, n.º 2, daquela mesma lei.

Aprovada em 20 de Junho de 1991.

O Presidente da Assembleia da República, *Vítor Pereira Crespo.*

Promulgada em 4 de Agosto de 1991.

Publique-se.

O Presidente da República, MÁRIO SOARES.

Referendada em 8 de Agosto de 1991.

Pelo Primeiro-Ministro, *Joaquim Fernando Nogueira*, Ministro da Presidência.

LEI N.º 20/95, DE 13 DE JULHO

REGULA A MOBILIZAÇÃO E A REQUISIÇÃO NO INTERESSE DA DEFESA NACIONAL

A Assembleia da República decreta, nos termos dos artigos 164.º, alínea d), e 168.º, n.º 1, alíneas b) e c), e 169.º, n.º 3, da Constituição, o seguinte:

CAPÍTULO I
Princípios gerais

ARTIGO 1.º
Objecto do presente diploma

A presente lei regula a mobilização e a requisição no interesse da defesa nacional.

ARTIGO 2.º
Mobilização e requisição

A mobilização e a requisição compreendem o conjunto de acções preparadas e desenvolvidas pelo Estado, com oportunidade e eficácia, destinadas à obtenção dos recursos humanos e materiais imprescindíveis para a garantia e realização integral dos objectivos permanentes da política de defesa nacional.

ARTIGO 3.º
Âmbito de aplicação

1 – Estão sujeitos a mobilização os cidadãos portugueses, quer residam em território nacional, em território sob administração portuguesa ou no estrangeiro.

2 – Estão sujeitos a requisição as empresas, coisas ou serviços situados ou exercidos em território nacional ou sob administração portuguesa, salvo tratado ou convenção internacional em contrário.

3 – Sem prejuízo de convenção internacional em contrário, estão ainda sujeitos a requisição os meios de transporte que se achem matriculados em território nacional ou sob administração portuguesa, bem como os direitos de propriedade industrial que aí sejam objecto de patente, depósito ou registo.

ARTIGO 4.º
Modalidades de mobilização e requisição

1 – A mobilização tem natureza militar ou civil, consoante as pessoas por ela abrangidas devam prestar serviço militar efectivo ou desempenhar tarefas nas estruturas referidas no artigo 28.º.

2 – A requisição tem natureza militar ou civil, consoante o objecto sobre que incida seja utilizado na dependência das Forças Armadas ou das autoridades civis.

ARTIGO 5.º
Princípio da legalidade

1 – A actuação das entidades competentes para a preparação e execução das medidas de mobilização e de requisição, no interesse da defesa nacional, militares ou civis, está subordinada à Constituição e à lei.

2 – As medidas a que se refere o número anterior regem-se exclusivamente pela Constituição e pelo disposto no presente diploma e respectiva legislação complementar.

ARTIGO 6.º
Sistema Nacional de Mobilização e Requisição

O Sistema Nacional de Mobilização e Requisição compreende o conjunto de órgãos e serviços encarregados de assegurar a preparação e a execução da mobilização e da requisição, bem como os procedimentos inerentes.

ARTIGO 7.º
Preparação

1 – A preparação da mobilização e da requisição compreende o conjunto de acções de planeamento, organização, coordenação, direcção, controlo, comunicações e informações desenvolvidas de forma permanente e continuada, destinadas a assegurar a sua execução oportuna e eficaz.

2 – Constituem acções de preparação da mobilização e da requisição, designadamente:

a) A elaboração de planos de emergência que definam as necessidades a satisfazer por mobilização e requisição, relativas a cada área ou sector da vida nacional, nas diversas situações;

b) A elaboração e permanente actualização do registo e cadastro dos recursos humanos e materiais a abranger prioritariamente por mobilização e requisição;

c) A determinação dos recursos humanos e materiais disponíveis e a identificação da necessidade de reservas estratégicas e a sua constituição em áreas consideradas críticas;

d) A organização de sistemas coordenados de informação, prevenção, aviso e alerta que permitam o desenvolvimento gradual da execução da mobilização e da requisição;

e) A realização de treinos e exercícios;

3 – A administração central, através dos ministérios e dos órgãos e serviços que os integram ou que deles dependem, os órgãos e serviços das Regiões Autónomas e das autarquias locais ou destas dependentes, os institutos públicos e as empresas públicas, bem como as empresas privadas e cooperativas de interesse colectivo, devem elaborar e manter actualizados os registos e cadastros a que se refere a alínea b) do número anterior.

ARTIGO 8.º
Execução

A execução da mobilização e da requisição tem carácter imediato e obrigatório, abrangendo o conjunto de acções destinadas a possibilitar a utilização dos recursos humanos e materiais disponíveis e a promover, através da adaptação das estruturas, se necessário, a produção e obtenção de meios adicionais indispensáveis para a realização dos objectivos visados.

ARTIGO 9.º
Competências do Governo

1 – O Governo é o órgão responsável pela prossecução de todas as acções relativas à mobilização e à requisição, competindo-lhe, designadamente:

a) Organizar o Sistema Nacional de Mobilização e Requisição;

b) Assegurar a preparação e a execução da mobilização e da requisição em todas as áreas e sectores da vida nacional, de forma coordenada e no respeito pela organização política e administrativa do País;

c) Determinar a mobilização e a requisição nos termos do presente diploma;

2 – Ao Ministro da Defesa Nacional compete, em especial:

a) Apresentar ao Conselho Superior de Defesa Nacional, para efeitos das alíneas c) e d) do n.º 2 do artigo 47.º da Lei de Defesa Nacional e das Forças Armadas, bem como ao Conselho de Ministros, propostas relativas à mobilização e à requisição, necessárias à prossecução dos objectivos permanentes da política de defesa nacional;

b) Dirigir a preparação e execução da mobilização e da requisição militares, através dos órgãos de planeamento e execução competentes das Forças Armadas;

3 – Aos ministros compete dirigir a preparação e a execução da mobilização civil e da requisição, em cada uma das áreas e sectores da vida nacional sob sua responsabilidade, através dos órgãos competentes dos respectivos ministérios, nomeadamente dos que intervêm no planeamento civil de emergência e dos que concorrem para a protecção civil.

ARTIGO 10.º
Intervenção de outras entidades

Intervêm ainda na preparação e execução da mobilização e da requisição:

a) Os Ministros da República das Regiões Autónomas dos Açores e da Madeira;

b) Os órgãos de governo próprio e os órgãos e serviços da administração regional das Regiões Autónomas dos Açores e da Madeira;
c) Os governos civis;
d) Os demais órgãos e serviços da administração directa e indirecta do Estado;
e) As autarquias locais;
f) As forças de segurança;
g) Os serviços de correios e telecomunicações, bem como os serviços de transportes pertencentes a qualquer sector de propriedade;
h) As empresas públicas, privadas e cooperativas de interesse colectivo;
i) Os órgãos de comunicação social.

CAPÍTULO II
Mobilização

SECÇÃO I
Disposições comuns

ARTIGO 11.º
Circunstâncias determinantes

1 – A mobilização militar pode ser decretada, nos termos do artigo 13.º da Lei de Defesa Nacional e das Forças Armadas, sempre que os meios humanos sobre que incide se tenham tornado imprescindíveis para garantir e realizar integralmente os objectivos permanentes da política de defesa nacional em tempo de guerra, bem como perante qualquer agressão, efectiva ou iminente, ou ameaça externas.

2 – Sem prejuízo do disposto no artigo 22.º, a mobilização militar só pode ser decretada depois de declarada a guerra ou os estados de sítio ou de emergência por causa das circunstâncias referidas no número anterior e de acordo com a gravidade destas.

ARTIGO 12.º
Critério de mobilização

A mobilização obedece ao critério da necessidade, de acordo com as aptidões e capacidades de cada cidadão abrangido.

ARTIGO 13.º
Âmbito da mobilização

1 – A mobilização é geral ou parcial, conforme abranja a totalidade ou parte dos cidadãos a ela sujeitos.

2 – A mobilização executa-se em todo o território nacional ou em parte dele, bem como em território sob administração portuguesa.

3 – A mobilização vigora por períodos de tempo determinados.

ARTIGO 14.º
Prevalência da mobilização militar

Quando recaia sobre o mesmo indivíduo, a mobilização militar deve executar-se com preferência sobre a mobilização civil, sem prejuízo da dispensa do serviço militar efectivo, nos termos do disposto no n.º 2 do artigo 27.º.

ARTIGO 15.º
Desenvolvimento da mobilização

1 – A mobilização desenvolve-se por períodos determinados, prorrogáveis ou não, e pode ser escalonada no tempo.

2 – A mobilização geral desenvolve-se, em princípio, de forma progressiva, de acordo com a evolução das necessidades e tendo em contra as capacidades de enquadramento dos recursos humanos mobilizados e o seu emprego efectivo por parte das estruturas a que se destinam.

3 – O âmbito das medidas de mobilização deve ajustar-se permanentemente à evolução da situação que as determinou, por forma a assegurar a plena satisfação das necessidades verificadas e a evitar o deficiente aproveitamento dos recursos humanos.

ARTIGO 16.º
Diploma de mobilização

A mobilização é decretada pelo Governo, sob a forma de decreto-lei, conforme o artigo 14.º, n.º 4, da Lei de Defesa Nacional e das Forças Armadas.

ARTIGO 17. º
Publicidade da decretação da mobilização

1 – O conteúdo do diploma que decreta a mobilização deve constar de editais, afixados nas juntas de freguesia, câmaras municipais, governos civis e postos consulares.

2 – Os órgãos de comunicação social têm o dever de divulgar gratuitamente o conteúdo integral do diploma de mobilização, nos termos por este previstos.

ARTIGO 18. º
Identificação dos cidadãos mobilizados

Os cidadãos mobilizados são identificados:

a) Por grupos etários, unidades constituídas, contingentes ou classes anuais, a partir das mais recentes, por profissões ou por especialidades;
b) Com base no registo civil, nos registos do recrutamento militar e do serviço cívico, no recenseamento eleitoral ou noutros censos oficiais, gerais ou sectoriais.

ARTIGO 19. º
Dever de apresentação

Decretada a mobilização, os cidadãos abrangidos, qualquer que seja a sua situação e o lugar onde se encontrem, devem apresentar-se ao órgão de mobilização militar a que estejam afectos ou à entidade responsável pela execução da mobilização civil, conforme o caso, sem esperar notificação individual.

ARTIGO 20.º
Desmobilização

A desmobilização é progressiva, iniciando-se, em princípio, pelos indivíduos mobilizados há mais tempo.

SECÇÃO II

Mobilização militar

ARTIGO 21.º

Objectivo

A mobilização militar tem por objectivo o aumento da capacidade militar do País pela afectação às Forças Armadas de meios humanos de que estas não dispõem em permanência.

ARTIGO 22.º

Preparação

A preparação da mobilização militar consiste:

a) Na organização e permanente actualização, desde tempo de paz, de registos dos dados dos cidadãos sujeitos a mobilização militar;

b) Na realização de cursos especiais de qualificação ou de actualização, para os cidadãos na reserva de disponibilidade e de licenciamento, necessários para completar o enquadramento das unidades a mobilizar;

c) Na permanente actualização, com base nos quadros orgânicos ou lotações aprovados, da ordem de batalha das unidades, órgãos e formações militares, organizados desde tempo de paz, existentes ou a criar, incluídos nos planos de forças dos ramos das Forças Armadas, para cada situação;

d) Na elaboração dos planos de mobilização militar;

e) Na convocação periódica das tropas do escalão da disponibilidade:

   i) Para a prestação de serviço efectivo, com vista à realização de instrução complementar, exercícios ou manobras, nos termos do disposto na Lei do Serviço Militar;

   ii) Para a apresentação em local e data determinados ou simples resposta dos disponíveis, na forma que for fixada, a fim de testar a operacionalidade do sistema convocatório.

ARTIGO 23.º

Execução

Logo que decretada, a execução da mobilização militar envolve sucessivamente as seguintes acções:

a) Chamada às fileiras dos cidadãos das unidades constituídas e das classes abrangidas pela mobilização;
b) Guarnição dos órgãos, serviços e infra-estruturas do âmbito das Forças Armadas com os meios humanos necessários de que não dispõem em permanência;
c) Constituição efectiva e colocação em estado de prontidão das unidades, órgãos e formações militares, organizados desde tempo de paz de acordo com o previsto nos planos de mobilização militar.

Artigo 24.º
Cidadãos sujeitos a mobilização militar

1 – A mobilização militar abrange todos os cidadãos sujeitos a obrigações militares, incorporados ou a incorporar, bem como nas situações de reserva de disponibilidade e licenciamento e de reserva territorial, que possam ser chamados para prestar serviço militar efectivo nas Forças Armadas.

2 – Podem ainda ser abrangidos pela mobilização militar quaisquer cidadãos fora daquelas situações que, pelas suas qualificações ou especialidades técnico-profissionais, sejam indispensáveis às Forças Armadas e tenham de ser colocados na sua dependência.

3 – Não estão sujeitos a mobilização militar os objectores de consciência.

Artigo 25.º
Diploma de mobilização militar

O diploma de mobilização militar deve fixar, entre outros que se revelem necessários pelas circunstâncias, os seguintes elementos:

a) Fundamentação, âmbito, objectivos, data e hora do início, vigência e fases de execução;
b) Unidades constituídas, classes de mobilização, classes de reserva territorial, especialidades e especialistas abrangidos;
c) Período de mobilização de cada militar ou classe, condições em que o período pode ser prorrogado e forma prevista de desmobilização;
d) Cidadãos a mobilizar nos termos do n.º 2 do artigo anterior;
e) Forma, termos e prazos de notificação e de apresentação dos cidadãos.

ARTIGO 26.º
Estatuto dos cidadãos mobilizados

Os cidadãos abrangidos pela mobilização militar têm o estatuto dos militares das Forças Armadas.

ARTIGO 27.º
Indisponibilidade para a mobilização militar

1 – São considerados indisponíveis para efeitos de mobilização militar e, como tal, dispensados das respectivas obrigações, enquanto no exercício das suas funções:

a) Os membros do Governo;
b) Os Ministros da República para as Regiões Autónomas;
c) Os membros dos governos das Regiões Autónomas, bem como o Governador de Macau e respectivos secretários-adjuntos;
d) Os deputados à Assembleia da República, às assembleias legislativas regionais e à Assembleia Legislativa de Macau;
e) Os deputados ao Parlamento Europeu;
f) O provedor de Justiça;
g) Os magistrados judiciais e do Ministério Público;
h) Os juízes em funções no Tribunal Constitucional, no Tribunal de Contas e nos tribunais da Comunidade Europeia, bem como, quanto a estes, os respectivos advogados-gerais;
i) Os diplomatas em funções de representação nacional no estrangeiro;
j) Os governadores e os vice-governadores civis;
k) Os presidentes e vereadores a tempo inteiro das câmaras municipais;
l) Os directores-gerais da função pública;
m) Os funcionários de organismos internacionais de que o País seja membro ocupando lugares atribuídos a cidadãos nacionais;

2 – Para além dos cidadãos a que se refere o n.º 1, o diploma de mobilização militar pode dispensar do serviço militar efectivo os cidadãos mobilizados necessários ao funcionamento básico dos órgãos integrantes da organização do poder político do País e de actividades imprescindíveis ao interesse público, à economia ou às necessidades das Forças Armadas, ficando, porém, sujeitos à legislação militar aplicável enquanto não for desmobilizada a classe de mobilização a que pertençam.

3 – Logo que cessem o exercício das funções previstas nos números anteriores, ficam os cidadãos imediatamente obrigados ao respeito do conteúdo integral do seu estatuto de mobilizados.

SECÇÃO III
Mobilização civil

ARTIGO 28.º
Objectivo

A mobilização civil tem por objectivo a obtenção e afectação dos recursos humanos que se tenham tornado imprescindíveis para o regular funcionamento das estruturas empresariais ou de serviços, civis ou militares, públicos, privados ou cooperativos, necessários à integral realização dos objectivos permanentes da política de defesa nacional, bem como o reforço e adaptação dos mesmos, conforme as circunstâncias o determinem.

ARTIGO 29.º
Preparação

A preparação da mobilização civil consiste na elaboração e permanente actualização:

a) Dos estudos e planos, a cargo dos competentes órgãos e serviços do Estado e, em especial, dos serviços que intervêm no planeamento civil de emergência e que concorrem para a protecção civil, relativos à definição dos recursos humanos a abranger ou obter por mobilização civil, necessários para:
   i) Desenvolver acções no domínio do apoio às Forças Armadas, da segurança das populações e protecção dos seus bens e da salvaguarda do património nacional;
   ii) Activar programas civis de emergência, em áreas e sectores essenciais da vida nacional, com particular relevo para os relacionados com a saúde, os transportes, os recursos alimentares e energéticos, as matérias-primas, a produção industrial e as telecomunicações;

iii) Reforçar os efectivos de pessoal dos órgãos e serviços referidos na alínea b), de modo a permitir a necessária adaptação do seu funcionamento às situações de excepção, bem como suprir faltas que se verifiquem por motivos extraordinários nos quadros de pessoal dos mesmos organismos e serviços, designadamente as resultantes de mobilização militar;

iv) Promover acções que visem o aumento da capacidade de resistência e sobrevivência da comunidade nacional;

b) Dos cadastros e registos que incluam a situação relativa à mobilização do pessoal dos ministérios e dos órgãos e serviços que os integram ou que deles dependem, dos órgãos e serviços das Regiões Autónomas e das autarquias locais ou destas dependentes, dos institutos públicos e das empresas públicas, privadas ou cooperativas de interesse colectivo.

ARTIGO 30.º

Execução

Logo que decretada, a mobilização civil é de execução imediata, envolvendo, por parte das entidades responsáveis, a notificação dos cidadãos por ela abrangidos, para manutenção no posto de trabalho que detenham à data da mobilização ou para apresentação às entidades que, nos termos do diploma de mobilização, lhes sejam indicadas.

ARTIGO 31.º

Cidadãos sujeitos a mobilização civil

1 – A mobilização civil abrange todos os cidadãos maiores de 18 anos que não estejam no exercício de funções decorrentes de serviço efectivo nas Forças Armadas ou nas forças de segurança.

2 – A afectação dos cidadãos mobilizados deve ter em consideração as suas aptidões físicas e intelectuais, bem como, se possível, as respectivas profissões, a idade e a situação familiar.

3 – Os cidadãos aposentados podem ser chamados a desempenhar tarefas compatíveis com as suas aptidões e capacidades.

4 – Os objectores de consciência não podem ser mobilizados para trabalhar no fabrico, reparação ou comércio de armas de qualquer natureza ou no fabrico e comércio das respectivas munições, bem como para trabalhar em investigação científica relacionada com essas actividades.

ARTIGO 32.º

Diploma de mobilização civil

O diploma de mobilização civil deve fixar, entre outros que se revelem necessários pelas circunstâncias, os seguintes elementos:

a) Fudamentação, âmbito, objectivos, data e hora do início e vigência;
b) Cidadãos abrangidos e entidades a que ficam afectos;
c) Critérios e normas de afectação;
d) Termos e prazos de chamada e de apresentação dos cidadãos mobilizados nos locais de destino ou emprego;
e) Sectores de actividade abrangidos;
f) Forma prevista de desmobilização;
g) Entidades responsáveis pela execução;
h) Conteúdo do estatuto dos cidadãos mobilizados, nos termos do artigo seguinte.

ARTIGO 33.º

Estatuto dos cidadãos mobilizados

1 – Os cidadãos mobilizados têm os direitos e obrigações decorrentes do estatuto inerente à função ou à profissão que, pela mobilização, são chamados a desempenhar, sem prejuízo do disposto nos números seguintes e das condições especialmente fixadas no diploma de mobilização.

2 – Não é reconhecido aos cidadãos mobilizados o direito à greve.

3 – A remuneração devida aos cidadãos mobilizados pelas funções desempenhadas, bem como a entidade que a deve suportar, são definidas pelo diploma de mobilização, de acordo com critérios de justiça e equidade, ponderando a gravidade da situação de excepção, o estado da economia nacional, a natureza das funções desempenhadas e as necessidades dos cidadãos mobilizados.

4 – No diploma de mobilização é definido o horário de trabalho a que os cidadãos mobilizados ficam sujeitos, ou os critérios e competência para essa definição, bem como os termos da sua eventual sujeição às disposições do Regulamento de Disciplina Militar.

5 – O serviço prestado por efeito da mobilização civil não substitui as obrigações militares relativas ao serviço efectivo normal.

ARTIGO 34.º

Indisponibilidade para a mobilização civil

1 – São considerados indisponíveis para efeitos de mobilização civil que não determine a manutenção do posto de trabalho que detenham, e, como tal, dispensados das respectivas obrigações enquanto no exercício das suas funções, os cidadãos que ocupem qualquer dos cargos referidos no artigo 27.º, n.º 1, ou enunciados no diploma de mobilização, nos termos do n.º 2 da mesma disposição, bem como os cidadãos que integrem o quadro de pessoal das empresas ou serviços requisitados.

2 – Logo que cessem o exercício das funções referidas no número anterior, ficam os cidadãos imediatamente obrigados ao respeito do conteúdo integral do seu estatuto de mobilizados.

CAPÍTULO III

Requisição

SECÇÃO I

Disposições comuns

ARTIGO 35.º

Circunstâncias determinantes

A requisição militar e a requisição civil para prossecução de interesses inerentes à defesa nacional podem ser determinadas sempre que os recursos materiais sobre que incidem se tenham tornado imprescindíveis nos termos e para os efeitos previstos no artigo 11.º.

ARTIGO 36.º

Empresas, serviços, coisas e direitos sujeitos a requisição

1 – Podem ser requisitadas as empresas e os serviços, bem como as coisas e os direitos necessários:

a) À exploração de indústrias essenciais à defesa nacional;
b) À exploração dos serviços de correios e telecomunicações de qualquer natureza e à comunicação social, conforme o artigo 10.º, alínea i);
c) Ao abastecimento de água, incluindo a sua captação, tratamento, armazenagem e distribuição;

d) À exploração dos serviços de transportes terrestres, marítimos, fluviais e aéreos, bem como dos serviços de operação das infra-estruturas relacionadas com aqueles;
e) À construção e à reparação naval, automóvel ferroviária e aeronáutica;
f) À produção e à importação de recursos energéticos;
g) À produção, transformação, armazenagem, transporte e distribuição de carvão, electricidade, produtos petrolíferos e gás;
h) À exploração das indústrias químico-farmacêuticas e química de base;
i) Às explorações mineiras essenciais;
j) À produção, transformação, armazenagem e distribuição de produtos alimentares, em particular os de primeira necessidade;
k) À prestação de cuidados hospitalares, médicos e medicamentosos, bem como à produção, transformação, armazenagem e distribuição de medicamentos e especialidades médicas;
l) Ao alojamento de pessoas;
m) À salubridade pública;
n) Ao funcionamento do sistema financeiro;
o) Aos organismos e instituições de pesquisa científica e de ensino técnico-profissional;
p) À importação, produção, armazenagem e distribuição de matérias-primas;

2 – A requisição das empresas e serviços pode limitar-se a determinada prestação de serviços ou produção de bens, com a obrigação de os executar com prioridade, utilizando os meios de que dispõem e conservando a direcção da respectiva actividade.

3 – No caso de requisição de uma empresa ou serviço público, podem estes ser utilizados para fins diferentes, sempre que os objectivos da requisição o justifiquem.

4 – Todas as empresas e serviços cuja actividade se inscreva em qualquer das áreas referidas no n.º 1 devem fornecer às entidades competentes, quando solicitadas, todas as informações referentes às respectivas estruturas e capacidade de produção, para efeitos da preparação da requisição.

5 – As informações fornecidas nos termos do número anterior são classificadas, sendo interdita a sua utilização ou divulgação para outros fins.

Artigo 37.º

Intervenção do Estado

O cumprimento dos termos da requisição pode exigir que o Governo assegure o funcionamento das empresas ou serviços requisitados mediante a intervenção na sua gestão, dando as orientações que se imponham e podendo, quando isso se revele necessário, substituir temporariamente os respectivos órgãos de gestão.

ARTIGO 38.º
Preparação

1 – A preparação da requisição consiste na prévia definição das empresas, serviços, coisas e direitos indispensáveis à defesa nacional, nomeadamente:

a) Na identificação das necessidades e na proposta de estabelecimento de reservas de bens, assim como na fixação dos níveis mínimos de funcionamento de empresas ou serviços integrados em sectores essenciais, pelos órgãos competentes da administração central do Estado;
b) Na elaboração e permanente actualização, pelos ministérios e órgãos e serviços que os integram ou deles dependem, pelos órgãos e serviços das Regiões Autónomas e das autarquias locais ou destas dependentes, pelos institutos públicos e empresas públicas, bem como pelas empresas privadas e cooperativas de interesse colectivo, dos cadastros do respectivo pessoal, material e infra-estruturas existentes e dos efectivos mínimos necessários ao seu funcionamento regular;

2 – A preparação da requisição visa, por parte do Estado:

a) A manutenção de níveis mínimos de coisas ou bens essenciais, de forma temporária ou permanente;
b) A garantia do funcionamento mínimo imprescindível de serviços e sectores essenciais para a defesa nacional.

ARTIGO 39.º
Determinação da requisição

1 – A requisição é determinada por portaria dos membros do Governo competentes, mediante prévio reconhecimento da sua necessidade pelo Conselho de Ministros, sem prejuízo do disposto no artigo 45.º.

2 – A determinação da requisição baseia-se em proposta fundamentada dos ministros interessados;

3 – O diploma de requisição deve fixar, clara e expressamente, entre outros que se revelem necessários pelas circunstâncias, os seguintes elementos:

a) Fundamentação, âmbito, objectivos, data e hora do início, vigência e fases de execução;
b) Autoridade responsável pela sua execução;
c) Modalidade de gestão da empresa ou serviço requisitado;
d) Estatuto aplicável ao pessoal das empresas e serviços requisitados, nos termos do artigo 43.º;
e) Aplicação das normas de segurança relativas a matérias classificadas;
f) Suspensão, se necessário, da importação, da exportação, da circulação, da utilização e da detenção de determinados bens ou o racionamento do seu consumo.

Artigo 40.º
Execução

1 – Logo que determinada, a requisição é de execução imediata, devendo as entidades responsáveis pela sua execução:

a) Apresentar aos titulares, órgãos de gestão, proprietários ou outros responsáveis, consoante os casos, as notificações de requisição das empresas, dos serviços, das coisas ou dos direitos;
b) Assegurar a conformidade dos serviços prestados e das coisas ou direitos cedidos com os termos das respectivas notificações;

2 – A partir do momento em que tomem conhecimento da requisição, impende sobre os responsáveis pelas empresas e serviços requisitados a obrigação de notificar a data de início dessa requisição aos trabalhadores respectivos, fixando aos ausentes o respectivo prazo de apresentação.

Artigo 41.º
Limites da requisição

As medidas de requisição devem respeitar:

a) A compatibilidade entre a requisição e a salvaguarda da vida económica do País;
b) A adequação e a proporcionalidade entre a extensão e a duração das medidas e a satisfação das necessidades verificadas;

c) A reversão ou reconstituição, finda a requisição, de todos os bens ou direitos afectados por esta;
d) O estatuto de objector de consciência.

Artigo 42.º
Indemnizações

1 – Sem prejuízo do disposto no artigo 66.º da Lei de Defesa Nacional e das Forças Armadas, os proprietários das empresas e das coisas, os titulares dos direitos e os prestadores dos serviços requisitados têm direito a uma justa indemnização a cargo do Estado, a qual deve ressarcir os danos efectivamente sofridos, calculada nos termos gerais de direito, tendo, no entanto, em consideração a gravidade da situação que determinou a requisição e o estado da economia nacional.

2 – O montante da indemnização é calculado com referência à data em que cessa a requisição, sendo actualizado à data da decisão final do processo, de acordo com critérios de equidade que atendam à evolução do índice de preços no consumidor, mas não deixando de considerar o estado da economia nacional.

3 – O montante da indemnização e a forma de pagamento são fixados por negociação ou por arbitragem, com recurso para os tribunais nos termos gerais, aplicando-se o regime estatuído para a expropriação por utilidade pública, com as necessárias adaptações.

Artigo 43.º
Estatuto do pessoal das empresas e serviços requisitados

1 – O estatuto do pessoal das empresas e serviços requisitados é idêntico ao dos cidadãos abrangidos pela mobilização civil, conforme o artigo 28.º.

2 – Para efeitos do disposto no número anterior, o diploma de requisição civil conterá os elementos referidos na alínea h) do artigo 32.º.

3 – O pessoal das empresas e serviços requisitados não tem direito a qualquer indemnização, para além da remuneração correspondente ao respectivo contrato e ao trabalho suplementar que seja obrigado a prestar.

4 – O pessoal das empresas e dos serviços requisitados que se encontre nas situações de reserva de disponibilidade ou de licenciamento e de reserva territorial pode ser chamado ao serviço efectivo durante o tempo em que se mantiver a requisição e para efeitos desta.

ARTIGO 44.º
Substituição de pessoal de nacionalidade estrangeira

Tendo em consideração o interesse da defesa nacional, pode o diploma de requisição determinar a substituição dos trabalhadores nacionais de países inimigos, que prestem serviço nas empresas ou nos serviços requisitados, enquanto se mantiver a requisição.

SECÇÃO II
Situações especiais de requisição militar

ARTIGO 45.º
Situações especiais de determinação da requisição

Em tempo de guerra, bem como nos casos em que tenha sido declarado o estado de sítio em virtude de agressão efectiva ou iminente por forças estrangeiras, pode a requisição militar efectivar-se em situação de campanha, por ordem escrita do comandante militar dentro da sua área de responsabilidade, quando ocorram operações militares e o decurso destas imponha a execução imediata da requisição.

ARTIGO 46.º
Bens, direitos, locais e instalações prioritárias

1 – São prioritariamente sujeitos a requisição militar, quando considerados indispensáveis à satisfação de necessidades impreteríveis das Forças Armadas, os seguintes bens e direitos:

a) Armamento, equipamento, tecidos, vestuário e calçado;
b) Aeronaves, navios, embarcações e veículos de qualquer tipo, com ou sem a respectiva tripulação, guarnição e pessoal de apoio essencial;
c) Combustíveis e lubrificantes, bens de uso e consumo, víveres e animais para abate;
d) Matérias-primas, aparelhagem e sobresselentes, de qualquer género e especialidade;
e) Medicamentos, especialidades médicas e farmacêuticas e meios sanitários;
f) Direitos de propriedade industrial;

2 – São ainda prioritariamente sujeitos a requisição militar os locais e instalações com condições adequadas à montagem e funcionamento de:

a) Estados-maiores, comandos e chefias, corpos de guarda e segurança prisional;
b) Comunicações militares e seus meios e equipamentos;
c) Cozinhas e refeitórios, incluindo os meios e equipamentos;
d) Postos de assistência médica e sanitária;
e) Aparcamento de viaturas, material e equipamento que acompanham as tropas;
f) Aboletamento e bivaque do pessoal militar e civil ao serviço das Forças Armadas;
g) Armazenagem de víveres e materiais.

Artigo 47.º
Requisição de alojamento e outros bens para forças em campanha

1 – Quando, em situação de campanha e nas zonas de operações, as forças, em marcha ou acantonadas, não possam ser alojadas, no todo ou em parte, nos quartéis ou em quaisquer outras instalações do Estado, militares ou não, os comandantes têm autoridade para proceder à requisição dos meios e do direito de alojamento das instalações ou serviços indispensáveis ao cumprimento da sua missão.

2 – Esgotadas as capacidades de alojamento dos quartéis, são prioritariamente requisitáveis as instalações do Estado ou das autarquias locais, devendo a requisição incidir sucessivamente sobre as unidades existentes de hotelaria e actividades afins e sobre as disponibilidades de alojamento nas residências dos habitantes da área, podendo incluir a alimentação.

3 – Os comandantes das forças mencionadas no n.º 1 têm autoridade para, em caso de urgência, procederem, no próprio local e mediante ordem escrita, à requisição dos utensílios, equipamentos, materiais, serviços e meios auxiliares que se tornem necessários, na contingência, para o cumprimento da sua missão.

4 – Consideram-se equivalentes a forças em marcha ou acantonadas, em situação de campanha na zona de operações, para efeitos de alojamento:

a) Os militares enquadrados e os militares portadores de guia de marcha, em trânsito para as unidades naquela zona a que se destinam;
b) As forças cujo concurso foi reclamado para efectuar trabalhos de interesse geral, designadamente em casos de sinistro, acidentes

graves ou calamidade pública, em tempo de guerra ou estado de sítio declarado em virtude de agressão efectiva ou iminente por forças estrangeiras.

ARTIGO 48.º
Condições de requisição de locais de alojamento de forças em campanha

1 – A requisição, nos termos do artigo anterior, de um local de habitação ocupado só pode efectuar-se quando se trate de necessidades militares de carácter excepcional e imediato e as circunstâncias verificadas impossibilitem o recurso a outra solução.

2 – Quando, nos termos previstos no número anterior, seja necessário proceder à requisição da totalidade de um local de habitação ocupado de forma efectiva, as autoridades responsáveis pela requisição devem assegurar o imediato alojamento dos habitantes, em condições tão próximas quanto possível daquelas de que dispunham, em especial nos casos de habitação onde haja mulher em adiantado estado de gravidez ou pessoa permanentemente acamada, inválida, deficiente ou carente de cuidados intensivos ou, ainda, que padeça de doença grave.

3 – A requisição de locais para alojamento de forças é interdita quando se trate de:

a) Habitações onde se encontrem pessoas sofrendo de doença infecto-contagiosa;
b) Hospitais, clínicas e quaisquer outros locais reservados a hospitalização ou assistência aos feridos e doentes, salvo quando as autoridades militares os considerem como ambulatórios, postos de saúde e assistência ou enfermarias e, como tal, os anexarem aos serviços de saúde militares.

CAPÍTULO IV
Disposições finais e transitórias

ARTIGO 49.º (*)
Crime de deserção

1 – *Os cidadãos abrangidos pela mobilização civil que não se apresentem no local que lhes tenha sido determinado, nos 10 dias subsequentes* *à data fixada para a sua apresentação, bem como os que abandonem o serviço de que estavam incumbidos por efeito da mobilização civil, por 8 dias consecutivos, cometem o crime essencialmente militar de deserção, sendo punidos, em tempo de paz, com a pena de prisão militar de 2 a 5 anos.*

2 – *Os trabalhadores a que se aplica o estatuto de cidadãos abrangidos pela mobilização civil, nos termos do n.º 1 do artigo 43.º, que abandonem o serviço de que estavam incumbidos, por 8 dias consecutivos durante a vigência da requisição que lhes tenha sido notificada pelo respectivo órgão de gestão, bem como os que, estando ausentes da empresa ou serviço requisitado, não compareçam aí nos 10 dias subsequentes ao fim do prazo que lhes tenha sido notificado para a sua apresentação, cometem o crime previsto no número anterior, sendo punidos, em tempo de paz, com a pena de prisão militar de 2 a 5 anos.*

3 – *Aquele que, em tempo de guerra ou estado de sítio declarado em virtude de agressão efectiva ou iminente por forças estrangeiras, praticar qualquer dos factos descritos nos números anteriores, mas sendo os respectivos prazos reduzidos a metade, é punido com prisão militar de 10 a 15 anos.*

(*) *Revogado pela Lei nº 100/2003, de 15/11 (C.J.M.)*

ARTIGO 50.º

Crime de desobediência

O não cumprimento de qualquer ordem legítima dada em execução do disposto no presente diploma e respectiva legislação complementar, para além da punição disciplinar a que der lugar, é punido como desobediência qualificada quando não integrar outro tipo penal comum ou militar.

ARTIGO 51.º

Regulamentação

1 – O Governo regulamentará, por decreto-lei, o presente diploma.

2 – A regulamentação concretizará, nomeadamente, as seguintes matérias:

a) Definição da estrutura e funcionamento do Sistema Nacional de Mobilização e Requisição;

b) Termos da intervenção das várias entidades responsáveis pela preparação e execução da mobilização e da requisição;

c) Termos da intervenção do Estado nas empresas requisitadas;
d) Critérios de cálculo da indemnização por requisição, processo tendente à sua fixação, entidades responsáveis pela sua liquidação e modos de pagamento, bem como condições de reversão dos direitos abrangidos pela requisição;
e) Eventual sujeição às normas sobre protecção das matérias classificadas relativas às informações, documentos e actividades desenvolvidas no âmbito da defesa nacional.

ARTIGO 52.º
Norma revogatória

É revogado o Decreto-Lei n.º 32 670, de 17 de Fevereiro de 1943, bem como toda a demais legislação que contrarie o disposto na presente lei e legislação complementar.

ARTIGO 53.º
Entrada em vigor

A presente lei, com excepção do artigo 51.º, entra em vigor simultaneamente com o decreto-lei que a regulamenta.

Aprovada em 4 de Maio de 1995.

O Presidente da Assembleia da República, *António Moreira Barbosa de Melo.*

Promulgada em 17 de Junho de 1995.

Publique-se.

O Presidente da República, MÁRIO SOARES.

Referendada em 21 de Junho de 1995.

O Primeiro-Ministro, *Aníbal António Cavaco Silva.*

RESOLUÇÃO DO CONSELHO DE MINISTROS N.º 6/2003, DE 20/12/2002

CONCEITO ESTRATÉGICO DE DEFESA NACIONAL

Nos termos do n.º 4 do artigo 8.º da Lei n.º 29/82, de 11 de Dezembro, que aprova a Lei de Defesa Nacional e das Forças Armadas (LDNFA), a Assembleia da República, por iniciativa do Governo, debateu as grandes opções do conceito estratégico de defesa nacional. Este debate, forma legalmente prevista para garantir a intervenção parlamentar no processo, foi o corolário de uma ampla consulta aos mais diversos sectores da sociedade civil, conseguindo-se assim uma discussão a um tempo participada e aprofundada da política de defesa nacional.

Tendo presente o conteúdo do debate produzido, o qual permitiu consolidar nas suas grandes linhas a orientação constante da proposta do Governo, preparou este o projecto de conceito estratégico de defesa nacional. Este projecto foi apreciado pelo Conselho Superior de Defesa Nacional, tendo antes sido ouvido o Conselho de Chefes de Estado-Maior, nos termos do n.º 3 do citado artigo 8.º da LDNFA.

Obtido que foi o desejável consenso em torno do documento elaborado pelo Governo, cabe agora a este, em Conselho de Ministros, aprovar, conferindo-lhe forma e força jurídicas, o conceito estratégico de defesa nacional.

Assim:

Nos termos das alíneas d) e g) do artigo 199.º da Constituição, o Conselho de Ministros resolve:

Aprovar, de acordo com o disposto no n.º 3 do artigo 8.º da Lei n.º 29/82, de 11 de Dezembro, o conceito estratégico de defesa nacional, em anexo à presente resolução, que dela faz parte integrante.

Presidência do Conselho de Ministros, 20 de Dezembro de 2002. – O Primeiro-Ministro, *José Manuel Durão Barroso*.

CONCEITO ESTRATÉGICO DE DEFESA NACIONAL

1 – Introdução

1.1 – A última década do século XX introduziu profundas mudanças no cenário internacional motivadas pela implosão da União Soviética. Em consequência, emergiram novos países nessa área, reforçou-se a legitimidade dos países da Europa Central e Oriental como actores internacionais e terminou o antagonismo Leste-Oeste e a sua inerente lógica de confrontação entre blocos.

O desenvolvimento que a vida internacional tem vindo a conhecer ao nível da circulação e do acesso à informação conferiu à globalização um papel igualmente fundamental em todas estas mudanças, com significativas consequências no processo decisório dos agentes políticos nacionais e internacionais.

Naturalmente, estas alterações no ambiente internacional vieram abrir novas oportunidades na cooperação internacional e permitir um relacionamento mais distendido entre países, instituições e organizações internacionais. Em contrapartida, vieram também obrigar os agentes internacionais a adequarem as suas posturas, e mesmo as suas estruturas, à nova realidade, o que, obviamente, introduziu factores de instabilidade e de imprevisibilidade no seu seio.

Estamos, pois, num período de transição, que se estende do Estado à cidadania, com modificações assinaláveis nas prioridades que estabelece e no registo de valores que a orienta.

Os actores internacionais têm procurado adaptar-se a este novo cenário, encontrando formas de responder a um ambiente de ameaças e riscos de concretização imprevisível e de carácter multifacetado e transnacional.

Embora este novo ambiente estratégico tenha atenuado as ameaças tradicionais de cariz militar, fez surgir factores de instabilidade traduzidos em novos riscos e potenciais ameaças, de que os trágicos acontecimentos de 11 de Setembro de 2001 são o paradigma.

De tal forma assim é que esses acontecimentos alteraram profundamente a agenda político-estratégica internacional, criaram novos desafios no âmbito da segurança e defesa e introduziram um novo aspecto qualitativo de «ameaça», na cena internacional, tornando ainda mais difusa a fronteira entre esta e a caracterização de «riscos multifacetados e multidimensionais».

Com aquela acção, o terrorismo transnacional parece, assim, não considerar sequer limites éticos, nem de qualquer outra natureza, assumindo uma possibilidade de actuação à escala global, conjugando a violência tradicional, decorrente de atentados e acções bombistas, com a possível utilização do ciberespaço e de meios de destruição maciça.

A maximização dos princípios da surpresa e da decepção, num combate assimétrico por actores não tradicionais, onde se insere o terrorismo transnacional, a par da demonstração de capacidade e de motivação, por parte de organizações mal definidas e não totalmente identificadas, para levar a efeito acções de grande impacte, configuram a possibilidade de eclosão de elevados níveis de destruição humanos e materiais. As consequências de tais acções nas economias, na segurança e na estabilidade internacionais transcendem a capacidade de resposta individualizada dos Estados e interrelacionam os conceitos de segurança interna e externa e os objectivos que estes prefiguram.

O terrorismo transnacional apresenta-se, pois, como uma ameaça externa e, quando concretizado, como uma agressão externa, pelo que a sua prevenção e combate se inserem claramente na missão das Forças Armadas.

Torna-se necessária não só a manutenção como a criação de capacidades que permitam dar resposta ao fenómeno do terrorismo, bem como à proliferação de armas de destruição maciça e à possibilidade de acidentes nucleares, radiológicos, químicos e biológicos decorrentes do uso intencional, indevido ou não especializado dos referidos meios e materiais.

Consequentemente, perseguindo a finalidade de garantir a segurança e o bem-estar dos cidadãos, o Estado é obrigado a repensar e a adequar os conceitos e os instrumentos de segurança e defesa ao novo ambiente político-estratégico, numa perspectiva de minimização de riscos e de garantia da possibilidade de resposta, não só a estes novos tipos de desafios à paz e à estabilidade internacional como a quaisquer outros que venham a revelar-se.

1.2 – A fronteira estabelecida entre segurança e defesa, as acções concretas com cabimento em cada uma destas áreas e as entidades primariamente responsáveis pelo seu tratamento resultam do estipulado na Lei de Defesa Nacional e das Forças Armadas, Lei n.º 29/82. Na sua génese, esteve a necessidade de normalizar relações entre diversas entidades públicas e reposicionar poderes, inteiramente compreensíveis na conjuntura da época. Hoje, está ultrapassada essa questão e a evolução dessa fronteira deve ser igualmente percebida para não inibir a articulação dos esforços que as diferentes organizações devem desenvolver, procurando sinergias, rentabilizando meios e melhorando a eficiência na prevenção e combate aos actuais riscos e ameaças, sempre à luz dos princípios e das normas de ordem constitucional e legal portuguesa.

Assim, e por se entender que «a definição dos aspectos fundamentais da estratégia global do Estado adoptada para a consecução dos objectivos da política de segurança e defesa nacional» necessita de ser adequada à nova realidade político-estratégica, afigura-se oportuno a elaboração de um novo conceito estratégico de defesa nacional, que é o resultado de um debate crítico, participado e multidisciplinar sobre as questões de segurança e defesa.

2 – **Enquadramento internacional**

2.1 – Num espaço de influência euro-atlântico, é possível definir linhas de instabilidade, envolvendo a África do Norte, a África Subsariana, o Médio Oriente, os Balcãs, o Cáucaso, a Ásia Central e a Ásia do Sul, nas quais se concentram riscos de separatismos e conflitos étnicos, religiosos e fronteiriços, fundamentalismos ou migrações em massa.

As vulnerabilidades do Estado nestas regiões tornam crescentes as ameaças ligadas ao terrorismo, ao narcotráfico, ao tráfico de pessoas e ao crime organizado.

Acresce que os fenómenos de desestruturação dos Estados e da globalização vieram contribuir para aumentar os riscos de proliferação de armas de destruição de massa e de uso indevido de novas tecnologias, bem como a diminuição de garantias de manutenção e controlo de equipamentos e material nuclear, radiológico, químico e biológico. Considera-se, também, a possibilidade de poderem constituir-se em foco de conflitualidade internacional os aspectos que resultem da desregulação ambiental e ecológica e da gestão dos recursos naturais, nomeadamente os hídricos e os energéticos.

A acrescer a este conjunto de riscos mais imediatos, é hoje possível identificar um outro conjunto de factores que não deixarão de influenciar e condicionar o ambiente internacional e que se prendem com:

A permanência das desigualdades no desenvolvimento;
O reforço do internacionalismo financeiro;
A permanência de radicalismos políticos, ideológicos e religiosos;
O aumento da interdependência, por força da revolução da informação e da interactividade;
O crescimento dos fluxos migratórios, o carácter multicultural das sociedades e zonas de não integração das novas comunidades;

Os factores ligados à evolução tecnológica, aos novos «vírus» e à utilização criminosa do ciberespaço;

A atitude interventora da comunidade internacional e o exercício do direito de ingerência;

A existência de uma única superpotência e a tensão entre «unilateralismo» e «multilateralismo»;

A utilização do Espaço para fins científicos, económicos ou militares e as perspectivas de utilização geoestratégica que se prefiguram.

2.2 – Desta situação resulta que, cada vez mais, se propende hoje para definir um conceito alargado de segurança que, continuando a integrar os objectivos mais tradicionais dos Estados – defesa do território e da soberania –, confere atenção acrescida a uma filosofia preventiva e a uma visão global da evolução dos focos de insegurança internacional e das crises que deles decorrem, com o intuito de as prevenir e limitar, evitando o seu desenvolvimento para formas agravadas de conflitualidade.

Neste quadro, como forma de optimizar a resposta dos actores internacionais, tem vindo a impor-se uma ideia de segurança cooperativa, com reflexos no desenvolvimento das organizações internacionais.

A Organização das Nações Unidas (ONU) vem assumindo um papel mais interventivo na área da segurança internacional, enquadrando um conjunto crescente de acções no domínio das operações humanitárias e de paz nos mais diversos pontos do globo. Esta vontade pode ser testemunhada, mais recentemente, pelos esforços de readequação interna da estrutura de apoio às operações de paz conduzidas sob a sua égide e pelo seu empenho em suscitar um maior comprometimento dos países que disponibilizam forças.

A Organização para a Segurança e Cooperação na Europa (OSCE) continua a orientar a sua atenção para os aspectos relacionados com a defesa dos direitos humanos, a resolução pacífica e a prevenção de conflitos, a gestão política de crises e a participação em actividades de manutenção de paz, tendo reforçado a sua capacidade política, em particular no domínio da diplomacia preventiva. Neste último aspecto, são de realçar as medidas de combate ao terrorismo resultantes da Conferência Internacional de Bishkek e a eleição da mesma temática para prioridade de acção no decurso da presidência portuguesa da Organização.

2.3 – A Organização do Tratado do Atlântico Norte (NATO) tem vindo a cumprir um processo de adaptação ao novo ambiente internacional. A Cimeira de Washington, em Abril de 1999, adoptou um novo conceito estratégico, em que a aliança assume as tarefas tradicionais de defesa colectiva dos seus membros e as inerentes operações do artigo 5.º do Tratado do Atlântico Norte, mas também se posiciona para o cumprimento de funções de prevenção e gestão de crises «fora de área».

Em paralelo, foi desenvolvido o Programa da Parceria para a Paz como forma de reforçar quer a estabilidade no espaço euro-atlântico quer os processos de transição dos países da Europa Central e Oriental e dos novos países nascidos da ex-URSS.

O processo de alargamento da aliança, iniciado em 1999, constitui um reflexo institucional evidente da nova filosofia cooperativa que enforma as relações internacionais, visando a segurança e a estabilidade euro-atlânticas, processo que prossegue com a declaração continuada por parte da aliança de uma política de «porta aberta» e de estímulo a que os candidatos prossigam os programas de cumprimento dos critérios para uma eventual adesão.

Também a relação «bilateral» da NATO com a Federação Russa sofreu grandes evoluções, sendo hoje enquadrada por um acto fundador, que procura associá-la aos esforços de estabilização na Europa. A criação do Conselho NATO/Rússia veio dar uma nova valência qualitativa ao diálogo permanente entre a aliança e a Rússia.

A aliança presta também uma atenção particular ao seu flanco sul, constituído pela bacia do Mediterrâneo, tendo criado uma iniciativa de diálogo do Mediterrâneo, envolvendo alguns dos países aí situados, como forma de garantir segurança e estabilidade nesta zona. Aliás, é uma atenção partilhada pela União Europeia, para a qual foi dado um importante contributo durante a presidência portuguesa, traduzido num novo impulso para as relações entre as duas margens do Mediterrâneo.

A melhoria das suas capacidades operacionais tem constituído preocupação da NATO, que pretende dotar-se de meios que lhe permitam cumprir, com eficácia, as novas missões que lhes estão cometidas.

Incluem-se neste esforço os conceitos de interoperabilidade de forças, de forças tarefa conjuntas-combinadas (CJTF) e de «forças separáveis mas não separadas» e de políticas orientadas para a melhoria de capacidades ao nível da mobilidade estratégica, autoprotecção, sustentação de forças, sistemas de comando e controlo e informações, políticas que, face aos acontecimentos de 11 de Setembro, se entendeu ser necessário acelerar.

Na Cimeira de Washington foi, também, manifestado apoio ao desenvolvimento da Iniciativa Europeia de Segurança e Defesa (IESD), traduzido na necessidade de a União Europeia dispor de uma capacidade autónoma para poder intervir no âmbito militar, procurando a criação de sinergias entre as duas organizações.

2.4 – Paralelamente, ao nível da União Europeia (UE), têm sido dados passos significativos na componente de segurança e defesa, resultantes em grande parte das modificações sensíveis da cena internacional.

Efectivamente, entre o Tratado de Maastricht, em 1991, e a Conferência de Compromissos de Capacidades, de 2000, passando pelo Tratado de Amesterdão e pelas Cimeiras de Colónia, Helsínquia, Santa Maria da Feira e Nice, a UE integrou no seu II Pilar a Política Externa e de Segurança Comum (PESC), assumiu um papel activo na segurança internacional e no apoio humanitário no quadro das missões de Petersberg, acordou na criação de uma capacidade operacional própria, a concretizar até 2003, e dinamizou uma política europeia de segurança e defesa.

Do mesmo modo, e conforme a Declaração de Laeken, a aplicação dos acordos de Nice com os parceiros reforçará os meios de que a UE dispõe para conduzir operações de gestão de crises, sendo que o desenvolvimento dos meios e das capacidades à sua disposição lhe permitirá assumir progressivamente operações cada vez mais complexas.

Em todo este processo, que marca o fim da União da Europa Ocidental (UEO), a UE procura articular com a NATO, organização que permanece como referência estruturante para a segurança e defesa colectivas, mecanismos que evitem duplicações desnecessárias, permitam ganhos de eficácia e reforcem os laços transatlânticos.

Igualmente no âmbito da UE, vem decorrendo um processo de alargamento, que tem por objectivo garantir a estabilidade política e económica na sua zona envolvente.

A ideia de segurança cooperativa tem tido reflexos, ainda, na adopção, por parte das organizações internacionais, de instrumentos juridicamente vinculativos no direito internacional orientados para medidas de segurança e confiança e humanitárias, de que são exemplos os Tratados CFE (Conventional Armed Forces in Europe), Open Skies, START II, MTCR (Missile Technology Control Regime), a Convenção sobre a Proibição de Armas Químicas e a Convenção sobre a Proibição de Minas Antipessoal, entre outros. Portugal acompanha com empenhamento estas iniciativas multilaterais.

2.5 – No espaço da Comunidade de Países de Língua Portuguesa (CPLP), deve salientar-se uma evolução que é globalmente positiva.

A independência de Timor Leste significou o triunfo da vontade nacional e de resistência sobre as aparentes «inevitabilidades» que, justamente, tantas vezes são criticadas na política internacional.

Para Portugal, a independência de Timor Leste significou a validação de um combate diplomático intenso e a efectivação de um consenso nacional muito importante.

A consolidação do processo democrático em Moçambique é outro factor a sublinhar. É essa consolidação que, a par com uma abertura económica ao exterior, permitirá concretizar esforços e recursos, não já na conquista da paz mas na conquista de novos e urgentes patamares de desenvolvimento.

Finalmente, verifica-se uma efectiva oportunidade para a paz em Angola.A comunidade internacional, em geral, e Portugal, em especial, têm acompanhado e apoiado o desafio que significa, a partir do cessar-fogo, a reconstrução de Angola, ajudando a desenvolver bases sólidas de participação democrática e integração política, sem esquecer a necessidade de contribuir para ultrapassar a difícil situação humanitária.

3 – O enquadramento nacional

3.1 – O referido enquadramento externo explica, em boa medida, a necessidade de rever o conceito estratégico de defesa nacional.

Na verdade, o novo ambiente estratégico global afecta, directa e indirectamente, Portugal. Evoluíram, consideravelmente, as alianças e organizações internacionais a que Portugal pertence; tiveram igualmente lugar, no plano interno, modificações com incidência na política de defesa nacional; e não deve negligenciar-se o facto de um conjunto de Estados, nomeadamente aliados, ter procedido, no passado recente ou próximo, a revisões estratégicas.

Depois de 1994, ano em que se aprovou o anterior conceito, registaram-se, no plano internacional, alterações significativas, que não podem deixar de ter consequências nas políticas públicas de segurança e defesa em Portugal. No essencial, salientam-se:

> A evidência de que o terrorismo internacional constitui uma grave ameaça ao sistema de Estados, à sua autoridade, aos valores humanistas e às sociedades livres;
>
> A dificuldade em prever a concretização das chamadas «novas ameaças», apesar das certezas sobre a sua gravidade letal e da consciência da nossa vulnerabilidade perante as mesmas;
>
> A manutenção ou emergência de novos tipos de conflito, de cariz étnico e religioso;

A proliferação crescente das armas de destruição maciça, nas suas dimensões nuclear, radiológica, biológica e química, e ainda de meios convencionais de médio e longo alcances, bem como a sua acessibilidade a organizações não estaduais;

A consolidação do novo mapa europeu emergente do fim da Guerra Fria, que teve expressão, nomeadamente, no novo quadro de relações com a Rússia e na adesão de países de Leste à Aliança Atlântica, mas também nas crises balcânicas;

A dinâmica e o impacte da globalização em todo o leque das questões internacionais e a persistência de factores críticos nas relações de desenvolvimento entre o Norte e o Sul;

A crescente desregulação dos fluxos migratórios, com o acentuar do fenómeno da imigração ilegal e das suas consequências nos sistemas políticos europeus, na harmonia das relações sociais e na efectividade dos direitos humanos;

O agravamento de conflitos regionais, com destaque para o Médio Oriente, sem esquecer o regresso ou a emergência de novas áreas de crise, de que são exemplo a instabilidade no continente asiático e as perturbações económicas, sociais e institucionais na América Latina;

A tendência actual para um mais frequente recurso ao instrumento da ameaça ou do efectivo uso da força nas relações internacionais.

Por outro lado, as alianças e as organizações internacionais a que pertencemos constituem uma realidade evolutiva e os decisores políticos, bem como as legislações internas, não devem ignorar as mudanças ocorridas entre 1994 e 2002. Neste período, assumiram particular importância os seguintes factos:

A NATO alterou profundamente o seu conceito estratégico em 1999 e completou-o com uma revisão de capacidades que constitui um desafio a todos os aliados;

Está em curso um movimento, acelerado, de revisão das estruturas, comandos e forças da NATO, cujas orientações gerais foram aprovadas na Cimeira de Praga, e onde estão em jogo interesses nacionais relevantes;

Em paralelo, na Cimeira de Praga, foi decidido um novo alargamento da Aliança Atlântica;

Na União Europeia, também em 1999, o Conselho Europeu de Helsínquia deu um forte impulso à política europeia de segurança e defesa, comprometendo-se os Estados que nela participam a contribuir para as capacidades operacionais da União no âmbito da gestão de crises e operações humanitárias;

Ainda na União Europeia, a reforma dos Tratados e o alargamento a novos países, tal como as exigências do Pacto de Estabilidade e Crescimento, têm consequências políticas e representam desafios nacionais importantes;

A UEO transferiu, entretanto, para a União Europeia as suas competências;

No relacionamento euro-atlântico, é expressiva a preocupação com o aumento do diferencial existente ao nível das despesas e dos investimentos militares, factor que, acentuando-se, enfraquece a coesão entre os aliados;

As Nações Unidas desenvolveram, a partir de 1994, operações de paz em número e importância sem paralelo na sua história, devendo salientar-se o contributo de Portugal;

A participação activa de Portugal no reforço dos mecanismos de legalidade internacional conduziu à nossa participação nas missões mais relevantes das Nações Unidas, quer nos Balcãs, para a manutenção da paz, quer em Timor, para a construção de um Estado independente, o que nos dá experiência e conhecimentos que devemos aproveitar para modernizar estruturas, conceitos e mentalidades;

No espaço da lusofonia, verificaram-se a institucionalização da CPLP, em 1996, e os primeiros passos na sua dimensão de segurança e defesa, em 1998, bem como a admissão de Timor Leste como novo Estado membro, de pleno direito, em 2002.

Recorde-se, por fim, que Portugal foi chamado, em 1998, na Guiné-Bissau, a participar na defesa dos seus cidadãos e na criação de condições para facilitar o diálogo político, com vista a assegurar a estabilidade de um país amigo, numa operação que testou as nossas capacidades de defesa militar e não militar, nomeadamente em termos de projecção de forças, operação conjunta dos ramos, apoio de informações e planeamento civil de emergência.

3.2 – A modernização dos nossos documentos conceptuais é, ainda, imperativa à luz de compromissos institucionais, que, na ordem interna, têm consequências na política de defesa nacional. Quanto ao que é estruturante, referem-se:

A desconstitucionalização da obrigatoriedade da prestação de serviço militar;

A evolução, faseada, para Forças Armadas profissionais, determinando que os órgãos de soberania, a instituição militar e a sociedade civil se preparem para modelos diferentes de recrutamento, manutenção do efectivo e reinserção;

A necessidade de reforçar, no novo cenário, a vontade colectiva de defesa, garantindo, por um lado, que o sistema de forças e o dispositivo correspondem a objectivos realistas no quadro da profissionalização e, por outro, que se renova o vínculo entre a cidadania e o espírito de segurança e defesa, com especial atenção para a formação cívica das novas gerações.

3.3 – As variáveis em mutação não devem, porém, fazer esquecer valores constantes a que obedece o processo de revisão estratégica. Portugal é uma democracia e faz parte do concerto das nações humanistas. Portugal tem uma geografia cujas consequências implicam interesses permanentes.

As Forças Armadas estão comprometidas com a defesa da Constituição, a fidelidade ao Estado de direito democrático e o respeito pelas convenções internacionais. Estes comandos legais são o adquirido, indiscutido e indiscutível, do nosso regime político.

Por outro lado, num mundo em acelerada mudança, a nossa geografia permanece.

Portugal foi, é e será sempre um país euro-atlântico. Esta circunstância nacional permite operar, harmoniosamente, uma multiplicidade de «fronteiras». A nossa geografia política e económica é europeia. A nossa geografia de segurança e defesa é atlântica e europeia. A nossa geografia de identidade passa, decisivamente, pelo relacionamento com os países que falam português. O lugar de Portugal no mundo é tudo isto; seria redutor, e não convém ao interesse nacional, esquecer qualquer destas dimensões.

O carácter euro-atlântico de Portugal confere-lhe, aliás, um papel próprio, valorizado e valorizável, no quadro da União Europeia, um projecto de paz e prosperidade que os Portugueses sufragaram, com grande consenso, desde 1986.

3.4 – Com a aprovação do novo conceito estratégico de defesa nacional, fica definido o suporte e a linha de rumo para as reformas elencadas no domínio da defesa nacional.

Do novo conceito decorrem um conceito estratégico militar actualizado e a redefinição das missões, do sistema de forças e do dispositivo. Em paralelo, dão-se orientações para o reequipamento das Forças Armadas.

Em coerência, devem também ser estimuladas reformas na organização e gestão das estruturas do Ministério da Defesa Nacional, do Estado-Maior General das Forças Armadas e dos ramos, num modelo coerente e que traduza um novo contrato de confiança entre o País e as suas Forças Armadas.

Assumindo um novo conceito estratégico de defesa nacional, as instituições devem ter presente que o mesmo implica consequências, não apenas na componente militar mas também nas componentes não militares que o enformam, dando-se aqui particular relevância aos interfaces da defesa com as políticas educativas, económicas, industriais, ambientais, de infra-estruturas e comunicações, bem como a sua articulação com as políticas externa e de segurança interna.

4 – **Os valores permanentes da defesa nacional**

O conceito estratégico de defesa nacional obedece às disposições constitucionais e legais que enformam a política de defesa nacional. Por isso se afirma que a defesa nacional tem por objectivo garantir a independência nacional, a integridade do território e a liberdade e a segurança das populações contra qualquer agressão ou ameaça externas. À defesa nacional incumbe, ainda, garantir a liberdade de acção dos órgãos de soberania, o regular funcionamento das instituições democráticas, a possibilidade de realização das tarefas fundamentais do Estado e o reforço dos valores e capacidades nacionais, assegurando a manutenção ou restabelecimento da paz em condições que correspondam aos interesses nacionais.

Nos termos da lei, o conceito estratégico de defesa nacional visa a definição dos aspectos fundamentais da estratégia global do Estado, em ordem a alcançar os objectivos da política de defesa nacional.

4.1 – A estratégia de defesa nacional está ao serviço da preservação do Estado soberano e independente que é Portugal.

A política de defesa do Estado democrático assegura a continuidade de Portugal enquanto país europeu, de centralidade atlântica e vocação universalista.

Como garante insubstituível da segurança e defesa do País, o Estado obriga-se a valorizar os factores de identidade nacional, protegendo a língua portuguesa, promovendo o conhecimento da nossa história, fazendo respeitar os símbolos nacionais, prestigiando as Forças Armadas e defendendo os interesses de Portugal no mundo.

A preservação da soberania e da independência nacionais implica, ainda, manter a integridade do processo democrático de decisão nacional, bem como promover as adequadas políticas de valorização do papel de Portugal nas instâncias internacionais relevantes.

4.2 – A defesa nacional pressupõe a defesa da coesão nacional. Esta tem expressão no património cultural comum, na unidade nacional, na partilha de direitos e obrigações perante o interesse geral e na solidariedade intergeracional e interterritorial entre todos os portugueses.

A coesão da sociedade portuguesa implica, também, a valorização das comunidades portuguesas espalhadas pelo mundo. É importante o reforço dos laços com os países de acolhimento das nossas comunidades emigrantes. É também desejável o reforço das relações com países de origem das comunidades imigrantes em Portugal.

Em defesa da coesão nacional, o Estado, através dos meios políticos, diplomáticos e, se necessário, militares, deverá preparar-se para poder defender as vidas e os interesses dos Portugueses, em qualquer momento, onde quer que se encontrem, no respeito pelo direito internacional.

4.3 – Portugal honrará a sua tradição humanista na ordem internacional contribuindo, neste novo século, para o diálogo entre as nações, culturas e civilizações, a defesa dos direitos humanos, a promoção dos valores democráticos, o primado do direito internacional e a resolução pacífica dos conflitos, no respeito pela Carta das Nações Unidas, utilizando a sua específica capacidade de relacionamento com outros povos.

A importância crescente da participação de Portugal no quadro de intervenções multinacionais, designadamente no âmbito militar, é uma opção consolidada que prestigia o nosso país. A sua continuação é um desiderato que deverá ter em conta a necessidade de defender os princípios humanistas, a proximidade dos nossos interesses, a satisfação dos compromissos internacionalmente assumidos e o quadro realista das nossas possibilidades, sendo decidida em cada caso e de acordo com os valores e regras constitucionais.

4.4 – O Estado não declina responsabilidades na promoção de um adequado espírito de segurança e defesa junto da população portuguesa.

A articulação da política de defesa com a política de educação constituirá uma prioridade, que se encara como elemento importante do exercício da cidadania. É uma obrigação nacional reforçar a educação para o patriotismo, cuidar das componentes de segurança e defesa nos programas escolares e proteger, modernizando, as instituições de ensino especificamente militares.

5 – O espaço estratégico de interesse nacional

5.1 – A política de defesa nacional tem como um dos objectivos a segurança e defesa do território nacional em toda a sua extensão, que abrange o continente, os Açores e a Madeira. Na definição dessa política, devem inscrever-se os seguintes elementos matriciais, considerados como espaço estratégico de interesse nacional permanente:

O território, que se define, nas suas referências cardeais, entre o ponto mais a norte, no concelho de Melgaço, até ao ponto mais a sul, nas ilhas Selvagens; e do seu ponto mais a oeste, na ilha das Flores, até ao ponto mais a leste, no concelho de Miranda do Douro;

O espaço de circulação entre as parcelas do território nacional, dado o seu carácter descontínuo;

Os espaços aéreo e marítimo sob responsabilidade nacional, as nossas águas territoriais, os fundos marinhos contíguos, a zona económica exclusiva e a zona que resultar do processo de alargamento da plataforma continental.

5.2 – O espaço estratégico de interesse nacional conjuntural decorre da avaliação da conjuntura internacional e da definição da capacidade nacional, tendo em conta as prioridades da política externa e de defesa, os actores em presença e as diversas organizações em que nos inserimos. Nesse sentido, são áreas prioritárias com interesse relevante para a definição do espaço estratégico de interesse nacional conjuntural as seguintes:

O espaço euro-atlântico, compreendendo a Europa onde nos integramos, o espaço atlântico em geral e o relacionamento com os Estados Unidos da América;

O relacionamento com os Estados limítrofes;

O Magrebe, no quadro das relações bilaterais e do diálogo com o Mediterrâneo;

O Atlântico Sul em especial e o relacionamento com o Brasil;

A África lusófona e Timor Leste;

Os países em que existem fortes comunidades de emigrantes portugueses;

Os países ou regiões em que Portugal tenha presença histórica e cultural, nomeadamente a Região Administrativa Especial de Macau;

Países de origem das comunidades imigrantes em Portugal.

5.3 – Podem considerar-se áreas de interesse relevante para a definição do espaço estratégico de interesse nacional conjuntural, para além das mencionadas, quaisquer outras zonas do globo em que, em certo momento, os interesses nacionais estejam em causa ou tenham lugar acontecimentos que os possam afectar.

6 – As ameaças relevantes

6.1 – Portugal deverá estar preparado para dissuadir e, se necessário, enfrentar qualquer agressão armada ao seu território, à sua população, às suas Forças Armadas ou ao seu património, seja no quadro de um conflito generalizado seja no quadro de um ataque localizado.

Incumbe ao Estado garantir em todos os momentos a funcionalidade dos sistemas vitais de segurança nacional, nomeadamente as redes de energia, comunicações, transportes, abastecimentos e informação.

Para proteger o Estado e a comunidade de qualquer agressão, a defesa nacional deverá:

Ter capacidade dissuasora, no quadro do nosso sistema de alianças, para desencorajar as agressões ou restabelecer a paz, em condições satisfatórias para o interesse nacional;

Disponibilizar a estrutura militar de defesa como um dos meios através dos quais o Estado pode revelar a vontade colectiva de soberania e facilitar a gestão, resolução ou negociação de conflitos;

Ter capacidade para participar na segurança interna, nos termos da lei;

Saber organizar, através dos meios adequados, a resistência em caso de agressão.

A defesa militar deve ainda articular-se com as componentes não militares da defesa nacional, nomeadamente o planeamento civil de emergência, de forma a permitir a utilização eficaz de meios próprios ou constituídos para tempos de crise, ou eventual conflito, e ainda para, em tempo de paz, participar na definição da segurança dos pontos estratégicos.

6.2 – O terrorismo, nas suas variadas formas, constitui uma grave ameaça à segurança e estabilidade internacionais, ao sistema de Estados e à sua autoridade, aos valores humanistas e aos princípios das sociedades livres, bem como ao espaço territorial, atingível, em qualquer parte ou momento, através de meios extremos e variáveis.

Por consequência, o Estado deve:

Colaborar activamente, no quadro da comunidade internacional, em especial com os seus aliados e parceiros, na prevenção do terrorismo, em múltiplas vertentes, incluindo operações militares;

Desenvolver todas as medidas políticas, diplomáticas, económicas, financeiras e judiciais que permitam erradicar as redes terroristas;

Reforçar o papel, a qualidade e a partilha de informações de carácter estratégico e operacional, no sentido de dotar as sociedades livres de uma cultura de segurança contra o terrorismo;

Dar a adequada prioridade, na definição do esforço, estrutura e meios da defesa nacional, à necessidade de melhor conhecer, detectar, dissuadir e reprimir o fenómeno terrorista;

Valorizar o planeamento civil de emergência e contar com um sistema de gestão de crises, de modo a permitir aos órgãos de soberania mobilizar as reservas e as instituições necessárias para fazer face às consequências do terrorismo.

6.3 – O desenvolvimento e a proliferação não regulados de armas de destruição maciça, de natureza nuclear, radiológica, biológica ou química, bem como dos respectivos meios de lançamento, e a sua detenção por grupos não estaduais constituem igualmente uma ameaça séria à segurança, quer nacional quer internacional. É ainda preocupante a proliferação de meios convencionais, especialmente destrutivos, de médio e longo raios de acção.

A política de defesa nacional tomará em conta a necessidade de dotar o Estado de meios de resposta adequada a este risco, nomeadamente no plano da fiscalização dos mercados de acesso à produção, comercialização e tráfico, da investigação tecnológica, da informação à população, da protecção civil e da prioridade que devemos dar à melhoria das capacidades de defesa NBQ, em estreita articulação com os nossos aliados.

6.4 – O crime organizado transnacional constitui uma forma de agressão externa e uma ameaça interna que é dirigida contra a vida das pessoas, a autoridade dos Estados e a estabilidade das sociedades.

Entre as formas de crime organizado com maior grau de violação dos direitos humanos e poder de destruição, encontram-se o tráfico de droga e as redes de promoção e exploração da imigração ilegal e do tráfico de pessoas.

O carácter transnacional deste tipo de actividades criminosas, a sua conexão com outras práticas ilegais e o acentuar da vulnerabilidade da sociedade portuguesa face a este tipo de ameaças adensam a gravidade do risco que comportam.

Por sua vez, a localização geográfica do nosso país, a sua característica de fronteira externa da União Europeia, a extensão dos nossos limites marítimos, a sua potencial inserção nas rotas do narcotráfico e das redes da imigração ilegal, e a consequente procura do nosso país pelos centros de produção sublinham a necessidade de Portugal melhorar a sua capacidade de prevenção e combate a estes flagelos.

É, por isso, de interesse estratégico prioritário para Portugal que a defesa nacional dê prioridade, no quadro constitucional e legal:

Às acções de fiscalização, detecção e rastreio do tráfico de droga nos espaços marítimo e aéreo sob jurisdição nacional, auxiliando as autoridades competentes no combate a este crime;

À utilização dos meios disponíveis, nomeadamente no quadro do Sistema da Autoridade Marítima, para auxiliar a política de combate às redes de imigração ilegal.

6.5 – A defesa nacional, no quadro de outras missões de interesse público, deve ainda equacionar, na previsão do seu sistema de forças do respectivo dispositivo, a necessidade de melhorar a capacidade de resposta de Portugal face aos crescentes atentados ao nosso ecossistema, incluindo a poluição marítima, a utilização abusiva dos recursos marinhos nas águas sob a nossa responsabilidade e a destruição florestal.

Para tanto, o Estado deve promover uma correcta articulação entre as políticas públicas com intervenção nestes domínios e atender a esta prioridade no plano dos equipamentos disponíveis.

6.6 – No quadro das ameaças consideradas relevantes, devem os órgãos de soberania definir os quadros conceptuais e legais que permitam instituir um verdadeiro sistema nacional de gestão de crises.

6.7 – No mesmo sentido, deve reforçar-se o desenvolvimento do planeamento civil de emergência, que, global e coerentemente, visa contribuir para garantir, em situação de crise ou em tempo de guerra, a continuidade governativa, a soberania nacional, a protecção das populações, a salvaguarda do património e, ainda, o apoio à componente militar da segurança e defesa nacional, bem como à recuperação das estruturas do Estado com vista à reposição do seu normal funcionamento.

7 – **Sistema de alianças e organizações internacionais**

7.1 – O Estado Português, membro das Nações Unidas, considera da maior importância para a segurança internacional a manutenção da paz, a resolução dos conflitos e o reforço do prestígio e da actuação da ONU. Neste quadro, as Forças Armadas Portuguesas têm dado e continuarão a dar um contributo fundamental, quando, sob a sua bandeira, participam em operações humanitárias e missões de apoio à paz favoráveis à segurança e estabilidade globais e regionais.

7.2 – O sistema de segurança e defesa de Portugal tem como eixo estruturante a Aliança Atlântica. Enquanto membro fundador da NATO, Portugal orgulha-se do contributo que esta deu para a paz e a estabilidade internacionais. Como organização de defesa colectiva, a NATO corresponde à melhor opção de Portugal no quadro da defesa do nosso espaço geográfico e da valorização da nossa posição estratégica. No plano estritamente militar, a NATO representa um factor de modernização das nossas Forças Armadas e tem sido uma bandeira fundamental na afirmação, em missões de paz, dos militares portugueses.

Do ponto de vista da defesa nacional, Portugal deve ter uma posição activa e individualizada no espaço de defesa colectiva e de solidariedade que a Aliança representa. Isso implica, nomeadamente:

O esforço de modernização e adaptação das nossas Forças Armadas e dos seus equipamentos, por ser do interesse nacional fazê-lo e por ser do interesse da Aliança ter membros que contribuam com novas capacidades para o desempenho eficiente das suas missões;

A dimensão cooperativa da política de defesa;

A defesa da posição nacional e, em geral, do flanco sul da Aliança, tanto mais actual quanto o cenário das novas ameaças reforça a sua importância;

O dever de acompanhar os aliados perante os novos desafios na óptica de mais actuação conjunta no plano nacional e segundo uma perspectiva estratégica de participação combinada, no quadro da Aliança.

7.3 – Portugal é membro da União Europeia, contribui empenhadamente para as suas várias políticas, incluindo a política europeia de segurança e defesa, e tem o maior interesse estratégico na estabilidade, coesão e aprofundamento do projecto europeu, numa perspectiva de acrescida solidariedade entre todos os Estados e povos nele participantes.

Por isso, no quadro específico da defesa nacional, interessa-nos a participação nas chamadas missões de Petersberg, tal como nos interessa que a União Europeia seja capaz de ter um protagonismo mais efectivo na resolução de conflitos ou de crises que lhe digam respeito.

Portugal contribui de uma forma efectiva para melhorar as capacidades militares e civis colocadas à disposição da União Europeia, de que constitui principal elemento, o desenvolvimento do objectivo global, centrado na criação de uma força de reacção rápida, bem como os objectivos de capacidades.

Portugal atribui, também, importância ao reforço da cooperação com os países do Centro e do Leste da Europa, seus novos ou futuros parceiros no contexto da União Europeia e da NATO, cujos processos de democratização política, económica e social apoiamos.

7.4 – Portugal tem toda a vantagem na preservação do vínculo transatlântico e no bom relacionamento entre a Europa e os Estados Unidos da América. Partilhamos uma visão de complementaridade e articulação entre as políticas de defesa e segurança que se desenvolvem na NATO e na UE e acreditamos no reforço do pilar europeu da NATO. Esta visão é a que melhor serve o interesse nacional, evitando a duplicação de esforços ou de investimentos que resultaria de uma visão conflitual ou concorrencial entre as políticas europeia e atlântica.

7.5 – A Comunidade dos Países de Língua Portuguesa é um instrumento relevante para o relacionamento entre povos ligados pela história, pela cultura e pela língua, para a afirmação lusófona nas instituições internacionais e para a efectivação de uma comunidade de valores e interesses económicos, culturais e de cidadania.

No âmbito da defesa nacional, a importância da CPLP deve ser acentuada para, nomeadamente:

Reforçar a sua dimensão de defesa;

Desenvolver a cooperação de defesa, militar e não militar, numa base solidária, profissional e de respeito mútuo pela individualidade dos Estados;

Intensificar a cooperação multilateral no âmbito da CPLP, de forma a contribuir para a valorização do conjunto dos países de língua portuguesa ao nível das Nações Unidas;

Intensificar as relações bilaterais entre Portugal e os Estados lusófonos.

7.6 – Portugal participa igualmente noutras organizações e instâncias internacionais, nomeadamente a OSCE, enquanto organização que tem um papel importante para a segurança europeia, bem como o Conselho da Europa, pela relevância da sua contribuição para o reforço da paz, o aumento da confiança e o esforço de diálogo e cooperação internacionais.

No plano das diversas organizações e instâncias internacionais, Portugal apoia e participa nos esforços multilaterais com vista a promover a estabilidade internacional, nomeadamente através de iniciativas destinadas à limitação de armamento, ao desarmamento e à não proliferação e ao aumento da confiança e do diálogo internacionais.

8 – **Missões e capacidades das Forças Armadas**

8.1 – Em coerência com os valores permanentes, orientada para os espaços estratégicos de interesse nacional, visando fazer face às ameaças relevantes e cumprindo obrigações no quadro das organizações internacionais a que pertencemos, a defesa nacional, no plano das missões principais das Forças Armadas, é o garante:

Da defesa militar do País;

Da concretização dos objectivos do Estado e da satisfação dos seus compromissos internacionais, actuando como instrumento da política externa;

Da realização de missões de interesse público, sem prejuízo das missões de natureza intrinsecamente militar;

Da consciência permanente entre os cidadãos dos valores e problemas de segurança e defesa, nos seus âmbitos conceptual, estratégico, operacional e táctico.

8.2 – Cumprindo os preceitos constitucionais, concretizam-se as seguintes capacidades para o desempenho das missões das Forças Armadas:

Capacidade dissuasora para desencorajar ameaças e capacidade para repor o controlo do território e a autoridade do Estado em caso de agressão;

Capacidade de resposta rápida, na perspectiva de actuação em qualquer parte do território nacional e, justificando-se, além-fronteiras;

Capacidade de vigilância e controlo do território nacional e do espaço interterritorial, nele se incluindo a fiscalização dos espaços aéreo e marítimo nacionais;

Capacidade de protecção e evacuação de cidadãos nacionais em áreas de tensão ou crise;

Capacidade para, em colaboração com as forças de segurança, na ordem interna, e em estreita relação com os aliados, na ordem externa, prevenir e fazer face às ameaças terroristas;

Capacidade para, em conjugação com os aliados, prevenir e fazer face à proliferação de armas de destruição maciça;

Capacidade para, nos termos da lei, participar na prevenção e combate a certas formas de crime organizado transnacional, especialmente o tráfico de droga, o tráfico de pessoas e as redes de imigração ilegal, e para participar na prevenção e combate contra as ameaças ao nosso ecossistema;

Capacidade de participação em missões de paz e humanitárias, nomeadamente no quadro das Nações Unidas, da Aliança Atlântica e da União Europeia;

Capacidade para realizar acordos bilaterais e multilaterais na área de defesa e desenvolver acções de cooperação técnico-militar e militar;

Capacidade de, sem prejuízo das missões de natureza intrinsecamente militar, realizar outras missões de interesse público, nomeadamente busca e salvamento, fiscalização da zona económica exclusiva, pesquisa dos recursos naturais e investigação nos domínios da geografia, cartografia, hidrografia, oceanografia e ambiente marinho, apoio à protecção civil e auxílio às populações em situação de catástrofe ou calamidade, e, em colaboração com as autoridades competentes, contribuir para a protecção ambiental, defesa do património natural e prevenção dos incêndios;

Capacidade para organizar a resistência em caso de agressão.

9 – **Meios necessários e políticas estruturantes**

9.1 – As Forças Armadas Portuguesas devem dispor de uma organização flexível e modular adequada aos modernos requisitos de empenhamento operacional, conjunto e combinado, privilegiando a interoperabilidade dos meios e, desejavelmente, com capacidades crescentes de projecção e sustentação, protecção de forças e infra-estruturas, comando, controlo, comunicações e informações.

Os programas de desenvolvimento das capacidades das Forças Armadas Portuguesas devem, preferencialmente, estar coordenados com os da NATO e da União Europeia.

9.2 – O Estado de direito democrático deve, na prossecução dos seus objectivos estratégicos, contar com um sistema de informações que proceda, nos termos da lei e sujeito à fiscalização democrática, à recolha, tratamento, partilha e adequada utilização de informações.

9.3 – A profissionalização das Forças Armadas pressupõe a adopção de políticas que contribuam para o prestígio da instituição militar, a expressão das motivações e incentivos que permitam assegurar o efectivo necessário ao desempenho das missões, a valorização pessoal, técnica e profissional dos militares, a modernização das infra-estruturas e, no plano da continuidade histórica, a dignificação dos antigos combatentes e dos deficientes das Forças Armadas.

A profissionalização não deve, em circunstância alguma, significar, ou permitir, o enfraquecimento do vínculo entre as novas gerações e as Forças Armadas, pelo que o Estado deverá sempre acautelar este imperativo de coesão nacional.

9.4 – A programação financeira das Forças Armadas é uma condição necessária para o cumprimento dos objectivos da política de defesa nacional, tal como o é a modernização dos respectivos equipamentos. Neste quadro, o Estado deve ter como objectivo, à escala do nosso produto interno bruto, a aproximação gradual do nível de despesas e investimentos na defesa nacional ao nível médio praticado nos países europeus da NATO.

O Estado obriga-se a melhorar as regras de gestão eficiente, transparente e profissional dos recursos públicos afectos à defesa nacional e seus sistemas, nomeadamente no plano das estruturas organizativas, aquisições e património.

A evolução dos orçamentos deve reflectir uma mais adequada distribuição entre agregados, melhorando, gradualmente, as funções de investimento e operação e manutenção.

9.5 – Para a realização do interesse estratégico de Portugal e cumprimento dos objectivos da defesa nacional, é essencial a coordenação entre as políticas sectoriais do Estado. Esta condução tem por objectivo reforçar e qualificar a vontade colectiva de defesa e visa, nomeadamente:

Apoiar os objectivos da política externa;

Garantir a correcta articulação entre as Forças Armadas e as forças de segurança, quando necessário;

Promover as reservas estratégicas indispensáveis à segurança do País em tempo de crise, nomeadamente nos planos energético, alimentar, de saúde e outros;

Valorizar no sistema de ensino os padrões de identidade nacional, o conhecimento dos princípios da segurança e defesa e as obrigações do patriotismo e da cidadania;

Enquadrar, com racionalidade estratégica, as decisões respeitantes às acessibilidades, comunicações, redes de transportes e infra-estruturas, tendo em conta os imperativos da defesa nacional e prestando particular atenção à descontinuidade do território.

9.6 – Uma adequada visão estratégica permite encarar a defesa nacional como recurso importante para o desenvolvimento económico nacional. Nesse sentido, o Estado deve promover políticas no sentido de:

Melhorar os níveis de exigência e eficiência da política de investigação e desenvolvimento no domínio da defesa nacional;

Incentivar as parcerias entre as indústrias de defesa competitivas e o tecido empresarial português, aproveitando as oportunidades do reequipamento das Forças Armadas e melhorando a política de contrapartidas;

Reformar e modernizar as indústrias de defesa de reconhecido valor estratégico e participar em projectos cooperativos no quadro do nosso sistema de alianças.

PROGRAMAÇÃO MILITAR

- **LEI N.º 5/2001, DE 14/11:**
  – *Lei de Programação Militar;*

- **LEI ORGÂNICA N.º 1/2003, DE 13/05:**
  – *Altera a Lei de Programação Militar*

LEI ORGÂNICA N.º 5/2001 DE 14 DE NOVEMBRO

APROVA A LEI DE PROGRAMAÇÃO MILITAR

Nota: *Em 13 de Maio de 2003 foi publicada a Lei Orgânica n.º 1//2003, que dizia "alterar" a presente. Contudo, uma vez que o recente diploma se apresenta com um novo articulado autónomo, sem qualquer referência a disposições do anterior que pretendesse modificar, deve entender-se que a Lei de 2001 foi substituída e revogada pela Lei Orgânica n.º 1/2003, de 13/05. À frente vai publicada a nova Lei.*

A Assembleia da República decreta, nos termos da alínea c) do artigo 161.º da Constituição, para valer como lei geral da República, a lei orgânica seguinte:

Artigo 1.º
Finalidade

1 – A Lei de Programação Militar incorpora e desenvolve a aplicação de programas de investimento público das Forças Armadas relativos a forças, equipamento, armamento e infra-estruturas e é elaborada e executada de acordo com o regime definido na presente lei.

2 – A Lei de Programação Militar incorpora ainda programas de desactivação de equipamentos, armamento, munições e infra-estruturas e de investigação e desenvolvimento (I&D).

ARTIGO 2.º
Contratos de investimento público

1 – Os actos de investimento público previstos no n.º 1 do artigo anterior podem ser concretizados por locação sob qualquer das suas formas contratuais, quando tal se mostrar justificado pelo interesse nacional, de modo a permitir a dilatação no tempo da satisfação do correspondente encargo financeiro, sem prejuízo da normal inscrição das prestações anuais no mapa que contém os programas da Lei de Programação Militar.

2 – Os contratos previstos no número anterior podem integrar o serviço de manutenção e devem prever a desactivação dos bens que são o seu objecto no final da respectiva vigência.

3 – Os contratos previstos no n.º 1 deste artigo não podem, sob pena de nulidade, conter cláusulas que, directa ou indirectamente, imponham limitações ao uso dos bens locados ou que permitam ao locador ter acesso a bens ou a documentos susceptíveis de pôr em risco a segurança nacional, estando este obrigado a renunciar expressamente aos direitos que a lei eventualmente lhe confira a esse respeito.

ARTIGO 3.º
Impacte anual no saldo global do sector público administrativo

1 – A despesa pública anual e o correspondente impacte no saldo global do sector público administrativo respeitarão as regras da contabilidade nacional estabelecidas para o registo contabilístico dos contratos de locação financeira e de locação operacional.

2 – Nos contratos de locação financeira o impacte no saldo global do sector público administrativo corresponderá, no ano da celebração do contrato, ao valor integral de aquisição do equipamento e, durante os restantes anos da vida do mesmo, à componente de juros das rendas pagas.

3 – Nos contratos de locação operacional o impacte no saldo global do sector público administrativo corresponderá ao valor anual das rendas pagas.

ARTIGO 4.º
Responsabilidades contingentes decorrentes de cláusulas penais

No Orçamento do Estado de cada ano a dotação provisional do Ministério das Finanças será devidamente dotada por forma a suportar os pagamentos respeitantes a responsabilidades contigentes resultantes do accionamento de cláusulas penais contra o Estado, eventualmente incluídas nos contratos de locação referidos no n.º 3 do artigo 3.º.

ARTIGO 5.º

Âmbito e período de aplicação

1 – Na Lei de Programação Militar são inscritos os programas necessários à consecução dos objectivos de força nacionais aprovados no âmbito do ciclo bienal de planeamento de forças, tendo em conta a programação financeira dos custos adstritos à respectiva, realização.

2 – A Lei de Programação Militar vigora por um período de três sexénios, sem prejuízo da validade dos compromissos assumidos pelo Estado que excedam aquele período.

3 – Os programas cujo financiamento eventualmente exceda o período fixado no n.º 2 têm uma anotação em que será indicada a previsão dos anos e dos correspondentes custos até ao seu completamento.

4 – Para efeitos da presente lei, o plano de forças é o plano de médio prazo destinado a concretizar o sistema de forças e o dispositivo aprovado em consequência do estabelecido no Conceito Estratégico Militar e nas missões das Forças Armadas.

ARTIGO 6.º

Revisões

1 – A Lei de Programação Militar é ordinariamente revista nos anos pares, sem prejuízo da competência atribuída ao Ministro da Defesa Nacional pelo n.º 3 do artigo 13.º.

2 – Nas revisões da Lei de Programação Militar pode-se, caso os objectivos de força nacionais o aconselhem, proceder ao cancelamento e alteração de programas inscritos, afectar os respectivos saldos a outros programas, bem como inscrever novos programas, com salvaguarda dos contratos já adjudicados ou em fase de adjudicação.

3 – Os programas cuja execução se tenha afastado significativamente do planeado são obrigatoriamente reanalisados nas revisões que ocorrem nos anos pares e os que não tenham sido concluídos ao fim do prazo previsto no n.º 2 do artigo 5.º são obrigatoriamente reavaliados.

Artigo 7.º

Procedimento

1 – Compete ao Conselho de Chefes de Estado-Maior elaborar, de acordo com os objectivos de força nacionais e a directiva de planeamento de defesa, a proposta preliminar de revisão, a qual é submetida ao Ministro da Defesa Nacional pelo Chefe do Estado-Maior-General das Forças Armadas.

2 – Compete ao Conselho Superior Militar, sob a orientação do Governo, por intermédio do Ministro da Defesa Nacional, elaborar a proposta final de revisão.

3 – O Governo, por intermédio do Ministro da Defesa Nacional, submete a proposta referida no número anterior a parecer do Conselho Superior de Defesa Nacional.

4 – Recebido aquele parecer, o Governo aprova em Conselho de Ministros a proposta de revisão, submetendo-a à Assembleia da República para apreciação e aprovação.

Artigo 8.º

Execução

1 – O Governo promove a execução da Lei de Programação Militar, cuja orientação e fiscalização são da responsabilidade do Ministro da Defesa Nacional, sem prejuízo da competência da Assembleia da República.

2 – Em execução da presente lei podem ser assumidos os compromissos necessários para os períodos abrangidos, mediante os procedimentos estabelecidos e respeitadas as competências próprias ou delegadas da entidade a quem a lei cometer aquela responsabilidade.

3 – A proposta de orçamento anual do Ministério da Defesa Nacional inclui o estabelecido para o ano em causa na Lei de Programação Militar.

4 – O encargo anual relativo a cada um dos programas pode, mediante aprovação do Ministro da Defesa Nacional, ser excedido até ao montante não superior a 30% do respectivo valor inscrito para o ano em causa, desde que não inviabilize a execução de programas, não podendo, em qualquer caso, o total dos encargos orçamentais ser, em cada ano, superior à soma dos respectivos valores fixados na Lei de Programação Militar.

5 – Os saldos eventualmente verificados nos programas no fim de cada ano económico transitam para o orçamento do ano seguinte, para reforço das dotações dos mesmos programas até à sua completa execução.

ARTIGO 9.º

Detalhe dos programas

1 – Os programas a considerar nas revisões da Lei de Programação Militar, concretizados em subprogramas, são apresentados separadamente pelos serviços centrais do Ministério da Defesa Nacional, pelo Estado-Maior-General e pelos ramos das Forças Armadas, em correspondência com o plano de forças, contendo obrigatoriamente a respectiva calendarização de execução, descrição e justificação adequadas.

2 – Por cada programa são ainda referenciados os custos inerentes aos investimentos induzidos relativos à operação e à modernização do equipamento e armamento, bem como o ano do respectivo ciclo de vida em que deverão ocorrer.

3 – Na apresentação dos subprogramas devem ser indicadas detalhadamente as previsões de acréscimo ou diminuição de custos anuais de funcionamento normal decorrentes da execução dos programas e com efeitos nos respectivos orçamentos.

4 – O Governo apresenta à Assembleia da República, juntamente com as propostas de revisão, o respectivo plano de financiamento.

ARTIGO 10.º

Custos dos programas

Os custos dos programas evidenciados no mapa anexo à presente lei são expressos a preços constantes do ano em que ocorra a revisão da Lei de Programação Militar.

ARTIGO 11.º

Programação de compromissos

1 – A realização de investimentos sob a forma de contratos de locação previstos no artigo 2.º implica a fixação e aprovação prévia de um plano plurianual de pagamentos.

2 – O plano plurianual deve estabelecer o prazo de execução do contrato e discriminar os encargos financeiros a assumir em cada ano económico.

ARTIGO 12.º

Limites orçamentais

1 – Anualmente, no Orçamento do Estado, é fixado o montante global máximo de autorização financeira ao Governo para satisfação de encargos com as prestações a liquidar referentes a contratos de investimento público sob a forma de locação.

2 – Sem prejuízo do disposto no número anterior, são os seguintes os montantes máximos de encargos com contratos de locação operacional:

a) No sexénio de 2001 a 2006:
   i) Em 2004, 1 527 000 000$00;
   ii) Em 2005, 5 526 000 000$00;
   iii) Em 2006, 10 807 000 000$00;
b) No sexénio de 2007 a 2012:
   i) Em 2007, 15 334 000 000$00;
   ii) Em 2008, 26 234 000 000$00;
   iii) Em 2009, 26 817 000 000$00;
   iv) Em 2010, 28 175 000 000$00;
   v) Em 2011, 29 243 000 000$00;
   vi) Em 2012, 29 243 000 000$00;
c) No sexénio de 2013 a 2018, 29 243 000 000$00 em cada um dos correspondentes anos económicos;
d) Nos anos seguintes:
   i) 30 190 000 000$00 de 2019 a 2029, para o programa «Capacidade de projecção de força»;
   ii) 50 409 000 000$00 de 2019 a 2030, para o programa «Capacidade de busca e salvamento»;
   iii) 172 188 000 000$00 de 2019 a 2032, para o programa «Capacidade submarina»;
   iv) 72 982 000 000$00 de 2019 a 2032, para o programa «Capacidade de transporte táctico, vigilância e fotografia aérea e geofísica»;
   v) 60 184 000 000$00 de 2019 a 2035, para o programa «Capacidade de transporte estratégico/táctico».

3 – Carecem de autorização legislativa da Assembleia da República os encargos com contratos de locação operacional que ultrapassem em mais de 5% os valores previstos no número anterior.

Artigo 13.º
Assunção de compromissos

1 – Os compromissos que dêem origem a encargos plurianuais podem ser assumidos pelo Ministério da Defesa se os respectivos montantes não excederem, em cada um dos anos económicos seguintes, os limites e prazos estabelecidos, para este efeito, na presente lei e de acordo com os critérios determinados na lei anual do orçamento, no âmbito de cada um dos programas aprovados pela Assembleia da República, tendo em vista a sua plena realização.

2 – O primeiro ano da execução das despesas respeitantes aos compromissos plurianuais deve corresponder àquele em que é assumido o compromisso em causa.

3 – São da competência do Ministro da Defesa Nacional, dando a conhecer à Assembleia da República os respectivos despachos, as transferências de verbas:

a) Entre programas se se mantiver a respectiva classificação funcional;
b) Entre as diversas medidas, projectos ou acções num mesmo programa;
c) Decorrentes das transferências das competências de uma entidade gestora de um programa ou medida para outras entidades ou da sucessão destas nas competências da primeira;
d) Provenientes de projectos ou acções existentes para novos projectos ou acções.

4 – Os programas com encargos plurianuais co-financiados pelo Plano de Investimento e Desenvolvimento de Administração Central são objecto de contratos-programa aprovados por portaria conjunta dos Ministros da Defesa Nacional e do Planeamento.

ARTIGO 14.º

Mapa de programas

O quadro de programas a que se refere a presente lei, as dotações globais para cada ano económico e os valores máximos autorizados para liquidação de prestações inerentes aos contratos de locação operacional, bem como os saldos provenientes da execução da anterior Lei de Programação Militar consta do mapa anexo à presente lei, da qual faz parte integrante.

ARTIGO 15.º

Acompanhamento pela Assembleia da República

1 – O Governo envia anualmente à Assembleia da República um relatório até ao fim de Março, onde constem detalhadamente as dotações respeitantes a cada programa, os contratos efectuados no ano anterior e as responsabilidades futuras deles resultantes, bem como toda a informação necessária ao controlo da execução.

2 – O Ministro da Defesa Nacional informa anualmente a Assembleia da República sobre a execução de todos os programas constantes da Lei de Programação Militar.

3 – O Ministro da Defesa Nacional informa ainda a Assembleia da República das taxas de juro negociadas quando recorra a contratos de locação.

ARTIGO 16.º

Isenção de emolumentos

Sempre que se torne necessária à execução da presente lei a celebração de contratos, ficam os mesmos isentos de emolumentos devidos pelo serviço de visto do Tribunal de Contas.

ARTIGO 17.º

Norma transitória

A primeira revisão da Lei de Programação Militar deve ocorrer no ano de 2002, devendo produzir os seus efeitos a partir do ano de 2003.

ARTIGO 18.º

Norma revogatória

São revogadas as Leis n.os 46/98, de 7 de Agosto, 50/98, de 17 de Agosto, e 2/99, de 3 de Agosto.

Aprovada em 27 de Setembro de 2001.

O Presidente da Assembleia da República, *António de Almeida Santos.*

Promulgada em 30 de Outubro de 2001.

Publique-se.

O Presidente da República, JORGE SAMPAIO.

Referendada em 6 de Novembro de 2001.

O Primeiro-Ministro, *António Manuel de Oliveira Guterres.*

LEI DE PROGRAMAÇÃO MILITAR

Quadro de financiamento

(Em milhares de contos)

Designação do programa	Período de 2001 a 2006							Período de 2007 a 2012							Período de 2013 a 2018							Anos seguintes (a)				Global
	2001	2002	2003	2004	2005	2006	Total	2007	2008	2009	2010	2011	2012	Total	2013	2014	2015	2016	2017	2018	Total	2019-2029	2019-2030	2019-2032	2019-2035	
Serviços centrais																										
«Modernização da infra-estrutura industrial e da base tecnológica de defesa»	1 906	2 043	1 930	1 737	2 386	2 201	12 203																			12 203
Soma dos serviços centrais	1 906	2 043	1 930	1 737	2 386	2 201	12 203																			12 203
EMGFA																										
«Comando e controlo»	2 255	897	897	900	1 762	1 761	8 472																			8 472
Soma do EMGFA	2 255	897	897	900	1 762	1 761	8 472																			8 472
Estado-Maior da Armada																										
«Capacidade de comando e controlo»	2 186	1 000	1 467	1 455	1 808	902	8 818																			8 818
«Capacidade submarina»	500		2 246	2 864	6 000	15 415	27 025	11 357	13 065	17 565	13 065	13 065	13 065	81 182	13 065	13 065	13 065	13 065	13 065	13 065	78 390			172 188		358 785
«Capacidade de projecção de força»	450	350	1 600		3 369	3 369	9 138	2 471	2 471	2 471	2 471	2 471	2 471	14 826	2 471	2 471	2 471	2 471	2 471	2 471	14 826	30 190				68 980
«Capacidade oceânica de superfície»	1 700	1 500	847	500	761	761	6 069																			6 069
«Capacidade de fiscalização»		200	200	200	200	201	1 001	200	200	200	200	200	200	1 200	200						200					2 401
«Capacidade oceanográfica e hidrográfica»	342	152	152	116	182	182	1 126																			1 126
«Capacidade de assinalamento marítimo»	289	289	289	44	45	45	1 001																			1 001
«Capacidade de combate à poluição»	159	53	57	206	119	119	713																			713
«Sistema de Autoridade Marítima»	925	460	460	470	537	537	3 389																			3 389
«Capacidade de guerra de minas»	75	75	25	25	46	46	292																			292
«Capacidade de reservas de guerra»	500	500	250	250	250	250	2 000																			2 000
«Capacidade de componente fixa»	2 142	478	783	783	2 148	1 843	8 177																			8 177
Soma da Marinha	9 268	5 057	8 376	6 913	15 465	23 670	68 749	14 028	15 736	20 236	15 736	15 736	15 736	97 208	15 736	15 536	15 536	15 536	15 536	15 536	93 416	30 190		172 188		461 751
Estado-Maior do Exército																										
«Comando e controlo»	679	679	679	679	709	635	4 060																			4 060
«Brigada Mecanizada Independente (BMI)»	1 222	1 221	1 220	1 135	1 572	1 570	7 940																			7 940
«Brigada Aerotransportada Independente (BAI)»	1 166	1 165	1 165	1 166	1 877	1 979	8 518																			8 518
«Grupo de Aviação Ligeira (GALE)»	6 053	2 632	1 562	2 701	3 903	4 473	21 324	12 720	4 551	4 000	11 625			32 896												54 220
«Forças de Operações Especiais»	160	160	160	150	150	160	940																			940
«Unidades de apoio de combate»	578	576	574	574	688	695	3 685																			3 685
«Unidades de apoio de serviços»	576	578	576	576	608	608	3 522																			3 522
«Agrupamento de Defesa Territorial dos Arquipélagos»	217	217	217	217	217	217	1 302																			1 302
«Brigada Ligeira Independente (BLI)»	1 540	1 550	1 550	1 550	1 932	1 822	9 944																			9 944
«Sistema Administrativo, Logístico e do Pessoal»	1 123	1 093	1 290	1 675	2 407	2 482	10 070																			10 070
«Sistema de Instrução e Treino»	343	328	392	362	516	517	2 458																			2 458
«Sistemas de Informação de Gestão»	247	378	366	329	288	247	1 855																			1 855
Soma do Exército	13 904	10 577	9 751	11 114	14 867	15 405	75 618	12 720	4 551	4 000	11 625			32 896												108 514
Estado-Maior da Força Aérea																										
«Capacidade de comando e controlo»	500	2 300	2 250	2 185	1 182	482	8 899																			8 899
«Capacidade de defesa aérea e TASMO»	7 106	11 186	9 828	11 723	7 155	7 155	54 153																			54 153
«Capacidade de *stocks* de armamento»	1 941	1 941	1 941	1 941	1 975	34	9 773																			9 773
«Capacidade de busca e salvamento»				1 527	3 055	4 582	9 164	4 582	4 582	4 582	4 582	4 582	4 582	27 492	4 582	4 582	4 582	4 582	4 582	4 582	27 492		50 409			114 557
«Capacidade ASW, ASUW, EW, C2 e AEW/ELINT»		5 000	5 000	5 000	875	3 450	19 325	12 625	11 625	18 425				42 675												62 000
«Capacidade de transporte táctico, vigilância e fotografia aérea e geofísica»					3 000		3 000	3 750	5 213	5 213	5 213	5 213	5 213	29 815	5 213	5 213	5 213	5 213	5 213	5 213	31 278			72 982		137 075
«Capacidade de transporte estratégico/táctico»	463	1 330	3 586	4 003	4 003	2 052	15 437	1 477	1 481	1 775	2 844	3 912	3 912	15 401	3 912	3 912	3 912	3 912	3 912	3 912	23 472				60 184	114 494
Soma da Força Aérea	10 010	21 757	22 605	26 379	21 245	17 755	119 751	22 434	22 901	29 995	12 639	13 707	13 707	115 383	13 707	13 707	13 707	13 707	13 707	13 707	82 242		50 409	72 982	60 184	500 951
Total	37 343	40 331	43 559	47 043	55 726	60 792	284 793	49 182	43 188	54 231	40 000	29 443	29 443	245 487	29 443	29 243	29 243	29 243	29 243	29 243	175 658	30 190	50 409	245 170	60 184	1 091 891
Valor máximo autorizado para locação	0	0	0	1 527	5 526	10 807	17 860	15 334	26 234	26 817	28 175	29 243	29 243	155 046	29 243	29 243	29 243	29 243	29 243	29 243	175 658	30 190	50 409	245 170	60 184	734 317
	0 %	0 %	0 %	3 %	10 %	18 %	6 %	31 %	61 %	49 %	70 %	99 %	99 %	63 %	99 %	100 %	100 %	100 %	100 %	100 %	100 %	100 %	100 %	100 %	100 %	67 %

(a) Somatório dos pagamentos a efectuar no âmbito do respectivo programa e para o correspondente período.

LEI ORGÂNICA N.º 1/2003, DE 13 DE MAIO

ALTERA A LEI DE PROGRAMAÇÃO MILITAR

A Assembleia da República decreta, nos termos da alínea c) do artigo 161.º da Constituição, para valer como lei geral da República, a lei orgânica seguinte:

ARTIGO 1.º
Finalidade

1 – A Lei de Programação Militar incorpora e desenvolve a aplicação de programas de investimento público das Forças Armadas relativos a forças, equipamento, armamento e infra-estruturas e é elaborada e executada de acordo com o regime definido na presente lei.

2 – A Lei de Programação Militar incorpora ainda programas de desactivação de equipamentos, armamento, munições e infra-estruturas e de investigação e desenvolvimento (I&D).

ARTIGO 2.º
Âmbito e período de aplicação

1 – Na Lei de Programação Militar são inscritos os programas necessários à consecução dos objectivos de força nacionais aprovados no âmbito do ciclo bienal de planeamento de forças, tendo em conta a programação financeira dos custos adstritos à respectiva realização.

2 – A Lei de Programação Militar vigora por um período de três sexénios, sem prejuízo da validade dos compromissos assumidos pelo Estado que excedam aquele período.

3 – Nos programas cujo financiamento eventualmente exceda o período fixado no n.º 2 será indicada a previsão dos anos e dos correspondentes custos até ao seu completamento.

4 – Para efeitos da presente lei, o plano de forças é o plano de médio prazo destinado a concretizar o sistema de forças e o dispositivo aprovado em consequência do estabelecido no conceito estratégico militar e nas missões das Forças Armadas.

ARTIGO 3.º
Procedimento

1 – Compete ao Governo, por intermédio do Ministro da Defesa Nacional, orientar a elaboração da proposta de lei de revisão da lei de programação militar, em articulação com o Chefe do Estado-Maior-General das Forças Armadas e com os chefes de estado-maior dos ramos.

2 – Compete ao Conselho Superior Militar elaborar o projecto de proposta de lei de revisão da Lei de Programação Militar, ouvido o Conselho de Chefes de Estado-Maior.

3 – Compete ao Governo, em Conselho de Ministros, aprovar a proposta de lei de revisão da Lei de Programação Militar, colhido o parecer do Conselho Superior de Defesa Nacional.

4 – Compete à Assembleia da República aprovar, sob a forma de lei orgânica, a proposta de lei de revisão da Lei de Programação Militar.

ARTIGO 4.º
Execução

1 – O Governo promove a execução da Lei de Programação Militar, cuja orientação e fiscalização são da responsabilidade do Ministro da Defesa Nacional, sem prejuízo da competência da Assembleia da República.

2 – Em execução da presente lei podem ser assumidos os compromissos necessários para os períodos abrangidos, mediante os procedimentos estabelecidos e respeitadas as competências próprias ou delegadas da entidade a quem a lei cometer aquela responsabilidade.

3 – A proposta de orçamento anual do Ministério da Defesa Nacional inclui o estabelecido para o ano em causa na Lei de Programação Militar.

4 – O encargo anual relativo a cada um dos programas pode, mediante aprovação do Ministro da Defesa Nacional, ser excedido até ao montante não superior a 30% do respectivo valor inscrito para o ano em causa, desde que não inviabilize a execução de programas, não podendo, em qualquer caso, o total dos encargos orçamentais ser, em cada ano, superior à soma dos respectivos valores fixados na Lei de Programação Militar.

5 – Os saldos eventualmente verificados nos programas no fim de cada ano económico transitam para o orçamento do ano seguinte, para reforço das dotações dos mesmos programas até à sua completa execução.

Artigo 5.º
Acompanhamento pela Assembleia da República

1 – O Governo envia anualmente à Assembleia da República um relatório até ao fim de Março, donde constem detalhadamente as dotações respeitantes a cada programa, os contratos efectuados no ano anterior e as responsabilidades futuras deles resultantes, bem como toda a informação necessária ao controlo da execução.

2 – O Ministro da Defesa Nacional informa anualmente a Assembleia da República sobre a execução de todos os programas constantes da Lei de Programação Militar.

3 – O Ministro da Defesa Nacional informa ainda a Assembleia da República das taxas de juro negociadas quando recorra a contratos referidos no artigo 10.º.

Artigo 6.º
Revisões

1 – A Lei de Programação Militar é ordinariamente revista nos anos pares, sem prejuízo da competência atribuída ao Ministro da Defesa Nacional pelo n.º 3 do artigo 14.º.

2 – Nas revisões da Lei de Programação Militar pode-se, caso os objectivos de força nacionais o aconselhem, proceder ao cancelamento e alteração de programas inscritos, afectar os respectivos saldos a outros programas, bem como inscrever novos programas.

3 – Os programas cuja execução se tenha afastado significativamente do planeado são obrigatoriamente reanalisados nas revisões que ocorrem nos anos pares e os que não tenham sido concluídos ao fim do prazo previsto no n.º 2 do artigo 2.º são obrigatoriamente reavaliados.

ARTIGO 7.º
Detalhe dos programas

1 – Os programas a considerar nas revisões da Lei de Programação Militar, concretizados em subprogramas, são apresentados separadamente pelos serviços centrais do Ministério da Defesa Nacional, pelo Estado-Maior-General e pelos ramos das Forças Armadas, em correspondência com o plano de forças, contendo obrigatoriamente a respectiva calendarização de execução, descrição e justificação adequadas.

2 – Por cada programa são ainda referenciados os custos inerentes aos investimentos induzidos relativos à operação e à modernização do equipamento e armamento, bem como o ano do respectivo ciclo de vida em que deverão ocorrer.

3 – Na apresentação dos subprogramas devem ser indicadas detalhadamente as previsões de acréscimo ou diminuição de custos anuais de funcionamento normal decorrentes da execução dos programas e com efeitos nos respectivos orçamentos.

4 – O Governo apresenta à Assembleia da República, juntamente com as propostas de revisão, o respectivo plano de financiamento.

ARTIGO 8.º
Custos dos programas

Os custos dos programas evidenciados nos mapas anexos à presente lei são expressos a preços constantes do ano em que ocorre a revisão da Lei de Programação Militar.

ARTIGO 9.º
Alterações orçamentais

O Governo deverá promover as necessárias alterações orçamentais decorrentes da revisão da Lei de Programação Militar, no prazo máximo de 15 dias posteriores à entrada em vigor da mesma.

ARTIGO 10.º
Contratos de investimento público

1 – Os actos de investimento público previstos no n.º 1 do artigo 1.º podem ser concretizados por locação sob qualquer das suas formas contratuais, ou mediante outros modelos contratuais legalmente admissíveis, quando tal se mostrar justificado pelo interesse nacional, de modo a permitir a dilatação no tempo da satisfação do correspondente encargo financeiro, sem prejuízo da normal inscrição das prestações anuais nos mapas que contêm os programas da Lei de Programação Militar.

2 – Os contratos previstos no número anterior podem integrar o serviço de manutenção e devem prever, quando não seja exercida opção de compra pelo locatário nos casos em que esteja contratualmente prevista, a devolução dos bens ao locador e posterior alienação ou locação por este a países terceiros.

3 – Os contratos previstos no n.º 1 deste artigo não podem, sob pena de nulidade, conter cláusulas que, directa ou indirectamente, imponham limitações ao uso dos bens locados ou que permitam ao locador ter acesso a bens ou a documentos susceptíveis de pôr em risco a segurança nacional, estando este obrigado a renunciar expressamente aos direitos que a lei eventualmente lhe confira a esse respeito.

Artigo 11.º
Impacte anual no saldo global do sector público administrativo

1 – A despesa pública anual e o correspondente impacte no saldo global do sector público administrativo respeitarão as regras da contabilidade nacional estabelecidas para o registo contabilístico dos contratos previstos no n.º 1 do artigo 10.º.

2 – Nos contratos de locação financeira o impacte no saldo global do sector público administrativo corresponderá, no ano da celebração do contrato, ao valor integral de aquisição do equipamento e, durante os restantes anos da vida do mesmo, à componente de juros das rendas pagas.

3 – Nos contratos de locação operacional o impacte no saldo global do sector público administrativo corresponderá ao valor anual das rendas pagas.

4 – Nos demais contratos o impacte no saldo global do sector público administrativo corresponderá àquele que a lei aplicável determinar.

Artigo 12.º
Programação de compromissos

1 – A realização de investimentos sob a forma de contratos previstos no artigo 10.º implica a fixação e aprovação prévia de um plano plurianual de pagamentos.

2 – O plano plurianual deve estabelecer o prazo de execução do contrato e discriminar os encargos financeiros a assumir em cada ano económico.

ARTIGO 13.º
Limites orçamentais

1 – Anualmente, no Orçamento do Estado, é fixado o montante global máximo de autorização financeira ao Governo para satisfação de encargos com as prestações a liquidar referentes aos contratos previstos no artigo 10.º.

2 – A alteração do serviço da dívida resultante dos contratos preistos no artigo 10.º que implique um aumento superior a 5% do valor global previsto nos mapas anexos carece de autorização da Assembleia da República.

ARTIGO 14.º
Assunção de compromissos

1 – Os compromissos que dêem origem a encargos plurianuais podem ser assumidos pelo Ministério da Defesa Nacional se os respectivos montantes não excederem, em cada um dos anos económicos seguintes, os limites e prazos estabelecidos, para este efeito, na presente lei e de acordo com os critérios determinados na lei anual do orçamento, no âmbito de cada um dos programas aprovados pela Assembleia da República, tendo em vista a sua plena realização.

2 – O 1.º ano da execução das despesas respeitantes aos compromissos plurianuais deve corresponder àquele em que é assumido o compromisso em causa.

3 – São da competência do Ministro da Defesa Nacional, dando a conhecer à Assembleia da República os respectivos despachos, as transferências de verbas:

a) Entre programas se se mantiver a respectiva classificação funcional;
b) Entre as diversas medidas, projectos ou acções num mesmo programa;
c) Decorrentes das transferências das competências de uma entidade gestora de um programa ou medida para outras entidades ou da sucessão destas nas competências da primeira;
d) Provenientes de projectos ou acções existentes para novos projectos ou acções.

4 – Os novos programas com encargos plurianuais co-financiados pelo Programa de Investimentos e Despesas de Desenvolvimento da Administração Central (PIDDAC) são objecto de contratos-programa aprovados por portaria conjunta dos Ministros das Finanças, ou do ministro que tiver a seu cargo a tutela do PIDDAC, e da Defesa Nacional.

Artigo 15.º
Mapa de programas

O quadro de programas a que se refere a presente lei, as dotações globais para cada ano económico e os valores máximos autorizados para liquidação de prestações inerentes aos contratos previstos no artigo 10.º constam dos mapas anexos à presente lei, da qual fazem parte integrante.

Artigo 16.º
Responsabilidades contingentes decorrentes de cláusulas penais

No Orçamento do Estado de cada ano a dotação provisional do Ministério das Finanças será devidamente dotada por forma a suportar os pagamentos respeitantes a responsabilidades contigentes eventualmente resultantes do accionamento de cláusulas penais contra o Estado, previstas nos contratos de locação referidos no n.º 3 do artigo 11.º.

Artigo 17.º
Procedimento comum

1 – Pode adoptar-se um procedimento adjudicatório comum relativamente à execução de programas em que se verifique identidade de objecto, ainda que se trate de programas previstos em capítulos diferentes.

2 – A adopção de procedimento adjudicatório comum, nos termos do número anterior, depende de autorização do Ministro da Defesa Nacional.

Artigo 18.º
Isenção de emolumentos

Sempre que se torne necessária à execução da presente lei a celebração de contratos, ficam os mesmos isentos de emolumentos devidos pelo serviço de visto do Tribunal de Contas.

Artigo 19.º
Norma transitória

1 – A presente Lei de Programação Militar deve ser revista no decorrer do ano de 2004, devendo a revisão produzir os seus efeitos a partir do ano de 2005.

2 – Considerando a sua importância no processo de modernização e reequipamento das Forças Armadas, no sentido de aumentar as suas capacidades e eficácia, a revisão da Lei de Programação Militar a operar em 2004 terá em conta, prioritariamente, o desenvolvimento dos seguintes processos:

a) Na Marinha:
   i) Modernização de meia-vida das fragatas da classe «Vasco da Gama»;
   ii) Continuação do programa de substituição das fragatas da classe «João Belo»;
   iii) Substituição do NRP «Bérrio» por outro reabastecedor de esquadra;

b) No Exército:
   i) Modernização do sistema táctico de comando e controlo;
   ii) Substituição do equipamento principal da Brigada Mecanizada Independente;
   iii) Reequipamento das unidades de engenharia, anti-aérea e informações e segurança militar;

c) Na Força Aérea:
   i) Radar móvel de defesa aérea táctico;
   ii) Substituição das ajudas rádio à navegação;
   iii) Renovação da frota de viaturas especiais.

Artigo 20.º
Entrada em vigor

A presente lei entra em vigor no dia seguinte ao da sua publicação.

Aprovada em 10 de Abril de 2003.

O Presidente da Assembleia da República, *João Bosco Mota Amaral.*

Promulgada em 30 de Abril de 2003.

Publique-se.

O Presidente da República, Jorge Sampaio.

Referendada em 2 de Maio de 2003.

O Primeiro-Ministro, José Manuel Durão Barroso.

ANEXO A

Quadro financeiro

(Em milhões de euros)

Designação do programa	Período de 2003 a 2008							Período de 2009 a 2014							Período de 2015 a 2020							Anos seguintes (*a*)	Global
	2003	2004	2005	2006	2007	2008	Total	2009	2010	2011	2012	2013	2014	Total	2015	2016	2017	2018	2019	2020	Total	2021--2026	
Serviços Centrais																							
...odernização da informação industrial e ...e da base técnica de defesa»	13,700	5,050	4,486	5,780	4,490	4,490	37,996	4,490	4,490	5,000	5,000	5,000	5,000	28,980	0	0	0	0	0	0	0	0	66,976
...istemas de informação de gestão»	13,456	8,862	4,594	0	0	0	26,912	0	0	0	0	0	0	0	0	0	0	0	0	0	0	0	26,912
Soma dos Serviços Centrais	27,156	13,912	9,080	5,780	4,490	4,490	64,908	4,490	4,490	5,000	5,000	5,000	5,000	28,980	0	0	0	0	0	0	0	0	93,888
EMGFA																							
...omando e controlo»	20,694	12,190	6,959	3,859	2,794	2,106	48,602	0	0	0	0	0	0	0	0	0	0	0	0	0	0	0	48,602
Soma do EMGFA	20,694	12,190	6,959	3,859	2,794	2,106	48,602	0	0	0	0	0	0	0	0	0	0	0	0	0	0	0	48,602
Estado-Maior da Armada																							
...apacidade de comando e controlo»	7,586	9,987	7,426	2,432	2,254	2,254	31,939	0	0	0	0	0	0	0	0	0	0	0	0	0	0	0	31,939
...apacidade submarina»	0,500	1,500	2,000	2,000	2,000	34,437	42,437	64,875	64,875	64,875	64,875	64,875	64,875	389,250	64,875	64,875	64,875	64,875	64,875	64,875	389,250	162,187	983,124
...apacidade de projecção de força»	6,200	5,200	10,200	10,200	21,539	21,539	74,878	21,339	21,339	16,339	16,339	16,339	16,339	108,034	16,339	16,339	16,339	16,339	16,339	16,339	98,034	16,339	297,285
...apacidade oceânica de superfície»	9,000	32,800	40,500	19,500	31,500	7,500	140,800	5,500	5,500	6,500	6,500	6,500	6,500	37,000	0	0	0	0	0	0	0	0	177,800
...apacidade de fiscalização»	1,150	6,582	8,121	6,851	9,623	5,225	37,552	0	0	5,000	5,000	0	0	10,000	0	0	0	0	0	0	0	0	47,552
...apacidade oceanográfica e hidrográfica»	5,025	5,063	4,733	2,547	1,300	1,300	19,968	0	0	0	0	0	0	0	0	0	0	0	0	0	0	0	19,968
...apacidade de assinalamento marítimo»	1,198	1,498	1,098	0,998	0,998	0,998	6,788	0,748	0,748	0,748	0,748	0,748	0,748	4,488	0	0	0	0	0	0	0	0	11,276
...apacidade de combate à poluição»	0,837	2,537	5,212	4,180	0,694	0,694	14,154	0	0	0	0	0	0	0	0	0	0	0	0	0	0	0	14,154
...apacidade de autoridade marítima»	1,710	1,746	1,996	1,996	1,996	1,996	11,440	1,706	1,706	2,000	2,000	2,000	2,000	11,412	0	0	0	0	0	0	0	0	22,852
...apacidade de guerra de minas»	0,125	0,125	0,125	0,125	0,125	0,125	0,750	0	0	0	0	0	0	0	0	0	0	0	0	0	0	0	0,750
...apacidade de reservas de guerra»	2,222	4,444	4,444	4,000	2,444	2,444	19,998	2,222	4,444	4,444	4,000	2,444	2,444	19,998	0	0	0	0	0	0	0	0	39,996
...apacidade de componente fixa»	5,600	5,700	5,600	5,700	5,250	5,250	33,100	0	0	0	0	0	0	0	0	0	0	0	0	0	0	0	33,100
Soma da Marinha	41,153	77,182	91,455	60,529	79,723	83,762	433,804	96,390	98,612	99,906	99,462	92,906	92,906	580,182	81,214	81,214	81,214	81,214	81,214	81,214	487,284	178,526	1679,796
Estado-Maior do Exército																							
...omando e controlo»	3,952	10,624	10,925	11,309	11,776	6,584	55,170	0	0	0	1,449	1,449	1,449	4,347	0	0	0	0	0	0	0	0	59,517
...igada Mecanizada Independente (BMI)»	4,100	43,662	43,896	4,332	6,600	6,130	108,720	11,140	8,161	10,390	11,361	11,447	23,265	75,764	33,564	26,449	4,347	3,272	2,608	5,735	5,735	0	260,459
...igada Aerotransportadora Independente ...BAI)»	3,256	7,192	4,048	22,799	8,419	8,161	53,875	4,559	3,771	6,387	0,846	0,830	0,093	16,486	0,028	0	1,326	1,319	1,088	1,660	5,421	0	75,782
...upo de Aviação Ligeira (GALE)»	9,337	6,270	3,938	17,313	23,140	21,575	81,573	21,245	21,161	21,174	21,247	21,674	23,205	129,706	21,198	21,347	21,174	21,247	21,248	20,485	126,699	0	337,978
...rças de Operações Especiais»	1,661	1,375	1,000	1,000	1,500	1,000	7,536	1,000	1,000	0,750	0,900	0,500	0	4,150	2,500	1,630	1,630	1,000	1,000	1,163	8,923	0	20,609
...idades de apoio de combate»	5,651	3,249	6,176	11,909	7,298	11,186	45,469	10,310	9,514	2,010	4,010	4,010	4,010	33,864	4,510	4,510	4,510	0,010	0,010	0,010	13,560	0	92,893
...idades de apoio de serviços»	2,163	2,659	6,003	5,333	3,208	3,765	23,131	2,000	2,000	4,000	4,500	0	4,000	16,500	4,000	4,000	0	0	0	0	8,000	0	47,631
...upamento de Defesa Territorial dos Arquipélagos»	0	0	0	0	0	0	0	0	2,000	4,000	2,000	0	0	8,000	0	0	0	0	0	0	0	0	8,000
...igada Ligeira de Intervenção (BLI)»	0,650	0,100	0,050	0,050	22,529	47,215	70,594	51,714	54,795	51,111	48,153	47,015	5,539	258,327	1,826	1,784	1,838	0	0	0	5,448	0	334,369
...tema Administrativo, Logístico e do Pessoal»	8,585	4,682	5,292	4,774	6,952	7,238	37,523	6,288	7,082	11,796	18,226	24,713	11,310	79,415	11,399	7,338	5,125	5,963	5,125	5,125	40,075	0	157,013
...tema de Instrução e Treino»	0,657	0,600	0,600	0,600	0,750	0,750	3,957	0	0	0	0	0,113	0,113	0,226	0,113	0,113	0,113	0,113	0,113	0,113	0,678	0	4,861
...temas de Informação de Gestão»	1,435						1,435							0							0	0	1,435
Soma do Exército	41,447	80,413	81,928	79,419	92,172	113,604	488,983	108,256	109,484	111,618	112,692	111,751	72,984	626,785	79,138	67,171	40,063	32,924	31,192	34,291	284,779	0	1400,547
Estado-Maior da Força Aérea																							
...pacidade de comando e controlo»	7,140	8,260	12,460	40,640	35,150	16,250	119,900	6,750	15,000	15,000	0	0	0	36,750	0	0	0	0	0	0	0	0	156,650
...pacidade de defesa aérea e TASMO»	58,370	47,160	33,260	34,770	27,750	18,100	219,410	0,840	5,800	0	0	0	0	6,640	0	0	0	0	0	0	0	0	226,050
...pacidade de *stocks* de armamento»	5,395	6,958	7,541	8,017	6,197	5,557	39,665	4,417	0	0	0	0	0	4,417	0	0	0	0	0	0	0	0	44,082
...pacidade de busca e salvamento»	0,490	2,333	4,924	24,415	23,552	22,850	78,564	22,850	22,850	22,850	22,850	22,850	22,850	137,100	22,850	22,850	22,850	22,850	22,850	22,850	137,100	93,188	445,952
...pacidade de ASW, ASUW, EW, C2 e ...EW/ELINT»	12,470	15,000	21,253	28,253	59,783	61,490	198,249	91,900	19,100	0	0	0	0	111,000	0	0	0	0	0	0	0	0	309,249
...pacidade de transporte táctico, vigilân...a e fotografia aérea e geofísica»	0	0	0	0	23,787	23,787	47,574	23,787	23,787	23,787	23,787	23,787	23,787	142,722	23,787	23,787	23,787	23,787	23,787	23,787	142,722	23,787	356,805
...pacidade de transporte estratégico/tác...o»	0	0	0	0	33,769	33,769	67,538	33,769	33,769	33,769	33,769	33,769	33,769	202,614	33,769	33,769	33,769	33,769	33,769	33,769	202,614	33,769	506,535
...pacidade da componente territorial e ...ormações aeronáuticas»	1,245	4,990	7,480	6,235	3,740	2,495	26,185	2,495	2,495	0	0	0	0	4,990	0	0	0	0	0	0	0	0	31,175
...pacidade de sobrevivência e mobilidade ...TO)»	1,710	4,000	3,600	4,500	4,530	2,500	20,840	2,500	2,500	2,500	0	0	0	7,500	0	0	0	0	0	0	0	0	28,340
...pacidade de instrução e treino»	0	0	2,000	3,490	3,490	3,490	12,470	0	0	0	0	0	0	0	0	0	0	0	0	0	0	0	12,470
...pacidade de formação avançada de pi...os (AEJPT)»	0	0,670	0	0	0	0	0,670	0	0	0	0	0	0	0	0	0	0	0	0	0	0	0	0,670
Soma da Força Aérea	86,820	89,371	92,518	150,320	221,748	190,288	831,065	189,308	125,301	97,906	80,406	80,406	80,406	653,733	80,406	80,406	80,406	80,406	80,406	80,406	482,436	150,744	2117,978
Total	217,270	273,068	281,940	299,907	400,927	394,250	1867,362	398,444	337,887	314,430	297,560	290,063	251,296	1889,680	240,758	228,791	201,683	194,544	192,812	195,911	1254,499	329,270	5340,811
...máximo autorizado para locação	0 0 %	0 0 %	0 0 %	32,192 11 %	116,533 29 %	148,970 38 %	297,695 16 %	181,407 46 %	181,407 54 %	181,407 58 %	181,407 61 %	181,407 63 %	181,407 72 %	1088,440 58 %	181,407 75 %	181,407 79 %	181,407 90 %	181,407 93 %	181,407 94 %	181,407 93 %	1088,440 87 %	329,269 100 %	2803,844 52 %

ANEXO B

Quadro financeiro apresentando os investimentos no Exército por capacidades

(Em milhões de euro

Designação do programa	Período de 2003 a 2008							Período de 2009 a 2014							Período de 2015 a 2020							Anos seguintes (*a*)	Globa
	2003	2004	2005	2006	2007	2008	Total	2009	2010	2011	2012	2013	2014	Total	2015	2016	2017	2018	2019	2020	Total	2021-2026	
Serviços Centrais																							
«Modernização da informação industrial e da base técnica de defesa»	13,700	5,050	4,486	5,780	4,490	4,490	37,996	4,490	4,490	5,000	5,000	5,000	5,000	28,980	0	0	0	0	0	0	0	0	66,9
«Sistemas de informação de gestão»	13,456	8,862	4,594	0	0	0	26,912	0	0	0	0	0	0	0	0	0	0	0	0	0	0	0	26,9
Soma dos Serviços Centrais	27,156	13,912	9,080	5,780	4,490	4,490	64,908	4,490	4,490	5,000	5,000	5,000	5,000	28,980	0	0	0	0	0	0	0	0	93,8
EMGFA																							
«Comando e controlo»	20,694	12,190	6,959	3,859	2,794	2,106	48,602	0	0	0	0	0	0	0	0	0	0	0	0	0	0	0	48,6
Soma do EMGFA	20,694	12,190	6,959	3,859	2,794	2,106	48,602	0	0	0	0	0	0	0	0	0	0	0	0	0	0	0	48,6
Estado-Maior da Armada																							
«Capacidade de comando e controlo»	7,586	9,987	7,426	2,432	2,254	2,254	31,939	0	0	0	0	0	0	0	0	0	0	0	0	0	0	0	31,9
«Capacidade submarina»	0,500	1,500	2,000	2,000	2,000	34,437	42,437	64,875	64,875	64,875	64,875	64,875	64,875	389,250	64,875	64,875	64,875	64,875	64,875	64,875	389,250	162,187	983,1
«Capacidade de projecção de força»	6,200	5,200	10,200	10,200	21,539	21,539	74,878	21,339	21,339	16,339	16,339	16,339	16,339	108,034	16,339	16,339	16,339	16,339	16,339	16,339	98,034	16,339	297,2
«Capacidade oceânica de superfície»	9,000	32,800	40,500	19,500	31,500	7,500	140,800	5,500	5,500	6,500	6,500	6,500	6,500	37,000	0	0	0	0	0	0	0	0	177,8
«Capacidade de fiscalização»	1,150	6,582	8,121	6,851	9,623	5,225	37,552	0	0	5,000	5,000	0	0	10,000	0	0	0	0	0	0	0	0	47,5
«Capacidade oceanográfica e hidrográfica»	5,025	5,063	4,733	2,547	1,300	1,300	19,968	0	0	0	0	0	0	0	0	0	0	0	0	0	0	0	19,9
«Capacidade de assinalamento marítimo»	1,198	1,498	1,098	0,998	0,998	0,998	6,788	0,748	0,748	0,748	0,748	0,748	0,748	4,488	0	0	0	0	0	0	0	0	11,2
«Capacidade de combate à poluição»	0,837	2,537	5,212	4,180	0,694	0,694	14,154	0	0	0	0	0	0	0	0	0	0	0	0	0	0	0	14,1
«Capacidade de autoridade marítima»	1,710	1,746	1,996	1,996	1,996	1,996	11,440	1,706	1,706	2,000	2,000	2,000	2,000	11,412	0	0	0	0	0	0	0	0	22,8
«Capacidade de guerra de minas»	0,125	0,125	0,125	0,125	0,125	0,125	0,750	0	0	0	0	0	0	0	0	0	0	0	0	0	0	0	0,7
«Capacidade de reservas de guerra»	2,222	4,444	4,444	4,000	2,444	2,444	19,998	2,222	4,444	4,444	4,000	2,444	2,444	19,998	0	0	0	0	0	0	0	0	39,
«Capacidade de componente fixa»	5,600	5,700	5,600	5,700	5,250	5,250	33,100	0	0	0	0	0	0	0	0	0	0	0	0	0	0	0	33,
Soma da Marinha	41,153	77,182	91,455	60,529	79,723	83,762	433,804	96,390	98,612	99,906	99,462	92,906	92,906	580,182	81,214	81,214	81,214	81,214	81,214	81,214	487,284	178,526	1679,
Estado-Maior do Exército																							
«Capacidade de comando e controlo»	6,379	10,607	12,934	15,646	16,106	9,229	70,901	13,800	9,021	0	1,449	1,449	1,449	27,168	0	0	0	0	0	0	0	0	98,
«Capacidade de manobra e fogos»	7,341	47,885	45,404	23,069	23,200	46,581	193,480	47,777	49,042	48,089	54,357	62,403	16,416	278,084	13,698	1,510	2,647	2,134	2,019	2,432	24,440	0	496,
«Capacidade de mobilidade e sobrevivência»	9,048	5,624	10,585	25,100	30,123	32,714	113,194	24,874	30,736	39,361	32,983	28,110	31,639	187,703	37,876	34,746	24,913	23,112	21,710	24,611	166,968	0	467
«Capacidade de informações»	0,050	0,350	0,500	0,653	6,000	9,912	17,465	8,212	2,336	1,712	1,712	1,712	0	15,684	6,004	6,089	5,500	1,000	1,000	1,000	20,593	0	53
«Capacidade de apoio logístico»	1,283	3,157	2,364	3,031	8,071	7,853	25,759	8,321	12,407	11,788	11,489	5,898	14,365	64,268	14,289	18,273	0,368	0,176	0,083	0,359	33,548	0	123
«Capacidade de sustentação de bases»	15,241	9,992	7,454	9,773	6,943	6,154	55,557	4,737	5,442	10,168	10,167	11,498	8,502	50,514	6,658	5,810	5,711	5,810	5,711	5,174	34,874	0	140
«Capacidade de formação e treino»	2,106	2,798	2,687	2,147	1,729	1,160	12,627	0,534	0,500	0,500	0,534	0,681	0,613	3,362	0,613	0,743	0,924	0,692	0,669	0,715	4,356	0	20
Soma do Exército	41,448	80,413	81,928	79,419	92,172	113,603	488,983	108,255	109,484	111,618	112,691	111,751	72,984	626,783	79,138	67,171	40,063	32,924	31,192	34,291	284,779	0	1400
Estado-Maior da Força Aérea																							
«Capacidade de comando e controlo»	7,140	8,260	12,460	40,640	35,150	16,250	119,900	6,750	15,000	15,000	0	0	0	36,750	0	0	0	0	0	0	0	0	156
«Capacidade de defesa aérea e TASMO»	58,370	47,160	33,260	34,770	27,750	18,100	219,410	0,840	5,800	0	0	0	0	6,640	0	0	0	0	0	0	0	0	226
«Capacidade de *stocks* de armamento»	5,395	6,958	7,541	8,017	6,197	5,557	39,665	4,417	0	0	0	0	0	4,417	0	0	0	0	0	0	0	0	44
«Capacidade de busca e salvamento»	0,490	2,333	4,924	24,415	23,552	22,850	78,564	22,850	22,850	22,850	22,850	22,850	22,850	137,100	22,850	22,850	22,850	22,850	22,850	22,850	137,100	93,188	445
«Capacidade de ASW, ASUW, EW, C2 e AEW/ELINT»	12,470	15,000	21,253	28,253	59,783	61,490	198,249	91,900	19,100	0	0	0	0	111,000	0	0	0	0	0	0	0	0	309
«Capacidade de transporte táctico, vigilância e fotografia aérea e geofísica»	0	0	0	0	23,787	23,787	47,574	23,787	23,787	23,787	23,787	23,787	23,787	142,722	23,787	23,787	23,787	23,787	23,787	23,787	142,722	23,787	356
«Capacidade de transporte estratégico/táctico»	0	0	0	0	33,769	33,769	67,538	33,769	33,769	33,769	33,769	33,769	33,769	202,614	33,769	33,769	33,769	33,769	33,769	33,769	202,614	33,769	506
«Capacidade da componente territorial e informações aeronáuticas»	1,245	4,990	7,480	6,235	3,740	2,495	26,185	2,495	2,495	0	0	0	0	4,990	0	0	0	0	0	0	0	0	31
«Capacidade de sobrevivência e mobilidade (STO)»	1,710	4,000	3,600	4,500	4,530	2,500	20,840	2,500	2,500	2,500	0	0	0	7,500	0	0	0	0	0	0	0	0	2
«Capacidade de instrução e treino»	0	0	2,000	3,490	3,490	3,490	12,470	0	0	0	0	0	0	0	0	0	0	0	0	0	0	0	1
«Capacidade de formação avançada de pilotos (AEJPT)»	0	0,670	0	0	0	0	0,670	0	0	0	0	0	0	0	0	0	0	0	0	0	0	0	
Soma da Força Aérea	86,820	89,371	92,518	150,320	221,748	190,288	831,065	189,308	125,301	97,906	80,406	80,406	80,406	653,733	80,406	80,406	80,406	80,406	80,406	80,406	482,436	150,744	211
Total	217,271	273,068	281,940	299,907	400,927	394,249	1867,362	398,443	337,887	314,430	297,559	290,063	251,296	1889,678	240,758	228,791	201,683	194,544	192,812	195,911	1254,499	329,270	534
Valor máximo autorizado para locação	0 0 %	0 0 %	0 0 %	32,192 11 %	116,533 29 %	148,970 38 %	297,695 16 %	181,407 46 %	181,407 54 %	181,407 58 %	181,407 61 %	181,407 63 %	181,407 72 %	1088,440 58 %	181,407 75 %	181,407 79 %	181,407 90 %	181,407 93 %	181,407 94 %	181,407 93 %	1088,440 87 %	329,269 100 %	280 5

(*a*) Somatório dos pagamentos a efectuar no âmbito do respectivo programa e para o correspondente período.

SERVIÇO MILITAR

- **Lei n.º 174/99, de 21/09:**
  – *Lei do Serviço Militar;*

- **D.L. n.º 289/2000, de 14/11:**
  – *Regulamento da Lei do Serviço Militar;*

- **D.L. n.º 320-A/2000, de 15/12:**
  – *Regulamento de incentivos à Prestação do Serviço Militar nos Regimes de Contrato e de Voluntariado;*

LEI N.º 174/99, DE 21 DE SETEMBRO

LEI DO SERVIÇO MILITAR

A Assembleia da República decreta, nos termos da alínea c) do artigo 161.º da Constituição, para valer como lei geral da República, o seguinte:

CAPÍTULO I
Princípios gerais

ARTIGO 1.º
Conceito e natureza do serviço militar

1 – A defesa da Pátria é direito e dever fundamental de todos os portugueses.

2 – O serviço militar integra-se no contributo para a defesa nacional, no âmbito militar, a prestar pelos cidadãos portugueses, nos termos da presente lei.

3 – Constitui ainda objectivo do serviço militar a valorização cívica, cultural, profissional e física dos cidadãos.

4 – Em tempo de paz, o serviço militar baseia-se no voluntariado.

5 – O disposto no número anterior não prejudica as obrigações dos cidadãos portugueses inerentes ao recrutamento militar e ao serviço efectivo decorrente de convocação ou de mobilização, nos termos estatuídos na presente lei.

6 – O período de sujeição dos cidadãos portugueses a obrigações militares, nos termos do número anterior, decorre entre o primeiro dia do ano em que completam 18 anos de idade e o último dia do ano em que completam 35 anos de idade.

ARTIGO 2.º

Situações do serviço militar

O serviço militar abrange as seguintes situações:
a) Serviço efectivo;
b) Reserva de recrutamento;
c) Reserva de disponibilidade.

ARTIGO 3.º

Serviço efectivo

1 – Serviço efectivo, entendido como contributo para a defesa da Pátria, é a situação dos cidadãos enquanto permanecem ao serviço das Forças Armadas.

2 – O serviço efectivo abrange:
a) Serviço efectivo nos quadros permanentes;
b) Serviço efectivo em regime de contrato;
c) Serviço efectivo em regime de voluntariado;
d) Serviço efectivo decorrente de convocação ou mobilização.

3 – O serviço efectivo nos quadros permanentes corresponde à prestação de serviço pelos cidadãos que, tendo ingressado voluntariamente na carreira militar, se encontrem vinculados às Forças Armadas com carácter de permanência.

4 – O serviço efectivo em regime de contrato corresponde à prestação de serviço militar voluntário por parte dos cidadãos durante um período de tempo limitado, com vista à satisfação das necessidades das Forças Armadas ou ao seu eventual ingresso nos quadros permanentes.

5 – O serviço efectivo em regime de voluntariado corresponde à assunção voluntária de um vínculo às Forças Armadas por um período de 12 meses, incluindo o período de instrução, findo o qual o militar pode ingressar no serviço efectivo em regime de contrato.

6 – O serviço efectivo decorrente de convocação ou mobilização compreende o serviço militar prestado na sequência do recrutamento excepcional, nos termos previstos na presente lei.

7 – O estatuto dos militares nas diversas situações de serviço efectivo é definido em diplomas próprios.

ARTIGO 4.º
Reserva de recrutamento

A reserva de recrutamento é constituída pelos cidadãos portugueses dos 18 aos 35 anos de idade, que, não tendo prestado serviço efectivo nas fileiras, podem ser objecto de recrutamento excepcional, em termos a regulamentar.

ARTIGO 5.º
Reserva de disponibilidade

1 – A reserva de disponibilidade é constituída pelos cidadãos portugueses que cessaram a prestação de serviço militar até à idade limite dos deveres militares.

2 – A reserva de disponibilidade destina-se a permitir o aumento dos efectivos das Forças Armadas até aos quantitativos tidos por adequados.

3 – A situação de reserva de disponibilidade, para efeito de convocação, abrange o período de seis anos subsequente ao termo do serviço efectivo, sem prejuízo do limite de idade previsto no n.º 1.

ARTIGO 6.º
Alteração dos limites de idade em tempo de guerra

Em tempo de guerra o limite máximo de idade estabelecido para o cumprimento de deveres militares pode ser alterado por lei.

CAPÍTULO II
Recrutamento militar

SECÇÃO I
Disposições gerais

ARTIGO 7.º
Definição e modalidades de recrutamento

1 – Recrutamento militar é o conjunto de operações necessárias à obtenção de meios humanos para ingresso nas Forças Armadas.

2 – O recrutamento militar compreende as seguintes modalidades:

a) Recrutamento normal, para a prestação de serviço efectivo em regime de contrato ou em regime de voluntário;

b) Recrutamento especial, para a prestação de serviço efectivo voluntário nos quadros permanentes;

c) Recrutamento excepcional, para a prestação de serviço efectivo decorrente de convocação ou mobilização.

3 – O recrutamento especial será regulado por diploma próprio.

ARTIGO 8.º

Recenseamento militar

1 – O recenseamento militar é a operação do recrutamento geral que tem por finalidade obter a informação de todos os cidadãos que atingem, em cada ano, a idade do início das obrigações militares.

2 – Constitui obrigação dos cidadãos, a cumprir pelos próprios ou pelos seus representantes legais, apresentarem-se ao recenseamento militar durante o mês de Janeiro do ano em que completem 18 anos.

3 – Deve ser dada publicidade ao dever de inscrição no recenseamento militar.

ARTIGO 9.º

Locais de recenseamento militar

Os cidadãos, pessoalmente ou através dos seus representantes legais, apresentam-se ao recenseamento militar nos locais a seguir indicados:

a) Câmara municipal da área da residência do cidadão;

b) Posto consular da área da residência, para os cidadãos domiciliados no estrangeiro.

ARTIGO 10.º

Informação a prestar no acto de apresentação ao recenseamento

No acto de apresentação ao recenseamento deve ser entregue ao cidadão informação escrita descrevendo os objectivos do serviço militar e as diferentes possibilidades e oportunidades que se lhe oferecem.

ARTIGO 11.º
Dia da Defesa Nacional

1 – É instituído o Dia da Defesa Nacional que visa sensibilizar os jovens para a temática da defesa nacional e divulgar o papel das Forças Armadas, a quem incumbe a defesa militar da República.

2 – A sensibilização e divulgação referidas no número anterior envolvem, designadamente, informação escrita descrevendo os preceitos constitucionais que se relacionam com a defesa nacional, os princípios gerais que se relacionam com as Forças Armadas, direitos e deveres dos cidadãos, assim como os objectivos do serviço militar e as diferentes possibilidades que se lhe oferecem durante e após o serviço militar, acções de formação sobre os objectivos da defesa nacional, sobre as missões essenciais das Forças Armadas, a sua organização, os recursos que lhes estão afectos e informação sobre as formas de prestação de serviço.

3 – Após as acções de formação e outras actividades a realizar a nível regional, durante o período de um dia, é entregue ao participante um certificado individual de presença.

4 – A comparência ao Dia da Defesa Nacional constitui um dever de todos os cidadãos, podendo ocorrer a partir do 1.º dia do ano em que completem a idade de 18 anos e enquanto a mantenham.

ARTIGO 12.º
Orgânica do recrutamento

1 – O planeamento, direcção e coordenação do processo de recrutamento incumbe a um órgão central integrado na estrutura do Ministério da Defesa Nacional, sem prejuízo das competências cometidas aos ramos das Forças Armadas.

2 – A execução do processo de recrutamento fica a cargo dos centros de recrutamento dos ramos ou integrados, que assumirão configurações diversas de acordo com as áreas do País e com as potenciais vocações dos candidatos ao regime de voluntariado.

3 – O órgão central referido no n.º 1, no âmbito das suas competências, deverá ainda desenvolver campanhas de sensibilização para o recrutamento, designadamente nos meios de comunicação social.

4 – No processo de recrutamento podem ainda intervir outros serviços públicos, designadamente os do sistema de ensino, através da integração da temática da defesa nacional em curricula escolares e da condução de acções de sensibilização e divulgação do papel da defesa nacional e das Forças Armadas, segundo um plano definido anualmente por despacho conjunto dos Ministros da Defesa Nacional e da Educação.

SECÇÃO II
Recrutamento normal

ARTIGO 13.º
Finalidades

O recrutamento normal tem por finalidade a admissão de cidadãos com o mínimo de 18 anos de idade, que se proponham prestar, voluntariamente, serviço militar efectivo nas Forças Armadas.

ARTIGO 14.º
Fases de recrutamento normal

O recrutamento normal compreende as seguintes fases:
a) Candidatura;
b) Classificação e selecção;
c) Alistamento.

ARTIGO 15.º
Candidatura

1 – A candidatura ao regime de contrato ou de voluntariado formaliza-se através de declaração em que o cidadão manifeste a vontade de prestar serviço militar.

2 – No acto da candidatura, o cidadão pode manifestar a sua preferência pela área funcional e pelo ramo onde pretende servir, bem como pela área geográfica de prestação do serviço militar.

3 – Após formalização da candidatura serão oportunamente comunicados ao cidadão a data e o local de realização das provas de classificação e selecção.

ARTIGO 16.º
Classificação e selecção

1 – As provas de classificação e selecção têm por finalidade determinar grau de aptidão psicofísica dos cidadãos para efeitos de prestação de serviço militar, em resultado do que lhes é atribuída uma das seguintes classificações:

Apto;

Inapto.

2 – Ficam a aguardar classificação os cidadãos aos quais não seja possível atribuí-la no decurso das provas referidas no número anterior.

3 – Da classificação referida no n.º 1 pode ser interposto recurso hierárquico no prazo de cinco dias para o dirigente máximo do órgão a que se refere o artigo 12.º, o qual decide no prazo de 30 dias, com base em novo exame do recorrente.

4 – Aos cidadãos classificados de Apto são atribuídas áreas funcionais, de acordo com as suas aptidões físicas, psíquicas, técnicas, profissionais e outras, tendo em vista o respectivo alistamento e tomando em consideração sempre que possível as preferências manifestadas nos termos do n.º 2 do artigo anterior.

5 – No final das provas de classificação e selecção, os cidadãos considerados aptos são proclamados recrutas e prestam compromisso de honra de acordo com a fórmula constante do regulamento da presente lei.

Artigo 17.º

Alistamento

1 – O alistamento é a atribuição nominal dos contratados e voluntários a uma categoria, classe, arma, serviço ou especialidade dos ramos das Forças Armadas, no âmbito da área funcional para a qual foram seleccionados.

2 – A afectação ao serviço dos voluntários alistados em cada ramo das Forças Armadas é da responsabilidade do respectivo ramo.

Secção III

Recrutamento excepcional

Artigo 18.º

Situações de recrutamento excepcional

Os cidadãos nas situações de reserva de recrutamento e de reserva de disponibilidade podem excepcionalmente ser chamados a cumprir serviço efectivo nas seguintes modalidades:

a) Convocação;

b) Mobilização.

ARTIGO 19.º

Fases de recrutamento excepcional

O recrutamento excepcional de cidadãos na situação de reserva de recrutamento para efeitos de convocação compreende as seguintes fases:

a) Classificação e selecção;

b) Distribuição.

ARTIGO 20.º

Classificação e selecção

1 – Os cidadãos convocados nos termos do n.º 1 do artigo 34.º são simultaneamente notificados com uma antecedência mínima de 40 dias para efectuarem as provas de classificação e selecção.

2 – Às provas de classificação e selecção são aplicáveis as disposições previstas nos n.os 1, 2 e 3 do artigo 16.º da presente lei.

3 – Os cidadãos classificados de Apto são agrupados por áreas funcionais, de acordo com as suas aptidões físicas, psíquicas, técnicas, profissionais e outras, tendo em vista a sua futura distribuição.

4 – Os cidadãos considerados aptos podem manifestar a sua preferência pela prestação de serviço militar, em termos de ramos das Forças Armadas, classe, arma, serviço, especialidade e de área geográfica de cumprimento do serviço militar.

5 – No final das provas de classificação e selecção, os cidadãos considerados aptos são proclamados recrutas e prestam compromisso de honra de acordo com a fórmula constante do regulamento da presente lei.

ARTIGO 21.º

Não apresentação às provas de classificação e selecção

Os cidadãos que, quando notificados, não se apresentem às provas de classificação e selecção ou reclassificação para efeito do artigo 34.º e não justifiquem a falta no prazo de 10 dias, ou se recusem a realizar algumas daquelas provas, são notados compelidos à prestação do serviço militar.

ARTIGO 22.º
Distribuição

A distribuição consiste na afectação dos recrutas a uma categoria, classe, arma, serviço ou especialidade dos ramos das Forças Armadas, de acordo com as respectivas necessidades, devendo, sempre que possível, ter-se em conta o disposto no n.º 4 do artigo 20.º.

CAPÍTULO III

Serviço efectivo em regime de contrato, regime de voluntariado e por convocação e mobilização

SECÇÃO I

Regime de contrato

ARTIGO 23.º
Serviço efectivo em regime de contrato

O serviço efectivo em regime de contrato compreende:

a) A incorporação;
b) A instrução militar;
c) O período nas fileiras.

ARTIGO 24.º
Incorporação

A incorporação consiste na apresentação dos cidadãos nas unidades e estabelecimentos militares do ramo das Forças Armadas em que foram alistados para prestação de serviço efectivo.

ARTIGO 25.º
Instrução militar

1 – A instrução militar consiste na formação ministrada aos instruendos, adequada às características próprias de cada ramo das Forças Armadas.

2 – A instrução militar compreende:

a) A instrução básica, que visa habilitar os instruendos com uma preparação militar geral, e termina no acto do juramento de bandeira, que é sempre prestado perante a Bandeira Nacional;

b) A instrução complementar que visa proporcionar a formação adequada ao exercício de cargos e funções próprias de cada uma das classes, armas, serviços ou especialidades.

3 – As orientações gerais relativas à instrução militar são definidas por despacho do Ministro da Defesa Nacional, ouvido o Conselho de Chefes de Estado-Maior.

ARTIGO 26.º
Período nas fileiras

O militar inicia o período nas fileiras após conclusão, com aproveitamento, da instrução militar.

ARTIGO 27.º
Celebração do contrato

O contrato é celebrado na sequência do alistamento, entrando em vigor na data da incorporação.

ARTIGO 28.º
Duração do serviço efectivo

1 – O serviço efectivo em regime de contrato tem a duração mínima de dois anos e a máxima de seis anos.

2 – Dentro do período máximo referido no número anterior, o contrato deve ser renovado sempre que permaneça vaga no respectivo efectivo das Forças Armadas, se o militar contratado se manifestar nesse sentido e tiver classificação de serviço que o permita.

3 – Podem ser criados, por decreto-lei, regimes de contrato com a duração máxima até 20 anos para situações funcionais cujo grau de formação e treino, tipo de habilitações académicas e exigências técnicas tornem desejável uma garantia de prestação de serviço mais prolongada.

4 – O tempo de serviço efectivo prestado durante a instrução militar corresponde ao período experimental, contando para todos os efeitos legais, excepto para o cômputo da duração do contrato.

ARTIGO 29.º
Idade limite de ingresso

As idades limite para a candidatura ao regime de contrato são:
a) De 30 anos, para os cidadãos possuidores de licenciatura em Medicina, habilitados com o internato geral;
b) De 27 anos, para cidadãos possuidores de habilitação académica com grau de bacharelato ou licenciatura;
c) De 24 anos, para os restantes.

SECÇÃO II
Regime de voluntariado

ARTIGO 30.º
Serviço efectivo em regime de voluntariado

O serviço efectivo em regime de voluntariado constitui a expressão do direito de defesa da Pátria e assenta na adesão voluntária a um vínculo às Forças Armadas, com vista à satisfação destas.

ARTIGO 31.º
Duração do serviço efectivo

O serviço efectivo em regime de voluntariado tem a duração de 12 meses, incluída a instrução militar.

ARTIGO 32.º
Prestação de serviço efectivo em regime de contrato

1 – Os cidadãos no regime de voluntariado poderão, após o termo do respectivo período de prestação de serviço, requerer a sua permanência no serviço efectivo, em regime de contrato.

2 – Para o efeito as candidaturas serão apresentadas até ao 60.º dia anterior ao termo do período de prestação de serviço na situação de voluntários no regime de voluntariado.

ARTIGO 33.º
Idade limite de ingresso

As idades limite para a candidatura à prestação do serviço militar em regime de voluntariado são as estatuídas no artigo 29.º quanto ao regime de contrato.

SECÇÃO III
Convocação e mobilização

ARTIGO 34.º
Serviço efectivo por convocação

1 – Os cidadãos que se encontrem na situação de reserva de recrutamento podem ser convocados para prestação de serviço efectivo com uma antecedência mínima de 60 dias, nos casos em que a satisfação das necessidades fundamentais das Forças Armadas seja afectada ou prejudicada a prossecução dos objectivos permanentes da política de defesa nacional, por períodos de 4 meses prorrogáveis até ao máximo de 12 meses.

2 – A convocação prevista no número anterior é proposta pelo Ministro da Defesa Nacional, assumirá a forma de decreto-lei, fixará os efectivos e a duração do serviço militar, discriminará os objectivos, ouvido o Conselho de Chefes de Estado-Maior, e entrará em vigor 30 dias após a sua publicação.

3 – Serão atribuídos aos cidadãos sujeitos ao serviço efectivo previsto neste artigo, com as necessárias adaptações, as compensações financeiras e materiais e demais incentivos de que beneficiem aqueles que prestam serviço efectivo em regime de voluntariado.

4 – Os cidadãos convocados ao abrigo do n.º 1, que cumpram serviço efectivo nas fileiras, só podem voltar a ser convocados nos termos da alínea b) do n.º 6 do presente artigo.

5 – Os efectivos mínimos serão definidos pelo Ministro da Defesa Nacional, ouvido o Conselho Superior Militar, sendo preferencialmente chamados, por ordem de prioridades:

a) Os cidadãos que hajam injustificadamente faltado ao cumprimento de deveres militares;

b) Os cidadãos a partir do ano em que completem 19 anos de idade, de acordo com critério de afectação por ordem sucessiva de faixas etárias;

c) De entre os cidadãos referidos na alínea anterior, os que não forem casados.

6 – Os cidadãos que se encontrem na situação de reserva de disponibilidade podem ser convocados para prestação de serviço efectivo, nas seguintes condições:

a) Com uma antecedência mínima de 60 dias, por portaria do Ministro da Defesa Nacional, ouvido o Conselho de Chefes de Estado-Maior, por período ou períodos na totalidade não superiores a dois meses, enquanto durarem os deveres militares, para efeitos de reciclagem, treino, exercícios ou manobras militares;

b) Por decreto do Governo, mediante proposta do Ministro da Defesa Nacional, ouvido o Conselho Superior Militar, em caso de perigo de guerra ou de agressão iminente ou efectiva por forças estrangeiras, enquanto se mantiverem estas situações e não for decretada a mobilização militar, até à totalidade da reserva de disponibilidade.

7 – Nos termos e para os efeitos previstos no n.º 1, podem ainda ser convocados, mediante oferecimento, os cidadãos na reserva de disponibilidade.

Artigo 35.º
Não apresentação à incorporação

Os cidadãos que não se apresentem à incorporação na unidade ou estabelecimento militar para que forem convocados, sem que justifiquem a falta no prazo de 30 dias, são notados refractários.

Artigo 36.º
Serviço efectivo por mobilização

Os cidadãos nas situações de reserva de recrutamento e de disponibilidade podem ser mobilizados para prestarem serviço militar efectivo nas Forças Armadas em casos de excepção ou de guerra, nos termos previstos em lei da Assembleia da República.

Capítulo IV
Direitos e garantias

Secção I
Dispensa e isenção do cumprimento de deveres militares

Artigo 37.º
Dispensa de comparência ao Dia da Defesa Nacional

Os cidadãos referidos no n.º 4 do artigo 11.º que padeçam de doença prolongada comprovada pela autoridade pública competente ou que residam legalmente no estrangeiro com carácter permanente e contínuo não estão sujeitos ao dever de comparência ao Dia da Defesa Nacional.

Artigo 38.º
Dispensa de deveres militares na reserva de recrutamento

1 – Os cidadãos na situação de reserva de recrutamento, convocados ao abrigo dos n.os 1 a 3 do artigo 34.º, podem ser dispensados do cumprimento dos deveres militares, nos termos previstos no presente artigo.

2 – Constitui motivo de adiamento das provas de classificação e selecção:

a) Possuir habilitação para candidatura ao ensino superior até ao ano em que os cidadãos completem 20 anos de idade ou frequentar estabelecimento de ensino superior ou equiparado, com aproveitamento, no País ou no estrangeiro;

b) Encontrar-se em regime de aprendizagem ou a frequentar curso de formação ou estágio profissional.

3 – Constitui motivo de dispensa das provas de classificação e selecção:

a) Ter residência legal no estrangeiro com carácter permanente e contínuo;

b) Ter adquirido nacionalidade portuguesa durante ou após o ano em que tiver completado 18 anos de idade;

c) Ser cidadão português originário, ainda que com outra nacionalidade, desde que se mostre comprovado o cumprimento de idêntico serviço no estrangeiro;

d) Ser aluno de estabelecimento de formação eclesiástica, membro de instituto religioso e ministro de qualquer religião legalmente reconhecida;

e) Pertencer ou ter pertencido a força de segurança, por período equivalente ao previsto para o serviço efectivo a que alude o presente artigo;
f) Ser ou ter sido bombeiro, por período equivalente ao previsto para o serviço efectivo a que alude o artigo 34.º;
g) Ter a seu exclusivo cargo filhos ou enteados menores de 10 anos.

4 – Constitui motivo de dispensa de incorporação ter um irmão simultaneamente incorporado em virtude da convocação a que alude o presente artigo.

5 – Constitui motivo de dispensa das provas de classificação e selecção, bem como da incorporação:

a) Invocação de qualidade cujo estatuto legal o determine;
b) Ser filho ou irmão de militar falecido em campanha ou de cidadão qualificado deficiente das Forças Armadas com uma percentagem de incapacidade igual ou superior a 60%, em condições a regulamentar;
c) Encontrar-se a cumprir pena ou sujeito a medida de coacção que, pela sua natureza, seja incompatível com o serviço nas fileiras;
d) Doença prolongada comprovada pela autoridade pública competente.

Artigo 39.º
Dispensa de deveres militares na situação de reserva de disponibilidade

1 – Os cidadãos na situação de reserva de disponibilidade podem ser dispensados, a seu pedido, da prestação de serviço efectivo por convocação, para além dos casos previstos em diplomas próprios, nas situações em que exerçam funções legalmente consideradas indispensáveis ao funcionamento de serviços públicos essenciais ou actividades privadas imprescindíveis à vida do País ou às necessidades das Forças Armadas.

2 – Do indeferimento do pedido pelo órgão central de recrutamento cabe recurso para o Ministro da Defesa Nacional, a interpor no prazo de 5 dias, devendo o mesmo ser decidido no prazo de 10 dias.

Artigo 40.º
Isenção de deveres militares

Para os cidadãos sujeitos por lei à prestação do serviço militar constitui motivo de isenção do cumprimento de deveres militares serem reconhecidos como objectores de consciência, nos termos da respectiva legislação.

ARTIGO 41.º
Amparos

1 – São amparo de família os cidadãos que tenham a seu exclusivo cargo cônjuge, ascendente, descendente, irmão ou sobrinho incapacitados, ou com menos de 18 anos de idade, desde que não emancipados, ou ainda pessoa que os tenha criado e educado, e que comprovadamente não tenham meios de prover à sua manutenção.

2 – Os cidadãos com direito à qualificação de amparo apenas podem ser convocados no caso previsto na alínea b) do n.º 6 do artigo 34.º.

3 – Os cidadãos nas condições previstas no n.º 1 cuja prestação de serviço efectivo seja considerada indispensável têm direito a um subsídio, a conceder pelo Estado, de valor não inferior ao salário mínimo nacional.

ARTIGO 42.º
Processo de concessão do amparo

1 – Os cidadãos requerem a qualificação de amparo ao dirigente do órgão central de recrutamento, o qual decide, fundamentadamente, no prazo de 45 dias após recepção do requerimento.

2 – Em caso de indeferimento do pedido, cabe recurso para o Ministro da Defesa Nacional, a interpor no prazo de 10 dias, devendo o mesmo ser decidido em igual prazo.

SECÇÃO II
Direitos e garantias complementares

ARTIGO 43.º
Assistência na doença

1 – O militar a prestar serviço efectivo, bem como os familiares a seu cargo, gozam das modalidades de assistência médica e medicamentosa em vigor nas Forças Armadas.

2 – O Estado reconhece aos cidadãos o direito à plena reparação dos efeitos de doenças contraídas ou agravadas em função da prestação de serviço militar efectivo.

ARTIGO 44.º

Acidentes em serviço

1 – Os militares possuidores de qualquer grau de incapacidade resultante de acidente durante o serviço ou com ele relacionado beneficiam de direitos e regalias nos termos de legislação própria.

2 – Os acidentes sofridos pelos cidadãos, como consequência da prestação de quaisquer provas inseridas no âmbito das operações de recrutamento militar, são considerados como ocorridos em serviço.

3 – Os cidadãos a que se refere o número anterior, quando possuidores de qualquer grau de incapacidade resultante de acidente ou doença relacionados com o serviço, beneficiam dos direitos e regalias previstos em legislação própria, não podendo, contudo, em caso algum, ser inferiores aos aplicáveis para a actividade e funções que desempenhavam à altura da incorporação.

ARTIGO 45.º

Garantias materiais

1 – Os cidadãos convocados nos termos do artigo 34.º têm direito a alojamento, alimentação, transporte e fardamentos gratuitos.

2 – Aos cidadãos voluntários para prestação de serviço efectivo é igualmente garantido, durante o processo de recrutamento e exclusivamente para este efeito, o direito ao alojamento, alimentação e transporte.

ARTIGO 46.º

Garantias face ao cumprimento de deveres militares

1 – Nenhum cidadão pode ser prejudicado na sua colocação, nos seus benefícios sociais ou no seu emprego em virtude do cumprimento dos deveres militares estabelecidos na presente lei.

2 – Todo o tempo de serviço militar efectivo nas Forças Armadas prestado ao abrigo das situações previstas no artigo 34.º, é contado para efeitos de promoção, aposentação ou reforma e não prejudica outras regalias conferidas por estatutos profissionais ou resultantes de contrato de trabalho.

3 – Os funcionários dos serviços e organismos da administração central, local e regional autónoma, incluindo os institutos públicos nas modalidades de serviços personalizados do Estado e de fundos públicos, impedidos de prestar provas ou comparecer a entrevistas em concursos de acesso ou de ingresso noutras carreiras, por se encontrarem a prestar serviço ao abrigo das situações previstas no artigo 34.º, têm direito a requerer o adiamento das mesmas, para data a acordar entre o respectivo organismo público e as Forças Armadas.

Artigo 47.º
Isenção de emolumentos

São isentos de emolumentos os reconhecimentos notariais e demais actos necessários para a organização dos processos para fins militares, incluindo os efectuados pelos estabelecimentos de ensino e serviços públicos.

Capítulo V
Incentivos ao regime de contrato

Artigo 48.º
Sistema de incentivos

1 – A prestação de serviço efectivo nos regimes de contrato e de voluntariado deve, de acordo com as necessidades das Forças Armadas, ser incentivada pelo Estado.

2 – As medidas de incentivo devem motivar a assunção voluntária da prestação de serviço efectivo nos regimes de contrato e de voluntariado e promover e apoiar, finda esta prestação, a inserção ou reinserção do cidadão na vida activa civil.

3 – Os incentivos obedecem aos princípios da flexibilidade, diversidade e progressividade no que respeita à sua concessão, tendo em conta a natureza e duração do serviço efectivamente prestado.

4 – O ensino e a formação ministrados nas Forças Armadas, salvaguardadas as inerentes especificidades militares, devem obedecer a sistemas de créditos ou módulos, de modo que os respectivos graus e títulos correspondam aos conferidos nos sistemas educativo e formativo nacionais.

Artigo 49.º
Regulamentação

Os incentivos à prestação de serviço efectivo nos regimes de contrato e voluntariado é regulado e desenvolvido em diploma próprio.

ARTIGO 50.º
Modalidades

Os incentivos à prestação de serviço efectivo nos regimes de contrato e voluntariado podem revestir diversas modalidades, designadamente:

a) Apoio para a obtenção de habilitações académicas;
b) Apoio para a formação e certificação profissional;
c) Compensações financeiras e materiais;
d) Apoio à inserção ou reinserção no mercado de trabalho;
e) Apoio social.

ARTIGO 51.º
Apoio para a obtenção de habilitações académicas

1 – O apoio para a obtenção de habilitações académicas compreende, designadamente:

a) A aplicação do estatuto do trabalhador-estudante, salvaguardando as especificidades do serviço militar;
b) A frequência, sem prejuízo do serviço, de cursos normais ou intensivos com recurso às novas metodologias de ensino;
c) A contingentação de vagas para ingresso no ensino superior;
d) A fixação de épocas especiais de exames nos diferentes níveis de ensino.

2 – Os cursos, disciplinas e especialidades ministrados nas Forças Armadas são, para todos os efeitos legais, considerados equivalentes aos dos estabelecimentos civis de ensino oficial, ou oficialmente reconhecidos, desde que obedeçam ao previsto no n.º 4 do artigo 48.º.

ARTIGO 52.º
Apoio para a formação e certificação profissional

1 – O apoio para a formação profissional abrange, designadamente:

a) A organização e realização de cursos de formação profissional, nomeadamente de reciclagem, aperfeiçoamento e reconversão profissional, até ao nível 3 de qualificação, com incidência na formação em exercício e na formação flexível;
b) A contingentação de vagas para ingresso nos cursos do Instituto do Emprego e Formação Profissional.

2 – A formação ministrada nas Forças Armadas que confira conhecimentos e aptidões habilitantes para o exercício profissional no mercado de trabalho garante o direito à respectiva certificação profissional, desde que obedeça ao previsto no n.º 4 do artigo 48.º.

ARTIGO 53.º
Compensações financeiras e materiais

As compensações financeiras e materiais abrangem, designadamente:
a) Uma remuneração baseada nos níveis retributivos dos correspondentes postos dos militares dos quadros permanentes incluindo os abonos, diferenciais suplementos e subsídios geralmente aplicáveis;
b) A atribuição, no termo do contrato, de uma prestação pecuniária calculada em função do tempo de serviço efectivamente prestado;
c) A atribuição de fardamento, alojamento e alimentação;
d) A concessão de bolsas de estudo, no País e no estrangeiro;
e) A concessão de um subsídio destinado ao pagamento de propinas para frequência dos diversos níveis de ensino.

ARTIGO 54.º
Apoio à inserção e reinserção no mercado de trabalho

O apoio à inserção e reinserção no mercado de trabalho compreende, designadamente:
a) A habilitação a prestações de desemprego nos termos da lei geral, quando por qualquer razão cesse a prestação de serviço;
b) O apoio à criação, no âmbito da iniciativa local, de projectos profissionais próprios e de pequenas empresas familiares;
c) A celebração de protocolos com empresas públicas e privadas para a monitorização dos perfis de formação profissional;
d) A celebração de protocolos com empresas públicas e privadas de forma a proporcionar a formação profissional e a frequência de estágios pelos militares contratados;
e) A concessão às entidades empregadoras dos benefícios previstos para o apoio ao primeiro emprego, pela contratação de cidadãos que tenham cumprido um mínimo de cinco anos de serviço efectivo, durante um período de seis anos, a contar do termo do respectivo contrato;

f) O direito de se candidatarem em todos os serviços e organismos da administração central, local e regional autónoma, incluindo os institutos públicos nas modalidades de serviços personalizados do Estado e de fundos públicos, a concursos internos de ingresso, bem como a concursos internos de acesso geral para preenchimento da primeira categoria intermédia das carreiras, desde que tenham cumprido, em regime de contrato e em funções que se integrem em área funcional da carreira, o tempo de serviço necessário para a promoção naquela categoria;
g) O direito de preferência nos concursos externos abertos nos serviços e organismos referidos na alínea anterior;
h) A preferência através, designadamente, da contingentação de vagas para o ingresso nos quadros de pessoal das Forças Armadas e forças de segurança;
i) O apoio à inserção em organismos internacionais e em actividades de cooperação técnico-militar com os países africanos de língua oficial portuguesa.

ARTIGO 55.º
Apoio social

O apoio social aos militares em regime de contrato e de voluntariado compreende, designadamente:
a) A assistência na doença ao militar e respectivo agregado familiar;
b) A contagem do tempo de serviço para efeitos de aposentação ou reforma;
c) O direito aos benefícios previstos na lei em matéria de protecção na eventualidade de encargos familiares do regime geral de segurança social e do regime de protecção social da função pública;
d) O acesso a mecanismos de política de apoio à juventude, designadamente quanto à concessão de crédito bonificado para aquisição de habitação própria;
e) O direito a uma pensão quando prestarem 20 anos de serviço.

Capítulo VI
Disposições complementares

Artigo 56.º
Exercício de funções públicas

O cidadão só pode ser investido ou permanecer no exercício de funções em todos os serviços e organismos da administração central, local e regional autónoma, incluindo os institutos públicos nas modalidades de serviços personalizados do Estado e de fundos públicos, se estiver em situação militar regular.

Artigo 57.º
Deveres gerais dos cidadãos

O cidadão, enquanto sujeito aos deveres militares previstos na presente lei, tem o dever de:

a) Comparecer ao recrutamento militar;

b) Comparecer na hora e local designados para o Dia da Defesa Nacional;

c) Comunicar eventuais alterações da residência ao órgão central de recrutamento;

d) Apresentar-se nos dias, horas e locais que sejam determinados pela autoridade competente para o efeito.

Artigo 58.º
Contra-ordenações e penas

1 – O não cumprimento dos deveres de recenseamento e de comparência no Dia da Defesa Nacional, previstos nos artigos 8.º e 11.º e nas alíneas a) e b) do artigo 57.º desta lei, constitui contra-ordenação punível com coima de montante a fixar no regulamento da presente lei, sem prejuízo da imediata sujeição pelo infractor ao disposto na alínea a) do n.º 5 do artigo 34.º, bem como às restrições para o exercício de funções públicas.

2 – A aplicação e pagamento da coima não dispensa o cidadão da obrigação de cumprimento dos respectivos deveres militares, pela fixação de novo prazo para cumprimento.

3 – O cidadão que faltar ao cumprimento dos deveres de prestação de serviço efectivo decorrente de convocação, previstos no n.º 1 e na alínea a) do n.º 6 do artigo 34.º, é punido com prisão até 3 meses ou multa até 60 dias.

4 – O cidadão que faltar ao cumprimento dos deveres decorrentes da convocação, previstos na alínea b) do n.º 6 do artigo 34.º, é punido com pena de prisão de 6 meses a 3 anos.

5 – Ao cidadão faltoso, compelido ou refractário, quando em tempo de guerra, a sanção aplicável é agravada em um terço nos seus limites mínimo e máximo.

6 – O cidadão que infringir algum dos deveres previstos no artigo 57.º será punido com coima a fixar no regulamento da presente lei, que será agravada para o dobro em tempo de guerra.

7 – O cidadão que, para efeitos de recrutamento, prestar às entidades competentes falsas declarações é punido com prisão até 3 meses ou multa até 60 dias.

8 – O cidadão que, fraudulentamente, praticar acto com o propósito de omitir ou alterar informação contida em ficheiros de dados pessoais referente a qualquer indivíduo sujeito a deveres militares ou que, com o mesmo desígnio, deixar de praticar acto a que juridicamente esteja obrigado é punido com prisão até 6 meses e multa até 80 dias.

9 – O cidadão que, por meio de fraude ou falsidade, se subtrair ou fizer subtrair outrem aos deveres do serviço militar ou conseguir resultado diferente do devido nas provas de classificação e selecção é punido com prisão até 6 meses e multa até 80 dias.

10 – O cidadão que, ilicitamente, aceitar ou usar influência em vista da prossecução dos resultados previstos no número anterior é punido com prisão até 3 meses e multa até 40 dias.

11 – Se aos crimes previstos nos n.os 8, 9 e 10 corresponder, por outra disposição legal, pena mais grave, é esta a aplicável.

12 – São convocados para regressar ao serviço efectivo militar os cidadãos sujeitos a deveres militares, na disponibilidade, que hajam praticado infracção disciplinar ou crime de natureza estritamente militar durante a prestação de serviço efectivo militar, a fim de cumprirem a pena correspondente, quando esta for aplicada após a sua passagem à situação de reserva de disponibilidade.

13 – O cidadão nas condições previstas no número anterior regressa automaticamente ao serviço efectivo militar, com o trânsito em julgado da decisão judicial condenatória que aplique pena de presídio militar, prisão militar ou prisão disciplinar.

14 – Fora dos casos referidos no número anterior, a convocação prevista no n.º 12 é ordenada pelo dirigente máximo do órgão central de recrutamento a que se refere o artigo 12.º da presente lei.

CAPÍTULO VII
Disposições transitórias e finais

SECÇÃO I
Disposições transitórias

ARTIGO 59.º
Prestação de SEN

1 – A obrigação de prestar o serviço efectivo normal – SEN – é gradualmente eliminada num prazo que não pode exceder quatro anos, contado a partir da data da entrada em vigor da presente lei.

2 – Para os efeitos previstos no número anterior, os quantitativos dos militares em SEN são anualmente fixados por portaria do Ministro da Defesa Nacional, ouvido o Conselho de Chefes de Estado-Maior.

ARTIGO 60.º
Regulamentação do regime transitório

1 – Em sede regulamentar própria é fixado o regime transitório, designadamente quanto às seguintes matérias:

a) Operações materiais de recrutamento de pessoal para prestação de serviço efectivo e exercício das respectivas competências;
b) Reservas de pessoal constituídas.

2 – A transição dos militares em serviço efectivo normal, em regime de voluntariado e em regime de contrato ao abrigo da Lei n.º 30/87, de 7 de Julho, para o regime estabelecido na presente lei será regulada no diploma a que se refere o n.º 2 do artigo seguinte.

SECÇÃO II
Disposições finais

ARTIGO 61.º
Regulamentação e entrada em vigor

1 – A presente lei entra em vigor na data em que se inicia a vigência do respectivo diploma regulamentar.

2 – O regulamento da presente lei é aprovado por decreto-lei, a ser publicado no prazo máximo de 90 dias.

ARTIGO 62.º
Legislação revogada

Sem prejuízo do estabelecido no artigo 59.º, ficam revogadas, na data da entrada em vigor da presente lei, as Leis n.os 30/87, de 7 de Julho, 89/88, de 5 de Agosto, 22/91, de 19 de Junho, e 36/95, de 18 de Agosto, os Decretos-Leis n.os 463/88, de 15 de Dezembro, e 143/92, de 20 de Julho, e toda a legislação em contrário.

Aprovada em 1 de Julho de 1999.

O Presidente da Assembleia da República, *António de Almeida Santos.*

Promulgada em 2 de Setembro de 1999.

Publique-se.

O Presidente da República, JORGE SAMPAIO.

Referendada em 9 de Setembro de 1999.

O Primeiro-Ministro, *António Manuel de Oliveira Guterres.*

DECRETO-LEI N.º 289/2000, DE 14 DE NOVEMBRO

REGULAMENTO DA LEI DO SERVIÇO MILITAR

A Lei do Serviço Militar (LSM), aprovada pela Lei n.º 174/99, de 21 de Setembro, vem, na sequência da 4.ª revisão constitucional, estabelecer a transição do sistema de conscrição para um novo regime de prestação de serviço militar baseado, em tempo de paz, no voluntariado.

As mudanças fundamentais que ocorreram nas condições políticas e estratégicas provocadas pelos múltiplos riscos, ameaças e incertezas na cena internacional constituem o referencial da defesa nacional e reclamam um sistema que assegure a disponibilidade de recursos humanos qualificados e a capacidade de empenhamento efectivo do potencial militar não só na defesa militar da República mas também em missões de prevenção de conflitos ou de gestão e resolução de crises, em obediência aos princípios de solidariedade e aos objectivos da política externa portuguesa no âmbito multilateral.

O modelo de conscrição não se revela o mais adequado neste contexto internacional e tem vindo a ser posto em causa na generalidade dos Estados membros da União Europeia, abrindo caminho à evolução para formas profissionalizadas do serviço militar, pelo recurso em tempo de paz a pessoal que se voluntarie para a prestação de serviço por um período limitado de tempo.

Assim, a LSM consagra as formas de serviço efectivo nos quadros permanentes, nos regimes de voluntariado e de contrato. Mas conserva a convocação e mobilização, prevendo, para os casos em que «a satisfação das necessidades fundamentais das Forças Armadas seja afectada ou prejudicada a prossecução dos objectivos permanentes da política de defesa nacional».

O novo quadro legal caracteriza-se pela manutenção da convocação e da mobilização; por um relevo predominante dado aos regimes de voluntariado e de contrato, vocacionados para eliminar o serviço efectivo normal

(SEN); por uma estratégia de recrutamento contínuo de voluntários, assente num modelo centralizado ao nível do planeamento, direcção e coordenação; por um atractivo regime de incentivos ao voluntariado, flexível, diversificado e graduado em função do tempo de serviço prestado; enfim, pela consagração de um período máximo de quatro anos de transição para o novo sistema.

O Regulamento da Lei do Serviço Militar (RLSM) reflecte, pois, a filosofia subjacente à LSM. Adapta os recrutamentos normal e excepcional; articula o comando centralizado com a descentralização nos ramos das Forças Armadas da execução do recrutamento normal dos voluntários; concretiza um atractivo regime de incentivos ao voluntariado, flexível, diversificado e graduado em função do tempo de serviço prestado.

A LSM determina que um órgão central integrado na estrutura do Ministério da Defesa Nacional planeie, dirija e coordene o processo de recrutamento. O presente diploma legal inicia um processo de institucionalização desse órgão, que será a Direcção-Geral de Pessoal e Recrutamento Militar (DGPRM).

Homens e mulheres têm os mesmos direitos e deveres militares. No recrutamento militar, ao qual pertencem os voluntários, o exercício destes direitos e deveres é idêntico; no recrutamento excepcional é fixado em diploma próprio, em função das necessidades da defesa da República.

Ao mesmo tempo, o Regulamento desenvolve a capacidade de os ramos estudarem os efectivos de voluntários que pretendem recrutar e de desenvolverem os meios para efectivarem esse planeamento próprio, depois de aprovado superiormente.

A especificidade e o carácter inovador do sistema de incentivos recomendam que ele seja regulado em diploma legal próprio, o Regulamento de Incentivos à Prestação de Serviço Militar nos Regimes de Contrato (RC) e Voluntariado (RV).

Foram ouvidas a Associação Nacional de Municípios Portugueses e a Associação Nacional de Freguesias.

Assim:

No desenvolvimento do regime jurídico estabelecido pela Lei n.º 174/99, de 21 de Setembro, e nos termos da alínea c) do n.º 1 do artigo 198.º da Constituição, o Governo decreta o seguinte:

Artigo 1.º

É aprovado o Regulamento da Lei do Serviço Militar, publicado em anexo, o qual faz parte integrante do presente diploma.

ARTIGO 2.º

1 – O órgão central de recrutamento a que se refere o n.º 1 do artigo 12.º da Lei n.º 174/99, de 21 de Setembro, é a Direcção-Geral de Pessoal e Recrutamento Militar (DGPRM).

2 – Os ramos apresentam semestralmente à DGPRM os respectivos programas de acção, os quais só são executados depois de despacho do MDN.

3 – Os programas de acção posteriores ao primeiro são acompanhados do relatório de execução do último semestre anterior para o qual haja informação estatística.

4 – São delegadas nos ramos as competências relativas aos procedimentos de amparos.

5 – A execução do recenseamento militar e de recrutamento excepcional cabe ao Exército, através de órgãos próprios, designados, quando contactam com os cidadãos, por centros de recrutamento e mobilização (CRM).

6 – O Exército conserva os suportes informáticos necessários ao exercício das competências que nele são delegadas.

ARTIGO 3.º

1 – Durante o período transitório a que se refere o n.º 1 do artigo 59.º da Lei do Serviço Militar (LSM) mantêm-se em funcionamento as estruturas de recrutamento e de classificação e selecção actualmente existentes para efeitos da prestação de serviço efectivo normal (SEN).

2 – No final do período transitório, a organização e competências das estruturas a que se refere o número anterior são definidas em diploma próprio.

ARTIGO 4.º

1 – Os militares que, à data da entrada em vigor do presente diploma, prestem serviço nos regimes de voluntariado (RV) e de contrato (RC) ou serviço efectivo normal (SEN) com destino àquelas formas de prestação de serviço transitam para o novo regime de contrato ao abrigo da LSM, salvo declaração escrita em contrário, mantendo a possibilidade de prestar serviço militar pelo período resultante do somatório das durações máximas previstas nos n.ºs 2 e 3 do artigo 27.º da Lei n.º 30/87, de 7 de Julho, alterada pelas

Leis n.os 89/88, de 5 de Agosto, 22/91, de 19 de Julho, e 36/95, de 18 de Agosto, sem prejuízo do disposto no n.º 3 do artigo 28.º da LSM.

2 – Os militares referidos no número anterior que optem pelo novo regime conservam a sua antiguidade.

3 – A declaração a que se refere o n.º 1 deve ser apresentada no prazo máximo de dois meses a contar da data da entrada em vigor do presente diploma.

ARTIGO 5.º

São revogados o Decreto-Lei n.º 463/88, de 15 de Dezembro, e o Decreto-Lei n.º 143/92, de 20 de Julho, bem como toda a legislação que contrarie o disposto no presente diploma.

Visto e aprovado em Conselho de Ministros de 27 de Julho de 2000. – António Manuel de Oliveira Guterres – Jaime José Matos da Gama – Jorge Paulo Sacadura Almeida Coelho – Jorge Paulo Sacadura Almeida Coelho – Júlio de Lemos de Castro Caldas – Fernando Manuel dos Santos Gomes – Fernando Manuel dos Santos Gomes – António do Pranto Nogueira Leite – Eduardo Luís Barreto Ferro Rodrigues – António Luís Santos Costa – Ana Benavente – Maria Manuela de Brito Arcanjo Marques da Costa – Alexandre António Cantigas Rosa – Maria de Belém Roseira Martins Coelho Henriques de Pina – Armando António Martins Vara.

Promulgado em 26 de Outubro de 2000.

Publique-se.

O Presidente da República, JORGE SAMPAIO.

Referendado em 2 de Novembro de 2000.

O Primeiro-Ministro, *António Manuel de Oliveira Guterres*.

REGULAMENTO DA LEI DO SERVIÇO MILITAR

CAPÍTULO I
Disposições gerais

ARTIGO 1.º
Objecto

1 – O presente Regulamento estabelece as normas de aplicação da Lei do Serviço Militar (LSM), definindo as regras e procedimentos a adoptar em sede de recrutamento para prestação de serviço militar efectivo.

2 – Os cidadãos de ambos os sexos têm os mesmos deveres militares e exercem-nos nos termos do presente Regulamento.

ARTIGO 2.º
Entidades intervenientes no recrutamento militar

1 – No recrutamento militar intervêm:

a) A Direcção-Geral de Pessoal e Recrutamento Militar (DGPRM), a quem incumbe o planeamento, direcção e coordenação do processo de recrutamento militar;

b) Os ramos das Forças Armadas, através dos respectivos órgãos de recrutamento e demais órgãos e serviços competentes, a quem incumbe colaborar no planeamento e executar, no seu âmbito, o recrutamento militar.

2 – São ainda chamadas a participar no processo de recrutamento militar as entidades públicas cuja intervenção se mostre necessária:

a) Conservatórias do registo civil;

b) Conservatória dos Registos Centrais;

c) Autarquias locais;

d) Postos consulares;

e) Serviços de identificação civil;

f) Gabinete do Serviço Cívico dos Objectores de Consciência;

g) Administrações regionais de saúde;

h) Estabelecimentos prisionais;

i) Estabelecimentos de ensino;

j) Instituto do Emprego e Formação Profissional;
l) Instituto Português da Juventude.

ARTIGO 3.º
Competências da DGPRM

À DGPRM compete:

a) Planear a política de recrutamento de efectivos militares necessários às Forças Armadas;
b) Estudar e emitir parecer sobre a proposta de quantitativos de pessoal militar a incorporar nas Forças Armadas;
c) Dirigir e coordenar o processo de recenseamento militar;
d) Dirigir e coordenar o processo de recrutamento normal e de recrutamento excepcional, com vista à satisfação das necessidades das Forças Armadas, assegurando a adequada avaliação e tratamento dos dados pessoais que para tal efeito relevem;
e) Assegurar o controlo da situação dos cidadãos da reserva de recrutamento;
f) Afectar os cidadãos da reserva de recrutamento aos ramos das Forças Armadas, em caso de convocação para prestação do serviço militar;
g) Accionar os procedimentos com vista ao recrutamento excepcional;
h) Elaborar as directivas relativas ao processo de recrutamento militar;
i) Assegurar a ligação com outros organismos ou entidades públicas, civis ou militares, e privadas, cuja intervenção releve no processo de recrutamento;
j) Planear, conceber e executar, em colaboração com os ramos das Forças Armadas, a política de promoção e divulgação do voluntariado militar;
l) Instruir e decidir sobre os processos de dispensa de comparência ao Dia da Defesa Nacional;
m) Instruir e decidir sobre os processos de amparo.

ARTIGO 4.º
Competências dos ramos das Forças Armadas

Compete aos ramos a execução do processo de recrutamento normal e excepcional dos efectivos que lhes sejam atribuídos e, designadamente:

a) Recolher as candidaturas de cidadãos e instruir os respectivos processos, tendo em vista a prestação de serviço militar nos regimes de contrato (RC) e de voluntariado (RV);
b) Determinar a aptidão psicofísica dos cidadãos para a prestação do serviço militar visando o respectivo alistamento ou distribuição;
c) Notificar os cidadãos alistados ou distribuídos da data de incorporação, bem como da data de apresentação para efeitos do n.º 6 do artigo 34.º da LSM;
d) Preparar e encaminhar para os tribunais o expediente relacionado com situações de incumprimento de deveres militares susceptíveis de tutela penal;
e) Proceder à autuação, processamento e aplicação das contra-ordenações;
f) Assegurar o controlo da reserva de disponibilidade;
g) Estudar e elaborar propostas sobre as necessidades de efectivos militares em RV, em RC e por convocação;
h) Definir os perfis técnico-militares e psicofísicos que relevem para efeitos de classificação e selecção;
i) Comunicar à DGPRM os resultados do alistamento e da distribuição;
j) Instruir e decidir sobre os processos de adiamento e dispensa do cumprimento de deveres militares.

Artigo 5.º
Intervenção de entidades públicas

1 – Às entidades referidas no n.º 2 do artigo 2.º incumbe, em geral, o fornecimento de informações referentes aos cidadãos colocados nas reservas de recrutamento e de disponibilidade, proceder à divulgação de quaisquer actos ou matérias no âmbito do recrutamento militar, bem como apoiar a realização de outras acções para as quais seja solicitada colaboração.

2 – As entidades públicas referidas nos números anteriores, em articulação com o órgão competente do Exército e observando o disposto na lei quanto à protecção de dados pessoais, procedem gradualmente à instalação de um sistema informático comum aos três ramos e às referidas entidades, que permita a transcrição dos dados constantes dos boletins individuais de recenseamento militar (BIRM) e das declarações individuais de recenseamento militar (DIRM).

Artigo 6.º
Conservatórias do registo civil

Às conservatórias do registo civil incumbe:

a) O preenchimento e remessa ao órgão competente do Exército, até 30 de Junho de cada ano, de um BIRM por cada cidadão que, em cada ano civil, complete 17 anos de idade, devendo esses boletins ser agrupados por freguesias de nascimento e ordenados alfabeticamente pelos respectivos nomes;
b) A comunicação dos óbitos dos cidadãos sujeitos às obrigações militares.

Artigo 7.º
Conservatória dos Registos Centrais

À Conservatória dos Registos Centrais incumbe o preenchimento e remessa ao órgão competente do Exército, até 30 de Junho de cada ano, dos BIRM referentes aos cidadãos nascidos no estrangeiro que, em cada ano, completem 17 anos de idade e dos que, tendo idade superior, estejam sujeitos a deveres militares e ainda não tenham sido incluídos em recenseamentos anteriores.

Artigo 8.º
Municípios

Aos municípios incumbe:

a) Receber, durante o mês de Janeiro, a apresentação ao recenseamento militar dos cidadãos residentes no concelho que, em cada ano civil, completem 18 anos de idade, a efectuar pelos próprios ou por seu representante legal;
b) Assegurar o correcto preenchimento da DIR, de acordo com os dados fornecidos pelos cidadãos;
c) Entregar aos cidadãos apresentados a informação escrita a que se refere o artigo 10.º da LSM e a cédula militar, devidamente autenticada;
d) Receber, nos 15 dias seguintes à data do recenseamento, a justificação das faltas dos cidadãos faltosos;
e) Remeter os originais das DIRM ao órgão competente do Exército, até 1 de Março de cada ano, preenchidas e entregues pelos cidadãos

apresentados, agrupados por freguesias de naturalidade e por ordem alfabética dos respectivos nomes;

f) Distribuir pelas freguesias do concelho, para afixação, os avisos e editais para comparência dos cidadãos ao recenseamento militar, recrutamento excepcional.

ARTIGO 9.º
Postos consulares

Aos postos consulares incumbe:

a) Receber, durante o mês de Janeiro, a apresentação ao recenseamento dos cidadãos residentes na sua área consular que em cada ano civil completem 18 anos, a efectuar pelos próprios ou pelos seus representantes legais;
b) Proceder ao preenchimento das DIRM de acordo com os dados fornecidos pelos cidadãos;
c) Entregar aos cidadãos apresentados a informação escrita a que se refere o artigo 10.º da LSM e a cédula militar, devidamente autenticada;
d) Receber, nos 15 dias seguintes à data do recenseamento, a justificação das faltas dos cidadãos faltosos;
e) Enviar as DIRM ao órgão competente do Exército até 1 de Março;
f) Proceder à afixação de editais, avisos e outros documentos referentes ao recenseamento militar, recrutamento excepcional e ao Dia da Defesa Nacional.

ARTIGO 10.º
Serviços de identificação civil

Aos serviços de identificação civil incumbe o fornecimento de informações relativamente aos cidadãos colocados na reserva de recrutamento, a pedido do Exército, e na reserva de disponibilidade, a pedido dos ramos.

ARTIGO 11.º
Serviços de saúde

Aos serviços de saúde incumbe:

a) Assegurar o correcto preenchimento das DIRM dos cidadãos internados que, em cada ano civil, completem 18 anos de idade e que o não possam fazer pessoalmente nas câmaras municipais;

b) Enviar as DIRM ao órgão competente do Exército até 1 de Março.

ARTIGO 12.º
Estabelecimentos prisionais

Aos estabelecimentos prisionais incumbe:

a) Assegurar o correcto preenchimento das DIRM dos cidadãos internados que, em cada ano civil, completem 18 anos de idade e que o não possam fazer pessoalmente nas câmaras municipais;
b) Enviar as DIRM ao órgão competente do Exército até 1 de Março;
c) Comunicar ao órgão competente do Exército o cumprimento das penas aplicadas pela prática de ilícitos criminais previsto na LSM.

ARTIGO 13.º
Estabelecimentos de ensino

Os estabelecimentos de ensino, públicos e privados, poderão celebrar protocolos com o Exército, enquanto agente do recenseamento militar, e com os três ramos, enquanto executantes do recrutamento normal, com o fim de sensibilizar os jovens para a temática da defesa nacional e de divulgar o papel das Forças Armadas.

ARTIGO 14.º
Instituto Português da Juventude

Às delegações regionais do Instituto Português da Juventude incumbe o esclarecimento e divulgação de informação em matéria de prestação de serviço militar, nos termos e condições que, casuisticamente, vierem a ser definidos por protocolo com a DGPRM.

ARTIGO 15.º
Cooperação com o Instituto do Emprego e Formação Profissional

1 – A cooperação com o Instituto do Emprego e Formação Profissional na execução da política de incentivos ao voluntariado militar pode ser reforçada por parcerias regionais ou locais, onde, sem prejuízo do disposto no presente decreto-lei e no regulamento de incentivos, são casuisticamente acordadas as intervenções de cada entidade, entre outras, nas seguintes matérias:

a) Organização e divulgação de acções de formação;
b) Definição do número de vagas e selecção dos formandos;
c) Acções de divulgação de programas de apoio à inserção profissional.

2 – Os centros de atendimento dos centros de emprego e formação profissional dependentes do Instituto do Emprego e Formação Profissional podem ainda participar, nos termos e condições a definir com a DGPRM, no esclarecimento e divulgação de informação em matéria de prestação de serviço militar e, em particular, do regime de atribuição de incentivos ao voluntariado militar, no que respeita à formação e certificação profissional e do apoio à inserção e reinserção no mercado de trabalho.

CAPÍTULO II
Recrutamento militar

SECÇÃO I
Recenseamento militar e Dia da Defesa Nacional

ARTIGO 16.º
Bases do recenseamento

1 – O recenseamento militar baseia-se nos assentos de nascimento, a partir dos quais são preenchidos os BIRM.

2 – Os dados pessoais dos cidadãos são actualizados e complementados:

a) Pelas DIRM;
b) Pelas demais informações prestadas pelos cidadãos.

3 – Os dados pessoais dos cidadãos recenseados constam de uma base de dados gerida pelo órgão competente do Exército.

4 – A cada um dos cidadãos que integram a base de dados a que se refere o número anterior o órgão competente do Exército atribui, aleatória e automaticamente, um número de identificação militar (NIM) que, para efeitos militares, o identifica.

5 – O NIM é constituído por oito dígitos numéricos, sendo os primeiros seis a contar da esquerda atribuídos aleatoriamente e os dois últimos correspondentes ao ano em que o cidadão complete 20 anos de idade.

6 – Os modelos de BIRM e DIRM são aprovados por portaria do Ministro da Defesa Nacional (MDN).

Artigo 17.º

Divulgação pública do recenseamento militar

O dever de inscrição no recenseamento militar deve ser publicitado através de:

a) Editais a afixar durante o último trimestre de cada ano civil nas câmaras municipais, juntas de freguesia, estabelecimentos de ensino secundário e superior, órgãos de recrutamento e postos consulares;

b) Avisos a publicar em órgãos de comunicação social de âmbito nacional e regional, nos meses de Dezembro e Janeiro.

Artigo 18.º

Apresentação ao recenseamento militar

1 – O recenseamento militar tem lugar na câmara municipal ou no posto consular da área de residência do cidadão, podendo ser efectuado por seu representante legal.

2 – No acto de apresentação ao recenseamento militar o cidadão deve ser portador do bilhete de identidade ou de documento legal que o substitua e, na falta deste, de duas testemunhas idóneas que abonem a sua identidade.

3 – Quando a apresentação ao recenseamento militar seja efectuada por representante legal, este deve ser portador da sua identificação e de procuração legal com poderes bastantes para o efeito.

4 – O cidadão que não se apresente ao recenseamento militar no prazo previsto no n.º 2 do artigo 8.º da LSM deve regularizar a sua situação militar junto da entidade onde deveria ter-se apresentado no prazo de 15 dias após a data limite de recenseamento.

Artigo 19.º

Cédula militar

1 – A cédula militar é o documento onde são averbados todos os elementos relativos às obrigações militares do cidadão.

2 – A cédula militar é entregue ao cidadão no acto do recenseamento militar, sendo recolhida na unidade de incorporação e posteriormente devolvida ao respectivo titular finda a prestação do serviço militar ou concretizado o ingresso nos quadros permanentes (QP).

3 – O modelo de cédula militar é aprovado por portaria do MDN.

ARTIGO 20.º

Dia da Defesa Nacional

1 – O Dia da Defesa Nacional ocorre nas unidades militares dos três ramos das Forças Armadas, na rede escolar de ensino e noutros equipamentos públicos com condições para o efeito, em data e demais condições a fixar por despacho conjunto dos Ministros da Defesa Nacional e das correspondentes tutelas.

2 – A convocação para comparência ao Dia da Defesa Nacional é efectuada por edital, a afixar, durante o mês de Maio, nas câmaras municipais, juntas de freguesia, estabelecimentos de ensino, órgãos de recrutamento dos ramos e postos consulares, nele devendo constar os cidadãos abrangidos, os locais e dia e hora em que estes devem efectuar a sua apresentação.

3 – Os locais e a data de realização do Dia da Defesa Nacional devem ser objecto de divulgação tempestiva através dos órgãos de comunicação social de expressão nacional e regional, daqueles que prestam serviço público e de outros processos de divulgação adequados.

4 – Os cidadãos convocados para comparecer ao Dia da Defesa Nacional devem ser portadores do bilhete de identidade e da cédula militar, sendo facultativa a participação de outros cidadãos.

5 – A certificação da presença do cidadão ao Dia da Defesa Nacional é averbada na cédula militar através da aposição de um carimbo de modelo único a aprovar por despacho do MDN.

ARTIGO 21.º

Planeamento e execução

1 – O planeamento e a concepção do Dia da Defesa Nacional competem a uma comissão composta por representantes da DGPRM, dos três ramos das Forças Armadas, do Ministério da Educação e da Secretaria de Estado da Juventude.

2 – Compete à comissão:

a) Definir os programas das acções de formação aos quais se refere o n.º 2 do artigo 11.º da LSM e as actividades a desenvolver no Dia da Defesa Nacional;

b) Elaborar a proposta de orçamento anual específico para o Dia da Defesa Nacional.

3 – A execução do orçamento anual compete à DGPRM.

4 – Compete a DGPRM, em colaboração com os ramos das Forças Armadas, a concepção e preparação dos suportes de informação escrita aos quais se refere o n.º 2 do artigo 11.º da LSM.

5 – A participação dos estabelecimentos de ensino no Dia da Defesa Nacional resultará de protocolos estabelecidos entre eles e os ramos das Forças Armadas.

SECÇÃO II
Recrutamento normal e excepcional

SUBSECÇÃO I
Disposições comuns

ARTIGO 22.º
Âmbito de aplicação

As regras constantes da presente subsecção regulam as matérias comuns ao recrutamento normal e excepcional.

ARTIGO 23.º
Cartão de identificação militar

1 – O cartão de identificação militar destina-se a identificar o militar que preste serviço efectivo decorrente do recrutamento normal ou excepcional, não substituindo o bilhete de identidade ou qualquer outra forma de identificação estabelecida na lei.

2 – O cartão de identificação militar é entregue ao seu titular na unidade de incorporação, sendo recolhido pela unidade de colocação, finda a prestação do serviço militar.

3 – O modelo de cartão de identificação militar é aprovado por portaria do MDN.

ARTIGO 24.º
Classificação e selecção

1 – Por classificação e selecção entende-se o conjunto de operações de recrutamento que tem por finalidade determinar o grau da aptidão psicofísica dos cidadãos para efeitos de prestação de serviço militar, considerada a forma de prestação de serviço, categoria e especialidade ou classe a que o cidadão se destina.

2 – A determinação do grau de aptidão a que se refere o número anterior baseia-se na aplicação:

a) Da tabela de inaptidão e incapacidade, aprovada por portaria do MDN, ouvido o Conselho de Chefes de Estado-Maior (CCEM);
b) Das tabelas de perfis psicofísicos e do conjunto das normas de avaliação da destreza física e capacidade psicotécnica, aprovadas pelo chefe do estado-maior do respectivo ramo.

ARTIGO 25.º
Provas de classificação e selecção

1 – As provas de classificação e selecção abrangem:

a) Provas de aptidão, que se destinam à avaliação da aptidão psicofísica para efeitos da prestação de serviço militar nas diversas especialidades ou classes;
b) Exames complementares de diagnóstico, que são todos os que se revelem necessários à avaliação ou reavaliação da capacidade psicofísica dos cidadãos.

2 – Em resultado das provas de classificação e selecção os órgãos de recrutamento dos ramos das Forças Armadas atribuem ao cidadão uma das seguintes classificações:

a) Apto, quando satisfaça o perfil psicofísico necessário para a prestação de serviço militar efectivo;
b) Inapto, quando não satisfaça o perfil psicofísico necessário para a prestação de serviço militar efectivo;
c) A aguardar classificação, quando não preencha de imediato o perfil psicofísico exigido, mas revele possibilidade de evolução susceptível de o poder atingir nos três meses seguintes à prestação de provas.

3 – Nos casos previstos nas alíneas b) e c) do número anterior é entregue ao cidadão uma declaração da qual consta a fundamentação dos resultados obtidos, com referência aos números nosográficos constantes da tabela de perfis psicofísicos e de inaptidão e incapacidade.

4 – As provas referidas no presente artigo realizam-se nos órgãos de recrutamento ou ainda, quando tal se mostrar necessário, nos demais órgãos ou serviços das Forças Armadas.

5 – Os cidadãos classificados de Apto são ordenados, para efeitos de incorporação, de acordo com os critérios fixados por despacho do chefe do estado-maior do respectivo ramo.

ARTIGO 26.º
Recurso

1 – Da classificação a que se refere o n.º 2 do artigo anterior cabe recurso hierárquico para o dirigente máximo da DGPRM, a interpor no prazo de 5 dias a contar da data da comunicação da decisão, o qual decide no prazo de 30 dias com base em novo exame do recorrente.

2 – O recurso referido no número anterior deve ser entregue no órgão de recrutamento onde foram realizadas as provas ou junto de qualquer órgão da estrutura da DGPRM.

3 – O exame referido no n.º 1 consiste na repetição das provas que forem solicitadas pelo examinado, que é reavaliado por uma junta de revisão, com a seguinte composição:

a) Representante da DGPRM;
b) Representante do ramo pelo qual foi manifestada a preferência;
c) Representante do recorrente, caso o requeira.

4 – Do resultado do exame referido no número anterior é elaborado termo de reavaliação fundamentado, nele constando, obrigatoriamente, o parecer que seja contrário à decisão da maioria.

ARTIGO 27.º
Repetição de provas

O cidadão que aguarde classificação nos termos previstos na alínea c) do n.º 3 do artigo 25.º volta a prestar provas dentro dos 10 dias subsequentes ao decurso do prazo ali previsto, sendo então classificado de Apto ou Inapto.

Artigo 28.º
Prazo de validade das provas

Os resultados das provas de classificação e selecção dos cidadãos classificados de Apto são, em regra, válidas por um período de um ano contado a partir da data do averbamento na cédula militar do resultado final, podendo os ramos das Forças Armadas fixar prazo de validade diferente.

Artigo 29.º
Falta de comparência às provas

1 – Consideram-se justificadas as faltas de comparência às provas nos casos de:

a) Doença ou acidente que impossibilite a prestação de provas;
b) Doença ou acidente de familiar, quando a assistência do cidadão seja indispensável;
c) Falecimento do cônjuge, ascendente, descendente ou irmão, dentro dos cinco dias imediatamente anteriores;
d) Casamento num dos 11 dias úteis imediatamente anteriores;
e) Nascimento de filho de cidadã militar, nas situações referidas no artigo 10.º da Lei sobre a Protecção da Maternidade e Paternidade (LPMP), republicada pelo Decreto-Lei n.º 70/2000, de 4 de Maio;
f) Nascimento de filho de cidadão militar, nas situações referidas no artigo 11.º da LPMP;
g) Adopção de criança pelo cidadão militar, nos termos do artigo 13.º da LPMP;
h) Internamento, prisão ou detenção;
i) Realização de exame em estabelecimento de ensino oficialmente reconhecido, no próprio dia ou nos dois dias imediatamente seguintes;
j) Existência de outros motivos que configurem situação de justo impedimento do cidadão.

2 – A justificação das faltas a que se refere o número anterior deve ser requerida pelo cidadão ao director do órgão de recrutamento respectivo no prazo de 5 dias contados da data prevista para a realização das provas, devendo, para o efeito, juntar prova documental da motivação invocada, cabendo decisão final no prazo de 10 dias.

3 – Da notificação da decisão final a que se refere o número anterior deve obrigatoriamente constar nova data para prestação de provas.

ARTIGO 30.º
Compromisso de honra

Efectuadas as provas de classificação e selecção, os cidadãos classificados de Apto são proclamados recrutas e prestam o compromisso de honra perante o responsável pelo órgão de recrutamento, de acordo com a fórmula seguinte: «Comprometo-me como português a cumprir fielmente os deveres militares, nos termos da Constituição e da lei.»

ARTIGO 31.º
Notificações

A notificação ao cidadão dos actos relativos ao recrutamento é feita através de comunicação pessoal, podendo ser efectuada por via postal mediante carta registada ou, quando tal se mostrar impossível, através de notificação por contacto pessoal, a promover pelas autoridades militares sediadas na área de residência do cidadão.

SUBSECÇÃO II
Recrutamento normal

ARTIGO 32.º
Finalidade e condições de admissão

1 – O recrutamento normal tem por finalidade a admissão de cidadãos para prestação voluntária de serviço militar efectivo em RC e RV.

2 – Constituem condições gerais de admissão:

a) Ter nacionalidade portuguesa;
b) Possuir, no mínimo, 18 anos de idade;
c) Possuir aptidão psicofísica adequada;
d) Não estar inibido ou interditado do exercício de funções públicas;
e) Não ter sido condenado criminalmente em pena de prisão efectiva;
f) Possuir situação militar regularizada;
g) Possuir habilitações literárias adequadas.

3 – As condições especiais de admissão são estabelecidas por portaria do MDN, sob proposta dos chefes de estado-maior de cada ramo.

ARTIGO 33.º
Candidatura

1 – A candidatura à prestação de serviço militar em RC ou RV pode ser entregue nos centros de recrutamento dos ramos, unidades, estabelecimentos e órgãos militares e noutros centros de atendimento, designadamente nos centros de emprego e formação profissional e nas delegações regionais do Instituto Português da Juventude.

2 – No acto de candidatura o cidadão declara a sua vontade de prestar serviço militar efectivo em RC ou RV, devendo ser informado das normas estatutárias aplicáveis a cada uma das formas de prestação de serviço e demais condições a que estas se encontram sujeitas.

3 – No acto referido no número anterior o cidadão deve indicar:

a) Os dados pessoais, incluindo a filiação, habilitações literárias, aptidão profissional e residência, telefone, fax e endereço electrónico, se o tiverem;
b) O ramo onde pretende servir;
c) A preferência por área funcional de serviço;
d) A preferência pela área geográfica onde pretende prestar serviço militar.

4 – A declaração a que se refere o n.º 2 consiste no preenchimento e entrega de um formulário de modelo oficial, a aprovar por portaria do MDN, ouvido o CCEM.

5 – Formalizada a candidatura, o cidadão é informado pelo órgão de recrutamento do ramo do local, data e hora de realização das provas de classificação e selecção, do meio de transporte facultado para a deslocação, bem como da documentação pessoal de que para o efeito se deve munir, a qual compreende cédula militar, bilhete de identidade, certificado de habilitações literárias ou profissionais, certificado do registo criminal ou qualquer outra susceptível de contribuir para um adequado alistamento.

ARTIGO 34.º
Caducidade da candidatura

1 – A candidatura dos cidadãos caduca se, no prazo de um ano a contar da data da sua formalização, não ocorrer a respectiva incorporação.

2 – A falta injustificada de comparência a alguma das provas de classificação e selecção implica a caducidade da declaração de candidatura.

3 – No caso previsto no número anterior, o cidadão só pode formular nova candidatura decorrido o prazo de 90 dias.

ARTIGO 35.º

Alistamento

1 – O alistamento é efectuado pelos ramos das Forças Armadas e consiste na atribuição nominal do candidato a uma categoria, classe, arma, serviço ou especialidade, no âmbito da área funcional para a qual foi seleccionado.

2 – Quando houver divergência entre a área funcional para a qual o cidadão foi seleccionado e a preferência manifestada no acto de candidatura, é-lhe tal facto comunicado, com a menção das alternativas pelas quais pode optar para prestação de serviço militar efectivo.

SUBSECÇÃO III

Recrutamento excepcional

ARTIGO 36.º

Finalidade e âmbito

1 – O recrutamento excepcional visa a prestação de serviço militar efectivo nas modalidades de convocação ou mobilização pelos cidadãos que se encontrem nas situações de reserva de recrutamento e de reserva de disponibilidade.

2 – A convocação a que se refere o n.º 1 do artigo 34.º da LSM assumirá a forma de decreto-lei, o qual fixará os efectivos e a duração do serviço militar e discriminará os objectivos da prestação.

ARTIGO 37.º

Definição de contingentes da reserva de recrutamento

1 – A definição de contingentes da reserva de recrutamento a classificar para efeitos da convocação prevista no n.º 1 do artigo 34.º da LSM obedece aos seguintes factores de preferência, por ordem de prioridade:

a) Os cidadãos que hajam injustificadamente faltado ao cumprimento de deveres militares;
b) Os cidadãos a partir do ano em que completem 19 anos, por ordem sucessiva de faixas etárias;
c) Os cidadãos referidos na alínea anterior, não casados nem vivendo em união de facto.

2 – A definição dos contingentes a que se refere o número anterior é feita aleatoriamente, podendo, atentas as necessidades da convocação, ser estabelecidos critérios de selecção baseados nas habilitações literárias comunicadas até à data da convocação e nas condições físicas dos cidadãos.

3 – Para efeitos da alínea b) do n.º 1 do presente artigo, consideram-se faixas etárias os períodos de um ano.

ARTIGO 38.º

Notificação para prestação de provas

1 – O cidadão é notificado pelo órgão de recrutamento do Exército, através de carta registada, para prestar provas de classificação e selecção, sendo-lhe comunicados a data e o local onde devem ocorrer, bem como a documentação de que se deve munir para o efeito.

2 – Frustrada a notificação por via postal, o cidadão é notificado mediante contacto pessoal, a efectuar pelas autoridades militares no local de residência ou outro que vier a ser conhecido, podendo solicitar-se a colaboração das forças de segurança.

3 – Caso o cidadão não seja encontrado, é deixada nota, com indicação de hora certa para a notificação na pessoa encontrada que estiver em melhores condições para a transmitir ao notificando, procedendo simultaneamente à afixação do respectivo aviso no local mais indicado, devendo do mesmo obrigatoriamente constar:

a) Motivo da notificação, com menção da data, hora e local para a prestação de provas;
b) Identificação do notificando;
c) Data, hora e local de comparência para notificação;
d) Efeitos da falta de comparência quer para efeitos de notificação quer para efeitos de prestação de provas.

4 – Quando o cidadão não compareça no local, dia e hora designados no aviso a que se refere o número anterior, a notificação considera-se feita nessa data.

ARTIGO 39.º

Apresentação às provas de classificação e selecção

1 – O cidadão apresenta-se no órgão de recrutamento do ramo para que foi convocado para prestação de provas munido dos seguintes documentos:

a) Bilhete de identidade;

b) Cédula militar;
c) Certificado de habilitações literárias e profissionais;
d) Outros documentos susceptíveis de contribuir para uma adequada classificação e selecção.

2 – Quando sejam declarados pelos cidadãos factos que careçam de prova documental, deve esta ser entregue no respectivo órgão de recrutamento, no prazo máximo de 10 dias a contar da data de apresentação para prestação de provas, sob pena de os mesmos não relevarem para os efeitos pretendidos.

ARTIGO 40.º

Falta injustificada às provas

1 – O cidadão que faltar à prestação de alguma das provas de classificação e selecção e não justifique a falta no prazo de 10 dias, ou se recuse a realizar qualquer daquelas provas, é notado compelido à prestação do serviço militar.

2 – Independentemente do despacho que o requerimento de justificação da falta venha a merecer, o cidadão é de imediato notificado para a prestação de novas provas.

ARTIGO 41.º

Distribuição

1 – Os ramos das Forças Armadas afectam o cidadão a uma categoria, classe, arma, serviço ou especialidade, de acordo com a área funcional para a qual foi seleccionado, tendo em vista a sua posterior incorporação, devendo, sempre que possível, ter-se em conta as preferências manifestadas nos termos do n.º 4 do artigo 20.º da LSM.

2 – Os cidadãos na situação de reserva de disponibilidade convocados para a prestação de serviço militar nos termos do artigo 34.º da LSM são distribuídos pelos respectivos ramos, tendo em conta a classe, arma, serviço ou especialidade em que cumpriram serviço militar, podendo ser reclassificados em função das habilitações literárias e profissionais que tenham adquirido na sequência da passagem para a situação de reserva de disponibilidade.

ARTIGO 42.º

Caducidade da convocação

A convocação para efeitos do n.º 1 do artigo 34.º da LSM caduca caso os recrutas não sejam incorporados no prazo de 60 dias a contar da data da conclusão das provas de classificação e selecção.

CAPÍTULO III
Prestação de serviço efectivo

SECÇÃO I
Disposições comuns

ARTIGO 43.º
Incorporação

1 – A incorporação consiste na apresentação do cidadão na data fixada nas unidades e estabelecimentos militares do ramo das Forças Armadas em que foi alistado ou distribuído para prestar serviço militar efectivo.

2 – No acto de apresentação, o cidadão deve identificar-se com o bilhete de identidade e apresentar a cédula militar e respectiva notificação.

ARTIGO 44.º
Juramento de bandeira

1 – O juramento de bandeira é prestado por todos os militares no final da instrução básica e antes do início da instrução complementar, em cerimónia pública, perante a Bandeira Nacional, segundo fórmula constante no Estatuto dos Militares das Forças Armadas.

2 – O militar que, por motivo de doença, de alguma das situações previstas na LPMP ou outro impedimento, não possa prestar o juramento de bandeira em cerimónia pública deve fazê-lo no gabinete do comandante ou director da unidade onde recebeu instrução básica na presença, pelo menos, de duas testemunhas.

SECÇÃO II
Regime de contrato

ARTIGO 45.º
Regime de contrato

1 – Para todos os efeitos legais, o regime de contrato (RC) é equivalente ao contrato administrativo de provimento e o militar contratado equiparado a agente administrativo.

2 – Aos militares em RC aplicar-se-á o Estatuto dos Militares das Forças Armadas, com as necessárias adaptações.

3 – O serviço efectivo em RC compreende a prestação de serviço militar voluntário por um período mínimo de dois e máximo de seis anos, com vista à satisfação das necessidades das Forças Armadas ou ao eventual ingresso nos QP, sem prejuízo do disposto no n.º 3 do artigo 28.º da LSM.

4 – A duração de cada contrato individual e as respectivas renovações são fixadas por despacho do chefe do estado-maior do respectivo ramo.

ARTIGO 46.º

Celebração do contrato

1 – O contrato é celebrado na data do alistamento com efeitos a partir da data da incorporação.

2 – No acto de celebração do contrato deve ser entregue ao alistado informação escrita da qual constem os seus direitos e deveres, os objectivos nacionais das Forças Armadas, a organização do respectivo ramo e ainda um exemplar do Regulamento de Disciplina Militar.

3 – O modelo de contrato é aprovado por portaria do MDN, ouvido o CCEM.

ARTIGO 47.º

Falta de aproveitamento na instrução militar

1 – Os militares que não obtenham aproveitamento durante o período de instrução básica passam obrigatoriamente à situação de reserva de recrutamento, excepto se a falta de aproveitamento resultar de acidente ou doença, situação em que são submetidos a novo período de preparação.

2 – Os militares que por motivo de doença ou acidente não obtenham aproveitamento durante o período de instrução complementar são submetidos a novo período de instrução logo que cesse a causa que deu origem à situação.

3 – Os militares que não obtenham aproveitamento na instrução complementar transitam para a situação de reserva de recrutamento, salvo se, a seu pedido, vierem a ser reclassificados noutras classes, armas, serviços ou especialidades.

4 – Os militares que não obtenham aproveitamento na instrução complementar por motivos disciplinares transitam para a reserva de recrutamento.

ARTIGO 48.º
Período experimental

1 – Considera-se experimental o período correspondente à instrução básica e instrução complementar.

2 – Durante o período experimental e sem prejuízo do disposto no número seguinte, pode qualquer das partes rescindir unilateralmente o contrato, mediante comunicação escrita apresentada com a antecedência mínima de cinco dias.

3 – A comunicação da rescisão a que se refere o número anterior, quando da iniciativa dos ramos das Forças Armadas, deve ser fundamentada.

ARTIGO 49.º
Rescisão contratual por iniciativa do militar

O militar que por sua iniciativa rescinda o vínculo contratual durante o período de instrução complementar ou antes do termo do período mínimo a que se encontra vinculado fica sujeito ao pagamento de indemnização ao Estado, nos termos e montantes fixados por despacho do MDN, ouvido o CCEM, tendo em conta os custos envolvidos na formação ministrada e a expectativa da afectação funcional do militar.

SECÇÃO III
Regime de voluntariado

ARTIGO 50.º
Regime legal

1 – O serviço efectivo em RV compreende a prestação de serviço militar voluntário por um período de 12 meses, com vista à satisfação das necessidades das Forças Armadas, ao ingresso no regime de contrato ou ao eventual recrutamento para os QP.

2 – Ao RV são aplicáveis as disposições do presente Regulamento que regulam o RC, com as necessárias adaptações.

SECÇÃO IV
Convocação

ARTIGO 51.º
Data de incorporação

1 – A incorporação dos cidadãos convocados nos termos do n.º 1 do artigo 34.º da LSM tem lugar nas datas definidas por despacho do Chefe de Estado-Maior do Exército.

2 – A incorporação dos cidadãos convocados nos termos do n.º 6 do artigo 34.º da LSM tem lugar nas datas definidas por despacho do chefe do estado-maior do respectivo ramo.

ARTIGO 52.º
Período nas fileiras

1 – A prestação de serviço efectivo nos termos previstos no n.º 1 do artigo 34.º da LSM tem a duração de 4 meses, prorrogáveis até ao limite máximo de 12 meses.

2 – Quando a evolução das necessidades em efectivos militares o permita e sem prejuízo dos critérios a que se refere o n.º 5 do artigo 34.º da LSM, na determinação dos militares a permanecer nas fileiras por efeito de prorrogação são excluídos, por ordem de prioridades, aqueles que:

a) Sejam casados ou vivam em união de facto;
b) Tenham dependentes a cargo;
c) Sejam filhos únicos.

3 – Em caso de necessidade de escolha dentro de cada grupo dos referidos nas alíneas do número anterior, utilizar-se-á o critério da idade, preferindo os mais novos aos mais velhos.

4 – A comprovação dos requisitos indispensáveis à verificação das situações a que se refere o n.º 2 efectua-se através de documento autêntico.

5 – A documentação a que se refere o número anterior deve ser apresentada na unidade onde o militar presta serviço com a antecedência mínima de 15 dias relativamente à data prevista para a prorrogação da permanência nas fileiras.

ARTIGO 53.º
Falta à incorporação

1 – Os recrutas que não se apresentem à incorporação devem comunicar os motivos da sua não apresentação à unidade ou estabelecimento militar para que foram convocados no prazo de quarenta e oito horas e efectuar a sua apresentação logo que cessem os motivos referidos.

2 – A justificação da falta a que se refere o artigo 35.º da LSM deve ser requerida ao chefe do estado-maior do ramo, através da unidade militar para a qual o recruta foi convocado, devendo o requerimento ser acompanhado da prova documental do motivo justificativo invocado.

3 – Da decisão que incidir sobre o requerimento a que se refere o número anterior deve ser dado conhecimento ao recruta, por escrito, no prazo máximo de 30 dias.

4 – São motivos justificativos da falta à incorporação os constantes do n.º 1 do artigo 29.º do presente diploma e o exercício de direitos previstos na LPMP.

5 – Os recrutas que por motivo de doença não se apresentem na data fixada para a incorporação ficam sujeitos à verificação domiciliária da doença por médico militar.

6 – Os recrutas que não justifiquem a falta ou cujo motivo de justificação não seja atendível e que na data de apresentação já não tenham possibilidade de obter aproveitamento na instrução básica transitam para a situação de reserva de recrutamento.

ARTIGO 54.º
Falta de aproveitamento na instrução militar

1 – Os militares que não obtenham aproveitamento durante o período de instrução básica transitam para a situação de reserva de recrutamento.

2 – Os militares que não obtenham aproveitamento na instrução complementar transitam para a situação de reserva de recrutamento, excepto se puderem ser reclassificados.

Capítulo IV
Reserva de disponibilidade

Artigo 55.º
Condições de passagem à reserva de disponibilidade

Transitam para a situação de reserva de disponibilidade, onde se mantêm até atingirem os 35 anos de idade:

a) Os cidadãos do recrutamento normal que terminem a prestação do serviço militar efectivo em RC e RV;
b) Os cidadãos do recrutamento excepcional que tenham terminado a prestação de serviço efectivo decorrente de convocação ou mobilização;
c) Os cidadãos que sejam abatidos aos QP dos ramos das Forças Armadas e mantenham condições para a prestação de serviço efectivo decorrente de convocação ou mobilização.

Artigo 56.º
Reserva de disponibilidade para efeitos de convocação

A reserva de disponibilidade, para efeitos de convocação, abrange o período de seis anos subsequentes ao termo da prestação de serviço efectivo, sem prejuízo do limite de idade previsto no artigo anterior.

Capítulo V
Direitos e garantias

Secção I
Dispensa, adiamento e isenção do cumprimento de deveres militares

Subsecção I
Dia da Defesa Nacional

Artigo 57.º
Dispensa de comparência

1 – A prova dos motivos de dispensa de comparência ao Dia da Defesa Nacional, previstos no artigo 37.º da LSM e nos artigos 10.º, 11.º e 13.º da

LPMP, é sempre feita por documento emitido pela autoridade competente para o efeito.

2 – É adiada a comparência ao Dia da Defesa Nacional nos casos previstos no n.º 1 do artigo 29.º do presente Regulamento.

3 – Os cidadãos que estejam na situação prevista no número anterior serão convocados e comparecerão a cerimónia equivalente ao Dia da Defesa Nacional, enquanto mantiverem 18 anos.

SUBSECÇÃO II

Dispensa e adiamento de deveres militares na reserva de recrutamento

ARTIGO 58.º

Residência legal no estrangeiro

1 – A comprovação dos motivos de dispensa previstos na alínea a) do n.º 3 do artigo 38.º da LSM é feita pelo cidadão através da apresentação de documento emitido pelo posto consular da área de residência, do qual deve obrigatoriamente constar a data a partir da qual ali passou a residir.

2 – Presume-se que o cidadão tem residência legal com carácter permanente e contínuo no estrangeiro quando tal situação ocorra, no mínimo, há seis meses contados da data de notificação da convocação.

ARTIGO 59.º

Serviço militar prestado no estrangeiro

A comprovação dos motivos de dispensa previstos na alínea c) do n.º 3 do artigo 38.º da LSM é feita pelo cidadão através de documento emitido pela autoridade militar competente do país de prestação do serviço militar.

ARTIGO 60.º

Eclesiásticos e religiosos

A comprovação da frequência de estabelecimento de formação eclesiástica, da qualidade de membro de instituto religioso ou de ministro de qualquer religião legalmente reconhecida, para efeitos do previsto na alínea d) do n.º 3 do artigo 38.º da LSM, é feita pelo cidadão através de declaração emitida, respectivamente, pelo estabelecimento onde se encontra matriculado ou entidade religiosa a que pertence.

ARTIGO 61.º

Filhos ou enteados a exclusivo cargo

A comprovação dos motivos de dispensa previstos na alínea g) do n.º 3 do artigo 38.º da LSM é feita através da apresentação da última declaração de imposto sobre o rendimento de pessoas singulares ou de declaração negativa deste rendimento acompanhada de certidão de nascimento do menor.

ARTIGO 62.º

Doença prolongada

A comprovação do motivo de dispensa previsto na alínea d) do n.º 5 do artigo 38.º da LSM é feita pelo cidadão através da apresentação de atestado médico passado ou confirmado pelo delegado ou subdelegado de saúde da sua área de residência ou documento emitido pelo estabelecimento hospitalar onde o cidadão se encontre internado, devendo em qualquer dos casos ser mencionado o carácter prolongado da doença.

ARTIGO 63.º

Frequência de ensino superior

A comprovação dos motivos de adiamento previstos na alínea a) do n.º 2 do artigo 38.º da LSM é feita pelo cidadão através de:

a) Certificado de habilitações literárias, quando ainda não tenha ingressado no ensino superior ou equiparado;
b) Certificado de matrícula em estabelecimento de ensino superior, quando o cidadão esteja matriculado há menos de um ano lectivo;
c) Certificado comprovativo do aproveitamento escolar do ano lectivo imediatamente anterior ao ano em que ocorre a convocação, quando o cidadão esteja matriculado em estabelecimento de ensino superior ou equiparado há mais de um ano lectivo;
d) Documento comprovativo de inscrição em curso de mestrado ou de se encontrar a preparar especialização ou doutoramento.

ARTIGO 64.º

Frequência de curso de formação ou estágio profissional

A comprovação dos motivos de adiamento previstos na alínea b) do n.º 2 do artigo 38.º da LSM é feita pelo cidadão através da apresentação de documento emitido pela entidade formadora, onde conste a identificação do acto de certificação ou reconhecimento da aprendizagem, curso de formação ou estágio profissional, por parte da entidade pública ou privada competente.

ARTIGO 65.º

Procedimento de dispensa e adiamento

1 – Os cidadãos que estejam ao abrigo das situações previstas nos n.os 2 e 3 do artigo 38.º da LSM e nos artigos 10.º, 11.º e 13.º da LPMP podem requerer ao chefe do estado-maior do ramo para que forem convocados o adiamento ou a dispensa das provas de classificação e selecção no prazo de 15 dias a contar da data da respectiva notificação.

2 – Os recrutas que estejam ao abrigo das situações previstas nos n.os 4 e 5 do artigo 38.º da LSM podem requerer ao chefe do estado-maior do ramo para que foram convocados a dispensa de incorporação até 15 dias antes da data de incorporação, salvo se a ocorrência do facto determinante do pedido não puder ser prevista antes do termo daquele prazo.

3 – Os requerimentos a que se refere o presente artigo são instruídos com os documentos adequados à comprovação dos factos determinantes do pedido, podendo ser entregues em qualquer unidade, estabelecimento ou órgão militar.

4 – A decisão sobre os requerimentos de dispensa ou de adiamento deve ser proferida no prazo de 10 dias a contar da data de entrada do pedido.

SUBSECÇÃO III

Dispensa de deveres militares na reserva de disponibilidade

ARTIGO 66.º

Actividade de interesse nacional

As situações em que os cidadãos exercem funções legalmente consideradas indispensáveis ao funcionamento de serviços públicos essenciais ou desenvolvem actividades privadas imprescindíveis à vida do País ou às necessidades das Forças Armadas a que se refere o n.º 1 do artigo 39.º da LSM, caso não estejam definidas em diplomas próprios, são tipificadas por portaria do MDN.

ARTIGO 67.º
Procedimento de dispensa

1 – Os cidadãos podem requerer ao chefe do estado-maior do ramo para que foram convocados a dispensa da prestação de serviço efectivo a que se refere o n.º 6 do artigo 34.º da LSM no prazo de 15 dias a contar da data da respectiva notificação.

2 – Os requerimentos a que se refere o presente artigo são instruídos com os documentos adequados à comprovação dos factos determinantes do pedido.

3 – A decisão sobre os requerimentos de dispensa deve ser proferida no prazo de 10 dias a contar da data de entrada do pedido.

SUBSECÇÃO IV
Isenção do cumprimento de deveres militares

ARTIGO 68.º
Objectores de consciência

A documentação a apresentar e respectivos prazos, a organização, instrução e tramitação dos processos, as atribuições e competências dos órgãos e serviços intervenientes bem como as consequências e efeitos do reconhecimento do estatuto de objector de consciência constam de legislação própria.

SECÇÃO II
Amparos

ARTIGO 69.º
Regime

1 – Os cidadãos podem requerer ao chefe do estado-maior do respectivo ramo a qualificação de amparo desde que se verifiquem as condições previstas no n.º 1 do artigo 41.º da LSM.

2 – Os cidadãos a que se refere o n.º 1 do artigo 41.º da LSM são considerados a exclusivo cargo do candidato à qualificação de amparo desde que, em processo próprio, se demonstre que somente com os rendimentos auferidos pelo candidato é possível prover ao sustento daqueles.

3 – A insuficiência de proventos a que se refere o número anterior verifica-se quando o agregado familiar do candidato a amparo, uma vez incorporado, possuir rendimento ilíquido igual ou inferior a uma vez e meia o valor mais elevado do salário mínimo nacional ou, sendo superior, quando o rendimento per capita dos seus membros seja inferior a metade daquela remuneração.

4 – Para efeito de cálculo do rendimento a que se refere o número anterior, consideram-se como fazendo parte do agregado familiar do candidato a amparo os indivíduos a que se refere o n.º 1 do artigo 41.º da LSM.

ARTIGO 70.º

Consequências da qualificação de amparo

1 – São consequências da qualificação de amparo:

a) A passagem imediata para a situação de reserva de recrutamento, se a qualificação ocorrer antes de completada a instrução militar;

b) A passagem imediata para a situação de reserva de disponibilidade, se a qualificação ocorrer após a instrução militar.

2 – Aos cidadãos qualificados de amparo cuja prestação de serviço efectivo seja considerada indispensável é atribuído um subsídio de amparo, de valor não inferior ao salário mínimo nacional e que pode ascender, em casos devidamente fundamentados, à remuneração que o cidadão auferia à data da convocação.

ARTIGO 71.º

Regulamento de amparos

O regulamento de amparos é aprovado por portaria do MDN, ouvidos a Secretaria de Estado da Juventude e o CCEM, devendo aquela fixar a documentação a apresentar e respectivos prazos, a organização, instrução e marcha dos procedimentos, as competências dos órgãos intervenientes, bem como o processamento da concessão dos respectivos subsídios.

SECÇÃO III

Direitos e garantias complementares

ARTIGO 72.º

Pensões por acidente ou doença resultantes do serviço militar

1 – Os cidadãos que em função do cumprimento dos deveres militares previstos nas alíneas a), b) e d) do artigo 57.º da LSM ou da prestação de serviço militar efectivo adquiram incapacidade permanente e absoluta ou desvalorização permanente na capacidade geral de ganho resultantes de acidente ou doença contraída ou agravada pelos mesmos motivos têm direito ao abono de uma pensão de reforma extraordinária ou de uma pensão de invalidez, a fixar nos termos dos diplomas que regulam a sua concessão.

2 – Em caso de óbito na sequência de alguma das ocorrências mencionadas no número anterior, as pessoas que à data estavam a cargo do falecido têm direito ao abono de uma pensão de preço de sangue nos termos dos diplomas que regulam a sua concessão.

3 – Aos beneficiários das pensões referidas nos números anteriores são igualmente conferidos os demais direitos e regalias decorrentes da sua situação e estabelecidos em diplomas próprios.

ARTIGO 73.º

Reabertura e revisão de procedimentos

Os cidadãos podem requerer a reabertura e revisão dos processos de acidente ou doença em serviço, no prazo estabelecido em legislação própria, com base em provas supervenientes ou com fundamento em agravamento ou ressurgimento de doença que haja sido declarada clinicamente curada.

ARTIGO 74.º

Alojamento, alimentação e transporte para cidadãos convocados e voluntários

1 – Os cidadãos que residam no território nacional têm direito a alojamento, alimentação e transporte por conta do Estado, nos termos da lei e, designadamente, nas seguintes deslocações:

a) Dia da Defesa Nacional;

b) Prestação de provas de classificação e selecção;

c) Incorporação;

d) Apresentação por força do disposto no n.º 6 do artigo 34.º da LSM.

2 – Para efeitos das deslocações referidas no número anterior, as requisições ou títulos de transporte são emitidos e enviados ao cidadão pela entidade que proceder à respectiva notificação.

CAPÍTULO VI
Disposições complementares e finais

ARTIGO 75.º
Deveres militares das cidadãs portuguesas

1 – O exercício de deveres militares pelas cidadãs portuguesas conhece as seguintes especialidades:

a) O dever de apresentação ao recenseamento militar depende de previsão expressa no diploma que estabelecer a mobilização;
b) O dever de comparência ao Dia da Defesa Nacional só existe para as cidadãs portuguesas que voluntariamente se tenham recenseado;
c) O recrutamento excepcional das cidadãs portuguesas a partir da reserva de recrutamento depende das condições fixadas na alínea a).

2 – As cidadãs portuguesas têm o direito de comparecer no Dia da Defesa Nacional e de requerer a sua inscrição no recenseamento militar.

3 – O requerimento previsto no número anterior é apresentado às autoridades competentes, sendo automaticamente deferido.

ARTIGO 76.º
Cumprimento de deveres militares por eclesiásticos e religiosos

Os membros de institutos religiosos e os ministros de qualquer religião legalmente reconhecida dispensados da prestação de provas de classificação e selecção nos termos da alínea d) do n.º 3 do artigo 38.º da LSM, quando convocados para a prestação de serviço militar, são desde logo classificados de Apto para prestação de serviço de assistência religiosa nas Forças Armadas.

ARTIGO 77.º
Alteração de dados pessoais

1 – Os cidadãos na reserva de recrutamento comunicam ao Exército, pessoalmente ou através de carta registada, as alterações relativas à residência, habilitações literárias e estado civil.

2 – Os cidadãos na reserva de disponibilidade efectuam a comunicação a que se refere o número anterior ao ramo onde tenham prestado serviço efectivo.

Artigo 78.º

Isenção de emolumentos

São isentos de emolumentos os reconhecimentos notariais e demais actos necessários para a organização dos processos para fins militares, incluindo os efectuados pelos estabelecimentos de ensino e serviços públicos.

Artigo 79.º

Isenção de franquia postal

Está isenta de franquia postal toda a correspondência respeitante a avisos, editais, convocações e notificações remetidas aos cidadãos para efeitos do cumprimento dos deveres militares.

Artigo 80.º

Contra-ordenações

1 – Os cidadãos que não cumpram os deveres de recenseamento e de comparência ao Dia da Defesa Nacional previstos nos artigos 8.º e 11.º e nas alíneas c) e d) do artigo 57.º da LSM são punidos com coima de 50 000$00 a 250 000$00.

2 – Os cidadãos que não cumpram os deveres previstos nas alíneas c) e d) do artigo 57.º da LSM são punidos com coima de 20 000$00 a 100 000$00.

3 – A aplicação das coimas previstas no presente artigo compete ao chefe do estado-maior do ramo que tenha jurisdição sobre o infractor.

4 – O produto das coimas aplicadas no cumprimento deste diploma reverte em 60% para os cofres do Estado e em 40% para o ramo com jurisdição sobre o infractor.

Artigo 81.º

Forma das comunicações

As comunicações previstas no presente Regulamento terão lugar por fax ou por correio electrónico sempre que eles estejam disponíveis.

DECRETO-LEI N.º 320-A/2000, DE 15 DE DEZEMBRO

APROVA O REGULAMENTO DE INCENTIVOS À PRESTAÇÃO DO SERVIÇO MILITAR NOS REGIMES DE CONTRATO (RC) E DE VOLUNTARIADO (RV)

A nova Lei do Serviço Militar, aprovada pela Lei n.º 174/99, de 21 de Setembro, estabelece uma inovação histórica no recrutamento dos efectivos em tempo de paz: no essencial, o serviço militar era obrigatório e passa a ser voluntário.

O novo sistema de recrutamento tem vindo a ser adoptado pela generalidade dos países da Europa Ocidental, por ser o mais adequado ao quadro de ameaças que todos enfrentam. O seu êxito depende da harmoniosa conjunção de dois factores essenciais: a adaptação dos ramos das Forças Armadas ao novo enquadramento legal, que as leva a concorrerem no mercado de trabalho no qual oferecerão um produto de características bem diferenciadas – mais que não seja por envolver a defesa da Pátria –, e a concretização de um conjunto de incentivos que permita o sucesso dessa concorrência e cuja dimensão financeira é encargo do Estado.

A Lei do Serviço Militar cria um sistema universalizante de incentivos para interessar os jovens e as jovens na prestação de serviço nos regimes de voluntariado e de contrato com as Forças Armadas, de acordo com as necessidades destas, e, findo ele, poderem encontrar um emprego estável e uma habitação condigna. Por isso, a Lei prevê, durante o serviço, remunerações adequadas e, para os voluntários e seus familiares, o direito à segurança social e à assistência médica e medicamentosa. Depois dele, a Lei prevê ainda que eles beneficiem de apoios excepcionais ao seu emprego e habitação. Por isso, a Lei dá incentivos à obtenção de habilitações académicas, à formação e certificação profissionais, bem como à subsequente inserção no mercado do trabalho.

O presente diploma legal procede à regulamentação deste sistema de incentivos, nos termos legais, e procura codificar as características principais da prestação de serviço efectivo nos regimes de contrato e de voluntariado.

O sistema de incentivos ora regulamentado assenta na conjunção de remunerações pecuniárias e benefícios valiosos, a qual permitirá atrair para as Forças Armadas voluntários e voluntárias suficientes em quantidade e em qualidade, do mesmo passo que se pretende melhorar a formação académica e profissional dos Portugueses.

Os incentivos são aplicados de acordo com os princípios legais da flexibilidade, da diversidade e da progressividade, tendo em conta a natureza e duração do serviço militar prestado.

Entre estes benefícios, avultam as facilidades concedidas no acesso ao ensino e à formação profissional, o apoio à criação de empregos e empresas próprias e a atribuição de condições de ingresso prioritário na função pública e nos quadros permanentes das Forças Armadas e de segurança; se a diligência dos jovens que prestaram serviço militar não for premiada, terão acesso ao subsídio de desemprego. Devem ainda destacar-se condições especiais de acesso ao crédito à habitação.

O presente Regulamento cria períodos destinados a facilitar a transição entre a prestação do serviço militar e o ingresso no mercado de trabalho. O acesso ao ensino e à formação profissional terá lugar em certas fases do serviço efectivo, desde que não o prejudique.

As Forças Armadas passarão a certificar para o mercado de trabalho a formação profissional que ministram para os seus próprios fins. A preparação dos contratados e voluntários para a continuação da sua vida profissional ocorrerá em princípio depois de terminado o serviço militar, salvo a inerente à própria formação militar, ainda que tenha directa relevância para o mercado do trabalho. Findo o período passado pelos jovens voluntários nas fileiras, o Estado continua a apoiar os esforços que eles e elas farão para se integrarem na vida civil e as Forças Armadas não se desinteressam dos que nelas serviram e, aliás, constituem uma útil reserva de disponibilidade; assim, durante um período de tempo idêntico ao que permaneceram nas fileiras, continuarão a apoiá-los na obtenção de habilitações académicas, de formação profissional certificada e no acesso aos quadros estatais, militares e das forças de segurança, de bolsas de estudo, do subsídio de desemprego em caso de necessidade, assim como a outros benefícios constantes do sistema de incentivos.

A novidade do sistema voluntário que ora começa a ser aplicado impõe que a presente concretização do sistema de incentivos deva ser concebida e aplicada como experimental. É a própria Lei do Serviço Militar que convida a esta atitude, ao estabelecer um período transitório de quatro anos, contados a partir da entrada em vigor do presente Regulamento, período durante o qual coexistirá com o regime de voluntário o serviço efectivo normal, de natureza obrigatória, o qual terá carácter gradualmente residual.

Por isso, o sistema de incentivos que ora é posto em vigor exige um esforço de adaptação do Estado e das Forças Armadas. Para estimular a adaptação destas, são tomadas, em sede própria, as adequadas medidas legislativas. Para incentivar a adaptação do Estado, são atribuídas ao Ministro da Defesa Nacional, que coordenará a aplicação interministerial do sistema de incentivos, competências que lhe permitam flexibilizar em tempo útil o sistema ora aprovado.

Foram ouvidas a Associação Nacional dos Municípios Portugueses e a Associação Nacional das Freguesias.

Foi cumprido o disposto na Lei n.º 23/98, de 26 de Maio. Assim, no desenvolvimento do regime jurídico estabelecido pela Lei n.º 174/99, de 21 de Setembro, e nos termos da alínea c) do n.º 1 do artigo 198.º da Constituição, o Governo decreta o seguinte:

ARTIGO 1.º
Objecto

É aprovado o Regulamento de Incentivos à Prestação de Serviço Militar nos Regimes de Contrato (RC) e de Voluntariado (RV), anexo ao presente decreto-lei e que dele faz parte integrante.

ARTIGO 2.º
Encargos

1 – As verbas necessárias para fazer face aos encargos decorrentes da aplicação do presente diploma são anualmente inscritas nos orçamentos da Direcção-Geral de Pessoal e Recrutamento Militar (DGPRM) e dos ramos das Forças Armadas.

2 – Se a natureza das despesas a efectuar for imprevisível, as verbas previstas no artigo anterior devem constar de rubricas provisionais. (*)

(*) *Redacção do art. 1.º do D.L. n.º 118/2004, de 21/05.*

Artigo 3.º

Revogação

É revogado o Decreto-Lei n.º 336/91, de 10 de Setembro, bem como toda a legislação que contrarie o presente diploma.

Artigo 4.º

Regime transitório dos militares em serviço efectivo normal

1 – Aos militares que, à data da entrada em vigor do presente diploma legal, estejam no serviço efectivo normal (SEN) com destino ao RV e no RV e RC é aplicável o regime de incentivos constante do Regulamento anexo, designadamente o previsto nos artigos 3.º, 4.º, 7.º, 20.º, 22.º, 30.º, 38.º e 40.º, cuja aplicação compete aos ramos, sendo tomada em consideração a contagem do tempo de serviço já efectuado em qualquer das situações acima referidas, e sem prejuízo dos direitos adquiridos, por via da aplicação do regime legal vigente até à data da entrada em vigor do presente decreto-lei considerado mais favorável pelo seu beneficiário.

2 – Os restantes incentivos aplicáveis por entidades externas ao Ministério da Defesa Nacional e que não comportem um aumento específico da despesa aplicam-se a quem tenha estado pelo menos cinco anos em RC, total ou parcialmente ao abrigo dos incentivos previstos no Decreto-Lei n.º 336/91, de 10 de Setembro.

Artigo 5.º

Comissão de acompanhamento

Por resolução do Conselho de Ministros, será criada no Ministério da Defesa Nacional uma comissão interministerial de acompanhamento da aplicação do regime de incentivos, a qual será chamada a pronunciar-se sobre a gestão do sistema de incentivos que não seja da directa responsabilidade dos ramos.

Artigo 6.º (*)

Vigência

1 – O presente diploma e o Regulamento de Incentivos à Prestação de Serviço Militar nos Regimes de Contrato (RC) e de Voluntariado (RV), anexo, entram em vigor na data de início de vigência do Regulamento da Lei do Serviço Militar.

2 – A aplicação do direito ao alojamento, a que se refere o n.º 2 do artigo 22.º do Regulamento aprovado pelo presente diploma, fica condicionada por um período de cinco anos, por forma a serem criadas condições qualitativas e quantitativas para o seu cumprimento.

(*) *Rectificado pela Decl. Rect. 16-S/2000, de 29/12/2000, in DR, I-A, de 30/12, 5.º suplemento.*

Visto e aprovado em Conselho de Ministros de 12 de Outubro de 2000. – António Manuel de Oliveira Guterres – Luís Filipe Marques Amado – Jorge Paulo Sacadura Almeida Coelho – Guilherme d'Oliveira Martins – Júlio de Lemos de Castro Caldas – Henrique Nuno Pires Severiano Teixeira – Joaquim Augusto Nunes Pina Moura – Eduardo Luís Barreto Ferro Rodrigues – Mário Cristina de Sousa – Augusto Ernesto Santos Silva – José Sócrates Carvalho Pinto de Sousa – José Mariano Rebelo Pires Gago – Alberto de Sousa Martins – Armando António Martins Vara.

Promulgado em 5 de Dezembro de 2000.

Publique-se.

O Presidente da República, JORGE SAMPAIO.

Referendado em 14 de Dezembro de 2000.

O Primeiro-Ministro, *António Manuel de Oliveira Guterres*.

REGULAMENTO DE INCENTIVOS À PRESTAÇÃO DE SERVIÇO MILITAR NOS REGIMES DE CONTRATO (RC) E DE VOLUNTARIADO (RV)

CAPÍTULO I
Disposição preambular

ARTIGO 1.º
Objecto

O presente diploma estabelece o regime de atribuição de incentivos aos cidadãos que prestem serviço militar nos regimes de contrato (RC) e de voluntariado (RV) nas Forças Armadas, nos termos e para os efeitos previstos na Lei do Serviço Militar.

CAPÍTULO II
Apoio à obtenção de habilitações académicas

ARTIGO 2.º
Estatuto do Trabalhador-Estudante

Os militares que prestem serviço militar voluntário em RC e RV beneficiam das disposições constantes do estatuto legal do trabalhador-estudante, salvaguardadas as especialidades decorrentes do serviço militar previstas no presente diploma.

ARTIGO 3.º (*)
Especialidades da aplicação do Estatuto do Trabalhador-Estudante

1 – Não há, em princípio, lugar à aplicação do Estatuto do Trabalhador-Estudante durante:

a) A instrução militar;
b) A frequência de acções de formação de natureza técnico-militar;
c) O cumprimento de missões em forças nacionais destacadas no estrangeiro;

d) O cumprimento de missões individuais no estrangeiro;

e) O cumprimento de missões que, por natureza ou modo de desenvolvimento, não permitam, em regra, um regime normal de frequência de aulas.

2 – As missões previstas nas alíneas b), c), d) e e) do número anterior serão fixadas por cada ramo das Forças Armadas, deixando sempre ao superior hierárquico a latitude necessária ao exercício da sua função de comando.

3 – O Conselho de Chefes de Estado-Maior dará directivas que sejam necessárias para uniformizar a fixação referida no número anterior.

4 – Os militares em RC e RV serão dispensados, se assim o exigir o respectivo horário escolar, até oito horas semanais.

5 – A licença para efeitos de prestação de provas de avaliação deve ser requerida com a antecedência mínima de quarenta e oito horas.

6 – A dispensa de horas semanais é concedida sem prejuízo dos serviços de escala, da participação dos militares em exercícios, manobras e missões de natureza operacional ou de apoio directo a operações em curso.

7 – Não há lugar à concessão de licença para prestação de provas de avaliação nos períodos em que os militares participem em exercícios, manobras e missões de natureza operacional ou de apoio directo a operações em curso.

8 – A licença para prestação de provas de avaliação será cancelada a qualquer momento em caso de imperiosa necessidade decorrente das missões desenvolvidas pela unidade, força ou serviço a que o militar pertença no momento da prestação dessas provas.

9 – Os militares em RV e RC requerem ao superior hierárquico competente as autorizações necessárias para a aplicação do Estatuto do Trabalhador-Estudante, assim como as autorizações necessárias ao acesso aos restantes incentivos constantes do presente Regulamento.

(*) *Rectificado pela Decl- Rect. N.º 16-S/2000, de 29/12, in DR, I-A, de 30/12, 5.º suplemento.*

ARTIGO 4.º

Cursos de ensino básico e secundário

1 – Os ramos das Forças Armadas, no presente diploma doravante designados por ramos, com a colaboração da Direcção-Geral de Pessoal e Recrutamento Militar (DGPRM) e sob a coordenação do Conselho de Chefes de Estado-Maior, criarão condições que permitam aos militares em RC e RV a frequência de cursos do ensino básico e secundário regular, recorrente ou profissional, com recurso a novas metodologias de ensino, tendo em vista a obtenção de habilitações académicas até ao 12.º ano ou equivalente.

2 – Os ramos comunicam aos militares em situação de RC e de RV as condições referidas no número anterior.

3 – Ao regime estabelecido no n.º 1 aplica-se, com as necessárias adaptações, o disposto para o Estatuto do Trabalhador-Estudante.

Artigo 5.º
Contingentação de vagas de acesso ao ensino superior público

1 – Os militares que tenham prestado, no mínimo, dois anos de serviço efectivo em RC têm prioridade no acesso a 2,5% das vagas fixadas anualmente para o concurso nacional de acesso ao ensino superior público a que se refere o n.º1 do artigo 27.º do Decreto-lei n.º 296-A/98, de 25 de Setembro, alterado pelo Decreto-Lei n.º 99/99, de 30 de Março. (*)

2 – Os militares a que se refere o número anterior podem beneficiar do incentivo ali previsto durante o tempo em que prestam serviço efectivo e, findo o contrato, por um período equivalente ao do tempo de serviço prestado em RC. (*)

3 – A candidatura às vagas a que se refere o n.º 1 faz-se nos termos e condições fixados para o concurso nacional de acesso ao ensino superior público.

(*) *Redacção do art. 2.º do DL n.º 118/2004, de 21/05.*

Artigo 6.º
Regime especial de avaliação

1 – Os militares em RC e RV beneficiam de uma época especial de exames nos diferentes níveis de ensino, nos termos do n.º 4 do artigo 8.º do Estatuto do Trabalhador-Estudante.

2 – Os militares em RC e RV que, pelos motivos previstos nos n.os 7 e 8 do artigo 3.º, não possam prestar provas de avaliação nas datas em que devam ocorrer têm direito a fazê-lo cessado o impedimento, desde que o requeiram aos respectivos estabelecimentos de ensino.

3 – O regime previsto no número anterior é regulamentado por portaria conjunta dos Ministros da Defesa Nacional e da Educação.

ARTIGO 7.º

Apoio ao estudo e acesso a novas tecnologias de informação

1 – Os ramos, com a colaboração da DGPRM e sob a coordenação do Conselho de Chefes de Estado-Maior, desenvolvem programas de apoio ao estudo dos militares em RC e RV.

2 – Os ramos facultam a formação adequada na área das novas tecnologias de informação.

3 – Os ramos disponibilizam aos militares em RC e RV salas de estudo, com as adequadas facilidades para o acesso à informação, sempre que sejam necessárias e que as instalações militares o permitam.

4 – Os ramos dão atempado conhecimento aos militares em situação de RC e RV das actividades desenvolvidas ao abrigo do presente artigo.

5 – Os estudos autorizados ao abrigo do presente capítulo e Regulamento são no interesse exclusivo do militar em situação de RC e RV; os estudos de militares naquelas situações, que sejam também do interesse das Forças Armadas, são regulados pelo Estatuto dos Militares das Forças Armadas (EMFAR).

CAPÍTULO III

Apoio para a formação e certificação profissional

ARTIGO 8.º

Agentes da formação e certificação

Os militares em RV ou RC obtêm a formação e certificação para o mercado de trabalho através dos próprios ramos ou de organismos especializados, de acordo com as competências próprias de cada ramo ou organismo nos diferentes sectores ou subsectores de actividade.

SECÇÃO I

Formação e certificação profissionais pelas Forças Armadas

ARTIGO 9.º

Condições da formação profissional

A formação profissional dada pelos ramos durante a efectividade do serviço dos RC e RV é apenas aquela que for necessária para as Forças Armadas.

ARTIGO 10.º
Formação profissional certificada

1 – Aos militares em RC é garantida formação profissional certificada adequada à sua inserção ou reinserção no mercado de trabalho.

2 – Os militares em RC que frequentem com sucesso a formação têm direito ao respectivo certificado de formação, a emitir pela entidade formadora.

3 – A formação profissional a que se refere o número anterior deve obedecer, salvaguardadas as especialidades militares, a um sistema de créditos ou módulos, podendo ser ministrada pelos ramos das Forças Armadas ou ainda pelo Instituto do Emprego e Formação Profissional (IEFP) ou por quaisquer outras entidades, públicas ou privadas, desde que cumpram o disposto no artigo 13.º.

ARTIGO 11.º
Certificado profissional

1 – Os militares em RC que, no âmbito da formação ministrada pelas Forças Armadas, adquiram conhecimentos ou competências para o exercício de determinada profissão têm direito à respectiva certificação de aptidão profissional.

2 – A emissão do certificado de aptidão profissional (CAP) a que se refere o número anterior compete às entidades mencionadas no artigo 8.º do Decreto-Lei n.º 95/92, de 23 de Maio.

3 – Através de portaria conjunta dos Ministros da Defesa Nacional e do Trabalho e da Solidariedade pode ser atribuída à DGPRM competência para a emissão de CAP em áreas profissionais específicas.

4 – A DGPRM participa nas estruturas de coordenação e gestão do Sistema Nacional de Certificação Profissional – comissão técnica especializada de defesa, por forma a assegurar a aprovação dos referenciais de acesso à certificação referidos no número anterior.

SECÇÃO II
Formação e certificação profissionais por instituições especializadas

ARTIGO 12.º
Condições de acesso

1 – A formação profissional ministrada por instituições especializadas tem, em princípio, lugar depois de finda a prestação de serviço efectivo mas, durante este, será autorizada pelo superior hierárquico em condições idênticas às acima estipuladas ao abrigo do Estatuto do Trabalhador-Estudante.

2 – Os militares em RC, após a cessação do contrato, têm acesso à frequência de cursos de formação profissional, designadamente de reciclagem, aperfeiçoamento e reconversão profissional, com vista à sua inserção no mercado de trabalho, nas condições constantes da presente secção.

3 – É condição de acesso aos cursos de formação profissional possuir as habilitações académicas necessárias para a certificação e os requisitos específicos para cada curso.

Artigo 13.º
Entidades formadoras

A formação a que se refere a presente secção é ministrada pelo IEFP ou por quaisquer outras entidades para o efeito credenciadas pela DGPRM, após parecer do ramo ou ramos aos quais respeite a formação a desenvolver.

Artigo 14.º
Contingentação de vagas

1 – Os cidadãos que tenham prestado serviço em RC beneficiam de acesso prioritário a 10% do número de vagas previstas para cada um dos cursos de formação profissional a realizar pelo IEFP.

2 – Para cumprimento do disposto no número anterior, o IEFP disponibiliza anualmente à DGPRM a base de dados relativa à programação das acções de formação para que esta proceda à inscrição dos públicos militares.

3 – Sem prejuízo do disposto no número anterior, sempre que a rede formativa do IEFP não contemple o número de vagas suficiente às necessidades militares ou não integre cursos que se revistam de grande importância para as Forças Armadas, a DGPRM pode propor ao IEFP a concretização de acções específicas, as quais são satisfeitas dentro da disponibilidade orçamental e capacidade instalada do IEFP.

Artigo 15.º
Direito de acesso à formação

Os militares que prestem serviço em RC conservam o direito de acesso à formação, nos termos do artigo anterior, por período idêntico àquele em que prestaram serviço efectivo.

ARTIGO 16.º

Candidatura aos cursos de formação profissional

1 – A candidatura aos cursos de formação profissional certificada é formalizada em requerimento dirigido à DGPRM, com a antecedência, sempre que possível, de quatro meses sobre a data de início do curso escolhido, tendo o candidato o direito de indicar mais três dos cursos constantes da lista a que se refere o artigo 19.º, escalonando-os por ordem de preferência.

2 – Estando o requerente nas fileiras, deverá previamente solicitar autorização do seu superior hierárquico.

3 – Havendo menos vagas do que candidatos, a DGPRM escalona-os, nos termos do n.º 1 do artigo 18.º.

4 – A decisão sobre o requerimento a que se refere o n.º 1 é notificada pela DGPRM ao candidato logo que dela tenha conhecimento e o mais tardar no prazo de uma semana antes do começo do curso.

ARTIGO 17.º

Protocolos para a frequência de cursos e estágios de formação profissional

Os ramos, com a colaboração da DGPRM, envidarão celebrar protocolos com empresas públicas e privadas, ou com associações empresariais, de forma a proporcionarem a formação profissional e a frequência de cursos ou estágios pelos militares em regime de RC ou RV.

ARTIGO 18.º

Selecção de candidatos aos cursos e estágios de formação profissional

1 – Sendo o número de candidatos à frequência de cursos e estágios de formação profissional superior ao de vagas, são escalonados pela DGPRM pela aplicação sucessiva dos seguintes critérios, sem prejuízo do disposto no n.º 3 do artigo 12.º:

a) Não ter beneficiado de curso anterior, ao abrigo da presente secção;
b) Não ter, por motivos que lhes sejam imputáveis, com exclusão das situações que decorrem da aplicação da Lei sobre a Protecção da Maternidade e Paternidade (LPMP), deixado de frequentar algum curso de formação profissional que tivesse requerido, nos termos do presente diploma;

c) Não ter frequentado sem aproveitamento algum curso de formação profissional que tivesse requerido, nos termos do presente diploma;
d) Ter prestado mais tempo de serviço efectivo;
e) Ter prestado serviço, durante maior período de tempo, em unidades de maior prontidão operacional ou exercido funções de maior exigência e desgaste;
f) Possuir melhor avaliação de mérito.

2 – O critério a que se refere a alínea e) do número anterior só é aplicável quando as situações forem fixadas por despacho do Ministro da Defesa Nacional, sob proposta do chefe do estado-maior do respectivo ramo.

3 – Os ramos comunicam à DGPRM as informações necessárias ao processo de selecção.

4 – Se se verificar desequilíbrio duradouro entre os candidatos provenientes dos diversos ramos, classes, armas, serviço ou especialidades, o Ministro da Defesa Nacional tem a faculdade de autorizar, por despacho, após audição do Conselho de Chefes de Estado-Maior, que se proceda à contingentação das vagas entre eles; os critérios do n.º 1 do presente artigo serão então aplicados em cada um dos contingentes.

Artigo 19.º

Publicitação de cursos e estágios

1 – Os cursos de formação profissional e respectivas vagas, incluindo os decorrentes dos protocolos de formação profissional, constam de listas a elaborar pela DGPRM, que os envia aos ramos.

2 – Das listas a que se refere o número anterior devem constar as designações dos cursos, data e hora de início, duração e local onde tem lugar cada acção de formação; havendo remuneração, será também indicado o respectivo quantitativo.

3 – Os militares em RC e RV, iniciado o período nas fileiras, têm o direito, sem prejuízo para o serviço, de consultar as listas referidas no n.º 1, as quais devem estar disponíveis e permanentemente actualizadas em todas as unidades, estabelecimentos e órgãos militares nos quais prestem serviço militar em RC e RV.

4 – *Os ramos comunicarão pessoalmente as listas referidas no n.º 1 aos quais tenham direito de acesso à formação profissional e estejam no último ano do contrato, desde que este seja de duração igual ou superior a três anos.* (*)

5 – *A DGPRM comunicará pessoalmente as listas referidas no n.º 1 aos que tenham direito de acesso à formação profissional e tenham findado a prestação de serviço militar.* (*)

(*) *Suprimido pelo art. 2.º do DL n.º 118/2004, de 21/05.*

CAPÍTULO IV
Compensações financeiras e materiais

ARTIGO 20.º
Regime remuneratório

1 – A remuneração dos militares em RC e RV será equiparada aos níveis retributivos dos postos correspondentes dos quadros permanentes (QP), incluindo os abonos, diferenciais, suplementos e subsídios.

2 – A adaptação das remunerações dos militares referidos no número anterior é faseada no tempo, de acordo com o calendário a definir por despacho conjunto dos Ministros da Defesa Nacional e das Finanças, cujo período de adaptação não poderá exceder 24 meses após a publicação do presente diploma.

3 – O valor das remunerações referidas no n.º 1 é fixado por portaria conjunta dos Ministros da Defesa Nacional e das Finanças.

ARTIGO 21.º (*)
Prestações após o termo da prestação de serviço militar

1 – Os militares que tenham cumprido serviço efectivo em RV, bem como em RC pelo mínimo de dois anos, têm direito, após o termo da prestação de serviço efectivo naqueles regimes, ao pagamento de uma prestação pecuniária correspondente a:

a) Um duodécimo da remuneração anual, por cada ano completo de serviço efectivamente prestado;

b) Dois duodécimos da remuneração anual, por cada ano completo de serviço efectivamente prestado, quando tenham cumprido seis anos completos de serviço efectivo em RC.

2 – Não conta para efeitos de cálculo da prestação a que se refere o número anterior o tempo de serviço em que o militar se encontre em formação que habilite ao ingresso nos QP, na medida em que ultrapasse o período máximo legalmente admitido para duração do vínculo contratual.

3 – Para os efeitos previstos no presente artigo, entende-se por "remuneração anual" o produto da multiplicação por 14 do montante de remuneração base ilíquida correspondente ao escalão do posto que o militar detenha no último mês completo de prestação de serviço, acrescido do respectivo suplemento de condição militar.

(*) *Redacção do art. 2.º do DL n.º 118/2004, de 21/05.*

No art. 3.º do citado diploma consta uma "Norma de salvaguarda" com o seguinte teor, no que ao presente artigo respeita:

«ARTIGO 3.º

Norma de salvaguarda

Sem prejuízo das situações jurídicas já consolidadas, o presente diploma reporta os seus efeitos à data de entrada em vigor do Decreto-Lei n.º 320-A/2000, de 15 de Dezembro, nas seguintes situações e condições:

a) *No caso dos militares que àquela data se encontrassem já a prestar serviço efectivo em RC mas cujo vínculo contratual tenha sido formalizado em data anterior à mesma, o período máximo a que se refere o n.º 2 do artigo 21.º do Regulamento de Incentivos é fixado em seis anos;*

b) ....;

c) ....».

ARTIGO 22.º

Fardamento, alojamento, alimentação e transporte

1 – Os militares em RC e RV, durante o período de instrução militar, têm direito a fardamento, alojamento e alimentação gratuitos.

2 – Após o período de instrução, os militares em RC e RV mantêm o direito ao fardamento, alojamento e alimentação, nos termos previstos para o pessoal do QP.

3 – Os militares em RC e RV têm direito à redução nas tarifas dos transportes colectivos em igualdade de condições com os militares dos QP.

4 – Serão inscritas nos cadernos de encargos de privatização de transportes colectivos as condições necessárias ao cumprimento do número anterior.

Artigo 23.º (*)

Subsídios para estudos superiores

1 – Os cidadãos que tenham cumprido, no mínimo, cinco anos de serviço efectivo em RC, uma vez cessado o vínculo contratual e desde que matriculados em estabelecimento de ensino superior, podem candidatar-se à concessão de um subsídio para estudos superiores.

2 – O direito de candidatura à concessão do subsídio para estudos superiores pode ser exercido pelo período correspondente ao número completo de anos de serviço efectivo militar prestado em RC, possuindo, uma vez concedido, a duração máxima correspondente ao número de anos que compõem o plano curricular do respectivo curso, a contar da data da matrícula inicial.

3 – O subsídio previsto no presente artigo é pago em cada ano lectivo durante 10 meses, sendo cada mensalidade de valor igual à remuneração base líquida correspondente ao posto de cabo-adjunto/primeiro-marinheiro que vigorar à data da passagem à disponibilidade.

4 – Perdem o direito ao incentivo previsto no presente artigo os candidatos que:

a) Tenham beneficiado de curso de formação profissional de nível III, ministrado por alguma das entidades a que se refere o artigo 8.º do presente Regulamento;

b) Não tenham obtido aproveitamento em curso ou estágio de formação profissional por motivo que lhes seja imputável, salvo se por motivo de ocorrência de alguma das situações previstas na LPMP;

c) Ingressarem na função pública em virtude da aplicação do artigo 30.º do presente Regulamento;

d) Ingressarem nos QP dos ramos das Forças Armadas ou nos quadros das forças e serviços de segurança, em virtude da aplicação dos artigos 33.º e 34.º do presente Regulamento;

e) Uma vez deferida a concessão do subsídio, não obtenham aproveitamento escolar no ano anterior, por causa que lhes seja imputável;

f) Dele tenham já beneficiado, independentemente do respectivo período de duração.

5 – A verba disponível para a atribuição do incentivo a que se refere o presente artigo é anualmente fixada por despacho do Ministro da Defesa Nacional.

6 – Envolvendo os pedidos para candidatura montante superior à verba a que se refere o número anterior, proceder-se-á ao respectivo escalonamento, tendo em conta:

a) A última classificação no nível de estudos anterior àquele para o qual é solicitado o incentivo;
b) A melhor classificação de mérito militar, nos derradeiros dois anos de contrato;
c) A não frequência de curso de formação profissional dos níveis I ou II;
d) A maior duração de tempo de serviço efectivo;
e) A ocorrência de prestação de serviço militar, durante maior período de tempo, em unidades de maior prontidão operacional ou exercido funções de maior exigência e desgaste.

(*) *Redacção do art. 2.º do DL n.º 118/2004, de 21/05.*

ARTIGO 24.º (*)

Procedimentos

1 – O requerimento inicial de candidatura à concessão do subsídio para estudos superiores é apresentado na DGPRM até 31 de Maio, dele constando, obrigatoriamente, os seguintes dados relativos ao candidato:
a) Identificação completa, incluindo números de bilhete de identidade e de contribuinte fiscal, com referência ao código da repartição respectiva;
b) Morada de residência;
c) Meios de contacto de que disponha, designadamente telefone e ou endereço electrónico.

2 – Os candidatos devem, ainda, instruir a sua candidatura com uma declaração, cujos termos são fixados por despacho do Ministro da Defesa Nacional, pela qual atestem, sob compromisso de honra, não se encontrarem abrangidos por nenhuma das situações previstas no n.º 4 do artigo anterior.

3 – A decisão relativa à concessão do subsídio, bem como do escalonamento a que se refere o n.º 6 do artigo anterior, é obrigatoriamente comunicada aos interessados até 31 de Julho do ano em que haja sido apresentada a candidatura, devendo estes comprovar, sob pena de caducidade do pedido, a efectivação da respectiva matrícula até 30 de Outubro.

4 – O subsídio para estudos superiores, uma vez concedido e sob pena de caducidade, é objecto de renovação semestral a efectuar pelos interessados junto da DGPRM, entre:
a) 1 e 15 de Março de cada ano, devendo ser documentalmente provada a manutenção da matrícula;

b) 1 e 15 de Outubro de cada ano, devendo ser documentalmente provado o aproveitamento escolar no ano lectivo cessante, bem como a renovação da respectiva matrícula para o ano lectivo seguinte.

(*) *Redacção do art. 2.º do DL n.º 118/2004, de 21/05.*

CAPÍTULO V
Apoio à inserção no mercado de trabalho

ARTIGO 25.º (*)
Prestações de desemprego

1 – Finda a prestação de serviço, os militares que prestaram serviço efectivo em RC ou RV têm direito às prestações de desemprego nos termos estabelecidos na lei geral aplicável, com as adaptações previstas no número seguinte.

2 – Os cidadãos a que se refere o número anterior têm direito a subsídio de desemprego por período idêntico ao da duração do serviço, não podendo, porém, ultrapassar os 30 meses.

(*) *Redacção do art. 2.º do DL n.º 118/2004, de 21/05.*

ARTIGO 26.º (*)
Suspensão das prestações de desemprego

As prestações de desemprego concedidas ao abrigo do artigo anterior são suspensas, para além dos casos previstos no regime jurídico de referência, quando os beneficiários se encontrem a usufruir de subsídio para estudos concedido nos termos do presente diploma ou de qualquer outra prestação para estudos concedida ao abrigo de qualquer outro regime legal, desde que, em ambos os casos, o respectivo montante seja de valor igual ou superior à retribuição mínima mensal.

(*) *Redacção do art. 2.º do DL n.º 118/2004, de 21/05.*

ARTIGO 27.º
Apoio à criação do próprio emprego ou empresa

1 – Os militares que tenham prestado serviço militar efectivo em RC e que, no termo dos respectivos contratos se encontrem em situação de desemprego e pretendam criar o seu próprio emprego ou empresa, no âmbito das iniciativas locais de emprego (ILE) ou criação do próprio emprego para subsidiados (CPE), podem beneficiar de apoios técnicos e financeiros nos termos e condições da legislação que ao tempo estiver em vigor.

2 – Os candidatos beneficiam de uma majoração de 20% relativamente ao apoio financeiro concedido a fundo perdido ou à bonificação da taxa de juro quando haja necessidade de recurso ao crédito.

3 – Os candidatos que requeiram os apoios previstos no presente artigo podem beneficiar das condições referidas no n.º 2 por período idêntico àquele em que prestaram serviço.

4 – Os militares que tenham prestado serviço militar efectivo em RC têm, nos termos do n.º 1 do presente artigo, acesso a programas de apoio a jovens empresários, nos sectores de agricultura, indústria e comércio.

Artigo 28.º
Apoios à contratação de jovens à procura do primeiro emprego

1 – As entidades empregadoras que admitam jovens à procura do primeiro emprego, com idade não superior a 30 anos, que tenham prestado serviço efectivo em RC pelo período mínimo de cinco anos e que, no termo do respectivo contrato, se encontrem em situação de desemprego, beneficiam dos seguintes incentivos à contratação, nos termos da lei que os regula:

a) Majoração de um ano de dispensa temporária do pagamento de contribuições para a segurança social, nas situações previstas no artigo 6.º do Decreto-Lei n.º 89/95, de 6 de Maio;
b) Concessão de um subsídio, não reembolsável, de montante igual a 12 vezes a remuneração mínima mensal garantida por lei, pela criação líquida de cada posto de trabalho, mediante contrato sem termo;
c) Majoração de 20% relativamente ao subsídio não reembolsável previsto na alínea anterior.

2 – O apoio previsto na alínea c) do número anterior não é cumulável com os apoios previstos nas alíneas a) e b) nem com outros apoios ao emprego previstos noutros diplomas, quando aplicáveis ao mesmo posto de trabalho.

3 – O direito aos apoios à contratação previstos no presente artigo só é exercido por uma única vez em relação a cada militar contratado e caduca seis anos após a data do termo do contrato.

ARTIGO 29.º
Quadros de indústrias de defesa

O Ministério da Defesa Nacional diligenciará por que acedam prefencialmente aos quadros de pessoal das indústrias de defesa os cidadãos que prestaram serviço militar como RC e RV.

ARTIGO 30.º
Ingresso na função pública

1 – O militar em RC que tenha prestado serviço efectivo pelo período mínimo de cinco anos tem direito a candidatar-se aos concursos internos de ingresso nos serviços e organismos da administração central, regional e local, incluindo institutos públicos, nas modalidades de serviços personalizados do Estado e de fundos públicos.

2 – Os cidadãos que preencham as condições do número anterior têm ainda direito a candidatar-se, no prazo referido no n.º 5 do presente artigo, aos concursos internos gerais de acesso para preenchimento da primeira categoria intermédia das carreiras, desde que tenham exercido funções na área funcional para a qual o concurso é aberto e possuam o tempo de serviço necessário para a promoção na respectiva categoria. (*)

3 – Os cidadãos nas condições referidas no n.º 1 têm direito de preferência, em caso de igualdade de classificação final, nos concursos externos abertos em qualquer dos serviços ou organismos da administração central, regional e local, incluindo os institutos públicos, nas modalidades de serviços personalizados do Estado e de fundos públicos.

4 – Os direitos de candidatura referidos nos números anteriores são condicionados à prova de que o candidato possui as habilitações literárias legalmente exigidas para o concurso em causa e preenche as condições gerais e especiais de admissão ao concurso.

5 – Os direitos previstos nos n.ºs 1, 2 e 3 nascem com a cessação do contrato com as Forças Armadas e extinguem-se após o período de seis anos.

6 – Para efeito da candidatura a que se refere o n.º 2, relevam as avaliações individuais obtidas durante a prestação do serviço militar, bem como o tempo de serviço prestado.

7 – O tempo de serviço efectivo prestado em área funcional correspondente à do concurso a que o militar se candidata conta como experiência profissional, bem como para determinação do escalão de integração no caso de concurso.

8 – A integração das funções militares exercidas, na área funcional para que o concurso é aberto, é atestada pela DGPRM, sob proposta do ramo de que é proveniente o candidato.

9 – O regime do presente artigo será aplicado na admissão aos quadros das polícias municipais.

10 – O direito referido no n.º 3 prevalece sobre o direito de preferência a que se refere o n.º 2 do artigo 37.º do Decreto-Lei n.º 204/98, de 11 de Julho.

(*) *Redacção do art. 2.º do DL n.º 118/2004, de 21/05.*

No artigo 3.º do citado diploma consta uma "*Norma de salvaguarda*" com o seguinte teor no que ao presente artigo respeita:

«ARTIGO 3.º

Norma de salvaguarda

Sem prejuízo das situações jurídicas já consolidadas, o presente diploma reporta os seus efeitos à data de entrada em vigor do Decreto-Lei n.º 320-A/2000, de 15 de Dezembro, nas seguintes situações e condições:

a) ....;

b) Aos militares que àquela data se encontrassem a prestar serviço efectivo em RC mas cujo vínculo contratual tenha sido formalizado em data anterior à mesma, ressalvada que fique a conveniência para o serviço militar, é permitida a candidatura ao incentivo previsto no artigo 30.º do Regulamento de Incentivos a partir do último semestre do 6.º ano de duração do vínculo contratual;

c) ....»

ARTIGO 31.º (*)

Apoio à inserção em organismos internacionais

A DGPRM recolhe e coordena a informação que os serviços competentes do Ministério dos Negócios Estrangeiros tenham disponível sobre concursos de pessoal em organismos internacionais aos quais tenham direito de acesso os cidadãos portugueses e sejam susceptíveis de interessar aqueles que tenham prestado serviço militar em RC e RV.

(*) *Redacção dada pelo art. 2.º do DL n.º 118/2004, de 21/05.*

ARTIGO 32.º
Apoio à inserção em actividades de cooperação técnico-militar com outros países

1 – Nos casos em que existam concursos para actividades civis de cooperação técnico-militar e sempre que tal seja admitido pelo modelo de concurso, é estabelecido um contingente para os que prestaram serviço militar em RC e RV, o qual não pode ser inferior a 35%.

2 – O direito de acesso ao contingente referido no n.º 1 é igual ao número de anos de serviço efectivo prestado.

3 – Sendo o número de vagas inferior ao dos concorrentes, estes serão escalonados, sucessivamente, segundo a maior duração de tempo de serviço militar, a melhor avaliação de mérito e a melhor habilitação escolar.

4 – *A DGPRM comunicará aos beneficiários esses concursos, bem como o escalonamento a que proceda, nos termos do artigo anterior.* (*)

(*) *Suprimido pelo art. 2.º do DL n.º 118/2004, de 21/05.*

ARTIGO 33.º
Admissão aos quadros permanentes das Forças Armadas

1 – Os militares que tenham prestado serviço em RC, pelo período mínimo de três anos, beneficiam nos seis anos subsequentes à data da cessação do contrato de um contingente de 30% do número total de vagas de admissão quer ao conjunto dos concursos para ingresso nos QP das Forças Armadas quer nos concursos para ingresso nos respectivos quadros de pessoal civil. (*)

2 – Os militares em RC beneficiam ainda de direito de preferência nas vagas que ultrapassem as referidas no número anterior.

3 – Os avisos de concursos estarão disponíveis nas unidades, estabelecimentos e órgãos militares nos quais prestem serviço militares em RC; *os ramos comunicá-los-ão pessoalmente aos militares em RC, no último ano do contrato, desde que este seja de duração igual ou superior a quatro anos.* (*)

4 – *A DGPRM comunicará pessoalmente os avisos dos concursos aos militares em RC, depois da conclusão do contrato.*

(*) *Redacção do art. 2.º do DL n.º 118/2004, de 21/05 (a parte em itálico foi suprimida pelo mesmo preceito).*

ARTIGO 34.º (*)

Admissão aos quadros permanentes das forças de segurança

1 – Os militares que prestem ou tenham prestado serviço em RC, desde que cumpridos dois anos de serviço efectivo militar, beneficiam de exclusividade na admissão aos concursos para ingresso nos quadros de praças da GNR, nos termos previstos no respectivo Estatuto.

2 – Os militares que prestem ou tenham prestado serviço em RC, desde que cumpridos três anos nesta forma de prestação de serviço militar, e até ao limite dos cinco anos subsequentes à data de cessação do contrato, beneficiam:

a) De um contingente de 30% do número de vagas postas a concurso para ingresso na categoria de oficiais da GNR;

b) De um contingente de 15% do número de vagas postas a concurso para ingresso nos quadros da Polícia de Segurança Pública.

3 – Os militares que prestem ou tenham prestado serviço em RC, desde que cumpridos três anos nesta forma de prestação de serviço militar, e até ao limite dos cinco anos subsequentes à data de cessação do contrato, gozam do direito de preferência, em caso de igualdade de classificação, no preenchimento das vagas dos concursos para ingresso nos quadros das restantes forças e serviços de segurança.

4 – Os avisos de concursos estarão disponíveis nas unidades, estabelecimentos e órgãos militares nos quais prestem serviço militares em RC.

(*) *Redacção do art. 2.º do DL n.º 118/2004, de 21/05.*

ARTIGO 35.º

Admissão aos quadros de pessoal civil das Forças Armadas

Nos concursos externos de ingresso nos quadros de pessoal civil dos serviços departamentais das Forças Armadas constitui condição de preferência na admissão a prestação de serviço militar em RC pelo período mínimo de dois anos.

ARTIGO 36.º (*)

Admissão aos estabelecimentos fabris das Forças Armadas

O disposto no artigo precedente aplica-se, com as necessárias adaptações, ao Arsenal do Alfeite e aos estabelecimentos fabris do Exército.

(*) *Redacção do art. 2.º do DL n.º 118/2004, de 21/05.*

ARTIGO 37.º
Cláusulas dos concursos públicos

São nulos as cláusulas e os actos dos concursos públicos que, directa ou indirectamente, prejudiquem a aplicação do disposto no presente diploma.

CAPÍTULO VI
Apoio social

ARTIGO 38.º
Assistência na doença

Os militares em RC e RV e os respectivos agregados familiares têm direito a assistência médica, medicamentosa, hospitalar e de meios auxiliares de diagnóstico, nos termos estabelecidos para os militares dos QP.

ARTIGO 39.º (*)
Encargos no âmbito do subsistema de protecção familiar e à maternidade e paternidade

1 – Os militares em RC e RV, durante a prestação de serviço efectivo, têm direito às prestações abrangidas pelo subsistema de protecção familiar, bem como às que decorrem da LPMP, nos termos estabelecidos para o pessoal dos QP.

2 – Os cidadãos que tenham prestado serviço militar em RC mantêm, pelo período correspondente ao número de anos completos de serviço efectivo militar prestado naquele regime, o direito às prestações a que se refere o número anterior, nos termos em que delas beneficiavam no mês anterior ao da passagem à disponibilidade, salvo quando o mesmo direito, quantitativa e qualitativamente, seja reconhecido a algum dos titulares do interesse material subjacente no âmbito de qualquer outro regime de protecção social.

3 – Os encargos com as prestações previstas neste artigo impendem sobre o Ministério da Defesa Nacional, cabendo ao Ministério da Segurança Social e do Trabalho a responsabilidade pelo respectivo processamento.

(*) *Redacção do art. 2.º do DL n.º 118/2004, de 21/05.*

ARTIGO 40.º
Aposentação e reforma

O tempo de serviço prestado como RC e RV conta para efeitos de cálculo da data da aposentação e reforma e do montante da respectiva pensão.

ARTIGO 41.º
Crédito à habitação

1 – Os militares que tenham prestado serviço efectivo por um período mínimo de dois anos, na situação de RC, têm direito de acesso preferencial aos regimes de crédito bonificado e de crédito jovem bonificado para aquisição de habitação própria permanente, previstos na lei, durante período idêntico àquele em que prestaram serviço.

2 – As condições de concessão do crédito bonificado são estabelecidas por portaria conjunta dos Ministros da Defesa Nacional e das Finanças.

CAPÍTULO VII
Direitos e deveres dos RC e RV enquanto beneficiários dos incentivos

ARTIGO 42.º
Direito de acesso à informação

1 – Os militares em situação de RC e RV têm direito de acesso à informação sobre os benefícios de que usufruem durante o período de prestação de serviço e, findo ele, durante um número de anos igual à duração do direito aos incentivos legais.

2 – Os ramos, durante a prestação de serviço, e a DGPRM, findo ele, garantirão o cumprimento do disposto no número anterior.

ARTIGO 43.º
Deveres dos RC e RV

1 – Os RC e RV, enquanto beneficiarem dos incentivos constantes do presente diploma, estão obrigados a comunicar ao respectivo ramo:

a) A alteração da sua residência ou endereços;

b) Os benefícios obtidos por virtude da aplicação do presente diploma;
c) Alterações da sua situação profissional, ainda que não sejam decorrentes da aplicação do presente diploma.

2 – A prestação de falsas declarações pelo beneficiário é susceptível de processo disciplinar, cível ou penal, nos termos gerais do direito.

CAPÍTULO VIII

Princípios essenciais do estatuto jurídico dos cidadãos em RC e RV

ARTIGO 44.º

Aplicação do EMFAR

Aos cidadãos em RC e RV aplica-se o EMFAR.

ARTIGO 45.º

Constituição e extinção do direito aos incentivos

1 – O direito aos incentivos constantes do presente diploma legal é constituído no momento da assinatura do contrato ao abrigo do regime de contrato ou de voluntariado.

2 – O direito aos incentivos só é exercido depois da incorporação.

3 – O direito aos incentivos extingue-se nos prazos para cada um deles previstos no presente diploma legal.

4 – Sem prejuízo do respeito pelos direitos adquiridos, o direito aos incentivos extingue-se ainda, com excepção dos previstos no n.º 2 do artigo 21.º e no artigo 25.º, quando o contrato do militar em RC ou RV cesse em consequência da aplicação de sanção penal ou da sanção disciplinar de cessação compulsiva do regime de voluntariado ou de contrato.

5 – A cessação revista no número anterior será comunicada ao interessado.

Capítulo IX
Disposições complementares, transitórias e finais

Artigo 46.º
Contagem do tempo de serviço efectivo

Para os efeitos do presente diploma, a contagem do tempo de serviço efectivo é, salvo disposição em contrário, feita a partir da data da incorporação.

Artigo 47.º (*)
Contagem da idade para acesso a incentivos

1 – Em caso de candidatura a concursos para ingresso em quaisquer carreiras ou corpos especiais da Administração Pública, bem como nos casos em que a aplicação de algum dos incentivos previstos no presente Regulamento esteja associada à verificação de limites de idade, o tempo de serviço efectivo prestado em RC e RV é abatido à idade cronológica dos cidadãos, sem prejuízo da verificação das demais condições legalmente previstas para a aplicação de cada incentivo.

2 – O mecanismo de abate à idade cronológica a que se refere o número anterior não se aplica ao estabelecimento dos períodos de concessão do subsídio de desemprego.

(*) *Redacção do art. 2.º do DL n.º 118/2004, de 21/05.*

No art. 3.º do diploma citado, consta uma "*Norma de salvaguarda*" com o seguinte teor, no que ao presente artigo respeita:

«Artigo 3.º
Norma de salvaguarda

Sem prejuízo das situações jurídicas já consolidadas, o presente diploma reporta os seus efeitos à data de entrada em vigor do Decreto--Lei n.º 320-A/2000, de 15 de Dezembro, nas seguintes situações e condições:

a) ....;
b) ....;

c) *No caso dos militares que àquela data já se encontrassem integrados nas fileiras, não pode resultar da aplicação do incentivo previsto no artigo 47.º do Regulamento de Incentivos um abate à idade cronológica do tempo de serviço militar efectivamente prestado superior a sete anos.»*

ARTIGO 48.º

Emprego anterior

Se, para a concessão dos incentivos previstos no presente diploma, ou de outros, aos quais concorram os cidadãos que prestaram serviço militar em RC e RV, for exigido que o beneficiário tenha tido um emprego anterior, a prestação do serviço militar é, para esses efeitos, considerada emprego.

ARTIGO 49.º

Candidatura a benefícios antes do termo da prestação de serviço

Os militares em situação de RC e RV têm direito, salvo disposição mais favorável do presente Regulamento e desde que não haja inconveniente para o serviço, a habilitar-se nos últimos seis meses da vigência do contrato aos incentivos aos quais têm direito depois de findo o período de serviço.

ARTIGO 50.º

Organismos responsáveis

1 – Sem prejuízo do disposto no presente diploma, a atribuição de competências aos diferentes órgãos de sistema de incentivos será feita por despacho do Ministro da Defesa Nacional, ouvidos o Conselho de Chefes de Estado-Maior e a DGPRM.

2 – A atribuição de competências referida no número anterior será feita de acordo com os seguintes princípios:

a) Aos ramos cabe o planeamento e a aplicação do sistema de incentivos;
b) Ao Conselho de Chefes de Estado-Maior cabe a coordenação do planeamento e da execução do sistema;
c) À DGPRM cabem os contactos com organismos públicos e a execução do sistema, em particular findo o período de prestação de serviço.

3 – Cada ramo fará relatórios quadrimestrais e um relatório anual sobre a aplicação do presente decreto-lei, os quais serão entregues à DGPRM e ao EMGFA até ao final do mês seguinte ao período a que se referem.

4 – A DGPRM e os chefes de estado-maior farão relatórios quadrimestrais e um relatório anual sobre a aplicação do presente decreto-lei, sintetizando as suas actividades e as dos ramos, os quais serão presentes ao Ministro da Defesa Nacional até ao final do mês seguinte ao período a que se referem.

5 – Os relatórios anuais referidos no número anterior podem incluir projectos de adaptação do sistema de incentivos vigentes para melhor concretização dos objectivos legais.

Artigo 51.º
Competência do CEMGFA

Em tempo de paz, o Chefe do Estado-Maior-General das Forças Armadas, na sua qualidade de comandante operacional das Forças Armadas, dá parecer anual ao Ministro da Defesa Nacional sobre a adequação do sistema de incentivos à operacionalidade do sistema de forças, designadamente para os efeitos da alínea e) do n.º 5 do artigo 6.º da Lei n.º 111/91, de 29 de Agosto (Lei Orgânica de Bases da Organização das Forças Armadas).

Artigo 52.º
Comunicações entre os organismos militares e os RC e RV

1 – Para os efeitos do presente diploma, as comunicações entre o beneficiário e as Forças Armadas processar-se-ão, em princípio:

a) Durante o período de serviço, através do superior hierárquico;

b) Findo o período de serviço, através da DGPRM.

2 – Se as comunicações previstas na alínea b) do número anterior tiverem por objecto um ramo determinado, o Ministro da Defesa Nacional, por despacho, tem a faculdade de as atribuir a esse ramo.

3 – As comunicações que não tenham lugar através da cadeia de comando serão efectuadas por telefone, correio normal, electrónico ou fax da residência, entre a unidade militar e o endereço indicados pelo beneficiário. Só serão presenciais quando indispensável.

ARTIGO 53.º (*)

Cumprimento dos incentivos

1 – Compete aos ramos das Forças Armadas onde os candidatos a beneficiários dos incentivos previstos no presente Regulamento hajam prestado serviço militar a emissão de toda a documentação destinada a sustentar direitos decorrentes do presente diploma, bem como a comprovar o preenchimento das respectivas condições de candidatura, designadamente:

a) A relativa à avaliação de mérito, nos termos e para os efeitos previstos no n.º 6 do artigo 30.º do presente Regulamento;

b) A referente ao tempo de serviço militar efectivamente prestado, discriminada por anos, meses e dias.

2 – Para efeitos dos incentivos previstos no presente Regulamento, cuja aplicação seja da competência de outros serviços ou organismos da Administração Pública, deve o MDN promover com as tutelas respectivas a celebração dos protocolos que forem tidos por necessários, tendo em vista a troca de informação essencial à boa aplicação da lei.

3 – A DGPRM, recorrendo, designadamente, às novas tecnologias da informação, procede à divulgação das listas das acções de formação a que se refere o artigo 19.º do presente Regulamento relativamente aos cidadãos que tenham cessado a respectiva prestação de serviço militar, bem como dos concursos a que se referem os artigos 31.º a 34.º e 36.º, incluindo o escalonamento que eventualmente venha a ocorrer no âmbito da aplicação do artigo 32.º.

(*) *Redacção do art. 2.º do DL n.º 118/2004, de 21/05.*

ESTATUTO DOS MILITARES

- **Lei n.º 11/89, de 1/06:**
  – *Bases Gerais do Estatuto da Condição Militar;*

- **D.L. n.º 34-A/90, de 24/01:**
  – *Anterior Estatuto dos Militares das Forças Armadas (parcialmente em vigor);*

- **D.L. n.º 236/99, de 25/06:**
  – *Estatuto dos Militares das Forças Armadas;*

- **Lei n.º 25/2000, de 23/08:**
  – *Alteração ao Estatuto dos Militares das Forças Armadas;*

- **Lei n.º 197-A/2003, de 30/08:**
  – *Alteração ao Estatuto dos Militares das Forças Armadas.*

LEI N.º 11/89 DE 1 DE JUNHO

BASES GERAIS DO ESTATUTO DA CONDIÇÃO MILITAR

A Assembleia da República decreta, nos termos dos artigos 164.º, alínea d), 167.º, alínea n), e 169.º, n.º 2, da Constituição, o seguinte:

ARTIGO 1.º

A presente lei estabelece as bases gerais a que obedece o exercício dos direitos e o cumprimento dos deveres pelos militares dos quadros permanentes em qualquer situação e dos restantes militares enquanto na efectividade de serviço e define os princípios orientadores das respectivas carreiras.

ARTIGO 2.º

A condição militar caracteriza-se:

a) Pela subordinação ao interesse nacional;
b) Pela permanente disponibilidade para lutar em defesa da Pátria, se necessário com o sacrifício da própria vida;
c) Pela sujeição aos riscos inerentes ao cumprimento das missões militares, bem como à formação, instrução e treino que as mesmas exigem, quer em tempo de paz, quer em tempo de guerra;
d) Pela subordinação à hierarquia militar, nos termos da lei;
e) Pela aplicação de um regime disciplinar próprio;
f) Pela permanente disponibilidade para o serviço, ainda que com sacrifício dos interesses pessoais;

g) Pela restrição, constitucionalmente prevista, do exercício de alguns direitos e liberdades;
h) Pela adopção, em todas as situações, de uma conduta conforme com a ética militar, por forma a contribuir para o prestígio e valorização moral das forças armadas;
i) Pela consagração de especiais direitos, compensações e regalias, designadamente nos campos da Segurança Social, assistência, remunerações, cobertura de riscos, carreiras e formação.

Artigo 3.º

Os militares assumem o compromisso público de respeitar a Constituição e as demais leis da República e obrigam-se a cumprir os regulamentos e as determinações a que devam respeito, nos termos da lei.

Artigo 4.º

1 – A subordinação à disciplina militar baseia-se no cumprimento das leis e regulamentos respectivos e no dever de obediência aos escalões hierárquicos superiores, bem como no dever do exercício responsável da autoridade.

2 – O dever de obediência consiste em cumprir, completa e prontamente, as leis e regulamentos militares e as determinações que de umas e outros derivam, bem como as ordens e instruções dimanadas de superior hierárquico, dadas em assuntos de serviço, desde que o seu cumprimento não implique a prática de crime.

Artigo 5.º

Em processo disciplinar são garantidos aos militares os direitos de audiência, defesa, reclamação e recurso hierárquico e contencioso, sendo sempre garantido, em caso de processo escrito, o patrocínio.

Artigo 6.º

Os militares têm direito a receber do Estado patrocínio judiciário e assistência, que se traduz na dispensa do pagamento de preparos e custas e das demais despesas do processo, para defesa dos seus direitos e do seu bom nome e reputação, sempre que sejam afectados por causa de serviço que prestem às forças armadas ou no âmbito destas.

Artigo 7.º

Os militares gozam de todos os direitos e liberdades reconhecidos aos demais cidadãos, estando o exercício de alguns desses direitos e liberdades sujeito às restrições constitucionalmente previstas, com o âmbito pessoal e material que consta da Lei de Defesa Nacional e das Forças Armadas.

Artigo 8.º

1 – Aos militares que professam religião com expressão real no País é garantida assistência religiosa.

2 – Os militares não são obrigados a assistir ou a participar em actos de culto próprios de religião diversa da que professem.

Artigo 9.º

1 – Os militares exercem os poderes de autoridade inerentes ao desempenho das funções de comando, direcção, inspecção e superintendência, bem como da correspondente competência disciplinar.

2 – O exercício dos poderes de autoridade implica a responsabilidade dos actos que por si ou por sua ordem forem praticados.

Artigo 10.º

1 – Aos militares é atribuído um posto hierárquico, indicativo da sua categoria, e uma antiguidade nesse posto.

2 – O exercício dos poderes de autoridade, o dever de subordinação e a responsabilidade de cada militar decorrem das posições que ocupam na escala hierárquica e dos cargos que desempenham.

3 – Na estrutura orgânica das forças armadas os militares ocupam cargos e desempenham funções que devem corresponder aos seus postos.

4 – Quando, por razões de serviço, os militares desempenhem funções de posto superior ao seu, consideram-se investidos dos poderes de autoridade correspondentes a esse posto.

Artigo 11.º

1 – É garantido a todos os militares o direito de progressão na carreira, nos termos fixados nas leis estatutárias respectivas.

2 – O desenvolvimento das carreiras militares orienta-se pelos seguintes princípios básicos:

a) Relevância de valorização da formação militar;
b) Aproveitamento da capacidade profissional, avaliada em função de competência revelada e de experiência;
c) Adaptação à inovação e transformação decorrentes do progresso científico, técnico e operacional;
d) Harmonização das aptidões e interesses individuais com os interesses das forças armadas.

3 – Nenhum militar pode ser prejudicado ou beneficiado na sua carreira em razão de ascendência, sexo, raça, território de origem, religião, convicções políticas ou ideológicas, situação económica ou condição social.

4 – O desempenho profissional dos militares deve ser objecto de apreciação fundamentada, que, sendo desfavorável, é comunicada ao interessado, que dela pode apresentar reclamação e recurso hierárquico, nos termos fixados nas respectivas leis estatutárias.

Artigo 12.º

1 – Os militares têm o direito e o dever de receber treino e formação geral, cívica, científica, técnica e profissional, inicial e permanente, adequados ao pleno exercício das funções e missões que lhes forem atribuídas.

2 – Os militares têm ainda o direito e o dever de receber formação de actualização, reciclagem e progressão, com vista à sua valorização humana e profissional e à sua progressão na carreira.

ARTIGO 13.º

Os militares têm direito aos títulos, honras, precedências, imunidades e isenções adequados à sua condição, nos termos da lei.

ARTIGO 14.º

1 – Os militares dos quadros permanentes estão, nos termos dos respectivos estatutos, sujeitos à passagem à situação de reserva, de acordo com limites de idade e outras condições de carreira e serviço.

2 – Os militares na reserva mantêm-se disponíveis para o serviço e têm direito a uma contrapartida remuneratória adequada à situação em que se encontram.

ARTIGO 15.º

1 – Atendendo à natureza e características da respectiva condição, são devidos aos militares, de acordo com as diferentes formas de prestação de serviço, os benefícios e regalias fixados na lei.

2 – É garantido aos militares e suas famílias, de acordo com as condições legalmente estabelecidas, um sistema de assistência e protecção, abrangendo, designadamente, pensões de reforma, de sobrevivência e de preço de sangue e subsídios de invalidez e outras formas de segurança, incluindo assistência sanitária e apoio social.

ARTIGO 16.º

A presente lei aplica-se aos militares da Guarda Nacional Republicana e da Guarda Fiscal.

ARTIGO 17.º

1 – As bases gerais da disciplina militar são aprovadas por lei da Assembleia da República e o Regulamento de Disciplina Militar é aprovado por lei da Assembleia da República ou, mediante autorização legislativa, por decreto-lei do Governo.

2 – Em desenvolvimento da presente lei, e no prazo de seis meses a contar da sua entrada em vigor, serão aprovados por decreto-lei os estatutos respeitantes aos oficiais, sargentos e praças.

Aprovada em 7 de Março de 1989.

O Presidente da Assembleia da República, *Vítor Pereira Crespo.*

Promulgada em 11 de Maio de 1989.

Publique-se.

O Presidente da República, MÁRIO SOARES.

Referendada em 17 de Maio de 1989.

O Primeiro-Ministro, *Aníbal António Cavaco Silva.*

DL N.º 34-A/90, DE 24/01

APROVA O ESTATUTO DOS MILITARES DAS FORÇAS ARMADAS

Nota: *Este Estatuto registou as seguintes* ***modificações****:*

1 – *Rectificação pela Declaração n.º 3339, de 04/06/1990, in DR, I, 2.º suplemento, de 30/04/1990;*
2 – *Alteração pela Lei n.º 27/91, de 17/07/1991;*
3 – *Alteração pelo DL n.º 157/92, de 31/07;*
4 – *Alteração pela Lei n.º 15/92, de 05/08/1992;*
5 – *Alteração pelo DL n.º 27/94, de 5/02;*
6 – *Alteração pelo DL n.º 175/94, de 22/07/1997.*

E sofreu, também, as seguintes ***revogações****:*

1 – *Pelo art. 3.º do DL n.º 157/92, de 31/07: os arts. 409.º e sgs.*
2 – *Pelo DL n.º 27/94, de 5/02: arts. 275.º, 277.º, 282.º, 283.º, 284.º, 287.º, 289.º, 291.º, 326.º, 327.º, 328.º, 331.º, na parte referente aos pára-quedistas;*
3 – *Pelo novo EMFA (DL n.º 236/99, de 25/06):*
   a) – *Livro I, à excepção dos arts. 3.º, 5.º, 5.º-A, 6.º, 7.º, 31.º, 45.º e 106.º;*
   b) – *Todo o Livro II(arts. 117.º a 348.º);*
4 – *Pelo DL n.º 197-A/2003, de 30/08:*
   a) – *Os artigos 3.º, 5.º, 5.º-A, 6.º, 7.º, 31.º, 45.º e 106.º, sem prejuízo da sua manutenção em vigor enquanto persistir a situação prevista no n.º 1 do art. 59.º da Lei n.º 174/99, de 21 de Setembro (Lei do Serviço Militar), isto é, enquanto não for eliminada a obrigação de prestação de serviço efectivo normal;*

b) – *O Livro III(arts. 349.º a 364.º), sem prejuízo da sua manutenção em vigor enquanto persistir a situação prevista no n.º1 do art. 59.º da Lei n.º 174/99, de 21 de Setembro (Lei do Serviço Militar), isto é, enquanto não for eliminada a obrigação de prestação de serviço efectivo normal;*

c) – *O Livro IV (arts. 365.º e sgs), sem prejuízo da sua manutenção em vigor para os militares que tenham efectuado a declaração referida no n.º1 do art. 4.º do D.L. n.º 289/2000, de 14/11.*

Face às referências acabadas de efectuar, no final do diploma que o aprovou, do Estatuto publicaremos apenas as disposições que ainda mantêm utilidade, mesmo que temporária.

DL N.º 34-A/90, DE 24/01

APROVA O ESTATUTO
DOS MILITARES DAS FORÇA ARMADAS

Nota: do Estatuto, transcrevem-se apenas as disposições temporariamente vigentes em certos casos.

CAPÍTULO I
Objectivo

ARTIGO 1.º

É aprovado o Estatuto dos Militares das Forças Armadas, adiante designado por Estatuto, cujo texto se publica em anexo ao presente decreto-lei e que dele faz parte integrante.

CAPÍTULO II
Disposições comuns

ARTIGO 2.º

O militar dos quadros permanentes (QP) que à data da entrada em vigor do presente diploma se encontre na situação de adido ao quadro por limite de idade mantém-se nessa situação, sem possibilidade de ser promovido, até atingir o limite de idade para a passagem à situação de reserva fixado no Estatuto.

ARTIGO 3.º

O militar dos QP que à data da entrada em vigor do presente diploma tenha transitado para a situação de reserva mantém-se nessa situação, independentemente de se encontrar ou não em efectividade de serviço.

ARTIGO 4.º

O militar dos QP que à data da entrada em vigor do presente diploma já tenha cumprido 15 anos de serviço militar mantém a faculdade de requerer a passagem à situação de reserva.

ARTIGO 5.º

O militar dos QP que à data da entrada em vigor do presente diploma se encontre na situação de supranumerário permanente mantém-se na mesma situação e condições, em conformidade com a legislação que lhe deu origem.

ARTIGO 6.º

As instruções previstas no artigo 86.º do Estatuto serão publicadas no prazo de um ano.

ARTIGO 7.º

Aos militares dos QP que à data da entrada em vigor deste diploma se encontrem na situação de adido ao quadro em licença ilimitada é concedido um prazo de 120 dias para regressarem à efectividade de serviço, findo o qual se lhes aplicarão as normas estatutárias referentes àquela licença.

ARTIGO 8.º

Os aspectos específicos relativos ao ingresso nos QP e promoção aplicáveis aos militares músicos, clarins e corneteiros serão regulados em decreto-lei.

ARTIGO 9.º

A prestação de serviço no serviço de assistência religiosa das forças armadas é regulada em decreto-lei.

ARTIGO 10.º

1 – O militar dos QP que à data de entrada em vigor deste diploma se encontre na situação de adido ao quadro por ter completado seis anos de permanência no posto mantém-se nessa situação até atingir o limite de idade da passagem à situação de reserva ou ser promovido ao posto imediato.
2 – O militar dos QP no activo passa à situação de adido ao respectivo quadro especial, situação em que se mantém até passar à reserva, ou ser promovido ao posto imediato, se até 1 de Janeiro de 1993 vier a completar:

a) Seis anos de permanência nos postos de vice-almirante ou general e contra-almirante ou brigadeiro;
b) Seis anos de permanência nos postos de capitão-de-mar-e-guerra ou coronel e capitão-de-fragata ou tenente-coronel, nos casos em que estes postos sejam os mais elevados dos respectivos quadros especiais;
c) Seis anos de permanência no posto de sargento-mor.

ARTIGO 11.º

1 – A aplicação do disposto na alínea b) do artigo 175.º do Estatuto far-se-á gradualmente, mediante a passagem automática à situação de reforma dos militares que:

a) Em 1990 – atinjam 70 anos de idade, no próprio dia em que os completarem, ou atinjam 69 anos, no dia 31 de Dezembro;

b) Em 1991 – atinjam 69 anos de idade, no próprio dia em que os completarem, ou atinjam 68 anos, no dia 31 de Dezembro;
c) Em 1992 – atinjam 68 anos de idade, no próprio dia em que os completarem, ou atinjam 67 anos, no dia 31 de Dezembro;
d) Em 1993 – atinjam 67 anos de idade, no próprio dia em que os completarem, ou atinjam 66 anos, no dia 31 de Dezembro;
e) Em 1994 – atinjam 66 anos de idade, no próprio dia em que os completarem, ou atinjam 65 anos, no dia 31 de Dezembro.

2 – A aplicação do disposto na alínea c) do artigo 175.º do Estatuto far-se-á gradualmente, mediante a passagem automática à situação de reforma, nos seguintes termos:

a) Em 1 de Julho de 1990, todos os militares que nessa data contem 10 ou mais anos, seguidos ou interpolados, na reserva fora da efectividade de serviço, independentemente da situação em que então se encontrem;
b) Em 1 de Janeiro de 1991, todos os militares que nessa data contem 9 ou mais anos na reserva fora da efectividade de serviço, independentemente da situação em que então se encontrem.

Artigo 12.º

1 – Sempre que a pensão de reforma dos militares a que se refere o artigo 11.º resulte inferior à remuneração da reserva a que teriam direito caso não lhes fosse aplicado o calendário de transição, ser-lhes-á abonado, a título de complemento de pensão, o diferencial verificado.

2 – As verbas eventualmente necessárias para fazer face ao abono previsto no número anterior serão anualmente inscritas no orçamento do Ministério da Defesa Nacional.

3 – O direito ao abono do complemento de pensão manter-se-á até ao mês em que o militar complete 70 anos de idade.

Artigo 13.º

1 – Atingida a idade prevista no n.º 3 do artigo 12.º, os serviços competentes do Ministério da Defesa Nacional procederão a novo cálculo de pensão de reforma com base na remuneração da reserva a que o militar teria direito se não lhe tivesse sido aplicado o calendário de transição.

2 – Caso a pensão de reforma auferida pelo militar seja inferior à resultante do novo cálculo, ser-lhe-á abonado, a título de complemento de pensão, o diferencial verificado.

ARTIGO 14.º

1 – O complemento de pensão a que se refere o artigo anterior será pago por recurso a um fundo especial, a criar no âmbito do Ministério da Defesa Nacional, o qual será dotado de autonomia e objecto de regulamentação administrativa e financeira por decreto-lei.

2 – O fundo previsto no número anterior poderá ainda ser destinado a suportar, em condições a definir, o pagamento de complementos de pensão a todos os reformados militares.

3 – Do diploma legal a que se refere o n.º 1 constarão, designadamente:

a) Os objectivos da criação do fundo, forma de gestão e fiscalização;
b) O âmbito inicial de aplicação e os condicionalismos e as modalidades do seu alargamento gradual a todos os reformados militares;
c) As fontes de financiamento, nelas se incluindo expressamente contribuições adicionais de militares no activo e na reserva, bem como receitas da alienação do património do Estado afecto ao Ministério da Defesa Nacional.

4 – O fundo não poderá beneficiar de transferências directas do Orçamento do Estado nem contrair empréstimos.

5 – A entrada em vigor do disposto nas alíneas b) e c) do artigo 175.º do Estatuto fica dependente da criação e regulamentação do fundo a que se refere o presente artigo.

ARTIGO 15.º

1 – Durante o período de condicionamento da progressão nos escalões é facultada a passagem à situação de reforma, mediante declaração escrita, aos militares na situação de activo que satisfaçam de imediato ou venham a satisfazer, cumulativamente, durante aquele período os seguintes requisitos:

a) Tenham atingido os 53 anos de idade;
b) Tenham 36 ou mais anos de serviço prestado ao Estado.

2 – Aos militares reformados ao abrigo do disposto no n.º 1 aplica-se o regime previsto nos artigos 12.º e 13.º.

ARTIGO 16.º

Durante o período que mediar até à revisão dos quadros decorrentes da reorganização das forças armadas, a concretizar no prazo de dois anos contados a partir da entrada em vigor do Estatuto, o preenchimento das vagas não é obrigatório.

CAPÍTULO III

Da Marinha

ARTIGO 17.º

Os limites de idade de passagem à situação de reserva fixados no Estatuto entram em vigor no dia 1 de Janeiro de 1990, com as seguintes excepções:

a) Vice-almirante:
59 anos em 1 de Janeiro de 1990;
60 anos em 1 de Janeiro de 1991;
62 anos em 1 de Janeiro de 1993;

b) Contra-almirante das classes de marinha, engenheiros maquinistas navais, administração naval e engenheiros construtores navais:
58 anos em 1 de Janeiro de 1990;
59 anos em 1 de Janeiro de 1993;

c) Contra-almirante da classe de médicos navais:
62 anos em 1 de Janeiro de 1990;
61 anos em 1 de Janeiro de 1991;
60 anos em 1 de Janeiro de 1993;
59 anos em 1 de Janeiro de 1995;

d) Capitão-de-mar-e-guerra das classes de fuzileiros e serviço especial:
62 anos em 1 de Janeiro de 1990;
61 anos em 1 de Janeiro de 1991;
60 anos em 1 de Janeiro de 1993;

e) Capitão-de-mar-e-guerra das classes de médicos navais e farmacêuticos navais:
61 anos em 1 de Janeiro de 1990;
60 anos em 1 de Janeiro de 1991;
59 anos em 1 de Janeiro de 1993;
58 anos em 1 de Janeiro de 1995;
57 anos em 1 de Janeiro de 1996;

f) Capitão-de-fragata das classes de fuzileiros e serviço especial:
60 anos em 1 de Janeiro de 1990;
59 anos em 1 de Janeiro de 1991;

g) Capitão-de-fragata da classe de oficiais técnicos e do serviço geral:
62 anos em 1 de Janeiro de 1990;
61 anos em 1 de Janeiro de 1991;
60 anos em 1 de Janeiro de 1993;
59 anos em 1 de Janeiro de 1995;

h) Capitão-de-fragata das classes de médicos navais e farmacêuticos navais:
60 anos em 1 de Janeiro de 1990;
59 anos em 1 de Janeiro de 1991;
58 anos em 1 de Janeiro de 1993;
57 anos em 1 de Janeiro de 1995;
56 anos em 1 de Janeiro de 1996;

i) Capitão-tenente das classes de oficiais técnicos e do serviço geral:
60 anos em 1 de Janeiro de 1990;
59 anos em 1 de Janeiro de 1991;
58 anos em 1 de Janeiro de 1993.

2 – Aos oficiais que ingressarem na classe de fuzileiros antes da entrada em vigor do presente diploma aplicam-se os limites de idade de passagem à situação de reserva fixados para os oficiais cuja formação de base é equiparada ao ensino superior de curta duração.

Artigo 18.º

1 – Os tempos mínimos de permanência nos postos de primeiro-tenente, segundo-tenente e primeiro-sargento fixados no Estatuto aprovado pelo presente diploma e que constituem condição especial de promoção aos postos imediatos só se aplicarão aos militares que forem promovidos àqueles postos depois da entrada em vigor do novo regime estatutário.

2 – Os tempos mínimos de permanência nos postos de sargento-chefe e sargento-ajudante tidos como condição especial para promoção aos postos imediatos são gradualmente aumentados, de acordos com o seguinte:

a) Sargento-ajudante:
Dois anos em 1990 e 1991;
Três anos em 1992 e 1993;
Quatro anos em 1994 e 1995;
Cinco anos em 1996;

b) Sargento-chefe:
Um ano em 1990;
Dois anos em 1991, 1992 e 1993;
Três anos em 1994 e 1995;
Quatro anos em 1996.

3 – Aos oficiais da classe do serviço geral/oficiais técnicos aplicam-se, até à extinção da classe, as condições especiais de promoção aos postos de capitão-de-fragata e capitão-tenente que vigoravam à data da publicação do presente diploma.

4 – Aos oficiais das classes de engenheiros construtores navais e engenheiros de material naval aplicam-se, até à extinção das classes, os tempos mínimos de permanência nos postos de primeiro-tenente e segundo-tenente que vigoravam à data da publicação do presente diploma.

Artigo 19.º

1 – A frequência, com aproveitamento, do curso de promoção a oficial superior não constitui condição especial de promoção a capitão-tenente para os oficiais promovidos a primeiro-tenente antes da data de entrada em vigor do presente diploma, desde que, por dificuldades de gestão de pessoal, não tenha sido possível assegurar a sua oportuna nomeação para o referido curso.

2 – Os oficiais que, ao abrigo do disposto no número anterior, tenham sido promovidos ao posto de capitão-tenente sem terem frequentado o respectivo curso de promoção devem frequentá-lo neste posto, constituindo a habilitação com curso, nestes casos, condição especial de promoção a capitão-de-fragata.

Artigo 20.º

Enquanto não forem produzidos os efeitos de rejuvenescimento nos quadros especiais da categoria de sargentos decorrentes da criação do regime de contrato na categoria de praças, constituem condições especiais de promoção a sargento-mor e sargento-chefe nas classes alimentadas exclusivamente por praças dos QP os seguintes tempos mínimos nos postos:

a) Sargento-mor, 1 ano no posto de sargento-chefe e 17 anos de serviço efectivo na categoria de sargentos;
b) Sargento-chefe, 2 anos no posto de sargento-ajudante e 13 anos de serviço efectivo na categoria de sargentos.

ARTIGO 21.º

Até à completa extinção das classes de engenheiros construtores navais, engenheiros maquinistas navais, engenheiros de material naval, serviço especial, serviço geral/oficiais técnicos, técnicos de electricidade, técnicos radioelectricistas, radiotelegrafistas, sinaleiros, carpinteiros e mestres clarins, mantêm-se em vigor as normas aplicáveis a estas classes pelo anterior quadro estatutário e que não contrariem o estabelecido no Estatuto aprovado pelo presente diploma.

ARTIGO 22.º

Os níveis académicos requeridos para a frequência dos cursos de formação de oficiais e sargentos serão, progressivamente, elevados até 1996, ano em que se situarão, respectivamente, no 12.º e 9.º anos de escolaridade, ou provas de nível equivalente, sendo o faseamento estabelecido anualmente, durante este período por despacho do Chefe do Estado-Maior da Armada (CEMA).

ARTIGO 23.º

1 – Cessam a prestação de serviço efectivo no termo do período de recondução a que estão obrigados os sargentos e praças que à data da entrada em vigor do presente diploma se encontrem ainda ao abrigo daquele regime e que no prazo de 90 dias o declarem por escrito ao superintendente dos Serviços do Pessoal da Armada.

2 – Os militares abrangidos pelo disposto no número anterior transitarão para a situação de reserva, se no termo do prazo de 90 dias previsto tiverem cumprido 15 ou mais anos de serviço militar, ou à reserva da disponibilidade e licenciamento.

ARTIGO 24.º

Os cargos de comandante das unidades de apoio e instalações navais classificadas como unidades da Armada podem ser desempenhados por oficiais da Armada de qualquer classe até à entrada em vigor de novo dispositivo legal regulador do enquadramento orgânico das estruturas da Marinha.

ARTIGO 25.º

1 – Entram em extinção, nos termos e data que forem fixados por portaria do Ministro da Defesa Nacional (MDN), as seguintes classes:

a) Engenheiros construtores navais;
b) Engenheiros maquinistas navais;
c) Engenheiros de material naval;
d) Serviço especial;
e) Oficiais técnicos.

2 – A partir da data da entrada em extinção das classes referidas no número anterior não serão admitidos novos ingressos.

3 – Mantêm-se em extinção as classes de serviço geral, de técnicos de electricidade, técnicos radioelectricistas, radiotelegrafistas, sinaleiros, mestres clarins e carpinteiros.

4 – São criadas, na data e termos que forem fixados em portaria do MDN, as seguintes classes:

a) Engenheiros navais;
b) Serviço técnico.

ARTIGO 26.º

1 – Até à criação do curso de engenheiros navais da Escola Naval o ingresso na classe de engenheiros navais é feito por promoção a guarda-marinha dos alunos da Escola Naval que tenham concluído os cursos de engenheiros maquinistas navais ou de armas e electrónica.

2 – Têm acesso ao posto de contra-almirante da classe de fuzileiros os oficiais ingressados na classe nos termos do artigo 243.º do Estatuto.

CAPÍTULO IV
Do Exército

ARTIGO 27.º

Os limites de idade de passagem à situação de reserva fixados no Estatuto entram em vigor no dia 1 de Janeiro de 1990, com as seguintes excepções:

a) General:
60 anos em 1 de Janeiro de 1990;

61 anos em 1 de Janeiro de 1992;
62 anos em 1 de Janeiro de 1994;

b) Brigadeiro:
58 anos em 1 de Janeiro de 1990;
59 anos em 1 de Janeiro de 1992;

c) Serviço de saúde:
1) Brigadeiro:
62 anos em 1 de Janeiro de 1990;
61 anos em 1 de Janeiro de 1991;
60 anos em 1 de Janeiro de 1992;
59 anos em 1 de Janeiro de 1993;
2) Coronel:
61 anos em 1 de Janeiro de 1990;
60 anos em 1 de Janeiro de 1991;
59 anos em 1 de Janeiro de 1992;
58 anos em 1 de Janeiro de 1993;
57 anos em 1 de Janeiro de 1994;
3) Tenente-coronel:
60 anos em 1 de Janeiro de 1990;
59 anos em 1 de Janeiro de 1991;
58 anos em 1 de Janeiro de 1992;
56 anos em 1 de Janeiro de 1993;

d) Serviço geral do Exército, serviço postal militar e chefes de banda de música:
1) Tenente-coronel:
62 anos em 1 de Janeiro de 1990;
61 anos em 1 de Janeiro de 1991;
60 anos em 1 de Janeiro de 1992;
59 anos em 1 de Janeiro de 1993;
2) Major:
60 anos em 1 de Janeiro de 1990;
59 anos em 1 de Janeiro de 1991;
58 anos em 1 de Janeiro de 1992.

ARTIGO 28.º

1 – Os tempos mínimos de permanência nos postos tidos como condição especial de promoção fixados no Estatuto só se aplicarão aos actuais militares dos QP após a promoção ao posto imediato ocorrida depois da entrada em vigor do novo regime estatutário.

2 – As modalidades de promoção fixadas no Estatuto entram em vigor em 1 de Janeiro de 1992.

ARTIGO 29.º

Os cursos de formação e os cursos e estágio de promoção estabelecidos no Estatuto têm início nos anos lectivos que se indicam:

a) Curso de formação de oficiais dos quadros técnicos 1991-1992;

b) Curso superior de comando e direcção (CSCD) – a faculdade da inclusão de tenentes-coronéis neste curso verificar-se-á a partir de 1991-1992;

c) Curso de promoção a sargento-chefe (CPSC) – a partir de 1991-1992;

d) Estágio de promoção a sargento-ajudante (EPSAJ) - 1991-1992.

ARTIGO 30.º

1 – O quadro especial de oficiais mantém-se em progressiva extinção, pela continuação do cancelamento de admissões, sendo aplicadas aos elementos que o integram as disposições do Decreto-Lei n.º 296/84, de 31 de Agosto, na parte em que não contrariem o disposto no Estatuto.

2 – O quadro do serviço postal militar mantém-se em extinção, pela continuação do cancelamento de admissões, sendo aplicadas aos elementos que o integram as disposições do presente Estatuto.

3 – O quadro do serviço geral do Exército entra em extinção progressiva, por cancelamento de novas admissões, no final do curso de formação do ano lectivo de 1990-1991.

ARTIGO 31.º

1 – Os oficiais abrangidos pelo Decreto-Lei n.º 112/79, de 4 de Maio, e pelo Decreto-Lei n.º 90/78, de 7 de Maio, ingressam nos QP e são integrados no quadro técnico de secretariado, no qual são inscritos de acordo com a sua antiguidade relativa.

2 – Aos oficiais referidos no número anterior aplicam-se todas as disposições do presente Estatuto referentes à carreira, cuja formação de base é equiparada a curso superior de curta duração, com excepção da modalidade de promoção a tenente-coronel, que é por escolha, e do tempo mínimo de permanência no posto em que são integrados, por dele poderem ser dispensados por despacho do Chefe do Estado-Maior do Exército (CEME).

3 – O quadro técnico de secretariado entra em extinção, por cancelamento de novas admissões.

ARTIGO 32.º

1 – Os sargentos abrangidos pelo Decreto-Lei n.º 434-V/82, de 29 de Outubro, e pela Portaria n.º 1069/83, de 29 de Dezembro, ingressam nos QP e são integrados no quadro de amanuenses, no qual são inscritos de acordo com a sua antiguidade relativa.

2 – Aos sargentos referidos no número anterior, para todos os efeitos considerados sargentos dos QP, aplicam-se as disposições do Estatuto, com excepção dos tempos mínimos de permanência nos postos em que são integrados, por dele poderem ser dispensados por despacho do CEME.

3 – O quadro de amanuenses entra em extinção progressiva, por cancelamento de novas admissões, após a realização do último curso especial de promoção a segundo-sargento.

ARTIGO 33.º

Os sargentos habilitados com o curso de promoção a sargento-ajudante (CPSAJ) são dispensados, para efeitos de promoção, da frequência do curso de promoção a sargento-chefe (CPSC).

ARTIGO 34.º

Os primeiros-sargentos habilitados com o curso de formação de sargentos (CFS) – 1.º ao 10.º curso, exclusive –, promovidos a este posto a título excepcional, ao abrigo do Decreto-Lei n.º 176/81, de 26 de Junho, poderão ser nomeados para a frequência do curso ou estágio de promoção a sargentos-ajudantes desde que possuam as habilitações exigidas pelo Estatuto para ingresso na categoria de sargento.

Artigo 35.º

1 – Ingressam no quadro permanente de praças do Exército (QPPE), com o posto de cabo-adjunto, de acordo com a sua antiguidade relativa, à esquerda do 2.º curso de formação de praças do QPPE, as praças readmitidas actualmente existentes.

2 – O QPPE, após o ingresso previsto no número anterior, entra em extinção progressiva, por cancelamento de admissões.

3 – A promoção a cabo-de-secção dos cabos-adjuntos que ingressam no QPPE de acordo com o disposto no n.º 1 depende também da frequência, com aproveitamento, de um curso de promoção a cabo-de-secção, a criar por legislação própria.

4 – Todas as praças do QPPE, após a sua entrada em extinção progressiva, podem frequentar, sem prejuízo de mudança de categoria, ao abrigo das disposições estatutárias, um curso especial de promoção a segundo-sargento do quadro de amanuenses, em conformidade com legislação própria.

5 – Mantém-se em vigor o Decreto-Lei n.º 123/87, de 17 de Março, naquilo em que não contrarie o Estatuto.

Artigo 36.º

Os sargentos que foram abrangidos pelo disposto no artigo 37.º do Decreto-Lei n.º 920/76, de 31 de Dezembro, mantêm-se neste posto sem possibilidade de promoção.

Artigo 37.º

Para os sargentos ingressados nos QP antes de 1 de Janeiro de 1977 mantém-se em vigor o disposto no artigo 2.º do Decreto-Lei n.º 382/84, de 4 de Dezembro.

Artigo 38.º

1 – Os sargentos dos QP do Exército em serviço nas tropas pára-quedistas da Força Aérea serão considerados, para efeitos de promoção no quadro especial de origem do Exército, como mantendo a posição inicial no curso de origem da respectiva arma ou serviço.

2 – Os sargentos dos QP do Exército regressados das tropas pára-quedistas são intercalados nas listas de antiguidade das armas ou serviços de origem, mantendo os actuais postos e a antiguidade dos mesmos.

3 – A apreciação destes sargentos para promoção ao posto imediato processar-se-á na altura em que lhes competiria se tivessem mantido a sua posição inicial no curso de origem.

4 – Os sargentos nas condições do n.º 2 não preenchem vaga nos quadros especiais das respectivas armas ou serviços, ficando na situação de supranumerários até à sua promoção ao posto imediato.

Capítulo V
Da Força Aérea

Artigo 39.º

Os tempos mínimos de permanência nos postos tidos como condição especial de promoção fixados no Estatuto só se aplicarão aos actuais militares dos QP após a primeira promoção ao posto imediato ocorrida depois da entrada em vigor do Estatuto.

Artigo 40.º

Os limites de idade previstos para efeito de passagem à situação de reserva não se aplicarão aos actuais militares dos QP, enquanto se mantiverem nos postos que agora detêm, desde que o requeiram no prazo de 60 dias, contados a partir da data da entrada em vigor do Estatuto, e tal lhes seja autorizado.

Artigo 41.º

Os regimes de admissão, organização e funcionamento escolar dos novos cursos de formação de oficiais e de sargentos para ingresso nos QP, a que se refere o artigo 205.º, entrarão em vigor no ano lectivo de 1991-1992.

ARTIGO 42.º

O curso básico de comando só passará a constituir condição especial de promoção ao posto de capitão a partir de 1 de Janeiro de 1992.

ARTIGO 43.º

1 – Na categoria de oficial as especialidades de intendência e contabilidade (IC) e técnico de mecanografia e estatística (TMEST) passam a designar-se, respectivamente, por administração aeronáutica (ADMAER) e técnico de informática (TINF).

2 – Na categoria de sargento as especialidades de:

a) Especialista de abastecimento (EABST);
b) Condutor de obras e operador de máquinas de terraplenagem (COOMT);
c) Enfermeiro (ENF);
d) Serviço de secretaria, de arquivo e interno (SSAI);

passam a designar-se, respectivamente, por:

a) Abastecimento (ABST);
b) Construção e manutenção de infra-estruturas (CMI);
c) Serviço de saúde (SS);
d) Secretariado e apoio dos serviços (SAS).

ARTIGO 44.º

Mantêm-se em regime de extinção progressiva, não admitindo novos ingressos, as seguintes especialidades:

a) Na categoria de oficial, serviço geral e enfermeira pára-quedista;
b) Na categoria de sargento, mecânico electricista, mecânico de rádio, mecânico de radar e condutor auto.

ARTIGO 45.º

Os oficiais farmacêuticos ingressados na Força Aérea ao abrigo da Portaria n.º 439/72, de 8 de Agosto, permanecem ao serviço em regime de contrato, automaticamente prorrogável, aplicando-se-lhes os regimes de passagem às situações de reserva e de reforma previstos e o sistema retributivo para os militares dos QP de igual categoria e posto e, em matéria de promoções o regime fixado no n.º 9.º daquela citada Portaria n.º 439/72.

ARTIGO 46.º

Sempre que ocorram vagas nos postos de sargento-chefe e sargento-mor que não possam ser preenchidas por não haver sargentos-ajudantes (SAJU) e sargentos-chefes (SCHEFE) com tempos mínimos de permanência nestes postos para efeitos de promoção, e enquanto não forem revistos os respectivos quadros especiais, o Chefe do Estado-Maior da Força Aérea poderá autorizar a dispensa de tal condição, nos seguintes termos:

a) SAJU com 13 anos de serviço efectivo na categoria de sargento e 2 no posto actual;
b) SCHEFE com 17 anos de serviço efectivo na categoria de sargento e 1 no posto actual.

ARTIGO 47.º

1 – Os primeiros-cabos readmitidos (PCAB/RD) graduados no posto de furriel, de acordo com o disposto no Decreto-Lei n.º 314/81, de 20 de Novembro, permanecem ao serviço em regime de contrato, automaticamente prorrogável, com o posto de segundo-sargento, aplicando-se-lhes os regimes de passagem às situações de reserva e de reforma previstos para os militares dos QP de igual categoria.

2 – Os PCAB/RD que foram abrangidos pelo disposto nos n.os 2 e 3 do artigo 8.º do Decreto n.º 69/82, de 9 de Junho, permanecem ao serviço em regime de contrato, automaticamente prorrogável, com o posto de furriel, aplicando-se-lhes os regimes de passagem às situações de reserva e de reforma previstos para os militares dos QP de igual categoria.

3 – Os PCAB/RD que foram abrangidos pelo disposto na alínea b) do n.º 1 do artigo 5.º do Decreto-Lei n.º 272/78, de 6 de Setembro, permanecem ao serviço em regime de contrato, com o posto de cabo-adjunto.

CAPÍTULO VI

Disposições finais

ARTIGO 48.º

Fica revogada toda a legislação que contrarie o disposto no presente decreto-lei, designadamente:

Decreto-Lei n.º 36304, de 24 de Maio de 1947;
Decreto-Lei n.º 38916, de 18 de Setembro de 1952;
Decreto-Lei n.º 39071, de 31 de Dezembro de 1952;
Decreto-Lei n.º 39183, de 22 de Abril de 1953;
Decreto-Lei n.º 39921, de 23 de Novembro de 1954;
Decreto-Lei n.º 41492, de 31 de Dezembro de 1957;
Decreto-Lei n.º 41749, 23 de Julho de 1958;
Decreto-Lei n.º 42146, de 10 de Fevereiro de 1959;
Decreto-Lei n.º 42585, de 16 de Outubro de 1959;
Decreto-Lei n.º 43547, de 20 de Março de 1961;
Decreto-Lei n.º 43872, de 22 de Agosto de 1961;
Decreto-Lei n.º 43925, de 22 de Setembro de 1961;
Decreto-Lei n.º 43972, de 20 de Outubro de 1961;
Decreto-Lei n.º 44048, de 21 de Novembro de 1961;
Decreto-Lei n.º 44883, de 18 de Fevereiro de 1963;
Decreto-Lei n.º 45539, de 22 de Janeiro de 1964;
Decreto-Lei n.º 45381, de 23 de Novembro de 1963;
Decreto-Lei n.º 46326, de 7 de Maio de 1965;
Decreto-Lei n.º 46345, de 21 de Maio de 1965;
Decreto-Lei n.º 46618, de 27 de Outubro de 1965;
Decreto-Lei n.º 46672, de 29 de Novembro de 1965;
Decreto-Lei n.º 46861, de 24 de Fevereiro de 1966;
Decreto-Lei n.º 47577, de 7 de Março de 1967;
Decreto-Lei n.º 47693, de 12 de Maio de 1967;
Decreto-Lei n.º 47708, de 17 de Maio de 1967;
Decreto-Lei n.º 47932, de 13 de Setembro de 1967;
Decreto-Lei n.º 48054, de 22 de Novembro de 1967;
Decreto-Lei n.º 48470, de 5 de Julho de 1968;
Decreto-Lei n.º 48705, de 25 de Novembro de 1968;
Decreto-Lei n.º 48820, de 31 de Dezembro de 1968;
Decreto-Lei n.º 49264, de 26 de Setembro de 1969;
Decreto-Lei n.º 49361, de 7 de Novembro de 1969;
Decreto-Lei n.º 361/70, de 1 de Agosto;
Decreto-Lei n.º 367/70, de 7 de Agosto;
Decreto-Lei n.º 176/71, de 30 de Abril;
Decreto-Lei n.º 532/71, de 2 de Dezembro;
Decreto-Lei n.º 501/72, de 9 de Dezembro;
Decreto-Lei n.º 535/72, de 21 de Dezembro;
Decreto-Lei n.º 685/73, de 21 de Dezembro;
Decreto-Lei n.º 711/73, de 31 de Dezembro;

Decreto-Lei n.º 136/74, de 4 de Abril;
Decreto-Lei n.º 264/74, de 20 de Junho;
Decreto-Lei n.º 309/74, de 8 de Julho;
Decreto-Lei n.º 409/74, de 5 de Setembro;
Decreto-Lei n.º 463/74, de 18 de Setembro;
Decreto-Lei n.º 498-F/74, de 30 de Setembro;
Decreto-Lei n.º 622/74, de 16 de Novembro;
Decreto-Lei n.º 634/74, de 20 de Novembro;
Decreto-Lei n.º 684/74, de 2 de Dezembro;
Decreto-Lei n.º 714/74, de 12 de Dezembro;
Decreto-Lei n.º 98-A/75, de 1 de Março;
Decreto-Lei n.º 182/75, de 3 de Abril;
Decreto-Lei n.º 208/75, de 18 de Abril;
Decreto-Lei n.º 246-A/75, de 21 de Maio;
Decreto-Lei n.º 314/75, de 27 de Junho;
Decreto-Lei n.º 329-A/75, de 30 de Junho;
Decreto-Lei n.º 329-D/75, de 30 de Junho;
Decreto-Lei n.º 329-H/75, de 30 de Junho;
Decreto-Lei n.º 340/75, de 3 de Julho;
Decreto-Lei n.º 398/75, de 25 de Julho;
Decreto-Lei n.º 400/75, de 25 de Julho;
Decreto-Lei n.º 493/75, de 10 de Setembro;
Decreto-Lei n.º 495/75, de 11 de Setembro;
Decreto-Lei n.º 502/75, de 13 de Setembro;
Decreto-Lei n.º 527/75, de 25 de Setembro;
Decreto-Lei n.º 576-A/75, de 7 de Outubro;
Decreto-Lei n.º 620/75, de 12 de Novembro;
Decreto-Lei n.º 626/75, de 13 de Novembro;
Decreto-Lei n.º 776/75, de 31 de Dezembro;
Decreto-Lei n.º 27/76, de 16 de Janeiro;
Decreto-Lei n.º 28/76, de 16 de Janeiro;
Decreto-Lei n.º 98/76, de 2 de Fevereiro;
Decreto-Lei n.º 168/76, de 2 de Março;
Decreto-Lei n.º 177/76, de 5 de Março;
Decreto-Lei n.º 316-A/76, de 29 de Abril;
Decreto-Lei n.º 428/76, de 2 de Junho;
Decreto-Lei n.º 680/76, de 7 de Setembro;
Decreto-Lei n.º 681/76, de 8 de Setembro;
Decreto-Lei n.º 697/76, de 25 de Setembro;
Decreto-Lei n.º 698/76, de 27 de Setembro;

Decreto-Lei n.º 718/76, de 9 de Outubro;
Decreto-Lei n.º 732/76, de 15 de Outubro;
Decreto-Lei n.º 827/76, de 18 de Novembro;
Decreto-Lei n.º 838/76, de 3 de Dezembro;
Decreto-Lei n.º 891/76, de 30 de Dezembro;
Decreto-Lei n.º 915/76, de 31 de Dezembro;
Decreto-Lei n.º 920/76, de 31 de Dezembro;
Decreto-Lei n.º 941/76, de 31 de Dezembro;
Decreto-Lei n.º 945/76, de 31 de Dezembro;
Decreto-Lei n.º 35/77, de 27 de Janeiro;
Decreto-Lei n.º 51/77, de 13 de Abril;
Decreto-Lei n.º 115/77, de 30 de Março;
Decreto-Lei n.º 119/77, de 31 de Março;
Decreto-Lei n.º 187/77, de 9 de Maio;
Decreto-Lei n.º 188/77, de 10 de Maio;
Decreto-Lei n.º 230/77, de 2 de Junho;
Decreto-Lei n.º 238/77, de 8 de Junho;
Decreto-Lei n.º 243/77, de 8 de Junho;
Decreto-Lei n.º 349/77, de 8 de Junho;
Decreto-Lei n.º 384-A/77, de 12 de Setembro;
Decreto-Lei n.º 385-A/77, de 13 de Setembro;
Decreto-Lei n.º 385-B/77, de 13 de Setembro;
Decreto-Lei n.º 388/77, de 15 de Agosto;
Decreto-Lei n.º 456-A/77, de 2 de Novembro;
Decreto-Lei n.º 462/77, de 19 de Agosto;
Decreto-Lei n.º 490/77, de 18 de Novembro;
Decreto-Lei n.º 35/78, de 18 de Fevereiro;
Decreto-Lei n.º 90/78, de 9 de Maio;
Decreto-Lei n.º 92/78, de 11 de Maio;
Decreto-Lei n.º 129/78, de 5 de Junho;
Decreto-Lei n.º 134/78, de 6 de Junho;
Decreto-Lei n.º 152/78, de 22 de Junho;
Decreto-Lei n.º 177/78, de 14 de Julho;
Decreto-Lei n.º 249/78, de 23 de Agosto;
Decreto-Lei n.º 272/78, de 6 de Setembro;
Decreto-Lei n.º 292/78, de 20 de Setembro;
Decreto-Lei n.º 299/78, de 29 de Setembro;
Decreto-Lei n.º 426/78, de 27 de Dezembro;
Decreto-Lei n.º 5/79, de 17 de Janeiro;
Decreto-Lei n.º 44/79, de 9 de Março;

Decreto-Lei n.º 112/79, de 4 de Maio;
Decreto-Lei n.º 159/79, de 30 de Maio;
Decreto-Lei n.º 168/79, de 5 de Junho;
Decreto-Lei n.º 215/79, de 16 de Julho;
Decreto-Lei n.º 393/79, de 21 de Setembro;
Decreto-Lei n.º 410/79, de 26 de Setembro;
Decreto-Lei n.º 514/79, de 28 de Dezembro;
Decreto-Lei n.º 2/80, de 15 de Janeiro;
Decreto-Lei n.º 7/80, de 11 de Fevereiro;
Decreto-Lei n.º 11/80, de 21 de Fevereiro;
Decreto-Lei n.º 152/80, de 24 de Maio;
Decreto-Lei n.º 184/80, de 11 de Junho;
Decreto-Lei n.º 185/80, de 12 de Junho;
Decreto-Lei n.º 309/80, de 19 de Agosto;
Decreto-Lei n.º 381/80, de 18 de Setembro;
Decreto-Lei n.º 483/80, de 17 de Outubro;
Decreto-Lei n.º 491/80, de 18 de Outubro;
Decreto-Lei n.º 547/80, de 18 de Novembro;
Decreto-Lei n.º 5-A/81, de 23 de Janeiro;
Decreto-Lei n.º 74/81, de 10 de Abril;
Decreto-Lei n.º 75/81, de 11 de Abril;
Decreto-Lei n.º 168/81, de 20 de Junho;
Decreto-Lei n.º 170/81, de 23 de Junho;
Decreto-Lei n.º 176/81, de 26 de Junho;
Decreto-Lei n.º 188-A/81, de 2 de Julho;
Decreto-Lei n.º 194/81, de 9 de Julho;
Decreto-Lei n.º 273/81, de 1 de Outubro;
Decreto-Lei n.º 277/81, de 1 de Outubro;
Decreto-Lei n.º 288/81, de 1 de Outubro;
Decreto-Lei n.º 314/81, de 20 de Novembro;
Decreto-Lei n.º 341/81, de 14 de Dezembro;
Decreto-Lei n.º 22/82, de 30 de Janeiro;
Decreto-Lei n.º 44/82, de 10 de Fevereiro;
Decreto-Lei n.º 82/82, de 16 de Março;
Decreto-Lei n.º 120/82, de 22 de Abril;
Decreto-Lei n.º 314/82, de 9 de Agosto;
Decreto-Lei n.º 345/82, de 2 de Setembro;
Decreto-Lei n.º 367/82, de 10 de Setembro;
Decreto-Lei n.º 419/82, de 12 de Outubro;
Decreto-Lei n.º 424/82, de 19 de Outubro;

Decreto-Lei n.º 431/82, de 25 de Outubro;
Decreto-Lei n.º 434-P/82, de 29 de Outubro;
Decreto-Lei n.º 434-T/82, de 29 de Outubro;
Decreto-Lei n.º 434-V/82, de 29 de Outubro;
Decreto-Lei n.º 224/83, de 27 de Maio;
Decreto-Lei n.º 362/83, de 20 de Setembro;
Decreto-Lei n.º 136/84, de 7 de Maio;
Decreto-Lei n.º 281/84, de 16 de Agosto;
Decreto-Lei n.º 330/84, de 15 de Outubro;
Decreto-Lei n.º 362/84, de 19 de Novembro;
Decreto-Lei n.º 382/84, de 4 de Dezembro;
Decreto-Lei n.º 389/84, de 11 de Dezembro;
Decreto-Lei n.º 392/84, de 20 de Dezembro;
Decreto-Lei n.º 203/85, de 26 de Junho;
Decreto-Lei n.º 489/85, de 26 de Novembro;
Decreto-Lei n.º 69/86, de 31 de Março;
Decreto-Lei n.º 181/86, de 9 de Julho;
Decreto-Lei n.º 377/86, de 10 de Novembro;
Decreto-Lei n.º 12-A/87, de 8 de Janeiro;
Decreto-Lei n.º 120/87, de 16 de Março;
Decreto-Lei n.º 377/87, de 17 de Dezembro;
Decreto-Lei n.º 257/88, de 22 de Julho;
Decreto-Lei n.º 137/89, de 28 de Abril;
Decreto-Lei n.º 218/89, de 4 de Julho;
Decreto Regulamentar n.º 65/86, de 14 de Novembro;
Decreto n.º 34131, de 23 de Novembro de 1944;
Decreto n.º 35953, de 18 de Novembro de 1946;
Decreto n.º 37025, de 24 de Agosto de 1948;
Decreto n.º 44884, de 18 de Fevereiro de 1963;
Decreto n.º 45736, de 29 de Maio de 1964;
Decreto n.º 46960, de 14 de Abril de 1966;
Decreto n.º 460/70, de 6 de Outubro;
Decreto n.º 377/71, de 10 de Setembro;
Decreto n.º 464/72, de 21 de Novembro;
Decreto n.º 63/73, de 26 de Fevereiro;
Decreto n.º 600/73, de 9 de Novembro;
Decreto n.º 29/78, de 17 de Março;
Decreto n.º 105/78, de 29 de Maio;
Decreto n.º 57/79, de 27 de Junho;
Decreto n.º 42/80, de 7 de Julho;

Decreto n.º 46/80, de 15 de Julho;
Decreto n.º 69/82, de 9 de Junho;
Portaria n.º 6972, de 26 de Novembro de 1930;
Portaria n.º 19579, de 24 de Dezembro de 1962;
Portaria n.º 21999, de 13 de Maio de 1966;
Portaria n.º 22008, de 19 de Maio de 1966;
Portaria n.º 22837, de 19 de Agosto de 1967;
Portaria n.º 22916, de 21 de Setembro de 1967;
Portaria n.º 23245, de 26 de Fevereiro de 1968;
Portaria n.º 23294, de 1 de Abril de 1968;
Portaria n.º 23320, de 19 de Abril de 1968;
Portaria n.º 23849, de 14 de Janeiro de 1969;
Portaria n.º 23851, de 15 de Janeiro de 1969;
Portaria n.º 24182, de 15 de Julho de 1969;
Portaria n.º 177/70, de 7 de Abril;
Portaria n.º 409/70, de 21 de Agosto;
Portaria n.º 90/71, de 15 de Fevereiro;
Portaria n.º 94/71, de 16 de Fevereiro;
Portaria n.º 95/71, de 17 de Fevereiro;
Portaria n.º 113/71, de 27 de Fevereiro;
Portaria n.º 31/72, de 22 de Janeiro;
Portaria n.º 181/72, de 31 de Março;
Portaria n.º 196/72, de 16 de Abril;
Portaria n.º 219/72, de 21 de Abril;
Portaria n.º 546/72, de 21 de Setembro;
Portaria n.º 26/73, de 15 de Janeiro;
Portaria n.º 345/73, de 17 de Maio;
Portaria n.º 507/73, de 28 de Julho;
Portaria n.º 627/73, de 19 de Setembro;
Portaria n.º 637/73, de 25 de Setembro;
Portaria n.º 686/73, de 10 de Outubro;
Portaria n.º 694/73, de 12 de Outubro;
Portaria n.º 277/74, de 16 de Abril;
Portaria n.º 282/74, de 17 de Abril;
Portaria n.º 431/74, de 10 de Julho;
Portaria n.º 471/74, de 16 de Julho;
Portaria n.º 481/74, de 29 de Julho;
Portaria n.º 656/74, de 12 de Outubro;
Portaria n.º 702/74, de 29 de Outubro;
Portaria n.º 801/74, de 10 de Dezembro;

Portaria n.º 27/75, de 17 de Janeiro;
Portaria n.º 76/75, de 7 de Fevereiro;
Portaria n.º 337-A/75, de 4 de Junho;
Portaria n.º 338-A/75, de 5 de Junho;
Portaria n.º 387/75, de 25 de Junho;
Portaria n.º 395/75, de 28 de Junho;
Portaria n.º 417/75, de 4 de Julho;
Portaria n.º 493/75, de 16 de Agosto;
Portaria n.º 511/75, de 23 de Agosto;
Portaria n.º 524/75, de 28 de Agosto;
Portaria n.º 530/75, de 1 de Setembro;
Portaria n.º 656/75, de 10 de Novembro;
Portaria n.º 713/75, de 2 de Dezembro;
Portaria n.º 756/75, de 18 de Dezembro;
Portaria n.º 4/76, de 3 de Janeiro;
Portaria n.º 13/76, de 10 de Janeiro;
Portaria n.º 62/76, de 3 de Fevereiro;
Portaria n.º 70/76, de 9 de Fevereiro;
Portaria n.º 106/76, de 27 de Fevereiro;
Portaria n.º 316/76, de 24 de Maio;
Portaria n.º 561/76, de 8 de Setembro;
Portaria n.º 593/76, de 6 de Outubro;
Portaria n.º 623/76, de 2 de Outubro;
Portaria n.º 632/76, de 23 de Outubro;
Portaria n.º 671/76, de 13 de Novembro;
Portaria n.º 692/76, de 20 de Novembro;
Portaria n.º 744/76, de 17 de Dezembro;
Portaria n.º 753/76, de 21 de Dezembro;
Portaria n.º 784/76, de 31 de Dezembro;
Portaria n.º 24/77, de 19 de Janeiro;
Portaria n.º 52/77, de 1 de Fevereiro;
Portaria n.º 58/77, de 4 de Fevereiro;
Portaria n.º 80/77, de 18 de Fevereiro;
Portaria n.º 119/77, de 11 de Março;
Portaria n.º 263/77, de 13 de Maio;
Portaria n.º 307/77, de 27 de Maio;
Portaria n.º 312/77, de 30 de Maio;
Portaria n.º 326/77, de 2 de Junho;
Portaria n.º 329/77, de 3 de Junho;
Portaria n.º 349/77, de 8 de Junho;

Portaria n.º 406/77, de 8 de Julho;
Portaria n.º 420/77, de 13 de Julho;
Portaria n.º 448/77, de 21 de Julho;
Portaria n.º 476/77, de 29 de Julho;
Portaria n.º 602/77, de 21 de Setembro;
Portaria n.º 625/77, de 29 de Setembro;
Portaria n.º 648/77, de 15 de Outubro;
Portaria n.º 650/77, de 18 de Outubro;
Portaria n.º 656/77, de 24 de Outubro;
Portaria n.º 764/77, de 19 de Dezembro;
Portaria n.º 767/77, de 21 de Dezembro;
Portaria n.º 15/78, de 11 de Janeiro;
Portaria n.º 16/78, de 11 de Janeiro;
Portaria n.º 36/78, de 19 de Janeiro;
Portaria n.º 63-A/78, de 31 de Janeiro;
Portaria n.º 152/78, de 18 de Março;
Portaria n.º 286/78, de 29 de Maio;
Portaria n.º 308/78, de 9 de Junho;
Portaria n.º 329/78, de 20 de Junho;
Portaria n.º 339/78, de 26 de Junho;
Portaria n.º 411/78, de 27 de Julho;
Portaria n.º 442/78, de 7 de Agosto;
Portaria n.º 489/78, de 26 de Agosto;
Portaria n.º 491-A/78, de 28 de Agosto;
Portaria n.º 656/78, de 14 de Novembro;
Portaria n.º 689/78, de 30 de Novembro;
Portaria n.º 716/78, de 7 de Dezembro;
Portaria n.º 770/78, de 27 de Dezembro;
Portaria n.º 73/79, de 9 de Fevereiro;
Portaria n.º 76/79, de 12 de Fevereiro;
Portaria n.º 138/79, de 30 de Março;
Portaria n.º 218/79, de 7 de Março;
Portaria n.º 349/79, de 18 de Julho;
Portaria n.º 398/79, de 6 de Agosto;
Portaria n.º 494/79, de 14 de Setembro;
Portaria n.º 504/79, de 15 de Setembro;
Portaria n.º 507/79, de 17 de Setembro;
Portaria n.º 529/79, de 3 de Outubro;
Portaria n.º 580/79, de 5 de Novembro;
Portaria n.º 582/79, de 6 de Novembro;

Portaria n.º 638/79, de 3 de Dezembro;
Portaria n.º 82/80, de 3 de Março;
Portaria n.º 156/80, de 5 de Abril;
Portaria n.º 223/80, de 6 de Maio;
Portaria n.º 329/80, de 12 de Junho;
Portaria n.º 351/80, de 26 de Junho;
Portaria n.º 1008/80, de 27 de Novembro;
Portaria n.º 1094-A/80, de 26 de Dezembro;
Portaria n.º 155/81, de 30 de Janeiro;
Portaria n.º 186-A/81, de 16 de Fevereiro;
Portaria n.º 222/81, de 27 de Fevereiro;
Portaria n.º 241/81, de 7 de Março;
Portaria n.º 274/81, de 17 de Março;
Portaria n.º 306/81, de 31 de Março;
Portaria n.º 337/81, de 10 de Abril;
Portaria n.º 479/81, de 11 de Junho;
Portaria n.º 582/81, de 10 de Julho;
Portaria n.º 651/81, de 30 de Julho;
Portaria n.º 721/81, de 25 de Agosto;
Portaria n.º 752-A/81, de 2 de Setembro;
Portaria n.º 891/81, de 7 de Outubro;
Portaria n.º 991/81, de 20 de Novembro;
Portaria n.º 1061/81, de 16 de Dezembro;
Portaria n.º 132/82, de 30 de Janeiro;
Portaria n.º 199/82, de 18 de Fevereiro;
Portaria n.º 274/82, de 15 de Março;
Portaria n.º 326/82, de 27 de Março;
Portaria n.º 330/82, de 29 de Março;
Portaria n.º 371/82, de 15 de Abril;
Portaria n.º 431/82, de 29 de Abril;
Portaria n.º 498/82, de 15 de Maio;
Portaria n.º 549/82, de 3 de Junho;
Portaria n.º 550/82, de 4 de Junho;
Portaria n.º 584/82, de 16 de Junho;
Portaria n.º 616/82, de 22 de Junho;
Portaria n.º 891/82, de 23 de Setembro;
Portaria n.º 966/82, de 14 de Outubro;
Portaria n.º 970/82, de 15 de Outubro;
Portaria n.º 1012-G/82, de 29 de Outubro;
Portaria n.º 1012-H/82, de 29 de Outubro;

Portaria n.º 1012-I/82, de 29 de Outubro;
Portaria n.º 1012-M/82, de 29 de Outubro;
Portaria n.º 1012-O/82, de 29 de Outubro;
Portaria n.º 1012-P/82, de 29 de Outubro;
Portaria n.º 1012-Q/82, de 29 de Outubro;
Portaria n.º 131/83, de 4 de Fevereiro;
Portaria n.º 528/83, de 5 de Maio;
Portaria n.º 539/83, de 9 de Maio;
Portaria n.º 611/83, de 27 de Maio;
Portaria n.º 612/83, de 27 de Maio;
Portaria n.º 643/83, de 3 de Junho;
Portaria n.º 670/83, de 9 de Junho;
Portaria n.º 965/83, de 9 de Novembro;
Portaria n.º 996/83, de 28 de Novembro;
Portaria n.º 1069/83, de 29 de Dezembro;
Portaria n.º 17/84, de 12 de Janeiro;
Portaria n.º 483/84, de 20 de Junho;
Portaria n.º 538/84, de 31 de Julho;
Portaria n.º 574/84, de 7 de Agosto;
Portaria n.º 739/84, de 21 de Setembro;
Portaria n.º 740/84, de 21 de Setembro;
Portaria n.º 782/84, de 4 de Outubro;
Portaria n.º 812/84, de 18 de Outubro;
Portaria n.º 940/84, de 19 de Dezembro;
Portaria n.º 632/85, de 23 de Agosto;
Portaria n.º 59/86, de 20 de Fevereiro;
Portaria n.º 270/86, de 4 de Junho;
Portaria n.º 284/86, de 17 de Junho;
Portaria n.º 696/86, de 21 de Novembro;
Portaria n.º 817/87, de 2 de Outubro;
Portaria n.º 152/88, de 11 de Março;
Portaria n.º 269/88, de 4 de Maio.

ARTIGO 49.º

1 – O presente decreto-lei produz efeitos desde o dia 1 de Janeiro de 1990.

2 – Enquanto não for publicada a legislação complementar prevista no Estatuto, aplicam-se os correspondentes diplomas que actualmente se encontram em vigor.

Visto e aprovado em Conselho de Ministros de 21 de Dezembro de 1989. – *Aníbal António Cavaco Silva – Eurico Silva Teixeira de Melo – Rui Carlos Alvarez Carp.*

Promulgado em 24 de Janeiro de 1990.

Publique-se.

O Presidente da República, MÁRIO SOARES.

Referendado em 24 de Janeiro de 1990.

O Primeiro-Ministro, *Aníbal António Cavaco Silva.*

DL N.º 34-A/90, DE 24/01

ESTATUTO DOS MILITARES DAS FORÇAS ARMADAS

(Disposições ainda temporariamente vigentes)

LIVRO I
PARTE GERAL

TÍTULO I
Disposições gerais

....

ARTIGO 3.º (*)
Formas de prestação de serviço

As formas de prestação de serviço efectivo são as seguintes:
a) Serviço efectivo nos quadros permanentes (QP);
b) Serviço efectivo normal (SEMN;
c) Serviço efectivo em regime de voluntariado (RV);
d) Serviço efectivo em regime de contrato (RC);
e) Serviço efectivo decorrente de convocação ou mobilização

(*) *Redacção do DL n.º157/92, de 31/07.*

....

ARTIGO 5.º (*)
Militar em RC

É militar em RC o que, tendo cumprido o SEM e prestado serviço em RV pelo período mínimo de 12 meses, continua ou regressa ao serviço por um período de tempo limitado, com vista à satisfação de necessidades das Forças Armadas ou ao seu eventual recrutamento para os QP.

(*) *Redacção do DL n.º 157/92, de 31/07.*

ARTIGO 5.º-A (*)
Militar em RV

É militar em RV o que, tendo cumprido o SEM, deseje manter-se ao serviço por um período de tempo não superior a 18 meses, com vista à satisfação de necessidades das Forças Armadas, à passagem ao RC ou ao seu eventual recrutamento para os QP.

(*) *Introduzido pelo art. 2.º do DL n.º 157/92, de 31/07.*

ARTIGO 6.º
Militar em SEM

É militar em SEN o que, conscrito ao serviço militar ou voluntário, presta serviço nas forças armadas, decorrendo tal prestação desde o acto da incorporação até à data de passagem à situação de disponibilidade ou ao ingresso noutra forma de serviço efectivo.

ARTIGO 7.º (*)
Militar convocado ou mobilizado

1 – Serviço efectivo decorrente de convocação é o prestado nos termos do artigo 28.º da Lei n.º 30/87, de 7 de Julho, e aplica-se aos cidadãos na situação de disponibilidade.

2 – Serviço efectivo decorrente de mobilização é o prestado nos termos do artigo 29.º da Lei n.º 30/87, de 7 de Julho, e aplica-se aos cidadãos nas situações de reserva de disponibilidade e reserva territorial.

3 – São aplicáveis aos militares convocados ou mobilizados as disposições estatutárias respeitantes às formas de prestação de serviço que antecederam a passagem à reserva de disponibilidade e licenciamento.

4 – Aos militares mobilizados a que se refere o número anterior serão igualmente aplicadas as disposições estatutárias respeitantes a outras formas de prestação de serviço quando a duração dos períodos de mobilização o justifique.

(*) *Redacção do DL n.º 157/92, de 31/07.*

....

ARTIGO 31.º

Antiguidade relativa entre militares

1 – O militar dos QP é sempre considerado mais antigo que os militares em RC, RV, SEM, mobilizados e convocados ppromovidos a posto igual ou correspondente com a mesma data de antiguidade. (*)

2 – O militar graduado é sempre considerado mais moderno que os militares promovidos a posto igual ou correspondente.

(*) *Redacção do DL n.º 157/92, de 31/07.*

....

ARTIGO 45.º

Efectivos

1 – Designa-se, genericamente, por efectivos o número de militares, nas diferentes formas de prestação de serviço efectivo, necessário ao funcionamento das forças armadas.

2 – Os efectivos dos quadros permanentes das forças armadas são fixados em decreto-lei, sob proposta do Conselho de Chefes de Estado-Maior (CCEM).

3 – Os efectivos dos comandos, unidades, estabelecimentos e órgãos militares não integrados nos ramos são fixados por decreto-lei, sob proposta do CCEM.

4 – Os efectivos em RC e RV e os voluntários a ele destinados são anualmente fixados, para cada ramo, em portaria do Ministro da Defesa Nacional (MDN), sob proposta do CCEM, e são expressos na Lei do Orçamento do Estado. (*)

5 – Os efectivos conscritos a incorporar anualmente nos ramos das forças armadas são expressos na lei do Orçamento do Estado, mediante proposta do CCEM.

6 – Os efectivos convocados ou mobilizadas são fixados de acordo com as disposições previstas na LSM e demais legislação aplicável.

(*) *Redacção do DL n.º 157/92, de 31/07.*

....

TÍTULO IV

Efectivos, situações e tempo de serviço

CAPÍTULO I

Dos efectivos e das situações

ARTIGO 106.º

Licença registada

1 – A licença registada pode ser concedida, a requerimento do interessado, por motivos de natureza particular que justifiquem tal petição, ou imposta por motivos decorrentes de conveniência de serviço.

2 – A licença registada não confere direito a remuneração ou compensação financeira e não conta como tempo de serviço militar. (*)

(*) *Redacção do DL n.º 157/92, de 31/07.*

....

LIVRO III

DO SERVIÇO EFECTIVO NORMAL

ARTIGO 349.º (*)

Início e duração do SEN

O serviço efectivo normal tem início no primeiro dia da incorporação do turno respectivo e tem a duração fixada nos termos previstos na Lei do Serviço Militar (LSM).

(*) *Redacção do DL n.º 157/92, de 31/07.*

ARTIGO 350.º (*)

Designação e identificação dos militares em SEM

1 – Os militares em SEN são designados pelo posto, classe, arma ou serviço e especialidade, em função do respectivo ramo, pelo regime em que se encontram e número de identificação e nome.

2 – Os militares em SEN são designados por:

a) Cadete SEN (CADSEN) ou soldado cadete (SOLCAD), quando destinado a oficial;

b) Segundo-grumete instruendo (2GRINS) ou soldado instruendo (SOLINS), quando destinado a sargento;

c) Segundo-grumete recruta (2GRREC) ou soldado recruta (SOLREC), quando destinado a praça.

3 – Após a preparação militar geral, os militares referidos na alínea c) do número anterior deixam de ter a designação «recruta».

4 – Durante o período nas fileiras, os militares em SEN, cuja formação civil dispense a preparação complementar da classe ou especialidade a que se destinam e desde que sejam utilizados em funções de acordo com as necessidades dos ramos, podem ser objecto de graduação, após a preparação militar geral, nos postos previstos para os militares desta forma de prestação de serviço, na data de passagem à disponibilidade.

5 – Ao militar em SEN é atribuído, em substituição da cédula, um cartão de identificação, de uso obrigatório, para comprovar a sua identidade para efeitos militares.

(*) *Redacção do DL n.º 157/92, de 31/07.*

ARTIGO 251.º (*)

Funções

1 – Ao militar em SEN incumbe o desempenho de funções compatíveis com a preparação obtida e, sempre que possível, com as habilitações académicas e qualificações profissionais que detenha.

2 – Os militares em SEN distribuem-se, do ponto de vista funcional e técnico, de acordo com as normas estabelecidas por despacho do CEM do respectivo ramo.

(*) *Redacção do DL n.º 157/92, de 31/07.*

ARTIGO 352.º (*)
Postos

1 – Sem prejuízo de promoção por distinção, o militar em SEN é promovido, na data da passagem à situação de disponibilidade ou no primeiro dia do prolongamento excepcional do SEN, aos seguintes postos:

a) Oficiais – aspirante a oficial;
b) Sargentos – segundo-subsargento ou segundo-furriel.

2 – As praças mantêm as designações que detinham, podendo ainda ser promovidas a primeiro-grumete ou segundo-cabo quando habilitadas com o curso de formação de grumetes ou curso de promoção a cabo.

3 – A inscrição no posto de cada uma das categorias acima referidas é feita, dentro de cada turno de incorporação, por ordem decrescente de classificação nos respectivos cursos de formação.

4 – Na categoria de praças, quando não sejam atribuídas classificações, a inscrição é feita por ordem decrescente dos números de identificação militar (NIM).

(*) *Redacção do DL n.º 157/92, de 31/07.*

ARTIGO 353.º (*)
Antiguidade relativa

A antiguidade relativa entre militares em SEN da mesma categoria e posto é determinada inicialmente pela ordem de inscrição no respectivo posto.

(*) *Redacção do DL n.º 157/92, de 31/07.*

ARTIGO 354.º (*)
Preparação militar geral

1 – O militar em SEN, é sujeito, após a incorporação, à preparação militar geral, que visa fornecer conhecimentos adequados às características do ramo a que pertence.

2 – A preparação militar geral termina no acto de juramento de bandeira e a sua duração é fixada por portaria do Ministro da Defesa Nacional, sob proposta do CCEM.

3 – O militar destinado exclusivamente a cumprir o SEN que não obtenha aproveitamento na preparação militar geral é submetido a novo período de preparação no turno seguinte.

4 – O militar destinado exclusivamente a cumprir o SEN, na categoria de oficial ou sargento, que não obtenha aproveitamento na preparação militar geral por motivos disciplinares ou escolares cumpre o serviço efectivo como praça e é submetido a novo período de preparação no turno seguinte.

5 – O militar destinado exclusivamente a cumprir o SEN, na categoria de oficial ou sargento, que, por motivo de acidente ou doença, não obtenha aproveitamento na preparação militar geral é submetido a novo período de prepração no turno seguinte.

6 – O militar aluno que interrompa a frequência de cursos de formação para acesso a outras formas de prestação de serviço, após um período de frequência superior ao fixado para a duração do SEN e que obtenha aproveitamento na preparação militar geral, é considerado como tendo cumprido o SEN.

7 – O militar que deva repetir a preparação militar geral entra em licença registada até à data de início do turno seguinte.

8 – O período de preparação militar geral em que o militar não obteve aproveitamento por motivos disciplinares não é contado para efeitos de duração do SEN.

9 – A preparação militar geral que antecede o período nas fileiras é ministrada através de cursos de formação básica (CFB), para oficiais, sargentos e praças.

(*) *Redacção do DL n.º 157/92, de 31/07.*

Artigo 355.º (*)
Período nas fileiras

1 – Concluída, com aproveitamento, a preparação militar geral, o militar em SEN inicia o período nas fileiras.

2 – O período nas fileiras abrange a preparação complementar, quando deva ter lugar, e o serviço nas unidades e estabelecimentos militares.

(*) *Redacção do DL n.º 157/92, de 31/07.*

Artigo 356.º (*)
Preparação complementar

1 – A preparação complementar destina-se ao desenvolvimento da formação militar proporcionada durante a preparação militar geral e terá em conta o ramo, categoria e forma de prestação de serviço, classe ou especialidade a que o militar se destina.

2 – A preparação complementar dos militares das categorias indicadas, destinados a prestar serviço em SE, é designada por:

a) Oficiais – curso de formação de oficiais do SEN (CFO/SEN);

b) Sargentos – curso de formação de sargentos do SEN (CFS/SEN);

c) Praças – curso de formação de praças do SEN (CFP/SEN).

3 – O militar em SEN que se destina ao RV ou RC pode ser objecto de acções de formação adequadas para o desempenho de funções naquelas formas de prestação de serviço durante o período do SEN legalmente fixado.

(*) *Redacção do DL n.º 157/92, de 31/07.*

ARTIGO 357.º (*)

Avaliação individual

O militar em SEN é sujeito a avaliação individual, nomeadamente para os efeitos seguintes:

a) Promoção;

b) Outras formas de prestação de serviço efectivo nas Forças Armadas.

(*) *Redacção do DL n.º 157/92, de 31/07.*

ARTIGO 358.º (*)

Falta de aptidão

O militar em SEN que não satisfaça a aptidão física ou psíquica necessária ao desempenho das funções militares e seja considerado incapaz para o serviço militar pela competente junta médica é alistado na reserva territorial, sem prejuízo da situação que lhe competir, nos termos da LSM e respectivo regulamento.

(*) *Redacção do DL n.º 157/92, de 21/07.*

ARTIGO 359.º (*)

Compensação material e financeira

1 – O militar em SEN tem direito a alojamento, alimentação e fardamento gratuitos.

2 – Ao militar em SEN é atribuída uma compensação financeira, de montante uniforme, a actualizar nos termos da lei.

(*) *Redacção do DL n.º 157/92, de 31/07.*

ARTIGO 360.º (*)
Assistência na doença

1 – O militar em SEN que à data da passagem à disponibilidade se encontre em tratamento ou com baixa hospitalar por doença em serviço ou acidente dele resultante beneficia de assistência médica, medicamentosa e hospitalar gratuita, a prestar pelos serviços de saúde militar, até à data da alta hospitalar.

2 – Beneficia do mesmo tipo de apoio, salvo declaração expressa em contrário do próprio, o militar em SEN que à data da passagem à disponibilidade se encontre com baixa hospitalar por doença ou acidente sem relação com o serviço, e a alta hospitalar não possa ser concedida sem grave prejuízo do processo de recuperação clínica do acamado.

3 – O militar na situação prevista no número anterior continua em SEN no posto que detém, passando à disponibilidade na data da alta hospitalar ou à reserva territorial se for julgado incapaz para o serviço efectivo.

(*) *Redacção do DL n.º 157/92, de 31/07.*

ARTIGO 361.º (*)
Amparo

O militar em SEN pode requerer a qualificação como amparo de família, nos termos previstos na legislação aplicável.

(*) *Redacção do DL n.º 157/92, de 31/07.*

ARTIGO 362.º (*)
Licença registada

1 – A licença registada concedida a título excepcional a requerimento do militar não pode exceder o período de um mês.

2 – A licença registada a que se refere o n.º 7 do artigo 354.º não conta como tempo de SEM.

(*) *Redacção do DL n.º 157/92, de 31/07.*

ARTIGO 363.º (*)
Termo do SEM

1 – Após perfazer o tempo de serviço efectivo fixado na Lei do Serviço Militar, o militar transita para uma das seguintes situações:

a) Reserva de disponibilidade e licenciamento;

b) Serviço efectivo em RV.

2 – Se à data da passagem à disponibilidade o militar se encontrar com baixa por doença e a junta não estiver em condições de se pronunciar sobre a capacidade ou incapacidade definitivas do militar, este permanece nas fileiras, na mesma forma de prestação de serviço, até à decisão definitiva daquela junta, salvo declaração expressa em contrário do próprio.

(*) *Redacção do DL n.º 157/92, de 31/07.*

ARTIGO 364.º (*)
Tempo não contável

Ao militar incorporado como voluntário não é contado como tempo de serviço efectivo o período de preparação militar geral caso não tenha aproveitamento por motivos disciplinares ou escolares.

(*) *Redacção do DL n.º 157/92, de 31/07.*

LIVRO IV
DOS REGIMES DE VOLUNTARIADO E DE CONTRATO

TÍTULO I
Do regime de voluntariado

ARTIGO 365.º (*)
Início e duração do RV

1 – A prestação do serviço efectivo em RV inicia-se no dia imediato ao termo do SEN ou, estando o militar na reserva de disponibilidade e licenciamento, no dia do regresso à efectividade do serviço.

2 – A prestação de serviço em RV terá a duração mínima e máxima de acordo com o fixado na Lei do Serviço Militar.

3 – Sempre que numa classe ou especialidade o período inicial da prestação de serviço efectivo em RV deva ter uma duração superior ao mínimo estabelecido na lei, essa duração será fixada em portaria do MDN, sob proposta do CEM do respectivo ramo.

(*) *Redacção do DL n.º 157/92, de 31/07.*

ARTIGO 366.º (*)
Candidatura

1 – A candidatura ao RV formaliza-se em requerimento dirigido ao CEM respectivo.

2 – Os prazos e procedimentos a observar na apresentação da candidatura para admissão ao serviço efectivo em RV e respectiva cessação são fixados por despacho do CEM respectivo.

(*) *Redacção do DL n.º 157/92, de 31/07.*

ARTIGO 367.º (*)
Condições de admissão

1 – Constituem condições gerais de admissão ao RV:

a) Ter bom comportamento militar;
b) Reunir condições físicas e psíquicas para o desempenho das funções inerentes ao posto e classe ou especialidade;
c) Possuir habilitações literárias e técnico-profissionais necessárias à classe ou especialidade;
d) Não ter avaliações desfavoráveis relativamente ao período de prestação do SEN.

2 – As condições especiais de admissão são estabelecidas por despacho do CEM respectivo, em função das categorias, classes ou especialidades.

(*) *Redacção do DL n.º 157/92, de 31/07.*

ARTIGO 368.º (*)
Designação e identificação dos militares em RV

1 – Os militares em RV são designados pelo posto, classe, arma ou serviço e especialidade, em função do respectivo ramo, pelo regime em que se encontram, sob forma abreviada e número de identificação e nome.

2 – Exceptuam-se do mencionado no n.º 1 os militares alunos cujas designações constam nos regulamentos escolares dos cursos que frequentam.

3 – Ao militar em RV é conferido um cartão de identificação militar, de uso obrigatório, para comprovação da sua identidade para efeitos militares.

(*) *Redacção do DL n.º 157/92, de 31/07.*

ARTIGO 369.º (*)

Funções

1 – Os militares em RV exercem funções de acordo com o seu posto, classe ou especialidade e qualificações.

2 – Compete ao CEM do ramo fixar, por despacho, as funções específicas dos militares em RV.

3 – De acordo com o disposto nos números anteriores, os militares em RV são distribuídos ou agrupados por classes ou especialidades por despacho do CEM do ramo respectivo.

(*) *Redacção do DL n.º 157/92, de 31/07.*

ARTIGO 370.º (*)

Postos

Sem prejuízo de promoção por distinção, o militar em RV só pode ingressar ou ascender nas seguintes categorias e postos:

a) Oficiais:
Subtenente ou alferes;
Aspirante a oficial (ASPOF);

b) Sargentos:
Subsargento ou furriel;
Segundo-subsargento ou segundo-furriel;

c) Praças:
Segundo-marinheiro ou primeiro-cabo;
Primeiro-grumete ou segundo-cabo;
Segundo-grumete ou soldado.

(*) *Redacção do DL n.º 157/92, de 31/07.*

ARTIGO 371.º (*)

Postos de ingresso em RV

1 – São os seguintes os postos de ingresso em RV:

a) Aspirante a oficial, para os militares destinados à categoria de oficial;

b) Segundo-subsargento ou segundo-furriel, para os militares destinados à categoria de sargento;

c) Primeiro-grumete ou segundo-cabo, para os militares destinados à categoria de praça e habilitados com o curso de formação de grumetes (CFG/RV) ou curso de promoção a cabo, respectivamente;

d) Segundo-grumete ou soldado, para os militares destinados à categoria de praça e habilitados com o CFB, na Marinha, ou CFP, no Exército e na Força Aérea.

2 – São graduados em subtenente ou alferes os militares que tenham curso de licenciatura ou legalmente equivalente e se destinem à classe ou especialidade a que corresponda a sua formação académica.

3 – Os postos ou designações dos militares em RV, durante a frequência de cursos de formação, são os fixados nos regulamentos escolares dos cursos que frequentem.

4 – Os militares que ingressem no RV e que frequentem cursos de formação para o RC, cuja duração, de acordo com a respectiva organização escolar, exceda o limite máximo em RV, são considerados militares alunos, ficando com as adaptações decorrentes da sua condição de alunos, sujeitos ao regime geral de deveres e direitos dos militares desta forma de prestação de serviço.

(*) *Redacção do DL n.º 157/92, de 31/07.*

ARTIGO 372.º (*)

Inscrição no primeiro posto

A inscrição no primeiro posto de cada uma das categorias é feita por ordem decrescente de classificação nos respectivos cursos de formação.

(*) *Redacção do DL n.º 157/92, de 31/07.*

ARTIGO 373.º (*)

Condições gerais de promoção

1 – As condições gerais de promoção dos militares em RV são as constantes do artigo 60.º do presente Estatuto.

2 – À apreciação das condições gerais de promoção, a que se refere o número anterior, são aplicáveis as normas estabelecidas neste Estatuto para os militares dos QP da mesma categoria do respectivo ramo.

3 – Quando se verifique a existência de classes ou especialidades em RV sem correspondência nos QP, compete ao CEM do ramo definir a entidade responsável pela apreciação das condições gerais de promoção.

(*) *Redacção do DL n.º 157/92, de 31/07.*

ARTIGO 374.º (*)

Condições especiais de promoção

1 – São necessários, para efeitos de promoção aos postos indicados, e no respeito pelos efectivos fixados nos termos do n.º 4 do artigo 45.º, os seguintes tempos mínimos de permanência nos postos antecedentes:

a) Subtenente ou alferes – um ano no posto de aspirante a oficial, para os oficiais a que se referem as alíneas a) e b) do n.º 1 do artigo 371.º;

b) Subsargento ou furriel – seis meses no posto de segundo-subsargento ou segundo-furriel, para os militares com formação que habilite a certificação de qualificação profissional de nível 3 e equivalência com o ensino secundário, que corresponda à classe ou especialidade a que se destina;

c) Subsargento ou furriel – um ano no posto de segundo-subsargento ou segundo-furriel, para os militares destinados à categoria de sargento e não incluídos na alínea anterior.

2 – É condição especial de promoção aos postos de segundo-marinheiro e primeiro-cabo ter prestado 12 meses de serviço efectivo, respectivamente, nos postos de primeiro-grumete e segundo-cabo.

3 – Para os segundos-cabos da Força Aérea é requisito de promoção, cumulativamente com o tempo de serviço, ter obtido aproveitamento na formação técnica específica da especialidade.

4 – É condição especial de promoção ao posto de segundo-cabo estar habilitado com o curso de promoção a cabo.

5 – As condições especiais de promoção, satisfeitas, no todo ou em parte, durante a prestação do SEN, com excepção do tempo de permanência no posto, são consideradas para efeitos de promoção dos militares em RV.

(*) *Redacção do DL n.º 157/92, de 31/07.*

ARTIGO 375.º (*)

Organização dos processos de promoção

1 – A organização dos processos de promoção, dos quais devem constar todos os elementos que forem julgados convenientes para uma completa apreciação dos militares, incumbe aos serviços de gestão de pessoal do respectivo ramo, através das subunidades orgânicas que os compõem.

2 – Os processos de promoção são confidenciais.

3 – O militar tem direito de acesso ao respectivo processo individual, no qual se inclui o processo de promoção.

(*) *Redacção do DL n.º 157/92, de 31/07.*

ARTIGO 376.º (*)

Antiguidade relativa

A antiguidade relativa entre militares em RV com o mesmo posto ou com postos correspondentes nas diferentes classes e especialidades é determinada pelas datas de antiguidade nesse posto e, em caso de igualdade destas, pelas datas de antiguidade no posto anterior, e assim sucessivamente, até ao primeiro posto da respectiva categoria, em relação ao qual se atende ao estabelecido para o militar em SEN.

(*) *Redacção do DL n.º 157/92, de 31/07.*

ARTIGO 377.º (*)

Formação e orientação profissional

1 – Ao militar em RV são proporcionadas acções de formação adequadas à sua classe, arma ou serviço e especialidade e à sua valorização profissional, através da frequência, designadamente, de cursos e estágios, tendo em vista os interesses específicos da instituição militar e a sua posterior inserção no mercado de trabalho.

2 – A preparação complementar e formação técnica específica dos militares destinados ao RV, para as categorias indicadas, pode incluir a habilitação com os cursos seguintes, a frequentar durante ou após o SEN:

a) Oficiais – curso de formação de oficiais para o regime de voluntariado (CFO/RV);
b) Sargentos – curso de formação de sargentos para o regime de voluntariado (CFS/RV);
c) Praças – curso de formação de praças para o regime de voluntariado (CFP/RV), ou curso de formação de grumetes (CFG/RV).

3 – Ao militar em RV são ainda proporcionadas acções de informação e orientação profissional e apoio a obtenção de habilitações académicas, nos termos fixados em legislação especial.

(*) *Redacção do DL n.º 157/92, de 31/07.*

ARTIGO 378.º (*)
Avaliação

O militar em RV deve ser objecto de avaliação para efeitos, nomeadamente, de:

a) Prorrogação do RV;
b) Promoção;
c) Eventual ingresso no RC;
d) Eventual acesso aos QP.

(*) *Redacção do DL n.º 157/92, de 31/07.*

ARTIGO 379.º (*)
Retribuição monetária

O militar em RV tem direito, nos termos definidos em legislação própria, a uma retribuição monetária adequada ao posto e à especificidade do serviço que presta.

(*) *Redacção do DL n.º 157/92, de 31/07.*

ARTIGO 380.º (*)
Alojamento, alimentação e fardamento

1 – Para o exercício das suas funções militares é atribuído alojamento aos militares em RV de acordo com o posto e tendo em conta a permanente disponibilidade para o serviço.

2 – O militar em RV tem direito à alimentação e ao fardamento por conta do Estado.

(*) *Redacção do DL n.º 157/92, de 31/07.*

ARTIGO 381.º (*)
Licença registada

1 – Ao militar em RV pode ser concedida licença registada, quando o requeira, por tempo não superior a dois meses, seguidos ou interpolados, dependendo a sua concessão de não existir inconveniente para o serviço e devendo a prestação de serviço ser prolongada por igual período

2 – A licença registada não pode ser imposta ao militar em RV.

(*) *Redacção do DL n.º 157/92, de 31/07.*

ARTIGO 382.º (*)
Licença de férias

Ao militar em RV, após ter cumprido seis meses de serviço efectivo, pode ser concedida licença de férias por antecipação.

(*) *Redacção do DL n.º 157/92, de 31/07.*

ARTIGO 383.º (*)
Prorrogação

1 – A prorrogação da prestação de serviço em RV ocorre após a conclusão do período inicial fixado nos termos do n.º 3 do artigo 365.º e só pode ter lugar se o militar desempenhar meritória e eficientemente as respectivas funções.

2 – A prorrogação pode ser autorizada até ao período máximo em RV, em condições a fixar por despacho do CEM do respectivo ramo.

(*) *Redacção do DL n.º 157/92, de 31/07.*

ARTIGO 384.º (*)
Cessação

1 – A prestação de serviço do militar em RV pode cessar verificada alguma das seguintes condições:

a) A seu requerimento, desde que não haja inconveniente para o serviço;
b) Por desistência ou não aproveitamento em curso por razões que lhe sejam imputáveis;
c) Por falta de aptidão física ou psíquica, comprovada por competente junta médica, desde que não resulte de acidente em serviço ou doença adquirida por motivo do mesmo;
d) Por comprovada falta de aptidão técnico-profissional para o desempenho das suas funções;
e) Por aplicação das sanções previstas no CJM e no RDM ou carência de idoneidade para se manter na efectividade de serviço, após conclusão do respectivo processo.

2 – O apuramento dos factos que levam à aplicação das alíneas d) e e) do n.º 1 será feito em processo próprio, do qual deve constar a matéria necessária à apreciação e decisão final, que compete ao CEM do ramo respectivo ou em quem este delegar.

(*) *Redacção do DL n.º 157/92, de 31/07.*

ARTIGO 385.º (*)
Caducidade

A prestação de serviço em RV caduca:

a) Findo o período inicial ou o que resulte de sua prorrogação;
b) Com o ingresso do militar em RC.

(*) *Redacção do DL n.º 157/92, de 31/07.*

ARTIGO 386.º (*)
Admissão nos quadros permanentes

Ao militar em RV que revele vocação e aptidões adequadas para a carreira militar é ainda facultada a possibilidade de ingressar nos QP nas condições legalmente fixadas.

(*) *Redacção do DL n.º 157/92, de 31/07.*

ARTIGO 387.º (*)

Casos especiais

1 – O militar em RV que à data da passagem à disponibilidade se encontre em tratamento ou com baixa hospitalar por doença em serviço ou acidente dele resultante beneficia de assistência médica, medicamentosa e hospitalar gratuita, a prestar pelos serviços de saúde militar, até à data em que estiver clinicamente curado.

2 – Beneficia do mesmo tipo de apoio, salvo declaração expressa em contrário do próprio, o militar em RV que à data da passagem à disponibilidade se encontre em baixa hospitalar por doença ou acidente sem relação com o serviço e a alta hospitalar não possa ser concedida sem grave prejuízo do processo de recuperação clínica do acamado.

3 – O militar nas situações previstas no número anterior continua em serviço em regime de voluntariado, no posto que detém, passando à disponibilidade na data da alta hospitalar ou à reserva territorial se for julgado incapaz para o serviço efectivo.

(*) *Redacção do DL n.º 157/92, de 31/07.*

TÍTULO II

Do regime de contrato

ARTIGO 388.º (*)

Início e duração

1 – O militar em RV, vinculado ao RC, inicia automaticamente a prestação de serviço efectivo neste regime após o cumprimento do período a que se encontrava obrigado naquela forma de prestação de serviço.

2 – Para o início do RC não é exigida formação complementar aos militares que, após o cumprimento do RV, prolongam o serviço para frequentarem cursos de formação para ingresso nos QP.

3 – O militar oriundo da situação de disponibilidade, desde que satisfeitas as condições de admissão ao RC, inicia a prestação de serviço efectivo neste regime no dia de regresso à efectividade de serviço.

4 – A prestação de serviço em RC terá a duração mínima e máxima de acordo com o fixado na Lei do Serviço Militar.

5 – Sempre que numa classe ou especialidade o período inicial da prestação de serviço efectivo em RC deva ter uma duração superior ao mínimo estabelecido na lei, essa duração será fixada em portaria do MDN, sob proposta do CEM do respectivo ramo.

(*) *Redacção do DL n.º 157/92, de 31/07.*

ARTIGO 389.º (*)

Candidatura

1 – A candidatura ao RC formaliza-se em requerimento dirigido ao CEM respectivo.

2 – Os prazos e procedimentos a observar na apresentação da candidatura para admissão ao serviço efectivo em RC, sua prorrogação e cessação são fixados por despacho do CEM respectivo.

(*) *Redacção do DL n.º 157/92, de 31/07.*

ARTIGO 390.º (*)

Condições de admissão

1 – Constituem condições gerais de admissão ao RC:

a) Ter bom comportamento militar;
b) Reunir condições físicas e psíquicas para o desempenho das funções inerentes ao posto e classe, arma ou serviço e especialidade;
c) Possuir habilitações literárias e técnico-profissionais necessárias à categoria a que se destina;
d) Ter avaliações favoráveis relativamente ao período da prestação do RV.

2 – As condições especiais de admissão são estabelecidas por portaria do MDN, sob proposta do CEM respectivo, em função das categorias e classes, armas ou serviços e especialidades.

(*) *Redacção do DL n.º 157/92, de 31/07.*

ARTIGO 391.º (*)

Designação e identificação dos militares

1 – Os militares em RC são designados pelo posto, classe, arma ou serviço e especialidade, em função do respectivo ramo, regime em que se encontram, sob forma abreviada, número de identificação e nome.

2 – Exceptuam-se do mencionado no n.º 1 os militares alunos cujas designações constam nos regulamentos escolares dos cursos que frequentam.

3 – Ao militar em RC é conferido um cartão de identificação militar, de uso obrigatório, para comprovação da sua identidade para efeitos militares.

(*) *Redacção do DL n.º 157/92, de 31/07.*

ARTIGO 392.º (*)

Funções

1 – Os militares em RC exercem funções de acordo com o seu posto, classe, arma ou serviço, especialidade e qualificações.

2 – Compete ao CEM do ramo fixar, por despacho, as funções específicas dos militares em RC.

3 – De acordo com o disposto nos números anteriores, os militares em RC são distribuídos ou agrupados por classes ou especialidades por despacho do CEM do ramo respectivo.

(*) *Redacção do DL n.º 157/92, de 31/07.*

ARTIGO 393.º (*)

Postos

1 – Sem prejuízo de promoção por distinção, o militar só pode ingressar ou ascender no RC nas seguintes categorias e postos:

a) Oficiais:
Segundo-tenente ou tenente;
Subtenente ou alferes;

b) Sargentos:
Primeiro-sargento;
Segundo-sargento;
Subsargento ou furriel;

c) Praças:
Primeiro-marinheiro ou cabo-adjunto (CADJ);
Segundo-marinheiro ou primeiro-cabo;
Primeiro-grumete ou segundo-cabo;
Segundo-grumete ou soldado.

2 – Os postos ou designações dos militares em RC, durante a frequência de cursos de formação, são os fixados nos regulamentos escolares dos cursos que frequentem.

3 – Os militares que ingressem no RC e que frequentem cursos de formação para o RC, cuja duração, de acordo com a respectiva organização escolar, exceda o limite máximo em RV, são considerados militares alunos, ficando, com as adaptações decorrentes da sua condição de alunos, sujeitos ao regime geral de deveres e direitos dos militares desta forma de prestação de serviço.

4 – O militar ao abrigo do n.º 1 do artigo 387.º ingressa no RC com o posto que detinha em RV.

(*) *Redacção do DL n.º 157/92, de 31/07.*

ARTIGO 394.º (*)

Inscrição no primeiro posto

A inscrição no primeiro posto de cada uma das categorias é feita por ordem decrescente de classificação nos respectivos cursos de formação.

(*) *Redacção do DL n.º 157/92, de 31/07.*

ARTIGO 395.º (*)

Condições de promoção

1 – As condições gerais de promoção dos militares em RC são as constantes do artigo 60.º do presente Estatuto.

2 – À apreciação das condições gerais de promoção a que se refere o número anterior são aplicáveis as normas estabelecidas neste Estatuto para os militares dos QP da mesma categoria do respectivo ramo.

3 – Quando se verifique a existência de classes ou especialidades em RC sem correspondência nos QP, compete ao CEM do ramo definir a entidade responsável pela apreciação das condições gerais de promoção.

(*) *Redacção do DL n.º 157/92, de 31/07.*

ARTIGO 396.º (*)

Condições especiais de promoção

1 – São necessários, para efeitos de promoção aos postos indicados e no respeito pelos efectivos fixados nos termos do n.º 4 do artigo 45.º, os seguintes tempos mínimos de permanência no posto antecedente:

a) Segundo-tenente ou tenente – três anos no posto de subtenente ou alferes;
b) Primeiro-sargento – quatro anos no posto de segundo-sargento;
c) Segundo-sargento – um ano no posto de subsargento ou furriel, para os militares a que se refere a alínea b) do n.º 1 do artigo 374.º;
d) Segundo-sargento – três anos no posto de subsargento ou furriel, para os restantes.

2 – Na promoção a segundo-tenente ou tenente conta, para efeitos de tempo de permanência no posto, o tempo em que o militar permaneceu como graduado no posto antecedente.

3 – Os militares que durante o RV e RC frequentem CFS que habilitem a certificação profissional de nível 3 e equivalência ao ensino secundário são promovidos a segundo-sargento, com a data de 1 de Outubro do ano em que terminem o CFS.

4 – É condição especial de promoção aos postos de primeiro-marinheiro a habilitação com o curso de formação de marinheiros, a frequentar no início do RC.

5 – É condição especial de promoção ao posto de cabo-adjunto ter prestado quatro anos de serviço efectivo no posto de primeiro-cabo.

6 – É condição especial de promoção aos postos de segundo-marinheiro e primeiro-cabo ter prestado 12 meses de serviço efectivo, respectivamente, nos postos de primeiro-grumete e segundo-cabo.

7 – As condições especiais de promoção, satisfeitas, no todo ou em parte, durante a prestação do SEN e RV, são consideradas para efeitos de promoção dos militares em RC.

(*) *Redacção do DL n.º 157/92, de 31/07.*

ARTIGO 397.º (*)

Organização dos processos de promoção

1 – A organização dos processos de promoção, dos quais devem constar todos os elementos que forem julgados convenientes para uma completa apreciação dos militares, incumbe aos serviços de gestão de pessoal do respectivo ramo, através das subunidades orgânicas que os compõem.

2 – Os processos de promoção são confidenciais.

3 – O militar tem direito de acesso ao respectivo processo individual, no qual se inclui o processo de promoção.

(*) *Redacção do DL n.º 157/92, de 31/07.*

ARTIGO 398.º (*)

Antiguidade relativa

A antiguidade relativa entre militares em RC com o mesmo posto ou com postos correspondentes nas diferentes classes, armas ou serviços e especialidades é determinada pelas datas de antiguidade nesse posto e, em caso de igualdade destas, pelas datas de antiguidade no posto anterior, e assim sucessivamente, até ao primeiro posto da respectiva categoria, em relação ao qual se atende ao estabelecido para o militar em RV.

(*) *Redacção do DL n.º 157/92, de 31/07.*

ARTIGO 399.º (*)

Formação e orientação profissional

1 – Ao militar em RC são proporcionadas acções de formação adequadas à sua classe, arma ou serviço e especialidade, através da frequência, designadamente, de cursos e estágios e à sua valorizaão profissional, tendo em vista os interesses específicos da instituição militar e a sua posterior inserção no mercado de trabalho.

2 – A preparação complementar e formação técnica específica dos militares destinados ao RC, para as categorias indicadas, pode incluir a habilitação com os cursos seguintes, a frequentar durante ou após o SEN ou RV:

a) Oficiais – curso de formação de oficiais para o regime de contrato (CFO/RC);
b) Sargentos – curso de formação de sargentos para o regime de contrato (CFS/RC);
c) Praças – curso de formação de praças para o regime de contrato (CFP/RC), sendo, na Marinha, designado por curso de formação de marinheiros (CFM).

3 – Ao militar em RC são ainda proporcionadas acções de informação e orientação profissional e apoio à obtenção de habilitações académicas, nos termos fixados em legislação especial.

(*) *Redacção do DL n.º 157/92, de 31/07.*

ARTIGO 400.º (*)

Avaliação

O militar em RC deve ser objecto de avaliação para efeitos, nomeadamente, de:

a) Prorrogação do RC;
b) Promoção;
c) Eventual acesso aos QP.

(*) *Redacção do DL n.º 157/92, de 31/07.*

ARTIGO 401.º (*)
Remuneração

O militar em RC tem direito, nos termos definidos em legislação própria, à remuneração adequada à especificidade do serviço que presta, ao posto e ao tempo de permanência neste.

(*) *Redacção do DL n.º 157/92, de 31/07.*

ARTIGO 402.º (*)
Assistência à família

Aos membros do agregado familiar do militar em RC é, enquanto subsistir o vínculo contratual, garantido o direito à assistência médica, medicamentosa e hospitalar e apoio social, nos termos estabelecidos em legislação própria.

(*) *Redacção do DL n.º 157/92, de 31/07.*

ARTIGO 403.º (*)
Licença registada

1 – Ao militar em RC pode ser concedida licença registada, quando o requeira, por tempo não superior a três meses, seguidos ou interpolados, por cada período de três anos, dependendo a sua concessão de não existir inconveniente para o serviço e devendo a prestação de serviço ser prolongada por igual período.

2 – A licença registada não pode ser imposta ao militar em RC.

(*) *Redacção do DL n.º 157/92, de 31/07.*

Artigo 404.º (*)
Prorrogação

1 – A prorrogação da prestação de serviço em RC é anual e só pode ter lugar se o militar desempenhar meritória e eficientemente as respectivas funções.

2 – Em caso de acidente em serviço ou doença relacionada com o mesmo, ao militar em RC é facultada a prorrogação automática da prestação de serviço até à decisão definitiva da competente junta médica.

(*) *Redacção do DL n.º 157/92, de 31/07.*

Artigo 405.º (*)
Cessação

1 – A prestação do serviço militar em RC pode cessar nas seguintes condições:

a) A seu requerimento, desde que não haja inconveniente para o serviço;
b) Por desistência ou não aproveitamento em curso por razões que lhe sejam imputáveis;
c) Por falta de aptidão física ou psíquica, comprovada por competente junta médica, desde que não resultante de acidente em serviço ou doença adquirida por motivo do mesmo;
d) Por comprovada falta de aptidão técnico-profissional para o desempenho das suas funções;
e) Por aplicação das sanções previstas no CJM e no RDM ou carência de idoneidade para se manter na efectividade de serviço, após conclusão do respectivo processo.

2 – O apuramento dos factos que levam à aplicação das alíneas a) e e) do n.º 1 será feito em processo próprio, do qual deve constar a matéria necessária à apreciação e decisão final, que compete ao CEM do ramo respectivo ou em quem este delegar.

(*) *Redacção do DL n.º 157/92, de 31/07.*

Artigo 406.º (*)
Caducidade

A prestação de serviço em RC caduca:

a) No termo do prazo estabelecido no contrato;

b) Quando atinja a duração máxima fixada na Lei do Serviço Militar;
c) Com o ingresso nos QP.

(*) *Redacção do DL n.º 157/92, de 31/07.*

ARTIGO 407.º (*)
Admissão nos quadros permanentes

Ao militar em RC que revele vocação e aptidões adequadas à carreira militar é ainda facultada a possibilidade de ingressar nos QP nas condições legalmente fixadas.

(*) *Redacção do DL n.º 157/92, de 31/07.*

ARTIGO 408.º (*)
Casos especiais

1 – O militar em RC que à data da passagem à disponibilidade se encontre em tratamento ou com baixa hospitalar por doença em serviço ou acidente dele resultante beneficia de assistência médica, medicamentosa e hospitalar gratuita, a prestar pelos serviços de saúde militar, até à data em que estiver clinicamente curado.

2 – Beneficia do mesmo tipo de apoio, salvo declaração expressa em contrário do próprio, o militar em RC que à data da passagem à disponibilidade se encontre com baixa hospitalar por doença ou acidente sem relação com o serviço e a alta hospitalar não possa ser concedida sem grave prejuízo do processo de recuperação clínica do acamado.

3 – O militar na situação prevista no número anterior continua em serviço em regime de contrato, no posto que detém, passando à disponibilidade na data da alta hospitalar ou à reserva territorial se for julgado incapaz para o serviço efectivo.

(*) *Redacção do DL n.º 157/92, de 31/07.*

DECRETO-LEI N.º 236/99, DE 25 DE JUNHO

APROVA O ESTATUTO DOS MILITARES DAS FORÇAS ARMADAS

Passada quase uma década sobre a entrada em vigor do Estatuto dos Militares das Forças Armadas (EMFAR) (Decreto-Lei n.º 34-A/90, de 24 de Janeiro), que, pela primeira vez, sistematizou um conjunto essencial de normas estatutárias de direito castrense, faz-se mister proceder a nova sistematização que, no essencial, aperfeiçoe a anterior, procurando preencher importantes lacunas que o tempo e as especificidades da condição militar vieram pôr em evidência, bem como introduzir inovações adaptando o novo texto às alterações constitucionais e legais entretanto ocorridas.

Assim, e seguindo a linha de modernização que resultou da última revisão constitucional, o novo EMFAR procura adaptar-se às reformas em curso, designadamente à expansão do novo conceito de serviço militar assente no voluntariado, e compatibilizar alguns aspectos do estatuto da condição militar com outras alterações, entretanto ocorridas, no âmbito da macro estrutura das Forças Armadas e da racionalização dos efectivos militares.

Como objectivos fundamentais, para além de harmonizar o texto com diplomas publicados desde 1990, são de realçar os seguintes:

Reequacionar o desenvolvimento da carreira militar através da introdução de mecanismos reguladores que permitam dar satisfação às legítimas expectativas individuais e assegurem um adequado equilíbrio da estrutura de pessoal das Forças Armadas. São exemplos de alguns desses mecanismos o estabelecimento de tempos máximos de permanência em alguns postos da hierarquia militar, a exclusão da promoção por efeito de ultrapassagens, durante certo período, por um ou mais militares da mesma antiguidade, a possibilidade de passagem à reserva por declaração do militar após ter completado 55 anos de idade e ainda a adopção da norma de aumento geral do tempo de serviço em 25% para efeitos de passagem à reserva ou à reforma;

Reforçar a garantia das expectativas em fim de carreira, designadamente através da faculdade, agora reconhecida aos militares na reserva, de completarem os 36 anos de tempo de serviço efectivo; da possibilidade de promoção ao posto imediato, no caso de existência de vaga em data anterior ao limite de idade fixado para o posto; da actualização da pensão de reforma para os almirantes, generais, vice-almirantes e tenentes-generais, à semelhança do que já acontece na carreira diplomática; da fixação faseada do início da entrada em vigor dos tempos de permanência nos postos de topo de carreira e da contagem do número de ultrapassagens nos postos de promoção por escolha, na parte relativa às disposições transitórias; da manutenção da expectativa de carreira de determinados quadros especiais, adequando o seu desenvolvimento às realidades actuais dos ramos, também em sede de disposições transitórias.

Foi também propósito do legislador a criação de condições para a institucionalização do ensino e formação nas Forças Armadas, com vista a uma mais perfeita harmonização com o sistema educativo e formativo nacionais mediante a previsão do seu regime em diploma próprio, bem como para a institucionalização dos cursos relevantes da carreira, através da sua definição conceptual, remetendo para diplomas complementares a regulamentação das estruturas curriculares, organização e funcionamento.

Prevê-se ainda um novo enquadramento da área funcional da saúde, através de diploma próprio, e é dada uma nova sistematização no tratamento dos quadros especiais da Força Aérea com vista a facilitar uma melhor gestão dos seus recursos humanos.

É também de salientar a extensão aos militares do regime geral de licença por maternidade e paternidade.

De realçar ainda que se procedeu à alteração da designação tradicional dos postos de oficiais generais, harmonizando-a com a adoptada pela maioria das Forças Armadas dos países membros da NATO.

Por outro lado, consagrou-se uma norma de acesso ao posto de vice-almirante e tenente-general dos contra-almirantes e majores-generais que venham a desempenhar cargos a que corresponda o exercício de funções em serviços comuns aos três ramos das Forças Armadas, independentemente do seu quadro de origem.

Questão também importante é sem dúvida a da criação do posto de comodoro ou brigadeiro-general, para o desempenho de cargos internacionais no País e no estrangeiro, ou no País em forças de segurança, a que terão acesso, apenas por graduação, os capitães-de-mar-e-guerra e coronéis habilitados com o curso de promoção a oficial general.

Por último, refira-se que, no sentido de salvaguardar os direitos dos militares que durante o período de transição previsto na Lei do Serviço Militar se mantêm ao serviço efectivo, não se revogam os artigos do anterior Estatuto que a eles dizem respeito, bem como se mantém em vigor os livros III e IV, respectivamente «Do serviço militar obrigatório» e «Do regime de contrato».

Assim:

No desenvolvimento do regime jurídico estabelecido pela Lei n.º 11/89, de 1 de Junho, e nos termos da alínea c) do n.º 1 do artigo 198.º da Constituição, o Governo decreta, para valer como lei geral da República, o seguinte:

CAPÍTULO I
Objecto

ARTIGO 1.º

É aprovado o Estatuto dos Militares das Forças Armadas, adiante designado por Estatuto, cujo texto é publicado em anexo ao presente diploma e que dele faz parte integrante.

CAPÍTULO II
Disposições comuns

ARTIGO 2.º (*)

1 – O disposto no n.º 3 do artigo 46.º do Estatuto aplica-se aos militares que transitem para a situação de reserva a partir da data de entrada em vigor da presente lei, contando, para o efeito, todo o tempo de serviço prestado antes e depois daquela data.

2 – O disposto no n.º 3 do artigo 46.º do Estatuto aplica-se, ainda, aos militares que, estando já na situação de reserva, prestem ou venham a prestar serviços na efectividade, mas, quanto a estes, apenas relativamente a este novo tempo de serviço efectivo prestado.

(*) *Redacção do art. 1.º da Lei n.º 25/2000, de 23 de Agosto.*

ARTIGO 3.º

1 – A aplicação do disposto no n.º 1 do artigo 155.º do Estatuto far-se-á gradualmente, mediante a passagem à reserva dos militares que:

a) Em 2001 tenham completado ou venham a completar os tempos de permanência fixados no n.º 1 do artigo 155.º, acrescidos de quatro anos;
b) Em 2002 tenham completado ou venham a completar os tempos de permanência fixados no n.º 1 do artigo 155.º, acrescidos de dois anos;
c) Em 2003 e seguintes tenham completado ou venham a completar os tempos de permanência fixados no n.º 1 do artigo 155.º

2 – A transição para a situação de reserva, até ao ano 2003, tem lugar a 31 de Dezembro do ano em que os militares se encontrem, ou venham a encontrar, nas condições previstas no número anterior.

3 – O disposto nas alíneas a) e b) do n.º 1 não prejudica a passagem à reserva dos militares que preencham, ou venham a preencher, qualquer das condições previstas no artigo 155.º do Estatuto, desde que o requeiram e lhes seja deferido.

ARTIGO 4.º

A contagem do número de anos das ultrapassagens na promoção, para efeitos da aplicação do artigo 190.º do Estatuto, tem início a 1 de Janeiro do ano subsequente à entrada em vigor do presente diploma, sem prejuízo de os militares que preencham ou venham a preencher, até 31 de Dezembro de 2000, as condições previstas no citado artigo poderem requerer a passagem à situação de reserva e o requerimento lhes ser deferido.

ARTIGO 5.º (*)

1 – *Os tempos mínimos globais estabelecidos nos artigos 218.º, n.º 2, e 264.º, n.º 2, do Estatuto só se aplicam aos militares dos quadros permanentes (QP) que sejam promovidos, respectivamente, aos postos de capitão-de-fragata ou tenente-coronel e de sargento-chefe, após a entrada em vigor do presente diploma.*

2 – *Aos militares promovidos aos postos de capitão-de-fragata ou tenente-coronel e sargento-chefe em data anterior à do início de vigência do* *presente diploma aplicam-se, para efeitos de promoção ao posto imediato, os tempos mínimos globais em vigor à data das promoções aos referidos postos.*

(*) *Artigo totalmente revogado pelo art. 4.º da Lei n.º 25/2000, de 23/08.*

ARTIGO 6.º

1 – A aplicação do limite de idade fixado na alínea b) do n.º 1 do artigo 266.º do Estatuto processa-se a partir do ano de 2005.

2 – A aplicação do limite de idade fixado na alínea b) do artigo 290.º do Estatuto processa-se a partir do ano de 2010.

3 – O faseamento com vista à prossecução do estabelecido nos números anteriores é fixado anualmente por despacho do chefe de estado-maior do ramo respectivo, que pode considerar quotas de candidaturas em função da idade exigível como condição de admissão à frequência dos respectivos cursos de formação.

4 – O disposto no presente artigo não prejudica o estabelecido em legislação específica relativamente às admissões a cursos de formação.

ARTIGO 7.º

Enquanto não for revista a regulamentação a que se refere o n.º 3 do artigo 80.º do Estatuto, os militares que prestam serviço fora da estrutura das Forças Armadas são sujeitos a avaliação individual pela hierarquia funcional de que dependem, de acordo com as regras previstas nos sistemas de avaliação do mérito em vigor para cada ramo.

ARTIGO 8.º

Até à entrada em vigor do diploma a que se refere o artigo 167.º do Estatuto, os quadros especiais relativos às áreas funcionais de saúde continuam a reger-se pelas normas especificamente aplicáveis do Estatuto vigente à data da aprovação do presente diploma.

ARTIGO 9.º (*)

1 – Quando da aplicação das alíneas a) e b) do n.º 1 do artigo 160.º do Estatuto resultar, para os militares que ingressaram nas Forças Armadas em data anterior a 1 de Janeiro de 1990, um montante da pensão de reforma ilíquida inferior à remuneração da reserva ilíquida a que teriam direito caso a passagem à situação de reforma se verificasse na idade limite estabelecida para o regime geral da função pública, ser-lhes-á abonado, a título de complemento de pensão, o diferencial verificado.

2 – O direito ao abono do complemento de pensão previsto no número anterior mantém-se até ao mês em que o militar complete 70 anos de idade, momento em que a pensão de reforma será recalculada com base na remuneração de reserva a que o militar teria direito.

3 – Caso a pensão de reforma auferida pelo militar seja inferior à resultante do novo cálculo, ser-lhe-á abonado, a título de complemento de pensão, o diferencial verificado.

4 – A fórmula de cálculo do complemento de pensão estabelecida no n.º 1 é aplicável aos militares abrangidos pelo regime previsto nos artigos 12.º e 13.º do Decreto-Lei n.º 34-A/90, de 24 de Janeiro.

5 – O disposto no n.º 1 é aplicável aos militares reformados ao abrigo das alíneas b) e c) do artigo 174.º do Estatuto aprovado pelo Decreto-Lei n.º 34-A/90, de 24 de Janeiro, na redacção dada pelo artigo 1.º da Lei n.º 15/92, de 5 de Agosto, que não foram abrangidos pelo regime previsto nos artigos 12.º e 13.º daquele diploma.

6 – As verbas eventualmente necessárias para fazer face aos abonos previstos no presente artigo serão anualmente inscritas no orçamento da defesa nacional e pagas pelos ramos a que os militares pertencem, mantendo-se as atribuições do Fundo de Pensões dos Militares das Forças Armadas relativamente ao abono dos complementos de pensão dos militares abrangidos pelo artigo 13.º do Decreto-Lei n.º 34-A/90, de 24 de Janeiro.

(*) *Redacção dada pelo art. 1.º da Lei n.º 25/2000, de 23/08.*

Artigo 9.º-A (*)

1 – Os militares são promovidos, segundo o ordenamento estabelecido na lista de promoção do respectivo quadro especial:

a) Ao posto de capitão-tenente/major os oficiais das Forças Armadas, na situação de activo na efectividade de serviço, que, para além das condições gerais e especiais de promoção, nos termos, gerais, tenham 14 anos de tempo de permanência no posto de primeiro-tenente/capitão;

b) Ao posto de sargento-ajudante os sargentos das Forças Armadas, na situação de activo na efectividade de serviço, que, para além das condições gerais e especiais de promoção, tenham 14 anos de tempo de permanência no posto de primeiro-sargento.

2 – Os militares promovidos nos termos do número anterior que completaram 14 anos ou mais até 31 de Dezembro de 2004 são promovidos com antiguidade reportada àquela data.

3 – Caso suja uma vaga no quadro especial na mesma data em que o militar reúne as condições previstas no n.º 1, prevalece a aplicação do regime consagrado no presente diploma.

4 – São igualmente promovidos nos termos do presente diploma, desde que não haja vaga no respectivo quadro especial, os militares que, não tendo 14 anos de tempo de permanência no posto, estejam colocados à direita, na respectiva lista de promoção, dos militares que satisfaçam as condições previstas no n.º 1, com a mesma data de promoção do militar referência.

5 – Os militares promovidos nos termos do presente diploma ficam na situação de supranumerário até serem promovidos ao posto imediato.

6 – O regime consagrado nos números anteriores produz efeitos até ao dia 31 de Dezembro de 2004.

(*) *Aditado pelo DL n.º 70/2005, de 17/03.*

Capítulo III
Da Marinha

Artigo 10.º

1 – São promovidos ao posto de capitão-de-fragata os capitães-tenentes das classes de administração naval (AN), engenheiros maquinistas navais (EMQ), engenheiros de material naval (EM), fuzileiros (FZ) e serviço especial (SE) que, satisfazendo as condições gerais e especiais de promoção, tenham completado ou venham a completar, nos quadros permanentes, até 31 de Dezembro de 2001, 18 anos de tempo de serviço efectivo acumulado nos postos de primeiro-tenente e de capitão-tenente.

2 – Os militares promovidos ao abrigo do número anterior ficam na situação de supranumerários até que acedam ao posto imediato.

3 – A antiguidade no posto de capitão-de-fragata dos oficiais promovidos nos termos do n.º 1 reporta-se à data em que completem o tempo de serviço aí exigido ou a 1 de Janeiro de 1999, caso o tenham completado até esta data.

4 – Os capitães-tenentes colocados à direita dos oficiais da mesma classe promovidos nos termos do n.º 1 do presente artigo são igualmente promovidos a capitão-de-fragata com a mesma data de promoção do oficial de referência, independentemente da verificação da condição de completamento do tempo de permanência acumulado.

ARTIGO 11.º

Até à extinção das classes de engenheiros construtores navais, engenheiros maquinistas navais, engenheiros de material naval, serviço geral/oficiais técnicos, do serviço especial, técnicos de electricidade, técnicos radioelectricistas, radiotelegrafistas, sinaleiros, carpinteiros e mestres-clarim, mantêm-se em vigor as disposições que lhes são especificamente aplicáveis, nos termos previstos no Decreto-Lei n.º 34-A/90, de 24 de Janeiro.

ARTIGO 12.º

1 – Aos oficiais da classe de engenheiros de material naval, em extinção por cancelamento de admissões, incumbe, designadamente:

a) Direcção, inspecção e execução de actividades de natureza técnica especializada a bordo e em terra relativas aos sistemas mecânicos propulsores dos navios e respectivos auxiliares e outros sistemas e equipamentos associados, nomeadamente de comando e controlo;
b) Direcção, inspecção e execução de actividades relativas ao estudo e projecto de navios e seus equipamentos;
c) Direcção, inspecção e execução de actividades de natureza técnica especializada a bordo e em terra relativas à construção, reparação e manutenção das instalações e equipamentos eléctricos e electrónicos e sistemas de armas e sensores, de comando e controlo, de comunicações, de radioajudas, de guerra electrónica e demais sistemas e equipamentos no âmbito da respectiva área e do sector do material;
d) Direcção, inspecção e execução de actividades no âmbito do sector do material em estaleiros navais, estabelecimentos fabris, organismos de assistência oficinal e outras com responsabilidades no capítulo da construção, manutenção e reparação naval;
e) Exercício de funções de natureza diplomática;
f) Exercício de funções de justiça;

g) Exercício de funções em estados-maiores;

h) Exercício de funções no âmbito das actividades relativas à navegação, hidrografia, oceanografia, farolagem e balizagem e do sistema de autoridade marítima que requeiram a qualificação técnico-profissional da classe;

i) Exercício de outras funções para as quais sejam requeridos os conhecimentos técnico-profissionais da classe.

2 – Os oficiais da classe de engenheiros de material naval distribuem-se pelos seguintes postos: contra-almirante, capitão-de-mar-e-guerra, capitão-de-fragata, capitão-tenente, primeiro-tenente e segundo-tenente.

ARTIGO 13.º

Aos oficiais que ingressaram na classe de fuzileiros em data anterior a 1 de Janeiro de 1990 aplicam-se os limites de idade de passagem à situação de reserva fixados para os oficiais cuja formação de base é equiparada a bacharelato.

ARTIGO 14.º

1 – Nas classes da categoria de sargentos alimentadas exclusivamente por praças do QP, os tempos mínimos de permanência que constituem condições especiais de promoção são os seguintes:

a) Para sargento-mor, 2 anos no posto de sargento-chefe e 15 anos de serviço efectivo na categoria de sargento;

b) Para sargento-chefe, 3 anos no posto de sargento-ajudante e 11 anos de serviço efectivo na categoria de sargentos.

2 – Os tempos mínimos de permanência fixados no número anterior são aplicáveis aos militares que, à data da entrada em vigor do presente diploma, já tenham ingressado na categoria de sargentos do QP ou que, até ao ano de 2005, sejam admitidos à frequência de curso de formação de sargentos, a partir do qual passam a ser aplicados os tempos mínimos estatutariamente previstos.

3 – O limite temporal referido no número anterior pode ser prorrogado até ao ano de 2010, por portaria do Ministro da Defesa Nacional (MDN), mediante proposta do Chefe do Estado-Maior da Armada (CEMA).

ARTIGO 15.º

1 – Entram em extinção nos termos e data que forem fixados por portaria do MDN as seguintes classes:

a) Oficiais: farmacêuticos navais;

b) Sargentos: artilheiros, condutores de máquinas, radaristas, electricistas, torpedeiros-detectores, manobras, abastecimento, maquinistas-navais e condutores mecânicos de automóveis;

c) Praças: artilheiros, condutores de máquinas, radaristas, electricistas, torpedeiros-detectores, manobras, abastecimento e condutores mecânicos de automóveis.

2 – Os ingressos nas classes referidas no número anterior são cancelados a partir da respectiva data de entrada em extinção.

3 – São aplicáveis às classes mencionadas no n.º 1 as normas específicas destas classes constantes do anterior quadro estatutário que não contrariem o Estatuto aprovado pelo presente diploma.

4 – São aplicáveis às classes de sargentos referidas na alínea b) do n.º 1 as condições especiais de promoção constantes do anexo III do Estatuto aprovado pelo presente diploma, observando as seguintes correspondências:

a) Para as classes de artilheiros, condutores de máquinas, radaristas, electricistas, torpedeiros-detectores, manobras, abastecimento e maquinistas-navais, as estabelecidas para as classes de administrativos, comunicações, electromecânicos, operações, manobra e serviços, taifa e técnicos de armamento;

b) Para a classe de condutores mecânicos de automóveis, as estabelecidas para as classes de fuzileiros e mergulhadores.

5 – Passam a ser alimentadas na data e termos que forem fixados por portaria do MDN as seguintes classes:

a) Oficiais: técnicos superiores navais;

b) Sargentos: administrativos, electromecânicos, electrotécnicos, operações, manobra e serviços e técnicos de armamento;

c) Praças: administrativos, electromecânicos, electrotécnicos, operações, manobra e serviços e técnicos de armamento.

ARTIGO 16.º

Nas promoções por escolha, os efectivos das classes em extinção podem ser analisados em comum com os efectivos das novas classes criadas com conteúdo funcional idêntico, para efeitos de elaboração das listas de promoção.

ARTIGO 17.º

Enquanto não for publicada legislação própria que o contemple, os alunos dos cursos de formação de sargentos com duração superior a dois anos são graduados no posto de segundo-sargento após conclusão, com aproveitamento, do 2.º ano do curso.

CAPÍTULO IV

Do Exército

ARTIGO 18.º

A alimentação do corpo de oficiais generais, armas e serviços continua a reger-se pelo disposto no artigo 259.º, n.º 2, alínea a), do Estatuto aprovado pelo Decreto-Lei n.º 34-A/90, de 24 de Janeiro, para os militares que ingressaram nas Forças Armadas em data anterior à vigência do presente diploma.

ARTIGO 19.º

1 – O quadro especial de oficiais mantém-se em progressiva extinção, por continuação do cancelamento de admissões, sendo aplicável aos oficiais que o integram o disposto no Decreto-Lei n.º 296/84, de 31 de Agosto.

2 – O quadro do serviço geral do Exército, o quadro do serviço postal militar e o quadro técnico de secretariado (QTS) mantêm-se em progressiva extinção, por continuação do cancelamento de admissões, sendo aplicável aos oficiais que os integram o disposto no Estatuto para a carreira cuja formação de base seja bacharelato, com as excepções previstas no número seguinte.

3 – No QTS a promoção a tenente-coronel processa-se por escolha e os oficiais deste quadro podem ser dispensados do tempo mínimo de permanência no posto em que foram integrados, por despacho do Chefe do Estado-Maior do Exército (CEME).

4 – São promovidos ao posto imediato até 31 de Dezembro de 2001, em quantitativos a fixar anualmente por despacho do CEME, os capitães do QTS que, satisfazendo as condições gerais e especiais de promoção, tenham completado ou venham a completar até àquela data 18 anos de serviço efectivo acumulado nos postos de capitão e de tenente.

5 – Os militares promovidos ao abrigo do número anterior ficam na situação de supranumerários até que acedam ao posto imediato.

ARTIGO 20.º (*)

1 – Os sargentos pára-quedistas em regime de contrato automaticamente prorrogável que transitaram para o Exército nos termos do disposto na alínea a) do n.º 2 do artigo 5.º do Decreto-Lei n.º 27/94, de 5 de Fevereiro, ingressam nos quadros permanentes e são integrados no quadro especial de amanuenses pára-quedistas, no qual são inscritos de acordo com a sua antiguidade relativa, não ascendendo na respectiva carreira além do posto de primeiro-sargento.

2 – Para efeitos do disposto no número anterior, é criado no Exército, na data da entrada em vigor do Estatuto, o quadro especial de amanuenses pára-quedistas, que entra em extinção progressiva por cancelamento de novas admissões.

(*) *Redacção dada pelo art. 1.º da Lei n.º 25/2000, de 23 de Agosto.*

ARTIGO 21.º

1 – Os militares dos QP do Exército das extintas tropas pára-quedistas da Força Aérea são considerados, para efeitos de promoção, no quadro especial de origem do Exército, mantendo a posição inicial no curso de origem da respectiva arma ou serviço e em cujas listas de antiguidade foram intercalados, com os postos e antiguidade que detinham à data do respectivo regresso.

2 – A apreciação dos militares referidos no número anterior, para efeitos de promoção ao posto imediato, processa-se à data em que lhes competiria se tivessem mantido a sua posição inicial no curso de origem da respectiva arma ou serviço.

ARTIGO 22.º

Os quadros do serviço geral de pára-quedistas, de enfermeiros pára-quedistas e da arma de pára-quedistas mantêm-se em extinção progressiva, por continuação do cancelamento de admissões, sendo aplicadas aos militares que os integram as disposições previstas no Estatuto.

Artigo 23.º

1 – O quadro permanente de praças do Exército (QPPE) mantém-se em extinção progressiva, por continuação do cancelamento de admissões.

2 – No QPPE o acesso ao posto de cabo-de-secção depende da frequência, com aproveitamento, de um curso de promoção, previsto em legislação própria.

3 – Os militares do QPPE podem ingressar na categoria de sargentos, mediante a frequência, com aproveitamento, de um curso especial de promoção a segundo-sargento, a regular em legislação própria.

4 – Os militares a que se refere o número anterior ingressam no quadro de amanuenses, não progredindo na respectiva carreira para além do posto de primeiro-sargento.

Artigo 24.º

O quadro de amanuenses mantém-se em extinção progressiva, por continuação do cancelamento de admissões, sendo aplicáveis aos militares que o integram as disposições do presente Estatuto, com excepção dos tempos mínimos de permanência nos postos em que foram integrados, podendo ser dispensados dos mesmos por despacho do CEME.

Capítulo V
Da Força Aérea

Artigo 25.º

1 – São promovidos ao posto imediato os majores dos quadros especiais de engenheiros, recursos humanos e financeiros, técnicos de operações, técnicos de manutenção e técnicos de apoio e os sargentos-ajudantes dos quadros especiais de operadores, mecânicos, apoio e serviços e banda e fanfarras que, satisfazendo as condições gerais e especiais de promoção, tenham completado ou venham a completar até 31 de Dezembro de 2001 um total de 18 anos de serviço efectivo no posto actual e no anterior.

2 – A antiguidade nos postos de tenente-coronel e de sargento-chefe dos militares promovidos nos termos do número anterior reporta-se à data em que completem o tempo de serviço aí exigido, ou a 1 de Janeiro de 1999, caso o tenham completado até esta data.

3 – Os militares promovidos ao abrigo do número anterior ficam na situação de supranumerários até que acedam ao posto imediato.

4 – Os majores e os sargentos-ajudantes colocados à direita, respectivamente, dos oficiais e sargentos da mesma especialidade promovidos nos termos do n.º 1 do presente artigo são igualmente promovidos ao posto imediato, com a mesma data de promoção do militar de referência, independentemente da verificação da condição de completamento do tempo de permanência acumulado.

Artigo 26.º

1 – A especialidade de pilotos mantém-se em extinção progressiva, por força do n.º 4 do artigo 2.º do Decreto-Lei n.º 202/93, de 3 de Junho, não admitindo novos ingressos.

2 – A especialidade de engenheiros informáticos entra em extinção, por cancelamentos de novas admissões, ressalvando-se o caso dos militares que, à data de publicação do presente diploma, se encontram a frequentar cursos de formação para ingresso nesta especialidade.

3 – As especialidades de mecânico electricista, mecânico de rádio, mecânico de radar e condutor auto da categoria de sargentos mantêm-se em extinção progressiva por cancelamento de novas admissões.

4 – Aos militares das especialidades a que se referem os números anteriores são aplicáveis as disposições constantes do Estatuto, em especial as previstas, respectivamente, para a especialidade de navegador e para os quadros especiais de engenheiros, de mecânicos e de apoio e serviços.

5 – Os sargentos das especialidades referidas no n.º 3 ficam na situação de adidos ao quadro até transitarem para a situação de reserva, tendo como referência, para efeitos de promoção, o militar mais antigo, com o mesmo posto, dos quadros especiais de mecânicos e de apoio e serviços, respectivamente.

6 – Sem prejuízo do disposto no número anterior, aos militares das especialidades a que se refere o presente artigo é aplicável o disposto no artigo anterior.

Artigo 27.º

1 – Os sargentos da Força Aérea em regime de contrato automaticamente prorrogável, regressados das extintas tropas pára-quedistas, permanecem ao serviço com o posto que detêm, aplicando-se-lhes os regimes de reserva e de reforma previstos para os militares dos QP.

2 – Os sargentos a que se refere o número anterior podem ingressar no QP, no quadro especial de amanuenses, com o posto de segundo-sargento, após frequência, com aproveitamento, de um curso especial de promoção, a regular em legislação própria.

3 – Para efeito do disposto no número anterior, é criado na Força Aérea o quadro especial de amanuenses, que entra em extinção progressiva por cancelamento de admissões, após a realização do último curso especial de promoção a segundo-sargento, a realizar no prazo máximo de três anos.

4 – Os sargentos que ingressem no QP nos termos do n.º 2 não ascendem na respectiva categoria além do posto de primeiro-sargento.

Artigo 28.º

1 – Os sargentos do QP da Força Aérea regressados das extintas tropas pára-quedistas, intercalados nas listas de antiguidade da especialidade de secretariado e apoio de serviços (SAS) de acordo com os postos e antiguidade que detinham, ficam na situação de adidos ao quadro, situação em que se mantêm até transitarem para a situação de reserva.

2 – A apreciação dos militares referidos no número anterior, para efeitos de promoção ao posto imediato, processa-se na data em que lhes competiria se tivessem mantido a sua posição inicial no quadro especial de SAS.

Artigo 29.º (*)

Os quadros especiais de oficiais e sargentos, a que se referem os artigos 248.º e 277.º do Estatuto, entram em vigor um ano após o início da vigência do presente diploma.

(*) *O prazo aqui estabelecido para a entrada em vigor foi alterado pela Lei n.º 12-A/2000, de 24/0 e pelo D.L. n.º 66/2001, de 22/02. Posteriormente foi suspenso pelo DL n.º 232/2001, de 25/08, com produção de efeitos reportados a 31 de Junho de 2001.*

CAPÍTULO VI
Disposições finais

ARTIGO 30.º

São revogadas todas as disposições legais e regulamentares que contrariem o presente diploma, designadamente o Decreto-Lei n.º 34-A/90, de 24 de Janeiro, com as alterações introduzidas pela Lei n.º 27/91, de 17 de Julho, Decreto-Lei n.º 157/92, de 31 de Julho, Lei n.º 15/92, de 5 de Agosto, Decreto-Lei n.º 27/94, de 5 de Fevereiro, e Decreto-Lei n.º 175/97, de 22 de Julho, com excepção dos artigos 3.º, 5.º, 5.º-A, 6.º, 7.º, 31.º, 45.º e 106.º do livro I e dos livros III e IV do Estatuto aprovado pelo primeiro diploma referido.

ARTIGO 31.º

1 – O presente Estatuto entra imediatamente em vigor, exceptuadas as normas contidas nos artigos 3.º, 5.º, 6.º, 30.º e 42.º, que vigorarão após a aprovação da Lei do Serviço Militar.

2 – Enquanto não for publicada a legislação complementar referida no Estatuto, aplicam-se os correspondentes diplomas actualmente em vigor.

Visto e aprovado em Conselho de Ministros de 22 de Abril de 1999. – *António Manuel de Oliveira Guterres – José Veiga Simão – António Carlos dos Santos – João Cardona Gomes Cravinho.*

Promulgado em 2 de Junho de 1999.

Publique-se.

O Presidente da República, JORGE SAMPAIO.

Referendado em 9 de Junho de 1999.

O Primeiro-Ministro, *António Manuel de Oliveira Guterres.*

ESTATUTO DOS MILITARES DAS FORÇAS ARMADAS

(*DL n.º 236/99, de 25/06*)

1ª NOTA: Diploma alterado sucessivamente por: Lei n.º 12-A/2000, de 24/06; Lei n.º 25/2000, de 23/08; DL n.º 66/2001, de 22/02; DL n.º 232/ /2001, de 25/08; DL n.º 197-A/2003, de 30/08; DL n.º 70/2005, de 17/03. Vão transcritos, à frente, a Lei n.º 25/2000 e o DL n.º 197-A/2003. Porque dele há artigos que ainda se mantêm em vigor, publicaremos, parcialmente, na parte final deste capítulo, o DL n.º 34-A/90, de 24/01, diploma que aprovou o anterior Estatuto dos Militares das Forças Armadas.

2ª NOTA: Face à revogação do art. 123.º operada pelo art. 4.º da Lei n.º 25/2000, de 23/08, o art. 8.º do DL n.º 197-A/2003, de 30/08, diploma que alterou o EMFA, procedeu à renumeração do articulado legal, fazendo recuar os arts. 124.º e seguintes uma posição.

Por isso, qualquer nota de alteração a cada um dos preceitos posteriores ao art. 123.º deve ser entendida como reportada ao tempo em que o artigo ocupava uma posição imediatamente superior. Por exemplo, a chamada de atenção para a alteração feita agora ao art. 278.º introduzida pela Lei n.º 25/2000, de 23/08, reporta-se ao momento em que ele representava o art. 279.º.

LIVRO I
PARTE GERAL

TÍTULO I
Disposições gerais

ARTIGO 1.º
Objecto

O Estatuto dos Militares das Forças Armadas, adiante designado por Estatuto, desenvolve a Lei de Bases do Estatuto da Condição Militar e decorre da Lei de Defesa Nacional e das Forças Armadas (LDNFA) e da Lei do Serviço Militar.

ARTIGO 2.º
Âmbito

O presente Estatuto aplica-se aos militares das Forças Armadas em qualquer situação e forma de prestação de serviço.

ARTIGO 3.º (*)
Formas de prestação de serviço

As formas de prestação de serviço efectivo são as seguintes:
a) Serviço efectivo nos quadros permanentes (QP);
b) Serviço efectivo em regime de contrato (RC);
c) Serviço efectivo em regime de voluntariado (RV); (*)
d) Serviço efectivo decorrente de convocação ou mobilização.(**)

(*) *Redacção dada pelo art. 2.º da Lei n.º 25/2000, de 23/08.*
(**) *Redacção dada pelo art. 1.º do DL n.º 197-A/2003, de 30/08.*

ARTIGO 4.º
Serviço efectivo nos QP

O serviço efectivo nos quadros permanentes compreende a prestação de serviço pelos cidadãos que, tendo ingressado voluntariamente na carreira militar, adquirem vínculo definitivo às Forças Armadas.

ARTIGO 5.º (*)
Serviço efectivo em RC e RV

1 – O serviço efectivo em RC compreende a prestação de serviço militar voluntário por um período de tempo limitado, com vista à satisfação das necessidades das Forças Armadas ou ao seu eventual ingresso nos QP.

2 – O serviço efectivo em RV compreende a prestação de serviço militar voluntário por um período de 12 meses, com vista à satisfação das necessidades das Forças Armadas, ao ingresso no regime de contrato ou ao eventual recrutamento para os QP.

(*) *Redacção dada pelo art. 1.º do DL n.º 197-A/2003, de 30/08.*

ARTIGO 6.º
Serviço efectivo por convocação ou mobilização

1 – O serviço efectivo decorrente de convocação ou mobilização compreende o serviço militar prestado na sequência do recrutamento excepcional, nos termos previstos na Lei do Serviço Militar.

2 – O conteúdo e a forma de prestação do serviço efectivo por convocação ou mobilização são regulados por diploma próprio.

ARTIGO 7.º
Juramento de bandeira

O militar, em cerimónia pública, presta juramento de bandeira perante a Bandeira Nacional, mediante a fórmula seguinte:

> «Juro, como português e como militar, guardar e fazer guardar a Constituição e as leis da República, servir as Forças Armadas e cumprir os deveres militares. Juro defender a minha Pátria e estar sempre pronto a lutar pela sua liberdade e independência, mesmo com o sacrifício da própria vida.»

ARTIGO 8.º
Processo individual

1 – O processo individual do militar compreende os documentos que directamente lhe digam respeito, designadamente os de natureza estatutária e disciplinar ou os que contenham decisões proferidas no âmbito da legislação penal militar.

2 – Do processo individual não devem constar quaisquer referências ou informações sobre as opiniões ou convicções filosóficas, religiosas ou políticas do militar.

3 – As peças que constituem o processo individual devem ser registadas, numeradas e classificadas.

4 – O militar tem direito de acesso ao respectivo processo individual.

TÍTULO II
Deveres e direitos

CAPÍTULO I
Dos deveres

ARTIGO 9.º
Defesa da Pátria

O militar deve estar sempre pronto a defender a Pátria, mesmo com sacrifício da própria vida, o que em cerimónia pública solenemente afirma perante a Bandeira Nacional.

ARTIGO 10.º
Poder de autoridade

1 – O militar que exerça funções de comando, direcção ou chefia exerce o poder de autoridade inerente a essas funções, bem como a correspondente competência disciplinar.

2 – O exercício dos poderes de autoridade implica a responsabilidade pelos actos que por si ou por sua ordem forem praticados.

3 – O exercício do poder de autoridade tem como limites a Constituição e as demais leis da República, as convenções internacionais e as leis e os costumes de guerra.

ARTIGO 11.º
Dever da tutela

Constitui dever do militar zelar pelos interesses dos seus subordinados e dar conhecimento, através da via hierárquica, dos problemas de que tenha conhecimento e àqueles digam respeito.

ARTIGO 12.º
Dever de obediência

O dever de obediência decorre do disposto nas leis e regulamentos militares e traduz-se no integral e pronto cumprimento das suas normas, bem como das determinações, ordens e instruções dimanadas de superior hierárquico proferidas em matéria de serviço desde que o respectivo cumprimento não implique a prática de crime.

ARTIGO 13.º
Dever de dedicação ao serviço

O militar deve dedicar-se ao serviço, diligenciando melhorar e desenvolver as qualidades pessoais e as aptidões profissionais necessárias ao pleno exercício das funções e ao cumprimento das missões atribuídas.

ARTIGO 14.º
Dever de disponibilidade

1 – O militar deve manter permanente disponibilidade para o serviço, ainda que com sacrifício dos interesses pessoais.

2 – O militar é obrigado a comunicar a sua residência habitual ou ocasional.

3 – O militar é obrigado, no caso de ausência por licença ou doença, a comunicar superiormente o local onde possa ser encontrado ou contactado.

4 – Em situação de estado de sítio e de estado de guerra, o militar, nos termos da lei respectiva, pode ser nomeado para o exercício de funções compatíveis com o seu posto e aptidões.

5 – O militar tem o dever de imediatamente comunicar com os seus superiores quando detido por qualquer autoridade, devendo esta facultar-lhe os meios necessários para o efeito.

ARTIGO 15.º
Outros deveres

1 – O militar deve, em todas as situações, pautar o seu procedimento pelos princípios éticos e pelos ditames da virtude e da honra, adequando os seus actos aos deveres decorrentes da sua condição de militar e à obrigação de assegurar a sua respeitabilidade e o prestígio das Forças Armadas.

2 – O militar deve ainda:

a) Proceder com dignidade e zelar pelo prestígio da instituição militar;

b) Proceder com lealdade para com os outros militares;
c) Observar a solidariedade para com os seus companheiros de armas e praticar a camaradagem, sem prejuízo dos princípios da honra e das regras da disciplina;
d) Aceitar com coragem os riscos físicos e morais decorrentes das suas missões de serviço;
e) Cumprir e fazer cumprir a disciplina militar;
f) Usar a força somente com legitimidade e quando tal se revele estritamente necessário;
g) Cumprir rigorosamente as normas de segurança militar e manter sigilo quanto aos factos e matérias de que tome conhecimento em virtude do exercício das suas funções;
h) Usar uniforme, excepto nos casos em que a lei o prive do seu uso ou seja expressamente determinado ou autorizado o contrário;
i) Comprovar a sua identidade e situação sempre que solicitado pelas autoridades competentes.

ARTIGO 16.º
Incompatibilidades

1 – O militar na efectividade de serviço ou nas situações de licença com perda de vencimento, em comissão especial ou inactividade temporária não pode, por si ou por interposta pessoa, exercer quaisquer actividades civis relacionadas com as suas funções militares ou com o equipamento, armamento, infra-estrutura e reparação de materiais destinados às Forças Armadas.

2 – O militar não pode exercer actividades incompatíveis com o seu grau hierárquico ou o decoro militar ou que o coloquem em dependência susceptível de afectar a sua respeitabilidade e dignidade perante as Forças Armadas ou a sociedade.

ARTIGO 17.º
Violação dos deveres

A violação dos deveres enunciados nos artigos anteriores é, consoante os casos, punível nos termos previstos no Regulamento de Disciplina Militar (RDM) ou no Código de Justiça Militar (CJM).

Capítulo II
Dos direitos

Artigo 18.º
Direitos, liberdades e garantias

1 – O militar goza de todos os direitos, liberdades e garantias reconhecidos aos demais cidadãos, estando o exercício de alguns desses direitos e liberdades sujeito às restrições constitucionalmente previstas, com o âmbito pessoal e material que consta da LDNFA.

2 – O militar não pode ser prejudicado ou beneficiado em virtude da ascendência, sexo, raça, território de origem, religião, convicções políticas ou ideológicas, situação económica ou condição social.

Artigo 19.º
Honras militares

O militar tem, nos termos da lei, direito ao uso de uniforme, títulos, honras, precedências, imunidades e isenções inerentes à sua condição militar.

Artigo 20.º
Remuneração

O militar tem, nos termos fixados em lei própria, direito a perceber remuneração de acordo com a sua condição militar, forma de prestação de serviço, posto, tempo de serviço, cargo que desempenhe, qualificações adquiridas e situações particulares de penosidade e risco acrescido.

Artigo 21.º
Garantia em processo disciplinar

O militar, em processo disciplinar, goza de todas as garantias de defesa, sendo sempre garantido o direito a nomear representante.

Artigo 22.º
Protecção jurídica

O militar tem direito a receber do Estado protecção jurídica nas modalidades de consulta jurídica e apoio judiciário para defesa dos seus direitos e do seu nome e reputação, sempre que sejam afectados por causa de serviço que preste às Forças Armadas ou no âmbito destas.

ARTIGO 23.º
Assistência religiosa

1 – Aos militares que professem religião legalmente reconhecida no País é garantida assistência religiosa.

2 – Os militares não são obrigados a assistir ou a participar em actos de culto próprios de religião diversa da que professem.

3 – O militar, por razões de serviço, pode ser nomeado para missões militares que decorram em conjunto com cerimónias religiosas.

ARTIGO 24.º
Detenção e prisão preventiva

1 – Fora de flagrante delito, a detenção de militares no activo ou na efectividade de serviço deve ser requisitada aos seus superiores hierárquicos pelas autoridades judiciárias ou de polícia criminal competentes, nos termos da legislação processual penal aplicável.

2 – Os militares detidos ou presos preventivamente mantêm-se em prisão militar à ordem do tribunal ou autoridade competente, nos termos da legislação processual penal aplicável.

ARTIGO 25.º
Outros direitos

O militar tem, nomeadamente, direito:

a) A ascender na carreira, atentos os condicionalismos previstos no presente Estatuto, e à progressão no posto, nos termos do respectivo estatuto remuneratório;
b) A receber formação adequada ao pleno exercício das funções e missões que lhe forem atribuídas tendo em vista a sua valorização humana e profissional;
c) A beneficiar para si, e para a sua família, de assistência médica, medicamentosa, hospitalar e de meios de diagnóstico, nos termos fixados em diploma próprio;

d) A serem-lhe aplicadas em matéria de maternidade e paternidade as disposições constantes da lei geral;
e) A apresentar queixas ao Provedor de Justiça, de acordo com a LDNFA e nos termos previstos em lei própria;
f) A beneficiar de redução nas tarifas dos transportes colectivos públicos, de acordo com o estabelecido em legislação própria;
g) A beneficiar, nos termos da lei, para si e para a sua família, de um sistema de assistência, protecção e apoio social, abrangendo, designadamente, pensões de reforma, de sobrevivência e de preço de sangue e subsídios de invalidez.

TÍTULO III
Hierarquia, cargos e funções

CAPÍTULO I
Da hierarquia

ARTIGO 26.º
Hierarquia

1 – A hierarquia militar tem por finalidade estabelecer, em todas as circunstâncias, relações de autoridade e subordinação entre os militares e é determinada pelos postos, também designados por patentes, antiguidades e precedências previstos na lei.

2 – A hierarquia funcional decorre dos cargos e funções militares, devendo respeitar a hierarquia dos postos e antiguidade dos militares, ressalvados os casos em que a lei determine de forma diferente.

3 – As escalas hierárquicas dos militares são organizadas por ordem decrescente de postos e, dentro destes, de antiguidade relativa.

ARTIGO 27.º
Carreira militar

A carreira militar é o conjunto hierarquizado de postos, desenvolvida por categorias, que se concretiza em quadros especiais e a que corresponde o desempenho de cargos e o exercício de funções diferenciadas entre si.

ARTIGO 28.º
Categorias, subcategorias e postos

1 – Os militares agrupam-se, por ordem decrescente de hierarquia, nas seguintes categorias:

a) Oficiais;
b) Sargentos;
c) Praças.

2 – As subcategorias correspondem a subconjuntos de postos que se diferenciam por um aumento da autonomia, da complexidade funcional e da responsabilidade.

3 – O posto é a posição que, na respectiva categoria, o militar ocupa no âmbito da carreira militar fixada de acordo com o conteúdo e qualificação da função ou funções.

4 – As categorias, subcategorias e postos dos três ramos das Forças Armadas são os constantes do quadro anexo I ao presente Estatuto, do qual faz parte integrante.

ARTIGO 29.º
Contagem da antiguidade

A antiguidade do militar em cada posto reporta-se à data fixada no respectivo documento oficial de promoção, considerando-se de menor antiguidade o promovido em data mais recente, salvo disposição em contrário prevista no presente Estatuto.

ARTIGO 30.º (*)
Antiguidade relativa entre militares

1 – O militar dos QP é sempre considerado mais antigo que os militares das restantes formas de prestação de serviço promovidos a posto igual ou correspondente, com o mesmo tempo de serviço no posto.

2 – O militar em RC é sempre considerado mais antigo que o militar em RV, bem como estes relativamente ao militar convocado ou mobilizado, quando detentores de posto igual ou correspondente, com o mesmo tempo de serviço no posto.

3 – No caso de os militares se encontrarem numa mesma forma de prestação de serviço e possuíremigual antiguidade no posto de ingresso na categoria, são considerados mãos antigos que os habilitados com formação académica de nível mais elevado.

(*) *Redacção do art. 1.º do DL n.º 197-A/2003, de 30/08.*

ARTIGO 31.º
Prevalência de funções

1 – Os casos excepcionais em que a hierarquia funcional implique promoção, graduação ou prevalência sobre a antiguidade são definidos por lei ou regulamento.

2 – A graduação e a prevalência sobre a antiguidade terminam com a exoneração dos cargos ou a cessação de funções.

ARTIGO 32.º
Actos e cerimónias

Em actos e cerimónias militares ou civis, com excepção das formaturas, os militares colocam-se por ordem hierárquica de postos e antiguidade, respeitando-se, porém, as precedências que, de acordo com as funções exercidas ou cargos desempenhados pelos militares presentes, estejam consignadas na lei.

CAPÍTULO II
Dos cargos e funções

ARTIGO 33.º
Cargos militares

1 – Consideram-se cargos militares os lugares fixados na estrutura orgânica das Forças Armadas, a que correspondem as funções legalmente definidas.

2 – São ainda considerados cargos militares os lugares existentes em qualquer departamento do Estado ou em organismos internacionais a que correspondem funções de natureza militar.

3 – O desempenho de cargos militares inicia-se com a tomada de posse, suspende-se com o afastamento temporário do titular e cessa com a sua exoneração.

ARTIGO 34.º
Funções militares

1 – Consideram-se funções militares as que implicam o exercício de competências legalmente estabelecidas para os militares.

2 – As funções militares classificam-se em:

a) Comando;
b) Direcção ou chefia;
c) Estado-maior;
d) Execução.

ARTIGO 35.º
Função comando

1 – A função comando traduz-se no exercício da autoridade que é conferida a um militar para dirigir, coordenar e controlar comandos, forças, unidades e estabelecimentos.

2 – O exercício da autoridade conferido pelas leis e regulamentos é acompanhado da correspondente responsabilidade, que não é delegável, sendo o comandante o único responsável, em todas as circunstâncias, pela forma como as forças ou unidades subordinadas cumprem as missões atribuídas.

ARTIGO 36.º
Função direcção ou chefia

1 – A função direcção ou chefia traduz-se no exercício da autoridade que é conferida a um militar para dirigir, coordenar e controlar estabelecimentos e órgãos militares.

2 – O exercício da autoridade conferida pelas leis e regulamentos é acompanhado da correspondente responsabilidade, que não é delegável, sendo o director ou chefe o único responsável, em todas as circunstâncias, pela forma como os estabelecimentos e órgãos militares subordinados cumprem as missões atribuídas.

ARTIGO 37.º
Função estado-maior

A função estado-maior consiste na prestação de apoio e assessoria ao comandante, director ou chefe e traduz-se, designadamente, na elaboração de estudos, informações, directivas, planos, ordens e propostas tendo em vista a preparação e a transmissão da tomada de decisão e a supervisão da sua execução.

Artigo 38.º
Função execução

1 – A função execução traduz-se na realização das acções praticadas pelos militares integrados em forças, unidades, estabelecimentos e órgãos tendo em vista, principalmente, a preparação para o combate, o combate e o apoio ao combate no âmbito da defesa militar da República, bem como na satisfação dos compromissos internacionais assumidos, neles se incluindo a participação em operações de apoio à paz e acções humanitárias, a colaboração em tarefas de interesse público e a cooperação técnico-militar.

2 – Na função execução incluem-se as actividades que abrangem, designadamente, as áreas de formação profissional, instrução e treino, logística, administrativa e outras de natureza científica, tecnológica e cultural.

3 – Integram-se, também, nesta função as actividades de docência e de investigação em estabelecimentos militares, sendo o seu desempenho regulado em diplomas próprios.

Artigo 39.º
Competência e responsabilidade

A cada militar deve ser atribuída competência compatível com o nível de responsabilidade inerente às funções a exercer, de acordo com o posto e qualificação exigidos para o seu eficiente desempenho.

Artigo 40.º
Cargo de posto inferior

O militar não pode ser nomeado para cargo a que corresponda posto inferior ao seu nem, salvo disposição legal em contrário, estar subordinado a militares de menor patente ou antiguidade.

ARTIGO 41.º
Cargo de posto superior

1 – O militar nomeado para o cargo a que corresponda posto superior ao que possui é investido, enquanto nessa situação, da autoridade correspondente àquele posto.

2 – A nomeação a que se refere o número anterior tem carácter excepcional e provisório.

3 – O militar, enquanto desempenhar cargo de posto superior, tem os direitos e regalias remuneratórios desse posto.

4 – O direito à remuneração referida no número anterior só se constitui quando não haja titular para o cargo militar a desempenhar, nos termos em que este é definido nos n.os 1 e 2 do artigo 33.º

TÍTULO IV
Efectivos, situações e tempo de serviço

CAPÍTULO I
Dos efectivos e das situações

ARTIGO 42.º
Efectivos

1 – Designa-se, genericamente, por efectivos o número de militares afectos às diferentes formas de prestação de serviço.

2 – Os efectivos dos QP dos ramos das Forças Armadas, nas situações de activo e de reserva na efectividade de serviço, são fixados para cada ramo, respectivamente, por decreto-lei e por portaria do Ministro da Defesa Nacional (MDN), sob proposta do Conselho de Chefes de Estado-Maior (CCEM).

3 – Os efectivos dos QP das Forças Armadas, nas situações de activo e de reserva na efectividade de serviço, que se destinam ao desempenho de cargos militares da estrutura orgânica das Forças Armadas fora do respectivo ramo são fixados, respectivamente, por decreto-lei e por portaria do MDN, sob proposta do CCEM.

4 – Os efectivos dos QP das Forças Armadas, nas situações de activo e de reserva na efectividade de serviço, autorizados a desempenhar cargos fora da estrutura orgânica das Forças Armadas, são fixados em decreto-lei, ouvido o CCEM.

5 – Os efectivos dos comandos, unidades, estabelecimentos e órgãos militares não integrados nos ramos são fixados por decreto-lei, sob proposta do CCEM.

6 – Os efectivos em RC e RV são fixados, para cada ramo, por decreto regulamentar, sob proposta do CCEM. (*)

7 – Os efectivos a convocar ou mobilizar são fixados de acordo com as disposições previstas na LSM e demais legislação aplicável.

(*) *Redacção dada pelo art. 1.º do DL n.º 197-A/2003, de 30/08.*

ARTIGO 43.º

Situações quanto à prestação de serviço

1 – O militar, independentemente da forma de prestação de serviço, encontra-se numa das seguintes situações:

a) Na efectividade de serviço;

b) Fora da efectividade de serviço.

2 – A situação de efectividade de serviço caracteriza-se pelo exercício efectivo de cargos e funções próprios do posto, classe, arma, serviço ou especialidade definidos neste Estatuto.

3 – Considera-se fora da efectividade de serviço o militar que, para além de outras situações tipificadas na lei, se encontre:

a) No cumprimento de penas a que a legislação penal ou disciplinar atribuam esse efeito;

b) Nas situações de ausência ilegítima ou de deserção; (*)

c) De licença registada. (*)

(*) *Redacção dada pelo art. 1.º do DL n.º 197-A/2003, de 30/08.*

CAPÍTULO II

Do tempo de serviço

ARTIGO 44.º

Contagem de tempo de serviço

1 – Conta-se como tempo de serviço, no sentido de serviço prestado ao Estado, o tempo de serviço militar, acrescido do prestado no exercício de funções públicas.

2 – O tempo de serviço é contado para efeitos de cálculo da pensão de reforma e da remuneração da reserva.

3 – Releva ainda, para efeito do cálculo da pensão de reforma, o tempo de permanência do militar na reserva fora da efectividade de serviço, passando o desconto de quotas para a Caixa Geral de Aposentações a incidir sobre a remuneração relevante para o cálculo da remuneração de reserva. (*)

4 – A contagem, para efeitos do cálculo da pensão de reforma, do tempo de permanência do militar na reserva fora da efectividade de serviço, anterior à entrada em vigor do presente Estatuto, implica o pagamento das quotas para a Caixa Geral de Aposentações relativas à diferença entre a remuneração de reserva auferida e a remuneração referida no número anterior. (*)

(*) *Redacção dada pelo art. 2.º da Lei n.º 25/2000, de 23/08.*

ARTIGO 45.º

Contagem do tempo de serviço militar

Conta-se como tempo de serviço militar o tempo de serviço efectivo, acrescido das percentagens de aumentos legalmente estabelecidas.

ARTIGO 46.º

Contagem de tempo de serviço efectivo

1 – Conta-se como tempo de serviço efectivo o tempo de serviço prestado nas Forças Armadas ou em funções militares fora do seu âmbito, bem como noutras situações expressamente previstas neste Estatuto.

2 – Não é contado como tempo de serviço efectivo:

a) Aquele em que o militar tiver permanecido em qualquer situação pela qual não tenha direito ao abono de remuneração;

b) O do cumprimento das penas de presídio militar e prisão militar;

c) Aquele que, nos termos da legislação disciplinar aplicável, não deva ser considerado.

3 – Todo o tempo de serviço efectivo é aumentado da percentagem de 25%, para efeitos do disposto nos artigos 153.º e 160.º, salvo o disposto no n.º 6 do artigo 208.º.

4 – A percentagem referida no número anterior não é acumulável com o estabelecido em legislação especial, aplicando-se o regime mais favorável.

ARTIGO 47.º
Contagem do tempo de permanência no posto

Conta-se como tempo de permanência no posto o tempo de serviço efectivo a partir da data de antiguidade no respectivo posto.

TÍTULO V
Promoções e graduações

CAPÍTULO I
Das promoções

ARTIGO 48.º
Promoção

1 – O acesso em cada categoria da carreira militar faz-se por promoção.

2 – A promoção consiste, em regra, na mudança para o posto seguinte da respectiva categoria.

ARTIGO 49.º
Modalidades de promoção

As modalidades de promoção são as seguintes:

a) Diuturnidade;
b) Antiguidade;
c) Escolha;
d) Distinção;
e) A título excepcional.

ARTIGO 50.º
Promoção por diuturnidade

1 – A promoção por diuturnidade consiste no acesso ao posto imediato, independentemente da existência de vacatura, desde que decorrido o tempo de permanência no posto e satisfeitas as demais condições de promoção, mantendo-se a antiguidade relativa.

2 – Os órgãos de gestão de pessoal de cada ramo das Forças Armadas devem assegurar que as promoções previstas no número anterior se concretizem no respeito pelos quadros e efectivos legalmente aprovados.

ARTIGO 51.º
Promoção por antiguidade

A promoção por antiguidade consiste no acesso ao posto imediato, mediante a existência de vacatura, desde que satisfeitas as condições de promoção e mantendo-se a antiguidade relativa.

ARTIGO 52.º
Promoção por escolha

1 – A promoção por escolha consiste no acesso ao posto imediato, mediante a existência de vacatura e desde que satisfeitas as condições de promoção, nos termos previstos neste Estatuto e independentemente da posição do militar na escala de antiguidades.

2 – A promoção por escolha visa seleccionar os militares considerados mais competentes e que se revelem com maior aptidão para o exercício de funções inerentes ao posto imediato.

3 – A promoção por escolha deve ser fundamentada, sendo a ordenação realizada com base em critérios gerais, definidos por portaria do MDN.

ARTIGO 53.º
Promoção por distinção

1 – A promoção por distinção consiste no acesso a posto superior, em regra, ao posto imediato, independentemente da existência de vacatura, da posição do militar na escala de antiguidade e da satisfação das condições especiais de promoção.

2 – A promoção por distinção premeia excepcionais virtudes e dotes de comando, direcção ou chefia demonstrados em campanha ou em acções que tenham contribuído para a glória da Pátria ou para o prestígio da instituição militar.

3 – A promoção por distinção é aplicável a todos os postos previstos nas respectivas classes, armas, serviços e especialidades e sem alteração da forma de prestação de serviço efectivo.

4 – O militar promovido por distinção a um posto para o qual é exigido curso de promoção deve frequentá-lo sem carácter classificativo.

5 – A promoção por distinção pode processar-se por iniciativa do chefe de estado-maior (CEM) do respectivo ramo ou mediante proposta do chefe sob cujas ordens serve o militar a promover, carecendo sempre de parecer favorável do conselho superior do ramo respectivo.

6 – O processo para a promoção por distinção deve ser instruído com os documentos necessários para o perfeito conhecimento e prova dos actos praticados que fundamentam a promoção, podendo incluir inquérito contraditório.

7 – O militar pode ser promovido por distinção mais de uma vez, podendo a promoção ocorrer a título póstumo.

Artigo 54.º
Promoção a título excepcional

1 – A promoção a título excepcional consiste no acesso a posto superior, independentemente da existência de vacatura, tendo, designadamente, lugar nos seguintes casos:

a) Por qualificação como deficiente das Forças Armadas, quando legislação especial o preveja;

b) Por reabilitação, em consequência de procedência de recurso em processo criminal ou disciplinar.

2 – A promoção a título excepcional pode ter lugar a título póstumo.

3 – A promoção a título excepcional é regulada em diploma próprio.

Artigo 55.º
Condições de promoção

O militar, para poder ser promovido, tem de satisfazer as condições gerais e especiais de promoção, com excepção dos casos previstos neste Estatuto.

Artigo 56.º
Condições gerais

As condições gerais de promoção comuns a todos os militares são as seguintes:

a) Cumprimento dos respectivos deveres;
b) Exercício com eficiência das funções do seu posto;
c) Qualidades e capacidades pessoais, intelectuais e profissionais requeridas para o posto imediato;
d) Aptidão física e psíquica adequada.

ARTIGO 57.º
Verificação das condições gerais

1 – A verificação da satisfação das condições gerais de promoção é feita através:

a) Da avaliação a que se refere o título VII deste livro;
b) Do registo disciplinar;
c) De outros documentos constantes do processo individual do militar ou que nele venham a ser integrados após decisão superior.

2 – Não é considerada matéria de apreciação aquela sobre a qual exista processo pendente de qualquer natureza enquanto sobre o mesmo não for proferida decisão definitiva.

3 – As competências relativas à verificação da satisfação das condições gerais de promoção são as definidas neste Estatuto.

ARTIGO 58.º
Não satisfação das condições gerais

1 – A decisão sobre a não satisfação das condições gerais de promoção estabelecidas no artigo 56.º é da competência do CEM respectivo, ouvidos o Conselho Superior de Disciplina (CSD) para a prevista na alínea a), o conselho superior do ramo para as previstas nas alíneas b) e c) e os órgãos do serviço de saúde e juntas médicas competentes para a prevista na alínea d).

2 – Os conselhos superiores formulam os seus pareceres com base nos elementos mencionados no artigo anterior, devendo obrigatoriamente ouvir o militar em causa e outras pessoas de reconhecido interesse para a elaboração desses pareceres.

3 – A decisão mencionada no n.º 1 tomará em conta os pareceres das entidades referidas no mesmo número e deve ser devidamente fundamentada e obrigatoriamente comunicada ao interessado.

ARTIGO 59.º
Inexistência de avaliação

A inexistência da avaliação a que se refere a alínea a) do n.º 1 do artigo 57.º não pode constituir fundamento para se considerar o militar como não satisfazendo as condições gerais de promoção.

ARTIGO 60.º
Condições especiais

1 – As condições especiais de promoção próprias de cada posto são as fixadas no presente Estatuto, abrangendo:

a) Tempo mínimo de permanência no posto;
b) Exercício de determinadas funções ou desempenho de determinados cargos;
c) Frequência de curso de promoção com aproveitamento;
d) Prestação de provas de concurso;
e) Outras condições de natureza específica.

2 – Ao militar deve ser facultada, sem necessidade de o solicitar, mas sem prejuízo de o poder fazer, a satisfação oportuna das condições especiais de promoção exigidas para o acesso ao posto imediato, competindo ao órgão de gestão de pessoal do respectivo ramo tomar as providências adequadas.

3 – A verificação da satisfação das condições especiais de promoção incumbe aos órgãos de gestão de pessoal de cada ramo.

ARTIGO 61.º
Exclusão temporária

O militar pode ser excluído temporariamente da promoção, ficando numa das seguintes situações:

a) Demorado;
b) Preterido.

ARTIGO 62.º
Demora na promoção

1 – A demora na promoção tem lugar:

a) Quando o militar aguarde decisão do CEM sobre parecer do órgão consultivo do respectivo ramo;

b) Quando a promoção esteja dependente do trânsito em julgado de decisão judicial;

c) Quando a promoção esteja dependente de processo, qualquer que seja a sua natureza, salvo no caso previsto no artigo 64.º;

d) Quando a verificação da aptidão física ou psíquica esteja dependente de observação clínica, tratamento, convalescença ou parecer da competente junta médica;

e) Quando o militar não tenha satisfeito as condições especiais de promoção por razões que não lhe sejam imputáveis.

2 – O militar demorado não deve prestar serviço sob as ordens de militares mais modernos que, entretanto, tenham sido promovidos.

3 – O militar demorado é promovido logo que cessem os motivos que determinam a demora na promoção, independentemente da existência de vacatura, ocupando na escala de antiguidade no novo posto a mesma posição que teria se a promoção ocorresse sem demora.

ARTIGO 63.º

Preterição na promoção

1 – A preterição na promoção tem lugar quando se verifique qualquer das circunstâncias seguintes:

a) O militar não satisfaça uma das três primeiras condições gerais de promoção;

b) O militar não satisfaça qualquer das condições especiais de promoção por razões que lhe sejam imputáveis;

c) O militar se encontre na situação de licença ilimitada;

d) Nos casos expressamente previstos no CJM e no RDM.

2 – O militar, logo que cessem os motivos que determinaram a sua preterição, passa a ser apreciado, para efeitos de promoção ao posto imediato, em igualdade de circunstâncias com os militares de igual posto, classe, arma, serviço ou especialidade, salvo o disposto no n.º 2 do artigo 186.º.

ARTIGO 64.º (*)

Processo pendente

O militar com processo disciplinar ou criminal pendente pode ser promovido se o respectivo CEM verificar que a natureza desse processo não põe em causa a satisfação das condições gerais de promoção.

(*) *Redacção dada pelo art. 2.º da Lei n.º 25/2000, de 23/08.*

ARTIGO 65.º
Prisioneiro de guerra

1 – O militar prisioneiro de guerra só pode ser promovido mediante parecer favorável do CSD do ramo, ao qual será presente o respectivo processo, com todos os elementos informativos disponíveis para o efeito.

2 – Nos casos em que o CSD não possa emitir parecer ou este seja desfavorável, o militar prisioneiro de guerra só pode ser apreciado após a sua libertação.

3 – O militar prisioneiro de guerra fica na situação de demorado enquanto estiver pendente a sua apreciação pelo CSD.

ARTIGO 66.º
Organização dos processos de promoção

Incumbe aos órgãos de gestão de pessoal de cada ramo proceder à organização dos processos de promoção, os quais devem incluir todos os elementos necessários para a verificação das condições de promoção.

ARTIGO 67.º
Confidencialidade dos processos de promoção

Os processos de promoção são confidenciais, sem prejuízo do direito do interessado à consulta do respectivo processo individual, desde que a requeira.

ARTIGO 68.º
Documento oficial de promoção

1 – O documento oficial de promoção reveste a forma de:

a) Decreto do Presidente da República, mediante proposta do Governo, na promoção a almirante ou general;

b) Deliberação confirmativa do Conselho Superior de Defesa Nacional (CSDN), a proferir sobre deliberação do CCEM, nas promoções a oficial general e de oficiais generais de qualquer dos ramos das Forças Armadas, com excepção dos referidos na alínea anterior;

c) Portaria do CEM do ramo na promoção de oficiais até ao posto de capitão-de-mar-e-guerra ou coronel;

d) Despacho do CEM do ramo, com possibilidade de delegação e subdelegação, nas promoções de sargentos e praças.

2 – O documento oficial de promoção deve conter menção expressa da data da respectiva antiguidade e da data a partir da qual é devida a remuneração correspondente ao novo posto.

3 – A promoção deve ser publicada no Diário da República e transcrita nas ordens dos ramos e nas ordens de serviço.

CAPÍTULO II
Das graduações

ARTIGO 69.º
Condições para a graduação

1 – O militar pode ser graduado em posto superior, com carácter excepcional e temporário:

a) Quando, para o exercício de funções indispensáveis, não seja possível prover militares de posto adequado;

b) Noutras situações fixadas no presente Estatuto ou em legislação especial.

2 – O militar graduado goza dos direitos correspondentes ao posto atribuído, com excepção dos decorrentes do tempo de permanência nesse posto para efeitos de antiguidade.

3 – O processo de graduação segue a tramitação estabelecida para o processo de promoção, com as necessárias adaptações.

ARTIGO 70.º
Cessação de graduação

1 – A graduação do militar cessa quando:

a) Seja exonerado das funções que a motivaram;

b) Seja promovido ao posto em que foi graduado;

c) Terminem as circunstâncias que lhe deram origem;

d) Desista ou não obtenha aproveitamento no respectivo curso de promoção.

2 – Cessada a graduação, não pode a mesma ser invocada para efeitos de obtenção de quaisquer vantagens ou benefícios.

Título VI
Ensino e formação nas Forças Armadas

Artigo 71.º
Ensino

1 – O ensino ministrado em estabelecimentos militares tem como finalidade a habilitação profissional do militar, a aprendizagem de conhecimentos adequados à evolução da ciência e da tecnologia e, bem assim, ao seu desenvolvimento cultural.

2 – O ensino ministrado em estabelecimentos militares garante a continuidade do processo educativo e integra-se nos sistemas educativo e formativo nacionais.

Artigo 72.º
Princípios da formação militar

1 – A formação militar, instrução e treino, doravante designados por formação militar, visam continuar a preparação do militar para o exercício das respectivas funções e abrangem componentes de natureza técnico-militar, científica, cultural e de aptidão física.

2 – As Forças Armadas propiciam aos militares, oportuna e continuamente, formação militar contínua adequada às capacidades individuais e aos interesses da própria instituição.

3 – A formação militar é responsabilidade conjunta da instituição militar, que a patrocina, e do militar, a quem se exige empenhamento.

Artigo 73.º
Formação militar

A formação militar envolve acções de investimento, de evolução e de ajustamento e materializa-se através de cursos, tirocínios, estágios, instrução e treino operacional e técnico, consoante a categoria, posto, classe, arma, serviço ou especialidade a que o militar pertence.

Artigo 74.º
Cursos

Os cursos têm duração variável e são ministrados sob a responsabilidade de um organismo militar ou civil reconhecido para o efeito, revestindo as seguintes tipologias:

a) Cursos de formação inicial que habilitem ao ingresso nas diferentes categorias, visando a habilitação profissional do militar e a aprendizagem de conhecimentos adequados às evoluções da ciência e tecnologia e, bem assim, ao seu desenvolvimento cultural; (*)

b) Cursos de promoção, destinados a habilitar o militar com os conhecimentos técnico-militares necessários ao desempenho de cargos e exercício de funções de nível e responsabilidade mais elevados, sendo condição especial de acesso ao posto imediato e de avaliação obrigatória;

c) Cursos de especialização, destinados a ampliar ou melhorar os conhecimentos técnicos do militar, por forma a habilitá-lo ao exercício de funções específicas para as quais são requeridos conhecimentos suplementares ou aptidões próprias;

d) Cursos de actualização, destinados a reciclar os conhecimentos do militar, visando a sua adaptação à evolução técnico-militar;

e) Cursos de qualificação, destinados a preparar os oficiais para o exercício de funções de nível superior na estrutura orgânica aprovada, devendo incluir, em particular, para além de matérias curriculares específicas dos ramos das Forças Armadas, estudos relacionados com a defesa nacional e com o desenvolvimento de doutrinas de emprego conjunto dos meios das Forças Armadas.

(*) *Redacção dada pelo art. 1.º do DL n.º 197-A/2003, de 30/08.*

Artigo 75.º
Tirocínios e estágios

1 – Os tirocínios e os estágios visam, designadamente:

a) Completar a formação, como componente prática do processo formativo, nomeadamente a adquirida em cursos;

b) Ministrar aos militares, licenciados ou bacharéis e admitidos por concurso, a preparação militar e os conhecimentos técnico-profissionais necessários ao exercício das funções próprias da categoria e do quadro especial a que se destinam, quando não obtidos no âmbito do disposto na alínea a) do artigo 74.º;

c) Habilitar os militares para o exercício de funções específicas para que sejam indigitados ou nomeados.

2 – Os tirocínios e os estágios têm, em regra, carácter probatório e duração variável, consoante a sua finalidade.

Artigo 76.º

Instrução

A instrução visa proporcionar ao militar conhecimentos orientados para a prática, de modo a aperfeiçoar a sua preparação militar e a imbuí-lo do espírito de missão e dos valores próprios da instituição militar.

Artigo 77.º

Treino operacional e técnico

O treino operacional e técnico é um conjunto de actividades do militar, integrado ou não em forças, que se destina a manter, complementar e aperfeiçoar os seus conhecimentos práticos em condições tão próximas quanto possível das do tempo de guerra.

Artigo 78.º

Critérios de nomeação para cursos, tirocínios e estágios

A nomeação para cursos, tirocínios e estágios é feita por antiguidade, escolha, oferecimento ou concurso, de acordo com as condições de acesso fixadas para a respectiva frequência.

Artigo 79.º

Certificação profissional

Os cursos de formação ministrados nas Forças Armadas que confiram conhecimentos e aptidões habilitantes para o exercício profissional garantem o direito à respectiva certificação profissional.

TÍTULO VII
Avaliação

CAPÍTULO I
Da avaliação do mérito

ARTIGO 80.º
Modo e finalidades

1 – A avaliação do mérito é obtida através da apreciação do currículo, com especial relevo para a avaliação individual, tendo em vista uma correcta gestão de pessoal, designadamente quanto a:

a) Recrutamento e selecção;
b) Formação e aperfeiçoamento;
c) Promoção;
d) Exercício de funções.

2 – Para os fins estabelecidos no número anterior, a avaliação do mérito de cada militar é feita com base em critérios objectivos referentes ao exercício de todas as suas actividades e funções.

3 – As instruções para a execução do sistema de avaliação do mérito são regulamentadas, para cada ramo, por portaria do MDN, sob proposta do CEM respectivo.

ARTIGO 81.º
Princípios fundamentais

1 – A avaliação individual é obrigatória e contínua, abrangendo todos os militares na efectividade de serviço.

2 – A avaliação individual é uma prerrogativa da hierarquia militar, com excepção do disposto no número seguinte.

3 – A avaliação individual do militar que presta serviço fora da estrutura das Forças Armadas compete aos superiores hierárquicos de que depende, de acordo com o estabelecido na portaria prevista no n.º 3 do artigo anterior.

4 – Cada avaliação individual refere-se apenas ao período a que respeita, sendo independente de outras avaliações anteriores.

5 – A avaliação individual é sempre fundamentada e deve estar subordinada a juízos de valor precisos e objectivos, de modo a evitar julgamentos preconcebidos, sejam ou não favoráveis.

6 – A avaliação individual é obrigatoriamente comunicada ao interessado (*).

7 – A avaliação individual é condicionada pela forma de prestação de serviço militar efectivo, categoria e especificidades dos ramos.

(*) *Redacção dada pelo art. 2.º da Lei n.º 25/2000, de 23/08.*

ARTIGO 82.º

Finalidade da avaliação individual

A avaliação individual destina-se a:

a) Seleccionar os mais aptos para o desempenho de determinados cargos e funções;

b) Actualizar o conhecimento do potencial humano existente;

c) Avaliar a adequabilidade dos recursos humanos aos cargos e funções exercidos;

d) Compatibilizar as aptidões do avaliado e os interesses da instituição militar, tendo em vista a crescente complexidade decorrente do progresso científico, técnico, operacional e organizacional;

e) Incentivar o cumprimento dos deveres militares e o aperfeiçoamento técnico-militar.

ARTIGO 83.º

Confidencialidade

1 – A avaliação individual é confidencial, de modo a garantir o necessário sigilo no seu processamento, sem prejuízo da publicação dos resultados finais dos cursos, concursos, provas, tirocínios, estágios ou outros elementos que devam ou possam ser do conhecimento geral, bem como da emissão de certidões requeridas para efeitos de instrução de recursos.

2 – No tratamento informático devem ser respeitadas as regras prescritas na Constituição e na lei.

ARTIGO 84.º

Periodicidade

1 – As avaliações individuais podem ser:

a) Periódicas;

b) Extraordinárias.

2 – As avaliações periódicas não devem exceder o período de um ano.

3 – As avaliações extraordinárias são realizadas de acordo com a regulamentação própria de cada ramo.

ARTIGO 85.º
Avaliadores

1 – Na avaliação individual intervêm um primeiro e um segundo avaliador.

2 – O primeiro avaliador deve munir-se de todos os elementos que permitam formular uma apreciação objectiva e justa sobre o avaliado, sendo da sua exclusiva responsabilidade as informações que venha a prestar.

3 – O segundo avaliador deve pronunciar-se quanto ao modo como o primeiro avaliador apreciou o avaliado sempre que tiver conhecimento directo deste.

4 – O segundo avaliador deve ainda pronunciar-se sobre a maneira como o primeiro avaliador apreciou os avaliados do mesmo posto, considerados no seu conjunto.

5 – Não há segundo avaliador quando o primeiro avaliador:

a) For oficial general;
b) Estiver directamente subordinado ao Chefe do Estado-Maior-General das Forças Armadas (CEMGFA) ou ao CEM do ramo respectivo;
c) For entidade titular de cargo situado no topo da hierarquia funcional, quando não inserida na estrutura das Forças Armadas.

6 – No âmbito interno das Forças Armadas os avaliadores dos militares do QP são, obrigatoriamente, militares do QP. (*)

(*) *Aditado pelo art. 2.º da Lei n.º 25/2000, de 23/08.*

ARTIGO 86.º
Avaliações divergentes

Quando, após um conjunto de avaliações sobre o militar, se verificar uma avaliação nitidamente divergente, seja favorável ou desfavorável, as entidades competentes de cada ramo devem promover averiguações no sentido de esclarecer as razões que a motivaram.

ARTIGO 87.º
Juízo favorável e desfavorável

Sempre que da avaliação individual conste referência, parecer ou juízo significativamente favoráveis ou desfavoráveis, as entidades competentes de cada ramo devem convocar o militar para lhe dar conhecimento pessoal, no intuito de contribuir para o estímulo, orientação e valorização do mesmo.

ARTIGO 88.º
Tratamento da avaliação

1 – A avaliação individual deve ser objecto de tratamento estatístico, cumulativo e comparativo, do conjunto de militares nas mesmas situações.

2 – Nenhuma avaliação individual poderá, por si só, determinar qualquer acto de administração de pessoal em matéria de promoções.

ARTIGO 89.º
Reclamação e recurso

Ao avaliado é assegurado o direito a reclamação e recurso hierárquico sempre que discordar da avaliação que lhe é atribuída.

CAPÍTULO II
Aptidão física e psíquica

ARTIGO 90.º
Apreciação

1 – A aptidão física e psíquica do militar é apreciada por meio de:

a) Inspecções médicas;

b) Provas de aptidão física;

c) Exames psicotécnicos;

d) Juntas médicas.

2 – Os meios, métodos e periodicidade de apreciação da aptidão física e psíquica aplicáveis a cada uma das formas de prestação de serviço são objecto de regulamentação em cada ramo.

ARTIGO 91.º
Falta de aptidão

1 – O militar que não possua suficiente aptidão física ou psíquica para o exercício de algumas funções relativas ao seu posto, classe, arma, serviço ou especialidade deve ser reclassificado em função da sua capacidade geral de ganho, passando a exercer outras que melhor se lhe adeqúem.

2 – O não cumprimento dos mínimos fixados nas provas de aptidão física não é suficiente para concluir da inexistência da necessária aptidão, devendo ser dada ao militar a possibilidade de repetição das provas após um período de preparação especial e, se necessário, de sujeição a inspecção médica.

ARTIGO 92.º
Diminuídos permanentes

O militar que adquirir uma diminuição permanente na capacidade geral de ganho resultante de lesão ou doença adquirida ou agravada no cumprimento do serviço militar ou na defesa dos interesses da Pátria beneficia dos direitos e das regalias previstos em legislação especial.

TÍTULO VIII
Licenças

ARTIGO 93.º
Tipos de licença

Aos militares podem ser concedidas as seguintes licenças:

a) Para férias;
b) Por mérito;
c) De junta médica;
d) Por falecimento de familiar;
e) Por casamento;
f) Registada;
g) Por maternidade ou paternidade;
h) Por motivo de transferência;
i) Outras de natureza específica estabelecidas neste Estatuto ou em legislação especial.

ARTIGO 94.º (*)
Licença para férias

1 – Aos militares das Forças Armadas são aplicáveis, em matéria de férias, as disposições previstas no regime geral da função pública, sem prejuízo da actividade operacional ou da frequência de cursos, tirocínios, instrução ou estágios.

2 – A licença para férias só pode ser interrompida por imperiosa necessidade de serviço ou por motivos excepcionais.

3 – A licença para férias só pode concedida aos militares que possuírem, no mínimo, seis meses de serviço efectivamente prestado.

(*) *Apesar de alterado, primeiramente, pelo art. 2.º da Lei n.º 25/2000, de 23/08, a actual redacção deriva das alterações introduzidas pelo art. 1.º do DL n.º 197-A/2003, de 30/08.*

ARTIGO 94.º-A
Duração especial de férias (*)

1 – *Ao militar que goze a totalidade do período normal de férias vencidas em 1 de Janeiro de um determinado ano até 31 de Maio e ou de 1 de Outubro a 31 de Dezembro é concedido, no próprio ano ou no ano imediatamente a seguir, consoante a sua opção, um período de cinco dias úteis de férias, o qual não pode ser gozado nos meses de Julho, Agosto e Setembro.*

2 – *Sem prejuízo do disposto na parte final do número anterior, o período complementar de férias pode ser gozado imediatamente a seguir ao período normal de férias, desde que não haja inconveniente para o serviço.*

3 – *O disposto no n.º1 só é aplicável nos casos em que o militar tenha direito a, pelo menos, 15 dias de férias, não relevando, para este efeito, o período complementar previsto nesse número.*

4 – *O período complementar de cinco dias úteis de férias não releva para efeitos de atribuição de subsídio de férias.*

5 – *Nos casos de acumulação de férias, o período complementar de férias só pode ser concedido verificada a condição imposta pelo n.º 1.*

6 – *As faltas por conta do período de férias não afectam o direito ao período complementar de férias, desde que a não reduzam a menos de 15 dias.*

(*) *Aditado pelo art. 3.º da Lei n.º 25/2000, de 23/08;porém, revogado pelo art. 5.º, n.º 3, do DL n.º 197-A/2003, de 30/08.*

ARTIGO 95.º
Licença por mérito

A licença por mérito é concedida e gozada nos termos previstos no RDM.

ARTIGO 96.º
Licença de junta médica

A licença de junta médica é concedida pelas entidades indicadas nos regulamentos aplicáveis, mediante parecer a emitir pelas juntas médicas.

ARTIGO 97.º
Licença por falecimento de familiar

1 – A licença por falecimento de familiar é concedida:

a) Por cinco dias seguidos, pelo falecimento de cônjuge, de parente ou afim no 1.º grau da linha recta;

b) Por dois dias seguidos, pelo falecimento de parente ou afim em qualquer outro grau da linha recta e no 2.º e 3.º graus da linha colateral.

2 – No acto da apresentação ao serviço pode ser exigida a prova do falecimento que justificou a concessão da licença.

ARTIGO 98.º
Licença por casamento

A licença por casamento é concedida por 11 dias úteis seguidos, tendo em atenção o seguinte:

a) O pedido deve ser apresentado com uma antecedência mínima de 15 dias relativamente à data em que se pretende iniciar o período da licença;

b) A confirmação do casamento é efectuada através de certidão destinada ao processo individual.

ARTIGO 99.º
Licença registada

1 – A licença registada pode ser concedida, a requerimento do interessado, por motivos de natureza particular que a justifiquem ou nos termos previstos neste Estatuto ou noutras disposições legais.

2 – A licença registada não confere direito a qualquer tipo de remuneração e não conta como tempo de serviço efectivo.

ARTIGO 100.º
Licença por maternidade ou paternidade

1 – Aos militares das Forças Armadas são aplicáveis, em matéria de licença por maternidade ou paternidade, as disposições constantes da lei geral.

2 – Os militares devem, com uma antecedência mínima de 30 dias, informar o seu superior hierárquico da possibilidade do gozo de licença por paternidade.

ARTIGO 101.º
Licença por motivo de transferência

Quando o militar mude de residência habitual, por força de transferência ou deslocamento, é-lhe concedido um período de licença até 10 dias seguidos.

TÍTULO IX
Reclamações e recursos

ARTIGO 102.º
Reclamação e recurso

1 – Os militares têm o direito de solicitar a revogação, a modificação ou a substituição dos actos administrativos, praticados pelos órgãos militares, nos termos deste Estatuto.

2 – O direito reconhecido no número anterior pode ser exercido mediante reclamação ou recurso que, salvo disposição em contrário, podem ter como fundamento a ilegalidade ou a inconveniência do acto impugnado.

3 – A reclamação e o recurso de acto de que não caiba recurso contencioso não suspendem a eficácia do acto impugnado.

Artigo 103.º
Legitimidade para reclamar e recorrer

Os militares têm legitimidade para reclamar ou recorrer quando titulares de direitos subjectivos ou interesses legalmente protegidos que considerem lesados por acto administrativo.

Artigo 104.º
Reclamação

1 – A reclamação do acto administrativo deve ser individual, escrita, dirigida e apresentada ao autor do acto, no prazo de 15 dias a contar:

a) Da publicação do acto no Diário da República, na ordem do ramo, ou nas ordens da unidade ou de serviço, quando a mesma seja obrigatória, prevalecendo a última publicação;
b) Da notificação do acto, quando esta se tenha efectuado, se a publicação não for obrigatória;
c) Da data em que o interessado tiver conhecimento do acto, nos restantes casos.

2 – A reclamação deve ser decidida no prazo de 15 dias.

3 – Decorrido o prazo referido no número anterior sem que haja sido tomada uma decisão, considera-se a reclamação tacitamente indeferida.

4 – A reclamação de actos insusceptíveis de recurso contencioso suspende o prazo de interposição de recurso hierárquico necessário.

Artigo 105.º
Recurso hierárquico

1 – O recurso hierárquico é necessário ou facultativo, consoante o acto a impugnar seja ou não insusceptível de recurso contencioso.

2 – O recurso hierárquico necessário deve ser interposto no prazo de 15 dias contados nos termos previstos no n.º 1 do artigo anterior e o facultativo dentro do prazo estabelecido para a interposição de recurso contencioso do acto em causa.

3 – O recurso hierárquico é dirigido ao mais elevado superior hierárquico do autor do acto, salvo se a competência para a decisão se encontrar delegada ou subdelegada, podendo o respectivo requerimento ser apresentado ao autor do acto ou à autoridade a quem seja dirigido.

4 – O recurso hierárquico deve ser decidido no prazo de 30 dias a contar da data em que o mesmo for recebido pela entidade competente para dele conhecer, prorrogável até ao máximo de 60 dias, em casos devidamente fundamentados.

5 – Se, no prazo referido no número anterior, não for proferida decisão expressa, o recurso é considerado tacitamente indeferido.

6 – Das decisões do CEMFA e dos CEM dos ramos não cabe recurso hierárquico. (*)

(*) *Introduzido pelo art. 1.º do DL n.º 197-A/2003, de 30/08.*

ARTIGO 106.º
Recurso contencioso

1 – Ressalvados os casos de existência de delegação ou subdelegação de competência genérica, só das decisões do CEMGFA ou dos CEM dos ramos cabe recurso contencioso.

2 – O recurso contencioso deve ser interposto nos prazos e termos fixados na Lei de Processo nos Tribunais Administrativos.

ARTIGO 107.º
Suspensão ou interrupção dos prazos

Os prazos referidos nos artigos 104.º e 105.º suspendem-se ou interrompem-se estando o militar em situação de campanha, integrado em forças fora dos quartéis ou bases, ou embarcado em unidades navais ou aéreas, a navegar ou em voo, bem como no desempenho de missões temporárias de serviço fora do território nacional.

LIVRO II
DOS MILITARES DOS QUADROS PERMANENTES

TÍTULO I
Parte comum

CAPÍTULO I
Disposições gerais

ARTIGO 108.º
Militares dos QP

1 – São militares dos QP os cidadãos que, tendo ingressado voluntariamente nas Forças Armadas, prestam serviço profissional firmado em vínculo definitivo, constituindo factor da afirmação e perenidade dos valores da instituição militar.

2 – A condição de militar dos QP adquire-se com o ingresso no primeiro posto do respectivo quadro especial.

3 – Ao militar dos QP é cometido o exercício de funções características do posto e quadro especial a que pertence, tendo em atenção as qualificações, a competência e a experiência profissional reveladas e o interesse do serviço.

ARTIGO 109.º
Juramento de fidelidade

Com o ingresso nos QP o militar, em cerimónia própria, presta juramento de fidelidade, em obediência à seguinte fórmula:

> «*Juro, por minha honra, como português e como oficial/sargento/praça da(o) Armada/Exército/Força Aérea, guardar e fazer guardar a Constituição da República, cumprir as ordens e deveres militares, de acordo com as leis e regulamentos, contribuir com todas as minhas capacidades para o prestígio das Forças Armadas e servir a minha Pátria em todas as circunstâncias e sem limitações, mesmo com o sacrifício da própria vida.*»

ARTIGO 110.º
Documento de encarte

1 – No acto de ingresso nos QP é emitido e entregue ao militar um documento de encarte onde conste o posto que sucessivamente ocupe na respectiva categoria.

2 – O documento de encarte, consoante as diferentes categorias, designa-se:

a) Carta-patente, para oficiais;
b) Diploma de encarte, para sargentos;
c) Certificado de encarte, para praças.

ARTIGO 111.º
Designação dos militares

1 – Os militares são designados pelo número de identificação, posto, classe, arma, serviço ou especialidade e nome.

2 – Aos militares na situação de reserva ou de reforma é incluída na sua designação, respectivamente, a indicação «RES» ou «REF» a seguir à classe, arma, serviço ou especialidade.

ARTIGO 112.º
Identificação militar

Ao militar dos QP é atribuído um bilhete de identidade militar que substitui, para todos os efeitos legais, em território nacional, o bilhete de identidade civil.

ARTIGO 113.º
Livrete de saúde

1 – O livrete de saúde destina-se ao registo dos factos de índole sanitária de cada militar dos QP e constitui documento de natureza classificada, fazendo parte integrante do respectivo processo individual.

2 – A escrituração do livrete de saúde compete ao serviço de saúde da unidade, estabelecimento ou órgão onde o militar se encontra colocado.

3 – O modelo de livrete de saúde é fixado por portaria do MDN, ouvido o CCEM.

Capítulo II
Deveres e direitos

Secção I
Dos deveres

Artigo 114.º
Deveres específicos

1 – O militar deve dedicar-se ao serviço com toda a lealdade, zelo, competência, integridade de carácter e espírito de bem servir, desenvolvendo de forma permanente a formação técnico-militar e humanística adequada à sua carreira e assegurando a necessária aptidão física e psíquica.

2 – O militar deve empenhar-se na formação dos militares subordinados, desenvolvendo neles o culto dos valores pátrios e fortalecendo o seu espírito militar e cívico.

Artigo 115.º
Incompatibilidade relativa

O militar na efectividade de serviço não pode aceitar nomeação ou provimento para o desempenho de quaisquer cargos ou funções que não estejam incluídos no âmbito do disposto nos artigos 33.º e 34.º do presente Estatuto sem prévia autorização do CEM do ramo respectivo.

Secção II
Dos direitos

Artigo 116.º
Acesso na categoria

O militar tem direito a aceder aos postos imediatos dentro da respectiva categoria, segundo as aptidões, competência profissional e tempo de serviço que possui, de acordo com as modalidades de promoção e as vagas existentes nos respectivos quadros especiais.

ARTIGO 117.º
Formação

O militar tem direito a formação permanente adequada às especificidades do respectivo quadro especial, visando a obtenção ou actualização de conhecimentos técnico-militares necessários ao exercício das funções que lhe possam vir a ser cometidas.

ARTIGO 118.º
Direito de transporte e alojamento

1 – O militar, no exercício das suas funções militares, tem direito a transporte e alojamento condignos, de acordo com o cargo desempenhado e o nível de segurança exigível.

2 – O militar, quando, por motivo de serviço, se encontre deslocado em área diferente daquela onde possui residência habitual, tem direito para si e para o seu agregado familiar a alojamento fornecido pelo Estado ou, na sua ausência, a um suplemento de residência, nos termos definidos em diploma próprio.

3 – O militar na situação prevista no número anterior tem direito a um abono por compensação das despesas resultantes da sua deslocação e do seu agregado familiar, bem como do transporte da respectiva bagagem, qualquer que seja o meio de transporte utilizado, nos termos fixados em portaria conjunta dos Ministros da Defesa Nacional e das Finanças.

ARTIGO 119.º
Fardamento

O militar na efectividade de serviço tem, nos termos definidos em legislação própria, direito à comparticipação do Estado nas despesas com o fardamento.

ARTIGO 120.º
Remuneração

1 – O militar na efectividade de serviço tem direito a remuneração base adequada ao respectivo posto e tempo de permanência neste, nos termos definidos em legislação própria.

2 – O militar beneficia, nos termos fixados em legislação própria, de suplementos específicos conferidos em virtude da natureza da condição militar e da especial responsabilidade, penosidade e risco inerentes às funções exercidas, designadamente as de comando.

ARTIGO 121.º
Remuneração na reserva

1 – O militar na situação de reserva tem direito a uma remuneração calculada com base no posto, escalão, tempo de serviço, tal como definido neste Estatuto, e suplementos que a lei preveja como extensivos a esta situação.

2 – O militar que esteja nas condições previstas nas alíneas a) ou c) do artigo 153.º tem direito a perceber remuneração de montante igual à do militar com o mesmo posto e escalão no activo, acrescida dos suplementos que a lei preveja como extensivos a esta situação.

3 – O militar que transite para a situação de reserva ao abrigo das alíneas b) e d) do artigo 153.º tem direito a receber, incluindo na remuneração de reserva, o suplemento da condição militar, bem como outros suplementos que a lei preveja como extensivos a esta situação, calculados com base no posto, no escalão e na percentagem correspondente ao tempo de serviço. (*)

4 – O militar que transitar para a situação de reserva ao abrigo do disposto na alínea a) do artigo 153.º e no artigo 155.º e que, por razões que não lhe sejam imputáveis, não tenha completado 36 anos de tempo de serviço efectivo tem direito a completar aqueles anos de serviço na situação de reserva na efectividade de serviço, independentemente do quantitativo fixado pelo Ministro da Defesa Nacional. (*)

5 – Quando ao militar na situação de reserva seja, nos termos da lei, permitido exercer funções públicas ou prestar serviço em empresas públicas ou entidades equiparadas e o vencimento correspondente seja superior à remuneração da reserva, o montante desta será reduzido a um terço salvo se, por despacho do Primeiro-Ministro, sob proposta do MDN, for autorizado montante superior, até ao limite da mesma remuneração. (*)

6 – Nos casos em que ao exercício das funções referidas no número anterior corresponda um vencimento igual ou inferior à remuneração do militar na situação de reserva é aplicável o disposto no Estatuto da Aposentação e no Decreto-Lei n.º 215/87, de 29 de Maio. (*)

(*) *Os n.os 3 e 4 resultam da alteração introduzida pela Lei n.º 25/2000, de 23/08 e os actuais n.os 5 e 6 constituíam os anteriores n.os 4 e 5.*

ARTIGO 122.º
Pensão de reforma

1 – O militar na situação de reforma beneficia do regime de pensões em função do posto, do escalão, do tempo de serviço, dos descontos efectuados para o efeito e dos suplementos que a lei define como extensivos a esta situação, de acordo com o regime estabelecido na legislação especificamente aplicável.

2 – Sempre que a pensão de reforma extraordinária do militar, calculada de acordo com o Estatuto da Aposentação, resulte inferior à remuneração de reserva do correspondente posto e escalão do activo, ser-lhe-á abonado, a título de complemento de pensão, o diferencial verificado.

3 – As verbas eventualmente necessárias para fazer face ao abono previsto no número anterior serão anualmente inscritas no orçamento do Ministério da Defesa Nacional.

ARTIGO 123.º (*)
Situação especial de reforma

1 – *O Ministro da Defesa Nacional, em termos a definir por despacho, poderá designar para colaborar com a instituição militar os almirantes, generais, vice-almirantes e tenentes-generais que tenham passado à situação de reforma por motivos não disciplinares e que, constituindo um recurso permanente das Forças Armadas e da Nação, gozam de todas as regalias, títulos e honras inerentes aos seus postos, continuando vinculados aos deveres estatutários.*

2 – *As pensões de reforma dos oficiais generais que forem designados nos termos do número anterior são automaticamente actualizadas nos termos em que o forem as remunerações dos militares no activo de posto correspondente ao detido por aqueles no momento de passagem à reforma.*

3 – *Os militares referidos no n.º 1 podem fazer declarações de renúncia à vinculação e colaboração ali expressas, aplicando-se então o regime geral estatutário.*

(*) *Artigo revogado pelo art. 4.º da Lei n.º 25/2000, de 23/08.*
O DL n.º 197-A/2003, de 30/09, em vez de preferir manter o lugar do artigo 123.º revogado, estabeleceu a partir daqui uma renumeração do articulado legal, fazendo recuar os artigos 124.º e sgs. uma posição.

ARTIGO 123.º
Assistência à família

Aos membros do agregado familiar do militar é garantido o direito à assistência médica, medicamentosa e hospitalar e apoio social, de acordo com o regime definido em legislação especial.

ARTIGO 124.º
Uso e porte de arma

O militar tem direito à detenção, uso e porte de arma de qualquer natureza, independentemente de licença, sem prejuízo do seu obrigatório manifesto quando da mesma seja proprietário.

CAPÍTULO III
Carreira militar

ARTIGO 125.º
Princípios

O desenvolvimento da carreira militar orienta-se pelos seguintes princípios:

a) Do primado da valorização militar – valorização da formação militar, conducente à completa entrega à missão;
b) Da universalidade – aplicabilidade a todos os militares que voluntariamente ingressam nos QP;
c) Do profissionalismo – capacidade de acção, que exige conhecimentos técnicos e formação científica e humanística, segundo padrões éticos institucionais, e supõe a obrigação de aperfeiçoamento contínuo, tudo em vista ao exercício das funções com eficiência;
d) Da igualdade de oportunidades – perspectivas de carreira semelhantes nos vários domínios da formação e promoção;
e) Do equilíbrio – gestão integrada dos recursos humanos, materiais e financeiros, por forma a ser obtida a coerência do efectivo global autorizado;
f) Da flexibilidade – adaptação atempada à inovação e às transformações de crescente complexidade decorrentes do progresso cien-

tífico, técnico, operacional e organizacional, com emprego flexível do pessoal;

g) Da mobilidade – faculdade de compatibilizar os interesses da instituição militar com as vontades e interesses individuais;

h) Da credibilidade – transparência dos métodos e critérios a aplicar.

Artigo 126.º

Desenvolvimento da carreira

1 – O desenvolvimento da carreira militar traduz-se, em cada categoria, na promoção dos militares aos diferentes postos, de acordo com as respectivas condições gerais e especiais, tendo em conta as qualificações, a antiguidade e o mérito revelados no desempenho profissional e as necessidades estruturais das Forças Armadas.

2 – O desenvolvimento da carreira militar, em cada categoria, deve possibilitar uma permanência significativa e funcionalmente eficaz nos diferentes postos que a constituem.

Artigo 127.º

Condicionamentos

O desenvolvimento da carreira militar, em cada categoria, está condicionado à verificação dos seguintes pressupostos:

a) Alimentação adequada às necessidades de cada quadro especial;

b) Existência de mecanismos reguladores que assegurem flexibilidade de gestão e permanente motivação dos militares;

c) O número de lugares distribuídos por postos, fixados nos quadros especiais aprovados.

Artigo 128.º

Designação das categorias

As categorias na carreira militar designam-se de:

a) Oficiais;

b) Sargentos;

c) Praças.

ARTIGO 129.º

Categoria de oficiais

1 – Para o ingresso na categoria de oficiais é exigida:

a) Licenciatura em Ciências Militares;

b) Licenciatura ou equivalente, complementada por curso, tirocínio ou estágio para os militares admitidos por concurso;

c) Curso de oficiais com o nível de bacharelato;

d) Bacharelato ou equivalente, complementado por curso ou tirocínio, para militares admitidos por concurso.

2 – A categoria de oficiais cuja formação de base é uma licenciatura ou equivalente destina-se ao exercício de funções de comando, direcção ou chefia, estado-maior e execução que requeiram elevado grau de conhecimentos de natureza científico-técnica e de qualificação.

3 – Os quadros especiais referentes à categoria mencionada no número anterior podem, consoante as necessidades orgânicas de cada ramo, incluir ou conferir acesso aos seguintes postos:

a) Almirante (ALM) ou general (GEN);

b) Vice-almirante (VALM) ou tenente-general (TGEN);

c) Contra-almirante (CALM) ou major-general (MGEN);

d) Capitão-de-mar-e-guerra (CMG) ou coronel (COR);

e) Capitão-de-fragata (CFR) ou tenente-coronel (TCOR);

f) Capitão-tenente (CTEN) ou major (MAJ);

g) Primeiro-tenente (1TEN) ou capitão (CAP);

h) Segundo-tenente (2TEN) ou tenente (TEN);

i) Guarda-marinha (GMAR) ou alferes (ALF).

4 – Com a finalidade de desempenho de cargos internacionais no País ou no estrangeiro e, excepcionalmente, para o exercício de funções de natureza militar fora da estrutura das Forças Armadas, é criado o posto de comodoro ou brigadeiro-general, a que têm acesso, unicamente por graduação, os capitães-de-mar-e-guerra ou coronéis habilitados com o curso superior naval de guerra, o curso superior de comando e direcção ou o curso superior de guerra aérea.

5 – A categoria de oficiais – cuja formação de base seja bacharelato ou equivalente – destina-se ao exercício de funções de comando, direcção ou chefia, estado-maior e execução que requeiram conhecimentos de natureza técnica e especialização.

6 – Os quadros especiais referentes à categoria mencionada no número anterior podem, consoante as necessidades orgânicas de cada ramo, incluir os seguintes postos:

a) Capitão-de-mar-e-guerra ou coronel;

b) Capitão-de-fragata ou tenente-coronel;
c) Capitão-tenente ou major;
d) Primeiro-tenente ou capitão;
e) Segundo-tenente ou tenente;
f) Subtenente (STEN) ou alferes.

ARTIGO 130.º
Categoria de sargentos

1 – Para ingresso na categoria de sargentos é exigido, no mínimo, o ensino secundário complementado por formação militar adequada ou formação militar que habilite a certificação de qualificação profissional de nível 3. (*)

2 – A categoria de sargentos destina-se, de acordo com os respectivos quadros especiais e postos, ao exercício de funções de comando e chefia, de natureza executiva, de carácter técnico, administrativo, logístico e de instrução.

3 – Os quadros especiais referentes a esta categoria podem, consoante as necessidades orgânicas de cada ramo, incluir os seguintes postos:
a) Sargento-mor (SMOR);
b) Sargento-chefe (SCH);
c) Sargento-ajudante (SAJ);
d) Primeiro-sargento (1SAR);
e) Segundo-sargento (2SAR).

(*) *Redacção dada pelo art. 1.º do DL n.º 197-A/2003, de 30/08.*

ARTIGO 131.º
Categoria de praças

1 – Para ingresso na categoria de praças é exigida a escolaridade obrigatória, complementada por formação militar adequada.

2 – A categoria de praças destina-se ao exercício, sob orientação, de funções de natureza executiva e ao desenvolvimento de actividades de âmbito técnico e administrativo, próprias dos respectivos quadros especiais e postos.

ARTIGO 132.º
Recrutamento

1 – O recrutamento para as várias categorias dos QP é feito por concurso de admissão, nos termos previstos em legislação própria.

2 – O militar, desde que reúna as condições previstas neste Estatuto e legislação complementar aplicável, pode candidatar-se à frequência de cursos ou tirocínios que possibilitem o ingresso em categoria de nível superior àquela onde se encontre integrado.

Capítulo IV
Nomeações e colocações

Artigo 133.º
Colocação de militares

1 – A colocação dos militares em unidades, estabelecimentos ou órgãos militares é efectuada por nomeação e deve ser realizada em obediência aos seguintes princípios:

a) Satisfação das necessidades de serviço;
b) Garantia do preenchimento das condições de desenvolvimento da carreira;
c) Aproveitamento da capacidade profissional, avaliada em função da competência revelada e da experiência adquirida;
d) Conciliação, sempre que possível, dos interesses pessoais com os do serviço, em especial no caso de militares cônjuges.

2 – A colocação dos militares por imposição disciplinar processa-se de acordo com o disposto no RDM.

Artigo 134.º
Modalidades de nomeação

A nomeação dos militares para o exercício de cargos ou funções militares, desempenhados em comissão normal, processa-se por escolha, oferecimento e imposição de serviço.

Artigo 135.º
Nomeação por escolha

A nomeação processa-se por escolha sempre que a satisfação das necessidades ou o interesse do serviço devam ter em conta as qualificações técnicas e as qualidades pessoais do nomeado, bem como as exigências das funções ou do cargo a desempenhar e é da competência do CEM do ramo.

ARTIGO 136.º
Nomeação por oferecimento

1 – A nomeação por oferecimento assenta em declaração do militar, na qual, de forma expressa, se oferece para exercer determinada função ou cargo.

2 – A nomeação por oferecimento pode ainda processar-se por convite aos militares que satisfaçam os requisitos técnicos e profissionais exigidos, devendo tal convite ser objecto de divulgação através das ordens de serviço.

ARTIGO 137.º
Nomeação por imposição

1 – A nomeação por imposição processa-se por escala, tendo em vista o exercício de função ou cargo próprios de determinado posto.

2 – Nas escalas referidas no número anterior são inscritos os militares que satisfaçam os requisitos técnicos e profissionais exigidos para o exercício de determinadas funções ou cargos.

ARTIGO 138.º
Diligência

1 – Considera-se na situação de diligência o militar que, por razões de serviço, exerça transitoriamente funções fora do organismo onde esteja colocado.

2 – A situação de diligência não origina a abertura de vaga no respectivo quadro especial.

ARTIGO 139.º
Regras de nomeação e colocação

As regras de nomeação e colocação dos militares são estabelecidas por despacho do respectivo CEM.

CAPÍTULO V
Situações e efectivos

SECÇÃO I
Situações

SUBSECÇÃO I
Disposições gerais

ARTIGO 140.º
Situações

O militar encontra-se numa das seguintes situações:

a) Activo;
b) Reserva;
c) Reforma.

ARTIGO 141.º
Activo

1 – Considera-se no activo o militar que se encontre afecto ao serviço efectivo ou em condições de ser chamado ao seu desempenho e não tenha sido abrangido pelas situações de reserva ou de reforma.

2 – O militar no activo pode encontrar-se na efectividade de serviço ou fora da efectividade de serviço.

ARTIGO 142.º
Reserva

1 – Reserva é a situação para que transita o militar do activo quando verificadas as condições estabelecidas neste Estatuto, mantendo-se, no entanto, disponível para o serviço.

2 – O militar na reserva pode encontrar-se na efectividade de serviço ou fora da efectividade de serviço.

3 – O efectivo de militares na situação de reserva é variável.

ARTIGO 143.º

Reforma

1 – Reforma é a situação para que transita o militar, no activo ou na reserva, que seja abrangido pelo disposto no artigo 160.º.

2 – O militar na reforma não pode exercer funções militares, salvo nas circunstâncias excepcionais previstas neste Estatuto.

SUBSECÇÃO II

Activo

ARTIGO 144.º

Situações em relação à prestação de serviço

O militar no activo pode estar, em relação à prestação de serviço, numa das seguintes situações:

a) Comissão normal;
b) Comissão especial;
c) Inactividade temporária;
d) Licença sem vencimento.

ARTIGO 145.º

Comissão normal

Designa-se comissão normal a prestação de serviço nas Forças Armadas ou fora delas, desde que em cargos e funções militares, bem como nos casos especialmente previstos no presente Estatuto e em legislação própria.

ARTIGO 146.º

Comissão especial

1 – Designa-se comissão especial o exercício de funções públicas que, não sendo de natureza militar, assumam interesse nacional.

2 – Ao militar em comissão especial não é permitido o uso de uniforme em actos de serviço relativos às funções a que não corresponde o direito ao uso de insígnias militares.

ARTIGO 147.º
Inactividade temporária

1 – O militar no activo considera-se em inactividade temporária nos seguintes casos:

a) Por motivo de acidente ou doença, quando o impedimento exceda 12 meses e a junta médica, por razões justificadas e fundamentadas, não se encontre ainda em condições de se pronunciar quanto à sua capacidade ou incapacidade definitivas;

b) Por motivos criminais ou disciplinares, quando no cumprimento das penas de presídio militar, de prisão militar ou de inactividade.

2 – Para efeitos de contagem do prazo fixado na alínea a) do número anterior, são considerados todos os impedimentos por doença e as licenças de junta médica, desde que o intervalo entre dois períodos consecutivos seja inferior a 30 dias.

3 – A situação do militar assistido pelo Centro Militar de Medicina Preventiva é regulada em legislação especial.

ARTIGO 148.º
Efeitos da inactividade temporária

1 – Quando decorridos 48 meses de inactividade temporária por doença ou acidente e a junta médica, por razões justificadas e fundamentadas, não esteja ainda em condições de se pronunciar quanto à capacidade definitiva do militar, deve-se observar o seguinte:

a) Se a inactividade for resultante de acidente ou doença não considerados em serviço nem por motivo do mesmo, o militar tem de optar pela passagem à situação de reforma ou de licença ilimitada;

b) Se a inactividade for resultante de acidente ocorrido em serviço ou de doença adquirida ou agravada em serviço, ou por motivo do mesmo, o militar poder-se-á manter nesta situação até ao máximo de seis anos, caso a junta médica não se haja, entretanto, pronunciado, após o que tem de optar pela passagem à situação de reforma extraordinária ou de licença ilimitada.

2 – A inactividade temporária resultante do cumprimento de penas criminais ou disciplinares produz os efeitos previstos na lei.

ARTIGO 149.º
Licença sem vencimento

Considera-se na situação de licença sem vencimento o militar que se encontre de licença ilimitada ou registada nos termos do presente Estatuto.

ARTIGO 150.º
Situações quanto à efectividade de serviço

1 – Considera-se na efectividade de serviço o militar no activo que se encontre:

a) Em comissão normal;

b) Na inactividade temporária por acidente ou doença.

2 – Considera-se fora da efectividade de serviço o militar no activo quando, para além do disposto no n.º 3 do artigo 43.º, se encontre:

a) Em comissão especial;

b) De licença ilimitada.

ARTIGO 151.º
Regresso à situação do activo

1 – Regressa ao activo o militar na reserva ou na reforma que desempenhe o cargo de Presidente da República, voltando à situação anterior logo que cesse o seu mandato.

2 – Regressa ao activo o militar na reserva ou na reforma que seja promovido por distinção ou a título excepcional, voltando à situação anterior se se mantiverem as condições que determinaram a passagem a essas situações.

3 – Regressa ao activo o militar que, tendo transitado para a reserva ou reforma por motivo disciplinar ou criminal, seja reabilitado, sem prejuízo dos limites de idade em vigor.(*)

(*) *Aditado pelo art. 2.º da Lei n.º 25/2000, de 23/08.*

SUBSECÇÃO III
Reserva

ARTIGO 152.º
Condições de passagem à reserva

1 – Transita para a situação de reserva o militar que:

a) Atinja o limite de idade estabelecido para o respectivo posto;

b) Tenha 20 ou mais anos de serviço militar, a requeira e lhe seja deferida;
c) Declare, por escrito, desejar a passagem à reserva depois de completar 36 anos de tempo de serviço militar ou 55 anos de idade;
d) Seja abrangido por outras condições legalmente previstas. (*)

2 – Na situação de passagem à reserva prevista no n.º 7 do artigo 31.º-F da LDNFA, a indemnização a prestar pelo militar é fixada pelo CEM do ramo respectivo, nos termos constantes do n.º 3 do artigo 171.º do presente Estatuto. (**)

(*) *Redacção do art. 1.º do DL n.º 197-A/2003, de 30/08.*
(**) *Introduzido pelo mesmo artigo do diploma citado.*

ARTIGO 153.º
Limites de idade

Os limites de idade de passagem à reserva são os seguintes:
a) Oficiais cuja formação de base é uma licenciatura ou equivalente:
Almirante ou general – 64;
Vice-almirante ou tenente-general – 62;
Contra-almirante ou major-general – 59;
Capitão-de-mar-e-guerra ou coronel – 57;
Restantes postos – 56;
b) Oficiais cuja formação de base é um bacharelato ou equivalente:
Capitão-de-mar-e-guerra ou coronel – 60;
Capitão-de-fragata ou tenente-coronel – 59;
Restantes postos – 58;
c) Sargentos:
Sargento-mor – 60;
Restantes postos – 57;
d) Praças:
Todos os postos – 57.

ARTIGO 154.º
Outras condições de passagem à reserva

1 – Transita para a situação de reserva o militar no activo que, no respectivo posto, complete o seguinte tempo de permanência na subcategoria ou posto:

a) Dez anos em oficial general, no caso de vice-almirante ou tenente-general;

b) Seis anos em contra-almirante ou major-general, nos casos em que o respectivo quadro especial inclua ou confira acesso ao posto de vice-almirante ou tenente-general;
c) Oito anos em contra-almirante ou major-general, em capitão-de-mar-e-guerra ou coronel, ou em capitão-de-fragata ou tenente-coronel, nos casos em que estes postos sejam os mais elevados dos respectivos quadros especiais, nos termos do artigo 130.º do presente Estatuto;
d) Oito anos em sargento-mor.

2 – Transita ainda para a situação de reserva o militar que seja excluído da promoção ao posto imediato nos termos do disposto no n.º 2 do artigo 186.º e no artigo 190.º do presente Estatuto.

ARTIGO 155.º

Prestação de serviço efectivo por militares na reserva

1 – O militar na situação de reserva na efectividade de serviço desempenha cargos ou funções inerentes ao seu posto compatíveis com o seu estado físico e psíquico, não lhe podendo, em regra, ser cometidas funções de comando e direcção.

2 – A prestação de serviço efectivo por militares na reserva processa-se:
a) Por decisão do CEM do ramo, para o desempenho de cargos ou exercício de funções militares;
b) Por convocação do CEM do ramo, para participação em treinos ou exercícios;
c) A requerimento do próprio, mediante despacho favorável do CEM do ramo.

3 – A convocação nos termos da alínea b) do número anterior deve ser planeada em tempo e dada a conhecer ao interessado com a antecedência mínima de 60 dias.

4 – O militar que, por sua iniciativa, transitar para a situação de reserva só pode regressar à efectividade de serviço, a seu pedido, decorrido um ano sobre a data da mudança de situação, desde que haja interesse para o serviço.

5 – O militar na reserva pode ser nomeado para frequentar cursos ou estágios de actualização.

6 – Os efectivos e as condições em que os militares na situação de reserva podem prestar serviço efectivo são definidos em portaria do MDN, sob proposta do CCEM.

ARTIGO 156.º
Estado de sítio ou guerra

Decretada a mobilização geral ou declarados o estado de sítio ou a guerra, o militar na reserva deve apresentar-se ao serviço efectivo, de acordo com as normas estabelecidas pelo seu ramo.

ARTIGO 157.º
Data de transição para a reserva

1 – A transição para a reserva tem lugar na data fixada no documento oficial que promova a mudança de situação, sendo objecto de publicação no Diário da República e na ordem do ramo respectivo.

2 – Os militares excluídos da promoção, nos termos do artigo 190.º, transitam para a situação de reserva em 31 de Dezembro do ano em que sejam abrangidos pelo disposto no referido artigo.

ARTIGO 158.º
Suspensão da transição para a reserva

1 – A transição para a situação de reserva é sustada quando o militar atinja o limite de idade no seu posto ou seja abrangido pelas alíneas a) ou b) do n.º 1 do artigo 155.º e se verifique a existência de uma vacatura em data anterior e de cujo preenchimento possa resultar a sua promoção ao posto seguinte, transitando para a situação de adido até à data da promoção ou da mudança de situação.

2 – Em caso de não promoção, a data de transição para a reserva é a do preenchimento da vacatura a que se refere o número anterior.

3 – A transição para a situação de reserva nos termos do disposto nas alíneas a) e b) do n.º 1 do artigo 155.º fica suspensa, salvo declaração em contrário do militar, enquanto permanecerem na situação de activo militares por ele ultrapassados na promoção aos postos mencionados no referido artigo.

SUBSECÇÃO IV
Reforma

ARTIGO 159.º
Reforma

1 – O militar passa à situação de reforma sempre que:
a) Atinja os 65 anos de idade;
b) Complete, seguida ou interpoladamente, cinco anos na situação de reserva fora da efectividade de serviço;
c) Requeira a passagem à reforma depois de completados 60 anos de idade e 36 anos de tempo de serviço.

2 – O militar, tendo prestado o tempo mínimo de serviço previsto no Estatuto da Aposentação, passa à situação de reforma sempre que:
a) Seja julgado física ou psiquicamente incapaz para todo o serviço, mediante parecer de competente junta médica, homologado pelo respectivo CEM;
b) Opte pela colocação nesta situação quando se verifiquem as circunstâncias indicadas na alínea a) do n.º 1 do artigo 149.º;
c) Seja abrangido por outras condições estabelecidas na lei.

3 – No caso de militar abrangido pelo artigo 155.º, que transite para a situação de reserva com idade inferior ao limite de idade estabelecido no artigo 154.º, o tempo de permanência fora da efectividade de serviço, a que se refere a alínea b) do n.º 1, é contado a partir da data em que o militar atingir aquele limite de idade.

ARTIGO 160.º
Reforma extraordinária

Passa à situação de reforma extraordinária o militar que:
a) Independentemente do tempo de serviço militar, seja julgado física ou psiquicamente incapaz para o serviço mediante parecer de competente junta médica, homologado pelo respectivo CEM, nos casos em que a incapacidade for resultante de acidente ocorrido em serviço ou doença adquirida ou agravada em serviço, ou por motivo do mesmo;
b) Opte pela colocação nesta situação quando se verifique a circunstância prevista na alínea b) do n.º 1 do artigo 149.º;
c) Seja abrangido por outras condições estabelecidas na lei.

ARTIGO 161.º
Prestação de serviço na reforma

Para além do previsto no Estatuto da Aposentação, sendo declarado o estado de sítio ou a guerra, o militar na situação de reforma pode ser chamado a prestar serviço efectivo compatível com o seu posto, aptidões e estado físico e psíquico.

ARTIGO 162.º
Data de transição para a reforma

A passagem à reforma tem lugar na data fixada no documento oficial que promova a mudança de situação, sendo objecto de publicação no Diário de República e na ordem do ramo a que pertença o militar.

SECÇÃO II
Efectivos

SUBSECÇÃO I
Quadros

ARTIGO 163.º
Quadro de pessoal

1 – Designa-se por quadro de pessoal do ramo o número de efectivos permanentes na situação do activo, distribuídos por categorias e postos, afectos ao desempenho de cargos e exercício de funções.

2 – O quadro de pessoal de cada ramo desdobra-se em quadros especiais, sendo fixado por decreto-lei, sob proposta do CCEM.

ARTIGO 164.º
Quadros especiais

1 – Designa-se por quadro especial o conjunto de lugares distribuídos por categorias e postos segundo a mesma formação de base ou afim.

2 – Os quadros especiais dos ramos denominam-se, genericamente, por:

a) Classes, na Marinha;

b) Corpo de oficiais generais, armas e serviços, no Exército;
c) Especialidades ou grupos de especialidades, na Força Aérea.

3 – Os quadros especiais são criados e extintos por decreto-lei, sob proposta do CEM do respectivo ramo, sendo os seus efectivos distribuídos por categorias e postos, aprovados por despacho do CEM de cada ramo, ouvido o respectivo conselho superior.

ARTIGO 165.º
Preenchimento de lugares

1 – Os lugares dos quadros especiais, quando não preenchidos pelos efectivos legalmente aprovados, constituem vacatura nos mesmos quadros.

2 – Os lugares dos quadros especiais são unicamente preenchidos pelos militares no activo, na efectividade de serviço e em licença registada.

3 – Quando ocorra uma vacatura, deve ser accionado o processo administrativo conducente ao seu preenchimento por militares que reúnam condições de promoção.

4 – Quando ocorram vacaturas em lugares correspondentes a determinado posto e as mesmas não puderem ser preenchidas por não haver militares que reúnam as respectivas condições de promoção, efectuam-se as promoções nos postos hierarquicamente inferiores como se tivessem sido efectuados aqueles movimentos.

5 – O efectivo fixado para o posto mais elevado para o qual se efectuou o movimento ao abrigo do número anterior é transitoriamente aumentado no quantitativo de militares promovidos nestas condições.

ARTIGO 166.º
Quadros especiais das áreas de saúde

O regime dos quadros especiais das áreas de saúde é estabelecido em diploma próprio.

ARTIGO 167.º
Ingresso

1 – O ingresso nos quadros especiais faz-se, após a conclusão com aproveitamento do respectivo curso de formação, tirocínio ou estágio, no posto fixado para início da carreira na categoria respectiva, independentemente de vacatura.

2 – O ingresso nos diferentes quadros especiais pode também fazer-se por transferência de outro quadro especial.

3 – O militar transferido nas condições do número anterior é graduado no posto que detém, caso seja superior ao de ingresso, mantendo a graduação, até que lhe compita a promoção ao mesmo posto no seu novo quadro.

4 – O militar em RC que possua posto superior ao do ingresso nos QP é graduado no posto que detém, até que lhe compita a promoção ao mesmo posto no seu novo quadro.

ARTIGO 168.º

Data de ingresso

A data de ingresso nos QP é a constante do documento oficial que atribui ao militar o posto fixado para início da carreira na respectiva categoria.

ARTIGO 169.º

Transferência de quadro especial

1 – Por necessidade de racionalização do emprego de recursos humanos ou outras necessidades de serviço, o militar pode ser transferido de quadro especial, com a sua anuência ou por seu requerimento, desde que, para o efeito, reúna as aptidões e qualificações adequadas.

2 – A transferência de quadro especial efectua-se por:

a) Ingresso, de acordo com o previsto no n.º 2 do artigo 168.º;

b) Reclassificação fundamentada no interesse do serviço, tendo em vista a melhor utilização do militar no exercício de cargos ou desempenho de funções.

ARTIGO 170.º

Abate aos QP

1 – É abatido aos QP, ficando sujeito às obrigações decorrentes da LSM, o militar que:

a) Não reunindo as condições legais para transitar para a situação de reforma, tenha sido julgado incapaz para todo o serviço pelo CEM respectivo, mediante parecer de junta médica;

b) Seja separado do serviço;

c) Não tendo cumprido o tempo mínimo de serviço efectivo na sua categoria após o ingresso nos QP, o requeira e a tanto seja autorizado, mediante indemnização ao Estado, a fixar pelo respectivo CEM;
d) Tendo cumprido o tempo mínimo de serviço efectivo na sua categoria após o ingresso nos QP, o requeira, sem prejuízo do disposto no n.º 3 do artigo 199.º;
e) Exceda o período de 10 anos, seguidos ou interpolados, na situação de licença ilimitada e não reúna as condições legais para transitar para a situação de reserva;
f) Se encontre em situação de ausência superior a dois anos sem que dele haja notícia;
g) Por decisão definitiva, lhe tenha sido aplicada pena criminal ou disciplinar de natureza expulsiva.

2 – O tempo mínimo de serviço efectivo a que se referem as alíneas c) e d) do n.º 1 é de:

a) Oito anos, para as categorias de oficiais e sargentos;
b) Quatro anos, para a categoria de praças.

3 – Na fixação da indemnização a que se refere a alínea c) do n.º 1 devem ser tidos em consideração, designadamente, a duração e os custos dos cursos de formação e subsequentes acções de qualificação e actualização, na perspectiva de utilização efectiva do militar em funções próprias do quadro especial e do posto decorrentes da formação adquirida.

Subsecção II
Situações em relação ao quadro especial

Artigo 171.º
Situações

O militar no activo encontra-se, em relação ao quadro especial a que pertence, numa das seguintes situações:

a) No quadro;
b) Adido ao quadro;
c) Supranumerário.

ARTIGO 172.º

Militar no quadro

Considera-se no quadro o militar que é contado nos efectivos do respectivo quadro especial.

ARTIGO 173.º

Adido ao quadro

1 – Considera-se adido ao quadro o militar no activo que se encontre em comissão especial, inactividade temporária ou licença ilimitada.

2 – Considera-se ainda adido ao quadro o militar que, em comissão normal, se encontre numa das seguintes situações:

a) Pertença aos quadros orgânicos dos comandos, quartéis-generais ou estados-maiores conjuntos ou combinados;
b) Represente o País, a título permanente, em organismos militares internacionais;
c) Desempenhe o cargo de adido de defesa ou dos ramos junto das representações diplomáticas no estrangeiro ou preste serviço junto dos gabinetes dos respectivos adidos;
d) Desempenhe cargos no âmbito de projectos de cooperação técnico-militar, pelo período mínimo de um ano;
e) Exerça funções na Casa Militar do Presidente da República;
f) Receba o vencimento por outro departamento do Estado ou por organismos autónomos dos departamentos das Forças Armadas;
g) Exerça funções em organismos não militares ou militares não dependentes do respectivo ramo;
h) Sendo almirante ou general, não exerça a função de CEM do respectivo ramo;
i) Aguarde a execução da decisão que determinou a separação do serviço;
j) Tendo passado à situação de reserva ou de reforma, aguarde a publicação da respectiva decisão;
l) Esteja sustada a transição para a situação de reserva, nos termos do artigo 159.º;
m) Seja deficiente das Forças Armadas e tenha, nos termos da lei, optado pela prestação de serviço no activo;
n) Seja considerado desertor, prisioneiro de guerra ou desaparecido;
o) Quando colocado nessa situação por expressa disposição legal.

3 – O militar adido ao quadro não é contado nos efectivos do respectivo quadro especial.

ARTIGO 174.º

Supranumerário

1 – Considera-se supranumerário o militar no activo que, não estando na situação de adido, não possa ocupar vaga no quadro especial a que pertence por falta de vacatura no seu posto.

2 – A situação de supranumerário pode resultar de qualquer das seguintes circunstâncias:

a) Ingresso no quadro especial;
b) Promoção por distinção;
c) Promoção de militar demorado, quando tenha cessado o motivo que temporariamente o excluiu da promoção;
d) Transferência de quadro especial;
e) Regresso da situação de adido;
f) Reabilitação em consequência da revisão de processo disciplinar ou criminal;
g) Outras circunstâncias previstas na lei.

3 – O militar supranumerário preenche obrigatoriamente a primeira vaga que ocorra no respectivo quadro especial e no seu posto, pela ordem cronológica da sua colocação naquela situação, ressalvados os casos especiais previstos na lei.

4 – Quando do antecedente não existam supranumerários e se verifique no mesmo dia uma vacatura e uma situação de supranumerário, este ocupa aquela vacatura.

CAPÍTULO VI

Antiguidade e tempo de serviço

ARTIGO 175.º

Data da antiguidade

1 – A data da antiguidade no posto corresponde:

a) Nas promoções por diuturnidade, à data em que o militar reúne as condições de promoção ou em que cessem os motivos da preterição;

b) Nas promoções por escolha ou antiguidade, à data em que ocorre a vacatura que motiva a promoção ou em que, cessados os motivos da preterição, ocorra a vacatura em relação à qual o militar é promovido;
c) Nas promoções por distinção, à data em que foi praticado o feito que a motiva, se outra não for indicada no diploma de promoção;
d) À data que lhe teria sido atribuída, se não tivesse estado na situação de demorado, logo que cessem os motivos desta situação.

2 – Nas modalidades de promoção por escolha ou antiguidade, se na data em que ocorrer vacatura não existirem militares que reúnam as condições de promoção, a antiguidade do militar que vier a ser promovido por motivo dessa vacatura corresponderá à data em que satisfizer as referidas condições.

3 – A data de abertura de vacatura por incapacidade física ou psíquica de um militar é a da homologação do parecer da junta de saúde pelo CEM respectivo.

4 – A data da antiguidade do militar a quem seja alterada a colocação na lista de antiguidade do seu posto por efeito do n.º 1 do artigo 54.º é a do militar do seu quadro especial que, na nova posição, lhe fique imediatamente a seguir na ordem descendente, salvo se outra data for indicada no diploma que determina a alteração.

Artigo 176.º

Listas de antiguidade

1 – As listas de antiguidade de oficiais, sargentos e praças de cada ramo, onde se inscrevem os militares no activo, reserva e reforma, são anualmente publicadas até ao último dia do mês de Março, reportando-se a 31 de Dezembro do ano anterior.

2 – Nas listas referentes à situação de activo os militares distribuem-se por quadros especiais, nos quais são inscritos por postos e antiguidade relativa.

3 – Nas listas referentes às situações de reserva e reforma os militares são inscritos de acordo com as classes, armas e serviços, especialidades, postos e antiguidade relativa.

Artigo 177.º

Inscrição na lista de antiguidade

1 – O militar na situação de activo ocupa um lugar na lista de antiguidade do quadro especial a que pertence, sendo inscrito no respectivo posto de ingresso por ordem decrescente de classificação no respectivo curso ou concurso de ingresso.

2 – Os militares pertencentes ao mesmo quadro especial promovidos ao mesmo posto na mesma data são ordenados por ordem decrescente, segundo a ordem da sua inscrição na lista de antiguidade desse posto, que deve constar do documento oficial de promoção.

3 – Em caso de igualdade de classificação, a inscrição na lista de antiguidade do posto de ingresso de cada quadro especial obedece às seguintes prioridades:

a) Maior graduação anterior;
b) Maior antiguidade no posto anterior;
c) Mais tempo de serviço efectivo;
d) Maior idade.

4 – No ordenamento hierárquico ditado pela lista de antiguidade considera-se qualquer militar à esquerda de todos os que são mais antigos do que ele e à direita dos que são mais modernos.

ARTIGO 178.º

Alteração na antiguidade

1 – A alteração na data de antiguidade de um militar resultante de modificação da sua colocação na lista de antiguidade deve constar expressamente do documento que determina essa modificação.

2 – A alteração do ordenamento na lista de antiguidade em consequência da promoção de militares do mesmo quadro especial a um dado posto na mesma data deve expressamente constar do documento oficial de promoção.

ARTIGO 179.º

Antiguidade por transferência de quadro especial

1 – Ao militar transferido para outro quadro especial é atribuída a antiguidade do:

a) Posto fixado para início da carreira na respectiva categoria, ficando à esquerda de todos os militares existentes no novo quadro, se a transferência se efectuar por ingresso;
b) Posto e antiguidade que detém, se a transferência se efectuar por reclassificação.

2 – A inscrição na lista de antiguidade do novo quadro obedece ao disposto no artigo seguinte.

ARTIGO 180.º
Antiguidade relativa

1 – A antiguidade relativa entre militares pertencentes a quadros especiais diferentes com o mesmo posto ou postos correspondentes é determinada pelas datas de antiguidade nesse posto e, em caso de igualdade destas, pelas datas de antiguidade no posto anterior, e assim sucessivamente, aplicando-se para o posto de ingresso o estabelecido no artigo 178.º.

2 – Dentro de cada posto, para efeitos protocolares, os militares na efectividade de serviço precedem os militares na situação de reserva fora da efectividade de serviço e reforma. (*)

(*) *O n.º 2 da redacção inicial foi eliminado e o n.º 3 passou a n.º 2 pelo art. 1.º do DL n.º 197-A/2003, de 30/08.*

ARTIGO 181.º
Antiguidade para efeitos de promoção

Para efeitos de promoção não conta como antiguidade:

a) O tempo decorrido na situação de inactividade temporária por motivo de pena de natureza criminal ou disciplinar;
b) O tempo de ausência ilegítima e de deserção;
c) O tempo de permanência na situação de licença ilimitada;
d) O tempo de serviço prestado antes do ingresso nos QP.

ARTIGO 182.º
Tempo de serviço efectivo

Conta-se como tempo de serviço efectivo, para além do referido no artigo 46.º, o seguinte:

a) A frequência de estabelecimentos militares de ensino superior (EMES);
b) A frequência de estabelecimentos de ensino superior necessária à obtenção das habilitações que constituem condições gerais de admissão aos EMES;

c) A duração normal dos respectivos cursos de ensino superior e formação complementar exigida, quando tenha ingressado nos QP mediante concurso e depois de completados cinco anos de serviço efectivo no respectivo quadro especial;
d) A frequência de cursos, tirocínios ou estágios nos estabelecimentos militares de ensino que constituem habilitação para o ingresso nos QP na respectiva categoria e quadro;
e) O tempo em que o militar tenha estado compulsivamente afastado do serviço, desde que reintegrado por revisão do respectivo processo.

Capítulo VII
Promoções e graduações

Artigo 183.º
Promoções

1 – A promoção do militar realiza-se segundo o ordenamento estabelecido nas listas de promoção do quadro especial a que pertence, salvo nos casos seguintes:
a) Promoção por distinção;
b) Promoção a título excepcional;
c) Necessidade de provisão de lugares com exigências de qualificação técnico-profissionais específicas, no caso dos grupos de especialidades, a fixar em disposições próprias.

2 – A promoção do militar efectua-se independentemente da sua situação em relação ao seu quadro especial, salvo quando se encontra em licença ilimitada.

Artigo 184.º
Listas de promoção

1 – Designa-se por lista de promoção a relação anual ordenada por posto e quadro especial, de acordo com a modalidade de promoção estabelecida para acesso ao posto imediato, dos militares que até 31 de Dezembro de cada ano reúnam as condições de promoção.

2 – As listas de promoção, elaboradas pelos conselhos de classes, armas e serviços, especialidades ou grupos de especialidades, constituem elemento informativo do CEM respectivo, para efeitos de decisão.

3 – As listas de promoção anuais são homologadas pelo CEM respectivo até 15 de Dezembro e publicadas até 31 de Dezembro do ano anterior a que respeitam.

4 – As listas de promoção devem conter um número de militares não superior ao dobro das vagas previstas para o ano seguinte.

5 – Quando as vagas ocorridas num determinado posto excederem o número de militares constante da lista de promoção, é elaborada nova lista para esse posto, válida até ao fim do ano em curso.

6 – As listas de promoção de cada ano são substituídas pelas listas do ano seguinte.

7 – O CEM de cada ramo pode, quando o entender conveniente, determinar a redução para seis meses do prazo de validade da lista de promoção, alterando-se, em conformidade, a data de publicação da lista subsequente.

8 – O disposto nos números anteriores não se aplica às promoções a oficial general e de oficial general, as quais se processam nos termos da LDNFA.

Artigo 185.º
Não satisfação das condições gerais de promoção

1 – O militar que não satisfaça qualquer das condições gerais de promoção previstas no artigo 56.º fica excluído da promoção, sendo do facto notificado por escrito.

2 – O militar que num mesmo posto e em dois anos seguidos ou interpolados não satisfaça, por falta de mérito absoluto, qualquer das três primeiras condições gerais de promoção é definitivamente excluído da promoção.

Artigo 186.º
Verificação da condição física e psíquica

A verificação da condição geral de promoção a que se refere a alínea d) do artigo 56.º é feita:

a) Pelas competentes juntas médicas, quando se trate das promoções aos postos de contra-almirante ou major-general, de capitão-tenente ou major e de sargento-chefe;

b) Pelos elementos que constam das avaliações periódicas e dos livretes de saúde, quando se trate das promoções a outros postos, devendo o militar, em caso de dúvida, ser presente às juntas referidas na alínea anterior.

ARTIGO 187.º
Satisfação das condições especiais de promoção

1 – As condições especiais de promoção são satisfeitas em comissão normal.

2 – Sempre que um militar não reúna todas as condições especiais de promoção, mas deva ser incluído no conjunto dos militares a apreciar em virtude da sua antiguidade para efeitos de promoção, é analisado do mesmo modo que os militares com a totalidade das condições, mediante parecer do órgão de gestão de pessoal do ramo, que se pronuncia sobre se o militar deve ou não delas ser dispensado.

3 – O militar em comissão especial deve declarar, com a antecedência necessária, se deseja que lhe seja facultada a satisfação das condições especiais de promoção.

ARTIGO 188.º
Dispensa das condições especiais de promoção

1 – Para efeitos de promoção até ao posto de capitão-de-mar-e-guerra ou coronel, pode o CEM de cada ramo, mediante despacho fundamentado, a título excepcional e por conveniência de serviço, dispensar o militar da satisfação das condições especiais de promoção a que se referem as alíneas b), c) e e) do n.º 1 do artigo 60.º.

2 – A dispensa prevista no número anterior só pode ser concedida a título nominal e por uma só vez na respectiva categoria.

ARTIGO 189.º
Exclusão da promoção

Fica excluído da promoção por escolha o militar que não seja promovido ao posto imediato e tenha sido ultrapassado por um ou mais militares de menor antiguidade, para efeitos de promoção, do mesmo posto e quadro especial, nos seguintes períodos:

a) Dois anos, seguidos ou interpolados, no caso de capitão-de-mar-e-guerra ou coronel;
b) Três anos, seguidos ou interpolados, no caso de capitão-de-fragata ou tenente-coronel e sargento-chefe;
c) Quatro anos, seguidos ou interpolados, no caso de primeiro-tenente ou capitão e sargento-ajudante.

ARTIGO 190.º
Promoção de militares na reserva e na reforma

Os militares na situação de reserva ou de reforma apenas podem ser promovidos por distinção e a título excepcional, nos termos previstos no presente Estatuto.

ARTIGO 191.º
Promoção de adidos

O militar adido ao quadro que seja promovido por antiguidade ou por escolha mantém-se na mesma situação em relação ao quadro, apenas ocupando a vaga que deu origem à sua promoção se o novo posto impossibilitar a sua permanência na situação de adido.

ARTIGO 192.º
Promoção de supranumerários

O militar na situação de supranumerário que seja promovido por antiguidade ou escolha ocupa vaga no seu novo posto.

ARTIGO 193.º
Verificação das condições gerais de promoção

A verificação das condições gerais de promoção compete ao órgão de gestão do pessoal do ramo respectivo, apoiado nos conselhos de classe, de arma ou serviço e de especialidade ou grupos de especialidades, sendo efectuada com base nos processos individuais de promoção organizados pelo mencionado órgão.

ARTIGO 194.º
Cessação de graduação

1 – Para além dos casos previstos no artigo 70.º, a graduação do militar cessa com a sua transição para a situação de reserva.

2 – O militar, uma vez cessada a graduação, permanece no posto em que se encontrava efectivamente promovido, não conferindo a graduação qualquer direito à alteração da remuneração de reserva ou da pensão de reforma.

Capítulo VIII
Ensino e formação militar

Artigo 195.º
Cursos, tirocínios ou estágios

1 – O processo de admissão, o regime escolar e a organização dos cursos, tirocínios ou estágios que habilitam ao ingresso nas várias categorias dos QP são regulados em legislação própria.

2 – O número de vagas para admissão aos cursos, tirocínios ou estágios para ingresso nas várias categorias dos QP é fixado anualmente por despacho do MDN, sob proposta do CEM do ramo respectivo, tendo em conta:

a) As necessidades estruturais e organizacionais e as decorrentes necessidades de alimentação dos quadros especiais;
b) A programação e desenvolvimento da carreira nas diferentes categorias.

3 – Os efectivos recrutados ao abrigo do artigo 133.º que frequentem cursos, tirocínios ou estágios para ingresso nas várias categorias dos QP, abreviadamente designados por militares alunos, ficam sujeitos ao regime geral de deveres e direitos respeitantes aos militares, da forma de prestação de serviço a que se destinam, com as adaptações decorrentes da sua condição de alunos constantes de legislação própria.

Artigo 196.º
Nomeação para os cursos de promoção

1 – A nomeação do militar para os cursos de promoção é feita por despacho do CEM do ramo respectivo, tendo em conta:

a) As necessidades do ramo;
b) As condições de acesso legalmente fixadas;
c) A posição do militar na lista de antiguidade do posto a que pertence.

2 – O militar dispensado da frequência de curso de promoção, nos termos do artigo 189.º, deve frequentá-lo, logo que possível, sem carácter classificativo.

3 – Não é nomeado para o curso de promoção o militar que vier a atingir o limite de idade de passagem à situação de reserva no período determinado para a ocorrência do curso.

ARTIGO 197.º

Adiamento, suspensão ou desistência da frequência de cursos de promoção

1 – O CEM de cada ramo pode adiar ou suspender a frequência de curso de promoção nos seguintes casos:

a) Por exigências de serviço devidamente fundamentadas;
b) Por razões de acidente ou doença, mediante parecer da competente junta médica;
c) Por uma só vez, a requerimento do interessado, por motivos de ordem pessoal.

2 – O militar a quem seja adiada ou suspensa a frequência do curso de promoção ao abrigo das alíneas a) e b) do número anterior fica demorado a partir da data em que lhe competiria a promoção até se habilitar com o respectivo curso, o qual deve ser frequentado logo que cessem as causas que determinaram o adiamento ou suspensão.

3 – O militar a quem seja concedido o adiamento ou a suspensão da frequência de curso de promoção ao abrigo da alínea c) do n.º 1 fica preterido, se entretanto lhe competir a promoção, devendo ser nomeado para o curso seguinte.

4 – O militar pode desistir da frequência de curso de promoção, não podendo ser novamente nomeado.

ARTIGO 198.º

Nomeação para os cursos de especialização ou qualificação

1 – A realização e os requisitos dos cursos de especialização e de qualificação são publicados em ordem de serviço, com uma antecedência mínima de 60 dias.

2 – A nomeação do militar para frequência de cursos de especialização ou qualificação é feita por despacho do CEM respectivo, de acordo com as necessidades próprias de cada ramo, tendo em conta os seguintes factores:

a) Voluntariado, preferência e aptidões manifestadas pelos militares candidatos;

b) Currículo do militar e das funções que desempenhe ou venha a desempenhar.

3 – O militar habilitado com curso de especialização ou qualificação só pode deixar o serviço efectivo após o período mínimo previamente fixado pelo CEM de cada ramo, que pode, em alternativa e a pedido do interessado, fixar uma indemnização ao Estado, tendo em consideração, em qualquer dos casos, a natureza desse curso, o seu custo, condições de ingresso, duração, estabelecimento de ensino, nacional ou estrangeiro, em que tenha sido ministrado e a expectativa da utilização efectiva do militar decorrente da formação adquirida.

ARTIGO 199.º

Falta de aproveitamento em cursos, tirocínios ou estágios

A falta de aproveitamento em cursos, tirocínios ou estágios e as suas consequências são reguladas no diploma que estabelece as respectivas normas de funcionamento.

CAPÍTULO IX

Avaliação

ARTIGO 200.º

Finalidade

1 – A avaliação do militar na efectividade de serviço visa, além das finalidades gerais, apreciar o mérito absoluto e relativo, assegurando o desenvolvimento na categoria respectiva fundamentado na demonstração da capacidade militar e da competência técnica para o exercício de funções de mais elevado nível de responsabilidade.

2 – A avaliação do militar destina-se ainda a permitir a correcção e o aperfeiçoamento do sistema, das técnicas e dos critérios de avaliação.

ARTIGO 201.º

Avaliações periódicas

São obrigatoriamente objecto de avaliação periódica dos comandantes, directores ou chefes a que estão subordinados os militares do activo em comissão normal e os da reserva na efectividade de serviço, com excepção de:

a) Almirantes ou generais e vice-almirantes ou tenentes-generais;
b) Contra-almirantes ou majores-generais nos quadros especiais em que estes postos sejam os mais elevados.

ARTIGO 202.º
Avaliações extraordinárias

Sem prejuízo do disposto no n.º 3 do artigo 84.º, as avaliações extraordinárias são prestadas sempre que:
a) Se verifique a transferência do avaliado e desde que tenha decorrido um período igual ou superior a seis meses após a última avaliação;
b) Qualquer dos avaliadores considere justificado e oportuno proceder a uma reavaliação;
c) Seja superiormente determinado.

ARTIGO 203.º
Juntas médicas

1 – O militar, independentemente das inspecções médicas periódicas a que se deva sujeitar, comparece perante a competente junta médica nos seguintes casos:
a) Para efeitos de promoção, nos termos fixados neste Estatuto;
b) Quando regresse à comissão normal e assim for julgado necessário;
c) Quando houver dúvidas acerca da sua aptidão física.

2 – O CEM do respectivo ramo pode dispensar da apresentação à junta médica a que se refere a alínea a) do número anterior o militar que, por motivos imperiosos de serviço, a ela não possa comparecer.

CAPÍTULO X
Licenças

ARTIGO 204.º
Licença registada

1 – A licença registada não pode ser imposta ao militar, sendo concedida exclusivamente a seu requerimento, não podendo perfazer mais de seis meses, seguidos ou interpolados, por cada período de cinco anos.

2 – A licença registada a que se refere o número anterior não pode ser concedida, de cada vez, por períodos inferiores a um mês.

ARTIGO 205.º
Outros tipos de licenças

Ao militar podem ser concedidas, além das expressamente indicadas no artigo 93.º, as seguintes licenças:

a) Ilimitada;
b) Para estudos.

ARTIGO 206.º
Licença ilimitada

1 – A licença ilimitada pode ser concedida pelo CEM do ramo respectivo, por um período não inferior a um ano, ao militar que:

a) A requeira e lhe seja deferida;
b) Por motivo de doença ou de licença de junta médica, opte pela colocação nesta situação, nos termos do n.º 1 do artigo 149.º.

2 – A licença ilimitada apenas pode ser concedida ao militar que tenha prestado pelo menos oito anos de serviço efectivo após o ingresso nos QP.

3 – A licença ilimitada pode ser cancelada pelo CEM do respectivo ramo:

a) Em qualquer ocasião, ao militar na situação de activo;
b) Em estado de sítio ou de guerra, ao militar na situação de reserva.

4 – O militar no activo ou na reserva pode interromper a licença ilimitada, quando esta lhe tiver sido concedida há mais de um ano, regressando à sua anterior situação decorridos 90 dias da data da declaração ou, antes deste prazo, a seu pedido, se tal for autorizado pelo CEM do respectivo ramo.

5 – O militar na situação de licença ilimitada pode requerer a passagem à situação de reserva, desde que reúna as condições previstas no artigo 153.º, podendo manter-se na situação de licença ilimitada.

6 – O militar no activo pode manter-se na situação de licença ilimitada pelo período máximo de 10 anos, seguidos ou interpolados, após o que transita para a reserva ou, se a ela não tiver direito, é abatido aos QP.

7 – O militar na situação de licença ilimitada não tem direito a qualquer remuneração e não pode ser promovido enquanto se mantiver nesta situação.

ARTIGO 207.º
Licença para estudos

1 – Aos militares no activo e na efectividade de serviço pode ser concedida licença para estudos destinada à frequência de cursos, estágios ou disciplinas, em estabelecimentos de ensino nacionais ou estrangeiros, com interesse para as Forças Armadas e para a valorização profissional e técnica do militar.

2 – A licença para estudos é concedida pelo CEM do ramo respectivo, a requerimento do interessado, podendo ser cancelada sempre que seja considerado insuficiente o aproveitamento escolar do militar.

3 – O militar a quem tenha sido concedida licença para estudos deve apresentar nas datas que lhe forem determinadas documentação comprovativa do aproveitamento escolar.

4 – A concessão da licença para estudos obriga o requerente, após a conclusão do curso, a prestar serviço nas Forças Armadas por um período a fixar no despacho de autorização, atento o disposto no n.º 3 do artigo 199.º.

5 – A licença para estudos não implica a perda de remunerações.

6 – A licença para estudos conta como tempo de serviço efectivo, mas sem os aumentos de tempo previstos no n.º 3 do artigo 46.º ou outros estabelecidos em legislação especial.

TÍTULO II
Oficiais

CAPÍTULO I
Parte comum

SECÇÃO I
Chefias militares

ARTIGO 208.º
Chefe do Estado-Maior-General das Forças Armadas

1 – O CEMGFA tem a patente de almirante ou general e é hierarquicamente superior a todos os oficiais generais.

2 – O CEMGFA é nomeado e exonerado nos termos da LDNFA.

3 – Ao CEMGFA compete estabelecer o ordenamento hierárquico dos restantes oficiais generais que prestam serviço na sua dependência, de acordo com a natureza dos cargos que ocupam.

ARTIGO 209.º
Chefia do estado-maior do ramo

1 – O chefe do estado-maior do ramo tem a patente de almirante ou general, segue em precedência os almirantes da Armada e marechais e é hierarquicamente superior a todos os oficiais generais, com excepção do CEMGFA.

2 – O vice-chefe do estado-maior (VCEM) do ramo tem a patente de vice-almirante ou tenente-general e é hierarquicamente superior a todos os oficiais do seu posto.

3 – Os oficiais-generais titulares dos cargos previstos nos números anteriores são nomeados e exonerados nos termos da LDNFA.

4 – Aos CEM dos ramos compete estabelecer o ordenamento hierárquico dos restantes oficiais generais que prestam serviço na sua dependência, de acordo com a natureza dos cargos que ocupam.

ARTIGO 210.º
Presidente do Supremo Tribunal Militar

O presidente do Supremo Tribunal Militar (STM) tem a patente de almirante ou general, segue em precedência hierárquica os CEM dos ramos e é nomeado e exonerado nos termos da LDNFA.

ARTIGO 211.º
Comandante-chefe e comandante operacional

O oficial dos QP investido no cargo de comandante-chefe ou comandante operacional é hierarquicamente superior a todos os oficiais do mesmo posto que comandam cada uma das forças subordinadas e é nomeado e exonerado nos termos previstos na LDNFA.

ARTIGO 212.º
Almirante da Armada e marechal

1 – Ao almirante ou general e ao vice-almirante ou tenente-general que, no exercício de funções de comando ou direcção suprema, tenha revelado predicados excepcionais, prestado serviços distintíssimos e relevantes ou praticado feitos com honra e lustre para a Nação e para as Forças Armadas pode ser concedido, independentemente da idade ou do vínculo ao serviço, o titulo de almirante da Armada ou de marechal do Exército ou da Força Aérea.

2 – Os títulos previstos no número anterior constituem uma dignidade honorífica no âmbito do Estado e são concedidos por decreto do Presidente da República.

3 – O estatuto do almirante da Armada e marechal consta de legislação própria.

SECÇÃO II

Ingresso e promoção na categoria

ARTIGO 213.º

Ingresso na categoria

1 – O ingresso na categoria de oficiais faz-se por habilitação com curso adequado, nos postos de guarda-marinha, subtenente ou alferes e de segundo-tenente ou tenente, consoante os ramos e quadros especiais.

2 – A antiguidade dos oficiais ingressados nos termos previstos no número anterior reporta-se, em regra, a 1 de Outubro do ano em que concluam o respectivo curso, tirocínio ou estágio, sendo, porém, antecipada de tantos anos quantos os que a organização escolar dos respectivos cursos, somada à duração do respectivo estágio, tirocínio ou curso, exceder:

a) Cinco anos, para licenciatura ou equivalente;

b) Três anos, para bacharelato ou equivalente.

ARTIGO 214.º

Promoção a oficial general e de oficiais generais

1 – As promoções a oficial general e de oficiais generais realizam-se por escolha de entre os oficiais que satisfaçam as condições gerais e especiais para acesso aos postos, de acordo com o disposto na LDNFA.

2 – São promovidos ao posto de almirante ou general os vice-almirantes ou tenentes-generais que forem nomeados para ocuparem os cargos de CEMGFA, de CEM dos ramos ou de presidente do STM, sendo o diploma de nomeação, simultaneamente, o da promoção.

3 – São promovidos ao posto de vice-almirante ou de tenente-general os contra-almirantes ou majores-generais, independentemente do quadro especial a que pertencem, que forem nomeados para o desempenho de cargos a que corresponda o exercício de funções de direcção ou chefia em estruturas de coordenação de actividades funcionais comuns aos ramos das Forças Armadas, nas áreas do ensino, da saúde, da administração e da logística.

4 – A antiguidade no novo posto reporta-se à data, respectivamente, da deliberação do CCEM, no caso previsto no n.º 1, e do diploma de nomeação que é simultaneamente de promoção, nos casos previstos nos n.os 2 e 3.

Artigo 215.º
Graduação no posto de comodoro ou brigadeiro-general

1 – São graduados no posto de comodoro ou brigadeiro-general os capitães-de-mar-e-guerra ou coronéis habilitados com o curso superior naval de guerra, o curso superior de comando e direcção ou o curso superior de guerra aérea, nomeados para o desempenho de cargos internacionais no País ou no estrangeiro.

2 – Podem ainda ser graduados, a título excepcional, no posto de comodoro ou brigadeiro-general militares nas condições do n.º 1 para o exercício de funções de natureza militar fora da estrutura das Forças Armadas.

3 – A graduação prevista nos números anteriores confere ao militar graduado o gozo dos direitos correspondentes ao posto atribuído e cessa com a promoção do oficial ao posto de contra-almirante ou major-general, bem como com a sua transição para a situação de reserva ou quando terminem as circunstâncias que motivaram a graduação.

4 – A graduação processa-se nos termos previstos para as promoções a oficial general, após o despacho de nomeação para o desempenho dos cargos referidos nos n.os 1 e 2.

Artigo 216.º
Promoções

As promoções aos postos da categoria de oficiais processam-se nas seguintes modalidades:

a) Capitão-de-mar-e-guerra ou coronel, por escolha;
b) Capitão-de-fragata ou tenente-coronel, por antiguidade;
c) Capitão-tenente ou major, por escolha;
d) Primeiro-tenente ou capitão, por diuturnidade;
e) Segundo-tenente ou tenente, por diuturnidade.

ARTIGO 217.º

Tempos mínimos

1 – O tempo mínimo de permanência em cada posto para acesso ao posto imediato é de:

a) Um ano no posto de guarda-marinha, subtenente ou alferes;
b) Quatro anos no posto de segundo-tenente ou tenente;
c) Seis anos no posto de primeiro-tenente ou capitão;
d) Quatro anos no posto de capitão-tenente ou major;
e) Quatro anos no posto de capitão-de-fragata ou tenente-coronel;
f) Três anos no posto de capitão-de-mar-e-guerra ou coronel.

2 – O tempo mínimo global para acesso ao posto de capitão-de-mar-e-guerra ou de coronel, após o ingresso na categoria de oficiais (do QP), é de 20 anos de serviço efectivo. (*)

(*) *Redacção dada pelo art. 2.º da Lei n.º 25/2000, de 23/08.*

ARTIGO 218.º

Cursos de promoção

1 – Constituem condição especial de promoção, designadamente, os seguintes cursos:

a) Para acesso a contra-almirante ou major-general, o curso de promoção a oficial general;
b) Para acesso a capitão-tenente ou major, o curso de promoção a oficial superior.

2 – As nomeações para os cursos referidos no número anterior efectuam-se:

a) Por escolha, de entre os capitães-de-mar-e-guerra, ou coronéis e capitães-de-fragata ou tenentes-coronéis, para o curso de promoção a oficial general;
b) Por antiguidade, de entre os primeiros-tenentes e capitães, excluindo aqueles a quem seja adiada a sua frequência e os que declarem dele desistir, os quais ficarão abrangidos pelo disposto no artigo 198.º, para o curso de promoção a oficial superior.

ARTIGO 219.º
Suspensão da transição para a reserva

1 – Aos oficiais generais que, nos termos da LDNFA, sejam nomeados para os cargos de CEMGFA, CEM dos ramos ou presidente do STM é suspenso o limite de idade de passagem à reserva enquanto permanecerem no desempenho dos referidos cargos.

2 – O disposto no número anterior aplica-se aos oficiais generais nomeados para cargos militares em organizações internacionais de que Portugal faça parte e a que corresponda o posto de almirante ou general.

3 – O disposto no número anterior aplica-se ainda aos militares nomeados para o cargo de Ministro da República e para membro do Governo ou cargo legalmente equiparado.

ARTIGO 220.º
Situação especial de transição para a reserva

Os almirantes ou generais que cessem as funções que determinaram a sua promoção transitam para a reserva 120 dias após a data da cessação das respectivas funções, se antes do termo deste prazo não forem nomeados para:

a) Cargo para o qual a lei exija o posto de almirante ou general;

b) Funções que, por diploma legal, sejam consideradas compatíveis com o seu posto.

CAPÍTULO II
Da Marinha

ARTIGO 221.º
Classes e postos

1 – Os oficiais da Armada distribuem-se pelas seguintes classes e postos:

a) Marinha (M): almirante, vice-almirante, contra-almirante, capitão-de-mar-e-guerra, capitão-de-fragata, capitão-tenente, primeiro-tenente, segundo-tenente e guarda-marinha;

b) Engenheiros navais (EN): contra-almirante, capitão-de-mar-e-guerra, capitão-de-fragata, capitão-tenente, primeiro-tenente, segundo-tenente e guarda-marinha;

c) Administração naval (AN): contra-almirante, capitão-de-mar-e--guerra, capitão-de-fragata, capitão-tenente, primeiro-tenente, segundo-tenente e guarda-marinha;
d) Fuzileiros (FZ): contra-almirante, capitão-de-mar-e-guerra, capitão-de-fragata, capitão-tenente, primeiro-tenente, segundo-tenente e guarda-marinha;
e) Médicos navais (MN): contra-almirante, capitão-de-mar-e-guerra, capitão-de-fragata, capitão-tenente, primeiro-tenente e segundo-tenente;
f) Técnicos superiores navais (TSN): capitão-de-mar-e-guerra, capitão-de-fragata, capitão-tenente, primeiro-tenente, segundo-tenente e subtenente;
g) Serviço técnico (ST): capitão-de-mar-e-guerra, capitão-de-fragata, capitão-tenente, primeiro-tenente, segundo-tenente e subtenente;
h) Técnicos de saúde (TS): capitão-de-mar-e-guerra, capitão-de-fragata, capitão-tenente, primeiro-tenente, segundo-tenente e subtenente;
i) Músicos (MUS): capitão-de-fragata, capitão-tenente, primeiro-tenente, segundo-tenente e subtenente.

2 – A distribuição prevista no número anterior não prejudica o disposto no n.º 3 do artigo 215.º do presente Estatuto.

3 – Os oficiais da Armada podem ser graduados no posto de comodoro, em conformidade com o conjugadamente disposto no n.º 4 do artigo 130.º e no artigo 216.º deste Estatuto.

Artigo 222.º
Ingresso nas classes

1 – O ingresso nas classes de marinha, engenheiros navais, administração naval e fuzileiros faz-se no posto de guarda-marinha de entre os alunos da Escola Naval, licenciados em Ciências Militares com os cursos respectivos.

2 – O ingresso na classe de técnicos superiores navais faz-se no posto de subtenente de entre os licenciados, civis ou militares, admitidos por concurso regulado por legislação especial e após conclusão com aproveitamento do respectivo curso.

3 – Os candidatos admitidos ao curso referido no número anterior são aumentados ao efectivo da Marinha e graduados em subtenente, mantendo, no caso dos militares, a sua patente se superior àquele posto.

4 – O ingresso na classe do serviço técnico faz-se no posto de subtenente, dos militares:

a) Que obtenham o bacharelato na Escola Superior de Tecnologias Navais (ESTNA), ordenados por cursos e, dentro de cada curso, pelas classificações nele obtidas;

b) Que, possuindo o grau de bacharelato ou equivalente em áreas correspondentes a um dos ramos da classe, concluam com aproveitamento o curso militar complementar de oficiais da Escola Superior de Tecnologias Navais.

ARTIGO 223.º

Subclasses e ramos

1 – As classes podem ser divididas em subclasses, podendo umas e outras compreender um ou mais ramos.

2 – Quando as classes sejam divididas em subclasses, a cada uma destas corresponde um efectivo permanente próprio, sem prejuízo de o somatório, total e por postos, dos efectivos das subclasses não poder exceder os efectivos globais fixados para a classe.

3 – A criação e extinção das subclasses e ramos e a fixação dos efectivos permanentes correspondentes às subclasses são determinadas por despacho do Chefe do Estado-Maior da Armada (CEMA).

4 – Na designação dos oficiais, a identificação da subclasse ou ramo a que pertence o militar deve substituir a que se refere à respectiva classe.

ARTIGO 224.º

Caracterização funcional das classes

Aos oficiais das classes a seguir indicadas incumbe especialmente:

a) Classe de marinha: administrar superiormente a Marinha; comando e inspecção de forças e unidades da Armada; direcção, inspecção e execução das actividades no âmbito dos sectores do pessoal, do material e da administração financeira e do sistema de autoridade marítima; direcção, inspecção e execução das actividades relativas ao uso dos sistemas de armas e sensores, de comando e controlo, de comunicações, rádio-ajudas e de outros sistemas associados; direcção, inspecção e execução de actividades relativas às tecnologias da informação, à organização e racionalização do trabalho, análise ocupacional e investigação operacional; direcção, inspecção e execução de actividades relativas à navegação, hidrografia, oceanografia, farolagem e balizagem; exercício de funções de justiça, incluindo as de presidente do STM e do Tribunal da Marinha; exercício de funções em estados-maiores; exercício de funções de natureza diplomática junto de representações diplomáticas de Portugal no estrangeiro ou junto de organizações criadas ou a criar no âmbito de acordos internacionais; desempenho de cargos internacionais em organizações criadas ou a criar no âmbito de acordos internacionais; exercício de funções em que se requeiram os conhecimentos técnico-profissionais da classe;

b) Classe de engenheiros navais: direcção, inspecção e execução de actividades no âmbito da organização e gestão dos recursos do material; direcção, inspecção e execução de actividades de natureza técnica especializada a bordo e em terra relativas aos sistemas mecânicos propulsores dos navios e respectivos auxiliares e outros sistemas e equipamentos associados, nomeadamente de comando e controlo; direcção, inspecção e execução de actividades relativas ao estudo e projecto de navios e seus equipamentos; direcção, inspecção e execução de actividades relativas à construção, reparação e manutenção das instalações e equipamentos eléctricos e electrónicos e sistemas de armas e sensores, de comando e controlo, de comunicações, de rádio-ajudas, de guerra electrónica e demais sistemas e equipamentos no âmbito do sector do material; direcção, inspecção e execução de actividades relativas às tecnologias da informação, à organização e racionalização do trabalho, análise ocupacional e investigação operacional; direcção, inspecção e execução de actividades no âmbito do sector do material em estaleiros navais, estabelecimentos fabris, organismos de assistência oficinal e outras com responsabilidades no capítulo de construção, manutenção e reparação naval; exercício de funções de natureza diplomática de Portugal no estrangeiro; exercício de funções em missões militares junto de representações diplomáticas de Portugal no estrangeiro ou junto de organizações criadas ou a criar no âmbito de acordos internacionais; desempenho de cargos internacionais em organizações criadas ou a criar no âmbito de acordos internacionais; exercício de funções de justiça; exercício de funções em estados-maiores; exercício de funções no âmbito das actividades relativas à navegação, hidrografia, oceanografia, farolagem e balizagem e do sistema de autoridade marítima que requeiram a qualificação técnico-profissional da classe; exercício de outras funções para as quais sejam requeridos os conhecimentos técnico-profissionais da classe;

c) Classe de administração naval: direcção, inspecção e execução de actividades no âmbito da organização e gestão dos recursos financeiros; direcção, inspecção e execução das actividades relativas ao abastecimento da Marinha; direcção, inspecção e execução das actividades relativas às tecnologias da informação, à organização e racionalização do trabalho, análise ocupacional e investigação operacional; exercício de funções de justiça; exercício de funções em estados-maiores; exercício de funções da natureza diplomática de Portugal no estrangeiro; exercício de funções em missões militares junto de representações diplomáticas de Portugal no estrangeiro ou junto de organizações criadas ou a criar no âmbito de acordos internacionais; desempenho de cargos internacionais em organizações criadas ou a criar no âmbito de acordos internacionais; exercício de outras funções para as quais sejam requeridos os conhecimentos técnico-profissionais da classe;

d) Classe de fuzileiros: comando e inspecção de forças e unidades de fuzileiros e de desembarque; desempenho a bordo de funções compatíveis com a sua preparação; exercício de funções de justiça; exercício de funções, nomeadamente de chefia, em estados-maiores de comando e de forças de fuzileiros; exercício de funções de natureza diplomática de Portugal no estrangeiro; exercício de funções em missões militares junto de representações diplomáticas de Portugal no estrangeiro ou junto de organizações criadas ou a criar no âmbito de acordos internacionais; desempenho de cargos internacionais em organizações criadas ou a criar no âmbito de acordos internacionais; exercício de funções no âmbito do sistema de autoridade marítima compatíveis com os conhecimentos técnico-profissionais da classe; exercício de outras funções para as quais sejam requeridos os conhecimentos técnico-profissionais da classe;

e) Classe de médicos navais: direcção, inspecção e execução de actividades relativas ao serviço de saúde; exercício da medicina nos comandos, forças, unidades, serviços, hospitais e postos médicos; exercício de funções nas juntas médicas da Armada e noutros organismos que no âmbito da saúde requeiram conhecimentos técnico-profissionais próprios da classe; desempenho de cargos internacionais em organizações criadas ou a criar no âmbito de acordos internacionais;

f) Técnicos superiores navais: direcção, inspecção e execução, em organismos em terra, de actividades de natureza técnica especializada, relativas à gestão e formação do pessoal, ao material e infra-estruturas, à consultoria, auditoria e assessoria jurídica e financeira, à farmácia, química e toxicologia e à cultura e ciência; exercício de funções de justiça; desempenho de cargos internacionais em organizações criadas ou a criar no âmbito de acordos internacionais; exercício de outras funções que requeiram conhecimentos técnico-profissionais da classe;
g) Classe do serviço técnico: direcção, inspecção e execução de actividades de natureza técnica próprias do respectivo ramo; exercício de funções no âmbito de actividades relativas à navegação, hidrografia, farolagem e balizagem e do sistema de autoridade marítima compatíveis com os conhecimentos técnico-profissionais da classe; exercício de outras funções que requeiram os conhecimentos técnico-profissionais que constituam qualificação própria da classe;
h) Classe de técnicos de saúde: direcção, inspecção e execução de actividades relacionadas com a prestação de serviços na área de saúde nos comandos, forças, unidades, serviços, hospitais e postos médicos, exercício de funções nas juntas médicas da Armada e noutros organismos que no âmbito da saúde requeiram conhecimentos técnico-profissionais da classe, bem como participar em trabalhos no âmbito de pedagogia aplicada ao pessoal prestando serviço ou que se destine a prestar serviço nesta área;
i) Classe de músicos: chefia e inspecção da banda da Armada; exercício de funções relativas às actividades específicas da banda da Armada e outros agrupamentos de natureza musical oficialmente organizados no âmbito da Marinha; exercício de outras funções que requeiram conhecimentos técnico-profissionais e artísticos próprios da classe.

ARTIGO 225.º

Cargos e funções

1 – Aos oficiais da Marinha incumbe, designadamente, o exercício de funções de comando, estado-maior e execução nos comandos, forças, unidades, serviços e outros organismos da Marinha, de acordo com os respectivos postos e classes, bem como o exercício de funções que à Marinha respeita nos quartéis-generais ou estados-maiores de comandos de forças conjuntas ou combinadas e ainda noutros departamentos do Estado.

2 – Os cargos e funções específicos de cada posto são os previstos nos regulamentos e na estrutura orgânica dos comandos, forças, unidades, serviços e órgãos da Marinha, bem como na estrutura de outros organismos e departamentos, nacionais e internacionais, exteriores à Marinha.

ARTIGO 226.º

Comissão normal

Para além das situações de comissão normal definidas no artigo 146.º do presente Estatuto, são considerados em comissão normal os oficiais no desempenho dos seguintes cargos ou funções:

a) Capitães-de-bandeira;

b) No comando e guarnição de navios mercantes, quando, por motivos operacionais, for julgado conveniente o desempenho de tais cargos por oficiais da Armada.

ARTIGO 227.º

Condições especiais de promoção

1 – As condições especiais de promoção compreendem:

a) Tempo mínimo de permanência no posto;

b) Tirocínios de embarque;

c) Tirocínios em terra;

d) Frequência, com aproveitamento, de cursos ou estágios;

e) Outras condições de natureza específica das classes.

2 – As condições especiais de promoção para os diversos postos e classes, para além das fixadas no artigo 218.º, constam do anexo II ao presente Estatuto, do qual faz parte integrante.

ARTIGO 228.º

Tirocínios de embarque

1 – Os tirocínios de embarque são constituídos por:

a) Tempo de embarque e ou tempo de serviço de helicópteros;

b) Tempo de navegação e ou tempo de voo;

c) Tempo de exercício de funções específicas.

2 – Conta-se por tempo de embarque o que é prestado em navios armados e o oficial pertença à guarnição da força ou unidade naval ou, estando embarcado em diligência, desempenhe as funções que competem aos oficiais da respectiva lotação.

3 – Conta-se por tempo de serviço de helicópteros o período durante o qual o militar com especialização na área dos helicópteros, presta serviço na esquadrilha de helicópteros ou em unidades ou serviços na área funcional dos helicópteros.

4 – Conta-se por tempo de navegação o que for realizado no mar e aquele que, efectuado dentro de barras, rios ou portos fechados, corresponda a navegação preliminar ou complementar da navegação no mar.

5 – Conta-se por tempo de voo o período que medeia entre o levantamento do helicóptero do solo ou do navio, até que volte a tocá-los, considerando-se para este efeito uma hora de tempo de voo como equivalente a quatro horas de tempo de navegação.

ARTIGO 229.º

Contagem de tirocínios

1 – Os tirocínios de embarque e em terra apenas podem ser contados relativamente a oficiais em comissão normal que não se encontrem nas situações de:

a) Ausência ilegítima do serviço;

b) Cumprimento de pena que implique suspensão de funções.

2 – Os tirocínios de embarque não são contados aos oficiais que estejam hospitalizados, impedidos de prestar serviço por motivo de doença, que estejam no gozo de qualquer licença, com excepção no que respeita ao tempo de embarque e ao exercício de funções, das licenças de férias e por mérito.

3 – Os tirocínios em terra não são contados aos oficiais que estejam hospitalizados, impedidos de prestar serviço por motivo de doença ou, no gozo de qualquer licença, com excepção das licenças de férias ou por mérito.

ARTIGO 230.º

Dispensa de tirocínios

1 – O CEMA pode dispensar dos tirocínios de embarque ou em terra, num só posto, qualquer oficial que, por conveniência excepcional do serviço, esteja impedido de os realizar.

2 – Aos oficiais subalternos com formação específica nas áreas de mergulhadores, hidrografia e informática que prestem ou tenham prestado serviço, respectivamente, em unidades de mergulhadores-sapadores, no Instituto Hidrográfico ou em áreas funcionais de informática da Marinha, o tempo de embarque exigido para promoção ao posto imediato pode ser reduzido até metade e substituído por tempo de serviço naquelas unidades e organismos.

3 – Aos oficiais subalternos com formação específica nas áreas de mergulhadores, hidrografia e informática que tenham prestado pelo menos um ano de serviço, respectivamente, em unidades de mergulhadores-sapadores, no Instituto Hidrográfico ou em áreas funcionais de informática da Marinha, o tempo de navegação exigido para promoção ao posto imediato é reduzido para metade.

ARTIGO 231.º

Formação militar

1 – A preparação básica e complementar dos oficiais realiza-se essencialmente através de acções de investimento, de evolução e de ajustamento, a concretizar mediante adequadas actividades de educação e treino.

2 – As acções de investimento destinam-se a transmitir aos oficiais, de forma gradual, um complexo integrado de conhecimentos de ordem humanística, militar, cultural, científica e técnica indispensáveis à sua inserção profissional e desenvolvimento de carreira e compreendem actividades de:

a) Formação básica e de carreira na respectiva categoria – têm por finalidade a formação integral do oficial, proporcionando-lhe a aquisição e o desenvolvimento de atitudes, conhecimentos e perícias adequados ao desenvolvimento de cargos e tarefas próprios das diversas áreas ocupacionais, subcategorias e postos;

b) Especialização – têm por finalidade a formação de técnicas militares e navais, através do desenvolvimento de competências apropriadas numa área técnico-naval específica e de aquisição de técnicas, modos operacionais, processos e formas de emprego necessários ao exercício de determinadas funções específicas;

c) Conversão – têm por finalidade a substituição integral de atitudes, conhecimentos e perícias já adquiridos e não utilizáveis num novo cargo ou em nova área ocupacional;

d) Pós-graduação – têm por finalidade aprofundar em áreas científicas e técnicas específicas os conhecimentos adquiridos durante a formação básica de nível superior (graduação).

3 – As acções de evolução destinam-se a manter as competências do oficial titular de um cargo em nível adequado às sucessivas modificações na especificação desse cargo, motivadas por uma alteração qualitativa das exigências das tarefas e das funções, e compreendem as seguintes actividades:

a) Adaptação – têm por finalidade adaptar o titular do cargo à mudança qualitativa da sua especificação;
b) Aperfeiçoamento – têm por finalidade completar, melhorar ou apurar as perícias adquiridas num campo limitado de uma actividade militar-naval ou técnico-naval.

4 – As acções de ajustamento destinam-se a assegurar a concordância entre as exigências de um cargo ou de uma função e as possibilidades de um titular ou executante e compreendem as seguintes actividades:

a) Actualização – têm por finalidade a melhoria do desempenho individual do cargo, de uma tarefa ou de uma operação, por meio do treino individual;
b) Refrescamento – têm por finalidade a reposição de níveis de proficiência anteriormente adquiridos e entretanto não mantidos dentro dos padrões de desempenho requeridos;
c) Informação/orientação – têm por finalidade a familiarização com uma organização, posto ou instrumento de trabalho, actividade, tarefa, técnica ou processo;
d) Conversão parcial – têm por finalidade a substituição parcial por aptidões utilizáveis de competências previamente adquiridas que, por qualquer motivo, deixaram de ter aplicação útil.

ARTIGO 232.º

Cursos para ingresso na categoria

1 – Os cursos que habilitam ao ingresso nas classes da categoria de oficiais são os seguintes:

a) De licenciatura ministrados na Escola Naval;
b) De licenciatura ou equivalente ministrados em estabelecimentos de ensino superior complementados por cursos ministrados em organismos militares adequados;
c) De bacharelato ou equivalente ministrados em estabelecimentos de ensino superior complementados por cursos ministrados em organismos militares adequados ou cursos de bacharelato ministrados na Escola Superior de Tecnologias Navais (ESTNA).

2 – Os cursos referidos no número anterior são regulados por legislação especial.

ARTIGO 233.º
Cursos de promoção

Constituem condição especial de promoção os seguintes cursos:

a) Para a promoção a oficial general, o curso superior naval de guerra (CSNG);
b) Para a promoção a oficial superior, o curso geral naval de guerra (CGNG).

ARTIGO 234.º
Cursos

1 – Os cursos em que se traduzem as acções ou actividades referidas nos artigos anteriores são, em regra, ministrados nos estabelecimentos de ensino da Marinha ou em unidades ou serviços para esse fim designados.

2 – Os oficiais podem, mediante autorização do CEMA, ser nomeados para frequentar cursos em estabelecimentos de ensino, civis ou militares, nacionais ou estrangeiros.

3 – Aos cursos frequentados nas condições estabelecidas no número anterior podem ser atribuídas equivalências aos ministrados nos estabelecimentos de ensino da Marinha, de acordo com a legislação em vigor.

4 – Aos cursos de pós-graduação aplica-se o disposto no artigo 199.º do presente Estatuto.

CAPÍTULO III
Do Exército

ARTIGO 235.º
Corpo de oficiais generais, armas e serviços

1 – Os oficiais dos QP do Exército distribuem-se pelo corpo de oficiais generais, armas e serviços e pelos seguintes quadros especiais e postos:

a) Corpo de oficiais generais: general, tenente-general e major-general;

b) Infantaria (INF), artilharia (ART), cavalaria (CAV), engenharia (ENG), transmissões (TM), medicina (MED), medicina dentária (DENT), farmácia (FARM), medicina veterinária (VET), administração militar (ADMIL), material (MAT), juristas (JUR) e superior de apoio (SAP): coronel, tenente-coronel, major, capitão, tenente e alferes;
c) Técnicos de exploração de transmissões (TEXPTM), de manutenção de transmissões (TMANTM), de manutenção de material (TMANMAT), de pessoal e secretariado (TPESSECR), de transportes (TTRANS), de enfermagem e diagnóstico e terapêutica (TEDT): coronel, tenente-coronel, major, capitão, tenente e alferes;
d) Chefes de banda de música (CBMUS): tenente-coronel, major, capitão, tenente e alferes.

2 – A alimentação do corpo de oficiais generais, sem prejuízo do disposto no n.º 3 do artigo 215.º, é feita de acordo com as seguintes condições de acesso:

a) Ao posto de general, tenente-general e major-general, pelos oficiais provenientes dos quadros de infantaria, artilharia, cavalaria, engenharia e transmissões;
b) Ao posto de major-general, pelos oficiais provenientes dos quadros de material, administração militar, medicina e de juristas.

3 – Os oficiais dos QP do Exército podem ser graduados no posto de brigadeiro-general em conformidade com o conjugadamente disposto no n.º 4 do artigo 130.º e no artigo 216.º do presente Estatuto.

4 – Para efeitos do disposto no presente Estatuto as armas são infantaria, artilharia, cavalaria, engenharia e transmissões.

Artigo 236.º

Ingresso nas armas e serviços

1 – O ingresso nas diferentes armas e serviços do Exército faz-se no posto de alferes de entre alunos que obtenham a licenciatura na Academia Militar, ordenados por cursos e, dentro de cada curso, pelas classificações nele obtidas.

2 – O ingresso nos quadros especiais de juristas e de técnico superior de apoio faz-se, por concurso, no posto de alferes, de entre licenciados e após conclusão, com aproveitamento, do respectivo curso ou tirocínio, de acordo com o estabelecido em portaria do MDN.

3 – Os candidatos admitidos ao abrigo do número anterior frequentam os cursos ou tirocínios graduados no posto de alferes.

4 – O ingresso nos quadros técnicos, previstos na alínea c) do n.º 1 do artigo 236.º, faz-se no posto de alferes de entre militares que:

a) Obtenham o bacharelato na Escola Superior Politécnica do Exército (ESPE), ordenados por cursos e, dentro de cada curso, pelas classificações nele obtidas;
b) Possuam curso com o grau de bacharelato ou equivalente e completem o respectivo curso ou tirocínio para oficial, ordenados consoante a média ponderada das classificações obtidas no bacharelato ou equivalente e no curso de formação ou tirocínio.

5 – O processo de admissão aos cursos ou tirocínios para ingresso nos quadros mencionados nos n.os 2 e 4 é regulado por diploma próprio.

ARTIGO 237.º
Cargos e funções

1 – Aos oficiais do Exército incumbe, designadamente, o exercício de funções de comando, estado-maior e execução nos comandos, forças, unidades, serviços e outros organismos do Exército, de acordo com os respectivos postos e quadros especiais, bem como o exercício de funções que ao Exército respeitam nos quartéis-generais ou estados-maiores de comandos de forças conjuntas ou combinadas e ainda noutros departamentos do Estado.

2 – Os cargos e funções específicos de cada posto são os previstos nos regulamentos e na estrutura orgânica dos comandos, forças, unidades, serviços e órgãos do Exército, bem como na estrutura de outros organismos e departamentos, nacionais e internacionais, exteriores ao Exército.

ARTIGO 238.º
Promoção a tenente

É condição especial de promoção ao posto de tenente a prestação do tempo mínimo de permanência previsto no artigo 218.º.

ARTIGO 239.º
Promoção a capitão

1 – São condições especiais de promoção ao posto de capitão, para além do tempo mínimo de permanência previsto no artigo 218.º, a aprovação no curso de promoção a capitão ou curso equivalente.

2 – Do tempo referido no número anterior, dois anos, no mínimo, devem ser prestados:

a) Pelos tenentes das armas, nas unidades, centros de instrução ou escolas práticas;
b) Pelos tenentes médicos e veterinários, nos hospitais militares ou nas unidades, centros de instrução ou escolas práticas de qualquer arma ou serviço;
c) Pelos tenentes dos serviços, em funções específicas do respectivo serviço.

ARTIGO 240.º

Promoção a major

1 – São condições especiais de promoção ao posto de major, para além do tempo mínimo de permanência referido no artigo 218.º, as seguintes:

a) Aprovação no curso de promoção a oficial superior;
b) Para capitães das armas, ter exercido, no posto de capitão, com informação favorável, pelo prazo mínimo de um ano, o comando de companhia ou outro comando considerado, por despacho do CEME, de categoria equivalente ou superior;
c) Para capitães médicos, obtenção do grau de generalista ou especialista;
d) Para capitães dos serviços, ter exercido, no posto de capitão, com informação favorável, o comando de companhia ou outro comando, chefia ou direcção considerados, por despacho do CEME, de categoria equivalente ou superior.

2 – Do tempo mínimo de serviço referido no número anterior, dois anos devem ser prestados:

a) Pelos capitães das armas, nas unidades, centros de instrução ou escolas práticas;
b) Pelos capitães médicos ou veterinários, nos hospitais militares ou nas unidades, centros de instrução ou escolas práticas de qualquer arma ou serviço;
c) Pelos capitães dos restantes serviços, em funções específicas do respectivo serviço.

ARTIGO 241.º
Promoção a tenente-coronel

É condição especial de promoção a tenente-coronel o tempo mínimo de permanência referido no artigo 218.º.

ARTIGO 242.º
Promoção a coronel

1 – São condições especiais de promoção ao posto de coronel, para além dos tempos de permanência referidos no artigo 218.º, as seguintes:

a) Para os tenentes-coronéis das armas, ter exercido, pelo prazo mínimo de um ano, com informação favorável, como oficial superior, o cargo de comandante ou 2.º comandante de batalhão ou outro comando considerado, por despacho do CEME, de categoria equivalente ou superior;
b) Para os tenentes-coronéis médicos, a obtenção do grau de consultor;
c) Para os tenentes-coronéis dos serviços, ter exercido, pelo prazo mínimo de um ano, com informação favorável, como oficial superior, o cargo de comandante ou 2.º comandante de batalhão ou outro comando, chefia ou direcção considerados, por despacho do CEME, de categoria equivalente ou superior.

2 – Do tempo mínimo de permanência exigido como major e tenente-coronel, dois anos devem ser prestados:

a) Pelos oficiais das armas, nas unidades, centros de instrução ou escolas práticas das respectivas armas;
b) Pelos oficiais dos serviços, em funções específicas do respectivo serviço.

ARTIGO 243.º
Promoção a major-general

São condições especiais de promoção ao posto de major-general, para além do tempo mínimo de permanência referido no artigo 218.º, as seguintes:

a) Aprovação no curso superior de comando e direcção;
b) Para os coronéis das armas, ter exercido, no posto de coronel ou tenente-coronel, pelo período mínimo de um ano seguido, com informação favorável, o comando de unidade independente, escola prática ou outro comando considerado, por despacho do CEME, de categoria equivalente ou superior;

c) Para os coronéis dos serviços, ter exercido, no posto de coronel ou tenente-coronel, pelo período mínimo de um ano seguido, com informação favorável, o comando de unidade independente ou escola prática, chefia de serviço, direcção de estabelecimento ou outra função de comando, chefia ou direcção considerada, por despacho do CEME, de categoria equivalente ou superior.

ARTIGO 244.º
Cursos e tirocínios

1 – Os cursos e tirocínios que habilitam ao ingresso nas armas e serviços da categoria de oficial são os seguintes:

a) Curso de licenciatura em Ciências Militares, na Academia Militar;
b) Curso de licenciatura ou equivalente em estabelecimento de ensino superior complementado por curso ou tirocínio ministrado em estabelecimento militar de ensino;
c) Curso de oficiais com nível de bacharelato na Escola Superior Politécnica do Exército (ESPE);
d) Curso de bacharelato ou equivalente complementado por curso ou tirocínio ministrado em estabelecimento militar de ensino.

2 – Os cursos referidos no número anterior são regulados por legislação especial.

ARTIGO 245.º
Cursos de promoção

Constituem condição especial de promoção os seguintes cursos:

a) Curso superior de comando e direcção (CSCD), para a promoção a oficial general;
b) Curso de promoção a oficial superior das armas (CPOS/A);
c) Curso de promoção a oficial superior dos serviços (CPOS/S);
d) Curso de promoção a capitão (CPC).

ARTIGO 246.º
Designação de coronel tirocinado

O oficial com o curso superior de comando e direcção, quando coronel, designa-se por coronel tirocinado (CORTIR).

Capítulo IV
Da Força Aérea

Artigo 247.º
Especialidades, grupos de especialidades e postos

1 – Os oficiais dos QP da Força Aérea distribuem-se por especialidades, grupos de especialidades e postos, a que correspondem as áreas funcionais de desempenho e quadros especiais que se indicam:

a) Área de operações:

Quadro especial de pilotos aviadores – pilotos aviadores (PILAV): general, tenente-general, major-general, coronel, tenente-coronel, major, capitão, tenente e alferes;

Quadro especial de técnicos de operações – navegadores (NAV), técnicos de operações de comunicações e criptografia (TOCC), de meteorologia (TOMET), de circulação aérea e radar de tráfego (TOCART) e de detecção e conduta de intercepção (TODCI): coronel, tenente-coronel, major, capitão, tenente e alferes;

b) Área de manutenção:

Quadro especial de engenheiros – engenheiros aeronáuticos (ENGAER), de aeródromos, (ENGAED), electrotécnicos (ENGEL): major-general, coronel, tenente-coronel, major, capitão, tenente e alferes;

Quadro especial de técnicos de manutenção – técnicos de manutenção de material aéreo (TMMA), de manutenção de material terrestre (TMMT), de manutenção de material electrotécnico (TMMEL), de manutenção de armamento e equipamento (TMAEQ) e de manutenção de infra-estruturas (TMI): coronel, tenente-coronel, major, capitão, tenente e alferes;

c) Área de apoio:

Quadro especial de recursos humanos e financeiros médicos (MED), administração aeronáutica (ADMAER), juristas (JUR) e psicólogos (PSI): major-general, coronel, tenente-coronel, major, capitão, tenente e alferes; (*)

Quadro especial de técnicos de apoio – técnicos de abastecimento (TABST), de informática (TINF), de pessoal e apoio administrativo (TPAA) e de saúde (TS) e polícia aérea (PA): coronel, tenente-coronel, major, capitão, tenente e alferes;

Quadro especial de chefes de banda de música – chefes de banda de música (CHBM): tenente-coronel, major, capitão, tenente e alferes.

2 – A distribuição prevista no número anterior não prejudica o disposto no n.º 3 do artigo 215.º do presente Estatuto.

3 – As vagas, dentro de cada quadro especial, podem ser comuns ou específicas das diferentes especialidades que o integram.

4 – Os oficiais dos QP da Força Aérea podem ser graduados no posto de brigadeiro-general em conformidade com o conjugadamente disposto no n.º 4 do artigo 130.º e no artigo 216.º do presente Estatuto.

(*) *Redacção do art. 1.º do DL n.º 197-A/2003, de 30/08.*

ARTIGO 248.º

Ingresso no quadro especial de pilotos aviadores

O ingresso no quadro especial de pilotos aviadores faz-se no posto de alferes, de entre os alunos que obtenham a licenciatura na Academia da Força Aérea (AFA), ordenados por cursos e, dentro de cada curso, pelas classificações nele obtidas.

ARTIGO 249.º

Ingresso nos quadros especiais de engenheiros e de recursos humanos e financeiros

1 – O ingresso nos quadros especiais de engenheiros e de recursos humanos e financeiros faz-se no posto de alferes, de entre os alunos que obtenham a licenciatura na AFA, ordenados por cursos e, dentro de cada curso, pelas classificações nele obtidas. (*)

2 – O ingresso nestes quadros faz-se ainda no posto de alferes, após a frequência, com aproveitamento, de estágio técnico-militar adequado, de candidatos habilitados com licenciatura ou equivalente, admitidos por concurso.

3 – O estágio referido no número anterior é frequentado com a graduação de alferes ou do posto que já detenham, caso seja superior.

4 – A ordenação na lista de antiguidade dos alferes referidos no n.º 2, com a mesma data de antiguidade, faz-se, em cada quadro especial, segundo a classificação final, resultante da média ponderada das classificações obtidas na licenciatura ou equivalente, e no estágio técnico-militar e, em caso de igualdade de classificação, de harmonia com o disposto no n.º 3 do artigo 178.º.

(*) *Redacção dada pelo art. 2.º da Lei n.º 25/2000, de 23/08.*

ARTIGO 250.º

Ingresso nos quadros especiais de técnicos

1 – O ingresso nos quadros especiais de técnicos de operações, de manutenção e de apoio faz-se no posto de alferes, de entre os alunos que obtenham o bacharelato na Escola Superior de Tecnologias Militares Aeronáuticas (ESTMA), ordenados por cursos e, dentro de cada curso, pelas classificações nele obtidas.

2 – O ingresso nestes quadros faz-se ainda no posto de alferes, após frequência, com aproveitamento, de estágio técnico-militar adequado, de entre militares da Força Aérea, habilitados com bacharelato ou equivalente, admitidos por concurso.

3 – O estágio referido no número anterior é frequentado com a graduação de alferes ou do posto que já detenham, caso seja superior.

4 – A ordenação na lista de antiguidade dos alferes referidos no número anterior, com a mesma data de antiguidade, faz-se em cada quadro especial, segundo a classificação final resultante da média ponderada das classificações obtidas no bacharelato ou equivalente, e no estágio técnico-militar e, em caso de igualdade de classificação, de harmonia com o disposto no n.º 3 do artigo 178.º.

ARTIGO 251.º

Caracterização funcional dos quadros especiais

1 – Compete aos oficiais da Força Aérea o exercício de:

a) Actividades de natureza militar e de formação;
b) Funções em estado-maior e nas unidades, órgãos e serviços das diferentes áreas funcionais, a nível de direcção, inspecção e execução.

2 – Aos oficiais do quadro especial de pilotos aviadores incumbe, especialmente:

a) Administração superior da Força Aérea;
b) Desempenho de cargos de natureza diplomática ou junto de representações diplomáticas de Portugal no estrangeiro, de membro do

STM, de comando funcional, de chefia em estados-maiores, de direcção superior especializada e de comando de unidades e órgãos da Força Aérea;

c) Exercício de funções específicas, inerentes às respectivas qualificações técnico-profissionais, previstas em regulamentação própria da Força Aérea.

3 – Aos oficiais dos quadros especiais de engenheiros e de recursos humanos e financeiros incumbe, especialmente:

a) Desempenho de cargos de natureza diplomática ou junto de representações diplomáticas de Portugal no estrangeiro, de chefia em estados-maiores, de direcção superior especializada e de chefia de órgãos e serviços da Força Aérea;

b) Exercício de funções específicas, inerentes às respectivas qualificações técnico-profissionais, previstas em regulamentação própria da Força Aérea.

4 – Aos oficiais dos quadros especiais de técnicos incumbe, especialmente:

a) Chefia de órgãos e serviços da Força Aérea;

b) Exercício de funções específicas, inerentes às respectivas qualificações técnico-profissionais, previstas em regulamentação própria da Força Aérea.

5 – Aos oficiais do quadro especial de chefes de banda de música incumbe, especialmente:

a) Chefia e inspecção da banda da Força Aérea;

b) Exercício de funções relacionadas com as actividades da banda e fanfarras da Força Aérea;

c) Exercício de outras funções, inerentes às respectivas qualificações técnico-profissionais.

ARTIGO 252.º

Cargos e funções

1 – Aos oficiais da Força Aérea incumbe, de uma maneira geral, o exercício de funções de comando, estado-maior e execução nos comandos, forças, unidades, serviços e outros organismos da Força Aérea, de acordo com os respectivos postos e quadros especiais, bem como o exercício de funções que à Força Aérea respeita nos quartéis-generais ou estados-maiores de comandos de forças conjuntas ou combinadas e ainda noutros departamentos do Estado.

2 – Os cargos e funções específicos de cada posto são os previstos nos regulamentos e na estrutura orgânica dos comandos, forças, unidades, serviços e órgãos da Força Aérea, bem como na estrutura de outros organismos e departamentos, nacionais e internacionais, exteriores à Força Aérea.

Artigo 253.º
Condições especiais de promoção dos oficiais pilotos aviadores

1 – As condições especiais de promoção dos oficiais pilotos aviadores, para além das mencionadas no artigo 218.º, são as previstas no presente artigo, de acordo com os respectivos postos.

2 – É condição especial de promoção ao posto de tenente ter prestado, como alferes, serviço efectivo em unidades aéreas, com eficiência comprovada, no exercício de funções de pilotagem, inclusive na qualidade de instruendo.

3 – São condições especiais de promoção ao posto de capitão:

a) Ter prestado durante três anos, como tenente, serviço efectivo em unidades aéreas, com eficiência comprovada, no exercício de funções de pilotagem;

b) Ter averbado um mínimo de quinhentas horas de voo nos postos de alferes e tenente, no exercício de funções próprias da especialidade;

c) Ter frequentado, com aproveitamento, o curso básico de comando.

4 – São condições especiais de promoção ao posto de major:

a) Ter prestado durante dois anos, como capitão, serviço efectivo em unidades aéreas, com eficiência comprovada, no exercício de funções de pilotagem;

b) Ter averbado um mínimo de quatrocentas horas de voo no posto de capitão, no exercício de funções próprias da especialidade;

c) Como subalterno ou capitão, ter exercido, com boas informações e pelo prazo mínimo de 12 meses, seguidos ou interpolados, funções próprias da especialidade numa das áreas funcionais das unidades aéreas ou de base ou ainda em órgãos de categoria equivalente ou superior;

d) Ter frequentado, com aproveitamento, o curso geral de guerra aérea.

5 – São condições especiais de promoção ao posto de tenente-coronel:

a) Ter prestado durante dois anos, como major, serviço efectivo em unidades aéreas, unidades de base ou outros órgãos de categoria equivalente ou superior, com reconhecida competência, no exercício de funções próprias da especialidade e posto;

b) Ter averbado um mínimo de duzentas e cinquenta horas de voo no posto de major, no exercício de funções próprias da especialidade.

6 – São condições especiais de promoção ao posto de coronel:

a) Ter prestado durante quatro anos, como oficial superior, serviço efectivo em unidades aéreas, unidades de base ou outros órgãos de categoria equivalente ou superior, com reconhecida competência, no exercício de funções de comando ou chefia, salvo se necessidades da Força Aérea impuserem o exercício de outras funções essenciais, mormente as relativas à formação, ou outras que requeiram conhecimentos próprios da especialidade;

b) Do tempo a que se refere a alínea anterior, ter desempenhado, com boas informações e pelo prazo mínimo de um ano, o cargo de comandante de grupo ou de esquadra de voo;

c) Ter averbado um mínimo de quatrocentas horas de voo como oficial superior, no exercício de funções próprias da especialidade.

7 – São condições especiais de promoção ao posto de major-general:

a) Ter exercido, no posto de coronel ou no de tenente-coronel, com reconhecida competência, pelo menos durante um ano, o comando de unidade de escalão base ou de outro órgão de categoria equivalente ou superior;

b) Ter frequentado, com aproveitamento, o curso superior de guerra aérea.

Artigo 254.º
Condições especiais de promoção dos oficiais engenheiros e de recursos humanos e financeiros

1 – As condições especiais de promoção dos oficiais engenheiros e de recursos humanos e financeiros, para além das mencionadas no artigo 218.º, são as previstas no presente artigo, de acordo com os respectivos postos.

2 – É condição especial de promoção ao posto de tenente ter prestado, como alferes, quando aplicável, serviço efectivo em unidades ou órgãos da Força Aérea, com eficiência comprovada, no exercício de funções próprias da especialidade e posto.

3 – São condições especiais de promoção ao posto de capitão:

a) Ter prestado durante três anos, como tenente, quando aplicável, serviço efectivo em unidades ou outros órgãos da Força Aérea, com eficiência comprovada, no exercício de funções próprias da especialidade e posto;

b) Ter frequentado o curso básico de comando com aproveitamento.

4 – São condições especiais de promoção ao posto de major:

a) Ter prestado durante dois anos, como capitão, serviço efectivo em unidades ou outros órgãos da Força Aérea, com eficiência comprovada, no exercício de funções próprias da especialidade e posto;

b) Ter frequentado, com aproveitamento, o curso geral de guerra aérea;

c) Para os oficiais médicos, ter obtido o grau de generalista ou especialista.

5 – É condição especial de promoção ao posto de tenente-coronel ter prestado durante dois anos, como major, serviço efectivo em unidades de base ou outros órgãos de categoria equivalente ou superior, com reconhecida competência, no exercício de funções próprias da especialidade e posto.

6 – São condições especiais de promoção ao posto de coronel:

a) Ter prestado durante quatro anos serviço efectivo em unidades de base, órgãos de comando, direcção ou outros de categoria equivalente ou superior, com reconhecida competência, no exercício de funções de comando ou chefia, salvo se necessidades da Força Aérea impuserem o exercício de outras funções essenciais, mormente as relativas à formação, que requeiram conhecimentos próprios da especialidade;

b) Para os oficiais médicos, ter obtido o grau de consultor.

7 – São condições especiais de promoção ao posto de major-general:

a) Ter exercido durante um ano, no posto de coronel ou no de tenente-coronel, com reconhecida competência funções de comando, direcção ou chefia;

b) Ter frequentado, com aproveitamento, o curso superior de guerra aérea.

Artigo 255.º

Condições especiais de promoção dos oficiais técnicos

1 – As condições especiais de promoção dos oficiais técnicos, para além das mencionadas no artigo 218.º, são as previstas no presente artigo, de acordo com os respectivos postos.

2 – É condição especial de promoção ao posto de tenente ter prestado, como alferes, serviço em unidades aéreas, unidades de base ou outros órgãos da Força Aérea, com eficiência comprovada, no exercício de funções próprias da especialidade e posto.

3 – São condições especiais de promoção ao posto de capitão:

a) Ter prestado durante três anos, como tenente, serviço efectivo em unidades aéreas, unidades de base ou em outros órgãos da Força Aérea, com eficiência comprovada, no exercício de funções próprias da especialidade e posto;

b) Ter frequentado, com aproveitamento, o curso básico de comando;

c) Para a especialidade de navegador, ter averbado quinhentas horas de voo nos postos de alferes e tenente, no exercício de funções próprias da especialidade.

4 – São condições especiais de promoção ao posto de major:

a) Ter prestado durante dois anos, como capitão, serviço efectivo em unidades ou em outros órgãos da Força Aérea, com eficiência comprovada, no exercício de funções próprias da especialidade e posto;

b) Ter frequentado, com aproveitamento, o curso geral de guerra aérea;

c) Para a especialidade de navegador, ter averbado, pelo menos, quatrocentas horas de voo no posto de capitão, no exercício de funções próprias da especialidade.

5 – São condições especiais de promoção ao posto de tenente-coronel:

a) Ter prestado durante dois anos, como major, serviço efectivo em unidades ou em outros órgãos da Força Aérea, com reconhecida competência, no exercício de funções próprias da especialidade e posto;

b) Para a especialidade de navegador, ter averbado duzentas e cinquenta horas de voo no posto de major, no exercício de funções próprias da especialidade.

6 – São condições especiais de promoção ao posto de coronel:

a) Ter prestado durante quatro anos, como oficial superior, serviço efectivo, em unidades de base, órgãos de comando, de direcção ou outros de categoria equivalente ou superior, com reconhecida competência, no exercício de funções de comando ou chefia, salvo se necessidades da Força Aérea impuserem o exercício de outras funções essenciais, mormente as relativas à formação, que requeiram conhecimentos próprios da especialidade;

b) Para a especialidade de navegador, ter averbado quatrocentas horas de voo como oficial superior, no exercício de funções próprias da especialidade.

ARTIGO 256.º
Treino mínimo de voo

Independentemente das condições especiais exigidas para a promoção aos diferentes postos, nenhum oficial piloto aviador ou navegador pode ser promovido ao posto imediato sem ter realizado nos dois semestres anteriores o treino mínimo de voo exigido por lei, salvo se o CEMFA reconhecer que esse treino não foi executado por motivo de serviço.

ARTIGO 257.º
Obtenção das condições especiais de promoção

No ano de comando ou direcção exigido para a promoção a major-general e no ano de comando exigido para promoção a coronel piloto aviador, bem como, nos doze meses, seguidos ou interpolados, referidos na alínea c) do n.º 4 do artigo 254.º, de promoção a major piloto aviador, não são contados os tempos em que os oficiais estejam no gozo de qualquer licença ou impedidos de prestar serviço por motivo de doença.

ARTIGO 258.º
Cursos, tirocínios ou estágios

1 – Os cursos, tirocínios e estágios que habilitam ao ingresso na categoria de oficiais são os seguintes:

a) Licenciatura e respectivo tirocínio na AFA;
b) Licenciatura ou equivalente em estabelecimento de ensino superior, complementado por estágio técnico-militar na AFA;
c) Bacharelato na ESTMA;
d) Bacharelato ou equivalente ministrado em estabelecimento de ensino superior, complementado por estágio técnico na ESTMA.

2 – Os cursos, tirocínios ou estágios referidos no número anterior são regulados por legislação especial.

ARTIGO 259.º
Cursos de promoção

Constituem condição especial de promoção os seguintes cursos:

a) Curso superior de guerra aérea (CSGA), para a promoção a oficial general;
b) Curso geral de guerra aérea (CGGA), para a promoção a oficial superior;
c) Curso básico de comando (CBC), para a promoção a capitão.

TÍTULO III

Sargentos

CAPÍTULO I

Parte comum

ARTIGO 260.º

Ingresso na categoria

1 – O ingresso na categoria de sargentos faz-se no posto de segundo-sargento ou no posto fixado no presente Estatuto, de entre os militares e militares alunos que obtenham aproveitamento no curso de sargentos dos QP ou equivalente, adequado à respectiva classe, arma, serviço, especialidade ou grupos de especialidades, ordenados por cursos e, dentro de cada curso, pelas classificações nele obtidas.

2 – O ingresso na categoria de sargentos faz-se ainda no posto de segundo-sargento, após frequência, com aproveitamento, de tirocínio ou estágio técnico-militar adequado, frequentado com a graduação de segundo-sargento ou do posto que já detenham, caso seja superior, de indivíduos habilitados, no mínimo, com curso que habilite com a certificação de formação profissional de nível 3. (*)

3 – A data da antiguidade no posto de segundo-sargento reporta-se, em regra, a 1 de Outubro do ano de conclusão do curso, tirocínio ou estágio de sargentos ou a data fixada no presente Estatuto para os sargentos oriundos do RC, sendo antecipada de tantos anos quantos os que a organização escolar dos respectivos cursos, somada à duração do respectivo estágio ou tirocínio, exceder três anos.

4 – Sempre que for exigida a habilitação com o ensino secundário, para frequência do curso de sargentos, a data da antiguidade no posto de ingresso na categoria de sargentos é antecipada de tantos anos quantos os que a organização escolar dos respectivos cursos, somada à duração do respectivo estágio ou tirocínio, exceder dois anos.

5 – Os cursos referidos no n.º 1, bem como as respectivas condições de admissão, são regulados por legislação própria.

(*) *Redacção do art. 1.º do DL n.º 197-A/2003, de 30/08.*

Artigo 261.º

Alimentação da categoria

De acordo com as normas previstas para cada ramo, a categoria de sargentos é alimentada por:

a) Sargentos e praças em RC e RV; (*)
b) Praças dos QP;
c) Candidatos civis.

(*) *Redacção do art. 1.º do DL n.º 197-A/2003, de 30/08.*

Artigo 262.º

Modalidades de promoção

A promoção aos postos da categoria de sargentos processa-se nas seguintes modalidades:

a) Sargento-mor, por escolha;
b) Sargento-chefe, por escolha;
c) Sargento-ajudante, por antiguidade;
d) Primeiro-sargento, por diuturnidade.

Artigo 263.º

Tempos mínimos

1 – O tempo mínimo de permanência em cada posto para acesso ao posto imediato é o seguinte:

a) Três anos no posto de segundo-sargento;
b) Cinco anos no posto de primeiro-sargento;
c) Cinco anos no posto de sargento-ajudante;
d) Quatro anos no posto de sargento-chefe.

2 – O tempo mínimo global para acesso ao posto de sargento-chefe e de sargento-mor, após o ingresso na categoria de sargentos, é, respectivamente, de 15 e 20 anos de serviço efectivo. (*)

(*) *Redacção dada pelo art. 2.º da Lei n.º 25/2000, de 23/08.*

ARTIGO 264.º
Curso de promoção

1 – O curso de promoção a sargento-chefe constitui condição especial para acesso a este posto e é frequentado no posto de sargento-aju-dante.

2 – A nomeação para o curso referido no número anterior é feita por antiguidade, dentro de cada classe, arma, serviço ou especialidade, de entre os sargentos-ajudantes, excluindo aqueles a quem seja adiada a sua frequência e os que declarem dela desistir, ficando abrangidos pelo disposto no artigo 198.º.

ARTIGO 265.º
Admissão a cursos ou tirocínios

1 – Os sargentos, até ao posto de sargento-ajudante, inclusivamente, podem concorrer à frequência de cursos ou tirocínios que habilitem ao ingresso na categoria de oficiais, desde que satisfaçam, designadamente, as seguintes condições:

a) Ter as habilitações exigidas para a frequência do respectivo curso ou tirocínio;
b) Ter idade não superior à exigida para a frequência do respectivo curso ou tirocínio, que, em qualquer caso, não pode exceder 38 anos de idade;
c) Ficar aprovado nas provas do concurso de admissão ao curso ou tirocínio e ser seleccionado para o preenchimento das vagas abertas para cada concurso.

2 – Os cursos referidos no número anterior são regulados por legislação especial.

CAPÍTULO II
Da Marinha

ARTIGO 266.º
Classes e postos

Os sargentos da Armada distribuem-se pelas seguintes classes e postos:

a) Classes: administrativos (L), comunicações (C), electromecânicos (EM), electrotécnicos (ET), enfermeiros e técnicos de diagnóstico e terapêutica (H), fuzileiros (FZ), mergulhadores (U), músicos (B), operações (OP), manobra e serviços (MS), taifa (TF) e técnicos de armamento (TA);

b) Postos: sargento-mor, sargento-chefe, sargento-ajudante, primeiro--sargento e segundo-sargento.

ARTIGO 267.º

Subclasses e ramos

1 – As classes podem ser divididas em subclasses e ramos, de acordo com os princípios definidos no artigo 224.º.

2 – Na designação dos sargentos, a identificação da subclasse ou ramo a que pertence o militar deve substituir a que se refere à respectiva classe.

ARTIGO 268.º

Caracterização funcional das classes

De acordo com a classe a que pertencem, incumbe, genericamente, aos sargentos:

a) Administrativos: exercer funções no âmbito da direcção, coordenação e controlo da execução de tarefas integradas no âmbito logístico, financeiro, contabilístico, patrimonial e do secretariado, à excepção das relacionadas com munições, explosivos, pirotécnicos e material de saúde;

b) Comunicações: exercer funções no âmbito da direcção, coordenação e controlo da utilização e operação dos sistemas e equipamentos de comunicações;

c) Electromecânicos: exercer funções no âmbito da direcção, controlo e execução das operações de utilização, condução e manutenção das instalações propulsoras dos navios e respectivos auxiliares, dos equipamentos respeitantes à produção e distribuição de energia eléctrica e de outros sistemas e equipamentos associados;

d) Electrotécnicos: exercer funções no âmbito da direcção, controlo e execução das operações de conservação e manutenção, na sua vertente electrónica, de sistemas de armas e de comunicações, sensores e equipamentos que se destinam à guerra no mar e à condução da navegação e governo do navio;

e) Enfermeiros e técnicos de diagnóstico e terapêutica: coadjuvar na direcção, orientar, realizar e controlar a execução de actividades e tarefas situadas no âmbito da saúde naval e dos sistemas de diagnóstico, em nível adequado à formação adquirida;
f) Fuzileiros: prestar serviço em unidades de fuzileiros e de desembarque ou em unidades navais, neste caso com funções compatíveis com a sua preparação e graduação, e dirigir e controlar as actividades relacionadas com o serviço de segurança nas dependências e instalações da Marinha em terra, conduzir viaturas tácticas e outras de natureza específica, nomeadamente de transporte de materiais perigosos;
g) Mergulhadores: exercer funções no âmbito da direcção, coordenação, controlo e execução de acções de carácter ofensivo e defensivo próprias das guerras de minas e de sabotagem submarina e noutras acções que impliquem o recurso a actividades subaquáticas, à excepção das que directamente dizem respeito ao pessoal embarcado em submarinos;
h) Músicos: integrar, como executante, a banda da Armada, a charanga ou outro agrupamento musical oficialmente organizado no âmbito da Marinha, bem como dirigir, coadjuvar na direcção e coordenar estes agrupamentos;
i) Operações: exercer funções no âmbito da direcção, coordenação e controlo da utilização de sistemas de armas, sensores e equipamentos que se destinam à guerra no mar, e de equipamentos e sensores que se destinam à condução da navegação e governo do navio;
j) Manobra e serviços: exercer funções no âmbito da direcção e controlo das operações de utilização, conservação e manutenção de aparelho do navio, embarcações, meios de salvamento no mar e respectivas palamentas, material de escoramento e material destinado a operações de reabastecimento no mar; condução e manutenção do equipamento destinado à manobra de cabos, ferros e reboques; utilização de equipamentos e sensores que se destinam à condução da navegação e governo do navio; exercer funções compatíveis com a sua formação específica, no âmbito da direcção, controlo e execução, designadamente em relação à manufactura, conservação e reparação de mobiliário, peças e estruturas em madeira; conduzir todos os tipos de veículos automóveis em uso na Marinha, com excepção das viaturas tácticas e de transporte de materiais perigosos, e exercer funções no âmbito da direcção, coordenação e controlo da utilização daqueles veículos e prestação da assistência oficinal no respectivo parque;

l) Taifa: exercer funções no âmbito da direcção, controlo e execução de todas as tarefas relacionadas com o serviço do rancho, designadamente ao nível da organização das ementas, obtenção de géneros alimentícios e sua conservação, confecção de refeições e sua distribuição, controlo de espaços, mobiliário e palamenta e da escrituração dos movimentos de materiais e financeiros inerentes;

m) Técnicos de armamento: exercer funções no âmbito da direcção, controlo e execução das operações de conservação e manutenção dos sistemas de armas nas vertentes mecânica, eléctrica e hidráulica; direcção e controlo das operações de manuseamento e conservação de munições, paióis, pólvoras e explosivos, e de utilização de equipamentos e sensores que se destinam à condução da navegação e governo do navio.

ARTIGO 269.º

Cargos e conteúdos funcionais

1 – Aos sargentos da Armada incumbe, designadamente, o exercício de funções nos comandos, forças, unidades, serviços e organismos da Marinha, de acordo com as respectivas classes e postos, bem como o exercício de funções que à Marinha respeitam nos quartéis-generais ou estados-maiores de comandos de forças conjuntas ou combinadas e noutros departamentos do Estado.

2 – São funções comuns a todos os postos da categoria de sargentos, de acordo com o grau de autoridade do posto e das perícias adquiridas, a condução, formação e treino de pessoal e a execução de trabalhos técnicos e tarefas de vigilância e polícia e secretariado.

3 – Os cargos e as funções específicas de cada posto são os previstos na estrutura orgânica legalmente aprovada onde os sargentos estejam colocados.

4 – Os conteúdos funcionais dos cargos relativos aos diferentes postos da categoria de sargentos, no âmbito do estabelecido nos números anteriores, têm a seguinte caracterização genérica:

a) Sargento-mor: funções ligadas ao planeamento, organização, direcção, inspecção, coordenação, controlo e segurança, nos sectores do pessoal e do material;

b) Sargento-chefe: funções ligadas ao planeamento, organização, direcção, coordenação e controlo, nos sectores do pessoal e do material;

c) Sargento-ajudante: funções ligadas à organização, coordenação e controlo, nos sectores do pessoal e do material;
d) Primeiro-sargento e segundo-sargento: funções de chefia e comando de secções de unidades navais ou unidades de fuzileiros ou de mergulhadores.

ARTIGO 270.º
Condições especiais de promoção

1 – As condições especiais de promoção compreendem:
a) Tempo mínimo de permanência no posto;
b) Tirocínios de embarque, constituídos por tempo de embarque e ou tempo de serviço de helicópteros e tempo de navegação;
c) Frequência, com aproveitamento, de cursos;
d) Outras condições de natureza específica das classes.

2 – As condições especiais de promoção para os diversos postos e classes, para além das fixadas no artigo 264.º, constam do anexo III ao presente Estatuto, do qual faz parte integrante.

3 – Aos sargentos é aplicável, com as necessárias adaptações, o disposto nos artigos 229.º, 230 e 231.º do presente Estatuto.

ARTIGO 271.º
Formação militar

1 – A preparação básica e complementar dos sargentos, efectuada essencialmente através de acções de investimento, de evolução e de ajustamento, desenvolve-se através das actividades enunciadas no artigo 232.º.

2 – Os cursos frequentados pelos sargentos compreendem:
a) Curso de promoção a sargento-chefe (CPSC);
b) Cursos de especialização;
c) Cursos de aperfeiçoamento;
d) Cursos de actualização.

3 – Os sargentos podem ser nomeados para frequentar cursos em estabelecimentos de ensino, civis ou militares, nacionais ou estrangeiros.

Capítulo III
Do Exército

Artigo 272.º
Armas e serviços

Os sargentos do Exército distribuem-se pelas seguintes armas, serviços e postos:

a) Armas e serviços: infantaria (INF), artilharia (ART), cavalaria (CAV), engenharia (ENG), transmissões (TM), medicina (MED), farmácia (FARM), medicina veterinária (VET), diagnóstico e terapêutica (DT), administração militar (AM), material (MAT), transporte (TRANS), pessoal e secretariado (PESSEC), músicos (MUS) e corneteiros e clarins (CORN/CLAR);

b) Postos: sargento-mor, sargento-chefe, sargento-ajudante, primeiro-sargento e segundo-sargento.

Artigo 273.º
Cargos e funções

1 – Aos sargentos do Exército, de acordo com as respectivas armas e serviços, incumbe, genericamente, o exercício de funções nos comandos, forças, unidades, serviços e organismos do Exército e em forças conjuntas ou combinadas e quartéis-generais dos respectivos comandos, bem como na estrutura de outros organismos e departamentos, nacionais e internacionais, exteriores ao Exército.

2 – Os cargos e as funções específicas de cada posto são os previstos na estrutura orgânica legalmente aprovada no âmbito das Forças Armadas, designadamente:

a) Sargento-mor: adjunto do comandante de unidade independente de escalão batalhão ou superior para assuntos relacionados com a vida interna da unidade, nomeadamente no que respeita à administração de pessoal, à formação dos sargentos e aos aspectos administrativos e logísticos; elemento orgânico em quartéis-generais e direcções das armas e serviços; pode exercer funções de instrutor;

b) Sargento-chefe: adjunto do comandante de unidade ou órgão de escalão batalhão no âmbito das actividades gerais de serviço interno e ainda no que respeita à administração de pessoal e aos aspectos administrativos e logísticos; exercício de tarefas especializadas em órgãos de estado-maior de escalão regimental ou superior, chefia em actividades técnicas; pode ainda exercer funções de instrutor;

c) Sargento-ajudante: adjunto de comandante de subunidade ou órgão de escalão companhia para assuntos relacionados com a administração e escrituração; exercício de actividades gerais de serviço interno; exercício de funções, no âmbito da instrução especializada, nos órgãos técnicos, tácticos, administrativos e logísticos de escalão batalhão, equivalente ou superior e nos serviços técnicos respectivos;

d) Primeiro-sargento: comando de subunidades elementares ou órgãos de escalão secção; adjunto do comandante de pelotão; auxiliar do adjunto do comandante de companhia; exercício de funções no âmbito do serviço interno da unidade e de tarefas especializadas em órgãos de estado-maior nos serviços técnicos e na instrução de quadros e de tropas;

e) Segundo-sargento: comando de subunidades elementares ou órgãos de escalão secção; eventualmente auxiliar do adjunto do comandante de companhia; exercício de funções no âmbito do serviço interno da unidade e nos órgãos de serviços técnicos, administrativos, logísticos e na situação de quadros e tropas.

ARTIGO 274.º

Condições especiais de promoção

1 – É condição especial de promoção ao posto de primeiro-sargento ter cumprido o tempo mínimo de permanência referido na alínea a) do artigo 264.º, nas unidades, escolas, centros de instrução e nos órgãos técnicos dos serviços.

2 – São condições especiais de promoção ao posto de sargento-ajudante, para além do tempo mínimo de permanência referido na alínea b) do artigo 264.º:

a) Frequência, com aproveitamento, do curso de promoção a sargento-ajudante;

b) Ter prestado, no mínimo, dois anos de serviço efectivo em unidades, escolas práticas, centros de instrução, estabelecimentos ou órgãos próprios da respectiva arma ou serviço.

3 – É condição especial de promoção ao posto de sargento-chefe, para além dos tempos mínimos de permanência estabelecidos no artigo 264.º, a frequência, com aproveitamento, do curso de promoção a sargento-chefe.

4 – É condição especial de promoção ao posto de sargento-mor, para além dos tempos mínimos de permanência referidos no artigo 264.º, o exercício, como sargento-chefe, pelo menos durante um ano seguido, de funções de adjunto de comandante de batalhão ou órgão de escalão equivalente ou de chefia em actividades técnicas.

Artigo 275.º
Cursos, tirocínios e estágios

Os sargentos do Exército recebem a preparação cultural, técnica e profissional-militar, essencialmente pela frequência de:

a) Curso de formação inicial;
b) Cursos de promoção;
c) Cursos de especialização ou qualificação;
d) Cursos de actualização;
e) Tirocínios e estágios.

Capítulo IV
Da Força Aérea

Artigo 276.º
Especialidades, grupos de especialidades e postos

1 – Os sargentos dos QP da Força Aérea distribuem-se por especialidades, grupos de especialidades e postos, a que correspondem as áreas funcionais e quadros especiais que se indicam:

a) Área de operações:

Quadro especial de operadores – operadores de comunicações (OPCOM), meteorologistas (OPMET), de circulação aérea e radaristas de tráfego (OPCART) e radaristas de detecção (OPRDET): sargento-mor, sargento-chefe, sargento-ajudante, primeiro-sargento e segundo-sargento;

b) Área de manutenção:

Quadro especial de mecânicos – mecânicos de material aéreo (MMA), de material terrestre (MMT), de electricidade (MELECT), de electrónica (MELECA), de electricidade e instrumentos de avião (MELIAV), de armamento e equipamento (MARME): sargento-mor, sargento-chefe, sargento-ajudante, primeiro-sargento e segundo-sargento;

c) Área de apoio:

Quadro especial de apoio e serviços – operadores de informática (OPINF), de sistemas de assistência e socorros (OPSAS), abastecimento (ABST), construção e manutenção de infra-estruturas (CMI), serviço de saúde (SS), polícia aérea (PA), secretariado e apoio dos serviços (SAS): sargento-mor, sargento-chefe, sargento-ajudante, primeiro-sargento e segundo-sargento;

Quadro especial de amanuenses – amanuenses (AMA): primeiro-sargento e segundo-sargento.

2 – Quadro especial de banda e fanfarras – músicos (MUS) e clarins (CLAR): sargento-mor, sargento-chefe, sargento-ajudante, primeiro-sargento e segundo-sargento.

3 – As vagas, dentro de cada quadro especial, podem ser comuns ou específicas das diferentes especialidades que o integram.

Artigo 277.º
Caracterização funcional dos quadros especiais

Compete aos sargentos da Força Aérea o exercício de:

a) Actividades de natureza militar e de instrução;

b) Funções em estado-maior e nas unidades, órgãos e serviços das diferentes áreas funcionais, a nível de direcção, inspecção e execução;

c) Funções de apoio às representações diplomáticas de Portugal no estrangeiro;

d) Exercício de funções específicas, inerentes às respectivas qualificações técnico-profissionais, previstas em regulamentação própria da Força Aérea.

Artigo 278.º
Cargos e funções (*)(**)

1 – Aos sargentos da Força Aérea incumbe, de uma maneira geral, o desempenho de funções nos comandos, forças, serviços, unidades e outros órgãos da Força Aérea, de acordo com as respectivas especialidades e postos, bem como o exercício de funções que respeitam à Força Aérea no âmbito das Forças Armadas, em quartéis-generais de comando de forças conjuntas ou combinadas e ainda noutros departamentos do Estado.

2 – Os cargos e funções de cada posto, previstos nos regulamentos internos e na estrutura orgânica onde os sargentos estiveram colocados, são, genericamente, e sem prejuízo de outros cargos ou funções que lhes forem superiormente determinados, os seguintes, no âmbito das Forças Armadas:

a) «Sargento-mor», elemento do estado-maior pessoal do CEMFA e VCEMFA, funções de planeamento, organização, inspecção, coordenação de recursos humanos e materiais ao nível dos órgãos de apoio dos comandos funcionais, unidades de base, grupo e equivalentes; funções de instrução e condução do pessoal; outras funções de natureza equivalente;

b) «Sargento-chefe», chefia técnica na área de desempenho da sua especialidade; funções de supervisão, controlo e instrução; coordenação e execução avançada de funções técnicas da sua especialidade; outras funções de natureza equivalente;

c) «Sargento-ajudante», coordenação e execução de funções técnicas da sua especialidade; funções relativas ao controlo dos sectores de material, de pessoal e de instrução; outras funções de natureza equivalente;

d) «Primeiro-sargento e segundo-sargento», execução de funções técnicas da sua especialidade; funções de instrução; outras funções de natureza equivalente.»

(*) *Artigo totalmente alterado pelo art. 2.º da Lei n.º 25/2000, de 23/08.*
(**) *Alteração introduzida ao n.º 2, pelo DL n.º 70/2005, de 17/03.*

ARTIGO 279.º

Condições especiais de promoção

1 – As condições especiais de promoção dos sargentos dos quadros especiais de operadores, mecânicos e apoio e serviços, para além das mencionadas no artigo 264.º, são as previstas no presente artigo, de acordo com os respectivos postos.

2 – É condição especial de promoção ao posto de primeiro-sargento ter prestado, como segundo-sargento, serviço efectivo em unidades ou outros órgãos da Força Aérea, com eficiência comprovada, no exercício de funções próprias da especialidade e posto.

3 – É condição especial de promoção ao posto de sargento-ajudante ter prestado durante três anos, como primeiro-sargento, serviço efectivo em unidades ou outros órgãos da Força Aérea, com eficiência comprovada, no exercício de funções próprias da especialidade e posto.

4 – São condições especiais de promoção ao posto de sargento-chefe:

a) Ter prestado durante três anos, como sargento-ajudante, serviço efectivo em unidades ou outros órgãos da Força Aérea, com eficiência comprovada, no exercício de funções próprias da especialidade e posto;

b) Ter frequentado, com aproveitamento, o curso de promoção a sargento-chefe.

5 – São condições especiais de promoção ao posto de sargento-mor ter prestado durante dois anos, como sargento-chefe, serviço efectivo em unidades de outros órgãos da Força Aérea, com eficiência comprovada, no exercício de funções próprias da especialidade e posto.

ARTIGO 280.º
Cursos

1 – Os sargentos recebem preparação cultural, técnica e profissional-militar, essencialmente pela frequência de:

a) Curso de formação inicial;
b) Cursos de promoção;
c) Cursos de qualificação;
d) Cursos de especialização;
e) Cursos de actualização.

2 – O curso de formação inicial destina-se a ministrar preparação adequada ao ingresso no QP de sargentos e ao exercício de funções correspondentes aos respectivos quadros especiais.

3 – O curso de promoção a sargento-chefe (CPSCH) visa aprofundar os conhecimentos técnicos e militares necessários à coordenação e controlo da execução, bem como, no âmbito do sistema de avaliação de mérito, exercer papel selectivo para a promoção aos postos de sargento-chefe e sargento-mor.

TÍTULO IV
Praças da Marinha

ARTIGO 281.º
Classes e postos

As praças da Armada distribuem-se pelas seguintes classes e postos:

a) Classes: administrativos (L), comunicações (C), electromecânicos (EM), electrotécnicos (ET), fuzileiros (FZ), mergulhadores (U), músicos (B), operações (OP), manobra e serviços (MS), taifa (TF) e técnicos de armamento (TA);

b) Postos: cabo (CAB) e primeiro-marinheiro (1MAR).

ARTIGO 282.º

Ingresso na categoria

1 – O ingresso na categoria de praças da Armada faz-se no posto de primeiro-marinheiro de entre militares:

a) habilitados com o curso de formação de marinheiros (CFM);

b) Em RC, desde que habilitados com o curso de promoção de marinheiros. (*)

2 – A data de antiguidade dos militares em RC e dos militares alunos que ingressem nos QP após habilitação com os CFM adequados às diversas classes é antecipada de tantos dias quantos os necessários para ser coincidente com a data de conclusão do CFM que, iniciado simultaneamente, termine em primeiro lugar. (*)

3 – As condições de admissão ao CFM são objecto de regulamentação em diploma próprio. (*)

(*) *Redacção do art. 1.º do DL n.º 197-A/2003, de 30/08.*

ARTIGO 283.º

Subclasses e ramos

1 – As classes podem ser divididas em subclasses e ramos, de acordo com o estabelecido no artigo 224.º.

2 – Na designação das praças, a identificação da subclasse ou ramo a que pertence o militar deve substituir a que se refere à respectiva classe.

ARTIGO 284.º

Caracterização funcional das classes

Às praças das classes seguidamente indicadas incumbe, genericamente:

a) Administrativos: exercer funções no âmbito da execução e direcção de tarefas integradas de âmbito logístico, financeiro, contabilístico, patrimonial e do secretariado, à excepção das relacionadas com munições, explosivos, pirotécnicos e material de saúde;

b) Comunicações: exercer funções no âmbito da execução e direcção da utilização e operação dos sistemas e equipamentos de comunicações;
c) Electromecânicos: exercer funções no âmbito da execução e direcção das operações de utilização, condução e manutenção das instalações propulsoras dos navios e respectivos auxiliares, dos equipamentos respeitantes à produção e distribuição de energia eléctrica e de outros sistemas e equipamentos associados;
d) Electrotécnicos: exercer funções no âmbito da execução e direcção das operações de conservação e manutenção, na sua vertente electrónica, de sistemas de armas e de comunicações, sensores e equipamentos que se destinam à guerra no mar e à condução da navegação e governo do navio;
e) Fuzileiros: prestar serviço em unidades de fuzileiros e de desembarque ou em unidades navais, neste caso com funções compatíveis com a sua preparação e graduação, e desempenhar o serviço de guarda, ronda e ordenança nas dependências e instalações da Marinha em terra, conduzir viaturas tácticas e outras de natureza específica, nomeadamente de transporte de materiais perigosos;
f) Mergulhadores: exercer funções no âmbito da execução e direcção de acções de carácter ofensivo e defensivo próprias das guerras de minas e de sabotagem submarina e noutras acções que impliquem o recurso a actividades subaquáticas, à excepção das que directamente dizem respeito ao pessoal embarcado em submarinos;
g) Músicos: integrar, como executante, a banda da Armada, ou outros agrupamentos de natureza musical oficialmente organizados no âmbito da Marinha;
h) Operações: exercer funções no âmbito da execução e direcção da utilização de sistemas de armas, sensores e equipamentos que se destinam à guerra no mar e de equipamentos e sensores que se destinam à condução da navegação e governo do navio;
i) Manobra e serviços: exercer funções no âmbito da execução e direcção das operações de utilização, conservação e manutenção de aparelho do navio, embarcações, meios de salvamento no mar e respectivas palamentas, material de escoramento e material destinado a operações de reabastecimento no mar; condução e manutenção do equipamento destinado à manobra de cabos, ferros e reboques; utilização de equipamentos e sensores que se destinam à condução da navegação e governo do navio; exercer funções compatíveis com a sua formação específica, no âmbito da execução e

direcção, designadamente em relação à manufactura, conservação e reparação de mobiliário, peças e estruturas em madeira; conduzir todos os tipos de veículos automóveis em uso na Marinha, com excepção das viaturas tácticas e de transporte de materiais perigosos; exercer funções no âmbito da execução e direcção da utilização daqueles veículos e prestação da assistência oficinal no respectivo parque;

j) Taifa: exercer funções no âmbito da execução e direcção de todas as tarefas relacionadas com o serviço do rancho, designadamente ao nível da preparação das mesas para refeição, serviço de mesa e de bar, culinária de sala, confecção de refeições tipo corrente, confecção de pão e pastelaria;

l) Técnicos de armamento: exercer funções no âmbito da execução e direcção das operações de conservação e manutenção dos sistemas de armas nas vertentes mecânica, eléctrica e hidráulica; execução e direcção das operações de manuseamento e conservação de munições, paióis, pólvoras e explosivos e de utilização de equipamentos e sensores que se destinam à condução da navegação e governo do navio.

ARTIGO 285.º

Cargos e funções

1 – Às praças da Armada incumbe, em geral, o exercício de funções de natureza executiva nos comandos, forças, unidades, serviços e demais organismos da Marinha, de acordo com as respectivas classes e postos, o exercício de funções que à Marinha respeita nos quartéis-generais ou estados-maiores de comandos de forças conjuntas ou combinadas e noutros departamentos de Estado e, em especial:

a) Conduzir e manter os sistemas de armas, de sensores e de comando e controlo, armamento e equipamento, instalações e outro material por que sejam responsáveis, de acordo com a natureza dos encargos que lhes estejam atribuídos;

b) Executar as tarefas que lhes sejam determinadas com o aparelho do navio, meios de salvamento no mar e operações de salvamento;

c) Executar as tarefas que lhes sejam determinadas no âmbito da organização para a emergência a bordo ou no serviço de limitação de avarias;

d) Efectuar o governo e manobra de embarcações miúdas;

e) Ministrar ou cooperar em acções de instrução e treino em relação a assuntos para os quais disponham da necessária formação;
f) Executar as tarefas que lhes sejam determinadas no âmbito das acções de vigilância e polícia;
g) Cuidar do armazenamento e conservação do material cuja guarda lhes seja confiada, de acordo com as normas e regulamentos em vigor;
h) Executar trabalhos correntes de secretaria;
i) Efectuar os registos e escrituração inerentes à natureza da função que desempenham;
j) Efectuar as tarefas de arrumação, limpeza e pequenas conservações que lhes sejam determinadas.

2 – Aos cabos poderão ainda ser cometidas funções relativas à condução de pessoal e ao controlo de execução.

3 – Os cargos e funções de cada posto são os previstos nos regulamentos internos e na estrutura orgânica onde as praças estiverem colocadas.

ARTIGO 286.º
Promoções

A promoção ao posto de cabo processa-se por antiguidade.

ARTIGO 287.º
Condições especiais de promoção

1 – As condições especiais de promoção ao posto de cabo são as seguintes:
a) Cumprimento de quatro anos de serviço efectivo no posto de primeiro-marinheiro, independentemente da forma de prestação de serviço; (*)
b) Ter efectuado no posto de primeiro-marinheiro 18 meses de embarque, salvo se pertencer às classes de músicos, mergulhadores e fuzileiros, assim como para as praças com especialização na área dos helicópteros e da condução de veículos automóveis, para as quais não é exigido tempo de embarque.

2 – Às praças é aplicável, com as necessárias adaptações, o disposto nos artigos 229.º, 230.º e 231.º do presente Estatuto.

(*) *Redacção do art. 1.º do DL n.º 197-A/2003, de 30/08.*

ARTIGO 288.º
Formação militar

1 – A preparação básica e complementar das praças é efectuada essencialmente por acções de investimento, de evolução e de ajustamento, desenvolvendo-se de acordo com as actividades mencionadas no artigo 232.º.

2 – A preparação militar e técnica das praças deve ainda ser completada e melhorada de forma contínua por acções desenvolvidas nas unidades ou serviços onde se encontram colocadas.

ARTIGO 289.º
Ingresso em categorias superiores

As praças da Armada podem concorrer à frequência de cursos que habilitem ao ingresso nas categorias de sargento ou de oficial, desde que satisfaçam, designadamente, as seguintes condições: (*)

a) Ter as habilitações exigidas para a frequência do curso de ingresso na categoria respectiva; (*)
b) Ter idade não superior à exigida para a frequência do curso a que se refere a alínea anterior, que, em qualquer caso, não pode exceder os 34 e 38 anos de idade, respectivamente, para a categoria de sargento e de oficial ; (*)
c) Ficar aprovado nas provas do concurso de admissão ao curso e ser seleccionado para o preenchimento das vagas abertas para cada concurso.

(*) *Redacção do art. 1.º do DL n.º 197-A/2003, de 30/08.*

LIVRO III
DOS REGIMES DE CONTRATO E DE VOLUNTARIADO

TÍTULO I
Parte comum

ARTIGO 290.º (*)
Condições de admissão

1 – Constitui condição de admissão ao RC e ao RV, para além das previstas na LSM e respectivo Regulamento (RLSM), a posse de avaliação de mérito favorável, relativamente ao período de serviço militar eventualmente prestado.

2 – As habilitações literárias mínimas para a admissão ao RC e ao RV, a que se refere o RLSM são:

a) Licenciatura, bacharelato, ou habilitação equivalente, para a categoria de oficiais;
b) Curso do ensino secundário ou equivalente, para a categoria de sargentos;
c) Curso do ensino básico ou equivalente, para a categoria de praças.

3 – Sem prejuízo do disposto no número anterior, podem também ser destinados às categorias de oficial, sargento e praça, os cidadãos habilitados, no mínimo, respectivamente, com o curso do ensino secundário ou legalmente equivalente, o curso do ensino básico ou legalmente equivalente, e o 2.º ciclo do ensino básico, dependendo, para qualquer dos casos, dos resultados das provas de classificação e selecção, das necessidades e natureza funcional da categoria e das classes ou especialidades, em termos a fixar por portaria do MDN.

4 – As condições especiais de admissão ao RC e ao RV são estabelecidas por portaria do MDN, sob proposta dos CEM de cada ramo.

(*) *Aditado pelo art. 3.º do DL n.º 197-A/2003, de 30/08.*

Artigo 291.º (*)
Candidatura

1 – A candidatura à prestação de serviço em RC ou RV formaliza-se através da declaração a que se refere o RLSM, endereçada ao CEM do ramo em que o cidadão manifesta vontade de prestar serviço militar.

2 – Os prazos e procedimentos a observar na apresentação da candidatura para admissão ao serviço efectivo em RC e RV são fixados por despacho do CEM respectivo.

(*) *Aditado pelo art. 3.º do DL n.º 197-A/2003, de 30/08.*

Artigo 292.º (*)
Designação e identificação dos militares

1 – Os militares em RC e RV são designados, sob forma abreviada, pelo número de identificação militar, posto, classe, arma ou serviço e especialidade, em função do respectivo ramo, forma de prestação de serviço, e nome.

2 – Exceptuam-se do mencionado no número anterior os militares alunos cujas designações constam dos regulamentos escolares dos cursos que frequentam.

3 – Ao militar em RC e RV é conferido um cartão de identificação militar, de uso obrigatório.

(*) *Aditado pelo art. 3.º do DL n.º 197-A/2003, de 30/08.*

ARTIGO 293.º (*)

Instrução militar

1 – O militar em RC e RV é sujeito, após a incorporação, ao período de instrução militar que compreende a instrução básica e a instrução complementar.

2 – A instrução básica termina com o acto de juramento de bandeira sendo a sua duração fixada por portaria do MDN, ouvido o CCEM.

3 – A duração da instrução complementar, para cada uma das classes, armas, serviços e especialidades, é fixada por despacho do CEM do ramo respectivo.

(*) *Aditado pelo art. 3.º do DL n.º 197-A/2003, de 30/08.*

ARTIGO 294.º (*)

Postos dos militares em instrução

1 – O militar em instrução básica designa-se, de acordo com o ramo onde presta serviço, por:

a) Cadete ou soldado cadete, quando destinado à categoria de oficial;

b) Segundo-grumete instruendo ou soldado instruendo, quando destinado à categoria de sargento;

c) Segundo-grumete recruta ou soldado recruta, quando destinado à categoria de praça.

2 – O militar em instrução complementar é graduado, de acordo com o ramo onde presta serviço, nos seguintes postos:

a) Aspirante a oficial, quando destinado à categoria de oficial;

b) Segundo subsargento ou segundo-furriel, quando destinado à categoria de sargento;

c) Segundo-grumete ou soldado, quando destinado à categoria de praça.

3 – Por portaria do MDN, e mediante proposta do respectivo CEM, são definidas as classes ou especialidades de cada ramo que permitirão que o militar em instrução complementar se designe, de acordo com o ramo onde preste serviço, por primeiro-grumete ou segundo-cabo graduado quando destinado a esses postos da categoria de praças.

(*) *Aditado pelo art. 3.º do DL n.º 197-A/2003, de 30/08.*

ARTIGO 295.º (*)
Funções

1 – Os militares em RC e RV exercem funções de acordo com o seu posto, classe ou especialidade e qualificações.

2 – As funções específicas para os militares em RC e RV, bem como as respectivas classes, subclasses, armas, serviços e especialidades, são fixadas por despacho do CEM do respectivo ramo.

(*) *Aditado pelo art. 3.º do DL n.º 197-A/2003, de 30/08.*

ARTIGO 296.º (*)
Ingresso na categoria

1 – Constituem habilitações necessárias ao ingresso nas diferentes categorias dos militares em RC e RV:

a) Oficiais – cursos de formação de oficiais;
b) Sargentos – cursos de formação de sargentos;
c) Praças – cursos de formação de praças.

2 – O curso de formação de praças referido no número anterior tem duas modalidades, caracterizadas por distintas exigências de formação técnico-militar e duração, habilitando, consoante os casos, ao ingresso na categoria de praças com posto de segundo-grumete ou soldado, ou primeiro--grumete ou segundo-cabo.

3 – A designação e a organização dos cursos referidos na alínea c) do n.º 1 é definida por despacho do CEM do ramo respectivo, de acordo com o disposto no artigo 294.º do presente Estatuto e no artigo 25.º da LSM, devendo reflectir as necessidades de formação próprias de classe ou especialidade.

4 – A inscrição em cada uma das categorias após a instrução militar é efectuada por ordem decrescente de classificação obtida nos cursos indicados no n.º 1.

(*) *Aditado pelo art. 3.º do DL n.º 197-A/2003, de 30/08.*

ARTIGO 297.º (*)
Antiguidade relativa

1 – A antiguidade relativa entre militares com o mesmo posto ou com postos correspondentes nas diferentes classes e especialidades é determinada pelas datas de antiguidade nesse posto e, em caso de igualdade destas, pelas datas de antiguidade no posto anterior, e assim sucessivamente, até ao primeiro posto da respectiva categoria.

2 – A antiguidade relativa dos primeiros-marinheiros com a mesma data de antiguidade é determinada pela classificação obtida no curso de promoção de marinheiros.

(*) *Aditado pelo art. 3.º do DL n.º 17-A/2003, de 30/08.*

ARTIGO 298.º (*)
Avaliação do mérito

1 – A avaliação do mérito dos militares em RC e RV releva, designadamente, para os seguintes efeitos:

a) Renovação do contrato;
b) Promoção;
c) Concurso de ingresso nos QP;
d) Ingresso em RC;
e) Admissão na função pública.

2 – O Regulamento de Avaliação do Mérito dos Militares em RC e RV é aprovado por portaria do MDN, sob proposta do CCEM.

(*) *Aditado pelo art. 3.º do DL n.º 197-A/2003, de 30/08.*

ARTIGO 299.º (*)
Condições gerais de promoção

1 – As condições gerais de promoção dos militares em RC e RV são as constantes do artigo 56.º do presente Estatuto.

2 – A verificação das condições gerais de promoção dos militares em RC e RV é definida pelo CEM do ramo respectivo.

(*) *Aditado pelo art. 3.º do DL n.º 197-A/2003, de 30/08.*

ARTIGO 300.º (*)
Cessação

1 – Constituem causas de cessação do vínculo contratual correspondente à prestação de serviço efectivo em RC e RV:

a) A caducidade, sem prejuízo do disposto no n.º 1 do artigo 47.º do RLSM;
b) A falta de aproveitamento na instrução complementar, sem prejuízo do disposto no n.º 3 do artigo 47.º do RLSM;
c) A rescisão.

2 – O vínculo contratual correspondente à prestação de serviço efectivo em RC e RV caduca, designadamente:

a) Por falta de aproveitamento na instrução básica;
b) Não havendo renovação do contrato, pelos motivos previstos no n.º 2 do artigo 28.º da LSM;
c) Quando atinja a duração máxima fixada na LSM;
d) Com o ingresso nos QP;
e) Verificando-se a impossibilidade superveniente, absoluta e definitiva da prestação de serviço efectivo.

3 – O vínculo contratual correspondente à prestação de serviço efectivo em RC e RV pode ser rescindido pelo ramo onde o militar preste serviço, designadamente, nas seguintes situações:

a) Na pendência do período experimental, nos termos e prazos previstos no RLSM;
b) Quando a falta de aproveitamento na instrução complementar seja imputável ao militar, a título de dolo ou negligência grosseira, ficando o militar sujeito ao pagamento de indemnização ao Estado, nos termos e montantes fixados por despacho do MDN, ouvido o CCEM, tendo em conta os custos envolvidos na formação ministrada e a expectativa da afectação funcional do militar;
c) Por desistência ou eliminação nos cursos para ingresso no QP, por razões que lhe sejam imputáveis;
d) Por falta de aptidão física ou psíquica, comprovada por competente junta médica, desde que não resulte de acidente em serviço ou doença adquirida por motivo do mesmo;
e) Por falta de aptidão técnico-profissional para o desempenho das suas funções;
f) Por aplicação das sanções previstas no CJM e no RDM.

4 – O vínculo contratual correspondente à prestação de serviço efectivo em RC e RV pode ser rescindido pelo militar, nas seguintes situações:

a) Na pendência do período experimental, nos termos e prazos previstos no RLSM;

b) Findo o período experimental, através de requerimento do interessado dirigido ao CEM do ramo respectivo, nos termos a fixar por despacho do MDN, ouvido o CCEM.

5 – Não há lugar à rescisão do vínculo contratual, por iniciativa do militar, quando este se encontre em situação de campanha, integrado em forças fora dos quartéis ou bases, ou embarcado em unidades navais ou aéreas, a navegar ou em voo, bem como no desempenho de missões temporárias de serviço fora do território nacional.

6 – O apuramento dos factos que levam à aplicação das alíneas b), e) e f) do n.º 3 do presente artigo, é feito em processo próprio, do qual deve constar a matéria necessária à apreciação e decisão final.

(*) *Aditado pelo art. 3.º do DL n.º 197-A/2003, de 30/08.*

ARTIGO 301.º (*)

Casos especiais

1 – O militar em RC ou RV que à data da passagem à reserva de disponibilidade ou de recrutamento se encontre em tratamento ou com baixa hospitalar por doença ou acidente em serviço, beneficia de assistência médica, medicamentosa e hospitalar, a prestar pelos serviços de saúde militar, até à data em que estiver definida a sua situação clínica, por homologação da decisão da competente junta médica, sem prejuízo do direito à assistência na doença estabelecido para os militares do QP.

2 – O militar abrangido pelo previsto no número anterior, mantém-se no posto e forma de prestação de serviço em que se encontra até à data da homologação da decisão da competente junta médica, período este que não pode ultrapassar três anos, contados desde a data em que resultou o impedimento.

3 – O militar em RC e RV, que à data da passagem à reserva de disponibilidade ou de recrutamento se encontre em baixa hospitalar por doença ou acidente sem relação com o serviço, beneficia da assistência prevista no n.º 1 do presente artigo, salvo declaração expressa em contrário do próprio, enquanto não ocorrer a alta hospitalar ou a transferência para unidade hospitalar civil não possa ser concedida sem grave prejuízo do respectivo processo de recuperação clínica.

(*) *Aditado pelo art. 3.º do DL n.º 197-A/2003, de 30/08.*

ARTIGO 302.º (*)
Admissão nos quadros permanentes

O militar que se encontre a frequentar curso para ingresso nos QP dos ramos das Forças Armadas, e que entretanto tenha atingido o limite máximo de duração legalmente previsto para o regime de prestação de serviço em que se encontra, continua a prestar serviço no posto que detém até ao ingresso nos QP ou à exclusão daquele curso.

(*) *Aditado pelo art. 3.º do DL n.º 197-A/2003, de 30/08.*

TÍTULO II
Do regime de contrato

ARTIGO 303.º (*)
Início da prestação de serviço

A prestação de serviço efectivo em RC inicia-se:

a) Na data de incorporação, para os cidadãos provenientes do recrutamento normal;
b) Na data da apresentação na unidade, estabelecimento ou órgão, a designar pelo ramo respectivo, para os cidadãos provenientes da reserva de disponibilidade;
c) No 1.º dia imediatamente a seguir à data da caducidade do vínculo, para os militares que transitam do RV;
d) Na data fixada no despacho de deferimento do ingresso em RC, para os cidadãos que já se encontrem a prestar serviço efectivo decorrente de convocação ou mobilização.

(*) *Aditado pelo art. 3.º do DL n.º 197-A/2003, de 30/08.*

ARTIGO 304.º (*)
Postos

São os seguintes os postos dos militares em RC após a instrução militar, consoante as respectivas categorias:

a) Oficiais – aspirante a oficial, subtenente ou alferes e segundo-tenente ou tenente;
b) Sargentos – segundo-subsargento ou segundo-furriel, subsargento ou furriel e segundo-sargento;

c) Praças – segundo-grumete ou soldado, primeiro-grumete ou segundo-cabo, segundo-marinheiro ou primeiro-cabo e primeiro-marinheiro ou cabo-adjunto.

(*) *Aditado pelo art. 3.º do DL n.º 197-A/2003, de 30/08.*

ARTIGO 305.º (*)

Condições especiais de promoção

1 – São necessários, para efeitos de promoção aos postos indicados no artigo anterior e no respeito pelos efectivos fixados nos termos do n.º 6 do artigo 42.º do presente Estatuto, os seguintes tempos mínimos de permanência no posto antecedente:

a) Oficiais:

Segundo-tenente ou tenente – três anos no posto de subtenente ou alferes;

Subtenente ou alferes – um ano no posto de aspirante a oficial;

b) Sargentos:

Segundo-sargento – três anos no posto de subsargento ou furriel;

Subsargento ou furriel – um ano no posto segundo-subsargento ou segundo-furriel;

c) Praças:

Primeiro-marinheiro ou cabo-adjunto – três anos no posto de segundo-marinheiro ou primeiro-cabo;

Segundo-marinheiro ou primeiro-cabo – um ano no posto de primeiro-grumete ou segundo-cabo.

2 – As promoções nos diferentes postos dos militares em RC processam-se por diuturnidade.

3 – São graduados no posto de aspirante a oficial e segundo-subsargento ou segundo-furriel os militares que iniciem a instrução complementar, com destino às respectivas categorias, contando este tempo para efeitos de promoção.

4 – São graduados no posto de primeiro-marinheiro os segundos-marinheiros que iniciem, após nomeação, a frequência do curso de promoção àquele posto, contando este tempo para efeitos de promoção.

5 – São graduados no posto de primeiro-grumete ou segundo-cabo os militares que iniciem, após nomeação, a frequência do curso de promoção a esses postos e ainda aqueles que, nos termos da portaria prevista no n.º 3 do artigo 295.º, iniciem o curso de formação de praças destinadas ao ingresso na categoria com esses postos, contando esse tempo para efeitos de promoção.

6 – É condição especial de promoção ao posto de primeiro-marinheiro, para além do preenchimento do tempo mínimo de permanência no posto anterior, a habilitação com o curso de promoção ao respectivo posto.

7 – É condição especial de promoção a primeiro-grumete ou segundo-cabo a habilitação com o Curso de Promoção de Grumetes ou o Curso de Promoção a Cabo, consoante se trate, respectivamente, de militares da Marinha ou do Exército e Força Aérea.

8 – As condições especiais de promoção satisfeitas, no todo ou em parte, durante a prestação de serviço efectivo, são consideradas para efeitos de promoção dos militares em RC.

(*) *Aditado pelo art. 3.º do DL n.º 197-A/2003, de 30/08.*

ARTIGO 306.º (*)

Cursos de promoção

Os cursos de promoção mencionados no artigo anterior são abertos tendo em conta as necessidades de pessoal dos ramos, sendo as condições especiais de admissão aos mesmos fixadas por despacho do CEM do ramo respectivo.

(*) *Aditado pelo art. 3.º do DL n.º 197-A/2003, de 30/08.*

ARTIGO 307.º (*)

Reclassificação e mudança de categoria

1 – O militar em RC, mediante a obtenção de formação adequada, e compatibilizando os interesses individuais com os da instituição militar, pode ser reclassificado em diferente classe ou especialidade, tendo em vista a sua melhor utilização no exercício das funções inerentes à sua futura situação.

2 – Ao militar em RC, reunidos os pressupostos previstos no número anterior, pode ainda ser facultada a mudança de categoria.

(*) *Aditado pelo art. 3.º do DL n.º 197-A/2003, de 30/08.*

Artigo 308.º (*)
Licença registada

1 – Ao militar em RC pode ser concedida licença registada, quando o requeira, por tempo não superior a três meses, seguidos ou interpolados, por cada período de três anos, dependendo a sua concessão de não existir inconveniente para o serviço e devendo a prestação de serviço ser prolongada por igual período.

2 – A licença registada não pode ser imposta ao militar em RC, salvo nas situações e para os efeitos previstos na segunda parte do n.º 1 e no n.º 2 do artigo 47.º do RLSM.

(*) *Aditado pelo art. 3.º do DL n.º 197-A/2003, de 30/08.*

Título III
Do regime de voluntariado

Artigo 309.º (*)
Início da prestação de serviço

A prestação do serviço efectivo em RV inicia-se:

a) Na data da incorporação, para os cidadãos provenientes do recrutamento normal;
b) Na data da apresentação na unidade, estabelecimento ou órgão, a designar pelo ramo respectivo, para os cidadãos provenientes da reserva de disponibilidade;
c) Na data fixada no despacho de deferimento do ingresso em RV, para os cidadãos que já se encontrem a prestar serviço efectivo, decorrente de convocação e mobilização.

(*) *Aditado pelo art. 3.º do DL n.º 197-A/2003, de 30/08.*

Artigo 310.º (*)
Licença de férias

Os militares em RV têm direito a 22 dias úteis de férias, a serem gozados durante a vigência do respectivo vínculo contratual.

(*) *Aditado pelo art. 3.º do DL n.º 197-A/2003, de 30/08.*

ARTIGO 311.º (*)
Postos

1 – São os seguintes os postos dos militares em RV após a instrução militar, consoante as respectivas categorias:

a) Aspirante a oficial, para os militares destinados à categoria de oficiais;

b) Segundo-subsargento ou segundo-furriel, para os militares destinados à categoria de sargentos;

c) Segundo-grumete ou soldado e primeiro-grumete ou segundo-cabo, para os militares destinados à categoria de praças.

2 – São graduados nos postos de aspirante a oficial ou segundo subsargento e segundo-furriel, os militares que iniciem a instrução complementar, com destino às respectivas categorias.

3 – O militar é graduado em primeiro-grumete ou segundo-cabo quando se encontre a frequentar curso de promoção para estes postos.

(*) *Aditado pelo art. 3.º do DL n.º 197-A/2003, de 30/08.*

ARTIGO 312.º (*)
Condições especiais de promoção

As condições especiais de promoção dos militares em RV aplicam-se exclusivamente na categoria de praça, consistindo na habilitação com o Curso de Promoção de Grumetes ou o Curso de Promoção a Cabo, consoante se trate, respectivamente, de militares da Marinha ou do Exército e Força Aérea.

(*) *Aditado pelo art. 3.º do DL n.º 197-A/2003, de 30/08.*

ARTIGO 313.º (*)
Licença registada

1 – Ao militar em RV pode ser concedida licença registada, quando o requeira, por tempo não superior a 30 dias, seguidos ou interpolados, dependendo a sua concessão de não existir inconveniente para o serviço e devendo a prestação de serviço ser prolongada por igual período.

2 – A licença registada não pode ser imposta ao militar em RV, salvo nas situações e para os efeitos previstos na segunda parte do n.º 1 e no n.º 2 do artigo 47.º do RLSM.»

(*) *Aditado pelo art. 3.º do DL n.º 197-A/2003, de 30/08.*

ANEXO I

(a que se refere o artigo 28.º do Estatuto)

(já com a alteração derivada do D.L. n.º 197-A/2003, de 30/08)

Categorias	Marinha		Exército		Força Aérea	
	Subcategorias	Postos	Subcategorias	Postos	Subcategorias	Postos
Oficiais	Oficiais generais	Almirante. Vice-almirante. Contra-almirante. Comodoro (*a*).	Oficiais generais	General. Tenente-general. Major-general. Brigadeiro-general (*a*).	Oficiais generais	General. Tenente-general. Major-general. Brigadeiro-general (*a*).
	Oficiais superiores	Capitão-de-mar-e-guerra. Capitão-de-fragata. Capitão-tenente.	Oficiais superiores	Coronel. Tenente-coronel. Major.	Oficiais superiores	Coronel. Tenente-coronel. Major.
	Oficiais subalternos	Primeiro-tenente. Segundo-tenente. Subtenente ou guarda-marinha. Aspirante a oficial.	Capitães	Capitão.	Capitães	Capitão.
			Oficiais subalternos	Tenente. Alferes. Aspirante a oficial.	Oficiais subalternos	Tenente. Alferes. Aspirante a oficial.
Sargentos	—	Sargento-mor. Sargento-chefe. Sargento-ajudante. Primeiro-sargento. Segundo-sargento. Subsargento. Segundo-subsargento.	—	Sargento-mor. Sargento-chefe. Sargento-ajudante. Primeiro-sargento. Segundo-sargento. Furriel. Segundo-furriel.	—	Sargento-mor. Sargento-chefe. Sargento-ajudante. Primeiro-sargento. Segundo-sargento. Furriel. Segundo-furriel.
Praças	—	Cabo. Primeiro-marinheiro. Segundo-marinheiro. Primeiro-grumete. Segundo-grumete.	—	Cabo-de-secção. Cabo-adjunto. Primeiro-cabo. Segundo-cabo. Soldado.	—	Cabo-de-secção. Cabo-adjunto. Primeiro-cabo. Segundo-cabo. Soldado.

(*a*) Posto da subcategoria de oficiais generais, criado nos termos do n.º 4 do artigo 129.º deste Estatuto.

ANEXO II

(a que se refere o artigo 227.º, n.º 2, do Estatuto)

(já com a alteração derivada do D.L. n.º 197-A/2003, de 30/08)

Classes	Para promoção a	Tempo de embarque (anos)	Tempo de navegação (horas)	Cursos e provas	Outras condições
Marinha	Segundo-tenente				
	Primeiro-tenente	(a) (j) 1	(a) (l) (m) 500		
	Capitão-tenente	(j) 2	(a) (l) (m) 1 000	Curso geral Naval de Guerra	
	Capitão-de-fragata				
	Capitão-de-mar-e-guerra				
	Contra-almirante	(c) 1	(c) (m) 500	Curso superior Naval de Guerra (b)	Um ano (c) (g).
	Vice-almirante				
	Almirante				
Engenheiros navais	Segundo-tenente				
	Primeiro-tenente	(a) (i) (j) 1	(i) (m) 500		
	Capitão-tenente	(i) (d) (j) 2	(m) 1 000	Curso geral Naval de Guerra	Um ano (d) (e).
	Capitão-de-fragata				Dois anos (e) (f).
	Capitão-de-mar-e-guerra				
	Contra-almirante			Curso superior Naval de Guerra (b)	
Administração naval	Segundo-tenente				
	Primeiro-tenente				
	Capitão-tenente	(d) 2	(m) 1 000	Curso geral Naval de Guerra	Um ano (d) (e).
	Capitão-de-fragata				Dois anos (e) (f).
	Capitão-de-mar-e-guerra				Dois anos (e) (f).
	Contra-almirante			Curso superior Naval de Guerra (b)	
Fuzileiros	Segundo-tenente				
	Primeiro-tenente				
	Capitão-tenente			Curso geral Naval de Guerra	Dois anos (d) (h).
	Capitão-de-fragata				
	Capitão-de-mar-e-guerra				
	Contra-almirante			Curso superior Naval de Guerra (b)	
Médicos navais	Primeiro-tenente				
	Capitão-tenente	1	(d) (m) 500	Curso geral Naval de Guerra	
	Capitão-de-fragata				
	Capitão-de-mar-e-guerra				
	Contra-almirante			Curso superior Naval de Guerra (b)	
Técnicos superiores navais	Primeiro-tenente				
	Capitão-tenente			Curso geral Naval de Guerra	Um ano (d) (e).
	Capitão-de-fragata				
	Capitão-de-mar-e-guerra				Dois anos (e) (f).
Serviço técnico	Segundo-tenente				
	Primeiro-tenente				
	Capitão-tenente			Curso geral Naval de Guerra	Um ano (d) (e).
	Capitão-de-fragata				Dois anos (e) (f).
	Capitão-de-mar-e-guerra				Dois anos (e) (f).
Técnico de saúde	Segundo-tenente				
	Primeiro-tenente				
	Capitão-tenente			Curso geral Naval de Guerra	Um ano (d) (e).
	Capitão-de-fragata				
	Capitão-de-mar-e-guerra				Dois anos (e) (f).

(a) Realizados nos postos de segundo-tenente ou guarda-marinha.
(b) Frequentados nos postos de capitão-de-mar-e-guerra ou capitão-de-fragata.
(c) Frequentados/realizados nos postos de oficial superior.
(d) Realizados nos postos de oficial subalterno.
(e) Desempenho de funções de conteúdo técnico próprio da respectiva classe.
(f) Realizados nos postos de capitão-de-fragata e capitão-tenente.
(g) Exercício do cargo de comandante de comando operacional, de comando administrativo, de unidade naval, de força naval ou de outro cargo de comando, direcção ou chefia considerado por despacho do Chefe do Estado-Maior da Armada de categoria equivalente ou superior.
(h) Desempenho de funções de comandante de unidade de fuzileiros.
(i) Apenas para oficiais não habilitados com cursos de pós-graduação.
(j) O tempo de embarque pode ser substituído por tempo de serviço de helicópteros.
(l) O tempo de navegação pode ser substituído por tempo de voo.
(m) O tempo de navegação pode ser reduzido até metade nas classes em que verifique a impossibilidade de assegurar aos seus efectivos disponibilidade de cargos em unidades navais operacionais, a definir por despacho do Chefe do Estado-Maior da Armada.

ANEXO III

(a que se refere o artigo 270.º, n.º 2, do Estatuto)

(já com a alteração derivada do D.L. n.º 197-A/2003, de 30/08)

Classes	Para promoção a	Tempo de embarque (meses)	Tempo de navegação (horas)	Cursos e provas	Outras condições
Administrativos, comunicações, electromecânicos, operações, manobra e serviços, taifa e técnicos de armamento.	Primeiro-sargento Sargento-ajudante Sargento-chefe Sargento-mor	(*a*) (*d*) (*f*) 24	(*a*) (*e*) (*f*) (*g*) 1 000	Curso de promoção a sargento-chefe	
Enfermeiros e técnicos de diagnóstico e terapêutica	Primeiro-sargento Sargento-ajudante Sargento-chefe Sargento-mor	(*a*) (*b*) 18		Curso de promoção a sargento-chefe	
Fuzileiros e mergulhadores	Primeiro-sargento Sargento-ajudante Sargento-chefe Sargento-mor			Curso de promoção a sargento-chefe	Setenta e duas horas de imersão (*c*).

(*a*) A fazer em segundo-sargento, em primeiro-sargento ou nos dois postos, podendo ser reduzido até 15 meses nas classes em que o número de cargos atribuídos em unidades navais seja insuficiente para garantir a normal rotatividade navio-terra, a definir por despacho do Chefe do Estado-Maior da Armada.
(*b*) Apenas para a classe de enfermeiros.
(*c*) Apenas para a classe de mergulhadores.
(*d*) O tempo de embarque pode ser substituído por tempo de serviço em helicópteros.
(*e*) Não é exigível aos sargentos especializados na área dos helicópteros, desde que tenham prestado pelos menos quatro anos de serviço, seguidos ou alternados, na Esquadrilha de Helicópteros e na categoria de sargento.
(*f*) Para a classe de manobra e serviços, apenas para os sargentos não especializados.
(*g*) O tempo de navegação pode ser reduzido até metade nas classes em que se verifique a impossibilidade de assegurar aos seus efectivos disponibilidade de cargos em unidades navais operacionais, a definir por despacho do Chefe do Estado-Maior da Armada.

LEI N.º 25/2000, DE 23 DE AGOSTO

PRIMEIRA ALTERAÇÃO, POR APRECIAÇÃO PARLAMENTAR, DO DECRETO-LEI N.º 236/99, DE 25 DE JUNHO, QUE APROVA O NOVO ESTATUTO DOS MILITARES DAS FORÇAS ARMADAS

A Assembleia da República decreta, nos termos da alínea c) do artigo 161.º da Constituição, para valer como lei geral da República, o seguinte:

ARTIGO 1.º

Os artigos 2.º, 9.º e 20.º do Decreto-Lei n.º 236/99, de 25 de Junho, passam a ter a seguinte redacção:

«ARTIGO 2.º

1 – O disposto no n.º 3 do artigo 46.º do Estatuto aplica-se aos militares que transitem para a situação de reserva a partir da data de entrada em vigor da presente lei, contando, para o efeito, todo o tempo de serviço prestado antes e depois daquela data.

2 – O disposto no n.º 3 do artigo 46.º do Estatuto aplica-se, ainda, aos militares que, estando já na situação de reserva, prestem ou venham a prestar serviços na efectividade, mas, quanto a estes, apenas relativamente a este novo tempo de serviço efectivo prestado.

ARTIGO 9.º

1 – Quando da aplicação das alíneas a) e b) do n.º 1 do artigo 160.º do Estatuto resultar, para os militares que ingressaram nas Forças Armadas em data anterior a 1 de Janeiro de 1990, um montante da pensão de reforma ilíquida inferior à remuneração da reserva ilíquida a que teriam direito caso a passagem à situação de reforma se verificasse na idade limite estabelecida para o regime geral da função pública, ser-lhe-á abonado, a título de complemento de pensão, o diferencial verificado.

2 – O direito ao abono do complemento de pensão previsto no número anterior mantém-se até ao mês em que o militar complete 70 anos de idade, momento em que a pensão de reforma será recalculada com base na remuneração de reserva a que o militar teria direito.

3 – Caso a pensão de reforma auferida pelo militar seja inferior à resultante do novo cálculo, ser-lhe-á abonado, a título de complemento de pensão, o diferencial verificado.

4 – A fórmula de cálculo do complemento de pensão estabelecida no n.º 1 é aplicável aos militares abrangidos pelo regime previsto nos artigos 12.º e 13.º do Decreto-Lei n.º 34-A/90, de 24 de Janeiro.

5 – O disposto no n.º 1 é aplicável aos militares reformados ao abrigo das alíneas b) e c) do artigo 174.º do Estatuto aprovado pelo Decreto-Lei n.º 34-A/90, de 24 de Janeiro, na redacção dada pelo artigo 1.º da Lei n.º 15/92, de 5 de Agosto, que não foram abrangidos pelo regime previsto nos artigos 12.º e 13.º daquele diploma.

6 – As verbas eventualmente necessárias para fazer face aos abonos previstos no presente artigo serão anualmente inscritas no orçamento da defesa nacional e pagas pelos ramos a que os militares pertencem, mantendo-se as atribuições do Fundo de Pensões dos Militares das Forças Armadas relativamente ao abono dos complementos de pensão dos militares abrangidos pelo artigo 13.º do Decreto-Lei n.º 34-A/90, de 24 de Janeiro.

ARTIGO 20.º

1 – Os sargentos pára-quedistas em regime de contrato automaticamente prorrogável que transitaram para o Exército nos termos do disposto na alínea a) do n.º 2 do artigo 5.º do Decreto-Lei n.º 27/94, de 5 de Fevereiro, ingressam nos quadros permanentes e são integrados no quadro especial de amanuenses pára-quedistas, no qual são inscritos de acordo com a sua antiguidade relativa, não ascendendo na respectiva carreira além do posto de primeiro-sargento.

2 – Para efeitos do disposto no número anterior, é criado no Exército, na data da entrada em vigor do Estatuto, o quadro especial de amanuenses pára-quedistas, que entra em extinção progressiva por cancelamento de novas admissões.»

ARTIGO 2.º

Os artigos 3.º, 44.º, 64.º, 81.º, 85.º, 94.º, 121.º, 152.º, 218.º, 250.º, 264.º e 279.º do Estatuto dos Militares das Forças Armadas, aprovado pelo Decreto-Lei n.º 236/99, de 25 de Junho, passam a ter a seguinte redacção:

«ARTIGO 3.º

[...]

As formas de prestação de serviço efectivo são as seguintes:

a) ....

b) ....

c) Serviço efectivo em regime de voluntariado (RV);

d) Serviço decorrente de convocação ou mobilização.

ARTIGO 44.º

[...]

1 – ....

2 – ....

3 – Releva ainda, para efeito do cálculo da pensão de reforma, o tempo de permanência do militar na reserva fora da efectividade de serviço, passando o desconto de quotas para a Caixa Geral de Aposentações a incidir sobre a remuneração relevante para o cálculo da remuneração de reserva.

4 – A contagem, para efeitos do cálculo da pensão de reforma, do tempo de permanência do militar na reserva fora da efectividade de serviço, anterior à entrada em vigor do presente Estatuto, implica o pagamento das quotas para a Caixa Geral de Aposentações relativas à diferença entre a remuneração de reserva auferida e a remuneração referida no número anterior.

ARTIGO 64.º

[...]

O militar com processo disciplinar ou criminal pendente pode ser promovido se o respectivo CEM verificar que a natureza desse processo não põe em causa a satisfação das condições gerais da promoção.

ARTIGO 81.º

[...]

1 – ....
2 – ....
3 – ....
4 – ....
5 – ....
6 – A avaliação individual é obrigatoriamente comunicada ao interessado.
7 – ....

ARTIGO 85.º

[...]

1 – ....
2 – ....
3 – ....
4 – ....
5 – ....
a) ....
b) ....
c) ....
6 – No âmbito interno das Forças Armadas os avaliadores dos militares do QP são, obrigatoriamente, militares do QP.

ARTIGO 94.º

[...]

1 – ....
a) ....
b) ....
c) ....
d) ....
2 – ....
3 – Sem prejuízo do disposto nos números anteriores, o militar tem ainda direito a mais um dia útil de férias por cada 10 anos de serviço efectivamente prestado.
4 – (Anterior n.º 3.)
5 – (Anterior n.º 4.)
6 – (Anterior n.º 5.)

ARTIGO 121.º

[...]

1 – ....
2 – ....
3 – O militar que transite para a situação de reserva ao abrigo das alíneas b) e d) do artigo 153.º tem direito a receber, incluindo na remuneração de reserva, o suplemento da condição militar, bem como outros suplementos que a lei preveja como extensivos a esta situação, calculados com base no posto, no escalão e na percentagem correspondente ao tempo de serviço.
4 – O militar que transitar para a situação de reserva ao abrigo do disposto na alínea a) do artigo 153.º e no artigo 155.º e que, por razões que não lhe sejam imputáveis, não tenha completado 36 anos de serviço efectivo tem direito a completar aqueles anos de serviço na situação de reserva na efectividade de serviço, independentemente do quantitativo fixado pelo Ministro da Defesa Nacional.
5 – (Anterior n.º 4.)
6 – (Anterior n.º 5.)

ARTIGO 152.º

[...]

1 – ....

2 – ....

3 – Regressa ao activo o militar que, tendo transitado para a reserva ou reforma por motivo disciplinar ou criminal, seja reabilitado, sem prejuízo dos limites de idade em vigor.

Artigo 218.º

[...]

1 – ....
a) ....
b) ....
c) ....
d) ....
e) ....
f) ....

2 – O tempo mínimo global para acesso ao posto de capitão-de-mar-e-guerra ou de coronel, após o ingresso na categoria de oficiais (do QP), é de 20 anos de serviço efectivo.

Artigo 250.º

[...]

1 – O ingresso nos quadros especiais de engenheiros e de recursos humanos e financeiros faz-se no posto de alferes, de entre os alunos que obtenham a licenciatura na AFA, ordenados por cursos e, dentro de cada curso, pelas classificações nele obtidas.

2 – ....

3 – ....

4 – ....

Artigo 264.º

[...]

1 – ....
a) ....
b) ....
c) ....
d) ....

2 – O tempo mínimo global para acesso ao posto de sargento-chefe e de sargento-mor, após o ingresso na categoria de sargento, é, respectivamente, de 15 e 20 anos de serviço efectivo.

ARTIGO 279.º

[...]

1 – Aos sargentos da Força Aérea incumbe, de uma maneira geral, o desempenho de funções nos comandos, forças, serviços, unidades e outros órgãos da Força Aérea, de acordo com as respectivas especialidades e postos, bem como o exercício de funções que respeitam à Força Aérea no âmbito das Forças Armadas, em quartéis-generais de comando de forças conjuntas ou combinadas e ainda noutros departamentos do Estado.

2 – Os cargos e funções de cada posto, previstos nos regulamentos internos e na estrutura orgânica onde os sargentos estiveram colocados, são, genericamente, e sem prejuízo de outros cargos ou funções que lhes forem superiormente determinados, os seguintes, no âmbito das Forças Armadas:

a) Sargento-mor – elemento do estado-maior pessoal do CEMFA, funções de coordenação de recursos humanos e materiais ao nível dos comandos funcionais e equivalentes; adjunto do comandante de unidade de escalão base ou equivalente e comando de outras unidades quando apropriado para os assuntos relacionados com a coordenação dos recursos humanos e materiais; funções de instrução; outras funções de natureza equivalente;
b) Sargento-chefe – chefe de secção técnico-admistrativo; chefe de secretaria de unidade de escalão grupo ou equivalente; funções de instrução; outras funções de natureza equivalente;
c) Sargento-ajudante – chefe de equipa; chefe de secretaria de unidade de escalão esquadra ou equivalente; execução avançada de funções técnicas da sua especialidade; funções de instrução; outras funções de natureza equivalente;
d) Primeiro-sargento e segundo-sargento – comandante de unidade de escalão secção de forças especiais; coordenador das actividades desenvolvidas no âmbito da sua especialidade pelo pessoal de si dependente; execução de funções técnicas de sua especialidade; funções de instrução; outras funções de natureza equivalente.»

ARTIGO 3.º

É aditado ao Estatuto dos Militares das Forças Armadas, aprovado pelo Decreto-Lei n.º 236/99, de 25 de Junho, um artigo 94.º-A, com a seguinte redacção:

«ARTIGO 94.º-A

Duração especial de férias

1 – Ao militar que goze a totalidade do período normal de férias vencidas em 1 de Janeiro de um determinado ano até 31 de Maio e ou de 1 de Outubro a 31 de Dezembro é concedido, no próprio ano ou no ano imediatamente a seguir, consoante a sua opção, um período de cinco dias úteis de férias, o qual não pode ser gozado nos meses de Julho, Agosto e Setembro.

2 – Sem prejuízo do disposto na parte final do número anterior, o período complementar de férias pode ser gozado imediatamente a seguir ao período normal de férias, desde que não haja inconveniente para o serviço.

3 – O disposto do n.º 1 só é aplicável nos casos em que o militar tenha direito a, pelo menos, 15 dias de férias, não relevando, para este efeito, o período complementar previsto nesse número.

4 – O período complementar de cinco dias úteis de férias não releva para efeitos de atribuição de subsídio de férias.

5 – Nos casos de acumulação de férias, o período complementar de férias só pode ser concedido verificada a condição imposta pelo n.º 1.

6 – As faltas por conta do período de férias não afectam o direito ao período complementar de férias, desde que a não reduzam a menos de 15 dias.»

ARTIGO 4.º

Norma revogatória

São revogados o artigo 5.º do Decreto-Lei n.º 236/99, de 25 de Junho, e o artigo 123.º do EMFAR anexo àquele decreto-lei.

ARTIGO 5.º

É repristinado o regime previsto nos artigos 12.º a 15.º do Decreto--Lei n.º 34-A/90, de 24 de Janeiro, e nos n.os 2, 3 e 4 do artigo 1.º e 6 e 7 do artigo 7.º da Lei n.º 15/92, de 5 de Agosto, até que se esgotem os respectivos efeitos jurídicos.

Aprovada em 6 de Julho de 2000.

O Presidente da Assembleia da República, *António de Almeida Santos.*

Promulgada em 3 de Agosto de 2000.

Publique-se.

O Presidente da República, JORGE SAMPAIO.

Referendada em 9 de Agosto de 2000.

O Primeiro-Ministro, em exercício, *Jaime José Matos da Gama.*

DECRETO-LEI N.º 197-A/2003, DE 30 DE AGOSTO

ALTERAÇÃO DO EMFA APROVADO PELO DL N.º 236/99, DE 25/06

A Lei n.º 174/99, de 21 de Setembro, a jusante das alterações de ordem constitucional relativas à prestação de serviço militar, veio introduzir no ordenamento jurídico português um novo sistema de prestação de serviço militar, substituindo o regime-regra até então vigente, baseado na conscrição dos cidadãos à prestação de serviço militar, por um sistema fundado, em tempo de paz, no serviço militar voluntário, corolário lógico da intenção assumida de proceder à profissionalização dos recursos humanos militares da defesa nacional.

Tal sistema, imbuído de uma nova filosofia que tem vindo, paralelamente, a motivar a análise e adaptação de variados diplomas directamente relacionados com a temática em apreço, nomeadamente o próprio Regulamento da Lei do Serviço Militar, aprovado pelo Decreto-Lei n.º 289/2000, de 14 de Novembro, reflecte-se também na estática e na dinâmica inerente ao complexo de direitos e deveres que integram o estatuto jurídico aplicável aos militares que prestam serviço nos regimes de contrato e de voluntariado, razões que explicam, no fundamental, o aditamento e a revisão parcial do Estatuto dos Militares das Forças Armadas que o presente diploma pretende operar, já que, a par de disposições de carácter genérico aplicáveis a todo o pessoal militar previstas naquele Estatuto, outras existem cujo específico âmbito subjectivo de aplicação obriga a que sejam revistas e reenquadradas à luz de novos princípios e finalidades estruturais a prosseguir, não podendo descurar-se a premência exigida no tratamento desta matéria, até por estar presentemente em curso o período de transição para a profissionalização, previsto na própria Lei do Serviço Militar.

Foram ouvidas as associações de militares, nos termos do disposto na alínea b) do artigo 2.º da Lei Orgânica n.º 3/2001, de 29 de Agosto.

Assim:

No desenvolvimento do regime jurídico estabelecido pela Lei n.º 11/89, de 1 de Junho, e nos termos da alínea c) do n.º 1 do artigo 198.º da Constituição, o Governo decreta o seguinte:

ARTIGO 1.º
Alterações

Os artigos 3.º, 5.º, 30.º, 42.º, 43.º, 74.º, 94.º, 105.º, 131.º, 153.º, 181.º, 248.º, 261.º, 262.º, 283.º, 288.º e 290.º do Estatuto dos Militares das Forças Armadas (EMFAR), aprovado pelo Decreto-Lei n.º 236/99, de 25 de Junho, com as alterações introduzidas pela Lei n.º 25/2000, de 23 de Agosto, passam a ter a seguinte redacção:

«ARTIGO 3.º
[...]

....

a) ....
b) ....
c) ....
d) Serviço efectivo decorrente de convocação ou mobilização.

ARTIGO 5.º
Serviço efectivo em RC e RV

1 – O serviço efectivo em RC compreende a prestação de serviço militar voluntário por um período de tempo limitado, com vista à satisfação das necessidades das Forças Armadas ou ao seu eventual ingresso nos QP.

2 – O serviço efectivo em RV compreende a prestação de serviço militar voluntário por um período de 12 meses, com vista à satisfação das necessidades das Forças Armadas, ao ingresso no regime de contrato ou ao eventual recrutamento para os QP.

ARTIGO 30.º
[...]

1 – O militar dos QP é sempre considerado mais antigo que os militares das restantes formas de prestação de serviço promovidos a posto igual ou correspondente, com o mesmo tempo de serviço no posto.

2 – O militar em RC é sempre considerado mais antigo que o militar em RV, bem como estes relativamente ao militar convocado ou mobilizado, quando detentores de posto igual ou correspondente, com o mesmo tempo de serviço no posto.

3 – No caso de os militares se encontrarem numa mesma forma de prestação de serviço e possuírem igual antiguidade no posto de ingresso na categoria, são considerados mais antigos os habilitados com formação académica de nível mais elevado.

4 – (Anterior n.º 2).

ARTIGO 42.º

[...]

1 – ....

2 – ....

3 – ....

4 – ....

5 – ....

6 – Os efectivos em RC e RV são fixados, para cada ramo, por decreto regulamentar, sob proposta do CCEM.

7 – ....

ARTIGO 43.º

[...]

1 – ....

a) ....

b) ....

2 – ....

3 – ....

a) ....

b) Nas situações de ausência ilegítima ou de deserção;

c) [Anterior alínea b)].

ARTIGO 74.º

[...]

....

a) Cursos de formação inicial que habilitem ao ingresso nas diferentes categorias, visando a habilitação profissional do militar e a aprendizagem de conhecimentos adequados às evoluções da ciência e tecnologia e, bem assim, ao seu desenvolvimento cultural;

b) ....

c) ....

d) ....

e) ....

ARTIGO 94.º

[...]

1 – Aos militares das Forças Armadas são aplicáveis, em matéria de férias, as disposições previstas no regime geral da função pública, sem prejuízo da actividade operacional ou da frequência de cursos, tirocínios, instrução ou estágios.

2 – A licença para férias só pode ser interrompida por imperiosa necessidade de serviço ou por motivos excepcionais.

3 – A licença para férias só pode ser concedida aos militares que possuírem, no mínimo, seis meses de serviço efectivamente prestado.

ARTIGO 105.º

[...]

1 – ....

2 – ....

3 – ....

4 – ....

5 – ....

6 – Das decisões do CEMGFA e dos CEM dos ramos não cabe recurso hierárquico.

ARTIGO 131.º

[...]

1 – Para ingresso na categoria de sargentos é exigido, no mínimo, o ensino secundário complementado por formação militar adequada ou formação militar que habilite com a certificação de formação profissional de nível 3.

2 – ....

3 – ....

a) ....

b) ....

c) ....

d) ....

e) ....

ARTIGO 153.º

[...]

1 – ....

a) ....

b) ....

c) ....

d) Seja abrangido por outras condições legalmente previstas.

2 – Na situação de passagem à reserva prevista no n.º 7 do artigo 31.º-F da LDNFA, a indemnização a prestar pelo militar é fixada pelo CEM do ramo respectivo, nos termos constantes do n.º 3 do artigo 171.º do presente Estatuto.

ARTIGO 181.º

[...]

1 – ....

2 – (Anterior n.º 3).

ARTIGO 248.º

[...]

1 – ....

a) ....
b) ....
c) Área de apoio:
Quadro especial de recursos humanos e financeiros médicos (MED), administração aeronáutica (ADMAER), juristas (JUR) e psicólogos (PSI): major-general, coronel, tenente-coronel, major, capitão, tenente e alferes;
....

2 – ....

3 – ....

4 – ....

ARTIGO 261.º

[...]

1 – ....

2 – O ingresso na categoria de sargentos faz-se ainda no posto de segundo-sargento, após frequência, com aproveitamento, de tirocínio ou estágio técnico-militar adequado, frequentado com a graduação de segundo-sargento ou do posto que já detenham, caso seja superior, de indivíduos habilitados, no mínimo, com curso que habilite com a certificação de formação profissional de nível 3.

3 – ....

4 – ....

5 – ....

ARTIGO 262.º

[...]

....
a) Sargentos e praças em RC e RV;
b) ....
c) ....

ARTIGO 283.º

[...]

1 – O ingresso na categoria de praças da Armada faz-se no posto de primeiro-marinheiro, de entre militares:

a) Habilitados com o curso de formação de marinheiros (CFM);
b) Em RC, desde que habilitados com o curso de promoção de marinheiros;

2 – A data de antiguidade dos militares em RC e dos militares alunos que ingressem nos QP após habilitação com os CFM adequados às diversas classes é antecipada de tantos dias quantos os necessários para ser coincidente com a data de conclusão do CFM que, iniciado simultaneamente, termine em primeiro lugar.

3 – As condições de admissão ao CFM são objecto de regulamentação em diploma próprio.

ARTIGO 288.º

[...]

1 – ....
a) Cumprimento de quatro anos de serviço efectivo no posto de primeiro-marinheiro, independentemente da forma de prestação de serviço;
b) ....

2 – ....

ARTIGO 290.º

Ingresso em categorias superiores

As praças da Armada podem concorrer à frequência de cursos que habilitem ao ingresso nas categorias de sargento ou de oficial, desde que satisfaçam, designadamente, as seguintes condições:
a) Ter as habilitações exigidas para a frequência do curso de ingresso na categoria respectiva;
b) Ter idade não superior à exigida para a frequência do curso a que se refere a alínea anterior, que, em qualquer caso, não pode exceder os 34 e 38 anos de idade, respectivamente, para a categoria de sargento e de oficial;
c) ....».

ARTIGO 2.º

Alteração ao anexo I

É alterado o anexo I a que se refere o artigo 28.º do EMFAR, que passa a ter a seguinte composição:

ANEXO I

[...]

Categorias	Marinha		Exército		Força Aérea	
	Subcategorias	Postos	Subcategorias	Postos	Subcategorias	Postos
Oficiais	Oficiais generais	Almirante. Vice-almirante. Contra-almirante. Comodoro (*a*).	Oficiais generais	General. Tenente-general. Major-general. Brigadeiro-general (*a*).	Oficiais generais	General. Tenente-general. Major-general. Brigadeiro-general (*a*).
	Oficiais superiores	Capitão-de-mar-e-guerra. Capitão-de-fragata. Capitão-tenente.	Oficiais superiores	Coronel. Tenente-coronel. Major.	Oficiais superiores	Coronel. Tenente-coronel. Major.
	Oficiais subalternos	Primeiro-tenente. Segundo-tenente. Subtenente ou guarda-marinha. Aspirante a oficial.	Capitães	Capitão.	Capitães	Capitão.
			Oficiais subalternos	Tenente. Alferes. Aspirante a oficial.	Oficiais subalternos	Tenente. Alferes. Aspirante a oficial.
Sargentos	—	Sargento-mor. Sargento-chefe. Sargento-ajudante. Primeiro-sargento. Segundo-sargento. Subsargento. Segundo-subsargento.	—	Sargento-mor. Sargento-chefe. Sargento-ajudante. Primeiro-sargento. Segundo-sargento. Furriel. Segundo-furriel.	—	Sargento-mor. Sargento-chefe. Sargento-ajudante. Primeiro-sargento. Segundo-sargento. Furriel. Segundo-furriel.
Praças	—	Cabo. Primeiro-marinheiro. Segundo-marinheiro. Primeiro-grumete. Segundo-grumete.	—	Cabo-de-secção. Cabo-adjunto. Primeiro-cabo. Segundo-cabo. Soldado.	—	Cabo-de-secção. Cabo-adjunto. Primeiro-cabo. Segundo-cabo. Soldado.

(*a*) Posto da subcategoria de oficiais generais, criado nos termos do n.º 4 do artigo 129.º deste Estatuto.

ARTIGO 3.º
Aditamentos

Ao EMFAR aprovado pelo Decreto-Lei n.º 236/99, de 25 de Junho, são aditados os artigos 291.º a 314.º, com a seguinte redacção:

NOTA: *Os artigos aditados, agora com os números 290.º a 313.º, face à renumeração operada pelo art. 8.º, vão já no lugar próprio no EMFA acima transcrito.*

ARTIGO 4.º
Regime de salvaguarda

1 – Enquanto não for publicada a legislação complementar referida no presente diploma, aplicam-se as correspondentes disposições actualmente em vigor, desde que não contrariem o disposto no presente diploma.

2 – As regras aplicáveis ao regime contratual a que se refere o n.º 3 do artigo 28.º da LSM são previstas em diploma próprio.

3 – As regras aplicáveis ao serviço efectivo militar decorrente da convocação a que se refere o artigo 34.º da LSM são previstas em diploma próprio.

ARTIGO 5.º
Norma revogatória

1 – São revogados os artigos 3.º, 5.º, 5.º-A, 6.º, 7.º, 31.º, 45.º e 106.º, bem como o livro III, todos do Estatuto dos Militares das Forças Armadas aprovado pelo Decreto-Lei n.º 34-A/90, de 24 de Janeiro, com a redacção dada pelo Decreto-Lei n.º 157/92, de 31 de Julho, sem prejuízo da sua manutenção em vigor enquanto persistir a situação prevista no n.º 1 do artigo 59.º da Lei n.º 174/99, de 21 de Setembro.

2 – É revogado o livro IV do EMFAR aprovado pelo Decreto-Lei n.º 34-A/90, de 24 de Janeiro, com as alterações introduzidas pelo Decreto-Lei n.º 157/92, de 31 de Julho, sem prejuízo da sua manutenção em vigor para os militares que tenham efectuado a declaração referida no n.º 1 do artigo 4.º do Decreto-Lei n.º 289/2000, de 14 de Novembro.

3 – É revogado o artigo 94.º-A do EMFAR aprovado pelo Decreto-Lei n.º 236/99, de 25 de Junho, aditado pela Lei n.º 25/2000, de 23 de Agosto.

ARTIGO 6.º
Produção de efeitos

O presente diploma produz efeitos à data da entrada em vigor do Decreto-Lei n.º 289/2000, de 14 de Novembro, sem prejuízo da salvaguarda das situações constituídas desde aquela data.

ARTIGO 7.º
Repristinação

É repristinado o regime de passagem à reforma previsto no n.º 4 do artigo 7.º da Lei n.º 15/92, de 5 de Agosto, até que se esgotem os respectivos efeitos jurídicos.

ARTIGO 8.º
Republicação

O EMFAR aprovado pelo Decreto-Lei n.º 236/99, de 25 de Junho, com a redacção dada pela Lei n.º 25/2000, de 23 de Agosto, é renumerado e republicado em anexo, na íntegra, com as alterações introduzidas pelo presente diploma.

Visto e aprovado em Conselho de Ministros, 24 de Julho de 2003. – *José Manuel Durão Barroso* – *Maria Manuela Dias Ferreira Leite* – *Paulo Sacadura Cabral Portas.*

Promulgado em 27 de Agosto de 2003.

Publique-se.

O Presidente da República, JORGE SAMPAIO.

Referendado em 29 de Agosto de 2003.

O Primeiro-Ministro, *José Manuel Durão Barroso.*

DIREITOS ESPECIAIS DOS MILITARES

- **Lei Orgânica n.º 3/2001, de 29/08:**
  – *Lei do Direito de Associação Profissional dos Militares;*

- **D.L. n.º 279-A/2001, de 19/10:**
  – *Licença Especial para o exercício de mandatos electivos.*

LEI ORGÂNICA N.º 3/2001, DE 29 DE AGOSTO

LEI DO DIREITO DE ASSOCIAÇÃO PROFISSIONAL DOS MILITARES

A Assembleia da República decreta, nos termos da alínea c) do artigo 161.º da Constituição, para valer como lei geral da República, a lei orgânica seguinte:

Artigo 1.º
Direito de associação

1 – Os militares dos quadros permanentes em qualquer situação e os militares contratados em efectividade de serviço têm o direito de constituir associações profissionais de representação institucional dos seus associados, com carácter assistencial, deontológico ou sócio-profissional.

2 – As associações referidas no número anterior têm âmbito nacional e sede em território nacional.

3 – Os militares dos quadros permanentes, em efectividade de serviço, só podem constituir e integrar associações de militares agrupados por categorias.

4 – Em tudo o que não estiver disposto na presente lei, a constituição das associações de militares e a aquisição pelas mesmas de personalidade jurídica, bem como o seu regime de gestão, funcionamento e extinção, são reguladas pela lei geral, nomeadamente pelo Código Civil.

ARTIGO 2.º
Os direitos das associações

As associações de militares legalmente constituídas gozam dos seguintes direitos:

a) Integrar conselhos consultivos, comissões de estudo e grupos de trabalho constituídos para proceder à análise de assuntos de relevante interesse para a instituição, na área da sua competência específica;
b) Ser ouvidas sobre as questões do estatuto profissional, remuneratório e social dos seus associados;
c) Promover iniciativas de carácter cívico que contribuam para a unidade e coesão dos militares em serviço efectivo nas Forças Armadas e a dignificação dos militares no País e na sociedade;
d) Promover actividades e editar publicações sobre matérias associativas, deontológicas e sócio-profissionais ou, mediante prévia autorização hierárquica, sobre assuntos de natureza exclusivamente técnica;
e) Realizar reuniões no âmbito das suas finalidades estatutárias;
f) Divulgar as suas iniciativas, actividades e edições nas unidades e estabelecimentos militares, desde que em local próprio disponibilizado para o efeito;
g) Exprimir opinião em matérias expressamente incluídas nas suas finalidades estatutárias;
h) Integrar e estabelecer contactos com associações, federações de associações e organizações internacionais congéneres que prossigam objectivos análogos.

ARTIGO 3.º
Restrições ao exercício de direitos

1 – O exercício dos direitos consagrados no artigo anterior para as associações militares constituídas nos termos da presente lei está sujeito às restrições e condicionalismos previstos nos artigos 31.º a 31.º-F da Lei de Defesa Nacional e das Forças Armadas.

2 – Sem prejuízo do disposto na presente lei e demais legislação aplicável, o exercício de actividades associativas a que se refere a presente lei não pode, em caso algum e por qualquer forma, colidir com os deveres e funções legalmente definidos nem com o cumprimento das missões de serviço.

ARTIGO 4.º
Estatuto dos dirigentes associativos

O estatuto dos dirigentes associativos é aprovado pelo Governo mediante decreto-lei.

Aprovada em 17 de Julho de 2001.

O Presidente da Assembleia da República, *António de Almeida Santos.*

Promulgada em 17 de Agosto de 2001.

Publique-se.

O Presidente da República, JORGE SAMPAIO.

Referendada em 20 de Agosto de 2001.

O Primeiro-Ministro, *António Manuel de Oliveira Guterres.*

DECRETO-LEI N.º 279-A/2001, DE 19 DE OUTUBRO

LICENÇA ESPECIAL PARA O EXERCÍCIO DE MANDATOS ELECTIVOS

A capacidade eleitoral passiva configura um direito fundamental de cidadania, com expresso acolhimento constitucional, cujo exercício é conferido a todos os cidadãos em condições de plena igualdade e liberdade.

Concomitantemente, prevê, ainda, a Constituição da República que as limitações a consagrar em sede de capacidade eleitoral passiva dos militares e agentes militarizados em serviço efectivo sejam estabelecidas na estrita medida das exigências que decorrem das suas funções próprias.

Com as recentes alterações introduzidas na Lei de Defesa Nacional e das Forças Armadas (Lei n.º 29/82, de 11 de Dezembro) pela Lei Orgânica n.º 4/2001, de 30 de Agosto, o tratamento normativo da capacidade eleitoral passiva dos militares, tanto os pertencentes ao quadro permanente como os vinculados nos regimes de voluntariado e de contrato, veio a merecer autonomização em preceito próprio. De facto, o artigo 31.º-F veio proceder ao reenquadramento legal do direito em apreço, cujo exercício passou a ser substantivado com referência a uma forma atípica de licença, subsumível na previsão constante da alínea i) do artigo 93.º do Estatuto dos Militares das Forças Armadas, aprovado pelo Decreto-Lei n.º 236/99, de 25 de Junho.

Importa, pois, através do presente diploma, proceder ao adequado desenvolvimento e regulamentação do conteúdo inerente a este tipo de licença especial, fixando-se, em paralelo, a própria situação jus-estatutária dos militares que por ela venham a ser abrangidos.

Foram observados os procedimentos decorrentes da Lei Orgânica n.º 3/2001, de 29 de Agosto.

Assim:

No desenvolvimento do regime jurídico estabelecido pela Lei n.º 29/82, de 11 de Dezembro, alterada pelas Leis n.ºs 41/83, de 21 de Dezembro, 111/91, de 29 de Agosto, 113/91, de 29 de Agosto, 18/95, de 13 de Julho, e 3/99, de 18 de Setembro, e Lei Orgânica n.º 4/2001, de 30 de Agosto, e nos termos da alínea c) do n.º 1 do artigo 198.º da Constituição, o Governo decreta o seguinte:

ARTIGO 1.º
Objecto e âmbito

O presente diploma visa regular a aplicação da licença especial a que se refere o artigo 31.º-F da Lei n.º 29/82, de 11 de Dezembro, na redacção introduzida pela Lei n.º 4/2001, de 30 de Agosto, à qual ficam sujeitos os militares pertencentes ao quadro permanente (QP) e nos regimes de voluntariado (RV) e de contrato (RC) que se encontrem a prestar serviço efectivo e pretendam concorrer a eleições para os órgãos de soberania, de governo próprio das Regiões Autónomas e do poder local e para deputado ao Parlamento Europeu.

ARTIGO 2.º
Concessão

1 – A licença especial a que se refere o presente diploma é concedida pelo chefe do estado-maior do ramo a que o requerente pertencer, dentro dos prazos e com os efeitos previstos na LDNFA.

2 – A ausência de decisão administrativa dentro dos prazos previstos no n.º 2 do artigo 31.º-F da Lei n.º 29/82, de 11 de Dezembro, equivale ao deferimento tácito do pedido de concessão da licença especial a que se refere o artigo anterior.

ARTIGO 3.º
Efeitos da licença especial

1 – Durante o período de exercício do mandato electivo ao qual se candidatou, o militar beneficiário da licença especial é considerado fora da efectividade do serviço, na situação de adido ao quadro, se pertencer ao QP, ou para além do quantitativo autorizado, se em RV ou RC.

2 – Após concessão da licença especial e até conclusão do processo eleitoral, o militar que dela beneficie apenas percebe a remuneração correspondente ao posto e escalão de que for titular.

3 – A eleição do militar para o exercício do mandato ao qual se candidatou faz cessar toda e qualquer obrigação remuneratória de natureza militar, sem prejuízo da faculdade de opção, quando esta esteja legalmente prevista, pela remuneração mais favorável.

4 – Durante o período integral de duração da licença especial, o militar que dela beneficie mantém o direito à assistência médica, medicamentosa e hospitalar e ao apoio social, conferidos pelo Decreto-Lei n.º 236/99, de 25 de Junho, ou por legislação especial.

ARTIGO 4.º

Cessação da licença especial

1 – Cessando, a qualquer título, o exercício do mandato electivo ao qual se candidatou, o militar regressa à efectividade de serviço, de acordo com as seguintes regras:

a) Caso pertença ao QP no activo, é considerado na situação de supranumerário, não podendo ser prejudicado no acesso à satisfação das condições especiais de promoção ao posto imediatamente seguinte, que como tal se encontrem estatutariamente previstas;
b) Caso se encontre a prestar serviço em RV ou RC e não tenha passado à reserva de disponibilidade, regressa à situação anterior.

2 – A eleição do militar para um segundo mandato determina a sua transição automática para a situação de reserva, no caso de pertencer ao QP, ou para a situação de reserva de disponibilidade, caso se encontre em RV ou RC, nos termos do disposto no n.º 8 do artigo 31.º-F da Lei n.º 29/82, de 11 de Dezembro.

ARTIGO 5.º

Obrigações contributivas

1 – Durante o período de duração da licença especial a que se refere o presente diploma, mantêm-se em vigor as obrigações contributivas de natureza social do militar, nos termos da legislação aplicável.

2 – Quando a remuneração auferida pelo desempenho do cargo electivo for inferior à que o militar auferiria enquanto tal, pode este efectuar, junto da

Caixa Geral de Aposentações, o pagamento dos descontos correspondentes à diferença remuneratória verificada.

ARTIGO 6.º
Regime subsidiário

Ao militar no gozo da licença especial prevista no presente diploma aplicam-se as regras estatutárias previstas no Decreto-Lei n.º 236/99, de 25 de Junho, desde que não contrariem o regime previsto pelo artigo 31.º-F da Lei n.º 29/82, de 11 de Dezembro.

ARTIGO 7.º
Entrada em vigor e produção de efeitos

O presente diploma entra em vigor no dia imediato ao da sua publicação e produz efeitos à data de entrada em vigor da Lei Orgânica n.º 4/2001, de 30 de Agosto.

Visto e aprovado em Conselho de Ministros de 11 de Outubro de 2001. – *António Manuel de Oliveira Guterres – Guilherme d'Oliveira Martins – Guilherme d'Oliveira Martins – Rui Eduardo Ferreira Rodrigues Pena.*

Promulgado em 16 de Outubro de 2001.

Publique-se.

O Presidente da República, JORGE SAMPAIO.

Referendado em 16 de Outubro de 2001.

O Primeiro-Ministro, *António Manuel de Oliveira Guterres.*

MISSÕES HUMANITÁRIAS E DE PAZ

- **D.L. n.º 233/96, de 7/12:**
  – *Estatuto dos Militares em Missões Diplomáticas;*

- **Portaria n.º 370/97, de 6/06:**
  – *Define o Suplemento de função a abonar aos militares que participem em missões humanitárias e de paz no estrangeiro;*

- **Portaria n.º 905/99, de 13/10:**
  – *Regula a atribuição do seguro de vida aos militares em missões humanitárias e de paz;*

- **Portaria n.º 261/2000, de 13/05:**
  – *Fixa os encargos orçamentais anuais resultantes do contrato de seguro para militares em missões humanitárias e de paz;*

- **Portaria n.º 394/2000, de 14/07:**
  – *Actualiza o suplemento de missão a abonar aos militares que integram missões humanitárias e de paz no estrangeiro.*

DECRETO-LEI N.º 233/96, DE 7 DE DEZEMBRO

APROVA O ESTATUTO DOS MILITARES EM MISSÕES HUMANITÁRIAS E DE PAZ NO ESTRANGEIRO

Atendendo aos fundamentos do nosso regime democrático e ao espaço geopolítico em que Portugal se insere, a defesa dos nossos interesses passa pela participação, na medida dos recursos e capacidades disponíveis, nas acções de defesa e promoção da paz no mundo, assumindo por inteiro as responsabilidades que nos cabem nas organizações internacionais e alianças político-militares em que estamos inseridos.

Neste contexto, importa sublinhar a importância das missões humanitárias e de paz em que Portugal não pode deixar de se empenhar, na medida das suas reais possibilidades e interesses. A participação de militares portugueses, integrados ou não em forças constituídas, em operações de paz, seja na Europa, seja em África, testemunha o empenho de Portugal em acompanhar os seus aliados e parceiros nos processos hoje disponíveis para a prevenção e a resolução de conflitos; testemunha igualmente a capacidade demonstrada pelos militares portugueses para desempenharem as novas missões que hoje se deparam à generalidade das Forças Armadas.

Desta forma, uma vez que no âmbito dos compromissos internacionais assumidos por Portugal, militares portugueses ou forças militares constituídas podem, em tempo de paz, ser chamados a desempenhar missões de carácter militar com objectivos humanitários ou destinadas ao estabelecimento, consolidação ou manutenção da paz, importa proceder à definição do estatuto dos militares que nelas participam.

Assim:

No desenvolvimento do regime jurídico estabelecido pela Lei n.º 11/89, de 1 de Junho, e pelo n.º 3 do artigo 19.º do Decreto-Lei n.º 184/89, de 2 de

Junho, e nos termos das alíneas a) e c) do n.º 1 do artigo 201.º da Constituição, o Governo decreta o seguinte:

ARTIGO 1.º
Âmbito

O presente diploma define o estatuto dos militares das Forças Armadas envolvidos em missões humanitárias e de paz fora do território nacional, no quadro dos compromissos internacionais assumidos por Portugal.

ARTIGO 2.º
Nomeação

1 – Decidida, nos termos da Constituição e da lei, a participação de Portugal numa missão humanitária ou de paz, compete ao Ministro da Defesa Nacional, por portaria, definir os termos dessa participação e cometer às Forças Armadas a missão ou missões daí decorrentes.

2 – Sem prejuízo do disposto na Lei de Defesa Nacional e das Forças Armadas, a nomeação dos militares que, isolados ou integrados em forças ou unidades, participem no cumprimento das missões a que se refere o artigo anterior é da competência dos chefes de estado-maior dos respectivos ramos, em execução de directiva do Chefe do Estado-Maior-General das Forças Armadas.

ARTIGO 3.º
Suplemento de missão

1 – Além das remunerações e suplementos que normalmente lhes são atribuídos, os militares que participam em missões humanitárias e de paz têm direito a um suplemento de missão, calculado nos termos dos números seguintes.

2 – O suplemento de missão tem natureza de ajuda de custo.

3 – O valor do suplemento de missão é fixado por portaria conjunta dos Ministros da Defesa Nacional e das Finanças e não pode ser inferior a metade do valor fixado para ajudas de custo no estrangeiro para os mesmos postos ou categorias.

4 – Sempre que o militar receber de um Estado ou organização internacional qualquer abono a título ou por motivo da sua participação na missão, será o respectivo contravalor em escudos descontado no suplemento de missão.

5 – A atribuição do suplemento de missão exclui o direito a perceber ajudas de custo previstas para deslocações ao e no estrangeiro.

6 – O suplemento de embarque previsto no Decreto-Lei n.º 169/94, de 22 de Junho, não é cumulável com o suplemento de missão, sendo abonado o de montante superior.

Artigo 4.º
Alojamento, alimentação e fardamento

1 – Os militares que participam em missões humanitárias e de paz têm direito a alojamento e alimentação consentâneos com a situação operacional, a assegurar pelo Estado Português, quando não fornecidas por outro Estado ou organização internacional.

2 – Os militares têm ainda direito a uma dotação de fardamento adequada ao tipo de missão a desempenhar.

Artigo 5.º
Assistência na doença

1 – O Estado Português garante aos militares integrados nas missões humanitárias e de paz assistência médica, medicamentosa e hospitalar e ainda o acesso aos meios de diagnóstico e terapêutica que venham a revelar-se necessários.

2 – O militar que, durante o período da missão, tenha sofrido baixa por acidente ou doença mantém o direito a todos os abonos e demais prestações especificamente previstos no presente diploma até que seja evacuado para o território nacional.

Artigo 6.º
Protecção social

1 – Os militares, quando no cumprimento das missões previstas no presente diploma, são abrangidos pelos regimes de pensão de reforma extraordinária ou de invalidez, pensão de preço de sangue, pensão por serviços excepcionais e relevantes, e pelo regime dos deficientes das Forças Armadas, nos termos previstos nos respectivos diplomas.

2 – O cumprimento de missões humanitárias e de paz a que se refere o presente diploma considera-se exercício da função militar.

3 – Para efeitos de atribuição da pensão de preço de sangue, entende-se que o conceito de acidente utilizado pelo legislador na alínea a) do n.º 1 do artigo 2.º do Decreto-Lei n.º 404/82 inclui o evento que constitua causalidade adequada à produção da morte por doença adquirida ou agravada em ocasião de serviço e em consequência do mesmo.

4 – Para efeitos de qualificação como deficiente das Forças Armadas, entende-se por «inimigo» toda a força actuante na área de intervenção da missão, de modo objectivamente hostil ao pessoal afecto ao cumprimento da missão, e por «acção indirecta» do inimigo toda a acção levada a efeito no quadro de um conflito na área de intervenção da missão, ainda que pretérita, que venha a produzir efeitos directos ou indirectos sobre militares portugueses.

ARTIGO 7.º

Acidentes e doença

1 – Com excepção dos períodos de licença gozados fora da área de intervenção da missão humanitária ou de paz, os acidentes nela ocorridos, bem como nos trânsitos de e para o território nacional, quando em transporte militar ou a expensas do Estado, presumem-se ocorridos em serviço ou em consequência do mesmo.

2 – A doença adquirida ou agravada por militar durante a missão humanitária ou de paz, desde o momento do seu embarque até ao regresso definitivo, presume-se que o foi em ocasião de serviço e em consequência do mesmo.

ARTIGO 7.º-A (*)

Seguro de vida

Aos militares integrados em missões de paz e humanitárias fora do território nacional é constituído um seguro de vida para reparação dos danos por morte ou invalidez permanente, a atribuir nas condições, período e montantes que vierem a ser regulamentados em portaria conjunta dos Ministros da Defesa Nacional e das Finanças e pelo membro do Governo responsável pela Administração Pública.

(*) *Introduzido pelo art. 1.º do DL n.º 348/99, de 27/12. (O artigo 2.º deste diploma dispõe que* «O presente diploma é aplicável aos militares que se encontrem envolvidos em missões humanitárias e de paz fora do território nacional à data da sua entrada em vigor»).

Artigo 8.º (*)
Licença especial

1 – Os militares abrangidos pelo presente diploma têm direito, além das licenças estatutariamente previstas, a uma licença correspondente a dois dias e meio por cada mês completo de missão, a qual é gozada sem prejuízo para o serviço e desde que não seja usufruído outro tipo de licença concedida pela organização internacional que tutela a missão.

2 – A licença referida no número anterior não deverá ter lugar nos primeiro e último meses de permanência no teatro de operações, sendo preferencialmente gozada nesse teatro ou nas suas proximidades, não tendo os militares direito a transporte por conta do Estado.

3 – Caso o militar não goze a licença ou parte dela durante o decurso da missão, deverá fazê-lo após o termo da mesma.

(*) *Redacção dada pelo artigo único do DL n.º 299/2003, de 4/12.*

Artigo 9.º
Privilégios e imunidades em território estrangeiro

Os militares abrangidos pelo presente diploma, quando em território estrangeiro, gozam dos privilégios e imunidades decorrentes de convenções de que Portugal seja parte ou as que vierem a ser acordadas, em cada caso, entre o Estado Português ou as organizações internacionais sob a égide das quais decorre a missão e o Estado onde a mesma se desenvolve.

Artigo 10.º (*)
Participação na missão

1 – Para efeitos do presente diploma, a participação na missão considera-se iniciada e finalizada, respectivamente, na data de embarque e desembarque definitivo em Portugal ou outro país, se for o caso.

2 – Tratando-se de forças ou unidades navais e se o número anterior não for aplicável em virtude de lhes estar atribuída uma missão anterior ou posterior à participação na missão humanitária e de paz, esta considera-se iniciada e finalizada, respectivamente, na data em que é iniciado o trânsito para a área de operações e na data em que é assumida uma missão diversa ou reassumida a missão anterior.

3 – No final da participação na missão, os militares em regime de voluntariado ou de contrato, mediante requerimento, podem passar à situação de reserva de disponibilidade.

4 – Exceptuam-se do previsto no número anterior os militares a quem tenha sido interrompida a participação na missão por motivos disciplinares.

(*) *Redacção dada pelo artigo único do DL n.º 233/96, de 4/12.*

ARTIGO 11.º
Tempo de serviço

1 – Para efeitos de aposentação, o tempo de serviço efectivamente prestado no cumprimento das missões previstas no presente diploma é acrescido de 15%, 20% ou 25%, conforme a missão se encontre sedeada em país ou território de classe A, B ou C, respectivamente.

2 – A classificação dos países e territórios é efectuada por portaria dos Ministros da Defesa Nacional e dos Negócios Estrangeiros, em função das condições climáticas, de salubridade e de estabilidade política e militar.

ARTIGO 12.º
Efeitos

O presente diploma produz efeitos desde 1 de Janeiro de 1996.

ARTIGO 13.º
Disposição transitória

O suplemento de missão a que, a título e por motivo da participação em missão humanitária ou de paz iniciada anteriormente à publicação do presente diploma, um militar venha a ter direito não pode ser inferior ao que resulta da aplicação do regime que tem vigorado para essa missão.

Visto e aprovado em Conselho de Ministros de 10 de Outubro de 1996. – *António Manuel de Carvalho Ferreira Vitorino – António Manuel de Carvalho Ferreira Vitorino – Jaime José Matos da Gama – António Luciano Pacheco de Sousa Franco – Maria João Fernandes Rodrigues.*

Promulgado em 20 de Novembro de 1996.
Publique-se.
O Presidente da República, JORGE SAMPAIO.
Referendado em 22 de Novembro de 1996.
O Primeiro-Ministro, *António Manuel de Oliveira Guterres.*

PORTARIA N.º 370/97, DE 6 DE JUNHO

Nota: *Actualizado o suplemento para os anos de 1998 e 1999 pela Portaria n.º 394/2000, de 14/07/2000*

DEFINE O SUPLEMENTO DE MISSÃO A ABONAR AOS MILITARES EM MISSÕES HUMANITÁRIAS E DE PAZ NO ESTRANGEIRO

O Decreto-Lei n.º 233/96, de 7 de Dezembro, no seu artigo 3.º, instituiu o suplemento de missão a abonar aos militares que participem em missões de paz e humanitárias, habilitando os Ministros da Defesa Nacional e das Finanças a definirem, por portaria, o seu valor, impondo apenas como limite mínimo metade da ajuda de custo no estrangeiro para os mesmos postos e categorias.

Colhida alguma experiência de participação de forças portuguesas em missões internacionais de paz, cumpre definir a tabela de valores de suplemento de missão adequada às missões e às capacidades financeiras do Estado Português, em geral, e das Forças Armadas, em particular.

Assim, e ao abrigo do n.º 3 do artigo 3.º do Decreto-Lei n.º 233/96, de 7 de Dezembro:

Manda o Governo, pelos Ministros da Defesa Nacional e das Finanças, o seguinte:

1.º O suplemento de missão a que alude o artigo 3.º do Decreto-Lei n.º 233/96, de 7 de Dezembro, é o constante da tabela anexa à presente portaria e que dela faz parte integrante.

2.º O suplemento de missão é diário, pago mensalmente.

3.º O militar pode optar por receber o suplemento de missão conjuntamente com o vencimento, remuneração, retribuição monetária ou compensação financeira a que tiver direito, ou separadamente e pago em numerário no local da missão sempre que tal seja possível.

4.º Sempre que a missão seja superior a 60 dias, o militar pode requerer o abono antecipado à data da partida, por conta do suplemento referente ao último mês de missão, até ao montante de 15 dias de suplemento de missão.

5.º A presente portaria produz efeitos desde 1 de Janeiro de 1997.

Ministérios da Defesa Nacional e das Finanças.

Assinada em 15 de Maio de 1997.

O Ministro da Defesa Nacional, António Manuel de Carvalho Ferreira Vitorino.

Pelo Ministro das Finanças, Maria Manuela de Brito Arcanjo Marques da Costa, Secretária de Estado do Orçamento.

TABELA A QUE SE REFERE O N.º 1.º

Oficiais generais 18 000$00
Capitão-de-mar-e-guerra, coronel 17 000$00
Outros oficiais superiores (a) 16 000$00
Primeiro-tenente, capitão (a) 14 400$00
Oficiais subalternos e aspirante a oficial 14 150$00
Sargento-mor e sargento-chefe 13 900$00
Outros sargentos 13 000$00
Praças 12 050$00

(a) Recebe valor idêntico ao de capitão-de-mar-e-guerra, coronel se for o comandante das forças portuguesas na missão.

PORTARIA N.º 905/99, DE 13 DE OUTUBRO

REGULAMENTA A ATRIBUIÇÃO DO SEGURO DE VIDA AOS MILITARES INTEGRADOS EM MISSÕES HUMANITÁRIAS E DE PAZ FORA DO TERRITÓRIO NACIONAL

O Decreto-Lei n.º 233/96, de 7 de Dezembro, que aprova o estatuto dos militares em missões humanitárias e de paz no estrangeiro, foi alterado pelo Decreto-Lei n.º 348/99, de 27 de Agosto, que cria um seguro de vida destinado àqueles militares, para reparação dos danos por morte ou invalidez permanente.

O mesmo diploma estabelece que as condições, período e montantes do seguro são objecto de regulamentação por portaria conjunta dos Ministros da Defesa Nacional e das Finanças e pelo membro do Governo responsável pela Administração Pública.

Assim:

Ao abrigo do disposto no artigo 7.º-A do Decreto-Lei n.º 233/96, de 7 de Dezembro, na redacção do Decreto-Lei n.º 348/99, de 27 de Agosto:

Manda o Governo, pelos Ministros da Defesa Nacional, das Finanças e Adjunto, o seguinte:

1.º O seguro de vida para reparação dos danos por morte ou invalidez permanente dos militares integrados nas missões humanitárias e de paz fora do território nacional é contratado nas condições, período e montante constantes dos números seguintes.

2.º O número de militares abrangido pelo presente seguro é de 1700.

3.º O início e o fim da garantia da pessoa segura reportam-se ao início e ao fim da missão, abrangendo os momentos e locais de embarque e desembarque definitivo.

4.º O período do seguro é de um ano, renovável.

5.º O capital seguro corresponde a 18 meses da remuneração mensal equivalente ao posto de capitão, constituída pela remuneração base do índice do 1.º escalão e pelo suplemento da condição militar, acrescida do suplemento de missão, multiplicado pelo número de militares referido no n.º 2.º.

6.º O valor da indemnização por morte ou incapacidade total permanente corresponde ao capital seguro individual.

7.º Em caso de incapacidade parcial permanente, a indemnização é calculada tendo em consideração as percentagens de desvalorização constantes da Tabela Nacional de Incapacidades.

Em 26 de Setembro de 1999.

Pelo Ministro da Defesa Nacional, José Rodrigues Pereira Penedos, Secretário de Estado da Defesa Nacional. – Pelo Ministro das Finanças, João Carlos da Costa Ferreira da Silva, Secretário de Estado do Orçamento. – Pelo Ministro Adjunto, Fausto de Sousa Correia, Secretário de Estado da Administração Pública e da Modernização Administrativa.

PORTARIA N.º 261/2000, DE 13 DE MAIO

FIXA OS ENCARGOS ORÇAMENTAIS ANUAIS RESULTANTES DO CONTRATO DE SEGUROS PARA MILITARES EM MISÕES HUMANITÁRIA E DE PAZ

A Portaria n.º 905/99, de 13 de Outubro, fixou em 1700 o número de militares integrados em missões humanitárias e de paz fora do território nacional abrangidos pelo seguro instituído pelo artigo 7.º-A do Decreto-Lei n.º 233/96, de 7 de Dezembro. Ora, constatou-se que, em virtude dos movimentos de rendição, este número pode ser excedido, pelo que importa prever tal eventualidade.

A par destas matérias determina a mesma portaria que o início e o fim da garantia da pessoa segura se reportam ao início a ao fim da missão, abrangendo os movimentos e locais de embarque e desembarque definitivo, sem, todavia, proceder à definição dos conceitos de «embarque» e «desembarque», a qual se manifesta indispensável.

É também previsto no mesmo diploma que o período do seguro é de um ano, renovável, pelo que os encargos a assumir pelo Estado se projectam em mais de um ano económico, obrigando, assim, nos termos do disposto no n.º 1 do artigo 22.º do Decreto-Lei n.º 197/99, de 8 de Junho, à prolação de uma portaria conjunta.

Finalmente, é manifesta a urgência na produção de efeitos do contrato a celebrar, de modo a abranger os militares já integrados nas missões humanitárias e de paz a decorrer fora do território nacional, urgência esta que obriga a que o contrato produza efeitos, excepto o do pagamento do respectivo preço, desde a data da sua celebração.

Assim, e não obstante serem distintas as matérias a tratar, a economia de meios e a necessidade da intervenção conjunta de membros do Governo justificam a sua inclusão numa única portaria.

Assim:

Tendo presentes as disposições constantes da Portaria n.º 905/99, de 13 de Outubro, o n.º 1 do artigo 22.º do Decreto-Lei n.º 197/99, de 8 de Junho, e a alínea b) do n.º 2 do artigo 45.º da Lei n.º 98/97, de 26 de Agosto:

Manda o Governo, pelos Ministros da Defesa Nacional, das Finanças e da Reforma do Estado e da Administração Pública, o seguinte:

1.º O número de militares abrangido pelo seguro previsto no artigo 7.º-A do Decreto-Lei n.º 233/96, de 7 de Dezembro, e na Portaria n.º 905/99, de 13 de Outubro, é o dos que, efectivamente, se encontrarem em missão.

2.º Os encargos orçamentais anuais resultantes da celebração do contrato de seguro previsto no artigo 7.º-A do Decreto-Lei n.º 233/96, de 7 de Dezembro, e na Portaria n.º 905/99, de 13 de Outubro, não poderão exceder os seguintes montantes:

a) No ano de 2000, 70 000 000$00;

b) No ano de 2001, 120 000 000$00;

c) No ano de 2002, 120 000 000$00.

3.º As importâncias fixadas para os anos de 2001 e de 2002 serão acrescidas aos saldos que se apurarem na execução orçamental dos anos anteriores.

4.º Os encargos resultantes da execução do presente diploma serão satisfeitos por verbas adequadas do orçamento do Ministério da Defesa Nacional para os anos de 2000, de 2001 e de 2002, inscritas e a inscrever pelos montantes correspondentes.

5.º Para efeitos da determinação do início e do fim da missão, entende-se por «embarque» o momento em que os militares acedem ao meio de transporte que os irá conduzir ao local de intervenção da missão e por «desembarque» o momento em que os militares deixam o meio de transporte que os conduziu no regresso definitivo da missão.

6.º O contrato de seguro a celebrar, porque abrange os militares que já integram as missões humanitárias e de paz, configura-se como manifestamente urgente, produzindo os seus efeitos desde a data da celebração, com excepção do preço a pagar, o qual fica condicionado à concessão de visto pelo Tribunal de Contas.

7.º Os efeitos da presente portaria retroagem à data de 8 de Março de 2000.

Em 17 de Abril de 2000.

O Ministro da Defesa Nacional, Júlio de Lemos de Castro Caldas. – O Ministro das Finanças, Joaquim Augusto Nunes Pina Moura. – O Ministro da Reforma do Estado e da Administração Pública, Alberto de Sousa Martins.

PORTARIA N.º 394/2000, DE 14 DE JULHO

ACTUALIZA O SUPLEMENTO DE MISSÃO A ABONAR AOS MILITARES EM MISSÕES HUMANITÁRIAS E DE PAZ NO ESTRANGEIRO

Considerando que a Portaria n.º 370/97, de 6 de Junho, veio fixar o quantitativo do suplemento de missão dos militares envolvidos em missões humanitárias e de paz fora do território, no quadro dos compromissos internacionais assumidos por Portugal, a que se refere o artigo 3.º do Decreto-Lei n.º 233/96, de 7 de Dezembro, bem como estabelecer as condições da sua atribuição;

Atendendo à necessidade de se proceder à actualização dos montantes do suplemento de missão dos militares das Forças Armadas participantes em missões de paz e humanitárias, nos anos de 1998 e 1999, respectivamente, em termos semelhantes às actualizações das ajudas de custo relativas a deslocações em missão oficial ao estrangeiro e no estrangeiro a abonar aos militares das Forças Armadas;

Considerando, ainda, que a experiência colhida recomenda, em termos de eficácia legislativa, que os montantes dos suplementos de missão sejam actualizados, de forma automática, com referência ao valor percentual correspondente à revisão das ajudas de custo a abonar aos militares das Forças Armadas que se desloquem em missão oficial ao estrangeiro e no estrangeiro:

Assim, ao abrigo do n.º 3 do artigo 3.º do Decreto-Lei n.º 233/96, de 7 de Dezembro:

Manda o Governo, pelos Ministros da Defesa Nacional e das Finanças, o seguinte:

1.º O suplemento de missão a que alude o artigo 3.º do Decreto-Lei n.º 233/96, de 7 de Dezembro, cujo montante foi fixado pela

Portaria n.º 370/97, de 6 de Junho, é actualizado, relativamente ao ano de 1998, em 2,75%, produzindo a presente portaria efeitos desde 1 de Janeiro de 1998.

2.º É, ainda, aumentado de 3%, para o ano de 1999, o valor do suplemento de missão calculado de harmonia com o número precedente, com efeitos desde 1 de Janeiro de 1999.

3.º O suplemento de missão a abonar aos militares das Forças Armadas que participem em missões humanitárias e de paz é actualizável em Janeiro de cada ano, de acordo com o valor percentual correspondente à revisão anual das ajudas de custo a abonar aos militares das Forças Armadas por deslocações em missão oficial ao estrangeiro e no estrangeiro.

Em 16 de Junho de 2000.

O Ministro da Defesa Nacional, Júlio de Lemos de Castro Caldas. – Pelo Ministro das Finanças, Fernando Manuel dos Santos Vigário Pacheco, Secretário de Estado do Orçamento.

COMBATENTES DO EX-ULTRAMAR

- **Portaria n.º 119/99, de 10/02:**
  – *Aprova o Estatuto da Liga dos Combatentes;*

- **Lei n.º 9/2002, de 11/02:**
  – *Regime Jurídico dos períodos de prestação do serviço militar de ex-combatentes para efeitos de aposentação e reforma;*

- **Lei n.º 21/2004, de 5/06:**
  – *Altera o âmbito de aplicação pessoal da Lei n.º 9/2002, de 11/02;*

- **D.L. n.º 160/2004, de 2/07:**
  – *Regulamenta a Lei n.º 9/2002, de 11/02.*

- **Portaria n.º 1033-HQ/2004, de 10/08:**
  – *Requerimento para contagem do tempo de serviço militar para efeito de reforma.*

- **Portaria n.º 1307/2004, de 13/10:**
  – *Quadro legal e normas de funcionamento do Fundo dos Antigos Combatentes.*

- **Lista de outros apoios aos antigos combatentes**

PORTARIA N.º 119/99, DE 10 DE FEVEREIRO

APROVA O ESTATUTO DA LIGA DOS COMBATENTES

A Liga dos Combatentes, inicialmente designada por Liga dos Combatentes da Grande Guerra, fundada em 1923 e oficializada pela Portaria n.º 3888, de 29 de Janeiro de 1924, mantém-se, de acordo com o disposto na alínea b) do artigo 4.º do Decreto-Lei n.º 47/93, de 26 de Fevereiro, sujeita à tutela do Ministro da Defesa Nacional e rege-se actualmente por um estatuto aprovado pela Portaria n.º 745/75, de 16 de Dezembro, alterado pelas Portarias n.os 725/81, de 27 de Agosto, 801/81, de 16 de Setembro, 392/92, de 12 de Maio, e 901/95, de 18 de Julho.

As sucessivas alterações do estatuto e a sua desactualização face a inúmeras alterações legislativas ocorridas posteriormente à sua publicação impõem que se proceda à sua actualização, conformando-o com o regime jurídico-legal vigente e definindo e ordenando coerentemente as diversas matérias que comporta, por forma a torná-lo mais simples e de mais fácil consulta.

O presente estatuto foi objecto de aprovação pela assembleia geral da Liga dos Combatentes.

Assim, nos termos da alínea g) do artigo 199.º da Constituição:

Manda o Governo, pelo Ministro da Defesa Nacional, o seguinte:

1.º É aprovado o Estatuto da Liga dos Combatentes, anexo à presente portaria, da qual faz parte integrante.

2.º São revogados os seguintes diplomas:
Portaria n.º 745/75, de 16 de Dezembro;
Portaria n.º 725/81, de 27 de Agosto;
Portaria n.º 801/81, de 16 de Setembro;

Portaria n.º 392/92, de 12 de Maio;
Portaria n.º 901/95, de 18 de Julho.

Ministério da Defesa Nacional.

Assinada em 20 de Janeiro de 1999.

O Ministro da Defesa Nacional, José Veiga Simão.

ESTATUTO DA LIGA DOS COMBATENTES

Capítulo I
Natureza, objectivos e âmbito de acção

Artigo 1.º
Natureza jurídica e tutela

1 – A Liga dos Combatentes é uma pessoa colectiva de utilidade pública administrativa, sem fins lucrativos, de ideal patriótico e de carácter social, dotada de plena capacidade jurídica para a prossecução dos seus objectivos.

2 – A Liga dos Combatentes exerce a sua actividade sob a tutela do Ministro da Defesa Nacional.

Artigo 2.º
Objectivos

1 – Constituem objectivos da Liga dos Combatentes:

a) Promover a exaltação do amor à Pátria e a divulgação, em especial entre os jovens, do significado dos símbolos nacionais, bem como a defesa intransigente dos valores morais e históricos de Portugal;
b) Promover o prestígio de Portugal, designadamente através de acções de intercâmbio com associações congéneres estrangeiras;
c) Promover a protecção e auxílio mútuo e a defesa dos legítimos interesses espirituais, morais e materiais dos sócios;
d) Cooperar com os órgãos de soberania e da Administração Pública com vista à realização dos seus objectivos, nomeadamente no que

respeita à adopção de medidas de assistência a situações de carência económica dos associados e de recompensa daqueles a quem a Pátria deva distinguir por actos ou feitos relevantes praticados ao seu serviço;

e) Criar, manter e desenvolver departamentos ou estabelecimentos de ensino, cultura, trabalho e solidariedade social em benefício geral do País e directo dos seus associados.

2 – À Liga dos Combatentes está vedado o exercício ou participação em actividades de carácter político, partidário, sindical ou ideológico.

ARTIGO 3.º

Âmbito de acção e sede

1 – A Liga dos Combatentes exerce a sua actividade através dos seus órgãos centrais e núcleos.

2 – A sede da Liga dos Combatentes é em Lisboa.

CAPÍTULO II

Dos sócios

ARTIGO 4.º

Sócios

1 – A Liga dos Combatentes admite como sócios todas as pessoas singulares ou colectivas, nacionais ou estrangeiras, que professem o ideário da instituição e que se disponham a servi-la, contribuindo com o seu patrocínio e o seu esforço ou auxílio monetário para a manutenção e funcionamento da mesma.

2 – Não podem ser admitidos como sócios da Liga dos Combatentes os indivíduos que hajam sido condenados pela prática de crime com dolo e os que não possuam reconhecidas qualidades morais e cívicas.

ARTIGO 5.º

Categorias dos sócios

1 – Os sócios da Liga dos Combatentes agrupam-se nas seguintes categorias:

a) Sócios combatentes;

b) Sócios efectivos;

c) Sócios extraordinários;
d) Sócios honorários;
e) Sócios beneméritos;
f) Sócios apoiantes.

2 – São admitidos como sócios combatentes:

a) Os cidadãos que prestem ou tenham prestado serviço nas Forças Armadas Portuguesas e tenham participado em missões de defesa, de segurança, de soberania, humanitárias e de paz ou de cooperação;
b) Os elementos das forças de segurança que participem ou tenham participado em missões equiparadas às condições referidas na alínea anterior;
c) Os cidadãos que prestem ou tenham prestado serviço, ainda que integrados em organizações civis, em missões de defesa, de segurança, de soberania, humanitárias e de paz ou de cooperação no interesse de Portugal;
d) Os cidadãos que, em território nacional, tenham participado em missões de segurança no decorrer de situações de estado de sítio ou de emergência;
e) Os estrangeiros nas condições referidas nas alíneas anteriores.

3 – São sócios efectivos os cidadãos que prestem ou tenham prestado serviço nas Forças Armadas Portuguesas, mas que não preencham as condições referidas no número anterior.

4 – São sócios extraordinários os cônjuges, os cônjuges sobrevivos e os ascendentes e descendentes até ao 2.º grau dos sócios combatentes e dos sócios efectivos.

5 – São sócios honorários as pessoas singulares ou colectivas, nacionais ou estrangeiras, a quem, por mérito ou pelos serviços relevantes prestados à Pátria ou à Liga dos Combatentes, a assembleia geral confira esse título.

6 – São sócios beneméritos as pessoas singulares ou colectivas, nacionais ou estrangeiras, a quem, por actos praticados em benefício da Liga dos Combatentes ou dos seus associados, a direcção central atribua essa qualidade.

7 – São sócios apoiantes as pessoas singulares ou colectivas, nacionais ou estrangeiras, que apoiem de forma regular com donativos ou quotização os núcleos em que estejam filiados.

Artigo 6.º
Quota

O valor da quota a pagar pelos sócios é estabelecido em assembleia geral.

ARTIGO 7.º
Direitos e deveres dos sócios

Os direitos e deveres dos sócios serão regulados pelo regulamento geral de funcionamento da Liga dos Combatentes.

ARTIGO 8.º
Perda da qualidade de sócio

1 – A qualidade de sócio da Liga dos Combatentes perde-se pela verificação de alguma das seguintes situações:

a) Renúncia expressa do sócio;
b) Falecimento ou extinção, consoante se trate de pessoa singular ou colectiva;
c) Não pagamento de quotização, depois de notificado;
d) Decisão da direcção central, justificada por motivos de natureza disciplinar ou criminal.

2 – A decisão a que se refere a alínea d) do número anterior deve ser ratificada pela assembleia geral na primeira reunião que tiver lugar após a ocorrência.

CAPÍTULO III
Dos órgãos sociais

ARTIGO 9.º
Enumeração dos órgãos

A Liga dos Combatentes dispõe dos seguintes órgãos sociais:

1) O conselho supremo;
2) Os órgãos de eleição por mandato, designadamente:
a) A assembleia geral e as assembleias dos núcleos;
b) A direcção central e as direcções dos núcleos;
c) O conselho fiscal.

ARTIGO 10.º
Duração dos mandatos

Os membros eleitos dos órgãos sociais da Liga dos Combatentes, com excepção dos membros do conselho supremo, têm mandatos de três anos de duração, podendo ser reeleitos.

ARTIGO 11.º

Conselho supremo

1 – O conselho supremo é o órgão consultivo do mais alto nível da Liga dos Combatentes para todos os assuntos relacionados com a actuação, funcionamento e organização da instituição.

2 – O conselho supremo tem como presidente de honra o Presidente da República e como vogais honorários o Ministro da Defesa Nacional, o Chefe do Estado-Maior-General das Forças Armadas e os chefes dos estados-maiores dos ramos das Forças Armadas.

3 – O conselho supremo é constituído por membros efectivos vitalícios, eleitos pela assembleia geral, em número igual ou superior a 10 e inferior a 20.

4 – O presidente e os secretários efectivos do conselho supremo são eleitos pelos membros efectivos do conselho de entre os seus pares.

5 – Compete ao conselho supremo garantir a fidelidade da Liga dos Combatentes aos seus objectivos e, designadamente:

a) Emitir pareceres por sua iniciativa ou sobre quaisquer questões colocadas à sua consideração por solicitação da assembleia geral e da direcção central;

b) Propor à direcção central, quando o julgue necessário, as alterações ao estatuto ou ao regulamento geral de funcionamento da Liga dos Combatentes;

c) Sensibilizar os órgãos de soberania e da Administração Pública para o apoio ao desenvolvimento da Liga dos Combatentes.

6 – O conselho supremo reúne ordinariamente uma vez por ano e extraordinariamente sempre que convocado pelo seu presidente ou por solicitação do presidente da assembleia geral, da direcção central ou por mais de dois terços dos seus membros.

7 – As deliberações do conselho supremo são tomadas por maioria absoluta de votos, quando esteja presente a maioria dos seus membros efectivos.

8 – Em caso de empate na votação, o presidente do conselho supremo tem voto de qualidade.

ARTIGO 12.º

Assembleia geral

1 – A assembleia geral é o órgão deliberativo máximo da Liga dos Combatentes.

2 – A assembleia geral é constituída por:

a) Membros efectivos do conselho supremo;
b) Sócios honorários;
c) Presidentes das direcções dos núcleos.

3 – Compete à assembleia geral, designadamente:

a) Garantir a unidade e a solidariedade institucional da Liga dos Combatentes em todo o território nacional e no estrangeiro, onde existam núcleos constituídos;
b) Analisar e aprovar os relatórios anuais de actividades e contas apresentados pela direcção central, após prévia apreciação e parecer do conselho fiscal;
c) Aprovar, por maioria de dois terços dos votos dos seus membros, as alterações ao Estatuto antes de serem submetidas à aprovação do ministro da tutela;
d) Aprovar, por maioria de dois terços dos votos dos seus membros, o regulamento geral de funcionamento da Liga dos Combatentes e respectivas alterações;
e) Eleger os membros para o conselho supremo sob proposta deste órgão, para a direcção central e para o conselho fiscal;
f) A assembleia geral pode delegar no sócio eleito para presidente da direcção central a escolha e nomeação dos restantes membros da direcção central;
g) Analisar e aprovar a celebração pela direcção central de acordos ou contratos que envolvam alteração da composição do património imobiliário da Liga dos Combatentes;
h) Pronunciar-se sobre qualquer questão submetida à sua apreciação, pelo conselho supremo ou pela direcção central;
i) Ratificar as decisões da direcção central relativas à exclusão de sócios da Liga dos Combatentes por motivos de natureza disciplinar ou criminal;
j) Votar, por maioria de quatro quintos dos votos dos seus membros, a dissolução da Liga dos Combatentes.

4 – A mesa da assembleia geral é constituída por um presidente e dois secretários, eleitos em assembleia geral.

5 – A assembleia geral reúne anualmente com carácter ordinário e extraordinariamente quando convocada pelo seu presidente, por sua iniciativa ou a pedido dos presidentes da direcção central ou do conselho fiscal ou, ainda, quando pedido por mais de um terço dos seus membros.

6 – Para efeitos de deliberação, os membros e os sócios referidos nas alíneas a) e b) do n.º 2 têm direito a um voto e os presidentes das direcções dos núcleos têm direito a um voto por cada grupo de 1000 sócios ou fracção.

ARTIGO 13.º
Assembleias dos núcleos

Em cada núcleo haverá uma assembleia de núcleo, constituída por todos os sócios desse núcleo, que funcionará em moldes idênticos e com funções semelhantes às da assembleia geral, mas restritas ao seu âmbito.

ARTIGO 14.º
Direcção central

1 – A direcção central é o órgão executivo máximo da Liga dos Combatentes.

2 – A direcção central é constituída pelos seguintes membros:

a) Presidente;
b) Vice-presidente;
c) Secretário-geral;
d) Sete vogais, sendo dois administrativos e um bibliotecário e director do museu;
e) Secretário.

3 – À direcção central compete, designadamente:

a) Administrar, dirigir e coordenar os assuntos que respeitem à vida e actividade da Liga dos Combatentes;
b) Administrar o património da Liga dos Combatentes praticando todos os actos de mera administração e os actos de disposição que não envolvam o seu património imobiliário;
c) Elaborar as propostas de alteração ao estatuto e ao regulamento geral de funcionamento para apreciação e aprovação da assembleia geral, após prévia audição do conselho supremo;
d) Elaborar e submeter à apreciação e aprovação da assembleia geral os relatórios anuais de actividades e contas, após obtido parecer do conselho fiscal;
e) Submeter à fiscalização prévia do conselho fiscal, quanto à sua legalidade, bem como à aprovação da assembleia geral, os contratos que se proponha celebrar e que envolvam a aquisição, a alienação ou a oneração do património imobiliário da Liga dos Combatentes;
f) Executar e fazer executar as deliberações da assembleia geral;
g) Apreciar e decidir sobre os pareceres do conselho supremo;
h) Elaborar os orçamentos e os planos de actividades, submetendo-os ao parecer do conselho fiscal;

i) Enviar ao ministro da tutela, para aprovação, as propostas de alterações ao Estatuto;
j) Estabelecer o quadro de pessoal da Liga dos Combatentes;
l) Deliberar sobre todas as questões submetidas à sua consideração pelos restantes órgãos sociais;
m) Exercer as atribuições que lhe cabem no âmbito disciplinar, de acordo com o estabelecido no regulamento geral de funcionamento.

4 – A direcção central reúne ordinariamente duas vezes por mês e extraordinariamente quando convocada pelo presidente ou por mais de um terço dos seus membros.

5 – Compete ao presidente da direcção central representar a Liga dos Combatentes em juízo ou fora dele, designadamente nas relações com entidades oficiais, nacionais ou estrangeiras.

ARTIGO 15.º

Direcções dos núcleos

1 – Em cada núcleo existirá uma direcção, constituída por um presidente, um secretário, um tesoureiro e dois vogais, eleitos na respectiva assembleia, que assumirá a direcção, administração e coordenação do núcleo, bem como as funções que lhe forem delegadas pela direcção central.

2 – Quando não for possível eleger as direcções dos núcleos, a direcção central poderá confiar a sua gestão a uma comissão administrativa, constituída por sócios do núcleo em causa.

ARTIGO 16.º

Conselho fiscal

1 – O conselho fiscal é um órgão de acompanhamento e fiscalização da gestão financeira e patrimonial da Liga dos Combatentes.

2 – O conselho fiscal é constituído por três membros efectivos e dois suplentes, eleitos pela assembleia geral.

3 – O presidente do conselho fiscal é cooptado de entre os membros efectivos do conselho.

4 – Compete ao conselho fiscal, designadamente:

a) Apreciar e dar parecer sobre os orçamentos, os planos de actividades e os relatórios anuais de actividades e contas da Liga dos Combatentes;

b) Apreciar e dar parecer prévio sobre os contratos que envolvam a aquisição, a alienação ou a oneração do património imobiliário da Liga dos Combatentes;
c) Fiscalizar os actos administrativos praticados pela direcção central e pelas direcções dos núcleos, vigiando o exacto cumprimento dos regulamentos internos em vigor e a fiel observância das leis;
d) Vigiar o cumprimento das disposições impostas em legados ou doações de que a Liga dos Combatentes tenha sido beneficiária;
e) Examinar, sempre que entender necessário, a contabilidade e a escrita da gestão financeira ou outras contas de gerência dos órgãos da Liga dos Combatentes;
f) Propor ao presidente da direcção central, perante situações de irregularidade que detecte, a adopção de medidas que entenda convenientes.

5 – O conselho fiscal reúne ordinariamente uma vez por trimestre e extraordinariamente quando convocado pelo presidente, por sua iniciativa ou a solicitação do presidente da direcção central.

Capítulo IV
Do pessoal

Artigo 17.º
Pessoal militar

1 – Os militares dos quadros permanentes das Forças Armadas podem, quando autorizados, desempenhar funções nos órgãos e serviços da Liga dos Combatentes.

2 – O serviço prestado na Liga dos Combatentes pelos militares dos quadros permanentes das Forças Armadas na situação de reserva é considerado como serviço militar efectivo, se assim for determinado no respectivo despacho de autorização.

Artigo 18.º
Pessoal civil

1 – Para assegurar o seu normal e regular funcionamento, a Liga dos Combatentes disporá de um quadro de pessoal privativo (QP/LC), ao qual se aplica o regime jurídico do contrato individual de trabalho.

2 – Sem prejuízo do disposto no número anterior, ao pessoal do QP/LC aplicam-se as tabelas da função pública no que respeita a vencimentos.

3 – O pessoal do QP/LC só pode ser contratado através da direcção central da Liga dos Combatentes, por contrato de trabalho outorgado pelo respectivo presidente.

CAPÍTULO V
Do património, recursos e benefícios

ARTIGO 19.º
Gestão financeira

A gestão financeira da Liga dos Combatentes compete aos órgãos de direcção, sendo sujeita à fiscalização do conselho fiscal.

ARTIGO 20.º
Património

1 – O património da Liga dos Combatentes é único e inclui os bens mobiliários e imobiliários, direitos, quotas e recursos de qualquer origem ou natureza, designadamente o direito de usufruto de bens de acordo com protocolos, figurando todos em nome da Liga dos Combatentes, podendo, por decisão da direcção central, ficar afectos a núcleos e serviços.

2 – Em caso de dissolução da Liga dos Combatentes, o seu património transmite-se para o Ministério da Defesa Nacional, cabendo ao ministro da tutela decidir sobre a sua afectação.

ARTIGO 21.º
Recursos económicos

Para a realização e desenvolvimento das suas actividades, a Liga dos Combatentes conta com os seguintes recursos:

a) Quotas dos sócios;
b) Subvenções e apoios concedidos pelos órgãos da Administração Pública;
c) Donativos, heranças, doações e legados recebidos a benefício de inventário;

d) Rendimentos do seu património;
e) Produto de retribuições percebidas fruto dos serviços prestados pela Liga dos Combatentes;
f) Quaisquer outras ajudas, contribuições ou subvenções que possa receber de entidades e pessoas, públicas ou privadas, nacionais ou estrangeiras, destinadas à prossecução dos seus objectivos.

Artigo 22.º
Benefícios

Para a prossecução dos seus objectivos, a Liga dos Combatentes desfruta das isenções, bonificações e benefícios fiscais previstos na lei, nomeadamente os reconhecidos às pessoas colectivas de utilidade pública e às instituições particulares de solidariedade social, e, bem assim, dos benefícios que solicite e lhe sejam concedidos pelos órgãos da Administração Pública.

Artigo 23.º
Apoio do Estado

O apoio do Estado à Liga dos Combatentes é assegurado pelo Ministério da Defesa Nacional.

Capítulo VI
Disposições finais

Artigo 24.º
Agregação de obras de assistência e de solidariedade social

A Liga dos Combatentes pode, por deliberação da assembleia geral, sob proposta da direcção central, agregar quaisquer obras de assistência ou de solidariedade social já existentes ou que venham a ser criadas, desde que essas obras visem a prossecução dos seus objectivos.

Artigo 25.º
Sucessão de direitos e obrigações

A Liga dos Combatentes mantém, na plenitude, todos os direitos, obrigações e património da antiga Liga dos Combatentes da Grande Guerra.

Artigo 26.º
Dissolução da Liga dos Combatentes

A dissolução da Liga dos Combatentes, deliberada em assembleia geral, só se torna efectiva mediante a sua publicação em portaria, a qual regulamentará as condições de liquidação e fixará a devolução do seu activo.

LEI N.º 9/2002, DE 11 DE FEVEREIRO

REGIME JURÍDICO DOS PERÍODOS DE PRESTAÇÃO DE SERVIÇO MILITAR DE EX-COMBATENTES PARA EFEITOS DE APOSENTAÇÃO E REFORMA

A Assembleia da República decreta, nos termos da alínea c) do artigo 161.º da Constituição, para valer como lei geral da República, o seguinte:

ARTIGO 1.º
Objecto

1 – A presente lei regula o regime jurídico dos períodos de prestação de serviço militar de ex-combatentes, para efeitos de aposentação ou reforma.

2 – São considerados como ex-combatentes, para efeitos da presente lei:

a) Os ex-militares mobilizados, entre 1961 e 1975, para os territórios de Angola, Guiné e Moçambique;
b) Os ex-militares aprisionados ou capturados em combate durante as operações militares que ocorreram no Estado da Índia aquando da invasão deste território por forças da União Indiana ou que se encontrassem nesse território por ocasião desse evento;
c) Os ex-militares que se encontrassem no território de Timor Leste entre o dia 25 de Abril de 1974 e a saída das Forças Armadas Portuguesas desse território;
d) Os ex-militares oriundos do recrutamento local que se encontrem abrangidos pelo disposto nas alíneas anteriores;
e) Os militares dos quadros permanentes abrangidos por qualquer das situações previstas nas alíneas anteriores.

ARTIGO 2.º
Tempo relevante de serviço militar

Para efeitos da presente lei, o serviço militar prestado nos termos do artigo anterior abrange o período de tempo decorrido entre o mês de incorporação e o mês de passagem à situação de disponibilidade.

ARTIGO 3.º
Cálculo das quotizações para a Caixa Geral de Aposentações e das contribuições para a segurança social

1 – Os ex-combatentes subscritores da Caixa Geral de Aposentações (CGA) podem gozar dos benefícios da contagem de tempo de serviço efectivo, bem como da bonificação da contagem de tempo de serviço militar prestado em condições especiais de dificuldade ou perigo, para efeitos de pensão de aposentação.

2 – Os ex-combatentes beneficiários do sistema de solidariedade e segurança social que tenham prestado serviço em condições especiais de dificuldade ou perigo podem beneficiar da bonificação da contagem de tempo acrescido, nos termos da presente lei.

3 – O valor das quotizações ou contribuições a pagar é apurado com base na remuneração auferida e na taxa em vigor à data:

a) Da prestação do serviço, se o ex-combatente já era subscritor ou beneficiário no momento da incorporação; ou
b) Da inscrição em qualquer dos regimes do sistema de protecção social, no caso contrário.

4 – Nos casos em que a natureza e a antiguidade dos registos de remunerações existentes nas instituições de segurança social dificultam o conhecimento dos mesmos, há lugar à aplicação da tabela de remunerações convencionais constantes da Portaria n.º 56/94, de 21 de Janeiro, para os efeitos previstos no número anterior.

5 – O disposto nos n.os 2 e 3 não prejudica a opção pelo regime previsto no Decreto-Lei n.º 311/97, de 13 de Novembro, na redacção dada pelo Decreto-Lei n.º 438/99, de 20 de Outubro, sendo a participação do Estado calculada nos termos do artigo seguinte.

ARTIGO 4.º

Responsabilidade pelo pagamento das quotizações ou contribuições

1 – O financiamento de uma percentagem do custo total das quotizações ou contribuições é assegurado pelo Estado, cabendo aos beneficiários ou subscritores a responsabilidade do remanescente.

2 – A percentagem referida no número anterior é determinada com base nos escalões constantes do mapa anexo à presente lei, os quais reflectem os escalões previstos no artigo 68.º do Código do Imposto sobre o Rendimento das Pessoas Singulares.

ARTIGO 5.º

Prestações

O pagamento das quotizações e contribuições pode ser feito de uma só vez ou em prestações, nos termos previstos no Decreto-Lei n.º 498/72, de 9 de Dezembro, ou no Decreto-Lei n.º 311/97, de 13 de Novembro, conforme os casos.

ARTIGO 6.º

Complemento especial de pensão

Aos beneficiários do regime de solidariedade do sistema de segurança social é atribuído um complemento especial de 3,5% ao valor da respectiva pensão por cada ano de prestação de serviço militar ou duodécimo daquele complemento por cada mês de serviço, nos termos do artigo 2.º.

ARTIGO 7.º

Acréscimo vitalício de pensão

1 – Os ex-combatentes subscritores da CGA, bem como os beneficiários do regime de segurança social que tenham prestado serviço em condições especiais de dificuldade ou perigo e que, ao abrigo da legislação em vigor, tiverem já pago quotizações ou contribuições referentes ao período de tempo acrescido de bonificação têm direito a um acréscimo à sua pensão.

2 – O acréscimo vitalício de pensão referido no número anterior resulta da conversão da percentagem do custo das quotizações ou contribuições pagas, devidamente actualizadas nos termos do Decreto-Lei n.º 329/93, de 25 de Setembro, que, nos termos da presente lei, é financiado pelo Orçamento do Estado.

3 – O disposto nos números anteriores não prejudica a aplicação do artigo 13.º-A do Decreto-Lei n.º 311/97, de 13 de Novembro, na redacção que lhe foi dada pelo Decreto-Lei n.º 438/99, de 20 de Outubro.

ARTIGO 8.º

Aplicação a situações consolidadas

O regime previsto na presente lei é aplicável a situações consolidadas no âmbito de cada um dos sistemas de protecção social, bem como aos cidadãos deficientes militares, desde que os interessados o requeiram, nos termos do artigo seguinte.

ARTIGO 9.º

Requerimento

1 – Os ex-combatentes referidos no artigo 1.º devem requerer à CGA, aos centros distritais de solidariedade e segurança social ou nos postos consulares, até 31 de Outubro de 2002, a contagem do tempo de serviço militar para efeitos de aposentação ou reforma. (*)

2 – O requerimento é entregue na Direcção-Geral de Pessoal e Recrutamento Militar do Ministério da Defesa Nacional, sendo posteriormente remetido ao ramo das Forças Armadas onde o requerente prestou serviço, para ser instruído com certidão do tempo de cumprimento do serviço militar, com indicação expressa do tempo de serviço prestado em condições especiais de dificuldade ou perigo.

3 – Os formulários dos requerimentos de certidão a que se refere o número anterior são aprovados por portaria do Ministro da Defesa Nacional.

4 – Cabe ao Governo publicitar o conteúdo da presente lei, com especial incidência nos aspectos procedimentais, através dos meios institucionais e de comunicação social adequados.

(*) *O prazo a que se refere este número foi prorrogado até 31 de Dezembro de 2002 pelo DL n.º 303/2002, de 13 de Dezembro.*
Os modelos do formulário de requerimento foram aprovados pela Portaria n.º 141-A/2002, de 13/02.

ARTIGO 10.º
Informatização

1 – Os ramos das Forças Armadas devem informatizar os dados dos ex-combatentes referidos no artigo 1.º, a fim de tornar mais expedita a certificação do tempo de serviço para efeitos do n.º 2 do artigo anterior.

2 – A informatização a que se refere o número anterior deve ser compatibilizada com as já existentes ou em implantação na CGA ou no sistema de informação da segurança social.

ARTIGO 11.º
Satisfação de encargos

1 – Os encargos decorrentes da aprovação da presente lei são suportados pelo Orçamento do Estado, sem prejuízo do pagamento da percentagem das quotizações ou contribuições que couber a cada subscritor ou beneficiário.

2 – Cumpre ao Estado garantir à CGA e, bem assim, ao orçamento da segurança social:

a) A diferença de realização de valores contributivos por parte dos subscritores e beneficiários, para efeitos de fixação da pensão de aposentação ou reforma;

b) A diferença entre os valores das contribuições pagas ao abrigo do disposto no n.º 2 do artigo 4.º da presente lei e as que seriam pagas:

i) Em caso de opção pelo regime constante do Decreto-Lei n.º 311/97, de 13 de Novembro;

ii) Ao abrigo do n.º 3 do artigo 13.º do Decreto-Lei n.º 498/72, de 9 de Dezembro;

c) Os montantes do complemento especial de pensão a que se refere o artigo 6.º.

ARTIGO 12.º
Regulamentação

1 – A presente lei é, se necessário e outra forma não seja exigível, regulamentada por portaria conjunta dos Ministros da Defesa Nacional, das Finanças e do Trabalho e da Solidariedade.

2 – A regulamentação a que se refere o número anterior pode, se necessário, caso a natureza e a antiguidade dos registos de remunerações existentes nas instituições de segurança social dificultem o conhecimento dos mesmos, prever critérios supletivos para a determinação da remuneração e taxa aplicáveis, sem prejuízo do disposto no n.º 3 do artigo 3.º da presente lei.

Aprovada em 20 de Dezembro de 2001.

O Presidente da Assembleia da República, *António de Almeida Santos.*

Promulgada em 25 de Janeiro de 2002.

Publique-se.

O Presidente da República, JORGE SAMPAIO.

Referendada em 31 de Janeiro de 2002.

O Primeiro-Ministro, *António Manuel de Oliveira Guterres.*

ANEXO

(a que se refere o n.º 2 do artigo 4.º do presente diploma)

Rendimento (euros)	Contribuição do Estado (percentagem)
Até 4100,12	80
De mais de 4100,12 até 6201,42	67,5
De mais de 6201,42 até 15 375,45	60
De mais de 15 375,45 até 35 363,52	50
De mais de 35 363,52 até 51 251,48	40
Superior a 51 251,48	35

LEI N.º 21/2004, DE 5 DE JUNHO

ALTERA O ÂMBITO DE APLICAÇÃO PESSOAL DA LEI N.º 9/2002, DE 11 DE FEVEREIRO, QUE REGULA O REGIME JURÍDICO DOS PERÍODOS DE PRESTAÇÃO DE SERVIÇO MILITAR DE EX-COMBATENTES, PARA EFEITOS DE APOSENTAÇÃO E REFORMA

A Assembleia da República decreta, nos termos da alínea c) do artigo 161.º da Constituição, para valer como lei geral da República, o seguinte:

ARTIGO 1.º
Alargamento do âmbito de aplicação pessoal

O regime jurídico consagrado na Lei n.º 9/2002, de 11 de Fevereiro, é aplicável aos:

a) Ex-combatentes abrangidos por sistemas de segurança social de Estados membros da União Europeia e demais Estados membros do espaço económico europeu, bem como pela legislação suíça, coordenados pelos regulamentos comunitários, ainda que não tenham sido beneficiários do sistema de segurança social nacional;
b) Ex-combatentes abrangidos por sistemas de segurança social de Estados com os quais foram celebrados instrumentos internacionais que prevejam a totalização de períodos contributivos, desde que tenham sido beneficiários do sistema de segurança social nacional, ainda que não se encontre preenchido o prazo de garantia para acesso a pensão;

c) Ex-combatentes que não sejam subscritores da Caixa Geral de Aposentações nem beneficiários do regime de pensões do sistema público de segurança social, nos termos de legislação a publicar.

Artigo 2.º
Requerimentos

1 – Os ex-combatentes referidos no artigo anterior devem entregar os seus requerimentos no prazo de 120 dias a contar do dia da publicação da portaria prevista no número seguinte.

2 – Os formulários dos requerimentos serão aprovados por portaria do Ministro da Defesa Nacional.

Artigo 3.º (*)
Legislação complementar e regulamentação

A legislação complementar e regulamentação necessárias para aplicação integral do disposto na presente lei serão aprovadas pelo Governo no prazo de 60 dias a contar da sua entrada em vigor.

(*) *Rectificado pela Declaração de Rectificação n.º 60/2004, de 21/06.*

Aprovada em 23 de Abril de 2004.

O Presidente da Assembleia da República, *João Bosco Mota Amaral.*

Promulgada em 24 de Maio de 2004.

Publique-se.

O Presidente da República, Jorge Sampaio.

Referendada em 25 de Maio de 2004.

O Primeiro-Ministro, *José Manuel Durão Barroso.*

DECRETO-LEI N.º 160/2004, DE 2 DE JULHO

REGULAMENTA A LEI N.º 9/2002, DE 11 DE FEVEREIRO

A Lei n.º 9/2002, de 11 de Fevereiro, introduziu significativas alterações no regime aplicável à contagem do tempo de serviço militar dos antigos combatentes, prestado em condições de dificuldade ou perigo, definidas em legislação especial, importando proceder à sua regulamentação, por forma a permitir a sua pronta e eficaz aplicação.

Com o presente diploma, consagra-se a existência de um complemento especial de pensão, a pagar numa única prestação, em cada ano civil, com carácter vitalício, calculado em função do tempo de serviço no ultramar, correspondendo, por cada ano, a 3,5% da pensão social.

Por outro lado, a ponderação e o reconhecimento da importância que reveste a prestação de serviço militar à Pátria como antigo combatente aconselha que o presente regime seja aplicado sem quaisquer encargos para os antigos combatentes, na esteira do princípio consubstanciado no artigo 4.º da Lei n.º 107-B/2003, de 31 de Dezembro.

Em obediência ao mesmo princípio, acautela-se, na presente regulamentação, os termos em que se efectua o acréscimo vitalício de pensão devido aos antigos combatentes que, ao abrigo de legislação anterior, procederam ao pagamento de contribuições para a bonificação das respectivas pensões no âmbito dos regimes de protecção social, estabelecendo-se regras que clarificam a aplicação do regime a todas as situações previstas.

Os antigos combatentes são, desta forma, tratados de modo mais justo, na medida em que nenhum deles é excluído dos benefícios previstos, para além de que se considera, igualmente, o serviço militar prestado a Portugal, nestas condições, por todos e cada um dos antigos combatentes, e não as situações económicas ou os percursos profissionais de cada um.

Assim:

Ao abrigo do artigo 12.º da Lei n.º 9/2002, de 11 de Fevereiro, e nos termos da alínea a) do n.º 1 do artigo 198.º da Constituição, o Governo decreta o seguinte:

ARTIGO 1.º
Objecto

O presente diploma regula os efeitos jurídicos dos períodos de prestação de serviço militar de antigos combatentes para efeitos de atribuição de benefícios no âmbito dos regimes de protecção social.

ARTIGO 2.º
Âmbito de aplicação pessoal

1 – As medidas previstas na Lei n.º 9/2002, de 11 de Fevereiro, aplicam-se aos antigos combatentes que sejam beneficiários dos subsistemas previdencial e de solidariedade no âmbito do sistema público de segurança social, bem como aos que sejam subscritores ou aposentados no âmbito da Caixa Geral de Aposentações (CGA).

2 – A bonificação da contagem de tempo prevista no artigo 3.º da Lei n.º 9/2002, de 11 de Fevereiro, aplica-se aos cônjuges sobrevivos, pensionistas de sobrevivência dos antigos combatentes.

ARTIGO 3.º
Legislação especial aplicável

O tempo de serviço militar prestado em condições de dificuldade ou perigo a que se refere a Lei n.º 9/2002, de 11 de Fevereiro, é contado nos termos definidos no artigo 6.º do Decreto-Lei n.º 28404, de 31 de Dezembro de 1937, e demais legislação complementar.

ARTIGO 4.º
Bonificação do tempo de serviço militar

1 – A bonificação do tempo de serviço militar prestado por antigos combatentes em condições especiais de dificuldade ou perigo, pensionistas ou beneficiários activos do subsistema previdencial em 1 de Janeiro de 2004, que não estejam abrangidos pelo artigo 7.º da Lei n.º 9/2002, de 11 de Fevereiro, determina a atribuição de um complemento especial de pensão de valor igual a 3,5% do valor da pensão social por cada ano de bonificação ou duodécimo daquele valor por cada mês de bonificação.

2 – A bonificação do tempo de serviço militar prestado por antigos combatentes em condições especiais de dificuldade ou perigo, beneficiários activos do subsistema previdencial em 1 de Janeiro de 2004, releva para o cumprimento do prazo de garantia e determinação da taxa de formação da pensão, nos termos do disposto no número seguinte.

3 – O montante do complemento especial de pensão correspondente aos efeitos da bonificação do tempo de serviço militar na taxa de formação da pensão é igual a 3,5% do valor da pensão social por cada ano de bonificação ou duodécimo daquele valor por cada mês de bonificação.

4 – O complemento especial de pensão é pago numa única prestação, em cada ano civil, correspondendo a 14 mensalidades.

ARTIGO 5.º

Contagem do tempo de serviço militar no âmbito da CGA

1 – A contagem do tempo de serviço militar efectivo, bem como das respectivas percentagens de acréscimo de serviço prestado em condições especiais de dificuldade ou perigo, a que se refere o n.º 1 do artigo 3.º da Lei n.º 9/2002, de 11 de Fevereiro, releva para o cálculo das pensões nos termos estabelecidos no Estatuto da Aposentação e legislação complementar.

2 – A bonificação do tempo de serviço militar prestado por antigos combatentes em condições especiais de dificuldade ou perigo, pensionistas da CGA em 1 de Janeiro de 2004, que não estejam abrangidos pelo artigo 7.º da Lei n.º 9/2002, de 11 de Fevereiro, nem pelo artigo 12.º do presente diploma, determina a atribuição de um complemento especial de pensão de valor igual a 3,5% do valor da pensão social por cada ano de bonificação ou duodécimo daquele valor por cada mês de bonificação.

3 – O complemento especial de pensão é pago numa única prestação, em cada ano civil, correspondendo a 14 mensalidades.

ARTIGO 6.º

Beneficiários do regime não contributivo e equiparados

1 – O complemento especial de pensão, previsto no artigo 6.º da Lei n.º 9/2002, de 11 de Fevereiro, é atribuído aos beneficiários do regime não contributivo e dos regimes a este equiparados.

2 – O complemento especial de pensão é pago numa única prestação, em cada ano civil, correspondendo a 14 mensalidades.

ARTIGO 7.º
Acréscimo vitalício de pensão

1 – O acréscimo vitalício de pensão, previsto no artigo 7.º da Lei n.º 9/2002, de 11 de Fevereiro, é atribuído aos antigos combatentes abrangidos pelo regime previsto no Decreto-Lei n.º 311/97, de 13 de Novembro, na redacção dada pelo Decreto-Lei n.º 438/99, de 29 de Outubro.

2 – No âmbito da CGA, o acréscimo referido no número anterior é atribuído aos antigos combatentes que tenham prestado serviço militar em condições especiais de dificuldade ou perigo nos termos do artigo 6.º do Decreto-Lei n.º 28404, de 31 de Dezembro de 1937, e demais legislação complementar, e cuja contagem tenha sido efectuada até à data da entrada em vigor do presente diploma.

3 – O montante do acréscimo vitalício mensal de pensão previsto no número anterior não pode ser inferior a 3,5% do valor da pensão social por cada ano de bonificação do tempo de serviço militar prestado em condições especiais de dificuldade ou perigo, ou duodécimo daquele valor por cada mês de bonificação.

4 – O acréscimo vitalício de pensão tem natureza indemnizatória e é acumulável com quaisquer prestações de segurança social a que o antigo combatente tenha ou venha a ter direito.

ARTIGO 8.º
Cálculo e pagamento do acréscimo vitalício de pensão

1 – O acréscimo vitalício mensal de pensão é calculado segundo a fórmula seguinte:

AV = Coeficiente actuarial x *C*

em que:

AV – acréscimo vitalício mensal de pensão;

Coeficiente actuarial – correspondente à idade do beneficiário à data do início de atribuição da pensão ou à data da produção de efeitos do presente diploma, tratando-se de antigos combatentes já pensionistas, que consta da tabela anexa ao presente diploma e que dele faz parte integrante;

C – corresponde, no âmbito da segurança social, ao montante das contribuições pagas ao abrigo do Decreto-Lei n.º 311/97, de 13 de Novembro, devidamente actualizadas nos termos do Decreto-Lei n.º 329/93, de 25 de Setembro;

C – corresponde, no âmbito da CGA, à parte a suportar pelo Estado do montante que seria devido pela contagem, na data a que se reporta o início do direito ao acréscimo vitalício de pensão, da bonificação do tempo de serviço militar prestado em condições especiais de dificuldade ou perigo, mediante aplicação das regras estabelecidas no Estatuto da Aposentação e com base na pensão auferida nessa data.

2 – O acréscimo vitalício de pensão é pago numa única prestação em cada ano civil, correspondendo a 12 mensalidades.

Artigo 9.º
Entidades competentes no âmbito do sistema público de segurança social

A instrução do processo de contagem do tempo de serviço militar, para efeitos do presente diploma, compete ao Instituto de Solidariedade e Segurança Social, através do Centro Nacional de Pensões e dos centros distritais de solidariedade e segurança social, às caixas de actividade, às caixas de empresa e às entidades das administrações regionais autónomas no âmbito das respectivas competências.

Artigo 10.º
Cessação do pagamento de contribuições

1 – A partir da entrada em vigor do presente diploma, cessa o pagamento das contribuições em curso, ao abrigo do Decreto-Lei n.º 311/97, de 13 de Novembro, na redacção dada pelo Decreto-Lei n.º 438/99, de 22 de Outubro, relativamente aos antigos combatentes que se encontrem abrangidos pela Lei n.º 9/2002, de 11 de Fevereiro.

2 – A partir da entrada em vigor do presente diploma, as contagens, no âmbito da CGA, do tempo de serviço efectivo e das respectivas percentagens de acréscimo, ao abrigo da Lei n.º 9/2002, de 11 de Fevereiro, serão efectuadas com dispensa do pagamento de quotas.

ARTIGO 11.º
Apuramento da idade

Para efeitos de aplicação da tabela publicada em anexo ao presente diploma, que é parte integrante do mesmo, o apuramento da idade dos antigos combatentes é feito nos termos seguintes:

a) Em 1 de Janeiro de 2004, para os antigos combatentes que sejam pensionistas à data da produção de efeitos do presente diploma;
b) Na data do início da pensão, para as demais situações.

ARTIGO 12.º
Norma interpretativa

Nas situações previstas na parte final do artigo 8.º da Lei n.º 9/2002, de 11 de Fevereiro, o período de prestação do serviço militar de antigos combatentes releva para efeitos de aposentação ou reforma, ainda que tenha sido considerado para efeitos de fixação da pensão de invalidez ou reforma extraordinária.

ARTIGO 13.º
Aplicação a situações especiais

É objecto de regulamentação própria a contagem do tempo de serviço militar prestado por antigos combatentes emigrantes, bem como aqueles que não sejam subscritores da CGA nem beneficiários do regime de pensões do sistema público de segurança social, designadamente bancários, advogados e solicitadores, que venham a ser abrangidos pelo regime previsto na Lei n.º 9/2002, de 11 de Fevereiro.

ARTIGO 14.º
Satisfação de encargos

A responsabilidade pela satisfação de encargos cometida ao Fundo dos Antigos Combatentes pelo artigo 4.º da Lei n.º 107-B/2003, de 31 de Dezembro, inclui todos os encargos decorrentes da aplicação da Lei n.º 9/2002, de 11 de Fevereiro, e do presente diploma.

ARTIGO 15.º
Entrada em vigor e produção de efeitos

O presente diploma entra em vigor no dia seguinte ao da sua publicação e produz efeitos desde 1 de Janeiro de 2004.

Visto e aprovado em Conselho de Ministros de 22 de Abril de 2004. – *José Manuel Durão Barroso – Maria Manuela Dias Ferreira Leite – Paulo Sacadura Cabral Portas – António José de Castro Bagão Félix.*

Promulgado em 22 de Junho de 2004.

Publique-se.

O Presidente da República, JORGE SAMPAIO.

Referendado em 24 de Junho de 2004.

O Primeiro-Ministro, *José Manuel Durão Barroso.*

ANEXO

Tabela a que se refere o artigo 8.º do presente diploma

Idade	Coeficientes actuariais
45	0,003 225
46	0,003 281
47	0,003 340
48	0,003 402
49	0,003 468
50	0,003 537
51	0,003 609
52	0,003 685
53	0,003 766
54	0,003 851
55	0,003 941
56	0,004 038
57	0,004 139
58	0,004 248
59	0,004 363
60	0,004 486
61	0,004 618
62	0,004 760
63	0,004 911
64	0,005 075
65	0,005 251
66	0,005 442
67	0,005 649
68	0,005 874
69	0,006 117
70	0,006 381
71	0,006 669
72	0,006 983
73	0,007 327
74	0,007 703
75	0,008 115
76	0,008 567
77	0,009 066
78	0,009 615
79	0,010 217
80	0,010 875

PORTARIA N.º 1033-HQ/2004, DE 10 DE AGOSTO

A Lei n.º 21/2004, de 5 de Junho, procedeu ao alargamento do âmbito de aplicação pessoal do regime jurídico dos períodos de prestação de serviço militar de ex-combatentes, para efeitos de aposentação e reforma, aprovado pela Lei n.º 9/2002, de 11 de Fevereiro.

Neste âmbito, prevê que o regime jurídico consagrado na Lei n.º 9/2002, de 11 de Fevereiro, é aplicável aos ex-combatentes abrangidos por sistemas de segurança social de Estados membros da União Europeia e demais Estados membros do espaço económico europeu, bem como pela legislação suíça, coordenados pelos regulamentos comunitários, ainda que não tenham sido beneficiários do sistema de segurança social português, e aos ex-combatentes abrangidos por sistemas de segurança social de Estados com os quais foram celebrados instrumentos internacionais que prevejam a totalização dos períodos contributivos, desde que tenham sido beneficiários do sistema de segurança social nacional, ainda que não se encontre preenchido o prazo de garantia para acesso a pensão.

Face ao disposto no n.º 1 do artigo 2.º da Lei n.º 21/2004, de 5 de Junho, os ex-combatentes devem efectuar o seu pedido de contagem de tempo de serviço militar através de requerimento.

Verifica-se, pois, a necessidade de fazer aprovar o formulário de requerimento necessário para aquele efeito, o qual, nos termos do n.º 2 do artigo 2.º da Lei n.º 21/2004, de 5 de Junho, é aprovado por portaria do Ministro da Defesa Nacional.

Assim:

Ao abrigo do n.º 2 do artigo 2.º da Lei n.º 21/2004, de 5 de Junho:

Manda o Governo, pelo Ministro de Estado e da Defesa Nacional e dos Assuntos do Mar, o seguinte:

1.º É aprovado o formulário de requerimento dos ex-combatentes emigrantes para efeitos de contagem de tempo do período de prestação de serviço militar para efeitos de reforma, constante do anexo único a esta portaria e que dela faz parte integrante.

2.º Os requerimentos devem ser entregues ou enviados, até 120 dias a contar da data de publicação do presente diploma, por correio registado, com aviso de recepção, para o Departamento de Apoio aos Antigos Combatentes, Direcção-Geral de Pessoal e Recrutamento Militar do Ministério da Defesa Nacional, Apartado 24048, ou em formato digital disponibilizado na Internet no seguinte site: www.mdn.gov.pt.

Pelo Ministro de Estado e da Defesa Nacional e dos Assuntos do Mar, *José Manuel Pereira da Costa,* Secretário de Estado da Defesa e Antigos Combatentes, em 5 de Agosto de 2004.

ANEXO

Formulário de Requerimento

(a que se refere o n.º 2 do art. 2.º da Lei n.º 21/2004, de 5 de Junho)

Exmo. Senhor
Presidente do Instituto de Segurança Social (1)

Nome ☐☐☐☐☐☐☐☐☐☐☐☐☐☐☐☐☐☐☐☐☐☐☐☐☐☐☐☐

Posto militar (2) ☐☐☐☐☐☐☐☐☐☐☐☐☐☐☐☐☐☐☐☐☐☐☐☐☐

N.º de identificação militar ☐☐☐☐☐☐☐☐☐☐☐☐ Nascido em ☐☐/☐☐/☐☐☐☐

na freguesia de ☐☐☐☐☐☐☐☐☐☐☐☐☐☐☐☐☐☐☐☐☐☐☐☐☐☐

filho de ☐☐☐☐☐☐☐☐☐☐☐☐☐☐☐☐☐☐☐☐☐☐☐☐☐☐☐☐☐☐

e de ☐☐☐☐☐☐☐☐☐☐☐☐☐☐☐☐☐☐☐☐☐☐☐☐☐☐☐☐☐☐☐

recenseamento militar pela freguesia de ☐☐☐☐☐☐☐☐☐☐☐☐☐☐☐☐☐☐☐☐

concelho de ☐☐☐☐☐☐☐☐☐☐☐☐☐☐☐☐☐☐☐☐☐☐☐☐

portador do BI n.º ☐☐☐☐☐☐☐☐ beneficiário n.º ☐☐☐☐☐☐☐☐☐ tendo exercido funções militares

na (o) (3) ☐ Armada ☐ Exército ☐ Força Aérea, e tendo prestado serviço militar no

território de ☐ Angola (4) ☐ Guiné (4) ☐ Moçambique (4) ☐ Índia (5) ☐ Timor Leste (6)

ANEXO

FORMULÁRIO DE REQUERIMENTO *(continuação)*

estando abrangido pela alínea ☐ (7) do artigo 1º da Lei n.º 21/2004, de 5 de Junho, sendo o beneficiário

n.º (8) ☐☐☐☐☐☐☐☐☐☐☐☐☐☐☐ abrangido pelo sistema de segurança social de (o) (9)

☐☐☐☐☐☐☐☐☐☐☐☐☐☐☐☐☐☐☐☐☐☐☐☐☐ vinculado ao (10)

☐☐☐☐☐☐☐☐☐☐☐☐☐☐☐☐☐☐☐☐☐☐☐☐☐☐☐☐☐☐☐☐☐☐☐☐

residente em (11) ☐☐☐☐☐☐☐☐☐☐☐☐☐☐☐☐☐☐☐☐☐☐☐☐☐☐☐☐☐☐

☐☐☐☐☐☐☐☐☐☐☐☐☐☐☐☐☐☐☐☐☐☐☐☐☐☐☐☐☐☐☐☐☐☐☐☐

código postal ☐☐☐☐ ☐☐☐ ☐☐☐☐☐☐☐☐☐☐☐☐☐☐☐☐☐☐☐☐☐☐☐☐

Telefone (opcional) ☐☐☐☐☐☐☐☐☐☐☐☐☐☐☐☐

☐ Requer a contagem de tempo do período de prestação de serviço militar para efeitos de reforma

No caso de o requerente ser pensionista de sobrevivência deverá ainda preencher os seguintes elementos de identificação:

Nome ☐☐☐☐☐☐☐☐☐☐☐☐☐☐☐☐☐☐☐☐☐☐☐☐☐☐☐☐☐☐☐☐☐☐☐

☐☐☐☐☐☐☐☐☐☐☐☐☐☐☐☐☐☐☐☐☐☐☐☐☐☐☐☐☐☐☐☐☐☐☐☐☐

portadora do BI n.º ☐☐☐☐☐☐☐☐☐ beneficiária n.º ☐☐☐☐☐☐☐☐☐

Nota: A junção, ao requerimento, da certidão comprovativa do tempo de serviço militar é da exclusiva responsabilidade do respectivo ramo das Forças Armadas onde o ex-combatente prestou o serviço militar, pelo que o ex-combatente apenas tem que preencher e fazer entrega deste requerimento.

Data, ☐☐ de ☐☐☐☐☐☐☐☐☐☐ de 2004

Assinatura (12)

Os dados recolhidos são processados automaticamente e destinam-se à gestão dos processos de contagem de tempo de serviço militar dos Antigos Combatentes no Departamento de Apoio aos Antigos Combatentes/Direcção-Geral de Pessoal e Recrutamento Militar do Ministério da Defesa Nacional

I - INSTRUÇÕES DE PREENCHIMENTO

(1) Os emigrantes ex-combatentes abrangidos por sistemas de segurança social de Estados-Membros da União Europeia e demais Estados-Membros do Espaço Económico Europeu, bem como pela legislação suíça, coordenados pelos Regulamentos Comunitários, ainda que não tenham sido beneficiários do sistema de segurança social português devem dirigir o seu requerimento ao Presidente do Instituto de Segurança Social;

Os emigrantes ex-combatentes abrangidos por sistemas de segurança social de Estados com os quais foram celebrados instrumentos internacionais que prevejam a totalização dos períodos contributivos, desde que tenham sido beneficiários do sistema de segurança social português, ainda que não se encontre preenchido o prazo de garantia para acesso a pensão, devem dirigir o seu requerimento ao Presidente do Instituto de Segurança Social. (Países com convenção ou acordo celebrado com Portugal: Andorra, Argentina, Austrália, Brasil, Cabo Verde, Canadá, Chile, Estados Unidos da América, Marrocos, Venezuela, Uruguai e Turquia).

(2) Deve ser indicado o posto militar que o ex-combatente detinha na data de passagem à situação de disponibilidade;

ANEXO

FORMULÁRIO DE REQUERIMENTO *(continuação)*

(3) Deve ser indicado o ramo das Forças Armadas onde o ex-combatente prestou o serviço militar;

(4) Apenas no período compreendido entre 1961 e 1975;

(5) Apenas se encontram abrangidos os ex-combatentes aprisionados ou capturados em combate durante as operações militares que ocorreram naquele território aquando da invasão por forças da União Indiana ou que se encontrassem no mesmo por ocasião desse evento (a partir de 19 de Dezembro de 1961);

(6) Apenas se encontra abrangido o período entre o dia 25 de Abril de 1974 e a saída das Forças Armadas Portuguesas daquele território em 7 de Dezembro de 1975;

(7) Deve ser indicada a respectiva alínea do artigo 1º da Lei n.º 21/2004, de 5 de Junho.

Dispõe o artigo 1º da Lei n.º 21/2004, de 5 de Junho:

"(...)

O regime jurídico consagrado na Lei n.º 9/2002, de 11 de Fevereiro, é aplicável aos:

a) Ex-combatentes abrangidos por sistemas de segurança social de Estados membros da União Europeia e demais Estados membros do espaço económico europeu, bem como pela legislação suíça, coordenados pelos regulamentos comunitários, ainda que não tenham sido beneficiários do sistema de segurança social nacional;

b) Ex-combatentes abrangidos por sistemas de segurança social de Estados com os quais foram celebrados instrumentos internacionais que prevejam a totalização de períodos contributivos, desde que tenham sido beneficiários do sistema de segurança social nacional, ainda que não se encontre preenchido o prazo de garantia para acesso à pensão;

(...)"

(8) Deve ser indicado o nº de beneficiário do organismo de segurança social estrangeiro;

(9) Deve ser indicado o País onde se encontra a efectuar, ou onde efectuou, as respectivas contribuições para efeitos de segurança social;

(10) Deve ser indicada a designação do organismo de segurança social estrangeiro;

(11) Deve ser indicada a morada completa e o respectivo código postal;

(12) Na eventualidade do ex-combatente não souber ou não puder assinar poderá efectuá-lo a rogo (solicitando a outra pessoa que assine no seu lugar), devendo nesse caso reconhecer a assinatura num cartório notarial.

II - MEIOS DE ENTREGA

Os requerimentos podem ser entregues ou enviados pelos seguintes meios:

1. Presencialmente, nos seguintes locais e horários:

a) No Centro de Atendimento aos Antigos Combatentes do Departamento de Apoio aos Antigos Combatentes/Direcção-Geral de Pessoal e Recrutamento Militar do Ministério da Defesa Nacional, sito na Rua Braamcamp, n.º 90, em Lisboa, entre as 09H30 e as 17H00;
b) Nos Centros de Recrutamento Militar dos ramos das Forças Armadas;
c) Na Liga dos Combatentes, sita na Rua João Pereira da Rosa, n.º 18, em Lisboa, ou nos seus núcleos;
d) Nas seguintes Organizações Não Governamentais:

ADFA - Associação dos Deficientes das Forças Armadas, sita na Av. Padre Cruz - Edifício ADFA, 1600-560 Lisboa;
APOIAR - Associação de Apoio aos Ex-Combatentes Vítimas de Stress de Guerra, sita no Bairro da Liberdade, Rua C, Lote 10, Loja 1.10, 1070-023 Lisboa;

ANEXO

FORMULÁRIO DE REQUERIMENTO *(continuação)*

APVG – Associação Portuguesa de Veteranos de Guerra, sita no Largo das Carvalheiras, 52/54, 4700-419 Braga;
ANCU - Associação Nacional dos Combatentes do Ultramar, sita na Rua Dr. Simões de Carvalho (Solar de Sant'Ana), 3460-588Tondela;
ACUP – Associação de Combatentes do Ultramar Português, sita no Largo do Conde Sobrado, 4550-102 Castelo de Paiva;

2. Por correio registado com aviso de recepção para o seguinte endereço: Departamento de Apoio aos Antigos Combatentes/Direcção-Geral de Pessoal e Recrutamento Militar do Ministério da Defesa Nacional, Apartado n.º 24048, 1250-997 Lisboa.

3. Em formato digital através da internet no seguinte "site": www.mdn.gov.pt, devendo preencher o modelo de requerimento "on line" e enviá-lo para o seguinte e-mail: antigoscombatentes@dgprm.mdn.gov.pt., não devendo esquecer de imprimir, após o seu envio, o respectivo recibo comprovativo.

III – PRAZO DE ENTREGA

Nos termos do disposto no artigo 2º, n.º 1, da Lei n.º 21/2004, de 5 de Junho, os ex-combatentes emigrantes devem entregar os seus requerimentos no prazo de 120 dias a contar da data da publicação da presente portaria.

PORTARIA N.º 1307/2004, DE 13 DE OUTUBRO

QUADRO LEGAL E NORMAS DE FNCIONAMENTO E GESTÃO DO FUNDO DOS ANTIGOS COMBATENTES

O Programa do XVI Governo Constitucional, em matéria de defesa nacional, tem como um dos principais eixos de actuação a valorização das questões relacionadas com aqueles que, no âmbito militar, serviram o País honradamente como forma de reconhecimento do Estado Português.

Dando continuidade aos compromissos assumidos pelo XVI Governo Constitucional, quer no seu Programa, quer nas Grandes Opções do Plano, foi concluído o processo de habilitação geral dos antigos combatentes e da digitalização dos requerimentos, estando a decorrer, nos arquivos dos ramos das Forças Armadas, o correspondente processo de certificação das contagens de tempo de serviço militar, cuja conclusão está prevista para o corrente ano.

Para atingir o desiderato definido pela Lei n.º 9/2002, de 11 de Fevereiro, este governo, através do Ministério da Defesa Nacional, efectuou um grande investimento em termos de pessoal, equipamento informático e recuperação de infra-estruturas, que permitiu assim o processamento em tempo recorde das contagens de tempo de serviço militar e respectivas bonificações de ex-combatentes para efeitos de aposentação e reforma, de modo a dar resposta a esta justa aspiração dos ex-combatentes em nome do Estado Português.

Simultaneamente, tornou-se necessária a regulamentação da Lei n.º 9/2002, de 11 de Fevereiro, no sentido de permitir o processamento dos dados pelos respectivos regimes da Caixa Geral de Aposentações ou do sistema de solidariedade e segurança social.

Para a concretização deste eixo de actuação foi consagrado, em sede do Orçamento do Estado para 2004, aprovado pela Lei n.º 107-B/2003, de 31 de

Dezembro, o Fundo dos Antigos Combatentes, com a natureza de património autónomo, destinado a suportar na sua totalidade os encargos para o Estado decorrentes da consideração dos períodos de prestação de serviço militar de antigos combatentes para efeitos de aposentação ou reforma, nos termos da mencionada Lei n.º 9/2002, de 11 de Fevereiro, e cuja gestão é atribuída ao Instituto de Gestão de Fundos de Capitalização da Segurança Social.

Importa, agora, regulamentar o quadro legal e fixar as normas de funcionamento e gestão do Fundo dos Antigos Combatentes.

Assim:

Sob proposta do conselho directivo do Instituto de Gestão de Fundos de Capitalização da Segurança Social;

Ao abrigo do disposto no artigo 40.º da Lei n.º 107-B/2003, de 31 de Dezembro, na alínea b) do n.º 1 do artigo 4.º e na alínea b) do n.º 1 e no n.º 2 do artigo 7.º dos Estatutos do Instituto de Gestão de Fundos de Capitalização da Segurança Social, aprovados pelo Decreto-Lei n.º 449-A/99, de 4 de Novembro:

Manda o Governo, pelos Ministros de Estado, da Defesa Nacional e dos Assuntos do Mar, das Finanças e da Administração Pública e da Segurança Social, da Família e da Criança, o seguinte:

1.º O Fundo dos Antigos Combatentes (FAC), a que se refere o artigo 40.º da Lei n.º 107-B/2003, de 31 de Dezembro, é um património autónomo, propriedade do Estado Português, gerido em regime de capitalização, que tem por finalidade suportar, na sua totalidade, os encargos para o Estado decorrentes da consideração dos períodos de prestação de serviço militar de antigos combatentes, para efeitos de aposentação ou reforma, nos termos da Lei n.º 9/2002, de 11 de Fevereiro, com as alterações introduzidas pelo Decreto-Lei n.º 303/2002, de 13 de Dezembro, e pela Lei n.º 21/2004, de 5 de Junho, e do Decreto-Lei n.º 160/2004, de 2 de Julho.

2.º O FAC integra o orçamento e a conta do Ministério da Defesa Nacional.

3.º Para efeitos do previsto no Código do Imposto sobre o Rendimento das Pessoas Colectivas (CIRC), o FAC é um fundo de capitalização administrado e gerido pelo Instituto de Gestão de Fundos de Capitalização da Segurança Social (IGFCSS), que é uma instituição de segurança social.

4.º É aprovado o Regulamento de Gestão do Fundo dos Antigos Combatentes, cujo texto se publica em anexo a esta portaria e da qual faz parte integrante.

5.º A Caixa Geral de Aposentações (CGA) e o Instituto de Gestão Financeira da Segurança Social (IGFSS) informam o IGFCSS com, pelo menos, 10 dias de antecedência dos montantes da responsabilidade do FAC, os quais devem ser entregues à CGA e ao IGFSS até ao dia anterior ao do pagamento aos ex-combatentes das respectivas prestações.

6.º A presente portaria produz efeitos à data da sua assinatura.

Em 27 de Setembro de 2004.

O Ministro de Estado, da Defesa Nacional e dos Assuntos do Mar, *Paulo Sacadura Cabral Portas.* – O Ministro das Finanças e da Administração Pública, *António José de Castro Bagão Félix.* – O Ministro da Segurança Social, da Família e da Criança, *Fernando Mimoso Negrão.*

ANEXO I

REGULAMENTO DE GESTÃO DO FUNDO DOS ANTIGOS COMBATENTES

Artigo 1.º
Denominação e finalidade

O Fundo dos Antigos Combatentes (FAC) tem por finalidade suportar na sua totalidade os encargos para o Estado decorrentes da consideração dos períodos de prestação de serviço militar de antigos combatentes, para efeitos de aposentação ou reforma, nos termos da Lei n.º 9/2002, de 11 de Fevereiro, com as alterações introduzidas pelo Decreto-Lei n.º 303/2002, de 13 de Dezembro, e pela Lei n.º 21/2004, de 5 de Junho, e do Decreto-Lei n.º 160/2004, de 2 de Julho.

Artigo 2.º
Entidade gestora e natureza jurídica

1 – A entidade gestora do FAC é o Instituto de Gestão de Fundos de Capitalização da Segurança Social (IGFCSS), com as atribuições definidas nos respectivos Estatutos.

2 – O FAC é um património autónomo e, como tal, não responde pelas responsabilidades da entidade gestora.

ARTIGO 3.º
Capital do FAC

1 – A dotação inicial e subsequentes reforços de capital do FAC são realizados pela afectação de receitas obtidas com a alienação do património do Estado afecto à defesa nacional, nos termos previstos no n.º 7 do artigo 3.º da Lei n.º 107-B/2003, de 31 de Dezembro, mediante despacho do Ministro da Defesa Nacional.

2 – Os resultados apurados em cada exercício económico são também afectos ao capital do FAC.

3 – O capital do FAC pode ser utilizado para transferências destinadas a suportar os encargos para o Estado decorrentes da consideração dos períodos de prestação de serviço militar de antigos combatentes, para efeitos de aposentação ou reforma, nos termos da legislação a que se refere o artigo 1.º.

ARTIGO 4.º
Representação do activo do FAC

O activo do Fundo será investido de acordo com os termos da norma regulamentar n.º 21/2002-R do Instituto de Seguros de Portugal (ISP).

ARTIGO 5.º
Política de investimentos

1 – A política de investimentos visa a adequada cobertura do valor actuarial das responsabilidades futuras com os encargos para o Estado decorrentes da consideração dos períodos de prestação de serviço militar de antigos combatentes, para efeitos de aposentação ou reforma, nos termos da legislação a que se refere o artigo 1.º, tendo em consideração o valor da dotação inicial e subsequentes reforços de capital consignados ao FAC.

2 – Para prossecução dos fins descritos no número anterior, o IGFCSS pode subcontratar, na medida do necessário, a gestão de uma parte da carteira, nos termos da alínea h) do artigo 7.º dos respectivos Estatutos.

ARTIGO 6.º

Técnicas e instrumentos de cobertura de riscos

1 – Ao FAC é permitida a utilização de instrumentos derivados quer para fins de cobertura de risco de activos susceptíveis de integrar o seu património quer para a prossecução de uma gestão eficaz da carteira, designadamente para reprodução, não alavancada, da rentabilidade dos activos subjacentes aos mesmos.

2 – Para efeitos do presente diploma consideram-se:

a) «Instrumentos financeiros derivados»:

i) Os instrumentos financeiros, nomeadamente futuros, opções e warrants, negociados em bolsa ou outro mercado regulamentado, traduzidos em contratos padronizados a prazo que tenham por objecto, directa ou indirectamente, valores mobiliários, de natureza real ou teórica, taxas de juro ou divisas, índices sobre valores mobiliários, taxas de juro ou divisas;

ii) Outros instrumentos financeiros cuja existência e valor dependam de um outro instrumento financeiro, nomeadamente contratos de swaps e forwards;

iii) Quaisquer instrumentos financeiros cujas características técnico-financeiras possam ser equiparadas às dos referidos nas alíneas anteriores;

b) «Activo de base ou subjacente» o activo sobre que incide o instrumento financeiro ou contrato em causa;

c) «Operações de cobertura de risco» as operações que se destinam à protecção de riscos associados a posições, activas ou passivas, detidas ou que, por força da política de gestão e de investimentos do FAC, se preveja venham a ser detidas;

d) «Valor nocional» o valor teórico dos instrumentos financeiros derivados obtido pela aplicação dos critérios referidos no artigo 7.º.

3 – Considerando o disposto no n.º 1, apenas são permitidas as seguintes operações de cobertura de risco:

a) Cobertura do risco de variação do preço dos valores ou instrumentos detidos pelo FAC que não se encontrem já afectos a outras operações de idêntica natureza;

b) Fixação do custo de aquisições futuras;

c) Cobertura do risco de variação dos rendimentos associados aos valores ou instrumentos detidos pelo FAC;

d) Cobertura do risco cambial associado aos valores ou instrumentos detidos pelo FAC.

4 – As operações de cobertura de risco devem visar contribuir para uma redução efectiva de exposição ao risco, pelo que, para o efeito, apenas devem ser utilizados instrumentos financeiros derivados sobre activos subjacentes idênticos ou de perfil de risco análogo aos valores sobre que incide o risco.

5 – Na avaliação do perfil de risco análogo mencionado no número anterior deve ser considerada uma correlação adequada entre as variações de valor do instrumento de cobertura e as variações de valor das posições objecto de cobertura.

Artigo 7.º
Valor nocional

O valor nocional dos instrumentos financeiros derivados previstos no n.º 2 do artigo 6.º é aferido:

a) Pelo preço do activo subjacente, no caso das opções e dos *warrants*;
b) Pelo preço de referência, no caso dos futuros sobre valores mobiliários, de natureza real ou teórica, e índices sobre valores mobiliários;
c) Pelo valor nominal, no caso de *swaps*, *forwards*, FRA e contratos de futuros sobre taxas de juro de curto prazo.

Artigo 8.º
Condições de realização e contrapartes das operações

1 – As operações sobre valores mobiliários admitidos à negociação ou negociáveis em bolsa ou outro mercado regulamentado, realizadas por conta do FAC, só podem ser efectuadas fora de tais bolsas ou mercados nos casos em que resulte uma fundamentada vantagem para o Fundo.

2 – Sem prejuízo das demais limitações à realização de operações por conta do FAC resultantes de disposição legal e do presente Regulamento, as operações que não devam ter lugar em bolsa ou outro mercado regulamentado devem ter como contraparte investidores institucionais legalmente habilitados num Estado membro da União Europeia ou da OCDE a realizar as operações em causa, desde que o *rating* dessas contrapartes seja qualitativamente igual ou superior a BBB/Baa2, conforme notações mais comuns, ou, na falta de *rating,* desde que cumpram as normas prudenciais exigidas pela respectiva entidade supervisora.

3 – O FAC pode realizar operações de reporte e de empréstimo de valores mobiliários detidos desde que:

a) Tenha como contraparte, para além das entidades referidas no número anterior, câmaras de compensação de um mercado regulamentado de um Estado membro da União Europeia ou da OCDE;
b) Salvo nos casos da parte final da alínea anterior, as respectivas condições gerais se encontrem estabelecidas em contrato quadro, que deve incluir, designadamente, o regime de denúncia antecipada por parte do FAC, bem como o regime de incumprimento do contrato;
c) As operações que não forem efectuadas através de câmara de compensação não podem exceder 10% da respectiva classe de activos.

ARTIGO 9.º
Limites

1 – O valor nocional, calculado de acordo com o artigo 7.º, das posições líquidas detidas em instrumentos financeiros derivados não pode exceder o valor líquido global do FAC.

2 – As operações de cobertura de risco a que se refere a alínea b) do n.º 3 do artigo 6.º não podem exceder 10% do valor líquido global do FAC.

ARTIGO 10.º
Encargos a suportar pelo FAC

1 – O FAC suporta todas as despesas decorrentes da compra e venda de títulos e de imóveis, bem como as despesas de depósito de valores e outros encargos documentados directamente relacionados com a gestão e manutenção do seu património.

2 – De harmonia com o disposto na alínea c) do n.º 1 do artigo 19.º dos Estatutos do IGFCSS, fica o FAC anualmente obrigado a transferir para o IGFCSS um valor correspondente aos serviços prestados por este, de montante equivalente a 0,1% do valor de mercado do FAC no final do ano anterior, com um mínimo de (euro) 500000, não podendo este valor exceder 0,25% do valor médio de mercado do FAC no final do ano anterior.

ARTIGO 11.º
Receitas do FAC

Constituem receitas próprias do FAC os proveitos decorrentes dos investimentos que integram o seu património.

ARTIGO 12.º
Contabilidade

O FAC adopta nas suas contas o Plano Oficial de Contabilidade Pública (POCP), aplicando-se supletivamente as normas contabilísticas internacionalmente aceites, nomeadamente no que se refere aos critérios valorimétricos a utilizar, bem como no registo de operações com os instrumentos financeiros referidos no artigo 6.º do presente Regulamento.

ARTIGO 13.º
Relatórios e contas anuais

1 – As contas do FAC encerram-se em 31 de Dezembro de cada ano.

2 – O relatório de actividades e as contas anuais relativos ao FAC são objecto de parecer da comissão de fiscalização do IGFCSS.

3 – Os documentos referidos no número anterior serão submetidos à aprovação superior dos Ministros de Estado, da Defesa Nacional e dos Assuntos do Mar, das Finanças e da Administração Pública e da Segurança Social, da Família e da Criança.

ARTIGO 14.º
Comissão de acompanhamento

1 – A ligação entre o Ministério da Defesa Nacional e o IGFCSS, entidade gestora do FAC, compete a uma comissão de acompanhamento composta por representantes dos seguintes serviços:

a) Secretaria-Geral, representada pelo secretário-geral-adjunto, que preside;
b) Direcção-Geral de Pessoal e Recrutamento Militar, representada por um subdirector-geral para o efeito designado;
c) Direcção-Geral de Infra-Estruturas, representada pelo subdirector-geral.

2 – À comissão compete informar e dar parecer ao Ministro de Estado, da Defesa Nacional e dos Assuntos do Mar sobre:

a) Os relatórios apresentados pela entidade gestora do FAC, nomeadamente os relatórios de actividades;
b) A orientação da política de aplicações e de investimentos do FAC;
c) Outras matérias previstas no contrato de gestão do FAC.

LISTA DE OUTROS APOIOS AOS ANTIGOS COMBATENTES

- Decreto-Lei n.º 50/2000, de 7 de Abril, que cria a rede nacional de apoio a militares e ex-militares portugueses portadores de stress pós-traumático de guerra;

- Despacho conjunto n.º 109/2001, de 5 de Fevereiro, que cria a Comissão Nacional de Acompanhamento responsável pela coordenação da rede nacional de apoio;

- Despacho conjunto n.º 363/2001, de 20 de Abril, que aprova o modelo de cartão de identificação do utente da rede nacional de apoio;

- Despacho conjunto n.º 364/2001, de 20 de Abril que define o modo de admissão à rede nacional de apoio bem como o modo de elaboração do processo clínico;

- Portaria n.º 647/2001 de 28 de Junho, que aprova o modo de financiamento e suporte dos encargos com a prestação de cuidados de saúde;

- Despacho conjunto n.º 867/2001 de 15 de Setembro, que aprova o Regulamento para a celebração de protocolos com as organizações não governamentais;

- Despacho n.º 19822, de 20 de Setembro, que determinou a criação do Conselho Consultivo dos Antigos Combatentes e a constituição de uma equipa, constituída por pessoal dirigente técnico, para preparar a criação, por via legal, de um Departamento de Apoio aos Antigos Combatentes na estrutura organizativa da Direcção-Geral de Pessoal e Recrutamento Militar.

– Portaria n.º 141-A/2002 de 13 de Fevereiro, que aprovou os modelos do formulário de requerimento para contagem de tempo do período de prestação de serviço militar para efeitos de aposentação e reforma e para a atribuição de complemento especial de pensão ou de acréscimo vitalício de pensão.

JUSTIÇA MILITAR

- **Lei n.º 100/2003, de 15/11:**
  – *Código de Justiça Militar;*

- **Lei n.º 101/2003, de 15/11:**
  – *Estatuto dos Juízes Militares e dos Assessores Militares do Ministério Público.*

LEI N.º 100/2003, DE 15 DE NOVEMBRO

APROVA O NOVO CÓDIGO DE JUSTIÇA MIITAR

(Rectificado pela Declaração de Rectificação n.º 2/2004, de 16/12/2003, em D.R., I série-A, n.º 2, de 03/01/2004).

A Assembleia da República decreta, nos termos da alínea c) do artigo 161.º da Constituição, para valer como lei geral da República, o seguinte:

ARTIGO 1.º
Objecto

É aprovado o Código de Justiça Militar, anexo à presente lei.

ARTIGO 2.º
Disposições revogatórias

1 – É revogado o Código de Justiça Militar em vigor, aprovado pelo Decreto-Lei n.º 141/77, de 9 de Abril, e alterado pelos Decretos-Leis n.os 319-A/77, de 5 de Agosto, 177/80, de 31 de Maio, 103/81, de 12 de Maio, 105/81, de 14 de Maio, 208/81, de 13 de Julho, 232/81, de 30 de Julho, 122/82, de 22 de Abril, e 146/82, de 28 de Abril.

2 – São revogadas todas as disposições de diplomas não enumerados no número anterior que sejam incompatíveis com o Código de Justiça Militar aprovado pela presente lei, bem como as constantes de legislação especial avulsa que proíbam ou restrinjam a suspensão da execução da pena de prisão.

3 – São revogados os artigos 237.º e 309.º a 315.º do Código Penal.
4 – É ainda revogado o artigo 49.º da Lei n.º 20/95, de 13 de Julho.

ARTIGO 3.º
Remissões

Consideram-se efectuadas para as correspondentes disposições do Código de Justiça Militar, cujo texto se publica em anexo, as remissões feitas para disposições do Código de Justiça Militar aprovado pelo Decreto-Lei n.º 141/77, de 9 de Abril.

ARTIGO 4.º
Conversão de penas

São convertidas em penas de prisão as penas de presídio militar, de prisão militar e de prisão maior que estejam a ser executadas no momento da entrada em vigor da presente lei.

ARTIGO 5.º
Liberdade condicional

Às penas que se encontrem em execução à data da entrada em vigor do Código de Justiça Militar aplica-se o regime de liberdade condicional nele previsto.

ARTIGO 6.º
Aplicação da lei processual penal no tempo

1 – As disposições processuais do Código de Justiça Militar são de aplicação imediata, sem prejuízo da validade dos actos realizados na vigência da lei anterior.
2 – Da aplicação imediata da nova lei processual penal fica ressalvada qualquer limitação dos direitos de defesa do arguido, aplicando-se a lei anterior com as necessárias adaptações.
3 – Fica ainda ressalvada a competência da Polícia Judiciária Militar para a investigação, sob a direcção das autoridades judiciárias competentes e ao abrigo das disposições aplicáveis do Código de Processo Penal e do Código de Justiça Militar, dos processos iniciados até ao início da vigência da presente lei.

ARTIGO 7.º
Alteração ao Código Penal

O artigo 308.º do Código Penal passa a ter a seguinte redacção:

«ARTIGO 308.º
Traição à Pátria

Aquele que, por meio de usurpação ou abuso de funções de soberania:

a) Tentar separar da Mãe-Pátria ou entregar a país estrangeiro ou submeter à soberania estrangeira todo o território português ou parte dele; ou
b) Ofender ou puser em perigo a independência do País;

é punido com pena de prisão de 10 a 20 anos.»

ARTIGO 8.º
Alterações ao Estatuto da Polícia Judiciária Militar

O artigo 5.º do Decreto-Lei n.º 200/2001, de 13 de Julho, passa a ter a seguinte redacção:

«ARTIGO 5.º
Competência em matéria de investigação criminal

1 – É da competência específica da Polícia Judiciária Militar a investigação dos crimes estritamente militares.

2 – A Polícia Judiciária Militar tem ainda competência reservada para a investigação de crimes cometidos no interior de unidades, estabelecimentos e órgãos militares.

3 – Os demais órgãos de polícia criminal devem comunicar de imediato à Polícia Judiciária Militar os factos de que tenham conhecimento relativos à preparação e execução de crimes referidos nos números anteriores, apenas podendo praticar, até à sua intervenção, os actos cautelares e urgentes para obstar à sua consumação e assegurar os meios de prova.

4 – O disposto no n.º 2 não prejudica a competência conferida à Guarda Nacional Republicana pela Lei da Organização da Investigação

Criminal ou pela respectiva Lei Orgânica para a investigação de crimes comuns cometidos no interior dos seus estabelecimentos, unidades e órgãos.»

ARTIGO 9.º
Competências dos comandantes de região militar

Quando se verificar a extinção do cargo de comandante de região militar do Exército, sucede-lhe nas competências que lhe são atribuídas pelo Código de Justiça Militar em vigor o comandante de Pessoal do Exército.

ARTIGO 10.º
Legislação complementar e conexa

Devem ser adoptadas as providências necessárias e adequadas para que a entrada em vigor da presente lei seja precedida ou ocorra simultaneamente à publicação da respectiva legislação complementar, versando as matérias abaixo indicadas:

a) Regime de execução da pena de prisão imposta a militares a que se refere o artigo 15.º do Código de Justiça Militar (*);
b) Regulamentação das disposições pertinentes da Lei de Organização e Funcionamento dos Tribunais Judiciais.

(*) *Rectificado pela Declaração Rectificativa n.º 2/2004, de 16/12/2003, in DR, I-A, de 3/01/2004.*

ARTIGO 11.º
Entrada em vigor

O novo Código de Justiça Militar e a presente lei entram em vigor no dia 14 de Setembro de 2004.

Aprovada em 18 de Setembro de 2003.
O Presidente da Assembleia da República, *João Bosco Mota Amaral.*
Promulgada em 3 de Novembro de 2003.
Publique-se.
O Presidente da República, JORGE SAMPAIO.
Referendada em 4 de Novembro de 2003.
O Primeiro-Ministro, *José Manuel Durão Barroso.*

CÓDIGO DE JUSTIÇA MILITAR

LIVRO I
DOS CRIMES

TÍTULO I
Parte geral

CAPÍTULO I
Princípios gerais

ARTIGO 1.º
Âmbito de aplicação

1 – O presente Código aplica-se aos crimes de natureza estritamente militar.

2 – Constitui crime estritamente militar o facto lesivo dos interesses militares da defesa nacional e dos demais que a Constituição comete às Forças Armadas e como tal qualificado pela lei.

ARTIGO 2.º
Aplicação da lei penal comum e aplicação subsidiária

1 – As disposições do Código Penal são aplicáveis aos crimes de natureza estritamente militar em tudo o que não for contrariado pela presente lei.

2 – As disposições desta lei são aplicáveis aos crimes de natureza estritamente militar puníveis por legislação de carácter especial, salvo disposição em contrário.

ARTIGO 3.º
Aplicação no espaço

1 – Salvo tratado ou convenção internacional em contrário, as disposições deste Código são aplicáveis quer os crimes sejam cometidos em território nacional quer em país estrangeiro.

2 – As disposições do presente Código só são aplicáveis a factos cometidos no estrangeiro e por estrangeiros desde que os respectivos agentes sejam encontrados em Portugal.

Capítulo II
Conceitos

Artigo 4.º
Conceito de militar

1 – Para efeito deste Código, consideram-se militares:

a) Os oficiais, sargentos e praças dos quadros permanentes das Forças Armadas e da Guarda Nacional Republicana em qualquer situação;
b) Os oficiais, sargentos e praças não pertencentes aos quadros permanentes na efectividade de serviço;
c) Os alunos das escolas de formação de oficiais e sargentos.

2 – Os aspirantes a oficial consideram-se como oficiais, para efeitos penais.

Artigo 5.º
Superiores

Para efeitos de incriminação penal, não se consideram superiores os oficiais, sargentos e praças do mesmo posto, salvo se forem encarregados, permanente ou incidentalmente, de comando de qualquer serviço e durante a execução deste.

Artigo 6.º
Local de serviço

1 – Considera-se «local de serviço» qualquer instalação militar, plataforma de força militar, área ocupada por força militar ou onde decorram exercícios, manobras ou operações militares ou cuja defesa, protecção ou guarda esteja atribuída a militares ou forças militares.

2 – Por «força militar» entende-se qualquer conjunto de militares organizado em unidade ou grupo de unidades, incluindo a respectiva plataforma ou plataformas de combate ou de apoio, tais como navios, veículos terrestres, aeronaves ou outras, pronto ou em preparação para o cumprimento de missões de natureza operacional.

3 – Por «instalação militar» entende-se o quartel-general, quartel, base, posto, órgão, estabelecimento, centro, depósito, parque, perímetro defensivo, ponto sensível ou qualquer outra área ou infra-estrutura que se destine, temporária ou permanentemente, a qualquer tipo de serviço ou função militar.

4 – Os navios, veículos terrestres ou aeronaves apresados ou, a qualquer título, incorporados nas Forças Armadas ou noutras forças militares são considerados como plataformas militares enquanto estiverem ao seu serviço ou guarda.

ARTIGO 7.º

Material de guerra

Para efeito do presente Código, considera-se material de guerra:

a) Armas de fogo portáteis e automáticas, tais como espingardas, carabinas, revólveres, pistolas, pistolas-metralhadoras e metralhadoras, com excepção das armas de defesa, caça, precisão e recreio, salvo se pertencentes ou afectas às Forças Armadas ou outras forças militares;

b) Material de artilharia, designadamente:

   i) Canhões, obuses, morteiros, peças de artilharia, armas anticarro, lança-foguetões, lança-chamas, canhões sem recuo;

   ii) Material militar para lançamento de fumo e gases;

c) Munições destinadas às armas referidas nas alíneas anteriores;

d) Bombas, torpedos, granadas, incluindo as fumígeras e as submarinas, potes de fumo, foguetes, minas, engenhos guiados e bombas incendiárias;

e) Aparelhos e dispositivos para uso militar especialmente concebidos para a manutenção, activação, despoletagem, detonação ou detecção dos artigos constantes da alínea anterior;

f) Material de direcção de tiro para uso militar, designadamente:

   i) Calculadores de tiro e aparelhos de pontaria em infravermelhos e outro material para pontaria nocturna;

   ii) Telémetros, indicadores de posição e altímetros;

   iii) Dispositivos de observação electrónicos e giroscópios, ópticos e acústicos;

   iv) Visores de pontaria, alças para canhão e periscópios para o material citado no presente artigo;

g) Veículos especialmente concebidos para uso militar e em especial:
   i) Carros de combate;
   ii) Veículos de tipo militar, couraçados ou blindados, incluindo os anfíbios;
   iii) Trens blindados;
   iv) Veículos militares com meia lagarta;
   v) Veículos militares para reparação dos carros de combate;
   vi) Reboques especialmente concebidos para o transporte das munições referidas nas alíneas c) e d);

h) Agentes tóxicos ou radioactivos, designadamente:
   i) Agentes tóxicos biológicos ou químicos e radioactivos adaptados para produzir, em caso de guerra, efeitos destrutivos nas pessoas, nos animais ou nas colheitas;
   ii) Material militar para a propagação, detecção e identificação das substâncias mencionadas na subalínea anterior;
   iii) Material de protecção contra as substâncias mencionadas na subalínea i);

i) Pólvoras, explosivos e agentes de propulsão líquidos ou sólidos, nomeadamente:
   i) Pólvoras e agentes de propulsão líquidos ou sólidos especialmente concebidos e fabricados para o material mencionado nas alíneas c), d) e na alínea anterior;
   ii) Explosivos militares;
   iii) Composições incendiárias e congelantes para uso militar;

j) Navios de guerra de qualquer tipo e seus equipamentos especializados, tais como:
   i) Sistemas de armas e sensores;
   ii) Equipamentos especialmente concebidos para o lançamento e contramedidas de minas;
   iii) Redes submarinas;
   iv) Material de mergulho;

l) Aeronaves militares de qualquer tipo e todos os seus equipamentos e sistemas de armas;

m) Equipamentos para as funções militares de comando, controlo, comunicações e informações;

n) Aparelhos de observação e registo de imagens especialmente concebidos para uso militar;

o) Equipamentos para estudos e levantamentos hidrográficos, oceanográficos e cartográficos de interesse militar;

p) Partes e peças especializadas do material constante do presente artigo, desde que tenham carácter militar;
q) Máquinas, equipamento e ferramentas exclusivamente concebidas para o estudo, fabrico, ensaio e controlo das armas, munições e engenhos para uso exclusivamente militar constantes do presente artigo;
r) Qualquer outro bem pertencente às Forças Armadas ou outras forças militares cuja falta cause comprovados prejuízos à operacionalidade dos meios.

Artigo 8.º
Crimes cometidos em tempo de guerra

São considerados crimes cometidos em tempo de guerra os perpetrados estando Portugal em estado de guerra declarada com país estrangeiro.

Artigo 9.º
Equiparação a crimes cometidos em tempo de guerra

Para efeitos de aplicação do disposto no livro I e nos capítulos I a V do livro II deste Código, consideram-se, com as necessárias adaptações, equivalentes a crimes cometidos em tempo de guerra os perpetrados em estado de sítio ou em ocasião que pressuponha a aplicação das convenções de Genebra para a protecção das vítimas de guerra, bem como os relacionados com o empenhamento das Forças Armadas ou de outras forças militares em missões de apoio à paz, no âmbito dos compromissos internacionais assumidos pelo Estado Português (*).

(*) *Rectificado pela Declaração Rectificativa n.º 2/2004, de 16/12/2003, no DR, I-A, de 3/01/2004.*

Artigo 10.º
Prisioneiros de guerra e equiparados

1 – Em tempo de guerra, os militares prisioneiros de guerra ficam sujeitos às autoridades militares portuguesas e são tratados, para efeitos penais, consoante o seu posto.

2 – Para efeitos da prática de algum dos crimes previstos no capítulo VI do título II do livro I deste Código, os prisioneiros de guerra e os civis estrangeiros sujeitos, em tempo de guerra, às autoridades militares portuguesas são considerados como subordinados de qualquer militar português que os tiver prendido ou à ordem de quem estiverem.

ARTIGO 11.º
Crimes contra a segurança e bens de país aliado

Salvo tratado ou convenção internacional em contrário, as disposições dos artigos 68.º a 70.º e das secções III e IV do capítulo V do título II do livro I deste Código são aplicáveis aos factos praticados em território nacional e em prejuízo da segurança de país aliado ou contra os seus bens militares, havendo reciprocidade, ou de grupo, organização ou aliança de que Portugal faça parte.

CAPÍTULO III
Das formas do crime e das causas de exclusão da responsabilidade criminal

ARTIGO 12.º
Punição da tentativa

A tentativa de crimes estritamente militares é punível qualquer que seja a pena aplicável ao crime consumado.

ARTIGO 13.º
Perigo

O perigo iminente de um mal igual ou maior não exclui a responsabilidade do militar que pratica o facto ilícito, quando este consista na violação de dever militar cuja natureza exija que suporte o perigo que lhe é inerente.

CAPÍTULO IV
Das penas

SECÇÃO I
Pena principal

ARTIGO 14.º
Pena de prisão

1 – O crime estritamente militar é punível com pena de prisão.

2 – A pena de prisão tem a duração mínima de 1 mês e a duração máxima de 25 anos.

3 – Em caso algum pode ser excedido o limite máximo referido no número anterior.

ARTIGO 15.º
Execução da pena de prisão

1 – O cumprimento da pena de prisão aplicada a militar é efectuado em estabelecimento prisional militar.

2 – A execução da pena de prisão aplicada a militares é regulada em legislação própria, na qual são fixados os deveres e os direitos dos reclusos.

ARTIGO 16.º
Liberdade condicional

1 – Aos condenados na pena de prisão de duração inferior a 2 anos pode, para além do disposto no Código Penal, ser ainda concedida liberdade condicional, encontrando-se cumpridos 6 meses da pena, quando tenham praticado um acto de valor ou prestado serviços relevantes.

2 – O condenado que for posto em liberdade condicional regressa à situação militar que tinha à data da condenação, sem prejuízo da pena acessória que lhe tenha sido imposta.

3 – O serviço militar efectivo prestado durante o período de liberdade condicional é contado para todos os efeitos legais.

SECÇÃO II

Penas de substituição, penas acessórias e efeitos das penas

ARTIGO 17.º

Penas de substituição

1 – Os pressupostos e o regime da suspensão da pena de prisão são os regulados no Código Penal, devendo os deveres e regras de conduta aplicados a militares ser adequados à condição militar e, em especial, à prestação de serviço efectivo.

2 – A pena de multa é aplicável como pena de substituição da pena de prisão nos termos e condições previstos no Código Penal.

ARTIGO 18.º

Reserva compulsiva

1 – A pena acessória de reserva compulsiva consiste na passagem do militar dos quadros permanentes à situação de reserva, desde que possua o tempo mínimo de serviço previsto no estatuto respectivo.

2 – A reserva compulsiva tem os efeitos previstos no Estatuto dos Militares das Forças Armadas e no Estatuto dos Militares da Guarda Nacional Republicana para a situação de reserva.

ARTIGO 19.º

Expulsão

1 – A pena acessória de expulsão consiste na irradiação do condenado das fileiras das Forças Armadas ou de outras forças militares, com perda da condição militar, assim como do direito de usar medalhas militares e de haver recompensas, tornando-o inábil para o serviço militar.

2 – A pena acessória de expulsão só é aplicável aos militares dos quadros permanentes ou em regime de contrato ou voluntariado.

ARTIGO 20.º

Aplicação das penas acessórias

1 – As penas acessórias são aplicadas na sentença condenatória e executam-se com o respectivo trânsito em julgado.

2 – A pena acessória de expulsão pode ser aplicada ao militar condenado em pena de prisão superior a 8 anos (*):

a) Que tiver praticado o crime com flagrante e grave abuso da função que exerce ou com manifesta e grave violação dos deveres que lhe são inerentes (*); ou

b) Cujo crime revele ser ele incapaz ou indigno de pertencer às Forças Armadas ou a outras forças militares ou implique a perda de confiança necessária ao exercício da função militar.

3 – Verificadas as condições das alíneas a) ou b) do número anterior, pode ser aplicada ao militar a pena acessória de reserva compulsiva, desde que tenha sido condenado em pena de prisão superior a 5 anos.

4 – Sempre que um militar for condenado pela prática de crime estritamente militar, o tribunal comunica a condenação à autoridade militar de que aquele depender.

(*) *Rectificado pela Declaração Rectificativa n.º 2/2004, de 16/12/2003, no DR, I-A, de 3/01/2004.*

ARTIGO 21.º

Suspensão do exercício de funções militares

1 – O militar definitivamente condenado a pena de prisão e ao qual não tenha sido aplicada pena acessória ou que não tenha sido disciplinarmente separado do serviço incorre na suspensão do exercício de funções militares, ficando na situação de inactividade temporária enquanto durar o cumprimento da pena.

2 – O tempo em cumprimento da pena de prisão não conta como tempo de serviço militar.

SECÇÃO III

Medida da pena

ARTIGO 22.º

Determinação da medida da pena

Na determinação concreta da pena por crime estritamente militar, para além dos critérios previstos no Código Penal, o tribunal atende a todas as circunstâncias que, não fazendo parte do tipo de crime, depuserem a favor do agente ou contra ele, considerando, nomeadamente:

a) O comportamento militar anterior;
b) O tempo de serviço efectivo;
c) Ser o crime cometido em tempo de guerra;
d) Ser o crime cometido no exercício de funções e por causa delas;
e) Ser o crime cometido em formatura ou em outro local de serviço onde se encontrem 10 ou mais militares que tenham presenciado o crime, não se compreendendo neste número os agentes do crime;
f) Ser o agente do crime comandante ou chefe, quando o facto se relacione com o exercício das suas funções;
g) Ser o crime cometido em presença de algum superior de graduação não inferior a sargento;
h) A maior graduação ou antiguidade no mesmo posto, em caso de comparticipação;
i) A persistência na prática do crime, depois de o agente haver sido pessoalmente advertido para a ilicitude do seu comportamento ou intimado a mudá-lo por ordem de superior hierárquico;
j) A prestação de serviços relevantes e a prática de actos de valor;
l) O cumprimento de ordem do superior hierárquico do agente, quando não baste para excluir a responsabilidade ou a culpa;
m) Ser o crime de insubordinação provocado por abuso de autoridade, quando não baste para justificar o facto;
n) Ser o crime de abuso de autoridade provocado por insubordinação, quando não baste para justificar o facto.

Artigo 23.º
Serviços relevantes e actos de assinalado valor

Os serviços militares relevantes em tempo de guerra e os actos de assinalado valor a todo o tempo, como tais qualificados no Diário da República ou quaisquer ordens de serviço, com referência individual, podem, se praticados depois do crime, ser considerados pelos tribunais como circunstância atenuante de natureza especial ou, sendo a pena abstractamente aplicável inferior a 5 anos, de dispensa de pena.

ARTIGO 24.º
Reincidência

1 – É punível como reincidente aquele que, por si ou sob qualquer forma de comparticipação, cometer um crime doloso estritamente militar que deva ser punido com prisão efectiva superior a 6 meses, depois de ter sido condenado por sentença transitada em julgado em pena de prisão efectiva superior a 6 meses por outro crime de idêntica natureza, se, de acordo com as circunstâncias do caso, o agente for de censurar por a condenação ou as condenações anteriores não lhe terem servido de suficiente advertência contra o crime.

2 – O crime anterior por que o agente tenha sido condenado não releva para a reincidência se entre a sua prática e a do crime seguinte tiverem decorrido mais de 10 anos, não se computando neste prazo o tempo durante o qual o agente tenha cumprido medida processual, pena ou medida de segurança privativas da liberdade.

3 – A reincidência entre crimes estritamente militares e crimes comuns opera nos termos previstos no Código Penal.

TÍTULO II
Parte especial

CAPÍTULO I
Dos crimes contra a independência e a integridade nacionais

SECÇÃO I
Traição

ARTIGO 25.º
Traição à Pátria

Aquele que, por meio de violência ou ameaça de violência:

a) Tentar separar da Mãe-Pátria ou entregar a país estrangeiro ou submeter à soberania estrangeira todo o território português ou parte dele; ou

b) Ofender ou puser em perigo a independência do País;

é punido com pena de prisão de 15 a 25 anos.

Artigo 26.º
Serviço militar em forças armadas inimigas

1 – Aquele que, sendo português, tomar armas debaixo de bandeira de nação estrangeira contra Portugal é punido com pena de prisão de 5 a 15 anos.

2 – Se o agente for militar e, em tempo de guerra:

a) Combater contra a Pátria;

b) Se alistar nas forças armadas do inimigo;

c) Se passar para o inimigo, com a intenção de o servir;

é punido com pena de prisão de 15 a 25 anos, no caso da alínea a), de 12 a 20 anos, no caso da alínea b), e de 5 a 12 anos, no caso da alínea c).

3 – Se, antes das hostilidades ou da declaração de guerra, o agente estiver ao serviço de Estado inimigo com autorização do Governo Português, a pena pode ser especialmente atenuada.

Artigo 27.º
Favorecimento do inimigo

1 – Aquele que, sendo português, estrangeiro ou apátrida residindo ou encontrando-se em Portugal, em tempo de guerra, com intenção de favorecer, de ajudar a execução de operações militares inimigas ou de causar prejuízo à defesa militar portuguesa, tiver com o estrangeiro, directa ou indirectamente, entendimentos ou praticar actos com vista aos mesmos fins é punido com pena de prisão de 12 a 20 anos.

2 – Se os actos referidos no número anterior consistirem em:

a) Evitar entrar em combate ou entregar ao inimigo ou abandonar a força ou instalação militar sob o seu comando, material de guerra ou quaisquer outros meios utilizáveis em operações;

b) Desviar da sua missão ou destino qualquer força militar que comande, pilote ou conduza;

c) Arriar a bandeira nacional sem ordem do comandante, dando assim a entender que a força respectiva se rendeu (*);

d) Prestar a outros militares nacionais informações erradas acerca das operações;

o agente é punido com pena de prisão de 15 a 25 anos.

3 – Se os fins referidos nos números anteriores não forem atingidos ou o prejuízo for pouco significativo, a pena pode ser especialmente atenuada.

(*) Rectificado pela Declaração Rectificativa n.º 2/2004, de 16/12/2003, no DR, I-A, de 3/01/2004.

ARTIGO 28.º
Inteligências com o estrangeiro para provocar guerra

1 – Aquele que tiver inteligências com governo de Estado estrangeiro, com partido, associação, instituição ou grupo estrangeiros ou com algum agente seu, com intenção de promover ou provocar guerra ou acção armada contra Portugal é punido com pena de prisão de 5 a 15 anos.

2 – Se à conduta descrita no número anterior se não seguir o efeito nele previsto, o agente é punido com pena de prisão de 3 a 10 anos.

ARTIGO 29.º
Prática de actos adequados a provocar guerra

1 – Aquele que, sendo português ou estrangeiro ou apátrida residindo ou encontrando-se em Portugal, praticar actos não autorizados pelo Governo Português e adequados a expor o Estado Português a declaração de guerra ou a acção armada é punido com pena de prisão de 3 a 10 anos.

2 – Se à conduta descrita no número anterior se não seguir o efeito nele previsto, o agente é punido com pena de prisão até 2 anos.

ARTIGO 30.º
Inteligências com o estrangeiro para constranger o Estado Português

1 – Aquele que tiver inteligências com governo de Estado estrangeiro, com partido, associação, instituição ou grupo estrangeiros ou com agente seu, com intenção de constranger o Estado Português a:

a) Declarar a guerra;
b) Não declarar ou não manter a neutralidade;
c) Declarar ou manter a neutralidade; ou
d) Sujeitar-se a ingerência de Estado estrangeiro nos negócios portugueses adequada a pôr em perigo a independência ou a integridade de Portugal;

é punido com pena de prisão de 2 a 8 anos.

2 – Aquele que, com a intenção referida no número anterior, publicamente fizer ou divulgar afirmações que sabe serem falsas ou grosseiramente deformadas é punido com pena de prisão até 5 anos.

3 – Aquele que, directa ou indirectamente, receber ou aceitar promessa de dádiva para facilitar ilegítima ingerência estrangeira nos negócios portugueses, adequada a pôr em perigo a independência ou a integridade de Portugal, é punido com pena de prisão até 5 anos.

4 – Se às condutas descritas nos números anteriores se não seguirem os efeitos neles previstos, a pena é especialmente atenuada.

ARTIGO 31.º
Campanha contra o esforço de guerra

Aquele que, sendo português, estrangeiro ou apátrida residindo ou encontrando-se em Portugal, fizer ou reproduzir publicamente, em tempo de guerra, afirmações que sabe serem falsas ou grosseiramente deformadas, com intenção de impedir ou perturbar o esforço de guerra de Portugal ou de auxiliar ou fomentar operações inimigas, é punido com pena de prisão de 1 a 5 anos.

ARTIGO 32.º
Serviços ilegítimos a Estados, forças ou organizações estrangeiras

O militar que, em tempo de paz e sem autorização, se colocar ao serviço de Estado, forças ou organizações estrangeiras, contra os interesses da defesa nacional, é punido com pena de prisão de 2 a 8 anos.

SECÇÃO II
Violação de segredo

ARTIGO 33.º
Violação de segredo de Estado

1 – Aquele que, pondo em perigo interesses militares do Estado Português relativos à independência nacional, à unidade e à integridade do Estado ou à sua segurança interna e externa, transmitir, tornar público ou revelar a pessoa não autorizada facto ou documento, plano ou objecto, que devam, em nome daqueles interesses, manter-se secretos é punido com pena de prisão de 2 a 8 anos.

2 – Aquele que destruir ou por qualquer modo inutilizar, subtrair ou falsificar documento, plano ou objecto referido no número anterior, pondo em perigo interesses no mesmo número indicados, é punido com pena de prisão de 2 a 8 anos.

3 – Se o agente praticar facto descrito nos números anteriores, violando dever especificamente imposto pelo estatuto da sua função ou serviço ou da missão que lhe foi conferida por autoridade competente, é punido com pena de prisão de 3 a 10 anos.

4 – Se o agente praticar por negligência os factos referidos nos n.os 1 e 2, tendo acesso aos objectos ou segredos de Estado em razão da sua função ou serviço ou da missão que lhe foi conferida por autoridade competente, é punido com pena de prisão até 3 anos.

Artigo 34.º
Espionagem

1 – Aquele que:

a) Colaborar com governo, associação, organização ou serviço de informações estrangeiros ou com agente seu com intenção de praticar facto referido no artigo anterior;
b) Se introduzir em algum ponto de interesse para as operações militares com o fim de obter informações de qualquer género destinadas ao inimigo;
c) Com o mesmo fim, e seja por que forma for, procurar informações que possam afectar, no todo ou em parte, o êxito das operações ou a segurança de unidades, estabelecimentos, forças militares ou quaisquer pontos de interesse para a segurança militar como tal qualificados por lei;
d) Recrutar, acolher ou fizer acolher agente que pratique facto referido no artigo anterior ou nas alíneas anteriores, conhecendo a sua qualidade, ou de qualquer modo favorecer a prática de tal facto;

é punido com pena de prisão de 3 a 10 anos, em tempo de paz, e de 5 a 15 anos, em tempo de guerra.

2 – Se o agente praticar facto descrito no número anterior violando dever especificamente imposto pelo estatuto da sua função ou serviço ou da missão que lhe foi conferida por autoridade competente, é punido com pena de prisão de 5 a 15 anos, em tempo de paz, e de 8 a 16 anos, em tempo de guerra.

ARTIGO 35.º
Revelação de segredos

Aquele que, sem intenção de trair, revelar a qualquer pessoa não autorizada o santo, senha, contra-senha, decisão ou ordem relativa ao serviço é condenado:

a) Em tempo de guerra, na pena de 1 a 4 anos de prisão;
b) Em tempo de paz, na pena de 1 mês a 1 ano de prisão.

SECÇÃO III
Infidelidade no serviço militar

ARTIGO 36.º
Corrupção passiva para a prática de acto ilícito

1 – Aquele que, integrado ou ao serviço das Forças Armadas ou de outras forças militares, por si ou por interposta pessoa com o seu consentimento ou ratificação, solicitar ou aceitar, para si ou para terceiro, sem que lhe seja devida, vantagem patrimonial ou não patrimonial ou a sua promessa, como contrapartida de acto ou omissão contrários aos deveres do cargo e de que resulte um perigo para a segurança nacional, é punido com pena de prisão de 2 a 10 anos.

2 – Se o agente, antes da prática do facto, voluntariamente repudiar o oferecimento ou a promessa que acertara ou restituir a vantagem ou, tratando-se de coisa fungível, o seu valor, é dispensado de pena.

3 – Consideram-se ao serviço das Forças Armadas ou de outras forças militares os civis que sejam seus funcionários, no sentido do artigo 386.º do Código Penal, e integradas as pessoas referidas no artigo 4.º.

ARTIGO 37.º
Corrupção activa

1 – Aquele que, por si ou por interposta pessoa, com o seu consentimento ou ratificação, der ou prometer a qualquer pessoa integrada ou ao serviço das Forças Armadas ou de outras forças militares, ou a terceiro com conhecimento daquele, vantagem patrimonial ou não patrimonial que lhe não seja devida, com o fim indicado no artigo anterior e de que resulte perigo para a segurança nacional, é punido com pena de prisão de 1 a 6 anos.

2 – Se o agente dos crimes referidos no número anterior for oficial de graduação superior à do militar a quem procurar corromper ou exercer sobre o mesmo funções de comando ou chefia, o limite mínimo da pena aplicável é agravado para o dobro.

CAPÍTULO II
Crimes contra os direitos das pessoas

SECÇÃO I
Crimes de guerra

ARTIGO 38.º
Incitamento à guerra

Aquele que, sendo português, estrangeiro ou apátrida residindo ou encontrando-se em Portugal, pública e repetidamente, incitar ao ódio contra um povo, com intenção de desencadear uma guerra, é punido com pena de prisão de 3 meses a 6 anos.

ARTIGO 39.º
Aliciamento de forças armadas ou de outras forças militares

Aquele que intentar o recrutamento de elementos das Forças Armadas ou de outras forças militares para uma guerra contra Estado ou território estrangeiros, pondo em perigo a convivência pacífica entre os povos, é punido com pena de prisão de 1 a 5 anos.

ARTIGO 40.º
Prolongamento de hostilidade

O chefe militar que, sem motivo justificado, prolongar as hostilidades depois de ter conhecimento oficial da paz, armistício, capitulação ou suspensão de armas ajustada com o inimigo é condenado na pena de 5 a 12 anos de prisão.

ARTIGO 41.º

Crimes de guerra contra as pessoas

1 – Aquele que, sendo português, estrangeiro ou apátrida residindo ou encontrando-se em Portugal, ou contra essas pessoas, em tempo de guerra, praticar ou mandar praticar sobre a população civil, sobre feridos, doentes, náufragos, prisioneiros ou qualquer das pessoas especialmente indicadas no presente capítulo:

a) Homicídio;
b) Tortura ou tratamentos cruéis, degradantes ou desumanos, incluindo as experiências biológicas;
c) Submissão de pessoas que se encontrem sob o domínio de uma parte beligerante a mutilações físicas ou a qualquer tipo de experiências médicas ou científicas que não sejam motivadas por um tratamento médico, dentário ou hospitalar nem sejam efectuadas no interesse dessas pessoas e que causem a morte ou façam perigar seriamente a sua saúde;
d) Actos que causem grande sofrimento ou ofensas à integridade física ou à saúde;
e) Homicídio ou provocar ferimentos a um combatente que tenha deposto armas ou que, não tendo meios para se defender, se tenha incondicionalmente rendido ou por qualquer modo colocado fora de combate;
f) Tomada de reféns;
g) Pela força, ameaça de força ou outra forma de coacção ou aproveitando uma situação de coacção ou a incapacidade de autodeterminação da vítima:
   i) Causar a penetração, por insignificante que seja, em qualquer parte do corpo da vítima ou do agente, de qualquer parte do corpo do agente, da vítima, de terceiro ou de um objecto;
   ii) Constranger uma pessoa, reduzida ao estado ou à condição de escravo, a praticar actos de natureza sexual;
   iii) Constranger uma pessoa a prostituir-se;
   iv) Provocar a gravidez de uma mulher com intenção de, desse modo, modificar a composição étnica de uma população;
   v) Privar uma pessoa da capacidade biológica de reproduzir;
   vi) Outras formas de violência no campo sexual de gravidade comparável que constituam também uma violação grave das convenções de Genebra;
h) Recrutamento ou alistamento de menores de 18 anos nas Forças Armadas nacionais ou utilização activa dos mesmos nas hostilidades;

i) Constrangimento a servir nas forças armadas inimigas; ou
j) Restrições graves, prolongadas e injustificadas da liberdade das pessoas;

é punido com pena de prisão de 10 a 25 anos.

2 – A pena é agravada de um quinto no seu limite mínimo quando os actos referidos no número anterior forem praticados sobre membros de instituição humanitária.

Artigo 42.º

Crimes de guerra por utilização de métodos de guerra proibidos

Aquele que, sendo português, estrangeiro ou apátrida residindo ou encontrando-se em Portugal, ou contra essas pessoas, em tempo de guerra:

a) Atacar a população civil em geral ou civis que não participem directamente nas hostilidades;
b) Atacar bens civis, ou seja, bens que não sejam objectivos militares;
c) Atacar, por qualquer meio, aglomerados populacionais, habitações ou edifícios que não estejam defendidos e que não sejam objectivos militares;
d) Lançar um ataque indiscriminado, que atinja a população civil ou bens de carácter civil, sabendo que esse ataque causará perdas de vidas humanas, ferimentos em pessoas civis ou danos em bens de carácter civil que sejam excessivos;
e) Aproveitar a presença de civis ou de outras pessoas protegidas para evitar que determinados pontos, zonas ou forças militares sejam alvo de operações militares;
f) Provocar deliberadamente a inanição da população civil como método de fazer a guerra, privando-a dos bens indispensáveis à sua sobrevivência, nomeadamente impedindo o envio de socorros, tal como previsto nas convenções de Genebra;
g) Declarar ou ameaçar, na qualidade de oficial, que não será dado abrigo;
h) Matar ou ferir à traição combatentes inimigos;
i) Lançar um ataque podendo saber que o mesmo causará prejuízos extensos, duradouros e graves no meio ambiente que se revelem claramente excessivos em relação à vantagem militar global concreta e directa que se previa;
j) Cometer perfídia, entendida como o acto de matar, ferir ou capturar, apelando, com intenção de enganar, à boa fé de um adversário para

lhe fazer crer que tem o direito de receber ou a obrigação de assegurar a protecção prevista pelas regras do direito internacional humanitário;

é punido com pena de prisão de 10 a 25 anos.

ARTIGO 43.º

Crimes de guerra por utilização de meios de guerra proibidos

1 – Aquele que, sendo português, estrangeiro ou apátrida residindo ou encontrando-se em Portugal, ou contra essas pessoas, em tempo de guerra, empregar armas, projécteis, materiais e métodos de combate que, pela sua própria natureza, causem ferimentos supérfluos ou sofrimentos desnecessários ou que provoquem efeitos indiscriminados, em violação do direito internacional aplicável aos conflitos armados, é punido com pena de prisão de 10 a 25 anos.

2 – O número anterior abrange designadamente a utilização de:

a) Veneno ou armas envenenadas;
b) Gases asfixiantes, tóxicos ou similares ou qualquer líquido, material ou dispositivo análogo;
c) Balas que se expandem ou achatam facilmente no interior do corpo humano, tais como balas de revestimento duro que não cobre totalmente o interior ou possui incisões;
d) Minas antipessoal, em violação do disposto na Convenção sobre a Proibição da Utilização, Armazenagem, Produção e Transferência de Minas Antipessoal e sobre a Sua Destruição, ratificada pelo Decreto do Presidente da República n.º 64/99, de 28 de Janeiro, publicado no Diário da República, 1.ª série-A, n.º 23, de 28 de Janeiro de 1999;
e) Armas químicas, em violação do disposto na Convenção sobre a Proibição do Desenvolvimento, Produção, Armazenagem e Utilização de Armas Químicas e sobre a Sua Destruição, ratificada pelo Decreto do Presidente da República n.º 25-C/96, de 23 de Julho, publicado no suplemento ao Diário da República, 1.ª série-A, n.º 169, de 23 de Julho de 1996;
f) Armas cujo efeito principal seja ferir com estilhaços não localizáveis pelos raios X no corpo humano, em violação do disposto no I Protocolo Adicional à Convenção sobre a Proibição ou Limitação do Uso de Certas Armas Convencionais Que Podem Ser Consideradas como Produzindo Efeitos Traumáticos Excessivos ou Ferindo

Indiscriminadamente, Relativo aos Estilhaços não Localizáveis, ratificado pelo Decreto do Presidente da República n.º 1/97, de 13 de Janeiro, publicado no Diário da República, 1.ª série-A, n.º 10, de 13 de Janeiro de 1997;

g) Armas incendiárias, em violação do disposto no III Protocolo Adicional à Convenção sobre a Proibição ou Limitação do Uso de Certas Armas Convencionais Que Podem Ser Consideradas como Produzindo Efeitos Traumáticos Excessivos ou Ferindo Indiscriminadamente, sobre a Proibição ou Limitação do Uso de Armas Incendiárias, ratificado pelo Decreto do Presidente da República n.º 1/97, de 13 de Janeiro, publicado no Diário da República, 1.ª série-A, n.º 10, de 13 de Janeiro de 1997;

h) Armas laser que causem a cegueira, em violação do disposto no IV Protocolo Adicional à Convenção sobre a Proibição ou Limitação do Uso de Certas Armas Convencionais Que Podem Ser Consideradas como Produzindo Efeitos Traumáticos Excessivos ou Ferindo Indiscriminadamente, sobre Armas Laser Que Causam a Cegueira, ratificado pelo Decreto do Presidente da República n.º 38/2001, de 13 de Julho, publicado no Diário da República, 1.ª série-A, n.º 161, de 13 de Julho de 2001.

Artigo 44.º

Crimes de guerra por ataque a instalações ou pessoal de assistência sanitária

1 – Aquele que, sendo português, estrangeiro ou apátrida residindo ou encontrando-se em Portugal, ou contra essas pessoas, em tempo de guerra, atacar intencionalmente:

a) Edifícios, instalações e material de assistência sanitária ou qualquer veículo exclusivamente destinado ao transporte ou tratamento de feridos, uns e outros devidamente assinalados com os emblemas distintivos das convenções de Genebra ou pessoal habilitado a usar os mesmos emblemas;

b) Edifícios, instalações ou material, unidades ou veículos que integrem missão de manutenção de paz ou de assistência humanitária, de acordo com a Carta das Nações Unidas, sempre que estes estejam abrangidos pela protecção conferida pelo direito internacional humanitário aos civis ou bens civis;

é punido com pena de prisão de 10 a 20 anos.

2 – A pena é agravada de um quinto no seu limite mínimo se o agente causar a morte ou lesão grave de qualquer pessoa.

3 – Aquele que, em tempo de guerra, impedir qualquer das pessoas referidas no n.º 1 de exercer as suas funções é punido com pena de prisão de 1 mês a 3 anos.

4 – Se em resultado da acção referida no número anterior resultar a morte ou grave lesão de pessoa não assistida, é aplicada a pena de prisão de 2 a 8 anos.

ARTIGO 45.º

Crimes contra feridos ou prisioneiros de guerra

1 – Aquele que, sendo português, estrangeiro ou apátrida residindo ou encontrando-se em Portugal, ou contra essas pessoas, em tempo de guerra e fora dos casos referidos no artigo 41.º:

a) Empregar violência contra ferido ou prisioneiro de guerra para o despojar de objectos ou valores que não sejam armas ou material de uso operacional ou para qualquer outro fim ilícito; ou
b) Subtrair fraudulentamente alguma coisa às pessoas indicadas na alínea anterior;

é punido com pena de prisão de 4 a 10 anos, no caso da alínea a), e de 2 a 8 anos, no caso da alínea b), se pena mais grave lhe não couber por força de outra disposição legal.

2 – É correspondentemente punido com as mesmas penas aquele que praticar qualquer dos factos referidos na alínea b) do número anterior contra as pessoas referidas no artigo 50.º.

ARTIGO 46.º

Crimes de guerra contra o património

Aquele que, sendo português, estrangeiro ou apátrida residindo ou encontrando-se em Portugal, ou contra essas pessoas, em tempo de guerra:

a) Subtrair, destruir ou danificar bens patrimoniais em larga escala ou de grande valor, sem necessidade militar e de forma ilegal e arbitrária;
b) Atacar, destruindo ou danificando, edifícios consagrados ao culto religioso, à educação, às artes, às ciências ou à beneficência, monumentos culturais ou históricos, sítios arqueológicos, sempre que não se trate de objectivos militares;

c) Saquear um local ou aglomerado populacional, mesmo quando tomados de assalto;

é punido com pena de prisão de 5 a 15 anos.

ARTIGO 47.º

Utilização indevida de insígnias ou emblemas distintivos

1 – Aquele que, sendo português, estrangeiro ou apátrida residindo ou encontrando-se em Portugal, ou contra essas pessoas, em tempo de guerra, com perfídia, utilizar indevidamente uma bandeira de tréguas, a Bandeira Nacional, as insígnias militares ou o uniforme das Nações Unidas ou do inimigo, assim como os emblemas distintivos das convenções de Genebra, causando deste modo a morte ou lesões graves, é punido com pena de prisão de 10 a 25 anos.

2 – Se as condutas a que se refere o número anterior forem praticadas sem perfídia, é aplicada a pena de 1 a 5 anos.

ARTIGO 48.º

Responsabilidade do superior

O superior hierárquico que, tendo, ou devendo ter, conhecimento de que um subordinado está cometendo ou se prepara para cometer qualquer dos crimes previstos no presente capítulo, não adopte as medidas necessárias e adequadas para prevenir ou reprimir a sua prática ou para a levar ao conhecimento imediato das autoridades competentes é punido com a pena correspondente ao crime ou crimes que vierem efectivamente a ser cometidos.

ARTIGO 49.º

Disposições comuns

1 – O procedimento criminal e as penas impostas pelos crimes previstos nos artigos 41.º a 44.º e 46.º a 48.º são imprescritíveis.

2 – É correspondentemente aplicável aos crimes a que se refere o número anterior o disposto no artigo 246.º do Código Penal.

SECÇÃO II
Crimes em aboletamento

ARTIGO 50.º
Homicídio em aboletamento

O militar que, em tempo de guerra, matar o dono da casa em que estiver aboletado ou que tenha sido requisitada para o serviço, ou alguma pessoa que nela habite, é punido com pena de prisão de 15 a 25 anos, salvo se das circunstâncias não resultar especial censurabilidade ou perversidade do agente.

ARTIGO 51.º
Ofensas à integridade física em aboletamento

1 – O militar que, em tempo de guerra, produzir ofensas no corpo ou na saúde de alguma das pessoas referidas no artigo anterior é punido com pena de prisão de 1 a 4 anos.

2 – Se a ofensa for de forma a:

a) Privar o ofendido de importante órgão ou membro ou a desfigurá-lo permanentemente;
b) Tirar ou afectar, de maneira grave, a capacidade de trabalho, as capacidades intelectuais ou de procriação ou a possibilidade de utilizar o corpo, os sentidos ou a linguagem;
c) Provocar doença particularmente dolorosa ou permanente ou anomalia psíquica grave ou incurável;
d) Provocar perigo para a vida;

o agente é punido com pena de prisão de 5 a 12 anos.

ARTIGO 52.º
Agravação pelo resultado

1 – O militar que, em tempo de guerra, praticar as ofensas previstas no artigo anterior e vier a produzir-lhe a morte é punido:

a) Com pena de prisão de 2 a 8 anos, no caso do n.º 1 do artigo anterior;
b) Com pena de prisão de 8 a 16 anos, no caso do n.º 2 do artigo anterior.

2 – O militar que praticar as ofensas previstas no n.º 1 do artigo anterior e vier a produzir as ofensas previstas no n.º 2 do mesmo artigo é punido com pena de prisão de 2 a 6 anos.

Artigo 53.º
Roubo ou extorsão em aboletamento

1 – O militar que, em tempo de guerra e contra as pessoas referidas no artigo 50.º, cometer os crimes de roubo ou de extorsão é punido com pena de prisão de 2 a 8 anos, em caso de roubo, e de 2 a 6 anos, em caso de extorsão(*).

2 – Sendo a coisa subtraída de valor elevado, o agente é condenado na pena de 4 a 10 anos de prisão.

3 – A pena de prisão de 5 a 15 anos é aplicada se:

a) Qualquer dos agentes produzir perigo para a vida da vítima ou lhe infligir, ainda que por negligência, ofensa grave à integridade física;

b) O valor da coisa subtraída ou extorquida for consideravelmente elevado.

4 – Se do facto resultar a morte de outra pessoa, é aplicada a pena de prisão de 8 a 16 anos.

(*) *Rectificado pela Declaração Rectificativa n.º 2/2004, de 16/12/2003, no DR, I-A, de 3/01/2004.*

Secção III
Outros crimes

Artigo 54.º
Ofensas a parlamentário

O militar que produzir ofensas no corpo ou na saúde ou injuriar algum parlamentário é punido com pena de prisão de 2 a 8 anos, se pena mais grave lhe não couber por força de outra disposição legal.

Artigo 55.º
Violação de salvaguarda

O militar que violar injustificadamente a salvaguarda concedida a alguma pessoa ou lugar, depois de lhe ter sido dada a conhecer, é punido com pena de prisão de 1 mês a 1 ano, salvo se, por qualquer outro acto de violência, incorrer em pena mais grave.

ARTIGO 56.º
Extorsão por temor de guerra

1 – O militar que, aproveitando-se do temor suscitado pela guerra, exigir a outrem, em proveito próprio, quaisquer bens é punido com pena de prisão de 1 mês a 6 anos, se pena mais grave não for aplicável.

2 – São correspondentemente aplicáveis os n.os 2 e 3 do artigo 53.º (*)

(*) *Rectificado pela Declaração Rectificativa n.º 2/2004, de 16/12/2003, no DR, I-A, de 3/01/2004.*

CAPÍTULO III
Crimes contra a missão das Forças Armadas

ARTIGO 57.º
Capitulação injustificada

O chefe militar que, em tempo de guerra, capitular, entregando ao inimigo qualquer força ou instalação militar sob o seu comando ou cuja defesa, protecção ou guarda lhe estejam confiadas, sem haver empregado todos os meios de defesa de que podia dispor e sem ter feito quanto, em tal caso, exigem a honra e o dever militares, é punido com pena de prisão de 15 a 25 anos.

ARTIGO 58.º
Actos de cobardia

1 – O militar que, em tempo de guerra, na expectativa ou iminência de acção de combate ou durante a mesma, sem ordem ou causa legítima, para se eximir a combater:

a) Abandonar a área de operações com força do seu comando;
b) Abandonar força, instalação militar ou qualquer local de serviço;
c) Fugir ou incitar os outros à fuga;

d) Inutilizar ou abandonar víveres ou material referido no artigo 7.º que lhe estejam distribuídos ou confiados(*); ou
e) Empregar qualquer meio ou pretexto fraudulento para conseguir aquele fim;

é punido com pena de prisão de 12 a 20 anos, nos casos das alíneas a) a c), e de 8 a 16 anos, nos casos das alíneas d) e e).

2 – O militar que, em qualquer tempo, fora das condições previstas no número anterior, para se eximir ao perigo, praticar algum dos actos aí previstos ou empregar qualquer meio ou pretexto fraudulento para se eximir ou se subtrair a algum serviço considerado perigoso que não seja o combate é punido com pena de prisão de 5 a 12 anos.

(*) *Rectificado pela Declaração Rectificativa n.º 2/2004, de 16/12/2003, no DR, I-A, de 3/01/2004.*

ARTIGO 59.º

Abandono de comando

O comandante de força ou instalação militares que, em qualquer circunstância de perigo, abandonar o comando é punido:

a) Com pena de prisão de 8 a 16 anos, em tempo de guerra e na área de operações;
b) Com pena de prisão de 2 a 8 anos, em tempo de guerra, fora da área de operações;
c) Com pena de prisão de 1 a 4 anos, em tempo de paz.

ARTIGO 60.º

Abstenção de combate

Em tempo de guerra, o comandante de qualquer força militar que:

a) Sem causa justificada ou não cumprindo as determinações da respectiva ordem de operações, deixar de atacar o inimigo ou socorrer força ou instalação militares, nacionais ou aliadas, atacadas pelo inimigo ou empenhadas em combate;
b) Injustificadamente, deixar de perseguir força inimiga, naval, terrestre ou aérea, que procure fugir-lhe;

é punido com pena de prisão de 5 a 12 anos.

ARTIGO 61.º
Abandono de pessoas ou bens

O comandante de força militar que deva proteger, escoltar ou rebocar navio, aeronave, pessoas ou bens e os abandonar sem que se verifique causa de força maior é punido:

a) Em tempo de guerra e existindo risco de ataque iminente, com pena de prisão de 12 a 20 anos;
b) Em tempo de guerra, não existindo risco de ataque iminente, com pena de prisão de 5 a 12 anos;
c) Em tempo de paz, com pena de prisão de 1 a 4 anos.

ARTIGO 62.º
Abandono de navio de guerra sinistrado

Aquele que, fazendo parte da guarnição de um navio de guerra, em ocasião de sinistro, o abandonar ou se afastar do local do sinistro, sem motivo justificado, é punido com pena de prisão de 1 mês a 2 anos.

ARTIGO 63.º
Incumprimento de deveres do comandante de navio

1 – O comandante de navio de guerra ou de força naval que:

a) Em tempo de guerra, tendo sido obrigado a encalhar o navio e tornando-se impossível defendê-lo, o não inutilizar, podendo, depois de ter salvo a guarnição;
b) Em qualquer tempo, após sinistro no mar, abandonar o navio, havendo probabilidade de o salvar, ou que, considerando inevitável o naufrágio, não empregar todos os meios conducentes a salvar a guarnição;
c) Em qualquer tempo, quando o abandono do navio se impuser como único meio de salvamento da guarnição, após danos ou avarias graves provocados por sinistro ou ataque inimigo, não for o último a abandonar o navio;
d) Em tempo de guerra e sem motivo legítimo, deixar de perseguir navio mercante inimigo que procure fugir-lhe;
e) Em qualquer tempo, sem motivo legítimo, deixar de prestar socorro a navio que lho peça em ocasião de perigo iminente para a vida de pessoas;

é punido com pena de prisão de 1 mês a 2 anos.

2 – O disposto na alínea d) do número anterior é aplicável ao patrão de embarcação militar.

3 – É aplicada a pena de prisão de 2 a 8 anos se do facto referido na alínea e) do n.º 1 resultar a perda de vidas humanas.

Artigo 64.º
Incumprimento de deveres de comandante de força militar

O comandante de força militar que, em tempo de guerra:

a) Sem motivo legítimo, deixar de cumprir alguma ou algumas das instruções relativas à sua missão;

b) Sendo obrigado a abandonar qualquer força ou instalação militares, bem como material referido no artigo 7.º, não inutilizar, podendo, todo o material a seu cargo que possa ser aproveitado pelo inimigo;

c) Separado, por motivo legítimo, de uma força ou instalação militar a que pertença, não procurar incorporar-se novamente nela, logo que as circunstâncias lho permitam;

é punido com pena de prisão de 1 a 4 anos, no caso da alínea a), e de 1 mês a 1 ano, nos demais casos.

Artigo 65.º
Falta de comparência em local determinado

1 – O militar que, em tempo de guerra, sem causa justificada, não comparecer no posto de serviço, depois de dado o alarme, mandado reunir ou feito qualquer outro sinal equivalente, é punido:

a) Com pena de prisão de 2 a 8 anos, na área de operações;

b) Com pena de prisão de 1 a 4 anos, fora da área de operações.

2 – O militar que, em tempo de guerra, sem causa justificada, deixar de seguir viagem ou de marchar para fora da localidade onde se encontrar, por não ter comparecido no local e à hora que lhe tiverem sido determinados, é punido:

a) Com pena de prisão de 2 a 8 anos, estando nomeado para tomar parte em operações de guerra ou dentro da área de operações;

b) Com pena de prisão de 1 a 4 anos, nos demais casos.

CAPÍTULO IV

Crimes contra a segurança das Forças Armadas

ARTIGO 66.º

Abandono de posto

1 – O militar que, em local de serviço, no exercício de funções de segurança ou necessárias à prontidão operacional de força ou instalação militares, sem motivo legítimo, abandonar, temporária ou definitivamente, o posto, local ou área determinados para o correcto e cabal exercício das suas funções é punido:

a) Com pena de prisão de 12 a 20 anos, em tempo de guerra e em acção de combate;
b) Com pena de prisão de 5 a 12 anos, em tempo de guerra e na área de operações, mas fora de acção de combate;
c) Com pena de prisão de 2 a 8 anos, em tempo de guerra, mas fora da área de operações;
d) Com pena de prisão de 1 mês a 3 anos, em tempo de paz, se for a bordo de navio a navegar ou aeronave em voo;
e) Com pena de prisão de 1 mês a 1 ano, em tempo de paz.

2 – Nos casos previstos nas alíneas d) e e) do número anterior, se à conduta do agente se não seguir qualquer prejuízo para a segurança ou prontidão operacional, a pena pode ser especialmente atenuada.

ARTIGO 67.º

Incumprimento dos deveres de serviço

1 – O militar que, depois de nomeado ou avisado para serviço de segurança ou serviço necessário à prontidão operacional de força ou instalação militares, se colocar na impossibilidade, total ou parcial, de cumprir a sua missão, embriagando-se, ingerindo substâncias estupefacientes ou psicotrópicas, adormecendo no posto de serviço ou infligindo a si próprio dano físico, é punido:

a) Com pena de prisão de 5 a 12 anos, em tempo de guerra e em acção de combate;
b) Com pena de prisão de 2 a 8 anos, em tempo de guerra e na área de operações, mas fora de acção de combate;
c) Com pena de prisão de 1 a 4 anos, em tempo de guerra, mas fora da área de operações;

d) Com pena de prisão de 1 mês a 1 ano, em tempo de paz.

2 – O militar que, não estando no exercício das funções previstas no número anterior, nem nomeado ou avisado para as mesmas, se embriagar, consumir estupefacientes ou substâncias psicotrópicas, tornando-se inapto para o cumprimento das obrigações de serviço que normalmente lhe vierem a competir, de acordo com o grau de prontidão da força ou instalação a que pertença, é punido:

a) Com pena de prisão de 1 a 4 anos, em tempo de guerra;
b) Com pena de prisão de 1 a 6 meses, em tempo de paz.

3 – Nos casos previstos na alínea d) do n.º 1 e na alínea b) do número anterior, se à conduta do agente se não seguir qualquer prejuízo para a segurança ou prontidão operacional, a pena pode ser especialmente atenuada.

ARTIGO 68.º
Ofensas a sentinela

1 – Aquele que, injustificadamente, deixe de cumprir ordem legítima dada ou transmitida, de forma inteligível, por sentinela, quando haja simples recusa de cumprimento da ordem, é punido:

a) Em tempo de guerra, com pena de prisão de 1 a 4 anos;
b) Em tempo de paz, com pena de prisão de 1 mês a 1 ano, se a sentinela fizer a correspondente cominação.

2 – Aquele que, injustificadamente, desarmar sentinela ou a ofender, no corpo ou na saúde, é punido com pena de prisão de 1 a 4 anos.

3 – É aplicável o disposto no n.º 2 do artigo 51.º e no artigo 52.º (*)

(*) *Rectificado pela Declaração Rectificativa n.º 2/2004, de 16/12/2003, no DR, I-A, de 3/01/2004.*

ARTIGO 69.º
Actos que prejudiquem a circulação ou a segurança

Aquele que, por qualquer forma, intencionalmente prejudicar exercícios ou manobras militares, a circulação de tropas ou de veículos transportadores de armamento ou a segurança de forças ou instalações militares, necessários ao cumprimento de missões legítimas, é punido:

a) Com pena de prisão de 2 a 8 anos, em tempo de guerra;
b) Com pena de prisão de 1 mês a 1 ano, em tempo de paz.

ARTIGO 70.º
Entrada ou permanência ilegítimas

1 – O militar inimigo que, em tempo de guerra, se introduzir no teatro de guerra, não fazendo uso de uniforme ou insígnias que o identifiquem como tal, é punido com pena de prisão de 5 a 12 anos.

2 – Aquele que, não sendo militar, em tempo de guerra, sem motivo justificado, disfarçando ou dissimulando a sua identidade ou qualidade, se introduzir na área de operações é punido com pena de prisão de 1 a 4 anos.

3 – Aquele que, em qualquer tempo:

a) Sem motivo justificado, entrar ou permanecer em força ou instalação militares;

b) Instalar ou fizer uso, em local de serviço ou em área definida como de interesse para a defesa nacional de equipamentos de intercepção, escuta ou análise de emissões electromagnéticas destinados à obtenção de informações de imagem ou de som, sem autorização competente;

é punido com pena de prisão de 1 mês a 2 anos.

4 – Se o crime previsto no número anterior for cometido por meio de violência ou ameaça de violência, com uso de arma ou por meio de arrombamento, escalamento ou chave falsa ou por três ou mais pessoas, o agente é punido com pena de prisão de 1 a 4 anos.

5 – É dispensado de pena o militar inimigo cuja introdução referida no n.º 1 for feita com o propósito de servir ou de se pôr ao serviço das Forças Armadas portuguesas ou das suas aliadas.

ARTIGO 71.º
Perda, apresamento ou danos por negligência

1 – O comandante de força militar que, por negligência, causar a perda ou o apresamento da força sob as suas ordens é punido:

a) Com pena de prisão de 2 a 8 anos, em tempo de guerra e em operações;

b) Com pena de prisão de 1 mês a 3 anos, em tempo de guerra, mas fora do caso previsto na alínea anterior;

c) Com pena de prisão de 1 mês a 1 ano, nos demais casos.

2 – O comandante de força militar que, por negligência, se deixar surpreender pelo inimigo ou de cuja negligência resultarem danos consideráveis em plataformas ou quaisquer meios de forças próprias ou aliadas é punido:

a) Em tempo de guerra, com pena de prisão de 1 a 4 anos;
b) Em tempo de paz, com pena de prisão de 1 mês a 1 ano.

3 – Se da negligência a que se referem os números anteriores resultarem baixas em forças próprias ou aliadas, o agente é punido com pena de prisão de 2 a 8 anos.

4 – Com as mesmas penas é punido o oficial de quarto em navio que, por negligência, der causa aos factos descritos nos números anteriores.

Capítulo V
Crimes contra a capacidade militar e a defesa nacional

Secção I
Deserção

Artigo 72.º
Deserção

1 – Comete o crime de deserção o militar que:

a) Se ausentar, sem licença ou autorização, do seu posto ou local de serviço e se mantenha na situação de ausência ilegítima por 10 dias consecutivos;
b) Encontrando-se na situação de licença ou dispensa de qualquer natureza ou ausente por outra causa legítima, não se apresentar onde lhe for determinado dentro do prazo de 10 dias a contar da data fixada no passaporte ou guia de licença ou dispensa, ou em qualquer outra forma de intimação;
c) Sem motivo legítimo, deixe de se apresentar no seu destino no prazo de 10 dias a contar da data indicada para esse fim;
d) Fugindo à escolta que o acompanhe ou se evadir do local em que estiver preso ou detido, não se apresentar no prazo de 10 dias a contar da data da fuga;
e) Estando na situação de reserva ou de reforma e tendo sido convocado ou mobilizado para a prestação do serviço militar efectivo, não se apresentar onde lhe for determinado dentro do prazo de 10 dias a contar da data fixada no aviso convocatório, no edital de chamada ou em qualquer outra forma de intimação.

2 – Em tempo de guerra, os prazos referidos no número anterior são reduzidos a metade.

ARTIGO 73.º
Execução da deserção

1 – Os dias de ausência ilegítima necessários para que se verifique a deserção contam-se por períodos de vinte e quatro horas desde o momento em que se verifique a falta.

2 – A deserção mantém-se até à captura ou apresentação do agente, perda da nacionalidade portuguesa ou cessação das obrigações militares.

3 – Para efeitos do número anterior só faz cessar a execução do crime:

a) A captura feita por causa da deserção ou seguida de comunicação às autoridades militares;

b) A apresentação voluntária do agente a qualquer autoridade militar, policial, diplomática ou consular portuguesa, com o propósito de prestar o serviço militar que lhe caiba ou de regularizar a sua situação militar;

c) A perda da nacionalidade portuguesa ou a cessação das obrigações militares.

ARTIGO 74.º
Punição da deserção

1 – O oficial que cometa o crime de deserção é punido:

a) Em tempo de guerra, com pena de prisão de 5 a 12 anos;

b) Em tempo de paz, com pena de prisão de 1 a 4 anos.

2 – Os sargentos e as praças que cometam o crime de deserção são condenados (*):

a) Em tempo de guerra, com pena de prisão de 2 a 8 anos;

b) Em tempo de paz, com pena de prisão de 1 a 4 anos.

3 – Nos casos previstos nas alíneas b) dos n.os 1 e 2, se não concorrerem os elementos qualificadores previstos no artigo seguinte ou se a deserção não exceder o período de 20 dias, é aplicada a pena de prisão de 1 mês a 3 anos.

4 – O disposto no n.º 2 e no número anterior é correspondentemente aplicável aos militarizados.

5 – Se a deserção for cometida por negligência, é aplicada a pena de prisão de 1 mês a 1 ano.

(*) *Rectificado pela Declaração Rectificativa n.º 2/2004, de 16/12/2003, no DR, I-A, de 3/01/2004.*

ARTIGO 75.º
Deserção qualificada

1 – O mínimo das penas previstas no artigo anterior é agravado de um terço quando o crime for perpetrado:

a) Estando o militar, ao iniciar a ausência, no exercício de funções de serviço superiormente ordenadas, com ordem de embarque ou de marcha ou em marcha para fora do território nacional ou integrado em qualquer força militar em cumprimento de missão;
b) Precedendo concertação entre dois ou mais militares;
c) Desertando o militar para país estrangeiro.

2 – Considera-se deserção para país estrangeiro aquela durante a qual o militar se desloca para fora do território nacional ou se mantém no estrangeiro.

3 – É aplicada a pena de prisão de 12 a 20 anos ao militar que, em tempo de guerra, cometa o crime de deserção ausentando-se da área de operações.

SECÇÃO II
Incumprimento de obrigações militares

ARTIGO 76.º
Outras deserções

Cometem ainda o crime de deserção:

a) Os cidadãos que, estando na situação de reserva de disponibilidade ou de reserva de recrutamento e tendo sido mobilizados para a prestação do serviço militar efectivo, não se apresentarem onde lhes for determinado dentro do prazo de 10 dias a contar da data fixada no aviso convocatório, no edital de chamada ou em qualquer outra forma de intimação;
b) Os cidadãos abrangidos pela mobilização civil que não se apresentem no local que lhes tenha sido determinado, nos 10 dias subsequentes à data fixada para a sua apresentação, bem como os que abandonem o serviço de que estavam incumbidos por efeito da mobilização civil, pelo mesmo prazo;
c) Os trabalhadores a que se aplica o estatuto de cidadãos abrangidos pela mobilização civil, nos termos da lei, que abandonem o serviço de que estavam incumbidos, por 10 dias consecutivos durante a

vigência da requisição que lhes tenha sido notificada pelo respectivo órgão de gestão, bem como os que, estando ausentes da empresa ou serviço requisitado, não compareçam aí nos 10 dias subsequentes ao fim do prazo que lhes tenha sido notificado para a sua apresentação;

cabendo-lhes as penas do n.º 2 do artigo 74.º.

ARTIGO 77.º

Falta injustificada de fornecimentos

Aquele que:

a) Sendo abrangido pelas obrigações decorrentes de uma requisição de bens, serviços, empresas ou direitos, nos termos da legislação sobre mobilização e requisição no interesse da defesa nacional, não cumpra aquelas obrigações no prazo de 10 dias, a contar da data em que as deva realizar;

b) Em tempo de guerra, sendo, a título diferente da requisição a que se refere a alínea anterior, encarregado do fornecimento de material de guerra ou quaisquer outros artigos ou substâncias para o serviço das Forças Armadas ou de outras forças militares faltar, sem motivo legítimo, com o mesmo fornecimento;

é punido com as penas do n.º 2 do artigo 74.º.

ARTIGO 78.º

Mutilação para isenção do serviço militar

1 – Aquele que, em tempo de guerra, para se subtrair às suas obrigações militares, se mutilar ou por qualquer forma se inabilitar, ainda que só parcial ou temporariamente, é punido com pena de prisão de 2 a 8 anos.

2 – Aquele que, em tempo de guerra:

a) Fraudulentamente, praticar acto com o propósito de omitir ou alterar informação contida em ficheiros de dados pessoais referente a qualquer indivíduo sujeito a deveres militares ou que, com o mesmo desígnio, deixar de praticar acto a que juridicamente esteja obrigado;

b) Por meio de fraude ou falsidade, se subtrair ou fizer subtrair outrem aos deveres do serviço militar ou conseguir resultado diferente do devido nas provas de classificação ou selecção;

é punido com pena de prisão até 3 anos.

3 – Aquele que, em tempo de guerra, ilicitamente, aceitar ou usar influência em vista da prossecução dos resultados previstos no número anterior é punido com prisão de 1 mês a 2 anos.

SECÇÃO III
Dano de material de guerra

ARTIGO 79.º
Dano em bens militares ou de interesse militar

1 – Aquele que destruir, danificar ou inutilizar, no todo ou em parte, mesmo que temporariamente, obras militares ou outros bens, móveis ou imóveis, próprios, afectos ou ao serviço das Forças Armadas ou de outras forças militares ou ainda vias, meios ou linhas de comunicação, transmissão ou transporte, estaleiros, instalações portuárias, fábricas ou depósitos, uns e outros indispensáveis ao cumprimento das respectivas missões, é punido com pena de prisão de 3 a 10 anos.

2 – Aquele que, com intenção de praticar actos previstos no número anterior, importar, fabricar, guardar, comprar, vender, ceder ou adquirir por qualquer título, distribuir, transportar, deter ou usar arma proibida, engenho ou substância explosiva ou capaz de produzir explosão nuclear, radioactiva ou própria para fabricação de gás tóxico ou asfixiante, referidos ou não no artigo 7.º, é punido com pena de prisão de 2 a 8 anos (*).

(*) *Rectificado pela Declaração Rectificativa n.º 2/2004, de 16/12/2003, no DR, I-A, de 3/01/2004.*

ARTIGO 80.º
Dano qualificado

1 – Se do dano referido no artigo anterior resultar a mutilação ou lesão graves de qualquer pessoa ou prejuízo consideravelmente elevado, o agente é punido:

a) Com pena de prisão de 8 a 16 anos, se o crime for cometido em tempo de guerra e na área de operações;

b) Com pena de prisão de 5 a 12 anos, se o crime for cometido em tempo de guerra, fora dos casos previstos na alínea anterior;

c) Com pena de prisão de 2 a 8 anos, se o crime for cometido em tempo de paz.

2 – Se do dano resultar a morte, é aplicada a pena de prisão de 8 a 16 anos.

SECÇÃO IV
Extravio, furto e roubo de material de guerra

ARTIGO 81.º
Extravio de material de guerra

O militar que, por negligência, deixar de apresentar material de guerra que lhe tenha sido confiado ou distribuído para o serviço é punido:

a) Com pena de prisão de 1 a 6 anos, se o crime for cometido em tempo de guerra;
b) Com pena de prisão de 1 mês a 3 anos, em todos os demais casos.

ARTIGO 82.º
Comércio ilícito de material de guerra

Aquele que importar, fabricar, guardar, comprar, vender ou puser à venda, ceder ou adquirir a qualquer título, transportar, distribuir, detiver, usar ou trouxer consigo material de guerra, conhecendo essa qualidade e sem que para tal esteja autorizado, fora das condições legais ou em contrário das prescrições da autoridade competente, é punido com as penas previstas no artigo seguinte, conforme os casos.

ARTIGO 83.º
Furto de material de guerra

1 – Aquele que, com ilegítima intenção de apropriação para si ou para outrem, subtrair material de guerra é punido:

a) Com pena de prisão de 2 a 8 anos, se o valor da coisa furtada for elevado;
b) Com pena de prisão de 1 a 4 anos, se o valor da coisa furtada for diminuto.

2 – É aplicada a pena de prisão de 4 a 10 anos quando a coisa furtada:

a) For de valor consideravelmente elevado:
b) For subtraída penetrando o agente em edifício ou outro local fechado, por meio de arrombamento, escalamento ou chaves falsas ou tendo-se ele introduzido furtivamente ou escondido com intenção de furtar.

3 – Se a subtracção a que se referem os números anteriores tiver apenas por objecto o uso de material de guerra, é aplicada a pena de prisão de 1 a 3 anos.

Artigo 84.º
Roubo de material de guerra

1 – Aquele que, com ilegítima intenção de apropriação para si ou para outrem, subtrair ou constranger a que lhe seja entregue material de guerra, usando violência contra uma pessoa, de ameaça com perigo iminente para a vida ou para a integridade física ou pondo-a na impossibilidade de resistir, é condenado na pena de 2 a 8 anos de prisão.

2 – São correspondentemente aplicáveis os n.os 2 a 4 do artigo 53.º.

Capítulo VI
Crimes contra a autoridade

Secção I
Insubordinação

Artigo 85.º
Homicídio de superior

O militar que, em tempo de guerra, matar um superior no exercício das suas funções e por causa delas é punido com pena de prisão de 15 a 25 anos, salvo se das circunstâncias não resultar especial censurabilidade ou perversidade do agente.

Artigo 86.º
Insubordinação por ofensa à integridade física

1 – O militar que ofender o corpo ou a saúde de algum superior no exercício das suas funções e por causa delas é punido com pena de prisão de 2 a 8 anos.

2 – Se a ofensa for de forma a:

a) Privar o ofendido de importante órgão ou membro ou a desfigurá-lo permanentemente;

b) Tirar ou afectar, de maneira grave, a capacidade de trabalho, as capacidades intelectuais ou de procriação ou a possibilidade de utilizar o corpo, os sentidos ou a linguagem;
c) Provocar doença particularmente dolorosa ou permanente ou anomalia psíquica grave ou incurável;
d) Provocar perigo para a vida;

o agente é punido com pena de prisão de 8 a 16 anos.

3 – Se a ofensa vier a produzir a morte, o agente é punido:
a) Com pena de prisão de 5 a 12 anos, no caso do n.º 1;
b) Com pena de prisão de 8 a 16 anos, no caso do n.º 2.

4 – O militar que praticar as ofensas previstas no n.º 1 e vier a produzir as ofensas previstas no n.º 2 é punido com pena de prisão de 5 a 12 anos.

ARTIGO 87.º
Insubordinação por desobediência

1 – O militar que, sem motivo justificado, recusar ou deixar de cumprir qualquer ordem que, no uso de atribuições legítimas, lhe tenha sido dada por algum superior é punido:
a) Com pena de prisão de 15 a 25 anos, em tempo de guerra, se a desobediência consistir na recusa de entrar em combate;
b) Com pena de prisão de 8 a 16 anos, em tempo de guerra e na área de operações, fora do caso referido na alínea anterior;
c) Com pena de prisão de 5 a 12 anos, em tempo de guerra, em ocasião a bordo de veículo, navio ou aeronave, que afecte a segurança dos mesmos;
d) Com pena de prisão de 2 a 8 anos, em tempo de guerra, fora dos casos referidos na alínea anterior;
e) Com pena de prisão de 2 a 8 anos, em tempo de paz, se for na ocasião referida na alínea c);
f) Na pena de 1 a 4 anos de prisão, em tempo de paz e em presença de militares reunidos;
g) Com pena de prisão de 1 mês a 1 ano, em todos os demais casos.

2 – Quando a recusa ou incumprimento forem cometidos por dois ou mais militares a quem a ordem tenha sido dada, as penas são agravadas de um quarto do seu limite máximo.

3 – Havendo recusa, seguida de cumprimento voluntário da ordem, as penas são reduzidas a metade na sua duração máxima e mínima.

ARTIGO 88.º

Insubordinação por prisão ilegal ou rigor ilegítimo

O militar que, fora dos casos previstos na lei, prender ou fizer prender um superior, o privar, ainda que parcialmente, da sua liberdade ou empregar contra o mesmo rigor ilegítimo é punido com pena de prisão de 2 a 8 anos.

ARTIGO 89.º

Insubordinação por ameaças ou outras ofensas

1 – O militar que, sem motivo legítimo, ameaçar um superior no exercício das suas funções e por causa delas, em disposição de ofender, com tiro de arma de fogo, uso de explosivos ou de arma ou outro acto de violência física, é punido:

a) Em tempo de guerra, com pena de prisão de 2 a 8 anos;
b) Em tempo de paz, com pena de prisão de 1 a 4 anos.

2 – O militar que, no exercício de funções e por causa delas ou em presença de militares reunidos, ameaçar ou ofender um superior no exercício das suas funções e por causa delas, por meio de palavras, escritos, imagens ou gestos, é punido:

a) Com pena de prisão de 1 a 4 anos, nos casos da alínea a) do número anterior;
b) Com pena de prisão de 1 mês a 2 anos, nos casos da alínea b) do número anterior.

3 – O militar que, em tempo de guerra, por qualquer dos meios indicados no número anterior, incitar os camaradas à desconsideração para com superior é punido com pena de prisão de 1 mês a 3 anos.

ARTIGO 90.º

Insubordinação colectiva

1 – Os militares que, em grupo de dois ou mais, armados, praticarem desmandos, tumultos ou violências, não obedecendo à intimação de um superior para entrar na ordem, são punidos:

a) Em tempo de guerra e na área de operações, com pena de prisão de 8 a 16 anos os que actuarem como chefes ou instigadores de tais actos e com pena de prisão de 5 a 12 anos os demais participantes no crime;

b) Em tempo de guerra, fora da área de operações, com pena de prisão de 5 a 12 anos os que actuarem como chefes ou instigadores e com pena de prisão de 2 a 8 anos os demais participantes;
c) Nos casos não previstos nas alíneas anteriores, com pena de prisão de 2 a 8 anos os que actuarem como chefes ou instigadores e com pena de prisão de 1 mês a 2 anos os demais participantes.

2 – Os militares que, desarmados e em grupo, praticarem os actos referidos no número anterior são punidos com as penas nele previstas, consoante os casos, reduzidas a metade nos seus limites mínimo e máximo.

ARTIGO 91.º
Militares equiparados a superiores

Os crimes previstos neste capítulo cometidos contra sentinelas, vigias, patrulhas, plantões, chefes de postos militares ou qualquer militar no exercício de funções de segurança ou vigilância em local de serviço são punidos como se fossem praticados contra superiores.

SECÇÃO II
Abuso de autoridade

ARTIGO 92.º
Homicídio de subordinado

O militar que, em tempo de guerra, matar um subordinado no exercício das suas funções e por causa delas é punido com pena de prisão de 15 a 25 anos, salvo se das circunstâncias não resultar especial censurabilidade ou perversidade do agente.

ARTIGO 93.º
Abuso de autoridade por ofensa à integridade física

1 – O militar que ofender o corpo ou a saúde de algum subordinado no exercício das suas funções e por causa delas é punido com pena de prisão de 2 a 8 anos.

2 – Se a ofensa for de forma a:

a) Privar o ofendido de importante órgão ou membro ou a desfigurá-lo permanentemente;

b) Tirar ou afectar, de maneira grave, a capacidade de trabalho, as capacidades intelectuais ou de procriação ou a possibilidade de utilizar o corpo, os sentidos ou a linguagem;
c) Provocar doença particularmente dolorosa ou permanente ou anomalia psíquica grave ou incurável;
d) Provocar perigo para a vida;
o agente é punido com pena de prisão de 8 a 16 anos.

3 – Se a ofensa vier a produzir a morte, o agente é punido:
a) Com pena de prisão de 5 a 12 anos, no caso do n.º 1;
b) Com pena de prisão de 8 a 16 anos, no caso do n.º 2.

4 – O militar que praticar as ofensas previstas no n.º 1 e vier a produzir as ofensas previstas no n.º 2 é punido com pena de prisão de 5 a 12 anos.

Artigo 94.º

Circunstâncias dirimentes especiais

1 – Não são ilícitos os factos previstos nos n.ºs 1, 2 e 4 do artigo anterior quando, em tempo de guerra, constituam meio necessário e adequado, uma vez esgotados todos os outros, a conseguir:
a) A reunião de militares em fuga ou debandada;
b) Obstar à rebelião, sedição, insubordinação colectiva, saque ou devastação;
c) Obter do ofendido o cumprimento de um dever ou ordem legítima, a que ele se recuse depois de pessoalmente intimado a fazê-lo.

2 – Age sem culpa o superior que praticar os factos previstos nos n.ºs 1 e 2 do artigo anterior com a finalidade indicada nas alíneas a) e b) do número anterior e vier a produzir o resultado previsto no n.º 3 do artigo anterior.

3 – Não são igualmente ilícitos os factos referidos nos n.ºs 1 e 4 do artigo anterior se praticados a bordo, em ocasião de acontecimentos graves ou de manobras urgentes, de que dependa a segurança do navio ou aeronave e com o fim de obrigar o ofendido ao cumprimento de um dever.

4 – O tribunal pode dispensar de pena o militar que cometer o crime previsto no n.º 1 do artigo anterior em acto seguido a uma agressão violenta praticada pelo ofendido contra o agente ou contra a sua autoridade.

ARTIGO 95.º

Abuso de autoridade por outras ofensas

O militar que:

a) Por meio de palavras, ofender, em presença de militares reunidos, algum subordinado no exercício das suas funções e por causa delas;

b) Por meio de ameaças ou violência impedir algum subordinado ou outra pessoa de apresentar queixa ou reclamação a autoridade militar;

c) Por meio de ameaças ou violência constranger algum subordinado a praticar quaisquer actos a que não for obrigado pelos deveres de serviço ou da disciplina;

é punido com pena de prisão de 1 mês a 2 anos, quando ao facto não corresponder pena mais grave.

ARTIGO 96.º

Abuso de autoridade por prisão ilegal

O militar que, fora dos casos previstos na lei, prender ou fizer prender um subordinado, o privar, ainda que parcialmente, da sua liberdade ou empregar contra o mesmo rigor ilegítimo é punido com pena de prisão de 2 a 8 anos.

ARTIGO 97.º

Responsabilidade do superior

É correspondentemente aplicável aos crimes previstos no artigo 95.º e no artigo anterior o disposto no artigo 48.º.

ARTIGO 98.º

Assunção ou retenção ilegítimas de comando

O militar que, sem ordem ou causa legítima, assumir ou retiver algum comando é punido com pena de prisão de 2 a 8 anos.

ARTIGO 99.º
Movimento injustificado de forças militares

O comandante que, sem motivo justificado, ordenar qualquer movimento de forças militares terrestres, navais ou aéreas é punido:

a) Com pena de prisão de 4 a 10 anos, se o seu procedimento causar alarme ou perturbação da ordem pública ou constituir acto de hostilidade contra os órgãos de soberania, as chefias militares ou país estrangeiro;
b) Com pena de prisão de 1 mês a 1 ano, nos demais casos.

ARTIGO 100.º
Uso ilegítimo das armas

O militar que fizer ou autorizar os seus subordinados a fazer uso ilegítimo das armas é punido com pena de prisão de 1 mês a 1 ano, salvo se pena mais grave for aplicável por outra disposição legal.

CAPÍTULO VII
Crimes contra o dever militar

ARTIGO 101.º
Benefícios em caso de capitulação

O comandante de força ou instalação militar que, em caso de capitulação ou rendição por ele ajustada, não seguir a sorte da força do seu comando, mas convencionar para si ou para os oficiais condições mais vantajosas que as dos demais militares, é punido com pena de prisão de 2 a 8 anos.

ARTIGO 102.º
Ultraje à Bandeira Nacional ou outros símbolos

O militar que, publicamente, por palavras, gestos ou por divulgação de escritos ou por outros meios de comunicação com o público, ultrajar a Bandeira, o Estandarte ou o Hino Nacionais, ou faltar ao respeito que lhes é devido, é punido:

a) Em tempo de guerra, com a pena de 1 a 4 anos de prisão;
b) Em tempo de paz, com a pena de 1 mês a 2 anos de prisão.

ARTIGO 103.º
Evasão militar

O militar que fugir à escolta que o acompanhava ou se evadir do local onde se encontrava preso ou detido é punido:

a) Em tempo de guerra, com pena de prisão de 1 a 4 anos;
b) Em tempo de paz, com pena de prisão de 1 mês a 2 anos.

ARTIGO 104.º
Falta à palavra de oficial prisioneiro de guerra

O oficial prisioneiro de guerra que, faltando à sua palavra, tornar a ser preso, armado, é punido com pena de prisão de 5 a 12 anos.

CAPÍTULO VIII
Crimes contra o dever marítimo

ARTIGO 105.º
Perda, encalhe ou abandono de navio

1 – O comandante, piloto ou prático de navio mercante escoltado ou ao serviço das Forças Armadas ou de outras forças militares que, em tempo de guerra:

a) Causar a perda ou o encalhe do navio;
b) Abandonar, sem motivo legítimo, o seu posto no navio;

é punido com pena de 2 a 8 anos de prisão.

2 – Se a perda ou encalhe forem causados por negligência, é aplicada a pena de prisão de 1 mês a 1 ano.

ARTIGO 106.º
Omissão de deveres por navio mercante

O comandante de navio mercante que:

a) Escoltado, abandonar o comboio ou desobedecer às ordens do seu comodoro;
b) Não cumprir as ordens que legitimamente lhe forem dadas por navio de guerra português;

c) Não prestar, podendo, socorro a navio de guerra ou ao serviço das Forças Armadas ou de outras forças militares, português ou de nação aliada, que o pedir;

é punido com pena de prisão de 2 a 8 anos, em tempo de guerra, e de 1 mês a 2 anos, em tempo de paz.

LIVRO II
DO PROCESSO

CAPÍTULO I
Disposição preliminar

ARTIGO 107.º
Aplicação do Código de Processo Penal

As disposições do Código de Processo Penal são aplicáveis, salvo disposição legal em contrário, aos processos de natureza penal militar regulados neste Código e em legislação militar avulsa.

CAPÍTULO II
Dos tribunais

ARTIGO 108.º (*)
Disposições aplicáveis

A competência material, funcional e territorial dos tribunais em matéria penal militar é regulada pelas disposições deste Código, e subsidiariamente pelas do Código de Processo Penal e das leis de organização judiciária.

(*) *Na sequência da aprovação do Código de Justiça Militar e da extinção dos tribunais militares em tempo de paz, foi atribuída competência aos tribunais judiciais em matéria penal militar. Os juízes militares passam assim a estar integrados nos tribunais judiciais.*
Sobre o assunto, ver a Lei n.º 105/2003, de 10/12(4ª alteração à Lei n.º 3/99: Lei de Organização e Funcionamento dos Tribunais Judiciais) e o DL n.º 219/2004, de 26/10 (Altera os anexos ao DL n.º 186-A/99, de 31/05, regulamentando a Lei n.º 105/2003).

ARTIGO 109.º
Competência material e funcional

Compete, respectivamente:

a) Às secções criminais do Supremo Tribunal de Justiça julgar os processos por crimes estritamente militares cometidos por oficiais generais, seja qual for a sua situação;

b) Às secções criminais das Relações de Lisboa e do Porto julgar os processos por crimes estritamente militares cometidos por oficiais de patente idêntica à dos juízes militares de 1.ª instância, seja qual for a sua situação;

c) A umas e outras praticar, nos termos da lei de processo, os actos jurisdicionais relativos ao inquérito, dirigir a instrução, presidir ao debate instrutório e proferir despacho de pronúncia ou não pronúncia nos processos referidos nas alíneas anteriores.

ARTIGO 110.º
Competência territorial

1 – Têm competência para conhecer de crimes cometidos:

a) Nos distritos judiciais de Évora e Lisboa, o Tribunal da Relação de Lisboa e as 1.ª e 2.ª Varas Criminais da Comarca de Lisboa;

b) Nos distritos judiciais de Coimbra e do Porto, o Tribunal da Relação do Porto e a 1.ª Vara Criminal da Comarca do Porto.

2 – Os tribunais a que se refere a alínea a) do número anterior são ainda competentes para conhecer de crimes cometidos fora do território nacional.

ARTIGO 111.º
Competência do tribunal colectivo

Os processos por crimes estritamente militares são da competência do tribunal colectivo.

ARTIGO 112.º
Competência para a instrução criminal militar

1 – As secções de instrução criminal militar dos Tribunais de Instrução Criminal de Lisboa e do Porto têm competência territorial, respectivamente, nas áreas indicadas nas alíneas a) e b) do n.º 1 do artigo 110.º.

2 – É correspondentemente aplicável o disposto no n.º 2 do artigo 110.º.

ARTIGO 113.º
Competência por conexão

A conexão não opera entre processos que sejam e processos que não sejam de natureza estritamente militar.

ARTIGO 114.º
Concurso de crimes

1 – Para efeitos do disposto nos n.ºs 1 e 2 do artigo 78.º do Código Penal, tratando-se de concurso de crimes de natureza estritamente militar, é competente o tribunal da última condenação.

2 – Se o concurso for entre crimes comuns e crimes estritamente militares, é material e territorialmente competente o tribunal da última condenação por crime comum.

3 – É correspondentemente aplicável o disposto no artigo 472.º do Código de Processo Penal.

ARTIGO 115.º
Conferência nos processos por crime estritamente militar

1 – Na conferência das secções criminais em que se decida processo por crime estritamente militar intervêm o presidente da secção, o relator e dois juízes adjuntos, sendo um deles juiz militar.

2 – A intervenção do juiz militar é feita por escala, salvo nos processos por crimes directamente relacionados com um dos ramos das Forças Armadas ou com a GNR, caso em que o juiz militar é o oriundo desse ramo.

3 – Nas faltas, impedimentos, recusas ou escusas do juiz militar referido no número anterior, a respectiva substituição faz-se por sorteio.

ARTIGO 116.º
Composição do tribunal em audiência

1 – Fora dos casos especialmente previstos na lei, a audiência de julgamento de crime estritamente militar é efectuada:

a) No Supremo Tribunal de Justiça, pelo presidente da secção, pelo relator e por três juízes adjuntos, sendo sempre dois juízes militares;
b) Nos Tribunais da Relação de Lisboa e do Porto, pelo presidente da secção, pelo relator e por dois juízes adjuntos, sendo um deles juiz militar;

c) Nas varas criminais das comarcas de Lisboa e do Porto, pelo presidente e por dois adjuntos, sendo um deles juiz militar.

2 – A intervenção dos juízes militares no julgamento efectua-se nos termos do artigo anterior.

Artigo 117.º
Impedimentos, recusas e escusas

Além dos casos previstos no Código de Processo Penal, nenhum juiz militar pode exercer a sua função num processo penal:

a) Quando for ofendido pelo crime;
b) Quando à data em que o crime foi cometido ou o processo iniciado se encontrava sob as ordens imediatas do arguido ou fosse seu superior hierárquico imediato.

Capítulo III
Da Polícia Judiciária Militar

Artigo 118.º
Da Polícia Judiciária Militar

1 – A Polícia Judiciária Militar é o órgão de polícia criminal com competência específica nos processos por crimes estritamente militares, competindo-lhe as funções que pelo Código de Processo Penal são atribuídas aos órgãos de polícia criminal e actuando, no processo, sob a direcção das autoridades judiciárias e na sua dependência funcional.

2 – A Polícia Judiciária Militar tem ainda a competência reservada que lhe é atribuída pela respectiva lei orgânica.

Capítulo IV
Dos actos processuais e das medidas de coacção

Artigo 119.º
Do tempo dos actos

1 – Nos processos por crimes estritamente militares, é aplicável à prática de actos processuais o disposto no n.º 2 do artigo 103.º do Código de

Processo Penal, correndo em férias os prazos relativos aos mesmos processos.

2 – Nos processos a que se refere o número anterior, os autos são lavrados e os mandados passados imediatamente e com preferência sobre qualquer serviço.

3 – O disposto nos números anteriores não prejudica o carácter urgente de processos por crimes comuns quando nestes houver arguidos detidos ou presos.

Artigo 120.º
Notificações

1 – As notificações aos militares na efectividade de serviço nas Forças Armadas e outras forças militares para comparecerem perante os tribunais, o Ministério Público, a Polícia Judiciária Militar ou para a prática de qualquer acto processual são feitas nos termos do Código de Processo Penal, com as especialidades previstas nos números seguintes.

2 – As notificações são requisitadas ao comandante, director ou chefe da unidade, estabelecimento ou órgão em que o militar notificando preste serviço e efectuadas na pessoa do notificando por aquele ou por quem o substitua ou ainda por militar de maior graduação ou antiguidade para o efeito designado; não se conseguindo, é lavrado auto da ocorrência e remetido à entidade que emitiu a notificação, com exposição fundamentada das diligências efectuadas e dos motivos que as frustraram.

3 – A comparência do notificado não carece de autorização do superior hierárquico; quando, porém, seja realizada de forma diferente da referida no número anterior, deve o notificado informar imediatamente da notificação o seu superior e apresentar-lhe documento comprovativo da comparência.

Artigo 121.º
Obrigação de apresentação periódica

Os militares na efectividade de serviço cumprem a obrigação de apresentação periódica que lhes tenha sido imposta apresentando-se ao comandante, director ou chefe da unidade, estabelecimento ou órgão em que prestem serviço, cabendo a este último manter informados os competentes órgãos de polícia criminal ou autoridades judiciárias.

Capítulo V
Do procedimento

Artigo 122.º
Dever de participação

O militar que, no exercício de funções e por causa delas, tomar conhecimento de crime estritamente militar tem o dever de o participar à autoridade competente.

Artigo 123.º
Auto de notícia

O oficial que presenciar qualquer crime de natureza estritamente militar levanta ou manda levantar auto de notícia.

Artigo 124.º
Detenção e prisão preventiva

1 – Em caso de flagrante delito por crime estritamente militar qualquer oficial procede à detenção.

2 – Fora de flagrante delito, a detenção de militares na efectividade de serviço deve ser requisitada ao comandante, director ou chefe da unidade, estabelecimento ou órgão em que o militar preste serviço pelas autoridades judiciárias ou de polícia criminal competentes, nos termos do Código de Processo Penal.

3 – Os militares detidos ou presos preventivamente mantêm-se em prisão à ordem do tribunal ou autoridade competente, nos termos do Código de Processo Penal.

Artigo 125.º
Competência para o inquérito

É competente para a realização do inquérito o Ministério Público que exercer funções no tribunal competente para a instrução.

ARTIGO 126.º
Suspensão do processo

Os processos por crimes estritamente militares não estão sujeitos a suspensão mediante imposição ao arguido de injunções e regras de conduta, ainda que o crime seja punível com pena inferior a 5 anos ou com sanção diferente da prisão.

ARTIGO 127.º
Assessoria militar

Na promoção do processo por crime estritamente militar o Ministério Público é assessorado por oficiais das Forças Armadas e da Guarda Nacional Republicana.

CAPÍTULO VI
Da justiça militar em tempo de guerra

SECÇÃO I
Organização judiciária militar em tempo de guerra

ARTIGO 128.º
Tribunais militares

1 – Durante a vigência do estado de guerra são constituídos tribunais militares ordinários, com competência para o julgamento de crimes de natureza estritamente militar.

2 – Podem ainda ser constituídos tribunais militares extraordinários, com a mesma competência.

3 – Os tribunais militares a que se refere o n.º 1 são o Supremo Tribunal Militar, os tribunais militares de 2.ª instância e os tribunais militares de 1.ª instância.

4 – Cessada a vigência do estado de guerra, os tribunais referidos nos números anteriores mantêm-se em funções até decisão final dos processos pendentes.

ARTIGO 129.º
Prevalência do serviço de carácter operacional

Salvo quanto aos juízes dos tribunais militares ordinários, o serviço de justiça, em tempo de guerra, não prevalece sobre o de carácter operacional, nem dispensa os militares do cumprimento dos deveres inerentes às funções que cumulativamente exercerem.

ARTIGO 130.º
Composição dos tribunais militares ordinários

1 – O Supremo Tribunal Militar é composto pelos juízes militares do Supremo Tribunal de Justiça e por um juiz auditor, conselheiro do Supremo Tribunal de Justiça.

2 – Os Tribunais Militares de 2.ª Instância de Lisboa e do Porto são compostos por três juízes militares e por um juiz auditor, oriundos, respectivamente, dos quadros de juízes dos Tribunais da Relação de Lisboa e do Porto.

3 – Os Tribunais Militares de 1.ª Instância de Lisboa e do Porto são compostos por três juízes militares e por um juiz auditor, oriundos, respectivamente, dos quadros das varas criminais de Lisboa e do Porto.

4 – O presidente dos tribunais militares ordinários é o juiz militar mais antigo.

5 – Os juízes auditores dos tribunais militares ordinários exercem as funções de relator do processo e são nomeados pelo Conselho Superior da Magistratura.

ARTIGO 131.º
Tribunais militares extraordinários

1 – Quando motivos ponderosos da justiça militar, devidamente fundamentados, o imponham, podem ser criados, junto dos comandos de forças ou instalações militares existentes fora do território ou das águas nacionais, tribunais militares extraordinários.

2 – Os tribunais militares extraordinários não têm constituição permanente e são dissolvidos logo que decidirem os processos para que foram convocados.

3 – A nomeação e a convocação dos membros dos tribunais militares extraordinários são feitas por ordem do Chefe do Estado-Maior-General das

Forças Armadas, sob proposta do comandante da força ou instalação militares a que se refere o n.º 1.

ARTIGO 132.º
Composição dos tribunais militares extraordinários

1 – Os tribunais militares extraordinários são compostos por:

a) Um presidente e três vogais militares;

b) Um auditor, que será juiz do tribunal, militar ou civil, mais próximo ou, não o havendo, qualquer indivíduo, militar ou civil, licenciado em Direito.

2 – O presidente e os vogais são militares mais graduados ou mais antigos do que o arguido, presidindo o de maior posto entre eles.

3 – Não sendo possível constituir o tribunal militar extraordinário por falta de oficiais com o posto, graduação ou antiguidade exigidos por lei, ou do auditor, ou de qualquer outro requisito previsto na presente secção, é competente para julgar o feito o tribunal militar ordinário.

ARTIGO 133.º
Ministério Público

1 – Nos tribunais militares ordinários a promoção do processo cabe a magistrados do Ministério Público nomeados pelo respectivo Conselho Superior.

2 – Nos tribunais militares extraordinários e para cada processo é nomeado um oficial mais graduado ou mais antigo do que o arguido, de preferência licenciado em Direito, para desempenhar as funções de Ministério Público.

3 – As funções de secretário podem ser desempenhadas por qualquer oficial de menor graduação ou antiguidade que o oficial a que se refere o número anterior.

ARTIGO 134.º
Defensor

A defesa é exercida:

a) Nos tribunais militares ordinários, por advogado;

b) Nos tribunais militares extraordinários, por advogado ou, na impossibilidade, por licenciado em Direito.

ARTIGO 135.º
Competência dos tribunais militares

1 – O Supremo Tribunal Militar, os tribunais militares de 2.ª instância e os tribunais militares de 1.ª instância têm a competência prevista na lei para o Supremo Tribunal de Justiça, os Tribunais da Relação de Lisboa e do Porto e varas criminais de Lisboa e do Porto relativa aos processos por crimes de natureza estritamente militar, respectivamente.

2 – Os tribunais militares extraordinários têm a competência dos tribunais militares de 1.ª instância.

SECÇÃO II
Do processo nos tribunais militares

ARTIGO 136.º
Princípios gerais

As disposições processuais estabelecidas para o processo em tempo de paz são observadas pelos tribunais militares em tempo de guerra, com as necessárias adaptações, salvas as modificações do artigo seguinte.

ARTIGO 137.º
Especialidades do processo nos tribunais militares extraordinários

1 – Nos tribunais militares extraordinários não há fase de instrução.

2 – Sem prejuízo do disposto para os tribunais militares extraordinários, todos os prazos processuais são reduzidos a metade.

3 – Nos crimes cometidos na área de operações, o comandante militar competente, quando os imperiosos interesses da disciplina ou da segurança das Forças Armadas, devidamente fundamentados, o exijam, pode determinar que o arguido seja preso e julgado pelo respectivo tribunal militar extraordinário, sem dependência da fase do inquérito.

4 – No caso previsto no número anterior, a proposta para a constituição do tribunal serve de base ao processo e deve conter tudo o que se acha prescrito para a acusação.

5 – A acusação é entregue ao acusado quarenta e oito horas, pelo menos, antes da data determinada para a reunião do tribunal e a contestação da acusação apresentada por escrito ou oralmente no início da audiência.

6 – Nos crimes previstos nos capítulos III e VII do título II do livro I serve de base ao processo o parecer de um conselho de investigação, extraordinariamente nomeado e composto por três oficiais, mais graduados ou antigos do que o arguido.

7 – As decisões do tribunal militar extraordinário são lidas aos arguidos, indicando-se-lhes o prazo de quarenta e oito horas para apresentar o requerimento de recurso, sendo a respectiva motivação apresentada, no prazo de sete dias, no tribunal recorrido.

8 – Nestes processos não são admitidas deprecadas e todos os actos da audiência são documentados na acta, podendo ser usados quaisquer meios idóneos para assegurar a sua reprodução integral.

9 – Em caso de recurso compete ao comandante militar determinar a situação em que o arguido aguarda a decisão, nomeadamente no que respeita ao serviço a prestar na pendência do recurso.

LEI N.º 101/2003, DE 15 DE NOVEMBRO

APROVA O ESTATUTO DOS JUÍZES MILITARES E DOS ASSESSORES MILITARES DO MINISTÉRIO PÚBLICO

A Assembleia da República decreta, nos termos da alínea c) do artigo 161.º da Constituição, para valer como lei geral da República, o seguinte:

CAPÍTULO I
Disposição preambular

ARTIGO 1.º
Objecto

A presente lei regula o Estatuto dos Juízes Militares e dos Assessores Militares do Ministério Público.

CAPÍTULO II
Estatuto dos juízes militares

ARTIGO 2.º
Estatuto dos juízes militares

Enquanto durar o exercício de funções judiciais, os juízes militares estão sujeitos ao presente Estatuto e, complementarmente, ao Estatuto dos Militares das Forças Armadas ou ao Estatuto do Militar da Guarda Nacional Republicana, consoante os casos.

ARTIGO 3.º
Independência e inamovibilidade

Os juízes militares são inamovíveis e independentes, não podendo as suas funções cessar antes do termo da comissão de serviço, sem prejuízo do disposto no artigo seguinte.

ARTIGO 4.º
Cessação de funções

1 – As funções dos juízes militares cessam antes do termo da comissão de serviço quando se verifique uma das seguintes causas:

a) Morte ou impossibilidade física permanente;
b) Renúncia;
c) Exoneração.

2 – A renúncia, que não carece de aceitação, só produz efeitos após a sua comunicação ao presidente do Conselho Superior da Magistratura.

3 – Compete ao Conselho Superior da Magistratura, ouvido o Chefe do Estado-Maior do ramo respectivo ou o comandante-geral da Guarda Nacional Republicana (GNR), consoante os casos, verificar a impossibilidade física permanente, a qual deve ser previamente comprovada por uma junta médica militar.

4 – A cessação de funções é objecto de declaração publicada na 2.ª série do Diário da República.

ARTIGO 5.º
Irresponsabilidade

1 – Os juízes militares só podem ser responsabilizados civil, criminal ou disciplinarmente pelas suas decisões, nos casos especialmente previstos na lei.

2 – A responsabilidade por crimes comuns ou estritamente militares efectiva-se em termos semelhantes aos dos demais juízes do tribunal em que os juízes militares exerçam funções.

3 – Fora dos casos em que o ilícito praticado constitua crime, a responsabilidade civil apenas pode ser efectuada mediante acção de regresso do Estado contra o juiz militar em causa.

ARTIGO 6.º
Regime disciplinar

Os juízes militares estão sujeitos, por factos praticados no exercício das suas funções, ao regime disciplinar previsto no Estatuto dos Magistrados Judiciais, com a ressalva das disposições relativas à avaliação do mérito.

ARTIGO 7.º
Acção disciplinar

Compete exclusivamente ao Conselho Superior da Magistratura o exercício da acção disciplinar sobre os juízes militares.

ARTIGO 8.º
Incompatibilidades

Os juízes militares não podem desempenhar qualquer outra função, pública ou privada, salvas as funções docentes ou de investigação científica de natureza jurídica ou militar, não remuneradas.

ARTIGO 9.º
Estatuto remuneratório

1 – Aos juízes militares são mantidos o vencimento ou a remuneração de reserva, conforme os casos, acrescidos dos suplementos a que tenham direito, sendo-lhes ainda abonado um terço da remuneração dos demais juízes do tribunal em que estejam colocados.

2 – O montante que venha a resultar da aplicação da regra referida no número anterior não pode ser superior à remuneração auferida pelos magistrados dos tribunais em que os juízes militares estejam colocados.

3 – O suplemento de exercício de funções judiciais a que se refere o presente artigo é devido exclusivamente pelo período de exercício das mesmas e não influencia a formação da remuneração de reserva ou da pensão de reforma.

ARTIGO 10.º
Honras e precedências

Os juízes militares gozam, salvo em cerimónias militares, das honras, garantias e precedências protocolares dos juízes dos tribunais em que forem colocados ou a que estiverem equiparados.

ARTIGO 11.º (*)
Trajo profissional

O trajo profissional dos juízes militares é definido por portaria conjunta dos Ministros da Defesa Nacional, da Administração Interna e da Justiça.

(*) *Sobre o trajo militar, ver a Portaria n.º 1130/2004, in DR, 2ª série, de 11/10/2004.*

CAPÍTULO III
Movimento de juízes militares

ARTIGO 12.º
Distribuição de juízes militares

1 – Os juízes militares integram o quadro dos tribunais competentes para o julgamento de crimes estritamente militares, nos termos da Lei de Organização e Funcionamento dos Tribunais Judiciais e do Código de Justiça Militar.

2 – O quadro de cada um dos tribunais referidos no número anterior prevê, conforme os casos, vagas correspondentes às seguintes categorias:

a) A de juiz militar do Supremo Tribunal de Justiça, reservada aos vice-almirantes e tenentes-generais dos três ramos das Forças Armadas ou da GNR;
b) A de juiz militar da Relação, reservada aos contra-almirantes e majores-generais dos três ramos das Forças Armadas ou da GNR;
c) A de juiz militar de 1.ª instância, reservada aos capitães-de-mar-e-guerra e coronéis dos três ramos das Forças Armadas ou da GNR.

ARTIGO 13.º
Nomeação

1 – A colocação de juízes militares nos quadros efectua-se por nomeação.

2 – Os juízes militares a que se referem as alíneas a) e b) do n.º 2 do artigo 12.º são nomeados, por escolha, de entre os oficiais na reserva; a nomeação pode recair em oficial na situação de activo, desde que o mesmo transite para a reserva até à tomada de posse.

3 – Os juízes militares de 1.ª instância podem ser nomeados, por escolha, de entre oficiais nas situações de activo ou reserva.

4 – As nomeações a que se referem os números anteriores devem recair, de preferência, em oficiais possuidores da licenciatura em Direito.

5 – Não podem ser nomeados juízes militares os oficiais que:

a) Tenham sido definitivamente condenados em pena criminal privativa da liberdade pela prática de crimes dolosos;

b) Se encontrem definitivamente pronunciados por crimes comuns ou estritamente militares, até ao trânsito em julgado da decisão final.

ARTIGO 14.º
Movimento de juízes militares

1 – Os juízes militares são nomeados pelo Conselho Superior da Magistratura, sob proposta do Conselho de Chefes de Estado-Maior ou do Conselho Geral da GNR, conforme os casos.

2 – Em caso de exoneração ou vagatura de algum lugar previsto no artigo 12.º, o Conselho de Chefes de Estado-Maior ou o Conselho Geral da GNR, conforme os casos, submetem ao Conselho Superior da Magistratura uma lista de três nomes que preencham as condições legais para a nomeação e que fundamentadamente considerem os mais adequados para o desempenho do cargo a prover.

3 – O Conselho Superior da Magistratura pode proceder à nomeação de entre os nomes propostos ou solicitar a indicação de mais um nome ou a apresentação de nova lista, seguindo-se depois os mesmos trâmites.

ARTIGO 15.º
Regime

1 – A comissão de serviço dos juízes militares tem a duração de três anos e pode ser renovada uma vez, por igual período.

2 – A transição de juízes militares para as situações de reserva ou reforma é sustada durante a comissão de serviço e, bem assim, em caso de recondução, salvo declaração expressa em contrário do juiz militar em causa.

ARTIGO 16.º

Posse

1 – Os juízes militares do Supremo Tribunal de Justiça tomam posse perante o Presidente deste Tribunal.

2 – Os juízes militares da Relação e os juízes militares de 1.ª instância tomam posse perante os presidentes dos Tribunais da Relação de Lisboa e do Porto, conforme os casos.

3 – A posse deve ter lugar nos 10 dias subsequentes à publicação do acto que determinou a colocação.

ARTIGO 17.º

Regime da exoneração

A exoneração dos juízes militares compete ao Conselho Superior da Magistratura, ouvido o Conselho de Chefes de Estado-Maior ou o Conselho Superior da GNR, consoante os casos.

ARTIGO 18.º

Causas de exoneração

São exonerados os juízes militares que:

a) Declarem, expressamente, desejar transitar para a situação de reforma, nos termos do n.º 2 do artigo 15.º;
b) Sejam definitivamente condenados por pena criminal privativa da liberdade;
c) Aceitem lugar incompatível com o exercício das suas funções.

ARTIGO 19.º

Suspensão de funções

Os juízes militares suspendem as respectivas funções nos mesmos termos dos magistrados judiciais.

CAPÍTULO IV
Assessoria Militar

SECÇÃO I
Estrutura e funções

ARTIGO 20.º
Assessoria Militar

1 – A assessoria ao Ministério Público nos processos por crimes estritamente militares é assegurada pela Assessoria Militar, composta por oficiais das Forças Armadas e da GNR.

2 – Integram a Assessoria Militar os Núcleos de Assessoria Militar dos Departamentos de Investigação e Acção Penal (DIAP) de Lisboa e Porto.

ARTIGO 21.º
Núcleos de assessoria militar

1 – Nos DIAP de Lisboa e Porto funcionam núcleos de assessoria militar, compostos por oficiais das Forças Armadas e da GNR, de categoria não inferior a primeiro-tenente ou capitão e em número não inferior a quatro por núcleo.

2 – Os núcleos de assessoria militar asseguram as funções a que se referem o artigo seguinte e o artigo 23.º no âmbito das respectivas procuradorias-gerais distritais e dos DIAP.

3 – O Núcleo de Assessoria Militar do DIAP de Lisboa assegura igualmente o apoio ao Departamento Central de Investigação e Acção Penal.

4 – O Procurador-Geral da República pode fixar um número de assessores militares em cada um dos núcleos superior ao previsto no n.º 1, de acordo com as necessidades de serviço.

SECÇÃO II
Funções e regime de intervenção

ARTIGO 22.º
Funções

Cabe aos assessores militares coadjuvar o Ministério Público:

a) No exercício da acção penal relativamente a crimes estritamente militares;

b) Na promoção e realização de acções de prevenção relativas aos crimes referidos na alínea anterior;
c) Na direcção da investigação dos crimes referidos nas alíneas anteriores;
d) Na fiscalização da actividade processual da Polícia Judiciária Militar;
e) Na promoção da execução de penas e medidas de segurança aplicadas a militares na efectividade de serviço.

ARTIGO 23.º
Regime de intervenção

1 – Para efeito do disposto no artigo anterior e sem prejuízo do demais apoio técnico que o magistrado responsável pelo processo lhes requeira, os assessores militares emitem sempre parecer prévio, não vinculativo, relativamente aos seguintes actos:
a) Requerimento de aplicação de medidas de coacção a militares na efectividade de serviço, bem como a sua revogação, alteração ou extinção;
b) Audição do Ministério Público para os efeitos previstos na alínea anterior, sempre que a aplicação, revogação, alteração ou extinção sejam decretadas oficiosamente ou a requerimento do arguido;
c) Dedução da acusação ou arquivamento de inquérito.

2 – O parecer a que se refere o número anterior é emitido por escrito, no prazo fixado pelo magistrado responsável; este pode, no entanto, por urgente conveniência de serviço, determinar que o parecer seja emitido oralmente, sendo reduzido a escrito logo que possível.

3 – Os assessores militares emitem parecer segundo o critério de intervenção previsto no n.º 2 do artigo 115.º do Código de Justiça Militar, sem prejuízo de o magistrado responsável poder colher ainda os pareceres de outros assessores militares, se entender conveniente (*).

(*) *Rectificado pela Declaração de Rectificação n.º 1/2004, de 16/12/2003, in DR, I-A, de 3/01/2004.*

SECÇÃO III
Nomeação e estatuto

ARTIGO 24.º
Nomeação

1 – Os assessores militares são nomeados pelo Procurador-Geral da República, sob proposta dos Chefes de Estado-Maior respectivos ou do comandante-geral da GNR, consoante os casos.

2 – É correspondentemente aplicável o procedimento de nomeação dos juízes militares, com as necessárias adaptações.

ARTIGO 25.º
Estatuto

1 – Os assessores militares do Ministério Público desempenham as respectivas funções em regime de comissão normal e vencem de acordo com o posto respectivo.

2 – O exercício de funções na Assessoria Militar do Ministério Público só decorre em regime de exclusividade se o Procurador-Geral assim o determinar, genérica ou casuisticamente.

3 – Os assessores militares estão sujeitos ao dever de reserva que impende sobre os magistrados do Ministério Público, além dos deveres inerentes ao estatuto da condição militar.

4 – São ainda aplicáveis aos assessores militares os impedimentos previstos no artigo 117.º do Código de Justiça Militar.

Aprovada em 18 de Setembro de 2003.

O Presidente da Assembleia da República, *João Bosco Mota Amaral.*

Promulgada em 3 de Novembro de 2003.

Publique-se.

O Presidente da República, JORGE SAMPAIO.

Referendada em 4 de Novembro de 2003.

O Primeiro-Ministro, *José Manuel Durão Barroso.*

DISCIPLINA MILITAR

- **D.L. n.º 142/77, de 9/04:**
  – *Regulamento de Disciplina Militar;*

- **Dec. Reg. n.º 22/94, de 1/09:**
  – *Atribuições, organização e competências da Superintendência dos Serviços do Pessoal da Marinha;*

- **Dec. Reg. n.º 44/94, de 1/09:**
  – *Atribuições, organização e competências do Comando do Pessoal, do Comando da Logística e do Comando da Instrução do Exército.*

- **Dec. Reg. n.º 51/94, de 1/09:**
  – *Atribuições, organização e competências do Comando de Pessoal da Força Aérea.*

DECRETO-LEI N.º 142/77, DE 9 DE ABRIL

REGULAMENTO DE DISCIPLINA MILITAR

1. A disciplina militar, conforme dispunha o artigo 1.º do Regulamento Disciplinar de 2 de Maio de 1913, «é o laço moral que liga entre si os diversos graus da hierarquia militar; nasce da dedicação pelo dever e consiste na escrita e pontual observância das leis e regulamentos militares».

Segundo o mesmo Regulamento, ela obtém-se «pela convicção da missão a cumprir e mantém-se pelo prestígio que nasce dos princípios de justiça empregados, do respeito pelos direitos de todos, do cumprimento exacto dos deveres, do saber, da correcção de proceder e da estima recíproca».

São estes, ainda hoje, os princípios fundamentais em que assenta a disciplina militar, condição indispensável para o cumprimento da missão histórica e nacional cometida às forças armadas e sem a qual não seria, nem será, possível a sobrevivência destas, seja em que quadrante for.

Mas, como projecção que são desses princípios, as normas regulamentares que regem as forças armadas não se cristalizam; antes evoluem de acordo com a própria evolução social.

As forças armadas constituem uma comunidade dentro da própria sociedade em que se inserem; como tal, inevitável será que, ao longo dos tempos, sofram no seu seio a influência do ambiente social que as cerca. Essa influência, todavia, não pode ir além de determinados limites, sob pena de destruir o equilíbrio e a íntima coesão que as animam.

A comunidade militar – «instituição nacional», na expressão sintética, mas eloquente, da Constituição vigente – só poderá cumprir integralmente a missão que constitucionalmente lhe é atribuída, e que consiste na defesa da «independência nacional, da unidade do Estado e da integridade do território», se lhe forem garantidos os meios indispensáveis.

E um deles é a disciplina.

Sem esta não haverá forças armadas.

A nenhuma comunidade se exige tanto dos seus componentes como à militar; sacrifício da própria vida é, mais do que um simples risco do serviço, um dever do soldado, em certos casos.

Tão especiais condições de serviço são, pois, incompatíveis com a existência de um estatuto idêntico ao dos restantes profissionais, sejam eles do sector público, sejam do privado.

A razão de ser do direito militar assenta na própria existência das forças armadas; se estas existem, aquele tem de subsistir.

2. O Regulamento de Disciplina Militar que agora se substitui e cujas linhas fundamentais remontam ao de 1913, carecia de adaptação aos princípios informadores da nova sociedade portuguesa, traduzidos na Constituição da República.

Não podia deixar a nova lei fundamental do Estado de projectar os seus reflexos no âmbito das forças armadas e da legislação militar, sugerindo a consagração de soluções mais consentâneas com os tempos actuais, soluções essas que, todavia, e como é evidente, jamais deveriam sacrificar as imprescindíveis e intemporais exigências de unidade, força moral e eficiência das forças armadas.

Desta maneira, considerou-se conveniente atender a uma certa prática, radicada em velha tradição nacional, em que avultam, humanizados, os princípios da hierarquia e da autoridade como pressupostos indissociáveis do espírito dinâmico e consciente de missão. Ao mesmo tempo procurou-se reforçar a ética profissional, salvaguardar os diversos direitos e interesses em jogo e atribuir uma maior predominância e preocupação às regras da justiça.

Aproveitou-se ainda a oportunidade para introduzir algumas correcções e aperfeiçoamentos impostos pela experiência ou pelas necessidades, por forma a tornar o texto anterior mais adaptado ao espírito da nova época, expurgando-o de conceitos e regras ultrapassados, inúteis ou contraditórios.

3. As soluções adoptadas integram-se no contexto constitucional.

Na verdade, algumas foram – de inegável repercussão – as inovações introduzidas, tendo como objectivo fundamental a dignificação da função militar.

Assim, no campo substantivo, assinala-se a eliminação dos quartos de sentinela, guardas e patrulhas como medidas punitivas. Entendeu-se que a importância e grandeza destas tarefas mal se compadeciam com o seu carácter sancionatório e com os reflexos negativos sempre ligados à aplicação de qualquer castigo.

Interdita-se a prática de actividades políticas aos elementos das forças armadas na efectividade de serviço, aliás na sequência do artigo 275.º da Constituição e em conformidade com a doutrina fixada anteriormente na Lei n.º 17/75, de 26 de Dezembro.

Sublinha-se, por outro lado, o facto de o novo Regulamento acolher ideia de aproximar e unificar no mesmo regime punitivo os oficiais e sargentos, em reconhecimento da nova realidade sócio-militar recentemente delineada.

Em matéria de processo, de todo omissa no Regulamento que ora se substitui, consagra-se formalmente o princípio do contraditório (que, aliás, já vinha sendo observado na prática dos últimos anos), impondo-se a articulação da nota de culpa por forma a possibilitar uma ampla e completa defesa do arguido.

Reafirmam-se os direitos de recurso hierárquico e de queixa e, pela primeira vez, se regula o recurso contencioso das decisões do vértice da hierarquia.

Neste último aspecto, introduz-se uma modificação importante e totalmente nova: em matéria disciplinar, o controle jurisdicional dos actos punitivos é confiado ao Supremo Tribunal Militar. Por um lado, trata-se de um órgão constitucionalmente revestido de poder soberano, objectivo, imparcial e independente, cuja composição garante uma melhor preparação técnica na matéria, e, por outro lado, evita-se que se quebre a sequência normal da justiça militar. Aliás, contraditório seria confiar a esse órgão o conhecimento das mais graves infracções à disciplina no domínio criminal e negar-lhe essa competência em matéria de idêntica natureza mas de grau inferior.

Outro aspecto importante consiste nos novos moldes assinalados à intervenção dos conselhos superiores de disciplina.

Consagrados definitivamente como órgãos de consulta nos domínios mais relevantes do campo da disciplina, eles surgem não com qualquer carácter repressivo ou natureza jurisdicional, mas antes e apenas como instituto legal de defesa dos arguidos no âmbito administrativo-militar e, simultaneamente, como instrumentos de apoio à justiça, perfeição e segurança das decisões finais do executivo.

A aplicação prática do presente Regulamento será o seu melhor juiz.

Os ensinamentos que dela resultarem serão desde já recolhidos e analisados em continuidade, por forma a constituírem objectivo e razão da sua reformulação, porventura mais profunda, quer nos seus conceitos, quer no seu articulado, ajustando sempre a exigência da evolução à perenidade dos princípios.

Nestes termos:

O Conselho da Revolução decreta, nos termos da alínea a) do n.º 1 do artigo 148.º da Constituição, o seguinte:

ARTIGO 1.º

É aprovado o Regulamento de Disciplina Militar que faz parte integrante do presente diploma, para ter execução em todas as forças armadas.

ARTIGO 2.º

As dúvidas suscitadas na sua aplicação serão resolvidas por despacho interpretativo do Chefe do Estado-Maior-General das Forças Armadas.

ARTIGO 3.º

O Regulamento de Disciplina Militar entra em vigor no dia 10 de Abril de 1977.

Visto e aprovado em Conselho da Revolução em 1 de Abril de 1977.

Promulgado em 1 de Abril de 1977.

Publique-se.

O Presidente da República, ANTÓNIO RAMALHO EANES.

REGULAMENTO DE DISCIPLINA MILITAR

TÍTULO I
Da disciplina militar

CAPÍTULO I
Disposições gerais

ARTIGO 1.º
(Conceito de disciplina)

A disciplina militar consiste na exacta observância das leis e regulamentos militares e das determinações que de umas e outros derivam; resulta, essencialmente, de um estado de espírito, baseado no civismo e patriotismo, que conduz voluntariamente ao cumprimento individual ou em grupo da missão que cabe às forças armadas.

ARTIGO 2.º
(Bases da disciplina)

A disciplina deve encaminhar todas as vontades para o fim comum e fazê-las obedecer ao menor impulso do comando; coordenando os esforços de cada um, assegura às forças armadas a sua principal força e a sua melhor garantia de bom êxito. Para que a disciplina constitua a base em que judiciosamente deve afirmar-se a instituição armada, observar-se-á rigorosamente o seguinte:

1. Todo o militar deve compenetrar-se de que a disciplina, sendo condição de êxito da missão a cumprir, se consolida e avigora pela consciência dessa missão, pela observância das normas de justiça e do cumprimento exacto dos deveres, pelo respeito dos direitos de todos, pela competência e correcção de proceder, resultantes do civismo e patriotismo que leva à aceitação natural da hierarquia e da autoridade e ao sacrifício dos interesses individuais em favor do interesse colectivo.

2. Os chefes, principalmente, e em geral todos os superiores, não devem esquecer, em caso algum, que a atenção dos seus subordinados está sempre fixa sobre os seus actos e que, por isso, a sua competência, a sua conduta irrepreensível, firme mas humana, utilizando e incentivando o diálogo e o esclarecimento, sempre que conveniente e possível, são meios seguros de manter a disciplina. Serão responsáveis pelas infracções praticadas pelos subordinados ou inferiores, quando essas infracções tenham origem em deficiente acção de comando.

3. O superior, nas suas relações com os inferiores, procurará ser para eles exemplo e guia, estabelecendo a estima recíproca, sem contudo a levar até à familiaridade, que só é permitida fora dos actos de serviço.
Tem ainda por dever curar dos interesses dos seus subordinados, respeitar a sua dignidade, ajudá-los com os seus conselhos e ter para com eles as atenções devidas, não esquecendo que todos se acham solidariamente ligados para o desempenho de uma missão comum.

4. Aos superiores cumpre instruir e exercitar os inferiores que sirvam sob as suas ordens no conhecimento da legislação em vigor.
São responsáveis pelas ordens que derem, as quais devem ser em conformidade com as leis e regulamentos, e, nos casos omissos ou extraordinários, fundadas na melhor razão. A obediência a tais ordens será pronta e completa. Em casos excepcionais, em que o cumprimento de uma ordem possa originar inconveniente ou prejuízo, o subordinado, estando presente o superior e não sendo em acto de formatura ou faina, poderá, obtida a precisa autorização, dirigir-lhe respeitosamente as reflexões que julgar convenientes; mas, se o superior insistir na execução das ordens que tiver dado, o subordinado obedecerá prontamente, assistindo-lhe, contudo, o direito de queixa à autoridade competente, pela maneira prescrita no artigo 75.º deste Regulamento.

5. A obediência é sempre devida ao mais graduado e em igualdade de graduação ao mais antigo. Exceptuam-se os casos em que qualquer militar seja investido em cargo ou funções de serviço, em relação aos quais seja determinado o contrário, por legislação especial.

ARTIGO 3.º

(Conceito de infracção de disciplina)

Infracção de disciplina punível por este Regulamento é toda a omissão ou acção contrária ao dever militar que pelo CJM não seja qualificada crime.

Capítulo II
Deveres militares

Artigo 4.º
(Deveres militares)

O militar deve regular o seu procedimento pelos ditames da virtude e da honra amar a Pátria e defendê-la com todas as suas forças até ao sacrifício da própria vida, guardar e fazer guardar a Constituição em vigor e mais leis da República, do que tomará compromisso solene segundo a fórmula adoptada, e tem por deveres especiais os seguintes:

1.º Cumprir as leis, ordens e regulamentos militares;

2.º Cumprir completa e prontamente as ordens relativas ao serviço;

3.º Respeitar e agir lealmente para com os superiores, subordinados ou de hierarquia igual ou inferior, tanto no serviço como fora dele, e usar entre si as deferências em uso na sociedade civil;

4.º Dar o exemplo aos seus subordinados e inferiores hierárquicos;

5.º Ser prudente e justo, mas firme na exigência do cumprimento das ordens, regulamentos e outras determinações, ainda que para tanto haja que empregar quaisquer meios extraordinários não considerados castigos, mas que sejam indispensáveis para compelir os inferiores à obediência devida, devendo neste último caso participar o facto imediatamente ao seu chefe;

6.º Ser sensato e enérgico na actuação contra qualquer desobediência, falta de respeito ou de outras faltas em execução, usando para esse fim de todos os meios que os regulamentos lhe facultem;

7.º Assumir a responsabilidade dos actos que praticar por sua iniciativa e dos que forem praticados em conformidade com as suas ordens;

8.º Informar com verdade o superior acerca de qualquer assunto de serviço;

9.º Dedicar ao serviço toda a sua inteligência, zelo e aptidão;

10.º Cumprir rigorosamente as normas de segurança militar e não revelar qualquer assunto, facto ou ordem que haja de cumprir ou de que tenha conhecimento, quando de tal acto possa resultar prejuízo para o serviço ou para a disciplina;

11.º Conservar-se pronto para o serviço, evitando qualquer acto imprudente que possa prejudicar-lhe o vigor ou aptidão física ou intelectual;

12.º Não tomar parte em manifestações colectivas atentatórias da disciplina, nem promover ou autorizar iguais manifestações, devendo como tais ser considerados quaisquer protestos ou pretensões ilegítimas referentes a casos de disciplina ou de serviço, apresentados por diversos militares, individual ou colectivamente, bem como as reuniões que não sejam autorizadas por autoridade militar competente;

13.º Conservar, em todas as circunstâncias, um rigoroso apartidarismo político.

Para tanto, é-lhe vedado:

a) Sendo do quadro permanente, na efectividade de serviço ou prestando serviço em regime voluntário:

Exercer qualquer actividade política sem estar devidamente autorizado;

Ser filiado em agrupamentos ou associações de carácter político;

b) Estando em serviço militar obrigatório, praticar durante o tempo de permanência no serviço activo nas forças armadas actividades políticas, ou com estas relacionadas, sem estar devidamente autorizado;

14.º Não assistir uniformizado e mesmo em trajo civil não tomar parte em mesas, fazer uso da palavra ou exercer qualquer actividade em comícios, manifestações ou reuniões públicas de carácter político, a menos que esteja devidamente autorizado;

15.º Não manifestar de viva voz, por escrito ou por qualquer outro meio, ideias contrárias à Constituição em vigor ou às instituições militares, ofensivas dos membros dos poderes institucionalmente constituídos, dos superiores, dos iguais e dos inferiores hierárquicos ou por qualquer modo prejudiciais à boa execução do serviço ou à disciplina;

16.º Não praticar, no serviço ou fora dele, acções contrárias à moral pública, ao brio e ao decoro militar;

17.º Não se valer da sua autoridade ou posto de serviço, nem invocar o nome de superior, para haver qualquer lucro ou vantagem, exercer pressão, vingança ou tomar desforço por qualquer acto ou procedimento oficial ou particular;

18.º Ser moderado na linguagem, não murmurar das ordens de serviço, não as discutir, nem referir-se a outros militares por qualquer forma que denote falta de respeito;

19.º Recompensar os seus subordinados, quando o merecerem, pelos actos por eles praticados ou propor superiormente a recompensa adequada, se a julgar superior à sua competência;

20.º Punir, no âmbito das suas atribuições, os seus subordinados pelas infracções que cometerem, participando superiormente quando ao facto julgue corresponder pena superior à sua competência;

21.º Cumprir completa e prontamente as ordens que pelas sentinelas, rondas, guardas e outros postos de serviço militar lhe forem transmitidas em virtude de instruções recebidas;

22.º Não abusar da autoridade que competir à sua graduação ou posto de serviço;

23.º Zelar pela boa convivência, procurando assegurar a solidariedade e camaradagem entre os militares, sem desrespeito pelas regras de disciplina e da honra, e manter toda a correcção nas relações com os camaradas, evitando rixas, contendas ou discussões prejudiciais à harmonia que deve existir nas forças armadas;

24.º Zelar, no exercício das suas funções, pelos interesses das instituições militares e da Fazenda Nacional, cumprindo e fazendo cumprir as disposições legais a elas respeitantes;

25.º Não utilizar nem permitir que se utilizem instalações, armamento, viaturas e demais material em fins estranhos ao serviço, desde que para tal não exista a necessária autorização;

26.º Não arruinar, inutilizar ou por qualquer outra maneira distrair do seu legal destino os artigos de armamento, fardamento, equipamento ou outros quaisquer que lhe sejam necessários para o desempenho das obrigações do serviço militar, ainda que os tenha adquirido à própria custa;

27.º Diligenciar instruir-se, a fim de bem desempenhar as obrigações de serviço, conhecer as leis e regulamentos militares e ministrar esse conhecimento aos seus subordinados;

28.º Não se servir dos meios de comunicação social ou de outros meios de difusão para tratar assuntos de serviço, para responder a apreciações feitas a serviço de que esteja incumbido ou, mesmo, relativamente a questões em que tenha sido posta em causa a sua pessoa, participar o sucedido às autoridades competentes, as quais têm por dever empregar os meios conducentes a exigir responsabilidades, quando for caso disso;

29.º Usar de toda a correcção nas suas relações com a sociedade civil, tratando com as atenções devidas todas as pessoas, especialmente aquelas em casa de quem estiver aboletado, não lhes fazendo exigências contrárias à lei nem ao decoro militar;

30.º Fora da unidade, mesmo em gozo de licença, no País ou no estrangeiro, não perturbar a ordem e não transgredir qualquer preceito em vigor no lugar em que se encontrar, não maltratando os habitantes nem os ofendendo nos seus legítimos direitos, crenças, costumes e interesses;

31.º Não consentir que alguém se apodere ilegitimamente das armas que lhe estejam distribuídas ou à sua responsabilidade;

32.º Não fazer uso de qualquer arma sem ordem ou sem a isso ser obrigado pela necessidade imperiosa de repelir uma agressão contra si ou contra o seu posto de serviço;

33.º Apresentar-se com pontualidade no lugar a que for chamado ou onde deva comparecer em virtude das obrigações de serviço;

34.º Não se ausentar, sem a precisa autorização, do lugar onde deva permanecer por motivo de serviço ou por determinação superior;

35.º Cuidar da sua boa apresentação pessoal, mantendo-se rigorosamente equipado e uniformizado nos actos de serviço e, fora deste, quando faça uso de uniforme;

36.º Manter nas formaturas uma atitude firme e correcta;

37.º Cumprir, como lhe for determinado, o castigo imposto pelo superior;

38.º Aceitar, sem hesitação, alojamento, uniforme, alimentação e quaisquer vencimentos que lhe forem distribuídos;

39.º Não pedir nem aceitar de inferior hierárquico, como dádiva ou empréstimo, dinheiro ou qualquer objecto;

40.º Não aceitar quaisquer homenagens que não sejam autorizadas superiormente;

41.º Respeitar as autoridades civis, tratando por modo conveniente os respectivos agentes;

42.º Não infringir os regulamentos e ordens das autoridades policiais e da Administração Pública,

43.º Entregar as armas quando o superior lhe intime ordem de prisão;

44.º Manter hábitos de higiene;

45.º Cuidar da limpeza e conservação dos artigos de fardamento, armamento, viaturas, equipamento, arreios e outros quaisquer que lhe forem distribuídos ou estejam a seu cargo, bem como cuidar com zelo do cavalo, muar ou qualquer animal que lhe tenha sido distribuído para serviço ou tratamento;

46.º Não se apoderar de objectos ou valores que lhe não pertençam;

47.º Pagar as dívidas que contrair, em conformidade com os compromissos que tomou;

48.º Não tomar parte em descantes ou espectáculos públicos, quando não esteja devidamente autorizado;

49.º Não tomar parte em qualquer jogo, quando lhe seja proibido por lei;

50.º Participar, sem delongas, à autoridade competente a existência de algum crime ou infracção que descubra ou de que tenha conhecimento;

51.º Procurar impedir, por todos os meios ao seu alcance, qualquer flagrante delito e prender o seu autor, nos casos em que a lei o permita;

52.º Não interferir no serviço de qualquer autoridade, prestando, contudo, auxílio aos seus agentes, quando estes o reclamem;

53.º Declarar fielmente o seu nome, posto, número, subunidade, unidade, estabelecimento ou navio em que servir quando tais declarações lhe sejam exigidas por superior ou solicitadas por autoridade competente;

54.º Não usar trajos, distintivos, insígnias ou condecorações a que não tenha direito ou, tendo-o, sem a precisa autorização;

55.º Não encobrir criminosos, militares ou civis, nem ministrar-lhes qualquer auxílio ilegítimo.

ARTIGO 5.º
(A quem cabe cumprir os deveres militares)

1. Os deveres a que se refere o artigo anterior serão cumpridos:

a) Por todos os militares prestando serviço efectivo;

b) Pelos militares do QP, QC e praças, nas situações de reserva, reforma ou inactividade temporária;

c) Pelos indivíduos equiparados a militares, enquanto ao serviço das forças armadas;

d) Pelos indivíduos que temporária e circunstancialmente fiquem sujeitos à jurisdição militar.

2. Os indivíduos referidos nas alíneas b), c) e d) do número anterior ficam sujeitos apenas ao cumprimento dos deveres que, pela sua natureza e conforme as circunstâncias, lhes sejam aplicáveis.

3. Em todos os demais casos os militares são obrigados tão-somente ao cumprimento dos deveres 26.º, 33.º, 45.º, 53.º e 54.º.

TÍTULO II
Da competência disciplinar

CAPÍTULO I
Princípios gerais

ARTIGO 6.º
(Competência disciplinar)

Os militares que exercem funções de comando, direcção ou chefia são os competentes para recompensar ou punir aqueles que lhes estejam efectivamente subordinados, sem prejuízo da excepção prevista na parte final do n.º 1 do artigo 7.º A competência resulta do exercício da função, e não do posto.

ARTIGO 7.º
(Subordinação funcional)

1. A plenitude da competência disciplinar pertence ao comandante, director ou chefe do comando, unidade ou estabelecimento a que o militar pertence ou está adido, exceptuando-se dela apenas os actos ou omissões praticados no serviço ou serviços sob a dependência funcional de chefe diferente, ou com eles relacionados, e que por isso caem na alçada da competência disciplinar deste último.

2. Essa competência fixa-se no momento em que é praticado o acto que dá origem à recompensa ou punição e não se altera pelo facto de posteriormente cessar a subordinação funcional.

3. A subordinação funcional inicia-se no momento em que o militar, por título legítimo, fica sujeito, transitória ou permanentemente, às ordens de determinado comandante, director ou chefe, e dura enquanto essa situação se mantiver.

ARTIGO 8.º
(Faculdade de alterar recompensas ou punições)

1. Os comandantes de unidades independentes, os directores ou os chefes de estabelecimentos e as autoridades de hierarquia superior a estas têm a faculdade de atenuar, agravar ou substituir as penas impostas pelos subordinados quando, seguidamente à sua aplicação e mediante o formalismo adequado que no caso couber, reconheçam a conveniência disciplinar de usar dessa faculdade.

2. Qualquer militar poderá considerar como tendo sido dado por si o louvor conferido por subordinado seu.

ARTIGO 9.º
(Militares em trânsito)

1. Os militares, quando em trânsito, mantêm a dependência da sua unidade ou estabelecimento até à apresentação na unidade ou estabelecimento de destino.

2. Quando os militares transitarem integrados em unidades, o disposto no número anterior deve entender-se sem prejuízo da competência normal atribuída aos comandantes dessas unidades.

ARTIGO 10.º
(Elogio ou advertência)

1. Todo o militar pode elogiar ou advertir os seus subordinados ou inferiores hierárquicos por qualquer acto por estes praticado que não deva ser recompensado ou punido nos termos deste Regulamento.

2. Porém, qualquer que seja a sua graduação, nenhum militar o poderá fazer na presença de superior sem previamente lhe pedir autorização.

3. A advertência a qualquer militar não poderá ser feita na presença de militares de graduação inferior ou de civis seus subordinados.

ARTIGO 11.º
(Ordem de prisão, detenção ou proibição de saída)

1. Todo o militar pode ordenar a prisão ou detenção dos hierarquicamente inferiores sempre que o seu comportamento o justifique e assim o exija a disciplina.

2. Todo o militar é obrigado a intimar ordem de prisão aos hierarquicamente inferiores em caso do flagrante delito ou grave infracção de disciplina, devendo, se assim o exigirem as condições de gravidade, ocasião ou local, mandá-lo deter em qualquer local apropriado e recorrer a todos os meios que sejam absolutamente necessários para a manutenção da disciplina.

3. Quando o militar que ordenar a prisão, detenção ou proibição de saída não tiver competência para punir, deverá dar parte por escrito, imediatamente e pelas vias competentes, ao comandante, director ou chefe do comando, unidade ou estabelecimento a que pertencer, o qual resolverá como for de justiça se o militar detido lhe for subordinado, ou, caso contrário, enviará a participação ao chefe do comando, unidade ou estabelecimento do militar preso ou detido.

4. Quando um militar tiver conhecimento de que um seu inferior hierárquico, com indícios de embriaguez, está praticando acções contrárias à ordem pública, à disciplina ou à dignidade militar, ordenará que ele seja recolhido em lugar apropriado, recorrendo, sempre que for possível, à acção de camaradas de igual graduação para conseguir a sua detenção.

5. Um militar a quem for intimada ordem de prisão por algum superior ficará desde logo suspenso das suas funções de serviço, se nisso não houver inconveniente, até que a autoridade de quem depende o intimado delibere sobre o assunto.

6. O militar que receber ordem de prisão ou detenção ou proibição de saída apresentar-se-á seguidamente no aquartelamento, estacionamento ou navio onde esteja apresentado.

ARTIGO 12.º

(Exercício de função correspondente a patente superior)

O militar que assumir comando, direcção ou chefia a que organicamente corresponda posto superior ao seu terá, enquanto durar essa situação, a competência disciplinar correspondente à função que exerce.

ARTIGO 13.º

(Comunicação de recompensa ou punição)

1. O superior que recompensar ou punir um militar seu subordinado quando este esteja desempenhando qualquer serviço sob a dependência de outra autoridade militar dará logo conhecimento a esta autoridade da resolução que tiver tomado.

2. O militar que recompensar ou punir um seu subordinado pertencente a comando, unidade ou estabelecimento diferente dará conhecimento oportuno ao comandante, director ou chefe do referido comando, unidade ou estabelecimento da resolução que tiver tomado.

ARTIGO 14.º

(Inexistência ou insuficiência de competência disciplinar)

1. Os militares a quem por este Regulamento não é conferida competência disciplinar devem participar superiormente, por escrito, qualquer acto que tenham presenciado ou de que oficialmente tenham conhecimento praticado pelos seus inferiores hierárquicos e que lhes pareçam dever ser recompensado ou punido.

2. Do mesmo modo deverá proceder o militar que tenha de recompensar ou punir um subordinado por acto a que julgue corresponder recompensa ou pena superior à sua competência, participando o facto, por escrito, ao seu chefe imediato.

CAPÍTULO II
Recompensas

ARTIGO 15.º
(Natureza das recompensas)

Além das recompensas estabelecidas pela legislação e regulamentação em vigor podem ser concedidas as seguintes:

1.º Louvor;

2.º Licença por mérito;

3.º Dispensa de serviço.

ARTIGO 16.º
(Louvor)

1. O louvor destina-se a recompensar actos ou comportamentos que revelem notável valor, competência profissional, zelo ou civismo.

2. O louvor pode ser colectivo ou individual.

3. O louvor é tanto mais importante quanto mais elevada for a hierarquia de quem o confere.

4. O louvor pode ou não ser acompanhado da concessão de uma licença por mérito.

ARTIGO 17.º
(Licença por mérito)

1. A licença por mérito destina-se a recompensar os militares que no serviço revelem dedicação acima do comum ou tenham praticado actos de reconhecido relevo.

2. A licença por mérito é uma licença sem perda de vencimento até trinta dias, não será descontada para efeito algum no tempo de serviço militar e terá de ser gozada no prazo de um ano, a partir da data em que for concedida.

3. A licença referida pode ser interrompida, por imperiosa necessidade de serviço, pelas entidades que têm competência para a conceder.

ARTIGO 18.º
(Dispensa de serviço)

1. A dispensa de serviço consiste na dispensa de formaturas ou de qualquer serviço interior ou exterior de duração de vinte e quatro horas que as praças desempenhem, não podendo exceder o número de três em cada trinta dias.

2. É concedida às praças que pelo seu comportamento a mereçam.

ARTIGO 19.º
(Competências dos chefes dos departamentos militares e dos comandos superiores das forças armadas)

1. Aos Chefe do Estado-Maior-General das Forças Armadas, Chefes dos Estados-Maiores dos ramos das forças armadas, Vice-Chefes, directores de departamento do Exército ou Subchefes de Estado-Maior da Força Aérea ou equivalentes, na Marinha, superintendentes de serviços na Marinha, Governador Militar de Lisboa, comandantes-chefes, comandantes navais e de zona marítima, comandantes de região militar ou comandantes de zona militar, comandantes de região aérea ou comandantes de zona aérea compete, na conformidade dos casos:

Louvar em Diário da República, ordem do ramo das forças armadas a que respeita, ordem do respectivo comando ou direcção e, ainda, mandar louvar em ordem de comando, unidade ou estabelecimento militar seus dependentes o pessoal que o mereça; conceder dispensas de serviços e as licenças a que se refere o artigo 17.º nos quantitativos indicados nos quadros anexos a este Regulamento.

2. Aos comandantes das forças agrupando unidades de um ou mais ramos das forças armadas compete:

Louvar os militares sob as suas ordens, que o mereçam, em ordem de comando ou de unidade sua subordinada, conceder dispensas de serviços e as licenças a que se refere o artigo 17.º nos quantitativos indicados nos quadros anexos a este Regulamento.

ARTIGO 20.º
(Competência em exercício de inspecção)

Os superintendentes de serviços, na Marinha, e os directores das armas e serviços, bem como os respectivos inspectores, quando em exercício de inspecção, têm a faculdade de louvar, em ordem de serviço da respectiva direcção, qualquer elemento pertencente às unidades, estabelecimentos ou serviços inspeccionados.

ARTIGO 21.º
(Competência dos comandantes, directores ou chefes)

Aos comandantes, directores ou chefes que por este Regulamento têm competência disciplinar compete:

Louvar os elementos sob as suas ordens, que o mereçam, em ordem de comando, unidade ou estabelecimento militar a que respeitem; ainda conceder dispensas de serviços e a licença a que se refere o artigo 17.º nos quantitativos indicados nos quadros anexos a este Regulamento.

CAPÍTULO III
Penas disciplinares

ARTIGO 22.º
(Repreensão)

A repreensão consiste na declaração feita, em particular, ao infractor de que é repreendido por ter praticado qualquer acto que constitui infracção de dever militar.

ARTIGO 23.º
(Repreensão agravada)

A repreensão agravada consiste em declaração idêntica à referida no artigo anterior, tendo lugar nas condições seguintes:

1.ª A repreensão agravada a oficiais e sargentos é dada na presença de outros oficiais ou sargentos, respectivamente, de graduação superior ou igual à do infractor, mas sempre mais antigos, do comando, unidades ou estabelecimentos a que pertencer ou em que estiver apresentado;

2.ª A repreensão agravada a cabos é dada na presença de praças da mesma graduação de antiguidade superior à sua; e às outras praças é dada em formatura da companhia, ou equivalente, do comando, unidade ou estabelecimento a que pertencer ou que estiver apresentado.

ARTIGO 24.º
(Nota de repreensão)

No acto da repreensão, ou repreensão agravada, será entregue ao infractor uma nota da qual conste o facto que motivou a punição, com a indicação dos deveres violados.

ARTIGO 25.º
(Faxinas)

A pena de faxinas consiste na execução de serviços que, por regulamentos próprios da Marinha, do Exército e da Força Aérea, forem destinados às faxinas.

ARTIGO 26.º
(Detenção ou proibição de saída)

1. A detenção ou proibição de saída consiste na permanência continuada do infractor num aquartelamento ou navio durante o cumprimento da pena, sem dispensa das formaturas e do serviço interno que por escala lhe pertencer.
2. Em marcha, tal pena será cumprida permanecendo o infractor no aquartelamento ou estacionamento em que a força se demorar.
3. Na Marinha o cumprimento desta pena é interrompido durante o tempo de navegação.

ARTIGO 27.º
(Prisão disciplinar)

1. A prisão disciplinar consiste na reclusão do infractor em casa para esse fim destinada, em local apropriado, aquartelamento ou estabelecimento militar, a bordo em alojamento adequado, ou, na sua falta, onde superiormente for determinado.
2. Durante o cumprimento desta pena, os militares poderão executar, entre o toque da alvorada e o pôr do Sol, os serviços que lhes sejam determinados.

ARTIGO 28.º
(Prisão disciplinar agravada)

A prisão disciplinar agravada consiste na reclusão do infractor em casa de reclusão.

ARTIGO 29.º
(Inactividade)

A pena de inactividade consiste na suspensão das funções de serviço militar pelo tempo da punição, com permanência numa unidade.

ARTIGO 30.º
(Reserva compulsiva)

A reserva compulsiva consiste na passagem à situação de reserva, por motivo disciplinar, sem que o militar possa voltar a ser chamado ao desempenho de quaisquer funções.

ARTIGO 31.º
(Reforma compulsiva)

A reforma compulsiva consiste na passagem à situação de reforma por motivo disciplinar.

ARTIGO 32.º
(Separação de serviço)

A separação de serviço consiste no afastamento definitivo de um militar do exercício das suas funções, com perda da sua qualidade de militar, ficando privado do uso de uniforme, distintivos ou insígnias militares, com a pensão de reforma que lhe couber.

ARTIGO 33.º
(Equivalência das penas disciplinares)

Quando for necessário comparar penas de diferente natureza, deve entender-se que são punições equivalentes:

Um dia de prisão disciplinar agravada;

Dois dias de prisão disciplinar;
Quatro dias de detenção.

ARTIGO 34.º
(Penas aplicáveis a oficiais e sargentos)

1. As penas aplicáveis a oficiais e sargentos são as seguintes:
1.ª Repreensão;
2.ª Repreensão agravada;
3.ª Detenção ou proibição de saída;
4.ª Prisão disciplinar;
5.ª Prisão disciplinar agravada;
6.ª Inactividade;
7.ª Reserva compulsiva;
8.ª Reforma compulsiva;
9.ª Separação de serviço.

2. As penas de reserva compulsiva, reforma compulsiva e separação de serviço só poderão ser aplicadas em processo disciplinar após apreciação dos conselhos superiores de disciplina respectivos, ou quando resultem da apreciação da capacidade profissional e moral dos elementos das forças armadas que não revelem as qualidades essenciais para o exercício das suas funções militares, nos termos do artigo 134.º.

ARTIGO 35.º
(Penas aplicáveis a cabos)

As penas aplicáveis a cabos são as seguintes:
1.ª Repreensão;
2.ª Repreensão agravada;
3.ª Detenção ou proibição de saída;
4.ª Prisão disciplinar;
5.ª Prisão disciplinar agravada.

ARTIGO 36.º
(Penas aplicáveis a outras praças)

As penas aplicáveis a outras praças são as seguintes:
1.ª Repreensão;

2.ª Repreensão agravada;
3.ª Faxinas;
4.ª Detenção ou proibição de saída;
5.ª Prisão disciplinar;
6.ª Prisão disciplinar agravada.

ARTIGO 37.º
(Limites da competência para punir)

1. A competência das autoridades militares para punir tem os limites indicados nas respectivas colunas do quadro anexo a este Regulamento, em conformidade com o disposto nos artigos seguintes.

2. O facto de ter sido atingido o limite de competência na aplicação de uma pena não impede que a autoridade que puniu torne a aplicar ao mesmo indivíduo penas da mesma natureza por novas faltas.

ARTIGO 38.º
(Competência disciplinar do CEMGFA)

O Chefe do Estado-Maior-General das Forças Armadas tem a competência disciplinar designada na coluna I do quadro a que se refere o artigo 37.º.

ARTIGO 39.º
(Competência dos Chefes dos Estados-Maiores dos ramos das forças armadas)

1. Os Chefes dos Estados-Maiores dos ramos das forças armadas têm a competência disciplinar designada na coluna I do quadro a que se refere o artigo 37.º.

2. É da competência exclusiva dos titulares referidos no número anterior decidir sobre pareceres dos CSD respectivos, relativos à aplicação das penas de reserva compulsiva, reforma compulsiva e de separação de serviço.

ARTIGO 40.º
(Competência disciplinar de outras entidades)

A competência disciplinar das entidades não especificadas nos artigos deste Regulamento consta dos quadros anexos relativos à Marinha, ao Exército e à Força Aérea.

ARTIGO 41.º
(Competência disciplinar dos comandantes de forças navais fora de portos nacionais)

O comandante-chefe de uma força naval ou de um navio solto, fora dos portos nacionais, pode suspender um oficial das suas funções de serviço e comissão que estiver exercendo, no caso de infracção de disciplina a que corresponda pena que exceda a sua competência, e mandá-lo apresentar ao Chefe do Estado-Maior da Armada, acompanhado de um relatório circunstanciado dos factos que motivaram tal medida.

Quando, dada a primeira hipótese deste artigo, o infractor for comandante de navio, haverá para com ele o procedimento indicado, sempre que a pena a impor seja superior à de repreensão.

ARTIGO 42.º
(Competência disciplinar de sargentos comandantes de forças separadas das unidades ou patrões de embarcações)

Os sargentos que comandarem forças separadas das unidades ou forem encarregados de embarcações têm competência para punir os cabos e as outras praças com repreensão e faxinas até quatro, independentemente de processo disciplinar.

ARTIGO 43.º
(Competência disciplinar dos comandantes das guardas e de outros postos)

Os comandantes das guardas e de quaisquer postos podem impor a pena de repreensão por faltas ligeiras, independentemente de processo disciplinar.

ARTIGO 44.º
(Momento do cumprimento da pena)

As penas disciplinares serão cumpridas, sempre que seja possível, seguidamente à sua aplicação.

ARTIGO 45.º
(Penas impostas a recrutas)

1. As penas de prisão disciplinar ou de prisão disciplinar agravada impostas a praças recrutas ou a outros militares frequentando cursos serão cumpridas a partir do dia imediato àquele em que terminem a instrução ou curso, excepto se puderem cumpri-las em data anterior, sem prejuízo daqueles cursos ou instrução.

2. O cumprimento da pena será, porém, imediato se o interesse da disciplina assim o exigir.

ARTIGO 46.º
(Contagem do tempo)

Na contagem do tempo da pena o mês considerar-se-á sempre de trinta dias, e o dia, de vinte e quatro horas, contados desde aquele em que a pena começa a ser cumprida, devendo, porém, terminar sempre à hora em que for rendida a parada da guarda no dia em que a pena cessar.

ARTIGO 47.º
(Tempo de hospitalização)

O tempo de permanência em hospital ou enfermaria de unidade por motivo de doença é contado para efeito de cumprimento das penas disciplinares, salvo se houver simulação.

ARTIGO 48.º
(Infracções graves de disciplina durante o cumprimento de prisão disciplinar agravada)

1. Quando os cabos e outras praças da Marinha, do Exército ou da Força Aérea, punidos com prisão disciplinar agravada, praticarem quaisquer faltas disciplinares graves durante o cumprimento desta pena, o comandante da unidade enviará ao comandante da região militar ou zona militar, superintendente dos Serviços de Pessoal da Armada, Chefe do Estado-Maior da Força Aérea ou entidade em quem este delegar propostas, devidamente fundamentadas, para a remoção daquelas praças para o depósito disciplinar, a fim de ali cumprirem o resto da pena que lhes tenha sido aplicada.

2. Quando as autoridades de que trata este artigo resolverem que as praças sejam removidas para depósito disciplinar, a permanência destas ali não poderá ser inferior a vinte dias, embora o resto da pena a cumprir seja inferior a este período.

3. A entrada destas praças no depósito disciplinar será na 3.ª classe deste, devendo a saída regular-se pelas disposições relativas à 2.ª classe do mesmo depósito, embora nesta não estejam classificadas.

Artigo 49.º
(Apresentação de militares punidos)

O militar que concluir o tempo de punição que lhe foi imposta apresentar-se-á a quem tiver por dever fazê-lo, segundo as prescrições regulamentares.

Capítulo IV
Efeitos das penas

Artigo 50.º
(Efeitos da pena de inactividade)

A pena de inactividade importa:

1) Transferência de guarnição, ou de unidade, na Marinha, após o cumprimento da pena;
2) Inibição de voltar à situação anterior antes de decorrido o prazo de quatro anos sobre a punição;
3) Baixa na escala de antiguidade de tantos lugares quantos forem indicados pelo valor x, desprezadas as fracções, dado pela fórmula:

$$x = n \, x \, (m/12)$$

em que n representa a média de promoções ao posto imediato durante os últimos dez anos e m o número de meses de castigo;
4) Não ser contado para qualquer efeito como serviço efectivo o tempo de cumprimento da pena, sem prejuízo do direito às respectivas remunerações.

Artigo 51.º
(Efeitos da pena de prisão disciplinar agravada)

1. A pena de prisão disciplinar agravada, quando imposta a oficial ou sargento, implica:

a) Transferência de comando, unidade ou estabelecimento a que pertencer após o cumprimento da pena;

b) Inibição de voltar à situação anterior antes de decorrido o prazo de dois anos sobre a punição;

c) Não ser contado para qualquer efeito como serviço efectivo o tempo de cumprimento da pena, sem prejuízo do direito às respectivas remunerações.

2. A pena de prisão disciplinar agravada, quando imposta a oficiais ou sargentos do complemento, em serviço voluntário, para além do tempo de serviço militar obrigatório, implica a sua passagem à situação de disponibilidade ou de licenciado.

3. A pena de prisão disciplinar agravada, quando imposta a cabos ou outras praças, implica:

a) Transferência de comando, unidade ou estabelecimento a que pertencer após o cumprimento da pena;

b) Inibição de voltar à situação anterior antes de decorrido um ano sobre a punição;

c) Não ser contado para qualquer efeito como serviço efectivo o tempo de cumprimento da pena, sem prejuízo do direito às respectivas remunerações;

d) Passagem à situação de disponibilidade ou de licenciado, se estiverem voluntariamente ao serviço, após cumprido o tempo estabelecido para o serviço obrigatório;

e) Inibição de serem promovidos, reconduzidos ou readmitidos se num período de seis meses e sofrerem punições que, por si ou suas equivalências, sejam iguais ou superiores a vinte dias.

Artigo 52.º
(Efeitos da pena de prisão disciplinar)

1. A pena de prisão disciplinar, quando imposta a oficial ou sargento, implica:

a) Transferência de comando, unidade ou estabelecimento a que pertencer após o cumprimento da pena;

b) Inibição de voltar à situação anterior antes de decorrido o prazo de um ano sobre a punição;
c) Desconto de um dia de serviço efectivo por cada dois dias de prisão disciplinar sofridos.

2. A pena de prisão disciplinar, quando imposta a cabos ou outras praças, implica:

a) Inibição de serem promovidos, reconduzidos ou readmitidos se num período de seis meses sofrerem punições que, por si ou suas equivalências, sejam iguais ou superiores a quarenta dias;
b) Desconto de um dia de serviço efectivo por cada dois dias de prisão disciplinar sofridos.

ARTIGO 53.º

(Efeitos da pena de detenção ou proibição de saída)

A pena de detenção ou proibição de saída implica:

1) Para qualquer militar, a perda de um dia de contagem de tempo de serviço efectivo por cada quatro dias daquela punição sofridos;
2) Para oficiais e sargentos, a possibilidade de transferência de comando, unidade ou estabelecimento a que pertencer após o cumprimento da pena a pedido do punido ou sob proposta do comandante, director ou chefe;
3) Para cabos e outras praças, inibição de serem promovidos, reconduzidos ou readmitidos se num período de seis meses sofrerem punição que, por si ou suas equivalências, sejam iguais ou superiores a oitenta dias de detenção.

ARTIGO 54.º

(Produção de efeitos das penas, independentemente do seu cumprimento)

Quando não haja ocasião de fazer cumprir efectivamente as penas disciplinares, todos os seus efeitos se produzirão como se elas fossem realmente cumpridas.

CAPÍTULO V
Classificação de comportamento

ARTIGO 55.º
(Classificação de oficiais)

1. Os oficiais são considerados com exemplar comportamento quando, após dez anos de serviço efectivo, não tenham sofrido qualquer punição averbada e nada conste no seu registo criminal.

2. Sempre que o comportamento for factor a considerar na avaliação de um oficial, a entidade interessada na avaliação socorrer-se-á dos elementos de informação constantes dos documentos de matrícula ou centralizados em departamento próprio.

3. Sempre que a um oficial tenham sido impostas penas disciplinares cujo somatório seja igual ou superior a vinte dias de prisão disciplinar, devem os comandos, unidades e estabelecimentos militares ou, eventualmente, o departamento central próprio organizar um processo individual a ser enviado à Superintendência do Serviço do Pessoal da Armada, ao respectivo comando da região militar ou zona militar do Exército ou à Direcção do Serviço de Pessoal da Força Aérea, para apreciação disciplinar do oficial.

Estas últimas entidades, obtido o parecer do conselho da arma, serviço ou especialidade, quando existam no respectivo ramo das forças armadas, deverão propor, se for caso disso, ao respectivo Chefe do Estado-Maior que o oficial seja submetido a apreciação pelo conselho superior de disciplina para, inclusivamente, ser considerada a sua eventual situação, conforme os artigos 30.º, 31.º e 32.º deste R. D. M.

ARTIGO 56.º
(Classificação de sargentos)

1. Os sargentos são considerados com exemplar comportamento quando, após cinco anos de serviço efectivo, não tenham sofrido qualquer punição averbada e nada conste no seu registo criminal.

2. Sempre que o comportamento for factor a considerar na avaliação de um sargento, a entidade interessada na avaliação socorrer-se-á dos elementos de informação constantes dos documentos de matrícula ou centralizados em departamento próprio.

3. Sempre que a um sargento tenham sido impostas penas disciplinares cujo somatório seja igual ou superior a trinta dias de prisão disciplinar, devem os comandos, unidades e estabelecimentos militares ou, eventualmente, o departamento central próprio organizar um processo individual a ser enviado à Superintendência do Serviço do Pessoal da Armada, ao respectivo comando da região militar ou zona militar do Exército ou à Direcção do Serviço de Pessoal da Força Aérea, para apreciação disciplinar do sargento.

Estas últimas entidades, obtido o parecer do conselho da arma, serviço ou especialidade, quando existam no respectivo ramo das forças armadas, deverão propor, se for caso disso, ao respectivo Chefe do Estado-Maior que o sargento seja submetido a apreciação do conselho superior de disciplina para, inclusivamente, ser considerada a sua eventual situação, conforme os artigos 30.º, 31.º e 32.º deste R. D. M.

Artigo 57.º
(Classificação de cabos e outras praças)

Os cabos e outras praças serão, conforme o seu comportamento, classificados nas seguintes classes:

1.ª classe – exemplar comportamento;
2.ª classe – bom comportamento;
3.ª classe – regular comportamento;
4.ª classe – mau comportamento.

Artigo 58.º
(Classificação ordinária)

1. A classificação de comportamento é feita, ordinariamente, nos meses de Janeiro e Julho, com referência ao último dia do semestre anterior, mas pode sofrer alterações no decurso do semestre, caso se verifique facto que leve à alteração de classificação.

2. Na Marinha, os comandantes de companhia, no Exército, os comandantes de companhia, bateria, esquadrão ou unidade equivalente, e na Força Aérea, os comandantes de esquadra ou unidade equivalente, ou de companhia, devem organizar nos primeiros oito dias úteis de Janeiro e de Julho um mapa demonstrativo da classificação de comportamento dos cabos e outras praças, conforme o modelo anexo a este Regulamento e de harmonia com as determinações do presente capítulo.

3. Os mapas referidos no número anterior, depois de verificados e visados pelos comandantes, directores ou chefes, conforme os casos, serão expostos durante três dias em local apropriado para que deles se tome conhecimento e se possam fazer reclamações, se for caso disso, as quais serão resolvidas como for de justiça.

As classificações de comportamento definitivas serão mandadas publicar em ordem de serviço dos comandos, unidades ou estabelecimentos nos dias 15 de Janeiro e 15 de Julho, sendo as mesmas escrituradas nas cadernetas militares e folhas de matrícula quando haja alteração da classificação anterior.

Artigo 59.º
(Colocação na 1.ª classe de comportamento)

Os cabos e outras praças serão colocados na 1.ª classe de comportamento quando, decorrido o período mínimo de três anos de serviço efectivo sobre a sua incorporação, não tenham averbada qualquer punição e nada conste no seu registo criminal.

Artigo 60.º
(Colocação na 2.ª classe de comportamento)

Os cabos e outras praças são colocados na 2.ª classe de comportamento:

a) Em seguida à incorporação;
b) Estando na 1.ª classe, logo que lhes seja imposta qualquer pena averbada inferior a dez dias de detenção ou proibição de saída;
c) Quando, encontrando-se na 3.ª classe desde a última classificação ordinária, não lhes tenha sido imposta, desde então, qualquer pena disciplinar averbada;
d) Nas condições do artigo 63.º

Artigo 61.º
(Colocação na 3.ª classe de comportamento)

Os cabos e outras praças serão colocados na 3.ª classe de comportamento:

a) Estando na 2.ª classe, logo que lhes seja imposta qualquer pena que, por si ou sua equivalência, seja igual ou superior a dez dias de detenção ou proibição de saída, mas inferior a trinta dias da mesma pena;

b) Quando, encontrando-se na 2.ª classe desde a última classificação ordinária, tenham punições averbadas cujo somatório, por si ou suas equivalências, seja igual ou superior a dez dias de detenção ou proibição de saída, mas inferior a trinta dias da mesma pena;
c) Quando, encontrando-se na 4.ª classe desde a última classificação ordinária, não lhes tenha sido averbada, desde então, qualquer pena disciplinar;
d) Nas condições do artigo 63.º

ARTIGO 62.º
(Colocação na 4.ª classe de comportamento)

Os cabos e outras praças serão colocados na 4.ª classe de comportamento:
a) Estando na 3.ª classe, logo que lhes seja imposta qualquer pena que, por si ou sua equivalência, seja igual ou superior a vinte dias de detenção ou proibição de saída;
b) Estando na 1.ª ou 2.ª classes, logo que lhes seja imposta qualquer pena que, por si ou sua equivalência, seja igual ou superior a trinta dias de detenção ou proibição de saída;
c) Quando, encontrando-se na 3.ª classe desde a última classificação ordinária, tenham punições averbadas cujo somatório, por si ou suas equivalências, seja igual ou superior a vinte dias de detenção ou proibição de saída;
d) Quando, encontrando-se em qualquer classe, sofra condenação por crime cujo efeito implique baixa de posto ou de classe.

ARTIGO 63.º
(Ascensão imediata de classe de comportamento)

1. Ascendem imediatamente à classe de comportamento seguinte àquela em que se encontrem, com excepção da 1.ª classe de comportamento, os cabos e outras praças que prestem algum serviço extraordinário, pelo qual sejam louvados individualmente por comandante, director ou chefe ou, ainda, por autoridade de idêntica ou mais elevada categoria, desde que, em qualquer dos casos, sejam oficiais superiores.

2. Quando a entidade que louvar não for oficial superior, poderá propor a ascensão referida neste artigo.

ARTIGO 64.º
(Militares na disponibilidade ou licenciados)

Os militares que regressem ao serviço activo, a partir das situações de disponibilidade ou licenciado, serão considerados com a classificação de comportamento que tinham na data de passagem a qualquer daquelas situações, salvo qualquer alteração disciplinar ou criminal, ocorrida durante o período de interrupção do referido serviço.

ARTIGO 65.º
(Subida de classe dos condenados criminalmente)

Os cabos e outras praças que baixaram à 4.ª classe de comportamento por virtude de condenação criminal só poderão ascender à classe imediatamente superior decorridos seis meses após o cumprimento da pena, salvo os casos previstos no artigo 63.º.

ARTIGO 66.º
(Efeitos particulares de classificações de comportamento)

1. Os cabos e outras praças classificados na 1.ª classe de comportamento terão preferência para gozar licença fora da respectiva escala, quando o serviço o permita.

2. Os cabos e outras praças classificados na 4.ª classe de comportamento não poderão ser promovidos, reconduzidos ou readmitidos ao serviço.

ARTIGO 67.º
(Passagem para o depósito disciplinar)

1. Os cabos e outras praças que baixaram à 4.ª classe de comportamento e que, durante a sua permanência nela, forem castigados com penas cujo somatório seja igual ou superior a quarenta dias de detenção ou proibição de saída ou que num período de seis meses forem castigados com penas cujo somatório seja igual ou superior a oitenta dias de detenção ou proibição de saída, convertendo-se assim, pela sua má conduta habitual, num mau exemplo, serão transferidos para a 3.ª classe do depósito disciplinar, onde permanecerão por espaço de sessenta dias, sujeitos ao regime disciplinar do referido depósito, devendo as condições de saída regular-se pelas disposições relativas à 2.ª classe do mesmo depósito, embora nestas não estejam classificados.

2. A transferência a que se refere neste artigo será ordenada pelo superintendente dos Serviços de Pessoal da Armada, comandantes de região militar ou de zona militar, comandante de região ou zona aérea, mediante proposta fundamentada do comandante da unidade, ou entidade correspondente, instruída com a nota de assentos da praça.

3. Os comandantes das unidades, nas suas propostas, indicarão se os militares, ao saírem do depósito disciplinar, no interesse da disciplina, devem ser transferidos para outra unidade.

Artigo 68.º
(Segunda passagem para o depósito disciplinar)

1. Os cabos e outras praças que, tendo sido transferidos uma vez para o depósito disciplinar, nos termos do artigo anterior, persistirem no cometimento de faltas e forem castigados com penas cujo somatório seja igual ou superior a sessenta dias de detenção ou proibição de saída, serão novamente transferidos para a 3.ª classe do mesmo depósito, onde permanecerão por espaço de cento e oitenta dias, sujeitos ao regime disciplinar do referido depósito.

2. Os cabos e outras praças que se encontrem nas condições deste artigo serão, ao terminar o referido período, transferidos para companhias disciplinares até terminarem o tempo de serviço militar obrigatório.

Título III
Do procedimento em matéria disciplinar

Capítulo I
Regras que devem ser seguidas na apreciação das infracções e na aplicação das penas disciplinares

Artigo 69.º
(Participação de infracção disciplinar)

O participante de uma infracção disciplinar deve procurar esclarecer-se previamente acerca das circunstâncias que caracterizam essa infracção, ouvindo, sempre que for conveniente e possível, o infractor.

ARTIGO 70.º
(Regras a observar na apreciação das infracções)

1. Na aplicação das penas atender-se-á à natureza do serviço, à categoria e posto do infractor, aos resultados perturbadores da disciplina e, em geral, a todas as circunstâncias em que a infracção tiver sido cometida.

2. As penas de reserva compulsiva, reforma compulsiva e separação de serviço correspondem aos factos e comportamentos objectivamente mais graves e lesivos da disciplina, cuja prática ou persistência revele impossibilidade de adaptação do militar ao serviço, bem como aos casos de incapacidade profissional ou moral, ou de práticas e condutas incompatíveis com o desempenho da função ou o decoro militar, mediante parecer do conselho superior de disciplina.

ARTIGO 71.º
(Agravantes da responsabilidade disciplinar)

As infracções disciplinares são sempre consideradas mais graves:

a) Em tempo de guerra;
b) Quando cometidas em país estrangeiro;
c) Quando cometidas por ocasião de rebelião, insubordinação ou em serviço da manutenção de ordem pública;
d) Sendo cometidas em acto de serviço, em razão de serviço ou na presença de outros militares, especialmente quando estes forem inferiores hierárquicos do infractor;
e) Sendo colectivas;
f) Sendo cometidas durante o cumprimento de pena disciplinar;
g) Quando afectarem o prestígio das instituições armadas, da honra, do brio ou do decoro militar;
h) Quando causarem prejuízo à ordem ou ao serviço:
i) Quando forem reiteradas;
j)vQuanto maior for o posto ou a antiguidade do infractor.

ARTIGO 72.º
(Atenuantes da responsabilidade disciplinar)

São consideradas como circunstâncias atenuantes da responsabilidade disciplinar:

a) O cometimento de feitos heróicos, quando não constitua dirimente da responsabilidade disciplinar;

b) A prestação de serviços relevantes;
c) A provocação, quando consista em agressão física ou ofensa grave à honra do infractor, cônjuge, ascendentes, descendentes, irmãos, tios, sobrinhos ou afins nos mesmos graus e tenha sido praticada a infracção em acto seguido à provocação;
d) A confissão espontânea, quando contribua para a descoberta da verdade;
e) O exemplar comportamento militar;
f) O bom comportamento militar;
g) A apresentação voluntária.

Artigo 73.º
(Singularidade das penas)

1. Não se aplicará mais de uma pena disciplinar pela mesma infracção.

2. Será aplicada uma única pena pelas infracções que sejam, simultaneamente, apreciadas pela mesma entidade.

3. O procedimento disciplinar é independente do procedimento criminal, relativamente às infracções que não sejam qualificadas crimes essencialmente militares.

Capítulo II
Queixa

Artigo 74.º
(Queixa)

A todo o militar assiste o direito de queixa contra superior quando por este for praticado qualquer acto de que resulte para o inferior lesão de direitos prescritos nas leis e nos regulamentos.

Artigo 75.º
(Termos e prazo em que deve ser apresentado a queixa)

1. A queixa é independente de autorização, devendo ser antecedida pela informação do queixoso àquele de quem tenha de se queixar e será singular, em termos respeitosos e feita no prazo de quarenta e oito horas, por escrito ou verbal, e dirigida pelas vias competentes ao chefe do militar de quem se faz a queixa.

2. Na ausência do superior, a informação do queixoso a que se refere o n.º 1 deverá ser feita por escrito e enviada pelas vias competentes, no prazo indicado, à secretaria da unidade ou estabelecimento a que pertencer o militar de quem se faz a queixa.

3. A queixa contra chefe é feita à autoridade imediatamente superior.

4. Cabe recurso da decisão para autoridade imediatamente superior àquela que primeiro resolveu, no prazo de cinco dias.

ARTIGO 76.º (*)
(Responsabilidade disciplinar de anomalias relativas a queixas)

Quando manifestamente se reconheça que não houve fundamento para a queixa ou se mostre que houve propósito malicioso da parte do queixoso na sua apresentação, será o militar que tiver usado deste meio punido disciplinarmente, devendo tomar a iniciativa, para esse fim, a autoridade a quem for dirigida a queixa.

(*) *Declarada a inconstitucionalidade, com força obrigatória geral, pelo Ac. do T.C. n.º 90/88, de 19/04/1988.*

CAPÍTULO III
Do processo

SECÇÃO I
Processo disciplinar

SUBSECÇÃO I
Disposições gerais

ARTIGO 77.º
(Carácter obrigatório imediato)

O processo disciplinar é obrigatório e imediatamente instaurado, por decisão dos chefes, quando estes tenham conhecimento de factos que possam implicar a responsabilidade disciplinar dos seus subordinados.

ARTIGO 78.º
(Carácter público)

O exercício da acção disciplinar não depende de participação, queixa ou denúncia, nem da forma por que os factos chegaram ao conhecimento dos chefes.

ARTIGO 79.º
(Competência)

1. A competência para instaurar ou mandar instaurar processo disciplinar coincide com a competência disciplinar.

2. Depois de instaurado e até ser proferida decisão, o processo disciplinar pode ser avocado por qualquer superior hierárquico do chefe até então competente.

ARTIGO 80.º
(Celeridade e simplicidade)

O processo disciplinar, dominado pelos princípios da celeridade e da simplicidade, é sumário, não depende de formalidades especiais e dispensará tudo o que for inútil, impertinente ou dilatório.

ARTIGO 81.º
(Confidencialidade)

1. O processo disciplinar é confidencial.

2. A passagem de certidões de peças do processo disciplinar só é permitida quando destinadas à defesa de interesses legítimos e em face de requerimento especificando o fim a que se destinam.

3. É proibida a publicação de quaisquer peças do processo disciplinar.

ARTIGO 82.º (*)
(Representação)

O processo disciplinar não admite qualquer forma de representação, excepto nos casos de incapacidade do arguido, por anomalia mental ou física, bem como de doença que o impossibilite de organizar a defesa, casos em que, não havendo defensor escolhido, será nomeado pelo chefe competente um oficial, como defensor oficioso.

(*) *Declarada a inconstitucionalidade, com força obrigatória geral, pelo Ac. do T.C. n.º 90/88, de 19/04/1988.*

ARTIGO 83.º
(Formas de processo)

1. O processo disciplinar é escrito, devendo todas as diligências, despachos e petições constar em auto.

2. Quando em campanha, em situações extraordinárias ou estando as forças fora dos quartéis ou bases, poderão os chefes prescindir da forma escrita e proceder eles próprios, directamente, a todas as diligências instrutórias.

3. Da mesma forma poderão os chefes proceder, quando as infracções forem de pouca gravidade e não derem lugar à aplicação, no processo, de pena igual ou superior à de prisão disciplinar.

ARTIGO 84.º
(Escrituração)

1. No processo disciplinar escrito, como nas petições a ele referentes, será usado papel não selado, de vinte e cinco linhas e marginado.

2. Poderão ser utilizadas nos vários actos do processo disciplinar folhas impressas, de modelo aprovado por despacho do Chefe do Estado-Maior respectivo.

3. O processo escrito deverá ser perfeitamente legível e, de preferência, dactilografado.

4. No caso previsto no n.º 2 deste artigo, os espaços que não forem preenchidos serão trancados.

5. Os autos não conterão entrelinhas, rasuras ou emendas que não sejam ressalvadas.

6. Neles poderão usar-se abreviaturas e siglas, quando tenham significado conhecido e inequívoco.

7. As datas e os números poderão ser escritos por algarismos; nas ressalvas, porém, os números que tenham sido rasurados ou emendados deverão ser escritos por extenso, quando tenham importância.

8. Cada uma das peças do processo deverá ser rubricada, em todas as folhas, pelas pessoas que a assinarem.

SUBSECÇÃO II
A instrução

ARTIGO 85.º
(O instrutor)

1. O instrutor do processo disciplinar é, em regra, o chefe que determinou a sua instauração.

2. Quando este, porém, julgue necessário ou conveniente, e havendo processo escrito, poderá nomear para o efeito um oficial ou aspirante a oficial seu subordinado.

3. Se o arguido ou o participante for oficial ou aspirante a oficial, a nomeação do instrutor deverá recair num seu superior, de preferência em patente.

4. Para a nomeação de oficial instrutor o chefe recorrerá a uma escala de serviço, excepto quando o posto do arguido ou participante, as particularidades do caso ou os conhecimentos que a instrução do processo requerer exijam a escolha de um certo oficial.

5. O oficial instrutor, depois de nomeado, só poderá ser substituído quando interesse ponderoso o justifique.

ARTIGO 86.º
(Subordinação do oficial instrutor)

No exercício das suas funções, o instrutor nomeado nos termos do n.º 2 do artigo anterior está subordinado directamente ao chefe que o nomeou, devendo propor-lhe a adopção de todas as medidas processuais que não caibam dentro da sua competência.

ARTIGO 87.º
(Escrivão)

Quando a complexidade do processo ou outras circunstâncias o aconselhem, poderá o instrutor nomear ou propor a nomeação de um seu inferior para escrivão.

ARTIGO 88.º
(Investigação dos factos)

1. O instrutor deverá realizar todas as diligências que julgue necessárias para a descoberta da verdade, o esclarecimento dos factos e a definição da culpabilidade do arguido.

2. No exercício das suas funções, o instrutor poderá deslocar-se aos locais com interesse para o processo, bem como corresponder-se com quaisquer autoridades, e requisitar a nomeação de peritos, para proceder às diligências julgadas necessárias.

3. Quando o julgue conveniente, poderá também requerer, por ofício, a realização de qualquer diligência à autoridade militar mais próxima do local onde essa diligência se deverá executar.

4. As testemunhas serão ajuramentadas e, havendo processo escrito, assinarão, quando o souberem fazer, os depoimentos prestados; os declarantes não são ajuramentados, mas devem assinar, quando o souberem fazer, as suas declarações.

ARTIGO 89.º
(Conservação dos indícios)

Compete ao instrutor tomar as providências necessárias para que não se possa alterar o estado das coisas que constituem indício da infracção e que tenham interesse para o processo.

ARTIGO 90.º
(Audiência do arguido)

1. O arguido é sempre ouvido sobre os factos que constituem a sua arguição, qualquer que seja a forma do processo.

2. Na audiência, o arguido deverá ser convenientemente informado de todos os factos de que é acusado e ser-lhe-á facultada a apresentação da sua defesa, podendo dizer ou requerer o que julgue conveniente para essa defesa.

3. Para os efeitos prescritos no número anterior, e salvo nos casos em que não há processo escrito, o instrutor deverá entregar ao arguido uma nota de culpa e fixar-lhe um prazo compatível para a apresentação, por escrito, da sua defesa e a indicação de quaisquer meios de prova.

4. O instrutor deverá indeferir os pedidos que sejam manifestamente inúteis ou que se revelem prejudiciais à descoberta da verdade.

ARTIGO 91.º
(Força probatória da participação de oficial)

1. A parte dada por oficial contra um seu inferior e respeitante a actos por ele presenciados presume-se verdadeira e não carece de indicação de testemunhas.

2. A presunção referida no número anterior pode ser ilidida por prova em contrário.

ARTIGO 92.º
(Prazo)

1. A instrução do processo disciplinar escrito deverá ser concluída dentro de quinze dias, contados da data em que for instaurado.

2. Quando circunstâncias excepcionais não permitam concluir o processo no prazo determinado, o instrutor, findo ele, fará o auto presente ao chefe que o nomeou, com parecer justificativo da demora, competindo a este prorrogar o referido prazo na medida que julgar razoável.

ARTIGO 93.º
(Conclusão e relatório)

Logo que a instrução do processo esteja concluída e sendo instrutor um oficial nomeado para o efeito, deverá este logo lavrar termo de encerramento e apresentar o auto ao chefe que o nomeou, acompanhado de um relatório, onde exporá a sua opinião sobre os factos investigados e o seu parecer sobre a ilicitude dos mesmos factos e o grau de culpa do arguido.

SUBSECÇÃO III
A decisão

ARTIGO 94.º
(Decisão)

1. Se entender que a instrução do processo está completa, o chefe proferirá a sua decisão, mediante despacho escrito e fundamentado.

2. Se o processo tiver seguido a forma escrita, este despacho será lavrado no próprio auto ou junto a ele, imediatamente a seguir ao termo de encerramento da instrução.

ARTIGO 95.º
(Conteúdo da decisão)

1. No despacho referido no artigo anterior deverá constar se o processo é arquivado por falta de prova da culpabilidade do arguido, pela inocência deste ou por extinção do procedimento disciplinar, se se prova a responsabilidade do arguido e, neste caso, a sua punição, ou se o ilícito cometido tem a natureza de crime essencialmente militar.

2. Se o despacho for punitivo, deverá descrever de forma perfeitamente compreensível os factos praticados e referir os deveres militares infringidos correspondentes aos mesmos factos.

ARTIGO 96.º
(Notificação da decisão)

O despacho que contém a decisão do processo disciplinar, e seja qual for a forma deste, será integralmente notificado ao arguido e objecto de publicação em ordem de serviço.

SECÇÃO II
O processo de averiguações

ARTIGO 97.º
(Conceito)

Quando haja vago rumor ou indícios de infracção disciplinar que não sejam suficientes ou sérios, ou desconhecidos os seus autores, poderão os chefes proceder ou mandar proceder às averiguações que julgarem necessárias.

ARTIGO 98.º
(Decisão)

1. Logo que confirmados os indícios de infracção disciplinar e identificado o possível responsável, encerrar-se-á a averiguação, devendo o oficial averiguante apresentar ao chefe que o nomeou um relatório concludente.

2. Se as averiguações constarem em processo escrito, poderão ser continuadas como processo disciplinar.

3. Se os indícios de infracção não forem confirmados ou se se desconhecer o responsável, e não sendo de continuar as averiguações, o processo será arquivado, por decisão do chefe que determinou a sua instauração.

Secção III
Os processos de inquérito e sindicância

Artigo 99.º
(Inquérito)

O inquérito destina-se à averiguação de determinados factos irregulares atribuídos a um serviço ou funcionário e que tenham incidência sobre o exercício ou o prestígio da função.

Artigo 100.º
(Sindicância)

A sindicância consiste numa averiguação geral ao funcionamento de um serviço suspeito de irregularidades.

Artigo 101.º
(Competência)

A competência para determinar a realização de inquéritos e sindicâncias pertence ao Chefe do Estado-Maior de que depende o serviço ou o funcionário suspeito.

Artigo 102.º
(Regras de processo)

Os processos de inquérito e sindicância regem-se pelas disposições contidas nos artigos seguintes e, na parte aplicável, pelas disposições gerais e referentes à instrução do processo disciplinar escrito.

Artigo 103.º
(Publicidade da sindicância)

1. No processo de sindicância, poderá o oficial sindicante, quando o julgar conveniente, fazer constar a sua instauração por anúncios publicados em um ou dois jornais da localidade, havendo-os, ou por meio de editais, a fim de que toda a pessoa que tenha razão de queixa contra o regular funcionamento dos serviços sindicados se apresente, no prazo por este designado.

2. A afixação de editais será requisitada às autoridades administrativas competentes.

ARTIGO 104.º

(Prazo)

O prazo para a instrução dos processos de inquérito e sindicância será o prescrito no despacho que os ordenou.

ARTIGO 105.º

(Decisão)

Concluído o processo e redigido o relatório do inquiridor ou sindicante, serão os mesmos apresentados imediatamente à entidade que determinou a sua instauração.

ARTIGO 106.º

(Pedido de inquérito)

1. O militar que desempenhe ou tiver desempenhado funções de comando ou chefia pode requerer inquérito aos seus actos de serviço, desde que esses actos não tivessem sido objecto de qualquer processo de natureza disciplinar ou criminal.

2. O requerimento para este efeito carece de ser fundamentado e é endereçado ao Chefe do Estado-Maior de que dependia o requerente quando praticou esses actos.

3. O despacho que indeferir o requerimento deve ser fundamentado e integralmente notificado ao requerente.

4. No caso de se realizar o inquérito, deverá ser entregue ao requerente uma cópia ou um resumo das respectivas conclusões, salvo opondo-se a isso razão de Estado, da qual será dado conhecimento ao interessado.

SECÇÃO IV
Medidas preventivas

ARTIGO 107.º
(Enumeração)

Os arguidos em processo disciplinar poderão ser objecto das seguintes medidas preventivas durante a instrução do processo:

a) Transferidos de comando, unidade ou serviço;
b) Suspensos do exercício das suas funções, com perda de todos os inerentes benefícios, mas sem prejuízo do vencimento.

ARTIGO 108.º
(Fundamentos e limites)

1. A transferência preventiva só se justifica nos casos em que a presença do arguido na área onde os factos estão a ser investigados seja prejudicial às diligências instrutórias ou incompatível com o decoro, a disciplina ou a boa ordem do serviço.

2. A suspensão do exercício das funções só se justifica quando, não convindo transferir o arguido, ele não deva continuar a exercer as funções nas quais praticou os factos objecto do processo, por poder prejudicar as diligências instrutórias ou ser incompatível com o decoro ou a boa ordem do serviço.

ARTIGO 109.º
(Natureza)

As medidas preventivas têm natureza precária, pelo que deverão cessar logo que cesse o fundamento que as justificou, podendo ainda qualquer delas ser, a todo o tempo, substituída por outras conforme as necessidades do processo.

ARTIGO 110.º
(Competência)

1. A determinação das medidas preventivas é da competência do chefe que ordenou a instauração do processo, mediante proposta fundamentada do oficial instrutor, havendo-o.

2. Se o arguido, objecto da medida preventiva, for oficial, a competência pertence ao Chefe do Estado-Maior-General das Forças Armadas ou ao Chefe do Estado-Maior do respectivo ramo, conforme os casos.

3. Em caso de urgência, o oficial instrutor poderá determinar a imediata transferência ou suspensão do arguido, devendo, porém, comunicar o facto e a sua justificação ao chefe competente, que a confirmará ou revogará.

4. A cessação das medidas preventivas será determinada por quem as decidiu.

ARTIGO 111.º
(Relevância na decisão)

As medidas preventivas adoptadas na instrução do processo disciplinar serão tomadas em consideração na decisão final, nos termos seguintes:

a) Se a decisão for de arquivamento, o militar objecto de qualquer dessas medidas será reintegrado em todos os direitos e funções que anteriormente usufruía e indemnizado dos abonos que deixou de perceber e, se a medida tiver consistido em transferência, a mesma será convertida em transferência por conveniência de serviço e o interessado poderá optar, mediante requerimento autónomo, pelo regresso à sua anterior situação, pela continuação na actual ou pela colocação numa terceira;

b) Se a decisão for condenatória, manter-se-ão os efeitos das medidas adoptadas, se outras não forem julgadas oportunas e convenientes.

SECÇÃO V
Reclamação

ARTIGO 112.º
(Fundamentos)

1. O militar punido disciplinarmente poderá reclamar nos seguintes casos:

a) Quando julgue não haver cometido a falta;

b) Quando tenha sido usada competência disciplinar não conferida por este Regulamento;

c) Quando o reclamante entender que o facto que lhe é imputado não é punível por este Regulamento;

d) Quando a redacção da infracção não corresponder ao facto praticado.

2. Não é permitido fazer-se reclamação debaixo de armas ou durante a execução de qualquer serviço.

ARTIGO 113.º
(Termos e prazo)

1. A reclamação deve ser singular e dirigida por escrito, pelas vias competentes, ao chefe que impôs a pena, no prazo de cinco dias contados daquele em que foi notificado o reclamante.

2. O chefe conhecerá das reclamações que lhe forem dirigidas, procedendo ou mandando proceder a averiguações sobre os seus fundamentos, no caso de não ter havido processo escrito; tendo-o havido, as mesmas averiguações só serão necessárias se a reclamação incidir sobre matéria nova.

3. As averiguações a que se refere o número anterior seguem a forma do processo escrito.

4. A reclamação e o processo respeitante às averiguações serão apensas ao processo disciplinar, no caso previsto na segunda parte do n.º 2 deste artigo.

SECÇÃO VI
Recurso hierárquico

ARTIGO 114.º
(Conceito e fundamento)

1. Quando a reclamação não for, no todo ou em parte, julgada procedente, assiste ao reclamante o direito de recorrer para o chefe imediato da autoridade que o puniu, no prazo de cinco dias, contados daquele em que foi notificado da decisão de indeferimento.

2. Os fundamentos da reclamação não podem ser ampliados no recurso.

ARTIGO 115.º
(Decisões hierarquicamente irrecorríveis)

Das decisões do Chefe do Estado-Maior-General das Forças Armadas e dos Chefes dos Estados-Maiores dos diversos ramos não cabe, em matéria disciplinar, recurso hierárquico.

ARTIGO 116.º
(Accionamento de recurso hierárquico)

A autoridade recorrida, logo que receber o recurso, enviá-lo-á ao chefe imediato, acompanhado de todo o processo e de uma informação onde exporá as razões do indeferimento da reclamação.

ARTIGO 117.º
(Apreciação de recurso hierárquico)

1. O chefe a quem foi dirigido o recurso, tendo-se julgado competente para o apreciar, mandará proceder a novas averiguações, se as julgar necessárias para o apuramento da verdade.

2. O averiguante será um oficial de posto ou antiguidade superior à do recorrido.

3. As averiguações previstas neste artigo seguem a forma de processo escrito.

4. Nestas averiguações deverá proceder-se sempre à audiência do recorrente e à da autoridade recorrida.

5. Findas as averiguações, o oficial averiguante fará os respectivos autos conclusos à autoridade que o nomear, acompanhados de um relatório circunstanciado, onde exporá os factos averiguados e o seu parecer sobre os mesmos e os fundamentos do recurso.

ARTIGO 118.º
(Falta de competência)

Se o chefe a quem foi dirigido o recurso não se reconhecer competente para o apreciar, promoverá a sua remessa à autoridade competente.

ARTIGO 119.º
(Decisão)

1. O chefe que julgar o recurso decidirá se o mesmo procede, através de despacho fundamentado, exarado no próprio processo, podendo revogar, alterar ou manter a decisão recorrida, no todo ou em parte.

2. A decisão proferida nos termos do número anterior é definitiva.

SECÇÃO VII
Recurso contencioso

ARTIGO 120.º
(Competência e fundamento)

Das decisões definitivas e executórias dos Chefes dos Estados-Maiores dos ramos das forças armadas proferidas em matéria disciplinar cabe recurso contencioso para o Supremo Tribunal Militar, com fundamento em ilegalidade.

ARTIGO 121.º
(Poder discricionário)

1. O exercício de poderes discricionários só pode ser atacado com fundamento em desvio de poder.

2. O conhecimento do desvio de poder depende da demonstração pelo recorrente de que o motivo principalmente determinante da prática do acto recorrido não condizia com o fim visado pela lei na concessão do poder discricionário.

ARTIGO 122.º
(Representação)

O recorrente deve ser representado por advogado ou por oficial dos quadros permanentes de qualquer ramo das forças armadas, domiciliado ou prestando serviço na área dos concelhos de Lisboa e limítrofes.

ARTIGO 123.º
(Prazo)

O recurso é interposto no prazo de trinta dias, a contar da data da notificação da decisão recorrida.

ARTIGO 124.º
(Petição)

1. A petição de recurso é dirigida ao presidente do Supremo Tribunal Militar e será entregue no comando, unidade ou serviço onde o recorrente está apresentado, os quais anotarão, na própria petição, a data da apresentação e o número de documentos que a acompanham.

2. A petição deverá referir precisamente a decisão recorrida e expor os fundamentos de direito do recurso, concluindo pela enunciação clara do pedido.

ARTIGO 125.º

(Accionamento de petição)

1. Os serviços onde a petição foi apresentada enviá-la-ão imediatamente, pelas vias competentes, à entidade recorrida.

2. A petição, depois de se lhe apensar o processo disciplinar, será remetida no mais curto prazo de tempo ao Supremo Tribunal Militar.

3. O Chefe do Estado-Maior recorrido poderá, querendo, responder o que tiver por conveniente, no prazo de trinta dias.

ARTIGO 126.º

(Processo)

O julgamento no Supremo Tribunal Militar obedecerá às normas de processo prescritas no Código de Justiça Militar, com exclusão da parte respeitante à discussão da causa em sessão.

ARTIGO 127.º (*)

(Limites do julgamento)

O tribunal não poderá conhecer da gravidade da pena aplicada, nem da existência material das faltas imputadas aos arguidos, salvo quando se alegue desvio de poder.

(*) *Declarada a inconstitucionalidade com força obrigatória geral pelo Ac. do T.C. n.º 207/2002, de 21 de Maio de 2002.*

ARTIGO 128.º

(Execução da decisão)

1. Decidido o recurso, o processo baixará à entidade recorrida para cumprimento da decisão do tribunal, nos seus precisos termos.

2. O recorrente será sempre notificado da decisão.

Capítulo IV
Conselhos superiores de disciplina

Artigo 129.º
(Constituição)

1. Em cada ramo das forças armadas e junto do respectivo Chefe do Estado-Maior, como órgão consultivo em matéria disciplinar, haverá um conselho superior de disciplina.

2. Cada conselho é composto por cinco oficiais generais, de preferência do activo, o mais antigo dos quais servirá de presidente, os quais serão nomeados anualmente pelo Chefe do Estado-Maior respectivo.

3. Nas faltas do presidente ou impedimentos dos membros do conselho aplicar-se-ão, subsidiariamente, as regras em vigor para idênticas situações dos juízes militares do Supremo Tribunal Militar.

Artigo 130.º
(Promotor)

1. Junto de cada conselho haverá um promotor, oficial superior, do activo ou da reserva, nomeado pelo Chefe do Estado-Maior do respectivo ramo.

2. Quando o oficial cuja conduta é submetida a parecer do conselho for oficial general, será nomeado para promotor ad hoc um oficial general, do activo ou da reserva, se possível mais antigo.

Artigo 131.º
(Assessoria jurídica)

1. Sempre que necessário, poderá, junto de cada conselho superior de disciplina, haver um assessor jurídico, destacado pelo respectivo Chefe do Estado-Maior.

2. As funções de assessor jurídico são de assistência técnica ao conselho.

3. O assessor jurídico pode assistir às sessões do conselho, mas sem voto.

ARTIGO 132.º
(Secretaria)

1. Cada conselho superior de disciplina disporá de um secretário, oficial do activo ou da reserva, e do pessoal auxiliar que for julgado necessário.

2. É aplicável aos secretários o preceituado no n.º 3 do artigo 130.º.

ARTIGO 133.º
(Funcionamento)

1. Os conselhos superiores de disciplina são mandados convocar pelo respectivo Chefe do Estado-Maior, sempre que necessário.

2. Os conselhos não podem funcionar com menos de quatro membros, dispondo o seu presidente de voto de qualidade.

Se o parecer tiver de recair sobre oficial de posto superior ao do promotor, será igualmente nomeado para promotor ad hoc um oficial de maior posto ou antiguidade.

3. Por virtude de aglomeração de serviço, podem ser transitoriamente designados adjuntos dos promotores para os coadjuvarem no exercício das suas funções, os quais recebem a competência que lhes for delegada, podendo substituir os promotores sem prejuízo da orientação destes.

ARTIGO 134.º
(Atribuições)

Aos conselhos superiores de disciplina compete:

a) Assistir o Chefe do Estado-Maior em todas as matérias de natureza disciplinar que por este forem submetidas à sua consideração;
b) Dar parecer sobre a conduta de militares quando, através do processo disciplinar, se verifique poder haver lugar à aplicação das penas de reserva compulsiva, reforma compulsiva ou separação de serviço;
c) Dar parecer sobre a capacidade profissional de oficiais ou sargentos que revelem falta de energia, decisão ou outras qualidades essenciais para o exercício das suas funções militares;
d) Dar parecer sobre a capacidade moral de oficiais ou sargentos por factos que afectem a sua respeitabilidade, o decoro militar ou os ditames da virtude e da honra;

e) Dar parecer sobre a conduta de oficiais ou sargentos, quando o requeiram e lhes seja deferido pelo Chefe do Estado-Maior competente, no intuito de ilibarem a sua honra posta em dúvida por factos sobre os quais não tenha recaído decisão disciplinar ou judicial;
f) Dar parecer sobre os assuntos relativos a promoções ou informações que pelo respectivo Chefe do Estado-Maior forem submetidos à sua apreciação;
g) Dar parecer sobre os recursos de revisão.

ARTIGO 135.º
(Procedimento)

Mandado convocar o conselho superior de disciplina para dar parecer sobre a conduta ou capacidade de qualquer militar, o respectivo Chefe do Estado-Maior determinará o envio ao promotor junto daquele órgão dos seguintes documentos:

a) Ordem de convocação;
b) Relatório de acusação, subscrito, conforme os casos, pelo ajudante-general do Exército, pelo superintendente dos Serviços de Pessoal da Armada ou pelo Subchefe do Estado-Maior da Força Aérea para o pessoal, especificando claramente toda a matéria de acusação, com a indicação dos factos praticados e a sua qualificação;
c) Processo disciplinar, no caso de a apreciação recair sobre a conduta disciplinar do arguido;
d) Processo individual do militar;
e) Todos os documentos susceptíveis de esclarecer o conselho acerca dos factos constantes da acusação, da personalidade do arguido e da sua carreira militar.

ARTIGO 136.º
(Autuação)

Os documentos referidos no artigo anterior serão pelo secretário do conselho autuados, segundo a ordem indicada, formando o processo.

ARTIGO 137.º
(Exame preliminar)

1. O conselho superior de disciplina, na sua primeira sessão, tomará conhecimento do processo e designará o relator, por sorteio entre os vogais.

2. Seguidamente, deliberará sobre quaisquer diligências que, em seu prudente arbítrio, julgar necessárias para formar um juízo consciencioso e determinará que o arguido seja notificado da acusação, devendo ser-lhe entregue uma cópia do respectivo relatório.

ARTIGO 138.º
(Defesa)

1. O arguido, no prazo de dez dias, contados daquele em que foi notificado da acusação, poderá apresentar a sua defesa, por escrito, juntando os documentos e indicando as testemunhas que entender, desde que estas não excedam o número de cinco por cada facto e de vinte, no total.

2. O arguido pode ser representado por um oficial de qualquer ramo das forças armadas.

ARTIGO 139.º
(Vistas)

1. Entregue a defesa ou decorrido o prazo para a sua apresentação e feitas as diligências ordenadas pelo conselho nos termos do artigo 137.º, será dada vista do processo ao promotor, o qual poderá requerer tudo o que tiver por conveniente para a justiça.

2. Seguidamente, será facultada vista do processo ao arguido ou ao defensor, o qual poderá dizer ou requerer tudo o que julgar necessário para a sua defesa, indicar novas testemunhas ou substituir as que indicara, desde que não excedam o número prescrito no artigo anterior, bem como juntar documentos.

3. O prazo de vistas é de cinco dias para cada parte.

ARTIGO 140.º
(Conclusão)

1. Findas as vistas, o processo será concluso ao relator, que decidirá sobre os requerimentos apresentados pelo promotor e pela defesa.

2. Feitas as diligências instrutórias requeridas e que tiverem sido determinadas pelo relator, o processo ser-lhe-á de novo concluso.

3. Se o relator entender que o processo está pronto para apreciação pelo conselho, assim o declarará por despacho nos autos, promovendo a sua remessa ao presidente, para marcação da data da reunião do conselho.

ARTIGO 141.º
(Reunião do conselho)

1. Reunido o conselho em sessão, o presidente mandará entrar o arguido e o seu defensor, caso o haja, e dará a palavra ao relator, que fará uma exposição sobre os factos constantes do processo.

2. Seguidamente, o conselho interrogará o arguido e ouvi-lo-á sobre tudo o que entenda alegar a bem da sua defesa, podendo ele juntar ainda quaisquer documentos ou fazer aditamentos à mesma defesa.

3. Após a audiência do arguido, o presidente mandará entrar, pela ordem que entender, as testemunhas e mais pessoas com interesse para o processo, as quais serão ouvidas primeiro pelo relator e depois por qualquer membro do conselho, por iniciativa própria ou a requerimento do promotor e do arguido ou seu defensor.

4. A seguir, o presidente dará a palavra ao promotor e depois ao arguido ou ao seu defensor, para alegações, não podendo qualquer deles usar da palavra por mais de uma vez e de trinta minutos, prorrogável sempre que o presidente ou o conselho o entendam. **5.** Tudo o que se passar na audiência não será reduzido a auto, mas anotado pelo secretário em acta.

6. A sessão é dirigida pelo presidente, mas a resolução de qualquer incidente suscitado durante a mesma compete ao conselho, precedente votação.

ARTIGO 142.º
(Conferência)

1. Recolhido o conselho para conferência, o presidente dará a palavra ao relator, que exporá os factos que constituem a acusação, citando os preceitos violados.

2. Seguidamente e depois de ouvido o assessor jurídico, se o houver, o relator formulará os quesitos, os quais serão submetidos à apreciação prévia do conselho.

3. Os quesitos devem conter todos os factos concretos imputados ao arguido e a sua qualificação, devendo ser redigidos com clareza e não ser deficientes nem compreender perguntas cumulativas, complexas ou alternativas.

4. Qualquer dos membros do conselho poderá reclamar dos quesitos apresentados ou propor a formulação de outros, em separado.

5. Tanto os quesitos formulados pelo relator como os propostos em separado serão submetidos à votação do conselho.

6. Terminada a votação, o relator redigirá a deliberação em conformidade com as respostas dadas aos quesitos.

ARTIGO 143.º
(Deliberação)

1. Na deliberação que proferir, o conselho discriminará os factos cuja acusação julgou procedente e a sua qualificação como ilícito, concluindo pela sujeição do arguido à medida disciplinar que no seu prudente arbítrio entender.

2. Poderá igualmente o conselho pronunciar-se pela passagem compulsiva do arguido às situações de reserva, de reforma ou pela separação de serviço, conforme se revele incompatível a sua permanência na efectividade de serviço ou nas fileiras.

ARTIGO 144.º
(Decisão)

A deliberação do conselho será enviada, no prazo de cinco dias, ao respectivo Chefe do Estado-Maior, para efeitos de decisão.

CAPÍTULO V
Recurso de revisão

ARTIGO 145.º
(Fundamentos)

1. Os processos de disciplina militar deverão ser revistos sempre que tal for requerido, quando surjam circunstâncias ou meios de prova susceptíveis de demonstrar a inocência ou menor culpabilidade do punido e que este não tenha podido utilizar no processo disciplinar.

2. A simples alegação de ilegalidade, de forma ou de fundo, de qualquer parte do processo não constitui fundamento de revisão.

3. A revisão não pode ser pedida mais de uma vez pelos mesmos fundamentos de facto.

ARTIGO 146.º
(Prazo)

O prazo de interposição do recurso de revisão é de um ano a partir da data em que o interessado obteve a possibilidade de invocar as circunstâncias ou os meios de prova alegados como fundamento da revisão.

ARTIGO 147.º
(Incapacidade ou falecimento)

1. A revisão poderá ser pedida pelos descendentes, ascendentes, cônjuge, irmãos ou herdeiros do punido, caso haja falecido ou se encontre incapacitado.

2. Se o recorrente falecer ou se incapacitar depois de interposto o recurso, deverá este prosseguir oficiosamente.

ARTIGO 148.º
(Requisitos)

1. O requerimento de interposição da revisão deverá ser dirigido ao presidente do conselho superior de disciplina do ramo das forças armadas em que o militar prestava serviço à data da punição.

2. O requerente deverá, no requerimento inicial:

a) Identificar o processo a rever;
b) Mencionar expressamente as circunstâncias ou meios de prova em que fundamenta o pedido e as datas em que obteve a possibilidade de os invocar;
c) Juntar os documentos, ou requerer prazo para a junção dos que não possam desde logo ser juntos;
d) Requerer a efectivação das diligências que considere úteis para prova das suas alegações;
e) Indicar a indemnização a que se julgue com direito, fundamentando o pedido;
f) Juntar um certificado do registo criminal.

ARTIGO 149.º
(Decisão final)

1. Os conselhos superiores de disciplina concluirão pela procedência ou pela improcedência do pedido de revisão.

2. Na primeira hipótese, os conselhos superiores de disciplina poderão pronunciar-se pela inocência do arguido ou, apenas, pela sua menor culpabilidade.

3. As conclusões dos conselhos superiores de disciplina carecem de homologação dos respectivos Chefes do Estado-Maior, que a poderão negar por despacho fundamentado.

ARTIGO 150.º
(Menor culpabilidade)

1. Quando o conselho superior de disciplina conclua pela menor culpabilidade do arguido, deverá, necessariamente, indicar a medida e redacção da punição que considere adequada à menor culpabilidade.

2. Após homologação, a nova punição substitui, para todos os efeitos, a imposta no processo revisto, e considera-se cumprida desde que se encontre já extinta a punição anterior.

ARTIGO 151.º
(Efeitos)

1. A procedência da revisão produzirá os seguintes efeitos:

a) Cancelamento do registo da pena anterior, nos documentos de matrícula do militar, e averbamento da nova pena, no caso de menor culpabilidade;
b) Reintegração no activo, na reserva ou na reforma, conforme o caso dos arguidos que se encontrem na reserva compulsiva, na reforma compulsiva ou separados de serviço, no posto que o reabilitado teria normalmente atingido, ou a ascensão a tal posto no caso de militares que não tenham perdido ou hajam posteriormente recuperado esta qualidade, nos termos e condições já definidas, ou a definir, por portaria do titular da pasta do respectivo ramo;
c) Direito a uma indemnização pelos prejuízos morais e materiais sofridos, a fixar de acordo com o disposto no artigo 152.º;
d) Contagem, para todos os efeitos, incluindo o da liquidação das respectivas pensões de reserva e de reforma, de todo o tempo em que o reabilitado permanecer compulsivamente afastado do serviço;
e) Obrigação de o reabilitado pagar à Caixa Geral de Aposentações o quantitativo das quotas correspondentes ao período durante o qual esteve afastado do serviço.

2. Serão respeitadas as situações criadas a terceiros pelo provimento nas vagas abertas em consequência do castigo imposto no processo revisto, mas sem prejuízo da antiguidade do militar reabilitado.

3. São condições para poder beneficiar da reintegração não ter sido, posteriormente ao afastamento do serviço, condenado em pena maior ou abrangido pelo disposto no artigo 78.º do Código Penal.

Artigo 152.º
(Indemnização)

1. A indemnização prevista na alínea c) do n.º 1 do artigo anterior será fixada atendendo, entre outros, aos seguintes factores:

a) Duração do afastamento do serviço;
b) Graduação do reabilitado;
c) Efeitos da punição anulada na sua carreira militar;
d) Diferença entre o montante dos vencimentos deixados de receber e os que o reabilitado terá provavelmente obtido como civil;
e) Situação económica do requerente;
f) Procedência total ou parcial da revisão.

2. O montante da indemnização não poderá ser superior ao pedido formulado no requerimento inicial, nem ultrapassar a totalidade, ou metade, dos vencimentos deixados de receber, conforme se trata de procedência total ou parcial, nem ser inferior à quantia que o reabilitado terá de pagar, nos termos da alínea e) do n.º 1 do artigo anterior.

3. O Estado remeterá directamente à Caixa Geral de Aposentações a quantia referida na alínea e) do n.º 1 do artigo 151.º, a qual é descontada no montante da indemnização.

Capítulo VI
Prescrição, publicação, averbamento e anulação de recompensas e penas

Artigo 153.º
(Prescrição)

1. O procedimento disciplinar prescreve passados cinco anos, a contar da data do cometimento da infracção, excepto nos casos de intervenção obrigatória do conselho superior de disciplina, em que tal procedimento é imprescritível.

2. As infracções disciplinares que resultem de contravenções prescrevem nos termos da lei geral.

3. No caso de o tribunal militar julgar que os factos de que o arguido é acusado constituem infracções de disciplina, a contagem do prazo de prescrição inicia-se com o trânsito em julgado da respectiva decisão.

4. A prescrição do procedimento disciplinar interrompe-se com a prática de qualquer acto de instrução.

Artigo 154.º
(Publicação de recompensas e penas)

As recompensas e as penas disciplinares impostas por qualquer autoridade militar serão publicadas na ordem do comando, unidade ou estabelecimento, com excepção das penas de faxinas, de repreensão e de repreensão agravada.

Artigo 155.º
(Redacção de recompensas e penas e seu averbamento)

1. Na redacção de recompensas e punições deverá mencionar-se o facto ou factos que lhes deram origem e, tratando-se de punição, o número de ordem que o dever ou deveres militares infringidos tiverem no artigo 4.º deste Regulamento. Quando a infracção for abrangida pelos deveres 1.º ou 41.º do artigo 4.º, deverá mencionar-se o preceito legal infringido.

2. As recompensas e punições serão transcritas nos competentes registos nos precisos termos em que forem publicadas, devendo sempre mencionar-se a autoridade que concedeu a recompensa ou impôs a pena.

3. Serão averbadas nos respectivos registos:

a) Todas as recompensas em que os interessados sejam nominalmente designados, com excepção das dispensas de serviço;

b) As penas impostas por sentenças transitadas em julgado;

c) As penas disciplinares, ainda que abrangidas pelo disposto no artigo 157.º deste Regulamento, com as excepções previstas no n.º4. (*)

4. As penas aplicadas aos militares até ao dia do juramento de bandeira só serão averbadas nos respectivos registos e só produzem efeitos futuros no caso de serem penas:

a) De prisão disciplinar agravada;

b) De prisão disciplinar;
c) De detenção ou proibição de saída quando superior a 5 dias, aplicados de uma só vez;
d) De detenção ou proibição de saída quando ao militar tenha sido aplicada anteriormente qualquer das penas referidas nas alíneas a), b) e c) anteriores. (**)

(*) *Redacção do DL n.º 434-I/82, de 20/10.*
(**) *O n.º 4 foi introduzido pelo citado DL n.º 434-I/82.*

ARTIGO 156.º

(Anulação de penas, suas causas e seus efeitos)

1. As penas disciplinares serão anuladas, nos termos dos artigos seguintes, pela prática de actos de valor, por efeitos de bom comportamento, por amnistia e em resultado de reclamação ou recurso atendidos.

2. As penas não produzirão quaisquer efeitos a partir da sua anulação, excepto quanto aos que forem expressamente ressalvados pela lei.

3. Os efeitos produzidos pelas penas até à sua anulação subsistem, salvo quando esta resulte de reclamação ou recurso atendidos.

ARTIGO 157.º

(Anulação por bom comportamento)

1. Serão anuladas as penas de prisão disciplinar agravada dez anos depois de terem sido aplicadas se durante esse lapso de tempo o militar não tiver sido punido disciplinarmente nem condenado por qualquer crime.

2. Serão anuladas todas as penas não superiores a prisão disciplinar cinco anos depois de terem sido aplicadas quando o militar durante esse lapso de tempo não tiver sido punido disciplinarmente nem condenado por qualquer crime.

3. Serão anuladas as penas de repreensão agravada e de repreensão e faxinas um ano depois de terem sido aplicadas se durante esse tempo não tiver sido imposta qualquer nova punição.

4. As penas referidas nos números anteriores ficarão anuladas, para todos os efeitos, quando o militar a quem tenham sido aplicadas for agraciado com qualquer grau da Ordem da Torre e Espada, Medalha de Valor Militar ou Cruz de Guerra, por actos praticados posteriormente à imposição das mencionadas penas.

ARTIGO 158.º
(Registo da anulação de castigo)

1. Em qualquer dos casos compreendidos nos artigos 156.º e 157.º averbar-se-á no registo correspondente uma contranota anulando o castigo e indicando o motivo de anulação. Por forma análoga se procederá quando, em virtude de reclamação ou recurso, a pena for alterada.

2. Nas notas extraídas dos registos não se fará menção dos castigos anulados nem da contranota que os anulou.

ARTIGO 159.º
(Suspensão de prazos)

Os prazos mencionados no artigo 157.º são suspensos em relação aos militares que se encontrem nas situações de disponibilidade ou licenciados.

ARTIGO 160.º
(Indulto)

O indulto não anula as notas das penas.

TÍTULO IV
Disposições diversas, disposições transitórias e finais

CAPÍTULO I
Passageiros do Estado em transportes militares

ARTIGO 161.º
(Deveres gerais)

1. Os indivíduos embarcados em transportes militares ou ao serviço do Estado, como passageiros, devem proceder por forma que não alterem a ordem e disciplina de bordo, observando os respectivos regulamentos e ordens em vigor.

2. Os passageiros que a bordo cometerem quaisquer crimes serão entregues à autoridade competente no primeiro porto ou aeroporto nacional onde o transporte chegue, acompanhados do auto que deve levantar-se a bordo.

ARTIGO 162.º

(Passageiros não militares)

1. Os passageiros do Estado, não militares, poderão ser obrigados a fazer serviço compatível com a sua aptidão e circunstâncias ocorrentes a bordo.

2. As penas que podem ser aplicadas aos passageiros não militares que cometam faltas são:

Repreensão;

Detenção ou privação de saída;

Desembarque antes de chegar ao seu destino.

3. Sempre que possível, a aplicação da última pena prevista no número anterior deverá obter o sancionamento da autoridade superior

ARTIGO 163.º

(Forças militares embarcadas)

1. As forças militares que embarquem de passagem em transportes militares ou ao serviço do Estado ficam sujeitas aos regulamentos de bordo, continuando a reger-se pelo Regulamento de Disciplina Militar e de serviço interno, na parte compatível com aqueles.

2. O comandante mais graduado ou antigo das forças militares embarcadas desempenha as funções de comandante das forças embarcadas (CFE). Deverá auxiliar o comandante militar de bordo no respeitante às atribuições deste referidas no n.º 1 do artigo 164.º.

3. O comandante de uma força militar embarcada, quando punido a bordo com pena que implique a transferência, segundo este RDM, entregará, sempre que possível, o comando ao oficial mais graduado, ou mais antigo, pertencente à referida força.

ARTIGO 164.º

(Comandante militar de bordo)

1. O oficial mais graduado ou antigo, no desempenho de funções militares em transporte de qualquer natureza ao serviço do Estado, transportando forças militares ou/e militares isolados, será o comandante militar de bordo, ficando, porém, sujeito aos regulamentos de bordo de navio ou aeronave; tem por funções especiais a manutenção da disciplina das tropas e a coordenação do serviço interno das unidades, nos termos do artigo 163.º, designadamente regular procedimentos comuns às forças e aos militares embarcados, tais como: uniformes, horários e utilização das instalações do transporte. Ainda lhe cabe agrupar em destacamentos os militares que não estejam integrados nas forças embarcadas ou atribuí-los às mesmas forças para efeitos de serviço a bordo e elaborar as ordens de desembarque das forças, quando as mesmas não tenham sido superiormente determinadas.

Será directamente auxiliado no desempenho das suas funções pelo comandante das forças embarcadas.

2. A competência disciplinar do comandante militar de bordo é a atribuída pelo artigo 40.º deste RDM, constante dos quadros anexos, coluna V, se outra mais elevada lhe não competir pelo mesmo RDM.

3. O comandante militar de bordo deverá seguir as determinações do capitão-de-bandeira, ou comandante de aeronave, nos assuntos que interessem às atribuições destes.

Artigo 165.º
(Capitão-de-bandeira ou comandante de aeronave)

1. Sempre que transportes marítimos sejam especialmente afretados pelo Estado como transportes de material de guerra ou de tropas, ou de um e de outras, será nomeado um oficial da classe de marinha para representar a bordo as autoridades navais, por intermédio das quais receberá todas as indicações para a comissão do transporte.

Será a única autoridade a bordo em tudo o que diz respeito à realização da viagem, segurança do transporte e à segurança do pessoal, tendo, para tais finalidades, autoridade sobre os comandantes dos transportes e seus tripulantes e sobre todos os passageiros, qualquer que seja a sua categoria.

Quando se trata de afretamento de transportes aéreos, a nomeação de um oficial piloto aviador para representar as autoridades aéreas deverá restringir-se aos casos em que for julgada necessária pela entidade que determinou o afretamento.

2. No caso de o capitão-de-bandeira ou comandante da aeronave ser oficial mais graduado ou antigo a bordo, assumirá cumulativamente as funções de comandante militar de bordo.

3. O capitão-de-bandeira ou comandante de aeronave, na acção disciplinar sobre o comandante do transporte, tripulantes e passageiros não directamente subordinados ao comandante militar de bordo, aplicará as penas estabelecidas nos diplomas que regulam as normas disciplinares respeitantes a navegações marítima ou aérea, conforme o caso, sempre que as autoridades de que depende não reservem para si esse direito.

4. Quando não se verificar o caso referido no n.º 2, o capitão-de-bandeira ou comandante de aeronave participará ao comandante militar de bordo as faltas cometidas pelos militares embarcados, o qual deverá dar conhecimento àqueles do procedimento disciplinar adoptado.

Se o capitão-de-bandeira ou comandante de aeronave entender que um oficial mais graduado ou antigo infringiu os regulamentos de bordo ou as suas determinações, na conformidade do n.º 1, deverá participar tal facto superiormente, para devida resolução.

CAPÍTULO IX
Outras disposições

ARTIGO 166.º
(Competência para anular ou moderar o cumprimento de penas disciplinares)

Os comandantes de unidades independentes, os directores ou chefes de estabelecimentos militares e as autoridades de hierarquia superior a estas poderão, para solenizar qualquer feriado nacional, facto notável ou data histórica, determinar o não cumprimento das penas impostas ou a impor e dos restos das penas impostas por si ou pelos seus subordinados, por falta cometidas até ao dia em que esta determinação for publicada em ordem.

ARTIGO 167.º
(Regime disciplinar aplicável a aspirantes a oficial e a alunos)

1. Para efeitos disciplinares, os aspirantes a oficial são equiparados a oficiais.

2. Os alunos das escolas de formação de oficiais e sargentos dos ramos das forças armadas estão sujeitos aos regimes disciplinares das respectivas escolas.

ARTIGO 168.º
(Efeito de ausência ilegítima)

Ao militar que se constituir em ausência ilegítima, além da pena disciplinar que lhe for imposta, será descontado no tempo de serviço efectivo aquele em que estiver ausente.

ARTIGO 169.º
(Situação de serviço do militar com processo disciplinar pendente)

1. O militar com processo disciplinar pendente deve ser mantido na efectividade de serviço enquanto não seja proferida decisão e cumprida a pena que lhe vier a ser imposta, salvo se lhe competir passagem às situações de reserva dentro do quadro permanente e de reforma ou tiver baixa definitiva de todo o serviço por incapacidade física.

2. Aos militares que tenham processo disciplinar pendente à data do termo da prestação de serviço militar obrigatório poderá ser concedida licença registada por trinta dias para conclusão e despacho do respectivo processo, ao fim dos quais deverão ter passagem à disponibilidade, a licenciados ou à reserva dos quadros de complemento.

a) Se a presumível infracção envolver danos pessoais ou materiais não qualificados crime, não poderá ser concedida licença registada ao presumível infractor, a fim de facilitar as diligências tendentes à comprovação ou não da sua culpabilidade;

b) Se após os trinta dias referidos no n.º 2 do presente artigo o infractor se encontrar a cumprir a pena imposta, o termo do serviço militar obrigatório só se verificará após o cumprimento da referida pena;

c) Se a infracção disciplinar militar for conhecida ou praticada depois de o infractor ter deixado a efectividade de serviço, poderá ser convocado para efeitos processuais ou de cumprimento de pena, se a autoridade competente o entender conveniente para a disciplina.

ARTIGO 170.º
(Contravenções)

1. O procedimento disciplinar por infracção ao dever 42.º extingue-se pelo pagamento voluntário da multa, quando se trate de contravenção unicamente punível com esta pena, sem prejuízo de procedimento se outro dever militar for cumulativamente infringido.

2. A pena só será aplicada se, decorrido o prazo de trinta dias, após a data em que o infractor houver sido notificado, em processo disciplinar, de cometimento da contravenção, não tenha efectuado o pagamento da multa.

ARTIGO 171.º
(Divulgação dos preceitos essenciais do RDM)

Além do conhecimento do RDM transmitido a todos os militares em períodos de instrução, deve estar sempre patente em local por modo adequado, em todos os quartéis de companhia, ou de efectivo inferior, e a bordo, o título I do presente Regulamento.

CAPÍTULO X
Disposições transitórias e finais

ARTIGO 172.º (*)
(Disposições transitórias sobre pessoal civil)

1. Enquanto não for publicado estatuto próprio, o pessoal civil fica entretanto sujeito ao estatuto de cada estabelecimento ou serviço a que esteja afecto e, subsidiariamente, aos deveres constantes do artigo 4.º do RDM e demais legislação militar, na parte aplicável.

2. O pessoal civil fica sujeito às penas em seguida designadas, se outras não estiverem preceituadas no estatuto privativo do estabelecimento ou serviço a que esteja afecto, quando no cumprimento das suas obrigações cometa faltas de que resulte ou possa resultar prejuízo ao serviço ou à disciplina militar:

1.ª Repreensão;
2.ª Repreensão agravada;
3.ª Suspensão de funções e vencimento até cento e oitenta dias;
4.ª Despedimento do serviço.

(*) *Declarada a inconstitucionalidade, com força obrigatória geral, pelo Ac. do T.C. n.º 15/88, de 03/02/1988.*

Quadro a que se refere o artigo 37.º do RDM

Penas	Competência disciplinar I	II	III	IV	V	VI	VII	VIII
Para oficiais:								
Repreensão	(a)	(a)	(a)	(a)	(a)	(a)	(a)	(a)
Repreensão agravada	(a)	(a)	(a)	(a)	(a)	(a)	(a)	(a)
Detenção	Até dez dias ...	Até dez dias ...	Até dez dias ...	Até oito dias ...	Até cinco dias	Até quatro dias	Até três dias ...	—
Prisão disciplinar	Até dez dias ...	Até dez dias ...	Até dez dias ...	Até oito dias ...	Até cinco dias	—	—	—
Prisão disciplinar agravada	Até trinta dias	Até vinte dias	Até dez dias ...	—	—	—	—	—
Inactividade	De dois a seis meses.	—	—	—	—	—	—	—
Para sargentos:								
Repreensão	(a)	(a)	(a)	(a)	(a)	(a)	(a)	(a)
Repreensão agravada	(a)	(a)	(a)	(a)	(a)	(a)	(a)	(a)
Detenção	Até vinte dias	Até vinte dias	Até vinte dias	Até dezoito dias	Até quinze dias	Até quinze dias	Até dez dias ...	Até cinco dias.
Prisão disciplinar	Até vinte dias	Até vinte dias	Até vinte dias	Até quinze dias	Até dez dias ...	Até dez dias ...	Até cinco dias	—
Prisão disciplinar agravada	Até quarenta dias.	Até trinta dias	Até vinte dias	Até dez dias ...	Até cinco dias	—	—	—
Inactividade	De dois a seis meses.	—	—	—	—	—	—	—
Para cabos:								
Repreensão	(a)	(a)	(a)	(a)	(a)	(a)	(a)	(a)
Repreensão agravada	(a)	(a)	(a)	(a)	(a)	(a)	(a)	(a)
Detenção	Até quarenta dias.	Até quarenta dias.	Até quarenta dias.	Até trinta e cinco dias.	Até trinta dias	Até trinta dias	Até vinte dias	Até dez dias.
Prisão disciplinar	Até trinta dias	Até trinta dias	Até trinta dias	Até vinte dias	Até quinze dias	Até quinze dias	Até dez dias ...	—
Prisão disciplinar agravada	Até sessenta dias.	Até quarenta dias.	Até trinta dias	Até vinte e cinco dias.	Até vinte dias	—	—	—
Para outras praças:								
Repreensão	(a)	(a)	(a)	(a)	(a)	(a)	(a)	(a)
Repreensão agravada	(a)	(a)	(a)	(a)	(a)	(a)	(a)	(a)
Faxinas	Até doze dias	Até doze dias	Até doze dias	Até doze dias	Até doze dias	Até doze dias	Até dez dias ...	Até dez dias.
Detenção	Até quarenta dias.	Até quarenta dias.	Até quarenta dias.	Até trinta e cinco dias.	Até trinta dias	Até trinta dias	Até vinte dias	Até dez dias.
Prisão disciplinar	Até trinta dias	Até trinta dias	Até trinta dias	Até vinte dias	Até quinze dias	Até quinze dias	Até dez dias ...	—
Prisão disciplinar agravada	Até sessenta dias.	Até quarenta dias.	Até trinta dias	Até vinte e cinco dias.	Até vinte dias	—	—	—

(a) A repreensão e a repreensão agravada são dadas nos termos dos artigos 22.º e 23.º deste Regulamento.

Marinha

(Relativo ao artigo 40.º do RDM)

1. No exercício de funções previstas no artigo 6.º que sejam organicamente inerentes aos postos indicados, a competência disciplinar é:

Postos	Coluna do quadro	Licenças por mérito
Vice-almirante	II	25
Contra-almirante	III	20
Comodoro	IV	15
Capitão-de-mar-e-guerra	V	10
Capitão-de-fragata	VI	10
Capitão-tenente	VII	5
Oficial subalterno	VIII	5

2. Os comandantes de unidades navais e de unidades independentes da Armada têm a competência disciplinar do escalão imediatamente superior.

Exército

(Relativo ao artigo 40.º do RDM)

1. No exercício de funções previstas no artigo 6.º que sejam organicamente inerentes aos postos indicados, a competência disciplinar é:

Postos	Coluna do quadro	Licenças por mérito
General de quatro estrelas	II	25
General de três estrelas	III	20
Brigadeiros	IV	15
Coronéis	V	10
Tenentes-coronéis	VI	10
Majores	VII	5
Capitães	VIII	–

2. Nos batalhões, companhias e unidades ou destacamentos equivalentes, quando independentes ou isolados, a competência dos respectivos comandantes ou de quem os substituir é a do posto imediatamente superior.

3. Os subalternos, comandantes, directores ou chefes de subunidades, destacamentos ou outros órgãos independentes ou isolados têm a competência equivalente à do posto de capitão.

4. O inspector geral do Exército e restantes inspectores têm a competência inerente ao seu posto no exercício das suas funções.

Força Aérea

(Relativo ao artigo 40.º do RDM)

No exercício de funções previstas no artigo 6.º que sejam organicamente inerentes aos postos indicados, a competência disciplinar é:

Postos	Coluna do quadro	Licenças por mérito
Generais de quatro estrelas	II	25
Generais de três estrelas	III	20
Brigadeiros	IV	15
Coronéis	V	10
Tenentes-coronéis	VI	10
Majores	VII	5
Capitães	VIII	–

Observações.

1. Os comandantes de grupo ou esquadra, quando independentes ou destacados, têm a competência que no quadro é atribuída aos postos imediatamente superiores.

2. Na Força Aérea, os inspectores (incluindo o IGFA) têm a competência disciplinar decorrente da sua função e posto, mas só a exercem sobre o pessoal do órgão que chefiem e nunca do que inspeccionem.

ANEXO

(Modelo relativo ao artigo 58.º)

Unidade...

... batalhão ... companhia

Mapa demonstrativo da classificação de comportamento dos cabos e outras praças referida a...de...de...

Número	Posto	Classe de comportamento	Punições sofridas durante o semestre	Somatório	Classificação resultante	Observações

Visto...(*b*) ...(*a*)

(*a*) Assinatura do comandante da companhia.
(*b*) Rubrica do comandante do batalhão.

Conselho da Revolução, 1 de Abril de 1977. – O Presidente do Conselho da Revolução, António Ramalho Eanes.

DECRETO-REGULAMENTAR N.º 22/94, DE 01/09

ATRIBUIÇÕES, ORGANIZAÇÃO E COMPETÊNCIAS DA SUPERINTENDÊNCIA DOS SERVIÇOS DO PESSOAL DA MARINHA

....

ARTIGO 34.º
Chefia do Serviço de Justiça

1 – À Chefia do Serviço de Justiça (CSJ) competem as matérias relativas à administração da justiça e disciplina militar.

2 – À CSJ incumbe, em especial:

a) Assistir o superintendente dos Serviços do Pessoal, nos termos previstos no Código de Justiça Militar;

b) Promover o registo, a instauração e a remessa dos processos de justiça de natureza criminal ou disciplinar;

c) Coordenar, apreciar e orientar, no plano técnico-processual, as actividades de justiça dos órgãos e serviços da Marinha, por forma a assegurar a correcta execução das normas legais, a celeridade processual e a uniformidade de critérios;

d) Estudar e informar sobre os assuntos de natureza técnica e elaborar normas técnicas relativas à execução das actividades da justiça e disciplina militares;

e) Elaborar os elementos estatísticos para o exercício das suas competências e para o apoio informático da gestão do pessoal.

....

DECRETO-REGULAMENTAR N.º 44/94, DE 2/09

ATRIBUIÇÕES, ORGANIZAÇÃO E COMPETÊNCIAS DO COMANDO DO PESSOAL, DO COMANDO DA LOGÍSTICA E DO COMANDO DA INSTRUÇÃO DO EXÉRCITO

....

ARTIGO 10.º
Direcção de Justiça e Disciplina

1 – À Direcção de Justiça e Disciplina incumbe estudar, propor e coordenar as medidas respeitantes à administração da justiça e disciplina militares no Exército, as referentes aos assuntos relativos a condecorações e louvores e às actividades do preboste, de acordo com a legislação em vigor e as directivas superiores.

2 – Compete, em especial, à Direcção de Justiça e Disciplina:

a) Elaborar pareceres sobre processos de natureza disciplinar de acordo com a legislação em vigor ou quando determinado pelo CEME;

b) Elaborar estudos e pareceres sobre questões de natureza disciplinar e criminal;

c) Organizar e informar os processos relativos a condecorações e louvores previstos no Regulamento da Medalha Militar, incluindo a passagem dos respectivos diplomas, no Regulamento das Ordens Honoríficas e os respeitantes a condecorações estrangeiras e outras atribuídas a militares;

d) Estudar, analisar e propor soluções para a resolução dos problemas decorrentes da responsabilidade civil emergente de acidentes de viação em que intervenham viaturas do Exército, na sequência de processos disciplinares propostos em correlação com acidentes de viação e instruídos pelas Un/Estab/Org não directamente dependentes dos comandos territoriais e do Comando das Tropas Aerotransportadas e prestar a colaboração necessária ao Ministério Público na representação judicial do Estado em matéria de indemnizações contenciosas daquela natureza;

e) Estudar e submeter à apreciação superior os processos respeitantes à responsabilidade civil extracontratual do Estado, com exclusão daqueles que sejam da competência específica de outros órgãos;

f) Realizar, de acordo com a competência que lhe for delegada pelo CEME, inspecções técnicas de administração de justiça e disciplina militares e participar nas que forem realizadas por entidades superiores quando assim lhe for determinado;

g) Colaborar na elaboração de propostas e difundir normas administrativas respeitantes ao funcionamento dos estabelecimentos prisionais militares e efectuar as respectivas inspecções técnicas;

h) Coligir e analisar dados estatísticos e elementos de informação sobre assuntos do seu âmbito;

i) Propor a adopção de medidas para a execução uniforme do cumprimento das leis, dos regulamentos e das ordens;

j) Estudar, em coordenação com a Chefia dos Serviços de Transportes, as medidas a adoptar que respeitem à regulação e controlo do tráfego militar;

l) Elaborar propostas de regulamentos, manuais e instruções, relativos a assuntos do seu âmbito;

m) Verificar a correcta aplicação das leis e normas relativas aos assuntos do seu âmbito;

n) Orientar a elaboração, apreciar e informar os processos relacionados com acidentes e ou doenças ocorridas nas ex-províncias ultramarinas.

ARTIGO 11.º
Estrutura

A Direcção de Justiça e Disciplina Compreende:

a) O director e respectivo Gabinete;

b) O subdirector;

c) A Repartição de Justiça e Disciplina, à qual incumbe exercer, no seu âmbito, as competências referidas nas alíneas a), b), c), d), e), f), g), h), i), l), m) e n) do artigo anterior;
d) A Repartição de Preboste, à qual incumbe exercer, no seu âmbito, as competências referidas nas alíneas h), i), j), l) e m) do artigo anterior;
e) A Repartição de Apoio Geral, à qual incumbe prestar apoio administrativo à Direcção.

....

DECRETO REGULAMENTAR N.º 51/94, DE 1/09

ATRIBUIÇÕES, ORGANIZAÇÃO E COMPETÊNCIAS DO COMANDO DO PESSOAL DA FORÇA AÉREA

....

Artigo 15.º
Serviço de Justiça e Disciplina

O Serviço de Justiça e Disciplina tem por missão estudar e dar parecer sobre as matérias directamente relacionadas com a administração da justiça e disciplina na Força Aérea.

Artigo 16.º
Competências

Ao Serviço de Justiça e Disciplina compete:

a) Assessorar o comandante do CPESFA em assuntos de justiça e disciplina, através da elaboração de pareceres ou da organização e informação de processos;
b) Preparar e difundir esclarecimentos sobre legislação no âmbito da justiça e disciplina;
c) Coordenar e controlar os assuntos de justiça e disciplina na Força Aérea;
d) Dar parecer sobre questões relativas à justiça, disciplina e contencioso;

e) Analisar os pareceres e despachos dos juízes de instrução da Polícia Judiciária Militar (PJM) e os processos de averiguações e administrativos instruídos nas unidades e órgãos da Força Aérea que excedam a competência dos respectivos comandantes, directores ou chefes;
f) Estudar e informar ou organizar processos relativos à concessão de louvores, condecorações ou outras recompensas;
g) Manter contactos com as unidades e órgãos da Força Aérea, no sentido de se obterem critérios uniformes na aplicação do Regulamento de Disciplina Militar (RDM) e apoiar tecnicamente as secções de justiça;
h) Colaborar e manter ligação com os tribunais militares, PJM, Procuradoria-Geral da República, tribunais civis, departamentos policiais e outros órgãos, militares ou civis, relacionados com a sua actividade;
i) Colaborar no estudo e revisão dos códigos, regulamentos e outra legislação da justiça e disciplina das Forças Armadas;
j) Prestar esclarecimentos aos órgãos e pessoal que os solicitem;
l) Coordenar a execução dos pedidos de captura de desertores da Força Aérea;
m) Participar nas inspecções do pessoal.

ARTIGO 17.º
Estrutura

O Serviço de Justiça e Disciplina compreende:
a) O chefe do Serviço;
b) A Secção de Disciplina, à qual incumbe exercer, no seu âmbito, as competências previstas nas alíneas b), c), f), g), h), i), j) e l) do artigo 16.º;
c) A Secção de Contencioso, à qual incumbe exercer, no seu âmbito, as competências previstas nas alíneas a), b), d), e), h), i), j) e m) do artigo 16.º.

....

LEIS ORGÂNICAS

- **D.L. n.º 47/93, de 26/02:**
  – *Aprova a Lei Orgânica do Ministério da Defesa Nacional;*

- **D.L. n.º 48/93, de 26/02:**
  – *Aprova a Lei Orgânica do Estado Maior General das Forças Armadas;*

- **D.L. n.º 49/93, de 26/02:**
  – *Aprova a Lei Orgânica da Marinha;*

- **D.L. n.º 50/93, de 26/02:**
  – *Aprova a Lei Orgânica do Exército;*

- **D.L. n.º 51/93, de 26/02:**
  – *Aprova a Lei Orgânica da Força Aérea.*

DECRETO-LEI N.º 47/93, DE 26 DE FEVEREIRO

APROVA A LEI ORGÂNICA DO MINISTÉRIO DA DEFESA NACIONAL

A reorganização da instituição militar prevista no Programa do XII Governo Constitucional e na Lei de Bases da Organização das Forças Armadas pressupõe a assumpção de novas competências administrativo-logísticas pelos organismos e serviços centrais do Ministério da Defesa Nacional.

Ao Ministério da Defesa Nacional compete preparar e executar a política de defesa nacional e dotar as Forças Armadas, que nele se integram, dos meios necessários ao cumprimento da missão constitucional de defesa militar da República.

As novas tarefas e responsabilidades que, no âmbito nacional e internacional, incumbem às Forças Armadas impõem a sua reorganização e modernização de modo a garantir-lhes os mais elevados padrões de eficácia e eficiência.

Além disso, a efectiva inserção das Forças Armadas na administração directa do Estado pressupõe a reorganização do Estado-Maior-General das Forças Armadas, da Marinha, do Exército e da Força Aérea, no sentido do reforço da sua componente operacional com grande disponibilidade, eficácia e modernidade.

E, consequentemente, novas e complexas competências no âmbito da gestão do pessoal, da administração logística e da administração financeira vão ser assumidas pelos organismos e serviços centrais do Ministério.

A transferência de atribuições e competências até agora cometidas aos estados-maiores não pode, contudo, considerar-se esgotada no presente diploma, porque, ao dar-se prioridade às funções de natureza predominantemente administrativa, se deixaram para fase ulterior importantes áreas no domínio da logística de produção, como é o caso dos Estabelecimentos

Fabris das Forças Armadas, cuja reestruturação será objecto de diploma próprio.

Procede-se, assim, à reformulação da actual Lei Orgânica do Ministério da Defesa Nacional, tendo em consideração não só o que atrás se refere mas ainda o resultado da experiência colhida durante a vigência da anterior.

Neste contexto, o presente diploma consagra uma nova dimensão do Ministério, com particular realce para as competências no processo legislativo e regulamentar, bem como para a significativa criação da Inspecção-Geral das Forças Armadas.

Aliás, a criação da Inspecção-Geral das Forças Armadas está em conformidade com a Lei de Defesa Nacional e das Forças Armadas (Lei n.º 29/82, de 11 de Dezembro), que prevê um órgão, não de avaliação directa do aprontamento de forças, mas sim de controlo da execução da lei e da correcta administração dos meios humanos, materiais e financeiros postos à disposição das Forças Armadas e demais organismos e serviços do Ministério.

Cabe ainda referir que se procedeu à extinção do quadro único do pessoal administrativo, operário e auxiliar, dotando os organismos e serviços centrais de quadros de pessoal próprios e ajustados às suas missões, e também de definiu, em termos inovadores, a área de recrutamento dos militares para cargos dirigentes dos organismos e serviços centrais do Ministério da Defesa Nacional.

Assim:

Nos termos da alínea a) do n.º 1 do artigo 201.º da Constituição, o Governo decreta o seguinte:

CAPÍTULO I
Natureza e atribuições

ARTIGO 1.º
Natureza

O Ministério da Defesa Nacional (MDN) é o departamento governamental responsável pela preparação e execução da política de defesa nacional no âmbito das atribuições que lhe são conferidas pela Lei de Defesa Nacional e das Forças Armadas (LDNFA), bem como por assegurar e fiscalizar a administração das Forças Armadas (FA) e dos demais órgãos e serviços nele integrados.

ARTIGO 2.º
Atribuições

Constituem atribuições do MDN, em especial:

a) Participar na definição da política de defesa nacional e elaborar e executar a política relativa à componente militar da defesa nacional;

b) Assegurar e fiscalizar a administração das FA nos termos da LDNFA e da Lei Orgânica de Bases da Organização das Forças Armadas (LOBOFA);

c) Assegurar a preparação dos meios ao dispor das FA e acompanhar e inspeccionar a respectiva utilização;

d) Definir, executar e coordenar as políticas dos recursos humanos, materiais e financeiros;

e) Coordenar e orientar as acções relativas à satisfação de compromissos militares decorrentes de acordos internacionais e, bem assim, as relações com organismos internacionais de carácter militar, sem prejuízo das atribuições próprias do Ministério dos Negócios Estrangeiros;

f) Elaborar o orçamento do MDN e orientar a elaboração dos projectos de propostas de lei de programação militar (LPM), coordenando e fiscalizando a respectiva execução;

g) Apoiar o financiamento de acções, através da atribuição de subsídios e da efectivação de transferências no âmbito dos programas que lhe sejam cometidos;

h) Promover e dinamizar o estudo, a investigação, o desenvolvimento tecnológico e a divulgação das matérias com interesse para a defesa nacional;

i) Providenciar no sentido de que seja garantida a segurança das matérias classificadas, quer em Portugal, quer nas representações nacionais no estrangeiro;

j) Exercer as funções que lhe forem atribuídas no âmbito do Sistema de Informações da República;

l) Prestar apoio técnico e administrativo ao Conselho Superior de Defesa Nacional (CSDN) e ao Primeiro-Ministro, no exercício das suas funções, em matéria de defesa nacional e das FA.

CAPÍTULO II

Estrutura orgânica

ARTIGO 3.º

Estrutura

1 – O MDN integra:

a) O Conselho Superior Militar (CSM);

b) O Conselho de Chefes de Estado-Maior (CCEM);

c) As FA;

d) Os órgãos e serviços centrais (OSC);

2 – O MDN integra ainda:

a) A Polícia Judiciária Militar (PJM);

b) O Sistema da Autoridade Marítima (SAM);

c) Os Serviços Sociais das Forças Armadas (SSFA);

3 – Junto do MDN funciona a Comissão de Direito Marítimo Internacional.

ARTIGO 4.º

Entidades tuteladas pelo Ministro da Defesa Nacional

Estão sujeitas à tutela do Ministro da Defesa Nacional, sem prejuízo da legislação própria aplicável:

a) A Cruz Vermelha Portuguesa (CVP);

b) A Liga dos Combatentes (LC).

ARTIGO 5.º

Indústrias de defesa

Em matéria da competência específica do MDN, as empresas com actividades no domínio das indústrias de defesa estão sujeitas à sua fiscalização e devem obedecer às regras e directivas emitidas na prossecução das atribuições previstas no artigo 2.º.

ARTIGO 6.º

Conselho Superior Militar

O CSM tem a composição e as competências previstas na LDNFA, sendo presidido pelo Ministro da Defesa Nacional.

ARTIGO 7.º
Conselho de Chefes de Estado-Maior

O CCEM tem a composição e as competências previstas na lei, sendo presidido pelo Chefe do Estado-Maior-General das Forças Armadas.

ARTIGO 8.º
Forças Armadas

As atribuições, competências, organização e funcionamento das FA são os previstos na LDNFA e na LOBOFA, bem como na respectiva legislação complementar.

ARTIGO 9.º (*)
Órgãos e serviços centrais

1 – O MDN integra os seguintes órgãos e serviços centrais:
a) A Secretaria-Geral (SG);
b) A Direcção-Geral de Política de Defesa Nacional (DGPDN);
c) A Direcção-Geral de Pessoal e Recrutamento Militar (DGPRM);
d) A Direcção-Geral de Infra-Estruturas (DGIE);
e) A Direcção-Geral de Armamento e Equipamentos de Defesa (DGAED);
2 – O MDN integra ainda:
a) A Inspecção-Geral das Forças Armadas (IGFAR);
b) O Instituto de Defesa Nacional (IDN);
c) O Conselho de Ciência e Tecnologia de Defesa (CCTD);
d) A Auditoria Jurídica (AJ).

(*) *Redacção do art. 1.º do DL n.º 290/2000, de 14/11.*
A alínea c) do n.º 2 havia sido já revogada pelo art. 3.º do DL n.º 263/97, de 2/10. Com o art. 12.º do DL n.º 211/97, de 16/08, foi revogada também a alínea d) do n.º 2.
O apoio jurídico ao Ministério é prestado pelo Departamento de Assuntos Jurídicos, designado «DeJur» (cfr. DL n.º DL n.º 211/97, de 16/08).

Artigo 10.º
Secretaria-Geral

1 – A SG é o serviço de concepção, execução e coordenação no âmbito do planeamento e gestão dos recursos humanos, financeiros e patrimoniais do MDN, sem prejuízo das competências próprias de outros órgãos e serviços, cabendo-lhe ainda assegurar o apoio administrativo, protocolar e de informação e relações públicas aos gabinetes dos membros do Governo.

2 – À SG compete, em especial:

a) Elaborar o planeamento relativo às previsões orçamentais e à gestão financeira do MDN;

b) Coordenar a elaboração dos projectos de orçamento anuais do MDN e os projectos de propostas de LPM, no que respeita às implicações de natureza orçamental;

c) Acompanhar e coordenar a execução do Orçamento do Estado afecto ao MDN e das LPM, mantendo permanentemente disponível e actualizada informação relativa aos níveis dessa execução;

d) Assegurar, nos termos da legislação em vigor, o financiamento de acções através da atribuição de subsídios e da efectivação de transferências no âmbito dos programas a desenvolver pelo MDN;

e) Apoiar os órgãos e serviços centrais, sem prejuízo da autonomia administrativa dos mesmos, no âmbito dos recursos humanos, financeiros, patrimoniais, técnicos e informáticos e coordenar a aplicação das medidas decorrentes;

f) Desenvolver programas de aperfeiçoamento organizacional e de modernização e racionalização administrativa no âmbito do MDN;

g) Assegurar e coordenar as actividades inerentes à política de informação e relações públicas, assim como o protocolo do MDN;

h) Prestar apoio administrativo aos gabinetes dos membros do Governo, bem como aos órgãos e serviços centrais que não disponham de serviços administrativos próprios;

i) Apoiar o Conselho Nacional de Planeamento Civil de Emergência (CNPCE) no seu funcionamento, nomeadamente na área administrativa e de instalações;

3 – A SG pode arrecadar receitas provenientes de prestação de serviços, de venda de publicações ou outra documentação e de comparticipações.

4 – As receitas referidas no número anterior são afectas ao pagamento das despesas da SG, mediante inscrição de dotações com compensação em receitas.

5 – A SG é dirigida por um secretário-geral, coadjuvado por dois secretários-gerais-adjuntos.

ARTIGO 11.º
Direcção-Geral de Política de Defesa Nacional

1 – A DGPDN é o serviço de estudo e de assessoria técnica no âmbito das grandes linhas de acção de política de defesa nacional, especialmente no quadro estratégico das relações internacionais.

2 – À DGPDN compete, em especial:

a) Realizar estudos pluridisciplinares sobre a situação da defesa nacional e apresentar propostas que contribuam para a definição e fundamentação das decisões superiores;
b) Acompanhar e elaborar estudos sobre a situação estratégica nacional e a evolução da conjuntura internacional, trabalhando toda a informação respeitante às relações estratégicas de defesa;
c) Elaborar estudos e apresentar propostas sobre os parâmetros orientadores da organização, emprego e sustentação de forças militares;
d) Promover e acompanhar o desenvolvimento das relações externas de defesa, apoiando a participação do MDN em reuniões e outros actos de relacionamento internacional, em especial no quadro das alianças de que Portugal seja membro;
e) Assegurar, sem prejuízo das competências próprias do Ministério dos Negócios Estrangeiros, os contactos com outros países, em particular com os países lusófonos, com vista à celebração de acordos bilaterais no âmbito da defesa, nomeadamente na área da cooperação técnico-militar, garantindo a sua adequada execução;

3 – A DGPDN é dirigida por um director-geral, coadjuvado por um subdirector-geral.

ARTIGO 12.º (*)
Direcção-Geral de Pessoal e Recrutamento Militar

1 – A DGPRM é o serviço do MDN de concepção, harmonização e apoio técnico à definição e execução da política de recursos humanos necessários às FA, à qual incumbe o planeamento, direcção e coordenação do processo de recrutamento militar e dos incentivos à prestação de serviço militar em regime de voluntariado (RV) e em regime de contrato (RC).

2 – São atribuições da DGPRM, em especial:

a) Estudar, propor e assegurar a concretização das medidas de política de recursos humanos, civis e militares, respectivos regimes jurídicos e demais legislação aplicável;

b) Estudar e propor medidas relativas às carreiras e sistema retributivo do pessoal militar, militarizado e civil;
c) Dirigir e coordenar o processo de recrutamento militar, nos termos definidos na Lei do Serviço Militar (LSM) e no Regulamento da Lei do Serviço Militar (RLSM);
d) Apreciar e emitir parecer sobre situações de incumprimento das disposições contidas na LSM;
e) Promover as medidas adequadas e assegurar a execução dos incentivos de adesão ao voluntariado militar, nos termos previstos no respectivo diploma regulador e na LSM;
f) Coordenar estudos relativos às certificações académica e profissional da formação ministrada pelas FA, em articulação com as entidades competentes;
g) Promover relações de cooperação com as entidades intervenientes no processo de recrutamento e na aplicação dos incentivos referidos na alínea e);
h) Executar o orçamento anual relativo ao Dia da Defesa Nacional;
i) Conceber e preparar, em colaboração com os ramos das FA, os suportes de informação escrita para publicitação do Dia da Defesa Nacional, nos termos do n.º 2 do artigo 11.º da LSM;
j) Desenvolver estudos e elaborar pareceres sobre os regimes jurídicos aplicáveis ao pessoal das FA;
k) Estudar e propor medidas de política nos domínios do ensino, formação e desenvolvimento profissional;
l) Contribuir para a definição e desenvolvimento da política assistencial e de apoio sanitário no âmbito do sistema de saúde militar;
m) Contribuir para a definição e desenvolvimento da política social no âmbito das FA;
n) Estudar e propor medidas de política e de apoio à reabilitação dos deficientes das FA;
o) Assegurar as relações com o Conselho Internacional do Desporto Militar e coordenar a participação portuguesa nas actividades daquele organismo.

3 – A DGPRM é dirigida por um director-geral, coadjuvado por dois subdirectores-gerais.

4 – Na dependência da DGPRM funciona a Comissão de Educação Física e Desporto Militar, regulada por diploma próprio.

5 – Os Serviços de Assistência Religiosa das FA são regulados por diploma próprio, funcionando a respectiva chefia junto da DGPRM, para efeitos de apoio logístico.

(*) *Redacção do art. 1.º do DL n.º 290/2000, de 14/11.*

ARTIGO 13.º

Direcção-Geral de Infra-Estruturas

1 – A DGIE é o serviço de concepção, coordenação e apoio técnico no domínio da gestão do património e das infra-estruturas necessários às FA.

2 – À DGIE compete, em especial:

a) Elaborar os estudos conducentes ao estabelecimento das políticas de logística e de infra-estruturas militares e civis necessárias à defesa nacional;

b) Participar na elaboração dos planos globais de logística e de infra-estruturas das FA e dos programas deles decorrentes, designadamente as propostas de LPM;

c) Emitir pareceres sobre a constituição, modificação ou extinção de servidões militares, bem como sobre o licenciamento de obras nas áreas por elas condicionadas;

d) Participar na preparação e execução de medidas que envolvam a requisição, aos particulares, de coisas ou serviços;

e) Colaborar no planeamento de infra-estruturas não militares que, pela sua natureza, possam interessar à defesa nacional;

f) Coordenar os aspectos relativos à definição e apreciação de normas de funcionalidade e racionalização de recursos, designadamente nos domínios energético, do ambiente e do ordenamento do território;

g) Assegurar a coordenação de todos os aspectos normativos e funcionais no âmbito das actividades relativas ao conhecimento do mar e aos serviços de cartografia e sistemas de informação geográfica;

h) Promover os estudos necessários e coordenar a elaboração dos planos e programas, bem como a execução das medidas e normas técnicas de enquadramento dos sistemas de informação e das tecnologias associadas;

i) Propor e executar a política de defesa nacional e o respectivo planeamento estratégico no âmbito dos sistemas de comunicações, comando e controlo e informação, assegurando a ligação com as competentes organizações nacionais e internacionais;

j) Coordenar e executar, em colaboração com os serviços competentes, as acções relativas à aquisição e disposição do património do Estado afecto ao MDN;

3 – A DGIE é dirigida por um director-geral, coadjuvado por um subdirector-geral.

ARTIGO 14.º (*)

Direcção-Geral de Armamento e Equipamentos de Defesa

1 – A DGAED é o serviço de estudo, execução e coordenação das actividades relativas ao armamento e equipamentos de defesa.

2 – À DGAED compete, em especial:

a) Participar na elaboração dos planos globais de reequipamento das FA e dos programas deles decorrentes, designadamente os projectos de propostas da Lei de Programação Militar;
b) Elaborar os estudos necessários à definição das políticas de defesa, nomeadamente no que se refere às actividades de logística de produção e, em coordenação com os ramos das Forças Armadas, de logística de consumo, bem como participar na definição da política de investigação e desenvolvimento;
c) Avaliar e propor projectos de investigação e desenvolvimento (I&D), ou de produção de armamento e equipamentos de defesa, e coordenar a participação nos respectivos grupos de projecto, quer no âmbito nacional quer no âmbito internacional;
d) Promover o debate de questões no âmbito das ciências e tecnologias de defesa;
e) Dar parecer sobre a representação portuguesa em organismos e em actividades no âmbito da investigação e desenvolvimento na área da defesa;
f) Acompanhar e apoiar tecnicamente a participação portuguesa em programas internacionais de exploração e domínio do espaço;
g) Proceder à qualificação periódica das empresas do sector da defesa e apoiar a instrução do seu processo de credenciação;
h) Superintender a actividade de ensaio de controlo de produção e intermutabilidade OTAN das munições fabricadas em Portugal, bem como de ensaio de vigilância das existências armazenadas;
i) Coordenar a participação nacional no âmbito da normalização OTAN e participar na definição dos conceitos de normalização nacional e internacional em matéria de armamento, munições e equipamentos de defesa;

j) Promover o estudo e aplicação das políticas e orientações técnicas de garantia de qualidade e catalogação no âmbito do armamento e equipamentos de defesa;

l) Promover, supervisionar ou coordenar os processos de reutilização e alienação do material de guerra das Forças Armadas;

m) Estabelecer normas relativas à negociação e administração de contratos de aquisição e de alienação de armamentos, equipamentos e aquisição de serviços de defesa e ao controlo de importações e exportações e prestar assessoria técnica nestes domínios;

n) Participar na programação e controlo financeiro dos projectos de I&D, produção e aquisição de armamento, equipamentos e serviços de defesa, quer no âmbito nacional quer no âmbito internacional;

o) Supervisionar, executar ou participar na administração de contratos de aquisição e de alienação de armamento, equipamentos e aquisição de serviços de defesa que lhe sejam cometidos, ou, em cooperação com os ramos das Forças Armadas e forças de segurança, coordenar a sua negociação, bem como participar, com as entidades envolvidas, nas negociações dos contratos de contrapartidas;

p) Promover o estudo e propor as políticas relativas a aquisições conjuntas das Forças Armadas e participar na elaboração dos protocolos necessários à sua execução;

q) Executar ou coordenar, em cooperação com os ramos ou as forças de segurança, a negociação de contratos relativos a projectos de I&D, produção e aquisição de armamento, equipamentos e serviços;

r) Participar na definição das políticas nacionais relativas ao controlo das importações e exportações de armamento, equipamentos e serviços e outros produtos de carácter estratégico;

s) Analisar e processar os pedidos de autorização de exportação e importação de armamento, equipamentos e serviços e supervisionar o cumprimento dos procedimentos legais.

3 – *Junto da DGAED funciona, como órgão de consulta do Ministro da Defesa Nacional em matéria de política de I&D na área das ciências e tecnologias de defesa, o Conselho Consultivo de Tecnologias de Defesa.* (**)

4 – A DGAED é dirigida por um director-geral, que exerce as funções de director nacional de armamento, coadjuvado por um subdirector-geral.

(*) *Redacção do art. 2.º do DL n.º 263/97, de 2/10.*
(**) *Revogado pelo art. 2.º do DL n.º 171/2002, de 25/07.*

ARTIGO 15.º (*)

Autoridade Nacional de Segurança

1 – *A ANS é o serviço especialmente incumbido de providenciar no sentido de que seja garantida a segurança das matérias classificadas nacionais, no âmbito da Administração Pública, da Organização do Tratado do Atlântico Norte (OTAN) e de outras alianças ou tratados de que Portugal seja parte, em território nacional e nas representações oficiais do País no estrangeiro.*

2 – *À ANS compete, em especial:*

a) Exercer as competências que lhe são cometidas nos termos das normas nacionais de segurança, bem como nos termos das normas de segurança de organizações de que Portugal seja parte;

b) Autorizar a abertura e o encerramento, em território nacional e no estrangeiro, dos órgãos de segurança de matérias classificadas previstos nas normas de segurança em vigor;

c) Conceder, controlar e cancelar a credenciação dos cidadãos de nacionalidade portuguesa em graus de classificação de segurança iguais ou superiores a «Confidencial» ou equivalentes, para o que lhe serão fornecidos todos os elementos informativos necessários;

d) Inspeccionar periodicamente os órgãos de segurança, no território nacional e no estrangeiro, detentores de matérias classificadas com vista a verificar o cumprimento das disposições de segurança respeitantes à sua protecção, incluindo as relativas à segurança das comunicações e à segurança informática;

e) Promover a formação e actualização de técnicos de segurança das matérias classificadas, abrangendo os âmbitos da segurança da informação classificada, segurança do pessoal, segurança física, segurança das comunicações e segurança informática;

f) Assegurar-se da existência e permanente actualização de planos de emergência capazes de fazer face à ocorrência de quebras de segurança e comprometimentos de matérias classificadas;

3 – *A ANS é dirigida por um director-geral, que exerce as funções de autoridade nacional de segurança, coadjuvado por um subdirector-geral.*

(*) *Revogado pelo art. 7.º do DL n.º 217/97, de 20/08. O serviço do Ministério da Defesa Nacional referido neste artigo passou a chamar-se «Gabinete Nacional de Segurança» pelo art. 1.º do citado diploma.*

ARTIGO 16.º
Inspecção-Geral das Forças Armadas

1 – A IGFAR é o órgão de apoio técnico e de controlo da correcta administração dos meios humanos, materiais e financeiros postos à disposição das FA, demais organismos e serviços integrados no MDN ou sob tutela do Ministro da Defesa Nacional.

2 – À IGFAR compete, em especial:

a) Averiguar, nos casos legalmente previstos ou determinados superiormente, do cumprimento das obrigações impostas por lei aos organismos e serviços a que se refere o presente diploma;
b) Realizar inspecções e efectuar auditorias previstas no respectivo plano de actividades ou por determinação superior;
c) Proceder a inquéritos e sindicâncias;
d) Efectuar estudos e exames periciais e elaborar pareceres ou relatórios informativos no âmbito das suas atribuições;
e) Realizar, por determinação superior, quaisquer outros trabalhos no âmbito da sua competência, directamente ou mediante recurso a especialistas ou outros serviços do Estado de carácter inspectivo ou investigador;

3 – Os titulares dos órgãos, serviços e demais estruturas referidos no presente diploma têm o dever de prestar todos os esclarecimentos e informações que lhes sejam solicitados pela IGFAR.

4 – A IGFAR pode solicitar directamente a qualquer pessoa, singular ou colectiva, informações e depoimentos, sempre que o repute necessário, para apuramento dos factos da sua competência.

5 – A IGFAR funciona na directa dependência do Ministro da Defesa Nacional e é dirigida por um inspector-geral, equiparado para todos os efeitos a director-geral.

ARTIGO 17.º
Instituto de Defesa Nacional

1 – O IDN é o órgão de estudo, investigação e ensino das questões da defesa nacional.

2 – AO IDN compete, em especial, contribuir para:

a) A definição e a permanente actualização de uma doutrina de defesa nacional;
b) O estudo e investigação do vector militar como componente da defesa nacional;

c) O esclarecimento recíproco e a valorização dos quadros das FA e dos restantes departamentos do MDN e dos sectores público, cooperativo e privado, através do estudo, divulgação e debate dos grandes problemas nacionais e da conjuntura internacional com incidência no domínio da defesa nacional;
d) A sensibilização da população para os problemas da defesa nacional, em especial no que respeita à consciência para os valores fundamentais que lhe são inerentes, para os factores que a ameaçam e para os deveres que neste domínio a todos vinculam;

3 – O IDN é dirigido por um director, equiparado a director-geral, coadjuvado por um subdirector, equiparado a subdirector-geral.

ARTIGO 18.º (*)

Conselho de Ciência e Tecnologia de Defesa

1 – *O CCTD é o órgão consultivo e de coordenação para as actividades de investigação científica e desenvolvimento tecnológico no âmbito do MDN.*

2 – *Ao CCTD compete, no âmbito da defesa nacional:*

a) Contribuir para a definição da política de I&D;
b) Promover o debate dos grandes problemas ligados à defesa no âmbito da ciência e tecnologia;
c) Assegurar a articulação entre as diversas estruturas do MDN e os órgãos responsáveis pela coordenação do sistema científico e tecnológico nacional;
d) Estudar e propor as prioridades da I&D e acompanhar o desenvolvimento dos programas de médio e longo prazo delas decorrentes;
e) Propor os critérios e formas de financiamento dos projectos aprovados e apoiar os serviços competentes na preparação do orçamento anual da I&D;
f) Dar parecer sobre a representação portuguesa em órgãos e actividades internacionais no âmbito da I&D;

3 – *O presidente do CCTD é nomeado pelo Ministro da Defesa Nacional de entre indivíduos de reconhecido mérito na área das ciências e tecnologias.*

(*) *Revogado pelo art. 3.º do DL n.º 263/97, de 2/10.*

ARTIGO 19.º (*)
Auditoria Jurídica

1 – *A AJ é o serviço de consulta jurídica e de apoio contencioso aos membros do Governo que integram o MDN.*

2 – *À AJ compete, em especial:*

a) Elaborar pareceres, informações e estudos jurídicos sobre quaisquer assuntos que lhe sejam submetidos pelos membros do Governo;

b) Acompanhar os processos contenciosos que digam respeito ao MDN, promovendo as diligências necessárias ao seu desenvolvimento;

c) Intervir, quando for solicitada, em processos disciplinares e de sindicância, inquéritos ou averiguações;

3 – *A AJ é coordenada tecnicamente pelo magistrado do Ministério Público que exerça as funções de auditor jurídico do MDN.*

(*) *Artigo revogado pelo art. 12.º do DL n.º 211/97, de 16/08.*

CAPÍTULO III
Pessoal

ARTIGO 20.º
Quadros de pessoal

1 – Os quadros de pessoal dos órgãos e serviços centrais a que se refere o artigo 9.º do presente decreto-lei constam de portaria conjunta dos Ministros da Defesa Nacional e das Finanças.

2 – O pessoal dirigente dos órgãos e serviços centrais do MDN que desempenha cargos de director-geral e subdirector-geral, ou equiparados, é o constante do mapa anexo ao presente diploma, do qual faz parte integrante. (*)

(*) *O mapa anexo a este diploma foi alterado pelo art. 2.º do DL n.º 290/2000, de 14/11.*

ARTIGO 21.º
Pessoal dirigente

1 – Os lugares de pessoal dirigente afectos aos órgãos e serviços centrais do MDN a que se refere o presente diploma podem ser providos por civis ou militares.

2 – Sempre que a nomeação para os cargos a que se refere o número anterior recaia em pessoal civil, é este provido nos termos da lei geral.

3 – Quando o provimento nos cargos dirigentes recaia em militares das FA, é feito de entre oficiais generais ou superiores, sem prejuízo da posse de licenciatura ou curso superior equiparado.

4 – Os militares providos em cargos dirigentes poderão exercer as suas funções na situação de activo em comissão normal, ou na situação de reserva na efectividade de serviço ou desligados deste.

5 – Os militares na situação de activo, em comissão normal, ou na situação de reserva na efectividade de serviço podem optar pelas remunerações correspondentes ao cargo que vão exercer.

6 – Os militares na situação de reserva desligados do serviço exercerão funções com observância do disposto nos artigos 78.º e 79.º do Decreto-Lei n.º 498/72, de 9 de Dezembro, com a redacção que lhe foi dada pelo Decreto-Lei n.º 215/87, de 29 de Maio, conjugado com o disposto no n.º 4 do artigo 125.º do Estatuto dos Militares das Forças Armadas, com a redacção que lhe foi dada pela Lei n.º 27/91, de 17 de Julho.

7 – O provimento dos cargos dirigentes pode também recair em deficientes das FA, aos quais serão aplicáveis os termos da lei geral da função pública e as disposições legais relativas à acumulação das remunerações com as pensões previstas no artigo 13.º do Decreto-Lei n.º 43/76, de 20 de Janeiro, na redacção dada pelo Decreto-Lei n.º 203/87, de 16 de Maio.

8 – Nos casos em que o provimento recaia em militares das FA, a nomeação é feita por um período de três anos, prorrogável por igual período, podendo cessar, a qualquer tempo, por iniciativa do Ministro da Defesa Nacional ou a pedido atendível do interessado.

Artigo 22.º
Pessoal não dirigente

1 – Os militares e o pessoal militarizado podem igualmente desempenhar funções não dirigentes nos órgãos e serviços centrais do MDN.

2 – Os militares chamados a prestar serviço nos termos do número anterior exercerão as suas funções na situação de activo, em comissão normal, ou na situação de reserva na efectividade de serviço ou desligados deste.

3 – As nomeações a que se referem os números anteriores são autorizadas pelo Ministro da Defesa Nacional, sob proposta dos dirigentes responsáveis dos órgãos e serviços centrais, ouvido o chefe do estado-maior respectivo.

4 – Os titulares dos cargos ou funções a desempenhar devem ser detentores dos requisitos habilitacionais exigidos pela lei geral da função pública, sendo considerados para este efeito com o grau de licenciatura, nos termos do n.º 3 do artigo 2.º do Decreto-Lei n.º 48/86, de 13 de Março, os oficiais de qualquer posto oriundos dos estabelecimentos militares de ensino superior.

5 – As funções desempenhadas pelos militares ou pessoal militarizado a que se refere o presente artigo podem ser dadas por findas, a todo o tempo, por iniciativa do Ministro da Defesa Nacional ou a pedido atendível do interessado.

6 – O disposto nos números 5, 6 e 7 do artigo anterior é aplicável, com as necessárias adaptações, ao pessoal que desempenhe funções não dirigentes nos órgãos e serviços centrais do MDN.

CAPÍTULO IV
Disposições finais e transitórias

ARTIGO 23.º
Regulamentação

1 – A organização e competências dos órgãos e serviços centrais constam de decretos regulamentares, a publicar no prazo de 90 dias após a entrada em vigor do presente diploma.

2 – Até à entrada em vigor dos diplomas previstos no número anterior, os serviços continuam a reger-se pelas disposições legais que lhes são aplicáveis.

3 – Os serviços e organismos previstos nos números 2 e 3 do artigo 3.º do presente decreto-lei são objecto de diploma próprio.

ARTIGO 24.º
Transição de pessoal

1 – Os funcionários dos órgãos e serviços centrais transitam para os quadros de pessoal dos correspondentes serviços, de acordo com as seguintes regras:

a) Para a mesma carreira, categoria e escalão que o funcionário já possui;

b) Sem prejuízo das habilitações legais, para carreira e categoria que integre as funções efectivamente desempenhadas, em escalão a que corresponda o mesmo índice remuneratório ou, quando não se verifique coincidência de índice, em escalão a que corresponda o índice superior mais aproximado na estrutura da categoria para que se opera a transição;

2 – As correspondências de categoria fazem-se em função do índice remuneratório correspondente ao escalão 1 da categoria em que o funcionário se encontra e o escalão 1 da categoria da nova carreira, sem prejuízo da atribuição do índice nos termos da alínea b) do número anterior.

3 – O tempo de serviço prestado na categoria actual conta, para todos os efeitos legais, como prestado na nova categoria, desde que no exercício de idênticas funções.

4 – Os funcionários civis dos quadros do pessoal do Estado-Maior-General das Forças Armadas e dos ramos afectos a unidades orgânicas cujas competências venham a ser cometidas a serviços centrais do MDN transitam para os quadros dos mesmos de acordo com as regras constantes dos números anteriores.

ARTIGO 25.º
Extinção do quadro comum

1 – Com a entrada em vigor dos diplomas a que se refere o n.º 1 do artigo 23.º é extinto o quadro comum de pessoal administrativo, auxiliar e operário do MDN, constante do anexo VI ao Decreto Regulamentar n.º 32/89, de 27 de Outubro.

2 – Os funcionários do quadro comum a que se refere o número anterior que se encontram colocados nos serviços e organismos do MDN transitam para os respectivos quadros de pessoal de acordo com as regras estabelecidas no artigo anterior.

ARTIGO 26.º
Concursos pendentes e estágios

1 – Os concursos cujos avisos de abertura se encontrem publicados à data da entrada em vigor do presente diploma mantêm-se válidos para os lugares dos novos quadros de pessoal.

2 – O pessoal que à data da entrada em vigor do presente diploma se encontre em regime de estágio mantém-se nessa situação até à conclusão do mesmo, sendo provido, em caso de aprovação, nos lugares dos novos quadros de pessoal dos respectivos serviços.

ARTIGO 27.º
Cessação das comissões de serviço

1 – Com a entrada em vigor do presente diploma cessam todas as comissões de serviço dos directores-gerais, subdirectores-gerais ou equiparados que exerçam funções nos serviços centrais do MDN, mantendo-se os mesmos em exercício até à nomeação de novos dirigentes.

2 – Os novos dirigentes podem ser nomeados antes da entrada em vigor dos diplomas regulamentares previstos no n.º 1 do artigo 23.º deste decreto-lei.

3 – As comissões de serviço dos directores de serviço, chefes de divisão ou equiparados que exerçam funções nos serviços centrais cessam na data da entrada em vigor dos diplomas regulamentares a que se refere o n.º 1 do artigo 23.º.

ARTIGO 28.º
Fusão de serviços

Os órgãos e serviços dependentes do Chefe do Estado-Maior-General das Forças Armadas que nos termos previstos na Lei Orgânica do Estado-Maior-General das Forças Armadas transitam para a estrutura do MDN mantêm a designação, orgânica, pessoal e modo de funcionamento até à data da entrada em vigor dos diplomas regulamentares que venham a absorver as suas atribuições e competências ou proceder à sua extinção.

ARTIGO 29.º
Providências orçamentais

1 – Até à efectivação da reestruturação dos serviços e das convenientes alterações orçamentais, os encargos referentes aos mesmos continuam a ser processados nos termos da actual expressão orçamental.

2 – Quando da regulamentação prevista no n.º 1 do artigo 23.º resultem transferências de atribuições e competências ou de pessoal, proceder-se-á às necessárias alterações orçamentais, nos termos da legislação em vigor.

ARTIGO 30.º
Norma revogatória

1 – São revogados o Decreto-Lei n.º 46/88, de 11 de Fevereiro, e o Decreto Regulamentar n.º 32/89, de 27 de Outubro.

2 – A revogação do Decreto Regulamentar n.º 32/89, de 27 de Outubro, reporta os seus efeitos à data da entrada em vigor dos diplomas a que se refere o n.º 1 do artigo 23.º.

Visto e aprovado em Conselho de Ministros de 26 de Novembro de 1992. – *Aníbal António Cavaco Silva – Joaquim Fernando Nogueira – Jorge Braga de Macedo.*

Promulgado em Vila Franca de Xira em 2 de Fevereiro de 1993.
Publique-se.
O Presidente da República, MÁRIO SOARES.
Referendado em 4 de Fevereiro de 1993.
O Primeiro-Ministro, *Aníbal António Cavaco Silva.*

Mapa *anexo* a que se refere o n.º 2 do artigo 20.º do Decreto-Lei n.º 47/93, na redacção do D.L. n.º 290/2000, de 14 de Novembro

Cargos dirigentes	Número de lugares
Secretário-geral	1
Director-geral	4
Inspector-geral	1
Director do Instituto de Defesa Nacional (*a*)	1
Secretário-geral-adjunto	1
Subdirector-geral	5
Subinspector-geral (*b*)	1
Director do Departamento de Assuntos Jurídicos (*c*)	1
Subdirector do Instituto de Defesa Nacional (*c*)	1

(*a*) Equiparado a director-geral.
(*b*) Criado pelo Decreto-Lei n.º 133/95, de 9 de Junho.
(*c*) Equiparado a subdirector-geral.»

DECRETO-LEI N.º 48/93, DE 26 DE FEVEREIRO

APROVA A LEI ORGÂNICA DO ESTADO-MAIOR-GENERAL DAS FORÇAS ARMADAS

Na perspectiva delineada pela Lei n.º 111/91, de 29 de Agosto, que aprovou a Lei Orgânica de Bases da Organização das Forças Armadas, havia que racionalizar e reduzir as estruturas de comando das Forças Armadas, por forma a assegurar o comando operacional integrado do conjunto de forças e meios do sistema de forças nacional, intenção esta que era igualmente assistida pela preocupação de uma maior economia de meios.

Em consequência, todas as actividades não directamente relacionadas com o emprego operacional serão transferidas para o Ministério da Defesa Nacional, transformando-se o Estado-Maior-General das Forças Armadas num efectivo comando operacional e formando-se uma cadeia de comando em cujo vértice se encontra o Chefe do Estado-Maior-General e na qual se inserem os chefes de estado-maior dos ramos como seus subordinados para efeitos operacionais, além dos comandos operacionais que venham a constituir-se.

Contudo, a grande novidade da reestruturação do Estado-Maior-General é a distribuição das suas funções pelas duas grandes áreas previstas no artigo 11.º da Lei n.º 111/91: o planeamento, com o correspondente apoio à decisão do Chefe, e a conduta operacional.

É na esteira desta norma que são criados e desenvolvidos o Estado-Maior Coordenador Conjunto e o Centro de Operações das Forças Armadas, o segundo dos quais dotado de uma organização flexível e ligeira em tempo de paz, susceptível de, em tempo de guerra ou situação equivalente, se constituir em quartel-general conjunto, com o desenvolvimento adequado às exigências da situação e com o reforço que se justificar, por pessoal provindo seja do Estado-Maior Coordenador Conjunto, seja dos ramos.

Esta peculiaridade do Centro de Operações torna-o capaz de, em qualquer momento, se adaptar ao confrontamento de uma ameaça, possibilitando ao Chefe do Estado-Maior-General o exercício do comando completo das Forças Armadas em situação de guerra.

O Centro de Operações, em tempo de paz, dispõe do apoio de estado-maior nas áreas complementares das informações e das operações e de um órgão especificamente dirigido ao exercício do comando operacional – o Centro de Operações Conjunto.

Assim:

No desenvolvimento do regime jurídico estabelecido pela Lei n.º 111/91, de 29 de Agosto, e nos termos da alínea c) do n.º 1 do artigo 201.º da Constituição, o Governo decreta o seguinte:

CAPÍTULO I
Estado-Maior-General das Forças Armadas

ARTIGO 1.º
Atribuições

O Estado-Maior-General das Forças Armadas (EMGFA) tem por atribuições planear, dirigir e controlar o emprego das Forças Armadas no cumprimento das missões e tarefas operacionais que a estas incumbem.

ARTIGO 2.º
Estrutura

O EMGFA compreende:

a) O Chefe do Estado-Maior-General das Forças Armadas (CEMGFA);
b) O Estado-Maior Coordenador Conjunto (EMCC);
c) O Centro de Operações das Forças Armadas (COFAR);
d) Os comandos operacionais e os comandos-chefes que eventualmente se constituam na dependência do CEMGFA.

Capítulo II
Chefe do Estado-Maior-General das Forças Armadas

Artigo 3.º
Competências

1 – O CEMGFA exerce o comando completo das Forças Armadas em estado de guerra e o seu comando operacional em tempo de paz.

2 – As dependências e competências do CEMGFA são as que constam da lei.

3 – O CEMGFA poderá delegar nos vice-almirantes ou generais-adjuntos a competência para a prática de actos relativos às áreas que lhes são funcionalmente atribuídas, bem como autorizar a subdelegação da mesma.

Artigo 4.º
Gabinete

1 – O CEMGFA dispõe de um Gabinete para seu apoio directo e pessoal.

2 – O Gabinete do CEMGFA presta também apoio técnico e administrativo ao Conselho de Chefes de Estado-Maior (CCEM).

Artigo 5.º
Assessores

Quando necessário, poderão existir assessores do CEMGFA, oficiais generais ou superiores, no activo ou na reserva, a requisitar aos ramos, para o desempenho temporário de funções específicas.

Capítulo III
Estado-Maior Coordenador Conjunto

Artigo 6.º
Estrutura

O EMCC é o órgão de planeamento e apoio à decisão do CEMGFA e tem a seguinte estrutura:

a) Adjunto para o planeamento;

b) Divisão de Planeamento Estratégico-Militar (DIPLAEM);

c) Divisão de Comunicações e Sistemas de Informação (DICSI);
d) Divisão de Recursos (DIREC);
e) Órgãos de apoio geral.

ARTIGO 7.º
Adjunto para o planeamento

1 – O EMCC é dirigido por um vice-almirante ou general, o qual desempenha as funções de adjunto do CEMGFA para o planeamento, competindo-lhe superintender e coordenar a actuação das divisões do EMCC e dos órgãos de apoio geral.

2 – O adjunto para o planeamento dispõe de um estado-maior pessoal para apoio técnico e administrativo.

ARTIGO 8.º
Divisão de Planeamento Estratégico-Militar

1 – A DIPLAEM presta apoio de estado-maior no âmbito do planeamento estratégico-militar e das relações internacionais com incidências de natureza militar, sem prejuízo das competências que nessas áreas incumbem ao Ministério da Defesa Nacional.

2 – A DIPLAEM é chefiada por um contra-almirante ou brigadeiro e tem a seguinte estrutura:
a) Chefe da Divisão;
b) Repartição de Planeamento Estratégico-Militar;
c) Repartição de Planeamento de Forças;
d) Repartição de Relações Internacionais;
e) Secretaria;

3 – Compete à DIPLAEM a elaboração e o accionamento de estudos, planos e pareceres, bem como de projectos de directivas, relacionados com:
a) A organização da Nação para a guerra, nomeadamente quanto à participação global das componentes não militares da defesa nacional no apoio a operações militares;
b) Incidências nas Forças Armadas resultantes do estabelecimento de um sistema de alerta nacional;
c) A participação das Forças Armadas na satisfação de compromissos militares decorrentes de acordos internacionais, nas relações com organismos militares multinacionais e de outros países;

d) Acordos ou compromissos internacionais com incidências de natureza estratégico-militar;
e) A evolução das organizações político-militares de que Portugal faz parte e os respectivos reflexos na componente militar da defesa nacional;
f) A definição do ciclo de planeamento estratégico-militar;
g) O planeamento da estratégia de defesa militar, os conceitos estratégicos decorrentes e as missões das Forças Armadas;
h) O planeamento de forças e a definição dos sistemas de forças;
i) Os níveis de prontidão, disponibilidade e sustentação de combate pretendidos para as forças;
j) A harmonização dos anteprojectos de propostas de leis de programação militar respeitantes ao EMGFA e aos ramos, a submeter ao CCEM;
l) A organização das Forças Armadas;
m) A organização de exposições orais e relatórios sobre a situação geral das Forças Armadas e do EMGFA.

Artigo 9.º
Divisão de Comunicações e Sistemas de Informação

1 – A DICSI presta apoio de estado-maior no que respeita aos assuntos de comando, controlo, comunicações e informação, sem prejuízo das competências que nessas áreas incumbem ao Ministério da Defesa Nacional.

2 – A DICSI é chefiada por um contra-almirante ou brigadeiro e tem a seguinte estrutura:
a) Chefe da Divisão;
b) Repartição de Doutrina, Planeamento e Projectos;
c) Repartição de Tecnologias de Informação;
d) Repartição de Gestão e Segurança;
e) Secretaria;

3 – Compete à DICSI a responsabilidade primária pela elaboração e accionamento de estudos, planos e pareceres, bem como de projectos de directivas, relacionados com:
a) A definição dos sistemas integrados de comando, controlo, comunicações e informação de âmbito operacional, sua organização e utilização;
b) A coordenação dos sistemas de comando, controlo, comunicações e informação militares de âmbito territorial;

c) Os aspectos de comando, controlo, comunicações e informação inerentes aos planos de defesa militar e de contingência;
d) A definição da doutrina militar, na sua área específica;
e) A utilização de sistemas de informação por processamento automático de dados em proveito do EMGFA e do emprego operacional das Forças Armadas;
f) A normalização das características de equipamento e sistemas electrónicos, optrónicos e informáticos necessários à componente operacional do sistema de forças nacional;
g) A utilização e gestão do espectro electromagnético atribuído às Forças Armadas e às forças de segurança;
h) As ligações militares criptográficas e criptofónicas da responsabilidade do EMGFA;
i) A segurança militar no âmbito das comunicações e da informática respeitantes ao EMGFA e ao emprego operacional das Forças Armadas;
j) O conhecimento das capacidades e limitações dos organismos civis de telecomunicações, tendo em vista a sua eventual utilização em situações de excepção ou guerra;

4 – A DICSI superintende tecnicamente no funcionamento dos Centros de Comunicações e de Cifra e de Informática do EMGFA.

Artigo 10.º
Divisão de Recursos

1 – A DIREC presta apoio de estado-maior no que respeita às áreas de pessoal, logística e finanças directamente relacionadas com o emprego operacional das Forças Armadas, sem prejuízo das competências do Ministério da Defesa Nacional nessas áreas.

2 – A DIREC é chefiada por um contra-almirante ou brigadeiro e tem a seguinte estrutura:

a) Chefe da Divisão;
b) Repartição de Estudos Gerais;
c) Repartição de Pessoal;
d) Repartição de Logística;
e) Repartição de Finanças;
f) Secretaria.

3 – Compete à DIREC a responsabilidade primária pela elaboração e accionamento de estudos, planos e pareceres, bem como de projectos de directivas, relacionados com:

a) Os aspectos administrativo-logísticos, financeiros e de assuntos civis inerentes aos planos de defesa militar e de contingência;
b) A coordenação das acções administrativo-logísticas e financeiras decorrentes de compromissos internacionais assumidos;
c) A definição da doutrina militar de carácter operacional, na sua área específica;
d) A convocação, mobilização e requisição militares;
e) A obtenção e actualização de indicadores estatísticos e de análise de custos directamente relacionados com a actividade operacional das Forças Armadas;
f) As infra-estruturas de natureza operacional;
g) O acompanhamento das actividades de investigação e desenvolvimento com impacte directo na defesa militar;
h) A uniformização e normalização do armamento e equipamento das Forças Armadas e corpos especiais de tropas;
i) A coordenação dos planos sectoriais de movimento e transporte de forças e respectivos apoios que envolvam mais de um ramo ou que prevejam a utilização de meios civis de transporte;
j) A elaboração dos anteprojectos de proposta de leis de programação militar respeitantes ao EMGFA e o controlo da respectiva execução, sem prejuízo das competências específicas dos órgãos e serviços do Ministério da Defesa Nacional;
l) A apreciação dos projectos orçamentais anuais das Forças Armadas que tenham incidência sobre a capacidade operacional das forças;
m) O estabelecimento de um sistema de registos e relatórios de natureza administrativo-logística, financeiros e de assuntos civis.

ARTIGO 11.º

Órgãos de apoio geral

1 – Os órgãos de apoio geral asseguram os apoios administrativos, logísticos, de comunicações e de segurança necessários ao funcionamento do EMGFA.

2 – O conjunto dos órgãos de apoio geral é chefiado por um capitão-de-mar-e-guerra ou coronel e compreende:

a) Chefia dos órgãos de apoio geral (COAG);
b) Comando do Aquartelamento;
c) Secretaria Central;
d) Conselho Administrativo;

e) Centro de Comunicações e de Cifra;
f) Centro de Informática;
g) Sub-Registo OTAN;

3 – Compete aos órgãos de apoio geral:

a) O apoio geral aos órgãos do EMGFA nas áreas da administração do pessoal militar e civil, da logística e da administração financeira;
b) O apoio específico nas áreas jurídica, da saúde, alimentação, transporte, informática, línguas estrangeiras, reprodução de documentos e manutenção de viaturas e instalações;
c) A segurança militar do pessoal, material e instalações do EMCC e do COFAR, bem como o controlo das respectivas áreas de servidão militar, quando existam;
d) A segurança, estabelecimento, utilização e manutenção das comunicações e do material cripto necessário às redes de comunicações do EMGFA;
e) A divulgação, cumprimento e fiscalização, no EMGFA, da regulamentação de segurança OTAN, quando aplicável.

CAPÍTULO IV
Centro de Operações das Forças Armadas

ARTIGO 12.º
Estrutura

1 – O COFAR é o órgão destinado a permitir ao CEMGFA o exercício do comando operacional das Forças Armadas.

2 – O COFAR tem uma organização ligeira e flexível em tempo de paz, com a seguinte estrutura:

a) Adjunto para as operações;
b) Divisão de Informações Militares (DIMIL);
c) Divisão de Operações (DIOP);
d) Centro de Operações Conjunto (COC).

ARTIGO 13.º
Adjunto para as operações

1 – O COFAR é dirigido por um vice-almirante ou general, o qual desempenha as funções de adjunto do CEMGFA para as operações, competindo-lhe superintender e coordenar a actuação das divisões que integram o COFAR e do COC, por forma a possibilitar o adequado emprego operacional das Forças Armadas.

2 – O adjunto para as operações dispõe de um estado-maior pessoal para apoio técnico e administrativo.

ARTIGO 14.º
Divisão de Informações Militares

1 – A DIMIL presta apoio de estado-maior no âmbito das informações e da segurança militares.

2 – A DIMIL é chefiada por um contra-almirante ou brigadeiro e tem a seguinte estrutura:

a) Chefe da Divisão;
b) Repartição de Planeamento e Informação Básica;
c) Repartição de Informação Corrente;
d) Repartição de Segurança Militar;
e) Repartição de Apoio Geral;

3 – Compete à DIMIL:

a) A produção de informações necessárias à avaliação permanente das ameaças à segurança militar;
b) O estudo, proposta e supervisão das medidas de segurança a aplicar para garantir a segurança militar;
c) A preparação e actualização, no seu âmbito, dos planos de defesa militar e planos de contingência;
d) A preparação, na respectiva área de responsabilidade, de exercícios conjuntos e combinados;
e) A definição da doutrina militar conjunta do seu âmbito;
f) A orientação da instrução de informações nas Forças Armadas;
g) A elaboração do relatório anual de actividades de informações nas Forças Armadas, a submeter à deliberação do CCEM;
h) As operações de recrutamento para ingresso de pessoal civil na DIMIL, de acordo com a legislação em vigor;
i) O aperfeiçoamento da formação e desenvolvimento técnico do seu pessoal;
j) O estabelecimento de um sistema de registos e relatórios, de natureza operacional, do seu âmbito.

Artigo 15.º
Divisão de Operações

1 – A DIOP presta apoio de estado-maior no que respeita ao planeamento operacional.

2 – A DIOP é chefiada por um contra-almirante ou brigadeiro e tem a seguinte estrutura:

a) Chefe da Divisão;
b) Repartição de Planos;
c) Repartição de Organização Operacional;
d) Repartição de Doutrina e Treino;
e) Secretaria;

3 – Compete à DIOP a responsabilidade primária pela elaboração e accionamento de estudos, planos e pareceres, bem como de projectos de directivas, relacionados com:

a) A preparação e actualização de planos de defesa militar e de planos de contingência, a submeter à aprovação superior;
b) As condições de emprego de forças e meios afectos à componente operacional do sistema de forças nacional no cumprimento de missões e tarefas relacionadas com a satisfação das necessidades básicas e a melhoria da qualidade de vida das populações, inclusivamente em situações de calamidade pública que não justifiquem a suspensão do exercício de direitos;
c) A definição das regras de empenhamento aplicáveis à actuação das Forças Armadas;
d) A coordenação de áreas operacionais específicas, nomeadamente a guerra electrónica;
e) A constituição de comandos-chefes ou de comandos operacionais dependentes do CEMGFA e o processo de nomeação destes últimos;
f) O dispositivo das Forças Armadas;
g) A avaliação e controlo dos estados de prontidão, dos graus de disponibilidade e da capacidade de sustentação de combate estabelecidos para as forças;
h) O estabelecimento de restrições ao exercício do direito de propriedade, relativamente a zonas confinantes com organizações ou instalações militares afectas ao EMGFA ou a mais de um ramo das Forças Armadas ou de interesse para a defesa nacional;
i) As cerimónias militares conjuntas;
j) A programação de exercícios conjuntos e a orientação do treino a seguir nos exercícios combinados;

l) A orientação do treino operacional das forças pertencentes a comandos operacionais dependentes do CEMGFA;
m) A avaliação global dos exercícios conjuntos e a colaboração em avaliações de exercícios combinados;
n) A definição da doutrina militar conjunta no âmbito das operações e a coordenação dos correspondentes elementos de doutrina do âmbito das outras divisões;
o) O estabelecimento de um sistema de registos e relatórios de natureza operacional.

ARTIGO 16.º

Centro de Operações Conjunto

1 – O COC é o órgão do COFAR que possibilita o exercício do comando operacional das Forças Armadas pelo CEMGFA, bem como das forças de segurança, por intermédio dos respectivos comandantes-gerais, quando, nos termos da lei, aquelas sejam colocadas na sua dependência.

2 – Em situação normal, o COC dispõe apenas de um núcleo permanente com a seguinte estrutura:

a) Chefe do estado-maior;
b) Secção de Dados de Situação;

3 – Quando necessário, designadamente em estado de guerra, de excepção ou durante a preparação e conduta de exercícios conjuntos, o COC constituir-se-á em quartel-general conjunto com o desenvolvimento adequado às exigências da situação e de acordo com a seguinte estrutura:

a) Chefe do estado-maior;
b) Repartição de Pessoal;
c) Repartição de Informações;
d) Repartição de Operações;
e) Repartição de Logística;
f) Repartição de Comunicações;
g) Repartição de Assuntos Civis;
h) Repartição de Informação e Relações Públicas;
i) Secção de Apoio;

4 – As responsabilidades funcionais dos órgãos mencionados no número anterior, quando activados, serão definidas por despacho do CEMGFA.

5 – Também por despacho do CEMGFA poderão ser adstritas ao quartel-general outras áreas funcionais adequadas à situação, constituindo um estado-maior especial ou técnico, bem como as estruturas necessárias à direcção dos exercícios.

6 – Compete ao COC:

a) O acompanhamento da situação das forças que integram a componente operacional do sistema de forças nacional, nomeadamente quanto aos respectivos estados de prontidão, graus de disponibilidade e à capacidade de sustentação das forças;

b) O planeamento e conduta dos exercícios conjuntos, bem como da participação nacional em exercícios combinados que envolvam mais de um ramo;

c) O estudo, planeamento e conduta do emprego de meios da componente operacional do sistema de forças nacional em situações concretas e a supervisão da execução dos respectivos planos e ordens.

ARTIGO 17.º

Chefe do estado-maior do COC

1 – O chefe do estado-maior é um contra-almirante ou brigadeiro.

2 – Compete ao chefe do estado-maior:

a) Dirigir, coordenar e supervisar o trabalho do estado-maior, por forma a assegurar-se de que este estuda, planeia e acciona as decisões operacionais do CEMGFA;

b) Assegurar o funcionamento do COC e a manutenção de bancos de dados actualizados em todas as áreas do quartel-general susceptíveis de virem a ser activadas.

ARTIGO 18.º

Secção de Dados de Situação

1 – A Secção de Dados de Situação é o órgão que tem por função manter um banco de dados actualizado no que respeita às áreas do quartel-general não activadas.

2 – A Secção de Dados de Situação é desactivada quando se activarem as repartições do estado-maior não permanentes.

CAPÍTULO V

Comandos operacionais e comandos-chefes

ARTIGO 19.º

Atribuições e estrutura dos comandos operacionais

1 – Os comandos operacionais que se constituam na dependência do CEMGFA destinam-se a permitir o planeamento, treino e emprego operacional das forças e meios que lhes forem atribuídos.

2 – São criados os Comandos Operacionais dos Açores e da Madeira.

ARTIGO 20.º

Comando Operacional dos Açores

1 – O Comando Operacional dos Açores é exercido por um vice-almirante ou general, dispondo para o efeito de um estado-maior conjunto de organização aligeirada em tempo de paz, com a seguinte estrutura:

a) Comandante;
b) Chefe do estado-maior;
c) Repartição de Informações;
d) Repartição de Operações;
e) Centro de Comunicações;
f) Posto de Controlo OTAN;
g) Serviço de Apoio e Secretaria;

2 – Ao Comando Operacional dos Açores compete:

a) A elaboração e actualização de planos de defesa militar e de planos de contingência;
b) O comando operacional das forças e meios que lhe forem atribuídos, sendo os comandantes das forças naval, terrestre e aérea seus subordinados para esse efeito;
c) O planeamento, conduta e avaliação do treino operacional conjunto;
d) O conhecimento do estado de prontidão, prazos de disponibilidade e capacidade de sustentação de combate das forças, propondo a adopção das medidas correctivas tidas por necessárias;
e) O estudo da passagem das Forças Armadas na Região Autónoma de uma situação de tempo de paz para estado de guerra;
f) O planeamento e exploração do sistema integrado de comunicações;

g) O planeamento e coordenação da realização de cerimónias militares conjuntas; (*)

h) A representação das Forças Armadas junto das autoridades civis da Região Autónoma e a ligação com as forças de segurança a fim de assegurar o cumprimento das missões atribuídas às Forças Armadas, com excepção das referentes ao exercício da autoridade marítima;

3 – O Comando Operacional dos Açores será apoiado pelo comando das forças terrestres, designadamente no âmbito administrativo-logístico, de segurança externa das instalações e no controlo das respectivas servidões militares, quando existam.

4 – Ao comandante operacional dos Açores poderão ser atribuídas funções em acumulação no quadro dos compromissos internacionais assumidos por Portugal.

5 – Quando necessário, designadamente em estado de guerra, de excepção ou durante a preparação e conduta de exercícios conjuntos programados, o Comando Operacional dos Açores poderá ser reforçado com pessoal nomeado em ordem de batalha, a fornecer pelos ramos.

(*) *Rectificado pela Declaração de Rectificação n.º 40/93, de 30/03/93.*

ARTIGO 21.º

Comando Operacional da Madeira

1 – O Comando Operacional da Madeira é exercido por um contra-almirante ou brigadeiro.

2 – O Comando Operacional da Madeira compreende a seguinte estrutura:

a) Comandante;
b) Chefe do estado-maior;
c) Repartição de Informações;
d) Repartição de Operações;
e) Centro de Comunicações;
f) Posto de Controlo OTAN;
g) Secretaria;

3 – Ao Comando Operacional da Madeira compete:

a) A elaboração e actualização de planos de defesa militar e de planos de contingência;

b) O comando operacional das forças e meios que lhe forem atribuídos, sendo os comandantes das forças naval, terrestre e aérea seus subordinados para esse efeito;

c) O planeamento, conduta e avaliação do treino operacional conjunto;

d) O conhecimento do estado de prontidão, prazos de disponibilidade e capacidade de sustentação de combate das forças, propondo a adopção das medidas correctivas tidas por necessárias;

e) O estudo da passagem das Forças Armadas na Região Autónoma de uma situação de tempo de paz para estado de guerra;

f) O planeamento e exploração do sistema integrado de comunicações;

g) O planeamento e coordenação da realização de cerimónias militares conjuntas;

h) A representação das Forças Armadas junto das autoridades civis da Região Autónoma e a ligação com as forças de segurança a fim de assegurar o cumprimento das missões atribuídas às Forças Armadas, com excepção das referentes ao exercício da autoridade marítima;

4 – Ao comandante operacional da Madeira poderão ser atribuídas funções em acumulação no quadro dos compromissos internacionais assumidos por Portugal.

5 – Quando necessário, designadamente em estado de guerra, de excepção ou durante a preparação e conduta de exercícios conjuntos programados, o Comando Operacional da Madeira poderá ser reforçado com pessoal nomeado em ordem de batalha, a fornecer pelos ramos.

6 – O Comando Operacional da Madeira continuará a ser exercido cumulativamente pelo comandante das forças terrestres na Madeira, apoiado por um estado-maior conjunto, enquanto não for oportuno concretizar o regime de rotatividade do cargo, nomeadamente com a alteração da natureza dos meios militares atribuídos.

Artigo 22.º
Atribuição e estrutura dos comandos-chefes

1 – Os comandos-chefes, quando constituídos, são órgãos na dependência do CEMGFA destinados a permitir a conduta de operações militares em estado de guerra e, nos termos da lei, dispondo os respectivos comandantes das competências, forças e meios que lhes forem outorgados por carta de comando.

2 – A estrutura e o quadro de pessoal de cada comando-chefe constarão do decreto-lei que o constituir.

CAPÍTULO VI
Disposições finais e transitórias

ARTIGO 23.º
Controlo internacional de armamentos

A participação militar portuguesa nas actividades relacionadas com o controlo internacional de armamentos funciona na dependência directa do adjunto para as operações e disporá do apoio funcional da Divisão de Operações do COFAR.

ARTIGO 24.º
Missões militares no estrangeiro

As missões militares no estrangeiro, designadamente junto das representações diplomáticas de Portugal, são reguladas por legislação própria.

ARTIGO 25.º
Extinção dos actuais Comandos-Chefes

1 – São extintos os Comandos-Chefes das Forças Armadas nas Regiões Autónomas dos Açores e da Madeira.

2 – O pessoal civil que integrava o quadro orgânico do primeiro daqueles Comandos-Chefes transita para o quadro orgânico do Comando Operacional dos Açores, criado pelo n.º 2 do artigo 19.º, sem perda de quaisquer direitos e regalias.

3 – Transitam igualmente para os Comandos Operacionais dos Açores e da Madeira as instalações e os meios de que dispunham os órgãos extintos pelo n.º 1.

ARTIGO 26.º
Extinção de órgãos e serviços do Estado-Maior-General das Forças Armadas

1 – São extintos os órgãos e serviços que integravam a estrutura interna do EMGFA durante a vigência do Decreto-Lei n.º 20/82, de 28 de Janeiro, e que não tenham correspondência no presente diploma nem sejam abrangidos pelo disposto no artigo 27.º, designadamente as Divisões de Pessoal, Logística e Administração Financeira, o Serviço de Cifra e a Comissão Executiva de Obras Militares Extraordinárias.

2 – As competências que pertenciam às Divisões de Pessoal, Logística e Administração Financeira transitam para o Ministério da Defesa Nacional, com excepção das que são cometidas às Divisões de Planeamento e de Recursos do EMCC pelo presente diploma.

3 – As competências que pertenciam ao Serviço de Cifra transitam para o Centro de Comunicações e de Cifra dos órgãos de apoio geral do EMCC, com excepção das correspondentes à Agência Nacional de Distribuição de Material Cripto, que transitam para o Ministério da Defesa Nacional.

4 – As competências que pertenciam à Comissão Executiva de Obras Militares Extraordinárias transitam para os órgãos de apoio geral do EMCC, com excepção das correspondentes a actividades no âmbito da OTAN, que transitam para o Ministério da Defesa Nacional.

ARTIGO 27.º
Transição de órgãos e serviços dependentes do CEMGFA

1 – A Comissão Executiva de Infra-Estruturas OTAN, a Comissão de Manutenção de Infra-Estruturas OTAN e a Estação Ibéria NATO, na sua dependência, a chefia do Serviço de Assistência Religiosa das Forças Armadas, o Centro de Catalogação das Forças Armadas, a Comissão Coordenadora de Informática das Forças Armadas, a Comissão de Educação Física e Desportos das Forças Armadas, o Serviço de Polícia Judiciária Militar, o Centro de Estudos de Direito Militar, o Gabinete do Oficial de Ligação junto da NAMSA, a Missão Militar junto do Colégio de Defesa OTAN e a Comissão Técnica Permanente de Munições e Substâncias Explosivas das Forças Armadas, bem como os Serviços Sociais das Forças Armadas, considerando neste organismo integrados o Cofre de Previdência das Forças Armadas, o Lar de Veteranos Militares e o Complexo Social das Forças Armadas, transitam para a estrutura do Ministério da Defesa Nacional. (*)

2 – A Escola do Serviço de Saúde Militar (ESSM) e a Assistência aos Tuberculosos das Forças Armadas (ATFA) transitam para a dependência do Chefe do Estado-Maior do Exército, ficando a ATFA integrada no Hospital Militar de Belém, com a designação de Centro Militar de Medicina Preventiva.

3 – A Unidade Nacional de Apoio junto da Força NATO Airbone Early Warning (NAEW) e o oficial de ligação português junto do EURO CONTROL, bem como o pessoal português desempenhando funções na Força NAEW-3A, transitam para a dependência do Chefe do Estado-Maior da Força Aérea.

(*) Rectificado pela Declaração de Rectificação n.º 40/93, de 30/03.

ARTIGO 28.º

Quadros de pessoal

1 – Os quantitativos globais de pessoal militar que integram o quadro do EMGFA são os constantes do anexo I.

2 – Os quantitativos globais de pessoal civil constam de portaria conjunta dos Ministros da Defesa Nacional e das Finanças.

3 – Os quadros de pessoal dos órgãos que constituem o EMGFA serão aprovados por despacho do CEMGFA, respeitados os quantitativos globais a que se referem os números anteriores.

4 – O quadro de pessoal da Unidade Nacional de Verificações (UNAVE), criada no âmbito nacional para execução do disposto no artigo 23.º, é o constante do anexo II.

5 – O quadro de pessoal necessário ao desempenho de cargos internacionais colocado no EMGFA é o constante do anexo III.

ARTIGO 29.º

Preenchimento dos novos quadros do EMGFA por pessoal militar

1 – Os ramos fornecerão ao EMGFA o pessoal militar constante dos quadros aprovados, de acordo com o posto, a capacidade e a competência para as funções a desempenhar.

2 – O referido pessoal exercerá a sua comissão de serviço por três anos, renováveis por mais dois anos, sem prejuízo da faculdade de exoneração a todo o tempo.

ARTIGO 30.º

Preenchimento do novo quadro do EMGFA por pessoal civil

A transição do pessoal do quadro de pessoal civil do EMGFA, constante da Portaria n.º 375/90, de 15 de Maio, para o novo quadro faz-se nos termos da lei geral.

ARTIGO 31.º

Transição para outros quadros

Os funcionários do quadro de pessoal civil do EMGFA que não transitem para o novo quadro poderão ser integrados nos quadros dos órgãos e serviços centrais do Ministério da Defesa Nacional ou dos ramos que absorverem as áreas funcionais ou os órgãos referidos nos artigos 26.º e 27.º do presente diploma.

ARTIGO 32.º
Transição de órgãos e serviços com quadros próprios

A transição dos órgãos e serviços que sejam dotados de quadros próprios da dependência do CEMGFA para a estrutura do Ministério da Defesa Nacional ou dos ramos far-se-á com as respectivas dotações.

ARTIGO 33.º
Normas transitórias

1 – O Conselho Administrativo do EMGFA será transitoriamente reforçado com os meios susceptíveis de lhe permitir o apoio à execução orçamental e prestação de contas dos órgãos que, nos termos do presente diploma, transitarem para a estrutura do Ministério da Defesa Nacional e dos ramos até ao encerramento das contas do respectivo ano económico.

2 – Enquanto não se proceder à revisão do Sistema de Informações da República, cujas bases gerais foram aprovadas pela Lei n.º 30/84, de 5 de Setembro, mantêm-se em vigor a orgânica e as atribuições actuais da Divisão de Informações do Estado-Maior-General das Forças Armadas, ficando até àquela data suspensa a execução do disposto no artigo 14.º e, quanto ao respectivo pessoal, no n.º 2 do artigo 29.º.

Visto e aprovado em Conselho de Ministros de 26 de Novembro de 1992. – *Aníbal António Cavaco Silva* – *Joaquim Fernando Nogueira* – *Jorge Braga de Macedo.*

Promulgado em Vila Franca de Xira em 2 de Fevereiro de 1993.

Publique-se.

O Presidente da República, MÁRIO SOARES.

Referendado em 4 de Fevereiro de 1993.

O Primeiro-Ministro, *Aníbal António Cavaco Silva.*

ANEXO I

a que se refere o n.º 1 do artigo 28.º do Decreto-Lei n.º 48/93

Quadro de pessoal militar do EMGFA

Distribuição por ramos

	Total	Marinha	Exército	Força Aérea	Qualquer
Almirante/general de 4 estrelas	1	–	–	–	1
Vice-almirante/general de 3 estrelas........	3	–	–	–	3
Contra-almirante/brigadeiro	8	–	1	–	7
Capitão-de-mar-e-guerra/coronel	19	6	9	4	–
Outros oficiais superiores	83	23	38	22	–
Primeiro-tenente/capitão/subalterno	35	8	16	11	–
Sargento-mor	9	3	4	2	–
Outros sargentos	115	34	46	35	–
Praças	152	36	79	37	–

ANEXO II

a que se refere o n.º 4 do artigo 28.º do Decreto-Lei n.º 48/93

Quadro de pessoal da UNAVE

Posto	Quantitativo
Coronel (Exército)	1
Tenente-coronel (Exército)	1
Tenente-coronel ou major (Força Aérea)	1
Capitão (Exército)	2
Sargento (qualquer posto) (Exército)	1
Sargento (qualquer posto) (Força Aérea)	2
Praça (Exército/Marinha)	2

ANEXO III

a que se refere o n.º 5 do artigo 28.º do Decreto-Lei n.º 48/93

Quadro de pessoal em cargos internacionais colocado no EMGFA

Categoria/posto	Total	Marinha	Exército	Força Aérea	Qualquer
Vice-almirante/general	4	1	1	1	1
Contra-almirante/brigadeiro	7	2	5	–	–
Capitão-de-mar-e-guerra/coronel	39	6	7	6	20
Outros oficiais superiores	120	27	45	38	10
Primeiro-tenente/capitão/subalterno	44	7	20	13	4
Sargentos	111	27	38	24	22
Praças	115	63	19	24	9
Civis	21	–	–	–	21

DECRETO-LEI N.º 49/93, DE 26 DE FEVEREIRO

APROVA A LEI ORGÂNICA DA MARINHA

Nota: *As atribuições, competências e organização dos diversos órgãos e serviços referidos no diploma foram objecto de decretos regulamentares.*
No final do presente decreto-lei daremos conta deles.

A Marinha é o ramo das Forças Armadas destinado ao exercício da vigilância e controlo do mar nas áreas de interesse nacional, constituindo, dada a configuração do território nacional, uma componente potenciadora do valor do sistema de defesa militar em que se integra.

No actual quadro geopolítico mundial, a Marinha contribui significativamente para a satisfação dos compromissos e responsabilidades assumidos por Portugal, no âmbito das alianças e das organizações de segurança colectiva, com vista a garantir a liberdade do uso do mar.

Por outro lado, a vastidão da área marítima de interesse nacional torna indispensável valorizar a reconhecida polivalência das capacidades das unidades navais, cabendo à Marinha continuar a garantir, eficazmente e em permanência, a realização de actividades de interesse público no mar.

A natureza e a diversidade das missões, o carácter contínuo da actividade operacional e a evolução tecnológica que se verifica, em especial no nível dos meios navais, impõe que se introduzam as indispensáveis modificações na estrutura orgânica da Marinha e se criem as condições para, doravante, se promover o seu reajustamento segundo um processo dinâmico de desenvolvimento organizacional. Nesta conformidade, no respeito pelos princípios de eficácia e racionalização e pelas bases gerais da organização das Forças Armadas consagram-se na Lei Orgânica da Marinha, que agora se publica, relevantes soluções reorganizativas.

É remodelada a estrutura operacional, simplificando-a e centralizando numa mesma entidade – o comandante naval- directamente subordinada ao Chefe do Estado-Maior da Armada, a responsabilidade pelo planeamento, coordenação e controlo da actividade operacional que concerne à Marinha, ao mesmo tempo que, de forma descentralizada, mas sob a sua supervisão, se assegura o aprontamento das unidades e a execução de operações navais. Na esteira desta linha orientadora, extinguem-se os comandos de defesa marítima de portos e reduz-se o escalão dos comandos navais dos Açores e da Madeira; reestrutura-se o Corpo de Fuzileiros, que passa a situar-se na dependência do Comando Naval; abandona-se a tradicional caracterização das flotilhas e esquadrilhas como forças navais, passando a integrá-las numa estrutura de comandos administrativos a que incumbe promover o aprontamento das unidades e dos helicópteros navais.

Em face dos padrões de manutenção e outros requisitos de administração impostos pela entrada ao serviço de novos e sofisticados meios navais, introduzem-se significativas alterações na estrutura da Superintendência dos Serviços do Material, adequando-a às novas exigências de funcionamento. É, assim, criada a Direcção de Navios mediante a fusão do Gabinete de Estudos com as Direcções de Serviço de Manutenção e de Construções e a extinção da Direcção-Geral do Material Naval. Paralelamente, a Superintendência dos Serviços do Pessoal passa a dispor de uma estrutura mais ajustada às exigências da moderna gestão dos recursos humanos, com ênfase para a área da formação, e a Superintendência dos Serviços Financeiros absorve as atribuições da Comissão Liquidatária de Responsabilidades e do Conselho Administrativo da Administração Central da Marinha, que são extintos.

É criada a Direcção de Análise e Métodos de Apoio à Gestão, por fusão do Serviço de Informática da Armada e do Centro de Investigação Operacional, incluindo no âmbito das suas atribuições as que garantem o apoio à gestão no domínio da análise ocupacional e métodos de organização do trabalho. O Estado-Maior da Armada, caracterizado como órgão de estudo e planeamento, assume novas incumbências, no campo da inspecção, assegurando o necessário apoio ao Chefe do Estado-Maior da Armada para que, no vértice da estrutura, melhor se exerça o controlo global das actividades da Marinha.

Fixar a nova macroestrutura da Marinha, proporcionando a sua regulamentação subsequente, sem perder de vista os princípios da eficácia e da racionalização do emprego dos recursos disponíveis, tal é o objectivo primordial do presente diploma.

Assim:

No desenvolvimento do regime jurídico estabelecido pela Lei n.º 111/91, de 29 de Agosto, e nos termos da alínea c) do n.º 1 do artigo 201.º da Constituição, o Governo decreta o seguinte:

Capítulo I
Disposições gerais

Artigo 1.º
Missão

1 – A Marinha tem por missão cooperar, de forma integrada, na defesa militar da República, através da realização de operações navais.

2 – Sem prejuízo da missão referida no número anterior, a Marinha desempenha, também, missões no âmbito dos compromissos internacionais assumidos e missões de interesse público. (*)

3 – As missões específicas da Marinha são as definidas nos termos da lei.

(*) *Rectificado pela Declaração de Rectificação n.º 38/93, de 30/03.*

Artigo 2.º
Sistema de forças

1 – A Marinha é parte integrante do sistema de forças nacional.

2 – Nas componentes do sistema de forças nacional inserem-se:

a) Na componente operacional, os comandos, as forças e as unidades operacionais referidos neste diploma;

b) Na componente fixa ou territorial, todos os restantes órgãos da estrutura do ramo.

Artigo 3.º
Linha de comando

No presente diploma é designada por linha de comando a linha de autoridade que estabelece a dependência de um órgão em relação ao Chefe do Estado-Maior da Armada, quer directamente, quer através de outros órgãos situados em escalões intercalares da estrutura da Marinha, quando referida exclusivamente a comandos, forças ou unidades.

ARTIGO 4.º
Autoridade técnica

Autoridade técnica é o tipo de autoridade que permite a um titular fixar e difundir normas de natureza especializada, sem que tal inclua competência disciplinar.

ARTIGO 5.º
Estrutura orgânica

1 – A Marinha compreende:
a) O Chefe do Estado-Maior da Armada;
b) O Estado-Maior da Armada;
c) Os órgãos centrais de administração e direcção;
d) Os órgãos de conselho;
e) Os órgãos de implantação territorial;
f) Os elementos da componente operacional do sistema de forças nacional;

2 – A Marinha compreende ainda os órgãos do sistema da autoridade marítima, de acordo com o disposto no artigo 34.º do presente diploma.

CAPÍTULO II
Organização geral da Marinha

SECÇÃO I
Chefe do Estado-Maior da Armada

ARTIGO 6.º
Competências e dependências

1 – O Chefe do Estado-Maior da Armada (CEMA) é o comandante da Marinha.

2 – O CEMA é o principal colaborador do Ministro da Defesa Nacional e do Chefe do Estado-Maior-General das Forças Armadas em todos os assuntos respeitantes à Marinha, tem as competências e dependências fixadas na lei e participa, por inerência do cargo, nos órgãos de conselho previstos na lei.

3 – O CEMA poderá delegar, nas entidades que lhe estão directamente subordinadas, a competência para a prática de actos relativos às áreas que lhes são funcionalmente atribuídas, bem como autorizar a subdelegação da mesma.

ARTIGO 7.º
Gabinete do Chefe do Estado-Maior da Armada

O CEMA dispõe de um gabinete para seu apoio directo e pessoal.

SECÇÃO II
Estado-Maior da Armada

ARTIGO 8.º
Atribuições e composição

1 – O Estado-Maior da Armada (EMA) é um órgão de apoio do CEMA para o estudo, concepção, planeamento e inspecção das actividades da Marinha.

2 – Na estrutura orgânica do EMA estão compreendidos órgãos de apoio e as seguintes divisões:

a) Divisão de Pessoal e Organização;
b) Divisão de Informações;
c) Divisão de Operações;
d) Divisão de Logística do Material;
e) Divisão de Planeamento;
f) Divisão de Comunicações;

3 – O EMA é chefiado pelo Vice-Chefe do Estado-Maior da Armada, que, para o efeito, é coadjuvado pelo Subchefe do Estado-Maior da Armada, que é um contra-almirante.

ARTIGO 9.º
Vice-Chefe do Estado-Maior da Armada

1 – O Vice-Chefe do Estado-Maior da Armada (VCEMA) é um vice-almirante e é hierarquicamente superior a todos os oficiais do seu posto.

2 – Além das competências inerentes à chefia do EMA e de outras decorrentes do disposto no presente diploma, o VCEMA exerce as que lhe sejam delegadas pelo CEMA.

3 – O VCEMA substitui o CEMA nos seus impedimentos e ausências e exerce as funções de CEMA interino por vacatura do cargo de CEMA.

Secção III
Órgãos centrais de administração e direcção

Artigo 10.º
Disposições genéricas

1 – Os órgãos centrais de administração e direcção têm carácter funcional e visam assegurar a superintendência e a execução de actividades específicas essenciais, em conformidade com a orientação superiormente definida.

2 – São órgãos centrais de administração e direcção:

a) A Superintendência dos Serviços do Pessoal;

b) A Superintendência dos Serviços do Material;

c) A Superintendência dos Serviços Financeiros;

d) O Instituto Hidrográfico;

e) A Direcção de Análise e Métodos de Apoio à Gestão;

3 – Os órgãos referidos nas alíneas a) a d) do número anterior situam-se na directa dependência do CEMA.

4 – O órgão referido na alínea e) do n.º 2 depende do VCEMA.

Artigo 11.º
Superintendência dos Serviços do Pessoal

1 – À Superintendência dos Serviços do Pessoal (SSP) incumbe assegurar as actividades da Marinha no domínio dos recursos humanos, sem prejuízo das disposições específicas aplicáveis aos quadros privativos de pessoal civil.

2 – Excluem-se do âmbito da SSP as matérias respeitantes ao ensino no Instituto Superior Naval de Guerra que, por disposições próprias, incumbam a este estabelecimento de ensino.

3 – O superintendente dos Serviços do Pessoal é um vice-almirante e dispõe de autoridade técnica sobre todos os órgãos da Marinha no domínio dos recursos humanos.

4 – A SSP compreende:
a) O superintendente e o respectivo gabinete;
b) A Direcção do Serviço de Pessoal;
c) A Direcção do Serviço de Formação;
d) A Direcção do Serviço de Saúde;
e) A Direcção de Apoio Social;
f) A Chefia do Serviço de Justiça;
g) A Chefia do Serviço de Assistência Religiosa;

5 – Na SSP funcionam órgãos de conselho e outras comissões para apoio do superintendente, designadamente os conselhos de classes, regulados por legislação própria, a Junta de Saúde Naval e o Conselho de Gestão do Pessoal.

6 – Na dependência da SSP, através da Direcção do Serviço de Saúde, funciona o Hospital da Marinha;

7 – A SSP presta apoio administrativo ao Tribunal Militar da Marinha, cuja organização e funcionamento constam de legislação própria.

ARTIGO 12.º

Superintendência dos Serviços do Material

1 – À Superintendência dos Serviços do Material (SSM) incumbe assegurar as actividades da Marinha no domínio dos recursos do material, sem prejuízo das competências específicas de outras entidades do mesmo âmbito.

2 – O superintendente dos Serviços do Material é um vice-almirante e dispõe de autoridade técnica sobre todos os órgãos da Marinha no domínio dos recursos do material.

3 – A SSM compreende:
a) O superintendente e o respectivo gabinete;
b) A Direcção de Navios;
c) A Direcção de Abastecimento;
d) A Direcção de Infra-Estruturas;
e) A Direcção de Transportes;

4 – Na SSM funciona, para apoio do superintendente, o Conselho de Logística do Material.

5 – O Arsenal do Alfeite, regulado por legislação própria, é um estabelecimento fabril da Marinha na directa dependência do superintendente dos Serviços do Material.

ARTIGO 13.º

Superintendência dos Serviços Financeiros

1 – À Superintendência dos Serviços Financeiros (SSF) incumbe assegurar as actividades da Marinha no domínio dos recursos financeiros, sem prejuízo das competências específicas de outras entidades no mesmo âmbito.

2 – O superintendente dos Serviços Financeiros é um contra-almirante e dispõe de autoridade técnica sobre todos os órgãos da Marinha no domínio dos recursos financeiros.

3 – A SSF compreende:

a) O superintendente e o respectivo gabinete;

b) A Direcção de Administração Financeira;

c) A Direcção do Apuramento de Responsabilidades;

d) A Chefia do Serviço de Apoio Administrativo.

ARTIGO 14.º

Instituto Hidrográfico

1 – Ao Instituto Hidrográfico (IH) incumbe assegurar as actividades da Marinha relacionadas com as ciências e técnicas do mar, tendo em vista a sua aplicação na área militar e contribuir para o desenvolvimento do País nas áreas científica e da defesa do ambiente marinho.

2 – O director-geral do IH é um vice-almirante e dispõe de autoridade técnica sobre todos os órgãos da Marinha nos domínios dos levantamentos hidrográficos e da cartografia náutica e, quando aplicável, da segurança da navegação, dos métodos e material de navegação, da oceanografia física, da geologia marinha e da oceanografia química.

3 – A estrutura orgânica, atribuições, competências e normas de funcionamento do IH são estabelecidas por diploma próprio.

ARTIGO 15.º

Direcção de Análise e Métodos de Apoio à Gestão

1 – À Direcção de Análise e Métodos de Apoio à Gestão (DAMAG) incumbe assegurar o apoio técnico da Marinha em matéria de tecnologias da informação, análise ocupacional e métodos de organização do trabalho e investigação operacional, sem prejuízo das competências específicas de outras entidades no mesmo âmbito.

2 – O director da DAMAG é um contra-almirante ou capitão-de-mar-e-guerra e dispõe de autoridade técnica sobre todos os órgãos da Marinha na área das tecnologias da informação, designadamente no âmbito da informática e da estatística.

SECÇÃO IV
Órgãos de conselho

ARTIGO 16.º
Disposições genéricas

1 – Os órgãos de conselho do CEMA destinam-se a apoiar as decisões do CEMA em assuntos especiais e importantes na preparação, disciplina e administração da Marinha. (*)

2 – São órgãos de conselho do CEMA:

a) O Conselho do Almirantado;
b) O Conselho Superior de Disciplina da Armada;
c) A Junta Médica de Revisão da Armada;
d) A Comissão Cultural da Marinha.

(*) *Rectificado pela Declaração de Rectificação n.º 38/93, de 30/03.*

ARTIGO 17.º
Conselho do Almirantado

1 – O Conselho do Almirantado (CA), que corresponde ao Conselho Superior da Marinha, é o órgão máximo de consulta do CEMA.

2 – O CA é presidido pelo CEMA e constituído por todos os vice-almirantes no activo em serviço nas Forças Armadas.

3 – Em diploma regulamentar serão fixadas as circunstâncias em que este órgão reunirá em plenário ou sessão restrita, conforme as matérias a tratar.

4 – O CA poderá agregar, sem direito a voto, outros oficiais habilitados para o tratamento dos assuntos em agenda, a convocar pelo CEMA.

ARTIGO 18.º
Conselho Superior de Disciplina da Armada

1 – O Conselho Superior de Disciplina da Armada (CSDA) é o órgão consultivo e de apoio do CEMA em matéria disciplinar.

2 – O presidente do CSDA é um oficial general, no activo ou na reserva.

3 – A composição, funcionamento e competências do CSDA são os constantes do Regulamento de Disciplina Militar.

ARTIGO 19.º

Junta Médica de Revisão da Armada

1 – À Junta Médica de Revisão da Armada (JMRA) incumbe estudar e dar parecer sobre os recursos relativos às decisões das entidades competentes, baseadas em pareceres formulados pelas outras juntas médicas da Armada.

2 – O presidente da JMRA é um contra-almirante na reserva.

ARTIGO 20.º

Comissão Cultural da Marinha

1 – À Comissão Cultural da Marinha (CCM) incumbe assistir o CEMA no que se refere ao enriquecimento, preservação e divulgação do património cultural, histórico ou artístico da Marinha.

2 – A CCM é composta pelos dirigentes dos órgãos de natureza cultural mencionados no artigo 26.º.

3 – O presidente da CCM é um oficial general, no activo ou na reserva, nomeado de entre o presidente da Academia de Marinha e os directores do Museu de Marinha ou da Biblioteca Central da Marinha, em regime de acumulação.

SECÇÃO V

Órgãos de implantação territorial

ARTIGO 21.º

Disposições genéricas

1 – São órgãos de implantação territorial os que visam a organização e o apoio geral da Marinha ou, quando razões objectivas o aconselhem, das Forças Armadas e não sejam especificamente caracterizados de outra forma neste diploma.

2 – Os órgãos de implantação territorial compreendem:
a) O Comando do Corpo de Fuzileiros;
b) Os comandos administrativos;
c) O Instituto Superior Naval de Guerra;
d) As unidades em terra;
e) Os órgãos de natureza cultural;
f) Os órgãos de execução de serviços, em geral.

ARTIGO 22.º
Comando do Corpo de Fuzileiros

1 – Ao Comando do Corpo de Fuzileiros (CCF) incumbe promover o aprontamento e apoio logístico e administrativo das forças, unidades e meios operacionais que lhe estejam atribuídos e assegurar as acções de formação de pessoal que lhe sejam cometidas.

2 – Ao CCF incumbe ainda, através do emprego das unidades de fuzileiros e outros meios atribuídos:
a) Assegurar a execução das actividades operacionais que lhe forem cometidas pelo comandante naval, designadamente, no âmbito das operações navais, incluindo as anfíbias, da defesa local de portos e outras instalações, do serviço de polícia naval e da representação militar da Marinha de natureza protocolar;
b) Cooperar na execução de acções de intervenção em plataformas fixas, navios e embarcações nas áreas de jurisdição marítima nacional, visando a segurança de passageiros, tripulantes e navios, contra actos ilícitos de natureza criminosa;

3 – O comandante do Corpo de Fuzileiros está directamente subordinado ao comandante naval e é um contra-almirante ou capitão-de-mar-e-guerra.

4 – Na dependência do CCF situam-se a Escola de Fuzileiros, a Base de Fuzileiros, as forças e unidades de fuzileiros, os quais, no seu conjunto, constituem o Corpo de Fuzileiros.

ARTIGO 23.º
Comandos administrativos

1 – Aos comandos administrativos incumbe, fundamentalmente, promover o aprontamento e o apoio logístico e administrativo das unidades navais e meios operacionais que lhes estejam atribuídos.

2 – Os comandos administrativos compreendem:

a) A Flotilha;
b) A Esquadrilha de Escoltas Oceânicos; (*)
c) A Esquadrilha de Navios Patrulhas;
d) A Esquadrilha de Draga-Minas;
e) A Esquadrilha de Submarinos;
f) A Esquadrilha de Helicópteros;

3 – Os comandantes dos órgãos referidos no n.º 2 são:

a) Contra-almirante que, cumulativamente, desempenha as funções de 2.º comandante naval e está directamente subordinado ao comandante naval, na Flotilha;
b) Oficiais superiores, directamente subordinados ao comandante da Flotilha, nas esquadrilhas.

(*) *Rectificado pela Declaração de Rectificação n.º 38/93, de 30/03.*

ARTIGO 24.º

Instituto Superior Naval de Guerra

1 – O Instituto Superior Naval de Guerra (ISNG) é o estabelecimento de ensino da Marinha a que incumbe promover a preparação complementar dos oficiais no campo doutrinário e técnico das ciências militares.

2 – O director do ISNG é um vice-almirante, directamente subordinado ao CEMA.

ARTIGO 25.º

Unidades em terra

1 – As unidades em terra situam-se na linha de comando do CEMA e compreendem:

a) A Escola Naval;
b) A Base Naval de Lisboa;
c) A Base de Fuzileiros;
d) As unidades de apoio;

2 – Designam-se, igualmente, por unidades em terra os grupos de escolas, a Escola de Fuzileiros e outras escolas que, pela natureza das suas atribuições ou pelos efectivos de que dispõem, também se situam na linha de comando do CEMA.

3 – A Escola Naval, regulada por legislação própria, é o estabelecimento militar de ensino superior a que incumbe, essencialmente, ministrar cursos de licenciatura e a formação que habilitam os alunos que a frequentam ao ingresso nas classes estabelecidas para categoria de oficial, nos termos da legislação estatutária em vigor.

4 – À Base Naval de Lisboa incumbe, em especial, prestar apoio logístico, com os serviços de que dispõe, às unidades navais baseadas em Lisboa, bem como a outras unidades e organismos situados na sua área;

5 – À Base de Fuzileiros incumbe assegurar actividades, no âmbito logístico, relacionadas com o aprontamento e o emprego das forças e unidades de fuzileiros e com o funcionamento do Comando do Corpo de Fuzileiros, bem como da Escola de Fuzileiros quando aplicável.

6 – Às unidades de apoio incumbe, genericamente, prestar apoio aos órgãos da Marinha instalados em infra-estruturas comuns, designadamente no que respeita à manutenção e segurança das instalações, ou aos assuntos de natureza administrativa e disciplinar relativos ao pessoal militar apresentado nas respectivas unidades de apoio.

7 – Os comandantes das unidades referidas no n.º 1 são:

a) Contra-almirante, directamente subordinado ao CEMA, na Escola Naval;
b) Capitão-de-mar-e-guerra, directamente subordinado ao comandante naval, na Base Naval de Lisboa;
c) Capitão-de-mar-e-guerra ou capitão-de-fragata, da classe de fuzileiros, directamente subordinado ao comandante do Corpo de Fuzileiros, na Base de Fuzileiros;
d) Oficial, de qualquer classe, nas unidades de apoio.

ARTIGO 26.º

Órgãos de natureza cultural

1 – Os órgãos de natureza cultural destinam-se a assegurar actividades de apoio geral da Marinha no domínio cultural.

2 – São órgãos de natureza cultural na dependência do CEMA:

a) A Academia de Marinha;
b) O Museu de Marinha;
c) A Biblioteca Central da Marinha;
d) O Aquário de Vasco da Gama;
e) O Planetário Calouste Gulbenkian; (*)

3 – À Academia de Marinha, regulada por legislação própria, incumbe, no âmbito da Marinha, promover e desenvolver os estudos e divulgar os conhecimentos relacionados com a história, as ciências, as letras e as artes e tudo o mais que diga respeito ao mar e às actividades marítimas.

4 – Ao Museu de Marinha, dirigido por um oficial superior, no activo ou na reserva, ou por um oficial general, no activo ou na reserva, quando em acumulação com as funções de presidente da CCM, incumbe a conservação e exposição de objectos de valor histórico, artístico e documental do património da Marinha ou confiados à sua guarda que representem o povo português nas fainas do mar e constituam documentos do passado da Marinha portuguesa e dos serviços prestados à civilização e ao progresso da humanidade.

5 – À Biblioteca Central da Marinha, dirigida por um oficial superior, no activo ou na reserva, ou por um oficial general, no activo ou na reserva, quando em acumulação com as funções de presidente da CCM, incumbe o tratamento bibliográfico dos seus fundos, a aquisição de obras que os valorizem e lhes dêem continuidade e a prestação de serviços de apoio à leitura e investigação sobre temas históricos e actuais relativos à Marinha e ao mar, bem como guardar e conservar todos os arquivos dos comandos, forças, unidades e outros órgãos da Marinha, nela depositados.

6 – Ao Aquário de Vasco da Gama, dirigido por um oficial superior, no activo ou na reserva, incumbe efectuar a exposição de exemplares vivos em aquários, aquaterrários e terrários e de colecções oceanográficas ou de outra natureza relacionadas com a biologia marítima, desenvolver actividades de investigação no domínio da fauna e da flora aquáticas e promover o interesse pela aquariologia.

7 – O Planetário Calouste Gulbenkian, dirigido por um oficial superior, no activo ou na reserva, é um centro científico e cultural, a que incumbe promover o interesse pela astronomia, divulgando conhecimentos científicos relativos ao universo. (*)

(*) *Rectificado pela Declaração de Rectificação n.º 38/93, de 30/03.*

Artigo 27.º

Órgãos de execução de serviços

1 – Os órgãos de execução de serviços destinam-se exclusivamente a executar tarefas específicas de apoio geral da Marinha.

2 – Os órgãos de execução de serviços são os seguintes:

a) Os estabelecimentos de ensino não classificados como unidades em terra;

b) O Arsenal do Alfeite;

c) Os estabelecimentos hospitalares e outros no domínio da saúde;

d) Os centros de comunicações e as estações e postos radionavais;

e) Os centros de controlo naval da navegação e os centros de relatos;
f) Os órgãos de investigação operacional, de informática e outros que realizam actividades de apoio global à gestão;
g) Os laboratórios, depósitos, messes e outros que realizam actividades de apoio logístico;
h) As bandas de música;

3 – Os órgãos mencionados no número anterior são regulados por legislação própria ou pelos diplomas que definirem as estruturas dos organismos onde estão inseridos ou de que dependem directamente. (*)

(*) *Rectificado pela Declaração de Rectificação n.º 38/93, de 30/03.*

SECÇÃO VI

Unidades navais na dependência do Comando Naval não pertencentes à componente operacional do sistema de forças nacional

ARTIGO 28.º

Disposições genéricas

As unidades navais não pertencentes à componente operacional do sistema de forças nacional são os navios que, na dependência do Comando Naval, se destinam exclusivamente a missões de instrução e treino.

SECÇÃO VII

Elementos da componente operacional do sistema de forças nacional

ARTIGO 29.º

Disposições genéricas

Os elementos da componente operacional do sistema de forças nacional da responsabilidade da Marinha são:
a) O Comando Naval;
b) Os comandos de zona marítima;
c) As forças;
d) As unidades operacionais.

ARTIGO 30.º
Comando Naval

1 – O Comando Naval é o principal comando operacional da Marinha, a que incumbe, em especial:

a) Assegurar a condução das operações navais na sua área de responsabilidade, de acordo com as necessidades de protecção dos interesses nacionais;
b) Garantir, em coordenação com a autoridade nacional de navegação e outras entidades, o controlo naval da navegação, quando activado;
c) Garantir a fiscalização, no seu âmbito, dos espaços marítimos sob jurisdição nacional, tendo em vista o exercício da autoridade do Estado relativamente ao cumprimento das disposições legais aplicáveis;

2 – Ao Comando Naval incumbe, ainda, assegurar a coordenação das actividades de busca e salvamento marítimo nas áreas atribuídas aos centros ou subcentros de coordenação funcionando no seu âmbito, nos termos da legislação especial aplicável.

3 – O Comando Naval compreende:

a) O comandante naval;
b) O estado-maior;
c) Os órgãos de apoio;

4 – O comandante naval é um vice-almirante, directamente subordinado ao CEMA.

5 – O comandante naval é coadjuvado pelo 2.º comandante naval, que é um contra-almirante.

ARTIGO 31.º
Comandos de zona marítima

1 – Aos comandos de zona marítima incumbe:

a) Assegurar, nas áreas marítimas da sua responsabilidade, a execução das actividades a que se referem as alíneas a) a c) do n.º 1 do artigo 30.º, bem como as que respeitam à defesa local dos portos contra acções vindas do mar; (*)
b) Assegurar a coordenação das actividades de busca e salvamento marítimo nas áreas atribuídas aos centros ou subcentros de coordenação que funcionam no seu âmbito, nos termos da legislação especial aplicável;

2 – Os comandos de zona marítima compreendem:

a) O Comando da Zona Marítima dos Açores;

b) O Comando da Zona Marítima da Madeira;

c) Os comandos de zona marítima do continente;

3 – Os comandos de zona marítima do continente são:

a) O Comando da Zona Marítima do Norte;

b) O Comando da Zona Marítima do Centro;

c) O Comando da Zona Marítima do Sul;

4 – Os comandantes de zona marítima estão directamente subordinados ao comandante naval e têm os postos de contra-almirante nos Açores, contra-almirante ou capitão-de-mar-e-guerra na Madeira e capitão-de-mar-e-guerra no continente.

5 – Os comandantes de zona marítima podem exercer, cumulativamente, as funções de chefe de departamento marítimo nas áreas marítimas respectivas.

(*) *Rectificado pela Declaração de Rectificação n.º 38/93, de 30/03.*

Artigo 32.º

Forças

1 – As forças são agrupamentos de unidades constituídos sob as ordens de um mesmo comandante e compreendem:

a) As forças navais;

b) As forças de fuzileiros.

2 – As forças navais são agrupamentos de duas ou mais unidades navais, podendo integrar, na sua composição, unidades de outra natureza, designadamente de fuzileiros e de mergulhadores.

3 – As forças de fuzileiros são agrupamentos de duas ou mais unidades de fuzileiros, podendo integrar, na sua composição, unidades e meios de outros ramos e unidades de desembarque das unidades.

4 – Os comandantes das forças são:

a) Oficiais da classe de marinha, nas forças navais;

b) Oficiais da classe de fuzileiros, nas forças de fuzileiros;

5 – As forças navais, quando superiormente determinado, podem constituir forças de desembarque com unidades de desembarque das respectivas unidades navais.

ARTIGO 33.º

Unidades operacionais

1 – As unidades operacionais, que são conjuntos singulares de meios integrados de pessoal e de material, organizados em ordem a executar acções no quadro das missões da Marinha, compreendem:

a) As unidades navais operacionais;

b) As unidades operacionais de fuzileiros;

c) As unidades de mergulhadores;

2 – As unidades navais operacionais são os navios guarnecidos por militares da Marinha, pertencentes ao efectivo dos navios de guerra, que se destinam a assegurar, no mar, a execução das missões da Marinha, quer estas se insiram no âmbito exclusivamente militar quer no do interesse público.

3 – As unidades operacionais de fuzileiros são essencialmente constituídas por militares da classe de fuzileiros e destinam-se a executar acções no âmbito das previstas no n.º 2 do artigo 22.º.

4 – As unidades de mergulhadores são constituídas por militares habilitados com cursos de formação ou de especialização em mergulhador e destinam-se a realizar acções em imersão em apoio de operações navais, bem como a inactivação de engenhos explosivos nas áreas de responsabilidade da Marinha e a realização de trabalhos submarinos, designadamente no âmbito do salvamento marítimo.

5 – Os comandantes das unidades referidas no n.º 1 são:

a) Oficiais da classe de marinha, nas unidades navais;

b) Oficiais da classe de fuzileiros, nas unidades de fuzileiros;

c) Oficiais habilitados com cursos de formação ou de especialização em mergulhador, nas unidades de mergulhadores;

6 – As unidades navais podem constituir unidades de desembarque, com elementos das suas guarnições, as quais são comandadas por oficiais subalternos de qualquer classe e permanecem subordinadas aos comandantes dos respectivos navios mesmo depois de desembarcadas, salvo determinação superior em contrário ou quando integram forças de desembarque ou de fuzileiros.

CAPÍTULO III
Disposições finais e transitórias

ARTIGO 34.º
Órgãos do sistema da autoridade marítima

Até à data da entrada em vigor do diploma regulamentar do sistema da autoridade marítima mantêm-se integrados na estrutura da Marinha e na directa dependência do CEMA os seguintes órgãos:

a) A Direcção-Geral de Marinha;
b) A Comissão do Domínio Público Marítimo e a Comissão para o Estudo do Aproveitamento do Leito do Mar; (*)
c) Os departamentos marítimos;
d) As capitanias dos portos.

(*) *Rectificado pela Declaração de Rectificação n.º 38/93, de 30/03.*

ARTIGO 35.º
Infra-estruturas da Organização do Tratado do Atlântico Norte na dependência da Marinha

A manutenção e o funcionamento das infra-estruturas da Organização do Tratado do Atlântico Norte existentes em Portugal, na dependência da Marinha, são regulados por diploma especial.

(*) *Rectificado pela Declaração de Rectificação n.º 38/93, de 30/03.*

ARTIGO 36.º
Regulamentação

1 – As atribuições, competências e organização dos órgãos e serviços que constituem a Marinha são estabelecidas por decreto regulamentar.

2 – As normas previstas no número anterior estabelecerão as condições de aplicação da respectiva regulamentação, de molde a assegurar uma gradual transição de regimes.

3 – A regulamentação referida no n.º 1 deverá estar concluída até 30 de Junho de 1993.

ARTIGO 37.º
Disposição revogatória

Salvo o disposto no artigo seguinte, são revogadas todas as disposições em contrário, nomeadamente os seguintes diplomas:

Lei n.º 1921, de 30 de Maio de 1935;
Decreto-Lei n.º 37 130, de 4 de Novembro de 1948;
Decreto-Lei n.º 39 128, de 9 de Março de 1953;
Decreto-Lei n.º 40 343, de 18 de Outubro de 1955;
Decreto-Lei n.º 42 840, de 10 de Fevereiro de 1960;
Decreto-Lei n.º 42 841, de 10 de Fevereiro de 1960;
Decreto-Lei n.º 44 653, de 29 de Outubro de 1962;
Decreto-Lei n.º 48 074, de 24 de Novembro de 1967;
Decreto-Lei n.º 464/74, de 18 de Setembro;
Decreto-Lei n.º 36/76, de 19 de Janeiro;
Decreto-Lei n.º 717/76, de 9 de Outubro;
Decreto-Lei n.º 384/79, de 19 de Setembro;
Decreto n.º 19 574, de 9 de Abril de 1931;
Decreto n.º 23 002, de 30 de Agosto de 1933;
Decreto n.º 26 148, de 14 de Dezembro de 1935;
Decreto n.º 41 989, de 3 de Dezembro de 1958;
Decreto n.º 43 711, de 24 de Maio de 1961;
Decreto n.º 45 893, de 28 de Agosto de 1964;
Decreto n.º 47 831, de 5 de Agosto de 1967;
Decreto n.º 48 689, de 16 de Novembro de 1968;
Decreto n.º 48 819, de 31 de Dezembro de 1968;
Decreto n.º 6/72, de 5 de Janeiro;
Decreto n.º 275/74, de 24 de Junho;
Decreto n.º 685/76, de 14 de Setembro.

ARTIGO 38.º
Disposição transitória

Enquanto não forem publicados os regulamentos previstos no presente decreto-lei, mantêm-se em vigor os diplomas que disciplinam as correspondentes matérias.

Visto e aprovado em Conselho de Ministros de 26 de Novembro de 1992. – *Aníbal António Cavaco Silva – Joaquim Fernando Nogueira – Jorge Braga de Macedo.*

Promulgado em 22 de Janeiro de 1993.

Publique-se.

O Presidente da República, MÁRIO SOARES.

Referendado em 4 de Fevereiro de 1993.

O Primeiro-Ministro, *Aníbal António Cavaco Silva*

*
* *

No dia 1 de Setembro de 1994 foram publicados os seguintes diplomas sobre os diversos órgãos e serviços da Armada:

– Decreto Regulamentar n.º 20/94: Estabelece as atribuições, organização e competências do Gabinete do Chefe do Estado-maior da Armada;
– Decreto Regulamentar n.º 21/94: Estabelece as atribuições, organização e competências do Estado-Maior da Armada (*Rectificado pela Dec. Rect. N.º 255/94, de 30/11*);
– Decreto Regulamentar n.º 22/94: Estabelece as atribuições, organização e competências da Superintendência dos Serviços do Pessoal da Marinha (*Rectificado pela Dec. Rect. N.º 257/94, de 30/11*);
– Decreto Regulamentar n.º 23/94: Estabelece as atribuições, organização e competências da Superintendência dos Serviços do Material da Marinha (*Rectificado pela Dec. De Rect. N.º 252/94, de 30/11*);
– Decreto Regulamentar n.º 24/94: Estabelece as atribuições., organização e competências da Superintendência dos Serviços Financeiros da Marinha;
– Decreto Regulamentar n.º 25/94: Estabelece as atribuições, organização e competências da Direcção de Análise e Métodos de Apoio à Gestão da Marinha (*Rectificado pela Dec. Rect. N.º 250/94, de 30/11*);
– Decreto Regulamentar n.º 26/94: Estabelece as atribuições, organização e competências do Conselho do Almirantado (*Rectificado pela Dec. Rect. N.º 245/94, de 30/11*);

- Decreto Regulamentar n.º 27/94: Estabelece as atribuições, organização e competências da Junta Médica de Revisão da Armada;
- Decreto Regulamentar n.º 28/94: Estabelece as atribuições, organização e competências da Comissão Cultural da Marinha (*Rectificado pela Dec. Rec. n.º 244/94, de 30/11*);
- Decreto Regulamentar n.º 29/94: Estabelece as atribuições, organização e competências do Corpo de Fuzileiros, da Escola da de Fuzileiros, da Base de Fuzileiros e das forças e unidades de fuzileiros da Marinha (*rectificado pela Dec. Rec. n.º 256/94, de 30/11*);
- Decreto Regulamentar n.º 30/94: Estabelece as atribuições, organização e competências dos comandos administrativos da Marinha *(Rectificado pela Dec. Rec. n.º 254/94, de 30/11)*;
- Decreto Regulamentar n.º 31/94: Estabelece as atribuições, organização e competências do Instituto Superior Naval de Guerra *(rectificado pela Dec. Rec. n.º 243/94, de 30/11)*;
- Decreto Regulamentar n.º 32/94: Estabelece as atribuições, organização e competências da Base Naval de Lisboa (*Rectificado pela Dec. Rec. n.º 242/94, de 30/11*);
- Decreto Regulamentar n.º 33/94: Estabelece as atribuições, organização e competências da Unidade de Apoio às Instalações Centrais da Marinha, da Unidade de Apoio às Instalações Navais de Alcântara, da Unidade de Apoio ao Pessoal Militar do Arsenal do Alfeite e da Unidade de Apoio ao Comando-Chefe da Área Ibero-Atlântica;
- Decreto Regulamentar n.º 34/94: Estabelece as atribuições, organização e competências do Grupo n.º1 e do Grupo n.º2 de Escolas da Armada (*Rectificado pela Dec. Rect. N.º 241/94, de 30/11)*;
- Decreto Regulamentar n.º 35/94: Estabelece as atribuições, organização e competências do Museu da Marinha, do Aquário de Vasco da Gama e do Planetário de Calouste Gulbenkian (*Rectificado pela Dec. Rec. n.º 213/94, de 30/11)*;
- Decreto Regulamentar n.º 36/94: Estabelece as atribuições, organização e competências do Centro de Educação Física da Armada e do Centro Naval de Ensino à Distância (*Rectificado pela Dec. Rec. n.º 258/94, de 30/11)*;
- Decreto Regulamentar n.º 37/94: Estabelece as atribuições, organização e competências do Hospital da Marinha e do Laboratório de Análises Fármaco-Toxicológicas da Marinha *(Rectificado pela Dec. Rec. n.º 259/94, de 30/11)*;

- Decreto Regulamentar n.º 38/94: Estabelece as atribuições, organização e competências do Centro de Comunicações da Armada (*Rectificado pela Dec. N.º 239/94, de 30/11*);
- Decreto Regulamentar n.º 39/94: Estabelece as atribuições, organização e competências do Comando Naval e dos Comandos de Zona Marítima dos Açores, da Madeira, do Norte, do Centro e do SUL, das estações radionavais dos centros de comunicações, dos centros de controlo de navegação, dos centros de relato da navegação, dos postos de vigilância e de defesa dos portos e dos centros de instrução e das unidades de mergulhadores (*mantido em vigor em tudo o que não contrarie o disposto no Desp. N.º 9/95, de 26/04).*;
- Decreto regulamentar n.º 40/94: Estabelece as atribuições, organização e competências das forças e unidades navais (*Rectificado pela Dec. Rec. n.º 234/94, de 30/11*);
- Decreto Regulamentar n.º 41/94: Estabelece as atribuições, organização e competências das juntas médicas da Armada (*Rectificado pela Dec. Rect. N.º 238/94, de 30/11*).

DECRETO-LEI N.º 50/93, DE 26 DE FEVEREIRO

APROVA A LEI ORGÂNICA DO EXÉRCITO

Nota: *As atribuições, competências e organização dos diversos órgãos e serviços referidos no diploma foram objecto de decretos regulamentares.*
No final do presente decreto-lei daremos conta deles.

Para a política da defesa nacional é fundamental a existência de um exército permanente, moderno e eficaz, capaz de crescer por mobilização em consonância com as disponibilidades dos recursos humanos e económicos, adequado à realidade social nacional, responsável directo pela componente terrestre de defesa militar e apto a intervir em qualquer parte do território nacional.

Um exército versátil, mais pequeno, mas mais eficaz, que reflicta igualmente, no seu âmbito, uma capacidade efectiva de garantir os compromissos internacionais do Estado, numa época em que a segurança se apresenta internacionalmente cada vez mais colectiva.

A reorganização do Exército, objecto do presente diploma, norteia-se pela racionalização, redução e economia de meios, observando uma simplicidade de estrutura necessária à obtenção de uma elevada operacionalidade, perspectiva que decorre das bases que foram definidas na Lei n.º 111/91, de 29 de Agosto.

O Exército constituirá, assim, um corpo gerador de forças, através de diversificadas actividades de recrutamento, instrução, apoio e treino, sem prejuízo da manutenção de um sistema de forças permanente, que, embora de reduzida dimensão, possuirá uma grande mobilidade, prontidão e flexibilidade, capaz de crescer por mobilização.

A organização adoptada para a estrutura superior do Exército pretende atingir o mais eficaz exercício das acções de comando e direcção e uma melhor gestão dos recursos. O Estado-Maior do Exército obtém uma maior operacionalidade, pela separação das tarefas de planeamento das tarefas de direcção e execução, passando estas últimas a estar cometidas aos comandos funcionais e aos territoriais. Simultaneamente obtêm-se significativas reduções de órgãos como resultado da racionalização e funcionalidade da estrutura adoptada.

Na organização territorial, embora se mantenha o regimento como unidade base da estrutura, as suas missões tipo foram reformuladas e racionalizadas por forma a contemplar quer o aprontamento e treino de forças operacionais, quer as tarefas inerentes ao carácter territorial daquelas unidades.

Através da concentração de órgãos administrativo-logísticos, obtém-se a eliminação de duplicações desnecessárias e a inerente economia de meios.

A divisão territorial militar sofre significativas alterações por forma a definir com o maior equilíbrio possível jurisdições e responsabilidades territoriais (justiça militar, segurança, mobilização) que tenham em conta a divisão administrativa do País, mas também o pragmatismo dos recursos a afectar à defesa nacional.

Por outro lado, a componente operacional mantém-se constituída pelos comandos, grandes unidades e unidades de natureza operacional com capacidade de garantir a componente terrestre do sistema de forças nacional numa perspectiva de emprego integrado.

Assim:

No desenvolvimento do regime jurídico estabelecido pela Lei n.º 111/91, de 29 de Agosto, e nos termos da alínea c) do n.º 1 do artigo 201.º da Constituição, o Governo decreta o seguinte:

CAPÍTULO I
Disposições gerais

ARTIGO 1.º
Missão

1 – O Exército tem por missão cooperar, de forma integrada, na defesa militar da República, através da realização de operações terrestres.

2 – Compete-lhe ainda satisfazer missões no âmbito dos compromissos internacionais assumidos, bem como as missões de interesse público que especificamente lhe foram consignadas.

3 – As missões específicas do Exército são as definidas nos termos da lei.

ARTIGO 2.º
Sistema de forças

1 – O Exército é parte integrante do sistema de forças nacional.

2 – Nas componentes do sistema de forças nacional inserem-se:

a) Na componente operacional, os comandos operacionais, grandes unidades e unidades de natureza operacional;

b) Na componente fixa ou territorial, os demais comandos, unidades, estabelecimentos e órgãos da estrutura do ramo.

ARTIGO 3.º
Níveis de autoridade

1 – Os elementos da estrutura do Exército relacionam-se hierarquicamente pelos seguintes níveis de autoridade:

a) Autoridade hierárquica;

b) Autoridade funcional;

c) Autoridade técnica;

2 – A autoridade hierárquica é a correspondente ao exercício do comando completo e verifica-se sem prejuízo de outras dependências que sejam estabelecidas.

3 – A autoridade funcional é caracterizada pela natureza funcional do vínculo hierárquico entre o comando funcional e elementos subordinados responsáveis pela execução de uma parte essencial ao cumprimento da sua missão e permite difundir normas e ordens e exercer competência disciplinar.

4 – A autoridade técnica é o tipo de autoridade que permite a um titular fixar e difundir normas de natureza especializada, sem que tal inclua competência disciplinar.

ARTIGO 4.º
Estrutura orgânica

1 – O Exército compreende:

a) O Chefe do Estado-Maior do Exército;

b) O Estado-Maior do Exército;

c) Os órgãos centrais de administração e direcção;

d) Os órgãos de conselho;

e) Os órgãos de inspecção;

f) Os órgãos de implantação territorial;
g) Os elementos da componente operacional do sistema de forças nacional.

CAPÍTULO II
Organização geral do Exército

SECÇÃO I
Chefe do Estado-Maior do Exército

ARTIGO 5.º
Competências e dependências

1 – O Chefe do Estado-Maior do Exército (CEME) é o comandante do Exército.

2 – O CEME é o principal colaborador do Ministro da Defesa Nacional e do Chefe do Estado-Maior-General das Forças Armadas em todos os assuntos respeitantes ao Exército, tem as competências e dependências fixadas na lei e participa, por inerência do cargo, nos órgãos de conselho previstos na lei.

3 – O CEME pode delegar nas entidades que lhe estão directamente subordinadas a competência para a prática de actos relativos às áreas que lhes são funcionalmente atribuídas, bem como autorizar a subdelegação da mesma.

ARTIGO 6.º
Gabinete do CEME

O CEME dispõe de um gabinete para seu apoio directo e pessoal.

SECÇÃO II
Estado-Maior do Exército

ARTIGO 7.º
Atribuições e composição

1 – O Estado-Maior do Exército (EME) constitui o órgão de planeamento e apoio à decisão do CEME.

2 – O EME é dirigido pelo Vice-Chefe do Estado-Maior do Exército, que, para o efeito, é coadjuvado por um oficial general designado por Subchefe do Estado-Maior do Exército (SCEME).

3 – O EME compreende o Estado-Maior Coordenador (EMCoord), o Estado-Maior Especial (EMEspecial) e os órgãos de apoio.

4 – O EMCoord, orientado para o planeamento, constitui o principal elemento de apoio à decisão do CEME, coordenando os planos, tarefas e actividades de todos os elementos do Exército, a fim de garantir o seu emprego como um todo sistemático, e tem a seguinte composição:

a) Divisão de Pessoal;
b) Divisão de Informações Militares;
c) Divisão de Operações;
d) Divisão de Logística;
e) Divisão de Planeamento e Programação;
f) Divisão de Instrução;

5 – O EMEspecial auxilia o CEME e os oficiais do EMCoord em aspectos técnicos e outros aspectos específicos dos respectivos campos de acção e é composto por comandantes, directores e chefes de determinadas unidades e órgãos e outros elementos a designar pelo CEME, em acumulação de funções.

ARTIGO 8.º

Vice-Chefe do Estado-Maior do Exército

1 – O Vice-Chefe do Estado-Maior do Exército (VCEME) é um general hierarquicamente superior a todos os oficiais do seu posto.

2 – Compete ao VCEME:

a) Dirigir o funcionamento do EME;
b) Exercer as competências que lhe forem delegadas pelo CEME;
c) Substituir o CEME nos seus impedimentos e ausências e exercer as funções de CEME interino por vacatura do cargo do CEME;

3 – O VCEME dispõe de um órgão para estudo e coordenação global das actividades do EME, designado por Comissão Técnica do EME (CTEME), que compreende:

a) O SCEME;
b) Os chefes de divisão do EMCoord;
c) Outros elementos que sejam considerados necessários e especificamente convocados pelo VCEME.

SECÇÃO III
Órgãos centrais de administração e direcção

ARTIGO 9.º
Disposições genéricas

1 – Os órgãos centrais de administração e direcção, na dependência directa do CEME, têm carácter funcional e visam assegurar a superintendência e execução em áreas ou actividades específicas essenciais, de acordo com as orientações superiormente definidas.

2 – São órgãos centrais de administração e direcção:

a) O Comando do Pessoal;
b) O Comando da Logística;
c) O Comando da Instrução.

ARTIGO 10.º
Comando do Pessoal

1 – O Comando do Pessoal tem por competências assegurar as actividades inerentes ao pessoal, ao tratamento da documentação do Exército e à documentação militar, de acordo com os planos e directivas superiores.

2 – O comandante do Pessoal é um general designado por ajudante-general do Exército.

3 – O Comando do Pessoal compreende:

a) O comandante e o respectivo gabinete;
b) A Direcção de Administração e Mobilização do Pessoal;
c) A Direcção de Recrutamento;
d) A Direcção de Justiça e Disciplina;
e) A Direcção de Apoio de Serviços de Pessoal;
f) A Direcção de Documentação e História Militar;

4 – Dependem funcionalmente do Comando do Pessoal:

a) O Centro de Psicologia Aplicada do Exército;
b) Os centros de recrutamento;
c) Os centros de classificação e selecção;
d) O Presídio Militar;
e) Os museus militares;
f) A Banda do Exército;
g) O Arquivo Geral do Exército;

h) O Arquivo Histórico-Militar;
i) A Biblioteca do Exército;
5 – Dependem tecnicamente do Comando do Pessoal:
a) As casas de reclusão;
b) Os centros de mobilização dos comandos territoriais;
c) As bandas e fanfarras militares;

6 – O Comando do Pessoal presta apoio administrativo aos tribunais militares territoriais.

7 – Em apoio do Comando do Pessoal, funcionam os Conselhos das Armas e dos Serviços, regulados por legislação própria, presididos por um oficial general ou oficial superior a designar, em acumulação de funções, pelo CEME.

ARTIGO 11.º

Comando da Logística

1 – O Comando da Logística tem por competências assegurar as actividades do Exército no domínio da administração dos recursos materiais e financeiros, de acordo com os planos e directivas superiores.

2 – O comandante da Logística é um general designado por quartel-mestre-general.

3 – O Comando da Logística compreende:
a) O comandante e o respectivo gabinete;
b) O Centro de Gestão Logística Geral;
c) O Conselho Fiscal dos Estabelecimentos Fabris;
d) A Direcção dos Serviços de Saúde;
e) A Direcção dos Serviços de Material;
f) A Direcção dos Serviços de Intendência;
g) A Direcção dos Serviços de Finanças;
h) A Direcção dos Serviços de Engenharia;
i) A Direcção dos Serviços de Transmissões;
j) A Chefia dos Serviços de Transportes;
l) A Chefia de Abonos e Tesouraria;
m) O Centro de Finanças da Logística;
n) O Instituto Geográfico do Exército;

4 – Dependem funcionalmente do Comando da Logística:
a) Os depósitos gerais;
b) Os Estabelecimentos Fabris do Exército;
c) As messes do Exército;

d) O Hospital Militar Central, os hospitais militares regionais e os centros de saúde;
e) Outros órgãos de apoio de serviços de apoio geral;
5 – Dependem tecnicamente do Comando da Logística:
a) Os centros de finanças dos comandos territoriais;
b) Os centros de telecomunicações permanentes dos comandos territoriais;
c) As secções de infra-estruturas militares dos comandos territoriais;
d) As secções de inspecção de alimentos dos comandos territoriais;
e) A Escola Militar de Electromecânica;
6 – O Centro de Gestão Logística Geral é activado quando necessário.

ARTIGO 12.º
Comando da Instrução

1 – O Comando da Instrução tem por competências assegurar o ensino e a instrução do pessoal do Exército, de acordo com os planos e directivas superiores.
2 – O comandante da Instrução é um general.
3 – O Comando da Instrução compreende:
a) O comandante e o respectivo gabinete:
b) O Gabinete de Inspectores de Instrução;
c) A Direcção de Instrução;
4 – Dependem funcionalmente do Comando da Instrução:
a) Os estabelecimentos de ensino militar;
b) Os estabelecimentos militares de ensino;
c) As escolas práticas;
d) Os centros de instrução de âmbito nacional;
e) A Escola de Serviço de Saúde Militar;
f) A Escola Militar de Electromecânica;
5 – Dependem tecnicamente do Comando da Instrução:
a) A Escola das Tropas Aerotransportadas:
b) Os campos de instrução;
c) As carreiras de tiro.

SECÇÃO IV
Órgãos de conselho

ARTIGO 13.º
Disposições genéricas

1 – Os órgãos de conselho destinam-se a apoiar as decisões do CEME em assuntos especiais e importantes na preparação, disciplina e administração do Exército.

2 – São órgãos de conselho do CEME.

a) O Conselho Superior do Exército;

b) O Conselho Superior de Disciplina do Exército;

c) A Junta Médica de Recurso do Exército.

ARTIGO 14.º
Conselho Superior do Exército

1 – O Conselho Superior do Exército (CSE) é o órgão máximo de consulta do CEME.

2 – O CSE é presidido pelo CEME e é constituído por todos os generais do Exército no activo em serviço nas Forças Armadas.

3 – Em diploma regulamentar serão fixadas as circunstâncias em que este órgão reunirá em plenário ou sessão restrita, conforme as matérias a tratar.

4 – O CSE poderá agregar, sem direito a voto, outros oficiais habilitados para o tratamento dos assuntos em agenda, a convocar pelo CEME.

ARTIGO 15.º
Conselho Superior de Disciplina do Exército

1 – O Conselho Superior de Disciplina do Exército (CSDE) é o órgão consultivo e de apoio do CEME em matéria disciplinar.

2 – A composição, o funcionamento e as atribuições do CSDE são os constantes do Regulamento de Disciplina Militar.

ARTIGO 16.º
Junta Médica de Recurso do Exército

1 – À Junta Médica de Recurso do Exército (JMRE) compete estudar e dar parecer sobre os recursos relativos às decisões das entidades competentes, baseadas em pareceres formulados pelas outras juntas médicas do Exército.

2 – O presidente da JMRE é um brigadeiro no activo, nomeado em acumulação de funções, ou na situação de reserva.

SECÇÃO V

Órgãos de inspecção

ARTIGO 17.º

Inspecção-Geral do Exército

1 – A Inspecção-Geral do Exército (IGE) é o órgão, na dependência directa do CEME, que tem por missão apoiá-lo no exercício das funções de controlo e avaliação.

2 – A IGE é dirigida por um general designado por inspector-geral do Exército, o qual se segue em hierarquia imediatamente ao VCEME.

SECÇÃO VI

Órgãos de implantação territorial

ARTIGO 18.º

Disposições genéricas

1 – São órgãos de implantação territorial os que visam a organização e apoio geral do Exército, ou quando razões objectivas o aconselhem das Forças Armadas, e que não sejam especificamente caracterizados de outra forma neste diploma.

2 – Os órgãos de implantação territorial compreendem:

a) Os comandos territoriais;
b) O Comando das Tropas Aerotransportadas;
c) As unidades, os estabelecimentos e os órgãos territoriais;
d) Os campos de instrução.

ARTIGO 19.º

Comandos territoriais

1 – Os comandos territoriais são órgãos que visam assegurar, de acordo com uma divisão territorial, a descentralização da acção de comando por parte do CEME, podendo, quando adequado, ser-lhes atribuídas missões e meios operacionais. (*)

2 – Os comandantes dos comandos territoriais são oficiais generais, na dependência do CEME.

3 – Constituem comandos territoriais:

a) O Governo Militar de Lisboa;

b) As Regiões Militares do Norte e do Sul;

c) As Zonas Militares dos Açores e da Madeira;

d) O Campo Militar de Santa Margarida;

4 – Os comandos territoriais integram organicamente elementos de estado-maior e elementos de apoio de serviços das áreas de pessoal, de engenharia, de transmissões, de material, de informática, de intendência, de inspecção de alimentos, de transportes e de finanças, que mantêm a dependência técnica do respectivo comando funcional.

5 – Os comandos territoriais são apoiados por órgãos regionais de apoio de serviços.

6 – Os comandos territoriais podem ser colocados na dependência de comandos unificados ou ser constituídos como comandos especificados, sendo as relações de comando a estabelecer com escalões superiores e subordinados reguladas por diploma próprio.

7 – As áreas correspondentes aos comandos territoriais são definidas por portaria do Ministro da Defesa Nacional.

(*) *Rectificado pela Declaração de Rectificação n.º 39/93, de 30/03.*

ARTIGO 20.º

Comando das Tropas Aerotransportadas

1 – O Comando das Tropas Aerotransportadas é um comando de natureza territorial, que abrange unidades e infra-estruturas militares da sua responsabilidade, necessárias para formar, aprontar e manter as tropas aerotransportadas.

2 – O comandante das Tropas Aerotransportadas é um oficial general, na directa dependência do CEME.

3 – Do Comando das Tropas Aerotransportadas dependem:

a) A Área Militar de São Jacinto;

b) A Escola das Tropas Aerotransportadas.

ARTIGO 21.º

Unidades, estabelecimentos e órgãos territoriais

1 – Constituem unidades territoriais os elementos da estrutura que têm por competências genéricas formar, aprontar e manter forças operacionais, convocar, mobilizar e organizar outras forças, tendo em vista a satisfação das necessidades do Exército para o sistema de forças nacional.

2 – As unidades da organização territorial são identificadas pelo seu escalão, arma ou serviço e indicativo numérico, sendo o regimento a sua unidade base.

3 – São também unidades territoriais as escolas práticas e os centros de instrução.

4 – Constituem estabelecimentos os elementos da estrutura cuja atribuição genérica se relaciona com o ensino ou com a logística de produção:

a) Os estabelecimentos militares de ensino;
b) Os estabelecimentos de ensino militar;
c) Os Estabelecimentos Fabris do Exército;

5 – Constituem órgãos territoriais os elementos da estrutura cuja competência genérica consiste em prestar apoio de serviços a outros elementos da estrutura:

a) O Centro de Finanças Geral;
b) O Centro de Informática do Exército;
c) O Jornal do Exército;
d) Outros órgãos administrativo-logísticos;
e) Os órgãos regionais de apoio de serviços.

ARTIGO 22.º

Campos de instrução

Os campos de instrução são áreas contendo infra-estruturas militares necessárias à realização de exercícios tácticos, de exercícios de fogos reais e de outras actividades de instrução.

SECÇÃO VII

Elementos da componente operacional do sistema de forças nacional

ARTIGO 23.º

Disposições genéricas

Os elementos da componente operacional do sistema de forças nacional da responsabilidade do Exército compreendem:

a) O Comando Operacional das Forças Terrestres;
b) Outros comandos operacionais;
c) As grandes unidades e unidades destinadas ao cumprimento das missões de natureza operacional.

ARTIGO 24.º
Comando Operacional das Forças Terrestres

1 – O Comando Operacional das Forças Terrestres (COFT) é, em tempo de paz, o principal comando da estrutura operacional do Exército, competindo-lhe:
a) Estudar e planear o emprego das forças que compete ao Exército approntar e manter;
b) Planear e conduzir o treino operacional dessas forças;
c) Planear e empregar forças e meios em situações de calamidade pública e em missões de interesse público;

2 – Em estados de excepção ou guerra o COFT exerce o comando operacional das forças e meios que lhe forem atribuídos.

3 – O comandante do COFT é um general, na directa dependência do CEME.

4 – O comandante do COFT é coadjuvado pelo 2.º comandante, que é brigadeiro.

5 – O COFT dispõe de um núcleo permanente e compreende a seguinte estrutura, a completar à ordem:
a) Comando;
b) Estado-Maior;
c) Centro de Operações Terrestres;
d) Órgãos de apoio.

ARTIGO 25.º
Outros comandos operacionais

1 – Constituem comandos operacionais subordinados ao COFT:
a) O Comando Administrativo-Logístico;
b) O Comando do Primeiro Corpo do Exército;

2 – Os comandos referidos no número anterior existem em ordem de batalha e serão activados quando necessário.

ARTIGO 26.º
Unidades e grandes unidades de natureza operacional

1 – Unidades de natureza operacional ou unidades operacionais são as forças aprontadas pelos elementos da estrutura territorial, cuja finalidade principal visa o cumprimento de missões operacionais.

2 – Grandes unidades são escalões de forças que integram unidades operacionais, dispondo de uma organização equilibrada de elementos de comando, de manobra e de apoio que lhes permitem efectuar o treino operacional e conduzir operações independentes.

3 – Em tempo de paz o COFT exerce o comando operacional sobre as grandes unidades operacionais, sem prejuízo da sua atribuição a outros comandos operacionais quando adequado.

4 – Em tempo de guerra as grandes unidades operacionais dependem do comando que for designado.

SECÇÃO VIII
Órgãos de apoio a mais de um ramo

ARTIGO 27.º
Disposições genéricas

1 – Os órgãos de apoio a mais de um ramo são os que, inseridos na estrutura de um dado ramo, têm como missão primária assegurar um apoio integrado, dispondo para isso, estruturalmente, de elementos e recursos dos ramos apoiados.

2 – São órgãos de apoio a mais de um ramo, no âmbito do Exército:
a) Os centros de classificação e selecção;
b) Os centros de recrutamento;
c) O 2.º Tribunal Militar Territorial de Lisboa;
d) As casas de reclusão;
e) O Presídio Militar;
f) A Escola Militar de Electromecânica;
g) A Escola do Serviço de Saúde Militar;
h) O Centro Militar de Medicina Preventiva, integrado no Hospital Militar de Belém;
i) Outras unidades, estabelecimentos e órgãos como tal reconhecidos por despacho do Ministro da Defesa Nacional;

3 – As atribuições específicas e a participação de cada ramo apoiado, no que se refere a recursos humanos, financeiros e materiais, serão definidas por portaria do Ministro da Defesa Nacional.

CAPÍTULO III
Disposições finais e transitórias

ARTIGO 28.º
Existência e extinção de unidades

1 – A relação das unidades, estabelecimentos e demais órgãos que correspondem à organização prevista no presente diploma consta de despacho do Ministro da Defesa Nacional, por proposta do Conselho de Chefes de Estado-Maior (CCEM).

2 – São extintos os comandos, unidades, estabelecimentos e órgãos do Exército que não têm lugar na organização prevista no presente diploma, devendo a respectiva relação constar de despacho do Ministro da Defesa Nacional, por proposta do CCEM.

ARTIGO 29.º
Tropas pára-quedistas

As disposições que no presente diploma se referem às tropas pára-quedistas entram em vigor à data da sua efectiva inserção no Exército.

ARTIGO 30.º
Regulamentação

1 – As atribuições, competências e organização dos órgãos e serviços que constituem o Exército são estabelecidas por decreto regulamentar;

2 – As normas previstas no número anterior estabelecerão as condições de aplicação da respectiva regulamentação, por forma a assegurar uma gradual transição de regimes.

3 – A regulamentação prevista no n.º 1 deverá estar concluída até 30 de Junho de 1993.

ARTIGO 31.º
Diplomas revogados

Salvo o disposto no artigo seguinte, são revogadas todas as disposições em contrário, nomeadamente os seguintes diplomas:

Decreto n.º 40 381, de 16 de Novembro de 1955;
Decreto-Lei n.º 42 564, de 7 de Outubro de 1959;
Decreto-Lei n.º 43 351, de 24 de Novembro de 1960;
Decreto-Lei n.º 44 190, de 16 de Fevereiro de 1962;
Decreto-Lei n.º 45 323, de 23 de Outubro de 1963;
Decreto-Lei n.º 46 042, de 24 de Novembro de 1964;
Decreto-Lei n.º 203/70, de 11 de Maio;
Decreto-Lei n.º 364/70, de 4 de Agosto;
Decreto-Lei n.º 257/72, de 28 de Julho;
Decreto-Lei n.º 329-B/75, de 30 de Junho;
Decreto-Lei n.º 949/76, de 31 de Dezembro;
Decreto-Lei n.º 181/77, de 4 de Maio;
Decreto-Lei n.º 266/79, de 2 de Agosto;
Decreto-Lei n.º 154/80, de 24 de Maio;
Decreto-Lei n.º 386/80, de 20 de Setembro;
Decreto-Lei n.º 173/81, de 25 de Junho;
Portaria n.º 443/78, de 7 de Agosto;
Portaria n.º 444/78, de 7 de Agosto;
Portaria n.º 582/80, de 10 de Setembro;
Portaria n.º 419/91, de 21 de Maio.

ARTIGO 32.º
Disposição transitória

Enquanto não forem publicados os regulamentos previstos no presente decreto-lei, mantêm-se em vigor os diplomas que disciplinam as correspondentes matérias.

Visto e aprovado em Conselho de Ministros de 26 de Novembro de 1992. – *Aníbal António Cavaco Silva – Joaquim Fernando Nogueira – Jorge Braga de Macedo.*

Promulgado em Vila Franca de Xira em 2 de Fevereiro de 1993.
Publique-se.

O Presidente da República, MÁRIO SOARES.

Referendado em 4 de Fevereiro de 1993.

O Primeiro-Ministro, *Aníbal António Cavaco Silva*

*

* *

No dia 1 de Setembro de 1994 foram publicados os seguintes diplomas sobre os diversos órgãos e serviços do Exército:

- Decreto Regulamentar n.º 42/94: Estabelece as atribuições, organização e competências do Gabinete do Chefe do Estado-Maior do Exército;
- Decreto Regulamentar n.º 43/94: Estabelece as atribuições, organização e competências do Estado-Maior do Exército *(Rectificado pela Dec. Rec. n.º 233/94, de 30/11)*;
- Decreto Regulamentar n.º 44/94: Estabelece as atribuições, organização e competências do Comando do Pessoal, do Comando da Logística e do Comando da Instrução do Exército *(Alterado, pelo Decreto Regulamentar n.º 5/99, de 4/03/99, o art. 13.º, na redacção dada pelo D.R. n.º 235/98, de 6/11)*;
- Decreto Regulamentar n.º 45/94: Estabelece as atribuições, organização e competências do Conselho Superior do Exército e da Junta Médica de Recurso do Exército;
- Decreto Regulamentar n.º 46/94: Estabelece as atribuições., organização e competências da Inspecção Geral do Exército;
- Decreto Regulamentar n.º 47/94: Estabelece as atribuições, organização e competências dos comandos territoriais, do Comando das Tropas Aerotransportadas, das unidades, estabelecimentos e órgãos territoriais e dos campos de instrução;
- Decreto Regulamentar n.º 48/94: Estabelece as atribuições, organização e competências do Comando Operacional das Forças Terrestres, de outros comandos operacionais e das unidades e grandes unidades operacionais (*Rectificado pela Dec. Rect. N.º 235/94, de 30/11*).

DECRETO-LEI N.º 51/93, DE 26 DE FEVEREIRO

APROVA A LEI ORGÂNICA DA FORÇA AÉREA

Nota: *As atribuições, competências e organização dos diversos órgãos e serviços referidos no diploma foram objecto de decretos regulamentares.*
No final do presente decreto-lei daremos conta deles.

A estrutura da Força Aérea acolhida neste diploma teve em conta não só a experiência recolhida com a reorganização profunda instituída pelo Decreto-Lei n.º 221/82, de 7 de Junho, à qual presidiram princípios e critérios de racionalização funcional, de optimização do emprego de recursos, de eficácia de economia, como também os parâmetros delineados pelas bases gerais da Lei n.º 111/91, de 29 de Agosto.

Os sistemas de armas da Força Aérea têm características de elevada especificidade em relação aos outros ramos, como sejam a velocidade, a mobilidade, o alcance e a flexibilidade de emprego, quer seja em operações com meios exclusivos, quer seja em operações conjuntas ou combinadas. Daí que o melhor aproveitamento daquelas características exija soluções organizacionais, funcionais e relacionais próprias deste ramo, das quais se salientam a centralização do comando e controlo e a descentralização da execução, bem como a relevância da organização funcional.

Para fundamentar as soluções organizacionais adoptadas são definidos, no artigo 3.º, os princípios de organização que constituem a base doutrinária que dão suporte a essas soluções.

Num esforço de normalização de estruturas com os outros ramos, os órgãos da Força Aérea foram agrupados segundo a definição do artigo 12.º da Lei n.º 111/91.

As características e especificidades acima referidas contribuem para a definição da estrutura da Força Aérea constante do presente diploma.

Assim:

No desenvolvimento do regime jurídico estabelecido pela Lei n.º 111/91, de 29 de Agosto, e nos termos da alínea c) do n.º 1 do artigo 201.º da Constituição, o Governo decreta o seguinte:

CAPÍTULO I
Disposições gerais

ARTIGO 1.º
Missão

1 – A Força Aérea tem por missão cooperar, de forma integrada, na defesa militar da República através da realização de operações aéreas e da defesa aérea do espaço nacional.

2 – Compete-lhe, ainda, satisfazer missões no âmbito dos compromissos internacionais, bem como as missões de interesse público que especificamente lhe forem consignadas.

3 – As missões específicas da Força Aérea são as definidas nos termos da lei.

ARTIGO 2.º
Sistema de forças

1 – A Força Aérea é parte integrante do sistema de forças nacional.

2 – Nas componentes do sistema de forças nacional inserem-se:

a) Na componente operacional, os comandos, forças e meios de natureza operacional referidos neste diploma;

b) Na componente fixa ou territorial, todos os restantes órgãos da estrutura do ramo.

ARTIGO 3.º
Princípios de organização

1 – A organização da Força Aérea assenta na centralização do comando e controlo e na descentralização da execução.

2 – A Força Aérea organiza-se em:

a) Três áreas funcionais, as de operações, pessoal e logística;

b) Três níveis de decisão, o Chefe do Estado-Maior, os comandos funcionais e as unidades;

3 – Os comandantes funcionais exercem autoridade hierárquica sobre as unidades e órgãos da sua dependência hierárquica e autoridade técnica sobre os órgãos da sua dependência técnica.

4 – Autoridade técnica é o tipo de autoridade que permite a um titular fixar e difundir normas de natureza especializada, sem que tal inclua competência disciplinar.

ARTIGO 4.º

Estrutura orgânica

A Força Aérea compreende:

a) O Chefe do Estado-Maior da Força Aérea (CEMFA);

b) O Estado-Maior da Força Aérea (EMFA);

c) Os órgãos centrais de administração e direcção;

d) Os órgãos de conselho;

e) Os órgãos de inspecção;

f) Os órgãos de implantação territorial;

g) Os elementos da componente operacional do sistema de forças nacional.

CAPÍTULO II

Organização geral da Força Aérea

SECÇÃO I

Chefe do Estado-Maior da Força Aérea

ARTIGO 5.º

Competências e dependências

1 – O CEMFA é o comandante da Força Aérea;

2 – O CEMFA é o principal colaborador do Ministro da Defesa Nacional e do Chefe do Estado-Maior-General das Forças Armadas (CEMGFA) em todos os assuntos respeitantes à Força Aérea, tem as competências e dependências fixadas na lei e participa, por inerência do cargo, nos órgãos de conselho previstos na lei.

3 – O CEMFA poderá delegar nas entidades que lhe estão directamente subordinadas a competência para a prática de actos relativos às áreas que lhes são funcionalmente atribuídas, bem como autorizar a subdelegação da mesma.

ARTIGO 6.º

Gabinete do CEMFA

O CEMFA dispõe de um gabinete para seu apoio directo e pessoal.

SECÇÃO II

Estado-Maior da Força Aérea

ARTIGO 7.º

Atribuições e composição

1 – O EMFA constitui o órgão de estudo, concepção e planeamento da actividade da Força Aérea para apoio à decisão do CEMFA.

2 – O EMFA é dirigido pelo Vice-Chefe do Estado-Maior da Força Aérea (VCEMFA), que, para o efeito, é coadjuvado por um brigadeiro piloto aviador designado por Subchefe do Estado-Maior da Força Aérea (Sub-CEMFA).

3 – O EMFA compreende divisões de estado-maior e órgãos de apoio, com a seguinte organização:

a) A 1.ª Divisão – Pessoal;
b) A 2.ª Divisão – Informações;
c) A 3.ª Divisão – Operações:
d) A 4.ª Divisão – Logística;
e) Os órgãos de apoio.

ARTIGO 8.º

Vice-Chefe do Estado-Maior da Força Aérea

1 – O VCEMFA é um general hierarquicamente superior a todos os oficiais do seu posto.

2 – Compete ao VCEMFA:
a) Dirigir o funcionamento do EMFA;
b) Exercer as competências que lhe forem delegadas pelo CEMFA e outras decorrentes do disposto no presente diploma;
c) Substituir o CEMFA nos seus impedimentos e ausências e exercer as funções de CEMFA interino por vacatura do cargo de CEMFA.

SECÇÃO III
Órgãos centrais de administração e direcção

ARTIGO 9.º
Disposições genéricas

1 – Os órgãos centrais de administração e direcção, na dependência directa do CEMFA, têm carácter funcional e visam assegurar a superintendência e execução de áreas ou actividades específicas essenciais.
2 – São órgãos centrais de administração e direcção:
a) O Comando de Pessoal da Força Aérea (CPESFA);
b) O Comando Logístico e Administrativo da Força Aérea (CLAFA).

ARTIGO 10.º
Comando de Pessoal da Força Aérea

1 – O CPESFA tem por missão assegurar a administração dos recursos humanos para execução dos planos e directivas aprovados pelo CEMFA.
2 – O CPESFA é comandado por um general designado por comandante do Pessoal da Força Aérea.
3 – O CPESFA compreende:
a) O comandante e respectivo gabinete:
b) A Direcção de Pessoal;
c) A Direcção de Instrução;
d) A Direcção de Saúde;
e) O Serviço de Justiça e Disciplina;
f) O Serviço de Acção Social;
g) O Serviço de Assistência Religiosa;
h) Os órgãos de apoio directo;
4 – Dependem do CPESFA:
a) O Centro de Formação Militar e Técnica da Força Aérea (CFMTFA);

b) A Base do Lumiar (BALUM);
c) O Instituto de Saúde da Força Aérea (ISFA), que integra o Hospital da Força Aérea (HFA), o Centro de Medicina Aeronáutica (CMA) e o Centro de Psicologia da Força Aérea (CPSIFA);
d) O Centro de Recrutamento e Mobilização (CRM);
e) O Centro de Investigação de Medicina Ocupacional (CIMO);

5 – No CPESFA funcionam os conselhos de especialidades (CE), cuja composição, competências e funcionamento são fixados em lei especial.

6 – As unidades nacionais de apoio e os oficiais de ligação militar junto de organizações internacionais da responsabilidade da Força Aérea ficam na dependência do CPESFA e são regulados por legislação própria.

ARTIGO 11.º

Comando Logístico e Administrativo

1 – O CLAFA tem por missão assegurar a administração dos recursos materiais e financeiros para a execução dos planos e directivas aprovados pelo CEMFA.

2 – O CLAFA é comandado por um general designado por comandante logístico e administrativo da Força Aérea.

3 – O CLAFA compreende:
a) O comandante e respectivo gabinete;
b) A Direcção de Abastecimento;
c) A Direcção de Electrotecnia;
d) A Direcção de Finanças;
e) A Direcção de Infra-Estruturas;
f) A Direcção de Mecânica e Aeronáutica;
g) A Repartição de Transportes:
h) O Serviço Administrativo;
i) Os órgãos de apoio directo;

4 – Dependem do CLAFA:
a) O Depósito Geral de Material da Força Aérea (DGMFA);
b) O Centro de Manutenção Electrónica (CME);
c) O Grupo de Engenharia de Aeródromos da Força Aérea (GEAFA).

Secção IV
Órgãos de conselho

Artigo 12.º
Disposições genéricas

1 – Os órgãos de conselho destinam-se a apoiar as decisões do CEMFA em assuntos especiais relativas à preparação, disciplina e administração da Força Aérea.

2 – São órgãos de conselho do CEMFA:

a) O Conselho Superior da Força Aérea (CSFA);

b) O Conselho Superior de Disciplina da Força Aérea (CSDFA);

c) A Junta Superior de Saúde da Força Aérea (JSSFA);

3 – Os titulares dos órgãos de conselho exercem as suas competências em regime de acumulação.

Artigo 13.º
Conselho Superior da Força Aérea

1 – O CSFA é o órgão máximo de consulta do CEMFA.

2 – O CSFA é presidido pelo CEMFA e constituído por todos os generais da Força Aérea do activo em serviço nas Forças Armadas.

3 – Em diploma regulamentar serão fixadas as circunstâncias em que este órgão reunirá em plenário ou sessão restrita conforme as matérias a tratar.

4 – O CSFA poderá agregar, sem direito a voto, outros oficiais habilitados para o tratamento dos assuntos em agenda, a convocar pelo CEMFA.

Artigo 14.º
Conselho Superior de Disciplina da Força Aérea

1 – O CSDFA é o órgão consultivo e de apoio ao CEMFA em matéria disciplinar.

2 – A composição, funcionamento e atribuições do CSDFA são os constantes do Regulamento de Disciplina Militar.

ARTIGO 15.º
Junta Superior de Saúde da Força Aérea

1 – A JSSFA tem por missão estudar e dar parecer sobre os recursos relativos a decisões tomadas pelas entidades competentes baseadas em pareceres formulados por outras juntas médicas da Força Aérea.

2 – O presidente da JSSFA é um oficial general em acumulação de funções.

SECÇÃO V
Órgãos de inspecção

ARTIGO 16.º
Inspecção-Geral da Força Aérea

1 – A Inspecção-Geral da Força Aérea (IGFA) é o órgão na dependência do CEMFA que tem por missão apoiá-lo no exercício da função controlo.

2 – A IGFA é dirigida por um general, designado inspector-geral da Força Aérea. (*)

(*) *Redacção do art. 1.º do DL n.º 148/95, de 24/06.*

SECÇÃO VI
Órgãos de implantação territorial

ARTIGO 17.º
Disposições genéricas

1 – São órgãos de implantação territorial os que visam a organização e apoio geral da Força Aérea, ou das Forças Armadas quando razões objectivas o aconselhem, e que não tenham sido especificamente caracterizados de outra forma neste diploma.

2 – Os órgãos de implantação territorial compreendem: (*)

a) O Instituto de Altos Estudos da Força Aérea (IAEFA);
b) A Academia da Força Aérea (AFA);
c) Os órgãos de natureza cultural;
d) A Direcção de Informática (DINFA);
e) O Campo de Tiro de Alcochete (CTA);
f) O Serviço de Documentação da Força Aérea (SDFA);

g) As unidades e órgãos na dependência hierárquica do CPESFA e do CLAFA;

h) Os órgãos e as unidades de base na dependência do Comando Operacional da Força Aérea (COFA).

i) Os órgãos e as unidades de base na dependência hierárquica dos comandos de zona aérea.

(*) *As alíneas c) e seguintes foram alteradas pelo art. 1.º do DL n.º 148/95, de 24/06.*

Artigo 18.º

Instituto de Altos Estudos da Força Aérea

1 – O IAEFA é o estabelecimento de ensino militar da Força Aérea que tem por missão ministrar aos oficiais a formação complementar necessária ao desempenho das funções de comando, de direcção e de estado-maior e colaborar com o EMFA na actualização e uniformização da doutrina do ramo.

2 – O IAEFA é dirigido por um general na dependência directa do CEMFA.

Artigo 19.º

Academia da Força Aérea

1 – A AFA é o estabelecimento militar de ensino superior que tem por missão formar oficiais para o quadro permanente da Força Aérea e ministrar cursos que se revelem de interesse para o desenvolvimento dos conhecimentos aeronáuticos a nível nacional.

2 – A AFA, regulada por legislação própria, é comandada por um brigadeiro na dependência directa do CEMFA.

Artigo 20.º (*)

Oficinas Gerais de Material Aeronáutico

1 – As OGMA são um estabelecimento militar fabril regido por legislação própria, a que incumbe:

a) Proceder à manutenção, reparação e modificação de aeronaves, motores, acessórios, equipamentos de terra e outros;

b) Cooperar em estudos e lançamento de projectos, designadamente na fabricação de aeronaves, componentes e equipamentos;

2 – As OGMA são dirigidas por um oficial general na dependência directa do CEMFA.

(*) *Revogado pelo art. 3.º do DL n.º 148/95, de 24/06.*

ARTIGO 21.º

Órgãos de natureza cultural

1 – Os órgãos de natureza cultural destinam-se a assegurar as actividades de apoio geral da Força Aérea no domínio cultural, designadamente recolher, conservar, estudar e facultar a consulta ou expor o património histórico-cultural aeronáutico.

2 – São órgãos de natureza cultural na dependência do CEMFA:

a) A Comissão Histórico-Cultural da Força Aérea;

b) O Arquivo Histórico da Força Aérea;

c) O Museu do Ar;

d) A revista Mais Alto;

3 – O presidente da Comissão Histórico-Cultural é o mais antigo dos directores dos outros órgãos referidos no número anterior.

ARTIGO 22.º

Direcção de Informática

1 – A DINFA tem por atribuições obter e desenvolver os suportes informáticos, físicos e lógicos necessários à gestão da Força Aérea.

2 – O director da DINFA é um brigadeiro na dependência directa do CEMFA.

ARTIGO 23.º

Campo de Tiro de Alcochete

1 – O CTA é o órgão da Força Aérea que tem por missão assegurar à Força Aérea, aos outros ramos das Forças Armadas e às indústrias de defesa a execução das acções que podem ser conduzidas nas carreiras de tiro e nas estruturas de ensaio que nele estão integradas, bem como a armazenagem de material de guerra.

2 – O comandante do CTA é um coronel.

3 – O CTA depende do comandante do COFA.

ARTIGO 24.º
Serviço de Documentação da Força Aérea

1 – O SDFA tem por missão assegurar um sistema de documentação na Força Aérea.

2 – O SDFA depende directamente do VCEMFA.

ARTIGO 25.º
Unidades e órgãos na dependência hierárquica do CPESFA e do CLAFA

As unidades e órgãos na dependência hierárquica do CPESFA e do CLAFA são os indicados nos números 4 dos artigos 10.º e 11.º e constituem os órgãos de execução dos respectivos comandos.

ARTIGO 26.º
Unidades de base na dependência do COFA

1 – As unidades de base têm por missão garantir a prontidão das unidades aéreas e o apoio logístico e administrativo de unidades e órgãos nelas situados mas dependentes de outros comandos.

2 – As unidades de base onde estacionem forças estrangeiras têm ainda por missão assegurar o respeito pela soberania nacional nos termos que estiverem estabelecidos nos acordos internacionais assumidos.

3 – Sem prejuízo do disposto na alínea i) do n.º 2 do artigo 17.º, as unidades de base na dependência hierárquica do COFA são: (*)

a) As bases aéreas;
b) Os aeródromos de manobra;
c) Os aeródromos de trânsito.

(*) *Redacção do art. 1.º do DL n.º 148/95, de 24/06.*

SECÇÃO VII
Elementos da componente operacional do sistema de forças nacional

ARTIGO 27.º
Disposições genéricas

Os elementos da componente operacional do sistema de forças nacional da responsabilidade da Força Aérea compreendem:

a) O Comando Operacional da Força Aérea (COFA);

b) Os Comandos da Zona Aérea dos Açores e da Zona Aérea da Madeira;
c) As unidades de vigilância e detecção (UVD);
d) As unidades aéreas operacionais.

ARTIGO 28.º
Comando Operacional da Força Aérea

1 – O COFA tem por missão planear, dirigir e controlar a prontidão dos sistemas de armas, a actividade aérea e a defesa aérea do espaço nacional, para execução dos planos e directivas superiormente aprovados.

2 – Compete ainda ao COFA planear, dirigir e controlar a segurança militar das unidades e órgãos da Força Aérea.

3 – O COFA é comandado por um general designado por comandante operacional da Força Aérea, na directa dependência do CEMFA.

4 – O COFA compreende:
a) O comandante e respectivo gabinete;
b) O 2.º comandante:
c) O Estado-Maior:
d) O Gabinete de Prevenção de Acidentes;
e) O Centro de Operações Aéreas;
f) Os órgãos de apoio directo.

ARTIGO 28.º-A (*)
Comandos de zona aérea

1 – Ao Comando da Zona Aérea dos Açores e ao Comando da Zona Aérea da Madeira incumbe:
a) Planear, dirigir e controlar a prontidão dos sistemas de armas que lhes estão atribuídos e a actividade aérea, na área da sua responsabilidade, para execução dos planos superiormente aprovados;
b) Assegurar, nos termos que estiverem estabelecidos nos respectivos acordos internacionais, as relações com as forças estrangeiras estacionadas nas unidades de base na sua dependência hierárquica, sem prejuízo das competências próprias dos comandantes destas.

2 – Os órgãos e unidades de base sedeados nos Açores e na Madeira dependem hierarquicamente do comando da zona aérea respectivo.

3 – Os comandos de zona aérea estão directamente subordinados ao COFA e são comandados por um brigadeiro piloto aviador nos Açores e por um brigadeiro piloto aviador ou um coronel piloto aviador na Madeira.

4 – Os comandantes das zonas aéreas dependem directamente do CEMFA para os assuntos compreendidos no âmbito do disposto na alínea b) do n.º 1.

(*) *Aditado pelo art. 2.º do DL n.º 148/95, de 24/06.*

ARTIGO 29.º
Unidades de vigilância e detecção

As UVD têm por missão garantir a operação dos meios de vigilância e detecção.

ARTIGO 30.º
Unidades aéreas operacionais

1 – As unidades aéreas operacionais têm por missão a realização das missões operacionais da componente aérea do sistema de forças nacional da responsabilidade da Força Aérea.

2 – As unidades aéreas operacionais podem satisfazer missões no quadro dos compromissos internacionais assumidos por Portugal.

3 – As unidades aéreas operacionais dependem dos comandantes das unidades de base a que estiverem atribuídas.

SECÇÃO VIII
Órgãos de apoio a mais de um ramo

ARTIGO 31.º
Disposições genéricas

1 – Os órgãos de apoio a mais de um ramo são os que, inseridos na estrutura de um dado ramo, têm como missão primária assegurar um apoio integrado a outros ramos, podendo, para isso, dispor, estruturalmente, de elementos e recursos dos ramos apoiados.

2 – Constituem órgãos de apoio a mais de um ramo no âmbito da FAP:

a) O CTA;

b) Outras unidades, estabelecimentos ou órgãos como tal reconhecidos por despacho do Ministro da Defesa Nacional;

3 – Será definida por portaria do Ministro da Defesa Nacional a participação dos ramos apoiados, no que se refere a recursos humanos, financeiros e materiais, bem como a caracterização do apoio a prestar a cada ramo.

CAPÍTULO III

Disposições finais e transitórias

ARTIGO 32.º

Infra-estruturas da OTAN na dependência da Força Aérea

A manutenção e o funcionamento das infra-estruturas da OTAN existentes em Portugal na dependência da Força Aérea são regulados por legislação especial.

ARTIGO 33.º

Extinção de órgãos

São extintos o Comando Aéreo dos Açores, o Comando Aéreo da Madeira, a Base Aérea n.º 2 e o Aeródromo de Manobra n.º 2.

ARTIGO 34.º (*)

Tropas pára-quedistas

Enquanto não se efectivar a inserção das tropas pára-quedistas no Exército, mantêm-se em vigor a dependência, a estrutura e as atribuições actuais do Corpo de Tropas Pára-Quedistas.

(*) *Revogado pelo art. 3.º do DL n.º 148/95, de 24/06.*

ARTIGO 35.º

Regulamentação

1 – As atribuições, competências e organização dos órgãos e serviços que constituem a Força Aérea são estabelecidas por decreto regulamentar.

2 – As normas previstas no número anterior estabelecerão as condições de aplicação da respectiva regulamentação, de molde a assegurar uma gradual transição do regime.

3 – A regulamentação prevista no n.º 1 deverá estar concluída até 30 de Junho de 1993.

ARTIGO 36.º
Diplomas revogados

Salvo o disposto no artigo seguinte, são revogadas todas as disposições em contrário, nomeadamente os seguintes diplomas:

Decreto-Lei n.º 646/74, de 21 de Novembro;
Artigo 1.º do Decreto-Lei n.º 526/75, de 25 de Setembro;
Decreto-Lei n.º 679/76, de 2 de Setembro;
Decreto-Lei n.º 212/78, de 28 de Julho;
Decreto-Lei n.º 317/78, de 2 de Novembro;
Decreto-Lei n.º 288/81, de 10 de Outubro;
Decreto-Lei n.º 221/82, de 7 de Junho:
Portaria n.º 55/76, de 31 de Janeiro;
Portaria n.º 684/78, de 29 de Novembro;
Portaria n.º 167/81, de 3 de Fevereiro.

ARTIGO 37.º
Disposição transitória

Enquanto não forem publicados os regulamentos previstos no presente decreto-lei, mantêm-se em vigor os diplomas que disciplinam as correspondentes matérias.

Visto e aprovado em Conselho de Ministros de 26 de Novembro de 1992. – *Aníbal António Cavaco Silva* – *Joaquim Fernando Nogueira* – *Jorge Braga de Macedo.*

Promulgado em 22 de Janeiro de 1993.

Publique-se.

O Presidente da República, MÁRIO SOARES.

Referendado em 4 de Fevereiro de 1993.

O Primeiro-Ministro, *Aníbal António Cavaco Silva.*

*
* *

No dia 1 de Setembro de 1994 foram publicados os seguintes diplomas sobre os diversos órgãos e serviços do Exército:

– Decreto Regulamentar n.º 49/94: Estabelece as atribuições, organização e competências do Gabinete do Estado-Maior da Força Aérea (*Rectificado pela Dec. Rect. N.º 236/94, de 30/11*);
– Decreto Regulamentar n.º 50/94: Estabelece as atribuições, organização e competências do Estado-Maior da Força Aérea (*Rectificado pela Dec. Rect. N.º 237/94, de 30/11*);
– Decreto Regulamentar n.º 51/94: Estabelece as atribuições, organização e competências do Comando do Pessoal da Força Aérea e dos órgãos dele dependentes (*Rectificado pela Dec. Rect. N.º 251/94, de 30/11*);
– Decreto Regulamentar n.º 52/94: Estabelece as atribuições, organização e competências do Comando Logístico e Administrativo da Força Aérea e dos órgãos dele dependentes (*Rectificado pela Dec. Rect. N.º 248/94, de 30/11*);
– Decreto Regulamentar n.º 53/94: Estabelece as atribuições., organização e competências do Conselho Superior da Força Aérea e da Junta Superior de Saúde da Força Aérea (*Rectificado pela Dec. Rect. N.º 253/94, de 30/11*);
– Decreto Regulamentar n.º 54/94: Estabelece as atribuições, organização e competências da Inspecção-Geral da Força Aérea (*Rectificado pela Dec. Rect. N.º 247/94, de 30/11*);
– Decreto Regulamentar n.º 55/94: Estabelece as atribuições, organização e competências do Instituto de Altos Estudos da Força Aérea (*Rectificado pela dec. Rect. N.º 249/94, de 30/11*);
– Decreto Regulamentar n.º 56/94: Estabelece as atribuições, organização e competências da Direcção de Informática, do Serviço de Documentação da Força Aérea, da Comissão Histórico-Cultural da Força Aérea, do Arquivo Histórico da Força Aérea, do Museu o Ar e da Revista *Mais Alto (Rectificado pela Dec. Rect. N.º 246/94, de 30/11).*

OBJECÇÃO DE CONSCIÊNCIA

- **Lei n.º 7/92, de 12/05:**
  – *Lei sobre Objecção de Consciência;*

- **D.L. n.º 191/92, de 8/09:**
  – *Regulamenta a Lei sobre Objecção de Consciência.*

LEI N.º 7/92, DE 12 DE MAIO

LEI SOBRE OBJECÇÃO DE CONSCIÊNCIA

A Assembleia da República decreta, nos termos dos artigos 164.º, alínea d), 168.º, n.º 1, alínea b), e 169.º, n.º 3, da Constituição, o seguinte:

Capítulo I
Disposições gerais

Artigo 1.º
Direito à objecção de consciência

1 – O direito à objecção de consciência perante o serviço militar rege-se pelo presente diploma e pela legislação complementar nele prevista.

2 – O direito à objecção de consciência comporta a isenção do serviço militar, quer em tempo de paz, quer em tempo de guerra, e implica, necessariamente, para os respectivos titulares o dever de prestar um serviço cívico adequado à sua situação.

3 – Em tempo de paz estão dispensados da prestação de serviço cívico os cidadãos que tenham obtido o estatuto de objector de consciência após o cumprimento do serviço militar obrigatório.

Artigo 2.º
Conceito de objector de consciência

Consideram-se objectores de consciência os cidadãos convictos de que, por motivos de ordem religiosa, moral, humanística ou filosófica, lhes não é legítimo usar de meios violentos de qualquer natureza contra o seu semelhante, ainda que para fins de defesa nacional colectiva ou pessoal.

ARTIGO 3.º
Informação

1 – Os cidadãos são adequada e obrigatoriamente informados das regras e prescrições da presente lei, designadamente no acto de recenseamento militar.

2 – O dever de prestar informações, por sua iniciativa ou a solicitação dos interessados, compete ainda ao Gabinete do Serviço Cívico dos Objectores de Consciência, aos órgãos próprios das Regiões Autónomas, às autarquias locais, aos distritos de recrutamento e mobilização e aos consulados de Portugal no estrangeiro.

CAPÍTULO II
Serviço cívico

ARTIGO 4.º
Conceito de serviço cívico

1 – Entende-se por serviço cívico adequado à situação de objector de consciência aquele que, sendo exclusivamente de natureza civil, não esteja vinculado ou subordinado a instituições militares ou militarizadas, que constitua uma participação útil em tarefas necessárias à colectividade e possibilite uma adequada aplicação das habilitações e interesses vocacionais

dos objectores.

2 – O serviço cívico é organizado nos termos do diploma previsto no artigo 35.º e efectua-se, preferentemente, nos seguintes domínios:

a) Assistência em hospitais e outros estabelecimentos de saúde;
b) Rastreio de doenças e acções de defesa da saúde pública;
c) Acções de profilaxia contra a droga, o tabagismo e o alcoolismo;
d) Assistência a deficientes, crianças e idosos;
e) Prevenção e combate a incêndios e socorros a náufragos;
f) Assistência a populações sinistradas por cheias, terramotos, epidemias e outras calamidades públicas;
g) Primeiros socorros, em caso de acidentes de viação;

h) Manutenção, repovoamento e conservação de parques, reservas naturais e outras áreas classificadas;
i) Manutenção e construção de estradas ou de caminhos com interesse local;
j) Protecção do meio ambiente e do património cultural e natural;
l) Colaboração nas acções de estatística civil;
m) Colaboração em acções de alfabetização e promoção cultural;
n) Trabalho em associações de carácter social, cultural e religioso com fins não lucrativos, com primazia para as que sejam dotadas do estatuto de utilidade pública ou de solidariedade social;
o) Assistência em estabelecimentos prisionais e em acções de reinserção social.

3 – O regime de prestação de trabalho é o dos trabalhadores do sector em que for prestado o serviço cívico, com as adaptações previstas nos artigos 5.º a 8.º do presente diploma.

4 – Os cidadãos em regime de prestação de serviço cívico não podem ser destinados à substituição dos titulares de postos de trabalho, designadamente nos casos de exercício do direito à greve por parte dos respectivos trabalhadores.

Artigo 5.º
Duração e penosidade do serviço prestado pelos objectores de consciência

1 – O serviço cívico a prestar pelos objectores de consciência tem duração e penosidade equivalentes à do serviço militar obrigatório.

2 – Como forma de realizar a equivalência prevista no número anterior, o serviço cívico a prestar pelos objectores de consciência compreende um período de formação, com a duração de três meses, e um período de serviço efectivo, com duração igual à do serviço militar obrigatório.

3 – O período de formação abrange uma fase de formação geral e uma fase de formação específica, onde serão tidas em conta as habilitações literárias e profissionais dos objectores e as características da instituição onde vai ser prestado o serviço cívico.

Artigo 6.º
Serviço de cooperação

1 – O serviço cívico pode também, desde que para o efeito seja dado consentimento expresso por parte do objector de consciência, ser prestado em território estrangeiro, nos termos que vierem a ser definidos por decreto-lei e privilegiando a cooperação com os territórios sob administração portuguesa, os países africanos de língua oficial portuguesa e a mobilidade dentro da Comunidade Europeia.

2 – Os termos em que será prestado o serviço cívico, de acordo com o estabelecido no número anterior, serão definidos pelo Governo, nomeadamente quanto ao regime de prestação de trabalho e estatuto remuneratório.

ARTIGO 7.º

Equiparações

1 – O regime remuneratório e de segurança social dos objectores de consciência é definido em estrito paralelismo com as disposições aplicáveis à prestação do serviço militar obrigatório, sem prejuízo do disposto no n.º 2 do artigo anterior.

2 – O regime remuneratório inclui as prestações de alimentação, alojamento e descontos nos transportes em condições equivalentes às dos cidadãos em prestação do serviço militar.

3 – Os objectores de consciência gozam dos regimes de amparo, de adiamento, de interrupção e de dispensa nos mesmos termos que os cidadãos sujeitos à prestação do serviço militar.

4 – O mesmo princípio da equiparação aplica-se no caso da prestação de provas e realização de exames escolares.

5 – Os objectores de consciência gozam ainda dos direitos e garantias referidos no artigo 34.º da Lei n.º 30/87, de 7 de Julho, alterada pela Lei n.º 22/91, de 19 de Junho.

ARTIGO 8.º

Tarefas e funções do serviço cívico

Na definição das tarefas a incluir no serviço cívico e na atribuição das funções concretas a cada objector de consciência, as autoridades competentes devem ter em conta os interesses, a capacidade de abnegação, as habilitações literárias e profissionais do objector de consciência, bem como as preferências manifestadas pelo interessado.

ARTIGO 9.º
Recusa ou abandono do serviço cívico

1 – A recusa de prestação do serviço cívico por quem tenha obtido o estatuto de objector de consciência ou o seu abandono sem justificação adequada são puníveis nos termos da presente lei.

2 – Considera-se abandonada a prestação do serviço cívico quando o objector de consciência falte injustificadamente, durante 5 dias seguidos ou 10 interpolados, ao seu cumprimento.

3 – Nenhum cidadão poderá conservar nem obter emprego do Estado ou de outra entidade pública se deixar de cumprir o serviço cívico, quando obrigatório.

CAPÍTULO III
Situação jurídica do objector de consciência

ARTIGO 10.º
Aquisição do estatuto de objector de consciência

O estatuto de objector de consciência adquire-se por decisão administrativa, proferida nos termos do presente diploma, a partir da declaração do interessado.

ARTIGO 11.º
Princípio da igualdade

Os objectores de consciência gozam de todos os direitos e estão sujeitos a todos os deveres consignados na Constituição e na lei para os cidadãos em geral que não sejam incompatíveis com a situação de objector de consciência.

ARTIGO 12.º
Convocação extraordinária e requisição

1 – Nos mesmos termos e prazos previstos para os cidadãos que prestam o serviço militar, os objectores de consciência podem ser convocados extraordinariamente para prestar novamente serviço cívico adequado à sua situação, se assim o decidirem as entidades competentes, em caso de guerra, estado de sítio ou de emergência.

2 – A situação de objector de consciência não dispensa o cidadão da requisição, nos termos da lei geral, para a realização de tarefas colectivas de carácter exclusivamente civil.

ARTIGO 13.º
Inabilidades

1 – O objector de consciência é inábil para:

a) Desempenhar qualquer função, pública ou privada, que imponha o uso e porte de arma de qualquer natureza;
b) Ser titular de licença administrativa de detenção, uso e porte de arma de qualquer natureza;
c) Ser titular de autorização de uso e porte de arma de defesa quando, por lei, tal autorização seja inerente à função pública ou privada que exerça;
d) Trabalhar no fabrico, reparação ou comércio de armas de qualquer natureza ou no fabrico e comércio das respectivas munições, bem como trabalhar em investigação científica relacionada com essas actividades.

2 – A infracção ao disposto no número anterior corresponde ao crime de desobediência qualificada e determina a cessação das funções e a revogação das licenças e autorizações referidas no número anterior.

ARTIGO 14.º
Cessação da situação de objector de consciência

1 – A situação de objector de consciência cessa:

a) Em consequência da condenação judicial em pena de prisão superior a um ano por crimes contra a vida, contra a integridade física, contra a liberdade das pessoas, contra a paz e a humanidade, contra a paz pública e contra o Estado, bem como pelo crime de roubo e por crimes de perigo comum, nos termos previstos e punidos pelo Código Penal, quando os comportamentos criminosos traduzam ou pressuponham uma intenção contrária à convicção de consciência anteriormente manifestada pelo objector e aos deveres dela decorrentes; (*)
b) Pelo exercício comprovado de funções ou tarefas para que é inábil, nos termos previstos na presente lei;
c) Nos demais casos previstos na presente lei.

2 – Em qualquer dos casos referidos no número anterior far-se-á oficiosamente a respectiva comunicação ao Gabinete do Serviço Cívico dos Objectores de Consciência e ao centro de recrutamento onde o objector estiver recenseado, para neles se efectuar o cancelamento do registo da situação de objector de consciência. (*)

(*) *Redacção do art. 1.º do DL n.º 128/99, de 28/08.*

ARTIGO 15.º

Efeitos da cessação

A cessação da situação de objector de consciência determina a sujeição do seu ex-titular ao cumprimento das obrigações militares normais, sendo tomado em consideração o cumprimento total ou parcial do serviço cívico.

ARTIGO 16.º

Cartão de identificação

Os objectores de consciência têm direito a cartão especial de identificação.

ARTIGO 17.º

Registo

1 – O Gabinete de Serviço Cívico dos Objectores de Consciência mantém um registo devidamente actualizado de todos os processos relativos à concessão do estatuto de objector de consciência.

2 – Os cidadãos directamente interessados têm o direito de, a todo o tempo, consultar os dados que sobre eles constarem no referido registo.

CAPÍTULO IV

Processo

ARTIGO 18.º

Princípios gerais

1 – O processo de aquisição do estatuto de objector de consciência tem natureza administrativa e inicia-se com a apresentação pelo interessado de uma declaração de objecção de consciência.

2 – A declaração pode ser apresentada por qualquer cidadão maior ou emancipado.

3 – A declaração de objecção de consciência deve conter:

a) A identificação completa do declarante, com indicação do número e data de emissão do bilhete de identidade, estado civil, residência, habilitações literárias e profissionais, bem como a freguesia e o distrito de recrutamento e mobilização a que se encontra adstrito;
b) A formulação das razões de ordem religiosa, moral, humanística ou filosófica que fundamentam a objecção e a referência a comportamentos do declarante demonstrativos da sua coerência com aquelas razões;
c) A indicação da situação militar do declarante;
d) A declaração expressa da disponibilidade do declarante para cumprir o serviço cívico alternativo;
e) A declaração expressa da não existência de qualquer das inabilidades previstas na presente lei;
f) A assinatura do declarante reconhecida notarialmente.

4 – A declaração de objecção de consciência deve ser instruída com os seguintes elementos:

a) Declarações de três cidadãos no pleno gozo dos seus direitos civis e políticos, com assinatura reconhecida notarialmente, confirmativas dos comportamentos referidos na alínea b) do número anterior;
b) Certidão de nascimento do declarante;
c) Certificado do registo criminal do declarante; (*)
d) Outros documentos que o declarante considere relevantes.

5 – A falsidade das declarações previstas na alínea a) do n.º 4 é punível nos termos do n.º 1 do artigo 402.º do Código Penal.

(*) *Redacção do art. 1.º do DL n.º 138/99, de 28/08.*

Artigo 19.º
Reconhecimento

O reconhecimento do estatuto de objector de consciência compete à Comissão Nacional de objecção de Consciência e é isento de quaisquer taxas ou emolumentos.

ARTIGO 20.º
Prazos e locais de apresentação

1 – A declaração pode ser apresentada a todo o tempo.

2 – A declaração de objecção de consciência pode ser apresentada na Comissão Nacional, nas delegações regionais do Instituto Português da Juventude, nos postos consulares ou nos serviços competentes nas Regiões Autónomas. (*)

3 – Se não tiver sido apresentada directamente na Comissão Nacional, a declaração de objecção de consciência é-lhe enviada pelas entidades referidas no número anterior no prazo de cinco dias após a sua recepção.

(*) *Redacção do art. 1.º do DL n.º 138/99, de 28/08.*

ARTIGO 21.º
Apreciação e suprimento de deficiências

1 – Recebida a declaração, a Comissão Nacional aprecia, no prazo de 15 dias, a sua regularidade formal.

2 – Sempre que a declaração de objecção de consciência se encontrar incompleta ou irregularmente instruída, a Comissão Nacional notifica o declarante para que, no prazo máximo de 20 dias, supra as respectivas deficiências, sob pena de ser liminarmente indeferida.

3 – Se o declarante não suprir as deficiências da declaração no prazo previsto no n.º 2, a Comissão Nacional comunicará oficiosamente, no prazo de cinco dias, a ineficácia da mesma ao distrito de recrutamento e mobilização competente.

ARTIGO 22.º (*)
Efeitos da declaração

1 – A apresentação da declaração de objecção de consciência suspende o cumprimento das obrigações militares do declarante subsequentes ao acto de recenseamento, sendo, para o efeito, oficiosamente comunicado ao centro de recrutamento competente.

2 – Se a declaração não for apresentada até aos 30 dias anteriores à incorporação, o cumprimento das obrigações militares do declarante só se suspende após a conclusão da prestação do serviço militar.

(*) *Redacção do art. 1.º do DL n.º 138/99, de 28/08.*

ARTIGO 23.º
Recusa de estatuto e audiência

1 – Sem prejuízo do disposto no n.º 2 do artigo 21.º, o reconhecimento do estatuto de objector de consciência só pode ser recusado com base na falsidade de elementos constantes da declaração ou na existência de qualquer das inabilidades previstas na presente lei.

2 – O reconhecimento do estatuto de objector de consciência não pode ser denegado sem que ao declarante seja dada a possibilidade de ser ouvido em audiência perante a Comissão Nacional, podendo fazer-se acompanhar de advogado.

3 – Na audiência a que se refere o número anterior a Comissão Nacional ouvirá também as testemunhas apresentadas.

4 – A audiência prevista nos números anteriores poderá ser pública, a requerimento do declarante feito por escrito ou oralmente no início da mesma.

5 – A audiência deve incidir sobre os motivos subjacentes à declaração e sobre a prática de vida do declarante que demonstre a sua coerência com tais motivos.

6 – A falta injustificada do declarante à audiência prevista neste artigo equivale à renúncia do direito a ser ouvido.

ARTIGO 24.º
Averiguações

1 – A Comissão Nacional de Objecção de Consciência procederá às averiguações que considere necessárias para a comprovação da veracidade dos elementos constantes da declaração.

2 – A Administração Pública e os interessados na obtenção do estatuto devem cooperar nas referidas averiguações.

ARTIGO 25.º
Decisão

1 – No exercício das suas funções, a Comissão Nacional decide de acordo com critérios de objectividade e imparcialidade.

2 – A decisão da Comissão Nacional referente ao reconhecimento do estatuto de objector de consciência é tomada por maioria de votos dos seus membros e devidamente fundamentada em acta, não podendo haver abstenções.

3 – A Comissão Nacional tem de decidir no prazo máximo de três meses contados da apresentação da declaração de objecção de consciência.

ARTIGO 26.º

Notificação e comunicação

1 – A deliberação da Comissão Nacional é notificada ao declarante, acompanhada da acta respectiva, no prazo de cinco dias.

2 – A deliberação que reconheça o estatuto de objector de consciência é comunicada, oficiosamente, ao Gabinete do Serviço Cívico dos Objectores de Consciência e ao centro de recrutamento onde o requerente estiver recenseado. (*)

3 – O não reconhecimento definitivo do estatuto de objector de consciência é comunicado, oficiosamente, pela Comissão Nacional ao centro de recrutamento conde o interessado estiver recenseado. (*)

(*) *Redacção do art. 1.º do DL n.º 138/99, de 28/08.*

ARTIGO 27.º (*)

Recursos

1 – Da deliberação da Comissão Nacional cabe recurso contencioso, com efeito suspensivo das obrigações militares, a interpor nos termos gerais, no prazo de 20 dias, para o tribunal administrativo de círculo.

2 – O recurso tem a natureza de processo urgente, para todos os efeitos e em qualquer instância.

3 – O processo de recurso é isento de quaisquer taxas, custas e emolumentos, salvo quando o interessado for condenado como litigante de má fé, caso em que será responsável pelas custas do processo calculadas nos termos gerais.

(*) *Redacção do art. 1.º do DL n.º 138/99, de 28/08.*

CAPÍTULO V

Órgãos específicos da objecção de consciência

ARTIGO 28.º

Comissão Nacional de Objecção de Consciência

1 – A Comissão Nacional de Objecção de Consciência funciona em Lisboa, junto do Gabinete do Serviço Cívico dos Objectores de Consciência.

2 – Compõem a Comissão Nacional de Objecção de Consciência:

a) Um juiz de direito, designado pelo Conselho Superior da Magistratura, como presidente;

b) Um cidadão de reconhecido mérito, designado pelo Provedor de Justiça;

c) O director do Gabinete do Serviço Cívico dos Objectores de Consciência.

3 – O apoio logístico e administrativo à Comissão Nacional de Objecção de Consciência é assegurado pelo Gabinete do Serviço Cívico dos Objectores de Consciência.

ARTIGO 29.º
Estatuto dos membros da Comissão

Os membros da Comissão Nacional de Objecção de Consciência são designados por três anos e gozam dos direitos e garantias a estabelecer em diploma especial.

ARTIGO 30.º
Gabinete do Serviço Cívico dos Objectores de Consciência

1 – A organização e o funcionamento do serviço cívico são assegurados pelo Gabinete do Serviço Cívico dos Objectores de Consciência.

2 – O Gabinete do Serviço Cívico dos Objectores de Consciência pode abrir as delegações regionais que se revelem necessárias ao bom funcionamento dos serviços.

CAPÍTULO VI
Regime disciplinar e penal

ARTIGO 31.º
Regime disciplinar

1 – Os objectores de consciência ficam, durante a prestação do serviço cívico e sem prejuízo do n.º 3 do artigo 4.º desta lei, sujeitos ao Estatuto Disciplinar dos Funcionários e Agentes da Administração Central e Local, com as seguintes adaptações:

a) À pena de multa corresponde a perda de 3 a 30 dias de metade do abono diário;
b) Às penas de suspensão e de inactividade corresponde a multa de 30 a 90 dias de metade do abono diário;
c) Às penas de aposentação compulsiva e de demissão corresponde a multa de 90 a 180 dias de metade do abono diário.

2 – A aplicação de multa superior a 30 dias determina a transferência do objector de consciência para outro serviço.

ARTIGO 32.º
Competência disciplinar

1 – A instauração e instrução de processos disciplinares cabe à entidade competente do serviço ou do organismo onde o serviço cívico estiver a ser prestado.

2 – Finda a instrução e relatado o processo, será o mesmo remetido, num prazo de três dias, ao Gabinete do Serviço Cívico dos Objectores de Consciência para decisão.

3 – O Primeiro-Ministro pode delegar a sua competência disciplinar no membro do Governo de quem ficar dependente o Gabinete do Serviço Cívico dos Objectores de Consciência, com a possibilidade de subdelegação.

ARTIGO 33.º
Disposições penais

1 – Incorre na pena de prisão até dois anos, mas nunca inferior ao tempo de duração do serviço cívico, aquele que, tendo obtido o estatuto de objector de consciência, injustificadamente se recuse à prestação de serviço cívico a que esteja obrigado nos termos da presente lei.

2 – Em igual pena incorre o objector de consciência que, sem justificação adequada, abandone o serviço cívico a que esteja obrigado, mas deve ser levado em conta na respectiva graduação o tempo de serviço já prestado.

3 – Os objectores de consciência que não comparecerem à convocação extraordinária para a prestação do novo serviço cívico para efeitos de reciclagem serão punidos com prisão até seis meses.

4 – Os objectores de consciência que, nos estados de excepção e nos termos legalmente definidos, não comparecerem à convocação extraordinária para prestação do novo serviço cívico serão punidos com prisão de seis meses até três anos.

5 – As penas de prisão aplicadas nos termos dos números anteriores não podem ser substituídas por multas.

6 – Serão punidos com multa até 30 dias os objectores de consciência que, a partir da data do conhecimento da decisão, não informem o Gabinete do Serviço Cívico dos Objectores de Consciência das mudanças de residência, que não preenchem ou não dêem seguimento aos boletins de inscrição, que se não apresentem quando convocados ou que, tendo requerido o adiamento da prestação, não apresentem anualmente prova documental da subsistência dos pressupostos justificativos do adiamento.

7 – O cumprimento das penas previstas nos n.os 1, 2, 3 e 4 do presente artigo contará como tempo de prestação de serviço cívico.

8 – Nos casos em que, após o cumprimento da pena, haja ainda um período de serviço cívico a cumprir, o objector de consciência será colocado, de acordo com a conveniência do serviço e as necessidades das entidades disponíveis.

CAPÍTULO VII
Disposições finais e transitórias

ARTIGO 34.º
Processos pendentes

1 – Os processos apresentados em tribunal, no âmbito da Lei n.º 6/85, de 4 de Maio, cuja decisão não tenha ainda transitado em julgado serão apreciados pela Comissão Nacional de Objecção de Consciência.

2 – No prazo de 60 dias após a entrada em vigor do presente diploma, os tribunais enviarão oficiosamente ao Gabinete do Serviço Cívico dos Objectores de Consciência uma listagem dos processos pendentes.

ARTIGO 35.º
Regulamentação

No prazo máximo de 60 dias contados da sua entrada em vigor, a presente lei será regulamentada por decreto-lei. (*)

(*) A regulamentação da presente lei foi efectuada pelo DL n.º 191/92, de 8/09.

ARTIGO 36.º
Norma revogatória

São revogadas as Leis n.os 6/85, de 4 de Maio, e 101/88, de 25 de Agosto.

Aprovada em 12 de Março de 1992.

O Presidente da Assembleia da República, *António Moreira Barbosa de Melo.*

Promulgada em 22 de Abril de 1992.

Publique-se.

O Presidente da República, MÁRIO SOARES.

Referendada em 24 de Abril de 1992.

Pelo Primeiro-Ministro, *Joaquim Fernando Nogueira,* Ministro da Presidência.

DECRETO-LEI N.º 191/92, DE 8 DE SETEMBRO

REGULAMENTA A LEI SOBRE A OBJECÇÃO DE CONSCIÊNCIA

O reconhecimento da objecção de consciência é um corolário da inviolabilidade dessa mesma consciência e encontra-se indissoluvelmente ligado ao valor fundamental da liberdade moral exigido pela própria dignidade da pessoa humana.

A Lei n.º 7/92, de 12 de Maio, veio estabelecer uma nova forma de acesso ao exercício do direito à objecção de consciência perante o serviço militar, determinando o respectivo processo de aquisição e a obrigatoriedade da prestação de um serviço cívico.

Considerando que se torna necessário regulamentar tal diploma, em observância dos limites nele fixados, entende o Governo determinar a sua execução de uma forma paralela à do serviço militar obrigatório, mas sem que haja qualquer ponto de contacto entre a instituição militar e a estrutura orgânica do serviço cívico, a qual terá uma natureza exclusivamente civil.

De acordo com a filosofia que enforma o novo estatuto do objector de consciência e tendo ainda em conta a própria legislação comunitária, o serviço cívico deve contemplar actividades humanitárias, culturais e de solidariedade social dignificantes de quem as exerce e verdadeiramente úteis à colectividade.

Neste sentido, a actividade dos objectores de consciência será exercida em entidades públicas ou privadas, privilegiando as denominadas pessoas colectivas de utilidade pública e de utilidade pública administrativa, bem como as instituições particulares de solidariedade social.

Assim:

No desenvolvimento do regime jurídico estabelecido pela Lei n.º 7/92, de 12 de Maio, e nos termos das alíneas a) e c) do n.º 1 do artigo 201.º da Constituição, o Governo decreta o seguinte:

ARTIGO 1.º
Âmbito e objecto

1 – Os cidadãos a quem for atribuído o estatuto de objector de consciência nos termos da Lei n.º 7/92, de 12 Maio, prestarão serviço cívico adequado a essa situação, nos termos previstos neste diploma e demais legislação aplicável.

2 – O serviço cívico tem âmbito nacional.

ARTIGO 2.º
Áreas de prestação do serviço cívico

1 – O serviço cívico será efectuado, preferencialmente, nas seguintes áreas:

a) Assistência em hospitais e outros estabelecimentos de saúde;
b) Rastreio de doenças e acções de defesa da saúde pública;
c) Acções de profilaxia contra a droga, o tabagismo e o alcoolismo;
d) Assistência a deficientes, crianças e idosos;
e) Prevenção e combate a incêndios e socorros a náufragos;
f) Assistência a populações sinistradas por cheias, terramotos, epidemias e outras calamidades públicas;
g) Primeiros socorros, em caso de acidentes de viação;
h) Manutenção, vigilância, repovoamento e conservação de parques, reservas naturais e outras áreas classificadas;
i) Manutenção e construção de estradas ou de caminhos com interesse local;
j) Protecção do meio ambiente e do património natural e cultural;
l) Colaboração em acções de estatística civil;
m) Colaboração em acções de alfabetização e promoção cultural;
n) Exercício de actividade em instituições de carácter social, cultural ou religioso com fins não lucrativos;
o) Assistência em estabelecimentos prisionais e em acções de reinserção social.

2 – A prestação do serviço cívico em território estrangeiro será regulamentada através de diploma legal, no qual serão definidos o regime de prestação de trabalho e o respectivo estatuto remuneratório.

3 – A prestação do serviço a que se refere o número anterior dependerá de consentimento expresso por parte do objector de consciência.

ARTIGO 3.º
Entidades de prestação do serviço cívico

1 – O serviço cívico dos objectores de consciência será prestado em entidades públicas ou privadas.

2 – Tratando-se de entidades privadas, deverão preencher os seguintes requisitos:

a) Prosseguir fins não lucrativos de interesse geral, seja este de âmbito nacional ou local;
b) Ter capacidade de organizar o período de formação previsto no artigo 6.º do presente diploma;
c) Possuir, pelo menos, três anos de existência.

3 – No âmbito das entidades privadas, terão prioridade na colocação de objectores de consciência as pessoas colectivas de utilidade pública e de utilidade pública administrativa e as instituições particulares de solidariedade social.

ARTIGO 4.º
Situações do serviço cívico

1 – As obrigações decorrentes do serviço cívico iniciam-se com a aquisição do estatuto de objector de consciência e prolongam-se até 31 de Dezembro do ano em que o objector completar 35 anos de idade.

2 – O serviço cívico compreende as seguintes situações:

a) Reserva de recrutamento;
b) Serviço cívico efectivo normal;
c) Reserva de disponibilidade imediata;
d) Reserva geral.

3 – A reserva de recrutamento é constituída pelos cidadãos que obtiveram o estatuto de objector de consciência e que aguardem, por período não superior a um ano, a sua colocação efectiva. (*)

4 – O serviço cívico efectivo normal compreende a prestação do serviço cívico desde a colocação até à passagem à reserva de disponibilidade imediata.

5 – A reserva de disponibilidade imediata inicia-se com o fim da prestação do serviço cívico efectivo normal e termina quando se completarem seis anos sobre a passagem a esta situação, podendo os objectores de consciência, durante este período, ser convocados para a prestação do serviço cívico extraordinário, nos termos do artigo seguinte.

6 – A reserva geral é constituída pelos objectores que transitarem da reserva de disponibilidade imediata e termina em 31 de Dezembro do ano em que completarem 35 anos de idade.

(*) *Redacção do DL n.º 138/99, de 28/08.*

ARTIGO 5.º

Serviço cívico extraordinário

1 – Por despacho do Primeiro-Ministro pode ser determinada a convocação extraordinária, de âmbito nacional ou regional, dos objectores nas situações de reserva de disponibilidade imediata e reserva geral, quer para efeitos de reciclagem quer ainda para a prestação de serviço cívico efectivo normal em estado de sítio, estado de emergência ou de guerra, nos termos legalmente previstos.

2 – A reciclagem a que se refere o número anterior abrange um período ou períodos, na totalidade não superiores a dois meses, enquanto durarem as obrigações do serviço cívico.

ARTIGO 6.º

Duração

O serviço cívico a prestar pelos objectores de consciência compreende um período de formação, com a duração de três meses, e um período de serviço efectivo normal, com duração igual à vigente para o Exército, nos termos do artigo 27.º da Lei n.º 30/87, de 7 de Junho, com a redacção que lhe foi dada pela Lei n.º 22/91, de 19 de Junho.

ARTIGO 7.º

Processo individual

1 – Após a recepção da acta atributiva do estatuto de objector de consciência, deverá o Gabinete do Serviço Cívico dos Objectores de Consciência, adiante designado por GSCOC, enviar ao objector, no prazo de 15 dias, carta registada e devidamente acompanhada de informação escrita sobre os seus direitos e deveres, assim como dos objectivos do serviço cívico.

2 – A carta referida no número anterior será também acompanhada do boletim de inscrição de objector de consciência, que deverá ser preenchido e devolvido ao GSCOC no prazo de 30 dias.

3 – O GSCOC procederá à organização de um processo individual para cada objector de consciência, ao qual será atribuído um número próprio de identificação.

ARTIGO 8.º

Exame médico

1 – Os objectores de consciência que sofram de deficiência ou doença permanentes que lhes causem limitação física impeditiva de exercerem todas ou algumas das actividades do serviço cívico podem requerer ao director do GSCOC a sua apresentação a exame médico.

2 – O requerimento será apresentado no prazo de 15 dias a partir da data de recepção do boletim de inscrição pelo objector de consciência.

3 – O exame será efectuado por uma junta médica do centro de saúde da área de residência do requerente, constituída pelo director do respectivo centro, que preside, e por dois médicos da carreira de clínica geral, e dele será elaborado relatório, subscrito pelos membros da junta, do qual deverá constar:

a) A descrição da doença ou deficiência permanente do requerente;

b) As limitações que delas decorrem para o exercício de todas ou algumas das actividades do serviço cívico.

4 – Quando do relatório médico não resulte a inaptidão total do requerente, será o mesmo classificado como Apto para o serviço cívico, mas a limitação parcial de que eventualmente sofra será tida em conta para efeitos de colocação.

ARTIGO 9.º

Regimes de adiamento, interrupção, dispensa e amparo de família

1 – Os objectores de consciência gozam dos regimes de adiamento, interrupção, dispensa e amparo de família em condições equivalentes às dos cidadãos sujeitos a obrigações militares.

2 – Os objectores de consciência que pretendam beneficiar dos regimes de adiamento, dispensa e amparo de família devem manifestar essa pretensão no acto de devolução ao GSCOC do boletim de inscrição de objector de consciência.

3 – Podem requerer a interrupção do cumprimento do serviço cívico efectivo normal, depois de terminado o período de formação previsto no n.º 2 do artigo 12.º, os objectores que forem investidos em funções cujo estatuto legal o determine, enquanto se mantiverem no desempenho efectivo dos respectivos cargos.

4 – O respectivo requerimento é dirigido ao director do GSCOC, devendo ser instruído com prova documental dos factos alegados.

ARTIGO 10.º
Preferência pelo ano de colocação

1 – O objector de consciência pode manifestar no boletim de inscrição a sua preferência pela colocação em ano diferente do que lhe seria normalmente atribuído, dentro do limite dos 18 aos 22 anos de idade.

2 – A preferência manifestada no número anterior será tida em conta sempre que dela não resultem prejuízos para as necessidades anuais de colocação por parte do GSCOC.

ARTIGO 11.º
Colocação

1 – A colocação do objector deverá ser efectuada nos seis meses seguintes à devolução ao GSCOC do boletim de inscrição.

2 – O objector de consciência será avisado da sua colocação na instituição onde deverá prestar a sua actividade, mediante notificação feita com, pelo menos, 30 dias de antecedência.

3 – O objector tem direito a reclamar da colocação que lhe for atribuída, com fundamento em ilegalidade, no prazo de 15 dias a contar da data da notificação referida no número anterior.

4 – A reclamação a que se refere o número anterior não tem efeito suspensivo e deverá ser objecto de decisão no prazo de 30 dias.

5 – A colocação do objector será precedida da celebração de um protocolo entre o GSCOC e a entidade interessada, no qual serão estipuladas as responsabilidades de cada uma das partes.

ARTIGO 11.º-A (*)
Efeitos da não colocação

Uma vez decorrido o prazo de duração da reserva de recrutamento, o objector de consciência que não tiver obtido colocação para cumprir o serviço cívico, por causas que não lhe sejam imputáveis, transita para a situação de reserva geral do serviço cívico.

(*) *Aditado pelo DL n.º 138/99, de 28/08.*

ARTIGO 12.º
Selecção e formação

1 – Os objectores de consciência serão agrupados de acordo com as suas habilitações literárias, técnicas, profissionais ou outras de reconhecido interesse para o serviço cívico e tendo ainda em conta as preferências manifestadas.

2 – Antes do serviço cívico efectivo normal os objectores frequentarão, na instituição onde forem colocados, um período de formação com a duração de três meses, que abrange uma fase de formação geral e uma fase de formação específica.

3 – Na fase de formação geral será fornecida informação sobre a natureza e objectivos do serviço cívico direitos e obrigações do cidadão objector e normas de funcionamento da instituição onde o serviço cívico estiver a ser prestado.

4 – A fase de formação específica, orientada por um responsável da instituição e sujeita a supervisão do GSCOC, tem por finalidade desenvolver a capacidade profissional do objector, com vista a uma melhor integração nas tarefas do serviço cívico.

5 – No termo do período de formação deverá ser enviado ao GSCOC, no prazo de 15 dias, um relatório de avaliação funcional da actividade do objector.

ARTIGO 13.º
Mudança de colocação

1 – O GSCOC pode proceder à transferência do objector de consciência para outro organismo ou à sua mudança para um serviço de outro tipo quando:

a) Houver alteração das suas qualificações técnicas e profissionais;

b) O organismo em que se encontra deixar de ser considerado adequado ao serviço cívico;

c) O organismo deixar de ter necessidade do objector em cumprimento do serviço cívico ou este se revelar incapaz para realizar as tarefas do próprio serviço;

d) For considerada procedente a reclamação a que se refere o n.º 3 do artigo 11.º.

2 – A iniciativa do processo referido no número anterior caberá ao GSCOC, ao objector de consciência ou ao organismo onde é prestado o serviço cívico e será comunicada às entidades interessadas.

Artigo 14.º
Regime de prestação do serviço cívico

1 – Com excepção do regime remuneratório e dos direitos em matéria de segurança social e de protecção na doença, os objectores ficam sujeitos, durante a prestação do serviço cívico, à regulamentação interna dos serviços a que forem afectados, sem prejuízo da competência disciplinar legalmente estabelecida.

2 – Os serviços referidos no número anterior deverão comunicar ao GSCOC o início e a cessação de funções pelos objectores no prazo de cinco dias a contar da sua ocorrência e enviar mensalmente informações sobre a respectiva assiduidade.

3 – O objector de consciência que durante a prestação do serviço cívico pretenda deslocar-se ao estrangeiro deverá solicitar previamente autorização ao GSCOC.

Artigo 15.º
Acompanhamento e avaliação

1 – O acompanhamento da prestação do serviço cívico e feito por técnicos do GSCOC através de visitas periódicas às instituições e ainda pela verificação do cumprimento das cláusulas do protocolo.

2 – A avaliação do serviço cívico será objecto de um relatório final a elaborar pela instituição no termo da respectiva prestação.

ARTIGO 16.º
Estatuto remuneratório

1 – Os objectores de consciência, durante o período de formação que antecede o serviço cívico efectivo normal, auferem uma compensação financeira correspondente à dos militares em serviço efectivo normal.

2 – Os objectores de consciência em cumprimento do serviço cívico efectivo normal serão escalonados por níveis remuneratórios para efeitos da determinação da respectiva compensação financeira, os quais serão fixados por portaria conjunta do Ministro da Defesa Nacional e do membro do Governo responsável pela área da juventude.

3 – O acesso de cada objector aos níveis remuneratórios previstos no número anterior depende da conclusão, com aproveitamento, do período de formação e do grau das suas habilitações literárias, técnicas, profissionais ou outras de reconhecido interesse para o serviço cívico, nos termos da portaria a que se refere o n.º 2.

4 – Os objectores de consciência quando na prestação do serviço cívico efectivo normal e durante o período de formação que o antecede têm direito a alimentação por conta do Estado nas mesmas condições definidas pelos artigos 1.º e 4.º do Decreto-Lei n.º 329-G/75, de 30 de Junho, para os militares das Forças Armadas.

5 – Quando não for possível o fornecimento de alimentação em espécie, o seu abono poderá ter lugar a dinheiro, em quantitativo a fixar, anualmente, pelo Ministro da Defesa Nacional, nos termos do artigo 5.º do Decreto-Lei n.º 329-G/75, acima referido, conjugado com o disposto na alínea e) do n.º 2 do artigo 44.º da Lei n.º 29/82, de 11 de Dezembro.

6 – Os objectores de consciência que, quando na prestação do serviço cívico efectivo normal, tiverem de se deslocar para localidade diferente daquela onde se encontrem a prestar serviço, por determinação da instituição onde exercem a actividade, têm direito ao abono de ajudas de custo e transporte, ou requisição de transporte, a suportar por essa instituição, nas mesmas condições fixadas para os militares das Forças Armadas.

7 – Os encargos com as compensações financeiras e demais abonos referidos nos números anteriores são suportados por conta das dotações para o efeito inscritas no orçamento do GSCOC.

ARTIGO 17.º
Direitos em matéria de segurança social

Durante a prestação do serviço cívico, a situação dos objectores de consciência é equiparada, para efeitos de segurança social, à dos cidadãos em serviço efectivo normal.

ARTIGO 18.º
Regalias sociais do objector de consciência

Durante o cumprimento do serviço cívico os objectores de consciência, para além dos direitos consignados neste diploma, usufruem das seguintes regalias:

a) Cartão de identificação de objector de consciência;
b) Assistência médica e medicamentosa gratuitas, extensiva aos familiares a seu exclusivo cargo;
c) Alimentação e alojamento por conta do Estado em caso de deslocação para tratamento hospitalar;
d) Descontos nos transportes em condições equivalentes às dos cidadãos em prestação do serviço efectivo normal;
e) Aplicação de todos os direitos e garantias previstos na lei para os indivíduos a prestar serviço efectivo normal que sejam compatíveis com a natureza do serviço cívico.

ARTIGO 19.º
Deveres do objector de consciência

Enquanto sujeito às obrigações do serviço cívico definidas neste diploma, o objector fica vinculado aos seguintes deveres, a cumprir perante o GSCOC:

a) Informar da sua mudança de residência;
b) Preencher o boletim de inscrição que lhe seja enviado e proceder à sua devolução;
c) Apresentar-se no local para que for convocado nos dias e horas indicados;
d) Caso tenha requerido adiamento de prestação do serviço cívico, apresentar até 15 de Novembro de cada ano prova documental da subsistência dos pressupostos justificativos do adiamento.

ARTIGO 20.º
Competência e delegação de poderes

1 – O Primeiro-Ministro é a entidade competente para:

a) Determinar a convocação extraordinária dos objectores de consciência;

b) Reconhecer aos objectores de consciência a qualidade de amparo de família e determinar os trâmites do processo para a respectiva concessão;

c) Conceder aos objectores de consciência adiamento, interrupção e dispensa da prestação do serviço cívico;

d) Decidir dos processos disciplinares instruídos ao abrigo do disposto nos artigos 31.º e 32.º da Lei n.º 7/92, de 12 de Maio;

e) Superintender, em geral, na organização e execução do serviço cívico.

2 – As competências previstas no número anterior podem ser delegadas no membro do Governo responsável pela área da juventude, com possibilidade de subdelegação.

ARTIGO 21.º
Comissão Nacional de Objecção de Consciência

1 – A Comissão Nacional de Objecção de Consciência, adiante designada por CNOC, com competência e composição estabelecidas nos artigos 19.º e 28.º da Lei n.º 7/92, de 12 de Maio, funciona em Lisboa, junto do GSCOC.

2 – Os membros da CNOC desempenham as suas funções em regime de acumulação, pelo período de três anos, renováveis por período de igual duração.

3 – A CNOC reunirá ordinariamente duas vezes por mês e extraordinariamente sempre que for convocada pelo seu presidente.

4 – A CNOC elabora o seu regimento.

ARTIGO 22.º
Remunerações dos membros da CNOC

1 – Os membros da CNOC, com excepção do director do GSCOC, têm direito a um suplemento de participação em reuniões.

2 – O suplemento referido no número anterior é fixado por despacho conjunto do Primeiro-Ministro, com faculdade de delegação, e do Ministro das Finanças.

ARTIGO 23.º
Apoio e financiamento

1 – O apoio técnico-administrativo, documental e logístico à CNOC será assegurado pelo GSCOC.

2 – Os encargos com o funcionamento da CNOC serão suportados pelas dotações para o efeito inscritas no orçamento do GSCOC.

ARTIGO 24.º
Gabinete do Serviço Cívico dos Objectores de Consciência

1 – O GSCOC é um organismo integrado na Presidência do Conselho de Ministros a quem compete assegurar o planeamento, organização e coordenação, a nível nacional, do serviço cívico a que se refere o presente diploma.

2 – O GSCOC é dirigido por um director, equiparado, para todos os efeitos legais, a director-geral, a quem compete representar o Gabinete na CNOC.

3 – O estatuto de pessoal do GSCOC é o estabelecido nas leis gerais aplicáveis à Administração Pública.

4 – As normas relativas à organização e competência dos serviços, bem como o quadro de pessoal e a forma de preenchimento dos respectivos lugares, serão definidas mediante decreto regulamentar.

ARTIGO 25.º
Serviços desconcentrados

1 – O GSCOC dispõe ainda de serviços desconcentrados, que prosseguirão a nível regional as atribuições que lhe estão cometidas.

2 – A orgânica e o pessoal de cada serviço desconcentrado serão definidos em diploma próprio.

ARTIGO 26.º
Atribuições do GSCOC

1 – São atribuições do GSCOC:

a) Assegurar, a nível nacional, a organização e o funcionamento do serviço cívico dos objectores de consciência perante o serviço militar;
b) Informar acerca do estatuto de objector de consciência e dos direitos e deveres dele decorrentes;
c) Fornecer apoio técnico-administrativo, documental e logístico à CNOC;
d) Elaborar o registo nacional dos objectores de consciência, através de inscrição dos cidadãos que tenham obtido o respectivo estatuto;
e) Elaborar e manter actualizado um ficheiro dos organismos disponíveis para receber prestadores do serviço cívico.
f) Seleccionar e classificar os objectores com vista à sua posterior colocação;
g) Celebrar com as entidades interessadas protocolos respeitantes à prestação do serviço cívico;
h) Promover a colocação, formação e acompanhamento dos objectores de consciência em cumprimento do serviço cívico;
i) Assegurar os procedimentos adequados na falta de remessa por parte do objector do boletim de inscrição ou em caso de recusa ou abandono da prestação do serviço cívico;
j) Fornecer toda a informação necessária e proceder à instrução dos processos de amparo, adiamento, interrupção e dispensa do serviço cívico;
l) Emitir o cartão de identificação e a caderneta civil de objector de consciência.

2 – As normas de funcionamento do GSCOC constarão de regulamento interno, a homologar pelo membro do Governo responsável pelo Gabinete.

ARTIGO 26.º-A (*)
Âmbito e finalidade do registo de objectores de consciência

1 – O registo de objectores de consciência é organizado em ficheiro central informatizado.

2 – O registo de objectores de consciência tem por finalidade organizar e manter actualizada a informação sobre a identificação dos indivíduos titulares do estatuto de objector de consciência e possibilitar o conhecimento dessa informação, nos termos e para os efeitos previstos na lei.

3 – A informação sobre identificação dos indivíduos objectores de consciência deve processar-se no estrito respeito pelos princípios da legalidade, autenticidade, veracidade e segurança dos elementos identificativos.

(*) *Aditado pelo DL n.º 127/99, de 21/04.*

ARTIGO 26.º-B (*)

Entidade responsável pelo tratamento da base de dados

1 – O director do Gabinete do Serviço Cívico dos Objectores de Consciência (GSCOC) é o responsável pelo tratamento da base de dados de objectores de consciência, nos termos do artigo 3.º, alínea d), da Lei n.º 67/98, de 26 de Outubro.

2 – Cabe ao director do GSCOC assegurar o direito de informação e de acesso aos dados pelos respectivos titulares, a correcção de inexactidões, o completamento de omissões, a supressão de dados indevidamente registados, bem como velar pela legalidade da consulta ou da comunicação da informação.

(*) *Aditado pelo DL n.º 127/99, de 21/04.*

ARTIGO 26.º-C (*)

Constituição e actualização da base de dados

1 – A base de dados sobre objectores de consciência é constituída pelos seguintes dados pessoais:

a) Nome;
b) Naturalidade;
c) Data de nascimento;
d) Filiação;
e) Número do bilhete de identidade;
f) Nacionalidade;
g) Falecimento do titular da informação.

2 – Além dos dados pessoais referidos no número anterior, é ainda objecto de recolha e tratamento automatizado a indicação:

a) Da entidade decisória;
b) Do número do processo;
c) Da data de decisão;

d) Do conteúdo da decisão;
e) Da data da criação do registo.

3 – Os dados referidos nos números anteriores são recolhidos e actualizados a partir do processo individual do objector de consciência, com excepção da data da criação do registo, que é fixada automaticamente pelo sistema informático.

4 – Os dados pessoais de identificação são validados através de consulta em linha ao ficheiro central de identificação civil da Direcção de Serviços de Identificação Civil, da Direcção-Geral dos Registos e do Notariado.

5 – As condições de acesso em linha ao ficheiro central referido no número anterior são definidas em protocolo celebrado entre o GSCOC e a Direcção-Geral dos Registos e do Notariado.

(*) *Aditado pelo DL n.º 127/99, de 21/04.*

ARTIGO 26.º-D (*)

Acesso à informação pelo titular

O titular dos dados ou quem, exibindo autorização escrita, prove efectuar o acesso em seu nome ou no seu interesse tem o direito de aceder à informação que lhe diga respeito, podendo exigir a sua rectificação e actualização ou a supressão dos dados indevidamente registados.

(*) Aditado pelo DL n.º 127/99, de 21/04.

ARTIGO 26.º-E (*)

Acesso à informação por outras entidades

1 – Podem aceder à informação contida na base de dados de objectores de consciência:

a) Os magistrados judiciais e do Ministério Público para fins de investigação criminal e de instrução de processos criminais e de execução das penas, no âmbito dos processos relacionados com os objectores de consciência;
b) As entidades que, nos termos da lei processual, recebam delegação para a prática de actos de inquérito ou instrução no âmbito dos processos relacionados com os objectores de consciência e no limite dessas competências;
c) As entidades com competência para a prossecução de fins de investigação científica ou estatística.

2 – O acesso das entidades referidas na alínea c) do número anterior depende de autorização do ministro da tutela, devendo o respectivo despacho fixar as condições e os termos do acesso, não podendo em caso algum abranger elementos que permitam identificar qualquer registo individual.

(*) *Aditado pelo DL n.º 127/99, de 21/04.*

ARTIGO 26.º-F (*)

Formas de acesso

1 – O conhecimento da informação sobre objectores de consciência pode ser obtido pelas seguintes formas:

a) Informação certificada;
b) Reprodução autenticada do registo informático;
c) Acesso directo ao ficheiro central informatizado.

2 – Os pedidos de acesso previstos no número anterior devem ser dirigidos ao director do GSCOC e devem conter:

a) A identificação completa do titular dos dados ou de terceiro com legitimidade para aceder ao registo;
b) A identificação da entidade requerente;
c) O fim a que se destina a informação.

3 – São indeferidos os pedidos que não satisfaçam os requisitos previstos neste artigo e os que não se mostrem conformes às finalidades previstas na lei.

4 – As entidades referidas no artigo anterior não podem utilizar os dados para fins diferentes dos invocados no momento em que acederam à informação.

(*) *Aditado pelo DL n.º 127/99, de 21/04.*

ARTIGO 26.º-G (*)

Informação certificada de objector de consciência

A informação certificada é passada mediante fotocópia autenticada da acta de concessão do estatuto de objector de consciência, constituindo documento bastante para provar a qualidade de objector de consciência.

(*) *Aditado pelo DL n.º 127/99, de 21/04.*

Artigo 26.º-H (*)
Reprodução autenticada do registo informático

A reprodução autenticada do registo informático destina-se unicamente a facultar ao titular dos dados o conhecimento do conteúdo integral do registo a seu respeito.

(*) *Aditado pelo DL n.º 127/99, de 21/04.*

Artigo 26.º-I (*)
Acesso directo ao ficheiro central informatizado

1 – Podem aceder directamente ao ficheiro central informatizado as entidades previstas no artigo 26.º-E, n.º 1, alíneas a) e b).

2 – As condições do acesso directo das entidades referidas no número anterior são definidas por despacho do director do GSCOC.

3 – O GSCOC implementará um sistema de registo de todas as consultas solicitadas ao abrigo do n.º 1.

(*) *Aditado pelo DL n.º 127/99, de 21/04.*

Artigo 26.º-J (*)
Medidas de segurança

O GSCOC e as entidades mencionadas no artigo 26.º-E, n.º 1, alíneas a) e b), devem adoptar as medidas de segurança referidas no artigo 15.º, n.º 1, da Lei n.º 67/98, de 26 de Outubro.

(*) *Aditado pelo DL n.º 127/99, de 21/04.*

Artigo 26.º-L (*)
Conservação dos dados

1 – Os dados constantes da base de dados de objectores de consciência são conservados até ao falecimento do respectivo titular.

2 – Sem prejuízo do disposto no número anterior, as situações de cessação da situação de objecção de consciência determinam o cancelamento automático do registo.

(*) *Aditado pelo DL n.º 127/99, de 21/04.*

ARTIGO 27.º (*)

Colaboração de outras entidades

1 – O GSCOC, no exercício das suas atribuições, receberá todas as informações e toda a colaboração necessária das autoridades civis e militares.

2 – Os serviços de identificação criminal facultam ao GSCOC a informação sobre a situação criminal dos indivíduos objectores de consciência, nos termos e para os efeitos previstos no artigo 14.º, n.º 1, alínea a), da Lei n.º 7/92, de 12 de Maio.

3 – O GSCOC assegura o cumprimento do disposto no artigo 13.º, n.º 1, da Lei n.º 7/92, de 12 de Maio, mediante consulta aos registos das entidades com competência para a concessão de icenças de uso e porte de arma, das entidades cuja actividade envolva a detenção e uso de armas pelos seus funcionários ou que se dediquem ao fabrico, reparação ou comércio de armas e munições de qualquer natureza ou que se dediquem à investigação científica relacionada com essas actividades.

4 – As entidades referidas no número anterior enviam anualmente ao GSCOC a listagem dos titulares de licenças de uso e porte de arma e dos funcionários que detenham e usem armas no exercício das suas funções ou que se dediquem ao fabrico, reparação ou comércio de armas e munições de qualquer natureza ou se dediquem à investigação científica relacionada com essas actividades.

(*) *Redacção do art. 2.º do DL n.º 127/99, de 21/04.*

Disposições finais

ARTIGO 28.º

Salvaguarda de regulamentos

Mantêm-se em vigor os modelos de boletim de inscrição, cartão de identificação e caderneta civil de objector de consciência, aprovados, respectivamente, pelas Portarias n.os 465/89, de 24 de Junho, 140/88, de 4 de Março, e 1036/89, de 29 de Novembro.

ARTIGO 28.º-A (*)
Regulamentação específica

Os direitos e os deveres cívicos dos objectores de consciência, designadamente no âmbito da prestação de cuidados de saúde, é objecto de diploma legal específico.

(*) *Aditado pelo DL n.º 127/99, de 21/04*

ARTIGO 29.º
Revogação

São revogados os Decretos-Leis n.os 91/87, de 27 de Fevereiro, e 451/88, de 13 de Dezembro.

ARTIGO 30.º
Entrada em vigor

O presente diploma entra em vigor no dia 1 do mês seguinte ao da sua publicação.

Visto e aprovado em Conselho de Ministros de 23 de Julho de 1992. – *Joaquim Fernando Nogueira – Joaquim Fernando Nogueira – Jorge Braga de Macedo – Álvaro José Brilhante Laborinho Lúcio – Luís Manuel Gonçalves Marques Mendes.*

Promulgado em 25 de Agosto de 1992.

Publique-se.

O Presidente da República, MÁRIO SOARES.

Referendado em 25 de Agosto de 1992.

O Primeiro-Ministro, *Aníbal António Cavaco Silva.*

PROTECÇÃO CIVIL

- **Lei n.º 113/91, de 29/08:**
  – *Lei de Bases da Protecção Civil.*

LEI N.º 113/91, DE 29 DE AGOSTO

LEI DE BASES DA PROTECÇÃO CIVIL

A Assembleia da República decreta, nos termos dos artigos 164.º, alínea d), 168.º, n.º 1, alíneas b) e d), e 169.º, n.º 3, da Constituição, o seguinte:

CAPÍTULO I
Princípios gerais

ARTIGO 1.º
Protecção civil

A protecção civil é a actividade desenvolvida pelo Estado e pelos cidadãos com a finalidade de prevenir riscos colectivos inerentes a situações de acidente grave, catástrofe ou calamidade, de origem natural ou tecnológica, e de atenuar os seus efeitos e socorrer as pessoas em perigo, quando aquelas situações ocorram.

ARTIGO 2.º
Definições

1 – Acidente grave é um acontecimento repentino e imprevisto, provocado por acção do homem ou da natureza, com efeitos relativamente limitados no tempo e no espaço susceptíveis de atingirem as pessoas, os bens ou o ambiente.

2 – Catástrofe é um acontecimento súbito quase sempre imprevisível, de origem natural ou tecnológica, susceptível de provocar vítimas e danos materiais avultados, afectando gravemente a segurança das pessoas, as condições de vida das populações e o tecido sócio-económico do País.

3 – Calamidade é um acontecimento ou uma série de acontecimentos graves, de origem natural ou tecnológica, com efeitos prolongados no tempo e no espaço, em regra previsíveis, susceptíveis de provocarem elevados prejuízos materiais e, eventualmente, vítimas, afectando intensamente as condições de vida e o tecido sócio-económico em áreas extensas do território nacional.

4 – Considera-se que existe uma situação de calamidade ou de catástrofe quando, face à ocorrência ou perigo de ocorrência de algum ou alguns dos acontecimentos referidos nos números anteriores, é reconhecida e declarada a necessidade de adoptar medidas de carácter excepcional destinadas a repor a normalidade das condições de vida nas zonas atingidas pelos seus efeitos.

ARTIGO 3.º

Objectivos e domínios de actuação

1 – São objectivos fundamentais da protecção civil:

a) Prevenir a ocorrência de riscos colectivos resultantes de acidente grave, de catástrofe ou de calamidade;
b) Atenuar os riscos colectivos e limitar os seus efeitos no caso das ocorrências descritas na alínea anterior;
c) Socorrer e assistir as pessoas em perigo.

2 – A actividade de protecção civil exerce-se nos seguintes domínios:

a) Levantamento, previsão, avaliação e prevenção dos riscos colectivos de origem natural ou tecnológica;
b) Análise permanente das vulnerabilidades perante situações de risco devidas à acção do homem ou da natureza;
c) Informação e formação das populações, visando a sua sensibilização em matéria de autoprotecção e de colaboração com as autoridades;
d) Planeamento de soluções de emergência, visando a busca, o salvamento, a prestação de socorro e de assistência, bem como a evacuação, alojamento e abastecimento das populações;
e) Inventariação dos recursos e meios disponíveis e dos mais facilmente mobilizáveis, ao nível local, regional e nacional;
f) Estudo e divulgação de formas adequadas de protecção dos edifícios em geral, de monumentos e de outros bens culturais, de instalações de serviços essenciais, bem como do ambiente e dos recursos naturais.

ARTIGO 4.º
Medidas de carácter excepcional

1 – Sem prejuízo do disposto na lei sobre o estado de sítio e estado de emergência, no caso de ocorrência ou perigo de ocorrência de acidente grave, catástrofe ou calamidade, podem ser estabelecidas as seguintes medidas de carácter excepcional, destinadas a repor a normalidade das condições de vida nas zonas atingidas:

a) Limitar a circulação ou permanência de pessoas ou veículos de qualquer natureza, em horas e locais determinados, ou condicioná-las a certos requisitos;
b) Requisitar temporariamente quaisquer bens, móveis ou imóveis, e serviços;
c) Ocupar instalações e locais de qualquer natureza, com excepção dos que sejam destinados a habitação;
d) Limitar ou racionar a utilização dos serviços públicos de transportes, comunicações, abastecimento de água e energia, bem como o consumo de bens de primeira necessidade;
e) Determinar a mobilização civil de indivíduos, por determinados períodos de tempo, por zonas do território ou por sectores de actividade, colocando-os na dependência das autoridades competentes;
f) Afectar meios financeiros especiais destinados a apoiar as entidades directamente envolvidas na prestação de socorro e assistência aos sinistrados.

2 – Na escolha e na efectiva aplicação das medidas excepcionais previstas no número anterior devem respeitar-se critérios de necessidade, proporcionalidade e adequação aos fins visados.

3 – A aplicação das medidas previstas nas alíneas b) e c) do n.º 1, quando os seus efeitos atinjam os direitos ou interesses de qualquer cidadão ou entidade privada, confere o direito a indemnização, a fixar em função dos prejuízos efectivamente produzidos.

CAPÍTULO II
Política de protecção civil

ARTIGO 5.º
Definição e fontes

1 – A política de protecção civil consiste no conjunto coerente de princípios, orientações e medidas tendentes à prossecução permanente dos fins definidos no artigo 1.º.

2 – Os princípios fundamentais e os objectivos permanentes da política de protecção civil decorrem da Constituição e da presente lei, competindo o seu desenvolvimento e permanente actualização à Assembleia da República e ao Governo, de harmonia com as suas competências específicas.

ARTIGO 6.º
Caracterização

A política de protecção civil tem carácter permanente, multidisciplinar e plurissectorial, cabendo a todos os órgãos e departamentos do Estado promover as condições indispensáveis à sua execução, de forma descentralizada, sem prejuízo do apoio mútuo entre organismos e entidades do mesmo nível ou proveniente de níveis superiores.

ARTIGO 7.º
Âmbito espacial

1 – A protecção civil é desenvolvida em todo o espaço sujeito aos poderes do Estado Português.

2 – No quadro dos compromissos internacionais e das normas aplicáveis do direito internacional, a actividade de protecção civil pode ser exercida fora do espaço referido no número anterior, em cooperação com Estados estrangeiros ou organizações internacionais de que Portugal seja parte.

ARTIGO 8.º
Informação e formação dos cidadãos

1 – Os cidadãos têm direito à informação sobre os riscos graves, naturais ou tecnológicos, aos quais estão sujeitos em certas áreas do território, e sobre as medidas adoptadas e a adoptar com vista a minimizar os efeitos de acidente grave, catástrofe ou calamidade.

2 – A informação pública visa esclarecer as populações sobre a natureza e os fins da protecção civil, consciencializá-las das responsabilidades que recaem sobre cada indivíduo e sensibilizá-las em matéria de autoprotecção.

3 – Os programas de ensino, nos seus diversos graus, incluirão, na área de formação cívica, matérias de protecção civil e autoprotecção, com a finalidade de difundir conhecimentos práticos e regras de comportamento a adoptar no caso de acidente grave, catástrofe ou calamidade.

ARTIGO 9.º
Deveres gerais e especiais

1 – Os cidadãos têm o dever de colaborar na prossecução dos fins da protecção civil, observando as disposições preventivas das leis e regulamentos, acatando ordens, instruções e conselhos dos órgãos e agentes responsáveis pela segurança interna e pela protecção civil e satisfazendo prontamente as solicitações que justificadamente lhes sejam feitas pelas entidades competentes.

2 – Os funcionários e agentes do Estado e das pessoas colectivas de direito público, bem como os membros dos órgãos de gestão das empresas públicas, têm o dever especial de colaboração com os organismos de protecção civil.

3 – Os responsáveis pela administração, direcção ou chefia de empresas privadas cuja laboração, pela natureza da sua actividade, esteja sujeita a qualquer forma específica de licenciamento têm, igualmente, o dever especial de colaboração com os órgãos e agentes de protecção civil.

4 – A desobediência e a resistência às ordens legítimas das entidades competentes, quando praticadas em situação de acidente grave, catástrofe ou calamidade, serão sancionadas nos termos da lei penal, e as respectivas penas são sempre agravadas em um terço, nos seus limites mínimo e máximo.

5 – A violação do dever especial previsto nos n.os 2 e 3 implica, consoante os casos, responsabilidade criminal e disciplinar, nos termos da lei.

CAPÍTULO III
Enquadramento, coordenação, direcção e execução da política de protecção civil

SECÇÃO I
Competência da Assembleia da República

ARTIGO 10.º
Assembleia da República

1 – A Assembleia da República contribui, pelo exercício da sua competência política, legislativa e financeira, para enquadrar a política de protecção civil e para fiscalizar a sua execução.

2 – Os partidos representados na Assembleia da República serão ouvidos e informados com regularidade pelo Governo sobre o andamento dos principais assuntos da política de protecção civil.

3 – O Governo informará periodicamente a Assembleia da República sobre a situação do País no que toca à protecção civil, bem como sobre a actividade dos organismos e serviços por ela responsáveis.

SECÇÃO II

Competência do Governo

ARTIGO 11.º

Competência do Governo

1 – A condução da política de protecção civil é da competência do Governo, que, no respectivo Programa, deve inscrever as principais orientações a adaptar ou a propor naquele domínio.

2 – Ao Conselho de Ministros compete:

a) Definir as linhas gerais da política governamental de protecção civil, bem como a sua execução;
b) Programar e assegurar os meios destinados à execução da política de protecção civil;
c) Declarar a situação de catástrofe ou calamidade pública, por iniciativa própria ou mediante proposta fundamentada do Ministro da Administração Interna ou dos Governos Regionais;
d) Adoptar, no caso previsto na alínea anterior, as medidas de carácter excepcional destinadas a repor a normalidade das condições de vida nas zonas atingidas;
e) Deliberar sobre a afectação extraordinária dos meios financeiros indispensáveis à aplicação das medidas previstas na alínea anterior, com salvaguarda do disposto na alínea e) do artigo 137.º da Constituição da República.

3 – No tocante à protecção civil relativa às Regiões Autónomas dos Açores e da Madeira, o Governo ouvirá, previamente, sempre que possível, os órgãos de governo próprio das Regiões Autónomas sobre a tomada de medidas da sua competência, nos termos dos números anteriores, especificamente a elas aplicáveis.

ARTIGO 12.º
Competência do Primeiro-Ministro

1 – O Primeiro-Ministro é responsável pela direcção da política de protecção civil, competindo-lhe, designadamente:

a) Coordenar e orientar a acção dos membros do Governo nos assuntos relacionados com a protecção civil;
b) Convocar o Conselho Superior de Protecção Civil e presidir às respectivas reuniões;
c) Assumir a direcção das operações em situações de catástrofe ou calamidade de âmbito nacional.

2 – O Primeiro-Ministro pode delegar, no todo ou em parte, as competências referidas nas alíneas b) e c) do número anterior no Ministro da Administração Interna.

SECÇÃO III
Conselho Superior de Protecção Civil

ARTIGO 13.º
Definição e funções

1 – O Conselho Superior de Protecção Civil é o órgão interministerial de auscultação e consulta em matéria de protecção civil.

2 – Compete ao Conselho, enquanto órgão de consulta, emitir parecer, nomeadamente, sobre:

a) A definição das linhas gerais da política governamental de protecção civil;
b) As bases gerais da organização e do funcionamento dos organismos e serviços de protecção civil, bem como sobre o estatuto do respectivo pessoal;
c) Os projectos de diplomas de desenvolvimento das bases do regime jurídico definido pela presente lei;
d) A aprovação de acordos ou convenções sobre cooperação internacional em matéria de protecção civil;
e) A aprovação do Plano Nacional de Emergência.

3 – O Conselho assiste o Primeiro-Ministro no exercício das suas competências em matéria de protecção civil, nomeadamente no caso previsto na alínea c) do n.º 2 do artigo 11.º.

ARTIGO 14.º
Composição

1 – O Conselho Superior de Protecção Civil é presidido pelo Primeiro-Ministro e dele fazem parte:

a) Os vice-primeiros-ministros e os ministros de Estado, se os houver;
b) Os ministros responsáveis pelos sectores da defesa nacional, administração interna, planeamento e administração do território, finanças, agricultura, indústria, energia, educação, obras públicas, transportes, comunicações, saúde, segurança social, comércio, turismo, ambiente e recursos naturais;
c) O presidente do Serviço Nacional de Protecção Civil;
d) O secretário-geral do Gabinete Coordenador de Segurança.

2 – Os ministros da República e os presidentes de governo regional participam nas reuniões do Conselho que tratem de assuntos de interesse para as respectivas Regiões Autónomas.

3 – O presidente, quando o considerar conveniente, pode convidar a participar nas reuniões do Conselho outras entidades com especiais responsabilidades no âmbito da protecção civil.

4 – O Conselho elaborará o seu próprio regimento, que é sujeito à aprovação do Conselho de Ministros.

5 – O secretariado e demais apoio às reuniões do Conselho é assegurado pelo Serviço Nacional de Protecção Civil.

SECÇÃO IV
Comissão Nacional de Protecção Civil

ARTIGO 15.º
Definição e composição

1 – A Comissão Nacional de Protecção Civil é o órgão especializado de assessoria técnica e de coordenação operacional da actividade dos organismos e estruturas de protecção civil.

2 – A Comissão funciona na directa dependência do Primeiro-Ministro ou, por sua delegação, na dependência do Ministro da Administração Interna, e dela fazem parte:

a) Delegados dos ministros responsáveis pelos sectores referidos na alínea b) do n.º 1 do artigo 14.º;
b) Um representante do Estado-Maior-General das Forças Armadas;

c) Um representante de cada um dos Comandos-Gerais da Guarda Nacional Republicana, da Guarda Fiscal e da Polícia de Segurança Pública;
d) Um representante de cada um dos sistemas de autoridade marítima e aeronáutica;
e) O presidente do Serviço Nacional de Bombeiros;
f) As entidades referidas nas alíneas c) e d) do n.º 1 do artigo 14.º.

3 – Os delegados dos ministros da República e dos presidentes de governo regional participam nas reuniões que tratem de assuntos de interesse para a respectiva região autónoma e poderão participar nas demais, quando o considerem conveniente, atenta a natureza das matérias incluídas na agenda dos trabalhos, que lhes será comunicada sempre que a Comissão reúna.

4 – O presidente, quando o considerar conveniente, pode convidar a participar nas reuniões da Comissão outras entidades com especiais responsabilidades no âmbito da protecção civil, nomeadamente representações da Associação Nacional de Municípios e da Liga dos Bombeiros Portugueses, quando se trate de matérias directamente relacionadas com os seus objectivos institucionais.

5 – As normas de funcionamento da Comissão serão fixadas por decreto regulamentar.

ARTIGO 16.º
Funções

1 – Compete à Comissão Nacional de Protecção Civil assistir, de modo regular e permanente, as entidades governamentais responsáveis pela execução da política de protecção civil e, designadamente, estudar e propor:

a) Medidas legislativas e normas técnicas necessárias à execução da presente lei e à prossecução dos objectivos permanentes da protecção civil;
b) Mecanismos de colaboração institucional entre todos os organismos e serviços com responsabilidades no domínio da protecção civil, bem como formas de coordenação técnica e operacional da actividade por aqueles desenvolvida, no âmbito específico das respectivas atribuições estatutárias;
c) Critérios e normas técnicas sobre a organização do inventário de recursos e meios, públicos e privados, mobilizáveis ao nível local, distrital, regional ou nacional, em caso de acidente grave, catástrofe ou calamidade;

d) Critérios e normas técnicas sobre a elaboração de planos de emergência, gerais e especiais, de âmbito local, distrital, regional ou nacional;
e) Prioridades e objectivos a estabelecer com vista ao escalonamento de esforços dos organismos e estruturas com responsabilidades no domínio da protecção civil, relativamente à sua preparação e participação em tarefas comuns de protecção civil.

2 – Compete ainda à Comissão, no âmbito específico da informação pública e da formação e actualização do pessoal dos organismos e estruturas que integram o sistema de protecção civil, bem como no da cooperação externa, estudar e propor ou emitir parecer sobre:

a) Iniciativas tendentes à divulgação das finalidades da protecção civil e à sensibilização dos cidadãos para a autoprotecção e para a colaboração a prestar aos organismos e agentes que exercem aquela actividade;
b) Acções a empreender, no âmbito do sistema educativo, com vista à difusão de conhecimentos teóricos e práticos sobre a natureza dos riscos e a forma de cada indivíduo contribuir para limitar os efeitos de acidente grave, catástrofe ou calamidade;
c) Programas de formação, actualização e aperfeiçoamento do pessoal dos organismos e estruturas que integram o sistema nacional de protecção civil;
d) Formas de cooperação externa que os organismos e estruturas do sistema de protecção civil desenvolvem nos domínios das suas atribuições e competências específicas.

CAPÍTULO IV

Estrutura, serviços e agentes de protecção civil

ARTIGO 17.º

Serviços de protecção civil

1 – Integram o sistema nacional de protecção civil o serviço nacional, os serviços regionais e os serviços municipais.

2 – Nos distritos haverá delegações do serviço nacional de protecção civil.

3 – No espaço sob jurisdição da autoridade marítima a responsabilidade inerente à protecção civil cabe aos serviços dependentes daquela autoridade.

4 – Aos serviços de protecção civil cabem, em geral, funções de informação, formação, planeamento, coordenação e controlo nos domínios previstos no artigo 3.º.

5 – As matérias respeitantes à organização, funcionamento, quadros de pessoal e respectivo estatuto dos serviços de protecção civil e suas estruturas inspectivas, bem como as suas atribuições e competências, serão objecto de decreto regulamentar.

Artigo 18.º
Agentes de protecção civil

1 – Exercem funções de protecção civil, nos domínios do aviso, alerta, intervenção, apoio e socorro, de acordo com as suas atribuições próprias:

a) O Serviço Nacional de Bombeiros;
b) As forças de segurança;
c) As Forças Armadas;
d) Os sistemas de autoridade marítima e aeronáutica;
e) O Instituto Nacional de Emergência Médica.

2 – A Cruz Vermelha Portuguesa exerce, em cooperação com os demais agentes e de harmonia com o seu estatuto próprio, funções de protecção civil nos domínios da intervenção, apoio, socorro e assistência sanitária e social.

3 – Especial dever de cooperação com os agentes de protecção civil mencionados no número anterior impende sobre:

a) Os serviços e associações de bombeiros;
b) Os serviços de saúde;
c) As instituições de segurança social;
d) As instituições com fins de socorro e de solidariedade social subsidiadas pelo Estado;
e) Os organismos responsáveis pelas florestas, parques e reservas naturais, indústria e energia, transportes, comunicações, recursos hídricos e ambiente;
f) Os serviços de segurança e socorro privativos das empresas públicas e privadas, dos portos e aeroportos.

4 – Sem prejuízo do disposto na lei sobre o regime do estado de sítio e estado de emergência, as condições de emprego das Forças Armadas, em situação de catástrofe ou de calamidade, serão definidas por decreto regulamentar, nomeadamente as entidades que possam solicitar a colaboração, a forma que esta pode revestir e as autoridades militares que a devem autorizar.

5 – Os agentes de protecção civil actuam sob a direcção dos comandos ou chefias próprios.

ARTIGO 19.º
Instituições de investigação técnica e científica

1 – Os órgãos de direcção, planeamento e coordenação que integram o sistema nacional de protecção civil podem, em termos a definir em decreto regulamentar, recorrer à cooperação de organismos e instituições de investigação técnica e científica, públicos ou privados, com competências específicas, nomeadamente nos domínios da sismologia, cartografia, avaliação de riscos, planeamento de emergência, previsão, detecção, aviso e alerta.

2 – São especialmente vinculados a cooperar, nos termos referidos no número anterior, os seguintes organismos:

a) Instituto Nacional de Meteorologia e Geofísica;
b) Laboratório Nacional de Engenharia Civil;
c) Laboratório Nacional de Engenharia e Tecnologia Industrial;
d) Direcção-Geral de Geologia e Minas;
e) Direcção-Geral das Florestas;
f) Gabinete de Protecção e Segurança Nuclear;
g) Direcção-Geral dos Recursos Naturais.

CAPÍTULO V
Operações de protecção civil

ARTIGO 20.º
Centros operacionais de protecção civil

1 – Em situação de acidente grave, catástrofe ou calamidade e no caso de perigo de ocorrência destes fenómenos, são desencadeadas operações de protecção civil, de harmonia com os programas e planos de emergência previamente elaborados, com vista a possibilitar a unidade de direcção das acções a desenvolver, a coordenação técnica e operacional dos meios a empenhar e a adequação das medidas de carácter excepcional a adoptar.

2 – Consoante a natureza do fenómeno e a gravidade e extensão dos seus efeitos previsíveis, são activados centros operacionais de protecção civil de nível nacional, regional, distrital ou municipal, especialmente destinados a assegurar o controlo da situação.

3 – As matérias respeitantes a atribuições, competências, composição e modo de funcionamento dos centros operacionais de protecção civil serão objecto de decreto regulamentar.

4 – O apoio administrativo e logístico aos centros operacionais referidos no n.º 2 é assegurado pelos serviços de protecção civil mencionados no artigo 17.º.

Artigo 21.º

Planos de emergência

1 – Os planos de emergência são elaborados de acordo com as directivas emanadas da Comissão Nacional de Protecção Civil e estabelecerão, nomeadamente:

a) O inventário dos meios e recursos mobilizáveis, em situação de acidente grave, catástrofe ou calamidade;
b) As normas de actuação dos organismos, serviços e estruturas, públicas ou privadas, com responsabilidades no domínio da protecção civil;
c) Os critérios de mobilização e mecanismos de coordenação dos meios e recursos, públicos ou privados, utilizáveis;
d) A estrutura operacional que há-de garantir a unidade de direcção e o controlo permanente da situação.

2 – Os planos de emergência, consoante a extensão territorial da situação visada, são nacionais, regionais, distritais ou municipais e, consoante a sua finalidade, são gerais ou especiais.

3 – Os planos de emergência estão sujeitos a actualização periódica e devem ser objecto de exercícios frequentes com vista a testar a sua operacionalidade.

4 – Os planos de emergência de âmbito nacional e regional são aprovados, respectivamente, pelo Conselho de Ministros e pelos órgãos de governo próprio das Regiões, mediante parecer prévio da Comissão Nacional de Protecção Civil.

5 – Os planos de emergência de âmbito distrital e municipal são aprovados pela Comissão Nacional de Protecção Civil, mediante parecer prévio, respectivamente, do governador civil e da câmara municipal.

ARTIGO 22.º
Auxílio externo

1 – Salvo tratado ou convenção internacional em contrário, o pedido e a concessão de auxílio externo, em caso de acidente grave, catástrofe ou calamidade, são da competência do Governo.

2 – Os produtos e equipamentos que constituem o auxílio externo, solicitado ou concedido, são isentos de quaisquer direitos ou taxas, pela sua importação ou exportação, devendo conferir-se prioridade ao respectivo desembaraço aduaneiro.

3 – São reduzidas ao mínimo indispensável as formalidades de atravessamento das fronteiras por pessoas empenhadas em missões de socorro.

CAPÍTULO VI
Disposições finais

ARTIGO 23.º
Protecção civil em estado de excepção ou de guerra

1 – Em situação de guerra e em estado de sítio ou estado de emergência, as actividades de protecção civil e o funcionamento do sistema instituído pela presente lei subordinam-se ao disposto na Lei de Defesa Nacional e na Lei sobre o Regime do Estado de Sítio e do Estado de Emergência.

2 – Em matéria de planeamento a nível global, nacional e internacional, o sistema nacional de protecção civil articula-se com o Conselho de Planeamento Civil de Emergência.

3 – Será assegurada a representação adequada, ao nível de órgãos de planeamento, do sistema nacional de protecção civil no Conselho Nacional de Planeamento Civil de Emergência e no Comité de Protecção Civil da NATO.

ARTIGO 24.º (*)
Regiões Autónomas

1 – Nas Regiões Autónomas, os serviços de protecção civil dependem dos respectivos órgãos de governo próprio, sem prejuízo da necessária articulação com as competentes entidades nacionais.

2 – Nas Regiões Autónomas, os componentes do sistema de protecção civil, a responsabilidade sobre a respectiva política e a estruturação dos serviços de protecção civil constantes deste diploma e das competências dele decorrentes serão definidos por diploma das respectivas Assembleias Legislativas Regionais, às quais caberá igualmente o exercício do poder regulamentar no tocante às matérias referidas no n.º 5 do artigo 17.º e no n.º 3 do artigo 20.º.

3 – Nas Regiões Autónomas, os planos de emergência de âmbito municipal a que se refere o n.º 5 do artigo 21.º são aprovados pelo membro do Governo Regional que tutela o sector da protecção civil, sob parecer do serviço regional de protecção civil e da respectiva câmara municipal, o qual dará conhecimento posterior à Comissão Nacional de Protecção Civil.

4 – Nas Regiões Autónomas, a responsabilidade inerente à protecção civil no espaço sob jurisdição da autoridade marítima cabe a esta autoridade, sem prejuízo da necessária articulação com o serviço regional de protecção civil. (*)

(*) *Os n.os 3 e 4 têm a redacção dada pelo artigo único da Lei n.º 25/96, de 31/07.*

ARTIGO 25.º

Contra-ordenações

Sem prejuízo das sanções já previstas, o Governo definirá, nos termos constitucionais, as contra-ordenações correspondentes à violação das normas da presente lei que implicam deveres e comportamentos necessários à execução da política de protecção civil.

ARTIGO 26.º

Norma revogatória

São revogados todos os diplomas ou normas que disponham em contrário da presente lei, nomeadamente o artigo 70.º da Lei n.º 29/82, de 11 de Dezembro.

ARTIGO 27.º

Diplomas complementares e entrada em vigor

1 – No prazo de um ano a contar da sua publicação, o Governo deve aprovar os diplomas de desenvolvimento e de regulamentação da presente lei.

2 – Sem prejuízo do disposto no número anterior, a presente lei entra em vigor com o diploma que expressamente mencione ser o último dos que procedeu ao seu desenvolvimento.

Aprovada em 19 de Junho de 1991.

O Presidente da Assembleia da República, *Vítor Pereira Crespo.*

Promulgada em 4 de Agosto de 1991.

Publique-se.

O Presidente da República, MÁRIO SOARES.

Referendada em 8 de Agosto de 1991.

Pelo Primeiro-Ministro, *Joaquim Fernando Nogueira,* Ministro da Presidência.

INVALIDEZ – REFORMA – PENSÕES

- **D.L. n.º 498/72, de 9/12:**
  – *Estatuto da Aposentação;*

- **D.L. n.º 210/73, de 9/05:**
  – *Amplia as regalias dos inválidos militares;*

- **D.L. n.º 295/73, de 9/06:**
  – *Mudança de graduação no posto dos militares em reforma extraordinária;*

- **D.L. n.º 43/76, de 20/01:**
  – *Deficientes das Forças Armadas;*

- **Portaria n.º 162/76, de 24/03:**
  – *Regulamentação de situações transitórias previstas no DL n.º 43/76;*

- **D.L. n.º 134/97, de 31/05:**
  – *Promoção dos militares deficientes na situação de reforma extraor-dinária;*

- **Lei n.º 34/98, de 18/07:**
  – *Regime excepcional aos ex-prisioneiros de guerra;*

- **D.L. n.º 466/99, de 6/11:**
  – *Pensões de preço de sangue;*

- **D.L. n.º 50/2000, de 7/04:**
  – *Rede Nacional de Apoio aos militares e ex-militares portadores de perturbação psicológica*;

- **D.L. n.º 161/2001, de 22/05:**
  – *Pensão aos ex-prisioneiros de guerra.*

- **D.L. n.º 170/2004, de 16/07:**
  – *Altera os DL* n.os *34/98, de 18/07 e 161/2001, de 22/07.*

D.L. N.º 498/72, DE 9 DE DEZEMBRO

ESTATUTO DA APOSENTAÇÃO

....

PARTE II
Regimes especiais

CAPÍTULO I
Reforma de militares

ARTIGO 112.º (*)
Âmbito e regime

1 – Designa-se por reforma a aposentação do pessoal militar do Exército, da Armada, da Força Aérea, da Guarda Fiscal e Guarda Nacional Republicana, bem como a do pessoal civil equiparada por lei especial ou militar para efeitos de reforma.

2 – Considera-se equiparado ao pessoal militar referido no número anterior o pessoal da Polícia de Segurança Pública.

3 – À matéria de reforma é aplicável o regime geral das aposentações em tudo o que não for contrariado por disposição especial do presente capítulo.

(*) *Redacção dada pelo DL n.º 508/75, de 20/09.*

ARTIGO 113.º

Inscrição de militares

1 – Será inscrito na Caixa o pessoal referido no artigo anterior, com excepção do que se encontre a prestar serviço militar obrigatório, nos termos da lei do serviço militar, e dos capelães militares eventuais.

2 – Na reforma dos capelães militares titulares atender-se-á ao disposto em lei especial.

ARTIGO 114.º

Subscritores na reserva

Aos subscritores que passem a receber pensão de reserva continua a ser feito em folha o desconto de quotas para a Caixa sobre o quantitativo da mesma pensão, salvo o disposto no n.º 2 do artigo 117.º.

ARTIGO 115.º

Tempo sem serviço

Contar-se-á para a reforma, mediante a liquidação das quotas respectivas:

a) Como tempo de subscritor, aquele em que o militar, reintegrado por revisão de processo disciplinar, esteve compulsivamente afastado do serviço;

b) Aos oficiais médicos, veterinários e farmacêuticos e outros recrutados por exigência legal entre diplomados com curso superior para os quadros permanentes das forças armadas, com acréscimo ao tempo de subscritor, o tempo de duração normal dos respectivos cursos de ensino superior, desde que completem, para efeitos de reforma, quinze anos de serviço activo no respectivo quadro.

ARTIGO 116.º

Resoluções sobre contagem de tempo

As resoluções sobre contagem de tempo acrescido dos subscritores militares, bem como a forma de desconto das respectivas quotas, serão comunicadas pela Caixa às competentes autoridades militares.

ARTIGO 117.º
Tempo de serviço na reserva

1 – Aos militares que, na situação de reserva, prestem serviço em comissão militar ou civil, com pagamento de quotas à Caixa sobre a remuneração auferida, também contado para a reforma cada ano completo susceptível de influir na melhoria da respectiva pensão de reserva.

2 – No caso de exercício de cargo previsto no artigo 122.º, a que corresponda remuneração de montante superior ao da pensão de reserva, a quota devida incidirá apenas sobre essa remuneração.

ARTIGO 118.º (*)
Casos de reforma

1 – Transitam para a situação de reforma os subscritores que estejam nas condições do n.º 1 do artigo 37.º e o requeiram e aqueles que, verificados os requisitos mínimos de idade e de tempo de serviço exigidos pelo n.º 2 do artigo 37.º:

a) Atinjam o limite de idade;
b) Sejam julgados incapazes de todo o serviço militar, mediante exame da junta médica dos competentes serviços de saúde militar;
c) Revelem incapacidade para o desempenho das funções do seu posto; mediante o exame médico referido na alínea anterior;
d) Sejam punidos com a pena disciplinar de separação do serviço ou de reforma, ainda que em substituição de outra sanção mais grave;
e) Sejam mandados reformar por deliberação do Conselho de Ministros, nos termos de lei especial;
f) Devam ser reformados, segundo a lei, por efeito da aplicação de outra pena.

2 – A reforma extraordinária tem lugar, independentemente dos requisitos mínimos de idade e tempo de serviço, quando o subscritor:

a) For julgado incapaz nos termos da alínea b) do número anterior, pelas causas previstas no artigo 38.º;
b) Sofrer a desvalorização prevista na alínea c) do artigo 38.º, que afecte a sua aptidão apenas para o desempenho de alguns cargos ou funções, salvo se o mesmo subscritor, nos termos de lei especial, requerer sua continuação no serviço activo em regime que dispense plena validez.

(*) *As alíneas b) e c) do n.º1 têm a redacção que lhes foi introduzida pelo DL n.º 241/98, de 7 de/08. A actual redacção do artigo resulta da alteração introduzida pelo DL n.º 503/99, de 20/11.*

ARTIGO 119.º (*)

Exame médico

1 – *O exame de militares ou equiparados, para os efeitos previstos no n.º 2 do artigo anterior, compete a uma junta médica, composta por dois médicos indicados pela CGA, sendo presidida por um destes, e um médico indicado pelo competente serviço de saúde militar.*

2 – *Incumbe a esta junta determinar o grau de incapacidade geral de ganho, quando influa na pensão de reforma, e a conexão da incapacidade com o acidente de serviço ou facto equiparado, em parecer devidamente fundamentado.*

3 – *A junta médica ocorrerá no prazo de 60 dias contados da data da recepção do processo administrativo instruído no respectivo ramo.*

4 – *Quando o interessado não se conforme com a decisão da junta, poderá requerer, dentro do prazo de 90 dias após a sua notificação, uma nova junta médica, apresentando, para o efeito, elementos clínicos susceptíveis de fundamentar a reapreciação daquela.*

5 – *A junta referida no número anterior terá a mesma composição, sendo necessariamente constituída por médicos que não tenham tido intervenção na junta precedente.*

(*) *Redacção dada pelo DL n.º 241/98, de 7/08.*
Actualmente, porém, o artigo encontra-se revogado pelo art. 57.º do DL n.º 503/99, de 20/11.

ARTIGO 120.º (*)

Passagem da reserva à reforma

1 – Na reforma de militares que transitem da situação de reserva, e não reunam as condições legais para a actualização automática das respectivas pensões de reserva ou não hajam completado os requisitos fixados na lei para a revisão dessas pensões, a remuneração a considerar para os efeitos do artigo 43.º é a que se encontrar estabelecida à data da passagem à reserva, salvo o disposto no n.º 3 do presente artigo. Na determinação da pensão de reforma, aquela remuneração será acrescida das últimas diuturnidades vigentes para os militares de igual posto, graduação e quadro do activo, observando-se ainda as normas estabelecidas para a generalidade dos subscritores da Caixa.

2 – Nos restantes casos, as pensões de reforma serão calculadas nos termos que estiverem estipulados para o cálculo de pensões de reserva e demais legislação aplicável.

3 – O disposto no número anterior não prejudica a opção pela pensão correspondente à remuneração dos cargos mencionados no artigo 122.º ou à média decenal prevista no artigo 51.º, desde que se verifiquem as condições exigidas por um ou outro destes preceitos.

4 – Os factos anteriores à concessão da pensão de reserva não podem ser considerados para a reforma, se não constarem do processo de passagem à reserva, salvo o caso de contagem de tempo de serviço acrescido ao de subscritor.

(*) *Redacção dada aos n.os 1 e 2 pelo DL n.º 543/77, de 31/12.*

ARTIGO 121.º (*)

Base do cálculo da pensão

1 – Sem prejuízo do disposto no artigo 51.º, o cálculo da pensão de reforma tem por base as remunerações de carácter permanente referidas nos artigos 47.º e 48.º, que correspondam ao último posto no activo.

2 – Consideram-se abrangidas nas remunerações a que se refere o n.º 1 as gratificações de serviço de imersão e de serviço de mergulhador recebidas pelo pessoal especializado que tenha servido, respectivamente, nas guarnições dos submarinos ou como mergulhador da Armada, as quais serão tomadas nos quantitativos correspondentes ao último posto em que esse serviço tenha sido prestado, com redução a 80%, arredondada para a centena de escudos imediatamente superior, no caso da gratificação do serviço da imersão.

3 – Para o pessoal especializado que tenha servido na Aeronáutica Naval, na Força Aérea e nas tropas pára-quedistas à pensão calculada nos termos do n.º 1 será adicionada uma parcela de montante da gratificação de serviço aéreo e de serviço de pára-quedista, respectivamente, no quantitativo correspondente ao último posto em que esse serviço foi prestado, multiplicada pela expressão em anos do número de meses, incluindo as percentagens legais de aumento em que foi exercida a actividade inerente ao abono dessa gratificação, considerando-se esse tempo até ao limite de 36 anos e a gratificação até ao quantitativo correspondente ao posto de oficial general.

(*) *A redacção do n.º 2 foi dada pelo DL n.º 75/83, de 8/02. O n.º3 foi aditado pelo mesmo diploma.*

ARTIGO 122.º

Pensão com base em outro cargo

O militar dos quadros permanentes que esteja a exercer continuadamente, nos últimos dois anos, cargo considerado de comissão normal pela legislação militar ou, a título definitivo, cargo civil poderá optar pela pensão de reforma que corresponda à remuneração permanente de qualquer desses cargos, desde que os mesmos confiram direito de aposentação.

ARTIGO 123.º (*)

Remunerações mínimas

1 – *Na reforma extraordinária de pessoal com remuneração inferior à que compete a um marinheiro do quadro permanente, é esta que se considerará para cálculo da pensão.*

2 – *O limite mínimo a que se refere o número anterior será substituído pela remuneração correspondente aos seguintes postos dos quadros permanentes:*

a) De alferes, quando se trate de alunos da Academia Militar, da Escola Naval, da Academia da Força Aérea ou de outros cursos de preparação para oficiais daqueles quadros;

b) De furriel, quando se trate de alunos de cursos de alistamento ou preparação para sargento, que não estejam, a prestar serviço militar obrigatório.

(*) *Redacção dada pelo DL n.º 182/84, de 28/05. Com o art. 57.º do DL n.º 503/99, de 20/11, o artigo ficou revogado.*

ARTIGO 124.º

Redução da pensão

A pensão será reduzida de acordo com o disposto no artigo 56.º somente no caso de mudança de situação imposta nos termos da alínea d) do n.º 1 do artigo 118.º.

ARTIGO 125.º

Separação de serviço

Os militares separados do serviço estão sujeitos às restrições estabelecidas pelas leis militares para essa situação.

ARTIGO 126.º
Pensão transitória

A pensão transitória de reforma a que se refere o artigo 99.º será paga, a partir da data do facto que a determina, pela verba por que é abonado o militar, independentemente da comunicação prevista no mesmo artigo.

CAPÍTULO II
Pensão de invalidez de militares

ARTIGO 127.º (*)
Fundamento da pensão

1 – *Os militares que não sejam subscritores da Caixa Geral de Aposentações têm direito a uma pensão de invalidez pelas causas que servem de fundamento à reforma extraordinária.*

2 – *O disposto no número anterior abrange os capelães militares eventuais.*

(*) *O artigo acha-se revogado pelo art. 57.º do DL n.º 503/99, de 20/11.*

ARTIGO 128.º (*)
Fixação da pensão

1 – *A pensão de invalidez é determinada nos mesmos termos da pensão de reforma extraordinária, com base na remuneração líquida a que se refere o n.º 1 do artigo 53.º.*

2 – *A remuneração mínima a considerar será fixada:*

a) Na alínea a) do n.º 2 do artigo 123.º, relativamente aos aspirantes milicianos ou das reservas naval e marítima e ao pessoal que frequente qualquer curso de preparação para oficial miliciano ou das mesmas reservas;

b) Na alínea b) do mesmo número, quanto ao pessoal que frequenta qualquer curso de alistamento de sargentos dos quadros permanentes ou de preparação para sargentos milicianos ou das reservas referidas ou ainda frequente qualquer curso comum de preparação e selecção para o curso de oficias ou de sargentos milicianos;

c) No n.º 1 do citado artigo, para os demais militares.

3 – *Os interessados não estão sujeitos ao pagamento de quotas relativamente ao tempo de serviço contado, nem ao de indemnizações que sejam inerentes a alterações de vencimento.*

4 – *Para efeitos de cálculo do grau de desvalorização, atender-se-á à função militar do interessado, se não puder averiguar-se a sua profissão civil.*

(*) *A redacção da alínea b) do n.º 2, foi dada pelo DL n.º 182/84, de 28/05. O artigo foi, porém, revogado pelo art. 57.º do DL 503/99, de 20/11.*

ARTIGO 129.º (*)

Processo

O processo para atribuição da pensão de invalidez corre pela Caixa, com observância dos termos do processo de aposentação e das disposições especiais sobre reforma dos subscritores militares.

(*) *O artigo foi revogado pelo art. 57.º do DL n.º 503/99, de 20/11.*

ARTIGO 130.º (*)

Pagamento da pensão

1 – *O pagamento das pensões de invalidez é feito, nos termos estabelecidos para o das pensões de reforma, pela Caixa Geral de Aposentações, que, para tal fim, será abonada pelo Estado das importâncias correspondentes.*

2 – *No Orçamento Geral do Estado inscrever-se-á, em rubrica especial, a verba necessária para o abono referido no número anterior.*

(*) *O artigo foi revogado pelo art. 57.º do DL n.º 503/99, de 20/11.*

ARTIGO 131.º (*)

Situação do beneficiário

Para todos os efeitos do presente Estatuto considera-se como de reforma a pensão de invalidez e como reformado o beneficiário.

(*) *O artigo encontra-se revogado pelo art. 57.º do DL n.º 503/99, de 20/11.*

....

DECRETO-LEI N.º 210/73, DE 9 DE MAIO

AMPLIA AS REGALIAS DOS INVÁLIDOS MILITARES

O Decreto-Lei n.º 44995, de 24 de Abril de 1963, deu um passo importante no caminho trilhado pelo Governo no sentido da reabilitação dos militares deficientes ao serviço da Nação e sua integração no meio social, permitindo que continuassem ao serviço activo Militares do quadro permanente que tivessem sofrido diminuição da capacidade física em defesa da Pátria e que dispusessem de validez suficiente para continuarem a desempenhar de forma útil as suas funções.

Entende-se, contudo, que o reconhecimento que a Nação deve àqueles que, no cumprimento dos seus deveres militares, se sacrificaram por ela exige que este procedimento seja tornado extensivo à generalidade dos militares.

Assim, fica preceituado o alargamento das regalias previstas no citado diploma a todos os militares do quadro permanente e do quadro de complemento do Exército e pessoal militar não permanente da Armada e Força Aérea que se tomem deficientes em consequência de acidentes ou doenças resultantes do serviço de campanha ou de manutenção da ordem pública ou da prática de acto humanitário ou de dedicação à causa pública.

Também, e no caso de os militares optarem pela pensão de reforma extraordinária ou de invalidez, é concedida a possibilidade de serem nomeados para cargos públicos, umas vezes com preferência absoluta e outras com mera preferência sobre outros concorrentes, para o provimento desses cargos. Para a situação vertente são melhoradas as condições em que se verificam as acumulações das pensões com os novos vencimentos ou com as pensões de aposentação. Além de outras medidas que se entendeu desde já tomar em matérias concernentes à reabilitação que se pretende, e satisfazendo as justas pretensões dos interessados, permite-se a graduação ou a promoção de militares que não satisfaçam as condições especiais de promoção; preceituado o direito a uma prestação suplementar a conceder ao deficiente que não puder dispensar a assistência constante de terceira pessoa; estabelecido o princípio da revisão do quantitativo das pensões de reforma extraordinária ou de invalidez sempre que haja alteração nos vencimentos dos militares do mesmo posto ou graduação em serviço activo, regalia alargada aos beneficiários das pensões dos inválidos de guerra; e é também concedido o direito a pensão de preço de sangue no caso de morte do deficiente com incapacidade superior a 60 %, mesmo que a morte não tenha resultado de causa determinante da deficiência.

Usando da faculdade conferida pela 1ª parte do n.º 2, do artigo 109.º da Constituição, o Governo decreta e eu promulgo, para valer como lei, o seguinte:

ARTIGO 1.º

1. Os militares dos quadros permanentes das forças armadas deficientes em consequência de acidentes ou doenças resultantes do serviço de campanha ou de manutenção da ordem pública ou da prática de acto humanitário ou de dedicação à causa pública ou optarem pela situação de reforma extraordinária.

2. Ficam exceptuados do âmbito definido no n.º 1 deste artigo os acidentes ou doenças intencionalmente provocados pelo próprio deficiente ou provenientes de acções ou omissões por ele cometidas contra ordens expressas superiores ou em desrespeito das condições de segurança determinadas por autoridades competentes, desde que não justificadas pelo estado de necessidade.

3. No caso de os militares se encontrarem impossibilitados de prestar a declaração referida no n.º 1, o seu silêncio entende-se como desejo de permanecer na situação de activo.

ARTIGO 2.º.

São considerados acidentes ou doenças resultantes do serviço de campanha os provocados por:

a) Acção positiva directa do inimigo;
b) Eventos decorrentes de actuação indirecta do inimigo;

c) Eventos determinados no decurso de qualquer outra actividade de natureza operacional ou em actividade directamente relacionada, que, pelas suas características próprias, possa implicar perigosidade ou hipóteses de contacto com o inimigo;
d) Eventos não indicados nas alineas anteriores, assim considerados pelo Ministro da Defesa Nacional, por propostas dos titulares das pastas da Marinha, Exército ou Aeronáutica, conforme os casos.

ARTIGO 3.º

O disposto no artigo 1.º é aplicável aos militares dos quadros permanentes das forças armadas com o posto ou graduação igual ou superior a primeiro-cabo do Exército e da Força Aérea e a marinheiro da Armada.

ARTIGO 4.º

1. Os militares deficientes que tiverem optado pela continuação na situação de activo são considerados adidos aos respectivos quadros.

2. Os deficientes indicados no número anterior serão dispensados da realização de cursos, estágios ou provas que constituam condições especiais de promoção e que sejam incompatíveis com a sua deficiência, conforme parecer da junta médica.

3. Os militares referidos nos números anteriores e que tenham satisfeito as condições legais de ingresso nos quadros permanentes do oficialato podem ser promovidos por antiguidade ou escolha, conforme os casos, até ao posto mais elevado a que ascenderiam nos respectivos quadros e classes, não excedendo, porém, o posto de coronel ou capitão-de-mar-e-guerra.

4. Quando tenham optado pela continuação na situação de activo, podem ser promovidos até ao posto de sargento-ajudante os sargentos que não tenham o curso da Escola Central de Sargentos ou da Escola de Sargentos e até ao posto de segundo-sargento os restantes militares que não tiverem obtido condições de ingresso na classe de sargentos.

5. Os militares que tiverem optado pela continuação na situação de activo desempenharão as funções que lhes forem possibilitadas pelas suas condições físicas.

ARTIGO 5.º

Os militares que após o respectivo tratamento tenham sido considerados aptos para todo o serviço activo podem ser de novo presentes à junta médica, a fim de serem julgados aptos para o desempenho de cargos ou funções que dispensem plena validez, quando o seu estado de saúde se agrave por qualquer motivo que não seja dos referidos no n.º 2 do artigo 1.º

ARTIGO 6.º

1. Os militares que reúnam as condições de promoção ao posto imediatamente superior, mas não possuam aptidão física em resultado de deficiência nas condições fixadas no artigo 1.º, serão promovidos na altura que lhes competir, independentemente da verificação da aptidão física pela junta médica.

2. Os militares que em resultado de tratamento a que tenham de ser submetidos não hajam completado as condições especiais de promoção quando esta lhes competir serão graduados com os vencimentos correspondentes ao novo posto e a sua promoção terá lugar logo que o seu estado físico permitir a realização dessas condições ou delas venham a ser dispensados.

3. Os militares abrangidos pelo preceituado no número anterior, ao serem promovidos, vão ocupar na escala o lugar que lhes caberia se a promoção tivesse sido feita na devida a1tura, contando para todos os efeitos a respectiva antiguidade desde a data da graduação.

4. O disposto neste artigo aplica-se igualmente aos militares deficientes em consequência de acidente ou doença nas condições expressas no n.º 1 do artigo 1.º, mesmo que após a respectiva reabilitação não tenham ficado a sofrer de lesão, deformidade ou enfermidade.

ARTIGO 7.º

1. O disposto nos artigos anteriores aplica-se aos militares do complemento com o posto ou graduação igual ou superior a primeiro-cabo miliciano do Exército, pessoal militar não permanente da Armada com o posto igualou superior a marinheiro e da Força Aérea com o posto igual ou superior a primeiro-cabo.

2. Os militares indicados no número anterior que se mantiverem ao serviço efectivo terão ingresso nos quadros permanentes.

3. O ingresso no quadro permanente será estabelecido em portaria a publicar pelos departamentos respectivos.

ARTIGO 8.º

1. Os militares indicados no n.º 1 do artigo 7.º, que não desejarem manter-se ou ingressarão serviço efectivo logo que terminado o tratamento médico a cargo dos serviços de saúde militares terão baixa de serviço e serão encaminhados para a reabilitação médica, vocacional, profissional e social a cargo dos Ministérios da Saúde e Assistência e das Corporações e Previdência Social, nos termos da respectiva legislação.

2. Às praças do Exército, Armada e Força Aérea que não são abrangidas pelas disposições anteriores é aplicável o regime estabelecido no número anterior na parte respeitante à reabilitação.

3. Os militares indicados no n.º 2 serão providos mediante requerimento nas vagas de lugares de pessoal civil das unidades, departamentos e estabelecimentos fabris militares logo que o seu grau de reabilitação o permita.

ARTIGO 9.º

1. No caso de o deficiente não poder dispensar assistência constante de terceira pessoa, terá direito a uma prestação suplementar de 25 % do vencimento ou pensão fixados.

2. A indicação da necessidade constante do número anterior será feita pela junta médica e a situação revista de três em três anos.

3. A prestação suplementar a que se refere o n.º 1 deste artigo não será abonada enquanto, os militares estiverem hospitalizados ou internados a expensas do Estado.

ARTIGO 10.º

1. Aos beneficiários de pensão de reforma extraordinária ou de invalidez é reconhecida preferência, em igualdade de condições, para o provimento em quaisquer lugares do Estado, das províncias ultramarinas, dos institutos públicos, incluindo os organismos de coordenação económica, das autarquias locais, das corporações, das instituições de previdência social e das pessoas colectivas de utilidade pública administrativa,

2. Desde que a incapacidade os não impossibilite do exercício das correspondentes funções, gozam de preferência absoluta no provimento dos lugares para os quais seja mandada observar tal preferência por despacho do Ministro que superintender nos respectivos serviços.

ARTIGO 11.º

Os militares com deficiência igual ou superior a 60 % podem ser recolhidos pelo Estado em estabelecimentos apropriados.

ARTIGO 12.º

1. Os beneficiários da pensão de invalidez não são abrangidos pelo disposto no artigo 78.º do Decreto-Lei n.º 498/72, de 9 de Dezembro, e no artigo 23.º do Decreto-Lei n.º 26115, de 23 de Novembro de 1935, podendo voltar à actividade do Estado, dos institutos públicos, incluindo os organismos de coordenação económica, das províncias ultramarinas, das autarquias locais e das empresas públicas, pela prestação de serviços ou provimento em cargos cujo exercício seja compatível com o grau de incapacidade.

2. Quando, porém, as funções exercidas sejam remuneradas, os beneficiários continuarão a perceber a pensão na totalidade e dois terços da remuneração do cargo em que forem providos se não optarem pela totalidade de remuneração e dois terços da pensão.

3. Nos casos em que se verifique opção pela pensão e dois terços da remuneração e esta não seja paga pelas dotações do Orçamento Geral do Estado reverterá o restante um terço a favor da. Caixa Geral de Aposentações.

4. O disposto neste artigo aplica-se também aos militares na situação de reforma extraordinária com o posto não superior a marinheiro ou equivalente. Os militares na situação de reforma extraordinária com posto superior a marinheiro ou equivalente são abrangidos pelo artigo 78.º do Decreto--Lei n.º 498/72.

ARTIGO 13.º

1. Quando, pelo exercício de novas funções públicas, o beneficiário venha a ter direito à pensão de aposentação, pode optar pela pensão de reforma extraordinária ou de invalidez, acrescida da pensão de aposentação, calculada na base de dois terços da remuneração, ou pela pensão de aposentação, calculada com base na totalidade da remuneração.

2. Nos casos previstos no número anterior não tem aplicação o disposto no artigo 122.º do Decreto-Lei n.º 498/72, de 9 de Dezembro.

Artigo 14.º

1. É aplicável às pensões de reforma e de invalidez atribuídas nos termos deste diploma o preceituado no artigo 54.º do Decreto-Lei n.º 498/72, de 9 de Dezembro.

2. A actualização das pensões dos inválidos de guerra da 1ª Guerra Mundial e das campanhas ultramarinas anteriores é regulada pelo disposto no artigo 59.º do Decreto-Lei n.º 498/72, de 9 de Dezembro.

Artigo 15.º

1. Os militares que pelos motivos indicados no artigo 1.º já se encontram na situação de reforma extraordinária ou fruindo pensão de invalidez podem voltar à situação de activo desde que o requeiram no prazo de um ano, a contar do início da vigência deste diploma.

2. Os vencimentos e demais abonos a que vierem a ter direito são devidos somente a partir da data da portaria que os coloca na situação de activo.

3. Os militares que regressem à situação de activo nos termos deste diploma serão colocados no posto e no lugar que lhes competiria se não tivesse havido interrupção de serviço.

Artigo 16.º

Serão sempre concedidas pensões de preço de sangue se o falecido tiver contraído, nas condições do artigo 1.º, deficiência de grau igualou superior a 60 %, mesmo que a morte não tenha resultado da causa que tenha determinado essa deficiência.

Artigo 17.º

O presente diploma aplica-se aos militares que se tenham tornado inválidos pelos motivos indicados no artigo 1.º, a partir de 1 de Janeiro de 1961, inclusive.

ARTIGO 18.º

Fica revogado o disposto no Decreto-Lei n.º 44995, de 24 de Abril de 1963; os artigos 4.º, 5.º e 6.º do Decreto-Lei n.º 45 684, de 27 de Abril de 1964; o Decreto-Lei n.º 382/71, de 17 de Setembro, e a Portaria n.º 127/72, de 6 de Março.

Visto e aprovado em Conselho de Ministros. – *Marcello Caetano – Horácio José de Sá Viana Rebelo – Manuel Artur Cotta Agostinho Dias – Joaquim Moreira da Silva Cunha – Baltasar Leite Rebelo de Sousa.*

Promulgado em 3 de Maio de 1973.

Publique-se.

O Presidente da República, AMÉRICO DEUS RODRIGUES THOMAZ.

DECRETO-LEI. N.º 295/73, DE 9 DE JUNHO

MUDANÇA DE GRADUAÇÃO NO POSTO AOS MILITARES EM REFORMA EXTRAORDINÁRIA

O Decreto-lei n.º 210/73, de 9 de Maio contemplou a situação dos militares que, atingidos por incapacidade em serviço de campanha ou de manutenção de ordem pública, pretendam continuar ou ser reintegrados no serviço activo.

Deve, porém, admitir-se que razões especiais não permitam, em casos determinados, que militares naquela situação sejam reintegrados. Considera-se igualmente atendível tal situação.

Nestes termos:

Usando da faculdade conferida pela 1ª parte do n.º2 do artigo 109.º da Constituição, o Governo decreta e eu promulgo, para valer como lei, o seguinte:

ARTIGO 1.º

Aos militares dos quadros permanentes das forças armadas na situação de reforma extraordinária por alguma das causas indicadas no n.º 1 do artigo 1.º do Decreto-lei n.º 210/73, de 9 de Maio, e tendo em conta o disposto no art. 17.º do mesmo diploma, é atribuída a graduação no posto a que teriam ascendido se não tivessem mudado de situação.

ARTIGO 2.º

A atribuição das graduações posteriores regular-se-á pela do militar que, dentro do seu quadro ou classe, imediatamente o anteceda em antiguidade, e que tenha ascendido normalmente na hierarquia.

ARTIGO 3.º

Para o efeito do disposto nos artigos anteriores, observar-se-ão, quanto a postos, os limites indicados nos n.os 3 e 4 do artigo 4.º do referido Decreto-lei n.º 210/73.

ARTIGO 4.º

A atribuição da graduação não confere ao militar direito a qualquer alteração na pensão e reforma calculada e estabelecida na data da mudança de situação.

Visto e aprovado em Conselho de Ministros. – *Marcello Caetano – Horácio José de Sá Viana Rebelo – Manuel Artur Cotta Agostinho Dias.*

DECRETO-LEI N.º 43/76, DE 20 DE JANEIRO

RECONHECE O DIREITO À REPARAÇÃO MATERIAL E MORAL DOS DEFICIENTES DAS FORÇAS ARMADAS

O estado português considera justo o reconhecimento do direito à plena reparação de consequências sobrevindas no cumprimento do dever militar aos que foram chamados a servir em situação de perigo ou perigosidade e estabelece que as novas disposições sobre a reabilitação e assistência devidas aos deficientes das forças armadas (DFA) passem a conter o reflexo da consideração que os valores morais e patrióticos por eles representados devem merecer por parte da nação.

As leis promulgadas até 25 de Abril de 1974 não definem de forma completa o conceito de DFA, o que deu lugar a situações contraditórias, como a marginalização dos inválidos da 1.ª grande guerra e dos combatentes das campanhas ultramarinas, e criou injustiças aos que se deficientaram nas campanhas pós-1961, além de outros. Do espírito dessas leis, em geral, não fez parte a preocupação fundamental de encaminhar os deficientes para a reabilitação e integração social, não se fez justiça no tratamento assistencial e não se respeitou o princípio da actualização de pensões e outros abonos, o que provocou, no seu conjunto, situações económicas e sociais lamentáveis.

O presente diploma parte do princípio de que a integração social e as suas fases precedentes, constituindo um caminho obrigatório e um dever nacional, não exclusivamente militar, devem ser facultadas aos DFA, com o fim de lhes criar condições para a colocação em trabalho remunerado. Dele igualmente consta a materialização da obrigação de a nação lhes prestar assistência económica e social, garantindo a sobrevivência digna, porque estão em jogo valores morais estabelecidos na sequência do reconhecimento e reparação àqueles que no cumprimento do dever militar se diminuíram, com consequências permanentes na sua capacidade geral de ganho, causando problemas familiares e sociais.

A execução da política nacional sobre reabilitação e integração social compete à comissão permanente de reabilitação (CPR), enquanto não for criado o secretariado nacional de reabilitação. Nas esferas militares aquela é coadjuvada pela comissão militar de reabilitação e assistência (CMRA), cuja missão específica é contribuir para a solução dos problemas dos DFA e, complementarmente, prestar-lhes auxílio sob todas as formas ao seu alcance, estabelecendo outras medidas tendentes ao aperfeiçoamento e rapidez dos processos de reabilitação e integração social ou tomando parte activa nos circuitos e meios de assistência aos seus deficientes.

O direito à opção entre o serviço activo que dispense plena validez e as pensões de reforma extraordinária ou de invalidez será agora possível para todos os DFA, quer sejam dos quadros permanentes ou do complemento, com plena independência do posto ou graduação, bastando que as autoridades militares considerem suficiente a sua capacidade geral de ganho restante e verifiquem estar resolvidos favoravelmente os problemas da reabilitação profissional militar. No entanto, o estabelecido no decreto-lei n.º 210/73 sobre o direito de opção pelo serviço activo é mantido em vigor ainda e enquanto houver DFA cujas datas de início de acidente sejam relacionadas com as campanhas do ultramar pós-1961, a fim de contemplar todos esses casos do mesmo modo, como é justo.

Entre as inovações a destacar neste decreto-lei avultam o alargamento do regime jurídico dos DFA aos casos que, embora não relacionados com campanha ou equivalente, justifiquem, pelo seu circunstancialismo, o mesmo critério de qualificação; a aplicação do princípio de actualização de todas as pensões e abonos devidos aos DFA, sempre que houver alteração de vencimentos e outros abonos do activo; a instituição do abono suplementar de invalidez, em função da percentagem de incapacidade e do salário mínimo que vigorar, como compensação pelos danos morais e físicos sofridos; a atribuição de uma prestação suplementar de invalidez, de valor independente do posto, a fim de minorar os encargos resultantes de reconhecida necessidade de acompanhante, e a permissão de acumulação das pensões devidas aos DFA com outras remunerações que percebam, até ao limite autorizado pela lei geral.

É também concedido a todos os DFA um conjunto de direitos e regalias sociais e económicas, a título assistencial e como suporte de condições sociais e familiares mais adequadas, considerando, embora, que os mais atingidos deverão desfrutar de regalias mais amplas, em razão da sua maior necessidade.

É reconhecida o direito à concessão de pensão de preço de sangue, independentemente da causa da morte do DFA.

Nestes termos:

Usando da faculdade conferida pelo artigo 3.º, n.º 1, alínea 3), da lei constitucional n.º 6/75, de 26 de Março, o governo decreta e eu promulgo, para valer como lei, o seguinte:

ARTIGO 1.º (1)

Definição de deficiente das forças armadas

1 – O Estado reconhece o direito à reparação que assiste aos cidadãos portugueses que, sacrificando-se pela pátria, se deficientaram ou se deficientem no cumprimento do serviço militar e institui as medidas e os meios que, assegurando as adequadas reabilitação e assistência concorrem para a sua integração social. (*)

2 – É considerado deficiente das forças armadas portuguesas o cidadão que:

No cumprimento do serviço militar e na defesa dos interesses da pátria adquiriu uma diminuição na capacidade geral de ganho; quando em resultado de acidente ocorrido:

Em serviço de campanha ou em circunstâncias directamente relacionadas com o serviço de campanha, ou como prisioneiro de guerra;

Na manutenção da ordem pública;

Na prática de acto humanitário ou de dedicação à causa pública; ou

No exercício das suas funções e deveres militares e por motivo do seu desempenho, em condições de que resulte, necessariamente, risco agravado equiparável nos itens anteriores;

vem a sofrer, mesmo *a posteriori*, uma diminuição permanente, causada por lesão ou doença, adquirida ou agravada, consistindo em:

Perda anatómica; ou

Prejuízo ou perda de qualquer órgão ou função;

tendo sido, em consequência, declarado, nos termos da legislação em vigor:

Apto para o desempenho de cargos ou funções que dispensem plena validez; ou

(1) *Alterado pela Lei n.º 46/99 de 16 de Junho.*

Incapaz do serviço activo; ou
Incapaz de todo o serviço militar.

3 – Para efeitos do número anterior é considerado deficiente das Forças Armadas o cidadão português que, sendo militar ou ex-militar, seja portador de perturbação psicológica crónica resultante da exposição a factores traumáticos de stress durante a vida militar.

4 – Não é considerado DFA o militar que contrair ou sofrer doenças ou acidentes intencionalmente provocados pelo próprio, provenientes de acções ou omissões por ele cometidas contra ordens expressas superiores ou em desrespeito das condições de segurança determinadas por autoridades competentes, desde que não justificadas.

(*) *Declarada a inconstitucionalidade com força obrigatória geral pelo AC. do T.C. n.º 423/2001, de 9/10/2001 in D.R., I série, de 7/10/2001.*

ARTIGO 2.º

Interpretação de conceitos contidos no artigo 1.º

1 – Para efeitos de definição constante do n.º 2 do artigo 1.º deste decreto-lei, considera-se que:

a) A diminuição das possibilidades de trabalho para angariar meios de subsistência, designada por «incapacidade geral de ganho», deve ser calculada segundo a natureza ou gravidade da lesão ou doença, a profissão, o salário, a idade do deficiente, o grau de reabilitação à mesma ou outra profissão, de harmonia com o critério das juntas de saúde de cada ramo das forças armadas, considerada a tabela nacional de incapacidade;
b) É fixado em 30% o grau de incapacidade geral de ganho mínimo para o efeito de definição de deficiente das forças armadas e aplicação do presente decreto-lei.

2 – O «serviço de campanha ou campanha» tem lugar no teatro de operações onde se verifiquem operações de guerra, de guerrilha ou de contra guerrilha e envolve as acções directas do inimigo, os eventos decorrentes de actividade indirecta de inimigo e os eventos determinados no decurso de qualquer outra actividade terrestre, naval ou aérea de natureza operacional.

3 – As «circunstâncias directamente relacionadas com o serviço de campanha» têm lugar no teatro de operações onde ocorram operações de guerra, guerrilha ou de contra guerrilha e envolvem os eventos directamente relacionados com a actividade operacional que pelas suas características impliquem perigo em circunstâncias de contacto possível com o inimigo e os eventos determinados no decurso de qualquer outra actividade de natureza operacional, ou em actividade directamente relacionada, que pelas suas características próprias possam implicar perigosidade.

4 – «o exercício de funções e deveres militares e por motivo do seu desempenho, em condições de que resulte, necessariamente, risco agravado equiparável ao definido nas situações previstas nos itens anteriores», engloba aqueles casos especiais, não previsíveis, que, pela sua índole, considerado o quadro de causalidade, circunstâncias e agentes em que se desenrole, seja identificável com o espírito desta lei.

A qualificação destes casos compete ao ministro da defesa nacional, após parecer da Procuradoria-geral da república.

ARTIGO 3.º

Manutenção da qualidade de DFA

Os cidadãos a quem, ao abrigo do presente diploma, seja reconhecida a qualidade de deficiente das forças armadas e que, por força de leis gerais ou especiais já promulgadas ou a promulgar, venham a perder a qualidade de militares continuarão, independentemente deste facto, a ser considerados DFA e a usufruir dos direitos e regalias, bem como a obrigar-se aos deveres que neste diploma lhes são consignados.

ARTIGO 4.º

Reabilitação dos deficientes das forças armadas

1 – A reabilitação consiste no desenvolvimento e completo aproveitamento das capacidades restantes dos DFA e é continuada até que seja recuperado o máximo possível de eficiência física, mental e vocacional, com o fim de obter, por meio de trabalho remunerado, a melhor posição económica e social compatível.

2 – Sendo um direito que assiste aos DFA, a reabilitação constitui um processo global e contínuo; efectiva-se pela reabilitação médica e vocacional, é complementada pela educação especial e culmina com a integração nos meios familiar, profissional e social.

3 – Finda a reabilitação médica, os DFA serão obrigatoriamente presentes a uma junta técnica de reabilitação, do âmbito da CPR, que avaliará as suas capacidades profissionais, encaminhando-os para os centros de reabilitação respectivos, nacionais ou estrangeiros, quando julgado necessário.

4 – A reabilitação do DFA deve ser conduzida, sempre que possível, na família e no próprio meio social e profissional. O internamento será restringido aos casos em que não possa ser efectivada em regime ambulatório ou domiciliário.

5 – Quando o DFA não puder ingressar nos quadros normais de trabalho, deverá ser colocado em qualquer modalidade de trabalho protegido, a fim de exercer actividade profissional compatível com o grau das suas possibilidades.

6 – Do pleno direito à reabilitação decorre para o DFA o dever de exercer uma actividade profissional para que foi reabilitado, o que terá de comprovar sempre que a entidade competente o solicite.

7 – Sempre que a CPR constate que determinado DFA não se encontra no exercício das suas actividades profissionais, diligenciará no sentido de, no mais curto espaço de tempo, o colocar em trabalho remunerado e compatível, através do órgão competente do ministério do trabalho.

8 – Sempre que os DFA, por negligência ou culpabilidade comprovada em processo de inquérito, se negarem a colaborar no referido no número anterior, poderá ser-lhes descontado até um terço do total da pensão, por decisão do órgão competente a criar na CPR.

9 – Será fornecido gratuitamente aos DFA todo o equipamento protésico, plástico, de locomoção, auxiliar de visão e outros considerados como complementos ou substitutos da função ou orgão lesado ou perdido.

10 – Em todas as circunstâncias será garantida a manutenção ou substituição do material referido no número anterior, sempre que necessário e a expensas do estado.

ARTIGO 5.º
Assistência social aos deficientes das forças armadas

1 – A assistência social é da responsabilidade do estado e tem por objectivo evitar ou eliminar dificuldades de natureza familiar, social e económica em que possam vir a achar-se os dfa que, em primeira prioridade, não sejam reabilitáveis ou cuja reabilitação não tem possibilidade de vir a ser satisfatória e, em segunda prioridade, tenham restrita capacidade geral de ganho.

2 – Os DFA cuja reabilitação não é ou não tem possibilidade de vir a ser satisfatória podem ser colocados no domicílio e receber apoio assistencial especial ou ser internados em estabelecimentos apropriados, consoante o seu desejo manifesto.

3 – Os DFA gozarão de medidas de protecção, tais como facilidades no acesso aos alojamentos, aos transportes, aos locais de trabalho e a outros locais públicos.

4 – Compete às autoridades militares, através da MRA, adoptar as medidas previstas neste diploma que, coordenadas com a acção no mesmo sector de outros ministérios, terão por fim assegurar justa e adequada protecção e auxílio aos DFA, de acordo com os conceitos de reabilitação e assistência expressos neste decreto-lei.

ARTIGO 6.º (2)

Juntas de saúde e juntas extraordinárias de recurso

1 – Logo que concluída a reabilitação médica, os militares serão presentes, às juntas de saúde de cada ramo das forças armadas, que julgarão da sua aptidão para todo o serviço ou verificarão a diminuição permanente, nos termos e pelas causas constantes dos artigos 1.º e 2.º deste decreto-lei, exprimindo-a em percentagem de incapacidade.

2 – Para os efeitos do julgamento a que se refere o artigo anterior, as juntas de saúde devem ter prévio conhecimento do despacho que, em conformidade com o n.º 2 do artigo 1.º deste decreto-lei, mereceu o apuramento das circunstâncias em que se produziu o acidente, competindo ao estabelecimento hospitalar onde aquela junta se reúna providenciar, em tempo oportuno, para que, no processo do militar que lhe seja presente, conste cópia autêntica do despacho referido.

3 – Os DFA podem requerer revisão do processo, após a data da fixação da pensão, dentro dos seguintes prazos:

a) Uma vez em cada semestre, nos dois primeiros anos;
b) Uma vez por ano, nos oito anos imediatamente seguintes, e uma vez em cada quatro anos, nos anos posteriores, quando a sua capacidade geral de ganho sofra agravamento por qualquer motivo que não seja dos referidos no n.º 3 do artigo 1.º, a fim de serem reclassificados quanto à nova percentagem de incapacidade.

4 – Todas as deliberações das juntas de saúde referidas nos números anteriores carecem de homologação do chefe do estado-maior do respectivo ramo das forças armadas.

---

(2) *Alterado pelo Decreto-Lei n.º 224/90 de 10 de Julho.*

ARTIGO 7.º

Direito de opção pela continuação no serviço activo

1 – a) Quando a JS concluir sobre a diminuição permanente do dfa, e após ter-lhe atribuído a correspondente percentagem de incapacidade, pronunciar-se-á sobre a sua capacidade geral de ganho restante.

1) Se esta for julgada compatível com o desempenho de cargos ou funções que dispensem plena validez, informá-lo-á de que poderá optar pela continuação na situação do activo em regime que dispense plena validez, ou pela passagem à situação de reforma extraordinária ou de beneficiário de pensão de invalidez, devendo o dfa prestar imediatamente a declaração relativa a essa opção.

2) Se não for julgada compatível com o desempenho de cargos ou funções que dispensem plena validez, o dfa, caso discorde, pode prestar declaração de desejar submeter-se a reabilitação vocacional e profissional militar, a qual será objecto de reconhecimento por parte da comissão de reclassificação, cujas missão e composição serão reguladas por portaria.

3) O dfa será, de seguida, sujeito a exame por parte da jer, a qual se pronunciará, então, em definitivo, tomando também em consideração aquele parecer da comissão de reclassificação (cr);

b) No caso de o dfa optar pela continuação na situação do activo, em regime que dispense plena validez, as juntas remeterão o processo para a comissão de reclassificação, a fim de esta se ocupar dos trâmites relacionados com o seu destino funcional;

c) O exercício do direito de opção a que se refere a alínea a) deste artigo é definitivo para os oficiais, sargentos e praças do qp, mas carece do reconhecimento expresso pela comissão de reclassificação, quanto aos resultados positivos da reabilitação vocacional e profissional militar, no caso dos oficiais, sargentos e praças dos quadros do complemento do exército e força aérea e não permanentes da armada;

d) Quando aquela comissão de reclassificação não puder reconhecer resultados favoráveis na reabilitação vocacional ou nos esforços desenvolvidos na reabilitação profissional militar pelo dfa, este terá passagem à situação de beneficiário da pensão de invalidez.

2 – Os DFA, se militares do quadro permanente, de graduação igual ou superior a:

Praças do exército;

Praças da força aérea; e
Marinheiros da armada;
que pelas JA ou JER forem dados como aptos para o desempenho de cargos ou funções que dispensem plena validez, podem optar pela continuação na situação do activo, em regime que dispense plena validez, ou pela passagem à situação de reforma extraordinária.

3 – Os DFA, se militares dos:
QC do exército e força aérea; ou
Quadros não permanentes da armada;
de posto igual ou superior a:
Soldado recruta do exército ou força aérea; ou Segundo-grumete da armada;
que pelas JS ou JER forem dados como aptos para o desempenho de cargos ou funções que dispensem plena validez e que pela comissão de reclassificação forem considerados com adequada reabilitação vocacional e profissional militar podem optar pela continuação na situação do activo, em regime que dispense plena validez, ou pela situação de beneficiário da pensão de invalidez.

4 – Os DFA, se do QP, de graduação igual ou superior a:
Praças do exército; ou
Praças da força aérea; ou
Marinheiros da armada;
e do QC do exército ou da força aérea e dos quadros não permanentes da armada, de posto igual ou superior a:
Soldado recruta do exército ou força aérea; ou
Segundo-grumete da armada;
que pelas JS ou JER forem dados como aptos para o desempenho de cargos ou funções que dispensem plena validez, mas que não optaram pela continuação na situação do activo em regime que dispense plena validez, ou incapazes do serviço activo ou incapazes de todo o serviço militar, têm passagem à situação de reforma extraordinária ou a beneficiário de pensão de invalidez.

Artigo 8.º
Militares não considerados DFA

Os militares que se diminuíram e não forem considerados nos termos deste decreto-lei como dfa serão encaminhados, após a conclusão da sua reabilitação médica, para os serviços de reabilitação e integração social e assistência, beneficiando do regime geral dos acidentados civis de trabalho, sem prejuízo dos benefícios directos que possam receber por parte das forças armadas, enquanto estiverem nas fileiras.

ARTIGO 9.º

Cálculo da pensão de reforma extraordinária ou de invalidez

O montante da pensão de reforma extraordinária ou da pensão de invalidez devido aos militares considerados DFA nos termos deste diploma será sempre calculada por inteiro.

ARTIGO 10.º

Abono suplementar de invalidez

1 – Aos DFA reconhecidos nos termos deste diploma que percebam:

Vencimento, após opção pelo serviço activo; ou
Pensão de reforma extraordinária; ou
Pensão de invalidez;

é concedido um abono suplementar de invalidez, de montante independente do seu posto, como forma de compensação da diminuição da sua capacidade geral de ganho e que representa uma reparação pecuniária por parte da nação.

2 – O quantitativo do abono suplementar de invalidez agora instituído é calculado pelo produto da percentagem de incapacidade arbitrada ao DFA pela JS e homologada ministerialmente, pelo valor da remuneração mínima mensal devida por trabalho em tempo completo, conforme a legislação que vigorar.

ARTIGO 11.º

Prestação suplementar de invalidez

1 – Aos DFA a quem for atribuída uma percentagem de incapacidade igual ou superior a 90% e que tenham sofrido lesões profundas ou limitação de movimentos que lhes impossibilitem a liberdade de acção é devido o pagamento de prestação suplementar de invalidez, de montante independente dos seus postos, que se destina a custear os encargos da utilização de serviços de acompanhante, caso a sua necessidade se reconheça.

2 – A prestação suplementar de invalidez é calculada pelo produto da percentagem da incapacidade arbitrada ao DFA pela JS e homologada ministerialmente, pelo valor da remuneração mínima mensal devida por trabalho em tempo completo, conforme a legislação que vigorar.

3 – A verificação da necessidade de utilizar os serviços de acompanhante será feita pela js, sendo esta decisão revista cada três anos.

4 – A prestação suplementar de invalidez não será abonada enquanto os DFA estiverem hospitalizados ou internados a expensas do estado.

Artigo 12.º
Actualização automática de pensões e abonos dos DFA

1 – As pensões dos mutilados e inválidos de guerra de 1914-1918, as dos actuais deficientes fixadas independentemente da percentagem de incapacidade e as pensões de reforma extraordinária ou de invalidez atribuídas aos DFA serão actualizadas automaticamente com relação aos correspondentes vencimentos dos militares do mesmo posto ou graduação na situação do activo, tomando-se para as praças, como base, o pré mensal de marinheiros dos quadros permanentes da armada.

2 – Da mesma forma, o abono suplementar de invalidez será automaticamente actualizado sempre que se verificar alteração ao salário mínimo nacional.

3 – Igualmente, o mesmo princípio de actualização automática será aplicada à prestação suplementar de invalidez e outros abonos que eventualmente venham a ser atribuídos aos DFA, a fim de acompanhar a subida do custo de vida.

4 – A actualização automática das pensões, abonos e prestação suplementar não dispensa o pedido do interessado, mediante requerimento que deverá dar entrada na caixa geral de aposentações.

Artigo 13.º ([3,4])
Acumulação de pensões e vencimentos

1 – Os beneficiários de pensões de reforma extraordinária ou de invalidez concedidas nos termos deste diploma não são abrangidos pelo disposto nos artigos 78.º e 79.º e na alínea b) do n.º 1 do artigo 82.º do decreto-lei

([3]) *Alterado pelo Decreto-Lei n.º 203/87 de 16 de Maio.*
([4]) *Alterado pelo Decreto-Lei n.º 183/91 de 17 de Maio.*

n.º 498/72, de 9 de Dezembro, e nos artigos 23.º e 24.º do decreto-lei n.º 26115, de 23 de Novembro de 1935, podendo, quando exercerem funções remuneradas, excepto ao serviço das forças armadas, acumular a totalidade daquelas pensões, com a remuneração do cargo em que forem providos.

2 – As pessoas que se encontrem nas situações previstas no número anterior podem ainda acumular a totalidade dos subsídios de natal e dos subsídios de férias, ou 14.º mês, que lhes couberem em razão de cada um dos estatutos em que estejam investidos.

3 – Aos DFA que, tendo sido beneficiários de qualquer tipo de pensão, por conta de deficiência contraída, e nos termos dos artigos 78.º e 79.º e da alínea b) do n.º 1 do artigo 82.º do decreto-lei n.º 498/72, de 9 de Dezembro, ou de outra legislação análoga que lhes tenha sido anteriormente aplicada, tiveram que renunciar ao direito à pensão, por exercerem funções remuneradas no estado ou organismos públicos, serão de novo fixadas as pensões nos quantitativos que lhes forem devidos nos termos deste diploma.

ARTIGO 14.º

Direitos e regalias dos dfa

1 – A todos os DFA, se reconhecidos nos termos deste diploma, é concedido um conjunto de direitos de natureza social e económica, na dependência da sua percentagem de incapacidade, como suporte de condições familiares e sociais mais adequadas à sua situação, os quais, sendo pessoais e intransmissíveis, são os discriminados nos números seguintes.

2 – Direito ao uso de cartão de DFA:

a) O cartão de DFA não substitui o bilhete de identidade civil ou militar, mas destina-se a consignar o conjunto de direitos de natureza social e económica que, em função da percentagem de incapacidade, são próprios de cada DFA, devendo ser exibido pelo portador sempre que solicitado, a fim de se evidenciar ou demonstrar a legalidade do uso ou gozo desses direitos;

b) O cartão de DFA será emitido pela direcção do serviço de pessoal do ramo das forças armadas a que o militar pertencer na data em que for considerado DFA, trajado a vermelho, numerado, e conterá no verso a indicação dos direitos dos DFA consignados legalmente.

No anverso figurarão, além da fotografia do portador e seus elementos de identificação, o grupo sanguíneo, o factor rh, a percentagem de incapacidade, a data da homologação ministerial e a data da emissão;

c) Os titulares do cartão de DFA devem devolvê-lo à entidade que os emitiu:

Para os efeitos de substituição, quando ocorra qualquer alteração dos dados constantes do cartão;

Quando for determinado superiormente por ter cessado o direito ao respectivo uso;

d) As DSP de cada um dos três ramos das forças armadas devem enviar até ao dia 15 de Janeiro de cada ano, ao ministério da defesa nacional, as listas actualizadas de DFA, a fim de este ministério delas dar conhecimento à direcção-geral de transportes terrestres.

3 – Alojamento e alimentação por conta do estado quando em deslocações justificadas por adaptação protésica ou tratamento hospitalar:

a) Quando o DFA tiver necessidade de adaptação de próteses ou outro tratamento hospitalar, apresentar-se-á à autoridade médico-militar da área da sua residência, que, uma vez comprovada tal necessidade, lhe passará guia de consulta para o hospital ou centro de reabilitação adequado e providenciará junto da unidade ou estabelecimento militar respectivo para que seja garantido o transporte necessário, considerando a situação do DFA;

b) O DFA ficará internado no hospital ou centro referidos, ou, caso tal não seja aconselhável ou possível, apresentado na companhia ou depósito de adidos, messe ou similar, com direito a alojamento e alimentação por conta do estado, bem assim como o transporte para os locais de tratamento, caso se justifique.

4 – Redução nos transportes dos caminhos de ferro e voos TAP de cabotagem:

a) O DFA tem direito à redução de 75% sobre as tarifas gerais dos transportes nos caminhos-de-ferro nacionais, a qual se realizará pela simples apresentação do cartão dfa nas bilheteiras dessas empresas;

b) O DFA tem direito à redução de 50% nos bilhetes TAP respeitantes a viagens nas linhas de cabotagem daquela companhia, a qual se realizará pela simples apresentação do cartão de DFA nas agências da empresa.

5 – Tratamento e hospitalização gratuitos em estabelecimentos do estado:

Os DFA têm direito a tratamento médico-cirúrgico e medicamentoso e/ou hospitalização gratuitos em estabelecimento hospitalar do estado, bem como a quaisquer meios auxiliares de diagnóstico, quando a natureza da moléstia que justifique o tratamento ou internamento estiver directamente relacionada com a lesão que determinou a deficiência.

6 – Isenção de selo de propinas de frequência e exame em estabelecimento de ensino oficial e uso gratuito de livros e material escolar:

a) Os DFA são admitidos nos estabelecimentos não militares de ensino oficial de todos os graus e ramos, com isenção de selo de propinas de frequência e exame;

b) Os DFA têm direito ao uso gratuito de livros e material escolar.

7 – Prioridade na nomeação para cargos públicos ou para cargos de empresas com participação maioritária do estado:

a) O DFA tem preferência, em igualdade de condições com outros candidatos, no provimento em quaisquer lugares do estado, dos institutos públicos, incluindo os organismos de coordenação económica, das autarquias locais, das instituições de previdência social, das pessoas colectivas de utilidade pública administrativa e das empresas com participação financeira maioritária do estado;

b) As colocações devem ser requeridas pelos interessados, com conhecimento da CMRA, directamente à entidade a quem compete a nomeação para provimento do lugar.

8 – Concessões especiais para aquisição de habitação própria:

O DFA tem direito à aquisição ou construção de habitação própria nas mesmas condições que vierem a ser estabelecidos para os trabalhadores das instituições de crédito nacionalizadas.

9 – Direito a associação nos serviços sociais das forças armadas (SSFA):

O DFA passa a ter direito à inscrição como sócio nos SSFA para todos os fins consignados no seu estatuto.

ARTIGO 15.º

Extensão de regalias para os dfa com percentagem de incapacidade igual ou superior a 60%

1 – Aos DFA com percentagem de incapacidade igual ou superior a 60% é concedida a extensão de regalias, em razão da sua maior necessidade, referida nos números seguintes.

2 – *Revogado* (5)

---

(5) *Revogado pelo Decreto-Lei n.º 259/93 de 22 de Julho.*

3 – Adaptação de automóvel do DFA:

Será custeada pelo estado e realizada em estabelecimento fabril dependente das forças armadas a transformação e adaptação dos automóveis ligeiros de passageiros de uso privativo dos DFA com percentagem de incapacidade igual ou superior a 60%.

4 – Isenção do imposto sobre uso e fruição de veículos:

Os veículos utilitários ligeiros cujo único proprietário é DFA com incapacidade igual ou superior a 60% são isentos do imposto anual sobre veículos, determinado pela legislação em vigor, devendo para o efeito observar-se o que consta em diploma especial sobre o assunto.

5 – Recolhimento em estabelecimento assistencial do estado:

Os DFA com percentagem de incapacidade igual ou superior a 60% poderão ser recolhidos em estabelecimentos assistenciais do estado, por sua expressa vontade.

Artigo 16.º
Pensão de preço do sangue

1 – Será sempre concedida pensão de preço de sangue por morte dos dfa que tenham percentagem de incapacidade igual ou superior a 60%, mesmo que a morte não tenha resultado da causa determinante da deficiência.

2 – Para reconhecimento dos beneficiários hábeis da pensão de preço de sangue a conceder por morte dos dfa seguir-se-á o disposto na legislação própria.

Artigo 17.º
Regalia concedida aos beneficiários da pensão de preço de sangue dos dfa

Passa a ser atribuído aos beneficiários da pensão de preço de sangue dos dfa enquanto julgados hábeis pelo decreto-lei n.º 47084, de 9 de Julho de 1966, o direito à assistência pelos serviços sociais das forças armadas, nos termos do estatuto respectivo, com obrigação de inscrição como sócio.

ARTIGO 18.º

Disposições finais

O presente diploma é aplicável aos:

1 – Cidadãos considerados automaticamente, DFA:

a) Os inválidos da 1.ª guerra mundial, de 1914-1918, e das campanhas ultramarinas anteriores;

b) Os militares no activo que foram contemplados pelo decreto-lei n.º 44995, de 24 de Abril de 1963, e que pelo n.º 18 da portaria n.º 619/73, de 12 de Setembro, foram considerados abrangidos pelo disposto no decreto-lei n.º 210/73, de 9 de Maio;

c) Os considerados deficientes ao abrigo do disposto no decreto-lei n.º 210/73, de 9 de Maio.

2 – Cidadãos que, nos termos e pelas causas constantes do n.º 2 do artigo 1.º, venham a ser reconhecidos DFA a após revisão do processo.

3 – Militares que venham a contrair deficiência em data anterior à publicação deste decreto-lei e forem considerados DFA.

A resolução genérica das dúvidas que este diploma venha a suscitar na sua aplicação compete ao ministro da defesa nacional, em coordenação com o chefe do Estado-maior-general das forças armadas e/ou com o ministro das finanças, quando for caso disso.

Todos os direitos, regalias e deveres do DFA ficam definidos no presente decreto-lei, com expressa revogação do decreto-lei n.º 210/73, de 9 de Maio, excepto os seus artigos 1.º e 7.º.

O presente decreto-lei produzirá efeitos a partir de 1 de Setembro de 1975, data a partir da qual terão eficácia os direitos que reconhece aos DFA.

PORTARIA N.º 162/76, DE 24 DE MARÇO

REGULAMENTA AS SITUAÇÕES TRANSITÓRIAS PREVISTAS NO D.L. N.º 43/76, de 20 DE JANEIRO

Tornando-se necessário, na sequência da promulgação do Decreto-Lei n.º 43/76, de 20 de Janeiro, regulamentar as situações transitórias:

Manda o Governo da República Portuguesa, pelo Primeiro-Ministro, como gestor da Defesa Nacional, o seguinte:

1 – Quando no Decreto-Lei n.º 43/76, de 20 de Janeiro, e na presente portaria constar «revisão do processo», tal expressão, ou similar, significa elaboração, reabertura, revisão ou simples consulta dos processos, conduzida de forma a pôr em evidência a percentagem de incapacidade do requerente ou a sua inexistência e as circunstâncias em que foi contraída a deficiência, tendo em vista a aplicação da definição de deficiente das forças armadas (DFA) constante nos artigos 1.º e 2.º do Decreto-Lei n.º 43/76, de 20 de Janeiro.

2 – Quando no Decreto-lei n.º 43/76, de 20 de Janeiro, e na presente portaria constar «direito de opção», tal expressão, ou similar, significa: o direito de os DFA poderem optar ou pelo serviço activo em regime que dispense plena validez, ou pela reforma extraordinária ou de beneficiário de pensão de invalidez.

3 – A revisão do processo efectuar-se-á sempre a pedido do interessado, mediante requerimento dirigido ao Chefe do Estado-maior do ramo respectivo. (*)

(*) *Redacção da Portaria n.º 114/79, de 12/03.*

4 - Nos casos de revisão do processo, a apreciação será feita pela nova definição de DFA, constante no artigo 1.º e complementado no artigo 2.º do Decreto-Lei n.º 43/76, de 20 de Janeiro; em caso afirmativo, deve continuar pela verificação da percentagem da incapacidade atribuída, terminando por concluir claramente se o requerente é ou não DFA

5 - a) Nos casos em que a percentagem de incapacidade não for conhecida do antecedente, o requerente será mandado apresentar às juntas de saúde (JS) para a obter.

b) Os casos em que não seja possível a revisão do processo por falta de elementos serão objecto de decisão do chefe do estado-maior do ramo das forças armadas respectivo.

6 - a) Aos requerentes que, após revisão do processo, vierem a ser considerados DFA e cujas datas-início da deficiência sejam relacionadas com as campanhas do ultramar posteriores a 1 de Janeiro de 1961, inclusive, o direito de opção que lhes vier a ser reconhecido é o consignado nos artigos 1.º e 7.º do Decreto-lei n.º 210/73, de 9 de Maio, que transitoriamente se mantém em vigor, não lhes sendo aplicável o disposto no artigo 7.º do Decreto-lei n.º 43/76, de 20 e Janeiro.

b) No caso especial dos DFA cuja deficiência resulte de doença do foro psiquiátrico, o direito de opção que lhes vier a ser reconhecido é o regulado no Decreto-Lei n.º 43/76, de 20 de Janeiro.

7 - a) Aos DFA nas situações de reforma extraordinária ou de beneficiários de pensão de invalidez que já puderam usufruir do direito de opção nos termos da legislação então em vigor não é reconhecido o direito de optar pelo ingresso no serviço activo.

b) Dos DFA referidos na alínea anterior exceptuam-se os que transitaram para aquelas situações por, quando da apreciação do seu caso pela JS, lhes ter sido aplicada a tabela M posta em execução pela Portaria n.º 657/73, de 2 de Outubro, do Ministério do Exército, ficando assim impedidos de usufruírem do direito de opção que o Decreto-Lei n.º 210/73 consigna.

8 - a) Os DF A que após revisão do processo vierem a optar pelo serviço activo obrigam-se a satisfazer as reabilitações vocacional profissional militar com resultados favoráveis reconhecidos pela comissão de reclassificação (CR) e têm como condição prévia o cumprimento de um ano na efectividade de serviço, no posto em que se encontrem promovidos ou graduados, contado a partir da data em que realizem a opção,

b) O tempo que venha a ser despendido na reabilitação profissional militar conta para o ano de serviço exigido,

c) Durante o ano de serviço referido na alínea a) deste número o DFA pode, a seu pedido e mediante declaração, transitar para a situação de reforma extraordinária, se dos quadros permanentes (QP), ou para a de beneficiário de pensão de invalidez, se dos quadros complementares (QC) ou similar.

d) Os DFA que exercerem o direito consignado na alínea anterior não poderão requerer de novo a aplicação do direito de opção por dele não poderem usufruir duas vezes.

c) Terminados a reabilitação profissional militar e / ou o ano de serviço referidos na alínea a) deste número, os DFA irão recuperar o posto e a antiguidade a que teriam ascendido se não tivessem estado desligados do serviço activo, sem prejuízo do disposto no n.º 6 da Portaria n.º 94/76, de 24 Fevereiro.

9 – a) Não é concedido o direito a revisão do processo aos militares na situação do activo.

b) Os militares na situação do activo em regime que dispense plena validez podem, mediante declaração, passar à situação de reforma extraordinária.

10 – a) Os militares dos QP que tenham transitado para a situação de reserva em resultado de deficiência contraída têm direito a revisão do processo e, caso venham a ser considerados DFA, ser-lhes-á reconhecido o direito de opção nos termos do n.º 6 deste diploma, desde que não venham a atingir o limite de idade para o posto em que se encontrem promovidos, no prazo de um ano, contado a partir da data em que realizaram a opção.

b) Aos DF A referidos na alínea anterior não se aplica o disposto na alínea a) do no 8 deste diploma, no que respeita a reabilitação vocacional e profissional militar.

11 – a) Os militares dos QP que tenham transitado para a situação de reforma por, no activo ou reserva, terem contraído deficiência têm direito a revisão do processo e, caso venham a ser considerados DFA, ser-lhes-á reconhecido o direito de opção nos termos do n.º 6 deste diploma, desde que não venham a atingir o limite de idade fixado para a passagem à reserva do respectivo posto no prazo de um ano, contado a partir da data em que realizaram a opção.

b) Aos DF A referidos na alínea anterior não se aplica o disposto na alínea a) do n.º 8 deste diploma, referente a reabilitação vocaciona1 e profissiona1 militar.

12 - a) Os cidadãos, ex-mi1itares dos QP, que transitaram para os QC e/ou para a disponibilidade por terem menos de quinze anos de serviço no activo ou menos de 40 anos de idade e terem contraído deficiência têm direito a revisão do processo e, caso venham a ser considerados DFA, ser-lhes-á reconhecido o direito de opção nos termos do n.º 6 deste diploma, desde que não venham a atingir o limite de idade fixado para passagem à reserva do respectivo posto no prazo de um ano contado a partir da data em que realizaram a opção.

b) Aos DF A referidos na alínea anterior não se aplica o disposto na alínea a) do n.º 8 deste diploma, referente a reabilitação vocacional e profissional militar.

13 - Os militares na situação de licença ilimitada não têm direito a revisão do processo e, consequentemente, também não têm direito de opção enquanto se mantiverem naquela situação.

14 - Os cidadãos que, durante o cumprimento do serviço militar obrigatório contraíram deficiência, tendo passado à situação de disponibilidade e de beneficiários de pensão de invalidez, reforma ou reforma extraordinária, têm direito a revisão do processo e, caso venham a ser considerados DFA, ser-lhes-á reconhecido o direito de opção, nos termos do n.º 6 deste diploma, desde que não venham a atingir o limite de idade fixado para a passagem à reserva do respectivo posto no prazo de um ano, contado a partir da data em que realizaram a opção.

15 - Aos militares de qualquer quadro, posto ou graduação que à data da entrada em vigor deste diploma se encontrem com baixa, em convalescença, aguardando ida às JS será reconhecido o direito de opção nos termos do n.º 6 deste diploma, caso a ser considerados DFA, conforme os artigos 1.º e 2.º do Decreto-Lei n.º 43/76, de 20 de Janeiro.

16 - a) Aos DF A que, ao abrigo do artigo 7.º do Decreto-lei n.º 210/73, de 9 de Maio, optaram pela continuação na situação do activo em regime que dispense plena validez, ingressando assim nos aplicável o disposto no n.º 4 da Portaria n.º 73/76, de 11 de Fevereiro e os n.º 1, 2, 4, 5, 6, 7 e 8 da Portaria n.º 94/76, de 24 de Fevereiro.

b) Os DFA referidos na alínea anterior serão mandados apresentar à CR para os efeitos determinados na alínea a) do n.º 4 da Portaria n.º 73/76, de 11 de Fevereiro.

c) Quando a CR não puder reconhecer resultados favoráveis na reabilitação vocacional ou nos esforços desenvolvidos na reabilitação profissional militar pelo DF A, este terá passagem à situação de reforma extraordinária.

d) Aos militares referidos na alínea a) deste número aplica-se o disposto nas alíneas c) e d) do n.º 8 deste diploma, sendo o prazo de um ano contado a partir da data da entrada em vigor do presente diploma.

17 - Os DFA dos QP ou QC que já optaram pelo activo em regime que dispense plena validez, ao atingirem os limites de idade para passagem à situação de reserva transitarão daquela situação para a de reforma extraordinária, com a pensão e demais abonos consignados no Decreto-Lei n.º 43/76, de 20 de Janeiro.

18 - a) As viúvas e herdeiros hábeis dos militares ou civis, que nos termos e pelas causas constantes dos artigos 1.º e 2.º do Decreto-Lei n.º 43/76, de 20 de Janeiro, teriam sido considerados DF A, se vivos, poderão candidatar-se a beneficiários de pensão de preço de sangue, nos termos do artigo 16.º do citado decreto-lei e da legislação especial em vigor sobre o assunto, no prazo de um ano, a partir da publicação do presente diploma.

b) Nos casos em que não possa ser comprovada a percentagem de incapacidade do DFA falecido, a concessão de pensão de preço de sangue será objecto de decisão do Ministro da Defesa Nacional, segundo o seu prudente critério.

19 - Os inválidos da 1.ª Guerra Mundial e das campanhas ultramarinas anteriores e os seus herdeiros hábeis deverão entregar na Caixa Geral de Aposentações, dentro do prazo de um ano, contado a partir da publicação do presente diploma, requerimento para a actualização de pensões, o qual será, de seguida, enviado ao ramo das forças armadas respectivo para efeitos de confirmação e ratificação da percentagem de incapacidade, em conformidade com as disposições contidas no Decreto-Lei n.º 43/ 76, de 20 de Janeiro.

Ministério da Defesa Nacional, 5 de Março de 1976. – O Primeiro-Ministro, como gestor da Defesa Nacional, *José Baptista Pinheiro de Azevedo*.

DECRETO-LEI N.º 134/97, DE 31 DE MAIO

PROMOÇÃO DOS DEFICIENTES DAS FORÇAS ARMADAS NA SITUAÇÃO DE REFORMA EXTRAORDINÁRIA

O Acórdão n.º 563/96 do Tribunal Constitucional declarou a inconstitucionalidade, com força obrigatória geral, da norma constante da alínea a) do n.º 7 da Portaria n.º 162/76, de 24 de Março, por violação do princípio da igualdade consagrado no artigo 13.º da Constituição da República Portuguesa. Tal norma, que assim foi expurgada do ordenamento jurídico, determinava que aos deficientes das Forças Armadas nas situações de reforma extraordinária ou de beneficiários de pensão de invalidez que já teriam podido usufruir do direito de opção nos termos da legislação em vigor anteriormente ao Decreto-Lei n.º 43/76, de 20 de Janeiro, não era reconhecido o direito de poderem optar pelo ingresso no serviço activo.

Nos termos do n.º 2 do artigo 282.º da Constituição, a declaração de inconstitucionalidade produz efeitos desde a data de entrada em vigor da norma violada, no caso, 25 de Abril de 1976, cabendo naturalmente à Administração proceder à reconstrução da situação jurídica decorrente da aplicação da norma declarada ofensiva da lei fundamental. No caso presente, porém, a mera aplicação da regulamentação legal dos militares abrangidos, mesmo após a eliminação da norma inconstitucional, mostra-se inapta à obtenção dos efeitos que a doutrina do acórdão propugna como concordante com o princípio da igualdade, por inexistirem normas que regulem a revisão da situação hoje atingida pelos militares interessados.

Cumpre ao Governo retirar as devidas ilações da declaração de inconstitucionalidade do Tribunal Constitucional e promover a promulgação dos instrumentos jurídicos adequados e idóneos à eliminação da desigualdade constitucionalmente intolerada. E embora tais instrumentos tenham de assumir a forma de decreto-lei, uma vez que visam alterar o status legislativo vigente na matéria, a intervenção do poder legislativo em execução de um acórdão do

Tribunal Constitucional não é constitucionalmente desproporcionada nem desadequada, antes constitui um corolário do respeito pelos princípios da subordinação do Estado à Constituição e à legalidade democrática.

O mesmo acórdão apreciou a norma do artigo 4.º do Decreto-Lei n.º 295/73, de 9 de Junho, que impede a actualização da pensão de reforma dos deficientes das Forças Armadas em função da graduação em posto superior àquele em que passou à reforma extraordinária, declarando a sua conformidade com a Constituição.

Também daqui deve o Governo tirar as ilações que lhe competem em obediência à doutrina do acórdão, pelo que se entende como justo – além de conforme à Constituição – que da revisão da situação desses militares não decorram quaisquer efeitos retroactivos.

Foi ouvido o Conselho de Chefes de Estado-Maior.

Assim:

Nos termos da alínea a) do n.º 1 do artigo 201.º da Constituição, o Governo decreta o seguinte:

Artigo 1.º

Os militares dos quadros permanentes deficientes das Forças Armadas, nos termos das alíneas b) e c) do n.º 1 do artigo 18.º do Decreto-Lei n.º 43/76, de 20 de Janeiro, na situação de reforma extraordinária com um grau de incapacidade geral de ganho igual ou superior a 30%, e que não optaram pelo serviço activo, são promovidos ao posto a que teriam ascendido, tendo por referência a carreira dos militares à sua esquerda à data em que mudaram de situação, e que foram normalmente promovidos aos postos imediatos.

Artigo 2.º

Os militares nas condições referidas no artigo 1.º passam a ter direito à pensão de reforma correspondente ao posto a que forem promovidos, e no escalão vencido à data de entrada em vigor do presente diploma, não havendo lugar a quaisquer efeitos retroactivos, mas ficando isentos do encargo do pagamento das quotas e diferenças de quotas devidas à Caixa Geral de Aposentações referentes aos postos a que entretanto foram sendo graduados, após a sua passagem inicial à reforma extraordinária.

ARTIGO 3.º

A revisão das pensões de reforma, decorrente do disposto no artigo 1.º do presente diploma, deverá ser pedida pelo interessado à Caixa Geral de Aposentações, em requerimento instruído com informação do Estado-Maior do respectivo ramo, a apresentar no prazo de 120 dias a contar da entrada em vigor do presente diploma, produzindo efeitos desde esta data.

ARTIGO 4.º

Este diploma entra em vigor no 1.º dia do mês posterior à sua publicação.

Visto e aprovado em Conselho de Ministros de 23 de Abril de 1997. – *António Manuel de Oliveira Guterres – António Manuel de Carvalho Ferreira Vitorino – António Luciano Pacheco de Sousa Franco.*

Promulgado em 22 de Maio de 1997.

Publique-se.

O Presidente da República, JORGE SAMPAIO.

Referendado em 26 de Maio de 1997.

O Primeiro-Ministro, *António Manuel de Oliveira Guterres.*

LEI N.º 34/98, DE 18 DE JULHO

ESTABELECE UM REGIME EXCEPCIONAL DE APOIO AOS EX-PRISIONEIROS DE GUERRA

A Assembleia da República decreta, nos termos da alínea c) do artigo 161.º da Constituição, para valer como lei geral da República, o seguinte:

ARTIGO 1.º (*)
Apoio aos ex-prisioneiros de guerra

1 – Aos cidadãos portugueses feitos prisioneiros ou capturados em combate no decurso da guerra nas ex-colónias pode ser concedida, a título de reparação e de reconhecimento público, uma pensão pecuniária mensal e é concedido um regime especial de contagem do tempo passado em cativeiro, nos termos da presente lei.

2 – Podem ser beneficiários da pensão os cidadãos referidos no número anterior e, em caso de falecimento, os beneficiários referidos no artigo 3.º do Decreto-Lei n.º 161/2001, de 22 de Maio.

(*) *O n.º 2 tem a redacção que lhe foi introduzida pelo DL n.º 170/2004, de 16/07.*

ARTIGO 2.º
Atribuição da pensão

À atribuição da pensão aplicam-se as regras do Decreto-Lei n.º 404/82, de 24 de Setembro, com as alterações que lhe foram introduzidas, com as necessárias adaptações.

ARTIGO 3.º
Aditamento ao Decreto-Lei n.º 404/82, de 24 de Setembro

Ao artigo 3.º, n.º 1, do Decreto-Lei n.º 404/82, de 24 de Setembro, alterado pelo Decreto-Lei n.º 136/92, de 16 de Julho, é aditada a alínea c), com a seguinte redacção:

«c) A situação de cidadão português feito prisioneiro ou capturado em combate no decurso da guerra nas ex-colónias.»

ARTIGO 4.º
Contagem do tempo de cativeiro

1 – O tempo passado em cativeiro por cidadão português feito prisioneiro ou capturado em combate, no decurso da guerra nas ex-colónias, é contado, para efeitos de cálculo das respectivas pensões de reserva, aposentação ou reforma, com o acréscimo de 100% e com dispensa de pagamento das correspondentes quotas legais, salvo o disposto no n.º 3.

2 – O tempo passado em cativeiro referido no número anterior acresce, para efeitos de aposentação ou reforma, ao tempo de exercício de quaisquer funções públicas ou privadas e é levado em linha de conta para actualização das pensões que eventualmente tenham sido atribuídas, entretanto, àqueles ex-prisioneiros de guerra ou a quem seja considerado beneficiário da pensão nos termos do n.º 2 do artigo 1.º da presente lei.

3 – O disposto nos números anteriores não é aplicável sempre que o cidadão português feito prisioneiro ou capturado em combate no decurso da guerra das ex-colónias tenha ou possa ter acesso a benefícios idênticos previstos em legislação específica.

ARTIGO 5.º
Regulamentação

O Governo regulamentará as condições de atribuição da pensão criada pela presente lei no prazo de 90 dias a partir da sua entrada em vigor.

ARTIGO 6.º
Efeitos financeiros

Os efeitos financeiros emergentes da presente lei, a suportar pelo Orçamento do Estado, iniciam-se no próximo ano económico.

Aprovada em 4 de Junho de 1998.

O Presidente da Assembleia da República, *António de Almeida Santos.*

Promulgada em 3 de Julho de 1998.

Publique-se.

O Presidente da República, JORGE SAMPAIO.

Referendada em 9 de Julho de 1998.

O Primeiro-Ministro, *António Manuel de Oliveira Guterres.*

DECRETO-LEI N.º 466/99, DE 6 DE NOVEMBRO

PENSÕES DE PREÇO DE SANGUE

O Decreto-Lei n.º 404/82, de 24 de Setembro, constitui o diploma básico do regime jurídico das pensões de preço de sangue e por serviços excepcionais e relevantes prestados ao País.

Posteriormente à sua publicação, porém, foram-lhe introduzidas diversas alterações, em função das quais o regime destas pensões se encontra, actualmente, disperso por várias disposições legislativas, nem sempre coerentes entre si, com prejuízo da sua consulta e interpretação, havendo por isso todo o interesse em promover a centralização desta matéria num único diploma, aproveitando-se a oportunidade para proceder à actualização de algumas disposições.

Por outro lado, a evolução sócio-económica verificada e a experiência colhida nos últimos anos aconselham a que se proceda a ajustamentos no tocante à acumulação destas pensões com outros rendimentos.

De facto, a aplicação prática do regime de acumulação destas pensões com outras pensões ou com rendimentos de outra natureza tem conduzido a que seja nulo o valor de um elevado número das pensões por serviços excepcionais e relevantes prestados ao País, frustrando-se, assim, as expectativas criadas aquando da sua atribuição.

Estas situações têm dado origem a reiteradas e fundadas reclamações dos interessados, que urge atender para garantir a efectivação de direitos anteriormente estabelecidos e conferir maior clareza às relações dos cidadãos com o Estado em matéria de protecção social.

Assim:

Nos termos da alínea a) do n.º 1 do artigo 198.º da Constituição, o Governo decreta, para valer como lei geral da República, o seguinte:

CAPÍTULO I
Âmbito

ARTIGO 1.º
Âmbito material

O presente diploma abrange:
a) Pensões de preço de sangue;
b) Pensões por serviços excepcionais e relevantes prestados ao País.

CAPÍTULO II
Do direito à pensão

SECÇÃO I
Dos factos originários

ARTIGO 2.º
Pensão de preço de sangue

1 – Origina o direito à pensão de preço de sangue o falecimento:
a) De militar ao serviço da Nação, por acidente ocorrido em ocasião de serviço e em consequência do mesmo ou resultante de doença adquirida ou agravada igualmente em ocasião de serviço e em consequência do mesmo;
b) De civil incorporado em serviço nas Forças Armadas e com elas colaborando por ordem da autoridade competente, quando se verifique qualquer das circunstâncias referidas na alínea anterior;
c) De deficientes das Forças Armadas portadores de incapacidade igual ou superior a 60%;
d) De magistrado, oficial de justiça, autoridade ou agente de autoridade, elementos dos serviços e forças de segurança, pessoal do quadro e extraordinário dos serviços prisionais e dos serviços de reinserção social, quando tenha resultado de ferimentos ou acidente ocorrido no desempenho das suas funções;
e) De médico, veterinário, farmacêutico, pessoal de enfermagem e sanitário, quando resulte de ferimentos ou acidente ocorrido no desempenho dos seus deveres profissionais, em caso de alteração da ordem ou no combate de quaisquer epidemias de moléstia infec-

ciosa ou contagiosa contraída em serviço público de assistência sanitária, nos serviços de laboratórios oficiais de bacteriologia, nos postos públicos de desinfecção e nas estações de saúde ou lazaretos;

f) De médico, engenheiro ou qualquer técnico, quando resulte de ferimentos ou acidente ocorrido no desempenho dos seus deveres profissionais, em caso de trabalhos com radiações ionizantes, de lesões ou moléstias contraídas, em serviços oficiais, devido a trabalhos com essas radiações ou desempenho de actividade profissional em contacto com matérias tóxicas;

g) De funcionário ou agente integrado no Serviço Nacional de Protecção Civil, no Serviço Nacional de Bombeiros ou qualquer elemento pertencente a corpo de bombeiros, quando resultar de ferimentos ou acidentes ocorridos no desempenho da sua missão, bem como do pessoal da Direcção-Geral das Florestas ou seus trabalhadores eventuais, quando em resultado de acidentes na defesa da floresta contra incêndios;

h) De funcionários ou agentes da administração central, regional ou local ou de outros serviços ou órgãos do Estado, quando resultar de ferimentos ou de acidentes ocorridos em missões enquadradas em acções de emergência ou de protecção civil.

2 – Para efeitos do presente diploma, considera-se equivalente ao falecimento o desaparecimento em campanha e em situação de perigo dos indivíduos referidos nas alíneas a) e b) do número anterior.

3 – Origina ainda o direito à pensão de preço de sangue o falecimento ou a incapacidade absoluta e permanente para o trabalho de titulares de órgãos de soberania e de órgãos de governo próprio das Regiões Autónomas, de governadores civis e de presidentes de câmaras municipais ou de vereadores em regime de permanência, ocorrido no exercício e por causa das suas funções.

Artigo 3.º
Missões no estrangeiro

1 – O Conselho de Ministros poderá, mediante resolução, quando razões humanitárias o justifiquem, conceder a pensão de preço de sangue pelo falecimento de cidadão português, nas condições referidas no artigo 2.º, no desempenho de missão no estrangeiro ao serviço do Estado Português ou ao serviço de organização internacional em consequência de vinculação do Estado Português.

2 – Os beneficiários da pensão atribuída nos termos do número anterior serão os expressamente designados pela resolução do Conselho de Ministros no respeito pelo disposto no artigo 5.º.

ARTIGO 4.º
Pensão por serviços excepcionais e relevantes prestados ao País

1 – A atribuição da pensão por serviços excepcionais e relevantes prestados ao País pressupõe que o beneficiário revele exemplar conduta moral e cívica e pode ter lugar quando se verifique:

a) A prática, por cidadão português, militar ou civil, de feitos em teatro de guerra, de actos de abnegação e coragem cívica ou de altos e assinalados serviços à Humanidade ou à Pátria;

b) A prática, por qualquer cidadão, de acto humanitário ou de dedicação à causa pública de que resulte a incapacidade absoluta e permanente para o trabalho ou o falecimento do seu autor;

c) *A situação de cidadão português feito prisioneiro ou capturado em combate no decurso da guerra nas ex-colónias. (*)*

2 – Para efeitos do disposto no número anterior, entende-se por exemplar conduta moral e cívica a observância, de modo constante e permanente, do respeito pelos direitos e liberdades individuais e colectivos, bem como pelo prestígio e dignidade do País.

3 – *São relevantes, para efeitos do disposto na alínea c) do n.º 1, as situações que se tenham prolongado por um período igual ou superior a 30 dias ou que, independentemente da sua duração, tenham provocado no prisioneiro sequelas físicas ou psicológicas de que resulte desvalorização da sua capacidade para o trabalho. (*)*

(*) *Revogada a alínea c) do n.º 1 e o n.º 3, pelo art. 19.º do D.L. n.º 161/2001, de 22/05.*

SECÇÃO II
Dos titulares com direito à pensão

ARTIGO 5.º
Beneficiários da pensão de preço de sangue

1 – A pensão de preço de sangue é estabelecida em benefício de quem se encontre, relativamente ao falecido, sucessivamente e por ordem de preferência, em alguma das situações referidas nas alíneas seguintes:

a) Cônjuges sobrevivos, divorciados, separados judicialmente de pessoas e bens, pessoas que estiverem nas condições do artigo 2020.º do Código Civil e descendentes;
b) Pessoa que o tenha criado e sustentado;
c) Ascendentes de qualquer grau;
d) Irmãos.

2 – Nos casos referidos no n.º 3 do artigo 2.º de que resulte incapacidade absoluta e permanente para o trabalho do autor do facto que lhe dá origem, o direito à pensão é estabelecido em benefício deste, enquanto vivo, transmitindo-se, após a sua morte, às pessoas que a poderiam requerer pelo seu falecimento.

Artigo 6.º

Beneficiários da pensão por serviços excepcionais e relevantes prestados ao País

1 – A pensão por serviços excepcionais e relevantes prestados ao País é estabelecida em benefício do próprio autor do facto que a origine, enquanto vivo, e, após a sua morte, das pessoas referidas no artigo anterior.

2 – Se a pensão tiver sido concedida em vida ao autor do facto determinante dela, transmite-se, após a sua morte, às pessoas que a poderiam requerer pelo seu falecimento.

Artigo 7.º

Requisitos gerais

1 – O direito a receber a pensão só é reconhecido às pessoas que, incluindo-se em alguma das alíneas do n.º 1 do artigo 5.º, estivessem a cargo do falecido à data do óbito e reúnam os requisitos indicados no artigo 8.º.

2 – O requisito de estar a cargo do falecido à data do óbito é dispensado quanto aos órfãos menores, à pessoa que criou o falecido e aos ascendentes.

3 – Às pessoas incluídas nas alíneas b) e c) do n.º 1 do artigo 5.º é reconhecido o direito de, a todo o tempo, requererem a pensão.

Artigo 8.º

Requisitos especiais

1 – O cônjuge sobrevivo, não separado judicialmente de pessoas e bens, só tem direito à pensão desde que estivesse a viver em comunhão de mesa e habitação com o falecido à data do óbito.

2 – Os divorciados ou separados judicialmente de pessoas e bens só têm direito à pensão desde que:

a) Tivessem direito a receber do falecido, à data do óbito, pensão de alimentos fixada ou homologada judicialmente;

b) Não sejam casados nem se encontrem nas condições previstas no artigo 2020.º do Código Civil.

3 – Aquele que estiver nas condições previstas no artigo 2020.º do Código Civil só poderá requerer a pensão depois de sentença judicial que lhe fixe o direito a alimentos, ainda que provisório, e a pensão será devida a partir do dia 1 do mês seguinte àquele em que a requeira, enquanto se mantiver o referido direito.

4 – Os descendentes só têm direito à pensão enquanto satisfizerem as seguintes condições:

a) Terem menos de 18 anos ou menos de 21 e estarem matriculados e a frequentar curso de nível secundário ou equiparado ou menos de 25 e estarem matriculados e a frequentar curso superior ou equiparado;

b) Independentemente da idade, sofrerem de incapacidade absoluta e permanente para o trabalho.

5 – A pessoa que criou o falecido e os ascendentes deste só têm direito à pensão quando tiverem mais de 65 anos ou, sendo de idade inferior, se sofrerem de incapacidade absoluta e permanente para o trabalho.

6 – Os irmãos têm direito à pensão desde que satisfaçam os requisitos indicados no n.º 4 e sejam órfãos de pai e mãe à data do falecimento do autor da pensão.

SECÇÃO III
Do quantitativo da pensão

ARTIGO 9.º
Cálculo do valor da pensão

1 – O quantitativo da pensão é igual a 70% da remuneração mensal do autor dos actos que a originam quando o beneficiário for o próprio autor ou se trate dos titulares a que se refere o grupo primeiro do n.º 1 do artigo 5.º.

2 – A referida percentagem será reduzida a 50% relativamente aos restantes titulares.

3 – Para efeitos do disposto nos números anteriores, a remuneração a considerar é a auferida à data dos factos ou actos que originam o direito à pensão e determina-se de acordo com o regime estabelecido nos artigos 47.º e 48.º do Decreto-Lei n.º 498/72, de 9 de Dezembro (Estatuto da Aposentação), não podendo, porém, o seu montante ser de valor inferior ao escalão 1 do vencimento base de um soldado da Guarda Nacional Republicana em vigor à data em que a pensão seja devida.

4 – Relativamente aos civis incorporados nas Forças Armadas, a percentagem será calculada com base nos vencimentos dos postos ou graduações a que estiverem equiparados.

5 – Nos casos em que o autor não tenha qualquer vínculo funcional ao Estado, incluindo as autarquias locais, ter-se-á em conta, para os efeitos dos números anteriores, o dobro do salário mínimo nacional.

6 – Se o beneficiário do direito à pensão receber de terceiro indemnização destinada a reparar danos patrimoniais resultantes da incapacidade ou do falecimento, o abono da pensão será suspenso até que nela se esgote aquela indemnização, sem prejuízo de a entidade que abonar a pensão poder exigir judicialmente do terceiro responsável o capital necessário, determinado por cálculo actuarial, para suportar os encargos com aquela pensão.

Artigo 10.º
Concorrência de beneficiários

Concorrendo vários beneficiários, a pensão será dividida em partes iguais ntre todos os interessados, salvo nos casos seguintes:

a) Concurso de cônjuge sobrevivo e filhos: metade da pensão pertence ao cônjuge e a outra metade aos filhos, em partes iguais;

b) Concurso de cônjuge sobrevivo, separado judicialmente de pessoas e bens, divorciado ou aquele que estiver nas condições previstas no artigo 2020.º do Código Civil e filhos: metade da pensão pertence, em partes iguais, ao cônjuge sobrevivo, ao separado judicialmente, ao divorciado e àquele que estiver nas condições previstas no artigo 2020.º do Código Civil e a outra metade aos filhos, também em partes iguais;

c) Se o concurso incluir outros descendentes além dos filhos, todos os descendentes da mesma estirpe intervirão como se constituíssem uma unidade somente, dividindo entre eles, em partes iguais, a quota-parte da pensão que vier a ser apurada por aquela forma.

ARTIGO 11.º
Acumulações

1 – O quantitativo da pensão a conceder aos beneficiários não sofrerá qualquer redução quando dos actos que lhe dão origem tenha resultado o falecimento ou a incapacidade absoluta e permanente do seu autor para o trabalho.

2 – Nos demais casos, sempre que os rendimentos ou proventos de qualquer natureza do agregado familiar do ou dos beneficiários da pensão sejam superiores ao limite estabelecido no n.º 5 do artigo 9.º, a parte que exceder esse limite será deduzida à quota-parte da pensão que lhes couber, não podendo, porém, o valor desta ser inferior à correspondente quota-parte do salário mínimo nacional.

3 – Sem prejuízo dos limites estabelecidos no número anterior, a pensão de preço de sangue e a pensão por serviços excepcionais e relevantes prestados ao País são cumuláveis com quaisquer outras pensões, salvo o disposto no número seguinte, não podendo, porém, ser cumuladas entre si.

4 – A pensão de preço de sangue não é cumulável com a pensão a que se refere o artigo 8.º do Decreto-Lei n.º 240/98, de 7 de Agosto.

ARTIGO 12.º
Pagamento da pensão

1 – A pensão de preço de sangue é devida a partir do início do mês seguinte ao da morte do autor, desde que requerida no prazo de dois anos após o falecimento e desde o 1.º dia do mês imediato ao da entrega da petição, quando esta for apresentada para além daquele prazo.

2 – Os prazos estabelecidos no número anterior quanto à entrega das petições não se aplicam aos menores, aos interditos e aos maiores incapazes, enquanto durar a incapacidade ou não tiverem quem os represente.

3 – Quando atribuída ao próprio autor dos factos que a originaram, a data relevante, para efeitos do disposto no n.º 1, é a da verificação da incapacidade.

ARTIGO 13.º
Reversão

Sempre que as pensões concedidas nos termos deste diploma sejam usufruídas por mais de um beneficiário e algum deles perca o direito à sua quota-parte, deverá proceder-se ao ajustamento do quantitativo global da pensão e à sua redistribuição pelos restantes pensionistas, a qual igualmente terá lugar sempre que se verifique o aumento do número de beneficiários.

SECÇÃO IV
Cessação do direito à pensão

ARTIGO 14.º
Factos determinantes da cessação do direito à pensão

O direito a receber a pensão cessa:

a) Por renúncia do beneficiário;
b) Pela perda de qualquer dos requisitos condicionantes da atribuição daquele direito;
c) Pelo casamento ou vivência em situação análoga, relativamente aos cônjuges, divorciados, separados judicialmente de pessoas e bens e aos que se encontrem nas condições previstas no artigo 2020.º do Código Civil;
d) Pela morte do beneficiário.

ARTIGO 15.º
Abono da pensão no mês da cessação do direito

A pensão correspondente ao mês em curso na data em que se verificou o facto determinante da sua perda será abonada na totalidade ao beneficiário do direito extinto ou aos seus herdeiros.

CAPÍTULO III
Do processo para a concessão da pensão

SECÇÃO I
Da petição

ARTIGO 16.º
Requerimento

A concessão da pensão depende de requerimento do interessado ou de quem legalmente o represente, dirigido ao presidente do conselho de administração da Caixa Geral de Aposentações, no qual se indiquem a residência, nome, número, posto, cargo e unidade ou corporação a que pertencia o falecido.

Artigo 17.º
Requerimento conjunto

Os requerimentos são individuais, um por cada interessado, salvo nos casos seguintes:

a) O cônjuge sobrevivo, cônjuge separado judicialmente de pessoas e bens ou divorciado e aquele que estiver nas condições previstas no artigo 2020.º do Código Civil pedirá, no mesmo requerimento, a pensão para si e para os descendentes menores de 18 anos que se encontrem a seu cargo;
b) O tutor englobará no mesmo requerimento o pedido referente a todos os seus tutelados;
c) Os ascendentes podem formular os seus pedidos no mesmo requerimento.

Artigo 18.º
Documentos a apresentar

1 – Os interessados instruirão os seus requerimentos com as certidões, atestados e demais documentos que provem os factos demonstrativos do direito à pensão, entregando-os à autoridade administrativa ou militar da localidade onde residirem, a qual deles passará recibo, enviando-os imediatamente para o ministério competente.

2 – Os processos e documentos necessários para os instruir são gratuitos e isentos do imposto do selo.

3 – As autoridades militares e administrativas fornecerão aos interessados os documentos necessários para a instrução dos processos no prazo de 20 dias úteis.

Artigo 19.º
Verificação da incapacidade

1 – A incapacidade absoluta e permanente para o trabalho e a simples desvalorização da capacidade para o trabalho serão verificadas pela junta médica da Caixa Geral de Aposentações.

2 – Para os fins previstos no número anterior, é aplicável, com as necessárias adaptações, o regime estabelecido nos artigos 90.º, 91.º e 95.º do Decreto-Lei n.º 498/72, de 9 de Dezembro.

3 – Correm por conta do Estado todos os encargos relativos à obtenção de meios auxiliares de diagnóstico ou de parecer de médico especialista que a junta médica considere necessários.

ARTIGO 20.º

Elementos a apresentar em caso de falecimento

No caso de a pessoa cuja morte motivou a pensão ter falecido na qualidade de licenciado, na reserva ou com baixa de serviço por incapacidade física, devem os requerentes da pensão apresentar certidão de teor de óbito daquele e atestado passado pelo médico ou médicos que trataram o falecido, do qual conste a doença de que foi tratado e aquela que o vitimou.

SECÇÃO II

Trâmites processuais

ARTIGO 21.º

Instrução dos processos

1 – Recebida a petição e demais documentos no estado-maior respectivo, será aí organizado o processo e remetido seguidamente, com indicação das remunerações do falecido, devidamente discriminadas, e das disposições legais permissivas do seu abono, à Caixa Geral de Aposentações.

2 – Sempre que se trate de pensão requerida por falecimento ou por desaparecimento de indivíduos abrangidos pelas alíneas a) e b) do n.º 1 e pelo n.º 2 do artigo 2.º, os respectivos processos deverão incluir obrigatoriamente um auto de averiguações sobre a ocorrência, cuja instrução se regulará pelas normas militares.

3 – O auto referido no número anterior será submetido a despacho do Ministro da Defesa Nacional para, em primeira instância, decidir se o acidente, doença ou desaparecimento ocorreu em alguma das condições previstas nas alíneas a) ou b) do n.º 1 ou no n.º 2 do artigo 2.º, ouvidos, quando a morte seja atribuída a doença adquirida ou agravada em ocasião de serviço e em consequência do mesmo, os serviços de saúde para determinação da sua causa.

4 – Nos casos de dúvida, poderá o Ministro da Defesa Nacional mandar completar a matéria dos autos ou determinar quaisquer outras diligências julgadas necessárias ao apuramento da causa da morte ou das circunstâncias em que ocorreu o desaparecimento.

5 – Quando a vítima não pertencer às Forças Armadas ou o acidente não ocorrer ao serviço destas ou em colaboração com estas, as referências feitas nos números anteriores a estado-maior, Ministro da Defesa Nacional e serviços de saúde consideram-se feitas em relação ao ministério e ministro competentes, em função do seu vínculo funcional, e delegado de saúde, respectivamente.

6 – Nos casos referidos no número anterior em que a vítima não possua vínculo funcional ao Estado, as referências aí feitas ao ministério e ministro competentes consideram-se feitas em relação ao Ministério e ao Ministro das Finanças.

ARTIGO 22.º

Resolução final

1 – Recebido o processo e concluída a sua instrução, a Caixa Geral de Aposentações, se julgar verificadas as condições necessárias, proferirá resolução final sobre o direito à pensão e sobre o montante desta.

2 – A resolução final referida no número anterior só será proferida depois de ouvida a junta médica da Caixa Geral de Aposentações sobre a causa determinante da morte ou da incapacidade e sobre a sua conexão com o facto que origina o direito à pensão.

3 – Em caso de divergência entre os serviços de saúde militares, ou o delegado de saúde, e a junta médica da Caixa Geral de Aposentações sobre a causa determinante da morte ou da incapacidade e sobre a sua conexão com o facto que origina o direito à pensão, haverá lugar a uma nova junta médica de revisão, nos termos dos n.ºs 4 e 5 do artigo 119.º do Estatuto da Aposentação, ou a uma junta médica de revisão, nos termos do artigo 95.º do mesmo diploma, consoante se trate de militar ou civil.

ARTIGO 23.º

Recurso

Das resoluções finais da Caixa Geral de Aposentações caberá recurso contencioso nos termos gerais de direito.

SECÇÃO III
Especialidades do processo por serviços excepcionais e relevantes

ARTIGO 24.º
Iniciativa para a concessão da pensão

O processo para a concessão da pensão por serviços excepcionais e relevantes prestados ao País é organizado, com base em requerimento do interessado ou em ordem do Governo, no ministério de que dependa ou dependia a pessoa a que respeitarem os feitos ou actos justificativos daquela.

ARTIGO 25.º
Competência para a concessão da pensão

A concessão da pensão prevista no número anterior é efectuada por despacho conjunto do Primeiro-Ministro e do Ministro das Finanças, precedido de parecer favorável da Procuradoria-Geral da República.

ARTIGO 26.º
Pagamento da pensão

1 – Nos casos em que os factos que lhe dão origem sejam anteriores à entrada em vigor do presente diploma, a pensão por serviços excepcionais e relevantes é devida desde a data do despacho conjunto previsto no artigo anterior.

2 – Nos demais casos, a pensão é devida a partir do início do mês seguinte ao do requerimento ou da ordem do Governo a que se refere o artigo 24.º.

SECÇÃO IV
Da execução da decisão

ARTIGO 27.º
Dispensa de formalidades

Concedida a pensão, a Caixa Geral de Aposentações procederá ao seu abono sem precedência de quaisquer formalidades.

ARTIGO 28.º
Cartão de pensionista

Ao pensionista será entregue um cartão, emitido pela Caixa Geral de Aposentações, que o identifica como titular da pensão.

ARTIGO 29.º
Pagamento da pensão no estrangeiro

O pagamento das pensões devidas aos pensionistas que residem no estrangeiro será efectuado nos mesmos termos em que o forem as demais pensões pagas pela Caixa Geral de Aposentações.

ARTIGO 30.º
Prova de rendimentos

1 – Os beneficiários das pensões a que se refere o n.º 2 do artigo 12.º entregarão na Caixa Geral de Aposentações, até ao dia 31 de Maio de cada ano, a declaração do imposto sobre o rendimento das pessoas singulares relativa ao ano transacto ou documento que a substitua, emitido pela repartição de finanças competente, comprovativo de todos os rendimentos ou proventos de qualquer natureza.

2 – O não cumprimento do que se prescreve no número anterior determina a imediata suspensão do pagamento da pensão, que só voltará a ser devida a partir do dia 1 do mês seguinte ao da entrega dos documentos nele referidos.

3 – O recebimento de pensões em violação do disposto nos n.ºs 2 e 3 do artigo 12.º implica a obrigatoriedade de reposição das quantias indevidamente recebidas, as quais poderão ser deduzidas no quantitativo das pensões a abonar pela Caixa Geral de Aposentações.

CAPÍTULO IV
Disposições finais e transitórias

ARTIGO 31.º
Habilitação ao pagamento de pensões vencidas em caso de falecimento do pensionista

Os herdeiros do pensionista, no caso de falecimento deste, poderão requerer o pagamento das pensões em dívida mediante processo de habilitação.

ARTIGO 32.º
Regime de acumulação das pensões cujo direito foi anteriormente reconhecido

O disposto no artigo 11.º é aplicável, com efeitos a partir da data de entrada em vigor do presente diploma, às pensões cujo direito foi anteriormente reconhecido.

ARTIGO 33.º
Não redução das pensões anteriormente fixadas

Os quantitativos das pensões que estiverem a ser abonadas não sofrerão qualquer redução por força da entrada em vigor do presente diploma, mantendo-se inalterados até que da sua aplicação resultem quantitativos superiores.

ARTIGO 34.º
Revogação

É revogado o Decreto-Lei n.º 404/82, de 24 de Setembro.

ARTIGO 35.º
Entrada em vigor

O presente diploma entra em vigor no dia 1 do 2.º mês seguinte ao da sua publicação.

Visto e aprovado em Conselho de Ministros de 26 de Agosto de 1999. – *António Manuel de Oliveira Guterres – António Luciano Pacheco de Sousa Franco.*

Promulgado em 15 de Outubro de 1999.

Publique-se.

O Presidente da República, JORGE SAMPAIO.

Referendado em 21 de Outubro de 1999.

O Primeiro-Ministro, *António Manuel de Oliveira Guterres.*

DECRETO-LEI N.º 50/2000, DE 7 DE ABRIL

CRIA A REDE NACIONAL DE APOIO AOS MILITARES E EX-MILITARES PORTADORES DE PERTURBAÇÃO PSICOLÓGICA

A Lei n.º 46/99, de 16 de Junho, vem instituir o regime de apoio às vítimas de stress pós-traumático de guerra, materializando o reconhecimento que a Nação confere aos que, no cumprimento dos seus deveres militares, foram expostos a situações causadoras de trauma psicológico, que se reflectem em sofrimento generalizado e que em determinados casos evolui para a cronicidade.

A referida lei possibilita que os portadores de perturbação psicológica crónica resultante da exposição a factores traumáticos de stress durante a vida militar vejam o seu caso avaliado por uma junta de saúde militar e que, em consequência da gravidade da sua situação clínica, venham a receber o tratamento necessário e, eventualmente, a ser considerados deficientes das Forças Armadas.

A referida lei confere ainda uma protecção através da organização de uma rede nacional de apoio aos militares e ex-militares que padeçam dessa mesma perturbação crónica em consequência da exposição a factores traumáticos de stress durante a vida militar. Torna-se, por isso, necessário, regulamentar a Lei n.º 46/99, de 16 de Junho.

Foram ouvidas a Associação de Deficientes das Forças Armadas e a Associação de Apoio aos Ex-Combatentes Vítimas do Stress de Guerra e Apoiar Portuguesa dos Veteranos de Guerra.

Assim:

No desenvolvimento do regime jurídico estabelecido pela Lei n.º 46/99, de 16 de Junho, e nos termos da alínea c) do n.º 1 do artigo 198.º da Constituição, o Governo decreta, para valer como lei geral da República, o seguinte:

ARTIGO 1.º
Objecto

É criada a rede nacional de apoio aos militares e ex-militares portugueses portadores de perturbação psicológica crónica resultante da exposição a factores traumáticos de stress durante a vida militar, instituída pela Lei n.º 46/99, de 16 de Junho.

ARTIGO 2.º
Atribuições da rede

São objectivos da rede a informação, identificação e encaminhamento dos casos e a necessária prestação de serviços de apoio médico, psicológico e social, em articulação com o Serviço Nacional de Saúde.

ARTIGO 3.º
Organização

1 – Compõem a rede nacional de apoio as instituições e os serviços integrados no Serviço Nacional de Saúde e no Sistema de Saúde Militar e, em articulação com os serviços públicos, as organizações não governamentais.

2 – A cooperação entre os serviços públicos que integram a rede nacional de apoio é definida por despacho conjunto dos membros do Governo que detenham a respectiva tutela.

3 – Para a prossecução dos objectivos previstos no artigo 2.º, a articulação dos serviços públicos referidos no n.º 1 com as organizações não governamentais efectua-se através da celebração de protocolos, nos quais são estabelecidos os compromissos das partes.

4 – Quando os serviços que integram a rede nacional de apoio não disponham de uma consulta especializada, com carácter multidisciplinar que integre técnicos com formação em saúde mental, os militares e ex-militares têm acesso preferencial a outros serviços que dela disponham.

ARTIGO 4.º
Informação, identificação e encaminhamento

1 – A informação, a identificação e o encaminhamento são facultados pelas instituições e serviços integrados no Serviço Nacional de Saúde e pelas organizações não governamentais.

2 – Aos militares e ex-militares que sejam beneficiários do subsistema de assistência na doença dos militares (ADM) estes serviços são também facultados pelas instituições e unidades de saúde militares.

3 – Após a análise dos casos, estes são encaminhados no prazo de 30 dias para a junta de saúde competente do ramo das Forças Armadas onde o militar ou ex-militar presta ou prestou serviço militar, acompanhados de relatório médico circunstanciado.

4 – Sem prejuízo da tramitação do processo nas Forças Armadas, as instituições e unidades referidas nos n.ºs 1 e 2 facultam os serviços de apoio médico, psicológico e social ao militar ou ex-militar, quando do relatório médico referido no número anterior conste parecer nesse sentido.

ARTIGO 5.º

Junta de saúde militar

1 – A junta de saúde militar integra um médico especializado em saúde mental.

2 – Após a recepção do relatório médico referido no n.º 3 do artigo anterior, a junta de saúde militar recolhe a informação pertinente para o diagnóstico, julga da aptidão para o serviço ou da diminuição permanente da capacidade geral de ganho, exprimindo-a em percentagem de incapacidade, e pronuncia-se sobre o nexo de causalidade referido no artigo 1.º.

3 – Se o teor da deliberação da junta de saúde militar viabilizar o reconhecimento do direito a uma pensão, o processo segue os trâmites legais, nos termos do Decreto-Lei n.º 43/76, de 20 de Janeiro, ou do Decreto-Lei n.º 498/72, de 9 de Dezembro, nomeadamente a sujeição a exame da junta médica da Caixa Geral de Aposentações, nos termos gerais, consoante se perspective ou não a qualificação do militar ou ex-militar como deficiente das Forças Armadas.

ARTIGO 6.º

Apoio médico, psicológico e social

1 – Proferida a deliberação nos termos referidos no n.º 2 do artigo anterior, é conferido ao militar ou ex-militar o direito de acesso aos serviços de apoio médico, psicológico e social prestados por qualquer das instituições e serviços que integram a rede nacional de apoio.

2 – Para os efeitos referidos no número anterior é atribuído um cartão de identificação de utente da rede nacional de apoio, cujo modelo é aprovado por despacho conjunto dos Ministros da Defesa Nacional e da Saúde e contém o nome e número do utente.

ARTIGO 7.º

Coordenação da rede nacional de apoio

A coordenação da rede nacional de apoio é da responsabilidade de uma comissão nacional de acompanhamento, cuja composição e atribuições são fixadas por despacho conjunto dos Ministros da Defesa Nacional e da Saúde.

ARTIGO 8.º

Financiamento da rede nacional de apoio

O financiamento da rede nacional de apoio é da responsabilidade do Estado, através dos Ministérios da Defesa Nacional e da Saúde, nos termos de portaria conjunta assinada pelos respectivos Ministros e pelo Ministro das Finanças.

Visto e aprovado em Conselho de Ministros de 27 de Janeiro de 2000. – *António Manuel de Oliveira Guterres – Júlio de Lemos de Castro Caldas – Joaquim Augusto Nunes Pina Moura – Eduardo Luís Barreto Ferro Rodrigues – Maria Manuela de Brito Arcanjo Marques da Costa.*

Promulgado em 16 de Março de 2000.

Publique-se.

O Presidente da República, JORGE SAMPAIO.

Referendado em 30 de Março de 2000.

O Primeiro-Ministro, *António Manuel de Oliveira Guterres.*

DECRETO-LEI N.º 161/2001, DE 22 DE MAIO

PENSÃO AOS EX-PRISIONEIROS DE GUERRA

A Lei n.º 34/98, de 18 de Julho, veio estabelecer um regime excepcional de apoio aos cidadãos portugueses feitos prisioneiros de guerra nas ex-colónias, designadamente concedendo-lhes uma pensão pecuniária mensal, a título de reparação e de reconhecimento público, «desde que haja uma situação de carência económica que o justifique» (parte final do n.º 2 do artigo 1.º da citada lei).

Por força da remissão do artigo 2.º desta mesma lei, à atribuição de tal pensão aplicavam-se as regras do regime geral das pensões por serviços excepcionais e relevantes prestados ao País então em vigor – o Decreto-Lei n.º 404/82, de 24 de Setembro –, que foi para o efeito alterado, sendo aditada ao artigo 3.º, n.º 1, uma nova alínea, prevendo «a situação de cidadão português feito prisioneiro ou capturado em combate no decurso da guerra nas ex-colónias».

Ora, de acordo com o artigo 9.º do Decreto-Lei n.º 404/82, na redacção que lhe foi dada pelo Decreto-Lei n.º 266/88, de 28 de Julho, a pensão por serviços excepcionais e relevantes tinha a natureza de pensão de alimentos, assim se percebendo a remissão operada pela Lei n.º 34/98 para tal regime, uma vez que não só a letra como o espírito deste diploma apontam para a concessão de apoio apenas aos ex-prisioneiros de guerra que se encontrem numa situação de carência económica.

Na verdade, só relativamente a estes se justifica, de acordo com um princípio de solidariedade, que o Estado suporte o custo da atribuição de tais pensões.

A mesma Lei n.º 34/98 estabelecia, no seu artigo 5.º, a obrigação para o Governo de regulamentar, no prazo de 90 dias, as condições de atribuição da pensão então criada.

Acontece, porém, que se levantaram dúvidas relativamente ao âmbito de aplicação da mencionada lei, cuja epígrafe refere apenas os ex-prisioneiros de guerra em África mas cujo articulado menciona, sem distinção, a guerra nas ex-colónias.

Entretanto, o Decreto-Lei n.º 404/82 foi revogado pelo Decreto-Lei n.º 466/99, de 6 de Novembro, que estabeleceu um novo regime geral para as pensões por serviços excepcionais e relevantes prestados ao País, nele incluindo a de ex-prisioneiro de guerra, em termos que suscitaram dúvidas.

Tal quadro levou mesmo a que fosse equacionada a utilidade da adopção de uma clarificação por via de lei dos contornos do regime excepcional instituído pela Lei n.º 34/98 (cf. projecto de lei n.º 250/VIII).

O novo regime específico que o Governo ora pretende consagrar, no desenvolvimento da intervenção que a Assembleia da República teve na matéria e em que foram fixados os princípios gerais, visa colmatar todas as dúvidas: trata-se de compensar aqueles que, ao serviço da Pátria, se viram privados da liberdade e que se encontram, hoje, confrontados com dificuldades económicas.

Uma das preocupações centrais do diploma consiste em fixar uma tramitação própria para os processos de atribuição de tal pensão assente em dois pressupostos básicos e objectivos: por um lado, exige-se a prova de que o interessado esteve efectivamente prisioneiro; por outro, a demonstração de que o requerente se encontra em situação de carência económica.

Entendeu-se, ainda, que seria de excluir a atribuição da pensão quando o ex-prisioneiro de guerra ou os demais beneficiários tenham sido condenados pela prática de certos crimes dolosos, sujeitos a sanções disciplinares graves ou assumido condutas cívicas ou morais gravemente reprováveis.

Diferentemente do que acontece no regime geral das pensões por serviços excepcionais e relevantes, considerou-se não ser de exigir a prova do exemplar comportamento moral e cívico, imposta pelo Decreto-Lei n.º 466/99, substituindo-a por uma declaração sob compromisso de honra de que o beneficiário não se encontra em nenhuma das situações que determinam a exclusão do direito à pensão. Em todo o caso, tal direito será afastado sempre que existam provas inequívocas de comportamento moral ou cívico gravemente censurável. Em consequência, a instrução e decisão destes processos será mais simples e célere.

Assim:

No desenvolvimento do regime jurídico estabelecido pela Lei n.º 34/98, de 18 de Julho, e nos termos da alínea c) do n.º 1 do artigo 198.º da Constituição, o Governo decreta, para valer como lei geral da República, o seguinte:

CAPÍTULO I

Âmbito

ARTIGO 1.º

Pensão de ex-prisioneiro de guerra

O presente diploma regulamenta as condições de atribuição da pensão de ex-prisioneiro de guerra, conferida pela Lei n.º 34/98, de 18 de Julho, a título de reparação e de reconhecimento público.

ARTIGO 2.º (*)

Factos originários do direito à pensão

A pensão pode ser atribuída a cidadãos portugueses que tenham sido feitos prisioneiros ou capturados em combate no decurso da guerra nas ex-colónias.

(*) *Redacção do art. 2.º do DL n.º 170/2004, de 16/07.*

CAPÍTULO II

Do direito à pensão

SECÇÃO I

Dos titulares do direito à pensão

ARTIGO 3.º

Beneficiários

1 – A pensão de ex-prisioneiro de guerra é concedida ao próprio ou, tendo este falecido, sucessivamente e por ordem de preferência, às pessoas que se encontrem em alguma das situações referidas nas alíneas seguintes, desde que estivessem a seu cargo à data do óbito:

a) Cônjuge sobrevivo, não separado judicialmente de pessoas e bens, desde que estivesse a viver em comunhão de mesa e habitação com o falecido à data do óbito e não seja casado nem se encontre a viver em situações análogas às dos cônjuges, e descendentes que reúnam os requisitos previstos no n.º 2 do presente artigo;
b) Aquele que estiver nas condições previstas no artigo 2020.º do Código Civil, após sentença judicial que lhe fixe o direito a alimen-

tos e enquanto se mantiver tal direito, e descendentes que reúnam os requisitos previstos no n.º 2 do presente artigo;

c) Ex-cônjuge ou cônjuge separado judicialmente de pessoas e bens, desde que tivessem direito a receber do falecido, à data do óbito, pensão de alimentos fixada ou homologada judicialmente e não sejam casados nem se encontrem a viver em situações análogas às dos cônjuges;

d) Pessoa que tenha criado ou sustentado o ex-prisioneiro de guerra desde que tenha mais de 65 anos ou, sendo de idade inferior, sofra de incapacidade absoluta e permanente para o trabalho;

e) Ascendentes de qualquer grau, desde que reúnam os requisitos previstos na alínea anterior;

f) Irmãos, desde que reúnam os requisitos exigidos para os descendentes e sejam órfãos de pai e mãe à data do falecimento do ex-prisioneiro.

2 – Apenas têm direito à pensão os descendentes com menos de 18 anos, ou menos de 21 e matriculados e a frequentar curso de nível secundário ou equiparado, ou menos de 25 e matriculados e a frequentar curso superior ou equiparado, ou, independentemente da idade, que sofram de incapacidade absoluta e permanente para o trabalho.

3 – Existindo vários beneficiários, a pensão será dividida em partes iguais por todos, não podendo, todavia, o cônjuge ou aquele que estiver nas condições previstas no artigo 2020.º do Código Civil receber menos de metade da mesma.

4 – Verificando-se a perda do direito à pensão por parte de um dos beneficiários, a sua parte acresce à dos outros em partes iguais.

5 – Se a pensão tiver sido concedida em vida ao ex-prisioneiro de guerra, transmite-se, após a sua morte, às pessoas referidas no n.º 1, respeitando-se a ordem de preferência aí estabelecida.

Secção II
Cálculo e quantitativo da pensão

Artigo 4.º (*)
Valor da pensão

O quantitativo da pensão é igual a € 100 por mês, actualizável anualmente em percentagem idêntica à das pensões de aposentação a cargo da Caixa Geral de Aposentações.

(*) *Redacção do art. 2.º do DL n.º 170/2004, de 16/07.*

ARTIGO 5.º
Quantitativo da pensão

1 – O quantitativo da pensão a conceder aos beneficiários não sofrerá qualquer redução quando dos actos que lhe dão origem tenha resultado o falecimento ou a incapacidade absoluta e permanente do seu autor para o trabalho.

2 – Nos demais casos, sempre que os rendimentos ou proventos de qualquer natureza do agregado familiar do ou dos beneficiários da pensão sejam superiores ao limite estabelecido no n.º 3 do artigo anterior, a parte que exceder esse limite será deduzida ao quantitativo da pensão.

ARTIGO 6.º
Acumulações

A pensão de ex-prisioneiro de guerra não é cumulável com qualquer outra pensão atribuída pela prática dos mesmos actos ou em virtude das suas consequências.

SECÇÃO III
Exclusão, suspensão e cessação do direito à pensão

ARTIGO 7.º
Causas de exclusão do direito à pensão

1 – A pensão não pode ser atribuída quando o ex-prisioneiro:

a) Tenha sido condenado pela prática de crime doloso a que corresponda pena de prisão igual ou superior a um ano;
b) Tenha sido sujeito a sanções disciplinares graves;
c) Seja abrangido pelas disposições da Lei n.º 8/75, de 25 de Julho, com as alterações introduzidas pela Lei n.º 16/75, de 23 de Dezembro, e pela Lei n.º 18/75, de 26 de Dezembro.

2 – Para os efeitos da alínea b) do número anterior, consideram-se sanções disciplinares graves:

a) Aposentação compulsiva e demissão;
b) Prisão disciplinar agravada, reserva compulsiva, reforma compulsiva e separação de serviço.

3 – A pensão não será igualmente atribuída aos demais beneficiários que sejam abrangidos por algumas das alíneas do n.º 1.

4 – A indignidade ou a deserdação das pessoas mencionadas no n.º 1 do artigo 3.º, relativamente ao ex-prisioneiro de guerra, determina a impossibilidade de beneficiar do direito a esta pensão.

5 – Nos casos previstos nos n.ºs 3 e 4 observar-se-á o disposto no n.º 4 do artigo 3.º.

ARTIGO 8.º

Suspensão do direito à pensão

A aplicação de qualquer pena criminal ou disciplinar ao beneficiário da pensão determina a suspensão do abono da mesma enquanto durar o cumprimento da pena.

ARTIGO 9.º

Cessação do direito à pensão

O direito a receber a pensão cessa:

a) Por renúncia do beneficiário;
b) Pela perda de qualquer dos requisitos condicionantes da atribuição daquele direito;
c) Pelo casamento ou vivência em situação análoga relativamente ao cônjuge sobrevivo ou à pessoa prevista no artigo 2020.º do Código Civil;
d) Pela morte do beneficiário;
e) Pela verificação de qualquer das situações previstas no artigo 7.º.

ARTIGO 10.º

Abono da pensão no mês da cessação do direito

A pensão correspondente ao mês em curso na data em que se verificou o facto determinante da sua perda será abonada na totalidade ao ex-prisioneiro ou, em caso de morte deste, àqueles que teriam direito à respectiva transmissão.

Capítulo III

Do processo para a concessão da pensão

Artigo 11.º

Requerimento

1 – O processo conducente à atribuição da pensão inicia-se por requerimento do interessado ou de quem legalmente o represente, dirigido ao membro do Governo de que dependa ou dependia a pessoa a que respeitarem os factos justificativos da pensão e do qual conste:

a) Identificação completa (nome, data de nascimento, estado civil, filiação, naturalidade, nacionalidade e número e data do bilhete de identidade e arquivo que o emitiu);

b) Morada e telefone;

c) Menção do tempo e demais circunstâncias da detenção.

2 – O requerimento previsto no número anterior deve ser instruído com os seguintes documentos:

a) Documento comprovativo da situação de carência económica (declaração do imposto sobre o rendimento de pessoas singulares relativa ao ano anterior ou certidão emitida pelos serviços de finanças periféricos do domicílio fiscal do interessado comprovativa de que, nesse ano, não foram declarados rendimentos);

b) Certificado do registo criminal do ex-prisioneiro, e ainda, no caso de falecimento deste, dos demais beneficiários;

c) Folha de matrícula ou documento equivalente do ex-prisioneiro de guerra;

d) Declaração, sob compromisso de honra, de que o beneficiário não se encontra abrangido por nenhuma das situações previstas no artigo 7.º do presente diploma;

e) Prova de quaisquer outras circunstâncias alegadas, determinantes do direito à pensão.

Artigo 12.º

Requerimentos conjuntos

Deverá ser apresentado apenas um requerimento quando:

a) O cônjuge sobrevivo ou aquele que estiver nas condições previstas no artigo 2020.º do Código Civil pedir a pensão para si e para os descendentes menores de 18 anos que se encontrem a seu cargo;

b) O tutor requerer a pensão relativamente a vários pupilos.

ARTIGO 13.º
Instrução

1 – O processo é instruído pelo ministério de que o ex-prisioneiro de guerra dependia à data da captura.

2 – Quando a entidade prevista no número anterior for o Ministério da Defesa Nacional, a instrução corre pelo respectivo ramo das Forças Armadas.

3 – Caso o ex-prisioneiro de guerra não dependesse de qualquer ministério no momento da detenção, o processo é instruído pelo Ministério das Finanças.

ARTIGO 14.º
Decisão

1 – A pensão de ex-prisioneiro de guerra é concedida por despacho conjunto do Ministro das Finanças e do membro do Governo de que o interessado dependia ao tempo da captura.

2 – Caso existam fundadas dúvidas na atribuição da pensão, pode o membro do Governo competente para a instrução do processo solicitar parecer à Procuradoria-Geral da República.

CAPÍTULO IV
Da execução da decisão

ARTIGO 15.º
Pagamento

Concedida a pensão, a Caixa Geral de Aposentações procede ao seu abono, a partir do 1.º dia do mês seguinte à data da assinatura do despacho conjunto previsto no artigo anterior, sem precedência de quaisquer formalidades.

ARTIGO 16.º
Cartão de pensionista

Ao pensionista é concedido um cartão, emitido pela Caixa Geral de Aposentações, que o identifica como titular da pensão.

ARTIGO 17.º
Pensionistas residentes no estrangeiro

O pagamento das pensões devidas aos pensionistas residentes no estrangeiro é efectuado nos mesmos termos em que o forem as demais pensões pagas pela Caixa Geral de Aposentações.

ARTIGO 18.º
Prova do rendimento

1 – Os beneficiários das pensões devem entregar na Caixa Geral de Aposentações, até ao dia 31 de Maio de cada ano, a declaração do imposto sobre o rendimento de pessoas singulares relativa ao ano anterior ou certidão emitida pelos serviços de finanças periféricos do domicílio fiscal do interessado comprovativa de que, nesse ano, não foram declarados rendimentos.

2 – O não cumprimento do disposto no número anterior determina a imediata suspensão do pagamento da pensão, que apenas voltará a ser devida a partir do dia 1 do mês seguinte ao da entrega dos documentos nele referidos.

3 – O recebimento de pensões em violação do disposto no n.º 1 implica a obrigatoriedade de reposição das quantias indevidamente recebidas, as quais serão deduzidas no quantitativo das pensões a abonar posteriormente, se às mesmas houver lugar.

CAPÍTULO V
Disposições finais e transitórias

ARTIGO 19.º
Norma revogatória

É revogada a alínea c) do n.º 1 e o n.º 3 do artigo 4.º do Decreto-Lei n.º 466/99, de 6 de Novembro.

ARTIGO 20.º
Aplicação no tempo

1 – O presente diploma aplica-se aos processos iniciados ao abrigo da Lei n.º 34/98, de 18 de Julho, e do Decreto-Lei n.º 466/99, de 6 de Novembro.

2 – Caso se verifique a necessidade de juntar aos processos pendentes alguns dos documentos previstos no presente diploma, deve o órgão instrutor notificar os interessados para que procedam a tal junção.

3 – Nos casos previstos neste artigo, a atribuição da pensão de ex-prisioneiro de guerra produz efeitos a partir do 1.º dia do mês seguinte ao da entrega do requerimento solicitando a concessão da pensão nos termos do Decreto-Lei n.º 466/99.

ARTIGO 21.º

Entrada em vigor

O presente diploma entra em vigor no dia seguinte ao da sua publicação.

Visto e aprovado em Conselho de Ministros de 30 de Março de 2001. – *Jaime José Matos da Gama – Júlio de Lemos de Castro Caldas – Henrique Nuno Pires Severiano Teixeira – Joaquim Augusto Nunes Pina Moura – António Luís Santos Costa – Alberto de Sousa Martins.*

Promulgado em 8 de Maio de 2001.

Publique-se.

O Presidente da República, JORGE SAMPAIO.

Referendado em 10 de Maio de 2001.

O Primeiro-Ministro, *António Manuel de Oliveira Guterres.*

DECRETO-LEI N.º 170/2004, DE 16 DE JULHO

ALTERA OS D.L. N.OS 34/98, DE 18/07 E 161/2001, DE 22/07

A Lei n.º 34/98, de 18 de Julho, regulamentada pelo Decreto-Lei n.º 161/2001, de 22 de Maio, veio estabelecer um regime excepcional de apoio aos ex-prisioneiros de guerra.

Esse regime previa a atribuição de uma pensão, sendo que dela apenas podiam beneficiar os ex-prisioneiros de guerra em situação de carência económica.

Esta solução foi objecto de grande controvérsia na anterior legislatura, motivando mesmo uma apreciação parlamentar ao Decreto-Lei n.º 161/2001, de 22 de Maio, sendo certo que se verificou uma vontade unânime em proceder à reparação e reconhecimento público dos ex-prisioneiros de guerra.

Entende-se que o valor dessa reparação e reconhecimento público deve resultar do facto, comum a todos os ex-prisioneiros de guerra, que foi a privação da liberdade individual em razão do cumprimento de um dever, e não de juízos actuais sobre a situação económica de cada um.

Este é, também, o sentir das associações representativas dos ex-prisioneiros de guerra.

Assim:

Nos termos da alínea a) do n.º 1 do artigo 198.º da Constituição, o Governo decreta o seguinte:

ARTIGO 1.º

Alteração à Lei n.º 34/98, de 18 de Julho

É alterado o artigo 1.º da Lei n.º 34/98, de 18 de Julho, que passa a ter a seguinte redacção:

«ARTIGO 1.º
[...]

1 – ....

2 – Podem ser beneficiários da pensão os cidadãos referidos no número anterior e, em caso de falecimento, os beneficiários referidos no artigo 3.º do Decreto-Lei n.º 161/2001, de 22 de Maio.»

ARTIGO 2.º
Alteração ao Decreto-Lei n.º 161/2001, de 22 de Maio

São alterados os artigos 2.º e 4.º do Decreto-Lei n.º 161/2001, de 22 de Maio, que passam a ter a seguinte redacção:

«ARTIGO 2.º
[...]

A pensão pode ser atribuída a cidadãos portugueses que tenham sido feitos prisioneiros ou capturados em combate no decurso da guerra nas ex-colónias.

ARTIGO 4.º
Valor da pensão

O quantitativo da pensão é igual a (euro) 100 por mês, actualizável anualmente em percentagem idêntica à das pensões de aposentação a cargo da Caixa Geral de
Aposentações.»

ARTIGO 3.º
Norma transitória

Aos requerentes cujos requerimentos tenham sido entregues até à data de entrada em vigor do presente diploma a pensão de ex-prisioneiro de guerra é devida desde 1 de Janeiro de 2004.

ARTIGO 4.º
Norma revogatória

São revogados os artigos 5.º, 11.º, n.º 2, alínea a), 18.º e 20.º, n.os 2 e 3, do Decreto-Lei n.º 161/2001, de 22 de Maio.

Visto e aprovado em Conselho de Ministros de 3 de Junho de 2004. – *José Manuel Durão Barroso* – *Maria Manuela Dias Ferreira Leite* – *Paulo Sacadura Cabral Portas.*

Promulgado em 6 de Julho de 2004.

Publique-se.

O Presidente da República, JORGE SAMPAIO.

Referendado em 8 de Julho de 2004.

O Primeiro-Ministro, *José Manuel Durão Barroso.*

FORÇAS DE SEGURANÇA

- **D.L. n.º 231/93, de 26/06:**
  – *Aprova a Lei Orgânica da G.N.R.*

- **D.L. n.º 265/93, de 31/07:**
  – *Estatuto dos Militares da G.N.R.*

- **Lei n.º 145/99, de 1/09:**
  – *Aprova o Regulamento de Disciplina da G.N.R.*

- **D.L. n.º 200/2001, de 13/07:**
  – *Aprova a Lei Orgânica da Polícia Judiciária Militar.*

- **Lei n.º 39/2004, de 18/08:**
  – *Direito de Associação Profissional dos Militares da GNR.*

DECRETO-LEI N.º 231/93, DE 26 DE JUNHO

APROVA A LEI ORGÂNICA DA GUARDA NACIONAL REPUBLICANA

A publicação da Lei de Segurança Interna e as alterações no âmbito do direito processual penal, entre outras disposições legislativas inovadoras, determinaram um posicionamento mais definido da Guarda Nacional Republicana no conjunto das forças militares e das forças e serviços de segurança, aconselhando a experiência entretanto colhida à substituição do Decreto-Lei n.º 333/83, de 14 de Julho, cujo contributo imprescindível se não despreza, por outro diploma mais elaborado que constitua um suporte jurídico adequado às funções de segurança e de fiscalização cometidas à Guarda Nacional Republicana.

A circunstância do novo enquadramento institucional da Guarda Fiscal, que se traduz na integração desta força de segurança na Guarda Nacional Republicana, vem implicar ainda em termos orgânicos a criação, simultaneamente com a extinção da Guarda Fiscal, de uma nova unidade na Guarda Nacional Republicana denominada Brigada Fiscal.

Tendo em atenção que, nos termos do referido decreto-lei, a missão e competências anteriormente atribuídas à Guarda Fiscal e seus órgãos são cometidas, com a necessária adaptação, à Guarda Nacional Republicana, torna-se necessária a publicação de uma nova Lei Orgânica da Guarda Nacional Republicana que defina claramente a sua missão, organização e características.

Assim:

Nos termos da alínea a) do n.º 1 do artigo 201.º da Constituição, o Governo decreta o seguinte:

Artigo 1.º – É aprovada a Lei Orgânica da Guarda Nacional Republicana, anexa ao presente diploma e do qual faz parte integrante.

Art. 2.º – É revogada a Lei Orgânica da Guarda Nacional Republicana, aprovada pelo Decreto-Lei n.º 333/83, de 14 de Julho, com as alterações previstas nos Decretos-Leis números 39/90, de 3 de Fevereiro, e 260/91, de 25 de Julho, sem prejuízo do disposto no artigo 99.º da Lei Orgânica anexa.

Visto e aprovado em Conselho de Ministros de 13 de Maio de 1993. – *Aníbal António Cavaco Silva – Joaquim Fernando Nogueira – Manuel Dias Loureiro – Jorge Braga de Macedo.*

Promulgado em 17 de Junho de 1993.
Publique-se.
O Presidente da República, MÁRIO SOARES.
Referendado em 18 de Junho de 1993.
O Primeiro-Ministro, *Aníbal António Cavaco Silva.*

LEI ORGÂNICA DA GUARDA NACIONAL REPUBLICANA

TÍTULO I
Disposições gerais

CAPÍTULO I
Natureza, atribuições e símbolos

ARTIGO 1.º
Definição

A Guarda Nacional Republicana, adiante designada por Guarda, é uma força de segurança constituída por militares organizados num corpo especial de tropas.

ARTIGO 2.º
Missão geral

A Guarda tem por missão geral:

a) Garantir, no âmbito da sua responsabilidade, a manutenção da ordem pública, assegurando o exercício dos direitos, liberdades e garantias;

b) Manter e restabelecer a segurança dos cidadãos e da propriedade pública, privada e cooperativa, prevenindo ou reprimindo os actos ilícitos contra eles cometidos;

c) Coadjuvar as autoridades judiciárias, realizando as acções que lhe são ordenadas como órgão de polícia criminal;

d) Velar pelo cumprimento das leis e disposições em geral, nomeadamente as relativas à viação terrestre e aos transportes rodoviários;

e) Combater as infracções fiscais, designadamente as previstas na lei aduaneira;

f) Colaborar no controlo da entrada e saída de cidadãos nacionais e estrangeiros no território nacional;

g) Auxiliar e proteger os cidadãos e defender e preservar os bens que se encontrem em situações de perigo, por causas provenientes da acção humana ou da natureza;

h) Colaborar na prestação de honras de Estado;

i) Colaborar na execução da política de defesa nacional.

ARTIGO 3.º
Isenção política

1 – A Guarda está ao serviço do povo português e os militares que a constituem são rigorosamente apartidários.

2 – O pessoal da Guarda não pode servir-se, por qualquer modo, da arma que lhe estiver distribuída, da qualidade que possui, do cargo que exerce ou da função que desempenha para actuações ou intervenções de natureza política ou com objectivos políticos.

ARTIGO 4.º
Órgãos de polícia criminal

1 – São considerados órgãos de polícia criminal, nos termos do Código de Processo Penal, todos os militares da Guarda a quem caiba levar a cabo quaisquer actos ordenados por uma autoridade judiciária ou determinados por aquele Código.

2 – As acções solicitadas e os actos de processo penal delegados pela autoridade judiciária são realizados pelos militares da Guarda para o efeito designados.

ARTIGO 5.º
Autoridade de polícia

1 – São consideradas autoridades de polícia:
a) O comandante-geral;
b) O 2.º comandante-geral;
c) O chefe do estado-maior do Comando-Geral;
d) Os comandantes de unidade;
e) Os comandantes de agrupamento, grupo, companhia ou equivalente;
f) Os comandantes de destacamento ou equivalente;

2 – No exercício das suas funções de segurança interna, compete às autoridades de polícia referidas no número anterior determinar a aplicação das medidas de polícia previstas no artigo 29.º.

ARTIGO 6.º
Autoridade de polícia criminal

1 – Entidades referidas no artigo anterior e os oficiais da Guarda são autoridades de polícia criminal nos termos previstos no Código de Processo Penal.

2 – No exercício da função que lhe cabe como órgão de polícia criminal, a Guarda actua sob o poder de direcção da autoridade judiciária, em conformidade com as normas do Código de Processo Penal.

ARTIGO 7.º
Autoridade de polícia fiscal

1 – À Guarda compete, através da Brigada Fiscal, como autoridade de polícia fiscal aduaneira, a fiscalização, controlo e acompanhamento de mercadorias sujeitas à acção aduaneira, em conformidade com as disposições insertas na legislação aduaneira e demais legislação aplicável.

2 – À Guarda compete, através da Brigada Fiscal e nos termos do Regime Jurídico das Infracções Fiscais Aduaneiras, a instrução de processos contra-ordenacionais e respectiva aplicação de coimas, bem como a realização de outras diligências solicitadas pelos magistrados judiciais e pelo Ministério Público.

ARTIGO 8.º
Limites de competência

1 – A Guarda não poderá intervir em assuntos de natureza exclusivamente civil, limitando-se a sua acção, ainda que requisitada, à manutenção da ordem e tranquilidade públicas.

2 – Quando, porém, se tratar da restituição de direitos em virtude de execução de sentença com trânsito em julgado ou para assegurar a manutenção da ordem em actos processuais, a Guarda actuará em conformidade com as instruções da autoridade competente.

ARTIGO 9.º
Dependência

1 – A Guarda depende:

a) Do Ministro da Administração Interna, relativamente ao recrutamento, administração, disciplina e execução do serviço decorrente da sua missão geral;

b) Do Ministro da Defesa Nacional, no que respeita à uniformização e normalização da doutrina militar, do armamento e do equipamento;

2 – Em caso de guerra ou em situação de crise, as forças da Guarda podem, nos termos da lei, ser colocadas na dependência operacional do Chefe do Estado-Maior General das Forças Armadas, através do seu comandante-geral.

ARTIGO 10.º
Alojamento e instalações

A administração central poderá estabelecer protocolos com as autarquias locais para a execução das responsabilidades de construção, aquisição ou beneficiação de instalações e edifícios para a Guarda Nacional Republicana sempre que as razões de oportunidade e conveniência o aconselhem.

ARTIGO 11.º (*)
Regime administrativo e financeiro

1 – A Guarda goza de autonomia administrativa e a sua gestão é exercida de acordo com os preceitos gerais da contabilidade pública.

2 – Constituem receitas da Guarda Nacional Republicana:

a) As dotações atribuídas pelo Orçamento do Estado;

b) O produto da venda de publicações e as quantias cobradas por actividades ou serviços prestados;

c) Os juros dos depósitos bancários;

d) As receitas próprias consignadas à Guarda;

e) Os saldos anuais das receitas consignadas, nos termos do decreto-lei orçamental;

f) Quaisquer outras receitas que lhe sejam atribuídas por lei, contrato ou a outro título.

3 – É regulada por legislação própria a intervenção dos diversos órgãos da Guarda na administração dos meios financeiros que lhes forem afectados.

(*) *Redacção do DL n.º 15/2002, de 29/01.*

ARTIGO 12.º
Estandarte Nacional

A Guarda e as suas unidades têm direito ao uso do Estandarte Nacional.

ARTIGO 13.º
Símbolos

1 – A Guarda tem direito a brasão de armas, bandeira heráldica, hino e selo branco.

2 – As unidades da Guarda têm direito a brasão de armas, selo branco e bandeiras heráldicas, que, nas suas subunidades, tomarão as formas de guião de mérito e flâmula.

3 – O comandante-geral tem direito ao uso de galhardete.

ARTIGO 14.º
Datas comemorativas

1 – O Dia da Guarda Nacional Republicana é o dia 3 de Maio, em evocação da lei que criou a actual instituição nacional, em 1911.

2 – É também, consagrado o dia 16 de Julho à padroeira da Guarda Nacional Republicana, Nossa Senhora do Carmo.

3 – As unidades da Guarda têm direito a um dia festivo para a consagração da respectiva memória histórica.

CAPÍTULO II

Relacionamento com entidades públicas e privadas

ARTIGO 15.º

Prestação de colaboração a entidades públicas e privadas

1 – Sem prejuízo do cumprimento das suas missões, a Guarda, no quadro legal das suas competências, pode prestar colaboração a entidades públicas ou privadas que lha solicitem, para garantir a segurança de pessoas e bens.

2 – Pode, igualmente, haver lugar a colaboração noutros serviços, mediante pedidos concretos que lhe sejam formulados, os quais são sujeitos a decisão caso a caso e de acordo com os encargos que tais serviços possam envolver.

ARTIGO 16.º

Requisição de forças

1 – Nas zonas que lhe são afectas, as autoridades judiciárias e administrativas podem requisitar à Guarda, através dos comandos locais, a actuação de forças para manter a ordem pública.

2 – As alfândegas, nas zonas que lhes são afectas, podem também requisitar à Guarda, através dos comandos locais, as forças necessárias para o cumprimento da missão fiscal-aduaneira ou para a protecção e segurança dos edifícios aduaneiros.

3 – As forças requisitadas nos termos dos números anteriores actuam unicamente no quadro das suas competências e por forma a cumprir a sua missão, mantendo total subordinação aos comandos de que dependem.

ARTIGO 17.º (*)

Processo de requisição

1 – As autoridades que necessitem de auxílio das forças da Guarda dirigem as respectivas requisições aos comandos de subunidade ou de unidade ou ao comando-geral, conforme o grau hierárquico da entidade requisitante e a área para onde o serviço é requisitado.

2 – As requisições são escritas e devem indicar a natureza do serviço a desempenhar, bem como as particularidades de que o mesmo se reveste, podendo, excepcionalmente e em casos urgentes, ser verbais ou telecomunicadas, sem prejuízo da sua obrigatória confirmação por escrito.

3 – As autoridades requisitantes são responsáveis pela legitimidade dos serviços que requisitarem nos termos do presente artigo, mas a adopção das medidas e a utilização dos meios são da exclusiva responsabilidade da Guarda.

4 – As requisições efectuadas ao abrigo do disposto no presente artigo devem ser acompanhadas de uma cópia da acta ou despacho administrativo que as determinou.

5 – É reconhecido à Guarda o direito de recusar, mediante despacho fundamentado, a satisfação de requisições ou pedidos que não caibam no âmbito legal da sua missão ou não emanem de autoridades legalmente competentes para o efeito.

6 – As decisões tomadas pelos comandos locais devem ser comunicadas de imediato ao escalão superior.

(*) *Os n.os 4, 5 e 6 têm a redacção que lhes foi dada pelo DL n.º 298/94, de 24/11.*

ARTIGO 17.º-A (*)

Prestação de serviços especiais

1 – A Guarda pode manter pessoal militar em organismos de interesse público, em condições definidas por portaria do Ministro da Administração Interna, sendo da responsabilidade dos referidos organismos o pagamento da remuneração base, prestações sociais, subsídio de refeição e suplemento de forças de segurança.

2 – Poderá ser nomeado em comissão de serviço, até ao limite de três anos, prorrogável, por despacho conjunto dos Ministros da Administração Interna e dos Negócios Estrangeiros, pessoal militar da Guarda para organismos internacionais ou países estrangeiros, em função dos interesses nacionais e dos compromissos assumidos no âmbito da cooperação internacional, nos termos legalmente estabelecidos.

3 – A articulação funcional decorrente da colocação referida no número anterior é objecto de despacho conjunto dos Ministros da Administração Interna e dos Negócios Estrangeiros.

4 – O pessoal referido no n.º 1 cumpre, para efeitos de ordem pública, as directivas do comando com jurisdição na respectiva área.

5 – Os serviços especiais prestados mediante requisição de particulares, precedendo designação do comandante-geral, são remunerados pelos respectivos requisitantes nos termos que forem regulamentados.

(*) *Aditado pelo DL n.º 298/94, de 24/11.*

ARTIGO 17.º-B (*)

Prestação de serviços a outras entidades

1 – Sem prejuízo da missão que constitucionalmente lhe está confiada e do seu dever de coadjuvação dos tribunais, a Guarda pode destacar pessoal militar para a realização das actividades de comunicação dos actos processuais previstos no Código de Processo Penal.

2 – A Guarda pode ainda destacar pessoal militar para prestar serviço a órgãos e entidades da administração central, regional e local.

3 – A prestação e o pagamento das acções previstas nos números anteriores serão objecto de portaria conjunta dos Ministros da Administração Interna, da Justiça e das Finanças.

(*) *Aditado pelo DL n.º 298/94, de 24/11.*

ARTIGO 18.º

Relacionamento com as Forças Armadas

1 – A Guarda colabora com as Forças Armadas em missões que por estas lhe sejam solicitadas, recebendo das mesmas a cooperação necessária, para a qual podem ser estabelecidos, quando conveniente, protocolos que a regulem.

2 – A cooperação referida no número anterior traduz-se, designadamente, na cedência de pessoal e na frequência de institutos, escolas ou unidades dos ramos das Forças Armadas para a formação dos quadros da Guarda ou de cursos de especialização.

ARTIGO 19.º

Relacionamento com autoridades civis, judiciárias e aduaneiras

1 – As ordens relativas ao serviço da Guarda são dadas pelo Ministro da Administração Interna ao comandante-geral.

2 – A coordenação relativa aos serviços que importem a outros ministérios faz-se, em regra, por intermédio do Gabinete do Ministro da Administração Interna.

3 – A ligação entre a Guarda e as autoridades judiciárias e aduaneiras faz-se, preferencialmente, através dos comandantes de destacamento, sem prejuízo de situações de reconhecida urgência ou conveniência que aconselhem outros níveis de contactos.

4 – Os militares da Guarda, individualmente notificados para comparência em actos processuais, devem informar imediatamente o comando de que dependem e apresentar-lhe o documento comprovativo, para efeitos de controlo funcional e administrativo.

CAPÍTULO III
Direitos e deveres gerais

ARTIGO 20.º
Direito de acesso e livre trânsito

1 – Os militares da Guarda, quando em acto ou missão de serviço, têm a faculdade de entrar livremente em todos os lugares onde se realizem reuniões públicas ou onde o acesso do público dependa do pagamento de uma entrada ou da realização de certa despesa, da qual se encontram dispensados.

2 – O regime de utilização dos transportes públicos colectivos pelos militares da Guarda será objecto de portaria conjunta dos Ministros da Administração Interna e das Obras Públicas, Transportes e Comunicações, nos termos definidos no Decreto-Lei n.º 106/87, de 6 de Março.

ARTIGO 21.º
Armamento e uniformes

1 – Os militares da Guarda, no cumprimento das suas missões, utilizam o armamento que lhes for distribuído.

2 – Os militares da Guarda têm direito ao uso de uniformes e insígnias próprios, de acordo com os regulamentos sobre a matéria.

ARTIGO 22.º
Detenção, uso e porte de armas

Os militares da Guarda têm direito à detenção, uso e porte de armas de qualquer natureza, sendo, no entanto, obrigados ao seu manifesto quando sejam de sua propriedade.

ARTIGO 23.º
Direitos, liberdades e garantias

O militar da Guarda goza de todos os direitos, liberdades e garantias reconhecidos aos demais cidadãos, estando o exercício de alguns desses direitos e liberdades sujeitos às restrições constitucionalmente previstas, como o âmbito pessoal e material que consta da Lei n.º 29/82, de 11 de Dezembro, por força do seu artigo 69.º.

ARTIGO 24.º
Dever funcional

1 – As categorias e competências a que se referem os artigos 4.º, 5.º, 6.º, 7.º, 26.º, 27.º e 28.º são inseparáveis dos militares da Guarda a quem são atribuídas, os quais têm o dever permanente do exercício dos actos inerentes, independentemente de se encontrarem ou não uniformizados ou nomeados para o serviço.

2 – Os militares da Guarda que, nos termos da lei, ordenarem a identificação de pessoas ou emitirem qualquer outra ordem ou mandato legítimo sem se encontrarem uniformizados devem exibir previamente prova da sua qualidade.

ARTIGO 25.º
Dever de cooperação

1 – A Guarda, sem prejuízo das prioridades legais da sua actuação, coopera com as demais forças e serviços de segurança, bem como com as autoridades públicas, designadamente com os órgãos autárquicos e outros organismos, nos termos da lei.

2 – As autoridades da administração central, regional e local e os serviços públicos devem prestar à Guarda a colaboração que legitimamente lhes for solicitada para o exercício das suas funções.

ARTIGO 26.º
Competência dos órgãos de polícia criminal

1 – Aos órgãos de polícia criminal referidos no artigo 4.º compete o exercício das funções que lhes são cometidas pelo Código de Processo Penal, podendo, designadamente, ordenar a identificação de qualquer pessoa ou a sua detenção nos termos do mesmo Código.

2 – Qualquer pessoa, quando devidamente notificada, tem o dever de comparecer no respectivo departamento da Guarda, nos termos da lei processual penal.

3 – As acções de investigação criminal e de coadjuvação das autoridades judiciárias estão sujeitas a segredo de justiça nos termos da lei de processo.

Artigo 27.º
Comandantes e agentes da força pública

1 – Os militares da Guarda no exercício do comando de forças têm as categorias e competências de comandantes de força pública.

2 – Os militares da Guarda são considerados agentes da força pública e de autoridade quando lhes não deva ser atribuída outra qualidade superior.

Artigo 28.º
Competência em matéria fiscal

1 – Aos militares da Guarda no comando de forças compete o exercício das funções que lhe são cometidas pela legislação fiscal aduaneira.

2 – Qualquer pessoa, quando devidamente notificada, tem o dever de comparecer no respectivo departamento da Guarda, nos termos da lei aplicável.

3 – As acções de investigação da prática de ilícitos criminais ou contra-ordenacionais e de coadjuvação das autoridades judiciárias e administrativas estão sujeitas ao segredo de justiça, nos termos da lei de processo.

Artigo 29.º
Medidas de polícia

1 – Constituem medidas de polícia aplicáveis nos termos e condições previstos na Constituição e na lei:

a) A vigilância policial de pessoas, edifícios e estabelecimentos por períodos de tempo determinados;

b) A exigência de identificação de qualquer pessoa que se encontre ou circule em lugar público ou sujeito a vigilância policial;

c) A apreensão temporária de armas, munições e explosivos;

d) As restrições à liberdade de circulação, determinada por motivos de ordem pública ou tendo em vista garantir a segurança de pessoas e bens;

2 – Consideram-se medidas especiais de polícia, que, sob pena de nulidade, devem ser imediatamente comunicadas à autoridade judiciária competente para a sua apreciação e confirmação, as seguintes:

a) O encerramento temporário de paióis, depósitos ou fábricas de armamento ou explosivos e respectivos componentes;

b) O encerramento temporário de estabelecimentos de venda de armas ou explosivos;

c) A cessação da actividade de empresas, grupos, organizações ou associações que se dediquem a acções de criminalidade altamente organizada, designadamente de sabotagem, espionagem ou terrorismo ou a preparação, treino ou recrutamento de pessoas para aqueles fins.

ARTIGO 30.º

Meios coercivos

1 – Nos termos e limites da lei, os militares da Guarda podem fazer uso dos meios coercivos de que dispõem nas circunstâncias seguintes:

a) Para repelir uma agressão iminente ou em execução, em defesa própria ou de terceiros;

b) Para vencer a resistência violenta à execução de um serviço no exercício das suas funções e manter o princípio da autoridade, depois de ter feito aos resistentes intimação de obediência e após esgotados outros meios para o conseguir;

c) Para efectuar a captura de indivíduos evadidos de estabelecimentos prisionais ou que sejam destinatários de mandatos de detenção pela prática de crime a que corresponda pena de prisão superior a três anos ou impedir a fuga de qualquer indivíduo legalmente preso ou detido;

2 – A resistência e desobediência aos militares da Guarda, de qualquer graduação, no exercício das suas funções sujeita o infractor às penas previstas na lei para os que resistem e desobedecem aos mandatos legítimos da autoridade.

Título II
Organização geral e hierárquica

Capítulo I
Quadros, hierarquia e áreas territoriais

Artigo 31.º
Quadros de armas e serviços

1 – Na Guarda existem as seguintes armas e serviços:

a) Armas: de infantaria e de cavalaria;

b) Serviços: de pessoal, de assistência religiosa, de justiça, de transmissões, de finanças, de obras, de saúde, veterinário, de material, de intendência, de assistência na doença e de informática;

2 – A Guarda tem os quadros constantes do respectivo Estatuto.

3 – A competência e as atribuições a prosseguir pelos serviços a que não correspondem quadros próprios são exercidas por pessoal dos quadros previstos no Estatuto referido no número anterior.

Artigo 32.º
Hierarquia

As categorias, subcategorias e postos em que se agrupam hierarquicamente os militares da Guarda são os seguintes:

a) Oficiais, abrangendo os oficiais generais com os postos de general e brigadeiro; oficiais superiores, abrangendo os postos de coronel, tenente-coronel e major; capitães; e oficiais subalternos, abrangendo os postos de tenente e alferes;

b) Sargentos, abrangendo os postos de sargento-mor, sargento-chefe, sargento-ajudante, primeiro-sargento, segundo-sargento e furriel;

c) Praças, abrangendo os postos de cabo-chefe, cabo e soldado.

Artigo 33.º (*)
Número de efectivos e de lugares

1 – Os efectivos globais a atingir progressivamente são os seguintes:

a) Da Guarda Nacional Republicana:

Tenente-general – 1;

Major-general – 10;
Coronel – 37;
Tenente-coronel – 92;
Major – 195;
Capitão – 391;
Subalterno – 223;
Sargento-mor – 56;
Sargento-chefe – 335;
Sargento-ajudante – 735;
Primeiro-sargento/segundo-sargento – 1440;
Cabo-chefe – 934;
Cabo – 10 711;
Soldado – 12664;

b) Dos Serviços Sociais da Guarda Nacional Republicana:
Coronel – 1;
Tenente-coronel – 2;
Major – 2;
Capitão – 12;
Subalterno – 1;
Sargento-mor – 1;
Sargento-chefe – 5;
Sargento-ajudante – 10;
Primeiro-sargento/segundo-sargento – 16;
Cabo-chefe – 6;
Cabo – 28;
Soldado – 96.

2 – Os lugares e os correspondentes postos, agrupados em categorias, que integram os quadros previstos no Estatuto dos Militares da GNR, aprovado pelo Decreto-Lei n.º 265/93, de 31 de Julho, são fixados por portaria do Ministro da Administração Interna, atentas as necessidades específicas de cada quadro.

3 – Os efectivos constantes da portaria referida no número anterior sob a designação «qualquer quadro» ou «qualquer arma» são atribuídos às armas e serviços por despacho do comandante-geral, tendo em conta as necessidades do serviço e o princípio da igualdade de oportunidades estabelecido na alínea d) do artigo 47.º do Estatuto dos Militares da GNR.

4 – A distribuição dos efectivos pelas unidades e demais órgãos e serviços da Guarda Nacional Republicana é fixada por despacho do comandante-geral.

5 – Os efectivos do pessoal militar a ingressar anualmente nos quadros da Guarda serão fixados por despacho conjunto dos Ministros das Finanças e da Administração Interna.

(*) *Redacção do DL n.º 15/2002, de 29/01.*
Pelo Despacho Conjunto n.º 676/99, de 2/06/99 foram integrados como supranumerários permanentes do quadro de pessoal da GNR a que se refere o presente artigo vários funcionários oriundos da Polícia Marítima e Fiscal de Macau.

ARTIGO 34.º

Áreas de responsabilidade

1 – As atribuições da Guarda são prosseguidas em todo o território nacional e na zona marítima de respeito, com exclusão das zonas legalmente cometidas a outras forças ou serviços de segurança, nas quais a sua intervenção depende:

a) Do pedido destas autoridades ou da sua ausência na zona;
b) De ordem especial;
c) De imposição legal relativa à fiscalização rodoviária;

2 – A área de intervenção de cada um dos escalões subordinados é a seguinte:

a) Brigada de Trânsito, no território continental;
b) Brigada Fiscal, no território nacional e na zona marítima de respeito;
c) Brigada Territorial, no conjunto das áreas de intervenção dos agrupamentos e grupos territoriais que o compõem;
d) Agrupamento territorial, no conjunto das áreas de intervenção dos grupos que o integram;
e) Grupo territorial, na circunscrição do distrito administrativo a que corresponde ou na que lhe for expressamente fixada, quando num mesmo distrito haja mais de um destacamento territorial;
f) Destacamento territorial, no conjunto das áreas de intervenção dos postos que a integram;
g) Postos, na circunscrição concelhia ou na que lhe for expressamente fixada;

3 – As alterações permanentes ao dispositivo da Guarda são aprovadas por despacho do Ministro da Administração Interna, sob proposta do Comando-Geral, sendo da responsabilidade deste as alterações temporárias.

CAPÍTULO II

Organização e atribuições do comando

ARTIGO 35.º

Composição do comando da Guarda

A organização do comando da Guarda é a correspondente ao quadro I anexo ao presente diploma, que dele faz parte integrante, e compreende:

a) O comandante-geral;
b) O 2.º comandante-geral;
c) Os órgãos de assessoria e de inspecção;
d)vO Comando-Geral;
e) As unidades;
f) Os serviços.

ARTIGO 36.º

Comandante-geral

1 – O comandante-geral é um general nomeado pelos Ministros da Administração Interna e da Defesa Nacional, ouvido o Conselho de Chefes de Estado-Maior.

2 – O comandante-geral é o responsável pelo cumprimento das missões gerais da Guarda, bem como de outras que lhe sejam cometidas por lei.

3 – Compete especialmente ao comandante-geral:

a) Exercer o comando completo sobre todas as forças e elementos da Guarda;
b) Requisitar aos ramos das Forças Armadas o pessoal necessário à Guarda;
c) Mandar executar as operações de recrutamento do pessoal necessário aos quadros da Guarda;
d) Decidir e mandar executar toda a actividade respeitante à organização, meios e dispositivos, operações, instrução, serviços técnicos, logísticos e administrativos da Guarda;
e) Dirigir a administração financeira da Guarda, de acordo com as competências legais que lhe são conferidas;
f) Firmar contratos para aquisição de bens e serviços dentro da sua competência e das autorizações que lhe forem conferidas;
g) Relacionar-se com os comandantes e directores-gerais das demais forças e serviços de segurança, directores-gerais das Alfândegas,

das Contribuições e Impostos e de Viação e Trânsito, bem como com outras entidades afins, para, no quadro legal da respectiva competência, assegurar a coordenação da actuação da Guarda nos assuntos com interesse para o cumprimento das respectivas missões;

h) Aplicar coimas;
i) Dirigir e administrar os Serviços Sociais da Guarda;
j) Inspeccionar ou mandar inspeccionar as unidades e órgãos da Guarda.

ARTIGO 37.º
2.º comandante-geral

1 – O 2.º comandante-geral é um brigadeiro, nomeado pelo Ministro da Administração Interna, com o acordo do Ministro da Defesa Nacional, sob proposta do comandante-geral da Guarda.

2 – Ao 2.º comandante-geral compete:

a) Coadjuvar o comandante-geral no exercício das suas funções;
b) Presidir à Junta Superior de Saúde (JSS);
c) Presidir à Comissão para os Assuntos Equestres (CAE);
d) Substituir o comandante-geral nas suas ausências ou impedimentos.

ARTIGO 38.º
Órgãos de assessoria e de inspecção

Os órgãos de assessoria e de inspecção são:

a) O Conselho Superior da Guarda (CSG);
b) A Junta Superior de Saúde (JSS);
c) A Comissão para os Assuntos Equestres (CAE);
d) O Gabinete de Assessores e Inspectores (GAI);
e) O Gabinete Técnico-Jurídico (GTJ).

ARTIGO 39.º
Conselho Superior da Guarda

1 – O Conselho Superior da Guarda (CSG) é um órgão de carácter consultivo do comandante-geral.

2 – O CSG é constituído pelo comandante-geral, que preside, pelo 2.º comandante-geral, pelo chefe do Estado-Maior da Guarda, por todos os comandantes de unidade e por representantes dos oficiais, sargentos e praças.

3 – As normas de designação dos representantes referidos no número anterior são definidas por despacho do comandante-geral.

4 – Por determinação do comandante-geral, podem participar nas sessões do CSG outras entidades cujos pareceres seja conveniente obter, devido às suas funções, especialidades ou aptidões próprias.

5 – O CSG reúne por convocação do comandante-geral, devendo as sessões ficar registadas em acta.

6 – O secretariado do CSG é assegurado por um oficial do Comando-Geral nomeado pelo chefe do Estado-Maior da Guarda.

7 – Compete ao CSG estudar e dar parecer sobre todos os assuntos que o comandante-geral entenda submeter à sua apreciação e, obrigatoriamente, sobre as seguintes matérias:

a) Processos disciplinares passíveis de aplicação das penas de reforma compulsiva ou separação do serviço;
b) Processos passíveis de aplicação da medida estatutária de dispensa do serviço;
c) Recursos disciplinares de revisão;
d) Listas e outros assuntos relativos a promoções, avaliações e nomeações para cursos, nos termos do Estatuto do Militar da Guarda Nacional Republicana e demais diplomas legais;
e) Aspectos relevantes do âmbito da organização, planos e programas.

8 – A decisão dos recursos referidos na alínea c) do número anterior é da competência do Ministro da Administração Interna.

9 – O regimento do CSG é aprovado por despacho do Ministro da Administração Interna.

ARTIGO 40.º

Junta Superior de Saúde

1 – A Junta Superior de Saúde (JSS) é um órgão encarregado de julgar o grau de capacidade para o serviço de oficiais, sargentos e praças que, por ordem do comandante-geral, lhe forem presentes.

2 – A JSS é constituída pelo 2.º comandante-geral, que preside, pelo chefe do Serviço de Saúde e por um médico nomeado pelo comandante-geral.

3 – O presidente da JSS é substituído, na sua ausência ou impedimento, por um oficial superior nomeado pelo comandante-geral.

4 – A JSS aprecia os recursos interpostos das decisões das demais juntas médicas da Guarda.

ARTIGO 41.º
Comissão para os Assuntos Equestres

1 – A Comissão para os Assuntos Equestres (CAE) é um órgão consultivo constituído pelo 2.º comandante-geral, que preside, pelo comandante do Regimento de Cavalaria e pelo chefe do Serviço Veterinário, sendo secretariado por um oficial a nomear pelo comandante-geral.

2 – Por determinação do presidente, podem participar nas suas reuniões outros especialistas sempre que seja considerado conveniente.

3 – À CAE compete ajudar e propor a política de aquisição de solípedes, a reclassificação das montadas de desporto e a sua reclassificação, distribuição, bem como a escolha de cavaleiros e montadas para representarem a Guarda em provas públicas.

4 – O presidente da CAE é substituído, na sua ausência ou impedimento, por um oficial superior a nomear pelo comandante-geral.

ARTIGO 42.º
Gabinete de Assessores e Inspectores

1 – Ao Gabinete de Assessores e Inspectores (GAI) compete:

a) Estudar e propor medidas relativas aos assuntos que o comandante-geral determinar;

b) Efectuar inspecções às unidades e serviços, nomeadamente no que se refere à segurança, instrução, actividade operacional, administrativo-logística e financeira;

2 – O GAI depende directamente do comandante-geral.

ARTIGO 43.º
Gabinete Técnico-Jurídico

O Gabinete Técnico-Jurídico (GTJ) tem por funções o apoio técnico-jurídico do comandante-geral e dos comandantes de unidade, competindo-lhe ainda o estudo, informação e pareceres dos assuntos que lhe sejam solicitados, bem como a prestação de assistência jurídica nas relações externas da Guarda.

ARTIGO 44.º
Composição do Comando-Geral

1 – O Comando-Geral da Guarda abrange o conjunto dos meios postos à disposição do comandante-geral para o exercício da sua acção de comando.

2 – O Comando-Geral corresponde ao quadro II anexo ao presente diploma, que dele faz parte integrante, e compreende:

a) O chefe do Estado-Maior da Guarda;
b) O subchefe do Estado-Maior da Guarda;
c) O Estado-Maior Geral ou Coordenador;
d) O Estado-Maior Especial ou Técnico;
e) O Gabinete do Comandante-Geral;
f) O Laboratório Metrológico;
g) A Secretaria-Geral;
h) O Conselho Administrativo;
i) A Formação do Comando;
j) A Banda de Música;
l) A Biblioteca;
m) O Museu;
n) O Centro Gráfico.

ARTIGO 45.º
Chefe do Estado-Maior da Guarda

1 – O chefe do Estado-Maior da Guarda é um brigadeiro, nomeado pelo Ministro da Administração Interna, com o acordo do Ministro da Defesa Nacional, sob proposta do comandante-geral da Guarda.

2 – Ao chefe do Estado-Maior da Guarda compete dirigir o trabalho do Estado-Maior Geral ou Coordenador e coordenar o do Estado-Maior Técnico.

3 – O chefe do Estado-Maior da Guarda é o comandante do quartel do Comando-Geral.

ARTIGO 46.º
Subchefe do Estado-Maior

1 – O subchefe do Estado-Maior da Guarda é um coronel, nomeado pelo comandante-geral.

2 – O subchefe do Estado-Maior da Guarda coadjduva o chefe do Estado-Maior, substituindo-o nas suas ausências ou impedimentos, e, eventualmente, acumula com a chefia de uma repartição.

ARTIGO 47.º
Estado-Maior Geral ou Coordenador

1 – O Estado-Maior Geral ou Coordenador é composto pelas repartições seguintes:

a) 1.ª Repartição (Pessoal);
b) 2.ª Repartição (Informações);
c) 3.ª Repartição (Operações);
d) 4.ª Repartição (Logística);
e) 5.ª Repartição (Informação Interna e Relações Públicas);

2 – O Estado-Maior Geral ou Coordenador tem por funções:

a) Apresentar informações, estudos, planos e propostas com vista à tomada de decisões nos âmbitos operacional, administrativo-logístico e de informação interna e pública;
b) Elaborar e difundir as ordens, planos, pedidos e instruções decorrentes das decisões do comandante-geral;
c) Supervisionar a execução das ordens e instruções difundidas;

3 – O Estado-Maior Geral ou Coordenador está directamente subordinado ao chefe do Estado-Maior da Guarda, o qual responde perante o comandante-geral.

ARTIGO 48.º
1.ª Repartição

1 – Compete à 1.ª Repartição o estudo, o planeamento, a coordenação e o controlo dos assuntos relativos à administração dos recursos humanos.

2 – Compete-lhe ainda a remonta e o controlo do efectivo animal.

ARTIGO 49.º
2.ª Repartição

Compete à 2.ª Repartição o estudo, o planeamento, a coordenação e relacionamento das actividades de informação e contra-informação de interesse para a missão da guarda.

ARTIGO 50.º
3.ª Repartição

Compete à 3.ª Repartição o estudo, o planeamento, a coordenação e o controlo dos assuntos relativos a operações, organização, instrução e accionamento dos serviços de prevenção, de guarnição e honoríficos pedidos à Guarda.

ARTIGO 51.º
4.ª Repartição

Compete à 4.ª Repartição o estudo, o planeamento, a coordenação e o controlo das actividades de apoio logístico, nomeadamente o reabastecimento, manutenção, evacuação e hospitalização, transporte e serviços.

ARTIGO 52.º
5.ª Repartição

Compete à 5.ª Repartição o estudo, o planeamento, a coordenação e o accionamento dos processos respeitantes à informação interna, relações públicas e assuntos civis, bem como a organização e execução das normas de protocolo nas cerimónias da Guarda.

ARTIGO 53.º
Estado-Maior Especial ou Técnico

1 – O Estado-Maior Especial ou Técnico é composto pelos chefes dos serviços administrativos e logísticos e coordenado pelas repartições do Estado-Maior.

2 – Compete ao Estado-Maior Especial ou Técnico:

a) Apresentar informações, estudos e propostas com vista às decisões, nos aspectos específicos dos serviços;
b) Elaborar e difundir instruções técnicas decorrentes das decisões do comandante-geral e fiscalizar a sua execução.

ARTIGO 54.º
Gabinete do Comandante-Geral

Compete ao Gabinete do Comandante-Geral:

a) Desempenhar as tarefas de ajudante-de-campo do comandante-geral;
b) Secretariar o comandante-geral nas actividades de representação e outras de carácter pessoal inerente ao cargo.

ARTIGO 55.º
Laboratório Metrológico

Compete ao Laboratório Metrológico empreender, promover e coordenar as acções necessárias à verificação periódica de instrumentos de medição utilizáveis na fiscalização da circulação rodoviária.

ARTIGO 56.º
Secretaria-Geral

A Secretaria-Geral é responsável pela elaboração e publicação da Ordem à Guarda e da Ordem de Serviço do Comando-Geral, pela escrituração dos documentos de matrícula e organização dos processos individuais do pessoal daquele Comando e pelo processamento da correspondência.

ARTIGO 57.º
Conselho Administrativo

O Conselho Administrativo é responsável pela administração financeira do Comando-Geral e pela obtenção e processamento de bens e serviços, com observância das normas existentes para o efeito na Administração Pública.

ARTIGO 58.º
Formação do Comando

Compete à Formação do Comando:

a) Assegurar ao Comando-Geral os meios de pessoal e material necessários ao desempenho das suas atribuições;

b) Garantir a segurança do aquartelamento e o seu apoio administrativo e logístico.

ARTIGO 59.º
Banda de Música

1 – Compete à Banda de Música participar em cerimónias militares ou outras, em honras de Estado, em todas as actividades orientadas para a conservação do moral das tropas da Guarda e em acções de divulgação cultural.

2 – O pessoal da Banda de Música pode ser chamado a reforçar os órgãos do Comando-Geral ou outros a designar pelo comandante-geral.

ARTIGO 60.º
Biblioteca

A Biblioteca destina-se a facultar aos utentes as obras que possam contribuir para a elevação do nível cultural e profissional do pessoal da Guarda e para elaboração de estudos e outros trabalhos do Estado-Maior.

ARTIGO 61.º
Museu

O Museu destina-se a guardar e manter convenientemente expostos os objectos e documentos que tenham interesse histórico e que contribuam para o culto das tradições e da história da Guarda, incluindo a da extinta Guarda Fiscal.

ARTIGO 62.º
Centro Gráfico

O Centro Gráfico é o órgão responsável pela produção das publicações e impressos necessários ao serviço da Guarda.

Capítulo III
Organização e atribuições das unidades

Artigo 63.º
Unidades

1 – São as seguintes as unidades da Guarda:

a) De instrução, a Escola Prática da Guarda (EPG);
b) Territoriais, a Brigada n.º 2 (BTer2), a Brigada n.º 3 (BTer3), a Brigada n.º 4 (BTer4) e a Brigada n.º 5 (BTer5);
c) Especial de trânsito, a Brigada de Trânsito (BT);
d) Especial fiscal, a Brigada Fiscal (BF);
e) De reserva, o Regimento de Cavalaria (RC) e o Regimento de Infantaria (RI);

2 – A Escola Prática articula-se em subunidade de comando e serviços, direcção de instrução e grupos de instrução que integram subunidades de formação de pessoal, de formação de condutores e de formação cinotécnica.

3 – As unidades territoriais são unidades mistas de infantaria e cavalaria que, para além das subunidades de comando e serviços e de subunidades de intervenção, se articulam em agrupamentos, grupos, destacamentos, subdestacamentos e postos.

4 – A Brigada de Trânsito, para além de uma subunidade de comando e serviços e de um grupo de acção conjunta, articula-se em grupos, destacamentos e subdestacamentos de trânsito.

5 – A Brigada Fiscal, para além de uma subunidade de comando e serviços, articula-se em agrupamentos, grupos, destacamentos, subdestacamentos e postos fiscais.

6 – O Regimento de Cavalaria articula-se em subunidade de comando e serviços, grupos de esquadrões a cavalo e moto-blindado, grupo de ensino e desbaste de solípedes e esquadrão de guarda presidencial.

7 – O Regimento de Infantaria articula-se em subunidade de comando e serviços, batalhão operacional, que integra subunidades de intervenção e manutenção de ordem pública, e ainda subunidades de guarnição.

Artigo 64.º
Escola Prática

1 – A Escola Prática da Guarda é uma unidade especialmente vocacionada para a formação moral, cultural, física, militar e técnico-profissional dos oficiais, sargentos e praças e ainda para a actualização e valorização dos seus conhecimentos.

2 – É responsável pela instrução cinotécnica e pela aquisição de cães, em colaboração com a chefia do Serviço Veterinário.

ARTIGO 65.º

Brigada n.º 2

A Brigada n.º 2 é a unidade responsável pelo cumprimento da missão da Guarda na sua área de acção, que compreende os distritos de Leiria, Lisboa, Santarém e Setúbal.

ARTIGO 66.º

Brigada n.º 3

A Brigada n.º 3 é a unidade responsável pelo cumprimento da missão da Guarda na sua área de acção, que compreende os distritos de Beja, Évora, Faro e Portalegre.

ARTIGO 67.º

Brigada n.º 4

A Brigada n.º 4 é a unidade responsável pelo cumprimento da missão da Guarda na sua área de acção, que compreende os distritos de Braga, Bragança, Porto, Viana do Castelo e Vila Real.

ARTIGO 68.º

Brigada n.º 5

A Brigada n.º 5 é a unidade responsável pelo cumprimento da missão da Guarda na sua área de acção, que compreende os distritos de Aveiro, Castelo Branco, Coimbra, Guarda e Viseu.

ARTIGO 69.º

Brigada de Trânsito

A Brigada de Trânsito é uma unidade especial de trânsito responsável pelo cumprimento da missão da Guarda em todo o território continental, competindo-lhe prioritariamente a fiscalização do cumprimento das disposições legais e regulamentares sobre viação terrestre e transportes rodoviários e o apoio aos utentes das estradas.

ARTIGO 70.º
Brigada Fiscal

1 – A Brigada Fiscal é uma unidade especial responsável pelo cumprimento da missão da Guarda no âmbito da prevenção, descoberta e repressão das infracções fiscais.

2 – Compete especialmente à Brigada Fiscal:

a) Fiscalizar o cumprimento das disposições legais e regulamentares relativas às infracções fiscais, designadamente à lei aduaneira, em toda a extensão da fronteira marítima e zona marítima de respeito, com excepção das zonas fiscais;
b) Colaborar com a Direcção-Geral das Contribuições e Impostos em toda a extensão do interior do território nacional e com a Direcção-Geral das Alfândegas;
c) Exercer a vigilância, segurança e protecção das zonas fiscais e dos edifícios aduaneiros.

ARTIGO 71.º
Regimento de Cavalaria

1 – O Regimento de Cavalaria constitui uma unidade de reserva, em condições de intervir em qualquer área da responsabilidade da Guarda e de executar serviços de guarnição, honoríficos e de representação.

2 – Tem a seu cargo a remonta de solípedes, em colaboração com a chefia do Serviço Veterinário.

ARTIGO 72.º
Regimento de Infantaria

O Regimento de Infantaria constitui uma unidade de reserva, em condições de intervir na área da responsabilidade da Guarda e de executar serviços de guarnição, honoríficos e de representação.

CAPÍTULO IV
Organização e atribuições dos serviços

ARTIGO 73.º
Finalidade e âmbito dos serviços

1 – São serviços da Guarda os serviços administrativos e logísticos.

2 – Compete aos serviços da Guarda:

a) Prever as necessidades das tropas e prover a sua satisfação, bem como emitir as normas e instruções de natureza técnica indispensáveis à eficiência das funções administrativas e logísticas e fiscalizar a sua execução;

b) Ministrar os cursos necessários para a qualificação do pessoal técnico, preparação dos operadores e utilizadores e actualização dos seus conhecimentos;

c) Coordenar e receber o apoio das Forças Armadas, por forma a optimizar a rentabilidade das infra-estruturas existentes.

ARTIGO 74.º
Órgãos dos serviços

1 – São órgãos de direcção dos serviços administrativos e logísticos as chefias dos seguintes serviços:

a) Pessoal (CSPes);
b) Assistência Religiosa (CSAR);
c) Justiça (CSJ);
d) Saúde (CSS);
e) Veterinário (CSVet);
f) Transmissões (CSTm);
g) Material (CSMat);
h) Intendência (CSInt);
i) Obras (CSO);
j) Finanças (CSF);
l) Assistência na Doença (CSAD);
m) Informática (CSInfmt);

2 – São órgãos de execução:

a) O Centro Clínico (CC);
b) A Companhia de Transmissões (CTm);
c) A Companhia de Manutenção e Depósito (CManDep);

d) A Companhia de Transportes (CTpt);
e) A Companhia de Intendência (CInt).

ARTIGO 75.º
Chefia do Serviço de Pessoal

Compete à chefia do Serviço de Pessoal (CSPes) executar todas as funções operativas inerentes à administração dos recursos humanos e do controlo do efectivo animal.

ARTIGO 76.º
Chefia do Serviço de Assistência Religiosa

Compete à chefia do Serviço de Assistência Religiosa (CSAR) assegurar a assistência religiosa ao pessoal, bem como aos seus familiares, e colaborar na acção formativa dos militares, especialmente no aspecto moral, cultural e social.

ARTIGO 77.º
Chefia do Serviço de Justiça

Compete à chefia do Serviço de Justiça (CSJ) estudar, informar e accionar todos os processos relativos à administração da justiça e disciplina, bem como propor formas de colaboração e relacionamento com os tribunais e o Ministério Público e com os serviços responsáveis pela administração da justiça e disciplina nas Forças Armadas.

ARTIGO 78.º
Chefia do Serviço de Saúde

Compete à chefia do Serviço de Saúde (CSS):
a) Estudar, propor e promover medidas tendentes à manutenção e recuperação da saúde do pessoal;
b) Assegurar o funcionamento dos seus órgãos e promover e aperfeiçoar a instrução dos seus especialistas;
c) Administrar os meios colocados à sua responsabilidade e organizar o controlo das existências.

ARTIGO 79.º
Chefia do Serviço Veterinário

Compete à chefia do Serviço Veterinário (CSVet):

a) Estudar, propor e promover medidas tendentes à preservação e controlo sanitário do efectivo animal, à inspecção dos alimentos e à instrução dos seus especialistas;
b) Colaborar na remonta dos solípedes com o RC e na aquisição de cães com a EPG;
c) Administrar os meios colocados à sua responsabilidade e organizar o controlo das existências.

ARTIGO 80.º
Chefia do Serviço de Transmissões

Compete à chefia do Serviço de Transmissões (CSTm):

a) Assegurar as comunicações necessárias à actividade operacional e administrativo-logística;
b) Promover e aperfeiçoar a instrução dos especialistas de transmissões, nomeadamente nos aspectos de manutenção, exploração e cifra;
c) Administrar os meios colocados à sua responsabilidade e organizar o controlo das existências.

ARTIGO 81.º
Chefia do Serviço de Material

Compete à chefia do Serviço de Material (CSMat):

a) Assegurar a guarda do material automóvel, armamento, munições, explosivos, equipamentos e outro material a sua cargo;
b) Manter o material referido em boas condições de funcionamento;
c) Promover e aperfeiçoar a instrução dos seus especialistas;
d) Administrar os meios colocados à sua responsabilidade e organizar o controlo das existências.

ARTIGO 82.º
Chefia do Serviço de Intendência

Compete à chefia do Serviço de Intendência (CSInt) obter os artigos de cantina, combustíveis e lubrificantes e prover a guarda de todo o material e equipamento de intendência, de instrução e outro que lhe seja atribuído, administrar os meios colocados sob a sua responsabilidade e organizar o controlo das existências.

ARTIGO 83.º
Chefia do Serviço de Obras

Compete à chefia do Serviço de Obras (CSO):

a) Accionar todos os processos relativos à obtenção, construção, adaptação e conservação de quartéis e moradias destinados às unidades, órgãos e pessoal;
b) Organizar e manter actualizado o tombo das propriedades afectas à Guarda;
c) Administrar os meios colocados à sua responsabilidade e organizar o controlo das existências.

ARTIGO 84.º
Chefia do Serviço de Finanças

Compete à chefia do Serviço de Finanças (CSF) elaborar as propostas orçamentais, dirigir e fiscalizar a execução dos orçamentos, estudar e informar todos os assuntos de contencioso administrativo e orientar e apoiar tecnicamente todos os órgãos administrativo-financeiros.

ARTIGO 85.º
Chefia do Serviço de Assistência na Doença

Compete à chefia do Serviço de Assistência na Doença (CSAD):

a) Estabelecer as formas de apoio ao pessoal militar e civil da Guarda e suas famílias;
b) Promover, no exterior, a obtenção dos meios inexistentes;
c) Organizar os processos de contratação de bens e serviços ao exterior e controlar as despesas daí resultantes.

ARTIGO 86.º
Chefia do Serviço de Informática

Compete à chefia do Serviço de Informática (CSInfmt):

a) Colaborar na definição, controlo e gestão dos sistemas de informação e na elaboração dos planos de informática, de harmonia com as orientações estabelecidas;
b) Promover a implantação dos meios necessários aos apoios informáticos, nomeadamente nas propostas de aquisição de bens e serviços e no recrutamento, selecção e formação do pessoal técnico;
c) Promover continuamente a rentabilização dos sistemas informáticos implantados, coordenar as suas actividades e planear e orientar as acções de racionalização das estruturas administrativas, propondo métodos e procedimentos consentâneos com os sistemas criados;
d) Representar a Guarda nas actividades externas de âmbito informático.

ARTIGO 87.º
Centro Clínico

Compete ao Centro Clínico (CC) a protecção da saúde do pessoal militar e civil da Guarda e seus familiares, nos sectores da medicina preventiva, medicina curativa e reabilitação médica.

ARTIGO 88.º
Companhia de Transmissões

Compete à Companhia de Transmissões (CTm) garantir o funcionamento das redes de transmissões, o reabastecimento e a manutenção do material de transmissões e cripto.

ARTIGO 89.º
Companhia de Manutenção e Depósito

Compete à Companhia de Manutenção e Depósito (CManDep) a manutenção, depósito e reabastecimento do material automóvel e naval, do armamento, do equipamento, das munições e dos explosivos e assegurar o funcionamento das oficinas respectivas.

ARTIGO 90.º
Companhia de Transportes

Compete à Companhia de Transportes (CTpt) assegurar os transportes administrativos, o reforço dos operacionais e outros que lhe sejam determinados.

ARTIGO 91.º
Companhia de Intendência

Compete à Companhia de Intendência (CInt) armazenar e distribuir às unidades, órgãos e serviços da Guarda todos os artigos de material de intendência, víveres e artigos de cantina, fardamento, combustíveis e lubrificantes, aquartelamento e outros que lhe sejam atribuídos.

CAPÍTULO V
Regime penal, disciplinar e estatutário

ARTIGO 92.º
Regime penal e disciplinar

1 – O Código de Justiça Militar, o Regulamento de Disciplina Militar, o Regulamento de Continências e Honras Militares e o Regulamento da Medalha Militar são aplicáveis aos militares da Guarda, com os ajustamentos adequados às características estruturais deste corpo de tropas.

2 – Consideram-se violações do dever militar os crimes praticados por militares da Guarda no cumprimento das missões referidas no artigo 2.º do presente diploma ou que lhes sejam legitimamente impostas.

3 – Os autos ou processos que revelem indícios de culpabilidade criminal do mbito do Código de Justiça Militar são remetidos ao órgão do Serviço de Polícia Judiciária Militar territorialmente competente pelo comandante-geral.

4 – Salvo decisão judicial em contrário, os militares da Guarda que sejam arguidos em processos crime por actos resultantes do exercício das suas funções ou praticados para evitar ou reprimir uma agressão iminente ou de facto aguardarão julgamento em liberdade, podendo desempenhar o serviço que lhes competir, desde que seja assegurada a sua comparência aos actos judiciais.

5 – Os militares da Guarda detidos preventivamente mantêm-se à ordem do Comando até serem presentes ao juiz de instrução competente.

6 – Aos militares da Guarda sujeitos a procedimento criminal a quem tenha sido determinada prisão preventiva é assegurado o seu cumprimento pelo Comando em instalações próprias.

ARTIGO 93.º

Competência disciplinar

1 – Para efeitos da aplicação das disposições do Regulamento de Disciplina Militar, são atribuídas as seguintes competências:

a) O Ministro da Administração Interna tem a competência definida na coluna I do quadro a que se refere o artigo 37.º do Regulamento de Disciplina Militar;

b) O comandante-geral tem a competência definida na coluna III do quadro a que se refere o artigo 37.º do Regulamento de Disciplina Militar;

c) O 2.º Comandante-geral e o chefe do Estado-Maior da Guarda têm a competência definida na coluna IV do quadro a que se refere o artigo 37.º do Regulamento de Disciplina Militar;

d) O comandante de unidade e o vice-presidente dos Serviços Sociais têm a competência definida na coluna V do quadro a que se refere o artigo 37.º do Regulamento de Disciplina Militar;

e) O director do Centro Clínico, o 2.º Comandante de unidade, o director de instrução da Escola Prática e o comandante de agrupamento têm a competência definida na coluna IV do quadro a que se refere o artigo 37.º do Regulamento de Disciplina Militar;

f) O comandante de batalhão, de grupo e de companhia e esquadrão destacados têm a competência definida na coluna VII do quadro a que se refere o artigo 37.º do Regulamento de Disciplina Militar;

g) O comandante de companhia e esquadrão enquadrados e o comandante de destacamento têm a competência definida na coluna VIII do quadro a que se refere o artigo 37.º do Regulamento de Disciplina Militar;

2 – Além da competência referida no n.º 1, é da iniciativa do comandante-geral a aplicação das penas de reforma compulsiva e de separação do serviço, relativamente ao pessoal dos quadros permanentes da Guarda, cabendo a decisão final ao Ministro da Administração Interna.

ARTIGO 94.º
Dispensa do serviço

1 – A dispensa do serviço dos militares dos quadros permanentes da Guarda ocorre a pedido dos próprios ou por iniciativa do comandante-geral.

2 – A dispensa do serviço, quando da iniciativa do comandante-geral, pode ter lugar sempre que o comportamento do militar indicie notórios desvios dos requisitos morais, éticos, técnico-profissionais ou militares que lhe são exigidos pela sua qualidade e função, implicando tal medida a instauração de processo próprio com observância de todas as garantias de defesa e com a pensão de reforma que lhe couber

3 – A dispensa do serviço a pedido do militar é da competência do comandante-geral.

4 – A adopção da medida prevista no n.º 2 deste artigo é da iniciativa do comandante-geral, ouvido o Conselho Superior da Guarda, competindo a decisão final ao Ministro da Administração Interna.

5 – Da decisão do Ministro da Administração Interna cabe recurso nos termos da lei.

CAPÍTULO VI
Disposições diversas

ARTIGO 95.º
Pessoal civil

O pessoal civil que presta serviço na Guarda está sujeito ao regime previsto na lei geral para o pessoal da Administração Pública.

ARTIGO 96.º
Serviços Sociais

A acção social da Guarda é exercida pelos seus Serviços Sociais, que se regem por legislação própria.

ARTIGO 97.º
Transferência de competências

1 – Para todos os efeitos, as competências atribuídas e as referências feitas à Guarda Fiscal e seus órgãos por diploma legal são transferidas, com as adaptações necessárias, para a Guarda Nacional Republicana.

2 – Para efeitos de competência, a equivalência de unidades e subunidades referidas em anteriores diplomas é, respectivamente, brigada a batalhão, agrupamento e grupo a companhia e destacamento a secção.

Artigo 98.º
Transição do pessoal da extinta Guarda Fiscal

Ao pessoal da extinta Guarda Fiscal integrado na Guarda Nacional Republicana é dada a mesma equivalência, categoria e posto que possuía naquela instituição, com os inerentes direitos.

Artigo 99.º
Ingresso e promoção de militares da Guarda

1 – Atentas as necessidades imperiosas de pessoal militar e seu enquadramento, os ingressos e promoções efectuados no período compreendido entre 1 de Julho de 1984 e 1 de Julho de 1991 nos quadros permanentes da Guarda são havidos como efectuados ao abrigo do quadro geral definido no anexo IV ao Decreto-Lei n.º 333/83, de 14 de Julho.

2 – O pessoal referido no número anterior ocupa os lugares criados pelo Decreto-Lei n.º 260/91, de 25 de Julho, de acordo com a respectiva antiguidade e posto.

Artigo 100.º
Competência disciplinar transitória

O comandante da Brigada Fiscal, enquanto brigadeiro, para efeitos de aplicação das disposições do Regulamento de Disciplina Militar, tem a competência definida na coluna IV do quadro a que se refere o artigo 37.º daquele Regulamento, e não a definida na alínea d) do n.º 1 do artigo 93.º do presente diploma.

Artigo 101.º
Solípedes e cães

A remonta de solípedes e a aquisição de cães são regulamentadas por portaria do Ministro da Administração Interna.

ARTIGO 102.º

Regulamentação

Por portaria conjunta dos Ministros da Defesa Nacional e da Administração Interna são aprovados o regulamento do serviço geral e os demais regulamentos necessários ao funcionamento dos órgãos que integram a estrutura da Guarda Nacional Republicana.

QUADRO I

Guarda Nacional Republicana

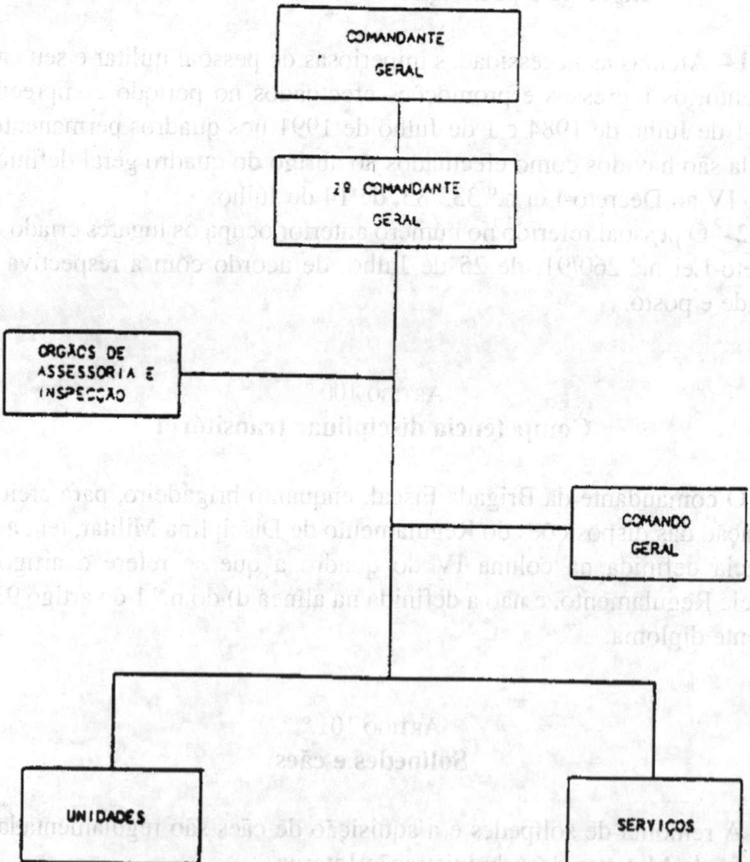

QUADRO II

Guarda Nacional Republicana

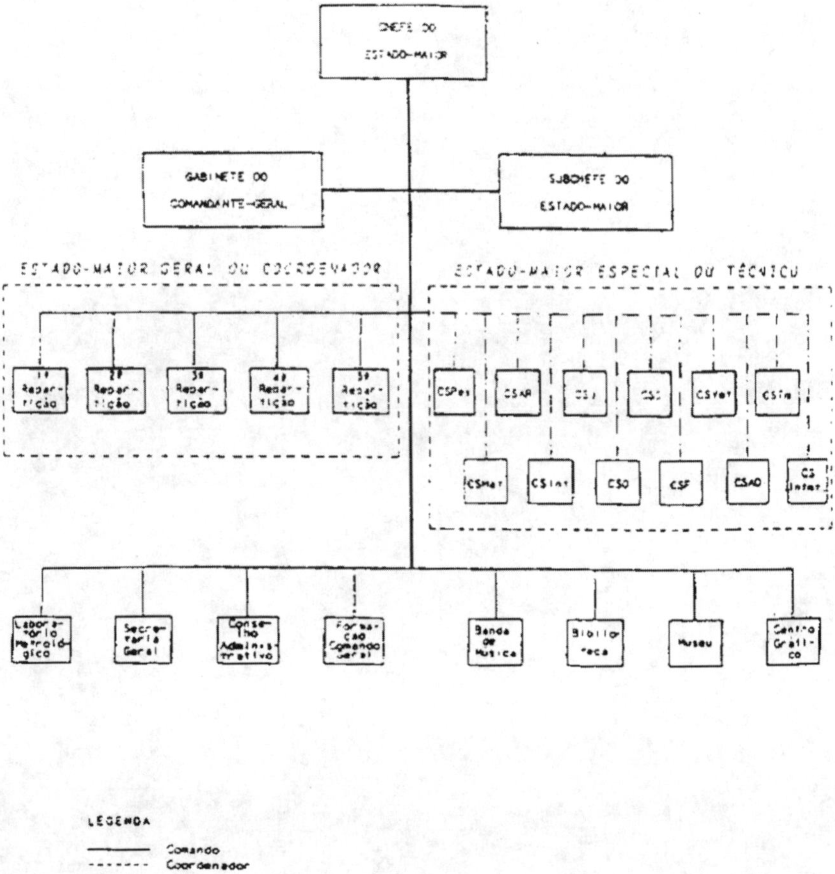

DECRETO-LEI N.º 265/93, DE 31 DE JULHO

APROVA O ESTATUTO DOS MILITARES DA GUARDA NACIONAL REPUBLICANA

A aprovação, em Dezembro de 1983, do Estatuto do Militar da Guarda, e bem assim dos Estatutos do Oficial, do Sargento e da Praça, incluiu a obrigatoriedade da sua revisão e o adequado ajustamento ao Estatuto dos Militares das Forças Armadas, o que veio a ser feito a coberto do Decreto--Lei n.º 34-A/90, de 24 de Janeiro.

Entretanto, para além daquela imposição legal, a extinção da Guarda Fiscal e a simultânea criação de uma nova unidade da Guarda Nacional Republicana à qual foram atribuídas as missões e competências daquele corpo militar produziram alterações de índole organizativa e de pessoal, que aconselham a uma revisão dos Estatutos, para os adequar às necessidades funcionais, de pessoal e desenvolvimento da Guarda Nacional Republicana.

Tal situação, simultaneamente com a experiência colhida, conduz à introdução no regimento das carreiras de oficiais, sargentos e praças de algumas modificações tendentes à melhor satisfação das necessidades dos quadros da Guarda, flexibilizando normas de gestão do pessoal com vista a premiar méritos e a reforçar garantias.

Assim:

Nos termos da alínea a) do n.º 1 do artigo 201.º da Constituição, o Governo decreta o seguinte:

ARTIGO 1.º
Objectivo

É aprovado o *Estatuto dos Militares da Guarda Nacional Republicana*, adiante designado por Estatuto, cujo texto se publica em anexo ao presente diploma e que dele faz parte integrante.

ARTIGO 2.º
Permanência na situação de reserva

O militar dos quadros da Guarda Nacional Republicana, adiante designada por Guarda, que, à data da entrada em vigor do presente diploma, tenha transitado para a situação de reserva mantém-se nessa situação, independentemente de se encontrar ou não na efectividade do serviço.

ARTIGO 3.º
Direito à transição para a reserva

O militar dos quadros da Guarda que, à data da entrada em vigor do presente diploma, já tenha cumprido 15 anos de serviço militar mantém a faculdade de requerer a passagem à situação de reserva.

ARTIGO 4.º
Serviço honorífico

Os aspectos específicos relativos ao recrutamento e à admissão e a regulamentação dos cursos de formação e promoção aplicáveis aos militares músicos serão objecto de diploma próprio.

ARTIGO 5.º
Assistência religiosa

A prestação de serviço no âmbito da assistência religiosa será objecto de diploma próprio.

ARTIGO 6.º
Quadros

A aplicação do disposto no artigo 192.º do Estatuto far-se-á progressivamente, de acordo com o seguinte:

a) A afectação dos oficiais aos quadros previstos no n.º 1 do citado artigo é fixada por despacho anual do Ministro da Administração Interna, sob proposta do comandante-geral;

b) Os lugares dos quadros previstos no n.º 1 do referido artigo não providos nos termos da alínea anterior poderão ser temporariamente ocupados por oficiais das Forças Armadas, requisitados nos termos do artigo 194.º do Estatuto.

ARTIGO 7.º

Limites de idade

1 – Os limites de idade de passagem à situação de reserva fixados no Estatuto entram imediatamente em vigor, com as seguintes excepções:

a) Oficiais ingressados no serviço permanente da Guarda Nacional Republicana e da extinta Guarda Fiscal até 31 de Dezembro de 1983:
Coronel e tenente-coronel – 62 anos;
Major – 60 anos;
Capitão – 58 anos;

b) Oficiais ingressados nos quadros da Guarda de 1 de Janeiro de 1984 a 31 de Dezembro de 1994:
Coronel e tenente-coronel – 60 anos;
Major – 58 anos;
Restantes postos – 57 anos;

2 – Ressalvadas as necessidades de serviço, os oficiais referidos no número anterior não devem exercer funções de comando de tropas a partir das seguintes idades:
Coronel – 58 anos;
Restantes postos – 56 anos.

ARTIGO 8.º

Tempos de permanência nos postos

Os tempos mínimos de permanência nos postos tidos como condição especial de promoção fixados no título III do Estatuto aplicar-se-ão exclusivamente aos actuais sargentos após a promoção ao posto imediato que vier a ocorrer após a entrada em vigor do novo regime estatutário.

ARTIGO 9.º
Promoções de oficiais

1 – As modalidades de promoção fixadas no artigo 198.º do Estatuto reportam os seus efeitos a 1 de Janeiro de 1993, com as seguintes excepções:

a) A promoção ao posto imediato dos majores promovidos até essa data será efectuada por escolha entre os que se encontram no terço superior da escala de antiguidade e reúnam as condições de promoção;

b) A promoção ao posto imediato dos tenentes ingressados e a ingressar nos quadros da Guarda de 1984 a 1994, ambos inclusive, será efectuada por antiguidade, de acordo com as vagas previstas e desde que reúnam as condições de promoção;

c) Após sete anos de permanência no posto, os tenentes referidos na alínea anterior serão promovidos por diuturnidade, ficando na situação de supranumerários;

2 – As condições especiais de promoção a major para oficiais ingressados e a ingressar nos quadros da Guarda de 1984 a 1994, ambos inclusive, são as constantes do artigo 203.º do Estatuto e desde que satisfeita uma das seguintes condições:

a) Ter habilitações académicas equivalentes, no mínimo, ao grau de bacharelato, em áreas a definir por despacho do comandante-geral;

b) Frequentar, com aproveitamento, um curso de actualização e aperfeiçoamento, em condições a fixar por portaria do Ministro da Administração Interna.

ARTIGO 10.º (*)
Promoções de sargentos

1 – Os sargentos habilitados com o curso de promoção a sargento-ajudante ministrado nos termos previstos no artigo 40.º do Estatuto do Sargento da Guarda Nacional Republicana, aprovado pelo Decreto-Lei n.º 465/83, de 31 de Dezembro, e no artigo 34.º do Estatuto do Sargento da Guarda Fiscal, aprovado pelo Decreto-Lei n.º 374/85, de 20 de Setembro, são dispensados, para efeitos de promoção, da frequência do curso de promoção a sargento-chefe.

2 – Os primeiros-sargentos só podem ser nomeados para o curso de promoção a sargento-ajudante, previsto no artigo 249.º do Estatuto e consequentemente promovidos a este posto, se possuírem habilitações literárias iguais ou equivalentes ao 9.º ano de escolaridade.

3 – *Os segundos-sargentos só podem ser promovidos ao posto imediato se possuírem habilitações literárias iguais ou equivalentes ao 9.º ano de escolaridade.*

(*) *O n.º 3 foi revogado pelo DL n.º 504/99, de 20/11(diploma que fixa o regime remuneratório dos oficiais, sargentos e praças da Guarda Nacional Republicana e a estrutura das remunerações base dos postos que integram as respectivas carreiras. Além disso, tal diploma aplica-se também aos oficiais das Forças Armadas em serviço na Guarda Nacional Republicana, bem como aos aspirantes a oficial tirocinante e cadetes dos estabelecimentos militares de ensino superior e aos soldados provisórios, durante o curso de formação de praças.*

O n.º 2 tem a actual redacção que lhe foi introduzida pelo DL n.º 119/2004, de 21/05.

ARTIGO 11.º

Promoção a sargentos

As praças da Guarda do serviço de saúde que na data de publicação do presente diploma possuam o curso técnico-profissional de nível 4 de Enfermagem Geral e obedeçam às condições gerais de promoção previstas no Estatuto são promovidas ao posto de segundo-sargento, contando a antiguidade da data do final do curso e vencimentos desde a data de entrada em vigor do presente diploma.

ARTIGO 12.º

Adido ao quadro

Os militares que, à data de entrada em vigor do presente diploma, se encontrem na situação de supranumerário não eventual nos termos do artigo 12.º do Estatuto do Oficial da Guarda Nacional Republicana e do artigo 11.º do Estatuto do Sargento da Guarda Nacional Republicana, aprovado pelo Decreto-Lei n.º 465/83, de 31 de Dezembro, alterado pelo Decreto-Lei n.º 329/91, de 5 de Setembro, passam definitivamente à situação de adido ao quadro.

ARTIGO 13.º

Cursos

1 – Aos cursos já programados ou já iniciados em 1993 aplicar-se-á a legislação em vigor à data da publicação do presente diploma.

2 – Até 1996, inclusive, os soldados ingressados nos quadros da Guarda antes da publicação deste diploma podem concorrer e ser admitidos ao curso de promoção a cabo desde que não tenham mais de 38 anos de idade em 31 de Dezembro do ano de ingresso no curso.

3 – Os soldados ingressados nos quadros da Guarda até à data da publicação deste diploma podem concorrer e ser admitidos ao curso de formação de sargentos nas condições previstas no Decreto-Lei n.º 465/83, de 31 de Dezembro.

4 – Enquanto a Escola Prática da Guarda não dispuser de meios para pôr em funcionamento todos os cursos, tirocínios e estágios de formação e promoção que lhe são cometidos no Estatuto e demais legislação complementar, alguns deles podem ser realizados por despacho do comandante-geral noutras unidades da Guarda.

ARTIGO 14.º
Regulamento de avaliação dos militares da Guarda

1 – As instruções previstas no artigo 163.º do Estatuto serão publicadas no prazo de um ano.

2 – Até publicação das instruções referidas no número anterior, mantém-se em vigor o Regulamento de Apreciação de Oficiais e Sargentos, aprovado pela Portaria n.º 621/85, de 20 de Agosto.

ARTIGO 15.º
Licença para estudos

O militar dos quadros da Guarda que à data de entrada em vigor deste diploma se encontre na situação de licença sem vencimento para estudos mantém-se nessa situação até ao termo de duração da mesma.

ARTIGO 16.º
Revogação

São revogados o Decreto-Lei n.º 465/83, de 31 de Dezembro, e as Portarias números 621/85, de 20 de Agosto, e 463/86, de 23 de Agosto.

ARTIGO 17.º
Revisão

O Estatuto aprovado por este diploma deverá ser revisto no prazo máximo de oito anos.

ARTIGO 18.º
Entrada em vigor

1 – O presente decreto-lei entra em vigor 30 dias após a data da sua publicação.

2 – Enquanto não for publicada a legislação complementar prevista mantêm-se em vigor os correspondentes diplomas que não contrariem o disposto no Estatuto.

Visto e aprovado em Conselho de Ministros de 13 de Maio de 1993. – *Aníbal António Cavaco Silva – Joaquim Fernando Nogueira – Manuel Dias Loureiro – Jorge Braga de Macedo – Álvaro José Brilhante Laborinho Lúcio – Joaquim Martins Ferreira do Amaral.*

Promulgado em 1 de Julho de 1993.

Publique-se.

O Presidente da República, MÁRIO SOARES.

Referendado em 5 de Julho de 1993.

O Primeiro-Ministro, *Aníbal António Cavaco Silva.*

ESTATUTO DOS MILITARES DA GUARDA NACIONAL REPUBLICANA

TÍTULO I
Parte comum

CAPÍTULO I
Disposições gerais

ARTIGO 1.º
Âmbito

1 – O presente Estatuto aplica-se aos oficiais, sargentos e praças, em qualquer situação, dos quadros da Guarda Nacional Republicana, adiante designada por Guarda.

2 – Os oficiais das Forças Armadas em serviço na Guarda regem-se pelo Estatuto dos Militares das Forças Armadas e pelo presente Estatuto na parte aplicável.

ARTIGO 2.º
Definição

1 – Militar da Guarda é aquele que, tendo ingressado nesta força de segurança, se encontra vinculado à Guarda com carácter de permanência ou nela presta serviço voluntariamente.

2 – O militar da Guarda é um «soldado da lei», que se obriga a manter em todas as circunstâncias um bom comportamento cívico e a proceder com justiça, lealdade, integridade, honestidade e competência profissional, por forma a suscitar a confiança e o respeito da população e a contribuir para o prestígio da Guarda e das instituições democráticas.

3 – O militar da Guarda, no exercício das suas funções, é, nos termos da Lei Orgânica da Guarda Nacional Republicana, agente da força pública e de autoridade e órgão de polícia criminal, fiscal e aduaneira quando lhe não seja legalmente atribuída outra qualidade superior.

ARTIGO 3.º
Juramento de bandeira

O militar da Guarda admitido como mancebo presta juramento de bandeira, em cerimónia pública, perante a Bandeira Nacional, mediante a fórmula prevista no Estatuto dos Militares das Forças Armadas.

ARTIGO 4.º
Juramento de fidelidade ou compromisso de honra

Os militares da Guarda, após a frequência, com aproveitamento, dos cursos de formação, prestam juramento de fidelidade ou compromisso de honra, em cerimónia pública nos termos previstos neste Estatuto.

CAPÍTULO II
Deveres e direitos

SECÇÃO I
Deveres

ARTIGO 5.º (*)
Regime aplicável

1 – Ao militar da Guarda são aplicáveis o Código de Justiça Militar (CJM), o Regulamento de Disciplina Militar (RDM), o Regulamento de Continências e Honras Militares (RCHM) e o Regulamento da Medalha Militar (RMM), com os ajustamentos adequados às características estruturais deste corpo militar e constantes dos respectivos diplomas legais.

2 – As referências feitas no CJM às Forças Armadas e ao Exército consideram-se, para efeitos do mesmo Código, como abrangendo a Guarda Nacional Republicana.

3 – A competência prevista no n.º 2 do artigo 49.º do Regulamento da Medalha Militar e das Medalhas Comemorativas das Forças Armadas, aprovado pelo Decreto-Lei n.º 316/2002, de 27 de Dezembro, é conferida ao comandante-geral da Guarda Nacional Republicana sempre que o agraciado no desempenho da respectiva missão se encontre sob comando operacional da GNR.

(*) *O n.º 3 foi aditado pelo DL n.º 119/2004, de 21/05.*

ARTIGO 6.º
Princípios fundamentais

1 – O militar da Guarda, no exercício das suas funções, está exclusivamente ao serviço do interesse público, tal como é definido na lei ou, com base nela, pelos órgãos competentes.

2 – O militar da Guarda deve constituir exemplo de respeito pela legalidade democrática e actuar no sentido de reforçar, na comunidade, a confiança na acção desenvolvida pela instituição que serve.

3 – O militar da Guarda rege-se pelos princípios da honra, da lealdade e dedicação ao serviço, devendo enfrentar com coragem os riscos inerentes às missões que lhe são confiadas.

4 – O militar da Guarda, em caso de guerra ou em estado de sítio ou de emergência, cumpre as missões que lhe forem cometidas pelos legítimos superiores, para defesa da Pátria, se necessário com o sacrifício da própria vida.

ARTIGO 7.º
Dever de obediência

1 – A subordinação à disciplina baseia-se no cumprimento de leis e regulamentos e no dever de obediência aos superiores hierárquicos, bem como no dever do exercício responsável de autoridade.

2 – O militar da Guarda deve obediência às leis e regulamentos e obriga-se a cumprir com exactidão e oportunidade as ordens e instruções dos seus legítimos superiores relativas ao serviço.

ARTIGO 8.º
Dever de isenção

1 – O militar da Guarda deve actuar com independência e de acordo com a autoridade de que está investido, abstendo-se de retirar vantagens directas ou indirectas do exercício das suas funções.

2 – Ao militar da Guarda, quando na efectividade do serviço, é vedado o exercício, por si ou interposta pessoa, de quaisquer actividades sujeitas à fiscalização das autoridades policiais ou relacionadas com o equipamento, armamento ou reparação de materiais destinados às Forças Armadas ou às forças de segurança.

ARTIGO 9.º
Dever de disponibilidade

1 – Face à especificidade da missão, o militar da Guarda encontra-se permanentemente de serviço.

2 – O militar da Guarda deve manter permanente disponibilidade para o serviço, ainda que com sacrifício dos interesses pessoais, não se ausentando da área onde presta serviço, a não ser quando devidamente autorizado, ou quando, no exercício das suas funções, deva efectuar de imediato diligências que possam conduzir ao esclarecimento de qualquer acto de natureza criminal ou contra-ordenacional.

3 – O militar da Guarda deve comunicar o seu domicílio habitual ou eventual e, no caso de ausência por licença ou doença, o local onde possa ser encontrado ou contactado.

ARTIGO 10.º
Dever de zelo

1 – O militar da Guarda deve conhecer, cumprir e fazer cumprir as disposições legais e regulamentares em vigor e desenvolver, através da instrução, esforço e iniciativa, as qualidades e aptidões pessoais necessárias ao bom desempenho do serviço.

2 – O dever de zelo compreende a obrigação de acudir com rapidez e prestar auxílio em situações de catástrofe ou calamidade pública, pondo todo o empenho no socorro dos sinistrados e na atenuação dos danos, e promovendo a informação conveniente à entidade de que depende.

ARTIGO 11.º
Dever de sigilo

O militar da Guarda deve cumprir rigorosamente as normas de segurança e manter o sigilo quanto aos factos e matérias de que tome conhecimento em virtude do exercício das suas funções.

ARTIGO 12.º
Poder de autoridade

1 – O militar da Guarda que desempenhe funções de comando, direcção ou chefia exerce o poder de autoridade inerente a essas funções, bem como a correspondente competência disciplinar.

2 – O exercício dos poderes de autoridade implica a responsabilidade dos actos que por si ou por sua ordem forem praticados.

ARTIGO 13.º
Uso de meios adequados

1 – O militar da Guarda defende e respeita, em todas as circunstâncias, a vida e a integridade física e moral, a dignidade das pessoas e utiliza a persuasão como método de actuação, só fazendo uso da força em casos de absoluta necessidade.

2 – O militar da Guarda deve usar os meios que a prudência e as circunstâncias lhe ditarem para, como agente da força pública, manter ou restabelecer a ordem.

3 – O militar da Guarda deve utilizar a força só nos casos expressamente previstos na lei, utilizando as armas unicamente para:

a) Repelir uma agressão iminente ou em execução, em defesa própria ou de terceiros;
b) Vencer a resistência violenta à execução de um serviço no exercício das suas funções e manter a autoridade depois de ter feito aos resistentes intimação inequívoca de obediência, e após esgotados todos os outros meios possíveis para o conseguir.

ARTIGO 14.º
Outros deveres

Constituem, ainda, deveres do militar da Guarda:

a) Usar uniforme, excepto nos casos em que a lei o prive ou seja expressamente determinado ou autorizado o contrário;
b) Auxiliar qualquer diligência em matéria fiscal e tomar a iniciativa na repressão de qualquer fraude de que tenha conhecimento;
c) Providenciar no sentido de reprimir qualquer tentativa ou cometimento de crime ou contra-ordenação às leis e aos regulamentos fiscais de que tome conhecimento;
d) Prestar ao pessoal técnico-aduaneiro, organismos policiais e outros órgãos da Administração Pública, indicados expressamente por lei, a cooperação solicitada ou requerida nos termos da lei;
e) Comportar-se de acordo com a dignidade da sua função e posto mesmo fora dos actos de serviço;

f) Observar, quando destacado no estrangeiro, as regras de comportamento que regem as forças militares ou de segurança dos respectivos países;
g) Abster-se de exercer actividades incompatíveis com o seu grau hierárquico ou decoro militar ou que o coloquem em situação de dependência susceptível de afectar a sua respeitabilidade pessoal e dignidade funcional perante a Guarda ou a sociedade;
h) Privar-se, sem ter obtido prévia autorização, de exercer quaisquer actividades de natureza comercial ou industrial e quaisquer outras de natureza lucrativa, relacionadas com o exercício das suas funções ou incompatíveis com estas, enquanto na efectividade de serviço;
i) Recusar a nomeação para qualquer cargo, comissão, função ou emprego, público ou privado, sem prévia autorização da entidade competente, enquanto na efectividade de serviço;
j) Comunicar a nomeação para qualquer cargo, comissão, função ou emprego público, quando fora da efectividade de serviço;
l) Comunicar a constituição do seu agregado familiar;
m) Comunicar todas as alterações à sua evolução técnica e cultural, relativamente a habilitações literárias que obtenha ou cursos técnicos e superiores que complete;
n) Comprovar a sua identidade e situação sempre que solicitada;
o) Comunicar com os imediatos superiores quando detido por autoridade competente estranha à Guarda;
p) Zelar pelos interesses dos seus subordinados e dar conhecimento através da via hierárquica dos problemas de que tenha conhecimento e àqueles digam respeito.

SECÇÃO II
Direitos

ARTIGO 15.º
Direitos, liberdades e garantias

O militar da Guarda goza de todos os direitos, liberdades e garantias reconhecidos aos demais cidadãos, estando o exercício de alguns desses direitos e liberdades sujeitos às restrições constitucionalmente previstas com o âmbito pessoal e material que consta da Lei de Defesa Nacional e das Forças Armadas (LDNFA).

ARTIGO 16.º

Honras militares

O militar da Guarda tem, nos termos da lei, direito ao uso de uniforme, títulos, honras, precedências, imunidades e isenções adequados à sua condição militar.

ARTIGO 17.º

Remuneração

1 – O militar da Guarda na efectividade de serviço tem, nos termos fixados em legislação própria, direito a auferir remuneração e suplementos, de acordo com sua condição militar e carácter profissional, posto, tempo de serviço, cargo que exerça, qualificações adquiridas e respectivas interdições, restrições e condicionalmente, bem como com a penosidade e riscos inerentes à sua actividade específica.

2 – Sem prejuízo do disposto no número anterior, o militar da Guarda na situação de reserva tem direito a:

a) Auferir remuneração calculada com base no posto, escalão e tempo de serviço tal como definido neste Estatuto, acrescida dos suplementos que a lei defina como extensivos a esta situação;
b) Auferir a remuneração e suplementos referidos na alínea anterior de montante igual à do militar com o mesmo posto e escalão no activo, quando o militar tenha completado 36 anos de serviço;
c) Completar os 36 anos de serviço quando transitar para a reserva ao abrigo do disposto na alínea a) do n.º 1 do artigo 77.º, por razões que não lhe sejam imputáveis;

3 – O militar da Guarda na situação de reforma, de acordo com o regime estabelecido na legislação especificamente aplicável, beneficia do regime de pensões em função do posto, do escalão, do tempo de serviço, dos descontos efectuados para o efeito e dos suplementos que a lei defina como extensivos a esta situação.

4 – Sempre que a pensão de reforma extraordinária do militar da Guarda a que se refere o artigo 86.º, calculada de acordo com o Estatuto da Aposentação, resulte inferior à remuneração de reserva do correspondente posto e escalão do activo, ser-lhe-á abonado, a título de complemento de pensão, o diferencial verificado, sendo as verbas eventualmente necessárias para fazer face àquele abono anualmente inscritas no orçamento do Ministério da Administração Interna.

ARTIGO 18.º
Formação e progressão na carreira

1 – O militar da Guarda tem direito a ascender na carreira profissional definida neste Estatuto segundo a capacidade e competência profissional que lhe forem reconhecidas e o tempo de serviço prestado, atentos os condicionalismos dos respectivos quadros.

2 – O militar da Guarda tem direito a receber treino e formação geral, cívica, científica, técnica e profissional, inicial e permanente, adequados ao pleno exercício das funções e missões que lhe foram atribuídas.

3 – O militar da Guarda tem direito a receber formação de actualização, reciclagem e progressão, com vista à sua valorização humana e profissional e à sua progressão na carreira.

ARTIGO 19.º
Garantias de defesa

1 – O militar da Guarda tem direito a apresentar propostas, petições, participações e queixas, sempre a título individual e através das vias competentes.

2 – O militar da Guarda tem direito a nomear, a expensas próprias, defensor em processo disciplinar, bem como em reclamação e recursos hierárquicos e contenciosos.

3 – O militar da Guarda tem direito a receber do Estado patrocínio judiciário e assistência, que se traduz na dispensa do pagamento de preparos e custas e das demais despesas do processo, para defesa dos seus direitos e do seu bom nome e reputação, sempre que sejam afectados por motivo de serviço.

4 – O militar da Guarda tem direito a ser informado das apreciações desfavoráveis emitidas a seu respeito pelos superiores hierárquicos sobre o seu desempenho profissional, sempre que aquelas se encontrem registadas ou documentadas por forma a poderem relevar na avaliação do mérito.

5 – O militar da Guarda tem direito a apresentar queixas ao Provedor de Justiça, de acordo com a LDNFA, e nos termos que vierem a ser fixados na lei.

Artigo 20.º
Detenção e prisão

O militar da Guarda tem direito a:

a) Só aceitar intimação de prisão através da autoridade competente, excepto no caso de flagrante delito e quando ao crime cometido corresponder pena de prisão;

b) Quando na efectividade do serviço, só aceitar ordem de detenção ou prisão fora de flagrante delito quando dimanada de autoridades judiciárias e mediante requisição aos seus superiores hierárquicos, nos termos da lei;

c) Comunicar com os seus superiores imediatos quando detido por autoridade competente estranha à Guarda.

Artigo 21.º
Transporte e alojamento

1 – O militar da Guarda tem, para o desempenho de determinadas funções profissionais e consoante o cargo exercido, direito a transporte e alojamento condignos.

2 – O militar da Guarda tem direito a auferir, nos termos da lei, um abono por compensação das despesas feitas resultantes da sua deslocação e do seu agregado familiar.

3 – O regime de utilização dos transportes públicos colectivos pelos militares da Guarda será objecto de portaria conjunta dos Ministros da Administração Interna e das Obras Públicas, Transportes e Comunicações, nos termos definidos no Decreto-Lei n.º 106/87, de 6 de Março.

Artigo 21.º-A (*)
Alojamento

1 – Na Guarda têm direito a habitação por conta do Estado o comandante-geral, o 2.º comandante-geral, o inspector-geral, o chefe do Estado-Maior da GNR, os comandantes de brigada, os comandantes de regimento, os comandantes de batalhão, os comandantes de agrupamento, os comandantes de grupo ou companhia, os comandantes de destacamento, os comandantes de subdestacamento e os comandantes de posto.

2 – Quando sejam colocados em local distanciado a mais de 30 km da localidade da sua residência habitual, sempre que não seja possível garantir habitação nos termos do número anterior e sem prejuízo do disposto no artigo 3.º do Decreto-Lei n.º 180/83, de 5 de Maio, será atribuído um suplemento mensal de residência de valor correspondente a 17,5% da ajuda de custo, por deslocações em serviço em território nacional, fixada para cada posto.

3 – Não se fazendo o militar acompanhar do seu agregado familiar para o concelho do local onde foi colocado ou para localidade distanciada daquele local a menos de 30 km, a percentagem referida no número anterior será de:

a) 15%, quando colocado nas Regiões Autónomas dos Açores ou da Madeira, ou quando, tendo residência habitual em quaisquer destas regiões, for colocado no continente;

b) 12,5%, quando colocado a mais de 120 km da localidade da sua residência habitual;

c) 10%, nos restantes casos.

4 – Não tendo as entidades referidas no n.º 1 agregado familiar, os valores referidos no número anterior serão reduzidos em 25%, nas situações previstas na alínea a), ou em 50%, nos restantes casos.

5 – Em casos excepcionais, resultantes do elevado nível de preços correntes no mercado local de habitação, podem os Ministros da Administração Interna e das Finanças atribuir, por despacho conjunto, um valor de suplemento de residência superior ao fixado nos números anteriores.

(*) *Aditado pelo D.L. n.º 298/94, de 24/11.*

O artigo 5.º do DL n.º 298/94 citado dispõe ainda o seguinte:

«1 – Têm direito a um suplemento de residência, nos termos estabelecidos no artigo 21.º-A aditado pelo presente diploma ao Decreto-Lei n.º 265/93, de 31 de Julho, e por um período até 24 meses, quando se proceda à extinção da unidade em que prestavam serviço, desde que ocorra até 31 de Dezembro de 1997, os oficiais, sargentos e praças da Guarda colocados por imposição em local distanciado de mais de 30 km da localidade sede do comando da unidade extinta ou da localidade da sua residência habitual.

2 – Não é concedido suplemento de residência nos casos em que previamente tenha havido um pedido de colocação cujo destino coincida com o destino da colocação referida no número anterior».

ARTIGO 21.º-B (*)

Inexistência do direito a suplemento de residência

Não é conferido o direito a suplemento de residência quando:

a) O militar é colocado em local situado dentro do concelho onde tem a sua residência habitual;

b) O cônjuge do militar, dele não separado judicialmente de pessoas e bens, usufrua de casa do Estado em localidade distanciada de menos de 30 km do local onde este tenha sido colocado, ou no concelho em que este local se situa, ou ainda de suplemento de residência ou equivalente, e destes direitos não prescinda;

c) O militar ou o seu cônjuge, quando não separados de pessoas e bens, disponha de habitação própria, condigna e disponível em localidade distanciada de menos de 30 km do local onde o primeiro foi colocado ou no concelho em que este local se situa;

d) For assegurado o transporte diário por conta do Estado entre a localidade da residência habitual do militar e o local da colocação deste;

e) O afastamento do militar da sua residência habitual se ficar a dever a deslocação em serviço pela qual perceba ajudas de custo, nos termos da legislação respectiva.

(*) *Aditado pelo DL n.º 298/94, de 24/11.*

ARTIGO 22.º (*)

Outros direitos

1 – Constituem direitos do militar da Guarda no cumprimento da sua missão:

a) Possuir bilhete de identidade militar da Guarda que substitua, para todos os efeitos legais, em território nacional, o bilhete de identidade civil ou qualquer outra forma de identificação civil estabelecida na lei;

b) Ter acesso a casas de espectáculos de diversões, casinos e salas de jogos, recintos públicos, casas ou estabelecimentos comerciais, parques de campismo e a todos os lugares onde se realizem reuniões públicas, ou onde seja permitida o acesso ao público mediante o pagamento de uma taxa, a realização de certa despesa ou a apresentação de bilhete de aquisição livre, de que se encontram dispensados;

c) Entrar livremente em locais de embarque e desembarque de pessoas ou mercadorias e meios de transporte, mediante a apresentação do bilhete de identidade militar da Guarda;

d) Entrar em recintos, instalações e meios de transportes militares, desde que autorizado pela entidade militar competente, e interrogar, nos termos da lei, as pessoas que se tornem suspeitas de infracções fiscais e sujeitar a exame essas pessoas e as mercadorias ou meios de transporte que as acompanham;

e) Requisitar o auxílio das autoridades administrativas, policiais e fiscais, quando as necessidades do serviço o exijam;

f) Ser indemnizado, nos termos da lei, por danos materiais ou pessoais decorrentes de actos criminosos de que seja vítima no exercício das suas funções ou em consequência das mesmas;

g) Beneficiar da detenção, uso e porte de armas de qualquer natureza, sendo, no entanto, obrigado ao seu manifesto quando de sua propriedade;

2 – Constituem, ainda, direitos do militar da Guarda:

a) Identificar-se mediante a exibição do bilhete de identidade militar da Guarda, documento que substitui, para todos os efeitos legais, em território nacional, o bilhete de identidade de cidadão nacional;

b) Beneficiar da detenção, uso e porte de arma de qualquer natureza, independentemente de licença ou autorização, sendo, no entanto, obrigatório o respectivo manifesto quando de sua propriedade;

c) Beneficiar, para si e para a sua família, de assistência médica, medicamentosa e hospitalar, bem como de meios auxiliares de diagnóstico, nos termos fixados em diploma próprio;

d) Beneficiar, para si e para a sua família, de um sistema de protecção, abrangendo, designadamente, pensões de reforma, de sobrevivência e de preço de sangue, e subsídio de invalidez e outras formas de assistência e apoio social;

e) Beneficiar das disposições constantes da lei e respectivos diplomas regulamentares em matéria de maternidade e paternidade;

f) Beneficiar de assistência religiosa, quando professe religião com expressão real no País.

(*) *Redacção do DL n.º 15/2002, de 29/01.*

Capítulo III
Hierarquia, cargos e funções

Artigo 23.º
Finalidade

A hierarquia militar tem por finalidade estabelecer as relações de autoridade e subordinação entre os militares, em todas as circunstâncias, e é determinada pelos respectivos postos, também designados por patentes, antiguidade e precedência, a respeitar mesmo fora do desempenho das funções.

ARTIGO 24.º
Postos militares

1 – A hierarquia dos postos militares e as categorias e subcategorias em que se agrupam são as seguintes:

a) Oficiais:

1) Oficiais generais – general e brigadeiro;
2) Oficiais superiores – coronel, tenente-coronel e major;
3) Capitães – capitão;
4) Subalternos – tenentes e alferes;

b) Sargentos – sargento-mor, sargento-chefe, sargento-ajudante, primeiro-sargento, segundo-sargento e furriel;

c) Praças, cabo-chefe, cabo e soldado;

2 – O posto de furriel destina-se, exclusivamente, a graduar os militares da Guarda aprovados na primeira parte do curso de formação de sargentos, nas condições expressas neste Estatuto.

3 – Os alunos dos cursos de formação de oficiais podem ter as graduações e correspondentes honras militares constantes de legislação própria.

4 – O candidato a militar da Guarda, enquanto na frequência do curso de formação de praças, é designado por soldado provisório.

ARTIGO 25.º
Contagem da antiguidade

1 – A antiguidade do militar em cada posto conta desde a data fixada no respectivo documento oficial de promoção, considerando-se de menor antiguidade o promovido com data mais recente.

2 – O militar graduado é sempre considerado mais moderno do que o militar promovido ao mesmo posto, com excepção dos casos previstos na lei.

ARTIGO 26.º
Graus hierárquicos

Os graus hierárquicos dos militares são organizados por ordem decrescente dos postos e, dentro destes, de antiguidade.

Artigo 27.º
Listas de antiguidade

1 – Anualmente serão publicadas listas de antiguidade dos oficiais, sargentos e praças da Guarda, referidas a 1 de Janeiro, sendo:

a) Os do activo, distribuídos por quadros e por ordem decrescente de antiguidade;

b) Os da reserva e os da reforma, por ordem decrescente dos postos e, dentro destes, por ordem decrescente de idades;

2 – A lista de antiguidade de oficiais será dividida em duas partes, nos termos previstos neste e nos artigos seguintes, uma relativa às Forças Armadas em serviço na Guarda e outra aos quadros da Guarda.

Artigo 28.º
Inscrição na lista de antiguidades

1 – O militar da Guarda na situação de activo ocupa um lugar na lista de antiguidade do quadro a que pertence.

2 – No quadro a que pertencem, os militares da Guarda promovidos na mesma data e ao mesmo posto são ordenados por ordem decrescente, segundo a ordem da sua inscrição na lista de antiguidade desse posto, que deve constar do documento oficial de promoção.

3 – A inscrição na lista de antiguidade no posto de ingresso de cada quadro é feita por ordem decrescente de classificação no respectivo curso ou concurso de ingresso.

4 – Em caso de igualdade de classificação, a inscrição na lista de antiguidade do posto de ingresso de cada quadro é feita tendo em conta as seguintes prioridades:

1.º Maior graduação anterior;
2.º Maior tempo de serviço efectivo;
3.º Maior idade;

5 – No ordenamento hierárquico ditado pela lista de antiguidade considera-se qualquer militar à esquerda de todos os que são mais antigos do que ele e à direita dos que são modernos.

Artigo 29.º
Alteração na antiguidade

1 – Sempre que seja alterada a colocação de um militar na lista da antiguidade, a data da sua nova antiguidade deve constar expressamente no documento que determina essa alteração.

2 – Sempre que militares do mesmo quadro forem promovidos a um dado posto na mesma data, havendo alteração do ordenamento anterior, esta deve constar expressamente do documento oficial de promoção.

ARTIGO 30.º
Transferência de quadro

1 – O militar dos quadros da Guarda pode ser transferido para quadro diferente daquele a que pertence, mediante requerimento, por necessidade de racionalização do emprego de recursos humanos ou por ter sido reclassificado.

2 – A transferência de quadro por conveniência ou necessidade de serviço deve ser precedida, quando oportuno, da publicação de convite em ordem de serviço, e depende das habilitações técnico-profissionais adquiridas e ou da comprovação perante júri qualificado da aptidão do militar para o desempenho das funções inerentes ao novo quadro, conforme condições e demais normas, no respeito do presente Estatuto, estabelecidas pelo comandante-geral.

3 – A transferência por reclassificação é feita nos termos previstos no artigo 166.º.

4 – O militar transferido para outro quadro mantém o posto e a antiguidade do quadro de origem e é inscrito na lista de antiguidade tendo em atenção as regras estabelecidas no artigo seguinte.

ARTIGO 31.º
Antiguidade relativa

A antiguidade relativa entre militares, com o mesmo posto mas de quadros diferentes, é determinada pelas datas de antiguidade nesse posto; em caso de igualdade destas, é determinada pelas datas de antiguidade no posto anterior, e assim sucessivamente, aplicando-se para o de ingresso o estabelecido no artigo 28.º.

ARTIGO 32.º
Hierarquia funcional

A hierarquia funcional é a que decorre dos cargos e funções profissionais, devendo respeitar a hierarquia dos postos e antiguidade dos militares, ressalvados os casos em que a lei determine de forma diferente.

ARTIGO 33.º
Prevalência de funções

1 – Os casos excepcionais em que a hierarquia funcional implique promoção, graduação ou prevalência sobre a antiguidade devem constar, expressamente, de documento legal.

2 – A graduação e a prevalência sobre a antiguidade terminam com a exoneração dos cargos ou a cessação de funções.

ARTIGO 34.º
Cargos profissionais

1 – Consideram-se cargos profissionais os lugares existentes na organização da Guarda que correspondem ao desempenho de funções organicamente definidas.

2 – São, ainda, considerados cargos profissionais os lugares existentes em qualquer departamento do Estado ou em organismos internacionais que sejam de nomeação ministerial ou a que correspondam funções de natureza policial ou militar.

ARTIGO 35.º
Funções profissionais

1 – Considera-se como desempenho de funções profissionais o exercício das competências estabelecidas para os cargos correspondentes, bem como os actos de serviço resultantes do cumprimento da missão da Guarda.

2 – As funções profissionais classificam-se em:

a) Comando;

b) Direcção ou chefia;

c) Estado-maior;

d) Execução;

3 – Em relação aos cargos profissionais, o desempenho das funções inicia-se com a aceitação da nomeação, suspende-se com o afastamento temporário do titular e cessa com a sua exoneração, transferência ou abate aos quadros.

4 – Em relação aos actos de serviço, o desempenho de funções inicia-se com a entrada ao serviço e cessa com a saída de serviço dos militares nomeados.

ARTIGO 36.º
Função comando

1 – A função comando traduz-se no exercício da autoridade que é conferida a um militar para dirigir, coordenar e controlar unidades, subunidades, forças e órgãos de execução de apoio logístico.

2 – O exercício da autoridade, conferido pelas leis e regulamentos, é acompanhado da correspondente responsabilidade, que não é delegável, sendo o comandante o único responsável, em todas as circunstâncias, pela forma como as forças ou unidades subordinadas cumprem as missões atribuídas.

ARTIGO 37.º
Função direcção ou chefia

1 – A função direcção ou chefia traduz-se no exercício da autoridade que é conferida a um militar para dirigir, coordenar e controlar órgãos, com exclusão dos referidos no artigo anterior.

2 – O exercício da autoridade conferida pelas leis e regulamentos é acompanhado da correspondente responsabilidade, que não é delegável, sendo o director ou chefe o único responsável, em todas as circunstâncias, pela forma como os órgãos subordinados cumprem as missões atribuídas.

ARTIGO 38.º
Função estado-maior

A função estado-maior consiste na prestação do apoio e assessoria ao comandante, director ou chefe e traduz-se, designadamente, na elaboração de estudos, informações, directivas, planos, ordens e propostas tendo em vista a preparação e a transmissão da tomada de decisão e a supervisão da sua execução.

ARTIGO 39.º
Função execução

1 – A função execução traduz-se na realização das acções levadas a cabo pelos militares integrados em forças, unidades e órgãos, no âmbito da preparação do cumprimento da missão da Guarda.

2 – As acções de preparação e apoio abrangem, designadamente, as áreas de formação, instrução e treino, logísticas, administrativas e de carácter científico e técnico.

ARTIGO 40.º
Funções próprias dos postos

As funções inerentes a cada quadro, posto e qualificação são especificadas neste Estatuto.

ARTIGO 41.º
Funções essenciais dos postos

1 – Consideram-se funções essenciais, para cada posto, aquelas cujo exercício é indispensável para a aquisição da necessária experiência profissional e para a comprovação do mérito para acesso ao posto imediato.

2 – Em regra, ao militar da Guarda deve ser cometido o desempenho de funções essenciais do respectivo quadro e posto.

ARTIGO 42.º
Competência, responsabilidade e requisitos

1 – A cada função profissional deve corresponder uma competência compatível com as responsabilidades atribuídas e devem ser definidos os requisitos exigidos para o seu desempenho eficiente no que respeita ao posto e às qualificações dos militares.

2 – O militar é obrigado ao desempenho das funções profissionais, próprias do seu posto e das suas qualificações especiais, para as quais seja legalmente nomeado.

ARTIGO 43.º
Funções de posto inferior

O militar não pode ser nomeado para desempenhar funções que correspondam a posto inferior ao seu, nem estar subordinado a militares de menor patente ou antiguidade, com excepção dos casos de hierarquia funcional expressos em diploma legal.

ARTIGO 44.º
Funções de posto superior

O militar, quando no desempenho de funções de posto superior ao seu, é investido da autoridade correspondente a esse posto, em relação a todos os subordinados.

ARTIGO 45.º
Hierarquia em cerimónias

Em actos e cerimónias militares ou civis, excepto nas formaturas, os militares colocam-se por ordem hierárquica de postos e antiguidades, respeitando-se, porém, as precedências que, de acordo com as funções dos militares presentes, estejam consignadas na lei.

CAPÍTULO IV
Carreiras profissionais

ARTIGO 46.º
Carreira profissional

A carreira profissional da Guarda é o conjunto hierarquizado de postos em cada categoria que se concretiza em determinado quadro e a que corresponde o exercício de cargos e o desempenho de funções diferenciadas entre si.

ARTIGO 47.º
Princípios

O desenvolvimento das carreiras profissionais da Guarda orienta-se pelos seguintes princípios:

a) Princípio do primado da valorização profissional – valorização da formação profissional conducente à completa entrega à missão;
b) Princípio da universalidade – aplicabilidade a todos os militares que voluntariamente ingressam nos quadros da Guarda;
c) Princípio do profissionalismo – capacidade de acção que exige conhecimentos técnicos e formação científica e humanística,

segundo padrões éticos institucionais, e supõe a obrigação de aperfeiçoamento contínuo, tendo em vista o desempenho das funções com eficiência;

d) Princípio da igualdade de oportunidades – perspectivas de carreiras semelhantes nos vários domínios da formação e promoção;

e) Princípio do equilíbrio – gestão integrada dos recursos humanos, materiais e financeiros por forma a ser obtida a coerência do efectivo global autorizado;

f) Princípio da flexibilidade – adaptação atempada à inovação e às transformações de crescente complexidade decorrentes do progresso científico, técnico, operacional e organizacional, com emprego flexível do pessoal;

g) Princípio da mobilidade – faculdade de compatibilizar os interesses da Guarda com as vontades e interesses individuais;

h) Princípio da credibilidade – transparência dos métodos e critérios a aplicar.

ARTIGO 48.º
Objectivo

O desenvolvimento da carreira profissional visa a promoção dos militares aos diferentes postos, atentos os princípios mencionados no artigo anterior, os interesses da Guarda e os anseios pessoais de valorização.

ARTIGO 49.º
Condicionamentos

1 – O fluxo normal do desenvolvimento da carreira dos militares dos quadros da Guarda está condicionado à verificação dos seguintes pressupostos:

a) Existência de mecanismos reguladores que assegurem flexibilidade de gestão e permanente motivação dos militares;

b) Alimentação adequada às necessidades de cada quadro;

2 – Consideram-se mecanismos reguladores, designadamente, as condições gerais e especiais de promoção, bem como a avaliação de mérito individual, previstos no presente Estatuto.

ARTIGO 50.º
Desenvolvimento da carreira

1 – O desenvolvimento da carreira dos militares dos quadros da Guarda verifica-se de acordo com as qualificações, a antiguidade e o mérito revelados no seu desempenho profissional, observada a satisfação das condições gerais e especiais de promoção e as necessidades permanentes do serviço da Guarda.

2 – O desenvolvimento da carreira deve possibilitar uma permanência significativa e funcionalmente eficaz nos diferentes postos que a constituem.

ARTIGO 51.º
Designação das carreiras e ingresso

1 – As carreiras designam-se de:

a) Oficiais;

b) Sargentos;

c) Praças;

2 – Para o ingresso nas carreiras referidas no número anterior são exigidas as seguintes condições:

a) Oficiais – licenciatura ou formação militar e técnica equiparada a bacharelato;

b) Sargentos – formação militar e técnica equiparada a curso técnico-profissional;

c) Praças – formação escolar e profissional, a definir por portaria do Ministro da Administração Interna;

3 – As condições de progressão nas carreiras dos militares dos quadros da Guarda referidas no número anterior são as constantes deste Estatuto.

4 – O militar dos quadros da Guarda desde que reúna as condições previstas neste Estatuto e legislação complementar aplicável pode candidatar-se à frequência de cursos que possibilitem o acesso à carreira de nível superior à sua.

ARTIGO 52.º
Recrutamento e requisição

1 – O recrutamento para os quadros da Guarda é feito por concurso de admissão nos termos deste Estatuto e demais legislação complementar.

2 – A prestação temporária de serviço na Guarda por militares das Forças Armadas é feita mediante requisição ao ramo respectivo, sem prejuízo dos casos expressamente previstos nos Estatutos dos Militares das Forças Armadas e da Guarda Nacional Republicana;

3 – A prestação de serviço na Guarda de oficiais generais é feita nos termos previstos na respectiva lei orgânica.

CAPÍTULO V
Colocações

ARTIGO 53.º
Princípios

A colocação de militares obedece aos seguintes princípios:

a) Primado da satisfação das necessidades e interesses do serviço;
b) Satisfação das condições de promoção;
c) Aproveitamento da capacidade profissional, avaliada em função da competência revelada e da experiência adquirida;
d) Conciliação, na medida do possível, dos interesses pessoais com os do serviço.

ARTIGO 54.º
Tipos de colocação

A colocação de militares para o exercício de quaisquer funções profissionais desempenhadas em comissão normal processa-se por escolha, oferecimento, imposição de serviço ou motivo disciplinar.

ARTIGO 55.º
Colocação por escolha

1 – A colocação por escolha tem carácter nominal e processa-se independentemente de qualquer escala.

2 – A colocação referida no número anterior resulta da satisfação das necessidades e ou de interesses do serviço e terá em conta as qualificações técnicas, as qualidades pessoais do militar e as exigências do cargo ou das funções a desempenhar.

ARTIGO 56.º

Colocação por oferecimento

1 – A colocação por oferecimento tem por base uma declaração do militar, na qual, de forma expressa, se oferece para exercer funções em determinadas unidades, subunidades ou órgãos da Guarda.

2 – A colocação por oferecimento pode ser a pedido dos militares interessados ou por aceitação de convite aos militares que satisfaçam determinados requisitos técnicos, profissionais e tempo de serviço exigidos, devendo tal convite ser objecto de divulgação através das ordens de serviço.

ARTIGO 57.º

Colocação por imposição

1 – A colocação por imposição de serviço processa-se por escala, com vista ao exercício de determinado cargo, função própria do posto ou por motivos cautelares.

2 – Nas escalas referidas no número anterior são inscritos os militares que satisfaçam os requisitos técnicos e profissionais exigidos para o exercício de determinados cargos ou funções.

ARTIGO 58.º

Colocação por motivos disciplinares

As colocações por motivos disciplinares processam-se de acordo com o estipulado no RDM.

ARTIGO 59.º

Normas de colocação

1 – A colocação nas unidades especiais, em princípio, não deve ser inferior a três nem superior a oito anos.

2 – As regras sobre colocação do pessoal são estabelecidas por despacho do comandante-geral.

CAPÍTULO VI
Efectivos, situações e quadros

SECÇÃO I
Disposições gerais

ARTIGO 60.º
Efectivos

Os quantitativos de militares designam-se, genericamente, por efectivos e os que se encontrem na situação de activo são fixados de acordo com os quadros aprovados nos termos da lei.

ARTIGO 61.º
Efectividade de serviço

A situação de efectividade de serviço caracteriza-se pelo exercício efectivo de cargos e funções próprias do posto nos casos e condições previstos no presente Estatuto.

ARTIGO 62.º
Situações

1 – O militar da Guarda pode, em função da disponibilidade para o serviço, encontrar-se numa das seguintes situações:

a) Activo;
b) Reserva;
c) Reforma;

2 – O oficial das Forças Armadas em serviço na Guarda só pode encontrar-se nas situações de activo e de reserva na efectividade de serviço.

ARTIGO 63.º
Activo

1 – Activo é a situação em que o militar dos quadros da Guarda se encontra afecto ao serviço efectivo ou em condições de ser chamado ao seu desempenho e não tenha sido abrangido pelas situações previstas para a reserva e reforma.

2 – O militar dos quadros da Guarda no activo pode encontrar-se na efectividade ou fora da efectividade de serviço.

ARTIGO 64.º
Reserva

1 – Reserva é a situação para que transita do activo o militar dos quadros da Guarda, verificadas que sejam as condições estabelecidas no artigo 77.º, sem prejuízo do disposto nos artigos 167.º e 168.º, mantendo-se, no entanto, disponível para o serviço.
2 – O militar dos quadros da Guarda na reserva pode encontrar-se na efectividade ou fora da efectividade de serviço.

ARTIGO 65.º
Reforma

1 – Reforma é a situação para que transita do activo o militar dos quadros da Guarda ou da reserva que tenha sido abrangido pelo disposto no artigo 85.º.
2 – O militar dos quadros da Guarda na reforma não pode exercer funções no âmbito das missões da Guarda nem militares, salvo nas circunstâncias excepcionais previstas neste Estatuto.

SECÇÃO II
Activo

ARTIGO 66.º
Situações do activo face à prestação de serviço

1 – O militar dos quadros da Guarda no activo pode estar, em relação à prestação de serviço, numa das seguintes situações:
a) Comissão normal;
b) Comissão especial;
c) Inactividade temporária;
d) Suspensão de funções;
e) Licença sem vencimento;
2 – O oficial das Forças Armadas em serviço na Guarda só pode estar nas situações previstas nas alíneas a), c) e d) do número anterior.

ARTIGO 67.º
Comissão normal

1 – Considera-se comissão normal a prestação de serviço no âmbito das missões da Guarda ou o desempenho de cargos de nomeação ministerial ou outros de natureza policial ou militar.

2 – O afastamento da comissão normal pode ser autorizado a um militar dos quadros da Guarda do activo, até ao limite de três anos seguidos ou de seis alternados; para que seja considerada esta alternância o militar deve, no intervalo de dois afastamentos consecutivos, prestar um mínimo de dois anos de serviço na comissão normal.

3 – O militar dos quadros da Guarda só pode ser promovido ou nomeado para curso de promoção se, na data em que lhe competir a promoção ou a nomeação, estiver, há mais de um ano, na comissão normal, sem o que será objecto de preterição por razões que lhe sejam imputáveis.

ARTIGO 68.º
Comissão especial

1 – Considera-se comissão especial o desempenho de funções públicas que, não estando incluídas no n.º 1 do anterior, assumam interesse nacional.

2 – Ao militar em comissão especial não é permitido o uso de uniforme em actos de serviço relativos a funções a que não corresponda o direito ao uso de insígnias militares.

ARTIGO 69.º
Inactividade temporária

1 – A inactividade temporária consiste no afastamento temporário do exercício de funções, nos casos referidos na alínea a) do número seguinte, ou por cumprimento de pena criminal ou disciplinar.

2 – O militar da Guarda no activo considera-se em inactividade temporária nos seguintes casos:

a) Por motivo de acidente ou doença, quando o impedimento exceda 12 meses e a Junta Superior de Saúde, por razões justificadas, não se encontre ainda em condições de se pronunciar quanto à sua capacidade ou incapacidade definitivas;

b) Por motivos criminais ou disciplinares, quando no cumprimento das penas de presídio militar, de prisão militar ou de inactividade;

3 – Para efeitos de contagem do período de tempo fixado na alínea a) do n.º 2, são considerados todos os impedimentos por doença e as licenças de junta médica, desde que o intervalo entre períodos consecutivos de impedimento seja inferior a 30 dias.

4 – A situação do militar abrangido pela assistência na tuberculose é regulada em legislação especial.

ARTIGO 70.º

Efeitos da inactividade temporária

1 – Quando a inactividade temporária for resultante de acidente ou doença não considerada em serviço nem por motivo do mesmo e a Junta Superior de Saúde, por razões justificadas, não se encontre em condições de se pronunciar quanto à capacidade ou incapacidade definitiva do militar dos quadros da Guarda, ao fim de quatro anos este terá de optar pela passagem à situação de reforma, desde que conte pelo menos cinco anos de serviço, ou de licença ilimitada.

2 – Quando a inactividade temporária for resultante de acidente em serviço ou de doença contraída ou agravada neste, ou por motivo do seu desempenho, o militar dos quadros da Guarda pode continuar nesta situação até que a Junta Superior de Saúde se pronuncie, não podendo exceder o período máximo de seis anos, findos os quais terá de optar pela passagem à situação de reforma extraordinária ou de licença ilimitada.

3 – A inactividade temporária resultante do cumprimento de penas criminais ou disciplinares produz os efeitos previstos na lei.

ARTIGO 71.º

Suspensão de funções

Sem prejuízo dos seus direitos e para evitar interferências no processo, o militar no activo pode ser suspenso das suas funções, total ou parcialmente, por despacho do comandante-geral, sob proposta do comandante da unidade, enquanto aguarda decisão por motivo de infracção grave.

ARTIGO 72.º

Licença sem vencimento

Considera-se na situação de licença sem vencimento o militar que se encontre de licença ilimitada ou registada nos termos do presente Estatuto.

ARTIGO 73.º

Situações quanto à efectividade de serviço

1 – Considera-se na efectividade de serviço o militar do activo que se encontre:

a) Em comissão normal;
b) Na inactividade temporária por doença ou acidente;
c) Suspenso de funções;

2 – Considera-se fora da efectividade do serviço o militar do activo que se encontre:

a)vEm comissão especial;
b) Em ausência ilegítima do serviço;
c) No cumprimento da pena a que a legislação penal ou disciplinar atribua esse efeito;
d) De licença, sem direito a vencimentos.

ARTIGO 74.º

Dispensa de serviço

1 – O militar dos quadros da Guarda pode ser dispensado do serviço se o requerer e for autorizado pelo comandante-geral, perdendo todos os direitos inerentes à qualidade de militar, o que implica, nomeadamente, o abate aos quadros da Guarda e a impossibilidade de readmissão.

2 – O militar dispensado nos termos do número anterior terá de indemnizar a Fazenda Nacional quando não cumprir o tempo mínimo de serviço efectivo regulamentado após a frequência dos seguintes cursos:

a) De formação, de acordo com o previsto neste Estatuto;
b) De especialização ou qualificação, nos termos do artigo 146.º.

3 – Na fixação da indemnização a que se refere o número anterior devem ser tidos em consideração, designadamente, a duração e os custos dos cursos de formação e subsequentes acções da qualificação e especialização na perspectiva de utilização efectiva do militar em função do seu posto, decorrentes da formação adquirida.

ARTIGO 75.º

Dispensa por iniciativa de comandante

1 – Não pode continuar no activo nem na efectividade de serviço o militar dos quadros da Guarda cujo comportamento se revele incompatível com a condição «soldado da lei» ou que se comprove não possuir qualquer das seguintes condições:

a) Bom comportamento militar e cívico;

b) Espírito militar;

c) Aptidão técnico-profissional;

2 – O apuramento dos factos que levam à invocação da falta de condições referidas no número anterior é feito através de processo próprio de dispensa de serviço ou disciplinar.

3 – A decisão de impor ao militar a saída do activo e da efectividade de serviço é da competência do Ministro da Administração Interna, sob proposta do comandante-geral, ouvido o Conselho Superior da Guarda.

4 – A dispensa do serviço origina o abate nos quadros e perda dos direitos de militar da Guarda, sem prejuízo da concessão da pensão de reforma nos termos da lei.

ARTIGO 76.º

Regresso à situação de activo

1 – Regressa ao activo o militar dos quadros da Guarda na reserva ou na reforma que exerça o cargo de Presidente da República, voltando à situação anterior logo que cesse o seu mandato.

2 – Regressa ao activo o militar dos quadros da Guarda na reserva ou na reforma que seja promovido por distinção ou a título excepcional, voltando à situação anterior se se mantiverem as condições que determinaram a passagem a esta situação.

SECÇÃO III

Reserva

ARTIGO 77.º

Condições de passagem à reserva

1 – Transita para a situação de reserva o militar dos quadros da Guarda na situação de activo que:

a) Atinja o limite de idade estabelecido para o respectivo posto;

b) Tendo prestado 20 ou mais anos de serviço, a requeira e esta lhe seja concedida;

c) A requeira, depois de completar 36 anos de serviço;

2 – A passagem de um militar à situação de reserva é da competência do Comando-Geral da Guarda.

ARTIGO 78.º
Limites de idade

Os limites de idade de passagem à reserva nos postos dos militares dos quadros da Guarda são os previstos neste Estatuto.

ARTIGO 79.º
Data de passagem à reserva

A passagem à reserva tem lugar na data fixada no documento oficial que promova a mudança de situação.

ARTIGO 80.º
Suspensão da passagem à reserva

1 – A passagem do militar dos quadros da Guarda à situação de reserva, por atingir o limite de idade fixado para o posto, é sustada quando se verifique a existência de vaga em data anterior àquela em que foi atingido o limite de idade e de cujo preenchimento lhe possa vir a resultar a promoção, por escolha ou antiguidade, transitando para a situação de adido ao quadro até à data de promoção ou da mudança de situação.
2 – A sustação cessa logo que a vaga referida no número anterior seja preenchida sem lhe ter cabido a promoção.

ARTIGO 81.º
Prestação de serviço na situação de reserva

1 – O militar dos quadros da Guarda na situação de reserva, fora da efectividade do serviço ou ao transitar para esta situação pode, respectivamente, ser chamado a prestar serviço efectivo ou manter-se ao serviço, para exercer funções inerentes ao seu posto, compatíveis com o seu estado físico e psíquico, nas seguintes condições:
a) Por decisão do comandante-geral, se especiais razões de serviço o justificarem;

b) A seu requerimento, se este lhe for deferido pelo comandante-geral;
c) Quando o declare abrangido pelo previsto na alínea a) do n.º 1 do artigo 77.º, até completar 36 anos de serviço;

2 – Na apreciação do requerimento referido na alínea b) do número anterior, levar-se-á em conta o interesse da Guarda, os serviços anteriormente prestados pelo militar e as actividades por ele desempenhadas, de carácter público ou privado, enquanto fora da efectividade do serviço.

3 – Ao militar na situação de reserva na efectividade de serviço não devem ser cometidas funções de comando e só em situações especiais poderão exercer funções de direcção ou chefia.

ARTIGO 82.º

Normas de prestação de serviço

As regras de prestação de serviço na situação de reserva são, no respeito do fixado no artigo anterior, estabelecidas por despacho do comandante-geral da Guarda.

ARTIGO 83.º

Regresso à efectividade de serviço

O regresso à efectividade de serviço dos militares dos quadros da Guarda de licença ilimitada e da reserva poderá ser precedido de audição do Conselho Superior da Guarda, quando o comandante-geral entenda poder haver incompatibilidade entre o serviço que iriam prestar e as actividades por eles até então desempenhadas, tenham estas sido de carácter público ou privado.

ARTIGO 84.º

Licença sem vencimento na reserva

O militar dos quadros da Guarda que ao transitar da situação de activo para a de reserva, por limite de idade, esteja de licença sem vencimento é colocado na reserva fora da efectividade do serviço, a menos que requeira continuar na reserva naquela situação.

SECÇÃO IV
Reforma

ARTIGO 85.º
Condições de passagem à reforma

1 – Transita para a situação de reforma o militar dos quadros da Guarda na situação de activo ou de reserva que:

a) Tendo prestado cinco ou mais anos de serviço:

1) Seja julgado incapaz para todo serviço pela Junta Superior de Saúde;

2) Seja colocado compulsivamente nesta situação, nos termos do RDM;

3) Opte pela sua colocação nesta situação, quando verificadas as condições estabelecidas no artigo 70.º;

4)vAtinja o limite de idade fixado por lei;

b) A requeira, depois de completados os 60 anos de idade ou 36 anos de serviço;

c) Reúna as condições estabelecidas no artigo seguinte para a reforma extraordinária;

2 – Transita ainda para a situação de reforma o militar que seja colocado nesta situação nos termos do artigo 75.º do presente Estatuto.

3 – A decisão de passagem à situação de reforma a que se refere o número anterior é da competência do comandante-geral, com excepção da prevista nos n.º 2) e 3) da alínea a), que é da competência do Ministro da Administração Interna, sob proposta do comandante-geral, ouvido o Conselho Superior da Guarda.

ARTIGO 86.º
Condições de passagem à reforma extraordinária

Transita para a situação de reforma extraordinária o militar dos quadros da Guarda que:

a) Independentemente do tempo de serviço, seja julgado física ou psiquicamente incapaz para o serviço mediante parecer da Junta Superior de Saúde nos casos em que a incapacidade for resultante de acidente ocorrido em serviço ou doença adquirida ou agravada em serviço, ou por motivo do mesmo;

b) Opte pela colocação nesta situação quando se verifique a circunstância prevista no n.º 2 do artigo 70.º;

c) Seja abrangido por outras condições estabelecidas na lei.

ARTIGO 87.º
Data de passagem à reforma

A passagem à reforma tem lugar na data fixada no documento oficial que promove a mudança de situação.

ARTIGO 88.º
Prestação de serviço na reforma

Em caso de guerra, estado de sítio ou emergência, o militar dos quadros da Guarda na situação de reforma pode, por despacho ministerial, sob proposta do comandante-geral, ser chamado a prestar serviço efectivo compatível com as suas aptidões física e psíquica.

ARTIGO 89.º
Aceitação em cargo público

O militar na reserva fora da efectividade de serviço ou na reforma não carece de autorização militar para ser aceite em cargo ou lugar da administração pública central, regional ou local ou em empresa pública ou privada quando a lei não preveja expressamente que a aceitação é feita por virtude da qualidade de militar ou em funções de carácter militar, devendo naquele caso dar do facto conhecimento oportuno ao comando da Guarda de que depende.

SECÇÃO V
Quadros

ARTIGO 90.º
Âmbito

1 – Os militares na situação de activo distribuem-se por quadros, nos quais são inscritos por categorias, postos e por ordem decrescente de antiguidade.

2 – Os efectivos em cada posto de cada quadro correspondem às necessidades das funções previstas nas estruturas orgânicas da Guarda e devem assegurar, sempre que possível, o equilíbrio no acesso aos mesmos postos nos diferentes quadros.

3 – Os efectivos nas situações de reserva e de reforma não são fixos nem se distribuem por quadros.

ARTIGO 91.º

Preenchimento de vagas

1 – As vagas ocorridas num quadro devem ser preenchidas por militares que reúnam as necessárias condições de promoção;

2 – Se se verificar a existência de vagas num determinado posto e as mesmas não puderem ser preenchidas por falta de militares com as condições de promoção, efectuar-se-ão as promoções nos graus hierarquicamente inferiores, como se tivessem sido efectuados aqueles movimentos.

3 – O efectivo fixado para o posto mais elevado, para o qual se efectuou o movimento ao abrigo do disposto no número anterior, fica aumentado, transitoriamente, do quantitativo de militares promovidos nestas condições.

ARTIGO 92.º

Ingresso nos quadros

1 – O ingresso nos quadros da Guarda faz-se, após a conclusão com aproveitamento dos cursos ou tirocínios de formação de oficiais ou de praças, no posto fixado para início de carreira, independentemente de existência de vaga.

2 – A Guarda deve assegurar que os ingressos nos quadros se concretizem no estrito respeito pelos lugares nele existentes.

ARTIGO 93.º

Data de ingresso

A data de ingresso nos quadros da Guarda é a constante do documento oficial que promove o militar no posto fixado para início da respectiva carreira.

ARTIGO 94.º

Abate aos quadros

É abatido definitivamente aos quadros da Guarda, sendo imediatamente transferido para o ramo das Forças Armadas da sua procedência, o militar que:

a) Seja julgado incapaz de todo o serviço e não possa transitar para a situação de reforma;
b) Tenha sofrido a pena acessória de demissão ou de expulsão;
c) Seja dispensado do serviço da Guarda;
d) Tenha sofrido a pena de separação do serviço;
e) Exceda o período de três anos seguidos ou seis alternados na situação de licença ilimitada e não reúna as condições legais para transitar para a situação de reserva;
f) Se encontre ausente por um período superior a dois anos sem que dele haja notícia.

ARTIGO 95.º

Situações em relação ao quadro

Em relação ao quadro a que pertence, o militar da Guarda pode estar:

a) No quadro;
b) Adido ao quadro;
c) Supranumerário.

ARTIGO 96.º

No quadro

Considera-se no quadro o militar que é contado no efectivo aprovado por lei.

ARTIGO 97.º

Adido ao quadro

Considera-se adido ao quadro, não sendo contado no seu efectivo, o militar que se encontre nas seguintes situações:

a) Em comissão especial, inactividade temporária por acidente ou doença, ou licença ilimitada;

b) Em inactividade temporária por motivo criminal ou disciplinar, quando a pena seja superior a três meses;
c) Em comissão normal e:
1) Represente, a título permanente, o País em organismos militares ou polícias internacionais;
2) Desempenhe funções na Casa Militar do Presidente da República;
3) Esteja em situação em que passe a receber os seus vencimentos por outro departamento do Estado;
4) Desempenhe funções em outros organismos não militares ou militares não dependentes da Guarda, pelos quais receba os seus vencimentos;
5) Aguarde a execução da decisão que determinou a separação de serviço ou que, tendo passado à situação de reserva ou de reforma, aguarde a publicação legal da sua mudança de situação;
6) Esteja a aguardar preenchimento de vaga em data anterior àquela em que foi atingido pelo limite de idade para passagem à reserva e de cujo preenchimento possa resultar a sua promoção;
7) Seja promovido a cabo por diuturnidade, nos termos da alínea c) do artigo 266.º;
8) Seja deficiente, de acordo com o previsto no artigo 167.º, e tenha, nos termos da lei, optado pela prestação de serviço no activo;
9) Seja considerado desertor, prisioneiro de guerra ou desaparecido;
10) Por ter sido colocado nos Serviços Sociais da Guarda;
11) Por outras situações previstas neste Estatuto ou noutros diplomas legais.

ARTIGO 98.º
Supranumerário

1 – Considera-se supranumerário o militar da Guarda no activo que, não estando na situação de adido, não possa ocupar vaga no quadro a que pertence por falta de vaga no seu posto.

2 – O militar supranumerário preenche obrigatoriamente a primeira vaga que ocorra no respectivo quadro e no seu posto, por ordem cronológica da sua colocação naquela situação, ressalvados os casos especiais previstos na lei.

3 – A situação de supranumerário pode resultar de qualquer das seguintes circunstâncias:
a) Promoção por ingresso no quadro;

b) Promoção por distinção;
c) Promoção por diuturnidade, nos termos da alínea c) do artigo 251.º;
d) Promoção de militar demorado, quando tenha cessado o motivo que temporariamente o exclui da promoção;
e) Transferência do quadro, por reclassificação;
f) Regresso da situação de adido;
g) Reabilitação em consequência da revisão de processo disciplinar ou criminal.

ARTIGO 99.º
Contagem de tempo de serviço

1 – Conta-se como tempo de serviço, no sentido de serviço prestado ao Estado, o tempo de serviço militar, acrescido do prestado no exercício de funções públicas.

2 – O tempo de serviço prestado ao Estado é contado para efeitos de cálculo da remuneração da reserva e pensão de reforma.

ARTIGO 100.º
Contagem de tempo de serviço militar

Conta-se como tempo de serviço militar o tempo de serviço efectivo, acrescido das percentagens de aumentos legalmente estabelecidas.

ARTIGO 101.º
Contagem de tempo de serviço efectivo

1 – Conta-se como tempo de serviço efectivo o tempo de serviço prestado na Guarda ou em funções profissionais fora do seu âmbito, acrescidas das seguintes:

a) Da frequência de cursos de formação que habilitem o ingressos nos quadros da Guarda;
b) Da frequência de estabelecimentos de ensino superior necessária à obtenção das habilitações que constituam condições de admissão ao concurso de formação de oficiais;
c) Da duração normal do respectivo curso de ensino superior, quando haja ingressado nos quadros da Guarda mediante concurso que estabeleça como condição de admissão estar habilitado com tal curso;

d) Do tempo em que o militar esteve compulsivamente afastado do serviço, desde que reintegrado por revisão do respectivo processo;

2 – Não será contado como tempo de serviço efectivo:

a) Aquele em que o militar tiver permanecido em qualquer situação pela qual não tenha direito ao abono de vencimento;

b) Aquele em que o militar esteve no cumprimento das penas de presídio militar e prisão militar;

c) Aquele que, nos termos da legislação disciplinar aplicável, seja considerado como efeito das respectivas penas disciplinares.

3 – Todo o tempo de serviço efectivo prestado na Guarda e na extinta Guarda Fiscal, em comissão normal, é aumentado em 25% para efeitos do disposto nos artigos 77.º e 85.º, salvo o disposto no n.º 4 do artigo 178.º.

4 – O tempo de serviço efectivo prestado na Guarda em situações estipuladas em legislação especial é aumentado da percentagem que for estabelecida para as Forças Armadas que actuem na mesma área, para efeitos de contagem de tempo de serviço militar.

Artigo 102.º
Contagem de tempo de permanência no posto

Conta-se como tempo de permanência no posto o tempo de serviço efectivo prestado desde a data fixada no documento de promoção.

Capítulo VII
Promoções e graduações

Artigo 103.º
Promoções

1 – A promoção do militar dos quadros da Guarda realiza-se segundo o ordenamento estabelecido nas listas de promoção do quadro a que pertence, salvo no caso das promoções por distinção e a título excepcional.

2 – A promoção efectua-se independentemente da situação em relação ao quadro, salvo o disposto nos artigos 127.º e 128.º.

ARTIGO 104.º
Promoção na reserva e na reforma

Os militares dos quadros da Guarda na situação de reserva ou de reforma apenas podem ser promovidos por distinção ou a título excepcional.

ARTIGO 105.º
Promoção de adidos

1 – O militar dos quadros da Guarda na situação de adido ao quadro a quem caiba a promoção por antiguidade ou escolha será promovido, não ocupando vaga e mantendo-se na mesma situação em relação ao quadro, no novo posto, com excepção do n.º 2 deste artigo.

2 – Nas promoções por antiguidade ou escolha o militar dos quadros da Guarda adido ao quadro preenche a vaga que deu origem à sua promoção, desde que no novo posto não possa continuar na situação de adido.

ARTIGO 106.º
Promoção de supranumerário

1 – O militar na situação de supranumerário a quem caiba a promoção por antiguidade ou escolha será promovido, ocupando vaga, no novo posto.

2 – Quando do antecedente não existam supranumerários e se verifique no mesmo dia uma vaga e uma situação de supranumerário, este ocupa aquela vaga.

ARTIGO 107.º
Listas de promoção

1 – Designa-se por lista de promoção a relação anual, ordenada, em cada posto e quadro, de acordo com as modalidades de promoção estabelecidas para acesso ao posto imediato, dos militares dos quadros da Guarda que até 31 de Dezembro de cada ano reúnam as condições de promoção.

2 – A relação dos militares, ordenados por antiguidade, a incluir nas listas de promoção, acompanhada de todos os elementos de apreciação disponíveis, é submetida pelo órgão de gestão de pessoal à apreciação e decisão do comandante-geral, que deverá ouvir o Conselho Superior da Guarda para a elaboração das seguintes listas:

a) De tenentes-coronéis a promover a coronel, por escolha;
b) De capitães a promover a major, por escolha;
c) De sargentos-chefes a promover a sargento-mor, por escolha;
d) De sargentos-ajudantes a promover a sargento-chefe, por escolha;
e) De cabos a promover a cabo-chefe, por escolha;
f) De soldados a promover a cabo, por excepção;

3 – As listas de promoção devem ser aprovadas pelo comandante-geral até 15 de Dezembro do ano anterior a que respeitam e destinam-se a vigorar em todo o ano seguinte.

4 – Cada lista de promoção deve conter um número de militares não superior ao dobro das vagas previstas para o ano seguinte e ser publicada na Ordem à Guarda de 31 de Dezembro do ano a que respeitam.

5 – No caso de qualquer lista de promoção estar esgotada num determinado posto, havendo vagas e militares, que satisfaçam todas as condições de promoção, será elaborada nova lista respeitante a esse posto para vigorar até ao fim do ano em curso.

6 – As listas de promoção de cada ano são totalmente substituídas pelas listas do ano seguinte.

7 – O comandante-geral pode, quando o entender conveniente, determinar a redução para seis meses do prazo de validade da lista de promoção, alterando-se, em conformidade, a data de publicação da lista subsequente.

ARTIGO 108.º
Modalidades de promoção

1 – As modalidades de promoção dos militares dos quadros da Guarda são as seguintes:

a) Habilitação com curso adequado;
b) Diuturnidade;
c) Antiguidade;
d)vEscolha;
e) Distinção;
f) A título excepcional;

2 – Considera-se, também, como modalidade de promoção apenas aplicável a praças a que pode ser efectuada por excepção, nos termos previstos no presente Estatuto.

ARTIGO 109.º

Promoção por habilitação com curso adequado

A promoção por habilitação com curso adequado efectua-se por ordem de cursos e, dentro do mesmo curso, por ordem decrescente de classificação obtida neste.

ARTIGO 110.º

Promoção por diuturnidade

A promoção por diuturnidade consiste no acesso ao posto imediato, independentemente da existência de vaga, desde que satisfeitas as condições de promoção, mantendo-se a antiguidade relativa.

ARTIGO 111.º

Promoção por antiguidade

A promoção por antiguidade consiste no acesso ao posto imediato, mediante a existência de vaga e a satisfação das condições de promoção, mantendo-se a antiguidade relativa.

ARTIGO 112.º

Promoção por escolha

1 – A promoção por escolha consiste no acesso ao posto imediato, mediante a existência de vaga, desde que satisfeitas as condições de promoção e independentemente da posição do militar da Guarda na escala de antiguidade, de acordo com o estipulado neste Estatuto, e tem em vista acelerar a promoção dos militares considerados mais competentes e que se revelaram com maior aptidão para o desempenho de funções inerentes ao posto superior.

2 – A promoção por escolha deve ser fundamentada, sendo a ordenação realizada com base em critérios gerais, definidos por portaria do Ministro da Administração Interna.

ARTIGO 113.º

Promoção por distinção

1 – A promoção por distinção consiste no acesso ao posto superior, em princípio ao posto imediato, independentemente da existência de vaga, da posição do militar da Guarda na escala de antiguidades e da satisfação das condições especiais de promoção, tendo por finalidade premiar condignamente excepcionais qualidades profissionais e dotes de comando, direcção ou chefia em acções que tenham contribuído para o bom êxito das missões de serviço.

2 – Em casos muito excepcionais, a promoção pode realizar-se a posto superior ao posto imediato do militar a promover.

3 – São circunstâncias determinantes ou atendíveis na promoção por distinção:

a) A prática de actos de coragem, de excepcional abnegação ou valentia, na defesa, com risco da própria vida, de pessoas e bens ou do património nacional;

b) A prestação ao longo da carreira de feitos ou serviços relevantes e de reconhecido mérito, demonstrativos de excepcional competência e elevado brio profissional;

c) A prática, em campanha ou em acções de restabelecimento da ordem pública, de actos ou serviços demonstrativos de altos dotes de comando ou chefia, susceptíveis de contribuir para o prestígio da Guarda e do País;

4 – O militar dos quadros da Guarda promovido por distinção a um posto para o qual é exigido curso de promoção deve frequentá-lo sob a forma de estágio.

5 – O militar dos quadros da Guarda pode ser promovido por distinção mais de uma vez.

6 – A promoção por distinção carece de parecer favorável do Conselho Superior da Guarda.

7 – A promoção por distinção pode processar-se por iniciativa do comandante-geral ou mediante proposta do comandante ou chefe sob cujas ordens serve o militar a promover.

8 – O processo para a promoção por distinção deve ser instruído com os documentos necessários para o perfeito conhecimento e prova dos factos praticados que fundamentam a promoção, podendo incluir inquérito com contraditório.

9 – A promoção por distinção pode ter lugar a título póstumo.

ARTIGO 114.º

Promoção a título excepcional

1 – A promoção a título excepcional consiste no acesso ao posto imediato, independentemente da existência de vaga.

2 – Os militares dos quadros da Guarda podem ser promovidos, a título excepcional, designadamente nos seguintes casos:

a) Por classificação como deficiente, quando legislação especial o preveja;
b) Por reabilitação, em consequência de recurso em processo criminal ou disciplinar;

3 – A promoção prevista neste artigo pode ter lugar a título póstumo.

4 – A promoção a título excepcional é regulamentada por legislação especial.

ARTIGO 115.º

Condições de promoção

O militar dos quadros da Guarda, para ser promovido, tem de satisfazer as condições gerais e especiais de promoção, salvo nos casos previstos neste Estatuto.

ARTIGO 116.º

Condições gerais de promoção

As condições gerais de promoção comuns a todos os militares são as seguintes:

a) Cumprimento dos deveres que lhes competem;
b) Desempenho com eficiência das funções do seu posto;
c) Qualidades e capacidades pessoais, intelectuais e profissionais requeridas para o posto imediato;
d) Aptidão física e psíquica adequada.

ARTIGO 117.º

Verificação das condições gerais de promoção

1 – A verificação das condições gerais de promoção dos militares dos quadros da Guarda é feita através de:

a) Avaliações periódicas e extraordinárias dos comandantes das unidades ou chefes dos serviços conforme dispõe o capítulo IX;
b) Currículo, com indicação, nomeadamente, das funções desempenhadas nas diversas colocações;

c) Nota de assentos;

d) Outros documentos constantes do processo individual do militar ou que nele venham a ser integrados;

2 – Não é considerada matéria de apreciação aquela sobre a qual existe processo pendente de natureza disciplinar ou criminal enquanto sobre o mesmo não for proferida decisão definitiva.

3 – As competências relativas à verificação da satisfação das condições gerais de promoção são as definidas neste Estatuto.

ARTIGO 118.º

Não satisfação das condições gerais de promoção

1 – A não satisfação das condições referidas nas alíneas a) e b) do artigo 116.º em qualquer momento da carreira do militar pode originar a sua apreciação para efeitos do disposto no artigo 75.º.

2 – A inexistência de avaliações a que refere a alínea a) do n.º 1 do artigo anterior não pode constituir fundamento para se considerar o militar como não satisfazendo as condições gerais de promoção.

3 – Sem prejuízo do disposto no n.º 1, o militar dos quadros da Guarda que não satisfaça qualquer das condições gerais de promoção é preterido.

4 – O militar dos quadros da Guarda que num mesmo posto e em dois anos consecutivos seja preterido por não satisfazer as condições gerais de promoção é definitivamente excluído de promoção.

ARTIGO 119.º

Condições gerais de promoção – Parecer e decisão

1 – Nenhum militar pode ser dado como não satisfazendo as condições gerais de promoção sem o parecer do Conselho Superior da Guarda, que se baseará em todos os documentos integrantes do processo, no parecer do órgão do serviço de saúde, para o caso da aptidão física e psíquica, e naqueles que entender juntar-lhe, podendo, ainda, ouvir pessoalmente o militar e outras pessoas de reconhecido interesse.

2 – A decisão do comandante-geral, relativamente à não satisfação daquelas condições, tomará em conta os pareceres das entidades referidas no número anterior e, devidamente fundamentada, será notificada ao militar no prazo de 30 dias.

ARTIGO 120.º
Contestação

1 – O militar considerado como não satisfazendo as condições gerais de promoção pode apresentar ao comandante-geral, no prazo de 15 dias a contar da respectiva notificação, a sua contestação, por escrito, acompanhada dos documentos que entenda convenientes.

2 – No prazo de 30 dias, contado a partir da data da entrada da contestação, esta será decidida pelo comandante-geral e notificada ao interessado.

ARTIGO 121.º
Condições especiais de promoção

As condições especiais de promoção a cada posto dos quadros da Guarda são fixadas neste Estatuto, competindo a sua verificação ao órgão de gestão de pessoal da Guarda.

ARTIGO 122.º
Satisfação das condições especiais de promoção

1 – As condições especiais de promoção são satisfeitas em comissão normal.

2 – Ao militar deve ser facultada sem necessidade de a solicitar, mas sem prejuízo de o poder fazer, a satisfação oportuna das condições especiais de promoção exigidas para o acesso ao posto imediato, competindo ao órgão de gestão de pessoal da Guarda tomar as providências adequadas, sem prejuízo do previsto no número seguinte.

3 – A nomeação de militares em comissão especial ou de licença sem vencimento, para satisfazer as condições especiais de promoção, só é efectuada a requerimento dos interessados.

ARTIGO 123.º
Não satisfação das condições especiais de promoção

Ainda que um militar não reúna todas as condições especiais de promoção, se estiver incluído no conjunto dos militares em apreciação, é analisado do mesmo modo que os militares com a totalidade das condições, com o parecer do órgão de gestão de pessoal da Guarda sobre os motivos da não satisfação.

Artigo 124.º

Dispensa das condições especiais de promoção

1 – Para efeitos de inclusão na lista de promoção, o comandante-geral, ouvido o Conselho Superior da Guarda e mediante despacho fundamentado, pode, a título excepcional e por conveniência de serviço, dispensar o militar dos quadros da Guarda das condições especiais de promoção, com excepção do tempo mínimo de permanência no posto e da prestação de provas de concurso.

2 – A dispensa prevista no número anterior só pode ser concedida a título nominal e por uma só vez ao longo da carreira.

Artigo 125.º

Data da antiguidade

1 – A data da antiguidade no posto corresponde:

a) À data em que o militar complete as condições de promoção, nas promoções por diuturnidade;
b) À data em que ocorre a vaga que motiva a promoção, nas promoções por escolha ou antiguidade;
c) À data que lhe teria sido atribuída se não tivesse estado na situação de demorado, logo que cessem os motivos desta situação;
d) À data em que foi praticado o feito que motiva a promoção, se outra não for indicada no diploma de promoção, nas promoções por distinção;
e) À data em que cessarem os motivos da preterição, nas promoções por diuturnidade;
f) À data em que, após terem cessado os motivos da preterição, ocorrer a vaga em relação à qual o militar é promovido, nas promoções por escolha ou antiguidade;

2 – Nas modalidades de promoção por escolha ou antiguidade, se na data em que ocorrer vaga não existirem militares dos quadros da Guarda com as condições de promoção cumpridas, a data de antiguidade do militar que vier a ser promovido por motivo dessa vaga será a data em que satisfizer as referidas condições.

3 – A data de abertura de vaga por incapacidade física ou psíquica de um militar dos quadros da Guarda é a da homologação do parecer da Junta Superior de Saúde.

4 – A data da antiguidade do militar dos quadros da Guarda a quem seja alterada a colocação na lista de antiguidade do seu posto por efeito do n.º 1 do artigo 114.º é a do militar do seu quadro que, na nova posição, lhe fique imediatamente a seguir na ordem descendente, salvo se outra data for indicada no diploma que determina a alteração.

ARTIGO 126.º
Antiguidade para efeitos de promoção

Para efeitos de promoção não conta como antiguidade:

a) O tempo decorrido na situação de inactividade temporária por motivo de pena de natureza criminal ou disciplinar;
b) O tempo de ausência ilegítima e de deserção;
c) O tempo de permanência em licença ilimitada;
d) O tempo de serviço prestado antes do ingresso nos quadros da Guarda.

ARTIGO 127.º
Exclusão da promoção

O militar na situação de licença ilimitada não pode ser promovido enquanto se mantiver em tal situação.

ARTIGO 128.º
Exclusão temporária da promoção

O militar dos quadros da Guarda pode ser excluído temporariamente da promoção, ficando na situação de demorado ou preterido.

ARTIGO 129.º
Demora

1 – A demora na promoção do militar dos quadros da Guarda tem lugar quando estiver abrangido por qualquer das seguintes condições:

a) Aguardar decisão do comandante-geral sobre parecer do Conselho Superior da Guarda;

b) A promoção estiver dependente de decisão judicial;
c) A promoção estiver dependente de processo de natureza disciplinar ou criminal, salvo o disposto no artigo 131.º;
d) A verificação da aptidão física ou psíquica estiver dependente de observação clínica, tratamento ou convalescença;
e) Não tenha satisfeito as condições especiais de promoção por razões que não lhe sejam imputáveis;

2 – O militar demorado é apreciado, logo que cessem os motivos que determinaram a demora na promoção, podendo ser promovido, independentemente da existência de vaga, indo ocupar, na escala de antiguidade do novo posto, a mesma posição que teria se a promoção tivesse ocorrido sem demora.

3 – O militar demorado não deve prestar serviço sob as ordens de militares mais modernos que, entretanto, tenham sido promovidos.

Artigo 130.º
Preterição

1 – A preterição na promoção do militar dos quadros da Guarda tem lugar quando se verifique qualquer das circunstâncias seguintes:
a) Não satisfaça a qualquer das condições gerais de promoção;
b) Não satisfaça as condições especiais de promoção por razões que lhe sejam imputáveis;
c) Nos demais casos em que a lei expressamente o determine e que são os tipificadamente previstos no CJM e RDM.

2 – O militar preterido, logo que cessem os motivos que determinaram a sua preterição, passa a ser apreciado, para efeitos de promoção ao posto imediato, em igualdade de circunstâncias com os militares de igual posto e quadro, salvo o disposto no n.º 4 do artigo 118.º e no artigo 75.º.

Artigo 131.º
Processo pendente

O militar dos quadros da Guarda com processo disciplinar pendente pode ser promovido se o comandante-geral, ouvido o Conselho Superior da Guarda, verificar que a matéria do processo não põe em dúvida a satisfação das condições gerais de promoção.

Artigo 132.º
Prisioneiro de guerra

1 – O militar dos quadros da Guarda prisioneiro de guerra só pode ser promovido mediante parecer favorável do Conselho Superior da Guarda, ao qual será presente o respectivo processo, com todos os elementos informativos disponíveis para o efeito.

2 – Nos casos em que o Conselho Superior da Guarda não possa emitir parecer ou este seja desfavorável, o militar dos quadros da Guarda prisioneiro de guerra só pode ser apreciado após a sua libertação.

3 – O militar dos quadros da Guarda prisioneiro de guerra fica na situação de demorado enquanto estiver pendente a sua apreciação pelo Conselho Superior da Guarda.

Artigo 133.º
Documento de promoção

1 – O documento de promoção do militar dos quadros da Guarda reveste a forma prevista nos artigos 212.º, 242.º e 270.º do presente Estatuto.

2 – O documento de promoção deve conter menção expressa da data a partir da qual são devidos os vencimentos do novo posto, a qual coincidirá com a data da respectiva antiguidade, salvo no caso da antecipação desta, em que os vencimentos são devidos a partir da data a fixar no respectivo diploma.

3 – A promoção deve ser publicada no Diário da República e transcrita na Ordem à Guarda e nas ordens de serviço.

Artigo 134.º
Graduação

1 – O militar dos quadros da Guarda pode ser graduado em posto superior, com carácter excepcional e temporário, nos seguintes casos:

a) Desempenho de cargos ou funções indispensáveis que não seja possível prover com militar do respectivo posto;
b) Ingresso do militar num quadro em posto inferior ao seu;

2 – O militar graduado goza de todos os direitos correspondentes ao posto atribuído, com excepção dos decorrentes do tempo de permanência nesse posto para efeitos de antiguidade.

3 – O militar graduado no caso da alínea a) do n.º 1 ocupa vaga no posto de graduação.

ARTIGO 135.º
Cessação da graduação

1 – A graduação do militar cessa quando:

a) Seja exonerado das funções que a motivaram;

b) Desista ou não tenha aproveitamento no respectivo curso de promoção;

c) Seja promovido ao posto em que foi graduado;

d) Se verifique qualquer das situações que o coloquem fora da efectividade de serviço;

2 – Cessada a graduação, não poderá a mesma ser invocada para efeitos de obtenção de quaisquer vantagens ou benefícios.

ARTIGO 136.º
Organização dos processos de promoção e graduação

1 – Os processos de promoção por diuturnidade, antiguidade e escolha incluem os seguintes elementos:

a) Nota de assento completa;

b) Avaliações periódicas e extraordinárias desde a última promoção;

c) Avaliação escolar referente ao curso, estágio e provas legalmente equivalentes, quando constitua condição de promoção;

d) Relatório da competente junta de saúde, quando houver dúvidas acerca da aptidão física e psíquica para o desempenho das funções do posto imediato;

e) Resultado da avaliação da aptidão física;

2 – O processo para a promoção por distinção é instruído nos termos do artigo 113.º.

3 – Os processos de graduação devem ser instruídos de forma idêntica ao disposto no n.º 1.

4 – Os processos de promoção e graduação são confidenciais e a sua organização compete ao órgão de administração do pessoal, tendo o interessado direito à consulta do respectivo processo individual, desde que o requeira.

Capítulo VIII
Formação e instrução

Artigo 137.º
Âmbito e processamento

A formação abrange a preparação militar e técnico-profissional do militar da Guarda e realiza-se, essencialmente, através da frequência de cursos, tirocínios, instruções e estágios e do treino operacional e técnico.

Artigo 138.º
Cursos

São ministrados os seguintes cursos:
- a) Cursos de formação, que se destinam a assegurar a preparação militar e os conhecimentos técnico-profissionais para ingresso na Guarda ou para o exercício de funções em categoria superior;
- b) Cursos de promoção, que se destinam a habilitar o militar para o desempenho de funções de nível e responsabilidade mais elevados, o que constitui condição especial de acesso ao posto imediato;
- c) Cursos de especialização ou qualificação, que se destinam a obter ou melhorar os conhecimentos técnico-profissionais do militar, por forma a habilitá-lo para o exercício de funções sectoriais, para as quais são requeridos conhecimentos específicos;
- d) Cursos de actualização e aperfeiçoamento, que se destinam a reciclar os conhecimentos profissionais e técnicos, tendo em vista recuperar uma qualificação ou acompanhar a evolução técnico-profissional.

Artigo 139.º
Tirocínio

1 – O tirocínio destina-se a completar a formação técnico-prática anteriormente adquirida em cursos de formação e a avaliar a capacidade para o exercício de novas funções ou, exclusivamente para os oficiais licenciados admitidos por concurso nos termos de legislação especial, a assegurar a preparação militar, policial e os conhecimentos técnico-profissionais para ingresso na Guarda.

2 – A duração não deve, em princípio, ser inferior a seis meses.

ARTIGO 140.º

Instrução

A instrução destina-se a dar ao militar a preparação elementar e essencialmente prática para o exercício de determinadas funções.

ARTIGO 141.º (*)

Estágio

1 – O estágio visa a preparação do militar para o exercício de funções específicas para que seja nomeado e tem carácter probatório.

2 – O militar que mude de quadro, por efeito de reclassificação, frequentará, sempre que necessário, um estágio devidamente adaptado aos conhecimentos necessários ao exercício de funções no novo cargo.

(*) *O n.º 1 tem a redacção do DL n.º 119/2004, de 21/05.*

ARTIGO 142.º

Treino operacional e técnico

O treino operacional e técnico destina-se a manter e aperfeiçoar os conhecimentos do militar para o desempenho das funções específicas de uma determinada especialidade ou qualificação.

ARTIGO 143.º

Critério de nomeação para cursos

A nomeação para cursos é feita por antiguidade, escolha, selecção ou voluntariado, de acordo com as condições de acesso fixadas para a sua frequência.

ARTIGO 144.º

Cursos de formação

O processo de admissão, o regime escolar, a organização e demais aspectos relacionados com os cursos de formação são os previstos no presente Estatuto e legislação complementar.

ARTIGO 145.º
Nomeação para os cursos de formação

1 – A nomeação do militar dos quadros da Guarda para os cursos de promoção é feita por despacho do comandante-geral, tendo em conta:

a) As necessidades da Guarda;
b) As modalidades de promoção fixadas para o acesso ao posto superior;
c) A posição de militar na lista de antiguidade do posto a que pertence;

2 – Não é nomeado para o curso de promoção o militar que durante a sua frequência atinja o limite de idade de passagem à situação de reserva.

3 – A nomeação para os cursos de promoção deve ser feita por antiguidade, podendo, ouvido o Conselho Superior da Guarda, ser por escolha até 50% em cada ano, quando:

a) Haja limitação do número de instruendos;
b) Entre as modalidades de promoção ao posto imediato esteja incluída a escolha;

4 – A nomeação por escolha a que se refere o número anterior só pode recair nos militares que se encontrem no terço superior da respectiva escala de antiguidade, dentro de cada quadro.

ARTIGO 146.º
Nomeação para os cursos de especialização ou qualificação

1 – A realização e os requisitos dos cursos de especialização e de qualificação serão sempre publicados em ordem de serviço, com uma antecedência mínima de 60 dias.

2 – A nomeação de militares da Guarda para frequência de cursos de especialização ou qualificação é feita por despacho do comandante-geral, de acordo com as necessidades próprias, tendo em conta os seguintes factores:

a) Voluntariado, preferências manifestadas e aptidões reveladas pelos militares candidatos;
b) Currículo do militar e das funções que desempenhe ou venha a desempenhar;

3 – O militar voluntariamente habilitado com curso de especialização ou qualificação não pode deixar o serviço efectivo antes do período mínimo previamente fixado pelo comandante-geral, de acordo com a natureza desse curso, condições de ingresso, duração e estabelecimento de ensino, nacional ou estrangeiro, em que seja ministrado, sem prejuízo do disposto no artigo 74.º.

ARTIGO 147.º

Dispensa da frequência de curso de promoção

O militar dispensado da frequência de curso de promoção, nos termos do artigo 124.º, deverá frequentá-lo sob a forma de estágio.

ARTIGO 148.º

Adiamentos e consequências

1 – O comandante-geral pode adiar ou suspender a frequência do curso de promoção nos seguintes casos:

a) Por uma só vez, por exigências de serviço, devidamente fundamentadas, desde que o militar em causa formalize a sua anuência;
b) Por razões de doença ou acidente, mediante parecer da Junta Superior de Saúde;
c) Por uma só vez, a requerimento do interessado, por motivos de ordem pessoal, devidamente justificados, desde que lhe não tenha sido aplicado o disposto na alínea a);

2 – O adiamento tem as seguintes consequências para o militar:

a) É nomeado para o curso seguinte, nos casos do n.º 1, alíneas a) e c);
b) É nomeado para o curso logo que seja dado pronto para todo o serviço pela Junta Superior de Saúde, no caso do n.º 1, alínea b);
c) É promovido, se concluir o curso com aproveitamento, com a data que lhe caberia se não tivesse havido adiamento, nos casos do n.º 1, alíneas a) e b);
d) É preterido, se entretanto lhe couber a promoção, no caso do n.º 1, alínea c).

ARTIGO 149.º

Desistência de cursos de promoção

O militar dos quadros da Guarda pode desistir da frequência de curso de promoção ou provas equivalentes para que haja sido nomeado ou que se encontre a frequentar, não podendo, porém, ser novamente nomeado.

ARTIGO 150.º (*)

Valorização profissional

1 – Com vista à sua valorização profissional e prestígio da instituição, o militar da Guarda pode frequentar qualquer curso complementar para a sua cultura geral ou especialização técnica, sem prejuízo do serviço, devendo a frequência e eventual conclusão do mesmo ser averbada no seu processo individual.

2 – Para os fins previstos no número anterior, o militar da Guarda pode faltar ao serviço, sem perda de vencimento ou de qualquer outra regalia, para prestação de provas de avaliação, nos termos seguintes:

a) Até dois dias por cada prova de avaliação, sendo um o da realização da prova e o outro o imediatamente anterior, incluindo sábados, domingos e feriados;

b) No caso de provas de avaliação em dias consecutivos ou de mais de uma prova no mesmo dia, os dias anteriores serão tantos quantas as provas de avaliação a efectuar, aí se incluindo sábados, domingos e feriados;

c) Os dias de ausência referidos nas alíneas anteriores não poderão exceder um máximo de quatro por disciplina em cada ano lectivo.

3 – Sem prejuízo do disposto no número anterior, ao militar beneficiário do regime consagrado no presente artigo é permitido ausentar-se do serviço na estrita medida das necessidades impostas pelas deslocações para prestar provas de avaliação.

4 – Nos casos previstos nos números anteriores, pode ser exigida comprovação da necessidade das referidas deslocações e do horário das provas de avaliação de conhecimentos.

5 – O militar pode, ainda, frequentar cursos desta natureza com prejuízo para o serviço, nos termos do artigo 178.º

6 – Para efeitos de aplicação do presente artigo, consideram-se provas de avaliação todas as provas escritas e orais, incluindo exames, bem como a apresentação de trabalhos, quando estes as substituam.

(*) *Redacção do DL n.º 15/2002, de 29/01.*

Artigo 151.º

Reclassificações

Mediante formação adequada e compatibilizando os interesses individuais com os da Guarda, o militar dos quadros da Guarda pode ser reclassificado com vista à sua melhor utilização no exercício das funções inerentes à sua futura situação.

Capítulo IX
Avaliação

Artigo 152.º
Finalidade

A avaliação do mérito dos militares dos quadros da Guarda na efectividade de serviço é feita através da apreciação do currículo, com especial relevo para as avaliações individuais, tendo em vista assegurar uma justa progressão na carreira e uma correcta gestão dos recursos humanos, designadamente quanto a:

a) Actualização de conhecimento do potencial humano existente;
b) Apreciação do mérito absoluto e relativo, para seleccionar os mais aptos para o exercício de determinados cargos e funções;
c) Incentivação ao cumprimento da missão da Guarda e seu aperfeiçoamento;
d) Ajustamento das capacidades individuais às funções a desempenhar;
e) Correcção e actualização das políticas de selecção e formação de pessoal.

Artigo 153.º
Princípios fundamentais

Todos os militares são sujeitos a avaliação individual, de acordo com os seguintes princípios:

a) É contínua, constituindo uma prerrogativa exclusiva e obrigatória da hierarquia militar;
b) Refere-se apenas ao período a que respeita, sendo independente de outras avaliações anteriores;
c) É sempre fundamentada e deve estar subordinada a juízos de valor precisos e objectivos, de modo a evitar julgamentos preconcebidos, sejam ou não favoráveis;
d) Quando desfavorável, é obrigatoriamente comunicada ao interessado; a avaliação individual favorável é também comunicada ao interessado quando este a requerer;
e) É condicionada pelo tipo de prestação de serviço militar efectivo, categoria e especificidade do quadro.

ARTIGO 154.º
Confidencialidade das avaliações

1 – As avaliações individuais do militar são confidenciais de modo a garantir o necessário sigilo na sua realização.

2 – A confidencialidade das avaliações individuais não impede que o resultado final dos cursos, tirocínios, instrução, provas ou estágios seja publicado.

3 – No tratamento informático, devem ser respeitadas as regras prescritas na Constituição e na lei.

ARTIGO 155.º
Avaliadores

1 – Na avaliação individual intervêm um primeiro e um segundo avaliadores.

2 – O primeiro avaliador deve munir-se de todos os elementos que permitam formular uma apreciação objectiva e justa sobre o avaliado, sendo da sua exclusiva responsabilidade as avaliações que venha a prestar.

3 – O segundo avaliador deve pronunciar-se quanto ao modo como o primeiro apreciou o avaliado sempre que tiver conhecimento directo deste.

4 – O segundo avaliador deve ainda pronunciar-se sobre a maneira como o primeiro apreciou os avaliados do mesmo posto, considerados no seu conjunto.

5 – Não há segundo avaliador quando o primeiro for o comandante-geral ou a informação for da exclusiva responsabilidade do chefe do estado-maior ou dos comandantes da unidade.

ARTIGO 156.º
Tipo de avaliações

As avaliações individuais do militar podem ser:

a) Periódicas;
b) Extraordinárias.

ARTIGO 157.º
Avaliações periódicas

1 – São obrigatoriamente objecto de avaliação periódica dos comandantes a que estão subordinados directamente os militares do activo em comissão normal e os da reserva na efectividade de serviço.

2 – As avaliações periódicas não devem exceder o período de um ano.

ARTIGO 158.º
Avaliações extraordinárias

1 – As avaliações extraordinárias podem ser escolares ou não escolares.

2 – As avaliações extraordinárias escolares são prestadas após a conclusão de cursos ou estágios.

3 – As avaliações extraordinárias não escolares são prestadas sempre que:

a) Se verifique a transferência do avaliado ou do segundo avaliador das funções que originaram a última avaliação e desde que tenha decorrido período igual ou superior a seis meses;
b) Qualquer dos avaliadores considere justificado e oportuno alterar a última avaliação prestada sobre o avaliado;
c) Por determinação superior.

ARTIGO 159.º
Avaliação desfavorável ou excepcionalmente favorável

1 – A avaliação individual do militar, se desfavorável ou excepcionalmente favorável, será devidamente justificada.

2 – A avaliação desfavorável será comunicada ao militar, antes de ser remetida superiormente, e ao avaliado é assegurado o direito à reclamação e recurso hierárquico sempre que discordar dessas avaliações, nos termos definidos em legislação especial.

ARTIGO 160.º
Referências dignas de menção ou reparo

Sempre que das avaliações individuais dos militares constem referências dignas de menção ou reparo, os comandantes ou chefes deverão convocar esses militares, quer para os elogiar, quer para os precaver contra as suas deficiências, sempre no sentido de promover o seu aperfeiçoamento e de os incentivar ao cumprimento dos seus deveres.

ARTIGO 161.º
Avaliações divergentes

Quando, após um conjunto de avaliações sobre um militar, se verificar uma avaliação nitidamente diferente, quer no aspecto favorável quer no desfavorável, deverá o órgão de administração do pessoal propor ao comando que sejam promovidas averiguações no sentido de esclarecer as razões que a motivaram.

ARTIGO 162.º
Tratamento das avaliações individuais

As avaliações individuais devem ser objecto de tratamento estatístico, cumulativo e comparado, face ao conjunto de militares nas mesmas condições.

ARTIGO 163.º
Regulamentação

As instruções para a execução do sistema de avaliação dos militares dos quadros da Guarda são regulamentadas por portaria do Ministro da Administração Interna, sob proposta do comandante-geral da Guarda.

ARTIGO 164.º
Apreciação da aptidão física e psíquica

A aptidão física e psíquica é apreciada por meio de:

a) Inspecções médicas;
b) Juntas médicas;
c) Provas de aptidão física;
d) Exames psicotécnicos.

ARTIGO 165.º
Meios de apreciação da aptidão física e psíquica

1 – Os meios de apreciação da aptidão física e psíquica são aplicados de acordo com os regulamentos próprios, tendo em conta o escalão etário e as características e especificidades de cada quadro.

2 – A periodicidade das provas de aptidão física não deve exceder o intervalo de um ano.

3 – Sem prejuízo do disposto no n.º 2, a aptidão física e psíquica pode ser apreciada quando for julgado conveniente.

4 – O não cumprimento dos mínimos fixados nas provas de aptidão física não é o suficiente para concluir da inexistência da necessária aptidão física do militar, devendo ser-lhe dada possibilidade de repetição das provas, após um mês de preparação especial e da realização de inspecções médicas, se necessário.

ARTIGO 166.º

Insuficiente aptidão física e psíquica

O militar que não possua suficiente aptidão física e psíquica para o desempenho de algumas das funções relativas ao seu posto e quadro pode ser reclassificado para outro quadro, cujas exigências de serviço sejam compatíveis com as suas aptidões.

ARTIGO 167.º

Deficiente

O militar que, no cumprimento da missão, adquirir uma diminuição permanente na capacidade geral de ganho, causada por lesão, doença adquirida ou agravada, beneficia dos direitos e regalias previstos em legislação especial.

ARTIGO 168.º

Serviços moderados

1 – O militar dos quadros da Guarda que, por motivo de acidente ou doença adquirida em serviço, só reúna, transitoriamente, condições para o desempenho de funções que dispensem plena validez poderá ser considerado pela Junta Superior de Saúde apto para os serviços moderados, pelo período máximo de dois anos.

2 – Se, porém, o militar, por motivo de acidente ou doença adquirida ou agravada em serviço, ficar definitivamente apto apenas para o desempenho de funções que dispensem plena validez, poderá ser considerado, pela Junta Superior de Saúde, apto para serviços moderados.

3 – O militar nas condições do número anterior deve ser presente à Junta Superior de Saúde, para verificar da sua aptidão, com a periodicidade a estabelecer por aquela Junta.

4 – A definição dos serviços moderados, para cada caso, será objecto de proposta da Junta Superior de Saúde, e os militares que vierem a ser colocados nessas funções não poderão ser delas desviados sem parecer daquela Junta, para não correrem o risco de agravamento da sua insuficiência.

ARTIGO 169.º

Juntas médicas

1 – Independentemente de outras inspecções médicas, o militar dos quadros da Guarda deve ser presente à competente junta médica, nos seguintes casos:

a) Antes do início dos cursos ou estágios de promoção;
b) Quando regresse à comissão normal, após ter estado fora dessa por período superior a três anos;
c) Quando houver dúvidas acerca da sua aptidão física ou psíquica;

2 – O militar que, definitivamente, deixe de possuir a necessária aptidão física ou psíquica para o desempenho das funções que competem ao seu posto deixa de estar no activo e passa à reserva ou reforma, nos termos do disposto nos artigos 77.º ou 85.º, desde que para tal reúna as condições exigidas.

CAPÍTULO X

Licenças

ARTIGO 170.º

Tipos de licenças

1 – Ao militar podem ser concedidos os seguintes tipos de licença:

a) De férias;
b) Por mérito;
c) De junta médica;
d) Por falecimento de familiares;
e) Por casamento;
f) Por motivo de transferência;
g) Semestral;
h) Para estudos;

i) Por maternidade ou paternidade;
j) Registada;
l) Ilimitada;

2 – Durante o período de licença, o militar suspende, temporariamente, o desempenho de funções e actividades de serviço.

3 – As licenças previstas nas alíneas a) a i), inclusive, do n.º 1 são concedidas sem perda de remuneração.

4 – Aos oficiais das Forças Armadas não podem ser concedidas as licenças previstas nas alíneas h), j) e k).

ARTIGO 171.º (*)

Licença de férias

1 – Em cada ano civil, o militar tem direito a um período de licença de férias a gozar seguida ou interpoladamente, calculado de acordo com as seguintes regras:

a) 25 dias úteis de férias até completar 39 anos de idade;
b) 26 dias úteis de férias até completar 49 anos de idade;
c) 27 dias úteis de férias até completar 59 anos de idade;
d) 28 dias úteis de férias a partir dos 59 anos de idade.

2 – Sem prejuízo do disposto no número anterior, o militar tem ainda direito ao acréscimo de um dia de férias por cada 10 anos de serviço efectivamente prestado.

3 – A idade relevante para efeitos do previsto no n.º 1 é aquela que o militar completar até 31 de Dezembro do ano em que o direito a férias se vence.

4 – A concessão de licença de férias obedece às seguintes regras:

a) Tem direito ao gozo da licença de férias quem tiver mais de um ano de serviço efectivo;
b) O gozo da licença de férias não pode prejudicar a tramitação de processo disciplinar ou criminal em curso;
c) O período de férias não pode sobrepor-se à frequência de cursos, tirocínios, instrução ou estágios e está condicionado pela actividade operacional;
d) Em cada ano civil um dos períodos de férias não deve ser inferior a metade dos dias de férias a que o militar tenha direito, não podendo ser gozados, seguidamente, mais de 22 dias úteis;
e) A licença de férias pode ser interrompida por imperiosa e imprevista necessidade do serviço;

f) A licença de férias é concedida independentemente do gozo, no mesmo ano, de qualquer outra licença e do registo disciplinar;
g) A marcação das férias deve obedecer a um planeamento, tendo em vista assegurar o regular funcionamento dos serviços e conciliar a vida profissional e familiar.

5 – O direito a férias vence-se no dia 1 de Janeiro de cada ano e reporta-se, em regra, ao serviço prestado no ano civil anterior.

6 – Durante as férias não pode ser exercida qualquer actividade remunerada, salvo se a mesma já viesse sendo legalmente exercida.

7 – As férias respeitantes a determinado ano podem, por conveniência de serviço, ser gozadas no ano civil imediato, seguidas ou não de férias vencidas neste.

8 – No caso de acumulação de férias por conveniência de serviço, o militar não pode ser impedido de gozar os dias de férias respeitantes ao ano anterior mais metade dos dias de férias a que tiver direito no ano a que as mesmas se reportam.

9 – O período de férias relevante, em cada ano civil, para efeitos do abono do subsídio respectivo não pode exceder 22 dias úteis.

(*) *Redacção do DL n.º 15/2002, de 29/01.*

Artigo 172.º

Licença por mérito

A licença por mérito é concedida e gozada nos termos do RDM.

Artigo 173.º

Licença de junta médica

A licença de junta médica é arbitrada por parecer desta e concedida pela entidade competente, de acordo com o que se encontra estipulado no Regulamento do Serviço de Saúde da Guarda.

Artigo 174.º

Licença por falecimento de familiares

1 – A licença por falecimento de familiares é concedida:

a) Por cinco dias seguidos, por motivo de falecimento de cônjuge não separado de pessoas e bens ou de parente ou afim no 1.º grau da linha recta;

b) Por dois dias seguidos, por motivo de falecimento de parente ou afim em qualquer outro grau da linha recta ou nos 2.º e 3.º graus da linha colateral;

2 – A prova do falecimento pode ser exigida no acto de apresentação.

ARTIGO 175.º (*)

Licença por casamento

Por ocasião do casamento, é concedida uma licença de 11 dias úteis seguidos, nos termos seguintes:

a) O pedido deve ser apresentado com uma antecedência mínima de 15 dias relativamente à data em que se pretende iniciar o período de licença;

b) A confirmação do casamento é efectuada através de certidão destinada ao averbamento do processo individual.

(*) *Redacção do DL n.º 15/2002, de 29/01.*

ARTIGO 176.º (*)

Licença por motivo de transferência

1 – O militar que seja transferido ou deslocado no continente para serviço em
localidade diferente da que constitui a sua residência habitual, tenha agregado familiar a seu cargo e mude efectivamente de residência por força da transferência tem direito a 10 dias de licença por motivo de transferência.

2 – O militar que seja transferido ou deslocado do continente para as Regiões Autónomas ou entre elas ou destas para o continente tem direito a 15 dias de licença por motivo de transferência.

(*) *Redacção do art. 3.º do DL n.º 298/94, de 24/11.*

ARTIGO 177.º

Licença semestral

1 – A licença semestral é concedida, a título excepcional, sem prejuízo para o serviço ou para terceiros, desde que se justifique a sua necessidade e urgência, por um período até cinco dias em cada semestre, a contar do início de cada ano.

2 – Esta licença não pode ser concedida em acumulação com licença de férias.

ARTIGO 178.º
Licença para estudos

1 – A licença para estudos pode ser concedida, por despacho ministerial, a requerimento do interessado, para efeitos de frequência de curso, cadeiras ou estágios, em estabelecimentos de ensino nacionais ou estrangeiros, com interesse para a Guarda e de que resulte valorização profissional e técnica dos militares dos quadros da Guarda.

2 – O militar a quem tenha sido concedida licença para estudos deverá apresentar, nas datas que lhe forem determinadas, os documentos comprovativos do aproveitamento escolar.

3 – A licença para estudos pode ser cancelada, por proposta do comandante-geral, quando este considere insuficiente o aproveitamento escolar do militar a quem a mesma tenha sido concedida.

4 – A licença para estudos conta como tempo de serviço efectivo, mas sem os aumentos de tempo previsto no n.º 3 do artigo 101.º.

ARTIGO 179.º
Licença por maternidade ou paternidade

Em matéria de licença por maternidade ou paternidade são aplicáveis aos militares da Guarda as disposições da lei geral.

ARTIGO 180.º
Licença registada

1 – A licença registada pode ser concedida, a requerimento do interessado, por motivos de natureza particular que justifiquem tal petição, nos termos da legislação em vigor.

2 – A licença registada é concedida sem direito a qualquer remuneração e não conta como tempo de serviço militar.

3 – São competentes para a conceder em ano civil:

a) O comandante-geral, até 90 dias;

b) Os comandantes de unidades, até 15 dias, a sargentos e praças.

Artigo 181.º
Licença ilimitada

1 – A licença ilimitada pode ser concedida pelo comandante-geral, por um período não inferior a um ano, ao militar que:

a) A requeira e lhe seja deferida;

b) Por motivo de doença ou de licença da junta médica, opte pela sua colocação nesta situação, nos termos do artigo 70.º.

2 – A licença ilimitada apenas pode ser concedida ao militar que tenha prestado, pelo menos, oito anos de serviço efectivo.

3 – A licença ilimitada é concedida sem direito a qualquer remuneração e não conta como tempo de serviço militar.

4 – A licença ilimitada pode ser cancelada pelo comandante-geral:

a) Em qualquer ocasião, ao militar na situação de activo;

b) Em estado de sítio, guerra ou emergência, ao militar na situação de reserva;

5 – O militar na situação de licença ilimitada pode interrompê-la, se a mesma lhe tiver sido concedida há mais de um ano, cessando 90 dias após a apresentação da respectiva declaração ou, antes deste prazo, se o desejar e for autorizada pelo comandante-geral.

6 – O militar na situação de licença ilimitada pode requerer a passagem à situação de reserva, desde que reúna as condições previstas no artigo 77.º, podendo manter-se na situação de licença ilimitada.

7 – O militar não pode estar na situação de licença ilimitada, no activo por mais de três anos seguidos ou seis interpolados, após o que, se se mantiver nessa situação, passa à reserva ou, se a ela não tiver direito, é abatido aos quadros da Guarda.

Capítulo XI
Reclamações e recursos

Artigo 182.º
Recurso em processo criminal militar

O exercício pelo militar do direito de recurso relativamente ao processo criminal militar é regulado pelo CJM.

ARTIGO 183.º
Reclamação e recurso em processo disciplinar

O exercício pelo militar do direito de reclamação e recurso em matéria disciplinar é regulado pelo RDM.

ARTIGO 184.º
Reclamação e recurso dos actos administrativos

O militar tem direito de reclamação e de recurso dos actos administrativos que considere ilegais ou inconvenientes, nos termos da lei aplicável.

ARTIGO 185.º
Legitimidade para reclamar e recorrer

Só tem legitimidade para reclamar ou recorrer o militar que tenha interesse directo, pessoal e legítimo, na revogação, substituição ou modificação do acto objecto da reclamação ou recurso.

ARTIGO 186.º
Reclamação

1 – A reclamação contra um acto administrativo deve ser singular e dirigida por escrito, através das vias competentes, ao chefe que praticou esse acto, no prazo de 15 dias, contados a partir do seu conhecimento pelo reclamante.

2 – Considera-se como data de conhecimento do acto administrativo que dá origem à reclamação aquela em que o militar dele for pessoalmente notificado ou da publicação do mesmo em ordem de serviço.

ARTIGO 187.º
Recurso hierárquico

1 – Quando a reclamação, apresentada nos termos do artigo anterior, não for, no todo ou em parte, atendida, assiste ao reclamante o direito de recurso hierárquico para o chefe imediato daquele que proferiu o acto administrativo em causa, no prazo de 15 dias, contados a partir da data de notificação pessoal ou da publicação oficial da decisão proferida sobre a reclamação.

2 – Não sendo proferida decisão sobre a reclamação no prazo de 15 dias a contar da respectiva apresentação, a mesma é indeferida tacitamente, cabendo recurso hierárquico nos termos do n.º 1 do artigo seguinte.

3 – O recurso hierárquico deve ser decidido no prazo de 15 dias, a contar da data em que o mesmo for recebido pela entidade competente.

4 – Se, no prazo referido no número anterior, não for proferida decisão expressa, o recurso é tacitamente indeferido, cabendo recurso hierárquico para o chefe imediato, até esgotar todos os níveis da hierarquia.

ARTIGO 188.º

Decisão definitiva

1 – Da decisão do comandante-geral cabe sempre recurso para o Ministro da Administração Interna.

2 – A decisão do recurso pelo Ministro da Administração Interna é definitiva e pode revogar, alterar ou manter a decisão requerida, no todo ou em parte.

ARTIGO 189.º

Recurso contencioso

O recurso contencioso dos actos administrativos é regulado pela Lei de Processo nos Tribunais Administrativos.

ARTIGO 190.º

Indeferimento tácito

Quando tiverem decorrido 45 dias sobre a data de interposição do recurso hierárquico, para órgão colocado no topo da hierarquia, sem que tenha sido proferida decisão expressa, o recurso é tacitamente indeferido, cabendo recurso contencioso, nos termos do artigo anterior.

TÍTULO II
Oficiais

CAPÍTULO I
Quadros e funções

ARTIGO 191.º
Carta-patente

A carta-patente é o documento de encarte dos oficiais dos quadros da Guarda, conferido no acto de ingresso na categoria.

ARTIGO 192.º (*)
Quadros e postos

1 – Os oficiais dos quadros da Guarda distribuem-se por armas ou serviços e ramos e são inscritos em quadros, de acordo com os seguintes postos:

Quadros	Postos
Infantaria, cavalaria, administração militar, medicina e juristas.	**Coronel, tenente-coronel, major, capitão, tenente e alferes.**
Técnicos de manutenção de material e de pessoal e secretariado.	**Tenente-coronel, major, capitão, tenente e alferes.**

2 – Os lugares previstos nos quadros das armas, serviços ou ramos não constantes do número anterior serão preenchidos por oficiais das Forças Armadas, nos termos do artigo 194.º.

(*) *Redacção do DL n.º 15/2002, de 29/01.*

ARTIGO 193.º (*)

Funções

1 – O oficial desempenha essencialmente funções de comando, direcção ou chefia e de estado-maior e desenvolve actividades de natureza especializada e instrução próprias dos respectivos postos.

2 – Nos diversos quadros correspondem a cada posto os quadros e funções especificados nos regulamentos e na estrutura orgânica onde os oficiais estiverem colocados, designadamente:

a) General, a comandante-geral;

b) Brigadeiro, a 2.º comandante-geral, a inspector-geral, a chefe do estado-maior do Comando-Geral, a comandante da Escola Prática, a comandante de unidade escalão brigada;

c) Coronel, a comandante de unidade de escalão regimento, a 2.º comandante de unidade de escalão brigada, a inspector, subchefe do estado-maior, a chefe de repartição de estado-maior, a chefe de serviço ou de órgão equivalente, ao exercício de funções docentes e a outros de natureza equivalente;

d) Tenente-coronel, a 2.º comandante de unidade de escalão regimento, a comandante de agrupamento e de grupo, a comandante de centro de instrução, a chefe do estado-maior de escalão brigada ou regimento, a chefe ou adjunto de chefe de serviço ou de órgão equivalente, ao exercício de funções docentes e a outros de natureza equivalente;

e) Major, a comandante de batalhão, ou equivalente, a comandante de grupo, a 2.º comandante de grupo de comando de tenente-coronel, a oficial de estado-maior, a adjunto de chefe de serviço ou de órgão equivalente, ao exercício de funções nos órgãos dos respectivos serviços técnicos, ao desempenho de funções de docência e a outros de natureza equivalente;

f) Capitão, a comandante de companhia ou unidade equivalente, a comandante de destacamento, a adjunto de comandante de grupo, ao exercício de funções nos órgãos de estado-maior e nos órgãos dos respectivos serviços técnicos, a instrutor e a outros de natureza equivalente;

g) Tenente ou alferes, a comandante de pelotão, a adjunto de comandante de subunidade de escalão companhia, a instrutor e a outros de natureza equivalente.

(*) *Redacção do DL n.º 188/99, de 2/06*

ARTIGO 194.º
Oficiais do quadro permanente das Forças Armadas

1 – Podem prestar temporariamente serviço na Guarda os oficiais do quadro permanente do Exército, ou, quando o Exército os não puder ceder, de outros ramos das Forças Armadas, que sejam necessários e interessem ao serviço da Guarda.

2 – Os efectivos dos oficiais referidos no número anterior são anualmente fixados por despacho conjunto dos Ministros da Administração Interna e da Defesa Nacional e frequentarão, sempre que necessário, um estágio de adaptação cujas regras são determinadas pelo comandante-geral.

3 – Os oficiais das Forças Armadas regressam ao ramo das Forças Armadas a que pertencem:

a) Por decisão do comandante-geral;
b) Nos termos previstos no respectivo estatuto;
c) Mediante solicitação do chefe do estado-maior do ramo ao qual o oficial pertence;
d) Mediante pedido formulado pelo interessado;
e) Quando nomeados para o curso superior de Comando e Direcção.

CAPÍTULO II
Efectivos e situações

ARTIGO 195.º (*)
Ingresso na categoria

1 – O ingresso na categoria de oficial dos quadros da Guarda faz-se no posto de alferes, por habilitação com curso adequado ou, no caso dos licenciados admitidos por concurso nos termos de legislação especial prevista neste Estatuto, após a frequência de tirocínio de formação, com aproveitamento.

2 – Os alferes habilitados com curso são ordenados por quadros e cursos e, dentro de cada curso, pelas classificações nele obtidas.

3 – A antiguidade dos alferes a que respeita o número anterior é referida a 1 de Outubro do ano em que concluíram, com aproveitamento, o curso de formação, ou antecipada de tantos anos quantos os que a organização escolar do respectivo curso exceder cinco anos.

4 – A antiguidade dos alferes admitidos por concurso nos termos de legislação especial a que se refere o n.º 1 é referida a 1 de Outubro do ano em que concluíram o tirocínio, antecipada ou retardada de tantos anos quantos os que a organização escolar da respectiva licenciatura, somada à correspondente preparação militar e ao tempo de duração do estágio ou internato geral e complementar, no caso dos licenciados em Direito e Medicina, exceder ou for inferior a cinco anos.

5 – A ordenação na lista de antiguidade dos alferes mencionados no número anterior com a mesma antiguidade faz-se, em cada quadro, segundo a classificação final, resultante da média ponderada das classificações obtidas na licenciatura e no tirocínio, e, em igualdade de classificação final, de harmonia com o disposto no artigo 28.º.

6 – As normas de ingresso nos quadros de técnico superior de apoio (SAP), de transmissões, informática e electrónica (TIE), de medicina (MED), de medicina veterinária (VET), de enfermagem e diagnóstico e terapêutica (TEDT) e de juristas (JUR) são definidas por portaria do Ministro da Administração Interna.

7 – Os militares que ingressarem na categoria de oficial dos quadros da Guarda prestam «juramento de fidelidade», em cerimónia pública.

(*) *O n.º 6 tem a redacção dada pelo DL n.º 15/2002, de 29/01. O actual n.º 7 era o anterior n.º 6.*

Artigo 196.º

Tempo mínimo de serviço efectivo

O tempo mínimo de serviço efectivo a que se refere a alínea a) do n.º 2 do artigo 74.º é de oito anos.

Artigo 197.º

Limites de idade

Os limites de idade estabelecidos para a passagem à situação de reserva, previstos na alínea a) do n.º 1 do artigo 77.º, são os seguintes:

a) Oficiais cuja formação de base é uma licenciatura:
   Coronel – 58 anos;
   Restantes postos – 56 anos;

b) Oficiais cuja base de formação é equiparada a bacharelato:
   Tenente-coronel – 59 anos;
   Restantes postos – 58 anos.

Capítulo III
Promoções e graduações

Artigo 198.º
Modalidades de promoção

As promoções obedecem às modalidades seguintes:

a) A alferes, com habilitação com curso ou tirocínio de formação adequados;
b) A tenente, por diuturnidade;
c) A capitão, por diuturnidade;
d) A major, por escolha;
e) A tenente-coronel, por antiguidade;
f) A coronel, por escolha.

Artigo 199.º
Verificação das condições gerais de promoção

A verificação das condições gerais de promoção é da competência do comandante-geral e é efectuada com base nos elementos elaborados pelo órgão de gestão de pessoal.

Artigo 200.º
Condição especial de promoção a alferes

É condição especial de promoção a alferes a habilitação com curso de formação de oficiais ou, para licenciados admitidos por concurso, tirocínio nos termos de legislação especial.

Artigo 201.º
Condição especial de promoção a tenente

É condição especial de promoção a tenente ter o tempo mínimo de permanência de um ano no posto de alferes.

ARTIGO 202.º

Condições especiais de promoção a capitão

As condições especiais de promoção ao posto de capitão são as seguintes:

a) Aprovação no curso de promoção a capitão ou provas legalmente equivalentes;

b) Ter o tempo mínimo de quatro anos de permanência no posto de tenente;

c) Para os oficiais das armas, ter comandado um destacamento ou subdestacamento durante um ano, com boas informações, ou ter prestado dois anos de serviço efectivo numa unidade da arma ou Escola Prática da Guarda, para os oficiais dos serviços, ter prestado dois anos de serviço efectivo em funções específicas do respectivo serviço;

d) Para tenentes médicos e juristas, a obtenção das condições constantes de diploma próprio.

ARTIGO 203.º (*)

Condições especiais de promoção a major

As condições especiais de promoção a major são as seguintes:

a) Aprovação no curso de promoção a oficial superior ou provas legalmente equivalentes;

b) Ter o tempo mínimo de permanência de seis anos no posto de capitão;

c) Para capitães das armas, ter exercido, no posto de capitão, pelo menos durante dois anos, com informação favorável, o cargo de comandante de destacamento, adjunto de comandante de grupo, comandante de companhia, esquadrão ou outras funções de comando ou chefia consideradas, por despacho do comandante-geral, de categoria equivalente ou superior;

d) Para capitães médicos e juristas, a obtenção das condições constantes de diploma próprio;

e) Para capitães dos serviços, ter exercido, no posto de capitão, pelo menos durante dois anos, com informação favorável, o comando de companhia ou outro comando ou chefia considerados por despacho do comandante-geral, de categoria equivalente ou superior.

(*) *A alínea d) tem a redacção introduzida pelo DL n.º 15/2002, de 29/01.*

ARTIGO 204.º

Condições especiais de promoção a tenente-coronel

É condição especial de promoção a tenente-coronel o tempo mínimo de permanência de quatro anos no posto de major.

ARTIGO 205.º

Condições especiais de promoção a coronel

As condições especiais de promoção a coronel são as seguintes:

a) Ter o tempo mínimo de permanência de quatro anos no posto de tenente-coronel;
b) Para tenentes-coronéis das armas, ter exercido, como oficial superior, pelo menos durante dois anos, com informação favorável, o cargo de comandante de agrupamento, grupo, 2.º comandante de brigada, regimento ou outro comando ou chefia considerados, por despacho do comandante-geral, de categoria equivalente ou superior;
c) Para tenentes-coronéis médicos e juristas, a obtenção das condições constantes de diploma próprio;
d) Para tenentes-coronéis dos serviços, ter exercido, como oficial superior, pelo menos durante dois anos, com informação favorável, o cargo de chefe ou adjunto de chefe de repartição ou de serviço ou outra chefia considerada, por despacho do comandante-geral, de categoria equivalente ou superior.

ARTIGO 206.º

Promoção a tenente

Para efeitos de promoção ao posto de tenente são apreciados os alferes que completem o tempo de permanência no posto exigido como condição especial de promoção.

ARTIGO 207.º

Promoção a capitão

Para efeitos de promoção ao posto de capitão são apreciados os tenentes que completem o tempo de permanência no posto exigido como condição especial de promoção.

ARTIGO 208.º
Promoção a major

Para efeitos de promoção ao posto de major são apreciados os capitães do terço superior da escala de antiguidade de cada quadro que reúnam as condições de promoção.

ARTIGO 209.º
Promoção a tenente-coronel

Para efeitos de promoção ao posto de tenente-coronel são apreciados os majores por ordem de antiguidade, de acordo com as vagas previstas.

ARTIGO 210.º
Promoção a coronel

Para efeitos de promoção ao posto de coronel são apreciados os tenentes-coronéis do terço superior da escala de antiguidade de cada quadro que reúnam as condições de promoção.

ARTIGO 211.º
Graduação da data de ingresso

O oficial que ao ingressar nos quadros da Guarda já tenha sido promovido a posto superior no ramo das Forças Armadas a que pertencia considera-se graduado nesse posto, até que lhe compita a promoção no seu quadro.

ARTIGO 212.º
Diplomas de promoção e graduação

As promoções e graduações dos oficiais dos quadros da Guarda são efectuadas da seguinte forma:

a) Por decreto, na promoção por distinção;
b) Por portaria ministerial, nas restantes promoções e graduações.

CAPÍTULO IV

Formação e instrução

ARTIGO 213.º

Recrutamento

O recrutamento para oficiais dos quadros é feito entre alunos que frequentarem os cursos de formação de oficiais e, nos termos de legislação especial, os licenciados que pertençam aos quadros da Guarda ou tenham cumprido o serviço efectivo normal como oficiais das Forças Armadas, mediante a frequência do respectivo tirocínio de formação com aproveitamento.

ARTIGO 214.º

Condições gerais de admissão

1 – Podem candidatar-se à frequência dos cursos ou tirocínios de formação os indivíduos que satisfaçam as seguintes condições:

a) Ser cidadão português de origem;
b) Possuir qualidades morais e comportamento cívico que se ajustem ao perfil humano e funcional definido pelo artigo 2.º;
c) Se militar, ao serviço ou na disponibilidade, ter revelado qualidades que o recomendem para oficial dos quadros da Guarda;
d) Possuir a robustez física indispensável ao exercício da profissão;
e) Ter as habilitações literárias exigidas;
f) Ficar aprovado nas provas do concurso de admissão e ser seleccionado para preenchimento das vagas abertas para cada concurso;

2 – Os candidatos admitidos aos cursos ou tirocínios de formação são genericamente designados por alunos, têm a condição de militares e ficam, com as necessárias adaptações constantes de legislação própria, sujeitos ao regime geral de deveres e direitos constantes deste Estatuto.

ARTIGO 215.º

Condições especiais de admissão

Aos cursos de formação de técnicos de manutenção de material e de pessoal e secretariado só podem concorrer os sargentos da Guarda que satisfaçam as condições especiais de admissão fixadas em legislação própria.

ARTIGO 216.º

Admissão aos cursos de formação de oficiais

1 – O processo de admissão, a organização e o regime escolar dos cursos de formação que habilitam ao ingresso nos quadros da Guarda, bem como o estabelecimento das equivalências entre disciplinas e cursos, são regulados por legislação própria.

2 – No que se refere a habilitações literárias, o regime de admissão aos cursos de formação é idêntico ao que estiver definido para os estabelecimentos oficiais de ensino superior, sem prejuízo das exigências específicas inerentes à natureza profissional dos referidos cursos.

3 – O número de vagas para admissão aos cursos de formação para ingresso nos quadros da Guarda é fixado por despacho conjunto dos Ministros da Defesa Nacional e da Administração Interna, sob proposta do comandante-geral, tendo em conta:

a) As necessidades estruturais e organizacionais e as decorrentes necessidades de alimentação dos quadros;

b) A programação e desenvolvimento dos diferentes tipos de carreiras.

ARTIGO 217.º

Admissão aos tirocínios de formação

1 – São admitidos à frequência de tirocínio de formação para ingresso nos quadros da Guarda os candidatos que satisfaçam as condições previstas nos artigos 213.º e 214.º, bem como em legislação especial respeitante à categoria e ao quadro respectivo, por ordem de classificação obtida nas provas de concurso de admissão.

2 – O número de vagas para admissão aos tirocínios referidos no número anterior é fixado por despacho do Ministro da Administração Interna, sob proposta do comandante-geral, tendo em conta:

a) A necessidade de alimentação dos quadros;

b) A programação e desenvolvimento dos diferentes tipos de carreiras;

3 – A duração e organização dos tirocínios de formação são reguladas por portaria do Ministro da Administração Interna, sob proposta do comandante-geral.

ARTIGO 218.º
Nomeação para o curso de promoção a capitão

1 – São nomeados para o curso de promoção a capitão os tenentes dos quadros da Guarda, por antiguidade, de acordo com as vagas fixadas para cada quadro, excluindo aqueles a quem tenha sido adiada a sua frequência, de acordo com o disposto no capítulo VIII do título I, bem como os que declarem dele desistir.

2 – É, ainda, condição de nomeação para o curso de formação a capitão possuir aptidão física e psíquica adequada, a determinar nos termos previstos no artigo 169.º.

ARTIGO 219.º
Nomeação para o curso de promoção a oficial superior

1 – São nomeados para o curso de promoção a oficial superior os capitães, de acordo com o previsto no artigo 145.º e com as vagas fixadas para cada quadro, excluindo aqueles a quem, competindo-lhe a nomeação por antiguidade, tenha sido adiada a sua frequência, de acordo com o disposto no capítulo VIII do título I, bem como os que declarem desistir.

2 – É, ainda, condição de nomeação para o curso de promoção a oficial superior possuir aptidão física e psíquica adequada, a determinar nos termos previstos no artigo 169.º.

ARTIGO 220.º
Falta de aproveitamento em curso de promoção

1 – O oficial que não tiver aproveitamento em curso ou provas exigidas como condição especial de promoção apenas poderá repetir as respectivas frequências uma vez.

2 – O disposto no número anterior não se aplica quando a falta de aproveitamento for motivada por razões de doença ou acidente que, na opinião da Junta Superior de Saúde, impossibilite o oficial de continuar a tomar parte nos trabalhos do curso, ou por razões de força maior atendíveis.

ARTIGO 221.º
Exclusão do curso de promoção a capitão ou a oficial superior

São excluídos definitivamente do curso de promoção a capitão ou a oficial superior:

a) Os oficiais que declarem desistir da sua frequência;
b) Os oficiais que sejam definitivamente considerados sem aptidão física ou psíquica para a sua frequência;
c) Os oficiais que não obtenham aproveitamento, nos termos do artigo anterior.

ARTIGO 222.º

Articulação dos cursos de promoção a capitão e a oficial superior

1 – O curso de promoção a capitão realiza-se em estabelecimentos de ensino do Exército e ou na Escola Prática da Guarda, em moldes semelhantes aos ministrados no Exército.

2 – O curso de promoção a oficial superior realiza-se em estabelecimentos do Exército, em moldes semelhantes aos ministrados no Exército.

3 – São publicadas na Ordem à Guarda as relações dos oficiais que frequentaram os cursos referidos nos números anteriores, com ou sem aproveitamento.

ARTIGO 223.º

Outros cursos e estágios

Os cursos e estágios para obter, ampliar, melhorar ou reciclar os conhecimentos técnico-profissionais para o exercício de funções específicas são organizados na Guarda ou frequentados nas Forças Armadas ou noutras instituições públicas ou privadas, de acordo com as necessidades e possibilidades.

TÍTULO III

Sargentos

CAPÍTULO I

Quadros e funções

ARTIGO 224.º

Diploma de encarte

No acto do ingresso na categoria de sargento é conferido ao militar diploma de encarte, nos termos regulados em legislação especial.

ARTIGO 225.º
Quadros e postos

Os sargentos dos quadros da Guarda distribuem-se por armas ou serviços e ramos e inscrevem-se nos quadros previstos na alínea a), e de acordo com os seguintes postos designados na alínea b):

a) Quadros – infantaria, cavalaria, administração militar, exploração, manutenção, medicina, farmácia, veterinária, armamento, auto, artífice, músico, corneteiro e clarim;

b) Postos – sargento-mor, sargento-chefe, sargento-ajudante, primeiro-sargento e segundo-sargento.

ARTIGO 226.º (*)
Funções

1 – O sargento desempenha, essencialmente, de acordo com os respectivos quadros e postos, funções de comando e chefia, de natureza executiva, de carácter técnico, administrativo-logístico e de instrução.

2 – As funções dos sargentos da Guarda são as seguintes:

a) O sargento-mor desempenha as funções de elemento do estado-maior do Comando-Geral e do comando de unidade de escalão brigada, regimento ou equivalente, agrupamento e grupo, como adjunto do comando, de chefe de secretaria de subunidade de escalão agrupamento ou grupo, de instrutor e outras de natureza equivalente;

b) O sargento-chefe é cometido do exercício de funções nos órgãos de estado-maior do Comando-Geral e de unidade de escalão brigada, regimento ou equivalente, de adjunto do comando de unidade de escalão agrupamento, grupo e destacamento ou equivalentes, de comando de postos cuja importância, pelo efectivo ou natureza da missão, o justifique, bem como exercício de funções nos órgãos dos serviços técnicos respectivos, o desempenho de funções de instrução e outras de natureza equivalente;

c) O sargento-ajudante desempenha as funções de comandante de subdestacamento, de adjunto de comando de unidade de escalão grupo ou equivalente, para os assuntos relacionados com a vida interna da unidade, nomeadamente no que respeita à administração de pessoal e aos aspectos logísticos e técnicos, de adjunto do comando de destacamento ou equivalente para os assuntos relacionados com a actividade operacional e de instrução, de comando de postos cuja importância, pelo efectivo ou natureza da missão, o justifique, detém o exercício de funções nos órgãos de comando e estado-maior no Comando-Geral e em unidades de escalão brigada, regimento, agrupamento e grupo ou equivalente e nos órgãos dos serviços técnicos respectivos, desempenha funções de instrução e outras de natureza equivalente;

d) Ao primeiro-sargento cabe o comando de postos, o comando de subunidades elementares operacionais, o exercício de funções de instrução, administrativas, logísticas e outras em órgãos do Comando-Geral, de unidades e subunidades e em serviços técnicos e outras de natureza equivalente;

e) Ao segundo-sargento cabe o comando de posto, de adjunto de comando de posto cuja importância, pelo efectivo ou natureza da missão, o justifique, ou comando de subunidades elementares operacionais, o exercício de funções de instrução, administrativas, logísticas e outras em órgãos do Comando-Geral, de unidades e subunidades e em serviços técnicos e outros de natureza equivalente;

3 – Aos sargentos deve ser cometido o desempenho dos vários tipos de funções características dos seus quadros e postos por forma a aprofundar a sua competência em cada posto e a sua preparação para as funções do posto imediato.

(*) *A alínea a) do n.º 2 tem a redacção do DL n.º 15/2002, de 29/01. A alínea b) do n.º 2 tem a redacção do DL n.º 188/99, de2/06.*

CAPÍTULO II
Efectivos e situações

ARTIGO 227.º
Ingresso na categoria

1 – O ingresso na categoria de sargento faz-se no posto de segundo-sargento, após a conclusão do curso de formação de sargentos ou curso técnico-profissional de nível 4, previsto na legislação em vigor, em áreas a definir por despacho do comandante-geral.

2 – Os segundos-sargentos habilitados com os cursos referidos no número anterior são ordenados por quadros e cursos e, dentro de cada curso, pelas classificações nele obtidas.

3 – A antiguidade dos segundos-sargentos é referida a 1 de Outubro do ano em que concluírem, com aproveitamento, um dos cursos referidos no n.º 1, antecipada ou retardada de tantos anos quantos os que a organização escolar dos referidos cursos exceder ou for inferior a dois anos.

4 – Os militares ingressados na categoria de sargentos prestam «juramento de fidelidade» em cerimónia pública.

Artigo 228.º
Tempo mínimo de serviço efectivo

O tempo mínimo de serviço efectivo a que se refere a alínea a) do n.º 2 do artigo 74.º é de oito anos.

Artigo 229.º
Limites de idade

Os limites de idade estabelecidos para a passagem à situação de reserva, previstos na alínea a) do n.º 1 do artigo 77.º, são os seguintes:

Sargento-mor – 60 anos;

Restantes postos – 57 anos.

Capítulo III
Promoções e graduações

Artigo 230.º
Modalidades de promoções

As promoções obedecem às modalidades seguintes:

a) A segundo-sargento, por habilitação com curso adequado;

b) A primeiro-sargento, por diuturnidade;

c) A sargento-ajudante, por antiguidade;

d) A sargento-chefe, por escolha;

e) A sargento-mor, por escolha.

ARTIGO 231.º

Verificação das condições gerais de promoção

A verificação das condições gerais de promoção dos sargentos é da competência do comandante-geral e é efectuada com base nos elementos elaborados pelo órgão de gestão de pessoal.

ARTIGO 232.º

Condição especial de promoção a segundo-sargento

É condição especial de promoção a segundo-sargento a aprovação num dos cursos referidos no n.º 1 do artigo 128.º deste diploma.

ARTIGO 233.º

Condição especial de promoção a primeiro-sargento

É condição especial de promoção a primeiro-sargento ter o tempo mínimo de permanência de três anos no posto de segundo-sargento.

ARTIGO 234.º (*)

Condições especiais de promoção a sargento-ajudante

As condições especiais de promoção ao posto de sargento-ajudante são as seguintes:

a) Frequência, com aproveitamento, do respectivo curso de promoção;
b) Ter tempo mínimo de quatro anos de permanência no posto de primeiro-sargento;
c) Ter prestado na categoria, no mínimo, um ano de serviço efectivo em unidade ou órgãos próprios da respectiva arma ou serviço na Escola Prática da Guarda.

(*) *A alínea a) tem a redacção dada pelo DL n.º 119/2004, de 21/05.*

ARTIGO 235.º (*)

Condições especiais de promoção a sargento-chefe

As condições de promoção ao posto de sargento-chefe são as seguintes:

a) Ter tempo mínimo de quatro anos de permanência no posto de sargento-ajudante;

b) Ter prestado na categoria, no mínimo, dois anos de serviço efectivo em unidades ou órgãos próprios da respectiva arma ou serviço ou na Escola Prática da Guarda.

(*) *Redacção do DL n.º 119/2004, de 21/05.*

ARTIGO 236.º

Condição especial de promoção a sargento-mor

É condição especial de promoção a sargento-mor ter o tempo mínimo de três anos de permanência no posto de sargento-chefe.

ARTIGO 237.º

Promoção a primeiro-sargento

Para efeitos de promoção ao posto de primeiro-sargento são apreciados os segundos-sargentos que completem o tempo de permanência no posto exigido como condição especial de promoção.

ARTIGO 238.º

Promoção a sargento-ajudante

Para efeitos de promoção ao posto de sargento-ajudante são apreciados os primeiros-sargentos por ordem de antiguidade, de acordo com as vagas previstas.

ARTIGO 239.º

Promoção a sargento-chefe

Para efeitos de promoção ao posto de sargento-chefe são apreciados os sargentos-ajudantes do terço superior da escala de antiguidade de cada quadro que reúnam as condições de promoção.

ARTIGO 240.º

Promoção a sargento-mor

Para efeitos de promoção ao posto de sargento-mor são apreciados os sargentos-chefes do terço superior da escala de antiguidade de cada quadro que reúnam as condições de promoção.

ARTIGO 241.º
Graduação em furriel

O instruendo que completar, com aprovação, a primeira parte do curso de formação de sargentos é graduado no posto de furriel, sendo desgraduado se for excluído do curso nos termos do artigo 247.º.

ARTIGO 242.º
Forma de promoção e graduação

As promoções e graduações de sargento da Guarda são efectuadas da seguinte forma:

a) Por decreto, na promoção a oficial, por distinção;
b) Por portaria ministerial, nas restantes promoções por distinção;
c) Por despacho do comandante-geral, nas restantes promoções e graduações.

CAPÍTULO IV
Formação e instrução

ARTIGO 243.º
Condições de admissão ao curso de formação de sargentos

1 – Podem candidatar-se à frequência dos cursos de formação de sargentos os cabos dos quadros da Guarda que satisfaçam as seguintes condições:

a) Possuam boas qualidades profissionais, comportamento cívico e aptidão física e psíquica adequada, informadas pelo comandante da sua unidade;
b) Ter menos de 36 anos de idade, referidos a 31 de Dezembro do ano de ingresso no curso;
c) Possuir, no mínimo, o 9.º ano de escolaridade ou equivalente;
d) Ter no posto de cabo o tempo mínimo de dois anos de permanência no desempenho de quaisquer funções na data prevista para o início do curso;
e) Ter obtido aprovação nas provas de admissão;

2 – As condições de admissão para os cursos técnico-profissionais de nível 4 são as exigidas nos termos da legislação aplicável a estes cursos, sem prejuízo da condição prevista na alínea a) do número anterior.

Artigo 244.º
Provas de admissão ao curso de formação de sargentos

1 – As provas de admissão ao curso de formação de sargentos constam de:

a) Uma prova cultural e profissional;
b) Uma inspecção médica;
c) Uma prova de aptidão física;
d) Um exame psicotécnico;

2 – As classificações obtidas pelos candidatos são publicadas na Ordem à Guarda.

Artigo 245.º
Admissão ao curso de formação de sargentos

São admitidos à frequência do curso de formação de sargentos os candidatos aprovados nas provas de admissão, por ordem decrescente da classificação obtida, até ao limite das vagas fixadas para cada quadro.

Artigo 246.º
Desistência ou falta de aproveitamento no curso de formação de sargentos

1 – O instruendo pode desistir do curso de formação de sargentos para que se encontre nomeado ou a frequentar, não podendo, porém, concorrer novamente.

2 – O instruendo que não obtenha aproveitamento durante a primeira parte do curso é nomeado para a frequência do curso seguinte.

3 – O instruendo aprovado na primeira parte e que não obtenha aproveitamento na segunda frequentará esta última no curso seguinte.

4 – Quando a falta de aproveitamento do instruendo for motivada por razões de doença ou acidente que, na opinião da Junta Superior de Saúde, o impossibilite de continuar a tomar parte em trabalhos de curso ou por razões de força maior atendíveis, será nomeado para outro curso.

ARTIGO 247.º

Exclusão de curso de formação de sargentos

1 – São excluídos definitivamente dos cursos de formação de sargentos:

a) Os candidatos que desistam e ou reprovem três vezes nas respectivas provas de admissão;

b) Os instruendos que tenham duas reprovações nos cursos que frequentarem, salvo o disposto no n.º 4 do artigo anterior;

c) Os candidatos ou instruendos que deixem de satisfazer as condições constantes da alínea a) do artigo 243.º.

2 – A falta às provas é considerada reprovação para efeitos do disposto na alínea a) do número anterior, salvo se, por despacho do comandante-geral, a requerimento do interessado, for considerada por motivo de serviço, de acidente ou doença ou por razões de força maior atendíveis.

ARTIGO 248.º

Articulação do curso de formação de sargentos

1 – O curso de formação de sargentos é constituído por um parte geral e uma parte especial e é ministrado na Escola Prática da Guarda, podendo a segunda parte ser frequentada noutras unidades ou órgãos da Guarda ou em estabelecimentos adequados das Forças Armadas.

2 – Este curso, na área dos serviços, poderá, mediante despacho do comandante-geral, ter uma estruturação diferente, adaptada à especificidade de cada um.

3 – As classificações obtidas no final da primeira parte e no final do curso são publicadas na Ordem à Guarda.

4 – No final do curso, os instruendos que obtiverem aproveitamento prestam «juramento de fidelidade» em cerimónia pública.

ARTIGO 249.º (*)

Nomeação para o curso de promoção a sargento-ajudante

1 – São nomeados para o curso de promoção a sargento-ajudante os primeiros-sargentos da Guarda, por antiguidade, de acordo com o previsto no artigo 145.º e com as vagas fixadas para cada quadro, excluindo aqueles a quem, competindo-lhes a nomeação por antiguidade, tenha sido adiada a sua frequência, e os que declararem desistir.

2 – É ainda condição de nomeação para o curso de promoção a sargento-ajudante possuir aptidão física e psíquica adequada, determinada nos termos do artigo 169.º.

(*) *Redacção do DL n.º 119/2004, de 21/05.*

É o seguinte o teor do artigo 4.º do DL n.º 119/2004 citado:

«ARTIGO 4.º
Regime transitório

1 – O disposto nos artigos 249.º a 252.º do Estatuto, na redacção conferida pelo presente diploma, não se aplica aos sargentos-ajudantes que tenham realizado o estágio de promoção até ao 20.º estágio, inclusive.

2 – Os artigos 253.º a 256.º mantêm-se transitoriamente em vigor até à realização do curso de promoção a sargento-chefe neles previsto por parte dos sargentos-ajudantes a que se refere o número anterior ou até ao afastamento definitivo da possibilidade da sua frequência.

3 – O curso de promoção a sargento-chefe para os militares abrangidos pelo n.º 1 do presente artigo é ministrado pela Escola Prática da Guarda».

ARTIGO 250.º (*)

Falta de aproveitamento no curso de promoção a sargento-ajudante

1 – O primeiro-sargento que não tiver aproveitamento no curso de promoção a sargento-ajudante apenas poderá repeti-lo uma vez.

2 – O disposto no número anterior não se aplica quando a falta de aproveitamento for motivada por razões de doença ou acidente que, no parecer da Junta Superior de Saúde, o impossibilite de continuar a tomar parte em trabalhos do curso, ou por razões de força maior atendíveis.

(*) *Redacção do DL n.º 119/2004, de 21/05.*

ARTIGO 251.º (*)

Exclusão do curso de promoção a sargento-ajudante

São excluídos definitivamente do curso de promoção a sargento-ajudante:

a) Os primeiros-sargentos que declarem desistir da sua frequência;
b) Os primeiros-sargentos que sejam definitivamente considerados sem aptidão física ou psíquica para a sua frequência;

c) Os primeiros-sargentos que não obtenham aproveitamento, nos termos do n.º 1 do artigo anterior.

(*) *A alínea c) tem a redacção dada pelo DL n.º 119/2004, de 21/05.*

ARTIGO 252.º (*)

Articulação do curso de promoção a sargento-ajudante

1 – O curso de promoção a sargento-ajudante é ministrado na Escola Prática da Guarda.

2 – São publicados na Ordem à Guarda as relações dos militares que o frequentam, com e sem aproveitamento.

(*) *O n.º 2 tem a redacção dada pelo DL n.º 119/2004, de 21/05.*

ARTIGO 253.º

Nomeação para o curso de promoção a sargento-chefe

1 – São nomeados para o curso de promoção a sargento-chefe os sargentos-ajudantes da Guarda, de acordo com o previsto no artigo 145.º e com as vagas fixadas para cada quadro, excluindo aqueles a quem, competindo-lhes a nomeação por antiguidade, tenha sido adiada a sua frequência, de acordo com o disposto no capítulo VII do título I e os que declararem desistir.

2 – É ainda condição de nomeação para o curso de promoção a sargento-chefe possuir aptidão física e psíquica adequada, determinada nos termos do artigo 169.º.

ARTIGO 254.º

Falta de aproveitamento no curso de promoção a sargento-chefe

1 – O sargento que não tiver aproveitamento no curso de promoção a sargento-chefe apenas poderá repeti-lo uma vez.

2 – O disposto no número anterior não se aplica quando a falta de aproveitamento for motivada por razões de doença ou acidente que, na opinião da Junta Superior de Saúde, impossibilite o sargento de continuar a tomar parte em trabalhos do curso, ou por razões de força maior atendíveis.

ARTIGO 255.º

Exclusão do curso de promoção a sargento-chefe

São excluídos definitivamente do curso de promoção a sargento-chefe:

a) Os sargentos-ajudantes que declararem desistir da sua frequência;

b) Os sargentos-ajudantes que sejam definitivamente considerados sem aptidão física ou psíquica para a sua frequência;

c) Os instruendos que não obtenham aproveitamento, nos termos do artigo anterior.

ARTIGO 256.º

Articulação do curso de promoção a sargento-chefe

1 – O curso de promoção a sargento-chefe realiza-se em estabelecimentos de ensino do Exército, em moldes semelhantes aos ministrados no Exército.

2 – São publicados na Ordem à Guarda as relações dos militares que o frequentarem, com e sem aproveitamento.

ARTIGO 257.º

Outros cursos e estágios

Os cursos e estágios para obter, ampliar, melhorar ou reciclar os conhecimentos técnico-profissionais para o exercício de funções específicas são organizados na Guarda ou frequentados nas Forças Armadas ou outras instituições públicas ou privadas, de acordo com as necessidades e possibilidades.

TÍTULO IV

Praças

CAPÍTULO I

Quadros

ARTIGO 258.º

Armas ou serviços e ramos

As praças dos quadros da Guarda distribuem-se pelas seguintes armas ou serviços e ramos e inscrevem-se nos quadros previstos na alínea a) e de acordo com os postos designados na alínea b):

a) Quadros – infantaria, cavalaria, administração militar, exploração, manutenção, medicina, farmácia, veterinária, armamento, auto, artífice, músico, corneteiro e clarim;
b) Postos – cabo-chefe, cabo e soldado.

ARTIGO 259.º
Funções

1 – As praças desempenham, fundamentalmente, funções de natureza executiva, podendo ainda, em conformidade com o respectivo posto, quadro, qualificações técnicas e capacidade pessoal, desempenhar funções de comando ou de chefia.

2 – Genericamente, as funções cometidas aos postos da categoria de praça são as seguintes:
a) Ao cabo-chefe cabem as funções de comandante ou adjunto do comandante de posto, o exercício de funções nos comandos, unidades e serviços e outras de natureza equivalente;
b) O cabo exerce funções de adjunto do comandante de posto, de natureza executiva nos comandos, unidades e serviços e outras de natureza equivalente;
c) Ao soldado compete a execução de missões e de tarefas especializadas e outras próprias do seu posto e quadro.

CAPÍTULO II
Efectivos e situações

ARTIGO 260.º
Ingresso na categoria

1 – O ingresso na categoria de praça dos quadros da Guarda faz-se no posto de soldado, no dia seguinte à conclusão, com aproveitamento, do curso de formação de praças.

2 – A antiguidade dos militares admitidos nos termos do número anterior é a do ingresso na categoria.

3 – Os soldados ingressados nos quadros da Guarda prestam o seu «compromisso de honra», em cerimónia pública.

ARTIGO 261.º
Adido ao quadro

É considerado adido ao quadro o cabo dos quadros da Guarda promovido por diuturnidade nos termos da alínea c) do artigo 266.º até à sua mudança de situação.

ARTIGO 262.º
Tempo mínimo de serviço efectivo

O tempo mínimo de serviço efectivo a que se refere a alínea a) do n.º 2 do artigo 74.º é de quatro anos.

CAPÍTULO III
Promoções e graduações

ARTIGO 263.º
Modalidades de promoção

As promoções aos postos da categoria de praça realizam-se mediante as seguintes modalidades:

a) A cabo, por habilitação com curso adequado, por excepção e por diuturnidade;
b) A cabo-chefe, por escolha.

ARTIGO 264.º
Verificação das condições gerais de promoção

1 – A verificação das condições gerais de promoção das praças compete ao chefe do órgão de gestão de pessoal da Guarda e é efectuada com base nos elementos organizados pelos respectivos serviços.

2 – Nos casos em que a entidade referida no número anterior considere como não satisfeitas as condições gerais de promoção ou tenha dúvidas sobre essa satisfação, o assunto será submetido à apreciação e decisão do comandante-geral.

ARTIGO 265.º
Limites de idade

Os limites de idade estabelecidos para passagem à situação de reserva das praças, previstos na alínea a) do n.º 1 do artigo 77.º, são os seguintes:
Cabo-chefe – 57 anos;
Restantes postos – 56 anos.

ARTIGO 266.º (*)
Condições especiais de promoção a cabo

São condições especiais de promoção ao posto de cabo:
a) Por habilitação com curso adequado – aprovação no curso de promoção a cabo;
b) Por excepção:
1) Estar colocado na primeira classe de comportamento;
2) Ter boas informações, onde se refira o zelo, a dedicação, a iniciativa e o interesse pelo serviço;
3) Maior antiguidade;
4) As vagas a atribuir a esta modalidade de promoção são fixadas, anualmente, por despacho do comandante-geral;
c) Por diuturnidade:
1) *Não ter sido punido na Guarda com o somatório de penas superiores a 20 dias de detenção ou equivalente*; (**)
2) Ter prestado, no mínimo, 28 anos de serviço efectivo;
3) Estar a menos de 30 dias de passagem à situação de reserva, nos termos das alíneas a) e c) do n.º 1 do artigo 77.º do Estatuto dos Militares da Guarda, ter sido julgado incapaz pela Junta Superior de Saúde, por motivo de doença ou acidente resultante de serviço, após ter prestado 15 anos de serviço efectivo, ter falecido por motivo de doença ou acidente resultante do serviço.

(*) *Os números 1) a 4) da alínea b) têm a redacção do DL n.º 15/2002, de 29/01. O n.º 3) da alínea c) tem a redacção dada pelo DL n.º 504/99, de 20/11.*

(**) *A alínea c), n.º 1), deste artigo 266.º, conjugada com a norma constante do art. 4.º, n.º 1, al. c), da Lei n.º 145/99, de 1 de Setembro, que aprovou o Regulamento de Disciplina Militar da G.N.R., foi declarada inconstitucional com força obrigatória geral pelo Acórdão do Tribunal Constitucional n.º 562/2003, de 18/11/2003, publicado no DR, I-A, de 13/03/2004.*

ARTIGO 267.º
Condições especiais de promoção a cabo-chefe

São condições especiais de promoção ao posto de cabo-chefe:
a) Ter bom comportamento militar, não tendo sido punido na Guarda com pena superior a repreensão agravada;
b) Ter muito boas informações no exercício das suas funções, onde se destaque espírito de sacrifício, abnegação e iniciativa e ou coragem moral e valentia;
c) Ter averbado, no mínimo, um louvor de comandante-geral ou de nível superior ou dois de comandante de unidade em que se realcem as qualidades e virtudes expressas na alínea anterior;
d) Ter o tempo mínimo de 12 anos de permanência no posto de cabo ou 8 anos de serviço efectivo prestado num posto territorial, serviço de trânsito, fiscal ou aduaneiro ou subunidade operacional equivalente;
e) Ter sido promovido a cabo por habilitação com curso adequado;
f) Ser proposto pelo comandante da unidade onde presta serviço.

ARTIGO 268.º (*)
Promoção a cabo

1 – A promoção ao posto de cabo dos soldados habilitados com o respectivo curso de promoção é feita pela classificação do curso, a qual serve de base à sua nova antiguidade.

2 – As datas de promoção devem ser estabelecidas de forma a garantir que, dentro do mesmo ano, primeiro sejam promovidos os militares habilitados com curso de promoção e a seguir os militares a promover por excepção.

3 – Para efeitos de promoção por diuturnidade, são apreciados pelo órgão de gestão de pessoal todos os soldados no activo que transitam para a situação de reserva ou de reforma ou que tenham falecido

(*) *Redacção do DL n.º 15/2002, de 29/01.*

ARTIGO 269.º
Promoção a cabo-chefe

Para efeitos de promoção ao posto de cabo-chefe são apreciados todos os cabos propostos em cada ano pelos comandantes das respectivas unidades, de acordo com normas a publicar oportunamente.

ARTIGO 270.º
Forma da promoção e graduação

As promoções das praças da Guarda são efectuadas da seguinte forma:

a) Por portaria ministerial, nas promoções por distinção;

b) Por despacho do comandante-geral, nas restantes promoções e graduações.

CAPÍTULO IV
Formação e instrução

ARTIGO 271.º (*)
Recrutamento

O recrutamento para soldados dos quadros da Guarda é feito entre os cidadãos que satisfaçam as condições gerais de admissão constantes do artigo seguinte, mediante requerimento dirigido ao comandante-geral.

(*) *Redacção do DL n.º 297/98, de 28/09.*

ARTIGO 272.º (*)
Condições gerais de admissão

Podem concorrer ao curso de formação de praças os cidadãos que satisfaçam as condições seguintes:

a) Tenham nacionalidade portuguesa;

b) Possuam qualidades morais e comportamento cívico que se ajustem às características expressas no artigo 2 .º;

c) Não tenham sido condenados por qualquer crime doloso;

d) Não tenham menos de 20 nem tenham completado 28 anos de idade em 31 de Dezembro do ano de ingresso, não sendo aplicável o mecanismo de abate à idade cronológica previsto no artigo 47.º do Regulamento de Incentivos à Prestação de Serviço Militar nos Regimes de Contrato e Voluntariado;

e) Tenham, no mínimo, 1,60 m de altura se forem candidatos femininos e 1,65 m se forem candidatos masculinos e tenham robustez física necessária ao serviço da Guarda;

f) Tenham reconhecida aptidão física e psíquica e cumprido as leis de vacinação obrigatória;

g) Tenham como habilitações literárias mínimas o 9.º ano de escolaridade ou equivalente;
h) Não estejam abrangidos pelo estatuto de objector de consciência;
i) Tenham cumprido, no mínimo, dois anos de serviço efectivo militar, e desde que:
i) Prestem ou tenham prestado serviço militar em regime de contrato nas categorias de praças ou de sargentos; e
ii) Estejam na 1.ª classe de comportamento militar ou na 2.ª classe sem castigo, tendo sido punidos com pena inferior a 10 dias de detenção, desde que a natureza da(s) falta(s) não colida(m) com as características de 'soldado da lei' definidas no artigo 2.º;j) Sendo militares em regime de contrato e sem prejuízo do tempo mínimo referido na alínea i), sejam autorizados a concorrer e a ser admitidos na Guarda pelo respectivo chefe do Estado-Maior;
l) Não estejam inibidos do exercício de funções públicas ou interditos para o exercício das funções a que se candidatam.

(*) *Redacção do DL n.º 297/98, de 28/09,bem como do DL n.º 119/2004, de 21/05.*

ARTIGO 273.º (*)

Condições especiais de admissão

Sem prejuízo das condições gerais, as condições especiais de admissão são estipuladas por despacho do comandante-geral na data de abertura do concurso.

(*) *Redacção do DL n.º 119/2004, de 21/05.*

ARTIGO 274.º (*)

Condição preferencial de admissão

É condição preferencial de admissão ao curso de formação de praças, quando em situação de igualdade, após a aplicação do artigo 275.º do presente diploma, ter prestado serviço militar nas Forças Armadas, designadamente em regime de contrato.

(*) *Redacção do DL n.º 297/98, de 28/09. O artigo encontra-se, porém, revogado pelo art. 5.º do DL n.º 119/2004, de 21/05.*

ARTIGO 275.º (*)

Verificação das condições de admissão

1 – A verificação das condições de admissão é feita através de:

a) Um concurso documental, onde seja entregue uma certidão, emitida pelo respectivo ramo, comprovativa do tempo de serviço prestado;

b) Uma prova cultural;

c) Uma inspecção médica;

d) Uma prova de aptidão física;

e) Um exame psicotécnico.

2 – É também factor de selecção a posse de experiência profissional com interesse para a Guarda, definida obrigatoriamente em cada aviso de abertura de concurso externo de admissão ao curso de formação de praças.

(*) *Redacção do DL n.º 297/98, de 28/09. A alínea a) tem actualmente a redacção do DL n.º 119/2004, de 21/05.*

ARTIGO 276.º (*)

Admissão ao curso de formação de praças

1 – São admitidos provisoriamente na Guarda, para a frequência do curso de formação de praças, os candidatos que, satisfazendo as condições gerais e especiais de admissão e obtendo aproveitamento nas provas de admissão previstas no artigo anterior, fiquem dentro das vagas anualmente fixadas.

2 – Quando por força da aplicação da alínea i) do artigo 272.º não seja possível preencher as vagas postas a concurso pode, a título excepcional, e mediante despacho conjunto do Primeiro-Ministro e do Ministro da Administração Interna, ser autorizada a realização de um concurso, destinado às vagas que não foi possível preencher, não sendo aplicável ao mesmo a condição geral, como definida naquela alínea.

(*) *Redacção do DL n.º 119/2004, de 21/05.*

ARTIGO 277.º

Curso de formação de praças

1 – O curso de formação de praças é frequentado pelos candidatos admitidos, no posto de soldado, sendo designados por soldados provisórios e ficando sujeitos ao regime geral de direitos e deveres previstos no presente Estatuto.

2 – Após a conclusão do curso, efectua-se um período de instrução complementar, essencialmente prático, de duração a fixar pelo comandante-geral, conforme as exigências de cada quadro.

3 – A articulação do curso de formação de praças e do período de instrução complementar, bem como a avaliação dos instruendos, é objecto de regras aprovadas por despacho do comandante-geral.

ARTIGO 278.º

Dispensa de soldados provisórios

1 – O soldado provisório que não dê provas de poder vir a ser militar e agente de autoridade disciplinado, competente, digno e respeitado é, mediante resposta fundamentada do comandante da unidade, imediatamente dispensado do serviço.

2 – O soldado provisório que reprove no curso de formação de praças a que foi admitido somente pode ser nomeado para o curso seguinte, sob proposta do comandante da unidade, se o comandante-geral considerar atendíveis as razões apresentadas, sendo dispensado do serviço se então não obtiver aproveitamento, salvo o disposto no número seguinte.

3 – O soldado provisório que seja julgado física ou psiquicamente incapaz para o serviço mediante parecer da Junta Superior de Saúde homologado pelo Ministro da Administração Interna, nos casos em que a incapacidade for resultante de acidente ocorrido em serviço ou doença adquirida ou agravada em serviço ou por motivo do mesmo, será admitido nos quadros da Guarda e transitará para a situação de reforma extraordinária na mesma data.

ARTIGO 279.º

Condições de admissão ao curso de promoção a cabo

Pode ser admitido ao curso de promoção a cabo o militar que o declare e reúna as seguintes condições:

a) Ser soldado da Guarda e ter o tempo mínimo de dois anos de permanência no posto de soldado na data prevista para início do curso;
b) Possuir boas qualidades profissionais, comportamento cívico e aptidão física e psíquica adequada, informadas pelo respectivo comandante de companhia ou unidade equivalente;
c) Ter bom comportamento, não tendo sido punido nos dois anos anteriores à data de abertura do concurso e até ao início do curso com pena superior a repreensão agravada;

d) Ter menos de 34 anos de idade em 31 de Dezembro do ano de ingresso no curso;
e) Ter obtido aprovação nas provas de admissão.

ARTIGO 280.º
Provas de admissão ao curso de promoção a cabo

1 – As provas de admissão ao curso de promoção a cabo constam de:
a) Uma prova cultural;
b) Uma prova técnico-profissional;
2 – As classificações obtidas pelos candidatos são publicadas na Ordem à Guarda.

ARTIGO 281.º
Admissão ao curso de promoção a cabo

São admitidos à frequência do curso de promoção a cabo os candidatos aprovados nas provas de admissão, por ordem decrescente da classificação obtida, até ao limite das vagas fixadas para cada quadro.

ARTIGO 282.º
Falta de aproveitamento no curso de promoção a cabo

1 – O soldado que não tiver aproveitamento no curso de promoção a cabo apenas poderá repeti-lo uma vez.
2 – O disposto no número anterior não se aplica quando a falta de aproveitamento for motivada por razões de doença ou acidente que, na opinião da Junta Superior de Saúde, impossibilite o soldado de continuar a tomar parte em trabalhos do curso, ou por razões de força maior atendíveis.

ARTIGO 283.º
Exclusão do curso de promoção a cabo

1 – São excluídos definitivamente dos cursos de promoção a cabo:
a) Os candidatos que desistam e ou reprovem três vezes nas respectivas provas de admissão;

b) Os instruendos que não obtenham aproveitamento nos termos do artigo anterior;
c) Os candidatos ou instruendos que deixem de satisfazer as condições constantes da alínea b) do artigo 279.º.

2 – A falta às provas é considerada reprovação para efeitos do disposto na alínea a) do número anterior, salvo se, por despacho do comandante-geral, a requerimento do interessado, for considerada por motivo de serviço, de acidente ou doença ou por razões de força maior atendíveis.

ARTIGO 284.º

Articulação do curso de promoção a cabo

1 – O curso de promoção a cabo é constituído por uma parte geral e uma parte especial e é ministrado na Escola Prática da Guarda, podendo a segunda parte ser frequentada noutras unidades ou órgãos da Guarda ou em estabelecimentos adequados da Guarda.

2 – Este curso, na área dos serviços, poderá, mediante despacho do comandante-geral, ter uma estruturação diferente, adaptada à especificidade de cada um.

3 – As classificações obtidas pelos instruendos são publicadas na Ordem à Guarda.

ARTIGO 285.º

Outros cursos e estágios

Os cursos e estágios para obter, ampliar, melhorar ou reciclar os conhecimentos técnico-profissionais para o exercício de funções específicas são organizados na Guarda ou frequentados nas Forças Armadas ou noutras instituições públicas ou privadas, de acordo com as necessidades e possibilidades.

LEI N.º 145/99, DE 1 DE SETEMBRO

APROVA O REGULAMENTO DE DISCIPLINA DA GUARDA NACIONAL REPUBLICANA

A Assembleia da República decreta, nos termos da alínea c) do artigo 161.º da Constituição, para valer como lei geral da República, o seguinte:

ARTIGO 1.º

É aprovado o Regulamento de Disciplina da Guarda Nacional Republicana, publicado em anexo à presente lei e da qual faz parte integrante.

ARTIGO 2.º

Com a entrada em vigor do Regulamento de Disciplina referido no artigo anterior, ficam revogadas as disposições legais e regulamentares na parte em que prevêem ou determinam a aplicação do Regulamento de Disciplina Militar (RDM) aos militares da Guarda Nacional Republicana.

ARTIGO 3.º

1 – Sem prejuízo das disposições que se seguem, o Regulamento de Disciplina ora aprovado não produz efeitos relativamente a decisões insusceptíveis de recurso ordinário, nos termos do mesmo Regulamento.

2 – As normas processuais previstas no mesmo Regulamento de Disciplina são de aplicação imediata.

3 – As normas relativas à descrição de deveres, à qualificação das infracções e à previsão de penas e medidas disciplinares são aplicáveis aos casos pendentes, desde que os factos continuem a ser puníveis e as penas correspondentes sejam mais favoráveis aos arguidos.

4 – As penas de faxinas, detenção, prisão disciplinar e prisão disciplinar agravada, mesmo que já aplicadas mas não integralmente cumpridas, serão convertidas obrigatoriamente de acordo com a tabela constante do artigo seguinte, descontando-se, porém, o período já cumprido.

ARTIGO 4.º

1 – Para todos os efeitos legais e regulamentares, designadamente para efeitos de classificação de comportamento, a correspondência entre as penas previstas no Regulamento de Disciplina Militar e no presente Regulamento de Disciplina é determinada pela forma seguinte:

a) A pena de repreensão corresponde à pena de repreensão escrita;
b) A pena de repreensão agravada corresponde à pena de repreensão escrita agravada;
c) Um dia de faxinas, detenção ou proibição de saída correspondem a um dia de suspensão;
d) Um dia de prisão disciplinar corresponde a dois dias de suspensão;
e) Um dia de prisão disciplinar agravada corresponde a quatro dias de suspensão ou suspensão agravada, consoante o número de dias que resulte da correspondência estabelecida;
f) Um dia de inactividade corresponde a um dia de suspensão agravada;
g) As penas de reforma compulsiva e de separação de serviço correspondem-se nos dois regimes.

2 – Sempre que da aplicação do disposto nas alíneas d), e) *e* f) do número anterior resultar uma pena com duração inferior ao respectivo limite mínimo fixado pelo presente Regulamento de Disciplina observar-se-á este limite.

Aprovada em 1 de Julho de 1999.
O Presidente da Assembleia da República, *António de Almeida Santos.*
Promulgada em 13 de Agosto de 1999.
Publique-se.
O Presidente da República, JORGE SAMPAIO.
Referendada em 18 de Agosto de 1999.
O Primeiro-Ministro, *António Manuel de Oliveira Guterres.*

ANEXO

REGULAMENTO DE DISCIPLINA DA GUARDA NACIONAL REPUBLICANA

TÍTULO I
Princípios fundamentais

CAPÍTULO I
Disposições gerais

ARTIGO 1.º
Âmbito de aplicação

1 – O presente Regulamento aplica-se aos oficiais, sargentos e praças, em qualquer situação estatutária, dos quadros da Guarda Nacional Republicana, adiante designada simplificadamente por Guarda, ainda que se encontrem em exercício de funções noutros serviços e organismos.

2 – Os militares das Forças Armadas em serviço na Guarda ficam sujeitos ao presente Regulamento na parte em que o mesmo não seja incompatível com o Regulamento de Disciplina Militar.

3 – O pessoal civil que presta serviço na Guarda fica sujeito ao Estatuto Disciplinar dos Funcionários e Agentes da Administração Central, Regional e Local, salvo se outro não lhe for especialmente aplicado.

4 – Aos alunos e instruendos dos centros de formação e instrução da Guarda são aplicáveis regulamentos disciplinares específicos, os quais deverão compatibilizar-se com o disposto no presente Regulamento.

5 – Em caso de guerra ou em situação de crise, uma vez colocada a Guarda na dependência operacional do Chefe do Estado-Maior General das Forças Armadas, os seus militares ficam sujeitos ao Regulamento de Disciplina Militar em aplicação nestas últimas.

ARTIGO 2.º
Conceito e bases da disciplina

1 – A disciplina, na Guarda, consiste na exacta observância das leis e regulamentos, bem como das ordens e instruções emanadas dos legítimos superiores hierárquicos em matéria de serviço, em obediência aos princípios inerentes à condição de militar.

2 – A disciplina, na Guarda, impõe o respeito e a adesão por parte dos seus membros a um conjunto de normas específicas, baseadas no respeito pela legalidade democrática, como forma de prosseguimento do interesse público, e sempre com observância do princípio da neutralidade nos domínios social, religioso e político, como garantias de coesão e eficiência da instituição.

3 – A actuação dos militares da Guarda deve pautar-se por critérios de competência profissional, justiça, lealdade, integridade, honestidade e imparcialidade.

ARTIGO 3.º

Responsabilidade disciplinar

Os militares da Guarda respondem perante os superiores hierárquicos a que estejam subordinados pelas infracções disciplinares que cometam.

ARTIGO 4.º

Conceito de infracção disciplinar

1 – Considera-se infracção disciplinar o facto, ainda que meramente culposo, praticado pelo militar da Guarda, com violação dos deveres gerais ou especiais previstos no presente Regulamento, bem como nos demais diplomas que lhe sejam aplicáveis.

2 – Salvo disposição legal em contrário, a falta disciplinar, considerada em função de determinado resultado, tanto pode consistir na acção adequada a produzi-lo como na omissão do dever de evitá-lo.

ARTIGO 5.º

Princípio da independência

A conduta violadora dos deveres previstos no presente Regulamento, que seja simultaneamente tipificada como crime, é passível de sanção disciplinar, sem prejuízo do disposto na lei quanto aos crimes estritamente militares.

ARTIGO 6.º
Factos qualificáveis como crime ou contra-ordenação

1 – Sempre que os factos disciplinares forem passíveis de integrarem ilícito penal de natureza pública ou contra-ordenação, dar-se-á obrigatoriamente conhecimento deles à competente autoridade judiciária ou administrativa.

2 – Sempre que o militar da Guarda seja constituído arguido em processo crime, deverá o Ministério Público proceder à comunicação imediata do facto ao Comando-Geral da Guarda, ao qual remeterá igualmente certidão da decisão final definitiva.

ARTIGO 7.º
Direito subsidiário

Em tudo o que não estiver previsto no presente Regulamento são subsidiariamente aplicáveis, com as devidas adaptações, os princípios gerais do direito sancionatório, o Código do Procedimento Administrativo, a legislação processual penal e, na parte não incompatível, o Regulamento de Disciplina Militar.

CAPÍTULO II
Deveres gerais e especiais

ARTIGO 8.º
Deveres

1 – O militar da Guarda deve ter sempre presente que, como agente de força de segurança e como autoridade e órgão de polícia criminal, fiscal e aduaneira, é um soldado da lei, devendo adoptar, em todas as circunstâncias, irrepreensível comportamento cívico, actuando de forma íntegra e profissionalmente competente, por forma a suscitar a confiança e o respeito da população e a contribuir para o prestígio da Guarda e das instituições democráticas.

2 – Cumpre ainda ao militar da Guarda a observância dos seguintes deveres:

a) Dever de obediência;

b) Dever de lealdade;

c) Dever de proficiência;
d) Dever de zelo;
e) Dever de isenção;
f) Dever de correcção;
g) Dever de disponibilidade;
h) Dever de sigilo;
i) Dever de aprumo.

2 – Constituem ainda deveres dos militares da Guarda os que constam quer das leis orgânica e estatutária por que os mesmos e a instituição se regem quer da demais legislação em vigor.

ARTIGO 9.º
Dever de obediência

1 – O dever de obediência consiste na obrigação de acatamento pronto e leal das ordens e determinações dos superiores hierárquicos dadas em matéria de serviço e na forma legal.

2 – No cumprimento do dever de obediência, cabe ao militar da Guarda, designadamente:

a) Observar completa e prontamente as leis e regulamentos, cumprindo com exactidão e oportunidade as ordens e instruções dos seus legítimos superiores relativas ao serviço;
b) Cumprir completa e prontamente as ordens que pelas sentinelas, patrulhas, rondas, guardas e outros postos de serviço lhe forem transmitidas em virtude da missão que aos mesmos tenha sido incumbida ou das instruções que tenham recebido;
c) Entregar a arma ou armas de que seja portador quando legitimamente lhe seja intimada ordem de prisão;
d) Aceitar, sem hesitação, alojamento, uniforme, equipamento e armamento que lhe tenham sido distribuídos nos termos regulamentares e, fora dos casos justificados, alimentação em género que lhe seja fornecida, bem como quaisquer vencimentos, subsídios e outros abonos que lhe forem atribuídos, salvaguardado o direito de requerer rectificação quando neles detecte erro ou lacuna;
e) Declarar fielmente o nome, posto, número, subunidade e unidade ou estabelecimento em que preste serviço sempre que tal lhe seja exigido por superior hierárquico ou solicitado por autoridade competente.

ARTIGO 10.º
Dever de lealdade

1 – O dever de lealdade consiste na obrigação do desempenho de funções em subordinação aos objectivos do serviço e na prossecução do interesse público.

2 – No cumprimento do dever de lealdade, cabe ao militar da Guarda, designadamente:

a) Informar com verdade os seus superiores hierárquicos acerca de qualquer assunto de serviço, sempre que os mesmos lho solicitem;

b) Desde que não seja da sua competência a assunção dos procedimentos exigíveis, comunicar imediatamente aos seus superiores hierárquicos quaisquer faltas de serviço ou actos que outros militares tenham praticado contra disposições expressas da lei e, bem assim, todos os factos susceptíveis de pôr em perigo a ordem pública, a segurança de pessoas e bens, o normal funcionamento das instituições democráticas e, em geral, os valores penalmente protegidos;

c) Quando apresente petições, pretensões, reclamações ou outros escritos semelhantes que tenha entendido formular, dirigi-los à autoridade competente para deles conhecer, sempre, por via hierárquica, para tanto os entregando no escalão em que preste serviço.

ARTIGO 11.º
Dever de proficiência

1 – O dever de proficiência consiste:

a) Na obrigação genérica de idoneidade profissional, a revelar-se no desempenho eficiente e competente, pelo militar, das suas funções;

b) No exercício responsável do comando, traduzido na orientação consciente e eficaz, pelo comandante, director ou chefe, dos militares que lhe estão subordinados, em ordem a impulsioná-los no cumprimento das respectivas missões.

2 – Para efeitos do disposto na alínea a) do número anterior, deve o militar da Guarda, designadamente:

a) Assumir-se como exemplo de respeito pela legalidade democrática, agindo de forma a incutir na comunidade a confiança na acção desenvolvida pela instituição de que faz parte;

b) Reger-se pelos princípios da honra, da lealdade e da dedicação ao serviço, enfrentando com coragem os riscos inerentes às missões de que seja incumbido;

c) Usar, dentro dos limites da lei, os meios que a prudência, a sensatez e as circunstâncias lhe ditarem para, como agente da força pública, manter ou restabelecer a ordem, acautelando, no entanto, em todos os momentos, o respeito pela vida, pela integridade física e moral e pela dignidade das pessoas, utilizando a persuasão como regra de actuação e só fazendo uso da força esgotados que sejam os restantes meios e nos casos expressamente previstos na lei;
d) Apenas utilizar a arma que tenha distribuída nos termos previstos na lei;
e) Não interferir, sem que para tal seja convenientemente solicitado, no serviço de qualquer autoridade, prestando, contudo, aos seus agentes o auxílio reclamado.

3 – Para efeitos do disposto na alínea b) do n.º 1, deve o militar da Guarda, designadamente:

a) Constituir-se exemplo de conduta, pessoal e profissional, perante os seus subordinados;
b) Assumir a inteira responsabilidade dos actos que sejam praticados em conformidade com as suas ordens;
c) Não abusar da autoridade que resulte da sua graduação ou antiguidade, cingindo-se à que estas lhe conferem e abstendo-se de exercer competência que não lhe esteja cometida;
d) Ser prudente e justo, mas firme, na exigência do cumprimento das ordens, regulamentos e outras determinações, jamais impondo aos seus subordinados a execução de actos ilegais ou estranhos ao serviço;
e) Ser sensato e enérgico na actuação contra qualquer desobediência, falta de respeito ou outras faltas em execução, utilizando para esse fim todos os meios facultados pela lei;
f) Recompensar e punir os seus subordinados, nos termos do presente Regulamento;
g) Zelar pelos interesses e bem-estar dos seus subordinados e dar conhecimento através da via hierárquica dos problemas de que tenha conhecimento e aos mesmos digam respeito.

Artigo 12.º
Dever de zelo

1 – O dever de zelo consiste na dedicação integral ao serviço, a revelar-se no conhecimento e cumprimento diligente dos preceitos legais e regulamentares e das ordens e instruções relativas ao serviço dimanadas dos superiores hierárquicos e, bem assim, no empenho em desenvolver as qualidades pessoais, aptidões profissionais e técnicas e os métodos de trabalho necessários ao eficiente exercício de funções.

2 – No cumprimento do dever de zelo, cabe ao militar da Guarda, designadamente:

a) Empenhar toda a sua capacidade, brio e saber no serviço de que esteja incumbido;

b) Conhecer, cumprir e fazer cumprir as disposições legais e regulamentares em vigor, desenvolvendo, através da instrução, esforço e iniciativa, as qualidades e aptidões indispensáveis ao correcto desempenho do serviço e instruindo e estimulando os seus subordinados com idêntica finalidade;

c) Considerar-se disponível para o serviço, pronto para em qualquer momento, mesmo quando fora do exercício normal de funções, assumir a condição plena de agente de autoridade, e intervir como tal, conhecendo e tomando conta das ocorrências que se integrem na sua esfera de competência própria ou delegada e participando-as nos demais casos à autoridade competente para delas conhecer;

d) Procurar impedir, por todos os meios legítimos ao seu alcance, qualquer flagrante delito, detendo o seu autor nos casos em que a lei o permita;

e) Acudir a prestar auxílio em situações de catástrofe ou calamidade pública, pondo todo o empenho no socorro aos sinistrados e na atenuação dos danos, informando a entidade de que dependa;

f) Manter-se vigilante e diligente no local ou posto de serviço que lhe tenha sido atribuído, garantindo a tranquilidade e segurança das pessoas, da propriedade pública ou privada e das instituições;

g) Estando no exercício de funções, não se ausentar da área onde presta serviço, a não ser devidamente autorizado, ou quando deva efectuar diligências urgentes necessárias ao esclarecimento de qualquer ilícito de natureza criminal ou contra-ordenacional;

h) Comunicar o seu domicílio habitual ou eventual e, no caso de ausência por licença ou doença, o local onde possa ser encontrado ou contactado;

i) Promover, no exercício das suas funções, os interesses da Guarda e da Fazenda Nacional, cumprindo e fazendo cumprir as pertinentes disposições legais a eles respeitantes;

j) Não utilizar nem permitir que se utilizem instalações, armamento, viaturas e demais material em fins estranhos ao serviço, desde que para tal não exista a necessária autorização;

l) Não arruinar ou inutilizar, dolosamente ou por negligência, ou por qualquer outra maneira distrair do seu legal destino ou aplicação os artigos de armamento, fardamento, equipamento ou outros que lhe tenham sido distribuídos para o desempenho das suas obrigações de serviço ou que, estando-lhe confiados, pertençam a terceiros;
m) Diligenciar a limpeza e conservação dos artigos de fardamento, armamento, viaturas, equipamento, arreios e quaisquer outros que lhe forem distribuídos ou estejam a seu cargo, e, bem assim, cuidar com diligência do solípede ou do canídeo que lhe tenha sido distribuído para serviço ou tratamento;
n) Não consentir que alguém se apodere das armas e equipamentos que lhe estejam distribuídos ou à sua responsabilidade;
o) Dar, em tempo oportuno, o andamento devido às solicitações, pretensões e reclamações que lhe sejam apresentadas, informando-as, quando necessário, com vista à decisão que sobre elas deva ser lavrada.

ARTIGO 13.º
Dever de isenção

1 – O dever de isenção consiste em não retirar vantagens directas ou indirectas, pecuniárias ou outras, das funções exercidas, quando não sejam devidas, actuando com independência em relação a interesses ou a pressões de qualquer índole.

2 – No cumprimento do dever de isenção, cabe ao militar da Guarda, designadamente:

a) Não se valer da sua autoridade ou posto de serviço nem invocar o nome de superior para haver lucro ou vantagem, exercer pressão, vingança ou tomar desforço por qualquer acto ou procedimento oficial ou particular;
b) Conservar, no desempenho de funções, uma rigorosa neutralidade política, estando-lhe vedado, quando na efectividade de serviço, exercer qualquer actividade política ou partidária, ou filiar-se em agrupamentos ou associações com essa índole;
c) Não assistir uniformizado, a menos que devidamente autorizado, a comícios, manifestações ou reuniões públicas de carácter político e, estando na efectividade de serviço, ainda que em trajo civil, não tomar parte em mesas, fazer uso da palavra ou exercer qualquer actividade no âmbito de tais eventos;

d) Abster-se de exercer actividades que o coloquem em situação de dependência susceptível de afectar a sua respeitabilidade pessoal, isenção e dignidade funcional perante a comunidade ou a instituição a que pertence;
e) Enquanto na efectividade de serviço, não exercer, por si ou por interposta pessoa, quaisquer actividades sujeitas a fiscalização das autoridades policiais, nem agir como mandatário, gestor ou mediador em actos ou negócios que requeiram a intervenção de serviços no âmbito das mesmas, e, bem assim, abster-se de actividades relacionadas com o equipamento, armamento ou reparação de materiais destinados às Forças Armadas ou às forças de segurança;
f) Enquanto na efectividade de serviço, não exercer, salvo mediante autorização prévia, quaisquer actividades de natureza comercial ou industrial e quaisquer outras de índole lucrativa;
g) Enquanto na efectividade de serviço, recusar a nomeação para qualquer cargo, comissão, função ou emprego, público ou privado, sem prévia autorização da entidade competente;
h) Não contrair dívidas ou assumir compromissos, de que resultem situações de dependência incompatíveis com a liberdade, imparcialidade, isenção e objectividade que funcionalmente lhe cabe salvaguardar;
i) Não aceitar nem promover recomendações de favor ou, em qualquer caso, atentatórias da liberdade de apreciação e do espírito de justiça;
j) Não solicitar favores, nem pedir ou aceitar valores ou quaisquer outros benefícios que possam interferir, directa ou indirectamente, com a independência, objectividade e imparcialidade que lhe cabe guardar no exercício das suas funções;
l) Não encobrir criminosos ou transgressores, nem prestar aos mesmos auxílio ilegítimo que os ajude a subtraírem-se às consequências dos actos que tenham praticado, ou que contribua para que se frustre ou dificulte o apuramento das responsabilidades respectivas, ou para que se quebre a incomunicabilidade dos detidos, sem prejuízo do que se dispõe na legislação processual penal;
m) Não estabelecer relações de convivência e familiaridade ou acompanhar com pessoas que, por razões criminais, estejam sujeitas a vigilância policial.

Artigo 14.º

Dever de correcção

1 – O dever de correcção consiste na boa convivencialidade, trato e respeito entre os militares da instituição, independentemente da sua graduação, e com o público em geral, tendo sempre presente que as relações a manter se devem pautar por regras de cortesia, justiça e integridade.

2 – No cumprimento do dever de correcção, cabe ao militar da Guarda, designadamente:

a) Não adoptar condutas lesivas do prestígio da instituição;
b) Não fazer, sem autorização superior, declarações públicas que abordem assuntos relativos à Guarda, nomeadamente quando respeitem a matéria de serviço;
c) Não autorizar, promover ou tomar parte em manifestações, reuniões ou outros actos colectivos nem apresentar petições colectivas, fora dos casos previstos na lei, nomeadamente sobre assuntos de carácter político ou respeitantes à Guarda;
d) Não se referir aos seus superiores hierárquicos por qualquer forma que denote falta de respeito, nem consentir que subordinados seus o façam;
e) Não manifestar, de viva voz, por escrito ou por qualquer outro meio, ideias, nem praticar actos ofensivos da Constituição em vigor, dos órgãos do Estado ou dos seus membros;
f) Usar de toda a deferência e respeito nas suas relações com a comunidade em que a sua acção se inscreve, tratando com as atenções devidas todas as pessoas, adoptando, sempre, procedimentos justos e ponderados, linguagem correcta e atitudes firmes e serenas, e não lhes fazendo exigências contrárias à lei e ao decoro;
g) Respeitar, quando destacado no estrangeiro, as regras de comportamento que rejam as forças militares ou de segurança do país em que no caso tenha funções;
h) Fora de situação de serviço, quando de folga ou mesmo em gozo de licença no País ou no estrangeiro, não perturbar a ordem, nem transgredir os preceitos que vigorem no lugar em que se encontre, jamais maltratando os habitantes ou ofendendo os seus legítimos direitos, crenças, costumes e interesses;
i) Respeitar os membros dos órgãos de soberania e as autoridades judiciárias, administrativas e militares, prestando-lhes as devidas deferências, tratando por modo conveniente os seus agentes e cumprindo as ordens legítimas que destes emanem;

j) Usar para com os outros militares as deferências em uso na sociedade civil e zelar pela boa convivência, procurando assegurar a solidariedade e camaradagem entre aqueles que consigo sirvam, acautelando as regras da disciplina e da honra, e mantendo estrito respeito nas relações recíprocas;
l) Não se apoderar de objectos ou valores que lhe não pertençam;
m) Pagar as dívidas que contraia, em conformidade com os compromissos que tenha assumido;
n) Não aceitar quaisquer homenagens que não tenham sido superiormente autorizadas;
o) Não pedir nem aceitar de inferior hierárquico, como dádiva ou empréstimo, valores, pecuniários ou outros, ou qualquer objecto;
p) Identificar-se prontamente, quando use trajo civil, através da exibição do bilhete de identidade militar, sempre que isso lhe seja solicitado ou as circunstâncias do serviço o exijam como modo de certificação da qualidade de agente da autoridade, e, quando uniformizado, pela declaração do nome, posto, número, subunidade e unidade ou estabelecimento a que pertença, logo que, estando no desempenho de função policial, tal lhe seja requerido por pessoa com a qual tenha interagido no quadro dessa função.

Artigo 15.º
Dever de disponibilidade

1 – O dever de disponibilidade consiste em o militar da Guarda manter-se permanentemente pronto para o serviço, ainda que com sacrifício dos interesses pessoais.

2 – No cumprimento do dever de disponibilidade, cabe ao militar da Guarda, designadamente:

a) Apresentar-se com pontualidade no lugar a que seja chamado ou onde deva comparecer em virtude das obrigações de serviço;
b) Comparecer no comando, unidade ou estabelecimento a que pertença sempre que circunstâncias especiais o exijam, nomeadamente em caso de grave alteração da ordem pública, de emergência ou de calamidade;
c) Não se ausentar, sem a devida autorização, do posto ou local onde deva permanecer por motivo do serviço ou por determinação superior.

Artigo 16.º
Dever de sigilo

1 – O dever de sigilo consiste na obrigação de guardar segredo profissional relativamente a factos e matérias de que seja obtido conhecimento em virtude do exercício de funções e que não devam ser publicamente revelados.

2 – No cumprimento do dever de sigilo, cabe ao militar da Guarda, designadamente:

a) Cumprir rigorosamente as normas de segurança que se encontrem estabelecidas, não revelando assuntos, factos ou ordens que lhe tenham sido transmitidos, ou de que tenha conhecimento, sempre que desse acto possa resultar prejuízo para o serviço ou para a disciplina;
b) Não revelar matérias que constituam segredo do Estado ou de justiça e, nos termos da legislação do processo penal, não divulgar toda e qualquer actividade que respeite à prevenção e investigação criminal e, bem assim, concernente à realização de diligências em processos de contra-ordenação e processos disciplinares;
c) Não revelar dados, relacionados com a actividade operacional da Guarda, classificados com o grau de reservado ou superior, salvo mediante autorização de entidade hierarquicamente competente;
d) Não divulgar elementos que constem de registos, de centros de dados ou de quaisquer documentos a que, por motivo de serviço, tenha acesso;
e) Não se servir dos meios de comunicação social ou de outros meios de difusão para tratar de assuntos de serviço ou para responder a apreciações feitas a serviço de que esteja incumbido, salvo quando previamente autorizado.

Artigo 17.º
Dever de aprumo

1 – O dever de aprumo consiste na assunção, no serviço e fora dele, dos princípios, atitudes e comportamentos através dos quais se exprimem e reforçam a dignidade da função cometida à Guarda, o seu prestígio, a sua imagem externa e a dos elementos que a integram.

2 – No cumprimento do dever de aprumo, cabe ao militar da Guarda, designadamente:

a) Não praticar, no serviço ou fora dele, acções contrárias à moral pública, ao brio e ao decoro, comportando-se, em todas as circunstâncias, em estrita conformidade com a dignidade da sua função e posto;

b) Abster-se, mesmo quando de folga ou fora do período normal de serviço, de quaisquer actos que possam prejudicar-lhe o vigor e a aptidão física ou intelectual, como sejam o consumo excessivo de bebidas alcoólicas ou o consumo de estupefacientes ou drogas equiparáveis;

c) Usar uniforme quando em acto de serviço, excepto nos casos em que a lei não o permita ou seja expressamente determinado ou autorizado o contrário;

d) Cuidar da sua boa apresentação pessoal e manter-se rigorosamente uniformizado e equipado nos actos de serviço e, fora destes, sempre que faça uso de uniforme;

e) Manter nas formaturas uma atitude firme e correcta;

f) Não tomar parte em espectáculos públicos, se para isso não lhe estiver concedida autorização, e, quando uniformizado e fora de situação em que o serviço o imponha, não assistir àqueles que, pela sua índole, possam afectar a sua dignidade pessoal ou funcional;

g) Não participar em qualquer jogo, quando tal lhe seja proibido por lei;

h) Não alterar o plano de uniformes nem trajar uniforme ou usar distintivos, insígnias ou condecorações a que não tenha direito, ou sem a devida autorização;

i) Não utilizar a sua condição de agente de autoridade para fins publicitários.

Capítulo III
Infracções disciplinares

Artigo 18.º
Qualificação das infracções disciplinares

As infracções disciplinares qualificam-se como pouco graves, graves e muito graves.

Artigo 19.º
Infracções disciplinares pouco graves

São infracções disciplinares pouco graves os comportamentos dos militares da Guarda, violadores dos deveres a que se encontram adstritos, cometidos com culpa leve e de que não resultem dano ou prejuízo para o serviço ou para terceiros, nem ponham em causa o prestígio e o bom nome da instituição.

ARTIGO 20.º
Infracções disciplinares graves

São infracções disciplinares graves os comportamentos dos militares da Guarda, violadores dos deveres a que se encontram adstritos, cometidos com acentuado grau de culpa ou de que resultem dano ou prejuízo para o serviço ou para terceiros, ou ponham em causa o prestígio e o bom nome da instituição.

ARTIGO 21.º
Infracções disciplinares muito graves

1 – São infracções disciplinares muito graves os comportamentos dos militares da Guarda, violadores dos deveres a que se encontram adstritos, cometidos com elevado grau de culpa e de que resultem avultados danos ou prejuízos para o serviço ou para as pessoas, pondo gravemente em causa o prestígio e o bom nome da instituição, dessa forma inviabilizando a manutenção da relação funcional.

2 – São susceptíveis de inviabilizar a manutenção da relação funcional, designadamente:

a) Usar de poderes de autoridade não conferidos por lei ou abusar dos poderes inerentes às suas funções, tratando de forma cruel, degradante ou desumana quem se encontre sob a sua guarda ou vigilância, ou atentando, noutra qualquer situação de serviço, contra a integridade física ou outros direitos fundamentais das pessoas;

b) Fazer uso da arma que tenha distribuída, contra qualquer pessoa, fora das circunstâncias e dos requisitos legais que o permitem;

c) Atentar gravemente contra a ordem, a disciplina, a imagem e o prestígio da instituição;

d) Agredir, injuriar ou desrespeitar gravemente qualquer militar da Guarda ou terceiro, em local de serviço ou em público;

e) Praticar, no exercício de funções ou fora delas, crime doloso, punível com pena de prisão superior a três anos, que revele ser o militar incapaz ou indigno da confiança necessária ao exercício da função;

f) Encobrir criminosos ou ministrar-lhes auxílio ilegítimo;
g) Solicitar ou aceitar, directa ou indirectamente, dádivas, gratificações, participações em lucros ou outras vantagens patrimoniais indevidas, com o fim de praticar ou omitir acto inerente às suas funções ou resultante do cargo ou posto que ocupa;
h) Retirar vantagens de qualquer natureza da função, em contrato, em que tome parte ou interesse, directamente ou por interposta pessoa, celebrado ou a celebrar por qualquer serviço público;
i) Revelar, sem autorização, dados relativos à actividade da Guarda, classificados com grau de reservado ou superior, ou, em geral, matérias que constituam segredo do Estado, de justiça ou profissional;
j) Inobservar as normas de segurança ou deveres funcionais, com grave prejuízo da actividade operacional da Guarda e dos bens e missões que lhe estão confiados;
l) Ofender gravemente, quando no exercício de funções, as instituições e princípios consagrados na Constituição da República Portuguesa.

TÍTULO II
Medidas disciplinares

CAPÍTULO I
Recompensas e seus efeitos

ARTIGO 22.º
Recompensas

1 – As recompensas destinam-se a destacar condutas relevantes dos militares da Guarda que transcendam o simples cumprimento do dever e se notabilizem por particulares valia e mérito.

2 – A competência para a concessão de recompensas é exercida pelas entidades e nos termos constantes do quadro anexo A a este Regulamento, sem prejuízo do disposto no artigo seguinte.

3 – A concessão de recompensas terá lugar sob iniciativa da autoridade em subordinação hierárquica à qual se desenvolveu a conduta ou foi praticado o acto merecedores de distinção, com prévia obtenção de parecer do comandante, director ou chefe de que o militar dependa organicamente, sempre que o mesmo não seja o proponente ou concedente.

4 – As recompensas que podem ser concedidas aos militares da Guarda, ao abrigo do presente Regulamento, são as seguintes:

a) Referência elogiosa;
b) Louvor;
c) Licença por mérito;
d) Promoção por distinção.

5 – A concessão das recompensas previstas no número anterior, com excepção da referência elogiosa, é publicada na ordem de serviço do escalão hierárquico que as tenha conferido e registada no processo individual do militar.

6 – As recompensas concedidas pelo Ministro da Administração Interna são publicadas na 2.ª série do *Diário da República.*

ARTIGO 23.º

Referência elogiosa

1 – Qualquer militar pode conferir a referência elogiosa a subordinado ou a inferior hierárquico pela prática de acto digno de distinção ou por conduta marcante que o mesmo tenha desenvolvido, verificados sob as suas ordens ou na sua presença.

2 – A referência elogiosa pode ser conferida, quer pela entidade de quem o visado dependa funcionalmente, quer por militar que, não detendo ascendência funcional sobre ele, ou possuindo-a a título precário, tenha decidido conferi-la como alternativa a proposta de louvor para o responsável hierárquico competente para concedê-lo.

3 – A referência elogiosa é registada no processo individual do militar, cabendo ao comandante, director ou chefe de que o militar dependa funcionalmente decidir da oportunidade de publicação da mesma em ordem de serviço.

4 – A referência elogiosa pode ser conferida nos mesmos termos a uma unidade, subunidade ou qualquer fracção orgânica da Guarda.

ARTIGO 24.º

Louvor

1 – O louvor consiste no reconhecimento público de actos ou comportamentos reveladores de notável valor, assinalável competência profissional e profundo sentido cívico do cumprimento do dever, e é tanto mais importante quanto mais elevado for o grau hierárquico da entidade que o confere.

2 – O louvor pode ser colectivo ou individual, consoante contemple uma unidade, subunidade ou fracção orgânica da Guarda, ou nomeie individualmente os militares a quem é atribuído.

ARTIGO 25.º
Licença por mérito

1 – A licença por mérito destina-se a recompensar os militares da Guarda que no serviço revelem excepcionais zelo e dedicação ou tenham praticado actos de reconhecido relevo.

2 – A licença por mérito tem o limite máximo de 30 dias, não implica perda de remunerações, suplementos e subsídios, nem acarreta quaisquer descontos no tempo de serviço, devendo ser gozada, seguida ou interpoladamente, no prazo de um ano a partir da data do despacho que a tenha concedido.

3 – A licença por mérito só pode ser interrompida por decisão da entidade que a concedeu e com fundamento em imperiosa necessidade de serviço.

ARTIGO 26.º
Promoção por distinção

1 – A promoção por distinção tem lugar nas condições e consoante os termos estabelecidos no Estatuto dos Militares da GNR.

2 – A promoção por distinção produz a anulação de todas as penas disciplinares anteriormente aplicadas ao promovido, desde que não superiores à de suspensão agravada, sem prejuízo dos efeitos já produzidos.

CAPÍTULO II
Penas disciplinares e seus efeitos

ARTIGO 27.º
Penas disciplinares

As penas aplicáveis aos militares da Guarda abrangidos pelo presente Regulamento, pelas infracções disciplinares que cometerem, são as seguintes:

a) Repreensão escrita;

b) Repreensão escrita agravada;
c) Suspensão;
d) Suspensão agravada;
e) Reforma compulsiva;
f) Separação de serviço.

ARTIGO 28.º
Repreensão escrita

A repreensão escrita consiste num mero reparo pessoal, feito na forma escrita, pela irregularidade praticada.

ARTIGO 29.º
Repreensão escrita agravada

A repreensão escrita agravada consiste numa censura escrita ao infractor, que lhe será transmitida oralmente na presença de outros militares de graduação superior ou igual à sua e, neste último caso, de maior antiguidade.

ARTIGO 30.º
Suspensão

1 – A pena de suspensão traduz-se no afastamento completo do serviço pelo período que for fixado, entre 5 e 120 dias, mantendo o militar unicamente direito a um terço do vencimento auferido à data da execução.

2 – A pena de suspensão implica, cumulativamente:
a) A perda de igual tempo de serviço efectivo;
b) A perda de suplementos e subsídios;
c) A impossibilidade de ser promovido durante o período de execução da pena.

ARTIGO 31.º
Suspensão agravada

1 – A pena de suspensão agravada consiste no afastamento completo do serviço pelo período fixado, entre 121 e 240 dias, mantendo o militar unicamente direito a um terço do vencimento auferido à data da execução.

2 – A suspensão agravada implica, cumulativamente:

a) A perda de igual tempo de serviço efectivo;

b) A perda de suplementos e subsídios;

c) A impossibilidade de ser promovido durante o período de execução da pena e durante o ano imediatamente subsequente;

d) A transferência, desde que verificados os pressupostos constantes do artigo 35.º.

ARTIGO 32.º

Reforma compulsiva

1 – A pena de reforma compulsiva consiste na passagem forçada à situação de reformado, com a cessação da relação funcional.

2 – A pena de reforma compulsiva implica para o militar punido a reforma, nos termos e nas condições estabelecidos no Estatuto da Aposentação.

ARTIGO 33.º

Separação de serviço

A pena de separação de serviço consiste no afastamento definitivo da Guarda, com extinção do vínculo funcional à mesma e a perda da qualidade de militar, ficando interdito o uso de uniforme, distintivos e insígnias militares, sem prejuízo do direito à pensão de reforma.

ARTIGO 34.º

Militares reformados

1 – São aplicáveis aos militares reformados todas as penas previstas no presente Regulamento, com as adaptações decorrentes do número seguinte.

2 – As penas constantes dos artigos 30.º a 33.º têm a seguinte conformação no tocante a militares reformados:

a) Perda de dois terços da pensão militar pelo período de tempo correspondente à suspensão e suspensão agravada;

b) Perda de dois terços da pensão mensal durante o período de três anos;

c) Perda de dois terços da pensão mensal durante o período de quatro anos.

ARTIGO 35.º
Pressupostos da transferência

1 – Nos casos em que seja aplicada a pena de suspensão agravada, pode ser determinada a transferência do infractor se, considerada a natureza ou a gravidade do ilícito, a presença do mesmo no meio em que cometeu a infracção for incompatível com o decoro, a disciplina e a boa ordem de serviço, ou com o prestígio e o bom nome da Guarda.

2 – A transferência consiste na colocação compulsiva do militar noutro comando, unidade ou estabelecimento, pelo prazo de dois anos, sem prejuízo de terceiros.

3 – O prazo referido no número anterior conta-se a partir do termo do cumprimento da pena mencionada no n.º 1.

ARTIGO 36.º
Publicação e averbamento das penas

1 – As penas disciplinares são publicadas na ordem de serviço do escalão hierárquico que as tenha aplicado e registadas no processo individual do militar.

2 – As penas aplicadas pelo Ministro da Administração Interna são ainda publicadas na 2.ª série do *Diário da República.*

CAPÍTULO III
Circunstâncias dirimentes, atenuantes e agravantes

ARTIGO 37.º
Circunstâncias dirimentes

São circunstâncias dirimentes da responsabilidade disciplinar:

a) A coacção física;
b) A privação acidental e involuntária do exercício das faculdades intelectuais no momento da prática da infracção;
c) A legítima defesa, própria ou alheia;
d) A não exigibilidade de conduta diversa;
e) O exercício de um direito ou o cumprimento de um dever.

ARTIGO 38.º

Circunstâncias atenuantes

1 – São circunstâncias atenuantes da responsabilidade disciplinar, nomeadamente:

a) A prestação de serviços relevantes à Pátria e à sociedade;
b) O bom comportamento anterior;
c) O pouco tempo de serviço;
d) O facto de o infractor cometer a falta para se desafrontar ou a seu cônjuge, ascendente ou descendente ou a elemento da instituição, quando a reacção seja imediata à afronta ou ao conhecimento desta;
e) A confissão espontânea da falta;
f) A reparação voluntária do dano ou dos prejuízos causados pela infracção;
g) A provocação por parte de outro militar ou de terceiro, quando anteceda imediatamente a infracção;
h) O facto de ter louvor ou outras recompensas;
i) A boa informação de serviço do superior imediato de que depende.

2 – Considera-se que existe bom comportamento anterior quando o militar se encontre colocado nas 1.ª ou 2.ª classes de comportamento, nos termos previstos no presente Regulamento.

3 – Considera-se pouco tempo de serviço o período de dois anos após o ingresso na Guarda.

4 – Para os efeitos do disposto na alínea i) do n.º 1, o instrutor do processo disciplinar solicitará ao superior hierárquico do arguido, antes de elaborado o relatório final, a emissão daquela informação, a qual deverá ser prestada no prazo máximo de 10 dias.

ARTIGO 39.º

Atenuação extraordinária

Quando existam circunstâncias atenuantes que diminuam substancialmente a culpa do arguido, a pena poderá ser atenuada, aplicando-se pena de escalão inferior.

ARTIGO 40.º
Circunstâncias agravantes

1 – São circunstâncias agravantes da responsabilidade disciplinar:

a) Ser a infracção cometida em ocasião de grave alteração da ordem pública ou atentado contra o regime democrático;
b) Ser a infracção cometida quando o militar se encontre em missão no estrangeiro;
c) A premeditação;
d) O mau comportamento anterior;
e) O facto de a infracção ser cometida em acto de serviço ou por motivo do mesmo, na presença de outros, especialmente subordinados do infractor, ou ainda em público ou em local aberto ao público;
f) Ser a infracção cometida em conluio com outros;
g) A persistência na prática da infracção, nomeadamente depois de reprovada por superior hierárquico, ou de o infractor ter sido alertado para os inconvenientes do seu comportamento;
h) A reincidência;
i) A acumulação de infracções;
j) A vontade determinada de, pela conduta seguida, produzir resultados prejudiciais ao serviço ou ao interesse geral, independentemente de estes se verificarem;
l) Ser a infracção cometida durante o cumprimento de pena disciplinar anteriormente imposta.

2 – A premeditação consiste no desígnio formado vinte e quatro horas antes, pelo menos, da prática da infracção.

3 – Considera-se existir mau comportamento quando o militar se encontre colocado na 4.ª classe de comportamento, nos termos previstos no presente Regulamento.

4 – A acumulação verifica-se quando duas ou mais infracções são praticadas na mesma ocasião ou quando nova falta é cometida antes de haver sido punida a anterior.

5 – A reincidência verifica-se quando nova infracção é cometida antes de decorridos seis meses sobre o dia em que tiver findado o cumprimento da pena imposta por infracção anterior.

CAPÍTULO IV
Aplicação e graduação das penas disciplinares

ARTIGO 41.º
Regras a observar na determinação da pena

1 – Na aplicação das penas disciplinares atender-se-á à natureza do serviço, à categoria, posto e condições pessoais do infractor, aos resultados perturbadores da disciplina, ao grau da ilicitude do facto, à intensidade do dolo ou da negligência e, em geral, a todas as circunstâncias agravantes e atenuantes.

2 – Sem prejuízo do disposto no número anterior, são aplicáveis:

a) As penas previstas nas alíneas a) e b) do artigo 27.º às infracções pouco graves;
b) As penas previstas nas alíneas c) e d) do artigo 27.º às infracções graves;
c) As penas previstas nas alíneas e) *e* f) do artigo 27.º às infracções muito graves.

ARTIGO 42.º
Punição das infracções disciplinares

1 – Não se aplicará mais de uma pena disciplinar pela mesma infracção.

2 – Quando um militar tiver praticado várias infracções disciplinares, ser-lhe-á aplicada uma única pena, que terá como limite mínimo o previsto para a infracção mais grave.

ARTIGO 43.º
Aplicação de penas expulsivas

A aplicação das penas de reforma compulsiva e separação de serviço é da competência exclusiva do Ministro da Administração Interna, cuja decisão deverá ser precedida de parecer do Conselho Superior da Guarda.

ARTIGO 44.º
Suspensão das penas

1 – A execução das penas disciplinares de natureza igual ou inferior a suspensão agravada pode ser suspensa pela autoridade competente para a sua aplicação por um período de um a três anos, ponderados o grau de culpabilidade e o comportamento do arguido, bem como as circunstâncias da infracção.

2 – A suspensão é revogada se o militar, no período da suspensão, for novamente punido em processo disciplinar, sendo ordenado o cumprimento da pena suspensa.

CAPÍTULO V

Extinção da responsabilidade disciplinar

ARTIGO 45.º

Causas de extinção

A responsabilidade disciplinar extingue-se por:

a) Prescrição do procedimento disciplinar;
b) Prescrição da pena;
c) Cumprimento da pena;
d) Morte do infractor;
e) Amnistia, perdão genérico ou indulto.

ARTIGO 46.º

Prescrição do procedimento disciplinar

1 – O procedimento disciplinar prescreve passados três anos sobre a data em que a infracção tiver sido cometida.

2 – Exceptuam-se as infracções disciplinares que constituam ilícito criminal, as quais só prescrevem, nos termos e prazos estabelecidos na lei penal, se os prazos de prescrição do procedimento criminal forem superiores a três anos.

3 – O direito de instaurar o procedimento disciplinar prescreve também se, conhecida a falta pela entidade com competência disciplinar, aquele não for instaurado no prazo de três meses.

4 – A prescrição interrompe-se:

a) Com a prática de acto instrutório com incidência na marcha do processo;
b) Com a notificação da acusação ao arguido.

5 – Suspende o decurso do prazo prescricional:

a) A instauração de processo de sindicância, de averiguações, de inquérito ou disciplinar, ainda que não dirigidos contra o militar visado, nos quais venham a apurar-se infracções por que seja responsável;

b) A instauração de processo por crime estritamente militar, em que se decida que os factos imputados ao arguido não integram ilícito com aquela natureza.

ARTIGO 47.º
Prescrição das penas

1 – As penas disciplinares prescrevem nos prazos seguintes:

a) Cinco anos nos casos de reforma compulsiva e separação de serviço;

b) Três anos nos casos de multa, suspensão e suspensão agravada;

c) Seis meses nos casos restantes.

2 – O prazo de prescrição começa a correr no dia em que a decisão punitiva se torne hierarquicamente irrecorrível ou em que transitar em julgado a decisão jurisdicional em sede de recurso contencioso.

3 – A prescrição da pena envolve todos os efeitos desta que ainda se não tiverem verificado.

4 – A prescrição da pena suspende-se durante o tempo em que a execução não puder começar ou continuar a ter lugar.

ARTIGO 48.º
Cumprimento das penas

1 – As decisões que apliquem penas disciplinares começam a produzir os seus efeitos legais a partir da respectiva publicação, nos termos do disposto no artigo 36.º.

2 – Nos casos referidos no n.º 3 do artigo 106.º, a pena começará a produzir os seus efeitos 15 dias após a publicação do respectivo aviso.

3 – Se, por motivo de serviço, não puderem ser efectivamente executadas as penas disciplinares, os seus efeitos produzir-se-ão como se as mesmas tivessem sido cumpridas.

4 – O cumprimento das penas de suspensão e suspensão agravada, depois de iniciado, não se interrompe com o internamento do militar punido em estabelecimento hospitalar ou em enfermaria de unidade por motivo de doença.

5 – As penas de suspensão e suspensão agravada impostas a militares na frequência de cursos de formação ou promoção, ou estágios de promoção, ou para eles nomeados, serão cumpridas a partir do dia imediato ao termo dos cursos ou estágios, excepto se os interesses da disciplina exigirem o seu cumprimento imediato ou se, sem prejuízo para aqueles, o cumprimento possa ter lugar em data anterior.

6 – O militar que conclua o cumprimento de punição que lhe tenha sido imposta apresentar-se-á a quem tiver por dever fazê-lo, segundo as prescrições regulamentares.

ARTIGO 49.º

Morte do infractor

A morte do infractor extingue a responsabilidade disciplinar, sem prejuízo dos efeitos já produzidos e dos que decorrem da existência da pena para efeitos de direito a pensão de sobrevivência, nos termos da lei geral.

ARTIGO 50.º

Amnistia, perdão genérico e indulto

A amnistia, o perdão genérico e o indulto têm os efeitos previstos na lei penal.

CAPÍTULO VI

Classes de comportamento

ARTIGO 51.º

Noção

As classes de comportamento visam a qualificação da conduta disciplinar dos militares da Guarda, correspondendo a cada uma um nível comportamental aferido em razão de tempo de serviço, punições e recompensas.

Artigo 52.º
Classes de comportamento

As classes em que se articula a qualificação disciplinar dos militares da Guarda são as seguintes:

1.ª classe – exemplar comportamento;
2.ª classe – bom comportamento;
3.ª classe – regular comportamento;
4.ª classe – mau comportamento.

Artigo 53.º
Factores e procedimentos classificativos

1 – São determinantes na classificação de comportamento:

a) As penas aplicadas em processo disciplinar;
b) As penas aplicadas pela prática de crimes de natureza estritamente militar.

2 – Intervém nas mudanças de classe de comportamento, nas condições previstas nos artigos seguintes, a fórmula:

$$C = [P(33 - A - T)] / [3(6A + R)]$$

em que:

C corresponde à classe de comportamento;
P corresponde à pena ou penas que determinam a classificação;
A corresponde ao período decorrido desde a última punição, expresso em anos;
T corresponde a metade do tempo de serviço em anos quando da última punição;
R corresponde à recompensa ou recompensas averbadas.

3 – Na fórmula indicada no número anterior:

a) O símbolo *C* expressa-se num índice, significativo da classe de comportamento, conforme os artigos seguintes;
b) O símbolo *P* expressa-se no número de dias da pena disciplinar ou criminal militar que determina a classificação, considerando-se equivalentes, para o efeito, um dia de presídio ou prisão militar, um dia de suspensão ou suspensão agravada;
c) O símbolo *A* expressa-se num número inteiro, indicativo dos anos que se completaram desde a data em que findou o cumprimento da última punição averbada;

d) O símbolo *T* expressa-se num número inteiro, correspondente a metade dos anos de serviço efectivo completados até à data do início do cumprimento da última punição averbada, obtido com arredondamento por excesso;
e) O símbolo *R* expressa-se num índice resultante de todas as recompensas averbadas, somadas por conformidade com os valores que para cada uma se indicam:
Referência elogiosa – 3;
Louvor publicado em ordem de serviço de unidade – 6;
Louvor publicado na *Ordem à Guarda* – 8;
Louvor publicado no *Diário da República* –12;
f) Quando o valor de *P* resulte de duas ou mais punições, todas, com excepção da última, serão reduzidas ao quociente, arredondado para o número inteiro superior, que resulte da sua divisão pelo número de anos completados entre o termo do seu cumprimento e o início do da última punição, e os resultados somados a esta, depois de operada a equivalência prevista na alínea b);
g) As penas de presídio e prisão militar correspondem à sua relação concreta com o limite máximo de 180 dias.

4 – A classificação de comportamento tem lugar, ordinariamente, no mês de Janeiro, por referência ao último dia do ano anterior, podendo ocorrer, entretanto, a todo o tempo, em razão de punição que origine mudança de classe.

5 – As mudanças de classe de comportamento devem ser publicadas em ordem de serviço dos comandos, unidades ou estabelecimentos, logo que aplicadas as punições que as produzam, ou no mês de Janeiro quando se operem através de classificação ordinária, sendo subsequentemente escrituradas na documentação de matrícula dos militares a que respeitem.

Artigo 54.º

Colocação na 1.ª classe de comportamento

Os militares da Guarda são colocados na 1.ª classe de comportamento:
a) Logo que tenham decorrido três anos sobre a sua incorporação sem que lhes tenha sido aplicada pena disciplinar de qualquer natureza ou pena por crime de natureza estritamente militar, ou, tendo-o sido, se verificarem as condições estabelecidas na alínea seguinte;
b) Quando, estando colocados na 2.ª classe de comportamento mercê de pena sofrida e decorrido o período mínimo de três anos sobre a

classificação ordinária que se tenha seguido de imediato à baixa de classe, o resultado da fórmula indicada no artigo anterior seja igual ou inferior à unidade.

ARTIGO 55.º
Colocação na 2.ª classe de comportamento

Os militares da Guarda são colocados na 2.ª classe de comportamento:

a) Logo após a incorporação;
b) Quando, estando na 1.ª classe, lhes seja imposta pena igual ou inferior, por si ou suas equivalências, a 30 dias de suspensão ou a pena de repreensão escrita agravada;
c) Quando, estando colocados na 3.ª classe e decorrido o período mínimo de um ano sobre a classificação ordinária que se tenha seguido de imediato à punição determinante da baixa de classe, o resultado da fórmula indicada no artigo 53.º seja igual ou inferior a 20 unidades.

ARTIGO 56.º
Colocação na 3.ª classe de comportamento

Os militares da Guarda são colocados na 3.ª classe de comportamento:

a) Quando, estando na 1.ª classe, ou na 2.ª classe desde a penúltima classificação ordinária ou anterior, lhes seja imposta pena superior, por si ou suas equivalências, a 30 dias de suspensão, mas igual ou inferior à medida máxima dessa natureza de pena;
b) Quando, estando colocados na 2.ª classe desde a última classificação ordinária, sofram pena ou penas que, adicionadas à que tenha determinado aquela colocação, perfaçam, por si ou suas equivalências, resultado superior a 30 dias de suspensão, mas igual ou inferior à medida máxima dessa natureza de pena;
c) Quando, estando colocados na 4.ª classe desde a classificação ordinária que se tenha seguido de imediato à punição determinante da baixa à dita classe, o resultado da fórmula indicada no artigo 53.º seja igual ou inferior a 50 unidades.

ARTIGO 57.º
Colocação na 4.ª classe de comportamento

Os militares da Guarda são colocados na 4.ª classe de comportamento:

a) Quando, estando nas 1.ª ou 2.ª classes, sofram qualquer pena que, por si ou suas equivalências, seja superior à medida máxima da pena de suspensão;

b) Quando, estando colocados na 3.ª classe desde a penúltima classificação ordinária ou anterior, sofram qualquer pena superior, por si ou suas equivalências, a 40 e 45 dias de suspensão;

c) Quando, estando colocados na 3.ª classe desde a última classificação ordinária, sofram pena ou penas que, adicionadas à que tenha determinado aquela colocação, perfaçam, por si ou suas equivalências, resultado superior a 45 dias de suspensão.

ARTIGO 58.º
Efeito da classificação de comportamento

Os militares classificados na 4.ª classe de comportamento não poderão ser promovidos enquanto se mantenham na mesma.

ARTIGO 59.º
Mau comportamento reiterado

Os militares da Guarda que, estando colocados na 4.ª classe de comportamento, cometam infracção grave, como tal punida, serão objecto de apreciação com vista à eventual aplicação da medida estatutária de dispensa do serviço.

TÍTULO III
Competência disciplinar

ARTIGO 60.º
Princípios e âmbito

1 – A competência disciplinar assenta no poder de comando, direcção ou chefia e nas correspondentes relações de subordinação.

2 – A competência disciplinar dos superiores hierárquicos abrange sempre a dos seus inferiores hierárquicos, dentro do comando, unidade, estabelecimento ou serviço a que pertencem, a que estão adidos ou onde exercem efectivamente funções, nos termos da respectiva cadeia funcional de vinculação hierárquica.

3 – A competência disciplinar envolve a competência para instaurar processo disciplinar, bem como a competência para recompensar e punir, nos termos previstos nos quadros anexos A e B ao presente Regulamento, do qual fazem parte integrante.

ARTIGO 61.º

Determinação da competência disciplinar

1 – A competência disciplinar fixa-se no momento em que é praticado o acto que dá origem à recompensa ou punição e não se altera pelo facto de posteriormente cessar a subordinação.

2 – A subordinação inicia-se no momento em que o militar, por título legítimo, fica sujeito às ordens de determinado comandante, director ou chefe, e dura enquanto essa situação se mantiver.

3 – Qualquer superior hierárquico do até então competente pode avocar o processo disciplinar até à decisão final.

4 – O militar pertencente ou adido a determinado comando, unidade, estabelecimento ou serviço, mas exercendo efectivamente funções noutro, fica na dependência disciplinar plena do comandante, director ou chefe deste último, no que a essas funções diga respeito.

5 – Quando nos processos instruídos nos termos dos n.os 1 e 3 do artigo 80.º concorram duas ou mais infracções praticadas pelo mesmo militar, que caibam na competência disciplinar de autoridades diferentes, ou esteja em causa uma só infracção, reportada a um só facto ou a factos conexos, praticados por militares subordinados funcionalmente a autoridades diferentes no momento da prática infringente, será competente para decidir, num caso e noutro, o órgão de menor categoria hierárquica com poderes de supervisão global sobre essas autoridades.

ARTIGO 62.º

Situações funcionais especiais

1 – O militar que assumir comando, direcção ou chefia a que corresponda posto superior ao seu terá, enquanto durar essa situação, a competência disciplinar correspondente à função que exerce.

2 – Relativamente aos militares referidos na parte final do n.º 1 do artigo 1.º do presente Regulamento, a competência disciplinar é exercida pelo Ministro da Administração Interna ou pelo comandante-geral, nos termos dos quadros anexos ao presente Regulamento, mediante parecer prévio obrigatório do dirigente máximo do serviço ou organismo em que aqueles se encontrem a prestar serviço.

3 – O preceituado no número anterior não prejudica a competência dos responsáveis nos serviços ou organismos em que os militares exerçam funções para a concessão de referências elogiosas.

ARTIGO 63.º

Militares em trânsito

1 – Os militares em trânsito mantêm a dependência do comando, unidade, estabelecimento ou serviço que lhes confere a marcha, até à apresentação no destino que lhes foi determinado.

2 – Quando os militares transitarem enquadrados, o disposto no número anterior não prejudica a competência normal atribuída ao comandante da força em que estejam integrados enquanto em trânsito.

ARTIGO 64.º

Faculdade de alterar recompensas ou punições

1 – Qualquer militar poderá considerar como tendo sido dado por si louvor conferido por subordinado seu.

2 – Sem prejuízo dos direitos de audiência e defesa do arguido e com observância das formalidades aplicáveis, o Ministro da Administração Interna e o comandante-geral têm a faculdade de revogar, atenuar ou agravar as penas impostas por qualquer comandante, director ou chefe, quando reconheçam, em despacho fundamentado, a conveniência de usarem essa faculdade.

3 – A faculdade prevista no presente artigo só poderá ser usada em acto de conhecimento de recurso hierárquico.

ARTIGO 65.º

Comunicação de recompensa ou punição

1 – O superior hierárquico que recompensar ou punir um militar seu subordinado, tendo este, entretanto, transitado para a dependência funcional de outra entidade, deve dar conhecimento a esta última da recompensa ou punição.

2 – O superior hierárquico que recompensar ou punir um militar – transitoriamente na sua dependência funcional dará do facto conhecimento ao comandante, director ou chefe do comando, unidade, estabelecimento ou serviço a que esse militar pertença.

ARTIGO 66.º
Falta de competência disciplinar

1 – Os militares a quem por este Regulamento não seja conferida competência disciplinar devem participar superiormente, por escrito, qualquer acto praticado pelos seus inferiores hierárquicos, que tenham presenciado ou de que oficialmente tenham conhecimento, e que lhes pareça dever ser recompensado ou punido.

2 – O militar que tome conhecimento de acto, praticado por um seu subordinado, que julgue merecedor de recompensa de nível mais elevado ou punível com pena superior às da sua competência, deve propor a recompensa ou participar a infracção, por escrito, ao seu superior hierárquico imediato.

TÍTULO IV
Procedimento disciplinar

CAPÍTULO I
Disposições gerais

ARTIGO 67.º
Aquisição da notícia da infracção disciplinar

1 – A notícia da infracção disciplinar é adquirida por conhecimento próprio, por participação ou queixa, nos termos dos artigos seguintes.

2 – Todos os que tiverem conhecimento de que um militar da Guarda praticou infracção disciplinar poderão comunicá-la a qualquer superior hierárquico do arguido.

ARTIGO 68.º

Participação e queixa

1 – Para efeitos do disposto no presente Regulamento, considera-se:

a) Participação: a comunicação dada pelo militar da Guarda de infracção disciplinar cometida por inferior hierárquico ou militar da mesma graduação mas de menor antiguidade;

b) Queixa: a comunicação dada pelo militar da Guarda de infracção disciplinar cometida por superior hierárquico ou militar da mesma graduação, mas de maior antiguidade, com prévia informação ao visado e da qual resulte para o inferior lesão de direitos previstos nas leis ou regulamentos ou constitua simultaneamente crime.

2 – As participações e queixas serão imediatamente remetidas à entidade competente para instaurar processo disciplinar, quando se verifique não possuir tal competência a entidade que as recebeu.

3 – Quando se conclua que a participação ou queixa foram apresentadas dolosamente no intuito de prejudicar o visado, deverá ser instaurado processo disciplinar, se o autor for militar da Guarda, sem prejuízo da participação criminal a que houver lugar e demais efeitos previstos na lei geral.

ARTIGO 69.º

Auto de notícia

1 – O superior hierárquico que presenciar ou verificar infracção disciplinar praticada em qualquer área sob o seu comando, direcção ou chefia levantará ou mandará levantar auto de notícia, o qual mencionará os factos que constituírem infracção disciplinar, o dia, hora e local, as circunstâncias em que foi cometida, o nome e demais elementos de identificação do arguido, da entidade que os presenciou, de eventuais testemunhas e, havendo-os, dos documentos ou suas cópias autênticas que possam demonstrá-los.

2 – O auto de notícia a que se refere o número anterior deverá ser assinado pela entidade que o levantou ou mandou levantar, por duas testemunhas, se possível, e pelo visado, se quiser assinar.

3 – Poderá levantar-se um único auto por diferentes infracções disciplinares cometidas na mesma ocasião ou relacionadas umas com as outras, mesmo que sejam diversos os seus autores.

4 – Sempre que o comandante, director ou chefe não detiver competência para instaurar o processo disciplinar, os autos levantados nos termos deste artigo serão imediatamente remetidos à entidade competente.

ARTIGO 70.º
Providências imediatas

Todo o superior hierárquico que presenciar ou verificar a prática de acções contrárias à ordem pública ou que afectem a dignidade da Guarda, ou de outros actos gravemente perturbadores da disciplina, deve adoptar, de imediato, todas as providências estritamente necessárias para os fazer cessar.

ARTIGO 71.º
Obrigatoriedade de procedimento

A notícia de uma infracção disciplinar dá sempre lugar à abertura de procedimento com vista ao apuramento da eventual responsabilidade disciplinar que no caso couber.

ARTIGO 72.º
Carácter público

O exercício da acção disciplinar é de carácter oficioso, não dependendo de participação, queixa ou denúncia.

ARTIGO 73.º
Natureza secreta do processo, consulta e passagem de certidões

1 – O processo disciplinar é de natureza secreta até à notificação da acusação.

2 – Ao arguido e seu defensor poderá contudo ser facultada a consulta do processo, mediante requerimento, dirigido ao instrutor, ficando aqueles vinculados ao dever de segredo.

3 – A passagem de certidões de peças do processo disciplinar só é permitida quando destinada à defesa de interesses legítimos e em face de requerimento escrito especificando o fim a que se destinam, podendo ser proibida a sua divulgação.

4 – A passagem das certidões atrás referidas pode ser autorizada pelo instrutor até à fase do relatório final.

5 – A divulgação de matéria abrangida pelo dever de segredo, nos termos deste artigo, determina a instauração, por esse facto, de processo disciplinar.

ARTIGO 74.º
Constituição e intervenção de advogado

O arguido pode constituir advogado em qualquer fase do processo, nos termos gerais de direito, o qual poderá assistir aos interrogatórios e a todas as diligências em que aquele intervenha.

ARTIGO 75.º
Representação

1 – Sem prejuízo do disposto no artigo anterior, o arguido impossibilitado de organizar a sua defesa, por motivo de doença ou incapacidade física devidamente comprovadas, poderá nomear um representante, especialmente mandatado para esse efeito.

2 – No caso de o arguido não poder exercer o direito referido no número anterior, ou lhe for instaurado incidente de alienação mental, o instrutor promoverá imediatamente a nomeação de um curador, preferindo a pessoa a quem competiria a tutela, nos termos da lei civil.

3 – O curador e o representante referidos nos números anteriores poderão usar todos os meios de defesa facultados ao arguido.

ARTIGO 76.º
Confiança do processo

1 – O advogado do arguido pode solicitar por escrito ou verbalmente que os processos pendentes lhe sejam confiados, na fase da defesa, para exame fora das instalações dos serviços.

2 – Compete ao instrutor autorizar a confiança do processo, pelo prazo de 5 dias, prorrogáveis até ao limite máximo de 20.

3 – Se, decorrido o prazo concedido, o advogado não restituir o processo, nem justificar o atraso na entrega, será o mesmo notificado para proceder à entrega imediata daquele.

4 – Se após a notificação referida no número anterior o advogado não restituir o processo no prazo de cinco dias, será feita participação ao Ministério Público e dado conhecimento à Ordem dos Advogados para efeitos disciplinares.

ARTIGO 77.º
Estado psíquico do arguido

1 – Quando se levantem justificadas dúvidas sobre o estado psíquico do arguido, deverá o instrutor solicitar aos serviços próprios da Guarda o seu exame médico-psiquiátrico para determinação da sua responsabilidade disciplinar à data da prática da infracção ou posteriormente.

2 – O arguido pode requerer a junção dos pareceres ou documentos clínicos que entenda convenientes.

3 – A inimputabilidade do arguido poderá ser suscitada pelo instrutor do processo, pelo próprio arguido, pelo seu representante ou mandatário, ou por qualquer familiar.

4 – A decisão da entidade que julgar o arguido irresponsável pela prática da infracção disciplinar é restrita ao processo disciplinar e implica o seu arquivamento, sem prejuízo do disposto na lei quanto à situação jurídico-funcional.

ARTIGO 78.º
Notificações

1 – As notificações de actos processuais que devam ser feitas ao arguido ou ao seu representante serão igualmente feitas ao mandatário, nos termos da legislação geral sobre o patrocínio judiciário.

2 – Para efeitos do exercício de direitos e poderes processuais, relevará sempre a data da notificação do arguido ou do seu representante.

ARTIGO 79.º
Forma dos actos

1 – A forma dos actos, quando não esteja expressamente regulada na lei, ajustar-se-á ao fim em vista e limitar-se-á ao indispensável para atingir esse fim.

2 – Os actos do processo devem ser reduzidos a escrito, observando-se o disposto no artigo 92.º do Código de Processo Penal.

ARTIGO 80.º
Unidade e apensação de processos

1 – Para todas as infracções será organizado um único processo relativamente a cada arguido.

2 – Sempre que haja vários processos disciplinares pendentes contra o mesmo militar deverá fazer-se a apensação de todos ao mais antigo, para apreciação conjunta, excepto se daí resultar inconveniente para a administração da justiça disciplinar.

3 – Quando vários militares sejam arguidos da prática do mesmo facto ou de factos entre si conexos, organizar-se-á um processo por cada arguido, sem prejuízo de se ordenar a respectiva apensação ao processo do arguido de maior graduação ou antiguidade, se tal for considerado conveniente para a administração da justiça disciplinar.

4 – Oficiosamente, por proposta do instrutor ou a requerimento do arguido, poderá fazer-se cessar a apensação e ser ordenada a separação de algum ou alguns dos processos sempre que a apensação represente um grave risco para o exercício da acção disciplinar, designadamente quando puder retardar excessivamente a conclusão do processo pela infracção mais grave.

ARTIGO 81.º
Nulidades

1 – Constituem nulidades insanáveis, que devem ser oficiosamente declaradas em qualquer fase do procedimento:

a) A falta de audiência do arguido em artigos da acusação;

b) A insuficiente individualização na acusação das infracções imputadas e dos correspondentes preceitos legais violados;

c) A omissão de diligências essenciais para a descoberta da verdade.

2 – As restantes nulidades consideram-se sanadas se não forem objecto de reclamação para o instrutor até à decisão final do procedimento em primeiro grau.

ARTIGO 82.º
Isenção de custas e selos

Nos processos de averiguações, de inquérito, de sindicância, disciplinares e de revisão não são devidos custas e selos.

ARTIGO 83.º
Formas de processo

1 – O processo pode ser comum ou especial.

2 – O processo especial aplica-se aos casos expressamente designados na lei e o comum a todos os casos a que não corresponda processo especial.

ARTIGO 84.º
Despacho liminar

1 – Logo que sejam recebidos auto, participação ou queixa, deve a entidade competente decidir se há lugar ou não à instauração de procedimento disciplinar.

2 – O despacho liminar, quando não determinar a investigação dos factos noticiados, deve ser fundamentado e será notificado, por escrito, ao queixoso, participante ou denunciante.

3 – Do despacho liminar de arquivamento cabe recurso hierárquico, nos termos do presente Regulamento.

ARTIGO 85.º
Nomeação do instrutor e de secretário

1 – Sem prejuízo da competência instrutória atribuída à Inspecção-Geral da Administração Interna, a entidade que instaurar processo disciplinar deve nomear um instrutor, escolhido de entre os oficiais de categoria ou posto superior à do arguido ou mais antigo do que ele na mesma categoria ou posto.

2 – Nos casos em que a competência pertença às entidades referidas nas colunas II a IV do quadro anexo B ao presente Regulamento, deverá existir um núcleo de oficiais instrutores com formação adequada e dispondo de assessoria jurídica.

3 – Quando a complexidade do processo ou outras circunstâncias o aconselhem, poderá o instrutor nomear ou propor a nomeação de um seu subordinado para secretário.

4 – As funções de instrutor e de secretário preferem às demais obrigações de serviço.

5 – O instrutor nomeado apenas poderá ser substituído face a circunstâncias excepcionais devidamente fundamentadas.

ARTIGO 86.º

Fundamento da escusa e suspeição do instrutor

1 – Sem prejuízo do disposto na lei quanto aos impedimentos, o instrutor deve pedir à entidade que o nomeou a dispensa de funções no processo quando ocorra circunstância pela qual possa razoavelmente suspeitar-se da sua isenção ou da imparcialidade da sua conduta e, designadamente:

a) Se tiver sido directa ou indirectamente atingido pela infracção;

b) Se for parente na linha recta ou até ao 3.º grau na linha colateral do arguido, do participante, ou do militar, funcionário, agente ou particular ofendido, ou de alguém que com os referidos indivíduos viva em economia comum;

c) Se estiver pendente em tribunal civil ou criminal processo em que o instrutor e o arguido ou o participante sejam partes;

d) Se o instrutor for credor ou devedor do arguido ou do participante ou de algum parente na linha recta ou até ao 3.º grau na linha colateral;

e) Se houver inimizade grave ou grande intimidade entre o arguido e o instrutor, ou entre este e o participante ou ofendido.

2 – Com os mesmos fundamentos, o arguido, o participante e o queixoso poderão opor suspeição do instrutor.

3 – A entidade que nomeou o instrutor decidirá, em despacho fundamentado, no prazo de cinco dias.

CAPÍTULO II

Medidas provisórias

ARTIGO 87.º

Admissibilidade

Aos arguidos em processo disciplinar poderão aplicar-se medidas provisórias, de natureza preventiva, nos termos dos artigos seguintes e sem prejuízo dos poderes conferidos por lei às autoridades judiciais.

ARTIGO 88.º

Enumeração

1 – As medidas provisórias aplicáveis são:

a) Apreensão de documentos ou objectos;
b) Desarmamento;
c) Transferência preventiva;
d) Suspensão preventiva do exercício de funções.

2 – A apreensão de documentos ou objectos consiste em desapossar o militar de documento ou objecto.

3 – O desarmamento consiste em retirar ao militar as armas que, por motivo de serviço, lhe tenham sido distribuídas ou estejam a seu cargo, bem como na suspensão do exercício do direito de detenção de arma, quando tal se mostre necessário e conveniente.

4 – A transferência preventiva consiste na colocação do militar noutro comando, unidade ou serviço, cuja localização não exceda 100 km em relação à do anterior.

5 – A suspensão preventiva de funções consiste no afastamento do serviço por prazo não superior a 90 dias, prorrogável por igual período.

Artigo 89.º
Condições gerais de aplicação

1 – As medidas provisórias a aplicar em concreto devem ser adequadas às exigências cautelares que o caso requer e proporcionais à gravidade da infracção e à sanção que previsivelmente venha a ser aplicada.

2 – A apreensão só pode ser decretada relativamente a documentos ou objectos que tenham sido usados ou possam continuar a sê-lo para a prática da infracção.

3 – A suspensão preventiva do exercício de funções só pode decretar-se quando, cumulativamente, se verifiquem os seguintes requisitos:

a) A presença do arguido ao serviço se revele inconveniente para este ou para o apuramento da verdade;
b) Se mostre insuficiente ou inadequada a medida de transferência preventiva;
c) A infracção seja punível com a pena de suspensão ou superior.

4 – A transferência preventiva só se justifica nos casos em que a presença do arguido na área onde os factos estão a ser investigados seja prejudicial às diligências instrutórias ou incompatível com o decoro, a disciplina ou a boa ordem do serviço.

ARTIGO 90.º
Despacho de aplicação

1 – A decisão que ordenar ou alterar qualquer medida provisória deve ser fundamentada e fixar o prazo para a sua validade, sendo recorrível nos termos estabelecidos no presente Regulamento.

2 – Sem prejuízo do disposto no número seguinte, as medidas provisórias são ordenadas pela entidade que tiver mandado instaurar o processo, por sua iniciativa ou mediante proposta fundamentada do instrutor.

3 – A suspensão preventiva de funções só pode ser ordenada, prorrogada ou revogada pelo Ministro da Administração Interna ou pelo comandante-geral.

CAPÍTULO III
Fase da instrução

ARTIGO 91.º
Direcção da instrução

A direcção da instrução cabe ao instrutor, sem prejuízo dos poderes conferidos ao superior hierárquico que o nomeou.

ARTIGO 92.º
Início e prazo geral de conclusão

1 – A instrução do processo disciplinar deve iniciar-se no prazo máximo de 5 dias, contados da data da comunicação ao instrutor do despacho liminar de instauração, e ultimar-se no prazo de 45 dias, contados da data do início efectivo.

2 – Tal prazo poderá ser prorrogado, por despacho da entidade competente, sob proposta fundamentada do instrutor, designadamente nos casos de excepcional complexidade.

3 – O instrutor deve informar a entidade que o tiver nomeado, bem como o arguido, o participante, o queixoso ou o denunciante, da data em que der início à instrução do processo.

ARTIGO 93.º
Diligências

1 – O instrutor fará autuar o auto, participação, queixa, denúncia ou ofício que contenham o despacho liminar de instauração e procederá às diligências convenientes para a instrução, designadamente ouvindo o participante, o queixoso, o denunciante e as testemunhas conhecidas, procedendo a exames e mais diligências que possam esclarecer a verdade e fazendo juntar aos autos o certificado do registo disciplinar do arguido.

2 – O instrutor deverá ouvir o arguido, a requerimento deste ou sempre que o entender conveniente, até se ultimar a instrução, podendo acareá-lo com testemunhas.

3 – O arguido não é obrigado a responder sobre os factos que lhe são imputados.

4 – Durante a fase de instrução poderá o arguido requerer ao instrutor a realização de diligências probatórias para que este tenha competência e que forem consideradas por aquele como essenciais ao apuramento da verdade.

5 – O instrutor deve indeferir em despacho fundamentado a realização das diligências referidas no número anterior quando as julgue desnecessárias, inúteis, impertinentes ou dilatórias.

6 – O instrutor pode solicitar a realização de diligências de prova a outros serviços e organismos da administração central, regional ou local, quando o julgue conveniente, designadamente por razões de proximidade e de celeridade, sempre que as não possa realizar através dos serviços da Guarda.

7 – Quando os factos que integram infracção disciplinar indiciem incompetência para o exercício das funções, poderá o arguido executar quaisquer trabalhos, segundo o programa traçado por dois peritos, que depois emitirão parecer, não vinculativo, sobre as provas prestadas e a competência do arguido.

8 – Os peritos a que se refere o número anterior serão indicados pela entidade que tiver mandado instaurar o processo, no caso de o arguido não usar a faculdade de indicar um, e os trabalhos a executar serão da natureza dos que habitualmente competem a militares da mesma graduação e posto de serviço.

ARTIGO 94.º
Testemunhas

1 – A testemunha é obrigada a responder com verdade sobre os factos de que possua conhecimento e que constituam objecto de prova.

2 – É aplicável à prova testemunhal o disposto na legislação penal e processual penal, com as devidas adaptações.

ARTIGO 95.º
Providências cautelares quanto aos meios de prova

Compete às entidades com competência disciplinar e ao instrutor desde a sua nomeação tomar as providências cautelares necessárias e urgentes para assegurar os meios de prova.

ARTIGO 96.º
Suspensão do processo

Oficiosamente ou mediante proposta fundamentada do instrutor, pode ser determinada a suspensão do processo disciplinar, até que se conclua processo criminal pendente pelos mesmos factos, sempre que exista manifesta dificuldade na recolha de prova ou se repute tal medida conveniente para a administração da justiça disciplinar.

ARTIGO 97.º
Encerramento da instrução

1 – Concluída a instrução, se o instrutor entender que os factos constantes dos autos não constituem infracção disciplinar, que não foi o arguido que os praticou ou que está extinta a responsabilidade disciplinar, elaborará, no prazo de cinco dias, relatório com proposta de arquivamento e remeterá o processo disciplinar à autoridade que o tiver mandado instaurar.

2 – Havendo concordância com a proposta do instrutor, o despacho de arquivamento é comunicado ao arguido e ao participante ou ao queixoso.

3 – Se entender que o arguido cometeu infracção disciplinar, o instrutor deduzirá contra ele acusação, no prazo de 10 dias.

ARTIGO 98.º
Acusação

1 – A acusação deve ser articulada e conterá:

a) A identificação do arguido;

b) A descrição dos factos que fundamentam a aplicação de uma sanção disciplinar, incluindo, se possível, as circunstâncias de lugar, tempo e modo em que os factos foram praticados, o grau de culpa do arguido, as circunstâncias que militam a favor e contra o mesmo e quaisquer outras que relevem para a determinação da sanção disciplinar;

c) A referência aos preceitos legais e às penas aplicáveis.

2 – Em caso de apensação de processos é deduzida uma única acusação.

3 – A acusação será, no prazo de cinco dias, notificada pessoalmente ao arguido ou, não sendo esta possível, por carta registada com aviso de recepção para a sua residência, indicando-se o prazo para a apresentação da defesa.

4 – Se não for possível a notificação nos termos do número anterior, designadamente por o arguido se encontrar ausente em parte incerta, será publicado aviso na 2.ª série do *Diário da República* citando-o para apresentar a sua defesa.

5 – O aviso referido no número anterior apenas deverá conter a menção de que se encontra pendente contra o arguido processo disciplinar e a indicação do prazo para apresentação da defesa.

Capítulo IV
Fase da defesa

Artigo 99.º
Prazo de apresentação

1 – A defesa do arguido deve ser apresentada no prazo de 20 dias a contar da notificação da acusação.

2 – Nos casos de ausência em parte incerta o prazo será de 45 dias a contar da publicação do aviso a que se refere o n.º 4 do artigo anterior.

3 – Em casos de excepcional complexidade o prazo de apresentação da defesa pode ser prorrogado, a requerimento do arguido, até ao máximo de 20 dias.

Artigo 100.º
Forma e conteúdo

1 – A defesa do arguido constitui a resposta, na qual deverão constar as razões de facto e de direito, de discordância relativamente à acusação.

2 – Com a resposta deve o arguido apresentar o rol de testemunhas, juntar documentos e requerer quaisquer diligências que pretenda sejam realizadas.

3 – O número de testemunhas é ilimitado, não podendo, porém, ser indicadas mais de três por cada facto.

4 – A falta de resposta dentro do prazo marcado vale como efectiva audiência do arguido para todos os efeitos legais.

ARTIGO 101.º
Diligências de prova

1 – O instrutor deverá realizar as diligências requeridas pelo arguido no prazo de 30 dias.

2 – O instrutor pode recusar, em despacho fundamentado, as diligências requeridas, quando as repute meramente dilatórias, impertinentes ou desnecessárias, ou considere suficientemente provados os factos alegados pelo arguido na resposta à acusação.

3 – Do despacho que indefira o requerimento de diligências consideradas pelo arguido indispensáveis para a descoberta da verdade cabe recurso, nos termos previstos no presente Regulamento e com as especificidades previstas nos números seguintes.

4 – O recurso previsto no número anterior deverá ser interposto no prazo de cinco dias e subirá imediatamente, nos próprios autos.

5 – A decisão que negue provimento ao recurso previsto nos números anteriores só pode ser impugnada no eventual recurso da decisão final.

6 – Finda a produção da prova oferecida pelo arguido, podem ainda ordenar-se, em despacho fundamentado, novas diligências que se mostrem convenientes para o completo esclarecimento da verdade, das quais se dará conhecimento ao arguido nos termos gerais.

CAPÍTULO V
Fase da decisão final

ARTIGO 102.º
Relatório final do instrutor

1 – Finda a fase da defesa do arguido, e no prazo máximo de 10 dias, o instrutor elaborará um relatório completo e conciso, do qual conste:

a) A caracterização material e respectiva fundamentação das faltas consideradas provadas, sua qualificação e gravidade;
b) A indicação das circunstâncias que militam a favor ou contra o arguido;
c) A indicação das quantias que porventura haja a repor e qual o seu destino;
d) Parecer sobre o grau de culpa do arguido e bem assim sobre a pena que entender justa;
e) Proposta de arquivamento, devidamente fundamentada, se considerar insubsistente a acusação.

2 – O processo, depois de relatado, será remetido, no prazo de vinte e quatro horas, à entidade que o tiver mandado instaurar, a qual, se se considerar incompetente para o decidir em despacho fundamentado, o enviará a quem deva proferir a decisão.

ARTIGO 103.º
Diligências complementares

Antes da decisão final, a autoridade competente para punir poderá ordenar novas diligências, dentro do prazo que fixar, se entender que a instrução não está completa, das quais se dará conhecimento ao arguido nos termos gerais.

ARTIGO 104.º
Pareceres jurídicos

A auditoria jurídica e a Inspecção-Geral da Administração Interna podem ser ouvidas sempre que a competência para a decisão caiba ao Ministro da Administração Interna.

ARTIGO 105.º
Decisão final

1 – A autoridade competente decidirá o processo disciplinar, concordando ou não com as conclusões e propostas do relatório.

2 – O despacho punitivo deve ser fundamentado e conterá, designadamente:

a) Identificação do arguido;

b) Enumeração dos factos considerados provados;
c) Disposições legais aplicáveis;
d) Os fundamentos que presidiram à escolha e à medida da sanção disciplinar;
e) Data e assinatura do autor.

3 – Se o despacho for de arquivamento, para além das menções referidas nas alíneas a), b), c) *e* e)do número anterior, dele deverá constar se o processo é arquivado por falta de prova de culpabilidade do arguido, pela inocência deste, pela extinção do procedimento disciplinar ou por os factos não constituírem ilícito disciplinar.

4 – A decisão final deverá ser proferida no prazo de 30 dias, contados das seguintes datas:

a) Da data da recepção do processo;
b) Do termo do prazo para a realização de diligências complementares a que se refere o artigo 103.º;
c) Da recepção de parecer obrigatório ou do parecer a que alude o artigo anterior ou do termo dos prazos para a respectiva emissão.

ARTIGO 106.º

Notificação e publicação da decisão final

1 – A decisão final será notificada pessoalmente ao arguido e comunicada ao participante e ao queixoso.

2 – A decisão final será publicada, por extracto, em ordem de serviço.

3 – A decisão será ainda publicada, por extracto, na 2.ª série do *Diário da República,* nos casos de ausência em parte incerta do arguido.

4 – As decisões punitivas serão ainda objecto de publicação nos termos do artigo 36.º.

CAPÍTULO VI

Processo de averiguações

ARTIGO 107.º

Regras especiais

O processo de averiguações rege-se pelo disposto nos artigos seguintes e, na parte aplicável, pelas disposições gerais referentes à instrução do processo disciplinar.

ARTIGO 108.º
Conceito

1 – Quando haja vago rumor ou indícios insuficientes de infracção disciplinar ou sejam desconhecidos os seus autores será instaurado processo de averiguações.

2 – O processo de averiguações é de investigação sumaríssima, caracteriza-se pela celeridade e destina-se à recolha de elementos factuais que permitam determinar se deve ou não ser ordenada a instauração de sindicância, inquérito ou processo disciplinar.

ARTIGO 109.º
Tramitação

1 – O processo de averiguações deve ser iniciado no prazo de vinte e quatro horas a contar da comunicação ao instrutor do despacho que o tiver mandado instaurar.

2 – O instrutor é nomeado nos termos do artigo 85.º e pode propor a designação de secretário à entidade que o tiver nomeado.

3 – O prazo de conclusão do processo de averiguações é de 15 dias, a contar da data em que tiver sido iniciado, prorrogável por igual período pela entidade que o mandou instaurar, mediante proposta do instrutor.

4 – Decorrido o prazo referido no número anterior, ou logo que confirmados os indícios de infracção disciplinar e identificado o seu possível responsável, o instrutor elaborará, no prazo de três dias, relatório sucinto, com indicação das diligências efectuadas, síntese dos factos apurados e proposta sobre o destino do processo, que remeterá à entidade que o mandou instaurar.

5 – Em face das provas recolhidas e do relatório do instrutor, a entidade referida no número anterior decidirá, ordenando ou propondo, consoante o seu grau de competência:

a) O arquivamento do processo, se entender que não há lugar a procedimento disciplinar;

b) A conversão do processo de averiguações em processo de inquérito se, confirmados os indícios da infracção, se desconhecer, ainda, o seu autor ou, conhecido este, se mantiver a insuficiência daqueles indícios, sendo de presumir, em ambos os casos, a utilidade de novas diligências;

c) A conversão do processo de averiguações em processo disciplinar, se se mostrar suficientemente indiciada a prática de infracção e determinado o seu autor;

d) A instauração de processo de sindicância, se entender que os factos apurados justificam, pela sua amplitude e gravidade, uma averiguação geral ao funcionamento do comando ou serviço.

6 – No caso de, na sequência de processo de averiguações, ser mandado instaurar inquérito ou processo disciplinar, aquele integra a fase de instrução dos mesmos, sem prejuízo dos direitos de audiência e de defesa do arguido.

Capítulo VII
Processos de inquérito e de sindicância

Artigo 110.º
Regras especiais

Os processos de inquérito e de sindicância regem-se pelo disposto nos artigos seguintes e, na parte aplicável, pelas disposições gerais referentes à instrução do processo disciplinar.

Artigo 111.º
Inquérito

1 – O inquérito destina-se à investigação de factos determinados e atribuídos ao irregular funcionamento de um comando ou serviço, ou a actuação susceptível de envolver responsabilidade disciplinar.

2 – Sem prejuízo dos poderes próprios do Ministro da Administração Interna, a competência para ordenar inquéritos é do comandante-geral, por sua iniciativa ou por proposta dos comandos subordinados ou de chefes de serviço.

3 – O militar que tiver desempenhado funções de comando, de direcção ou chefia pode requerer fundamentadamente que se proceda a inquérito aos seus actos de serviço, desde que os mesmos não tenham sido objecto de processo de natureza disciplinar ou criminal.

Artigo 112.º
Sindicância

1 – A sindicância destina-se a uma averiguação geral sobre o funcionamento de comando ou serviço.

2 – Sem prejuízo dos poderes do Ministro da Administração Interna, a competência para ordenar a sindicância é do comandante-geral.

ARTIGO 113.º
Publicidade da sindicância

1 – No processo de sindicância deve o instrutor anunciar o seu início, através da publicação de anúncios em um ou dois jornais da localidade e por meio de editais, cuja afixação nos lugares de estilo requisitará às autoridades competentes.

2 – Nos anúncios e editais declarar-se-á que qualquer pessoa que tenha razão de queixa ou agravo contra o irregular funcionamento dos serviços pode apresentar-se pessoalmente ao sindicante, nas circunstâncias de tempo e lugar que forem fixadas, ou remeter-lhe queixa, pelo correio, de onde constem os seus elementos de identificação.

3 – A publicação dos anúncios é obrigatória para os periódicos a que forem remetidos e as despesas dela decorrentes serão suportadas pela Guarda.

4 – A recusa de publicação constitui crime de desobediência, punível nos termos da lei penal.

ARTIGO 114.º
Prazo de conclusão

1 – O prazo para conclusão do processo de inquérito ou de sindicância será o fixado no despacho que o tiver ordenado, podendo ser prorrogado sempre que as circunstâncias o aconselhem.

2 – O instrutor, sempre que julgue insuficiente o prazo inicialmente fixado para a efectivação das diligências ordenadas, informará desse facto a entidade que tiver mandado instaurar o processo.

ARTIGO 115.º
Relatório

1 – Concluídas as diligências consideradas indispensáveis, o instrutor elaborará, no prazo de 10 dias, prorrogável até ao máximo de 30, relatório final, do qual constarão a indicação sumária das diligências efectuadas, a síntese dos factos apurados e as medidas propostas.

2 – Sempre que no decurso da instrução da sindicância sejam apurados factos integradores de infracção disciplinar e conhecidos os seus autores, será elaborado relatório parcelar e submetido a despacho da entidade que tiver ordenado o inquérito ou a sindicância.

ARTIGO 116.º
Decisão

1 – No prazo de quarenta e oito horas, o instrutor remeterá o processo à entidade competente, a qual, em face das provas recolhidas e do relatório, decidirá sobre as medidas a adoptar.
2 – No caso de, na sequência de processo de inquérito ou de sindicância, ser mandado instaurar processo disciplinar, aquele integra a fase de instrução deste, sem prejuízo dos direitos de audiência e de defesa do arguido.

TÍTULO V
Recursos

CAPÍTULO I
Recurso ordinário

ARTIGO 117.º
Impugnação

As decisões disciplinares podem ser objecto de impugnação por via graciosa ou contenciosa, nos termos do presente Regulamento e demais legislação aplicável.

ARTIGO 118.º
Recurso hierárquico

1 – O militar arguido em processo disciplinar pode recorrer de decisão que repute lesiva dos seus direitos subjectivos ou interesses legalmente protegidos, ou lhe imponha qualquer sanção.
2 – A interposição do recurso faz-se por simples requerimento, com a alegação, ainda que sumária, dos respectivos fundamentos.

3 – O recurso é dirigido:

a) Ao Ministro da Administração Interna, quando o acto impugnado seja da autoria do comandante-geral;

b) Ao comandante-geral, quando a decisão recorrida emane de autoridade que esteja, hierarquicamente, dependente do mesmo.

4 – O recurso a que se referem os números anteriores é apresentado à entidade recorrida, no prazo de 10 dias a contar da data em que o arguido foi notificado da decisão.

5 – O requerimento de recurso interposto nos termos da alínea b) do n.º 3 deve ser remetido pela entidade recorrida ao escalão imediatamente superior da cadeia funcional hierárquica em que se insere e subirá até ao comandante-geral, passando sucessivamente por cada um dos responsáveis superiores daquela cadeia.

6 – Recebido o requerimento de recurso, dispõe cada um dos responsáveis referidos no número anterior de cinco dias para se pronunciar, podendo propor a revogação ou modificação da decisão recorrida.

ARTIGO 119.º

Decisão do recurso hierárquico

A decisão de recurso hierárquico será proferida pelo comandante-geral no prazo de 30 dias a contar da recepção do respectivo processo.

ARTIGO 120.º

Recurso da decisão do comandante-geral

Da decisão do comandante-geral cabe recurso hierárquico necessário para o Ministro da Administração Interna, a interpor no prazo de 10 dias a contar da data da respectiva notificação.

ARTIGO 121.º

Realização de novas diligências

1 – As entidades a quem for dirigido o recurso poderão mandar proceder a novas diligências.

2 – As diligências referidas no número anterior serão reduzidas a escrito e incluem a audição do recorrente.

3 – Com o requerimento em que interponha o recurso pode o recorrente apresentar novos meios de prova ou juntar os documentos que entenda convenientes, desde que o não pudesse ter feito anteriormente, devendo a entidade competente ordenar, no prazo de cinco dias, o início da realização das diligências adequadas, com observância do disposto no n.º 2.

ARTIGO 122.º

Recurso da decisão do Ministro

Da decisão do Ministro da Administração Interna cabe recurso contencioso nos termos gerais.

ARTIGO 123.º

Regime de subida dos recursos hierárquicos

1 – Os recursos das decisões que não ponham termo ao processo só subirão com a decisão final se dela se recorrer, salvo o disposto no número seguinte.

2 – Sobem imediatamente e nos próprios autos os recursos hierárquicos que, ficando retidos, percam por esse facto o efeito útil, designadamente os seguintes:

a) O recurso hierárquico interposto do despacho que não admita a dedução da suspeição do instrutor ou não aceite os fundamentos invocados para a mesma;

b) O recurso hierárquico interposto do despacho que aplique ou altere uma medida provisória;

c) O recurso do despacho de indeferimento de diligência instrutória requerida pelo arguido.

ARTIGO 124.º

Efeitos do recurso

A interposição de recurso hierárquico não suspende a decisão recorrida.

ARTIGO 125.º

Recurso contencioso

A interposição do recurso contencioso é regulada, quanto aos seus trâmites e efeitos, pelo disposto na lei geral.

CAPÍTULO II

Recurso extraordinário

ARTIGO 126.º

Definição do recurso

O recurso extraordinário é o de revisão.

ARTIGO 127.º

Fundamentos e admissibilidade da revisão

1 – A revisão de processo disciplinar é admitida nas seguintes situações:

a) Quando se verifiquem circunstâncias ou novos meios de prova susceptíveis de demonstrarem a inexistência dos factos que determinaram a punição e que o arguido não tenha podido utilizar no processo disciplinar;

b) Quando se descubram novos factos ou meios de prova que, por si ou combinados com os que foram apreciados no processo, suscitem graves dúvidas sobre a justiça da punição.

2 – A simples alegação de ilegalidade de forma ou de fundo do processo ou da decisão punitiva não constitui fundamento de revisão.

3 – A revisão pode conduzir à confirmação ou à revogação, total ou parcial, da decisão anteriormente proferida, não podendo, em caso algum, determinar a agravação da pena.

4 – A revisão não é admissível com o único fim de corrigir a medida concreta da pena aplicada.

5 – A pendência de recurso, hierárquico ou contencioso, não prejudica o pedido de revisão.

6 – A revisão de processo disciplinar não suspende cumprimento da pena.

7 – A revisão é admissível ainda que o procedimento disciplinar se encontre extinto ou a pena prescrita ou cumprida.

ARTIGO 128.º

Requisitos

1 – O interessado na revisão de processo disciplinar, directamente ou por intermédio de mandatário ou representante, apresentará requerimento nesse sentido à entidade que o tiver decidido.

2 – A revisão poderá ser pedida pelos descendentes, ascendentes, cônjuge, irmãos ou herdeiros do militar punido, caso haja falecido ou se encontre incapacitado.

3 – Se o recorrente falecer ou se incapacitar depois de interposto o recurso, deverá este prosseguir oficiosamente.

4 – O requerimento indicará as circunstâncias ou meios de prova não considerados no processo disciplinar que ao recorrente pareça justificarem a revisão.

ARTIGO 129.º

Decisão sobre o requerimento

1 – Recebido o requerimento, a entidade que tiver apreciado o processo disciplinar decidirá no prazo de 15 dias se a revisão deve ser admitida, ordenando, se for caso disso, abertura de processo, para que nomeará instrutor diferente do primeiro.

2 – Do despacho que não admita a revisão cabe recurso, nos termos regulados nos artigos 117.º e seguintes.

3 – Da decisão do comandante-geral cabe recurso necessário para o Ministro da Administração Interna.

ARTIGO 130.º

Prazo

1 – A revisão do processo disciplinar é admitida a todo o tempo, sem prejuízo do disposto no número seguinte.

2 – O prazo de interposição do recurso de revisão é de um ano a partir da data em que o interessado obteve a possibilidade de invocar as circunstâncias ou os meios de prova alegados como fundamento da revisão.

ARTIGO 131.º

Tramitação

1 – O processo de revisão correrá termos por apenso ao processo disciplinar.

2 – O instrutor notificará o requerente para, no prazo de 20 dias, responder por escrito aos artigos da acusação constantes do processo a rever, seguindo os termos dos artigos 101.º e seguintes do presente Regulamento.

ARTIGO 132.º
Decisão final

1 – A entidade competente decidirá em despacho fundamentado, concordando ou não com as propostas constantes do relatório do instrutor.

2 – Julgada procedente a revisão, será revogada a decisão proferida no processo disciplinar.

3 – Sempre que a decisão seja total ou parcialmente desfavorável ao requerente, dela caberá recurso nos termos previstos no presente Regulamento.

ARTIGO 133.º
Efeitos

1 – A procedência da revisão produzirá os seguintes efeitos:

a) Cancelamento do registo da pena no processo individual do militar;

b) Anulação da pena e eliminação de todos os seus efeitos, mesmo os já produzidos.

2 – No caso de revogação de penas expulsivas, o militar tem direito à reintegração, salvaguardados os direitos de terceiros, mas sem prejuízo da antiguidade do militar reintegrado.

3 – O militar tem ainda direito, em caso de revisão procedente, à reconstituição da carreira, devendo ser consideradas as expectativas legítimas de promoção que não se efectivaram por efeito da punição, sem prejuízo da indemnização a que tenha direito nos termos gerais.

QUADRO ANEXO A
Competência para conceder ou propor recompensa

Recompensas	Entidades						
	Ministro da Administração Interna (I)	Comandante-geral (II)	2.º comandante-geral, chefe do estado-maior e inspector-geral (III)	Comandante de unidade e vice-presidente dos Serviços Sociais (IV)	Director do Centro Clínico, 2.º comandante de unidade, director de instrução da Escola Prática, comandante de agrupamento e comandante de batalhão ou de grupo destacados (V)	Comandante de batalhão ou de grupo enquadrados e comandante de companhia e de esquadrão destacados (VI)	Comandante de companhia ou de esquadrão enquadrados e comandante de destacamento (VII)
Referência elogiosa	(*a*)	(*a*)	(*a*)	(*a*)	(*a*)	(*a*)	(*a*)
Louvor	(*b*)	(*c*)	(*c*)	(*c*)	(*c*)	(*c*)	(*c*)
Licença por mérito	(*b*)	(*b*)	(*b*)	(*b*)	(*d*)	—	—
Promoção por distinção	(*e*)	(*e*)	—	—	—	—	—

(*a*) Competência a exercer nos termos do artigo 23.º
(*b*) Competência para conceder a recompensa.
(*c*) Competência para conceder a recompensa ou propô-la ao escalão hierárquico superior.
(*d*) Competência para propor a recompensa ao escalão hierárquico superior.
(*e*) Competência a exercer nos termos do Estatuto dos Militares da GNR.

Quadro Anexo B
Competência punitiva

Penas	Entidades						
	Ministro da Administração Interna	Comandante-geral	2.º comandante-geral, chefe do estado-maior e inspector-geral	Comandante de unidade e vice-presidente dos Serviços Sociais	Director do Centro Clínico, 2.º comandante de unidade, director de instrução da Escola Prática, comandante de agrupamento e comandante de batalhão ou de grupo destacados	Comandante de batalhão ou de grupo enquadrados e comandante de companhia ou esquadrão destacados	Comandante de companhia ou de esquadrão enquadrados e comandante de destacamento
	(I)	(II)	(III)	(IV)	(V)	(VI)	(VII)
Repreensão escrita	(*a*)	(*a*)	(*a*)	(*a*)	(*a*)	(*a*)	(*a*)
Repreensão escrita agravada	(*a*)	(*a*)	(*a*)	(*a*)	(*a*)	(*a*)	(*a*)
Suspensão	(*a*)	(*a*)	(*a*)	(*a*)	Até 60 dias	Até 30 dias	Até 20 dias
Suspensão agravada	(*a*)	(*a*)	(*a*)	—	—	—	—
Reforma compulsiva	(*a*)	—	—	—	—	—	—
Separação de serviço	(*a*)	—	—	—	—	—	—

(*a*) Competência plena.

DECRETO-LEI N.º 200/2001, DE 13 DE JULHO

LEI ORGÂNICA DA POLÍCIA JUDICIÁRIA MILITAR

A reforma do sistema de justiça militar, na sua lógica de horizontalização do direito penal comum, tem necessariamente incidência sobre o órgão de polícia criminal ao qual é cometida a investigação dos crimes estritamente militares – a Polícia Judiciária Militar.

Acresce que os diversos diplomas que criaram, estruturaram e fixaram as competências do Serviço de Polícia Judiciária Militar – e que ora são objecto de revogação – já não se ajustam às realidades processuais e administrativas vigentes, constituindo um verdadeiro emaranhado legal de difícil consulta e interpretação. Na verdade, há muito que se vem sentindo a falta de um corpo harmónico de normas que permita adequar a Polícia Judiciária Militar às concretas finalidades legais que lhe cumpre prosseguir.

O presente projecto visa dotar a Polícia Judiciária Militar do diploma orgânico próprio a que se refere o n.º 3 do artigo 23.º do Decreto-Lei n.º 47/93, de 26 de Fevereiro (Lei Orgânica do Ministério da Defesa Nacional). A transição do Serviço de Polícia Judiciária Militar para a estrutura do Ministério da Defesa Nacional (com a designação de Polícia Judiciária Militar), operada pela alínea a) do n.º 2 do artigo 3.º do Decreto-Lei n.º 47/93 (cf. ainda o artigo 27.º do Decreto-Lei n.º 47/93, de 26 de Fevereiro), constitui a justificação para o cumprimento das exigências legais acima mencionadas.

Na elaboração do projecto houve a preocupação de não se empolarem as estruturas orgânicas da Polícia Judiciária Militar ou os seus efectivos de pessoal, atento, sobretudo, o âmbito da investigação criminal em causa. Alcançou-se, assim, uma acentuada diminuição nos quantitativos de meios humanos sem prejuízo da eficiência, que se pretende acrescida, conseguida através de uma mais racional definição de estruturas.

Dentro desta ordem de ideias, foi regulado o funcionamento da Polícia Judiciária Militar, adoptando-se disposições tendentes a clarificar a sua natureza, competência e princípios de actuação (capítulo I), estrutura e funcionamento (capítulo II) e pessoal (capítulo III). Constituiu especial preocupação assegurar a aproximação entre os modelos previstos para a Polícia Judiciária Militar e para a Polícia Judiciária, uma vez que são os únicos orgãos de polícia criminal que têm a investigação criminal como actividade não só principal como exclusiva. Logo, a similitude dos modelos, atentas as especificidades, mais do que desejável, é imprescindível.

No primeiro dos mencionados capítulos define-se a Polícia Judiciária Militar como um corpo superior de polícia criminal auxiliar da administração da justiça, organizado hierarquicamente na dependência do Ministro da Defesa Nacional e fiscalizado nos termos da lei.

O recrutamento e o regime do pessoal da Polícia Judiciária Militar não revestem especialidades assinaláveis, acolhendo as normas próprias da Lei Orgânica do Ministério da Defesa Nacional e as leis gerais da função pública. O regime do pessoal militar que exerça funções na Polícia Judiciária Militar é o decorrente da legislação específica aplicável e o previsto na Lei Orgânica.

Assim:

Nos termos da alínea a) do n.º 1 do artigo 198.º da Constituição, o Governo decreta o seguinte:

LEI ORGÂNICA DA POLÍCIA JUDICIÁRIA MILITAR

CAPÍTULO I
Natureza

SECÇÃO I
Competência

ARTIGO 1.º
Natureza

1 – A Polícia Judiciária Militar é um corpo superior de polícia criminal auxiliar da administração da justiça, organizado hierarquicamente na dependência do Ministro da Defesa Nacional e fiscalizado nos termos da lei.

2 – A Polícia Judiciária Militar é dotada de autonomia administrativa.

ARTIGO 2.º
Competência

Compete à Polícia Judiciária Militar:
a) Coadjuvar as autoridades judiciárias na investigação;
b) Desenvolver e promover as acções de prevenção e investigação da sua competência ou que lhe sejam cometidas pelas autoridades judiciárias competentes.

ARTIGO 3.º
Competência em matéria de coadjuvação das autoridades judiciárias

1 – A Polícia Judiciária Militar coadjuva as autoridades judiciárias em processos relativos a crimes cuja investigação lhe incumba realizar ou quando se afigure necessária a prática de actos que antecedem o julgamento e que requerem conhecimentos ou meios técnicos especiais.

2 – Para efeitos do disposto no número anterior, a Polícia Judiciária Militar actua no processo sob a direcção das autoridades judiciárias e na sua dependência funcional, sem prejuízo da respectiva organização hierárquica.

ARTIGO 4.º
Competência em matéria de prevenção criminal

1 – Em matéria de prevenção criminal, compete à Polícia Judiciária Militar efectuar a detecção e dissuasão de situações propícias à prática de crimes estritamente militares, em ligação com outros órgãos de polícia criminal e com as autoridades militares.

2 – No exercício das acções a que se refere o número anterior, a Polícia Judiciária Militar tem acesso à informação necessária à caracterização, identificação e localização das actividades ali referidas, podendo proceder à identificação de pessoas e realizar vigilâncias, se necessário, com recurso a todos os meios e técnicas de registo de som e de imagem, bem como a revistas e buscas, ao abrigo do disposto no Código de Processo Penal.

ARTIGO 5.º (*)
Competência em matéria de investigação criminal

1 – É da competência específica da Polícia Judiciária Militar a investigação dos crimes estritamente militares.

2 – A Polícia Judiciária Militar tem ainda competência reservada para a investigação de crimes cometidos no interior de unidades, estabelecimentos e órgãos militares.

3 – Os demais órgãos de polícia criminal devem comunicar de imediato à Polícia Judiciária Militar os factos de que tenham conhecimento relativos à preparação e execução de crimes referidos nos números anteriores, apenas podendo praticar, até à sua intervenção, os actos cautelares e urgentes para obstar à sua consumação e assegurar os meios de prova.

4 – O disposto no n.º 2 não prejudica a competência conferida à Guarda Nacional Republicana pela Lei da Organização da Investigação Criminal ou pela respectiva Lei Orgânica para a investigação de crimes comuns cometidos no interior dos seus estabelecimentos, unidades e órgãos.

(*) *Redacção do art. 8.º Lei n.º 100/2003, de 15/11, que aprovou o Código de Justiça Militar.*

ARTIGO 6.º
Dever de cooperação

1 – A Polícia Judiciária Militar está sujeita ao dever de cooperação nos termos da lei.

2 – As entidades públicas e privadas, nas pessoas dos respectivos representantes, devem prestar à Polícia Judiciária Militar a cooperação que justificadamente lhes for solicitada.

ARTIGO 7.º
Direito de acesso à informação

1 – A Polícia Judiciária Militar acede directamente à informação relativa à identificação civil e criminal constante dos ficheiros magnéticos dos serviços de identificação civil e criminal e presta obrigatoriamente colaboração na análise de aplicações de tratamento automático da informação com interesse para a prevenção e investigação criminal, quando efectuada pelo Instituto das Tecnologias de Informação na Justiça.

2 – A Polícia Judiciária Militar acede à informação de interesse criminal contida nos ficheiros de outros organismos nacionais e internacionais, sem prejuízo do disposto nas normas e procedimentos aplicáveis.

3 – A Polícia Judiciária Militar designa um oficial de ligação junto da Polícia Judiciária para articulação específica com o Laboratório de Polícia Científica e o Instituto Superior de Polícia Judiciária e Ciências Criminais.

ARTIGO 8.º

Dever de comparência

1 – Qualquer pessoa, quando devidamente notificada ou convocada pela Polícia Judiciária Militar, tem o dever de comparecer nos dia, hora e local designados, sob pena das sanções previstas na lei processual penal.

2 – Tratando-se de militares no activo, a notificação faz-se, para qualquer serviço da Polícia Judiciária Militar, sempre por intermédio do comando de que dependem.

3 – Em caso de urgência, a notificação ou convocação referidas nos números anteriores podem ser feitas por qualquer meio destinado a dar conhecimento do facto, inclusivamente por via telefónica e, neste último caso, a entidade que faz a notificação ou a convocação identifica-se e dá conta do cargo que desempenha, bem como dos elementos que permitam ao chamado inteirar-se do acto para que é convocado e efectuar, caso queira, a contraprova de que se trata de um telefonema oficial e verdadeiro, devendo lavrar-se cota no auto quanto ao meio utilizado.

4 – Quando o notificando ou a pessoa convocada tiver de se deslocar a um local que se situe fora da comarca da sua residência, local de trabalho ou do lugar onde se encontrar, a Polícia Judiciária Militar deve assegurar os meios de transporte necessários e a assistência devida, desde que tal lhe tenha sido solicitado.

SECÇÃO II

Direitos e deveres

ARTIGO 9.º

Autoridades de polícia criminal

1 – São autoridades de polícia criminal, nos termos e para os efeitos do Código de Processo Penal (CPP), os seguintes funcionários da Polícia Judiciária Militar:

a) O director;

b) O subdirector;
c) Os chefes de divisão das divisões de investigação;
d) Os oficiais investigadores.

2 – O demais pessoal de investigação criminal pode, com observância das disposições legais, proceder à identificação de qualquer pessoa.

Artigo 10.º
Diligências de investigação

1 – As autoridades referidas no artigo anterior podem, nos termos do CPP e do CJM, ordenar comparências, realizar revistas, identificação de suspeitos, apreensões, exames e peritagens, expedir deprecadas e requisitar informações e certificados de registo criminal, bem como efectuar quaisquer outras diligências previstas na lei processual.

2 – As buscas domiciliárias, a apreensão de correspondência, a intercepção de telecomunicações, as autópsias e os exames que possam ofender o pudor dos examinandos dependem sempre de prévio mandado escrito do juiz de instrução, mediante proposta fundamentada do oficial investigador.

3 – As diligências referidas nos números anteriores, quando efectuadas em unidades, estabelecimentos, órgãos ou navios, devem ser previamente comunicadas ao respectivo comandante ou chefe.

Artigo 11.º
Segredo de justiça e profissional

1 – Os actos processuais de investigação criminal e de coadjuvação das autoridades judiciárias estão sujeitos ao segredo de justiça, nos termos da lei.

2 – Os funcionários em serviço na Polícia Judiciária Militar não podem fazer revelações públicas relativas a processos ou sobre matérias de índole reservada, salvo o que se encontra previsto neste diploma sobre informação pública e acções de natureza preventiva junto da população e ainda o disposto nas leis de processo penal.

3 – As declarações a que alude o número anterior, quando admissíveis, dependem de prévia autorização do director, sob pena de procedimento disciplinar, sem prejuízo da responsabilidade penal a que houver lugar.

4 – As acções de prevenção, os procedimentos contra-ordenacionais, disciplinares, de inquérito, de sindicância e de averiguações, bem como de inspecção, estão sujeitos ao segredo profissional, nos termos da lei geral.

ARTIGO 12.º
Deveres especiais

São deveres especiais do pessoal da Polícia Judiciária Militar, sem prejuízo dos decorrentes da condição militar, se for o caso:

a) Garantir a vida e a integridade física dos detidos ou das pessoas que se achem sob a sua custódia ou protecção, no estrito respeito da honra e dignidade da pessoa humana;

b) Actuar sem discriminação em razão de ascendência, sexo, raça, língua, território de origem, religião, convicções políticas ou ideológicas, instrução, situação económica ou condição social;

c) Identificar-se como funcionário da Polícia Judiciária Militar no momento em que devam proceder a identificação ou detenção;

d) Observar estritamente, e com a diligência devida, a tramitação e os prazos e requisitos exigidos pela lei sempre que devam proceder à detenção de alguém;

e) Actuar com a decisão e a prontidão necessárias, quando da sua actuação dependa impedir a prática de um dano grave, imediato e irreparável, observando os princípios da adequação, da oportunidade e da proporcionalidade na utilização dos meios disponíveis;

f) Agir com a determinação necessária, mas sem recorrer à força mais do que o estritamente razoável para cumprir uma tarefa legalmente exigida ou autorizada.

ARTIGO 13.º
Uso de arma de fogo

1 – As autoridades de polícia criminal, o pessoal de investigação criminal, o pessoal de polícia técnica a exercer funções nos serviços de lofoscopia e o pessoal de segurança têm direito ao uso e porte de arma de calibre e tipo aprovados por portaria do Ministro da Defesa Nacional, independentemente de licença, ficando obrigados ao seu manifesto quando as mesmas sejam de sua propriedade.

2 – A Polícia Judiciária Militar pode utilizar armas de qualquer modelo e calibre.

3 – O recurso a armas de fogo por funcionários da Polícia Judiciária Militar é regulado, com as necessárias adaptações, pelo Decreto-Lei n.º 457/99, de 5 de Novembro.

ARTIGO 14.º
Serviço permanente

1 – As actividades de prevenção e investigação criminais são de carácter permanente e obrigatório, estando sujeitas a segredo de justiça.

2 – A permanência nos serviços pode ser assegurada, fora do horário normal e nos dias de descanso semanal e feriados, por piquetes de atendimento e unidades de prevenção, cuja regulamentação é fixada por despacho do director.

3 – Os órgãos de polícia criminal que tenham conhecimento da preparação ou consumação de algum crime, ainda que não estritamente militar, devem, quando necessário, tomar as providências possíveis e necessárias para evitar a sua prática ou para descobrir e deter os seus autores, com observância das formalidades legais, até à intervenção da autoridade competente.

4 – Se algum investigador apurar factos que interessem à investigação de que outro esteja incumbido, deve comunicar-lhos imediatamente.

ARTIGO 15.º
Objectos que revertem a favor da Polícia Judiciária Militar

Os objectos apreendidos pela Polícia Judiciária Militar que venham a ser declarados perdidos a favor do Estado são-lhe afectos quando:

a) Possuam interesse criminalístico, histórico, documental ou museológico;
b) Se trate de armas, munições, viaturas, equipamentos de telecomunicações e de informática ou outro com interesse para a instituição.

ARTIGO 16.º
Impedimentos, recusas e escusas

1 – O regime de impedimentos, recusas e escusas previsto no Código de Processo Penal é aplicável, com as devidas adaptações, aos funcionários de investigação criminal, peritos e intérpretes da Polícia Judiciária Militar.

2 – A declaração de impedimento e o seu requerimento, bem como o requerimento de recusa e o pedido de escusa, são dirigidos ao subdirector.

ARTIGO 17.º
Legislação subsidiária

À matéria regulada no presente capítulo são subsidiariamente aplicáveis as correspondentes disposições da Lei Orgânica da Polícia Judiciária, com as necessárias adaptações.

CAPÍTULO II
Organização

ARTIGO 18.º
Estrutura

1 – A Polícia Judiciária Militar integra:
a) O director;
b) O subdirector;
c) A Direcção de Serviços Administrativos e Financeiros (DSAF);
d) A 1.ª Divisão de Investigação Criminal (PDIC), com sede em Lisboa;
e) A 2.ª Divisão de Investigação Criminal (SDIC), com sede no Porto;
f) A Divisão de Apoio Técnico (DAT).

2 – A área de jurisdição das divisões de investigação é definida por portaria do Ministro, ouvido o director da Polícia Judiciária Militar.

ARTIGO 19.º
Director

A Polícia Judiciária Militar é dirigida por um director, equiparado a director-geral, ao qual compete, em geral, exercer as competências que lhe são conferidas por lei e em especial:
a) Orientar e coordenar superiormente a Polícia Judiciária Militar;
b) Orientar a elaboração do orçamento da Polícia Judiciária Militar e dirigir a sua execução;
c) Propor ao Ministro as medidas adequadas ao funcionamento dos serviços e prestar as informações e os pareceres que aquele lhe solicitar;
d) Apresentar ao Ministro, até 31 de Março de cada ano, o relatório anual da Polícia Judiciária Militar;

e) Corresponder-se directamente com quaisquer entidades, em matérias do interesse da Polícia Judiciária Militar;
f) Prestar as informações de serviço do pessoal militar e homologar as do pessoal civil.

ARTIGO 20.º
Subdirector

Ao subdirector, equiparado a subdirector-geral, compete coordenar e orientar as actividades de investigação criminal e os serviços de apoio técnico e coadjuvar o director no exercício das suas funções, substituindo-o nas suas ausências ou impedimentos.

ARTIGO 21.º
Direcção de Serviços Administrativos e Financeiros

1 – À DSAF compete, designadamente:
a) Elaborar o orçamento e acompanhar a sua execução;
b) Verificar a conformidade legal e a regularidade de todos os documentos de receita e de despesa e submetê-los a despacho;
c) Organizar a contabilidade e executar a respectiva escrituração;
d) Verificar a exactidão dos registos da Tesouraria;
e) Proceder à verificação e liquidação das contas correntes mensais das divisões de investigação;
f) Processar os vencimentos e demais abonos e descontos do pessoal;
g) Organizar os concursos públicos e a elaboração dos contratos para a realização de obras e para a aquisição de bens e serviços;
h) Dar o apoio necessário em matéria financeira às delegações;
i) Organizar a conta de gerência;
j) Assegurar a arrumação e o arquivo de todos os documentos que, nos termos da lei, tenham de ficar depositados;
l) Manter actualizado o inventário e património afecto à Polícia Judiciária Militar e assegurar que o mesmo se mantenha nos locais próprios;
m) Assegurar a informação necessária à correcta gestão do pessoal da Polícia Judiciária Militar, submetendo a despacho os processos relativos a recrutamento, selecção e provimento, bem como os respeitantes a promoção, nomeação e aposentação do pessoal;

n) Executar as tarefas que superiormente forem determinadas pelo director da Polícia Judiciária Militar.

2 – A DSAF compreende a Secção de Pessoal (SP).

3 – Adstrita à DSAF funciona a Tesouraria.

ARTIGO 22.º
Secção de Pessoal

A Secção de Pessoal exerce as competências previstas nas alíneas f) e m) do n.º 1 do artigo anterior.

ARTIGO 23.º
Tesouraria

1 – À Tesouraria compete, designadamente:

a) Efectuar os recebimentos e pagamentos devidamente autorizados;
b) Elaborar a folha de caixa e os respectivos registos;
c) Assegurar a ligação com as instituições bancárias;
d) Promover a segurança dos valores à exclusiva guarda e responsabilidade do tesoureiro, na sua qualidade de único claviculário do cofre.

2 – A Tesouraria é coordenada por um tesoureiro.

ARTIGO 24.º
Divisões de investigação criminal

1 – A PDIC e a SDIC são dirigidas por um chefe de divisão com o posto de capitão-de-fragata ou tenente-coronel, ao qual compete, em geral, nomear as equipas destinadas a coadjuvar as autoridades judiciárias nas diligências que estas entendam delegar e, em especial:

a) Orientar, dirigir e coordenar a actividade das equipas de investigação, propondo ao subdirector as medidas que entenda necessárias à eficiente actuação daquelas;
b) Dirigir os serviços de piquete e unidades de prevenção, nos termos definidos pelo director;
c) Elaborar, no final das diligências efectuadas, um breve relatório conclusivo;

d) Remeter à SP todos os elementos susceptíveis de registo e tratamento;
e) Elaborar, no respectivo âmbito, as informações anuais do pessoal que lhe esteja directamente subordinado.

2 – O chefe de divisão é substituído nas suas ausências e impedimentos pelo chefe da equipa de investigação mais graduado ou antigo ou por oficial nomeado pelo director.

3 – A PDIC compreende três equipas de investigação e a SDIC duas, compreendendo esta ainda a Secção de Apoio Geral (SAG).

4 – O director pode cometer à PDIC a investigação de crimes estritamente militares cometidos no estrangeiro ou cuja gravidade e circunstâncias da sua prática o justifiquem, podendo ser-lhe agregadas, sempre que necessário, outras equipas de investigação.

ARTIGO 25.º

Equipas de investigação

1 – As equipas de investigação são compostas por dois militares, sendo um oficial investigador chefe de equipa e um sargento investigador, podendo agregar outros investigadores quando as circunstâncias o aconselhem.

2 – São funções do oficial investigador:
a) Executar os serviços de prevenção e investigação criminais que lhe sejam ordenados;
b) Efectuar as diligências que lhe forem delegadas pelas autoridades judiciárias;
c) Fornecer ao chefe de divisão todos os elementos susceptíveis de registo e tratamento;
d) Integrar os serviços de piquete e unidades de prevenção, nos termos fixados pelo director;
e) O exercício de outras funções fixadas na lei.

3 – São funções do sargento investigador:
a) Coadjuvar o chefe da equipa e executar, sob orientação deste, diligências de investigação e prevenção criminal;
b) Desempenhar, nos processos, funções de escrivão;
c) Integrar os serviços de piquete e unidades de prevenção, nos termos fixados pelo director;
d) O exercício de outras funções fixadas na lei.

Artigo 26.º
Divisão de Apoio Técnico

À DAT compete, designadamente:

a) Promover a movimentação geral dos processos e deprecadas, escriturando os livros respectivos;
b) Promover a distribuição de processos e deprecadas sob direcção da autoridade judiciária competente;
c) Organizar os ficheiros de processos, notícias e dados técnicos;
d) Elaborar os mapas estatísticos do movimento dos processos e deprecadas, actividades dos investigadores e criminalidade militar;
e) Proceder ao arquivamento dos processos e organizar e gerir o arquivo de processos;
f) Dar entrada a toda a correspondência processual e proceder à sua distribuição;
g) Organizar, registar e gerir os processos de instrução criminal;
h) Cumprir os despachos dos magistrados judiciais;
i) Identificar e notificar os arguidos e testemunhas;
j) Reduzir a escrito os interrogatórios dos arguidos e a inquirição das testemunhas;
k) Elaborar a ordem de serviço;
l) Assegurar ao subdirector o apoio de que careça, encaminhando-lhe todo o expediente relativo à investigação;
m) Elaborar os ficheiros das armas de guerra desaparecidas;
n) Assegurar o expediente destinado às DIC;
o) Planear e apoiar cursos e estágios de formação e aperfeiçoamento do pessoal;
p) Programar e orientar a instrução de tiro e de educação física;
q) Assegurar a produção, reprodução e documentação técnica necessária à actividade da Polícia Judiciária Militar;
r) Executar trabalhos de reprografia, brochura e encadernação;
s) Assegurar o funcionamento do laboratório de fotografia e lofoscopia;
t) Superintender na segurança do pessoal, instalações e matérias classificadas;
u) Difundir junto dos órgãos, entidades e estabelecimentos militares os aspectos relacionados com a actividade da Polícia Judiciária Militar;
v) Assegurar às autoridades judiciárias as dotações de pessoal de que careçam;

w) Superintender o pessoal auxiliar e coordenar a organização do respectivo trabalho;
x) Assegurar a conservação e distribuição dos artigos de consumo corrente e dos impressos armazenados, bem como a gestão do armazém;
y) Guardar, conservar e distribuir o equipamento, o armamento e as munições;
z) Garantir a manutenção das instalações e o funcionamento dos serviços de apoio;
aa) Proceder à gestão de viaturas automóveis.

ARTIGO 27.º
Estrutura

A DAT compreende:
a) A Secção de Processos (SP), com a competência prevista nas alíneas a) a l) do artigo anterior;
b) A Secção de Apoio Geral (SAG), com a competência prevista nas alíneas m) a aa) do artigo anterior.

ARTIGO 28.º
Núcleo de Informática

1 – Junto da DAT funciona o Núcleo de Informática (NI), ao qual compete, designadamente, proceder à organização, aplicação e gestão dos sistemas informáticos.

2 – O NI é coordenado por técnico com formação específica na área.

CAPÍTULO III
Pessoal

ARTIGO 29.º
Quadro de pessoal

1 – O pessoal dirigente da Polícia Judiciária Militar é o constante do mapa anexo ao presente diploma, do qual faz parte integrante.

2 – O quadro único de pessoal da Polícia Judiciária Militar é aprovado por portaria conjunta dos Ministros da Defesa Nacional, das Finanças e da Reforma do Estado e da Administração Pública.

ARTIGO 30.º
Provimento de pessoal

1 – Os cargos dirigentes e os lugares de pessoal não dirigente da Polícia Judiciária Militar são providos nos termos da lei geral e da Lei Orgânica do Ministério da Defesa Nacional, com as especificidades previstas no presente diploma.

2 – Os militares providos podem prestar serviço na situação de activo, em comissão normal, ou na situação da reserva e ainda nos regimes de voluntariado e contrato.

3 – Os oficiais investigadores são oficiais dos três ramos das Forças Armadas, aprovados em curso de formação regulado por despacho do Ministro.

4 – Os sargentos investigadores são sargentos dos três ramos das Forças Armadas, aprovados em curso de formação regulado por despacho do Ministro.

ARTIGO 31.º
Regime do pessoal militar

1 – O regime do pessoal militar que exerça funções na Polícia Judiciária Militar é, além do que decorre da legislação específica aplicável, o definido no presente diploma.

2 – Os encargos decorrentes do exercício de funções por militares em lugares de pessoal não dirigente na Polícia Judiciária Militar, em qualquer situação ou regime, são suportados pelas verbas orçamentais próprias dos ramos a que pertençam.

ARTIGO 32.º
Utilização de meios de transporte

A Polícia Judiciária Militar pode fornecer ao respectivo pessoal, com carácter permanente ou temporário, meios de transporte ou títulos para utilização dos transportes colectivos, terrestres e fluviais.

CAPÍTULO IV

Disposições finais e transitórias

ARTIGO 33.º

Pessoal

1 – Com a entrada em vigor do presente diploma cessam todas as comissões de serviço do pessoal provido em cargos dirigentes e equiparados da Polícia Judiciária Militar.

2 – Os dirigentes abrangidos pelo disposto no número anterior mantêm-se em funções de gestão corrente até que se verifiquem novas nomeações.

3 – Com a entrada em vigor do presente diploma mantêm-se em vigor as situações de pessoal não dirigente decorrentes dos mecanismos de mobilidade legalmente previstos, nos precisos termos dos respectivos regimes.

ARTIGO 34.º

Técnicos de processos

1 – Os oficiais de processos e os técnicos de processos abrangidos pelo Decreto-Lei n.º 434-Z/82, de 29 de Outubro, cujos lugares se extinguem quando vagarem, exercem funções idênticas às dos escrivães de direito, auferindo as remunerações correspondentes.

2 – As comissões de serviço dos técnicos de processos em exercício de funções na Polícia Judiciária Militar mantêm-se até à entrada em vigor do diploma que aprovar o Código de Justiça Militar.

ARTIGO 35.º

Segurança das instalações

A segurança das instalações é assegurada por militares dos três ramos das Forças Armadas, em condições a definir por despacho do Ministro.

ARTIGO 36.º

Entrada em vigor

O presente diploma entra em vigor em simultâneo com o diploma que aprovar o novo Código de Justiça Militar.

ARTIGO 37.º
Disposição revogatória

É revogada toda a legislação que contrarie o disposto no presente diploma, designadamente:

a) O Decreto-Lei n.º 520/75, de 23 de Setembro;
b) O Decreto-Lei n.º 12/76, de 14 de Janeiro;
c) O Decreto-Lei n.º 104/76, de 5 de Fevereiro;
d) O Decreto-Lei n.º 173/76, de 4 de Março;
e) O Decreto-Lei n.º 190/76, de 16 de Março;
f) O Decreto-Lei n.º 285/76, de 21 de Abril;
g) O Decreto-Lei n.º 350/76, de 13 de Maio;
h) O Decreto-Lei n.º 795/76, de 6 de Novembro;
i) O Decreto-Lei n.º 186/77, de 9 de Maio;
j) O n.º 3 do artigo 6.º do Decreto-Lei n.º 251-A/78, de 24 de Agosto.

Visto e aprovado em Conselho de Ministros de 10 de Maio de 2001. – *António Manuel de Oliveira Guterres – Júlio de Lemos de Castro Caldas (*) – Henrique Nuno Pires Severiano Teixeira – Joaquim Augusto Nunes Pina Moura – António Luís Santos Costa – Alberto de Sousa Martins.*

(*) *Rectificado pela Decl. Rect. N.º 14-B/2001, de 31/07.*

Promulgado em 28 de Junho de 2001.

Publique-se.

O Presidente da República, JORGE SAMPAIO.

Referendado em 5 de Julho de 2001.

O Primeiro-Ministro, *António Manuel de Oliveira Guterres.*

MAPA *ANEXO*
(a que se refere o n.º 1 do artigo 29.º)

Grupo de pessoal	Cargo	Número de lugares
Dirigente	Director (*a*)	1
	Subdirector (*b*)	1
	Director de serviços	1
	Chefe de divisão	3

(*a*) Equiparado a director-geral.
(*b*) Equiparado a subdirector-geral.

LEI N.º 39/2004, DE 18 DE AGOSTO

DIREITO DE ASSOCIAÇÃO PROFISSIONAL DOS MILITARES DA GNR

Estabelece os princípios e as bases gerais do exercício do direito de associação profissional dos militares da Guarda Nacional Republicana.

A Assembleia da República decreta, nos termos da alínea c) do artigo 161.º da Constituição, para valer como lei geral da República, o seguinte:

Artigo 1.º
Liberdade de associação

1 – Os militares da Guarda Nacional Republicana (GNR) em efectividade de funções têm o direito de constituir associações de carácter profissional para promoção dos correspondentes interesses dos seus associados.

2 – As associações profissionais têm âmbito nacional e sede em território nacional, não podendo ter natureza política, partidária ou sindical.

3 – Em tudo o que não estiver disposto na presente lei, a constituição das associações de militares da GNR e a aquisição pelas mesmas de personalidade jurídica, bem como o seu regime de gestão, funcionamento e extinção, são regulados pela lei geral.

Artigo 2.º
Princípio da não discriminação

Os militares da GNR não podem ser prejudicados ou beneficiados em virtude do exercício do direito de associação.

ARTIGO 3.º
Princípio da exclusividade de inscrição

Aos militares da GNR é vedada a inscrição em mais do que uma associação profissional.

ARTIGO 4.º
Princípio da inexistência de prejuízo para o serviço

O exercício das actividades associativas não pode, em caso algum e por qualquer forma, prejudicar o normal cumprimento das missões, a permanente disponibilidade para o serviço nem a coesão e a disciplina da GNR.

ARTIGO 5.º
Direitos das associações

As associações profissionais legalmente constituídas têm direito a:

a) Representar os associados na defesa dos seus interesses estatutários, sócio-profissionais e deontológicos;
b) Integrar conselhos consultivos, comissões de estudo e grupos de trabalho constituídos para proceder à análise de assuntos de relevante interesse para a instituição, na área da sua competência específica;
c) Ser ouvidas pelos órgãos competentes da GNR sobre as questões do estatuto profissional, remuneratório e social dos seus associados e sobre as condições de exercício da respectiva actividade;
d) Apresentar propostas sobre o funcionamento dos serviços e outros aspectos de relevante interesse para a instituição, bem como exprimir junto das entidades competentes opinião sobre matérias expressamente incluídas nas suas finalidades estatutárias;
e) Emitir pareceres sobre quaisquer assuntos atinentes à GNR, quando tal for solicitado pelas entidades competentes;
f) Realizar reuniões no âmbito das suas finalidades estatutárias em instalações da GNR, previamente autorizadas e desde que não comprometam a realização do interesse público ou o normal funcionamento dos serviços;
g) Promover actividades e editar publicações sobre matérias associativas, deontológicas e sócio-profissionais ou, mediante prévia autorização hierárquica, sobre assuntos de natureza exclusivamente técnica;

h) Afixar documentos relativos às suas actividades estatutárias, desde que em local próprio disponibilizado para o efeito;
i) Estabelecer relações com associações, federações de associações e organizações internacionais congéneres que prossigam objectivos análogos.

ARTIGO 6.º
Restrições ao exercício de direitos

O exercício dos direitos consagrados no artigo anterior está sujeito às restrições previstas na presente lei, não podendo os militares da GNR:
a) Proferir declarações susceptíveis de afectarem a subordinação da GNR à legalidade democrática, a sua isenção política e partidária, a coesão, o bom nome e o prestígio da instituição, ou que violem o princípio da disciplina e da hierarquia de comando;
b) Proferir declarações sobre matérias de que tenham conhecimento no exercício das suas funções e sejam susceptíveis de constituir segredo de Estado ou de justiça ou respeitem a assuntos relativos ao dispositivo ou à actividade operacional da GNR ou das Forças Armadas e das demais forças de segurança, com classificação igual ou superior a reservado, salvo, quanto aos assuntos específicos da GNR, autorização da entidade hierarquicamente competente;
c) Convocar reuniões ou manifestações públicas de carácter político, partidário ou sindical ou nelas participar, excepto, neste caso, se trajarem civilmente e, tratando-se de acto público, não integrarem a mesa, usarem da palavra ou exibirem qualquer tipo de mensagem;
d) Estar filiados em associações sindicais ou participar em reuniões de natureza sindical;
e) Apresentar, sobre assuntos respeitantes à GNR, antes de esgotada a via hierárquica, petições colectivas dirigidas a órgãos de protecção dos direitos fundamentais, sem prejuízo do direito individual de queixa ao Provedor de Justiça e da sua legitimidade activa nos demais meios de impugnação administrativa e jurisdicional, nos termos da lei;
f) Exercer o direito à greve ou quaisquer opções substitutivas susceptíveis de prejudicar o exercício normal e eficaz das missões da GNR, bem como a sua coesão e disciplina.

Artigo 7.º
Aplicação a processos disciplinares pendentes

O disposto na presente lei aplica-se de imediato aos processos disciplinares em curso, na parte em que tenham por objecto actos praticados em representação de associações já constituídas.

Artigo 8.º
Regulamentação

A regulamentação do exercício do direito de associação pelos militares da GNR é aprovada por decreto-lei no prazo de 90 dias após a publicação da presente lei.

Aprovada em 8 de Julho de 2004.

O Presidente da Assembleia da República, *João Bosco Mota Amaral.*

Promulgada em 2 de Agosto de 2004.

Publique-se.

O Presidente da República, Jorge Sampaio.

Referendada em 5 de Agosto de 2004.

O Primeiro-Ministro, *Pedro Miguel de Santana Lopes.*

ÍNDICE LEGISLATIVO

(*Índice de diplomas por ordem cronológica*)

1972

D.L. n.º 498/72, de 9 de Dezembro:
Estatuto da Aposentação 859

1973

D.L. n.º 210/73, de 9 de Maio:
Amplia as regalias dos militares inválidos 867

D.L. n.º 295/73, de 9 de Junho:
Mudança de graduação no posto dos militares em situação de reforma extraordinária 875

1976

D.L. n.º 43/76, de 20 de Janeiro:
Reconhece o direito à reparação material e moral dos Deficientes das Forças Armadas 877

Portaria n.º 162/76, de 24 de Março:
Regulamenta as situações transitórias previstas no DL n.º 43/76 893

1977

D.L. n.º 142/77, de 9 de Abril:
Regulamento de Disciplina Militar 621

1982

Lei n.º 29/82, de 11 de Dezembro:
Lei de Defesa Nacional e das Forças Armadas 9

1989

Lei n.º 11/89, de 1 de Junho:
Bases Gerais do Estatuto dos Militares das Forças Armadas 233

1990

D.L. n.º 34-A/90, de 24 de Janeiro:
Aprova o Estatuto dos Militares das Forças Armadas 239

1991

Lei n.º 111/91, de 29 de Agosto:
Lei Orgânica das Bases da Organização das Forças Armadas 55

Lei n.º 113/91, de 29 de Agosto:
Lei de Bases da Protecção Civil 841

1992

Lei n.º 7/92, de 12 de Maio:
Lei sobre a Objecção de Consciência 803

D.L. n.º 191/92, de 8 de Setembro:
Regulamenta a Lei sobre a Objecção de Consciência 819

1993

D.L. n.º 47/93, de 26 de Fevereiro:
Aprova a Lei Orgânica do Ministério da Defesa Nacional 701

D.L. n.º 48/93, de 26 de Fevereiro:
Aprova a Lei Orgânica do Estado-Maior-General das Forças Armadas ... 721

D.L. n.º 49/93, de 26 de Fevereiro:
Aprova a Lei Orgânica da Marinha 743

D.L. n.º 50/93, de 26 de Fevereiro:
Aprova a Lei Orgânica do Exército 767

D.L. n.º 51/93, de 26 de Fevereiro:
Aprova a Lei Orgânica da Força Aérea 785

D.L. n.º 231/93, de 26 de Junho:
Aprova a Lei Orgânica da Guarda Nacional Republicana 943

D.L. n.º 265/93, de 31 de Julho:
Aprova o Estatuto dos Militares da Guarda Nacional Republicana 983

1994

Dec. Reg. N.º 22/94, de 1 de Setembro:
Atribuições, organização e competências da superintendência do Serviço de Pessoal da Marinha 691

Dec. Reg. N.º 44/94, de 1 de Setembro:
Atribuições, organização e competências do Comando de Pessoal, do Comando da Logística e do Comando da Instrução do Exército 693

Dec. Reg. N.º 51/94, de 1 de Setembro:
Atribuições, organização e competências do Comando do Pessoal da Força Aérea 697

1995

Lei n.º 20/95, de 13 de Julho:
Regula a mobilização e a requisição no interesse da Defesa Nacional 67

1996

D.L. n.º 233/96, de 7 de Dezembro:
Aprova o Estatuto dos Militares em Missões Humanitárias e de Paz no Estrangeiro 481

1997

D.L. n.º 134/97, de 31 de Maio:
Promoção dos Deficientes das Forças Armadas na situação de Reforma Extraordinária 899

Portaria n.º 370/97, de 6 de Junho:
Define o suplemento de função a abonar aos militares em missões humanitárias e de paz no estrangeiro 487

1998

Lei n.º 34/98, de 18 de Julho:
Estabelece um regime excepcional de apoio aos ex-prisioneiros de guerra 903

1999

Portaria n.º 119/99, de 10 de Fevereiro:
Aprova o Estatuto da Liga dos Combatentes 499

D.L. n.º 236/99, de 25 de Junho:
Aprova o Estatuto dos Militares das Forças Armadas 295

Lei n.º 145/99, de 1 de Setembro:
Aprova o Regulamento de Disciplina da Guarda Nacional Republicana. 1091

Lei n.º 174/99, de 21 de Setembro:
Lei do Serviço Militar 139

Portaria n.º 905/99, de 13 de Outubro:
Regulamenta a atribuição do seguro de vida aos militares integrados em missões humanitárias e de paz fora do território nacional 489

D.L. n.º 466/99, de 6 de Novembro:
Pensões de Preço de Sangue 907

2000

D.L. n.º 50/2000, de 7 de Abril:
Cria a Rede Nacional de Apoio aos militares e ex-militares 923

Portaria n.º 261/2000, de 13 de Maio:
Fixa os encargos orçamentais resultantes do contrato de seguro para militares em missões humanitárias e de paz 491

Portaria n.º 394/2000, de 14 de Julho:
Actualiza o suplemento de missão a abonar aos militares em missões humanitárias e de paz 495

Lei n.º 25/2000, de 23 de Agosto:
1ª alteração ao D.L. n.º 236/99 449

D.L. n.º 289/2000, de 14 de Novembro:
Regulamenta a Lei do Serviço Militar 165

D.L. n.º 320-A/2000, de 15 de Dezembro:
Regulamento de incentivos à prestação do serviço militar 201

2001

D.L. n.º 161/2001, de 22 de Maio:
Pensão aos ex-prisioneiros de guerra 927

D.L. n.º 200/2001, de 13 de Julho:
Lei Orgânica da Polícia Judiciária Militar 1151
Lei Orgânica n.º 3/2001, de 29 de Agosto:
Lei do Direito de Associação Profissional dos Militares 471
D.L. n.º 279-A/2001, de 19 de Outubro:
Licença Especial para o exercício de mandatos electivos 475
Lei n.º 5/2001, de 14 de Novembro:
Lei de Programação Militar 117

2002

Lei n.º 9/2002, de 11 de Fevereiro:
Regime Jurídico dos períodos de prestação do serviço militar de ex-combatentes para efeitos de aposentação e reforma 513

2003

Lei Orgânica n.º 1/2003, de 13 de Maio:
Altera a Lei de Programação Militar 127
D.L. n.º 197-A/2003, de 30 de Agosto:
Alteração do D.L. n.º 236/99 459
Lei n.º 100/2003, de 15 de Novembro:
Aprova o Código de Justiça Militar 547
Lei n.º 101/2003, de 15 de Novembro:
Aprova o Estatuto dos Juízes Militares e dos Assessores Militares do Ministério Público 609
Resolução n.º 6/2003, de 20 de Dezembro de 2002:
Conceito Estratégico de Defesa Nacional 91

2004

Lei n.º 21/2004, de 5 de Junho:
Altera o âmbito pessoal de aplicação da Lei n.º 9/2002, de 11/02 519
D.L. n.º 160/2004, de 2 de Julho:
Regulamenta a Lei n.º 9/2002, de 11/02 521
D.L. n.º 170/2004, de 16 de Julho:
Altera o DL n.º 34/98, de 18/07 e o DL n.º 161/2001, de 22/07 937
D.L. n.º 39/2004, de 18/08:
Direito de Associação Profissional dos Militares da GNR 1169
Portaria n.º 1033-HQ/2004, de 10/08:
Formulário de requerimentos dos ex-combatentes para efeito de contagem do tempo do período de prestação do serviço militar para efeitos de reforma 529
Portaria n.º 1307/2004, de 13/10:
Regula o quadro legal e fixa as normas de funcionamento e gestão do Fundo dos Antigos Combatentes 535

ÍNDICE GERAL